Reisen
Segeln
Außenborder
Windsurfing
Schwimmen
Gymnastik
Gerüst
Leitern
Reitsport
Kinder-
spiele
Dach-
reparaturen
shaus
Kompost
Ski
Teppiche
Zimmer-
pflanzen
Tapezieren
Baby
Balkon-
bepflanzung
Kaninchen
Markisen
Rolläden
Regale
Fliesen
verlegen
Werkzeuge
Gartenteich
Obstbäume
Autopflege
Garagentore
Reifenwechsel
Blumenbeete
Beetpflanzen
Katzen
Himmel und Hölle
Rasenmäher
Vögel
füttern
Mauern

Guter Rat von A-Z

Guter Rat von A-Z

Das praktische Lexikon für alle Fälle

EIN
ADAC
BUCH

Das Buch entstand unter Mitwirkung von

Paul Binsch
Robert Clauss
Valentin Döblinger
Dieter K. Franke
Wilhelm Ruprecht Frieling
Peter Hamann
Klaus Huber
Siegfried Künstle
Rosemarie Kurrle
Dr. med. Luitgard Löw
Dietrich Mayer
Jürgen Schlotz
Inge Uffelmann

Übertragungen aus dem Amerikanischen:
Hans A. Werner

Illustrationen:
Susan Brahinsky
Volker Knoll
David Lindroth
Ed Lipinski
Ken Meads
Max Menikoff
Mort Perry
Ken Rice
Bill Shortridge
Ray Skibinski
Judy Skorpil

Vor- und Rücksatz:
Werner Hartz

Dieses Buch entstand in Zusammenarbeit
zwischen dem ADAC Verlag GmbH, München,
und dem Verlag Das Beste GmbH, Stuttgart

ISBN 3-87003-320-7

Inhalt

Wie man das Buch benutzt

Die alphabetisch angeordneten Stichwörter des allgemeinen Teils (Seite 7–400) umfassen alle Bereiche mit Ausnahme der Themen Recht, Gesetz und Finanzen. Diese wurden aus drucktechnischen Gründen in dem Sonderteil zusammengefaßt, der auf Seite 401 beginnt, weil so die Möglichkeit besteht, die darin enthaltenen Daten und Zahlen in Abständen schnell zu überprüfen und für Nachdrucke auf den jeweils neuesten Stand zu bringen.

Innerhalb oder am Ende eines Stichworts sind häufig Verweise auf andere Stichwörter zu finden; diese geben nähere Auskünfte zu Einzelfragen, erläutern zusätzliche Aspekte oder behandeln verwandte Themen.

Da nicht jedes Einzelthema ein eigenes Stichwort bekommen konnte, sind im Register diejenigen aufgeführt, die unter einem anderen Stichwort zu finden sind. Wer beispielsweise eine Auskunft über Tetanus haben möchte und das Stichwort vergeblich sucht, schaut im Register nach und stellt fest, daß das Thema unter *Schutzimpfungen* und unter *Wunden* behandelt wird. Im Register sind ebenfalls unter einem allgemeinen Begriff wie etwa *Handstiche* alle Stichwörter zu diesem Thema aufgeführt. Die Verweise auf die Stichwörter des Sonderteils sind im Register *kursiv* gedruckt.

Die Abbildungen wurden möglichst an der entsprechenden Stelle im Text eingefügt. Wo mehrere nebeneinanderstehen oder aufeinander folgen, wurden der Klarheit wegen Abbildung und Textstelle mit Buchstaben oder Ziffern gekennzeichnet.

Die Redaktion

A

Abbeizen

Alte Anstriche auf Holz und Metall kann man mit wasserlöslichen, pastenförmigen oder dickflüssigen chemischen Abbeizmitteln entfernen. Man muß sich nach den Anweisungen auf der Dose richten, da es unterschiedliche Zusammensetzungen für verschiedene Zwecke gibt. Das ist besonders wichtig, wenn man Farbe von Metall entfernen möchte, denn manche Mittel greifen Metalle an.

ACHTUNG!
Herstellerhinweise sorgfältig lesen. In einem gutbelüfteten Raum oder im Freien arbeiten; offenes Feuer vermeiden und nicht rauchen. Kinder und Haustiere von der Arbeitsstätte fernhalten. Alte Kleider, Gummihandschuhe und Schutzbrille tragen, denn Abbeizmittel wirken ätzend. Abgekratzte Farbreste in einer Dose sammeln und in den Sondermüll geben.

Arbeitsweise Bei Möbelstücken schraubt man zunächst alle Scharniere und sonstigen Beschläge ab; dann trägt man mit einem Pinsel geeigneter Größe das Abbeizmittel gleichmäßig dick auf die Holzflächen auf. Wenn das Mittel die Farbe aufgeweicht hat, was je nach Mittel, Farbstärke sowie Farbbeschaffenheit unterschiedlich lang dauern kann, schabt man mit einem Spachtel die Farbe vorsichtig ab. Die Holzoberfläche darf nicht beschädigt werden. Aus Ecken und Vertiefungen entfernt man die Farbe mit einem passenden Stäbchen oder einem Schraubenzieher. Wenn das Abbeizmittel nicht beim erstenmal wirkt, trägt man es mehrmals auf. Auf dem Holz sollten keine dunklen Flecke zurückbleiben. Wenn die Farbe entfernt ist, wird die Oberfläche gründlich mit Terpentinersatz abgewaschen und dann mit Schleifpapier geschliffen.

Scharniere und andere Beschläge taucht man in das Abbeizmittel und entfernt dann die aufgeweichte Farbe mit Stahlwolle oder einer harten Bürste. Das Holz kann erst neu gestrichen werden, wenn es gründlich ausgetrocknet ist. Bei alten, kostbaren Möbelstücken wendet man sich am besten an einen Fachmann.

Abdichten

Einen Spalt zwischen zwei Bauteilen nennt man Fuge. Durch undichte Fugen im Außenbereich dringt Regenwasser ins Mauerwerk; außerdem entstehen Wärmeverluste und Zugluft. Auch Anschlußfugen im Innenbereich, z.B. bei Einbauspülen, Waschbecken oder Badewannen, muß man gegen Feuchtigkeit abdichten. Sehr große Zwischenräume werden zuerst ausgeschäumt oder mit anderen Füllstoffen wie Schaumstoffstreifen, Baumwollzopf, PE-Folie o.ä. ausgestopft und dann erst abgedichtet (versiegelt). Fugen im Innen- und Außenbereich kann man mit gebrauchsfertigen dauerelastischen Dichtstoffen aus der Kartusche abdichten. Verschiedene Baustoffe muß man vorher mit einem Haftvermittler (Primer) behandeln; deshalb ist es wichtig, die Anleitung auf der Packung genau zu lesen.

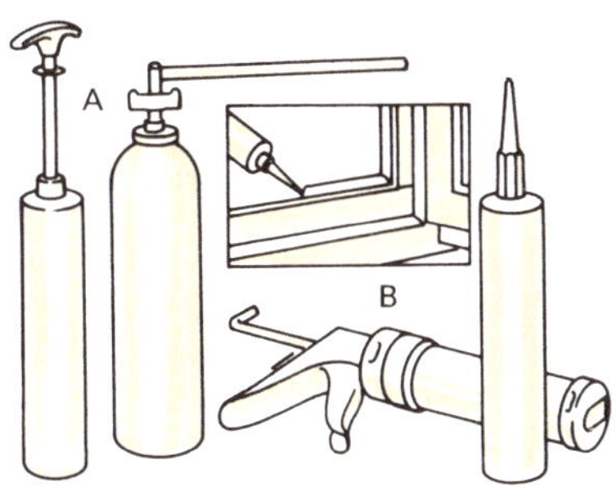

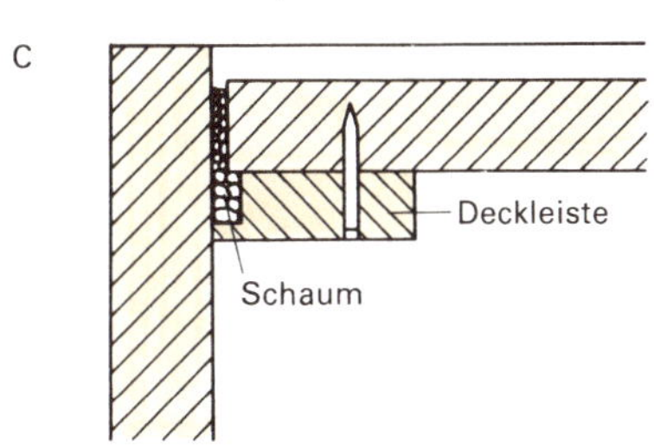

Gegen Zugluft verwendet man außer den herkömmlichen Materialien wie Mineralwolle, Wollzopf und Moosgummi auch Ein- und Zweikomponentenschäume aus der Aerosolflasche (A). Ausgeschäumte sichtbare Fugen muß man abdecken, entweder mit einer dauerelastischen Fugendichtmasse auf Silikonbasis aus der Kartusche (B) oder mit einer Deckleiste (C). Für bewegliche Teile wie Türen und Fenster gibt es Dichtungsprofile aus Kunststoff oder Leichtmetall, die man am Rahmen (D, E) oder an der Fußbodenschwelle montiert (F, G).

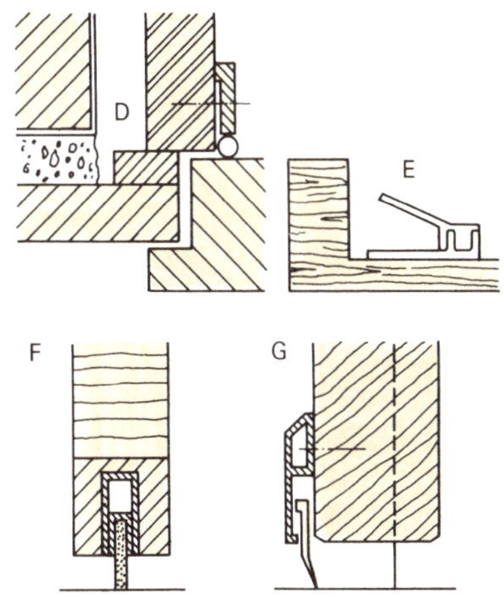

Abfluß, verstopfter

Abflüsse bleiben frei, wenn man einmal im Monat 2 Eßl. Natron in 1 Tasse kochendem Wasser auflöst und hineingibt. So kann man auch unangenehme Gerüche beseitigen; oder man gießt 1 Tasse Essig in den Abfluß, läßt ihn 30 Minuten stehen und spült mit sehr heißem Wasser nach. Man kann dazu auch handelsübliche chemische Abflußreiniger verwenden; sie

---

ACHTUNG!
Chemische Abflußreiniger sind gefährlich. Gelangen Spritzer auf die Haut, spült man sie sofort mit kaltem Wasser ab. Wenn bei einem hartnäkkig verstopften Abfluß der Abflußreiniger im Becken stehenbleibt, ruft man einen Installateur. Man unternimmt keinen Versuch mehr, auf andere Weise die Verstopfung zu beheben, denn man könnte sich sonst mit der Chemikalie bespritzen.

---

machen auch teilweise verstopfte Abflüsse frei, sollten aber höchstens in Abständen von drei bis vier Monaten angewandt werden – und dann genau nach den Anweisungen des Herstellers. Hinterher spült man den Abfluß gründlich durch.

Saugpumpe Den verstopften Abfluß z.B. eines Waschbeckens versucht man zunächst mit der Saugpumpe freizubekommen. Zuerst entfernt man den Abflußstopfen und den Siebeinsatz. Viele Waschbecken haben einen Hubstopfen, den man herausziehen kann. Bei manchen Modellen muß man zuerst unter dem Becken eine Mutter lösen, die das Kugelgelenk und die Zugstangenverbindung festhält. Die Überlauföffnung am Becken verstopft man mit einem feuchten Lappen, damit die Saugpumpe keine Luft ansaugt. Dann schöpft man so viel Wasser aus dem Becken, bis der Rand der Gummiglocke gerade noch mit Wasser bedeckt ist. Nun setzt man die Glocke fest über die Abflußöffnung und bewegt den Holzstiel kurz und kräftig pumpend auf und ab. Dadurch entstehen abwechselnd Saug- und Druckstöße, durch die die Verstopfung gelöst wird. Das Wasser läuft dann rasch ab. Danach läßt man Wasser ins Becken, um den Siphon zu füllen. Manchmal führen allerdings erst mehrere Versuche zum Ziel.

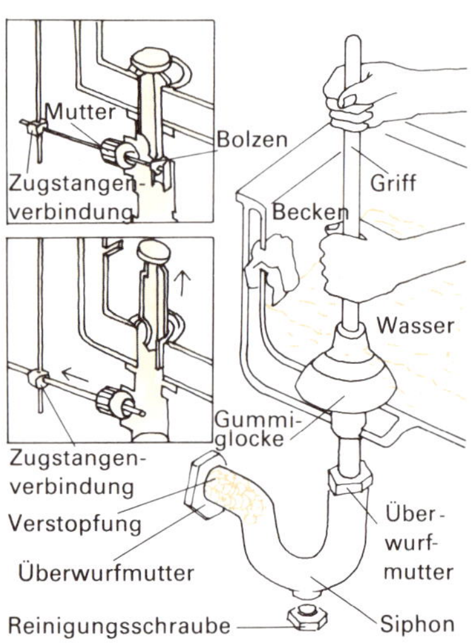

Siphon öffnen Wenn die Saugpumpe nichts nützt, stellt man einen Eimer unter den Siphon oder Geruchsverschluß, entfernt die Reinigungsschraube und läßt das Wasser ablaufen. Nun kann man die Verstopfung mit einem stabilen, entsprechend zurechtgebogenen Draht beseitigen. Dann setzt man die Schraube wieder ein. Bei vielen Siphons läßt sich die untere Gehäusehälfte abschrauben. Wenn sie sich nicht von Hand lösen läßt, nimmt man eine Rohrzange zu Hilfe. Um das verchromte Teil nicht zu beschädigen, legt man einen Lappen darüber. Wenn keine Reinigungsschraube vorhanden ist und die untere Siphonhälfte nicht abgeschraubt werden kann, muß man den ganzen Siphon abnehmen. Dazu löst man die zwei Überwurfmuttern, mit denen er am Beckenabflußrohr und am Wandanschlußrohr befestigt ist.

Bei jeder Siphonkonstruktion sollte man nach der Reinigung die Schrauben oder Schraubverschlüsse nicht zu fest anziehen, sonst schließen sie nicht mehr dicht.

Reinigungsspirale Wenn eine Verstopfung nicht zu lösen ist, versucht man sie mit einer Reinigungsspirale

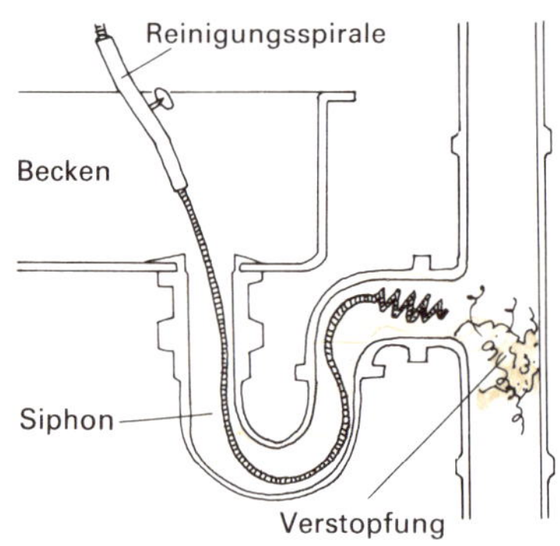

– einer dünnen, flexiblen Drahtwelle mit einem Spiralaufsatz am Ende – zu entfernen. (Solche Spiralen kann man bei Installateuren ausleihen.) Man dreht die Handkurbel im Uhrzeigersinn und führt die rotierende Spirale in Vor- und Rückwärtsbewegungen in den Abfluß und durch die Biegungen des Geruchsverschlusses hindurch, bis man an die Verstopfung herankommt und sie „anbohrt". (Der weiche Widerstand der Verstopfung ist deutlich vom harten Widerstand einer Rohrbiegung zu unterscheiden.)

Befindet sich die Verstopfung hinter dem Siphon, geht man mit der Spirale direkt in den Abflußbogen, der vom Siphon zur Wand führt. Eingeführt wird die Spirale durch die Reinigungsschraube oder direkt in das Rohr an der Wand, wenn man den Siphon abschrauben muß. Die Spirale bewegt sich freier, wenn man sie um möglichst wenige Rohrbiegungen führt.

Läuft das Wasser immer noch nicht ab, kann die Verstopfung in einem der großen Fallrohre liegen. Dann ruft man am besten einen Installateur.

Ablage

Eine Ablage in chronologischer oder alphabetischer Reihenfolge oder nach Sachgebieten kann bei der Erledigung von laufenden Angelegenheiten hilfreich sein. Man wählt die Form der Ablage – oder auch eine Kombination verschiedener Ablagemethoden –, die den eigenen Belangen am ehesten entspricht. Zuvor wird Unnötiges aussortiert: Wertlose Post, verfallene Gutscheine, erledigte Briefe und Zeitungsausschnitte, die nicht mehr von Interesse sind, werden weggeworfen.

Natürlich kann man Schriftstücke in einem Regal stapeln oder in Schuhschachteln verstauen; sicherer ist es jedoch, wenn man hierfür einen Ordner, eine Blechschachtel oder einen Schrank mit Schubfächern verwendet. Die Schubfächer unterteilt man mit steifen Kartonblättern, Ordner mit Registerblättern; die Deckel von Ablagemappen werden beschriftet.

Chronologische Ablage Man beschriftet fünf Ablagemappen mit den Arbeitstagen der Woche. Sie werden hintereinander in das Schubfach gelegt; hinzu kommt noch eine weitere Mappe mit der Aufschrift „Nächste Woche". (Manchmal ist eine längerfristige Einteilung, z.B. nach Wochen, günstiger.) In diesen Mappen bleiben die Schriftstücke, bis sie erledigt sind. Dann werden sie nach einem anderen System abgelegt oder weggeworfen. Diese Form der Ablage empfiehlt sich für Terminsachen, zu erledigende Telefonate, Besorgungen und für bestimmte finanzielle Verpflichtungen.

Eingehende Rechnungen usw. kommen in die Tagesmappe ihrer Fälligkeit. Belege für bezahlte Rechnungen legt man unter „Finanzen" ab, damit sie zur Überprüfung von Bankauszügen und Schecks zur Hand sind.

Ablage nach Sachgebieten Die Sachgebiete werden alphabetisch geordnet. Soweit erforderlich, kann man auch Unterteilungen vorsehen, beispielsweise bei der Rubrik „Finanzen". Eine Ablage nach Sachgebieten ist sehr variabel. Man kann je nach Bedarf die Mappen jederzeit anders beschriften, weiter unterteilen oder einzelne Gebiete zusammenfassen.

Alphabetische Ablage Wenn man eine rege Korrespondenz unterhält, ist diese Form der Ablage hilfreich, um Briefe schnell wiederzufinden. Man legt die Korrespondenz alphabetisch nach dem Anfangsbuchstaben des Familiennamens so ab, daß die neuesten Briefe jeweils oben liegen.

Ein Kasten mit Karteikarten ist eine sehr praktische alphabetische Ablage, wenn man ein Adressenverzeichnis anlegen, Bücher katalogisieren, Sammlungen inventarisieren oder Kochrezepte ablegen will.

Ablängen

Beim Ablängen handelt es sich immer um Querschnitte, also um Sägeschnitte quer zur Holzfaser. Bei Werkstoffen, die keine eindeutige Strukturrichtung haben, bezeichnet man in der Regel das größere Maß als die Länge.

Große Querschnitte, Stämme z.B., längt man mit der Zwei-Mann-Handzugsäge oder mit der Motorkettensäge ab. Für kleine Durchmesser verwendet man eine Bügelsäge, die ein Sägeblatt mit X-Zahnung (A) oder Y-Zahnung (B) hat.

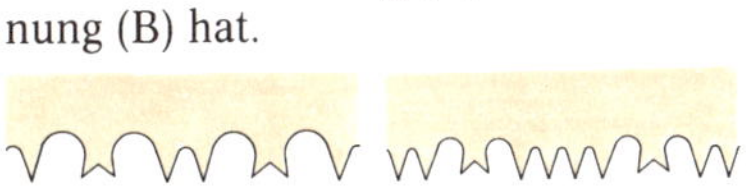

A B

Bretter und Kanthölzer werden mit Schittersägen grob abgelängt; das sind Gestellsägen mit grober Bezahnung, die auf Zug und Stoß wirkt. Feine und feinste Ablängschnitte macht man mit einer Absatz- oder Feinsäge; man nennt sie auch Rückensäge, weil ihr Sägeblatt durch eine Metallschiene verstärkt ist. Man arbeitet mit ihr am besten mit Hilfe einer Gehrungsschneidlade (siehe *Gehrung*). Es gibt auch feine Sägen, die in eine Vorrichtung eingebaut sind, mit denen man genaue Winkel- und Gehrungsschnitte machen kann; man nennt sie Gehrungssägen.

Längt man mit der Handkreissäge ab, verwendet man eine Anschlagleiste, die man mit Schraubzwingen befestigt. Sie dient als Führung, an der man mit der Maschine entlangfährt. Beim Ablängen auf der Tischkreissäge drückt man das Werkstück fest an den Winkelanschlag und schiebt es zum laufenden Sägeblatt. Stabile Tischkreissägemaschinen gibt es mit Schiebetisch, auf den große Werkstücke aufgelegt werden können (siehe auch *Motorsägen; Sägen*). Man muß bei der Arbeit mit diesen Maschinen immer darauf achten, daß sich keine Abfallstücke mit dem Sägeblatt verklemmen.

Ableger

Ableger (Kindel) sind Seitensprosse, die wie die Mutterpflanze aussehen. Sie entspringen direkt dem Haupttrieb oder sitzen, wie bei vielen Sukkulenten, am Ende eines kurzen Seitentriebs. Manche sind an der Basis mit der Mutterpflanze verbunden, z.B. bei Zwiebelgewächsen.

Ableger sollte man erst dann für die Vermehrung verwenden, wenn sie eine angemessene Größe erreicht haben. Ist ein Ableger groß genug, wird er mit einem scharfen Messer oder einer Rasierklinge möglichst nahe dem Haupttrieb von der Mutterpflanze abgenommen. Mit dem unteren Ende drückt man den Ableger in die Vermehrungserde, bis er fest sitzt. Die Vermehrungserde soll nur mäßig feucht sein.

Abmoosen

Pflanzen, die sich nur schwer aus Stecklingen (siehe dort) vermehren lassen und deren Triebe zu steif für die Methode des Absenkens (siehe *Absenker*) sind, kann man durch Abmoosen vermehren. Auch zu hoch gewordene Zimmerpflanzen oder sol-

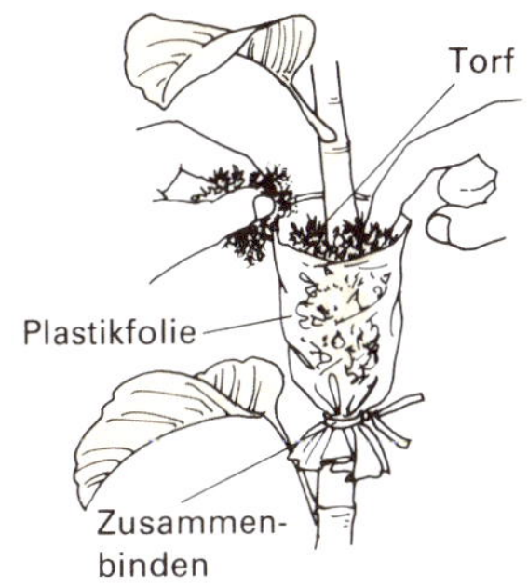

che, die im unteren Teil die Blätter verloren haben, lassen sich durch Abmoosen verjüngen.

Man schält ein ungefähr 1 cm breites Rindenstück von einem Trieb ab. Unterhalb dieser Stelle bindet man Plastikfolie so um den Trieb, daß eine nach oben offene Hülle entsteht. Nun wird feuchter Torf eingefüllt und die Plastikfolie auch oben zusammengebunden. Nach einigen Wochen werden Wurzeln sichtbar. Jetzt entfernt man die Hülle und trennt den Stamm durch einen waagrechten Schnitt mit einem scharfen Messer direkt unter dem Wurzelballen durch. Die Pflanze mit dem neuen Wurzelballen setzt man in einen Topf, der so groß ist, daß rundum gut 1 cm Erde eingefüllt werden kann.

Abrichten

Abgerichtet werden Holzflächen, z.B. Bretter, und Feilen.

Brett abrichten Der Begriff besagt, daß das Brett plan gehobelt wird. Dazu spannt man das Brett mit der runden (rechten) Seite so nach oben ein, daß die Maserung in Hobelrichtung verläuft. Dadurch verhindert man, daß die Holzfasern einreißen. Als erstes beseitigt man mit dem Schlichthobel die größten Brettunebenheiten sowie etwaige Verunreinigungen und glättet die Fläche. Abgerichtet wird dann mit dem Doppelhobel oder mit der Rauhbank (Langhobel). Den Doppelhobel verwendet man für kleine Flächen, die Rauhbank für große (siehe *Werkzeuge im Haus*).

Man hobelt, indem man den Hobel möglichst zügig über die ganze Brettlänge durchzieht. Ob die abgerichtete Fläche eben ist, prüft man mit zwei Richthölzern, die man auf die Fläche legt. Wenn die Oberkanten der Hölzer parallel sind, ist die Fläche eben. Mit einer Abrichthobelmaschine kann man ein Brett in einem Arbeitsgang abrichten.

Sägeblatt abrichten Sind die Zahnspitzen eines Sägeblatts unterschiedlich hoch, richtet man das Sägeblatt ab, indem man die Zähne mit einer Flachfeile auf gleiche Höhe feilt. Anschließend muß man sie mit einer passenden Dreikantfeile wieder in gleiche Form bringen.

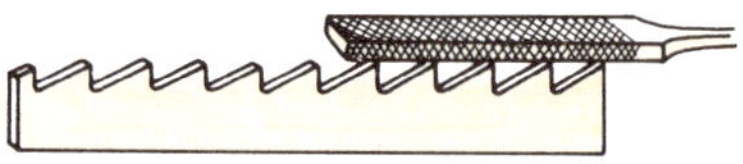

Abschleppen

Man stellt das Hilfsfahrzeug und den liegengebliebenen Pkw hintereinander auf und schaltet die Warnblinkanlage ein. Zum Abschleppen besitzen Fahrzeuge im Stoßstangenbereich kräftige Haken oder Ösen. Abschleppseile, -bänder oder -stangen dürfen nur an diesen Befestigungsstellen angebracht werden, damit das Auto nicht beschädigt wird. Die Beteiligten müssen sich nun über Hand- oder Hupsignale einigen.

Vor Beginn der Abschleppaktion schaltet man die Zündung des liegengebliebenen Fahrzeuges ein, damit das Lenkrad frei wird, und prüft die Funktion der Lichtanlage und Hupe. Das Abschleppauto startet man langsam und bringt dabei das Seil auf Spannung. Stets nur sehr langsam fahren. Vorsicht bei Fahrzeugen mit Servolenkung und -bremse: Bei stehendem Motor sind hohe Lenk- und Bremskräfte aufzubringen!

Das liegengebliebene Auto darf bis zur nächsten für das jeweilige Fabrikat geeigneten Werkstatt abgeschleppt werden.

Für Fahrzeuge mit Automatikgetriebe muß man einen Abschleppwagen kommen lassen.

Absenker

Sträucher, deren Stecklinge schlecht wurzeln, werden häufig durch Absenker vermehrt. Dazu gehören u.a. Haselnuß, Perückenstrauch, Heidelbeere, Brombeere und Schneeball. Am besten nimmt man Zweige, die im laufenden Jahr gewachsen sind, und senkt sie im Herbst ab. Immergrüne Sträucher können auch im Frühjahr abgesenkt werden.

Mit einem Messer wird ein biegsamer Zweig eingeschnitten und in feuchte, humusreiche Erde gelegt. An der verletzten Stelle biegt man den Trieb um und verankert ihn mit einem Stück Draht im Boden. Die Triebspitze wird an einen Stab gebunden. Dann deckt man die Knickstelle gut mit Erde zu und gießt gründlich. Im nächsten Jahr prüft man, ob sich Wurzeln gebildet haben. Ist dies der Fall, trennt man den Absenker von der Mutterpflanze ab und kultiviert ihn wie eine normale Jungpflanze weiter.

Abspielnadel

Die Abspielnadel eines Plattenspielers ist ein sehr empfindlicher Teil. Von ihm hängt es ab, wie klangtreu eine Schallplatte wiedergegeben wird. Nach beendetem Abspielen sollte man den Tonarm mit der Arretierklammer feststellen und die Nadelabdeckung aufsetzen.

Staub und Schmutz setzen sich auf jeder Schallplatte fest und bleiben beim Abspielen an der Nadel hängen. Man hört dies sehr deutlich, denn Schmutz an der Nadel beeinträchtigt die Wiedergabequalität in hohem Maße. Deshalb vor Abspielen einer Platte diese mit einer speziellen Schallplattenbürste oder einem Schallplattentuch reinigen, ebenso den Staub mit einem Pinsel für Tonabnehmernadeln entfernen (siehe auch *Schallplatten reinigen*).

Die Lebensdauer einer Abspielnadel ist nicht unbegrenzt. Einfache Saphire haben eine Lebensdauer von 50–70 Betriebsstunden, Diamantnadeln halten länger, unter normalen Betriebsbedingungen etwa 500 Stunden. Wenn die Tonwiedergabe gedämpft ist oder besonders hohe Frequenzen klirren, ist es Zeit, die Nadel von einem Fachmann überprüfen zu lassen. Es kann vorkommen, daß eine Nadel durch unsanftes Aufsetzen auf die Platte trotz weniger Betriebsstunden beschädigt ist. Wenn man sie ersetzt, in der Betriebsanleitung die Bezeichnung des Originalersatzteils suchen. Wie man die Nadel austauscht, unterscheidet sich von Gerät zu Gerät, deshalb in der Betriebsanleitung nachlesen.

Für gute Tonwiedergabe und Schonung der Schallplatten ist es wichtig, daß der Tonarm auf einen bestimmten Auflagedruck eingestellt wird. Ist dieser Druck zu gering, hebt die Nadel während des Spielens immer wieder ab. Ist er zu groß, kann die Platte beschädigt werden.

Abziehen

Mit stumpfen Schneidwerkzeugen kann man nicht gut arbeiten. Wenn die Schneiden von Stecheisen, Hobeleisen oder Schneidwerkzeugen anderer Art nur wenig abgenutzt sind, schärft man sie nach, indem man sie auf einem mit Wasser oder Petroleum angefeuchteten Ölstein oder auf einem Belgischen Brocken abzieht (siehe auch *Hobeleisen schärfen*). Stark abgestumpfte oder schartige Schneiden muß man an der Schleifscheibe nachschleifen. Es entsteht ein Grat, den man ebenfalls auf einem Ölstein abzieht. Dabei bewegt man wechselweise beide Seiten des Werkzeugs kreisförmig über den Stein.

Abziehen mit Schabwerkzeugen Holz- oder Lackflächen glättet man mit einer Möbelziehklinge; auch leichte Verschmutzungen lassen sich damit entfernen. Für geschweifte oder profilierte Werkstücke gibt es Schwanenhalsziehklingen. Für gröbere Arbeiten verwendet man eine halbrunde Fußbodenziehklinge (A) oder einen Ziehklingenhobel (B).

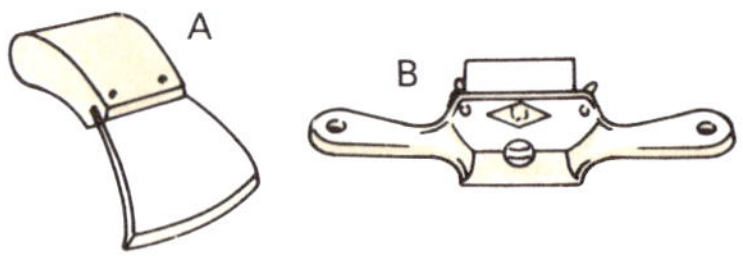

Achsantrieb

Den Ölstand im Achsantrieb sollte man im Rahmen der vom Hersteller vorgeschriebenen Inspektion prüfen lassen. Eine zusätzliche Kontrolle ist ratsam, wenn sich Leckstellen gebildet haben. Zur Prüfung stellt man das Fahrzeug auf eine Grube. Fehlt diese, muß man das Auto an allen vier Rädern anheben und so aufbocken, daß es vollkommen geradesteht. Nur dann kann man den Ölstand exakt kontrollieren.

Bei Fahrzeugen mit Heckantrieb erkennt man die Kontrollschraube meist am Deckel des Differentials im oberen Drittel. Man reinigt die Schrauben und den Deckel sorgfältig, achtet darauf, daß kein Schmutz in den Achsantrieb fällt, und dreht die Schraube heraus. Der Ölstand sollte nur geringfügig unter der Schaulochöffnung stehen. Am einfachsten geschieht die Kontrolle mit dem Finger.

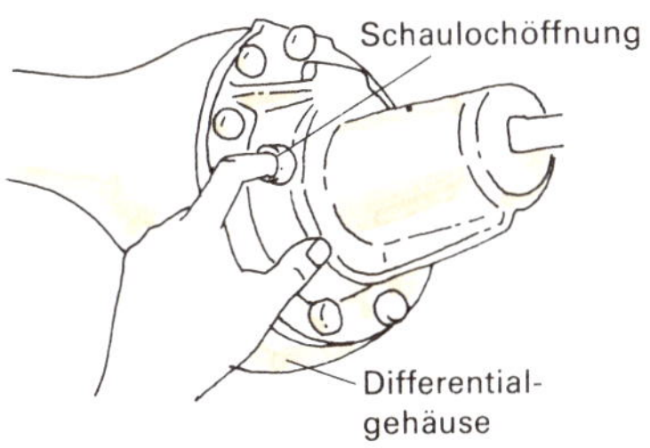

Ist das Loch zu klein, benutzt man einen sauberen Draht. Zum Nachfüllen benötigt man eine spezielle Pumpe, oder man füllt das Getriebeöl in eine weiche Plastikflasche und spritzt es in das Schauloch.

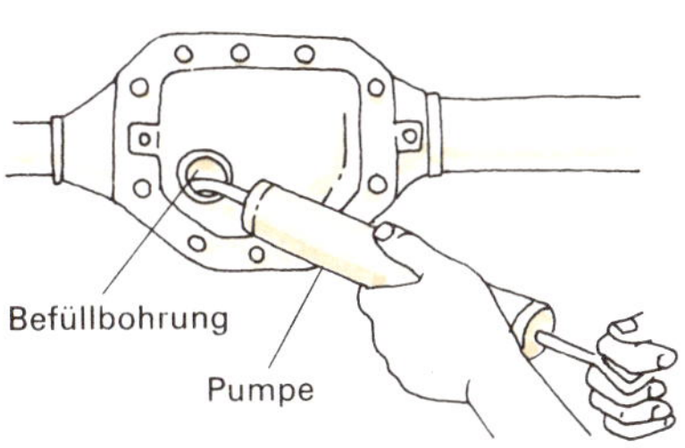

Die Prüfung bei Fahrzeugen mit Frontantrieb läuft ähnlich ab. Man findet die Kontrollbohrung in der Regel seitlich rechts und links am Getriebegehäuse. Da die meisten Fachwerkstätten das Achsantriebsöl heute nicht mehr routinemäßig wechseln, fehlt oft eine Ablaufbohrung. Man kann aber im Bedarfsfall das Öl über eine Gehäuseschraube oder die Befestigungsschrauben des Deckels am Differential ablassen. Dabei dreht man nur etwa eine oder zwei Schrauben am unteren Deckelrand heraus.

Zum Auffüllen benutzt man vom Hersteller vorgeschriebenes und frei gegebenes dickflüssiges Hypoidgetriebeöl.

Acrylglas

Dieses Kunstharzmaterial ist ein idealer Glasersatz und vielfältig verwendbar. Es ist leicht, zäh, witterungsbeständig und fast unzerbrechlich. Acrylglas gibt es farblos, farbig, durchsichtig, durchscheinend und undurchsichtig in vielen Formen und Stärken, z.B. als Platten, auch gewellt, als Rund- oder Vierkantstäbe. Man kann es sägen, feilen, bohren, fräsen, drehen, kleben und biegen. Biegen läßt sich das Material aber nur, wenn man es erwärmt, z.B. mit einer Gaslötlampe. Dabei muß man vorsichtig vorgehen, damit keine Risse oder Brandspuren entstehen. Am besten deckt man die Biegestelle rechts und links mit Metallstreifen ab, damit nur sie erwärmt wird. Außerdem sollte sie hohl liegen. Als Biegevorrichtungen dienen z.B. Holzleisten oder Kanthölzer, Rundstäbe usw.

Die Anwendungsgebiete reichen vom Innenausbau, z.B. als Treppenverkleidung unter Handläufen, bis zu kunstgewerblichen Gegenständen aller Art.

Vinylglas Auch dieses Kunstharzprodukt gibt es farbig oder farblos und glatt oder gewellt. Es läßt sich sägen und bohren und wird hauptsächlich für lichtdurchlässige Dächer verwendet.

Actionfotos

Mit einer schnellen Verschlußzeit, etwa $^1/_{1000}$ s, schafft man es in den meisten Fällen problemlos, scharfe Fotos von sich schnell bewegenden Objekten zu erhalten. Dazu benötigt man allerdings ausreichend Licht. Man kann aber auch eine langsamere Verschlußgeschwindigkeit wählen, z.B. $^1/_{250}$ oder gar $^1/_{125}$ s, wenn man den Höhepunkt der Bewegung genau abwartet und dann den Auslöser der Kamera betätigt. Wenn ein Golfspieler beispielsweise zum Schlag ausholt, hält er den Schläger für Sekundenbruchteile ruhig. Drückt man genau in diesem Moment ab, wird das Bild bestimmt scharf. Auch einen Tennisspieler beim Aufschlag kann man so fotografieren.

Um ein vorbeifahrendes Auto o.ä. scharf abzulichten, verfolgt man das Motiv mit der Kamera, d.h., man zieht diese mit und löst dann aus. Dabei wird der Hintergrund, an dem die Kamera ja sehr rasch vorbeizieht, unscharf abgebildet, das sich bewegende Motiv dagegen scharf. Zum Mitziehen muß man das Motiv, wenn es sich nähert, im Kamerasucher erfassen und sich dann mit dem Oberkörper so drehen, daß das bewegte Motiv ständig an derselben Stelle im Sucher bleibt.

Aufnahmen von bewegten Objekten in Innenräumen lassen sich mit Hilfe eines Elektronenblitzes noch einfacher bewerkstelligen, da dieser einer sehr schnellen Verschlußzeit entspricht (etwa $^1/_{500}$ s oder kürzer). Allerdings muß man die Entfernung beachten, für die die Lichtmenge des Blitzgerätes ausreicht.

Siehe auch *Sportaufnahmen*.

Aerobes Training

Das Wort „aerob“ bedeutet „mit Sauerstoff“, bezeichnet also Körperübungen, bei denen Sauerstoff gebraucht wird. Dazu gehören alle Sportarten usw., die Ausdauer erfordern und bei denen große Muskelgruppen rhythmisch beansprucht werden, z.B. Jogging (siehe dort), Wandern, Schwimmen, Skilanglauf, Seilspringen, Stufensteigen, Radfahren und auch intensiv betriebener Tanzsport (siehe auch *Sport und Gesundheit*). Damit aerobes Training voll zur Geltung kommt, muß man ein Übungsprogramm von jeweils mindestens 20 Minuten dreimal in der Woche durchführen. Das Ziel ist es, den Herzschlag auf eine sogenannte Belastungsstufe zu steigern und dann auf dieser Stufe mindestens 20 Minuten lang zu halten; dazu siehe *Fitneß*.

Aerobes Training kräftigt das Herz, vergrößert die Kapazität der Lunge und führt zu niedrigerem Puls und Blutdruck. Der Gefahr einer Thrombose sowie eines Herzinfarkts wird entgegengewirkt. Schließlich wird durch ein aerobes Training ein Bestandteil des Stoffwechsels vermehrt, der arteriosklerotischen Veränderungen in den Gefäßen vorbeugt. Nicht zuletzt werden durch aerobes Training zusätzliche Kalorien verbraucht. Es verleiht ein deutlich gesünderes Aussehen, steigert Energie und Leistungsfähigkeit und verlangsamt in funktioneller Hinsicht den Alterungsprozeß.

Aids

Aids ist die Abkürzung für acquired immune deficiency syndrome (erworbene Abwehrschwäche), d.h., die körpereigene Abwehr des Betroffenen ist so geschwächt, daß die überall vorhandenen Krankheitskeime, mit denen der Mensch normalerweise fertig wird, zu schweren Erkrankungen und schließlich zum Tod führen können. Die Ursache der Krankheit ist ein Virus. Nicht alle Angesteckten erkranken später tatsächlich an Aids. Erste Symptome der Krankheit sind ein allgemeines Unwohlsein, Leistungsabfall und leichte Ermüdbarkeit, Übelkeit, Fieber, Appetit- und Gewichtsverlust, stärkeres Schwitzen, Nachtschweiß, Durchfälle und Lymphknotenschwellungen. Ein Arzt ist sofort aufzusuchen.

Ansteckungsgefahr Das ansteckungsfähige Virus befindet sich vor allem im Blut und im Sperma. Eine Übertragung ist möglich, wenn infektiöses Blut oder Sperma in die Blutbahn gelangt; dazu genügen schon kleine Verletzungen der Schleimhaut, die man oft gar nicht bemerkt. Das Virus wird beispielsweise durch intime Kontakte (Geschlechtsverkehr) mit Personen übertragen, die sich bereits angesteckt haben. Die Gefahr einer Ansteckung beim Küssen ist gering, es sei denn, es kommt eine Verletzung der Mundschleimhäute, Zahnfleischbluten o.ä. hinzu.

Drogensüchtige können sich durch die Übertragung von Blutbestandteilen bei der gemeinsamen Benutzung von Injektionsbestecken anstecken.

Eine Ansteckung ist durch Händeschütteln, Umarmen, Anhusten und Anniesen, gemeinsame Toiletten-, Bad- oder Saunabenutzung, den Gebrauch von gemeinsamem Eßgeschirr o.ä. nicht möglich, da das Virus außerhalb des Körpers leicht zerstört wird. Die normalen Hygiene- und Desinfektionsmaßnahmen in Schwimmbädern, bei der Massage, der Fußpflege usw. sind vollkommen ausreichend. Weder beim Arzt, beim Zahnarzt noch beim Blutspenden kann man sich anstecken. Alle Blutspenden werden geprüft, damit auch Bluttransfusionen keine Gefahr mehr darstellen. Das Risiko für die Durchschnittsbevölkerung ist also gering.

Vorbeugung Wahllose Sexualkontakte und intime Kontakte mit bereits Infizierten sowie intravenösen Drogenmißbrauch vermeiden; im Zweifelsfall beim Geschlechtsverkehr Präservative verwenden; Gegenstände der täglichen Hygiene wie Zahnbürste, Rasierapparat, Nagelschere nicht mit Infizierten teilen. Zur Stärkung der Abwehrkräfte auf ausgewogene und gesunde Ernährung achten; für genügend Schlaf und Bewegung sorgen; Alkoholkonsum und Rauchen einschränken; sich keiner extremen UV-Bestrahlung (etwa im Solarium) aussetzen.

Weitere Informationen erhält man in der Bundesrepublik Deutschland über die Deutsche AIDS-Hilfe e.V., Bundesplatz 11, 1000 Berlin 31, oder die örtlichen AIDS-Hilfegruppen; in Österreich über die Österreichische AIDS-Hilfe, Wickenburggasse 14, A-1080 Wien.

Akne

Etwa 80% aller Teenager leiden irgendwann einmal an Akne. Die Talgdrüsen des Betroffenen reagieren auf Geschlechtshormone mit einer Überproduktion von Talg und mit einer Verengung der Ausführungsgänge. Die Poren verstopfen, und es bilden sich Mitesser. Wenn sich die verstopften Poren entzünden, bildet sich Eiter, das umliegende Gewebe entzündet sich auch, und es entstehen Pickel und Pusteln oder schmerzhafte Knötchen unter der Haut.

Leichte Akne Leichtere Aknefälle (mit Mitessern und Pickeln) treten während ein oder zwei Jahren auf und erfordern meist keine Behandlung durch Medikamente oder einen Facharzt. Das beste Heilmittel ist Sauberkeit. Man wäscht das Gesicht zweimal täglich mit einer unparfümierten oder medizinischen Seife, damit sich kein Hautfett ansammeln kann. Anschließend wird mit lauwarmem Wasser nachgespült. Häufigeres Waschen sollte man möglichst vermeiden, denn dadurch wird die Haut unnötig gereizt. Auch die Haare werden regelmäßig mit einem medizinischen Shampoo gewaschen.

Rezeptfreie Cremes und Mittel zum Einreiben enthalten Benzoylperoxid und helfen in leichteren Fällen, man sollte sie aber nicht weiterverwenden, wenn die Haut dadurch zu stark austrocknet oder rissig wird. Die Hände vom Gesicht möglichst fernhalten. An Aknepickeln nicht drücken oder kratzen; sie vergrößern und entzünden sich dadurch noch mehr, und es bleiben später Narben zurück. Mädchen sollten keine oder nur medizinische Kosmetika verwenden. Außerdem möglichst keinen Pony tragen, da sich unter dem ins Gesicht fallenden Haar leichter Pickel bilden. Viel Sonnenlicht bringt oft Besserung. Im Winter können die Strahlen einer Ultraviolettlampe beinahe den gleichen Zweck erfüllen (vorher den Arzt fragen). Früher glaubte man, daß bestimmte Speisen wie Schokolade, Käse, Nüsse und gebratenes Fleisch die Akne begünstigen. Obwohl sich diese Theorie im allgemeinen nicht bestätigt hat, sollte der Betroffene beobachten, ob nicht die eine oder andere Speise bei ihm die Akne verstärkt, und die Kost entsprechend umstellen.

Die Akne ist zwar nur sehr selten gesundheitsbedrohlich, kann aber das Selbstbewußtsein empfindlich stören. Wenn dies zum Problem wird, sollte man ärztlichen Rat einholen.

Schwere Akne Bei anhaltender Akne und in schweren Fällen sollte man einen Arzt aufsuchen. Wenn Pickel und Pusteln häufig auftreten und nicht behandelt werden, können häßliche Narben zurückbleiben.

Allergien

Allergien sind unerwünschte Abwehrreaktionen des Körpers gegen bestimmte Stoffe – Staub, Pollen, Nahrungsmittel, Medikamente, Bestandteile von Waschmitteln usw. Die Erscheinungsformen einer allergischen

Abwehrreaktion können sehr unterschiedlich sein: Juckreiz, Hautausschläge, Darmentzündung, Bronchitis (chronischer Hustenreiz), Asthmaanfälle, Schnupfen, anhaltendes Niesen, Bindehautentzündung der Augen.

Tritt eines dieser Symptome wiederholt auf, ohne daß eine andere Ursache eindeutig vorliegt, geht man zum Hautarzt oder Allergologen, der durch Tests in den meisten Fällen feststellen kann, welches Allergen die Reaktion auslöst, und die entsprechende Behandlung einleitet.

Siehe auch *Ekzem; Heuschnupfen; Hitzeausschlag; Insektenstiche; Juckreiz; Nesselsucht.*

Alpenveilchen

Von September bis kurz nach Weihnachten werden die violett, weiß, rot oder rosa blühenden Alpenveilchen angeboten. Man stellt die Pflanzen an einen hellen, jedoch nicht vollsonnigen Standort. Die Pflanzen bevorzugen eine Temperatur von 13–16°C und eine hohe Luftfeuchtigkeit. Man gießt die Alpenveilchen von unten, indem man Wasser in den Untersetzer oder Übertopf gibt. Nach ungefähr zehn Minuten läßt man die Pflanze abtropfen. In der Hauptwachstums- und Blütezeit gibt man alle zwei Wochen einen Flüssigdünger.

Verwelkte Blüten und vergilbte Blätter werden mit dem Stiel entfernt. Man dreht die Stiele etwas und reißt sie mit einem kräftigen Ruck ab. Abgeblühte Pflanzen werden meist weggeworfen, da sie erst im folgenden Herbst und Winter wieder blühen. Will man sie weiter kultivieren, schränkt man die Wassergaben ein, bis die Blätter vergilben, und gießt dann gar nicht mehr. Die Knollen bleiben in den Töpfen an einem nicht zu feuchten, kühlen Ort im Freien bis zum Austriebsbeginn im Herbst. Dann wird in frische Erde umgetopft. Nun stellt man die Pflanzen an einen hellen, kühlen Ort und gießt mäßig. Nicht immer gelingt es, Alpenveilchen wieder zur Blüte zu bringen.

Alpinski pflegen

Belag Als erstes prüft man die Lauffläche. Kleine Mängel kann man mit der Ziehklinge korrigieren. Dazu spannt man den Ski mit der Lauffläche nach oben möglichst in einen Schraubstock ein. Die Klinge setzt man im Winkel von etwa 45° an und zieht sie in langen Strichen von der Skispitze zum Ende hin über die Lauffläche. Bevor die Klinge wieder angesetzt wird, entfernt man das abgeschabte Belagmaterial. Sind bereits größere Unebenheiten zu sehen, läßt man den Belag am besten im Fachgeschäft auf einer Steinschleifmaschine überarbeiten. Nach der Behandlung sollten Kunststoffbelag und Kanten eine vollkommen ebene Fläche bilden. Auch die Sicherheitsbindung läßt man im Fachgeschäft überprüfen und einstellen.

Kanten Als nächstes werden die Kanten nachgeschliffen, um eine möglichst gute Skiführung zu erreichen. Dazu gibt es besondere Geräte, die aus einem Kunststoffhalter mit integrierter Feile bestehen. Die meisten Ski haben ein Kantenprofil von 90°. Ist ein Spezialschliff, etwa eine abgehängte Kante, vorgesehen, braucht man einen variablen Kantenschleifer, den man entsprechend einstellt. Damit der Ski nicht durch zu scharfe Kanten verschneidet, bleibt nur der Bereich in der Skimitte scharf. Auf diese scharfe Zone folgt ein kurzes Stück mit gebrochener Kante.

Im Bereich der Skispitze und am Skiende wird die Kante sogar angefast. Dazu gibt es spezielle Entgrater und Kantenfinisher. Wie weit man die Kanten anfast oder bricht, hängt vom Fahrkönnen ab. Je geringer die Fahrpraxis, desto länger müssen die Anfas- und die gebrochene Zone sein.

In dieser Bearbeitungsphase prüft man noch einmal das Belagmaterial. Größere Fehler, die sich durch den Einsatz der Ziehklinge nicht ausschleifen ließen, kann man mit Polystrips ausbessern. Die Kunststoffstreifen werden aufgebügelt. Dafür verwendet man am besten ein ausrangiertes Bügeleisen, das nicht mehr für die Wäsche benötigt wird.

Wachsen Viele Alpinskifahrer übersehen, daß auch der Alpinski durch Wachsen deutlich schneller läuft und sich leichter drehen läßt. Ein gewachster Ski läßt sich auch sicherer führen, und man spart Muskelkräfte.

Bei der generellen Überholung nimmt man ein Universalwachs, das für alle Schneeverhältnisse geeignet ist, oder verbraucht die Reste von der vorigen Saison.

Am einfachsten lassen sich Wachse aus der Spraydose auftragen. Nach dem Aushärten muß man sie mit einem Tuch aufpolieren. Bei der (am besten vom Fachmann ausgeführten) Heißwachsmethode sollte der Ski stets trocken sein. Das Wachs wird erhitzt, auf die Lauffläche geträufelt, mit der Ziehklinge abgezogen und dann gebügelt; dabei muß man darauf achten, daß man eine Temperatur von etwa 120°C nicht überschreitet. Nach dem Wachsen behandelt man den Ski noch einmal mit der Ziehklinge und legt die Laufrille, sofern eine vorhanden ist, frei (siehe auch *Ski wachsen*).

Auch für die Skioberfläche gibt es spezielle Konservierungsmittel, die unschöne Kratzer verschwinden lassen.

Empfehlenswert ist eine gründliche Ski-Inspektion in einem Fachgeschäft vor Beginn jeder Saison.

Bindung Ältere Skibindungen kann man mit Bindungsspray schützen. Moderne Bindungen sind normalerweise wartungsfrei.

Transport Falls im Wageninneren kein Platz ist, befestigt man die Ski in Spezialgepäckträgern (Skispitzen immer nach hinten!) auf dem Autodach. Unbedingt erforderlich ist es, sie zum Schutz vor Korrosionsschäden durch Streusalz in Skisäcken oder Skikoffern zu verstauen.

Altölentsorgung

Am einfachsten ist die Altölentsorgung an einer Tankstelle, wenn man dort neues Öl kauft. Auch die meisten Gemeinden oder Städte besitzen Altöl-Erfassungsstellen; um nähere Auskünfte zu erhalten, genügt ein Anruf bei der kommunalen Verwaltungsbehörde. Auch die Automobilclubs informieren über die Altölabnahme.

Auf keinen Fall darf man Altöl ins Erdreich einsickern lassen, da dadurch das Grundwasser gefährdet wird.

Aluminiumfolie

Diese Haushaltsfolie aus reinem Aluminium läßt sich vielseitig verwenden, denn sie ist geschmacksneutral, undurchlässig, schützt gegen Licht,

Feuchtigkeit und vor Verdunstung. Aluminiumfolie ist in verschiedenen Qualitäten im Handel; starke sind fast immer den dünnen vorzuziehen, da diese sehr leicht reißen.

Man kann in der Folie Lebensmittel verpacken, die man in der Gefriertruhe lagern will (siehe *Einfrieren*), besonders geeignet aber ist sie, um darin Gerichte, vor allem Gemüse und Fisch, fettarm und schonend zu dünsten oder zu schmoren. Folie eignet sich für das Garen im Backofen ebenso wie auf dem Elektro- oder Holzkohlengrill, da die Speisen saftig bleiben und auch bekömmlicher sind (siehe auch *Grillen auf dem Rost*). Das Folienstück muß so groß sein, daß man das Füllgut locker darin einschlagen kann. Ausnahmen sind Gemüse oder Früchte, die man in der Schale gart, etwa Bananen oder Kartoffeln; sie kann man fest einwickeln.

Bei Speisen mit geringem Eigengehalt an Fett die Folie vorher leicht mit Öl einpinseln. Die stumpfe Seite der Folie kommt nach außen, die glänzende nach innen, denn sonst würde sie die Hitze zu stark reflektieren. In der Folie haben Lebensmittel ohnehin eine bis zu einem Drittel längere Garzeit.

Nur vorsichtig würzen, denn die Speisen entfalten in der Folie ihren vollen Eigengeschmack. Die Aluminiumfolie nie direkt auf den Boden des heißen Backofens, sondern immer auf einen Rost in mittlerer Einschubhöhe legen; sie könnte sonst festkleben und den Ofen beschädigen. Die Folie nach dem Garen sehr vorsichtig öffnen, denn es kann heißer Dampf entweichen.

Siehe auch *Silberpflege*.

Ampelpflanzen

Ampeln mit hängenden oder rankenden Pflanzen bilden im Zimmer wie im Garten einen reizvollen Blickfang. Als Ampelgefäße eignen sich Kunststoff-, Keramik- oder Tontöpfe mit eingebauten Abtropfschalen, Drahtkörbe mit Abtropfschalen oder normale Blumentöpfe mit Untersetzern. Eine große Auswahl findet man im Blumengeschäft.

Zum Bepflanzen einer Ampel hakt man einige Ketten der Aufhängung aus. Der Korb wird mit einer 10 cm dicken feuchten *Sphagnum*-Schicht ausgeschlagen. Darauf kommt eine Plastikfolie mit Dränagelöchern. Auf die Plastikfolie wird Erde geschüttet. Die überstehenden Ecken der Plastikfolie rundet man ab. Pflanzen mit hängenden Trieben werden an den Rand der Ampel gesetzt. Aufrecht wachsende Pflanzen setzt man in die Mitte. Alle Pflanzen in der Ampel sollten ähnliche Ansprüche an die Pflege und die Lichtverhältnisse stellen.

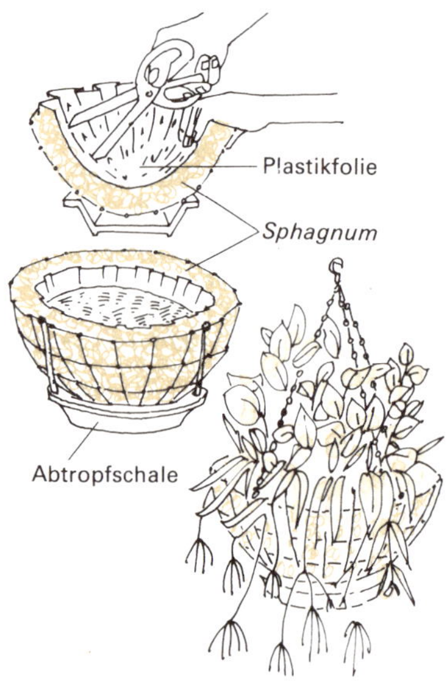

Die Ampel wird mit Ketten oder Schnüren an einem Deckenhaken oder einem Wandarm aufgehängt. An hochhängenden Ampeln bringt man eine Kette mit Laufrollen an, damit man die Ampeln zum Gießen herablassen kann.

Ampelpflanzen brauchen die gleiche Pflege wie andere Zimmerpflanzen. Im Abstand von wenigen Tagen kontrolliert man die Erde und gießt bei Bedarf. Alle zwei oder drei Wochen werden die Hängepflanzen gedreht, damit sie von allen Seiten gleich viel Licht bekommen.

Geeignete Ampelpflanzen An hellen Plätzen ohne direkte Sonne kann man Efeutute, Frauenhaarfarn, Grünlilie, Zebrakraut und Zierspargel kultivieren. Einige Pflanzen brauchen jedoch nicht nur einen hellen Platz, sondern auch ein paar Stunden am Tag direktes Sonnenlicht. Dazu gehören unter anderem die buntblättrigen Sorten des Efeus, Efeupelargonie, Fetthenne *(Sedum sieboldii)*, Judenbart, Leuchterblume, Pfeffer und *Setcreasea*. An halbschattigen Plätzen gedeihen Hängebegonien, Hängefuchsien und Kanonierblume.

Ananas schneiden

Zunächst schneidet man vom Fuß der Frucht eine Scheibe ab, dann halbiert man die Ananas einschließlich des Schopfes. Beide Hälften schneidet man noch einmal längs durch und löst dann von jedem Viertel den harten Mittelteil, den Strunk, aus. Erst dann löst man das Fruchtfleisch von der Schale, wobei man nicht zu dicht an der Schale schneiden sollte. Das ausgelöste Fruchtfleisch teilt man in Segmente, die man bis zum Verzehr auf der Schale liegen läßt, damit sie nicht austrocknen.

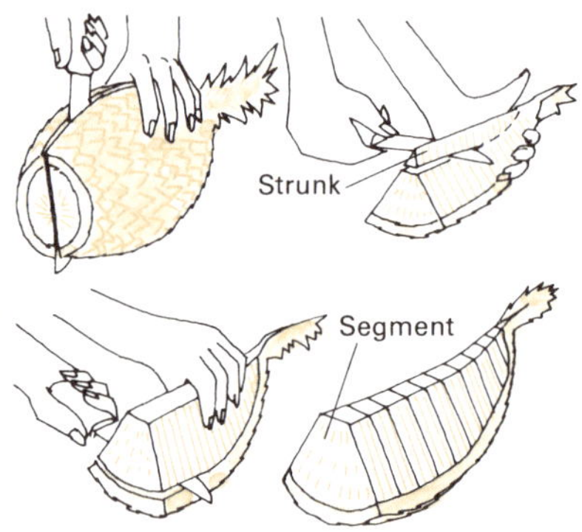

Frische Ananas enthalten ein eiweißspaltendes Enzym, Bromelin, weshalb man sie nicht für Speisen verwenden kann, die mit Gelatine zubereitet werden. Dafür eignen sich nur Dosenfrüchte.

Angst

Angst vor einer konkreten Gefahr ist eine gesunde Reaktion. Sie gilt erst als krankhaft, wenn sie ohne ersichtlichen Grund auftritt und die Angstsymptome sich störend auswirken. Angstsymptome können sich zeigen als Teilnahmslosigkeit, Schwäche und Müdigkeit, Kopfschmerzen, Nervosität, Schlaflosigkeit, Depressionen, die meist nachts auftreten, unerklärliche Schmerzen, die in verschiedenen Körperteilen vorkommen können, Panik oder Herzklopfen, Übelkeit und Erbrechen. Seelische Konflikte, Streß,

Existenz- und Erwartungsängste können diese Symptome verursachen.

Der Betroffene sollte zunächst versuchen, die Ursache für seine Angstzustände herauszufinden. Dies kann er meist am besten in vertrauensvollen Gesprächen mit Freunden oder Familienangehörigen tun. Auch autogenes Training (siehe dort) oder Entspannungsmeditation (siehe *Meditation*) kann helfen, die innere Ruhe wiederherzustellen. Werden die Angstzustände durch diese Maßnahmen nicht behoben oder klingen nach einigen Wochen nicht ab, muß man einen Arzt oder Psychotherapeuten aufsuchen.

Andere sollten dem Betroffenen Verständnis und Geduld entgegenbringen und ihm das Gefühl geben, daß man seine Angst ernst nimmt.

Anhalten und Anhalter

Autofahrer sind verpflichtet, an einem Unfallort anzuhalten und Erste Hilfe zu leisten. Bei klar überschaubaren Situationen wird sich kein verantwortungsbewußter Mensch dieser Aufgabe entziehen, doch im Einzelfall ist Vorsicht angezeigt, wenn z.B. Anhalter durch Winken um Mitnahme oder Hilfe bitten, ohne daß ein Unfall oder eine andere Notlage erkennbar ist. In einem solchen Fall ist es ratsam, die Fahrgeschwindigkeit zu reduzieren, alle Türen zu verriegeln, das Fenster für das Gespräch nur einen Spaltbreit zu öffnen und zuerst nach den Wünschen zu fragen, denn bekanntlich werden oft Überfälle auf diese Weise verübt. Bei Unklarheiten sollte man gleich weiterfahren und im nächsten Ort die Polizei oder den Pannendienst informieren.

Wer häufig Anhalter mitnimmt, sollte zusätzlich zur Haftpflichtversicherung eine Insassenversicherung haben.

Anhänger

Jeder Anhänger hat je nach Einsatzart seine besondere Ausrüstung, die speziell geprüft werden muß. Bei allen kontrolliert man vor Fahrbeginn die Papiere, die Beleuchtung des Nummernschilds sowie den Verbindungsstecker zum Zugfahrzeug. Mindestens alle vier Wochen sollte der Reifenluftdruck geprüft werden. Bordwände, Bordwandhaken und die Kupplung sind auf Schäden zu untersuchen. Beginnt der Aufbau zu rosten, wird dieser gesäubert und mit Korrosionsschutzfarbe gestrichen.

Bootsanhänger wartet man vor Beginn und nach Ende der Saison. Kupplung, Auflaufbremse und Radlager werden geprüft und eventuell gefettet. Die Bootsauflagen kontrolliert man auf Verschleiß und untersucht die Befestigungsgurte für das Boot. Auch die Beleuchtung mit der elektrischen Steckverbindung wird geprüft. Der Reifenluftdruck ist auf das vorgeschriebene Maß zu bringen.

Nach der Saison wird der Bootsanhänger gründlich mit klarem Wasser gereinigt. Dies gilt besonders dann, wenn das Boot und der Anhänger im Salzwasser eingesetzt waren.

Der Reifenluftdruck wird um etwa 1,5 bar für die Standzeit erhöht.

Fahrtechnik Mit angekuppeltem Anhänger ändert sich das Fahrverhalten eines Pkws. Um dies zu testen, sucht man sich eine ruhige Straße oder den leeren Parkplatz eines Einkaufszentrums aus und prüft, wie der Anhänger auf Lenk- und Bremsvorgänge reagiert. Bei dieser Gelegenheit sollte man auch die Wirkung der Auflaufbremse testen.

Beim Rückwärtsfahren, z.B. beim Einparken, wird der Anhänger wie hier abgebildet reagieren. Diese Fahrtechnik sollte man üben. Sie bewährt sich auch, wenn man ein Boot zu Wasser läßt. Hier sollte man Anhänger und Zugfahrzeug gerade ausrichten und dann langsam rückwärts fahren, ohne mit dem Lenkrad größere Korrekturen vorzunehmen.

Gewöhnungsbedürftig ist auch das

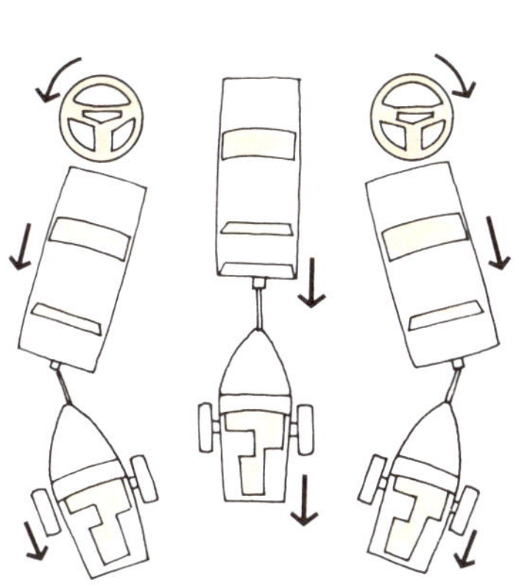

Verhalten von Zugfahrzeug und Anhänger bei hoher Geschwindigkeit. Ein Wohnwagen kann bei Seitenwind den Zug zum Schlingern bringen. Hier muß man mit vorsichtigen Lenkbewegungen ausgleichen und gegebenenfalls den Zug heftig abbremsen. Gegen das Schlingern hilft ein Schlingerdämpfer, den man an der Anhängerkupplung anbringen kann.

Beim Fahren sollte man unbedingt große Sicherheitsabstände einhalten, da sich der Bremsweg, besonders bei ungebremsten Anhängern, erheblich vergrößern kann.

Anonyme Anrufe

Wenn sich bei einem Anruf der Anrufer nicht zu erkennen gibt, sondern nur schwer atmet, obszöne Bemerkungen macht oder Verleumdungen und Drohungen ausspricht, gibt man am besten keine Antwort und legt den Hörer schnell und ruhig wieder auf. Jeder Ausdruck von Zorn, Angst oder Abscheu – allein schon, wenn man den Hörer wütend auf die Gabel wirft – könnte den Unbekannten ermutigen, wieder anzurufen.

Kindern schärft man ein, sich in gleicher Weise zu verhalten. Sie dürfen auch niemals einem Anrufer verraten, daß ihre Eltern nicht zu Hause sind, sondern sollten etwa sagen: „Meine Mutter kann im Moment nicht ans Telefon kommen. Soll sie zurückrufen?" Einem unbekannten Anrufer sollte man weder Namen, Anschrift noch andere Details nennen. Außenstehenden gegenüber erwähnt man diese Anrufe nicht; sie könnten von einer Person aus dem Bekanntenkreis kommen, die dann zu erneuten Anrufen ermuntert wäre, weil man sich belästigt fühlt.

Wenn die Anrufe nicht aufhören, verständigt man die Polizei. Man kann auch bei der Post gegen eine bestimmte Gebühr eine Fangschaltung beantragen.

Anrede und Begrüßung

In den meisten Ländern (außer den angelsächsischen) redet man sich üblicherweise mit Sie und Familiennamen an. Generell grüßt der Jüngere den Älteren, der Untergebene den Vorgesetzten, der Herr die Dame.

Männer werden grundsätzlich mit „Herr", verheiratete Frauen mit „Frau" angeredet. Heute wird eine junge unverheiratete Frau meist gefragt, wie sie angeredet werden möchte. Im Zweifelsfall benutzt man die Anrede „Frau".

Ein akademischer Titel wird als Namensbestandteil verwendet. So heißt es: „Guten Tag, Herr Doktor Meier." Seine Ehefrau hingegen, die keinen Titel hat, wird nicht mit dem Titel ihres Ehemannes angesprochen. Selbstverständlich gilt diese Regel auch umgekehrt.

Im Arbeitsleben ist es heute nicht mehr üblich, Anreden wie „Herr Direktor" zu verwenden. Der Vorgesetzte wird vielmehr mit „Herr" bzw. „Frau" und dem Familiennamen angeredet.

Geistliche Würdenträger werden mit ihrem entsprechenden Titel angeredet: „Herr Pastor", „Herr Vikar", „Schwester Oberin" usw.

Im behördlichen Bereich, in Ämtern und Institutionen der Bundesrepublik Deutschland sind Anreden wie „Herr Oberregierungsrat", „Herr Amtmann" usw. zumindest in größeren Städten unüblich geworden. Lediglich auf höchster ministerieller und staatlicher Ebene werden die entsprechenden Personen mit ihrem Titel angeredet, z.B. „Herr Bundeskanzler", „Herr Minister". Es ist dann Sache dieser Personen, im Gespräch darum zu bitten, ihren bürgerlichen Namen in der Anrede zu verwenden. In Österreich wird die Amtsbezeichnung in der Anrede generell verwendet.

Im Schriftverkehr gelten ähnliche Regeln. Zu beachten ist allerdings stets, daß in der Anschrift eines Briefes der korrekte und vollständige Titel der angeschriebenen Person aufgeführt wird. In der brieflichen Anrede wird dann die Person entweder mit Namen oder aber mit Titelzusatz („Sehr geehrter Herr Professor Müller") angesprochen.

Herren, die einen Hut tragen, lüften diesen höflicherweise bei einer Begrüßung. Damen behalten den Hut stets auf. Handschuhe brauchen bei der Begrüßung nicht ausgezogen zu werden. Trägt einer der Beteiligten keine Handschuhe, dann zieht der andere seinen Handschuh zum Händedruck aus.

Der Handkuß ist bei der Begrüßung ein wenig aus der Mode gekommen. Um einen Handkuß richtig zu geben, wird die von der Dame gereichte Hand vom Herrn nicht hochgehoben, sondern er neigt sich über die etwa in Hüfthöhe gehaltene Hand und deutet einen Kuß auf den Handrücken an. Personen, die sich besser kennen, insbesondere Verwandte, können sich mit Wangenkuß begrüßen.

Grundsätzlich bietet der Ältere, Höherrangige das Du an. Kein Problem ist das Du zwischen jungen Leuten, die eine gemeinsame Berufs- oder Schulausbildung machen, und zwischen Verwandten.

Siehe auch *Bekannt machen.*

Anreißen

Auf Holz überträgt man Meßpunkte, Winkel usw. entweder mit scharf gespitztem Bleistift oder mit dem Spitzbohrer. Auf Metallen verwendet man hauptsächlich die Reißnadel. Auf Glas, Keramik, Kunststoffen sowie auf anderen Materialien mit harter Oberfläche benützt man einen dünnen Faserstift.

Rechte Winkel reißt man mit dem Anschlagwinkel an, beliebige Winkelschrägen mit der Winkelschmiege; beide gibt es in Holz-, Metall- oder kombinierter Ausführung. Holzwinkel können sich verziehen; man muß sie daher von Zeit zu Zeit prüfen und gegebenenfalls nachrichten.

Mit dem Richtscheit, einer geraden Leiste aus Holz oder Metall, zieht man lange Striche oder prüft Werkstücke auf Ebenheit. Der Stechzirkel ist unentbehrlich, wenn man Rundungen anreißen, Strecken teilen und übertragen oder wenn man Winkel konstruieren muß. Für größere Radien verwendet man einen Stangenzirkel, den man aus einer Leiste selber macht, oder eine Schnur, einen Nagel und einen Bleistift.

Mit dem Winkelmesser (Transporteur) mißt man Winkel nach Graden, die man mit der entsprechend eingestellten Winkelschmiege überträgt.

Bohrlöcher reißt man auf Metall an, indem man mit Körner und Hammer leicht vorschlägt; auf Holz oder Kunststoff sticht man mit einem Spitzbohrer vor.

Parallele Striche kann man auf Holz sehr genau mit einem Streichmaß ziehen. Es gibt Streichmaße mit zwei oder vier Maßskalen. Um auf harten Oberflächen Rißlinien deutlich sichtbar zu machen, werden die Flächen mit trockener Kreide oder Anreißfarbe (ersatzweise Filzstift) bestrichen.

Wenn man einen sehr großen rechten Winkel, z.B. auf einem Grundstück, anreißen will, nimmt man eine 3 m und eine 4 m lange Latte und legt sie nach Augenmaß an den Ecken rechtwinklig zusammen. Wenn die Strecke zwischen ihren freien Enden 5 m beträgt, stimmt der rechte Winkel; ist sie kürzer oder länger, schiebt man die Latten auseinander oder zusammen, bis die Strecke 5 m mißt. Dieses Verhältnis 3:4:5 ergibt, in dieser Form abgetragen, mit beliebig langen, aber gleichen Teilstrecken immer einen rechten Winkel.

Siehe auch *Werkzeuge im Haus.*

Anstriche, fehlerhafte

Bei Farbanstrichen können verschiedene Fehler auftreten, die unterschiedliche Ursachen haben.

Risse Wenn man auf eine noch nicht trockene Farbschicht eine zweite aufträgt, bilden sich schachbrettartig angeordnete Risse. Sie können aber auch bei Farbschichten auftreten, die sich unterschiedlich ausdehnen. Bei leichterer Rißbildung schleift man die Fläche ab und überspachtelt die Risse. Sind die Risse stark ausgeprägt, entfernt man die Farbe (siehe *Abbeizen; Farbe entfernen*).

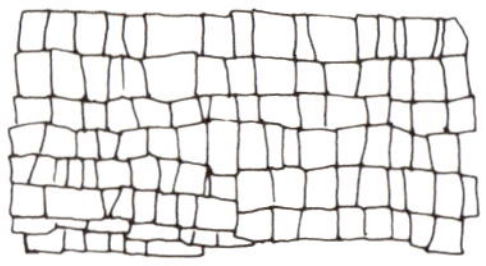

Rißbildung

Blasen Starke direkte Sonneneinstrahlung kann Blasen hervorrufen, die schon kurz nach dem Streichen auftreten. Sie entstehen, weil die Farboberfläche antrocknet, bevor die eingeschlossenen Lösungsmittel verdunsten können. Wenn die Farbe trocken ist, kratzt man die Blasen ab, schleift die Stellen von Hand und überstreicht sie zu einer kühleren Tageszeit. Bilden sich später Blasen, ist

Blasenbildung

dies meist auf Feuchtigkeit im Holz zurückzuführen. Dann entfernt man den Anstrich (siehe *Farbe entfernen*), läßt das Holz gut trocknen und streicht es neu. Handelt es sich aber beispielsweise um eine Wandverkleidung, muß man zuerst die Ursache der Feuchtigkeit feststellen und beheben, bevor man neu streicht (siehe *Dachreparaturen; Feuchtigkeit im Haus; Verwahrungen*).

Ausblühen und Abblättern Treten auf gestrichenem Ziegelmauerwerk Ausblühungen auf, in deren Folge auch die Farbe abblättert, kann man davon ausgehen, daß Feuchtigkeit in der Wand aufsteigt oder von außen eindringt und Salze transportiert, die dann kristallisieren. In einem solchen Fall muß zuerst die Ursache beseitigt werden, bevor man die Verfärbungen entfernt und die Fassade neu streicht. Am besten zieht man einen Fachmann zu Rate, der weiß, wie man die Feuchtigkeit absperren kann. Die Wand reinigt man danach mit einem entsprechenden Reinigungsmittel, das nach den Angaben des Herstellers mit Wasser verdünnt wird. Mit Schutzbrille, Gummihandschuhen und Gummischürze geschützt, schrubbt man die Wand von oben bis unten gründlich ab. Viel leichter geht es mit einem Dampfstrahlgerät, das man für eine geringe Gebühr bei einschlägigen Firmen ausleihen kann.

Abschälen Farbe schält sich ab, wenn auf einen fettigen oder schmutzigen Untergrund gestrichen wurde. Der alte Anstrich wird entfernt (siehe *Farbe entfernen*), der Untergrund gereinigt. Zunächst versucht man, Fett- und Schmutzflecke mit Seifenwasser abzuwaschen. Gelingt das nicht, verwendet man Testbenzin oder Terpentinersatz. Erst wenn der Untergrund ganz trocken ist, streicht man neu.

Läufer und Tränen Trägt man auf senkrechten Flächen die Farbe zu dick auf, läuft sie und bildet dann Tränen, die als Verdickungen austrocknen. Um diesen Anstrichfehler zu vermeiden, streicht man den Pinsel ganz aus und verteilt die Farbe gleichmäßig abwechselnd senkrecht und waagrecht; man nennt das verschlichten. Läufer und Tränen schleift man vorsichtig ab und trägt dann ganz dünn Farbe auf.

Runzeln Trägt man Farbe zu dick auf, trocknet zuerst ihre Oberfläche; diese bekommt dann Runzeln, wenn die darunterliegende Schicht trocknet. Die schadhafte Fläche wird abgeschliffen und mit einer dünneren Farbschicht überstrichen.

Antenne montieren

Für den UKW-Rundfunkempfang ist eine Antenne notwendig. Koffergeräte haben bereits eine eingebaute Ferrit- oder Stabantenne. Beim stationären Tuner (Empfängerbaustein der Stereoanlage) wird in der Regel vom Hersteller eine Zimmerantenne mitgeliefert; sie besteht aus einem meist dipolartig verbundenen Draht, den man an der Wand befestigt. Für Fernsehgeräte gibt es im Handel Zimmerantennen, die man an günstiger Stelle im Raum oder direkt auf dem Fernsehapparat aufstellt und entsprechend ausrichtet.

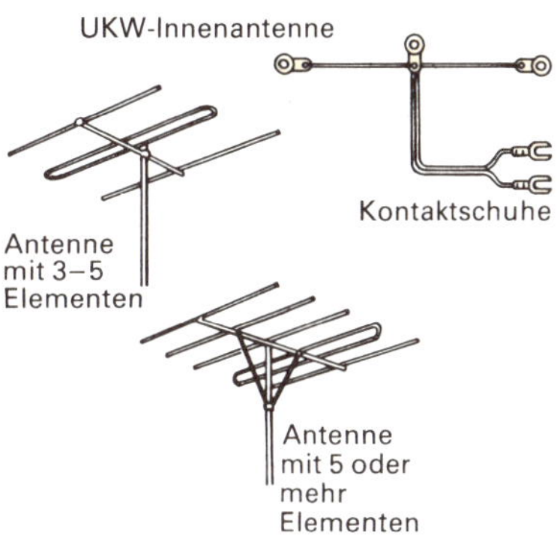

Außenantennen – am Fenster oder auf dem Dach – verbessern jedoch den Rundfunk- und Fernsehempfang beträchtlich, vor allem bei Stereosendungen, die oft ohne Außenantenne nicht empfangen werden können.

Dachantenne Beim Kauf von Antennen, Aufstellmast und Zubehör läßt man sich am besten vom Fachhändler beraten. Dieser weiß, mit welcher Antennenkombination in Verbindung mit welchem Verstärker der beste Empfang in der jeweiligen Gegend gewährleistet ist. So kann der Kauf eines Breitbandverstärkers mit hoher Leistung eine schlechte Lösung sein, weil er auch gut einfallende Sender verstärkt, während er bei schwachen Sendern gerade ein akzeptables Bild erzeugt. Liegen zwei Sendekanäle zu nahe beieinander, kann der stark einfallende und zusätzlich noch einmal verstärkte Sender das Bild des Nachbarkanals stören. Aus diesem Grund gibt es selektive Mehrbereichsverstärker, die auf bestimmte örtliche Gegebenheiten abgestimmt worden sind. In Gebieten, wo sehr starke Sendesignale empfangen werden, verwendet man beispielsweise Außenantennen mit drei bis fünf Elementen. In Berggebieten oder zwischen hohen Gebäuden sind mehr Elemente notwendig.

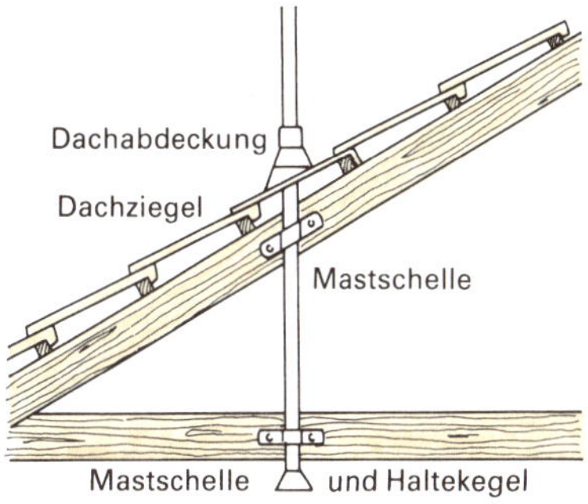

Als Antennenmast sollte man einen Schiebemast bevorzugen, da er sich unter dem Dach gut aufstellen läßt. Den Mast bringt man erst auf Empfangshöhe, wenn die Antenne montiert ist. Man befestigt ihn mit dem Masthaltekegel und den Befestigungsschellen am Dachstuhl. Die am Mast vorhandenen Löcher versieht man mit Gummitüllen und am Mastende mit einer Abdeckung. Für die Mastdurchführung durch die Dachziegel gibt es eine Spezialabdeckung aus Kunststoff oder Blech.

Nachdem man den Schiebemast sicher am Dachstuhl installiert hat, kann man die erste Antenne montieren und auf den Sender ausrichten. (Man kann die Richtung zunächst grob ermitteln, indem man sich nach den Fernsehantennen der anderen Häuser richtet.) Die Antennen sind meist vormontiert, so daß man sie nur noch auszuklappen, zu befestigen und das Verbindungskabel anzuschließen braucht. Als Antennenanschlußkabel

ACHTUNG!
Im Bereich von Hochspannungsleitungen, besonders wenn Schiebemasten montiert werden, sollte man eine möglichst weit entfernte Position wählen, damit eine herabfallende Fernsehantenne keinen lebensgefährlichen Kurzschluß auslösen kann.

verwendet man 300-Ω-Dipolkabel oder – noch günstiger, da weniger störanfällig – 75-Ω-Koaxialkabel.

300-Ω-Dipolkabel 75-Ω-Koaxialkabel

Sobald man das Koaxialkabel provisorisch mit einem Anschlußstecker versehen hat, steckt man es in einen kleinen Schwarzweißfernseher und prüft das Testbild, oder ein Helfer unten in der Wohnung kann das Gerät dort beobachten. Durch geringfügiges Verdrehen der Antenne kann man das Bild verbessern. Außen am Schiebemast zeichnet man die beste Empfangsposition ein.

Nachdem man die UHF-Antenne, soweit vorgesehen, angebracht hat, montiert man die VHF-Antenne. Für den LMKU-Bereich nimmt man meist eine kombinierte Antenne; sie besteht aus Stabantenne und Kreuzdipol, die an der Mastspitze sitzen.

Nachdem man alle Antennen am Schiebemast montiert und ausgerichtet hat, sichert man die Zuführungskabel mit Mastschellen und bringt den Antennenmast auf die endgültige Höhe. Die Kabel führt man so unter der Mastabdeckung durch, daß kein Regenwasser eindringen kann, und leitet sie bis zum Montageplatz des Mehrbereichsverstärkers weiter. Hier verbindet man die einzelnen Kabel mit dem Koaxialstecker, dem jeweiligen Verstärkerbereich UHF, VHF sowie dem LMKU-Bereich.

Ab Verstärker führt ein einzelner Koaxialbereich das Sendesignal weiter zur Antennensteckdose. Mit dem Geräteanschlußkabel kann man das TV- und das Radiosignal entnehmen.

Alle Verstärker benötigen einen 220-V-Stromanschluß. Mit der Verlegung einer geeigneten Schutzkontakt-Steckdose bis zum Antennenbereich sollte man einen konzessionierten Elektromechaniker beauftragen, der gleichzeitig auch die Erdung für den Verstärker und den Mastfuß durchführen kann.

Nach Abschluß der Arbeiten stimmt man die Antenne ab. Für die exakte Einstellung der Antenne bzw. des Senders gibt es für den jeweiligen Bereich Abstimmpotentiometer, mit deren Hilfe stark einfallende Sender etwas gedämpft werden können. Reicht die Dämpfung nicht aus und schlagen einzelne Sender in benachbarte Gebiete durch, kann man für die verschiedenen Kanalgruppen spezielle Dämpfungsfilter auf den Verstärker aufsetzen.

Fensterantenne (Rundfunk) Falls man sich nicht zum Bau einer Antenne im Dachbereich entscheiden kann, genügt manchmal die Montage einer Fensterantenne. Am Fensterrahmen verschraubt man die Antenne so, daß der Blick aus dem Fenster nicht gestört wird. Den Haltewinkel bestückt man mit einem UKW-Dipol. Mit Kabelschellen verlegt man die Zuleitung eng am Fensterrahmen, durchbohrt ihn und führt das Kabel nach innen.

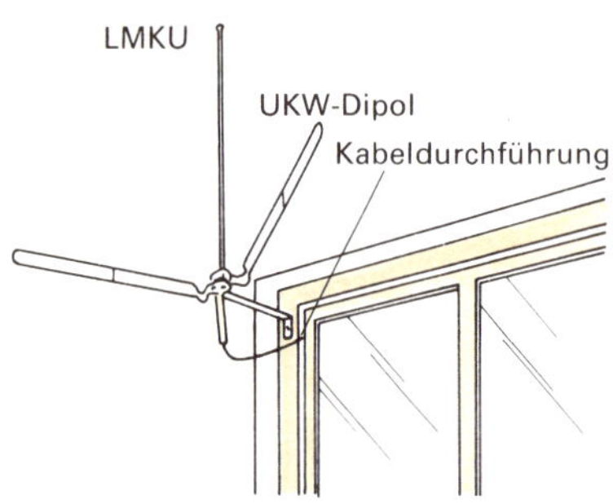

Besitzt das Radiogerät keine besondere Antennenbuchse, wird man einzelne Klemmen für 240/300 Ω oder 60/75 Ω vorfinden. Man isoliert die Kabel entsprechend und legt sie auf den richtigen Anschluß.

Um die Antenne auszurichten, wählt man einen schwach einfallenden Sender und dreht den Dipol so lange, bis der Empfang einwandfrei ist. Anschließend zieht man die Antenne fest und dichtet die Kabeldurchführung mit Silikonkitt ab.

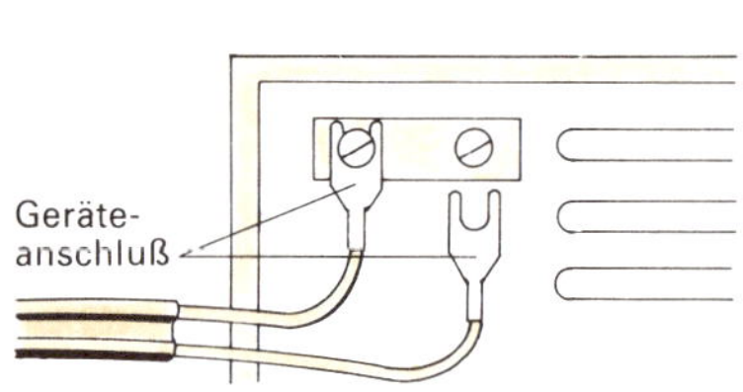

Zwischen Sender und Empfänger sollten keine störenden Gebäude oder Bäume stehen, da sonst der Empfang nicht optimal ist. Schon bei der Auswahl des Antennenstandortes sollte man mögliche Reflexionen durch Dächer und Gebäudewände berücksichtigen.

Applikation

Für Applikation und Untergrund wählt man gleich schwere Stoffe mit ähnlichen Pflegeeigenschaften – vorzugsweise glatte, feste Gewebe leichter bis mittlerer Qualität. Anregungen für Applikationen liefern Zeitschriften, Schablonen sowie Mal-, Kunst- und Nähbücher. Man kann Applikationen wie Herzen oder Sterne für sich aufnähen oder verschiedene Teile zu einem Muster, einer Blume oder sogar einem Bild zusammensetzen. Applikationen kann man auch mit Stickstichen verzieren, z.B. auf einem Blatt die Adern mit Stielstich (siehe *Stickstiche*) arbeiten, eine Katze mit Augen, Schnurrhaaren und Schnauze versehen.

Um eine Form auf einfachste Weise auf den Applikationsstoff zu übertragen, schneidet man eine entsprechende Schablone aus Pappkarton, legt sie auf den Stoff und zeichnet die Umrisse dann mit Schneiderkreide (siehe *Nähhilfen)* nach. Beim Zuschneiden läßt man an festen Stoffen eine Nahtzugabe von 5 mm stehen, an weichen Stoffen etwas mehr. Sofern es sich nicht um Einzelapplikationen handelt, sollten sich die Teile etwas überlappen. Die Applikationsteile legt man so auf den Grundstoff, daß man vom Hintergrund zum Vordergrund hin arbeitet.

Applizieren von Hand Unmittelbar außerhalb der markierten Umrißlinie bringt man eine Stütznaht (siehe *Nähte*) an. Damit der Stoff weniger aufträgt und die Kanten sich besser umschlagen lassen, werden Innenkurven eingeschnitten und Außenkurven eingekerbt. Außenecken und Spitzen schneidet man ab, Innenwinkel kerbt man ein. Die Schablone legt man auf

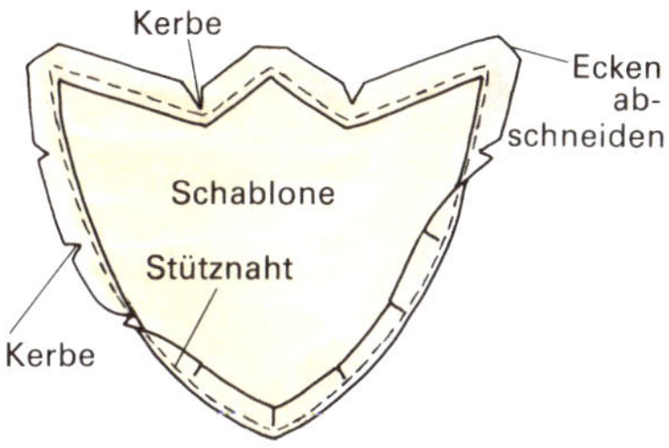

die linke Stoffseite des entsprechenden Applikationsteils innerhalb der Stütznaht. Die Nahtzugaben werden über die Schablone umgebügelt. Man entfernt die Schablone und heftet die umgeschlagenen Kanten von Hand. Dann wird die Applikation auf den Untergrundstoff gesteckt oder von Hand geheftet und an der Kante mit Staffierstichen (siehe *Saumstiche*) angenäht.

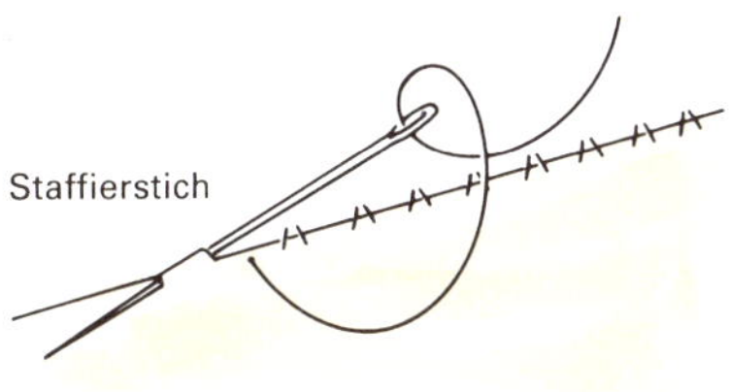

Maschinenapplikation Die Applikation kann man vor dem Aufsteppen entweder mit der Maschine anheften oder mit gewebeverbindendem Material am Untergrund aufbügeln. Verwendet man die zweite Methode, wird zuvor die Nahtzugabe abgeschnitten. Bei Maschinenheftung näht man entlang der markierten Umrißlinie und schneidet die Nahtzugabe dicht an der Heftnaht ab, ohne dabei die Naht selbst oder den Untergrundstoff zu verletzen.

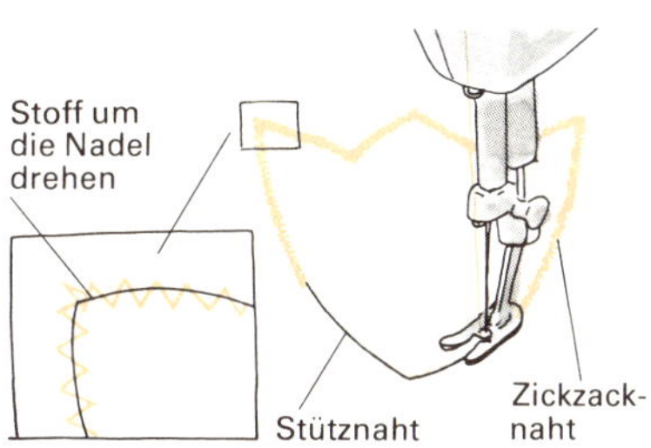

An der Nähmaschine stellt man kurze, enge Zickzackstiche ein und legt die Naht so an, daß die Stiche hauptsächlich auf der Applikation liegen und nur knapp in den Untergrundstoff hineinreichen. An Rundungen sollte man nur langsam steppen; an Ecken hält man an und dreht den Stoff um die Nadel.

Aquarellmalerei

Es gibt Malkästen mit zwölf oder mehr Wasserfarben in Tuben oder Näpfchen; in den Deckeln der Malkästen befinden sich meist Vertiefungen, in denen man die Farben mischen kann. Außerdem braucht man für den Anfang vier Pinsel: einen Flachpinsel und drei Rundpinsel (klein, mittel und groß).

Als Aquarellpapier für allgemeine Zwecke eignet sich am besten ein Bütten mittlerer Stärke (angegeben in Gramm pro Quadratmeter) mit feinkörniger Oberfläche. Die meisten Papiere müssen „gestreckt“ werden, damit sie nicht wellig werden, wenn man sie bemalt. Dazu legt man das Papier in kaltes Wasser, bis es sich vollgesogen hat, nimmt es an zwei Ecken heraus, läßt überschüssiges Wasser abtropfen, legt das Papier auf ein Reißbrett und streicht es mit einem Schwamm glatt. Dann befestigt man das Papier rundherum mit Klebeband am Reißbrett und läßt es trocknen.

Die Farben werden gemischt, indem man kleine Tupfen aus den Tuben in verschiedene Vertiefungen des Malkastendeckels oder einer Palette drückt. Dann feuchtet man einen Pinsel an, taucht ihn mit der Spitze in einen Farbtupfen (oder in ein Farbnäpfchen), nimmt durch kreisförmige Bewegungen Farbe auf und malt damit einen Klecks auf die freie Mischfläche. Danach wäscht man den Pinsel gut in klarem Wasser aus, holt mit der Pinselspitze ein wenig von einer andern Farbe und vermischt die beiden Farben durch kreisförmige Pinselbewegungen.

Wenn man eine Landschaft wie die abgebildete malen möchte, legt man zunächst eine zarte Bleistiftskizze auf dem Papier an. Im Bereich des Himmels wird dann das Papier mit sauberem Wasser angefeuchtet und die stark verdünnte Farbe in langen, überlappenden Pinselstrichen gleichmäßig aufgetragen. Solange die Farbe noch naß ist, tupft man sie mit einem Tuch ab, um Wolken auszubilden. Die Hügel, Wiesen und die Straße werden auf das trockene Papier gemalt. Dunkle

Partien (z.B. die Baumkrone im Vordergrund) werden über den hellen Hintergrund (den Himmel) gemalt. In dem dunklen Hintergrund (den Hügeln) werden die Partien des Vordergrunds (der Baumstamm und das Haus) ausgespart.

Um die Struktur der Baumrinde anzudeuten, trägt man die Farbe mit dem halbtrockenen Pinsel in groben, abgesetzten Strichen auf. Mit dem halbtrockenen Pinsel aufgetupfte Farbe kennzeichnet das Laub. Feine Details werden mit dem kleinen Rundpinsel aufgesetzt.

Aquarien

Der Anfänger sollte zunächst nur wenige Fische in sein Aquarium einsetzen und erste Erfahrungen am besten mit Goldfischen sammeln. Andere beliebte Süßwasserfische sind z.B. Guppys, Zahnkarpfen, Schwertträger und Kampffische. Wenn man Fische kauft, sollte man darauf achten, daß sie lebhaft, gut genährt und weder von Pilzen noch von anderen Parasiten befallen sind.

Becken auswählen Als Aquarium eignet sich am besten ein rechteckiges Glasbecken. Es sollte mindestens doppelt so lang wie hoch sein. Die Größe hängt davon ab, wie viele Fische man halten möchte. Man rechnet pro 1 cm Körperlänge und Fisch 0,5 l Wasser. Für drei je 5 cm lange Fische braucht man also ein Aquarium, das mindestens 7,5 l Wasser faßt.

Das Aquarium stellt man auf eine stabile, ebene Unterlage. Wer die Kosten nicht scheut, kann sich ein passendes Gestell dazu kaufen. Man deckt das Becken mit einer Glasscheibe oder Kunststoffplatte ab, damit kein Schmutz hineinfällt und die Wassertemperatur möglichst gleichbleibt. Plötzliche Temperaturschwankungen können für Fische äußerst gefährlich sein. Goldfische fühlen sich in kaltem Wasser wohl, die meisten Tropenfische müssen jedoch bei Wassertemperaturen von 22–28°C gehalten werden. Man braucht also eine Heizung und ein Thermometer, mit dem man die Temperatur kontrollieren kann.

Eine wichtige Rolle im Aquarium spielen die Pflanzen, weil sie dem Wasser gefährliche Nitrate entziehen. Außerdem nehmen sie das von den Fischen abgegebene Kohlendioxid auf und setzen tagsüber Sauerstoff frei. In der Nacht jedoch verbrauchen sie den im Wasser gelösten Sauerstoff; man sollte deshalb eine Durchlüfterpumpe mit Filter installieren, damit das Wasser gleichmäßig mit Sauerstoff angereichert wird.

Aquarium einrichten Bevor man die Fische einsetzt, wäscht man das Becken mit frischem Wasser aus. Dann gibt man zuerst groben Flußsand oder Aquariumkies hinein und schüttet anschließend feinen Flußsand darauf. Die Sand-Kies-Schicht sollte insgesamt 3–5 cm dick sein. Wenn man den Grund so anlegt, daß er von hinten nach vorn abfällt, sammeln sich im vorderen Teil des Aquariums die Ausscheidungen der Fische und Futterreste an und können dann leicht abgesaugt werden.

Danach füllt man das Becken zur Hälfte mit Wasser. Damit der Sand dabei nicht aufgewühlt wird, legt man dickes Papier darauf, das man nach dem Füllen wieder entfernt. Nun kann man Pflanzen einsetzen. Um sie von Parasiten zu befreien, legt man sie vorher 15–20 Minuten lang in eine Salzlösung (3 Eßl. Salz auf 4 l Wasser) und spült sie dann mit klarem Wasser ab. Man kann zu den Pflanzen auch Steine ins Becken legen. Kalksteine und erzhaltige Steine darf man nicht verwenden. Am besten sind Granit, Quarz und harter Schiefer. Wenn das Becken dekoriert ist, füllt man es vorsichtig mit Leitungswasser bis 5 cm unter den Rand, ohne die Pflanzen dabei zu entwurzeln. Das gefüllte Becken bleibt nun mindestens 24 Stunden offen stehen.

Bevor man danach die Fische einsetzt, werden sie, noch im Plastiktransportbeutel, fünf bis zehn Minuten lang eingetaucht, damit sich die Wassertemperaturen angleichen. (Die Fische sollten nicht länger als 45 Minuten im Plastikbeutel bleiben.)

Aquarienpflege Das Becken wird an einen Platz mit diffusem Licht und vor direkter Sonne geschützt aufgestellt. Direkte Sonneneinstrahlung führt zu Überhitzung und vermehrtem Algenwachstum. Wenn das natürliche Licht für ein Aquarium nicht ausreicht, installiert man eine Leuchtstoffröhre über dem Becken. Beleuchtungsvorrichtungen sind für jede Beckengröße in Zoohandlungen erhältlich.

Algen, die sich an den Wänden des Aquariums bilden, kratzt man mit einem langstieligen Scheibenreiniger ab. Mit einem Schlammheber werden Bodensatz, verrottete Pflanzen und überschüssige Futterreste entfernt. Beide Geräte gibt es in Zoohandlungen. Die Pflanzen schneidet man gelegentlich zurück, und wöchentlich ersetzt man ein Fünftel des Wassers durch frisches Wasser gleicher Temperatur.

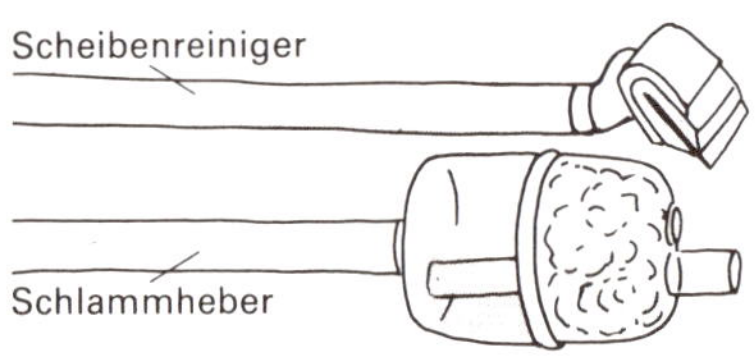

Fütterung Man sollte möglichst zweimal am Tag füttern, und zwar nur so viel, wie die Fische in etwa zehn Minuten aufnehmen können. Überschüssiges Futter verunreinigt nur das Wasser.

Am besten nimmt man Lebendfutter, doch hochwertiges Tiefkühl- oder Trockenfutter kann auch gegeben werden. Als Lebendfutter kann man Mückenlarven, Tubifex, Wasserflöhe und Salinenkrebse kaufen. Sie alle gibt es auch tiefgekühlt. Trockenfutter wird als Pulver, Flocken oder Tabletten angeboten. Es enthält Getreide, Fisch und Fleisch. Gelegentlich kann man durchaus eine mehrtägige Futterpause einlegen.

Fischkrankheiten Wenn die Fische an der Wasseroberfläche nach Luft schnappen, herrscht im Becken wegen Übervölkerung, Hitze oder Verschmutzung Sauerstoffmangel. Dann müssen die Bedingungen im Aquarium verbessert werden. Dabei prüft man auch, ob das Belüftungssystem richtig funktioniert.

Fische, die offensichtlich krank sind, werden in einem eigenen Becken isoliert und beobachtet. In Fäden herabhängender Kot läßt auf eine Verstopfung schließen. Man sorgt durch frische pflanzliche Kost und Lebendfutter für eine abwechslungsreiche Ernährung.

Gelegentlich werden Fische von Pilzen befallen, die als weißer, schleimiger Hautbelag in Erscheinung treten. Dabei handelt es sich um eine schwere, ansteckende Krankheit, gegen die man Antibiotika einsetzen sollte. Im Zweifelsfall fragt man einen erfahrenen Aquarianer oder einen Fachhändler um Rat.

Artischocken

Frische Artischocken gibt es von September bis Mai. Sie werden vor allem als Vorspeise gereicht; dafür wählt man junge Pflanzen, die man daran erkennt, daß sie im Verhältnis zum Stiel klein sind. Artischockenböden und -herzen, die gern für Salate oder auf Pizzas verwendet werden, gibt es in Dosen und Gläsern.

Um frische Artischocken zum Kochen vorzubereiten, wäscht man sie zunächst gründlich unter fließendem kaltem Wasser. Dann das obere Drittel stutzen, harte oder welke Blätter entfernen, den Stiel mit dem Messer und die harten Blattspitzen mit der Schere abschneiden. Alle Schnittflächen sofort mit Zitronensaft bestreichen. Dann die Artischocken mit dem Stielansatz nach unten in einen Topf aus Edelstahl oder Emaille (keinesfalls Aluminium oder Eisen!) setzen, in dem man etwa 3 cm hoch Salzwasser zum Kochen gebracht hat. Den Deckel aufsetzen und die Artischokken dämpfen, bis sich die Böden leicht mit einer Gabel einstechen lassen – je nach Größe der Artischocken etwa 35–40 Minuten. Im Schnellkochtopf brauchen sie bei Garstufe zwei nur 11–15 Minuten. Die Artischocken herausnehmen und umgekehrt abtropfen lassen.

Serviert werden Artischocken mit Zitronensaft und ausgelassener Butter, Vinaigrette oder Sauce Hollandaise (siehe *Saucen*). Man stellt auch Fingerschalen mit warmem Wasser und einem Stück Zitrone darin auf den Tisch. Man zupft die Blätter ab,

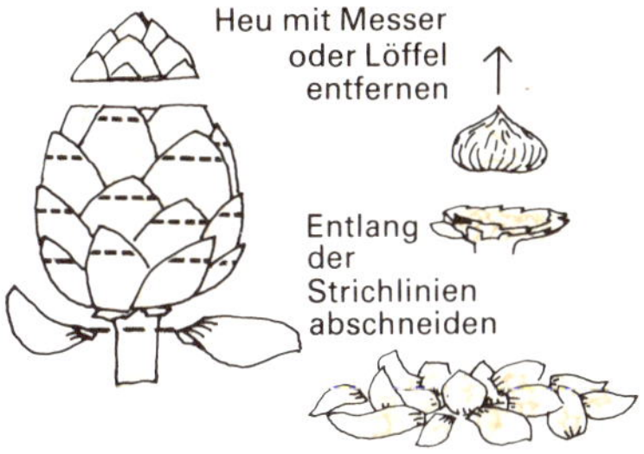

taucht das untere Ende in die Sauce und zieht das Fleisch mit den Zähnen ab. Die ungenießbaren Staubfäden, das sogenannte Heu, werden abgelöst; den Rest ißt man dann mit Messer und Gabel.

Aspik

Um Aspik herzustellen, entfernt man alles Fett von 1 l kalter, kräftig gewürzter Grundbrühe aus Fleisch, Fisch, Geflügel oder Gemüse (siehe *Brühe*; *Hühnerbrühe*). Mit Rotwein oder Madeira (zu Reh- oder Hasenrücken, Filet Wellington), mit Weißwein (zu Schweinebraten, Meeresfrüchten) oder Sherry (Kalbsbraten) gut abschmecken.

Um eine Speise zu überziehen, braucht man 14 Blatt Gelatine; soll die Speise gestürzt werden, braucht man 16 und für Aspikwürfel zur Verzierung 22 Blatt. Die Gelatine einweichen. Dann gibt man die Brühe, zwei mit 2 Eßl. kaltem Wasser verschlagene Eiweiß und die zerstoßene Eierschale in einen Topf und läßt alles unter ständigem Rühren mit dem Schneebesen einmal aufkochen. An der Oberfläche bildet sich dichter Schaum; sobald die Schaumdecke bricht, ist die Brühe klar. Den Schaum vorsichtig mit dem Schaumlöffel entfernen.

Ein Küchenhandtuch mit Wasser tränken, fest auswringen und in ein Sieb legen. Dann die Brühe passieren und die ausgedrückte Gelatine hineinrühren.

Verwendung Man kann fast alle kalten Speisen – Fleisch, Eier, Gemüse, Krustentiere oder Kombinationen davon – mit dem abgekühlten, aber noch flüssigen Aspik überziehen (dazu siehe *Sülze*) oder mit Aspikwürfeln garnieren. Je nach Speise verwendet man die entsprechende Brühe und den passenden Wein. Besonders hübsch sind Ringformen, die nach dem Stürzen garniert werden. Den Teller, auf dem die Form angerichtet wird, vorher kalt abspülen; so kann man die Form verrücken, falls sie nicht in der Mitte liegt. Um kalte Platten damit zu verzieren, gießt man das Aspik in eine flache Schüssel, läßt es erstarren und schneidet es dann in gleichmäßige Würfel.

Atemspende

Bei Atemstillstand ist das Gesicht des Betroffenen bläulich blaß, man sieht keine Atembewegung und hört kein Atemgeräusch. Zur Feststellung der Atmung kniet man seitlich in Hüfthöhe neben dem Verletzten. Die Hand, die dem Kopf des Verletzten zugewandt ist, legt man ihm auf die Magengrube. Die andere Hand legt man seitlich auf den Brustkorb in Höhe des unteren Rippenrandes. Wenn der Bewußtlose atmet, spüren beide Hände, wie Brustkorb und Oberbauch sich heben und senken.

Bei Atemstillstand veranlaßt man den Notruf (siehe dort), dann untersucht man, ob sich im Mund oder Rachen des Bewußtlosen Fremdkörper befinden. Dazu kniet man oberhalb seines Kopfes, krümmt die Zeigefinger um die Kieferwinkel und legt die Daumen beiderseits auf den Unterkiefer. Dann den Unterkiefer des Betroffenen abwärts drücken. Mit einem Daumen die Wange zwischen die Zahnreihen pressen und den Kopf zur Seite wenden. Mit den Fingern der anderen Hand Fremdkörper aus Mund und Rachen entfernen.

Atmet der Betroffene immer noch nicht, beginnt man sofort mit der Atemspende. Zuerst überstreckt man den Hals des Patienten. Oft bewirkt das, daß der Betroffene wieder atmet. Ist dies nicht der Fall, drängt man die Unterlippe des Betroffenen mit dem Daumen gegen seine Oberlippe (A). Den eigenen Mund weit öffnen, ihn um die Nase des Patienten herum fest aufsetzen und etwa 15mal pro Minute beatmen (B).

Bewirkt die Mund-zu-Nase-Beatmung nichts, beatmet man nun durch den Mund des Patienten. Die Nase mit Daumen und Zeigefinger verschließen; die Hand liegt dabei auf der Stirn. Den eigenen Mund weit öffnen, ihn über dem Mund des Betroffenen fest auf das Gesicht aufsetzen und etwa 15mal pro Minute beatmen. Dabei stets die Überstreckung des Halses beibehalten.

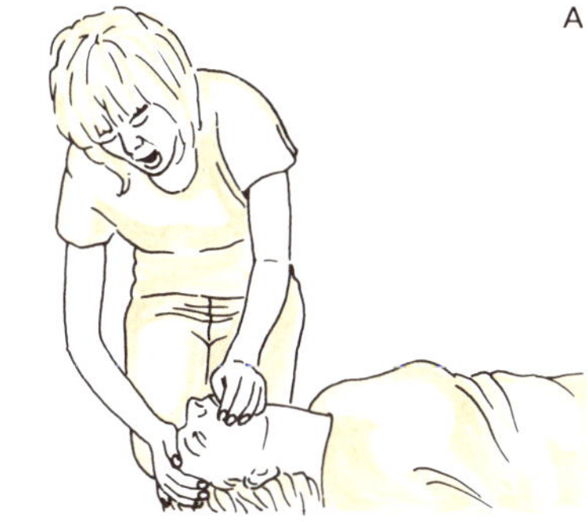
A

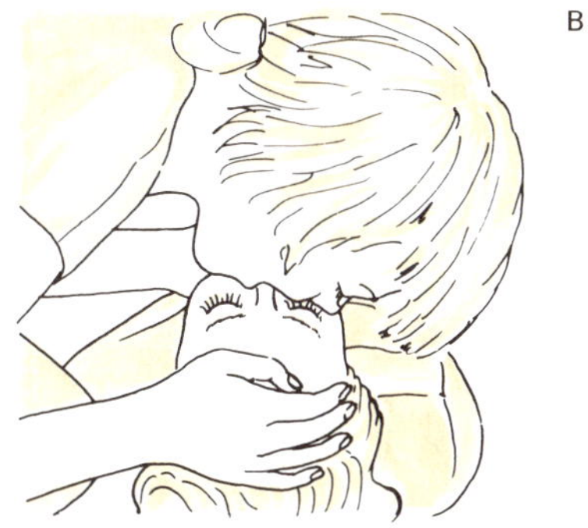
B

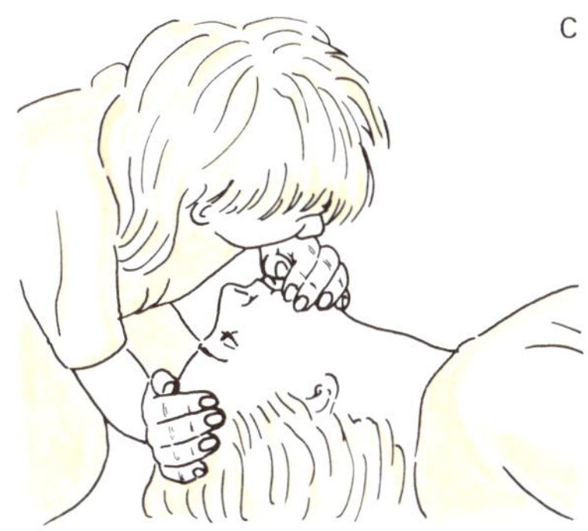
C

Nach jeder Beatmung den Kopf heben, zur Seite drehen und beobachten, wie der Brustkorb oder Oberbauch des Betroffenen zurücksinkt, wenn die Luft entweicht (C). Dann beatmet man weiter.

Grundsätzlich so lange beatmen, bis der Rettungswagen eingetroffen ist oder bis der Patient Lebenszeichen von sich gibt, z.B. bis sich die Hautfarbe normalisiert (Lippen, Ohrläppchen, Nagelbett) oder bis er sich bewegt. Dann die Atemspende unterbrechen und beobachten, ob die Atmung regelmäßig und ausreichend ist. Ist dies der Fall, bringt man den Patienten in die Seitenlage (siehe *Seitenlagerung*) und kontrolliert weiterhin Puls (siehe dort) und Atmung.

Aufklärung

Gegen Ende des dritten Lebensjahres interessiert sich das Kind meist verstärkt für die Wirklichkeit und stellt Fragen, auch über den sexuellen Bereich, vor allem im Zusammenhang mit der Fortpflanzung. Diese Fragen müssen dann sachlich beantwortet werden, wenn sie gestellt werden, und nicht erst bei der beginnenden Pubertät. Vom Klapperstorch zu reden entlarvt die Eltern über kurz oder lang als Lügner.

Wenn das Kind fragt, empfiehlt es sich, zunächst eine Gegenfrage zu stellen: „Was meinst du denn?“ Oder: „Was stellst du dir vor?“ So werden unter Umständen Phantasien und irrige Vorstellungen sichtbar, die man in seiner Antwort berücksichtigen und korrigieren kann. Vor allem wird deutlich, wie sehr das Kind die Frage beschäftigt. Antworten, die über das vorhandene Interesse hinausgehen, sind eher schädlich als nützlich. Hinweise auf das Geschlechtsleben von Tieren oder Blütenpflanzen sind sinnlos, denn das Kind kann sie nicht in Beziehung zu den Menschen bringen.

Wer sich unsicher fühlt, in welcher Weise er die Vorgänge kindergerecht erklären sollte, findet im Buchhandel entsprechende Literatur.

Aufläufe

Aufläufe, ob süß oder salzig, sind hervorragend zur Resteverwertung geeignet, vor allem, wenn man die Reste mit frischen Zutaten kombiniert.

Für alle Aufläufe gilt: Nur feuerfeste irdene oder gläserne Formen verwenden, die Form gut ausfetten und immer höchstens zu drei Vierteln füllen. Aufläufe, die in großen Formen gebacken werden, haben eine längere Garzeit als solche, die man in Portionsförmchen zubereitet. Hat man alle Zutaten für den Auflauf in die Form geschichtet, übergießt man sie mit einer Sauce, die den Auflauf bindet. Üblich ist eine Eier-Sahne- oder Eier-Milch-Mischung. Mit einer beliebig gewürzten, dicken weißen Sauce (siehe dort) erzielt man aber auch ganz hervorragende Ergebnisse.

Man stellt die offene Auflaufform in den vorgeheizten Ofen, meist auf die mittlere Einschubleiste. Hat man eine hohe Auflaufform, empfiehlt es sich, die Form erst auf die untere Einschubleiste zu stellen; der Auflauf bekommt mehr Unterhitze, und die Sauce stockt besser. Damit er später eine schöne braune Kruste bekommt, setzt man ihn dann auf die obere Einschubleiste. Wird der Auflauf oben schon braun, ist aber in der Mitte noch nicht gar, deckt man die Form mit Alufolie ab.

Auflaufreste läßt man in der Form und backt sie so im Ofen wieder auf. Wenn sie schon etwas ausgetrocknet sind, rührt man ein wenig Sahne oder Brühe hinein. Man deckt die Form mit Alufolie ab; wenn der Auflauf wieder heiß ist, gießt man etwas flüssige Butter über die Oberfläche und läßt ihn nachbräunen.

Siehe auch *Aufwärmen*.

Aufwärmen

Manche Speisen wie Pilze, Spinat, Krustentiere und Muscheln darf man nicht aufwärmen, da sich gesundheitsschädliche Stoffe bilden. Andere wie Soufflés kann man nicht aufwärmen, ohne deren Konsistenz zu zerstören.

Gerichte, die viel Flüssigkeit enthalten – Suppen, Eintöpfe, aufgeschnittener Braten in der Sauce –, können direkt im Topf auf mittlerer Hitze erwärmt werden. Je weniger Flüssigkeit, desto größer die Gefahr, daß der Topfinhalt anbrennt; deshalb muß man gelegentlich umrühren und nach Bedarf Wasser, Brühe o. a. zugeben.

Beilagen wie Nudeln, Reis oder Knödel kann man in kochendem Salzwasser kurz wieder erhitzen. Die schon garen Nahrungsmittel werden dabei aber leicht zu weich. Besser ist es daher, sie im entsprechenden Siebeinsatz im Dampfkochtopf zu erhitzen. Diese Methode eignet sich auch für Gemüse. Beilagen kann man aber auch in der Pfanne in etwas Butter aufbraten; Klöße vorher in Scheiben schneiden.

Grundsätzlich sollten alle Speisen, vor allem aber Fleisch und Geflügel, auf 100 °C erhitzt werden, um der Gefahr einer Salmonellenvergiftung vorzubeugen.

Aufzug fahren

Im Aufzug sollte nicht geraucht werden, auch wenn das Rauchen nicht ausdrücklich verboten ist. Andere fühlen sich dadurch vielleicht belästigt, und außerdem besteht Brandgefahr. In Notfällen benutzt man zum Verlassen eines Gebäudes nicht die Aufzüge, sondern die hierfür bezeichneten Treppen oder Feuerleitern.

Wenn ein Aufzug steckenbleibt, unbedingt Ruhe bewahren. Den Alarmknopf drücken und, falls vorhanden, den Telefonhörer in der Kabine abnehmen. Wenn sich niemand meldet, klopft man mit einem Schuh oder einem anderen harten Gegenstand gegen die Tür oder die Wände der Kabine. Dann ruhig warten und auf keinen Fall versuchen, ohne Hilfe der Rettungsmannschaft aus der Kabine herauszuklettern.

Wird man im Aufzug bedroht oder angegriffen, drückt man den Alarmknopf sowie die Knöpfe möglichst vieler Stockwerke und ruft um Hilfe.

Augenbeschwerden

Viele ernsthafte Augenleiden können behandelt oder verhindert werden, wenn man bestimmte Warnzeichen beachtet. Bei den geringsten Anzeichen einer Sehschwäche oder bei sonstigen Störungen (z. B. Lichtblitzen, schwimmenden Gebilden vor den Augen, Schmerzen, Entzündungen, Augentränen, Nebelsehen) sollte man einen Arzt aufsuchen.

Alle Personen über 40 Jahre sollten die Augen alle zwei Jahre untersuchen lassen, auch auf grünen Star, eine Augenkrankheit, die im Lauf der Jahre zur Erblindung führen kann. Da bis zur Beeinträchtigung der Sehkraft keine Frühsymptome auftreten, ist es besonders wichtig, diesen Test regelmäßig durchführen zu lassen, vor allem wenn in der Familie Fälle von grünem Star aufgetreten sind.

Zucker- und Bluthochdruckkranke sollten ihre Krankheiten unter Kontrolle halten, da verschiedene Augenleiden sich sonst verschlimmern können.

Schielen Ein schielendes Kind sollte von einem Arzt untersucht werden, sobald man den Fehler bemerkt. Ursache ist eine Fehlentwicklung des gleichzeitigen Sehens mit beiden Augen, die nicht von selbst vergeht und unbedingt behandelt werden sollte.

Siehe auch *Augenverletzungen; Bindehautentzündung; Brillen; Fremdkörper im Auge; Gerstenkorn; Kontaktlinsen; Sehtest.*

Augenbrauen

Solang man ihr natürliches Aussehen beibehält, kann man die Form der Augenbrauen dadurch verbessern, daß man einzelnstehende Haare z. B. zwischen den Brauen, unterhalb der Brauen oder weit außerhalb der äußeren Augenwinkel zupft. Oben werden die Augenbrauen nicht ausgezupft, damit man nicht ihre natürliche Bogenform beeinträchtigt.

Unmittelbar vor dem Auszupfen legt man einen warmen, feuchten Waschlappen auf die Augenbrauen. Durch die Wärmeeinwirkung lassen sie sich dann leichter herausziehen. Man zupft jeweils nur ein Haar in Wuchsrichtung heraus. Anschließend wird die Stelle mit einem Wattebausch, der mit einer adstringierenden Lotion getränkt ist, abgetupft. Man darf niemals zuviel zupfen, denn die Härchen der Augenbrauen haben einen anderen Wachstumsrhythmus als die Haare auf dem Kopf – es kann bis zu drei Monate dauern, bis sie nachwachsen!

Sehr empfehlenswert ist es, die Augenbrauen täglich mit einer Augenbrauenbürste oder einer alten weichen Zahnbürste, auf die man etwas Vaseline gibt, zu bürsten. Sie erhalten dadurch Glanz und Form.

Hellen Augenbrauen kann man durch leichte und zarte Striche mit einem Augenbrauenstift mehr Kontur geben. Man kann sie auch von einer Kosmetikerin oder beim Friseur färben lassen. Selber sollte man es nicht versuchen, vor allem nicht mit einem Haarfärbemittel, denn die Lösung kann leicht in die Augen geraten und gefährliche Reizungen verursachen.

Augen-Make-up

Man wählt Lidschattenfarben, die im Kontrast zur Augenfarbe stehen oder aber sie betonen, jedoch nicht solche, die der Augenfarbe genau entsprechen. Ein violetter Lidschatten beispielsweise betont das Grün braungrüner Augen; Topas läßt braune Augen dunkler erscheinen. Malve, Koralle und Grau schmeicheln blauen Augen.

Der Lidschatten sollte auch zum Teint und zur Kleiderfarbe passen. Gedeckte Töne sind am besten für den Tag geeignet; schillernde oder grelle Farben verwendet man – wenn überhaupt – nur am Abend. Fältchen am Lid werden auch von schillernden Farben unvorteilhaft betont. Bei Augen mit klassisch ovaler Form gilt folgende Regel: ein mittlerer Ton für das Augenlid, ein dunklerer Ton für die Lidfalte, um den Augen Tiefe zu verleihen, und ein heller Ton, um die Partie unterhalb der Brauen zu betonen. Nach oben und außen läßt man die Farbtöne ineinander übergehen.

Wenn die Augen keine ideale Ovalform haben, kann man sie mit dem Lidschatten korrigieren. Dabei ist zu beachten, daß helle Farben die Augenpartie optisch vergrößern, während dunkle Farben sie eher kleiner wirken lassen. Damit kleine oder tiefliegende Augen größer erscheinen, verteilt man klaren, hellen Lidschatten über das ganze Oberlid, auf die äußeren Augenwinkel und das Unterlid. Vorstehende Augen treten zurück, wenn man einen dunklen Lidschatten über das ganze Lid bis knapp an den Brauenbogen aufträgt. Um engstehende Augen optisch zu korrigieren, verwendet man einen hellen Lidschatten in Nasennähe und einen dunkleren zu den Schläfen hin. Umgekehrt aufgetragen, läßt der Lidschatten auseinanderstehende Augen enger aussehen.

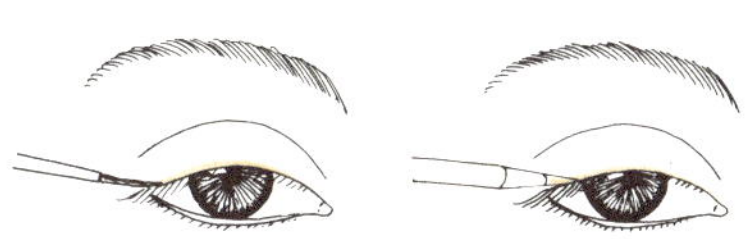

Die Augenform kann durch einen Lidstrich mit flüssigem Eyeliner oder einem Stift betont werden. Man zieht einen feinen Strich möglichst nahe an der oberen Wimpernreihe sowie am äußeren Drittel des unteren Lids. Den Strich mit dem Finger etwas verwischen, damit er natürlicher wirkt. Um die Augen offen und strahlend erscheinen zu lassen, formt man die Wimpern mit der Wimpernzange, bevor man sie tuscht. Man setzt die Zange möglichst tief am Wimpernansatz an, drückt sie zusammen und zählt bis drei, bevor man sie wieder öffnet. Dann setzt man die Zange nochmals außen an den Spitzen der Wimpern an und drückt sie wieder zusammen.

Mascara (Wimperntusche) wird bei geöffneten Augen aufgetragen; wenn man dabei den Mund etwas öffnet, blinzelt man nicht so leicht. Man hält das Bürstchen zunächst senkrecht und tuscht die Spitzen der oberen Wimpern, streicht dann mit waagrechtem Bürstchen über die Wimpern vom Lid bis zu den Spitzen. Falls erwünscht, kann man auch auf die unteren Wimpern Mascara auftragen. Sollten sich einzelne Wimpern verkleben, trennt man sie mit der Spitze des Bürstchens. Verschmierte oder überschüssige Wimperntusche mit einem Wattestäbchen entfernen.

Augenbrauen- und Konturenstifte lassen sich besser spitzen, wenn man sie vorher in den Kühlschrank legt. Harte Stifte erwärmt man leicht, dann kann man sie besser auftragen.

Augenverletzungen

Man wölbt eine Hand über das verletzte Auge und läßt, möglichst ohne zu blinzeln, den Tränen freien Lauf. Die Tränenflüssigkeit bildet einen Schutzfilm. Das Auge auf keinen Fall reiben, sonst könnten Fremdkörper tiefer eindringen oder Reizstoffe sich weiter verbreiten.

Wenn ein Fremdkörper nicht entfernt werden kann (siehe *Fremdkörper im Auge*) oder das Auge auch nachher noch schmerzt, deckt man es mit einem Wattebausch, Gaze oder einem zusammengefalteten Taschentuch von der Stirn bis zur Wange ab. Dieses Polster wird mit Heftpflaster befestigt, damit sich das Auge bis zur Untersuchung durch den Arzt möglichst wenig bewegt.

Wenn ein Schlag ein blaues Auge zur Folge hat, kann auch das Auge selbst verletzt und eine innere Blutung entstanden sein. Man deckt dann das Auge mit einer kalten Kompresse ab und sucht einen Arzt auf.

In seltenen Fällen dringt ein Splitter oder ein anderer scharfer Gegenstand in das Innere des Auges ein. Der Fremdkörper wird nicht entfernt, sondern das verletzte Auge mit einem Pappbecher oder einem Stück steifem Papier abgedeckt, das man kegelförmig zusammenrollt. Diese Abdeckung befestigt man mit Heftpflaster, während der Verletzte ins Krankenhaus transportiert wird.

Für Spritzer von Chemikalien u.ä. siehe *Verätzungen*.

Ausflicken

Große Fehlstellen, Schrauben- oder Beschlaglöcher sowie lose Äste in Holz werden nur mit Holz ausgeflickt, denn verwendet man in solchen Fällen Kitt (siehe *Auskitten*), kann dieser schwinden und in der Fläche einsinken, wenn er austrocknet.

Risse an Hirnenden sägt man mit einer Rückensäge (siehe *Sägen*) so gut wie möglich zu einem parallelen Spalt auf und setzt einen im Querschnitt nach unten leicht keilförmigen Flikken ein, den man aus einem Abfallstück passend zugesägt hat. Längliche Fehlstellen sowie große Harzgallen schneidet man mit einem spitzen Messer möglichst so zurecht, daß keine rechtwinklig zur Faser verlaufenden Schnittkanten entstehen. Am besten formt man eine Raute, in die man ein entsprechend in Faserrichtung zugerichtetes Holzstück leimt.

Lose Astknoten mit dunklem Außenrand oder große Astlöcher bohrt man aus und dübelt die Bohrlöcher mit Querholzzapfen vom gleichen Holz aus. Wenn man die Zapfen einsetzt, achtet man darauf, daß ihr Faserverlauf dem der umgebenden Fläche entspricht. Querholzzapfen kann man kaufen oder mit einem Scheibenschneider, den man auf die Bohrmaschine steckt, aus dem jeweils gewünschten Holz selbst herstellen. Die Ausgabe für ein solches Werkzeug lohnt sich aber nur, wenn man öfter solche Arbeiten ausführt.

Im Gegensatz zu Querholzdübeln heben sich Hirnholzdübel stark von der umgebenden Fläche ab, weil sie quer und nicht parallel zur Faser abgesägt werden. Man verwendet sie daher nur an Stellen, wo sie nicht zu sehen sind.

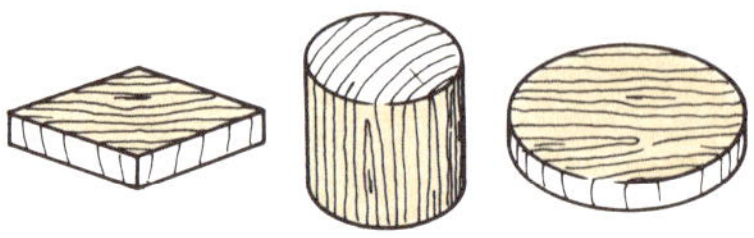

Alle Dübel, Zapfen und Holzflicken leimt man mit Weißleim ein.

Auskitten

Kleine Fehlstellen, Risse oder Vertiefungen in einer schon geschliffenen Holzoberfläche füllt man, je nach vorgesehener Weiterbehandlung, mit verschiedenen Kitten aus. Ölkitt (Fensterkitt) eignet sich nur dann, wenn die Fläche anschließend mit einem deckenden Lackanstrich versehen wird. Ölkitt kann man innen und außen am Haus verwenden. Sogenanntes flüssiges Holz gibt es in den gängigen Holzarten zu kaufen; man kann es aber auch leicht selbst herstellen, indem man Schleifstaub von dem auszukittenden Holz mit farblosem Lack zu einer kittartigen Masse vermengt. Eine andere Möglichkeit ist, anstelle von Lack Weißleim zu verwenden. Der Kitt aus Weißleim läßt sich allerdings erst eben schleifen, wenn er ganz ausgetrocknet ist, und außerdem nimmt er im Gegensatz zum anderen flüssigen Holz weder Klarlack noch Beize an.

Für naturfarbene Oberflächen gibt es auch Wachsstangen in fast allen Holztönen. Das Wachs wird mit einem angewärmten Stecheisen oder Messer in die schadhafte Stelle gedrückt, eben gezogen und überlakkiert. Für Fehlstellen in polierten Flächen verwendet man Schellackstangen; auch sie gibt es in verschiedenen Farben. Man tropft den Schellack heiß in die Fehlstelle, schleift ihn eben und poliert ihn.

Auslandsreisen

Damit Reisen ins Ausland nicht zur Enttäuschung werden, bedarf es einer rechtzeitigen Vorbereitung.

Umfassende Informationen über Land und Leute, Bräuche und Religion sind sehr wichtig. Sie mindern das Risiko, enttäuscht zu werden. Je weiter man reist, desto intensiver sollte man sich mit dem Land und seinen Sitten beschäftigen.

Über die klimatischen Bedingungen im Reiseland sollte man sich ebenfalls gründlich aufklären lassen, denn sie bestimmen im wesentlichen die Wahl geeigneter Kleidung und auch den Zeitpunkt der Reise (Regenzeiten). Dies gilt insbesondere für Reisen in Länder mit tropischem Klima. In einigen Ländern Südeuropas und vor allem auch Asiens herrschen zum Teil strenge Kleidervorschriften. Ohne entsprechende Kleidung ist dem Reisenden oft der Zutritt zu Klöstern und Kirchen verwehrt.

In Verbindung mit einem Konsulat, Reisebüro oder Automobilclub prüft man, welche Papiere man im Gastland benötigt, welche Devisenkontrollen bestehen und ob Gesundheitspässe und Impfzeugnisse (siehe *Schutzimpfungen*) notwendig sind. Vor allem bei Reisen in Ostblockstaaten ist es ratsam, sich rechtzeitig um die erforderlichen Einreisevisa zu kümmern.

Fährt man mit dem Auto, sollte das Fahrzeug absolut betriebs- und verkehrssicher sein. In jedem Fall ist es angebracht, einen Keilriemen und Sicherungen als Ersatz mitzunehmen.

Zu den üblichen Autopapieren gehören immer eine grüne Versicherungskarte, auch wenn diese nicht verlangt wird, sowie der internationale Führerschein, falls notwendig. Auch der Auslandsschutzbrief eines Automobilclubs oder einer Versicherung kann bei Pannen im Ausland eine wertvolle Hilfe sein.

Den ersten Kontakt mit dem Gastland hat man meistens beim Zoll. Zöllner reagieren, obwohl sie im Umgang mit Fremden geübt sein sollten, nicht selten aus Überlastung mürrisch. Hier sollte man höflich bleiben und versuchen, seine Rechte behutsam durchzusetzen. Das gleiche gilt auch für die Paßkontrolle am Grenzübergang.

Im Hotel, Gasthof oder auf dem Campingplatz wird man je nach Kategorie den üblichen Kostensatz und Standard antreffen. Man kann nicht immer das für heimische Verhältnisse gewohnte Niveau vorfinden, sollte aber für den Preis eine angemessene Leistung verlangen.

Manche unangenehme Szene läßt sich vermeiden, wenn man noch vor Urlaubsantritt die üblichen Begrüßungsformeln und Redewendungen der Landessprache auswendig lernt. Niemals sollte man ein Hotel oder Restaurant grußlos betreten. Trotz aller Sprachbarrieren gilt dies als unhöflich, und man braucht sich anschließend nicht über die nachlässige Bedienung zu wundern.

Von Reisenden erwartet man nach internationalem Brauch Trinkgelder (siehe dort). Vergessen sollte man dabei auch nicht „untergeordnete" Dienstleistungen, wie etwa die Bewachung des Autos. Das tägliche Trinkgeld für den Parkwächter ist immer noch billiger als eine zerbrochene Scheibe oder sogar der Diebstahl des Autos.

Wer ins Ausland reist, tut gut daran, sich einen internationalen Krankenschein zu besorgen. Den stellt die heimatliche Krankenversicherung aus, die auch nähere Informationen über die ärztlichen Leistungen und den Verrechnungsmodus gibt. In den meisten Urlaubsländern sind die ärztlichen Behandlungen größtenteils kostenfrei; auch die verordneten Medikamente erhält man gegen geringe Selbstbeteiligung.

In Ländern, mit denen kein Sozialversicherungsabkommen besteht, muß der Patient die gesamten Kosten vorstrecken; ein Teil wird später von der eigenen Krankenversicherung zurückerstattet. Für die Zeit des Urlaubs kann man bei privaten Versicherungsunternehmen, aber auch bei den Automobilclubs oder Reiseveranstaltern zusätzliche Reisekrankenversicherungen abschließen.

Siehe auch *Campingurlaub; Reiseapotheke; Urlaubs-Checkliste.*

Aussaat unter Glas

Die Zeit der Aussaat ist auf dem Samenpäckchen angegeben. Als Gefäße eignen sich Saatschalen oder einzelne Torftöpfe, die mit keimfreiem Kultursubstrat (siehe *Vermehrungserden*) gefüllt sind. Sehr praktisch sind auch Torfpreßtöpfe; man stellt sie vor der Aussaat ins Wasser, bis sie aufgequollen sind. Den Saatbehälter füllt man zu zwei Dritteln mit Kultursubstrat, das man mit Wasser tränkt, über Nacht abtropfen läßt und dann glattstreicht.

Den Samen nach den Anweisungen auf dem Päckchen aussäen. In Schalen oder größeren Behältern sät man in Reihen aus und pflanzt später die Sämlinge in Einzeltöpfe oder Anzuchtschalen. In kleinere Gefäße und Torfpreßtöpfe setzt man zwei oder drei Samenkörner und kneift die schwächeren Triebe ab.

Junge Pflanzen aus Samen ziehen
Den Saatbehälter deckt man mit Glas ab oder hüllt ihn in eine Plastikfolie ein und stellt ihn an einen warmen, dunklen Platz. Sobald die Saat aufgegangen ist, nimmt man die Abdeckung ab und stellt den Behälter an einen hellen, jedoch nicht vollsonnigen Platz. Die Oberfläche des Kultursubstrats wird durch feines Besprühen feucht gehalten.

Fünf Tage bis drei Wochen nach der Aussaat des Samens erscheinen die Keimblätter; danach bilden sich die ersten echten Blätter. Nun werden die Sämlinge ausgedünnt und in die Sonne gestellt. Das Anzuchtsubstrat sollte stets feucht gehalten, aber nicht mit Wasser durchtränkt sein. Vier bis acht Wochen nach dem Ausdünnen werden die Jungpflanzen in Töpfe oder Beete gesetzt.

Ausschläge

Ausschläge, die den ganzen Körper befallen, sind oft Symptom einer Infektionskrankheit, z.B. Röteln, Masern, Windpocken oder Scharlach, vor allem wenn sie von Husten und Fieber begleitet sind. Ausschläge, die mit Juckreiz, sonst aber keinen Symptomen außer eventuell einem allgemeinen Unwohlsein verbunden sind, deuten auf eine Allergie oder eine Hautreizung etwa durch zu scharfe Seifen, Haushaltsreiniger usw. hin, können aber andere, ernsthaftere Ursachen wie eine Gürtelrose haben. Zur Linderung pudert man die jukkenden Stellen oder kühlt sie mit Leitungswasser. Wenn sich der Ausschlag ausbreitet, schmerzhaft ist oder länger als sieben Tage anhält, sollte man zum Arzt gehen.

Siehe auch *Allergien; Ekzem; Fußpilz; Hitzeausschlag; Infektionskrankheiten; Juckreiz; Kinderkrankheiten; Nesselsucht.*

Außenanstrich

Als erstes deckt man den Bodenbereich ums Haus mit Plastikfolie ab, denn Dispersionsfarben enthalten sehr intensive Farbpigmente, die sich kaum noch abwaschen lassen, wenn sie getrocknet sind (siehe auch *Farben und Lacke*).

Damit man sicher auch die höchsten Stellen der Fassade erreichen kann, braucht man eine entsprechend lange Leiter oder ein passendes Gerüst (siehe *Gerüst bauen; Leitern*).

Nun prüft man den Putz und klopft mit einem Hammer lose Stellen ab. Breite Risse befreit man mit Hammer und Meißel von losen Teilen. Die von altem Putz befreiten Stellen schließt man mit handelsüblichem Fertigputz (siehe *Putz*).

Schmale Risse kann man mit dünn angemachtem Schnellzement ausstreichen. Abblätternde Farbe muß man sorgfältig abbürsten.

Bevor man zu streichen beginnt, kehrt man gründlich den Staub von den Wänden; groben Putz spritzt man mit dem Gartenschlauch ab. Am besten leiht man jedoch ein Dampfstrahlgerät aus und säubert damit den Putz. Stellt man bei dieser Arbeit sandende Stellen im Putz fest, trägt man flüssigen Putzfestiger auf, der den Sand im Putz bindet.

Fenster, Türen, Balkonbrüstungen usw. deckt man mit Kreppband ab. Spalten zwischen Holz und Putz oder Mauerwerk dichtet man mit dauerelastischem Kitt ab (siehe *Abdichten*).

Zunächst streicht man nun mit einem kleinen Pinsel oder Roller die weniger gut erreichbaren Stellen, die Ränder an Fenstern und am Dach sowie tiefer liegende Stellen. Auf diese Weise bleiben große Flächen übrig, die man anschließend zügig mit dem Farbroller behandelt (siehe *Lackieren; Malerwerkzeuge*).

Außenborder

Ist die Bootssaison beendet, nimmt man das Boot aus dem Wasser und reinigt den Bootsrumpf mit Außenborder gründlich. Eine sorgsame und regelmäßige Pflege und Wartung des Außenborders erspart auf Dauer kostspielige Reparaturen.

Kleinere Außenbordmotoren löst

man aus ihrer Verankerung. Dazu hängt man alle Bowdenzüge sowie die Verbindung zur Lenkung aus. Darauf achten, daß die elektrischen Anschlüsse getrennt sind. Nachdem man die Befestigungsschrauben herausgedreht und die Klemmbefestigung gelöst hat, kann man den Motor abheben. Außenbordmotoren mit größerer Leistung bleiben am Boot.

Wenn man die Motorhaube abgenommen hat, sprüht man den Motor mit einem Kaltlöser ein. Die Vergaseransaugöffnung verschließt man sorgfältig mit einem Tuch und reinigt den verschmierten und verölten Bereich der Kipp- und Befestigungseinrichtung. Nach kurzer Einwirkungszeit kann man den Kaltreiniger mit dem gelösten Schmutz abspülen. Den Motor bläst man mit Preßluft ab.

Die Zündkerzen schraubt man heraus und prüft die Elektrodenabstände. Verschlissene Zündkerzen muß man ersetzen. Die Wartung und Pflege der Unterbrecherkontakte kann entfallen, da moderne Motoren berührungslose elektronische Zündsysteme besitzen.

Hat man ein altes Regenfaß zur Verfügung, füllt man es mit Wasser und hängt den Motor so weit hinein, daß der Unterwasserteil des Außenborders im Wasser liegt. Wenn man den Kraftstofftank angeschlossen hat, läßt man den Motor probelaufen. Beim Lauf gibt man reichlich Spezialspray zur Motorkonservierung in die Ansaugöffnung des Vergasers, und zwar so lange, bis der Motor im Leerlauf stehenbleibt.

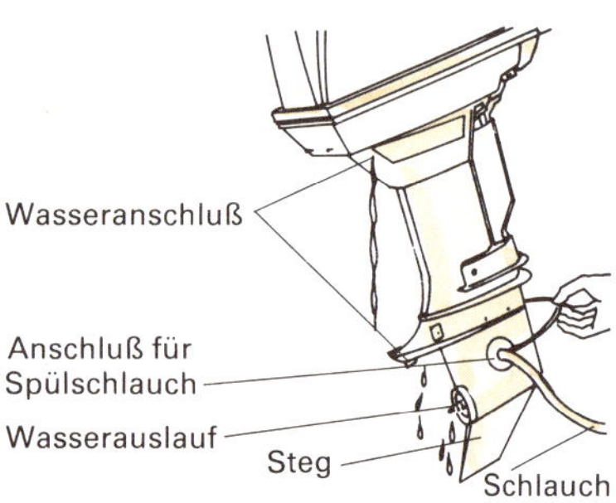

Besitzt man kein Regenfaß, muß man versuchen, den Kühlwasserkreislauf mit einem Wasserschlauch durchzuspülen. Hier verwendet man spezielle Befestigungsflansche, da man den Motor niemals ohne Wasser im Trocknen laufen lassen darf.

Will man die Benzinversorgung vollständig entleeren, öffnet man den Benzinfilter, bläst ihn mit Preßluft aus und setzt ihn mit neuer Dichtung ein.

Ist ein Getriebeölwechsel fällig, öffnet man die untere Ablaßschraube am Getriebe und die obere Kontrollöffnung. Nachdem man das alte Öl abgelassen hat, drückt man das Öl aus der Tube direkt in die untere Einfüllbohrung, bis es an der Kontrollbohrung oben austritt. Dann setzt man die Verschlußschraube mit neuer Dichtung auf, damit das Öl nicht wieder ausläuft, wenn man die Tube abnimmt. Nun kann man die untere Einfüllschraube mit Stopfen und neuer Dichtung verschließen.

Den Propeller nimmt man ab und prüft den Zustand der Rutschkupplung und des Propellers. Die Nabe fettet man ein; den Propeller sichert man mit Propellermutter und Splint.

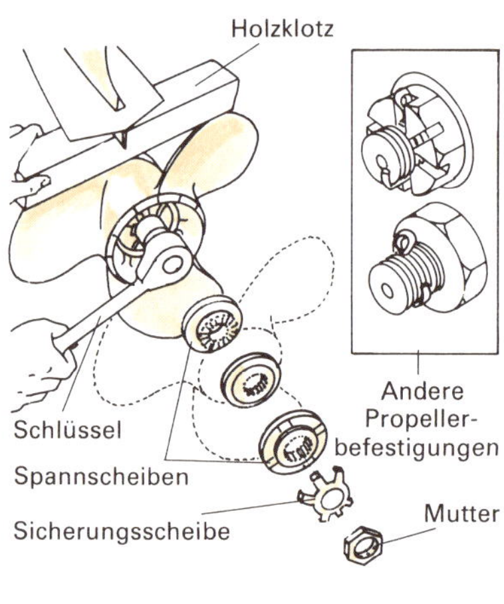

Alle Gestänge und Schmiernippel muß man gründlich ölen und abschmieren. Den Kraftstofftank sollte man vollständig mit Treibstoffgemisch auffüllen, damit sich kein Rost und kein Kondenswasser bilden.

Austern

Austern kann man heute das ganze Jahr über frisch bekommen, doch sind sie in den Monaten, die mit „r" enden, besonders schmackhaft.

Zum Öffnen nimmt man die Auster auf einem Küchenhandtuch mit der flachen Schale nach oben in die linke Hand. Mit der Spitze eines Austernmessers sticht man in die kleine Öffnung im Gelenk der Muschel und bricht die Schale auf, wobei man das Messer ein wenig dreht. Man trennt den Muskel durch und entfernt die obere Schale. Dann löst man die Auster mit dem Messer und achtet darauf, daß nichts von der Flüssigkeit ausläuft. Schalensplitter entfernt man mit der Messerspitze.

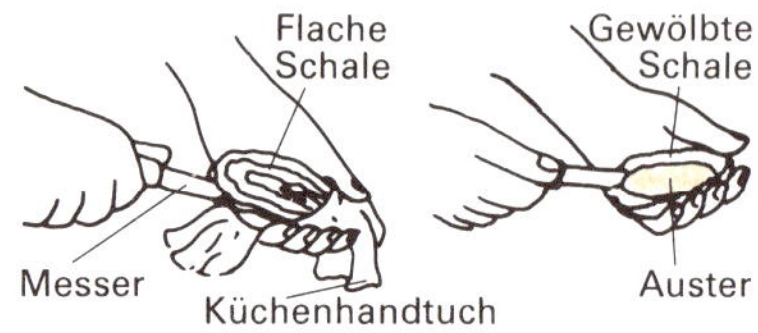

Die geöffneten Austern werden auf zerstoßenem Eis mit Zitronenachteln serviert. Man führt die Auster mit der Austerngabel (Kuchengabeln sind ein erlaubter Ersatz) zum Mund und trinkt das Austernwasser aus der Schale. Dabei darf man laut schlürfen. Man kann die Auster mit etwas Zitronensaft und Pfeffer aus der Mühle würzen. Kenner essen sie pur.

Auto anschieben

Befindet sich der Motor im guten Pflegezustand und ist nur die Batterie leer, kann man den Wagen durch Anschieben starten. Dazu betätigt man das Gaspedal, so daß die Startvorrichtung einrastet, bzw. man zieht die Starterklappe. Nun schaltet man im Leerlauf die Zündung ein. Die Hilfskräfte schieben am Heck an. Sobald man eine Geschwindigkeit von etwa 6 km/h erreicht hat, tritt man die Kupplung durch und legt den zweiten Gang ein. Die Kupplung läßt man dann vorsichtig los und tritt gleichzeitig das Gaspedal etwas durch. Sobald der Motor anspringt, kuppelt man aus und läßt den Motor mit erhöhter Drehzahl weiterlaufen.

Autos mit Katalysator dürfen nur mit kaltem Motor angeschoben werden, sonst könnte der Katalysator beim Startversuch beschädigt werden. Fahrzeuge mit Automatikgetriebe können nicht angeschoben werden.

Auto aufbocken

Um ein Fahrzeug aufzubocken, benötigt man einen ebenen, befestigten Platz. Das Aufbocken auf unsicherem

Untergrund ist gefährlich, denn Wagenheber und Unterstellböcke können einsinken, so daß das Fahrzeug dann abrutscht. Wagenheber und Unterstellböcke dürfen nur an den vom Fahrzeughersteller vorgeschriebenen Punkten oder an besonders massiven Bauteilen angesetzt werden, sonst können sich Teile des Aufbaus und der Achse so verbiegen, daß eine teure Reparatur fällig wird.

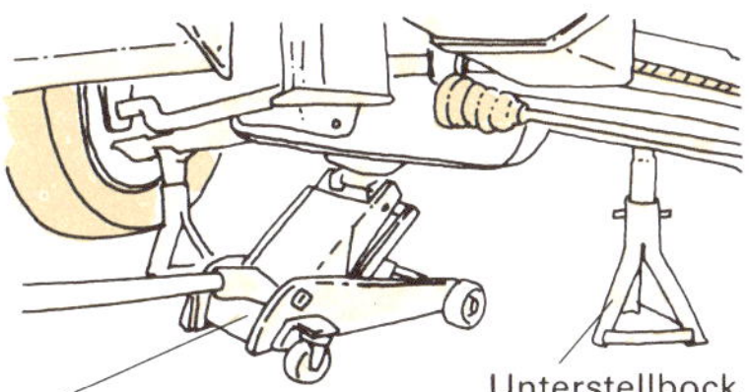

Wenn das Fahrzeug nur auf dem Wagenheber steht, darf man sich nicht darunter aufhalten. Es ist stets mit Unterstellböcken so zu sichern, daß das Autogewicht voll auf den Böcken ruht, falls der Wagenheber versagt. Sind die Räder abgenommen, empfiehlt es sich, diese übereinandergelegt unter den Wagenrahmen zu schieben; so gewinnt man eine zusätzliche Sicherung.

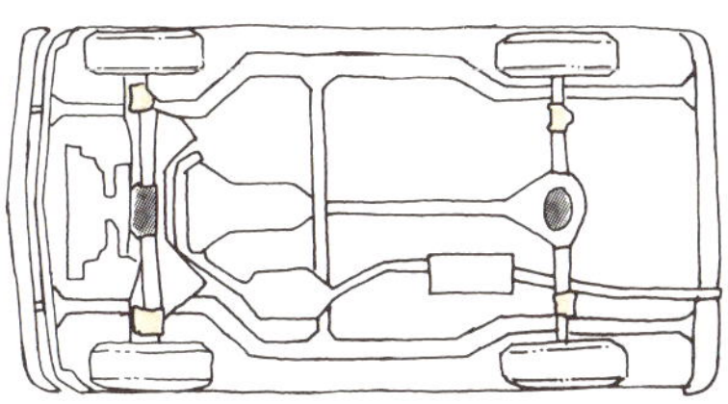

Wird das Fahrzeug nur an einer Achse oder auf einer Seite aufgebockt, muß es mit Unterlegkeilen sowie mit der Handbremse bzw. durch Einlegen des Ganges sorgfältig gesichert werden, damit es nicht wegrutscht oder wegrollt.

ACHTUNG!
Wenn Schrauben oder Muttern mit großen Drehmomenten gelöst werden müssen, geschieht dies aus Sicherheitsgründen vor den Aufbockarbeiten.

Ungeeignet als Ansatzpunkte für den Wagenheber oder Unterstellböcke sind Motorölwanne, Getriebe- bzw. Achsantriebsgehäuse, Lenker und Verstrebungen.

Auto beladen

Beim Beladen muß man die gesetzlichen Vorschriften beachten. Ladegut darf grundsätzlich das Fahrverhalten eines Autos nicht so verändern, daß es eine Gefährdung bedeuten könnte.

Eine Dachzuladung darf nicht über die Fahrzeugvorderkante hinausragen. Eine nach hinten über das Heck gehende Last ist tagsüber durch ein rotes Tuch, bei Dunkelheit durch eine rote Lampe zu sichern. In Italien sind über das Heck hinausragende Surfbretter mit einer Warntafel zu versehen. Dachlasten dürfen nicht schwerer sein als in der Bedienungsanleitung des Fahrzeuges angegeben.

Schwere Lasten im Kofferraum sollte man möglichst über der Hinterachse lagern. Dies ist auch der richtige Platz für den Reservekanister, der nicht in der Knautschzone liegen darf. Wird der Kofferraum voll beladen, muß man den Reifenluftdruck anpassen und die Scheinwerferstellung so korrigieren, daß bei Nachtfahrten andere Verkehrsteilnehmer nicht durch Blendung gefährdet werden.

Beim Verstauen des Urlaubsgepäcks ist daran zu denken, welchen Teil man auf der Reise zuerst braucht. Bordwerkzeug, Wagenheber und Reserverad sollten vor dem Beladen geprüft und so verstaut werden, daß sie schnell herausgenommen werden können.

Bei Kombifahrzeugen ist die Ladung gegen Verrutschen durch ein Gepäcknetz zu sichern.

Siehe auch *Fahrradträger.*

Auto und Umwelt

Kann man nicht sofort auf ein schadstoffarmes Auto umsteigen oder das alte umrüsten lassen, leistet man trotzdem einen Beitrag zum Umweltschutz, indem man z.B. unverbleites Benzin tankt. Dadurch ändert sich zwar das Abgasverhalten des Autos nicht, aber die Bleibelastung für die Umwelt entfällt. Bei den Kundendiensten der Autofirmen sowie den Tankstellen und Automobilclubs kann man sich darüber informieren, welches Auto bleifrei fahren kann.

Weitere Beiträge zum Umweltschutz mit einem herkömmlichen Auto sind möglich, wenn man auf Kurzstreckenfahrten verzichtet. Beim Kurzstreckenbetrieb brauchen Pkw sehr viel Benzin und werden dabei nicht einmal betriebswarm. Deshalb bei kurzen Wegen zu Fuß gehen, das Fahrrad oder ein öffentliches Verkehrsmittel benutzen.

Eine erhebliche Umweltbelastung entsteht auch dann, wenn man ein Auto im Stand warmlaufen läßt. Dies ist nicht nur verboten, sondern der Motor wird auch mehr als sonst durch Benzinverdünnung belastet.

Beim Fahren sollte man immer frühzeitig in den nächsthöheren Gang schalten und möglichst oft im direkten vierten oder fünften Gang fahren. Dadurch verringern sich Kraftstoffverbrauch, Abgasbelastung und Lärmbelästigung für die Umwelt. Für den Motor ist diese Fahrtechnik völlig unbedenklich.

Der Reifendruck sollte im Sinne der Energieeinsparung um etwa 0,2 bar erhöht werden. Entrümpelt man den Kofferraum und räumt Unnötiges aus, leistet man einen weiteren, kostensparenden Beitrag zum Umweltschutz, denn 100 kg Zuladung weniger spart fast 1 l Benzin.

Auto winterfest machen

Nach der Oberwäsche reinigt man alle Kanten, Rinnen und Falze des Autos vom Schmutz. Ist das Auto vollständig trocken, reibt man die lackierten Flächen sowie Kanten und Sicken dick mit Hartwachs ein.

Im Motorraum prüft man Ladezustand und Säurestand der Batterie. In die Waschanlage kommt genügend Frostschutzmittel für Temperaturen bis −20 °C. Mit einer Kühlwasserspindel untersucht man, ob der Frostschutz im Kühler ausreichend ist; hier genügt eine Einstellung von etwa −25 °C (siehe auch *Frostschutz im Kühler*). Besitzen Vergaser oder Einspritzanlage noch eine manuelle Umstellklappe für den Winterbetrieb, dreht man den Ansaugrüssel des Luftfilters so, daß er warme Luft vom Krümmer ansaugen kann.

Im Fahrzeuginnenraum überprüft man die Funktion der Heizungsverstellhebel und des Gebläses. Der Fußraum wird mit Matten ausgelegt. Ins Auto gehören ein Eisschaber, ein Schneebesen und ein Spaten.

Für alle Fälle gehören in den Kofferraum ein Satz Schneeketten sowie ein Starthilfekabel und ein Säckchen Sand oder Streugranulat, falls die Räder durchdrehen.

Jetzt empfiehlt sich der rechtzeitige Wechsel von Sommer- auf Winterreifen (siehe dort). Der Zustand des Unterbodens ist zu kontrollieren. Steinschläge deckt man mit Rostschutzgrundierung ab, läßt sie trocknen und überstreicht sie mit einem Decklack. Der Unterboden läßt sich sehr gut mit Hilfe von Spraydosen ausbessern; die Roststellen müssen vorher sorgfältig abgebürstet und mit Rostschutzfarbe neutralisiert werden.

Bei Dieselfahrzeugen sollte man frühzeitig Fließverbesserer oder Normalbenzin dem Diesel hinzugeben, damit bei Minustemperaturen kein Paraffin den Filter des Motors zusetzt (siehe auch *Diesel im Winter*).

Abschließend werden alle Schließzylinder mit einem Rostschutzspray behandelt. Alle Gummidichtungen der Türen reibt man mit einem silikonhaltigen Pflegemittel oder Talgstift ein.

Autoantenne ersetzen

Ist der Teleskopstab einer Antenne abgebrochen, muß diese in der Regel vollständig erneuert werden; bei Sonderausführungen kann man den Teleskopstab einzeln als Ersatzteil kaufen. Das gleiche gilt auch für Spezialelektronikantennen, bei denen man den außenliegenden kurzen Spezialstab ebenfalls einzeln erhält.

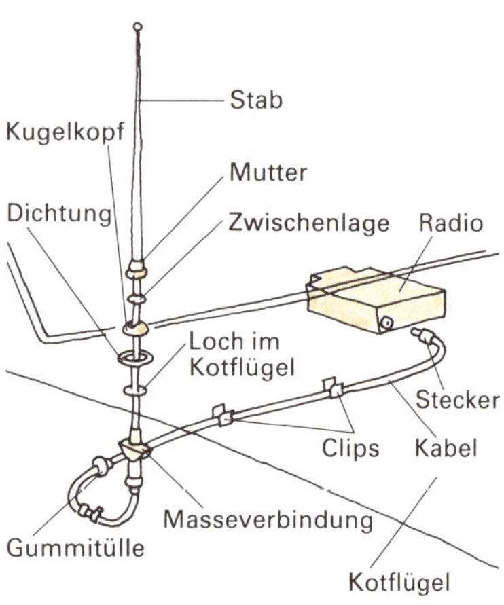

Bei der Standardantenne zunächst die Armaturentafelverkleidung so freilegen, daß man den Antennenstecker hinter dem Radio herausziehen kann. Bei manchen Fahrzeugen liegt der Antennenstecker schon frei, wenn man das Radio nach vorn herausnimmt.

Nun außen an der Antenne die Überwurfmutter abschrauben und die Zwischenlagen mit der Dichtung abnehmen. Die Antenne kann nach unten aus dem Kotflügel herausgenommen werden. Am Antennenstecker einen ausreichend langen Draht oder ein flexibles Kabel befestigen (etwa anderthalbmal die Länge des Antennenkabels). Beim Herausziehen des Antennenkabels darauf achten, daß der Stecker nicht hängenbleibt; dazu entfernt man am besten die Gummidichtung im Radlauf. Sobald der Stekker unter dem Kotflügel erscheint, den Draht oder das Kabel abschneiden, und die alte Antenne liegt frei.

Das Antennenloch unter dem Kotflügel sorgfältig reinigen, um einen guten Masseanschluß zu erhalten. Nun am neuen Antennenstecker den heraushängenden Draht oder das Kabel befestigen und damit vom Fahrzeuginneren aus die Antennenzuleitung bis zum Radio durchziehen. Die Antenne von unten in das Befestigungsloch einführen, verschrauben und von unten mit einer leitfähigen Farbe oder mit Fett verstreichen, damit der Kotflügel nicht rostet. Das Antennenkabel in das Radio stecken und die Verkleidungen befestigen. Die Gummidichtung des Antennenkabels im Radhaus sorgfältig um das Kabel herum in die Bohrung einführen. Gegebenenfalls mit Dichtmasse verstreichen.

Autobrand

Autobrände entstehen oft dadurch, daß eine Kraftstoffleitung abrutscht. Der Kraftstoff entzündet sich dann am heißen Motor, und es bilden sich Rauch und Flammen.

Im Gegensatz zu den spektakulären Bildern, die immer wieder in Spielfilmen gezeigt werden, kommt es beim Autobrand nicht unmittelbar zur Explosion. Wenn sofort beherzt eingegriffen wird, kann ein Fahrzeugbrand in der Regel mit einem 2-kg-Bordlöscher gelöscht werden. Vor dem Löschen sollte man Handschuhe anziehen, eine Mütze aufsetzen, die Motorhaube öffnen, mit einer Hand oder einem Arm das Gesicht bedecken und einen kräftigen Strahl aus dem Feuerlöscher nach unten auf den Brandherd richten. Das Löschmittel dosiert man vorsichtig, denn die Spritzdauer von 2-kg-Feuerlöschern beträgt nur etwa zehn bis 20 Sekunden.

Bei Kabelbränden muß man unverzüglich die Batterie abklemmen.

Hat ein Fahrzeugbrand erst einmal um sich gegriffen und sind bereits Reifen oder Teile des Innenraums erfaßt, sollte man sofort die Feuerwehr informieren (siehe *Notruf*).

Autofahren im Winter

Das Fahrzeug sollte man bei schlechtem Wetter öfters prüfen und besonders die Lichtanlage und die Wischblätter kontrollieren. Die Scheiben säubert man innen mit Haushaltsreiniger. Bevor man wegfährt, entfernt man gegebenenfalls Schnee und Eis vom Auto (siehe unten).

Den Fahrzeuginnenraum sollte man nicht überheizen, da man in übertemperierten Räumen, vor allem bei zu warmer Kleidung, rasch ermüdet. Bei kaltem und feuchtem Wetter bringt man den Heizungsluftverteiler in Defrosterstellung, damit die Scheibe nicht beschlägt. Bei Dunkelheit kippt man den Innenspiegel, damit er nicht blendet.

Die Fahrgeschwindigkeit paßt man den Bedingungen an. Stehen Pfützen auf den Straßen, ist Aquaplaning zu befürchten, das schon bei 80 km/h auftreten kann. Im Winter sollte man bei schnee- und eisbedeckter Straße weder heftig beschleunigen noch bremsen und kein schweres Schuhwerk tragen, das beim Bedienen der Pedale hinderlich sein könnte. Bei Fahrzeugen mit Heckantrieb wird der Kofferraum beschwert.

Man fährt vorausschauend und hält lange Sicherheitsabstände zum Vordermann ein. Kommt man ins Rutschen, korrigiert man durch vorsichtige Lenkbewegungen, kuppelt dabei aus, ohne jedoch zu bremsen.

Eis und Schnee Zunächst kehrt man

den Schnee vollständig vom Auto ab. Zum Abkehren des Autos hat sich immer noch ein einfacher Handfeger bewährt. Dabei darf man das Dach nicht vergessen, denn beim ersten Bremsmanöver würde die Schneeladung auf der Motorhaube landen und die Sicht beeinträchtigen.

Es reicht nicht, nur ein kleines Sichtloch in der Windschutzscheibe zu schaffen, denn gerade im Winter ist die klare Sicht nach allen Seiten besonders wichtig. Man macht alle Scheiben frei; dazu benutzt man einen Eiskratzer mit scharfer Kante. Besonders hartnäckiges Eis läßt sich mit einem Enteisungsspray mühelos beseitigen. Hat man die Windschutzscheibe vorsorglich mit einer Kunststoffolie oder einem Stück Wellpappe abgedeckt, gibt es eine Scheibe weniger abzukratzen.

Erst jetzt wird der Motor des Fahrzeuges gestartet – ihn im Stand warmlaufen zu lassen ist verboten (siehe auch *Auto und Umwelt*) –, und man tritt unverzüglich die Fahrt an. Da die Defrosteranlage für die Scheiben noch keine Warmluft liefert, bildet der Atem oft einen Eisbelag auf den Innenscheiben; wenn man die Seitenscheiben öffnet, verhindert die eintretende Kaltluft das Beschlagen. Erst wenn der Temperaturanzeiger des Motors seine Ausgangsstellung verläßt, stellt man die Defrosteranlage mit der vollen Heizleistung auf die Scheiben ein und schließt die Seitenfenster. Die Heckscheibe wird mit Hilfe der eingebauten Heizdrähte freigehalten.

Siehe auch *Auto winterfest machen.*

Autogenes Training

Das autogene Training ist eine Methode der Selbstentspannung, bei der man durch Konzentrationsübungen lernt, Abstand von allen alltäglichen Schwierigkeiten und Konflikten zu erlangen. Es gibt zahlreiche Bücher darüber zu kaufen; will man jedoch nachhaltige Erfolge erzielen, empfiehlt es sich, die Technik unter geschulter Anleitung zu erlernen. Entsprechende Kurse werden beispielsweise von den Volkshochschulen angeboten.

Das autogene Training hilft vor allem bei psychosomatischen, d. h. körperlich-seelischen, oft durch Streß bedingten Störungen wie Leistungs- und Konzentrationsschwäche, Schlafstörungen, Depression, Angst, Neurose und folglich auch bei den Leiden, die aus diesen Störungen entstehen – Magenbeschwerden, Kopfschmerzen, nervösen Herzbeschwerden usw. Die Selbstentspannung wird auch häufig eingesetzt, um andere Behandlungsmethoden zu unterstützen.

Siehe auch *Entspannungsübungen; Meditation.*

Automatikgetriebe

Von Zeit zu Zeit sollte man den Flüssigkeitsstand im Automatikgetriebe prüfen. Dazu parkt man das Auto auf einem ebenen Platz. Der Wählhebel steht dann meist, wie vom Fahrzeughersteller empfohlen, in Stellung N. Der Motor läuft gleichmäßig im Leerlauf. Das Getriebeöl erwärmt sich dabei auf etwa 60 °C.

ACHTUNG!

Nur die von den Fahrzeugherstellern freigegebenen ATF-Befüllungen verwenden. Beim Nachfüllen den Trichter sorgfältig reinigen.

Nun reinigt man den Bereich des Peilstabs sorgfältig mit einem sauberen Tuch. Dies ist besonders wichtig, denn Getriebeautomaten reagieren sofort mit Störungen, wenn Schmutz in die Peilöffnung fällt.

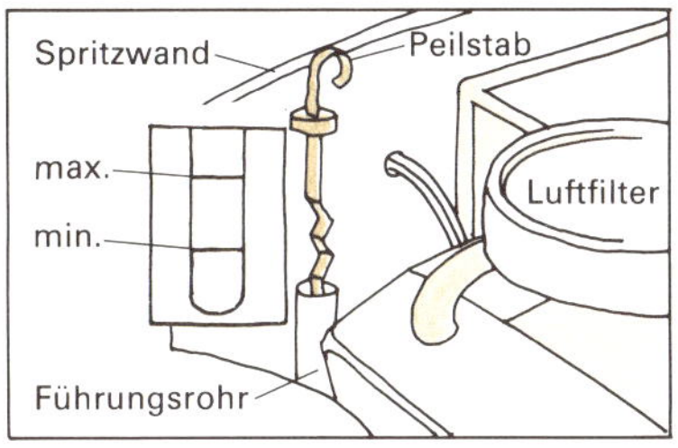

Dann zieht man den Stab heraus und prüft mit Hilfe der angebrachten Markierung den Füllstand. Er variiert je nach Temperatur der Flüssigkeit, sollte aber zwischen den zwei Markierungen liegen. Ist die untere Markierung erreicht, füllt man etwas Öl nach und kontrolliert wieder. Man füllt immer nur kleine Mengen nach, denn Automatikgetriebe reagieren bei übermäßiger Befüllung genauso mit Fehlern wie bei zu geringem Ölstand.

Autopanne

Bleibt der Motor eines Fahrzeuges während der Fahrt stehen, läßt man es ausrollen. Man sichert das Fahrzeug, indem man die Handbremse anzieht und den Ganghebel einlegt, und schaltet die Warnblinkanlage ein. Das Warndreieck nimmt man aus dem Kofferraum, klappt es auf, läuft zurück, das Warndreieck vor sich hertragend, und stellt es am Straßenrand mindestens 150 m vom Fahrzeug entfernt auf.

Auf Autobahnen sucht man eine Notrufsäule (siehe *Notruf*) und bittet um Unterstützung durch einen Automobilclub. Der Einsatzfahrer versucht eine Pannenhilfe mit Bordmitteln. Gelingt dies nicht, wird das Fahrzeug in die nächste Werkstatt geschleppt.

Bei Pannen abseits der Autobahn ruft man den Pannendienst über ein Telefon herbei. Hier schaltet man eine Notrufzentrale ein, die von den Automobilclubs unterhalten wird.

Siehe auch *Abschleppen.*

Schlüssel im Auto gelassen Man sollte nicht selbst versuchen, die Tür zu öffnen, denn oft fehlt das richtige Werkzeug, und man verursacht erhebliche Lackschäden. Damit beauftragt man besser den Pannendienst eines Automobilclubs oder einen Schlüsseldienst.

Autopflege

Ideal ist es, wenn man das Auto wöchentlich einmal gründlich waschen kann. Für das Waschen gelten allerdings je nach Gemeinde unterschiedliche Auflagen, und es wird oft aus Gründen des Umweltschutzes verboten. Grundsätzlich verboten ist es, verölte Motorteile oder den Motorraum zu waschen, denn derartiges Abwasser darf nur mit einem Benzinabscheider ins Kanalnetz gelangen.

Besonders schnell kann man das Auto waschen, wenn man den Gartenschlauch mit einer Waschbürste bestückt. In den hohlen Griff der Bürste steckt man ein Shampoostäbchen und reinigt das Auto nach dem Einweichen Stück für Stück mit der Shampoolauge. Ist das Auto gleichmäßig mit Shampoo bedeckt, spritzt man es ab. Dabei nicht den vollen Strahl auf den Lack richten, denn er könnte dadurch beschädigt werden. Danach trocknet man den Lack mit einem Fensterleder. Für die Scheiben sollte ein Extraleder benutzt werden, damit kein Silikon vom Lackpflegemittel auf die Scheiben gelangt.

Bemerkt man beim Waschen, daß das Wasser in langen, gleichmäßigen Bahnen abläuft, ist es Zeit, das Fahrzeug mit Politur oder Wachs abzureiben. Nach dieser Behandlung perlt das Wasser wieder ab, und der Lack ist für einige Wochen gut geschützt.

Autoradio

Die Geräte für den Rundfunkempfang und das Abspielen von Toncassetten im Auto sind inzwischen derart ausgereift, daß sie, obwohl wesentlich kleiner gebaut, in ihrer Robustheit und Tonqualität auch höherwertigen Heimanlagen in nichts nachstehen.

Der Empfang von UKW-Sendungen während der Fahrt wird immer ein Problem bleiben, weil sich Ultrakurzwellen geradlinig fortbewegen. Wenn also zwischen Auto und Radiowellen ein Hindernis auftaucht, z.B. ein Wald, ein Berg oder ein Haus, entstehen Störungen, die besonders beim zweikanaligen Stereoempfang als sehr unangenehm empfunden werden. Dagegen hat sich die Industrie viele Tricks einfallen lassen. Beispielsweise schalten manche Empfänger im Störungsfall von Stereo auf den weniger störanfälligen Monobetrieb um oder gehen, falls der eine Sender zu schwach ist, automatisch auf den nächsten. Automatischer Sendersuchlauf und Verkehrsfunkautomatik, die wichtige Durchsagen auch in Toncassettenprogramme einspeist, gehören bei vielen Geräten inzwischen zur Standardausstattung (siehe auch *Radioempfang im Auto*).

Für eine optimale Klangqualität im Auto ist neben der Qualität des Empfängers, Cassettenspielers und Verstärkers auch die Anordnung der Lautsprecher wichtig. Die Stereotechnik bedingt, daß zumindest zwei Lautsprecher eingebaut werden. Um diese symmetrisch anzuordnen, baut man sie hauptsächlich in die vorderen Seitentüren ein. Auch ein Platz an den Seiten des Armaturenbretts ist möglich. Um auch den hinten sitzenden Fahrgästen ein gutes Hörerlebnis zu ermöglichen, müssen zusätzlich im Heck des Wagens (oder in den hinteren Seitentüren) zwei weitere Lautsprecher eingebaut werden. Über einen Überblendregler läßt sich der Ton zwischen vorderer und hinterer Lautsprechergruppe verteilen.

Autoradio austauschen

Besitzt man ein Auto mit einem einfachen Standardradio, kann man dieses leicht selbst gegen ein Rundfunkgerät mit Cassettenteil auswechseln. Die Einbaumaße sind genormt, und das neue Radio paßt in den Originalausschnitt.

Zunächst klemmt man die Batterie ab und entfernt die Bedienungsknöpfe des Radios. Das alte Radio zieht man nach vorn heraus, indem man seitlich zwei Federklammern mit dem Schraubenzieher zusammendrückt. Nun liegen Plus- und Minusanschluß sowie die Antennenleitung mit den Lautsprechersteckern frei.

Ist das neue Radio mit Stereoempfang ausgerüstet, muß man zwei neue Stereolautsprecher einbauen. Oft gibt es ab Werk vorbereitete Einbauräume im Armaturenbrettbereich. Die beiden Lautsprecherkabel werden zum Radio verlegt.

Bevor man das neue Gerät in den Einbauschacht schiebt, versieht man es mit den Anschlußkabeln. Dabei darf man den rechten und linken Lautsprecher, die am Gerät besonders bezeichnet sind, nicht verwechseln.

Besitzt das Radio fest programmierbare Sender, muß man zusätzlich eine neue Plusleitung verlegen. Die Plusleitung legt man direkt an eine Leitung, die auch bei ausgeschalteter Zündung Strom führt, damit das Radio bei abgezogenem Zündschlüssel nicht das „Gedächtnis" verliert.

Nun steckt man noch die Bedienungsknöpfe auf, und das neue Cassettenradio ist betriebsbereit.

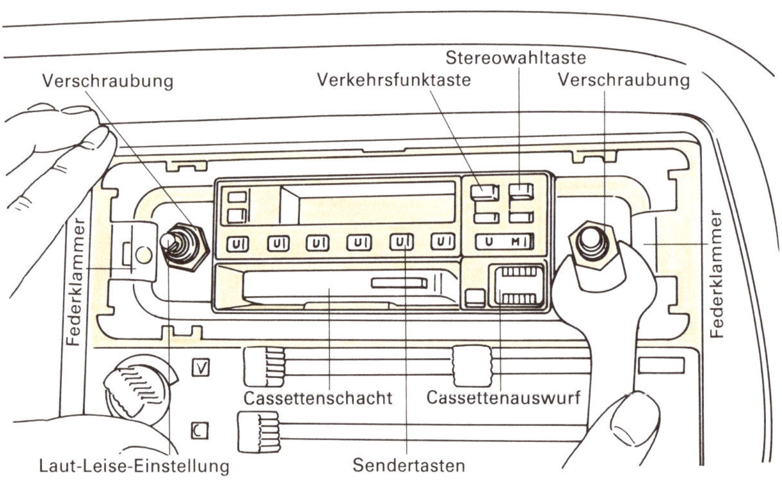

Autoreparaturen

Wer sein Auto selbst repariert, muß entsprechende Sicherheitsvorkehrungen treffen. Bei Arbeiten am laufenden Motor muß man auf drehende Motorteile achten; hier ist besondere Vorsicht geboten. Herabhängende Kleidung und Haare können vom Keilriemenantrieb erfaßt werden, denn viele moderne Fahrzeuge haben automatisch einsetzende Lüftersysteme.

Bei Arbeiten an der Zündung besteht Lebensgefahr, wenn es sich um eine leistungsgesteigerte Zündanlage handelt. Nur bei spannungsloser Zündung darf man Klemmen oder Prüfwerkzeug anlegen.

Verletzungsgefahr besteht, wenn man ungeeignete Werkzeuge, z.B. zu kurze Schlüssel, einsetzt. Statt Gabelschlüssel sollte man besser Ringschlüssel oder gekröpfte Schlüssel verwenden.

Muß man unter dem Auto arbeiten, darf es grundsätzlich nur auf sicherem Untergrund aufgebockt werden. Das Fahrzeuggewicht ruht dabei nicht auf dem Wagenheber, sondern auf Unterstellböcken (siehe *Auto aufbocken*).

Im Bereich der Batterie sollte man offene Flammen- und Funkenbildung vermeiden, denn austretendes Knallgas kann sich entzünden. Rauch- und Feuerverbot besteht auch bei Arbeiten an Vergaser, Einspritzanlage, Kraftstoffleitungen, Filter und Tank. Besonders gefährlich sind entleerte Kanister und Tanks, da sich in ihnen häufig Kraftstoffdampf bildet.

Autoschloß zugefroren

Beim zugefrorenen Schließzylinder soll man keine Gewalt anwenden, denn Autoschlüssel brechen sehr leicht ab. Zum Auftauen benutzt man am besten ein Enteisungsspray, das man in der Mantel- oder Handtasche mit sich führt; es gibt solche Sprays in handlichen Plastikfläschchen.

Man kann auch versuchen, den Autoschlüssel mit einem Feuerzeug aufzuwärmen. Allerdings sollte man diese Methode nur anwenden, wenn kein Wind geht.

Daß das Schloß zufriert, kann man von Anfang an verhindern, wenn man etwas Rostlöser in den Schließzylinder sprüht. Der Rostlöser sollte aber rückfettende Substanzen enthalten, damit die Zuhaltungen gleichzeitig auch geschmiert werden.

Avocado

Weil der Geschmack der reifen Avocado recht neutral ist, kann man sie mit süßen oder auch salzigen Zutaten kombinieren. Zur Zubereitung schneidet man die Avocado der Länge nach rundherum ein und dreht die beiden Hälften leicht gegeneinander. Damit das Fruchtfleisch nicht braun anläuft, beträufelt man die Schnittflächen sofort mit Zitronensaft.

Man kann die Avocadohälften beispielsweise mit Krabben, Thunfisch, Schinken, Eiern, Geflügelfleisch, Frischkäse oder Crème fraîche und Kaviar füllen. Süße Kombinationen lassen sich mit fast allen anderen Früchten, mit Vanillecreme und Schlagsahne zusammenstellen. Gefüllte Avocadohälften löffelt man aus; die Schale wird nicht mitgegessen.

Viele Salate bekommen durch Avocadoschnitze (Avocado vorher schälen) eine aparte Note. Auch Suppen und Dips kann man aus und mit Avocados herstellen; das Avocadofleisch wird meist klein gewürfelt und dann püriert. Man darf Avocados allerdings nur sehr kurz erhitzen, keinesfalls kochen, da sie sonst bitter werden. Saucen und Tunken (Dips), die man nicht sofort verzehrt, werden leicht braun. Um dies zu verhindern, gibt man Zitronensaft hinzu und legt den ausgelösten Avocadostein hinein.

Avocadopflanze

Wenn man eine Avocadopflanze ziehen will, kauft man eine reife Frucht und nimmt zuerst das Fruchtfleisch ab. Die dunkelbraune Schicht, die den Stein umgibt, entfernt man. Sodann legt man den Stein in ein Perlonnetz, hängt es an einem Haken auf und stellt ein mit Wasser gefülltes Gefäß darunter. Der Stein sollte stets ungefähr 1 cm tief ins Wasser eintauchen.

Nach sechs bis acht Wochen bilden sich an der Unterseite des Steins weiße Wurzeln. Nun pflanzt man den Stein 5–8 cm tief in einen Topf mit Blumenerde und stellt ihn an einen hellen Platz. Avocadopflanzen wachsen sehr schnell und müssen jedes Jahr umgetopft werden.

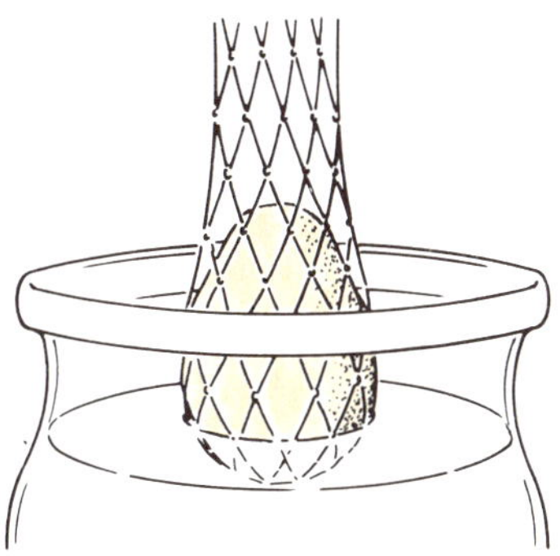

Äxte und Beile

Wenn eine Axt oder ein Beil stumpf geworden ist, schärft man die Schneide mit einer mittelfeinen Metallfeile. Dazu spannt man den Kopf mit der Schneide nach oben in einen Schraubstock, setzt die Feile flach an der Schneide an, führt sie zur Schneidkante hin nach oben und hebt sie am Ende eines jeden Strichs vom Material ab.

Man feilt beide Flächen so, daß sie ein leicht konvexes, also nach außen gewölbtes Profil bekommen. Dieses Profil soll bis zu den Enden der Schneide gleichbleiben; die Ecken der Schneide werden nicht geschrägt. Man kontrolliert die Arbeit, indem man über die Schneidkante visiert. Stumpfe Stellen zeigen sich als dunkle Punkte. Man feilt sie ab, bis die Schneidkante haarfein ist. Die gefeilten Flächen schleift man mit einem geölten Wetzstein in kreisförmigen Bewegungen nach. Zuletzt ölt man die Schneide ein, damit sie nicht rostet.

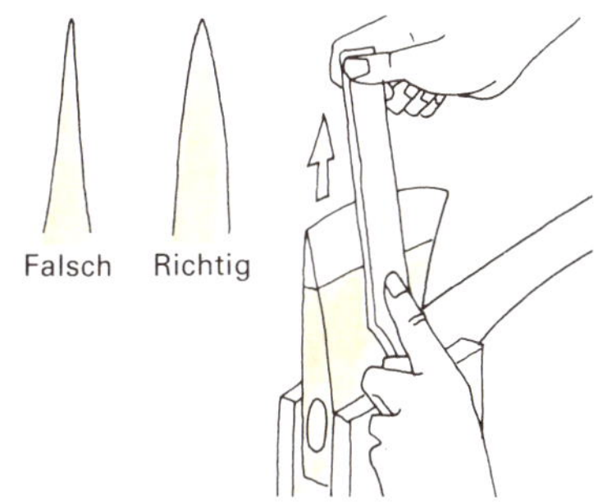

Stiel einsetzen Ein lockerer, zersplitterter oder angebrochener Stiel ist gefährlich und muß ersetzt werden. Fertige Stiele gibt es in Haushalts- und Metallwarengeschäften.

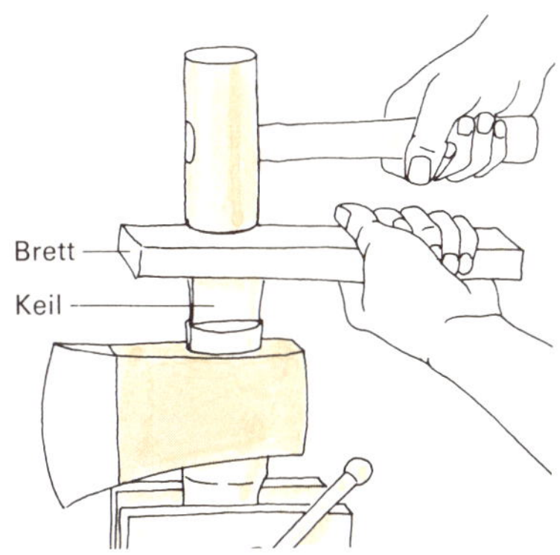

Den alten Stiel entfernt man, indem man den Kopf der Axt in einen Schraubstock spannt und den Stiel nahe am Kopf absägt. Dann bohrt man Löcher in das Holz im Axtkopf und stemmt es mit einem Stechbeitel heraus. Den Axtkopf nimmt man mit, wenn man den neuen Stiel kauft. Zum Ersatzstiel braucht man auch einen passenden Hartholzkeil. Falls erforderlich, richtet man den Stiel mit einer Raspel so zu, daß er in den Kopf der Axt paßt und oben etwas herausragt. Dann wird der Keil mit einem Hammer und einem zwischengelegten

Brett möglichst weit in den Schlitz des Stiels getrieben. Das überstehende Stielende sägt man am Kopf bündig ab. Zuletzt wird der Stiel mit feinem Schleifpapier (siehe *Schleifen*) geglättet und mit Leinöl eingerieben.

In gleicher Weise setzt man Stiele auch in Vorschlaghämmer oder Schlegel ein. Wenn ein Holzkeil sich lockert, kann man ihn mit einem oder zwei Eisenkeilen sichern, die es in verschiedenen Größen zu kaufen gibt.

Azalee

Azaleen gehören zu der großen Gattung *Rhododendron*. Zimmerazaleen sind fast ausnahmslos kleine Blütensträucher, die knapp 45 cm hoch und breit werden und 2–3 cm lange, ledrige, meist eiförmige Blättchen haben. Die Blüten sitzen am Ende der Triebe. Blühende Pflanzen stellt man an einen hellen Platz, setzt sie jedoch nicht unmittelbar der Sonne aus. Außerhalb der Blütezeit bevorzugen die Pflanzen ein Ost- oder Westfenster.

Zimmerazaleen brauchen niedrige Temperaturen, etwa zwischen 8–16°C. Im warmen Zimmer welken die Blüten rasch, und die Blätter fallen ab. Da die Pflanzen kalkfeindlich sind, müssen sie reichlich mit kalkfreiem Wasser gegossen werden. Will man die Luftfeuchtigkeit erhöhen, stellt man die Töpfe in wassergefüllte Schalen auf Kieselsteine. Vom späten Frühjahr bis zum zeitigen Herbst gibt man alle zwei Wochen einen kalkfreien Flüssigdünger.

Will man die Pflanze nach der Blüte weiterkultivieren – was nicht immer gelingt –, dann stellt man sie an einen möglichst kühlen Ort und gießt gleichmäßig. Der Topfballen sollte immer feucht sein. Sobald keine Fröste mehr zu befürchten sind, werden die Töpfe ins Freie in den Schatten von Bäumen gebracht und in kalkfreie Erde eingesenkt. Dort hält man die Pflanzen feucht. Im Spätsommer kann man die Wassergaben einschränken, um den Knospenansatz zu fördern. Im Herbst, vor dem ersten Frost, werden die Topfpflanzen für eine weitere Blüte ins Zimmer gebracht und wieder kühl gestellt. Wenn man Azaleen umtopft, braucht man reinen Torf als Pflanzerde.

B

Baby baden

Man muß ein Baby nicht täglich baden; ein Bad zwei- oder dreimal in der Woche reicht aus, wenn man das Baby täglich gründlich wäscht. Unmittelbar nach dem Füttern darf ein Baby nicht gebadet werden.

Man badet oder wäscht den Säugling in einem warmen Raum (etwa 21°C), in dem keine Zugluft herrscht. Dann legt man alles Nötige bereit: einen Waschlappen, ein Handtuch, Kinderseife oder eine milde Waschlotion, Babyshampoo, Hautcreme, eine frische Windel und saubere Kleidung.

Waschen mit dem Schwamm Bis die Nabelschnur abgefallen und der Nabel abgeheilt ist, wäscht man das Baby mit dem Schwamm. Dazu setzt man das Baby auf einem Handtuch in den Schoß oder legt es auf einen Tisch mit weicher Unterlage. Zuerst wird das Gesicht mit warmem Wasser abgewaschen und dann abgetrocknet. Anschließend wäscht man Ohren und Hals. Nur die äußere Ohrmuschel reinigen; nicht in das Ohr eindringen! Die Haare werden nur ein- oder zweimal in der Woche mit einem Babyshampoo gewaschen, das die Augen nicht reizt (siehe auch *Kopfschorf*). Dann reinigt man besonders sorgfältig alle Hautfalten (z.B. unter den Armen, am Hals). Wenn der Oberkörper des Babys gewaschen ist, wird er in ein Badetuch eingehüllt und noch einmal sorgfältig abgetrocknet. Danach wäscht man den Genitalbereich. Dazu umfaßt man mit der linken Hand die Knöchel und steckt den Zeigefinger dazwischen, damit die Knöchel sich nicht aneinander reiben. Dann hebt man das Gesäß an und wischt es ab. Den Genitalbereich immer von vorn nach hinten waschen. Anschließend wird er gründlich abgespült und trockengetupft. Nicht abreiben! Alle Hautfalten müssen vollkommen trocken sein. Wenn das Baby leicht wund wird, an empfindlichen Stellen eine Schutzcreme auftragen, z.B. Zinksalbe oder Rizinusöl. Den Nabel reinigt man mit etwas feuchter Watte.

Baden in der Wanne Man badet das Baby in einer Kinderbadewanne oder einer Waschschüssel. In die Badewanne zuerst kaltes, dann heißes Wasser einlaufen lassen; die Temperatur mit einem Badethermometer überprüfen. Das Wasser muß 37–38°C warm sein. Die Wanne sollte nur etwa zur Hälfte gefüllt sein. Man spricht beruhigend und in liebevollem Ton auf das Kind ein. Dabei umfaßt man mit der linken Hand von unten den linken Oberarm des Kindes, so daß sein Kopf auf dem eigenen linken Unterarm liegt. Mit der rechten Hand umfaßt man die Beine in Knöchelhöhe und steckt den Zeigefinger zwischen die Knöchel.

ACHTUNG!

Das Baby in der Badewanne auch nicht für wenige Sekunden unbeaufsichtigt lassen. Für Nase und Ohren eines Babys keine Wattestäbchen, sondern einen feuchten Wattebausch oder Waschlappen verwenden.

Dann taucht man das Kind langsam ins Wasser. Wenn sich das Baby an das Wasser gewöhnt hat, läßt man die Beine los und wäscht mit der rechten Hand, wie beim Waschen mit dem Schwamm, zuerst das Gesicht und die Haare, dann den Körper und den Genitalbereich. Dann dreht man das Kind auf den Bauch und wäscht den Rücken. Bevor es aus dem Wasser gehoben wird, muß es wieder auf den Rücken gedreht und dann so gehalten werden wie am Anfang beim Eintauchen. Nach dem Abspülen wickelt man das Baby in ein Badetuch ein und tupft es trocken. Dann wird eine frische Windel angelegt. Das Baby nicht länger als fünf Minuten baden.

Baby schreit

Generationenlang galt der Grundsatz, ein Baby solle man schreien lassen, da es für die Lunge gut sei. Heute rät man eher, das Kind auf den Arm zu nehmen. Die Gefahr, daß man es verzieht, besteht nicht.

Anfangs sind die Eltern meist unsicher, später können sie das Schreien besser deuten. Im allgemeinen weint ein Kind jedoch, wenn es Hunger oder Durst hat, wenn es zornig oder einsam ist, wenn ihm zu warm oder zu kalt ist, wenn es sich unwohl fühlt (z.B. nasse Windeln hat) oder Schmerzen hat. Beseitigt man die Ursache, ist das Baby still. Daneben gibt es in den ersten Monaten Schreiperioden, deren Ursachen nicht eindeutig zu erkennen sind. Diese Phase geht aber vorüber und ist kein Grund zur Besorgnis.

Man vermutet, daß sich die verschiedenen Systeme (Nervensystem, Verdauungssystem usw.) erst an das Leben außerhalb des Mutterleibs anpassen müssen, was beim Kind Unlustgefühle auslösen kann. Die gepeinigten Eltern sollten sich nicht beide den Lärm anhören; am besten gehen sie abwechselnd eine Weile außer Hörweite. Nach etwa drei Lebensmonaten hört diese anstrengende Schreiperiode im allgemeinen auf.

War das Baby ungewöhnlich lange wach, weil Besuch da war oder man sich zu lange mit ihm beschäftigte, schreit es wohl aus Übermüdung. Es ist überreizt und schläft nicht ein. In diesem Fall hilft es nicht, es auf den Arm zu nehmen oder sich weiter mit ihm zu beschäftigen. Manche Babys werden ruhig, wenn man sie in ihrem Wagen oder Körbchen eine Weile hin und her fährt, die meisten überreizten Kinder schlafen aber plötzlich ein, wenn man sie einfach eine Viertelstunde hat schreien lassen.

Nervosität und Gereiztheit der betreuenden Person können sich auf das Kind übertragen. Da hilft nur, daß die überlastete Person selbst zur Ruhe kommt und z.B. genügend schläft. Der Partner sowie Verwandte, Freunde oder Nachbarn sollten möglichst einen Teil der Arbeit mit übernehmen.

Hinweise für eine Krankheit können sein: Appetitlosigkeit, erhöhte Temperatur, starke Blässe, Erbrechen, Durchfall, Reißen mit der Hand am Ohr. Hier den Arzt konsultieren.

Siehe auch *Kolik; Zahnen.*

Babygrundausstattung

Die Grundausstattung für das Baby sollte möglichst schon vor der Geburt vorhanden sein. Dazu gehören: etwa zwölf Hemdchen, Jäckchen und Strampelhosen aus kochfestem Material und in verschiedenen Größen (es empfiehlt sich, nur je zwei bis drei Stücke in Erstlingsgröße, die anderen Stücke in den folgenden drei Größen anzuschaffen), zehn Frottee- oder Baumwollhöschen (ebenfalls in verschiedenen Größen), drei bis fünf Nabelbinden und Nabelkompressen, zwei bis drei Schlafhemdchen oder Schlafanzüge, ein Baumwollmützchen, fünf Mullwindeln als Spucktücher, ein Karton Höschenwindeln oder Streifenvlieswindeln und Wikkelfolien oder 30 Mullwindeln und Wickelfolien oder Gummihosen. Für den Winter braucht das Baby noch je ein Wollmützchen und Wolljäckchen sowie Strickschuhe und Strickhandschuhe. Keine Lätzchen kaufen, da man sie meist geschenkt bekommt. Auch ein großes Wolltuch (etwa 1 × 1 m), in das man das Baby einschlagen kann, ist nützlich.

Für das Bettchen oder den Kinderwagen braucht man eine passende Matratze aus Roßhaar, über die man eine gleich große Gummiunterlage oder ein gummiertes Moltontuch legt. Zum Beziehen benötigt man drei bis vier Bettücher sowie drei bis vier Bettbezüge aus Baumwolle oder Frottee und eine Daunen- oder Kindersteppdecke (nicht schwerer als 500 g) zum Zudecken. Auf ein Kopfkissen sollte man verzichten, da es schädlich für die Haltung sein kann.

Wer in der Klinik entbindet, sollte für die Heimfahrt des Babys Hemdchen, Jäckchen und Strampelhöschen, Frottee- oder Baumwollhöschen, Mullwindeln und Wickelfolie oder Höschenwindeln, ein Kissen oder eine Tragetasche sowie die Babysteppdecke mitnehmen.

Wickeltisch und Badewanne gibt es in verschiedenen Höhen zu kaufen. Badewannen können zum Wickeltisch umfunktioniert werden, wenn man sie nach dem Baden durch einen Aufsatz abdeckt. Babywannen erhält man auch zum Einhängen in die Badewanne der Erwachsenen. Ferner braucht man einen Windeleimer mit Deckel, möglichst mit Fußbedienung, Babyöl, Hautmilch, Creme für das Gesäß, Babybad, Babyseife, Watte (keine Wattestäbchen!), ein Bade- und ein Fieberthermometer, eine weiche Haarbürste, zwei bis drei Badehandtücher, fünf bis zehn Frotteewaschlappen, Pflegetücher, Krepptücher sowie eine Nagelschere mit abgerundeter Spitze. Eine Babywaage muß man nicht unbedingt anschaffen; man kann sie sich gegen Gebühr in Drogerien und Apotheken ausleihen.

Wer nicht viel Geld ausgeben möchte, kann eine gebrauchte Erstlingsausstattung kaufen. Möglicherweise vermittelt die Hebamme eine Adresse, oder man wendet sich an eine Mutter-und-Kind-Gruppe oder eine Gruppe junger Eltern.

Wird das Baby nicht gestillt, benötigt man zusätzlich sechs Flaschen mit Sauger, eingravierter Skala, weitem Hals, den dazugehörenden Verschlüssen oder kochfesten Gummikappen; hinzu kommt noch ein großer Topf zum Auskochen der Flaschen und eine Flaschenbürste.

Babykost

Wenn das Baby vier bis sechs Monate alt ist, sollte man auf feste Babykost übergehen. Bis zu diesem Zeitpunkt ist Muttermilch oder Babymilch aus Flaschen die ideale Kost für das Kind (siehe *Fläschchen geben; Stillen*).

Man beginnt etwa im vierten Lebensmonat mit Karottenmus und geht dann zu einer Karotten-Kartoffel-Mahlzeit über. Sie besteht aus 2 Teilen Karotten, 1 Teil Kartoffeln und 5–10 g Butter oder Margarine. Kein Kochsalz verwenden! Die Gemüsemahlzeit wird mit Obstmus (aus Banane oder Apfel) abgeschlossen. Auch industriell hergestellte Gemüse- und Obstsäfte kann man verwenden. Auf ein neues Nahrungsmittel geht man jeweils nach fünf oder sieben Tagen über, um leichter festzustellen, ob dem Kind etwas nicht bekommt. Anzeichen einer schlechten Verträglichkeit sind Erbrechen, Krampfzustände, starke Blähungen, Durchfall oder Ausschlag. Gelbe Gemüsesorten, z.B. Karotten, kommen vor den grünen Gemüsesorten auf den Speiseplan.

Etwa ab dem sechsten Monat kann das Baby normale Kuhmilch trinken. Außerdem gibt man leicht verdauliche Getreidekost und – neben den Gemüsebreien – das erste Fleisch. Dazu an zwei bis drei Tagen in der Woche 2–3

Teel. gekochte und feingewiegte Kalbsleber oder Kalb- bzw. Hühnerfleisch reichen.

Zu den Nahrungsmitteln, die nicht im ersten Lebensjahr auf den Speiseplan kommen sollten, gehören Produkte aus Vollweizen, Fisch, geräuchertes Fleisch, alle stark gewürzten Speisen, Eiweiß und Honig. Der selbst hergestellten Babykost auf keinen Fall Salz oder Zucker zusetzen.

Zur Babykost, die man leicht selbst zubereiten kann, gehören Obstbrei z. B. aus reifen Bananen, passiertes Eigelb aus hartgekochten Eiern (mit einem Teelöffelvoll beginnen), dünner Haferflockenbrei, Quark, Joghurt und püriertes Fleisch oder Gemüse.

Um ein Fleischpüree herzustellen, zerkleinert man im Mixer Würfel von gut gekochtem Geflügel-, Rind- oder Kalbfleisch mit so viel Kochwasser oder Milch, daß ein Püree in der Konsistenz von Apfelmus entsteht. Für ein Gemüsepüree zerkleinert man im Mixer frisch gekochtes Gemüse mit Flüssigkeit zu einem dünnen Brei. Die Pürees können für die spätere Verwendung in einzelnen Portionen in das Gefrierfach oder in den Kühlschrank gestellt werden. Aus dem Kühlschrank müssen Fleischpürees innerhalb von 24 Stunden, Gemüsepürees innerhalb von zwei Tagen und Obstbreie innerhalb von drei Tagen verwendet werden.

Babysitter

Babysitter findet man im eigenen Bekanntenkreis, z.B. erwachsene Kinder von Freunden, oder durch einen Anschlag am Schwarzen Brett einer Schule, die sich in der Nähe befindet. Auch eine Anzeige im Lokalteil der Zeitung kann nützen. Viele Eltern bilden auch Nachbarschaftshilfen; dabei springen Eltern mit gleichaltrigen Kindern füreinander ein und hüten das Kind des Nachbarn, wenn dieser einmal nicht dasein sollte.

Hat man einen Anwärter gefunden, lädt man ihn zu einem Gespräch ein, um zu sehen, ob ihm die Aufgabe liegt. Wichtige Eigenschaften eines Babysitters sind Zuverlässigkeit, Ehrlichkeit und Geschick im Umgang mit Kleinkindern. Der Babysitter sollte dann nicht ständig gewechselt werden. Das Kind kann Vertrauen gewinnen, und für die Eltern ist ein bewährter Babysitter eine Erleichterung: Sie brauchen ihn nicht ständig neu einzuweisen.

Die Leistung des Babysitters bezahlt man entweder pauschal oder nach Stunden. Wenn der Babysitter nur den Schlaf des Babys überwachen soll, kann er dabei seine Schularbeiten machen, fernsehen oder lesen. Die Eltern des Kindes sollten dem Babysitter immer eine Telefonnummer hinterlassen, unter der sie – oder die Angehörigen – zu erreichen sind.

Backofen reinigen

Ein Backofen läßt sich am einfachsten sauberhalten, wenn man verspritzte Reste gleich aufwischt und die Innenflächen regelmäßig abwäscht. Um eingebranntes Fett aus einem elektrischen Backofen zu entfernen, gießt man Salmiakgeist in ein Glas- oder Keramikgefäß und stellt es über Nacht in das kalte Backrohr. Am Morgen wird dann der Ofen mit einer Lösung von 1 Tasse Salmiakgeist in einem Eimer Wasser ausgewischt. Dabei Gummihandschuhe tragen und die allgemeinen Vorsichtsmaßnahmen auf dem Flaschenetikett beachten. Gasöfen werden mit einem flüssigen Scheuermittel gereinigt.

Handelsübliche Ofenreiniger eignen sich meist auch für stark verschmutzte Elektro- und Gasöfen. Sie sind jedoch stark ätzend, und man muß die Gebrauchsanweisung genau befolgen. Der Fußboden vor dem Herd wird mit Zeitungspapier ausgelegt; Thermostaten, Spiralen und Glühbirnen deckt man mit Alufolie ab; beim Reinigen Gummihandschuhe tragen.

Da Heißluftherde mit niedrigeren Temperaturen arbeiten, bleiben Fettspritzer u.a. nicht so hartnäckig kleben. Meist genügt es, den Backofen mit einem milden Spülmittel auszuwischen. Anweisungen des Herstellers beachten!

Um ein Mikrowellengerät zu reinigen, legt man auf die verspritzten Speisereste ein Stück feuchten Küchenkrepp und schaltet den Herd für zehn Sekunden auf die höchste Garstufe ein. Nach dem Abkühlen wird der Herd sauber ausgewischt.

Selbstreinigende Öfen Viele Backöfen sind mit einer Vorrichtung zur Selbstreinigung ausgestattet. Man richtet sich nach der Betriebsanleitung für den jeweiligen Ofentyp. Nach dem pyrolytischen Reinigungsprozeß bleibt eine hellgraue Asche am Boden des Ofens liegen; sie wird mit einem Schwamm weggewischt. Mit dem Prozeß der pyrolytischen Reinigung können jedoch angebrannte Speisereste aus Töpfen oder Pfannen nicht entfernt werden.

Bei Backöfen mit kontinuierlicher (katalytischer) Reinigungshilfe bewirkt eine spezielle Auskleidung, daß verspritztes Fett in Kohlendioxid und Wasser umgewandelt wird, wenn der Ofen in Betrieb ist. Trotzdem können größere Spritzer auf den Boden gelangen und müssen entfernt werden. Deshalb deckt man beim Backen und Braten den Boden des Ofens direkt unterhalb der Pfanne, aus der Fett herausspritzen könnte, mit Alufolie ab. Muß der Boden des Ofens trotzdem gereinigt werden, verwendet man am besten ein mildes Geschirrspülmittel. Scheuermittel, Stahlwolle oder handelsübliche Ofenreiniger sind in diesem Fall nicht zu empfehlen.

Badewanne verfugen

Wenn ein Haus sich setzt, kann die Verfugung zwischen dem Rand einer Badewanne und der Wand reißen. Ebenso treten Risse zwischen Waschbecken oder Duschkabinen und Wänden auf. Mit handelsüblichem dauerelastischem Kitt kann man diese Risse sowie alle schadhaften Fugen zwischen den Fliesen ausbessern. Man säubert und trocknet die betreffende Fläche und entfernt mit Spachtel und Bürste das alte Fugenfüllmittel. Nun

schneidet man die Tülle der Kittkartusche im Winkel von 45° in Fugenbreite auf, setzt die Kartusche in die Pistole, zieht die Tülle über die Fuge und drückt einen gleichmäßig starken Kittwulst hinein. Zum Schluß glättet man den Kitt mit den nassen Fingern (dem Wasser etwas Spülmittel zusetzen).

Badezimmer putzen

Um der Schimmelbildung und Kalkablagerung vorzubeugen, sollte man Bade- und Duschwannen nach jedem Gebrauch trockenwischen. Außerdem sollte man nasse Duschvorhänge zum Trocknen ausbreiten und Türen von Duschkabinen halb offenlassen, damit die Luft zirkulieren kann.

Badewannen, Duschwannen und Waschbecken reinigt man mindestens jede Woche gründlich. Dazu kein scharfes Scheuerpulver verwenden, denn es greift mit der Zeit die Oberflächen an. Zu empfehlen sind milde Scheuermittel oder flüssige Reiniger, die mit einem Schwamm aufgetragen werden. Kalkflecken entfernt man mit Essig, hartnäckigen Schmutz mit einer weichen Bürste, einem Topfreiber aus Kunststoff oder einem zusammengeknüllten Perlonstrumpf. Die Dichtungsfugen um Wannen und Becken sowie andere unzugängliche Stellen säubert man mit einer alten Zahnbürste und flüssigem Reinigungsmittel. Auch mit Saugnäpfen versehene Gummimatten werden auf diese Weise gereinigt.

ACHTUNG!

Bleichmittel, Salmiakgeist und WC-Reiniger nicht gleichzeitig in die Klosettschüssel geben; es entwickeln sich giftige Gase. Werden mehrere dieser Mittel nacheinander benutzt, zwischendurch immer spülen. Falls handelsübliche Reinigungstabletten verwendet werden, muß man diese zuvor aus dem Spülkasten entfernen.

Flecken auf Porzellan Sie lassen sich mit einer Paste aus Weinstein und Wasserstoffperoxid entfernen. Man verteilt die Paste über die Flecken und reibt sie leicht ein. Nach dem Trocknen wird die Paste abgewischt oder abgespült.

Um die Toilette sauberzuhalten, verwendet man einmal wöchentlich einen WC-Reiniger. Flecken lassen sich entfernen, wenn man Bleichmittel in die Klosettschüssel gießt. Außen wird die Schüssel mit flüssigem Desinfektionsmittel abgewaschen.

Den Fußboden im Badezimmer wischt man mit einem feuchten Mop oder Schwamm und Flüssigreiniger auf. Durch gelegentliche Pflege mit einem Fliesen- und Fugenreiniger werden vergraute Fugen wieder weiß.

Siehe auch *Abfluß, verstopfter; Brauseköpfe reinigen; Duschvorhang reinigen; Gerüche beseitigen; Sanitärporzellan.*

Baiser

Es gibt zwei Möglichkeiten, die Baisermasse herzustellen: Man schlägt das Eiweiß mit Weinsteinsäure (sie macht die Baisers besonders luftig) zu sehr steifem Schnee (siehe *Eischnee*) und hebt dann vorsichtig den Zucker unter. Pro Eiweiß 50g feiner Zucker für Baisers und Tortenböden, 30g für Baiserhauben sind die üblichen Mengen. Man kann aber auch das Eiweiß zusammen mit dem Zucker (es sollte dann Puderzucker sein) im Wasserbad 15 Minuten lang aufschlagen; so wird die Eiweißmasse zäher und läßt sich besser spritzen, die Baisers selbst sind aber klebriger.

Die fertige Baisermasse füllt man in einen Spritzbeutel und spritzt sie auf ein Backblech, das man mit Backfolie oder geölter Aluminiumfolie belegt hat. Man läßt das Baiser bei höchstens 100°C mehr trocknen als backen; das kann zwei bis drei Stunden dauern. Die Backofentür einen Spalt offenlassen; am besten klemmt man einen Kochlöffelstiel ein. Den Backofen ausschalten, wenn die Baisers eine harte, trockene Oberfläche haben, und das Schaumgebäck im Ofen mindestens zwölf Stunden nachtrocknen lassen.

Balkonbepflanzung

Zu allen Jahreszeiten können Blumenkästen auf dem Balkon bepflanzt werden. Besonders reizvoll ist die Frühjahrsbepflanzung mit Tulpen, Narzissen, Hyazinthen und Krokussen. Diese lassen sich mit Stiefmütterchen, Vergißmeinnicht, Tausendschönchen und Freilandprimeln hübsch kombinieren. Die Zwiebelgewächse legt man bereits im Herbst in die Kästen; Primeln, Vergißmeinnicht, Tausendschönchen und Stiefmütterchen kauft man am besten blühend im Frühjahr in einer Gärtnerei.

Eine besondere Zierde des Sommerbalkons sind die roten und lilafarbenen Hängepelargonien. Daneben gibt es auch aufrecht wachsende Pelargonien. Pelargonien (siehe dort) – oft auch Geranien genannt – brauchen wie Pantoffelblumen, Margeriten und Petunien einen sonnigen Standort. Im Halbschatten dagegen gedeihen Fuchsien, Knollenbegonien und Fleißige Lieschen.

Mit niedrigen Chrysanthemen, die in den verschiedensten Farbtönen blühen, kann man im Herbst den Balkon schmücken. Pflanzt man sie mit rotvioletter, weißer oder lachsrosafarbener Flockenheide zusammen, erzielt man meist eine besonders fein abgestufte Farbwirkung.

Auch im Winter braucht man auf den Balkonschmuck nicht zu verzichten. Am einfachsten ist es, wenn man in die Erde der Blumenkästen Kiefern-, Fichten- oder Tannenzweige steckt. Auch die beerentragenden Zweige von Zwergmispel und Sanddorn machen sich dort gut. Für die Bepflanzung des Winterbalkons kommen Zwergkoniferen und langsam wachsende Kleingehölze in Betracht, die man mindestens drei Jahre lang im Balkonkasten lassen kann. Zwergkiefern, Zuckerhutfichten und Zwergwacholder sind besonders gut geeignet. Billiger dagegen sind die einfachen Baumschulfichten. Will man das Gesamtbild des Winterbalkons etwas auflockern, pflanzt man einige Schneeheidepflanzen dazwischen.

Ballaststoffe

Ballaststoffe sind unverdauliche Kohlenhydrate. Ein Beispiel ist die Zellulose, ein faseriges Material, das den Pflanzen Stütze und Zusammenhalt gibt.

Der Nutzen dieser Ballaststoffe liegt darin, daß sie helfen, die Verdauungsprodukte durch den Körper zu transportieren und auszuscheiden. Ballaststoffe absorbieren Flüssigkeit, dadurch quillt der Nahrungsbrei im Darmtrakt auf, die Muskeltätigkeit des Darms wird angeregt, der Stuhl zügig weiterbefördert und regelmäßig ausgeschieden. Dadurch werden Blutgefäße und After sowenig wie möglich belastet.

Weizenkleie, die Schalen und Keime des Getreidekorns, die beim Mahlen anfallen, ist ein fast reiner Ballaststoff. Doch wenn Kleie oder ein anderer Ballaststoff zusätzlich zu einer sonst unausgewogenen Kost gegessen wird, nützt es wenig oder gar nichts. Ballaststoffe müssen schon Bestandteil einer gesunden, ausgewogenen Ernährung sein. Dazu sollte man den Verbrauch an tierischen Fetten und Zucker soweit wie möglich reduzieren, dafür rohem Gemüse, ungeschältem – aber freilich gut gewaschenem – Obst, Vollkornbrot und Vollkornbackwaren den Vorzug geben.

Zuviel Ballaststoffe können allerdings auch schädlich sein. Vor allem eine plötzliche Umstellung auf sehr ballaststoffreiche Kost kann zu Blähungen, Brechreiz und Erbrechen führen. Eine Umstellung sollte deshalb langsam vorgenommen werden.

Ballenentzündung

Durch eine Abknickung der Großzehe zu den anderen Zehen hin wird vom abgespreizten ersten Mittelfußknochen ein „Ballen" gebildet. Die Haut darüber ist häufig verhornt, rot und empfindlich. Durch dauernden Schuhdruck bildet sich gewöhnlich ein Schleimbeutel, der sich entzünden kann. Ursache ist meist die erbliche Schwäche eines Muskels, die durch enge, spitze Schuhe mit zu hohen Absätzen verschlimmert wird.

Zur Vorbeugung immer gutsitzende, bequeme Schuhe tragen. Zur Druckentlastung neue Schuhe mit einem in Schuhgeschäften und Kaufhäusern erhältlichen Mittel einsprühen, das das Leder weich und dehnbar macht. Man kann sich auch eine Einlage vom Arzt verschreiben lassen oder ein Filzpolster auflegen. Um akute Schmerzen zu lindern, trägt man alte, bequeme Schuhe, deren Oberleder man an der Druckstelle ausschneidet.

Zu Hause macht man Arnikawickel (1 Eßl. Arnikatinktur auf ¼ l Wasser; siehe auch *Wickel*). Entzündete Ballen können auch operativ entfernt werden. Betroffene mit chronischen Leiden wie Kreislaufschwäche oder Zuckerkrankheit sollten sich in ärztliche Behandlung begeben, falls die Schmerzen anhalten.

Siehe auch *Schleimbeutelentzündung.*

Bänder und Scharniere

Seiner Funktionsweise nach ist das Zapfenband das älteste Band. Früher wurden schwere Tore an einem Baumstamm (Zapfen) befestigt, der sich in einem ausgehöhlten Stein drehte. Heute verwendet man das Zapfenband in verschiedenen Ausführungen (A).

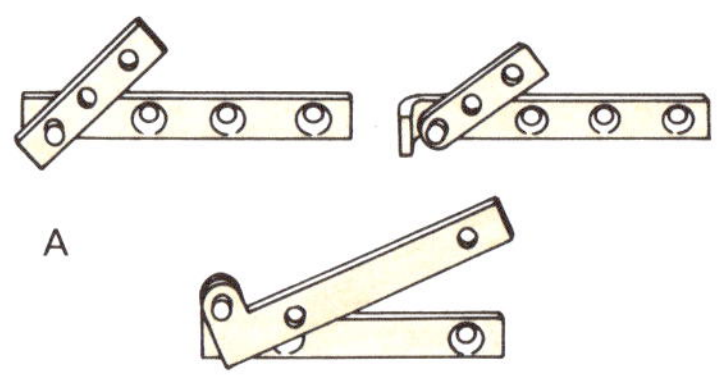

Am häufigsten werden jedoch Einbohr- und Lappenbänder montiert. Um eine ausreichende Tragfähigkeit zu erreichen, sollte man bei schweren Türen drei- oder fünfteilige Bänder verwenden (B). Für Zimmertüren, die z.B. über Teppiche gehoben werden müssen, gibt es steigende Einbohrbänder (C) bzw. Steighülsen, die nachträglich aufgesteckt werden. Lappenbänder, auch Zylinderbänder genannt, eignen sich für schwere Zimmertüren und für leichte Möbeltüren; es gibt sie in verschiedenen Kröpfungen (D) und mit Zierköpfen aller Art. Eines der stabilsten Türbänder ist das Fitschenband (E); es wird eingestemmt und verstiftet. Man kann es mit verschiedenartigen Übersteckhülsen verzieren.

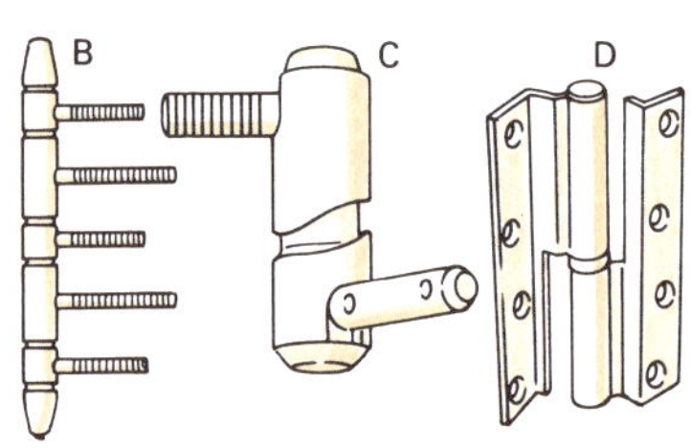

Für stumpf auf- oder einschlagende Türen und Klappen eignen sich Einbohrzylinderscharniere (F), die sich sehr rationell montieren lassen. Es gibt sie auch in ovaler Form. Für stumpf aufschlagende Drehteile eignen sich auch Topfscharniere (G). Man kann je nach Bedarf zwischen leichten Scharnieren aus Kunststoff und stabileren Ganzmetallausführungen mit dreidimensionaler Verstellmöglichkeit sowie mit integrierter Schließautomatik wählen. Die Scharniere sind von außen nicht sichtbar. Der Abstand der Türkante zur Schrankaußenseite wird mit verschieden dicken Montageplatten, die zum Scharnier gehören, bestimmt. Der Türöffnungswinkel kann bei diesem Scharniertyp bis 180° betragen.

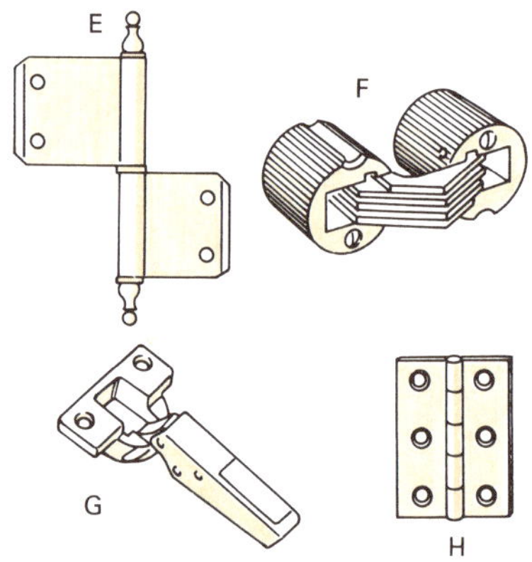

Anspruchslose Anschlagarbeiten kann man mit einfachen Scharnieren (H) ausführen. Sie haben ein mehrgliedriges Gewerbe mit durchgehendem Stift und können nicht ausgehängt werden. Scharniere dieser Art, die über die ganze Türlänge reichen, bezeichnet man als Stangenscharniere.

Für „Nurglastüren" gibt es Spezialscharniere; die Glastüren brauchen dafür Bohrungen oder Vertiefungen, in denen die Beschläge befestigt werden.

Bardieren

Wild und Wildgeflügel haben einen feinen Geschmack, sind aber auch extrem mager und daher etwas trocken. Es empfiehlt sich, dieses Fleisch und Geflügel zu bardieren, d.h., es vollständig mit einem Speckmantel zu umwickeln. Der Speck gibt während des Bratens Fett ab und hält das Fleisch saftig.

Für den Speckmantel nimmt man dünne Scheiben fetten Specks. Kann man die Scheiben nicht dünn genug schneiden, legt man sie zwischen zwei

Lagen Klarsichtfolie und rollt sie mit dem Nudelholz etwas aus.

Das Bardieren ist dem Spicken (siehe dort) auf jeden Fall vorzuziehen, denn beim Spicken werden die Fleischfasern zerrissen, der Saft läuft aus, und das Fleisch wird nur noch trockener statt saftiger.

Bärte

Ein Kinn-, Backen- oder Schnurrbart kann bestimmte Gesichtsmerkmale betonen oder abschwächen und einem Mann ein verwegenes oder vornehmes Aussehen verleihen. Die Wirkung kann aber auch nachteilig sein, wenn die Barttracht nicht zum Gesicht paßt.

Zunächst einmal muß man den Bart wachsen lassen. In dieser Zeit ist ein ungepflegtes Aussehen unvermeidlich. Ratsam ist es, das Gesicht häufig mit Wasser und Seife zu waschen und gründlich abzuspülen. Außerdem muß man eine gewisse Unbequemlichkeit in Kauf nehmen, denn frischer Bartwuchs juckt. Anhaltenden Juckreiz kann man durch ein Antischuppenshampoo lindern.

Um bei einem lockigen Bart zu verhindern, daß die Haare einwachsen, dreht man die gekräuselten Haarspitzen mit einer Pinzette von der Haut weg. Eingewachsene Haare werden ausgezupft; die Haut wird anschließend mit Alkohol oder einem adstringierenden Mittel abgetupft. Nach ungefähr drei Wochen ist der Bart meist lang genug, um gestutzt zu werden.

Ein voller, gepflegter Kinn- und Schnurrbart kaschiert ein schmales Gesicht, eine unregelmäßige Nase, ein spitzes oder flaches Kinn und sogar eine Stirnglatze. Ein kräftiger Schnauzbart bei glattrasiertem Kinn lenkt die Aufmerksamkeit von einer großen Nase, einem breiten Gesicht, einem vorspringenden Kinn oder einem tiefen Haaransatz ab.

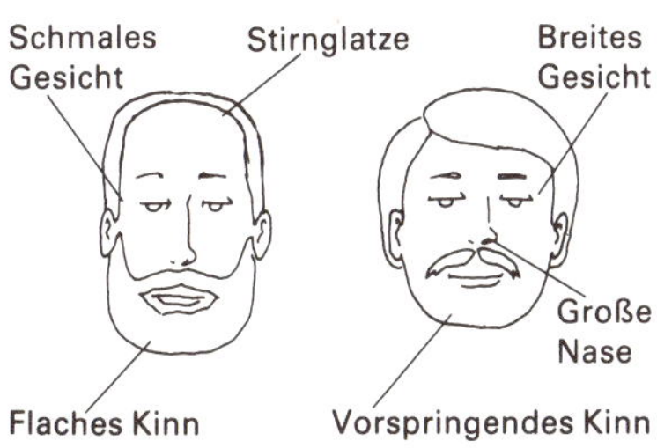

Viele Männer meinen, Bartpflege sei weniger mühevoll und zeitraubend als die Rasur. Ein Backenbart jedoch verlangt tägliche Pflege, und zwar aus drei Gründen: Zunächst können sich dort Bakterien und Schmutz ansiedeln, so daß eine tägliche Wäsche mit Shampoo erforderlich ist; anschließend verwendet man ein Haarwasser, damit die Haare weich bleiben. Zweitens muß der Backenbart mindestens einmal in der Woche und bei jedem Haarschnitt gestutzt werden, damit er nicht ungepflegt aussieht. Gestutzt wird der Bart nur in trockenem Zustand – ein feuchter Backenbart liegt anders. Schließlich werden Kinn- und Schnurrbärte beim Essen leicht verschmutzt. Man sollte häufig die Serviette benutzen und nach dem Essen im Spiegel kontrollieren, ob sich noch Speisereste im Bart befinden.

Basteln mit Abfall

Aus leeren Streichholzschachteln, Blechbüchsen, Zigarettendosen, Joghurtbechern, Flaschen oder Fadenrollen kann man mit wenig Mühe hübsche Sachen basteln.

Adventskalender Man braucht 24 Streichholzschachteln und Filz, z. B. in Grün, Rot und Gelb. Vom grünen schneidet man einen so großen Streifen ab, daß darauf alle Schachteln untereinander Platz haben und rechts, links, oben und unten Verzierungen angebracht werden können. Mit dem roten Filz beklebt man die Oberflächen und Reibflächen. Aus dem gelben Filz schneidet man die Ziffern 1 bis 24 aus. Man klebt sie auf die Schachteln und diese untereinander auf den grünen Filz. In jede Schachtel legt man eine kleine Überraschung. Damit man den Kalender aufhängen kann, näht man oben eine Öse an. Das Ganze wird dann nach Belieben verziert.

Maultrommel Aus einer leeren Streichholzschachtel, einem etwa 30 cm langen Faden oder Gummi sowie zwei Knöpfen kann man ganz einfach eine Maultrommel machen. Man zieht den Faden durch die Mitte der Schachteloberseite, bindet einen Knopf daran fest und schließt die Schachtel. Ans andere Ende des Fadens kommt der andere Knopf. Man nimmt ihn zwischen die Zähne, spannt mit der Schachtel den Faden – und schon kann man durch Zupfen am Faden lustige Töne erzeugen.

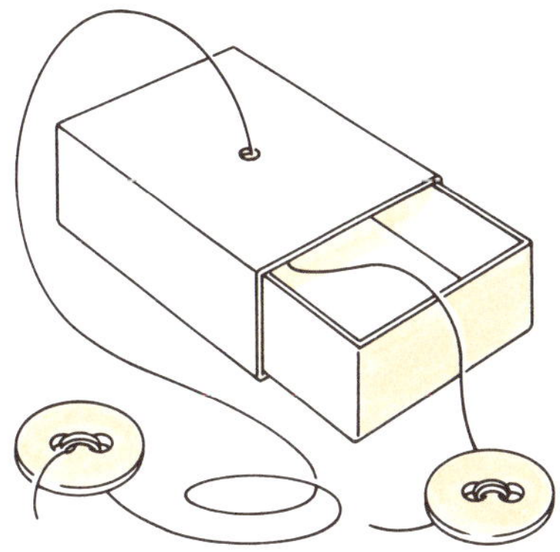

Büchsen und Dosen Für kleine Gegenstände wie Büroklammern, Gummiringe, Bleistifte, Pinsel usw. dienen Büchsen oder Zigarettendosen als praktische und hübsche Behälter, wenn man sie bunt bemalt oder mit farbigem Filz beklebt. Bei der Verzierung kann man seiner Phantasie freien Lauf lassen.

Büchsentelefon Man benötigt zwei Büchsen und etwa 5 m Schnur. Man schlägt mit einem Nagel je ein Loch in die Böden, zieht die Schnur durch und verknotet sie in den Büchsen. Wird die Schnur mit den Büchsen gespannt, kann an den Büchsen abwechselnd gesprochen und gehört werden.

Fang den Ball Auf den Boden eines Joghurtbechers klebt man eine passend zugeschnittene Kartonscheibe, durchsticht sie und den Becherboden in der Mitte, zieht eine dünne Schnur durch und verknotet sie unten, so daß sie nicht durch das Loch schlüpfen kann. Aus Wollresten bildet man ei-

nen kleinen Knäuel und bindet ihn an das andere Schnurende. Zum Schluß wird der Becher bunt bemalt. Den Becher hält man mit einer Hand und versucht, den Knäuel ohne Zuhilfenahme der andern Hand in den Becher zu werfen.

Flaschen Wenn man Flaschen als Ständer für verschiedenfarbige Tropfkerzen verwendet, werden sie mit der Zeit zu dekorativen Wachsskulpturen.

Raupe Aus einer leeren Garnrolle aus Holz oder Plastik kann man eine Raupe mit Gummimotor bauen. Man braucht dazu einen Gummiring, der, doppelt zusammengelegt, etwa so lang ist wie die Rolle, ein Streichholz und einen 10–12 cm langen Bleistift oder ein entsprechendes Holzstäbchen.

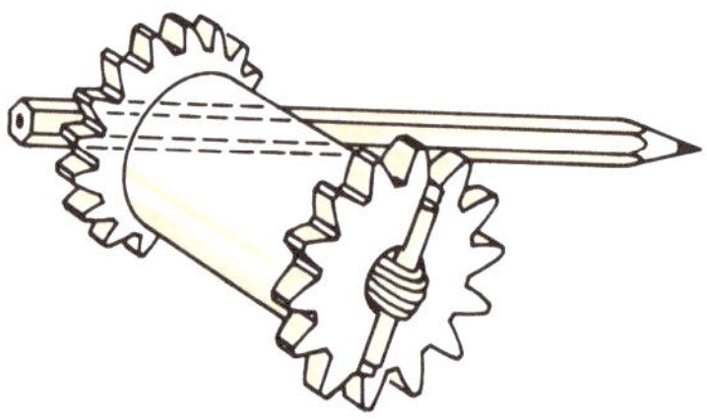

Zunächst entfernt man die seitlichen Abdeckpapiere der Rolle, dann feilt man mit einer Dreikantfeile Kerben in die Ränder der Rolle und eine Längskerbe in die Mitte einer Rollenseite; bei einer Holzrolle reibt man die andere Seite mit Seife ein. Nun legt man den Gummiring doppelt, bindet ihn an einen Faden mit Nadel, schiebt das Streichholz, das nicht über den Rollenrand ragen darf, auf der entgegengesetzten Seite in den Gummiring, zieht diesen mit Nadel und Faden durch das Loch der Rolle und steckt den Bleistift so in den Gummiring, daß er etwa 1 cm über den Rollenrand hinaussteht. Man schneidet den Faden vom Gummi und läßt das Streichholz in die Kerbe einrasten. Jetzt braucht man nur noch den Gummimotor mit dem Bleistift rechtsherum aufzuziehen – und die Raupe fährt.

Batik

Beim Batiken wird auf Textilien ein Farbmuster aufgetragen. Die Stellen, die unverändert bleiben sollen, werden mit Wachs abgedeckt (reserviert), damit sie keine Farbe aufnehmen können. Der Stoff wird dann in ein Farbbad getaucht, und zum Schluß wird das Wachs entfernt.

Für Batiken eignen sich alle hellen, leichten Stoffe ohne Appretur. (Stoffe mit Appretur kann man verwenden, wenn man sie vorher in Seifenwasser auswäscht.) Am besten sind Baumwolle, Seide und Voile. Wollstoffe sind ungeeignet, ebenso synthetische Gewebe, weil der Farbstoff nicht eindringen kann.

Technik Der Stoff wird mit Reißnägeln auf einem Bilderrahmen befestigt oder in einem großen Stickrahmen straff ausgespannt. Er soll, wenn man Wachs aufgetragen hat, die Arbeitsunterlage nicht berühren. Dann malt man das Muster mit einem Bleistift oder einer Zeichenkohle auf den Stoff. Anschließend läßt man im Wasserbad (siehe dort) vorsichtig etwa 500 g Paraffin und 5 Eßl. Bienenwachs schmelzen.

Damit das Wachs beim Färben nicht schmilzt, verwendet man nur Textilfarben, die in kaltem Wasser löslich sind. Besteht ein Muster aus mehreren Farben, beginnt man stets mit der hellsten. Nun setzt man die erste Farbflotte (Farbbad) nach den Angaben auf dem Päckchen an. Dann trägt man mit einem kleinen Pinsel das geschmolzene Wachs auf die Teile des Musters auf, die nicht in diesem Farbton eingefärbt werden sollen. Anschließend löst man den Stoff vom Rahmen ab, taucht ihn ins Farbbad, nimmt ihn nach 15–20 Minuten heraus, spült ihn gründlich in kaltem Wasser und hängt ihn zum Trocknen auf.

Um das Wachs zu entfernen, deckt man ein Bügelbrett mit Zeitungspapier ab und legt den trockenen Stoff zwischen mehrere Lagen Papierhandtücher o.ä. Dann wird mit dem normalen Bügeleisen (kein Dampfbügeleisen), das man auf „Wolle" einstellt, der Stoff von beiden Seiten ausgebügelt; dabei wechselt man die Papierhandtücher, wenn sie mit Wachs getränkt sind.

Sind mehrere Farben vorgesehen, werden sie in gleicher Weise aufgetragen. Bei zwei oder mehreren Farben ist es nicht erforderlich, vor jedem Farbbad das alte Wachs restlos auszubügeln; man entfernt es lediglich an den Stellen, die im nächsten Bad eingefärbt werden sollen, und deckt alle anderen Stellen mit Wachs ab.

Der hier gezeigte Frosch wurde auf gelben Stoff gemalt und mit Wachs abgedeckt. Der Hintergrund wurde willkürlich mit flüssigem Wachs betröpfelt. Dann kam der Stoff in das Farbbad. Anschließend wurde das Wachs aus dem Frosch (mit Ausnahme der Augen) gebügelt und der Hintergrund mit Wachs abgedeckt. Zuletzt wurde der Frosch grün eingefärbt, wobei die Augen gelb blieben.

Siehe auch *Knüpfbatik*.

Batterie laden

Da im Herbst und Winter sehr oft mit Licht gefahren wird, reicht die Leistung der Lichtmaschine gerade aus, um das Bordnetz zu versorgen, und die Batterie wird ungenügend geladen. Daher empfiehlt es sich, vor Beginn der kalten Jahreszeit die Batterie noch einmal aufzuladen, sonst bricht das Bordnetz am ersten kalten Tag zusammen.

ACHTUNG!
Den Fahrzeugmotor sollte man niemals ohne Batterieanschluß laufen lassen, da sonst die Lichtmaschine Schaden nehmen kann.

Zum Aufladen benötigt man kein teures Werkstatt-Batterieladegerät. Preisgünstige Kleinlader mit einer Ladeleistung zwischen 4 und 6 A genügen vollständig, um die üblichen Pkw-Batterien nachzuladen. Die Ladeleistung sollte 10% der Nennkapazität der Batterie nicht überschreiten.

Man klemmt Plus- und Minuspol ab und reinigt sie. Die rote, mit Pluszeichen versehene Klemme des Ladegerätes wird an den Pluspol, die mit Minuszeichen versehene schwarze an den Minuspol der Batterie angelegt.

Man reinigt den Batteriedeckel, dreht dann die Stöpsel heraus und legt sie zur Seite. Ist der Säurestand so niedrig, daß die Batterieplatten bereits herausschauen, wird destilliertes Wasser nachgefüllt. Nun kann man das Ladegerät an das Haushaltsstromnetz anschließen.

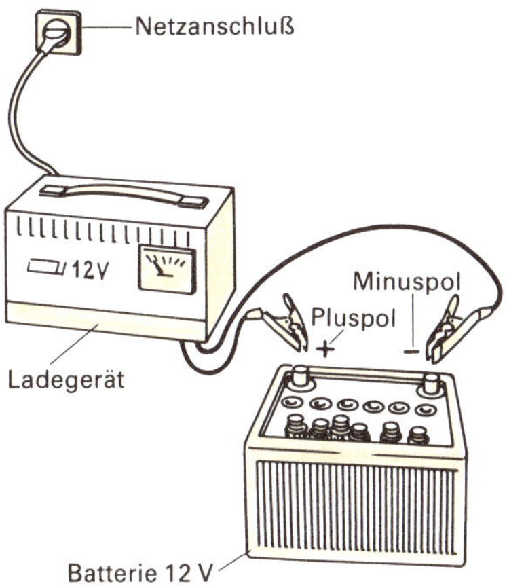

Besitzt man keinen Stromanschluß in der Nähe des Autos, muß man die Batterie ausbauen. Nachladen sollte man an einem Platz mit guter Durchlüftung, denn dabei können sich explosive Gase bilden. Deshalb sollte man grundsätzlich bei den Aufladearbeiten offenes Feuer und Funkenbildung vermeiden. Um die Batterie zu tragen, zieht man Handschuhe an und achtet darauf, daß sie nicht die Kleidung berührt. Bei Haut- oder Augenkontakt spült man sofort reichlich mit Wasser nach und sucht einen Arzt auf.

Zum Schluß füllt man noch einmal destilliertes Wasser auf, baut die Batterie wieder ein und schließt sie an.

Siehe auch *Batteriepflege.*

Batterieanschlüsse

Müssen die Anschlüsse ersetzt werden, löst man bei stehendem Motor die Klemmverbindung am Batteriepol. Das Kabel ist in die Klemme eingepreßt oder eingelötet; um sie zu entfernen, muß man sie abschneiden. Vorher prüft man mit dem Seitenschneider, ob anschließend das Kabel noch lang genug sein wird.

Gegebenenfalls löst man den Kabelstrang und zieht das Kabel nach. Soweit notwendig, wird die Isolierung des Anschlußkabels auf etwa 1 cm mit einem scharfen Messer aufgetrennt und entfernt. Man fettet das Kabel mit säurefreiem Fett ein und legt es in die Anschlußklemme. Die beiden Befestigungsschrauben zieht man sorgfältig an. Nach dem Reinigen wird der Batteriepol ebenfalls gefettet und die Kontaktklemme wieder befestigt.

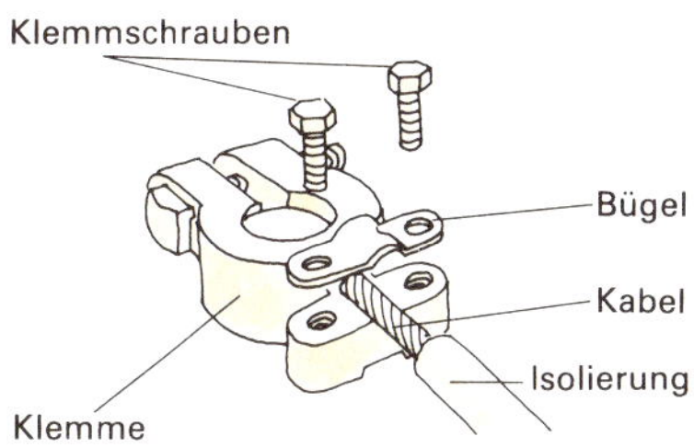

Ist die Anschlußklemme des Minuspols beschädigt, kann es sinnvoll sein, die Klemme komplett mit dem Massekabel auszuwechseln. Man besorgt sich in diesem Fall das Originalteil und baut es zwischen Minuspol und Fahrzeugkarosserie ein.

Batteriepflege

Die meisten Autobatterien mit herkömmlicher Technik müssen noch regelmäßig gewartet werden. Im Rahmen der Inspektionsintervalle reinigt man den oberen Deckel der Batterie, dreht die Verschlußkappen heraus und füllt destilliertes Wasser nach. Häufig gibt es eine sichtbare Markierung für den maximalen und minimalen Flüssigkeitsstand.

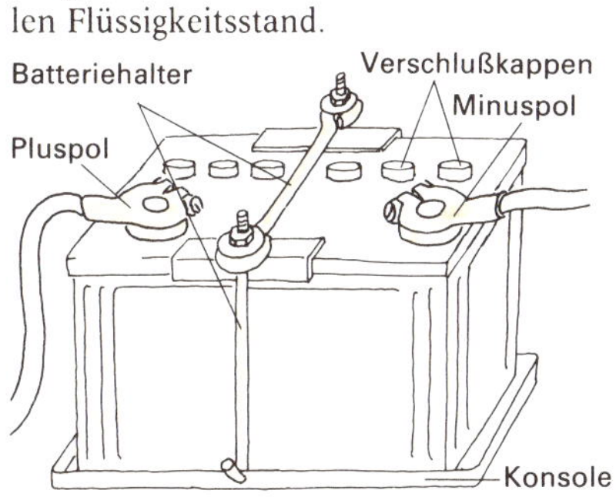

Weiter prüft man den Zustand der Plus- und Minusklemme. Bemerkt man Spuren von Korrosion, werden die Kontaktklemmen bei stehendem Motor abgeschraubt und sorgfältig mit Wasser gereinigt. Nach dem Abtrocknen mit Preßluft trägt man etwas säurefreies Fett auf und befestigt die Pole wieder. Bei dieser Gelegenheit prüft man auch, ob die Batterie selbst noch sicher verschraubt ist.

Moderne Fahrzeuge haben heute häufig schon wartungsfreie Batterien. Bei den nach DIN wartungsfreien Akkus muß man den Flüssigkeitsstand nur noch alle zwei Jahre prüfen. Die Verschlußkappen müssen dazu nicht mehr geöffnet werden, denn es gibt durchsichtige Gehäuse, bei denen man den Füllstand von außen erkennt. Völlig wartungsfreie Batterien haben keine Öffnung und auch keine Maximal- oder Minimalmarkierungen mehr. Durch besonders geeignete Plattenlegierungen ist der Flüssigkeitsverlust während der Lebensdauer so gering, daß nicht mehr nachgefüllt werden muß.

Beim Umgang mit Batterien grundsätzlich offenes Feuer vermeiden, denn es könnte sich im Batteriebereich explosives Knallgas bilden. Batterien sind mit aggressiver Säure gefüllt. Deshalb unbedingt Hautkontakt vermeiden und die Augen durch eine Brille schützen. Gerät Säure in die Augen, Kopf nach hinten neigen und Augen reichlich mit Wasser spülen. Hautverletzungen ebenso behandeln und in beiden Fällen sofort einen Arzt aufsuchen (siehe auch *Verätzungen*). Spritzer auf Lack oder Eisenteile sofort mit reichlich Wasser abspülen.

Vorsicht auch im Umgang mit Werkzeugen am Pluspol der Batterie. Bei gleichzeitigem Kontakt zwischen dem stromführenden Pol und der Fahrzeugmasse besteht die Gefahr eines Kurzschlusses mit erheblicher Funkenbildung.

Siehe auch *Batterie laden.*

Bäuerchen

Jedes Baby, ob Flaschen- oder Brustkind, kann beim Trinken Luft schlukken, die dann im Magen eine Luftblase bildet und ein Völlegefühl verursacht. Man läßt die Luftblase entweichen, indem man das Kind während der Mahlzeit höchstens zweimal und nach der Mahlzeit einmal ein „Bäuerchen“ machen – aufstoßen – läßt. Dabei nicht zu lange warten und die Mahlzeit höchstens ein bis zwei Minuten unterbrechen, da das Kind sonst zu schreien anfängt und noch mehr Luft schluckt.

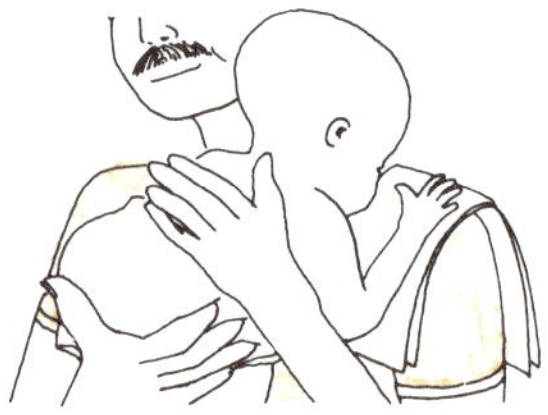

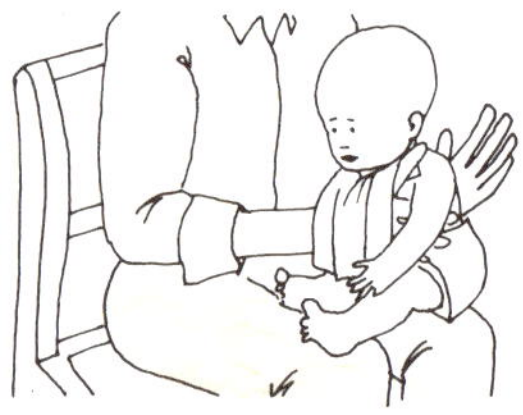

Für das „Bäuerchen“ hält man das Baby entweder etwas über die Schulter geneigt und klopft oder reibt es leicht am Rücken, oder man setzt das Baby aufrecht auf seinen Schoß und stützt Brust und Hals mit einer Hand ab. Mit der anderen Hand klopft oder reibt man ihm den Rücken. Manchmal nützt es, wenn man das Baby leicht vor und zurück wiegt. Man kann das Baby auch mit dem Gesicht nach unten über die Knie legen und ihm leicht auf den Rücken klopfen, während man es sanft vor und zurück wiegt. Wenn das Kind dann ein Bäuerchen macht, hält man ihm ein sauberes Tuch unter den Mund, falls es gleichzeitig etwas spucken sollte.

Bauholz

Bauholz wird aus Nadelholzstämmen gesägt, eingeschnitten, wie der Fachmann sagt. Man unterscheidet Balken, Kanthölzer und Latten.

Balken Quadratische Balken (A) verwendet man als aufrechte Pfosten, rechteckige (B) hauptsächlich für tragende Bauteile. Das Mindestmaß für Balken beträgt 8 × 20 cm; nach oben gibt es keine Begrenzung. Beim rechteckigen Querschnitt muß das Verhältnis von Dicke zu Breite unter 1:3 liegen.

Kanthölzer Auch sie gibt es mit quadratischem oder rechteckigem Querschnitt (C). Das Mindestmaß beträgt 6 × 6 cm, das Höchstmaß 16 × 18 cm. Auch hier gilt das Verhältnis wie bei den Balken.

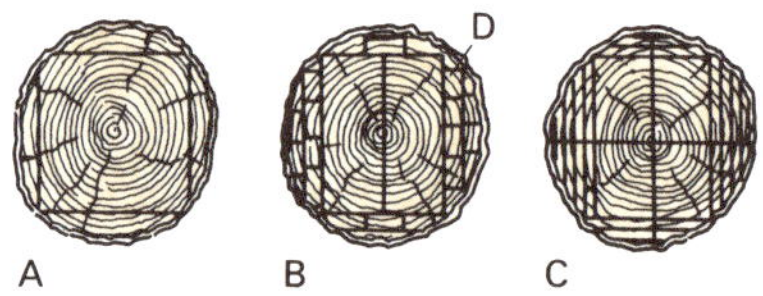

Dachlatten stellt man meist aus den Außenseiten des Stammes her (D); sie haben Querschnitte von 2,4 × 4,8 cm, 3 × 5 cm und 4 × 6 cm.

Balken, Sparren und sonstige tragende Teile werden in der Regel auf Biegung beansprucht. Äste, Risse und Faserabweichungen können die Tragfähigkeit beeinträchtigen. Bei der Auswahl der Hölzer müssen daher solche Fehler berücksichtigt werden. Die Hölzer werden in drei Güteklassen eingeteilt: Klasse I hat eine besonders hohe Tragfähigkeit, Klasse II eine gewöhnliche und Klasse III eine geringe.

Beerenobst

Alle Beeren bevorzugen einen vollsonnigen Standort. Ideal sind leicht nach Süden geneigte Hanglagen.

Weil Beerenobst sehr anfällig für Krankheiten ist, entscheidet man sich für widerstandsfähige Sorten. Wo zuvor Tomaten, Kartoffeln oder Auberginen gestanden haben, sollte man kein Beerenobst anbauen. Setzlinge mit blanken, trockenen Wurzeln werden vor dem Einpflanzen in aufgeschlämmter Erde eingeweicht. Zwischen den Pflanzen läßt man genügend Platz für die Luftzirkulation. Unkraut kann man durch eine Mulchdecke unterdrücken. Man jätet von Hand, weil beim Hacken die meist flachen Wurzeln leicht beschädigt werden.

Reifende Beeren kann man mit Netzen vor Vögeln schützen.

Erdbeeren Es gibt zwei verschiedene Sorten: einmaltragende und immertragende. Vor dem Einpflanzen im Spätherbst gräbt man gut verrotteten Stallmist oder Gartenkompost in den Boden ein. Erdbeeren brauchen eine sehr nährstoff- und humusreiche Erde.

Man setzt die Pflanzen in Abständen von 20–40 cm in Reihen, die 75 cm voneinander entfernt sind. Die Pflanzen werden so gesetzt, daß sich der Wurzelhals unmittelbar unter der Erdoberfläche befindet. Man gießt in den ersten Wochen nach dem Pflanzen regelmäßig und mulcht mit Stroh oder mit Holzwolle, damit die Feuchtigkeit erhalten bleibt und die heranreifenden Beeren nicht auf dem Boden aufliegen. Im Herbst werden alle Ranken abgeschnitten und die Pflanzen zum Schutz vor Frösten mit einer Stroh- oder Laubschicht abgedeckt. Im Januar düngt man Erdbeeren mit Patentkali. Nach zwei oder drei Jahren müssen die Stöcke erneuert werden.

Himbeeren und Brombeeren Himbeeren und Brombeeren brauchen einen leicht sauren Boden. Er wird im Frühherbst umgegraben und reichlich mit Torfmull, Kompost oder gut verrottetem Stallmist angereichert. Am besten pflanzt man von Mitte Oktober bis Mitte November.

Man kauft garantiert virusfreie Himbeerruten und setzt sie im Abstand von 40 cm. Der Reihenabstand beträgt 1,8 m. Die Ruten sollten ungefähr 5 cm tiefer gesetzt werden, als sie zuvor in der Baumschule gestanden haben. Nach dem Pflanzen werden die Ruten auf zwei Drittel ihrer Länge gekürzt. Im Januar düngt man mit Patentkali. Ende März wird eine Mulchdecke aus Kompost oder Torfmull aufgelegt. Bei warmem, trockenem Wetter muß reichlich gewässert werden. Im Sommer werden die langen Ruten an Drähten, die zwischen Pfählen gespannt wurden, festgebunden. Nach der Ernte schneidet man alle abgetragenen Ruten ab. Nur die einjährigen bleiben stehen.

Auch bei Brombeeren muß man auf virusfreies Pflanzgut achten. Der Pflanzabstand ist hier noch größer als bei Himbeeren. Er beträgt 1,5–1,8 m zwischen den Pflanzen und 1,8–2,7 m zwischen den Reihen. Brombeerruten werden so tief wie in der Baumschule in den Boden gepflanzt. Die Ranken werden an Pfählen oder Drähten gezogen. Gegossen wird nur, wenn es im Sommer sehr trocken ist. Im Frühjahr düngt man und mulcht mit Kompost. Wenn die Beeren abgeerntet sind, schneidet man die Ranken in Bodenhöhe ab. Die alten Ruten werden bis an den Boden zurückgeschnitten, sobald sie keine Früchte mehr tragen, und verbrannt.

Heidelbeeren Kulturheidelbeeren brauchen einen sauren Boden. Sie bevorzugen einen sonnigen Standplatz, vertragen aber auch den Halbschatten. Die Sträucher kann man im Oktober/November oder im März/April pflanzen. Man nimmt mindestens zwei Büsche, damit die Befruchtung gewährleistet ist. Der Pflanzabstand beträgt 1,5 m. Nach dem Pflanzen bringt man eine 10 cm dicke Torfschicht aus. Im März wird mit einem sauren Dünger gedüngt. Vom dritten Winter an werden alte, dürre Stengel abgeschnitten.

Johannisbeeren Es gibt schwarze, weiße und rote Johannisbeeren. Man kann sie als Sträucher oder als Hochstämme ziehen. Fast jeder Boden ist geeignet. Johannisbeeren vertragen direkte Sonne, gedeihen aber auch im Halbschatten. Die beste Pflanzzeit ist der Herbst. Die Pflanzabstände betragen bei Büschen 2 m, bei Hochstämmen 1,3–1,5 m. Man setzt die Pflanzen ungefähr 5 cm tiefer, als sie in der Baumschule gestanden haben. Jedes Jahr im März bringt man eine Mulchdecke aus. Im Herbst düngt man mit Thomasmehl. Bei Trockenheit wird gründlich gewässert. Geerntet wird im Juli und August.

Beetpflanzen

Vom Frühjahr bis zum ersten Frost kann man sich im Garten an blühenden Pflanzen erfreuen, wenn man Frühjahrsblüher zwischen Stauden und Sträucher pflanzt und sie nach der Blütezeit durch einjährige Sommerblumen ersetzt.

Zu den beliebtesten ein- und zweijährigen Pflanzen, die im Frühling blühen, gehören: Stiefmütterchen, Primel, Vergißmeinnicht, Goldlack, Schleifenblume, Hornveilchen und Tausendschön. Auch Zwiebelpflanzen, wie Tulpen und Osterglocken, sind willkommene Farbtupfer im Frühlingsgarten.

Beetpflanzen, die im Frühjahr blühen, ersetzt man durch einjährige Sommerblumen: Flockenblume, Kapkörbchen, Goldmohn, Levkoje, Mohn, Salbei, Verbene, Ziertabak, Steinkraut, Sonnenblume, Petunie, Studentenblume, Husarenknopf, Dahlie, Löwenmaul und Zinnie. Alle diese Sommerblumen brauchen einen sonnigen Standort. Den Halbschatten ertragen Begonie, Leberbalsam, Ringelblume, Schmuckkörbchen, Rittersporn, Gauklerblume und Kapuzinerkresse. Für farbliche Abwechslung im Herbst sorgen Astern, die im Gegensatz zu den meisten sommerblühenden Beetpflanzen nicht ganz so frostempfindlich sind.

Kaufen und Einpflanzen Man wählt kräftige, buschige Jungpflanzen, die keine vergilbten Blätter haben. Eingepflanzt wird möglichst bald nach dem Kauf. Wenn man damit noch etwas warten muß, gießt man die Pflanzen ausreichend und lagert sie an einem hellen, kühlen Platz. Am besten pflanzt man bei trübem Wetter oder am späten Nachmittag, damit die Pflanzen in der Mittagssonne nicht welken. Die Pflanzen werden so tief gesetzt, daß die Stengelbasis mit dem Boden abschließt.

Begonien

Manche Begonien werden vor allem wegen ihrer Blüten geschätzt, andere wegen ihrer dekorativen Blätter und wieder andere sowohl wegen ihrer Blüten als auch wegen ihrer Blätter.

Nach der Art der Speicherorgane unterscheidet man drei verschiedene Gruppen: Begonien mit normalen Wurzeln, Begonien mit Rhizomen – waagrechten, fleischigen Wurzelstöcken, die an der Oberfläche der Erde entlangkriechen – und Begonien mit Knollen (Knollenbegonien).

Vermehrung Begonien mit normalen Wurzeln blühen sehr reich und haben außerdem schöne Blätter. Viele bringen 0,6–1,2 m lange Triebe hervor. Vermehrt werden die Pflanzen durch Stecklinge. Im Frühjahr oder Sommer schneidet man 7–10 cm lange Stecklinge von blütenlosen Trieben. Diese setzt man in einen 8-cm-Topf mit einem feuchten Torf-Sand-Gemisch. Der Topf wird mit einer Plastikhaube bedeckt und an einem hellen Standort aufgestellt. Nach drei bis sechs Wochen bewurzelt sich der Trieb. Dann nimmt man die Haube ab und gießt mäßig. Zwei bis drei Monate nach dem Beginn der Anzucht werden die Jungpflanzen in ein etwas größeres Gefäß mit Blumenerde umgepflanzt und die zur Freilandkultur bestimmten Pflanzen entweder ins Frühbeet oder – wenn keine Fröste mehr zu erwarten sind – an einen halbschattigen Platz ins Freie gesetzt. Begonien mit Wurzeln lassen sich auch aus Samen ziehen.

Rhizombegonien werden vor allem ihrer Blätter wegen gezogen. Als Zimmerpflanzen sind sie besonders beliebt. Rhizombegonien vermehrt man, indem man 5–7 cm lange Triebspitzen der Rhizome abschneidet. Diese müssen mindestens ein Auge haben. Man legt oder steckt die Teilstücke waagrecht oder senkrecht in einen Topf mit einem Torf-Sand-Gemisch, wie sie im Topf der Mutterpflanze gelegen haben. Die Anzuchttöpfe werden mit einer Plastikhaube abgedeckt. Sobald zwei oder drei Blätter erscheinen, entfernt man die Haube. Die Jungpflanzen werden in ein größeres Gefäß umgepflanzt.

Knollenbegonien werden vor allem ihrer prachtvollen Blüten wegen kultiviert. Man kann sie vermehren, indem man im Frühjahr die Knollen in zwei oder drei Stücke teilt. Allerdings ist zu beachten: Je größer die Knollen sind, desto prächtiger wird in der Regel die Blüte. Wenn man die Knollen zerschneidet, muß jedes Teilstück mindestens ein Auge haben. Die Schnittflächen behandelt man mit Holzkohlepulver. Man setzt die Knollen mit der Hohlseite nach oben in Torfmull oder in ein Torf-Sand-Gemisch in Torftöpfe. Die Knolle wird so tief gesetzt, daß sie mit der Oberfläche des Kultursubstrats bündig abschließt. Es empfiehlt sich, die Knollen ungefähr zwei Monate, ehe man sie ins Freiland setzt, im Haus anzuziehen. Der Standort sollte 14–16 °C warm, etwas feucht und vor direktem Sonnenlicht geschützt sein. Wenn sich die Triebe kräftig entwickelt haben, bringt man sie Mitte bis Ende Mai ins Freie. Knollenbegonien eignen sich sehr gut als Balkonpflanzen.

Einige beliebte Begonien *Begonia-Semperflorens*-Hybriden sind als Beetpflanzen besonders beliebt und tragen bis zum Frosteinbruch kleine weiße, rosarote oder rote Blüten. Sie bevorzugen etwas hellere Standplätze als die übrigen Begonien und gedeihen sogar in der Sonne.

Die rhizombildenden *Begonia-Rex*-Hybriden werden wegen ihrer prächtigen Blattfärbungen in rosaroten, roten und grünen Farbtönen kultiviert. Sie geben ausgezeichnete Zimmer- und Beetpflanzen für halbschattige Plätze ab.

Knollenbegonien besitzen große gefüllte oder ungefüllte Blüten auf 20–50 cm hohen Trieben. Ihre Blütenpracht kommt im Zimmer wie im Freiland in Töpfen oder auf Beeten zur Geltung. Knollenbegonien mit hängenden Trieben sind ausgezeichnete Ampelpflanzen.

Pflege Die meisten Begonien stellen geringe Ansprüche an die Pflege. Sie müssen regelmäßig gegossen werden. Fast alle Freiland- und Zimmerbegonien brauchen einen hellen, doch nicht vollsonnigen Standort. Gedüngt wird während der Wachstumsperiode. Die Konzentration und Dosierung sind auf der Packung jeweils angegeben.

Ehe der erste Frost kommt, werden Freilandbegonien ausgegraben und an einem trockenen Platz im Keller oder im Pflanzenraum aufbewahrt, bis die Blätter abgestorben sind. Dann reinigt man die Knollen. *Begonia-Semperflorens*-Hybriden kann man in Töpfe pflanzen und noch eine Zeitlang im Zimmer halten, doch gewöhnlich wandern sie im Spätherbst auf den Kompost.

Beileidsschreiben

Mit einem Beileidsschreiben bekundet man Anteilnahme und möchte Trost aussprechen. Da es sich um eine persönliche Angelegenheit handelt, sollte man einen Kondolenzbrief nicht mit der Maschine tippen, sondern ihn von Hand schreiben und ihm auch die Form eines persönlichen Briefs geben.

Wichtig ist auch die Wahl des Briefpapiers. Dem Anlaß angemessen ist hochwertiges weißes, cremefarbenes oder graues Briefpapier. Man kann Papier mit privatem Briefkopf verwenden, wenn der Aufdruck dezent und farblich neutral ist; grelle Farben und grafisch auffallend gestaltete Briefköpfe sind für einen Kondolenzbrief ungeeignet. Die Meinungen gehen auseinander, ob eine vorgedruckte Karte für einen Trauerfall zu unpersönlich ist. Solche Karten werden meist akzeptiert, wenn der Text herzlich und persönlich gehalten ist. Verwendet man vorgedruckte Karten, sollte man sie nicht nur unterschreiben, sondern noch ein paar Worte hinzufügen.

In einem Beileidsschreiben die passenden Worte zu finden, die das Mitgefühl angemessen ausdrücken, ist oft schwer. Zu vermeiden sind jedoch auf jeden Fall stereotype Redensarten und Phrasen, wie sie auf vielen vorgedruckten Karten zu finden sind. Ist man mit dem Trauernden befreundet, schreibt man ihm einen herzlichen Brief, in dem man sich an den Verstorbenen erinnert, sofern man diesen selbst gekannt hat. Hat man ihn nicht gekannt, spricht man vor allem den Hinterbliebenen an, drückt ihm sein Mitgefühl und Verständnis aus und bietet ihm, soweit möglich, Hilfe und Rat an. Dem Kondolenzbrief läßt man in einigem Zeitabstand einen Telefonanruf folgen und nach ein bis zwei Monaten eine Einladung zu einem Treffen in ruhiger Umgebung. Trauernde brauchen am meisten Zuspruch einige Monate nach der Beerdigung.

War man mit dem Verstorbenen befreundet, richtet man das Beileidsschreiben an seinen nächsten Verwandten. Wenn man diesen nicht persönlich kennt, stellt man sich zunächst vor (als Schulfreund, Arbeitskollege, Mitglied im gleichen Verein usw.) und erklärt, welche Bedeutung die Freundschaft mit dem Verstorbenen gehabt hat. Man kann auch einige Gemeinsamkeiten oder geteilte Erlebnisse mit dem Verstorbenen erwähnen. Derartige Erinnerungen sind für die betroffene Familie tröstlich und hilfreich.

Bekannt machen

Als Grundregel gilt, daß Männer Frauen, jüngere Personen den älteren und Rangniedrige (oder einem selbst unwichtigere Personen) den Ranghöheren bzw. Wichtigeren vorgestellt werden. Dabei nennt man den Namen der ranghöheren Person zuerst: „Mutter, das ist meine Freundin Karin Krause.“ „Herr Doktor Burghoff, darf ich Ihnen Herrn Franz Meier vorstellen?“ „Liebe Karin, ich möchte dir Klaus Müller vorstellen. Lieber Klaus, das ist Karin Krause.“ Hat eine Person mehrere Titel, wird der höchste genannt. Diejenigen, die einander vorgestellt werden, geben sich üblicherweise die Hand.

Wenn man zwei Personen miteinander bekannt machen will, sich aber an den Namen der einen Person nicht erinnert, sollte man es bei einer einseitigen Vorstellung belassen. Die andere nennt dann selbst ihren Namen und stellt sich vor. Wenn man merkt, daß ein anderer ins Stocken gerät, nennt man selbst schnell seinen Namen; einen eigenen Titel nennt man nicht. Wenn man ein Paar, das zusammenlebt, oder eine Gruppe von Verwandten vorstellt, besteht keinerlei Anlaß, die Beziehungen der Personen zueinander darzulegen; hier genügt es, die Namen zu nennen. Es gilt jedoch als höflich, dem Namen der vorgestellten Person eine Erklärung hinzuzufügen wie: „Herr Meier ist unser Abteilungsleiter.“ Oder: „Karin und ich sind zusammen in die Schule gegangen.“

Wenn jemand einer Gruppe vorgestellt wird, sollten die Gruppenmitglieder bemüht sein, den neu Hinzukommenden in die allgemeine Unterhaltung einzubeziehen.

Beleuchtungskörper

Beleuchtungskörper muß man richtig einsetzen, um einerseits Energie sinnvoll zu verwenden und andererseits das Auge zu schonen. Ungünstige Beleuchtung führt zu Augenschmerzen, Müdigkeit und auch Konzentrationsschwäche.

Küche Eine Leuchtstofflampe an der Decke mit 75 W genügt meist für die allgemeine Raumbeleuchtung. Unter die Hängeschränke gehören weitere Leuchten, die den Arbeitsplatz in augenschonendes Licht tauchen.

Wohn- und Eßzimmer Diffuses Licht im Bereich einer Sitzecke wirkt beruhigend und stimmungsvoll. Eine zu intensive Beleuchtung kann dem Raum jede persönliche Note rauben. Hell gehaltene Räume brauchen weniger Licht als Räume mit dunklen Tapeten, großen dunklen Vorhangflächen und vielen Möbeln. Über dem Eßtisch sollte man eine nach unten gerichtete Lichtquelle anbringen, die den Tisch direkt bestrahlt. Die Leuchte sollte nicht blenden. Beim Fernsehen benötigt man eine indirekte Lichtquelle, die sich nicht in der Glasfläche der Bildröhre spiegelt und den Zuschauer blendet.

Arbeitsraum Man unterscheidet zwischen der Allgemeinbeleuchtung und der Funktionsbeleuchtung. Mit einer indirekten Beleuchtung in der Schrankwand kann man beispielsweise den Raum allgemein ausleuchten. Die Beleuchtung am Arbeitsplatz selbst sollte immer seitlich plaziert werden: bei Rechtshändern links, bei Linkshändern rechts.

Die verschiedenen Leuchtenarten brauchen passende Glühlampen bzw. Leuchtröhren. Stielleuchten mit einem durchscheinenden Schirm bestückt man am besten mit Glühlampen mit einer Leistung von 60–100 W. Tischleuchten sollten über einen weißen Reflektor verfügen; in sie schraubt man Glühlampen zwischen 60 und 100 W. Der Abstand zwischen Lampe und Schreibtischplatte sollte ungefähr 30 cm betragen. Hängeleuchten mit undurchlässigem oder leicht durchscheinendem Schirm sollen in einem Abstand von etwa 60 cm über dem Tisch angebracht werden. In sie setzt man Glühlampen zwischen 75 und 100 W. Deckenleuchten sind in der Regel für Spiegelreflektoren oder Reflektorglühlampen mit einer Leistung von 150 W ausgelegt. Leuchtstofflampen werden für abgeschirmte Lichtleisten oder Deckenleuchten mit weißem Reflektor verwendet. Bei Leuchtstofflampen muß man sich auch für die Tönung des Glases entscheiden.

Schadhafte Lampen und Leuchten sollte man nicht selber reparieren, sondern dies dem Fachmann überlassen. Für alle Arbeiten an Elektroinstallationen ist der Elektriker zuständig.

Siehe auch *Glühbirnen; Lampenschirme; Leuchtröhren.*

Benzinfilter wechseln

Ein Kraftstoffilter, der in der Benzinleitung zwischen Pumpe und Vergaser sitzt, kann viele Störungen am Vergaser verhindern, da er Wasser und Schmutzpartikel sicher abscheidet. Ist ein solcher Filter bereits ab Werk vorgesehen, sollte man ihn grundsätzlich im Rahmen der jährlichen Inspektion auswechseln, damit er sich nicht vollständig zusetzt und den Motor zum Stillstand bringt.

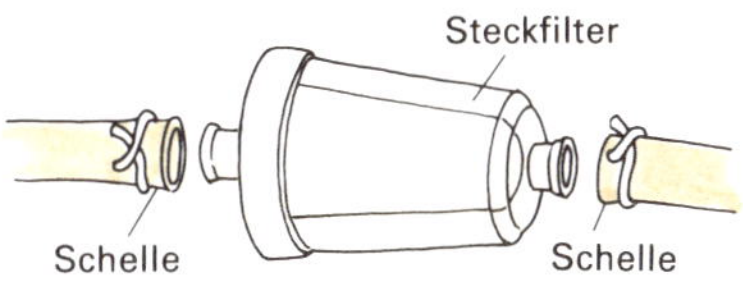

Beim stehenden Motor die Kraftstoffleitungen vom Filtergehäuse mit drehenden Bewegungen abziehen. Sind Schlauchschellen angebracht, diese zuvor lösen.

ACHTUNG!
Bei diesen Arbeiten kein offenes Feuer verwenden und nicht rauchen!

Bei hoch liegendem Kraftstofftank kann Benzin aus der Leitung austreten, deshalb einen Verschlußstopfen bereitlegen, den man in die vom Tank kommende Leitung steckt. Nun den Filter wieder in die Leitung setzen und sorgfältig mit Schlauchschellen sichern. Beim Einsetzen die Flußrichtung beachten; ein Pfeil zeigt meist in Richtung Vergaser.

Fahrzeuge mit Einspritzanlage haben immer einen hochwertigen Filter. Wegen der empfindlichen Kraftstoff-Dosiereinrichtung darf ein solches Auto niemals ohne Filter betrieben

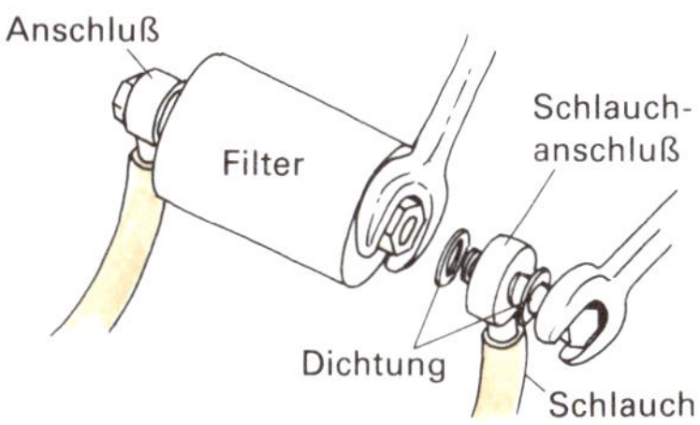

werden. Die Filtereinheit besteht meist aus einem Aluminiumgehäuse mit verschraubten Anschlüssen. Zum Wechseln benötigt man zwei Gabelschlüssel sowie einen Filter mit Dichtringen. Man schraubt die Schlauchanschlüsse ab, versieht die Hohlschrauben mit neuen Dichtringen und setzt die Schrauben von Hand an. Beim Anziehen der Verschraubungen wird der Filter durch einen zweiten Gabelschlüssel gegen Verdrehen gesichert. Der Filter wird in der Regel mit einem Halteband an der Einspritzanlage befestigt.

Bergwandern

Die Bergwanderung beginnt schon am Vortag des Aufbruchs mit einem ausführlichen Studium der Wanderkarte und eines -führers. Darin erfährt man wichtige Einzelheiten wie z.B. die Gehzeiten für die verschiedenen Touren sowie die Standorte von Hütten und Gasthäusern.

Liegt die Route fest, packt man auch am Vortag den Rucksack und legt die Kleidung bereit, denn eine Bergtour beginnt früh am Morgen. Die Kleidung besteht aus einem wetterfesten Anorak, einer Bundhose und einem hohen Allround-Wanderstiefel (siehe auch *Wander- und Bergstiefel*); das Schuhwerk ist das Wichtigste der Ausrüstung. Die Unterbekleidung wie auch die Oberbekleidung sollte atmungsaktiv sein.

Ebenfalls zur Ausrüstung gehört ein Rucksack, der einen zusätzlichen Pullover, Unterwäsche und Strümpfe zum Wechseln sowie eine Sonnenbrille, eine Kopfbedeckung für schlechtes Wetter und einen Regenschutz enthalten sollte. Damit man für Zwischenfälle gerüstet ist, darf eine kleine Apotheke mit Schmerztabletten, Salbe gegen Verstauchungen, einer Elastikbinde, Pflegestift für die Lippen, Sonnenschutz und Heftpflaster nicht fehlen.

Liegen auf der vorgesehenen Route keine Gasthäuser oder bewirtschafteten Hütten, sollte man eine kräftige Mahlzeit nicht vergessen; geeignet sind Dauerwurst, Käse, Vollkornbrot, unempfindliche Obstsorten wie Äpfel, Studentenfutter und Kekse. Auf alles, was weich, zerbrechlich oder leicht verderblich ist, was schmelzen oder auslaufen kann, verzichtet man am besten. Auch reichlich alkoholfreie Getränke (Säfte, Tee, Mineralwasser) in leichten Plastikbehältern muß man dabei haben, da man sehr schnell ermüdet, wenn man die Flüssigkeit, die man beim Schwitzen verliert, nicht laufend ersetzt.

Will man übernachten, ist es ratsam, die benötigte Bettenanzahl rechtzeitig telefonisch zu buchen, denn gerade am Wochenende und bei Schönwetterperioden sind viele Übernachtungsquartiere in den Bergen ausgebucht.

Bevor man aufbricht, gibt man im Quartier, bei der Familie oder Freunden für den Notfall Ziel und Dauer der Tour sowie Zeitpunkt der Rückkehr bekannt. Bei einem Wettersturz kehrt man sofort um (siehe auch *Gewitter*).

Für eine Bergwanderung ist eine gute Kondition erforderlich; Ungeübte sollten mit kurzen, einfachen Touren beginnen und einen erfahrenen Begleiter dabeihaben. Selbst Bergerfahrene sollten aus Sicherheitsgründen keine Touren allein unternehmen.

Besäumen

Bretter und Bohlen werden in einer Vertikalvollgatter genannten Säge geschnitten. Dabei wird der Stamm der Länge nach zerteilt. Die Bretter und Bohlen haben dann noch an beiden Längskanten die unregelmäßige Waldkante mit der Rinde oder Borke (A). Als nächstes werden die Bretter besäumt, d.h., man sägt die Waldkanten entweder parallel zueinander (B) oder konisch verlaufend (C) ab. Dazu verwendet man eine Besäumkreissäge oder eine Handstoßsäge (siehe *Sägen*). Rationell besäumt wird mit der Vollgattersäge. Im ersten Durchgang sägt man den runden Stamm zu einem parallelen Block (D), im zweiten zu besäumten Brettern (E).

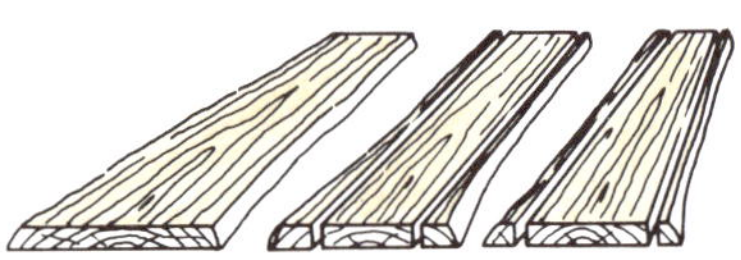

A B C

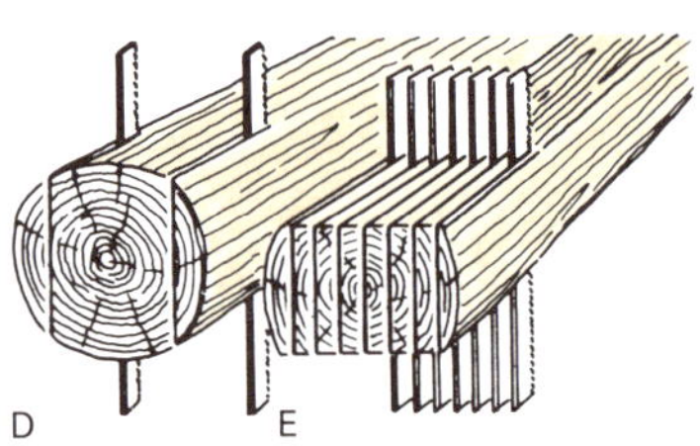

D E

Parallel besäumte Bretter sind wesentlich teurer als unbesäumte Blockware. Man kann also viel Geld sparen, wenn man Blockware kauft und selbst besäumt.

Bestoßen

Wenn bei einem Brett mindestens eine Fläche gehobelt ist (siehe *Abrichten*), kann man die Kanten bestoßen, d.h. mit dem Hobel glätten. Dazu spannt man das Werkstück senkrecht ein und führt den Hobel genau rechtwinklig zum Werkstück über die obenliegende Kante.

Man kann das Brett auch mit Unterlagen flach auf den Arbeitstisch spannen und den Hobel seitlich über die Kante stoßen; die Tischplatte dient dabei als Führung.

Leichter arbeitet man mit einer selbstgefertigten Stoßlade. Man hängt die Vorrichtung am Arbeitstisch ein, drückt mit der einen Hand das Werk-

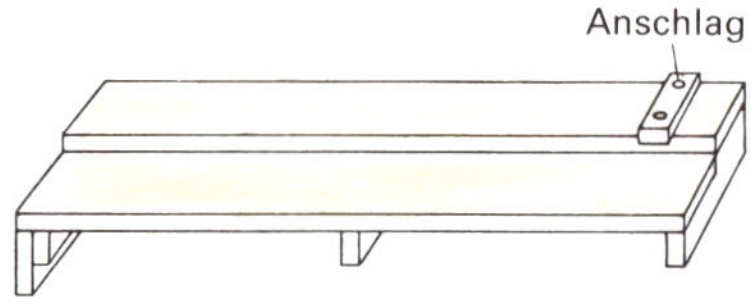

stück gegen den Anschlag und führt mit der anderen Hand den auf die Seite gekippten Hobel auf der unteren Stufe der Stoßlade an der Brettkante entlang. Um festzustellen, ob die Kante rechtwinklig ist, legt man einen Anschlagwinkel an die gehobelte Brettfläche an und prüft die Kante an verschiedenen Stellen. Am schwierigsten zu bestoßen sind die Stirnholzkanten, weil man dabei quer zur Faser schneidet. Damit das Holz an den Kanten nicht absplittert, hobelt man bei breiten Brettern von beiden Seiten zur Mitte hin. Bei schmalen Werkstücken mit kurzer Stirnholzkante spannt man hinter die gefährdete Kante ein Abfallstück aus Langholz oberflächenbündig ein und hobelt über beide Flächen.

Wenn man eine Kante brechen, d.h. ihr die Schärfe nehmen will, hält man den Hobel im gewünschten Winkel schräg zur Kante und arbeitet wie beim Bestoßen.

Beton ausbessern

Feine Risse im Beton kann man mit dauerelastischer Dichtungsmasse ausfüllen. Größere Risse verbreitert man mit Hammer und Meißel von beiden Seiten her V-förmig. Die losgeschlagenen Betonteilchen sowie Sand und Staub bürstet man heraus und streicht mit einem alten Pinsel Betonhaftemulsion hinein. Dann mischt man auf einem Brett oder auf einem Blech aus 4 Teilen Sand und 1 Teil Zement den Mörtel an und gibt nach Gebrauchsanweisung ein PVA-Bindemittel dazu. Man füllt den Mörtel in die Risse und glättet ihn mit der Traufel oder Kelle. Überschüssiger Mörtel wird entfernt. Die ausgebesserten Stellen werden mit feuchtem Sackleinen zugedeckt und ein oder zwei Tage feucht gehalten.

Betonieren

Beton besteht aus Zement, Sand und Kies, die unter Zugabe von Wasser gut vermischt werden. Je weniger Zement man im Verhältnis zu den anderen Stoffen verwendet, desto geringer wird die Festigkeit des Betons. Das Verhältnis von 1 Teil Zement zu den Teilen der Zuschläge (Sand und Kies) bezeichnet man als Mischungsverhältnis. So bedeutet eine Mischung 1:6, daß 1 Teil Zement mit 6 Teilen Zuschlägen (40% Sand und 60% Kies) gemischt werden soll. Das Mischungsverhältnis des Betons richtet sich nach der Funktion des Bauteils:

1:6 ist z. B. für Stützmauern, Fuß- und Fahrwege sowie Fußböden geeignet, die Mischung 1:10, Magerbeton, verwendet man für Fundamente, Unterböden und Gartenwege.

Besonders wichtig ist die Kornabstufung der Zuschläge. Der Sand soll möglichst alle Hohlräume zwischen den groben Zuschlägen ausfüllen, da sonst ein poröser Beton entsteht, der nur eine geringe Festigkeit hat. Man muß immer so viel Zement beimischen, daß er die einzelnen Körner der Zuschläge verbindet.

Das Wasser sollte man sehr vorsichtig zugeben, da zuviel Wasser dem Beton schadet. Man gießt das Wasser daher am besten in kleinen Portionen auf. Bei größeren Projekten lohnt es sich, den Beton als Transportbeton im Betonwerk zu bestellen. Der Beton wird in die Schalung (siehe *Einschalen*) eingebracht und dann so lange verdichtet, bis keine Luftblasen mehr an die Oberfläche steigen. Dazu klopft man ringsum an die Schalung oder durchsticht den Beton mit einem Stab in kleinen Abständen.

Um eine gerade Oberfläche zu bekommen, zieht man den Beton mit einem Brett mit sägenden Bewegungen über die Schalung ab.

Etwa eine Stunde nach dem Mischen sollte der Beton verarbeitet sein, da dann der Zement zu erhärten beginnt. Es dauert etwa eine Woche, bis der Beton ganz erhärtet ist; in dieser Zeit sollte er vor zu starker Sonnenbestrahlung und vor Frost geschützt werden.

Bettnässen

Manche Kinder werden vier bis sechs Jahre alt, bevor ihre Blase groß genug ist, um den Urin über Nacht zurückzuhalten. Etwa 10% aller Kinder sind noch Bettnässer, wenn sie in die Schule kommen. Angst und Unsicherheit, die etwa durch einen Umzug oder Streitigkeiten zwischen den Eltern ausgelöst werden, können der Grund dafür sein. Auch eine übertriebene Reinlichkeitserziehung kann Bettnässen verursachen.

Wenn ein Kind das Bett naß macht, sollte man es nicht schelten, beschämen oder bestrafen, denn sonst kann das vorübergehende Übel zu einem Dauerleiden werden. Das Kind immer loben, wenn sein Bett trocken geblieben ist; gegebenenfalls kleine Belohnungen in Aussicht stellen. In das Kinderbett eine Gummiunterlage geben und reichlich bügelfreie Betttücher bereithalten. Wenn sich das Kind Sorgen macht, sollte man ihm zwei Stunden vor dem Schlafengehen nichts mehr zu trinken reichen und ihm raten, unmittelbar vor dem Hinlegen seine Blase zu entleeren. Man kann das Kind auch nachts wecken und zum Wasserlassen auf die Toilette schicken oder ihm einen Wecker geben, damit es selbst bestimmen kann, wann es aufwachen will.

Wenn ein Bettnässer sehr ängstlich oder unglücklich wirkt oder im Schulalter immer noch ins Bett macht, sollte man einen Kinderarzt hinzuziehen. Möglicherweise muß das Kind an einen Therapeuten überwiesen werden.

Bewerbungsschreiben

Bevor man sich bewirbt und auf eine Stellenanzeige antwortet, empfiehlt es sich, möglichst eingehende Erkundigungen über die Firma und die ausgeschriebene Stelle einzuholen. Informationen über Firmen erteilen die Industrie- und Handelskammern und Firmenverbände. Hinweise von Bekannten, die in der betreffenden Firma beschäftigt sind, sind besonders wertvoll. Das Bewerbungsschreiben muß Angaben über die Ausbildung, den beruflichen Werdegang und die jetzige Stellung enthalten. Die eigenen Erfahrungen, Fähigkeiten und Kenntnisse stellt man glaubhaft so dar, daß sie dem Anforderungsprofil der zu besetzenden Stelle möglichst entsprechen. Dabei sind folgende Punkte zu berücksichtigen:

- Das Interesse des Empfängers muß geweckt werden: Man stellt ein oder zwei Qualifikationsmerkmale, die für die Position wichtig sind, ganz besonders heraus.
- Die Aussagen müssen unbedingt glaubhaft und nicht übertrieben wirken. Man darf auf keinen Fall Eigenschaften und Fähigkeiten erwähnen, die man nicht besitzt.
- Es folgt eine detaillierte Beschreibung aller früheren und der jetzigen Arbeitsstelle.
- Man erwähnt, in welcher Weise die eigenen Fähigkeiten und Kenntnisse den besonderen Anforderungen der zu besetzenden Position entsprechen.
- Man bittet um einen persönlichen Vorstellungstermin.
- Auskünfte über Gehaltsforderungen, handgeschriebenen Lebenslauf und andere Details, die in der Anzeige erbeten werden, sollte man genau beachten und auch beantworten.
- Das Schreiben muß sachlich und zugleich auch kurz sein.
- Eine angemessene äußere Form des Schreibens ist sehr wichtig, dazu gehört auch neutrales Briefpapier (siehe auch *Geschäftsbriefe*).

Das Schreiben adressiert man namentlich an eine Person, also nicht an eine Abteilung oder einen Titel – es sei denn, im Inserat wird dies ausdrücklich verlangt. Man kann sich telefonisch nach dem Namen des Personalleiters erkundigen, sofern man diesen nicht bereits bei den Nachforschungen über die Firma in Erfahrung gebracht hat.

Den Brief liest man sorgfältig durch, bevor man ihn abschickt, damit er keine Rechtschreib- und Tippfehler enthält. Wenn man nicht gut Maschineschreiben kann, läßt man den Brief in einem Schreibbüro tippen.

Siehe auch *Lebenslauf schreiben.*

Bewußtlosigkeit

Bewußtlosigkeit kann durch Mangel an Sauerstoff, durch Gewalteinwirkung auf den Kopf, Vergiftung, übermäßige Hitze oder Kälte ausgelöst werden.

Wichtig ist zunächst festzustellen, ob der Betroffene atmet (siehe *Atemspende*). Ist das der Fall, bringt man ihn in die Seitenlage (siehe *Seitenlagerung*). Andernfalls muß eine Atemspende vorgenommen werden. Puls und Atmung müssen wiederholt kontrolliert werden (siehe *Puls*). Der Notruf (siehe dort) ist zu veranlassen.

Siehe auch *Ohnmacht; Schock.*

Bienenhaltung

Die Imkerei ist keine Freizeitbeschäftigung, die man dann und wann ausüben kann. Wenn man Bienen hat, muß man diese das ganze Jahr über betreuen. Um zu erfahren, welche Pflichten man erfüllen muß, wendet man sich am besten an einen Imkerverein und geht bei einem erfahrenen Imker einige Monate in die Lehre. Auf diese Weise erfährt man am anschaulichsten alles Wissenswerte – auch, ob man körperlich zur Imkerei geeignet ist. Denn ohne Stiche geht es nicht ab, und Bienengift vertragen viele Menschen nicht.

Der Lohn der Imkerei ist beachtlich: Ein einziger Bienenstock liefert etwa 15 kg Honig im Jahr. Doch dazu muß der Standort richtig gewählt sein. Er sollte vor allem trocken sein, denn Feuchtigkeit begünstigt die Schimmelbildung und führt zu Krankheiten. Am besten geeignet sind leichte Abhänge, von denen Regen und schmelzender Schnee rasch ablaufen können. Um zu verhindern, daß Bodenfeuchtigkeit in den Stock aufsteigt, stellt man ihn auf Ziegelsteine oder andere Stützen.

Bienen überstehen große Kälte nicht. Der Bienenstock sollte deshalb möglichst an einem windgeschützten, sonnigen Platz stehen und gut ummantelt werden. Dabei läßt man sich am besten von seinem „Lehrmeister" beraten. Dieser kann auch beurteilen, ob genügend Quellen für Nektar, Honigtau und Blütenstaub vorhanden sind. Doch daran mangelt es normalerweise nicht, denn Bienen entfernen sich beim Sammeln bis zu 3 km von ihrem Stock; Ausnahmen sind große dichtbesiedelte Gebiete.

Bier

Das in der Bundesrepublik Deutschland für inländische Biere geltende Reinheitsgebot schreibt vor, daß zum Bierbrauen nur Gersten-, seltener Weizenmalz, Hopfen, Hefe und Wasser verwendet werden dürfen.

Man teilt die Biersorten je nach Gärverfahren und verwendeter Hefe in unter- und obergärige Biere ein. Untergärig heißt, daß sich die Hefe am Ende der Gärung am Boden absetzt. Obergärig bedeutet, daß die Hefe am Schluß nach oben steigt. Zu den bekanntesten Biersorten gehören:

- Pilsner: ursprünglich eine Spezialität aus der böhmischen Stadt Pilsen. Das deutsche Pilsner ist ein helles, untergäriges, stark gehopftes Bier.
- Export: Damit bezeichnet man entweder ein schwächer gehopftes, untergäriges Bier oder Bier, das speziell für den Export bestimmt ist.
- Bock: helles oder dunkles untergäriges Starkbier. Der dunkelbraune Doppelbock ist noch stärker; Eisbock wird nach dem Brauen gefroren.
- Lager: ein untergäriges Bier, das nach der Hauptgärung einige Wochen in Tanks gelagert wird.
- Alt: ein obergäriges, hopfenbitteres Bier.
- Weizenbier: auch Weißbier genanntes obergäriges Bier aus Weizenmalz.
- Malzbier: Es enthält nur wenig Alkohol, ist dunkel und schmeckt malzig-süß.

Bier servieren In einem kühlen Keller oder im unteren Bereich des Kühlschranks kann man Bier eine gewisse Zeit lagern, es sollte aber frisch getrunken werden. In der Regel trinkt man es gut gekühlt (etwa 10°C); für ein temperiertes Bier das Glas oder die Flasche in 25°C warmes Wasser stellen.

Da Spülmittelreste die Schaumbildung beeinträchtigen, sollte man Biergläser nur mit klarem Wasser spülen, umgekehrt auf ein Tuch stellen und trocknen lassen. Wenn man das Glas unmittelbar vor dem Einschenken kalt ausspült und dann beim Eingießen leicht schräg hält, wird die Schaumkrone besonders schön. Bei einem Bier, das im Glas erwärmt wurde, schenkt man zum Schluß ein wenig nach, um eine Schaumkrone zu erhalten.

Helles Bier wird auch gern mit Limonade (Radlermaß) und mit Sekt gemischt. Gleiche Teile dunkles Bier und Sekt im Kelchglas nennt man Black Velvet.

Bier als Hausmittel Ein Gläschen Bier, nicht zu kalt getrunken, kann den Magen beruhigen oder als Schlummertrunk die Schlaftablette ersetzen. Will man bei einer Erkältung eine Schwitzkur machen, trinkt man ein heißes Bier und legt sich sofort ins Bett. Abgestandenes Bier verwendet man als Haarfestiger.

Kochen mit Bier Fisch wird z.B. in Bierteig fritiert oder gebraten: 100 g Mehl mit 2 Eiern, etwa ⅛ l abgestandenem Bier, Salz und Pfeffer verrühren. Für eine Biersauce zu Bratwürsten oder gebratenem Fleisch etwas helles Bier zum Bratfett gießen, andicken und mit Salz und Zucker abschmecken.

Bierfaß anstechen

In Lebensmittelgeschäften kann man oft kleine Bierfäßchen kaufen, größere bezieht man direkt von der Brauerei. Vor dem Anzapfen sollte das Faß etwas ruhen, sonst gibt es anfangs zuviel Schaum. Um es anzustechen, drückt man als erstes die Gummidichtung bis zum Anschlag ins Zapfloch (A). Dann kontrolliert man, ob der Hahn dicht ist, indem man kurz hineinbläst (B), und drückt ihn bis zum Anschlag ins Zapfloch (C). Jetzt kann man zapfen; kommt kein Bier mehr, bringt man oben einen Entlüftungshahn an (D).

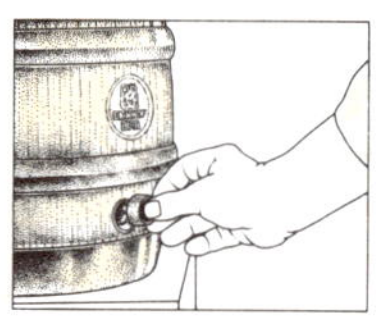
A

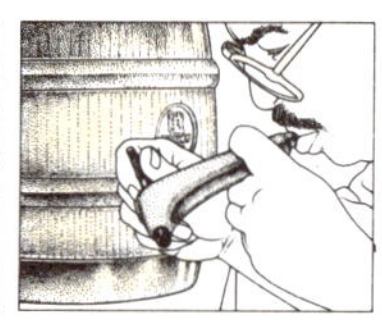
B

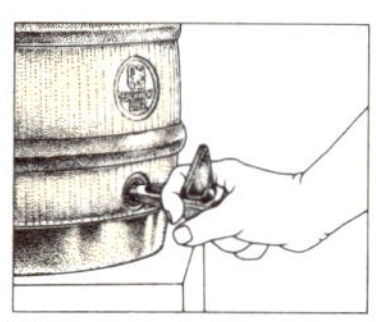
C

D

Bilder aufhängen

Zunächst prüft man, ob das Bild im Stehen oder Sitzen betrachtet werden soll. Hilfreich dabei ist ein Stück Papier in der Größe des Bildes, das man mit Klebstreifen an der Wand befestigt.

Zum Aufhängen leichterer Bilder bis zu 2 kg Gewicht eignen sich Wandhaken und Zierösen, die man in die obere Rahmenkante einschraubt, gezähnte oder ungezähnte Langösen, die auf einen Nagel in der Wand gesetzt werden, sowie selbstklebende Dreiecksösen mit Wandhaken.

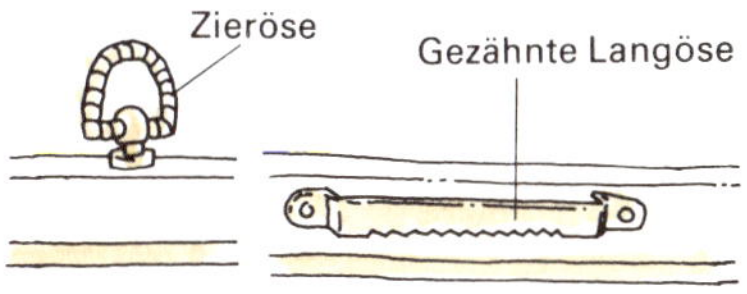

Für schwerere Bilder verwendet man eine Aufhängevorrichtung aus gedrilltem Draht und zwei Ringschrauben. Mit einer Ahle sticht man im oberen Drittel der Rahmenleistenseiten die Löcher für die Ringschrauben vor. Dann nimmt man einen Draht, der gut 20 cm länger ist als die Bildbreite, zieht ein 10 cm langes Drahtende zweimal durch eine Ringschraube und wickelt es fest um den Aufhängedraht. In gleicher Weise wird der Draht an der anderen Ringschraube befestigt. Wenn man den Draht straff spannt, sollte sein höchster Punkt in der Mitte zwischen den Ringschrauben und der oberen Rahmenleiste liegen. Bei sehr schweren Bildern werden zwei zusätzliche Ringschrauben in gleicher Entfernung von den Ecken in die untere Rahmenleiste oder in das untere Drittel der Rahmenleistenseiten eingedreht.

Bilderhaken haben eine Tragfähigkeit von 1–50 kg. Man setzt zwei Haken im Abstand von einigen Zentimetern (anstelle von einem großen Haken), damit das Bild gerade hängen bleibt. Für schwere Bilder verwendet man Schraubhaken.

An dünnen Wandverkleidungen oder Trennwänden aus Gipskarton werden die Schraubhaken für schwerere Bilder mit Hohlwandankern oder Kippdübeln nach der Anweisung auf der Packung befestigt. In Ziegel- oder Betonwänden verwendet man Spreizdübel aus Nylon oder Metall (siehe *Dübeln*).

Um ein Bild mit verdeckter Drahtaufhängung aufzuhängen, läßt man einen Helfer das Bild an die Wand halten und markiert mit einem Bleistift die Mitte der unteren Rahmenkante. Dann schiebt man den Bilderhaken unter die Drahtaufhängung und zieht sie straff nach oben. Nun wird der Abstand von der unteren

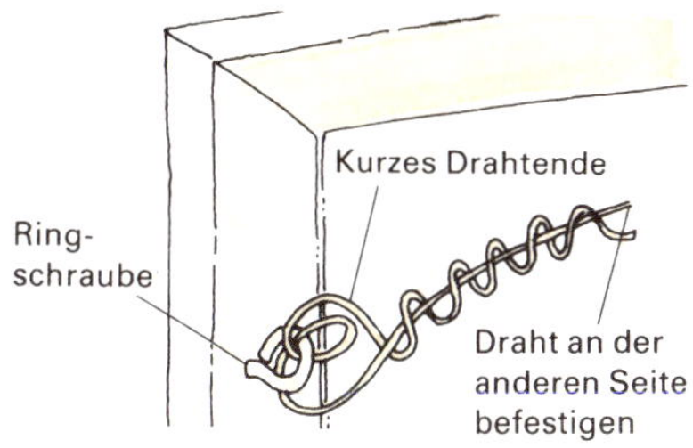

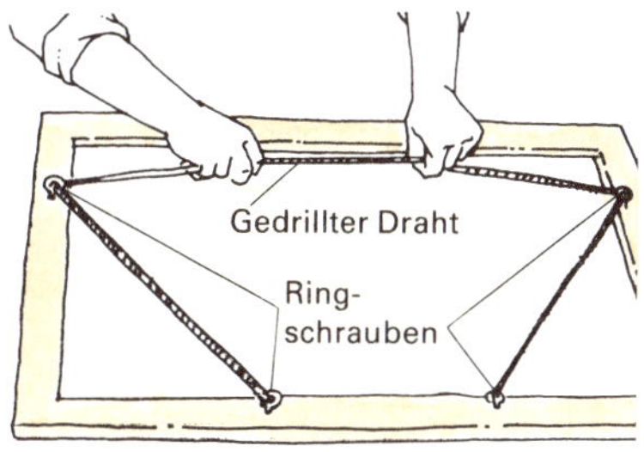

Rahmenkante zum Haken abgemessen. Man überträgt diese Entfernung auf die Wand und markiert den Punkt für den Haken. Hier bohrt man das Dübelloch oder schlägt den Nagel ein. An diesem Punkt kreuzweise angebrachtes Klebeband schützt den Putz.

Bildschirmtext (Btx)

Wer sich an das Btx-System anschließen möchte, benötigt entweder ein multifunktionales Telefon (Multitel), einen Computer mit Decoder oder aber ein Btx-taugliches Fernsehgerät, eine Tastatur mit Buchstaben und Zahlen und eine Anschlußbox, die das Fernsehgerät über die Telefonleitung mit dem Btx-System verbindet. Der Anschluß wird von der Post eingerichtet. Außer einer einmaligen Anschlußgebühr fallen monatlich eine Gebühr für die Anschlußbox sowie die Telefonkosten an; diese berechnen sich nach der Dauer der Benutzung im Acht-(ab 1.4.1991 Sechs-)minutentakt. Falls man kostenpflichtige Informationen über das System abruft, werden gesonderte Gebühren erhoben.

Während man das Btx-System benutzt, ist das Telefon für normale Gespräche belegt. Es ist jedoch möglich, einen verbilligten Zweitanschluß zu beantragen, wenn man sehr häufig mit Bildschirmtext arbeitet.

Die Bedienung des Systems ist verhältnismäßig einfach. Durch Tastendruck stellt man die Verbindung zum Btx-System her. Inhaltsverzeichnisse auf dem Bildschirm geben an, wie man die gewünschten Informationen z. B. über Börsenkurse, Flugpläne, Warenangebote, Dienstleistungen und Reiseziele abruft.

In vielen Fällen ist man direkt mit dem Bestellcomputer der betreffenden Firma verbunden, der Bestellungen annimmt und Auskünfte über die Lieferung erteilt. Bei vielen Banken kann man ein Girokonto einrichten und mittels persönlicher Geheimzahlen seinen Kontostand abfragen, Überweisungen durchführen oder Daueraufträge anlegen. Der ADAC bietet ein Informationsprogramm für den Autofahrer an. Über den Mitteilungsdienst kann man Kurznachrichten an andere Btx-Teilnehmer versenden oder selbst welche empfangen, die in einem persönlichen elektronischen Briefkasten gespeichert werden.

Bindehautentzündung

Rote, verklebte Augen, schleimige und krustige Absonderungen (besonders beim Aufwachen am Morgen), ein Fremdkörpergefühl im Auge und geschwollene Lidränder sind Anzeichen für eine Bindehautentzündung.

Das Auge auf keinen Fall mit einer Augenklappe abdecken. Wenn das Auge verklebt ist, wäscht man es mit warmem, abgekochtem Wasser aus, dem man eine Prise Salz zugefügt hat. Auch Umschläge mit Augentrost können helfen; dazu 1 Eßl. Augentrostblätter in ½ l Wasser zehn Minuten kochen lassen, dann Mull oder ein frisch gebügeltes Taschentuch darin tränken und auflegen. Oder einen Wattebausch mit Kamillentee tränken und ihn dann auflegen.

Klingen die Symptome nicht in zwei bis drei Tagen ab oder treten starke Schmerzen auf, sollte man den Arzt aufsuchen.

Vorbeugung Bei leicht entzündlichen Augen Reizmittel wie Tabakrauch und Zugluft meiden; möglichst keine Kosmetika auftragen oder allenfalls nach einer Allergietestung. Salben, Augentropfen oder Augenwasser ebenfalls nur nach Allergietestung verwenden. Eine dunkle Brille tragen. Hände immer sorgfältig waschen und ein eigenes Handtuch verwenden, da Augeninfektionen durch direkten Kontakt übertragen werden.

Siehe auch *Allergien; Augenbeschwerden; Fremdkörper im Auge; Gerstenkorn; Schneeblindheit.*

Biogarten siehe Seite 50–51

Biokost

Als Biokost bezeichnet man Lebensmittel aus biologisch-dynamischem Anbau. Landwirte, die nach dieser Methode arbeiten, verwenden ausschließlich organische Düngemittel aus eigener Stallviehhaltung und lehnen Mineraldünger und Pflanzenbehandlungsmittel ab.

Obst, Gemüse und Getreide aus biologischem Anbau sind erheblich teurer als Nahrungsmittel aus konventionellem Anbau, was damit zusammenhängt, daß die Erträge bei dieser Anbauweise geringer sind. Sie werden häufig geschmacklich als besser eingestuft, doch bisher gibt es keine wissenschaftlich untermauerten Belege dafür, daß sie tatsächlich gesünder sind. Da die sich in den Nahrungsmitteln ablagernden Stoffe schon im Grundwasser, in der Luft und im Regenwasser vorhanden sind, kann man sie auch beim alternativen Anbau nicht ganz vermeiden. 80% aller auf dem Markt angebotenen Produkte – gleich, aus welcher Anbauweise – enthalten keinerlei Rückstände schädlicher Chemikalien.

Biskuitteig

Ein Biskuitteig wird lockerer, wenn man Mehl und Speisestärke zu gleichen Teilen verwendet, statt ihn nur mit Mehl zu backen.

Backt man den Teig in einer runden Springform, darf man nur den Boden der Form einfetten, nicht den Rand. Der Teig geht sonst unregelmäßig auf, und man bekommt keine ebene Oberfläche. Den ausgekühlten Biskuit mit einem Zwirnsfaden in einzelne Böden schneiden – den Faden wie ein Sägeblatt durch den Biskuit ziehen.

Für eine Biskuitrolle den Teig auf ein gut gefettetes, mit gefettetem Backpapier ausgelegtes Backblech streichen und auf der mittleren Einschubleiste bei großer Hitze nur etwa zehn Minuten backen. Den heißen Biskuit stürzt man auf ein mit Zucker bestreutes Küchenhandtuch und zieht schnell das Papier ab. Die Ränder des Biskuits rasch mit den Fingern zusammendrücken, sie werden sonst hart. Eventuell muß man sie abschneiden.

Will man den Biskuit mit Marmelade füllen, bestreicht man den heißen Teig damit und rollt ihn vorsichtig mit Hilfe des Küchentuchs auf. Will man ihn mit Creme oder Sahne füllen, muß man ihn vorher auskühlen lassen. Um zu verhindern, daß er beim Aufrollen reißt, rollt man ihn zunächst zusammen mit dem Küchentuch auf, wartet, bis er erkaltet ist, und rollt ihn vorsichtig zurück. Dann füllt man ihn und rollt ihn endgültig auf. Man kann ihn auch einfach mit einem feuchten Tuch bedecken und auskühlen lassen. Wer kein Risiko eingehen will, schneidet die Teigplatte in zwei Teile und macht keine Roulade, sondern eine lange, rechteckige Torte.

Bißverletzungen

Bei Bißverletzungen empfiehlt es sich, nachdem die Wunde versorgt ist (siehe *Verbände anlegen; Wunden*), einen Arzt aufzusuchen. Wenn in der Bißwunde Schmutz ist, wird meist eine Tetanus-Schutzimpfung gemacht.

Gefährlich sind Bißverletzungen vor allem dann, wenn das betreffende Tier tollwütig ist (siehe *Tollwut*). Wenn man von einem Tier gebissen wird, das sich ungewöhnlich verhält (z. B. auffallend bissig oder plötzlich sehr zutraulich ist), muß man die Wunde sofort mit Seife oder einem Spülmittel auswaschen und umgehend den Notruf (siehe dort) veranlassen.

Schlangenbisse Man erkennt sie an stecknadelkopfgroßen, punktförmigen Wunden. Den Verletzten bringt man in Ruhelage, da durch Schlangengift Kreislaufschädigungen eintreten können, und veranlaßt unverzüglich den Notruf. Dann eine Stauung vornehmen, um die Wirkung des Giftes abzuschwächen. Dazu siehe Abbinden unter *Blutungen stillen;* ist keine Dreiecktuchkrawatte zur Hand, kann man sich auch mit einem Gürtel o.ä. helfen. Auf keinen Fall die Wunde aufschneiden, aussaugen oder ausbrennen.

Blähungen

Blähungen sind harmlos, aber unangenehm. Aufstoßen, Rumoren im Bauch und Völlegefühl sind die üblichen Symptome. Blähungen können durch kohlensäurehaltige Getränke, bestimmte Nahrungsmittel wie Bohnen, Kohl und Zwiebeln und auch durch Luftschlucken verursacht werden.

Langsameres Essen, Leibmassagen mit der flachen Hand und viel Bewegung wie Radfahren, Schwimmen, Gymnastik oder Laufen helfen dagegen. Auch ein Tee aus 20 g zerstoßenem Kümmel, 10 g Anis, 10 g Fenchel und 10 g Koriander oder reiner Fencheltee bringt Linderung. Man beobachtet seine Eßgewohnheiten und versucht herauszufinden, welche Nahrungsmittel die Beschwerden verursachen, und läßt sie dann weg.

Kehren Blähungen immer wieder, muß man einen Arzt aufsuchen, da sie auch organische Ursachen haben könnten, z.B. mangelnde Magensäure, Leber- und Gallenleiden oder eine Störung der Bauchspeicheldrüse.

Siehe auch *Kolik; Magenschmerzen; Verstopfung.*

Blanchieren

Nahrungsmittel blanchiert man, indem man sie entweder kurz erhitzt oder mit reichlich heißem Wasser übergießt (überbrüht). Tomaten, Aprikosen, Mandeln usw. werden in der Regel überbrüht, Paprikaschoten erhitzt man im Backofen, oder man hält sie über der heißen Elektroplatte oder der Gasflamme; dadurch lassen sie sich besser schälen oder häuten.

Auch bevor man Gemüse einfriert, muß man es blanchieren. Dadurch wird die Arbeit der Eiweiß spaltenden Enzyme aufgehalten, die den Nährwert der Gemüse beeinträchtigen könnte. Das geputzte Gemüse in ein Sieb geben, dann in einen großen Topf mit kochendem, leicht gesalzenem Wasser tauchen. Das Gemüse muß vom Wasser ganz bedeckt sein. Die Blanchierzeit richtet sich nach der Art des Gemüses: Erbsen brauchen zwei Minuten, Bohnen und Grünkohl drei, Spargel drei bis vier. Die Blanchierzeit wird vom Zeitpunkt an berechnet, wo das Wasser wieder aufkocht. Das Sieb aus dem Topf heben und so lange, wie die Blanchierzeit betrug, in Eiswasser tauchen. Das Gemüse vor dem Einfrieren gut abtropfen lassen.

Blasen

Blasen, die durch Reibung der Haut verursacht werden, entstehen häufig an Fersen oder Fußsohlen bei schlechtsitzendem Schuhwerk oder an den Händen durch die Stiele von Gartenwerkzeugen, Tennisschlägern o.ä. Auch Verbrennungen führen zu Blasenbildung. Zum Schutz der Haut Handschuhe bei Gartenarbeit tragen; neue Schuhe einlaufen, indem man sie anfangs immer nur kurze Zeit trägt. Bei langen Wanderungen dicke Socken anziehen, um ein Wundscheuern zu verhindern; vorsichtshalber Heftpflaster mitnehmen.

Unabhängig von der Ursache werden Blasen in gleicher Weise behandelt: Man schützt sie vor Reibung und sticht sie nicht auf; die Flüssigkeit im Inneren wird vom Körper wieder absorbiert. Ist die Hautstelle stark verschmutzt, reinigt man sie vorsichtig und legt ein trockenes, steriles Gazepolster auf. Wenn die Blase aufplatzt, trägt man antibakterielle Salbe auf und deckt sie wieder mit einer trockenen, sterilen Kompresse ab. Die tote Oberhaut nicht abschälen. Wenn sich Eiter bildet oder die Haut um die aufgeplatzte Blase rot und empfindlich wird, sucht man einen Arzt auf.

Läßt sich die Reibung, durch die eine Blase verursacht wurde, nicht verhindern, schützt man sich folgendermaßen: Aus Gaze oder Watte wird ein ringförmiges Polster angefertigt; das Loch in der Mitte sollte die Größe der Blase haben. Dann bestreicht man die Hautpartie um die Blase mit Benzoetinktur, damit sie klebrig wird. Das Polster wird um die Blase gelegt, mit Heftpflaster befestigt und erst abgenommen, wenn die Blase abgeheilt ist.

Blattläuse

Blattläuse sind ungefähr 3 mm lange saugende Insekten. Die meisten Arten sind grün gefärbt, es gibt aber auch schwarze, braune, graue und gelbe. Blattläuse vermehren sich schnell und häuten sich oft. Die weißen Häute auf den Blättern, Stengeln und Blüten von Pflanzen weisen deutlich auf einen Befall hin. Außerdem sind diese dann von klebrigen Ausscheidungen überzogen.

Im Garten kann man Blattläuse vertreiben, indem man befallene Pflanzen mit einem scharfen Wasserstrahl abspritzt. Auch Brennesseljauche oder flüssige Algendünger tun ihre Wirkung. Als natürliche Stäubemittel wirken Algenstaub, Asche und Gesteinsmehl. Spritzbrühen aus Rainfarn- und Zwiebelschalentee sowie Schmierseifenbrühe vertreiben ebenfalls die Plagegeister. Bei Zimmerpflanzen wird häufig Ekamet angewandt. Vorbeugend kann man im Garten Kapuzinerkresse zwischen Nutz- und Zierpflanzen kultivieren.

Stark vergrößert

Bleigießen

Das Bleigießen gehört zu den beliebten Silvesterbräuchen. Man benötigt dazu Blei, einen Löffel (beides gibt es als Silvesterpackung zu kaufen), eine Kerze und einen wassergefüllten Topf. Diese Utensilien legt man am besten auf einem Tablett auf dem Wohnzimmertisch bereit. Wenn alle Anwesenden für den Blick in die Zukunft bereit sind, zündet man die Kerze an. Jeder erhitzt sein Blei in dem Löffel über der Kerze, bis es flüssig ist, und gießt es ins Wasser, wo es rasch erstarrt. Nun kann jeder selber seine Zukunft aus dem Bleigebilde herauslesen, oder eine Person übernimmt die Rolle des „sehenden“ Magiers, der alle Figuren deutet.

Blindekuh

Ein Gruppenspiel für drinnen und draußen, allerdings sollte man in geschlossenen Räumen kleinere Möbelstücke ausräumen und größere möglichst an die Wand rücken. Auch im Freien müssen Stolperfallen vorher beseitigt werden.

Einem Spieler werden die Augen mit einem Schal oder einem Tuch verbunden – er ist die Blindekuh. Er wird mehrmals schnell um seine eigene Achse gedreht, damit er die Orientierung verliert. Alle anderen Mitspieler verstecken sich oder laufen davon, und die Blindekuh versucht, einen Mitspieler zu fangen.

Ist ihr dies gelungen, darf sie den Mitspieler abtasten und dadurch zu erraten versuchen, um wen es sich handelt. Der Gefangene gibt dabei möglichst keinen Laut von sich, der ihn verraten könnte. Errät die Blindekuh den richtigen Namen, ist sie erlöst und darf die Augenbinde an ihren Gefangenen weitergeben, der dann die Blindekuh spielt.

Blitzeinschlag

Im freien Gelände sind die Menschen durch Blitzschlag weit mehr gefährdet als in Wohngebäuden (siehe *Gewit-*

Fortsetzung Seite 52

Biogarten

Biologisch gärtnern heißt mit naturgemäßen Methoden den Gartenbau betreiben. Diese Methoden beziehen sich auf die Bearbeitung des Bodens, den Anbau von Pflanzen, die Düngung und die Bekämpfung von Schädlingen und Krankheiten.

Bearbeitung des Bodens Während beim konventionellen Gartenbau der Boden im Herbst tiefgründig umgegraben wird, bearbeitet ihn der biologische Gärtner nur oberflächig mit dem Kultivator oder der Hacke und belüftet ihn mit dem Sauzahn. Im übrigen übernehmen die Wurzeln der Pflanzen und die im Boden lebenden Tiere die Belüftung des Bodens.

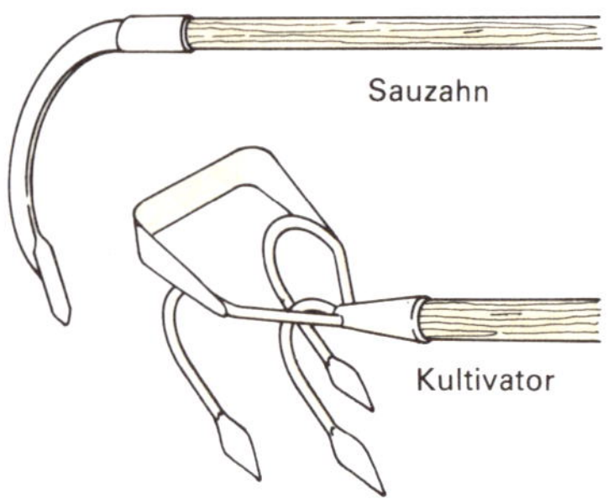

Jedes Jahr wird auf den Boden eine ungefähr 2 cm dicke Schicht selbst hergestellten Komposts aufgebracht. Frischkompost (ein halbes bis ein ganzes Jahr alt) wird nicht eingearbeitet, sondern bleibt auf der Erde liegen. Reifekompost (zwei bis drei Jahre alt) wird für Pflanzrillen oder Pflanzlöcher verwendet oder 10–15 cm tief eingearbeitet. Ist der Boden ausgesprochen nährstoffarm, kann man rein organischen Dünger ausbringen. Man nimmt entweder tierischen Dünger, etwa Horn- oder Knochenmehl, oder pflanzlichen Dünger, z.B. Holzasche, die aus Sägespänen, Baum- und Heckenschnitt gewonnen wurde.

Der Boden sollte das ganze Jahr über mit Pflanzen oder pflanzlichem Material bedeckt sein. Für die Vor- und Nachkultur nimmt man gern Leguminosen, die gleichzeitig den Boden mit Stickstoff anreichern, im Frühjahr etwa Ackersenf oder Klee, im Herbst Luzerne oder Esparsette. Man wählt auch Pflanzen, z.B. Spinat, die mit großen Blättern den Boden gut abdecken und ihn leicht und krümelig machen. Man kann den Boden auch mit Stroh, Rasen- und Heckenschnitt abdecken, jedoch nicht mit Torf – von Spezialkulturen abgesehen –, weil dieser die Erde zu stark säuert und von Bodenorganismen nicht aufgenommen wird.

Anbau von Pflanzen Der Biogärtner pflanzt in Mischkultur. Es werden nur solche Gewächse nebeneinandergepflanzt, die sich gegenseitig im Wachstum fördern. Besonders gut vertragen sich z.B. Möhren und Tomaten; Gurken und Sellerie; Kopfsalat und Zwiebeln; Petersilie und Rettiche; rote Rüben und Knoblauch; Schwarzwurzeln und Lauch; Rhabarber und Spinat; Buschbohnen und Kohlrabi; Spargel und Kopfsalat.

Man pflanzt verschiedene Gemüsearten in Reihen nebeneinander, wobei der Reihenabstand etwa 50 cm beträgt. Die benachbarten Reihen tragen jeweils eine andere Fruchtart. Zwischen die Reihen streut man Häcksel. In den folgenden Jahren pflanzt man in dieselben Reihen einmal eine Wurzel- und Knollenfrucht, etwa Rettiche, Mohrrüben oder Kartoffeln, danach ein Fruchtgemüse (es reift über der Erde) wie Erbsen oder Bohnen. Im dritten Jahr folgt ein Blattgemüse, z.B. Kohl, Spinat oder auch Erdbeeren.

Wichtig ist außerdem, daß Schwach-, Mittel- und Starkzehrer einander ablösen. Zu den Schwachzehrern gehören Bohnen, Erbsen und Kräuter. Ihnen gibt man nur Kompost. Starkzehrer sind alle großen Kohlarten, Gurken, Kartoffeln, Lauch, Sellerie und Kürbis. Starkzehrer müssen schon im Herbst außer Kompost eine organische Düngung bekommen. Während des Wachstums verabreicht man mehrmals eine Kopfdüngung mit Brennesseljauche. Dazwischen liegen die Mittelzehrer, zu denen Zwiebeln, Knoblauch, Möhren, Salate, Spinat, Schwarzwurzeln, Radieschen und Kohlrabi gerechnet werden. Bei den Mittelzehrern kann im Frühling etwas organischer Dünger gestreut werden.

Innerhalb der Reihen werden „Gesundheitspflanzen" angebaut. Dazu gehören Kapuzinerkresse, Ringelblume und Studentenblume. Den Gemüsegarten kann man mit mehrjährigen Gewürz- und Heilkräutern umgeben.

Düngung Eine wichtige Rolle im biologischen wie im konventionellen Gartenbau spielt bei der Düngung der Kompost (siehe dort). Doch gibt es außerdem eine Menge organischer Düngemittel, die man den Pflanzen zusätzlich verabreichen kann.

Sehr beliebt sind die Pflanzenjauchen, die man selbst herstellt. Die Brennessel ist stets die Basispflanze. Ackerschachtelhalm, Farnarten, Wermut, Zwiebeln sowie Gewürz- und Heilpflanzen werden nach Bedarf hinzugefügt. Ein Holz- oder Plastikfaß wird an einem schattigen Platz zu zwei Dritteln locker mit Brennesseln und zu einem Drittel mit Farnkraut gefüllt. Man fügt etwas Kamille bei. Dann wird das Gefäß mit Wasser gefüllt und abgedeckt. Ein- bis zweimal

täglich wird umgerührt. Nach zwei bis drei Tagen fügt man ein bis zwei Hände Gesteinsmehl hinzu, um den Geruch des gärenden Gebräus zu mildern. Nach acht bis zwölf Tagen haben sich die Pflanzen zersetzt. Gießt man die Jauche direkt auf die Pflanzen, wird sie im Verhältnis 1:9 verdünnt. Düngt man mit ihr den Boden, liegt die Verdünnung bei 1:4. Ähnliche Wirkungen erzielt man mit Kaltwasserauszügen (siehe unten).

Tierische Dünger, z.B. Pferde-, Rinder-, Schweine-, Hühner- und Kaninchenmist, eignen sich hervorragend für den Boden, sind jedoch meist nur auf dem Land zu haben. Sie dürfen nicht frisch verwendet werden, sondern erst, nachdem sie gut verrottet sind. Sie werden auf den Boden gestreut oder nur leicht untergezogen.

Neben dem selbsterzeugten Kompost gibt es auch eine große Anzahl organischer Handelsdünger wie Blutmehl, Hornmehl, Algen- und Knochenmehl, Algenkalk und Gesteinsmehl, die alle eine gute Wirkung haben, jedoch mit Maßen ausgestreut werden sollten. Wichtig ist ein organischer Volldünger, ein Produkt aus frischen Meeresalgen, der einen hohen Gehalt an Spurenelementen hat, sowie ein Kalkprodukt, vorzugsweise aus Korallen.

Schädlinge und Krankheiten In einem biologisch richtig bearbeiteten Garten dürfen eigentlich überhaupt keine Schädlinge und Krankheiten auftauchen. Wenn sie sich aber dennoch ausbreiten, dann nur zu pflanzlichen Mitteln greifen und selbst diese sparsam einsetzen!

Vier Großgruppen von Schäden können auftreten: Pilzerkrankungen; Insektenschäden; Schäden, die durch Schnecken entstehen, und Schäden, die größere Tiere, etwa Mäuse und Hasen, anrichten.

- Pilzkrankheiten machen sich vor allem im Obstgarten und bei Zierpflanzen bemerkbar. Der Echte und der Falsche Mehltau, Grauschimmel (Botrytis), Schorf und Rost gehören zu den wichtigsten. Bei allen Pilzkrankheiten werden die Grünteile der Pflanzen durch Spritzen mit Ackerschachtelhalmtee und -jauche gestärkt. Zur Bekämpfung von Pilzkrankheiten kann man pflanzlich-mineralische Mittel einsetzen, z.B. Bio-S (Ledax-san). Ein wirksames Mittel sind auch Gesteinsmehle und fein vermahlene Tonmineralien (Bentonit, Edasil), mit denen man die Pflanzen pudert oder spritzt. Vorbeugend kann nach den ersten warmen Regenfällen, also von Mitte Mai an, gespritzt werden. Tritt der Echte Mehltau stark auf, wird in hoher Konzentration gespritzt. Ist der Befall ungewöhnlich stark, hilft nur noch Netzschwefel.
- Insektenschäden kann man durch Mischkulturen begegnen. Wenn man z.B. Möhren und Zwiebeln zusammenpflanzt, dann werden die Möhren- und die Zwiebelfliege abgehalten. Ringelblumen zwischen Kresse und Kohlarten bewirken, daß so gut wie keine Raupen auftreten.

Unter den Insekten gibt es auch sogenannte Nützlinge. Sie übernehmen die Hauptarbeit der Schädlingsbekämpfung im Garten. Zu ihnen gehören u.a. Marienkäfer, Ohrwurm, Ameise, Schweb- und Florfliege, Laufkäfer, Schlupfwespe und Raubwanze. Marienkäfer vertilgen Blattläuse. Schlupfwespen legen Eier in die Raupen schädlicher Insekten. Die schlüpfenden Larven fressen dann die Raupen auf. Ohrwürmer verzehren ebenfalls Blattläuse. Damit sich möglichst viele von diesen nützlichen Insekten im Garten einfinden, hängt man einen locker mit Holzwolle gefüllten Blumentopf in einen Baum, und bald nisten sich die Nützlinge dann dort ein. Schlupfwespen kann man vom Großhandel beziehen und im Gewächshaus aussetzen.

Wichtig für die Bekämpfung schädlicher Insekten sind Vögel. Man hängt also möglichst viele Nistkästen für Meisen, Rotschwänzchen u.a. auf.

Mit Schmierseifenbrühe kann man Pflanzen von Insekten befreien. Man setzt eine 1–2%ige Brühe an und verspritzt sie. Als besonders wirksam haben sich Pflanzenauszüge erwiesen, z.B. Brennessel-, Rainfarn-, Adler- und Wurmfarnauszüge gegen Läusearten. Die Pflanzen werden 10–20 Stunden lang im kalten Wasser angesetzt und unverdünnt verspritzt. Man kann auch Gesteinsmehle, Ton und Mineralpulver mit einem Puderstäuber verstäuben. Sollten diese Mittel und Methoden versagen, wendet der Biogärtner Pyrethrum-Spritzmittel an.

- Schnecken bekämpft man am besten mit der Bierfalle, mit Schneckenzäunen und Schneckenkorn (siehe *Schnecken*).
- Größere Tiere: Feldmäuse können, besonders im Winter, erhebliche Schäden verursachen, da sie die Rinde von Bäumen annagen. Das Mulchmaterial der Baumscheibe muß daher kontrolliert oder auch entfernt werden. Man bekämpft Feldmäuse, indem man Fallen in ihre Gänge legt. Als Köder legt man Quiritox aus. Auch Wühlmäusen kommt man nur mit Fallen bei. Da die Tiere sehr schlau sind, müssen die Fallen abgedeckt werden.

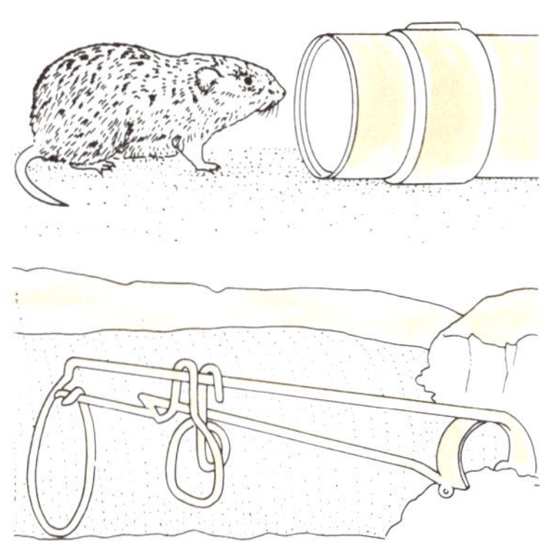

Es gibt Rohr- und Drahtfallen. Beide werden in die Gänge der Wühlmäuse geschoben. Manchem Biogärtner ist es schon gelungen, diese Schädlinge fernzuhalten, indem er Knoblauch gepflanzt hatte!

Wenn im Winter Hasen in den Garten eindringen, spannt man Netze über Winterkohlpflanzen und um junge Bäume. Dies ist besser als Anstriche oder Drahtgewebe. Wenn im Sommer im Beerengarten die Früchte reifen und sich Vögel über sie hermachen wollen, schützt man die Sträucher am besten mit engmaschigen Weinbergnetzen.

ter). Bei einem Gewitter entstehen oft jedoch als Folge der sichtbaren Blitze starke elektromagnetische Felder. Über die Antennenanlage und das elektrische Freileitungsnetz gelangen diese Überspannungen ins Haus; dabei spielt es keine Rolle, ob der Blitz in der Nähe oder weiter entfernt einschlägt. Dadurch können Steckdosen, Lichtschalter, Verteiler- und Abzweigdosen herausgerissen und Kabel verschmort werden. Da in den elektrischen Geräten (Fernseher, Video, Hi-Fi-Anlage) meist kein ausreichender Schutz eingebaut ist, beschädigen oder zerstören die Überspannungen die Empfangsgeräte und verursachen öfters auch Brände (siehe *Zimmerbrand*).

Um solche Schäden zu verhindern, werden auf dem einschlägigen Markt sogenannte Überspannungsschutzgeräte angeboten. Sie schützen Fernsehapparat, Videogerät usw. vor Überspannungen aus dem Stromnetz und der Antennensteckdose. Hat man ein solches Schutzgerät nicht, zieht man am besten die Stecker und Antennenkabel der gefährdeten Geräte heraus. Außerdem ist es wichtig, daß an der Hauseinführung der elektrischen Leitung ein Überspannungsschutz vorhanden ist.

Blitzlichtaufnahmen

In den meisten Fällen sitzt das Blitzlichtgerät auf oder neben der Kamera, strahlt sein Licht also direkt auf das Motiv. Moderne computergesteuerte Blitzgeräte garantieren so fast immer korrekt belichtete Aufnahmen, die jedoch oft gewisse Schönheitsfehler zeigen. Die Ursache liegt in der frontalen Beleuchtung, die das Motiv flächig erscheinen läßt und ihm viel von seiner körperlichen Dimension raubt.

Gegen diese Schönheitsfehler gibt es ein ganz einfaches Rezept: das Blitzlichtgerät von der Kamera nehmen – allerdings muß man es dann über ein Kabel mit der Kamera verbinden – und seitlich oder von oben auf das Motiv richten. Schon diese Korrektur verhilft zu einem Bild, das sehr viel plastischer und natürlicher wirkt.

Nie sollte man direkt in spiegelnde Flächen blitzen, weil sich das Blitzlicht darin unschön reflektiert.

Durch indirektes Blitzen – der Blitz wird dabei schräg nach oben gegen die Decke gerichtet, und diese reflektiert das Licht gleichmäßig über das ganze Motiv – erzielt man ein weiches und schattenarmes Licht. Die Zimmerdecke muß aber weiß sein, weil man bei Farbaufnahmen sonst einen Farbstich erhält. Beim indirekten Blitzen sollte man die Blende um zwei Werte öffnen, weil bei dieser Blitzmethode sehr viel Licht verlorengeht.

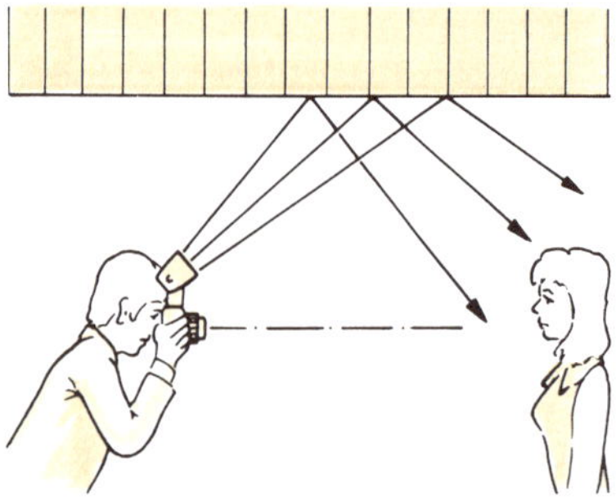

Auch im Freien läßt sich der Blitz einsetzen, um z. B. bei Porträts im Gegenlicht zu dunkle Gesichtspartien aufzuhellen. Die notwendige Belichtungskorrektur entnimmt man der jeweiligen Betriebsanleitung des Blitzes.

Siehe auch *Nahaufnahmen*.

Blumen pressen

Blumen und Blattpflanzen, die man pressen möchte, pflückt man möglichst um die Mittagszeit. Orangerote und gelbe Blüten behalten ihre Farbe am besten; die meisten blauen und rosaroten Farbtöne verblassen, und Rot wird zu Braun.

Man legt die Pflanzen zwischen zwei Lagen Löschpapier. Bei dicken Blütenköpfen, beispielsweise Rosen, preßt man die Blütenblätter einzeln. Dann werden die gepreßten Blumen mit Büchern oder Ziegelsteinen beschwert. So läßt man sie an einem warmen, trockenen Platz mindestens vier Wochen stehen. Damit die Blüten nicht zu brüchig werden, kann man sie vor dem Pressen mit klarem Speiseöl bestreichen.

Für ein eingerahmtes Blumenbild schneidet man einen steifen Zeichenkarton in Rahmengröße zu. Dann legt man die Blumen in Form eines verästelten Zweigs, eines Buketts oder eines anderen gefälligen Arrangements auf dem Karton aus. Mit einem Zahnstocher oder einem Streichholz gibt man einen Tropfen Weißleim auf die Rückseite einer jeden Pflanze und drückt sie fest. Wenn der Leim trokken ist, legt man das Bild mit der Sichtseite nach unten von hinten in den Rahmen, legt als Versteifung ein passendes Stück Pappkarton darüber und sichert es mit kleinen Nägeln, die man in den Rahmen schlägt. Zum Schluß kann man die ganze Rückseite des Bildes samt Rahmen mit Packpapier überkleben.

Blumen schenken

Blumen werden meist Damen geschenkt. Geeignet sind Moosröschen, Gartenrosen, Gerbera, Fresien, Nelken und Tulpen; dunkelrote, langstielige Rosen schenkt man nur der Ehefrau, Braut, Verlobten oder Freundin. Heutzutage darf eine Dame auch einem Herrn Blumen schenken. Größere Blumen wie Chrysanthemen werden nur in ungerader Zahl geschenkt.

Topfblumen sollte man bei einer Einladung nur mitbringen, wenn man die Gastgeber und ihre Wohnverhältnisse sehr gut kennt. Bevor die Blumen überreicht werden (grundsätzlich vom Herrn), muß die Papierumhüllung entfernt werden. In Cellophan verpackte Blumen werden mit der Hülle übergeben. Bei Antrittsbesuchen und offiziellen Einladungen bringt man keine Blumen mit. Man kann sich allerdings nachher für die Einladung bedanken, indem man der Gastgeberin einen Blumenstrauß mit entsprechender Karte schicken läßt.

Zu Beerdigungen läßt man Kranz oder Blumenspende mit einer Beileidskarte auf den Friedhof schicken.

Blumen stecken

Damit die Blumen länger frisch bleiben, schneidet man sie am frühen Morgen mit einem scharfen Messer oder einer Schere und taucht die Stiele sofort in lauwarmes Wasser. Holzige Stiele spaltet man unten 2–3 cm weit auf, damit sie das Wasser besser aufnehmen können. Bei gekauften Schnittblumen sollte man darauf achten, daß sich die Blüten gerade zu öffnen beginnen. Die Stiele läßt man mehrere Stunden lang tief im Wasser stehen. Wenn man die Blumen dann arrangiert, schneidet man sie unten ab und entfernt alle Blätter, die im Gefäß unter Wasser stehen würden.

Das Gefäß wird sorgfältig gereinigt. Damit die Blumen Halt bekommen, verwendet man Steckmoos, Blumenigel mit Messingstacheln und Bleiplatte oder Steckmasse (Knetmasse), die in Blumengeschäften erhältlich sind. Der Igel wird, wenn nötig, mit Knetmasse am Boden des Gefäßes befestigt. Steckmoos weicht man einige Stunden lang in Wasser ein, bis es sich gründlich vollgesogen hat; dann drückt man es so fest in das Gefäß, daß es nicht mehr verrutschen kann.

Ein Blumengesteck sollte ausgeglichen wirken. Dabei kann es symmetrisch sein wie bei einer runden Tischdekoration oder asymmetrisch, beispielsweise in Form von drei hübschen Zweigen mit einer hervorstechenden Blüte. Man sollte die Blüten in Form und Größe sowohl aufeinander als auch auf das Gesteck insgesamt und den Behälter abstimmen. Man verbindet eine Vielzahl von Farben und Strukturen zu einem einheitlichen Ganzen.

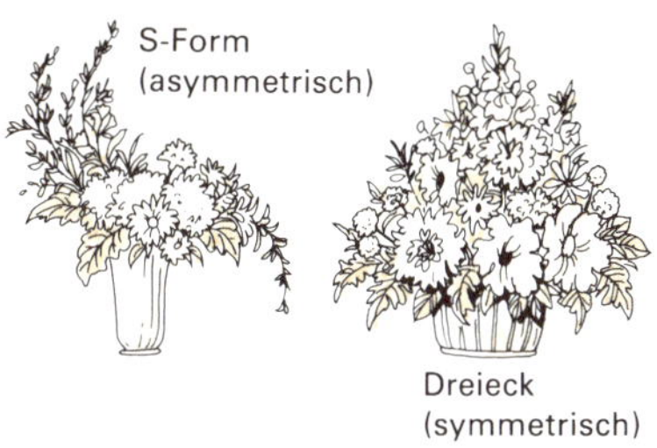

Eine einheitliche Wirkung kann auch durch eine größere Menge ähnlicher Blüten erzielt werden. Andererseits können mehrere unterschiedliche Arten durch einige hervorstechende Blüten als Blickfang zu einem Ganzen vereinigt werden: Zunächst steckt man mit einigen Stengeln die Gesamtform ab, dann füllt man die Zwischenräume, am besten mit grünem Blattwerk und hellen, verhältnismäßig unauffälligen Blüten. Zuletzt setzt man die auffälligsten Blüten als Blickfang in die Mitte des Gestecks.

Blumen trocknen

Man sollte nur kräftig gefärbte und einwandfreie Blüten und Blätter trocknen. Gepflückt werden sie um die Mittagszeit an einem heiteren, trockenen Tag; die Pflanzen dürfen weder feucht noch von Insekten oder Krankheiten befallen sein. Mit dem Trocknen wird sofort begonnen.

Trocknen an der Luft Diese Methode eignet sich vor allem für kleine Blüten in Dolden oder Rispen wie Schafgarbe oder Hortensie. Man entfernt alle Blätter bis auf eines in der Nähe der Blüten. Dann bindet man die Blumen mit einem Gummiband zu kleinen Büscheln zusammen. Wenn man Faden oder Draht verwendet, müssen die Büschel nach einigen Tagen fester gebunden werden, da die Stiele trocknen und schrumpfen.

Die Blumenbüschel hängt man mit den Köpfen nach unten an einem dunklen, trockenen und gut durchlüfteten Ort auf. Dort läßt man sie zwei bis vier Wochen, bis sie trocken, aber noch nicht brüchig sind.

Trocknen mit Trockenmittel Blumen mit besonders dicken Blütenköpfen, z.B. Rosen, Zinnien und Narzissen, trocknet man mit Silikagel (Kieselgel), das in Drogerien erhältlich ist. Bei dieser Trockenmethode ist die Gefahr geringer, daß sich Schimmel bildet, und die Farben bleiben besser erhalten. Wenn das Silikagel Feuchtigkeit aufgenommen hat, sind die Kristalle rosarot; dann stellt man den Behälter mit dem Gel so lange in den 120°C warmen Backofen, bis die Kristalle bläulichweiß, also wieder trokken sind.

Auf den Boden eines Behälters, der luftdicht zu verschließen sein muß, streut man eine etwa 2 cm hohe Schicht des Trockenmittels. Dann wählt man Blüten möglichst gleicher Form und Größe, entfernt die Blätter und schneidet die Stengel 2–3 cm unter den Blüten ab.

Ballförmige Blüten wie Rosen gibt man aufrecht stehend auf das Trokkenmittel, strahlige mit dem Kopf nach unten; Rispen legt man flach hin. Dann werden die Blüten vorsichtig so mit Trockenmittel bedeckt, daß möglichst jedes Blütenblatt davon umgeben ist. Nun wird der Behälter luftdicht verschlossen, beschriftet und an einen kühlen und dunklen Platz gestellt.

Wenn die Blütenblätter so weit getrocknet sind, daß sie sich fast papierartig anfühlen (nach etwa zwei Tagen), wird das Trockenmittel vorsichtig aus dem Behälter genommen, bis die Blüten zum Vorschein kommen. Dann steckt man Blumendraht durch die Blütenköpfe und umwickelt die freien Enden mit grünem Kreppband, so daß die Blüten wieder „Stengel" haben und zu einem Strauß oder Gesteck arrangiert werden können.

Blumenbeete

Ein Blumenbeet oder eine Rabatte sollte nur an einem sonnigen Platz angelegt werden.

Ganz am Anfang steht die Planung. Ehe man Samen oder Pflanzen kauft oder einen Spaten zur Hand nimmt, legt man eine Skizze (möglichst auf Millimeterpapier) an und entscheidet, welche Pflanzen wo wachsen sollen. In großen Beeten sieht man ein paar Trittplatten vor, damit man der Gartenarbeit mühelos nachgehen kann.

Man beginnt mit den Stauden, die mehrere Jahre lang blühen, ohne daß man sie zu versetzen braucht. Wenn man einen Plan entwirft, sollte man u.a. berücksichtigen, daß einige Stauden früher, andere später blühen. Manche behalten das ganze Jahr über das Laub, so daß auch die Farbe und Struktur der Blätter eine Rolle spielen. Jede Pflanze braucht genügend Platz, um sich ausbreiten zu können. Man muß also den Pflanzabstand genau kennen und einhalten. Auch wie hoch eine Pflanze wird, ist wichtig zu wissen. Größere Pflanzen setzt man in den Hintergrund oder in die Mitte eines Beets, kleinere in den Vordergrund. Gut geeignet für Beete und Rabatten sind Zwiebel- und Knollengewächse wie Narzissen, Kaiserkronen, Schwertlilien, Tulpen und Gladiolen. Die meisten bringen prächtige Blüten hervor. Am besten kommen sie in Gruppen zur Wirkung. Besonders reizvoll ist es, wenn man die Gruppierung in Abständen wiederholt.

Dann sollte man auch einjährige Sommerblumen, die aus Samen gezogen werden, nicht vergessen. Weil sie jedes Jahr neu ausgesät werden müssen, kann man durch diese Pflanzengruppen Abwechslung in die Anordnung der Beete bringen.

Man probiert verschiedene Farben und unterschiedliche Gruppierungen aus. Dazwischen können auch Gewürz- und Küchenkräuter sowie Gemüsepflanzen, wie Blattsalat und Brokkoli, angebaut werden.

Ein Beet anpflanzen Zuerst wird die Beetfläche abgesteckt und gut umgegraben. Unkräuter, vor allem mehrjährige, müssen sorgfältig entfernt werden. Außerdem bringt man einen organischen Volldünger aus. Dann teilt man die Fläche nach dem Plan auf und markiert die Standplätze der einzelnen Pflanzen mit Stäben.

Zuerst befaßt man sich mit den Stauden. Sie werden entweder im Oktober oder im März/April gepflanzt. Dann kommen die Zwiebel- und Knollengewächse an die Reihe. Die Pflanzzeit liegt bei den verschiedenen Gattungen im April/Mai oder im September/Oktober. Zuletzt wendet man sich den einjährigen Sommerblumen zu, die im April und Mai auf Beete gesät oder im März und April in Vorkultur gezogen werden.

Zur Abgrenzung des Beets dienen Ziegel, schöne Steine oder Plastikstreifen, die man so weit in den Boden senkt, daß sie fest sitzen.

Blutdruck

Blutdruckwerte sind abhängig von Alter, Tageszeit, psychischer Verfassung und Ernährung. Die Durchschnittswerte eines Erwachsenen liegen bei 130 mm (Systole) zu 80 mm (Diastole). Blutdruckmesser gibt es für relativ wenig Geld zu kaufen, man kann sich aber in jeder Apotheke kostenlos oder für einen geringen Betrag den Blutdruck messen lassen. Es empfiehlt sich, ab dem 35. Lebensjahr ihn regelmäßig überprüfen zu lassen.

Bluthochdruck Durch Übergewicht, falsche Ernährung, Rauchen und die Antibabypille können Personen mit entsprechender Veranlagung Bluthochdruck bekommen. Dies kann zu Arterienverkalkung, Schlaganfall und Herzschwäche führen.

Zur Vorbeugung und Therapie die Ernährung auf salzarme Kost umstellen; viel Ballaststoffe (siehe dort), viel Rohkost und wenig Fett essen; gegebenenfalls Gewicht reduzieren (siehe *Gewichtsregulierung*); regelmäßig leichten Sport treiben (z.B. Schwimmen, Dauerlauf). Blutdruckregulierende Tees trinken, z.B. Misteltee aus 25 g Mistelkraut, 25 g Weißdornblüten und 25 g Hagebutten mit Kernen. Rauchen und Alkoholkonsum einstellen; eventuell die Antibabypille absetzen. Kalte Armbäder, zu heiße Vollbäder sowie Saunabesuche vermeiden (Infarktgefahr!).

Niedriger Blutdruck Kalte Gliedmaßen als Folge von Durchblutungsstörungen, Müdigkeit und Konzentrationsschwäche sind die Symptome für niedrigen Blutdruck.

Bereits morgens im Bett bei geöffnetem Fenster kreislaufanregende Gymnastik betreiben. Täglich Wechselbäder oder Duschen (heiß-kalt abwechselnd) nehmen. Tagsüber viel Flüssigkeit trinken; blutdruckregulierenden Knoblauch essen. Für ausreichende Bewegung sorgen (schwimmen, wandern, tanzen); häufig in die Sauna gehen (siehe *Sauna*). Kreislaufanregende Tees trinken, z.B. Tee aus 30 g Mistel, 20 g Schafgarbe und 10 g Rosmarin. Beine möglichst oft hochlegen. Den Urlaub im Gebirge verbringen. Eiskalte Getränke vermeiden – der Blutdruck kann dadurch noch weiter absinken.

Siehe auch *Kreislaufstörungen*.

Blutungen stillen

Grundsätzlich läßt sich jede Blutung aus einer Wunde durch genügend starken Druck von außen auf die Blutungsstelle stillen. Bei kleineren Verletzungen genügt schon ein Pflaster oder ein Verband; bei stärkeren Blutungen benötigt man einen Druckverband. Dazu verwendet man beispielsweise Zellstoff-Mullkompressen oder auch ein geöffnetes Verbandspäckchen. Eine Blutstillung darf nur vorgenommen werden, wenn der Verletzte liegt.

Abdrücken Sind Blutungen bedrohlich, muß man die Blutzufuhr zur Blutungsstelle unterbrechen. Man drückt am Oberschenkel oder am Oberarm die Bein- bzw. Armarterie ab. Beim Abdrücken am Oberschenkel auf der unverletzten Seite des Verletzten knien, mit Blickrichtung auf die Verletzung. Mit nebeneinanderliegenden Daumenkuppen die Arterie in der Mitte der Leistenbeuge körperwärts gegen den Beckenknochen drücken. Dabei das Körpergewicht auf die gestreckten Arme verlagern. Beim Abdrücken am Oberarm den Arm zunächst hochhalten, um die Blutung zu vermindern. Dies gilt nicht für Knochenbrüche! Blutet der Verletzte am rechten Arm, wird mit den vier Fingern der rechten Hand abgedrückt; blutet er am linken Arm, nimmt man die vier Finger der linken Hand. Die Arterie in der Muskellücke auf der Oberarminnenfläche gegen den Oberarmknochen drücken.

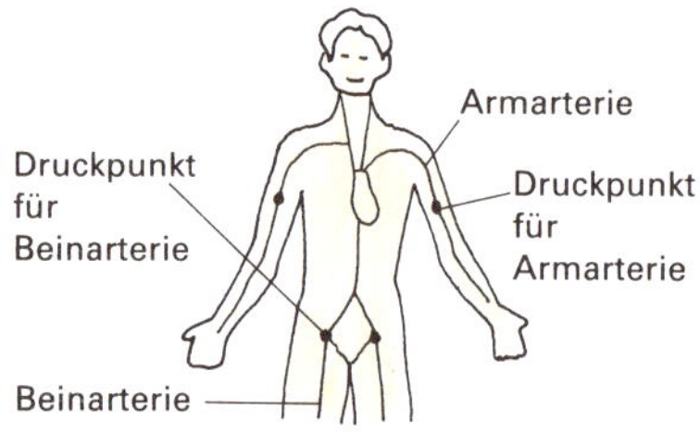

Druckverband Während ein Helfer z.B. den Arm des Verletzten hochhält und abdrückt, hält man die Wundauflage fest, indem man sie zwei- bis dreimal mit einer Binde umwickelt. Ein Druckpolster (z.B. ein Verbandspäckchen) auf den Wundbereich legen und weitere Bindengänge, die sich decken müssen, über das Druckpolster wikkeln. Dies darf dabei nicht verrutschen. Wenn der Verband durchblutet ist oder tropft, ein zusätzliches Druckpolster auf das erste legen und mit weiteren Bindengängen befestigen. Dann den verbundenen Körperteil nach Möglichkeit hoch lagern.

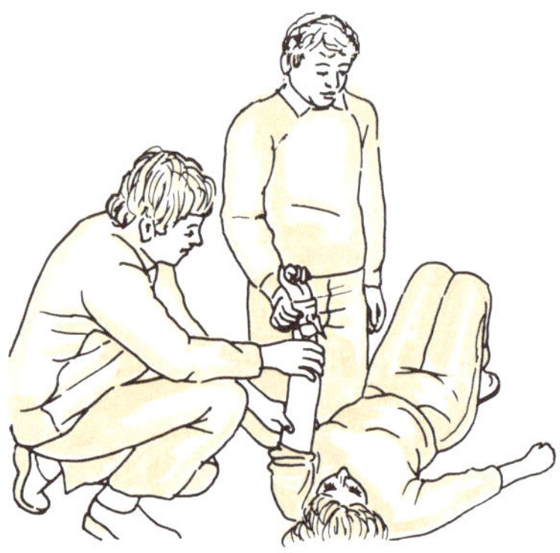

Auch mit einer Dreiecktuchkrawatte kann man einen Druckverband herstellen. Man legt ein Druckpolster auf den Wundbereich und wickelt das lange Ende der Krawatte um den Arm oder das Bein über das Druckpolster. Anschließend verknotet man beide Krawattenenden auf dem Druckpolster.

Kopf oder Rumpf blutet Möglichst keimfreies, weiches Material auf die Stelle der Blutung aufpressen, bis die Verletzung ärztlich versorgt werden kann. Wenn es die Körperform zuläßt, einen Druckverband anlegen.

Abbinden Nur in folgenden Fällen sollte man abbinden: wenn die Blutung trotz eines Druckverbands nicht aufhört; wenn weder Abdrücken noch Anlegen eines Druckverbands möglich ist; wenn ein Fremdkörper in einer stark blutenden Wunde steckt; wenn es sich um großflächige, stark blutende Wunden handelt oder wenn bei einem offenen Knochenbruch (am Arm oder Bein) gleichzeitig eine starke Blutung vorliegt. Man darf nur am Oberarm und am Oberschenkel abbinden, niemals aber im Bereich von Gelenken oder Knochenbrüchen. Nur Material wie die Dreiecktuchkrawatte verwenden, auf keinen Fall aber Schnur, Draht o.ä.

Während ein weiterer Ersthelfer z.B. die Oberschenkelarterie abdrückt, die Dreiecktuchkrawatte locker um die Mitte des Oberschenkels knoten und einen Knebel zwischen Bein und Tuch schieben. Anschließend den Knebel vorsichtig drehen, bis die Blutung steht. Auf keinen Fall den Knebel noch weiterdrehen. Dann eine zweite Krawatte o.ä. um das freie Ende des Knebels und um das Bein schlingen. Durch Verknoten der zweiten Krawatte den Knebel in dieser Stellung festlegen. Bei Knochenbrüchen das Bein in dieser Position lassen, sonst hoch lagern.

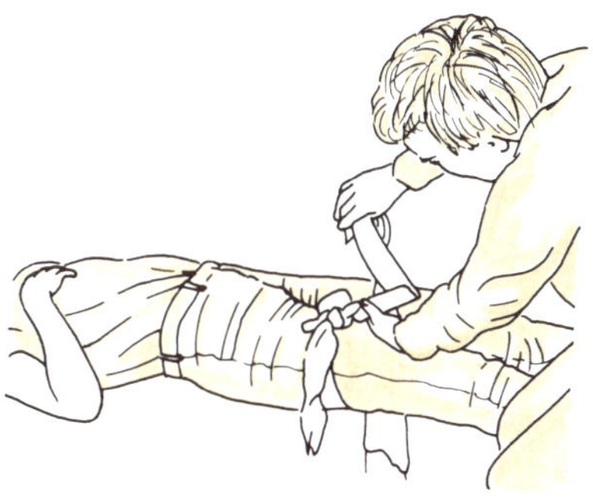

Der Ersthelfer darf die Abbindung nicht mehr lösen. Er muß den Zeitpunkt der Abbindung und die Personalien des Verletzten für den Arzt aufschreiben.

Siehe auch *Erste Hilfe; Schock; Verbände anlegen; Wunden.*

Blutvergiftung

Eine Blutvergiftung wird dadurch verursacht, daß Bakterien in die Blutbahn gelangen. Symptome sind Schüttelfrost und hohes Fieber. Da der gesamte Organismus gefährdet ist, muß sofort ein Arzt gerufen werden.

Wenn sich infolge einer Verletzung ein roter Streifen auf der Haut in Richtung Körpermitte hinzieht, spricht man meist schon von einer Blutvergiftung, obwohl die Erreger das Blut noch gar nicht erreicht haben. Die Lymphdrüsen (je nach Entzündungsort im Hals, in den Achselhöhlen oder in den Leisten) schwellen dabei an. Auf der Haut wird die betroffene Lymphbahn als roter Streifen sichtbar. Dieser dient als Warnung, und man sollte umgehend einen Arzt aufsuchen.

Boccia

Dieses Kugelspiel wird auf einem größeren, möglichst ebenen Platz, auf festgewalztem Sand, Kiesboden oder kurz gemähtem Rasen gespielt. Zum Spiel gehören zwölf Holz- oder Plastikkugeln und eine kleine Zielkugel.

Man bildet zwei Gruppen; jeder stehen sechs Kugeln zur Verfügung, die unter den Spielern verteilt werden. Dann wird eine Grenzlinie gezogen, von der aus die Kugeln geworfen werden. Ein Spieler wirft zunächst die Zielkugel beliebig weit aus und gleich darauf die erste große Bocciakugel. Er muß versuchen, mit seiner Kugel möglichst nah an die Zielkugel heranzukommen. Beide Mannschaften sind abwechselnd an der Reihe. Es ist erlaubt, die gegnerische Kugel durch einen gezielten Wurf von der Zielkugel wieder abzutreiben oder die Zielkugel selbst durch die eigene Kugel in eine andere Richtung zu drängen.

Wenn alle Bocciakugeln geworfen sind, werden Punkte verteilt: Einen Punkt erhält die Partei, die eine Kugel näher am Ziel hat als der Gegner; liegen zwei oder mehr Kugeln näher an der Zielkugel als die beste Kugel der gegnerischen Mannschaft, dann erhält diese Partei zwei oder entsprechend mehr Punkte.

Liegen zwei gegnerische Kugeln gleich weit von der Zielkugel entfernt, mißt man mit einem Maßband nach. Sind beide Abstände tatsächlich gleich, werden die Kugeln nicht gewertet.

Im nächsten Spiel werfen die Gewinner die Zielkugel aus. Das Spiel geht so lange weiter, bis eine Mannschaft 13 Punkte erreicht hat.

Bodendecker

Mit den verschiedensten niedrigwachsenden Pflanzen kann man den Boden bepflanzen und sich so mühsame Arbeiten wie Rasenmähen und Unkrautjäten ersparen. Bodendecker brauchen teils sonnige, teils halbschattige Standorte. Sie können auf Hängen, unebenen Flächen, unter flach wurzelnden Bäumen und Sträuchern sowie an Stellen, die mit dem Rasenmäher schwer zugänglich sind, angepflanzt werden.

In einem Gartencenter bekommt man Antwort auf einige wichtige Fragen: Gedeiht die Pflanze in einer bestimmten Gegend? Wächst sie unter den besonderen Bedingungen des vorgesehenen Standorts? Wie schnell wächst sie? Wie stark breitet sie sich aus? Wie sieht sie wohl in fünf Jahren aus? Ehe man sich für einen bestimmten Bodendecker entscheidet, wirft man einen Blick in andere Gärten der Umgebung. Außerdem sollte man sich die folgenden Fragen stellen: Soll der Bodendecker trittfest sein? Soll er Beeren tragen? Sollen die Blätter farbig sein und die Blüten duften? Ist immergrünes Laub erwünscht? Wieviel Pflege will man diesen Pflanzen angedeihen lassen?

Die beste Pflanzzeit ist meist das Frühjahr. Man arbeitet ausreichend Kompost, Torfmull oder gut verrotteten Stallmist in den Boden ein und setzt auch einen Dünger zu. Dann wird für jede Pflanze ein Loch gegraben. Bodendeckgehölze wie die Zwergmispelart *Cotoneaster horizontalis* oder den Kriechenden Wacholder pflanzt man in Abständen von ungefähr 1 m. Bodendeckstauden, wie den Günsel *(Ajuga reptans)*, das Katzenpfötchen oder das langsam sich ausbreitende Maiglöckchen, setzt man in Abständen von 10–15 cm.

Zwischen den Jungpflanzen wird eine 5–10 cm dicke Mulchschicht aufgetragen, damit die Bodenfeuchtigkeit erhalten bleibt und Unkräuter unterdrückt werden. Für die meisten Pflanzenarten muß die Erde feucht gehalten werden. Die Fetthennen dagegen brauchen trockene Böden.

Nachdem die Bodendecker angewachsen sind, brauchen die meisten nur wenig Pflege. Zu den bereitwillig blühenden Bodendeckern an sonnigen Standorten gehören Grasnelke und Steinkraut. Der Zwerggamander, die Kamille und verschiedene Fetthennenarten gedeihen ebenfalls nur an sonnigen Plätzen. Dagegen bevorzugen das Immergrün und das Maiglöckchen den Halbschatten.

Der Kriechwacholder bildet einen dichten Teppich aus blauen bis silbrigen Nadeln und trägt im Herbst hellblaue Beeren; die Zwergmispel hat hellrote Beeren und glänzende Blätter. Diese zwei Bodendecker brauchen viel Sonne.

Bodentreppen

Bei manchen alten Häusern erreicht man den Dachboden nur über eine Leiter und eine kleine Luke. Eine solche sperrige Leiter kann man durch eine zusammenklappbare Bodentreppe ersetzen. Das Mindestlukenmaß für eine handelsübliche, montagefertige Bodentreppe beträgt 100 × 60 cm.

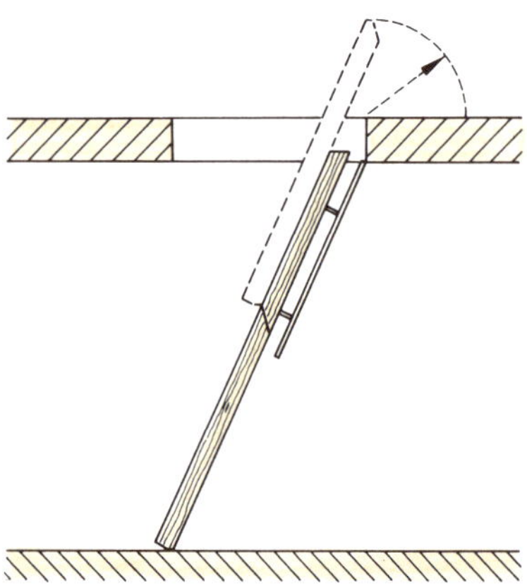

Es gibt zwei- und dreiteilige Bodentreppen. Zweiteilige Treppen brauchen im Dachraum einen gewissen Schwenkbereich, denn sie liegen teilweise auf dem Dachboden neben der Luke auf, wenn sie nach oben weggeklappt werden. Wenn man die Treppe braucht, öffnet man mit einem Haken den Lukendeckel, der mit der Treppe verbunden ist, und zieht die Treppe auf den Fußboden herunter. Ist kein Schwenkbereich vorhanden, verwendet man eine dreiteilige Treppe. Sie wird über dem Lukendeckel in drei Teile zusammengeklappt und nach oben in die Luke geschwenkt. Auch sie wird mit einem Haken heruntergeholt.

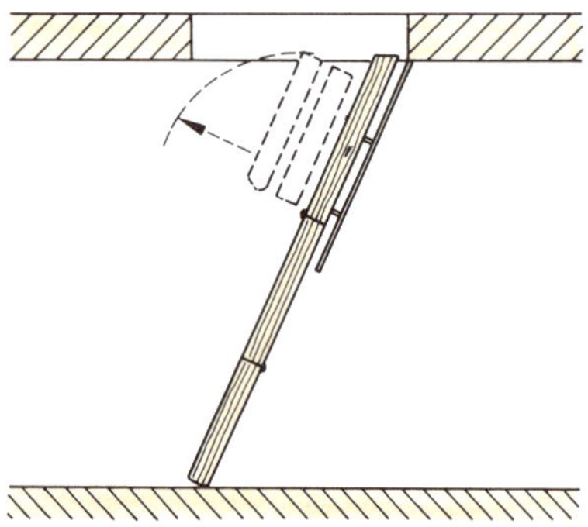

Bohren

Mit einer elektrischen Handbohrmaschine und entsprechenden Bohrern kann man Löcher in Holz, Metall, Mauerwerk, Fliesen, Kunststoff und auch Glas bohren. Jede Bohrmaschine hat ein Bohrfutter, in dem die Bohrer festgespannt werden. Die Spannweite eines Bohrfutters gibt an, bis zu welchem Durchmesser Bohrer gespannt werden können. Die häufigsten Spannweiten sind 10 und 13 mm. Bohrmaschinen mit elektronischer Drehzahlregelung und Rechts- und Linkslauf sind zwar teurer als Maschinen ohne Linkslauf, doch die Mehrausgabe lohnt sich, denn man kann damit z. B. auch leicht Schrauben ausdrehen.

Spiralbohrer eignen sich zum Bohren von Löchern bis 13 mm ∅ in Holz, Metall und den meisten Kunststoffen. Um größere Löcher in Holz zu bohren, verwendet man Zentrumbohrer oder eine Lochsäge. Löcher in Beton, Mauerwerk, Steinen oder Fliesen

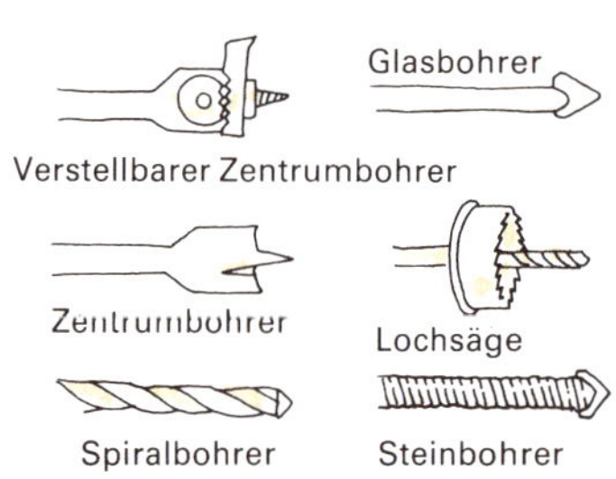

bohrt man mit einem Steinbohrer mit Hartmetallspitze. Glas bohrt man mit speziellen Glasbohrern, die ebenfalls eine gehärtete Spitze haben.

Richtig bohren Zunächst muß das Werkstück fest eingespannt werden: Ein Brett kann man mit Schraubzwingen festhalten, eine Tür z. B. festkeilen usw. Außerdem sollte man das Werkstück möglichst so zurechtlegen, daß man senkrecht nach unten oder waagrecht bohren kann.

Mit einem Körner wird die Bohrlochmitte markiert. Zum Bohren stellt man sich so auf, daß der Bohrer im richtigen Winkel gehalten und gleichmäßiger Druck ausgeübt werden kann. Man setzt den Bohrer mit der Spitze am markierten Mittelpunkt an, beginnt langsam zu bohren und erhöht die Geschwindigkeit, wenn der Bohrer in das Werkstück eingedrungen ist.

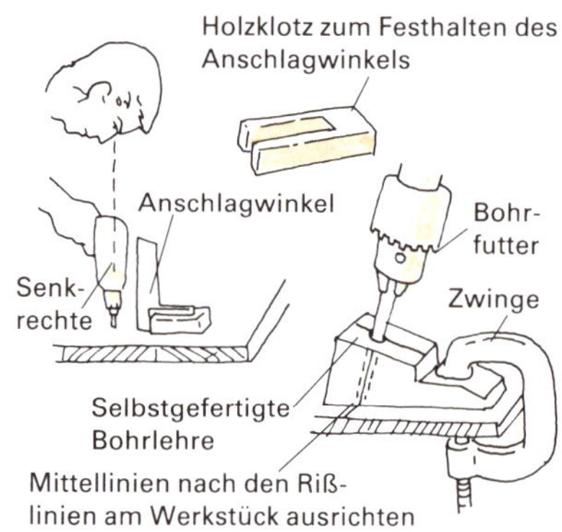

Mit einem Anschlagwinkel als Visierhilfe lassen sich einigermaßen senkrechte Löcher bohren. Kommt es aber auf einen exakten Winkel an, arbeitet man mit einer Bohrerführung oder Bohrlehre. Bohrlehren sind im Handel erhältlich und können auf verschiedene Winkel eingestellt werden; man kann aber auch Bohrerführungen aus einem Holzklötzchen selbst herstellen.

Beim Bohren von Metall setzt man den Bohrer von Zeit zu Zeit ab und tropft etwas dünnflüssiges Öl in das Loch. In Mauerwerk und Kunststoffen wird langsam gebohrt, um den Bohrer nicht zu überhitzen.

Damit Holz beim Austritt des Bohrers nicht splittert, klemmt man unter das Werkstück ein Abfallholz und bohrt in dieses hinein. Man kann auch einhalten, sobald die Bohrerspitze unten herauskommt, das Werkstück umdrehen und von der anderen Seite durchbohren.

Sollen Löcher nur bis zu einer bestimmten Tiefe gebohrt werden, beispielsweise bei Holzverbindungen, markiert man die Tiefe, falls man keinen Tiefensteller besitzt, mit einem Stück Klebeband am Bohrer. Dann wird gebohrt, bis man mit dem Klebeband die Materialfläche berührt.

Handbohrmaschinen Wenn kein elektrischer Strom zur Verfügung steht, verwendet man für leichtere Arbeiten eine Handbohrmaschine mit Kurbel und für schwerere eine Bohrwinde. Für Handbohrmaschinen eignen sich hauptsächlich Spiralbohrer. Diese lassen sich auch in Bohrwinden verwenden, doch Zentrumbohrer sind besser dafür geeignet. Und speziell für Bohrwinden wurden verstellbare Zentrumbohrer entwickelt.

Bonsai

Die Bonsaizucht ist die alte Kunst, durch bestimmte Eingriffe Pflanzen klein zu halten. Langsam wachsende, laubabwerfende Bäume, wie Eichen und Ahorn, können als Bonsai gezogen werden. Häufiger verwendet man jedoch immergrüne Sträucher wie Zwergmispel oder Feuerdorn. Auch Nadelgewächse sind für diesen Zweck gut geeignet.

Triebe von Bäumen haben manchmal bereits eine interessante, knorrige Form. Man gräbt solche Triebe vorsichtig aus und zieht sie in der gewünschten Form weiter. Man kann aber auch Sämlinge von Bäumen oder Sträuchern, die man entweder selbst aus Samen gezogen hat oder die im Garten wachsen, in einen Topf einpflanzen. Bizarre Formen erreicht man dadurch, daß man Stamm und Äste mit Draht umwickelt. Zu lange Seitentriebe werden zurückgeschnitten und von der Verzweigungsstelle am Hauptstamm an vorsichtig mit einem weichen Draht umwickelt. Der Draht darf nicht zu fest gewickelt werden, da sonst der Saftstrom in den Trieben zu stark gehemmt wird und die Zweige dann absterben würden.

Jeden einzelnen Trieb umwickelt man mit Draht, bevor man ihm die gewünschte Form gibt. Die Drahtenden befestigt man mit einem Bindfaden am Rand des Topfs. Wenn nach ein bis zwei Jahren die Zweige ihre anerzogene Form für immer angenommen haben, werden die Drähte entfernt.

Für das Einpflanzen von Bonsaibäumen eignen sich alle Schalen, die eine Tiefe von rund 5 cm und ein Abflußloch haben. Flache Schalen sind erforderlich, um das Wachstum der Wurzeln zu hemmen. Auf den Boden der Schale wird eine dünne Kiesschicht gestreut. Darauf gibt man eine 2,5 cm dicke Schicht Komposterde. Den Stamm des Bonsaibaums setzt man so auf die Komposterde, daß die Wurzeln ganz ausgebreitet sind. Dann bedeckt man die Wurzeln mit Erde, läßt aber einige auf der Oberfläche frei liegen. Nun wird die Erde festgedrückt. Nach dem Einpflanzen wird leicht angegossen.

Bonsaibäume eignen sich nicht als Zimmerpflanzen. Sie müssen das ganze Jahr hindurch einen Platz im Freien haben. Da Bonsaibäume winterhart sind, braucht man sie nicht vor Frost zu schützen, doch empfiehlt es sich, im Winter die Bäume mit der Schale in Torfmull einzubetten.

Boote streichen

Bei neuen Holzbooten ist wichtig, daß die Flächen sauber geschliffen und die Holzverbindungen paßgenau sind, denn der Lack kann Fehler im Holz nicht ausgleichen.

Die trockene und staubfreie Holzfläche versieht man zunächst mit einem Voranstrich. Es genügt, wenn man den Bootslack nach dem Herstellerhinweis verdünnt und das Boot satt streicht, damit die Farbe gut ins Holz eindringt.

Man schleift den Voranstrich und trägt dann die erste Lackschicht auf. Wenn sie trocken ist, schleift man sie ebenfalls und legt dann zwei weitere Anstriche darüber (siehe *Schleifen*).

Empfehlenswert sind Zweikomponentenlacke, die zwar teuer, aber äußerst schlagfest sind.

Bei farblosen Lacken bleibt der Holzcharakter erhalten. Man streicht sie grundsätzlich in Richtung des Holzfaserverlaufes. Farbige Lacke trägt man zunächst im Kreuzgang auf; der letzte Anstrich muß in einer Richtung verlaufen, damit man eine glatte Oberfläche erhält.

Eine Antifoulingschicht sollte man nur dann aufbringen, wenn das Boot während der ganzen Saison im Wasser liegenbleibt.

Alte Holzboote werden zunächst gründlich gereinigt. Benutzt man Reinigungsmittel, spült man mit klarem Wasser nach, damit das Mittel den späteren Anstrich nicht gefährdet.

Ein noch gut anhaftender Bootslack hat eine durchgehend glänzende Oberfläche. Blasen oder matte Stellen sind ein Anzeichen dafür, daß sich der Lack gelöst hat. Man muß den Lack an dieser Stelle aufschleifen und einen neuen vollständigen Lackaufbau auftragen.

Wenn das Boot einen schlechten Anstrich aufweist, muß man den Lack vollständig mit einem Abbeizmittel entfernen. Man richtet sich dabei nach der Gebrauchsanweisung.

Bei Metallbooten kann man mit der Lötlampe und einem Spachtel die alte Farbe entfernen, während man diese Methode bei Kunststoffbooten und Holzbooten nicht anwenden darf (siehe *Farbe entfernen*).

Boote aus glasfaserverstärktem Kunststoff (GfK-Boote) sind durch ihre äußere Gelcoat-Schicht gegen alle Einflüsse geschützt. Die Schicht wird beim Bau des Bootes zuerst in die Form gespritzt. Bei Beschädigungen kann man die Gelcoat-Schicht anschleifen und mit einem Zweikomponentenlack versehen. Meist genügt ein Anstrich.

Brandflecke in Holz

Die meisten Brandflecke auf Möbeln werden von brennenden Zigaretten verursacht. Wenn nur der Lack, nicht aber das Holz angesengt ist, versucht man zunächst, den Fleck mit einem handelsüblichen Möbelpflegemittel zu entfernen. Verschwindet er nicht, schleift man die Stelle vorsichtig mit feinstem Schleifpapier.

Brandflecke, die durch die Lackschicht, jedoch nicht tief ins Holz reichen, kann man ebenfalls durch leichtes Abschleifen ausbessern. Man kann dazu außer Schleifpapier auch feinste Stahlwolle verwenden. Bleibt eine Schwärzung zurück, tupft man mit einem Wattebausch eine handelsübliche Bleichmittellösung darauf. Die dadurch aufgehellte Stelle gleicht man farblich dem Holzton an, und zwar mit farbigem Möbelwachs, Filzstift oder einer Holzbeize auf Lösemittelbasis. Man macht aber zunächst einen Versuch an einer unauffälligen Stelle. Holzretuschen zum Auftupfen gibt es in kleinen Behältern mit Filz- oder Pinselaufsatz. Wichtig ist, daß man mit einem helleren Farbton beginnt, denn es ist einfacher, den Fleck dunkler zu machen, als nachträglich aufzuhellen. Zum Schluß gleicht man die Oberfläche mit Lack oder Politur dem übrigen Holz an.

Tiefe Brandflecke Das geschwärzte Holz wird vorsichtig mit Schleifpapier weggeschliffen oder mit einer Rasierklinge, einem Universalmesser oder einem Stechbeitel abgeschabt. Dann füllt man die Vertiefung mit farbigem Hartwachs oder Schellack aus. Beide gibt es in Stangenform, und bei beiden ist die Arbeitsmethode gleich, Wachs läßt sich jedoch leichter verarbeiten und kann wieder entfernt werden, wenn man mit dem Ergebnis nicht zufrieden ist.

Man erhitzt die Klinge eines alten Messers oder eines Malerspachtels über einer Gasflamme oder auf einer elektrischen Herdplatte, hält die Wachs- oder Schellackstange gegen die heiße Klinge und drückt das geschmolzene Füllmaterial in die Holzvertiefung. Wenn nötig, erhitzt man die Klinge nochmals. Das Füllmaterial trägt man etwas höher auf als die umgebende Fläche.

Sobald das Wachs erstarrt ist, kratzt man den Überschuß mit einer Rasierklinge ab. Überschüssiger Schellack wird noch vor dem Erhärten abgeschabt und nach dem Erhärten mit Schleifpapier geglättet. Um die Maserung anzupassen, malt man mit einem spitzen Pinsel über die ausgebesserte Stelle dunkle Streifen, die der Maserung im übrigen Holz entsprechen. Die Wachsschicht sperrt man mit klarem Kunstharzsprühlack ab. Bei Schellack ist das nicht erforderlich.

Braten anschneiden

Man läßt einen Braten, der frisch aus dem Ofen kommt, ein wenig ruhen, bevor man ihn anschneidet; er blutet dann nicht so stark aus.

Schweinebraten und Geflügel mit krosser Kruste läßt man unzugedeckt – je nach Größe des Bratenstücks – fünf bis zehn Minuten ruhen. Rinderbraten und andere Braten, die keine Kruste haben, wickelt man in Aluminiumfolie und läßt sie mindestens zehn Minuten ruhen. Während dieser Zeit bereitet man die Sauce zu.

Man schneidet einen Braten immer quer zur Faser auf.

Brauseköpfe reinigen

Fest installierte Brauseköpfe werden zum Entkalken abgeschraubt. Wenn man keinen passenden Gabelschlüssel hat, verwendet man eine Wasserpumpenzange (siehe *Werkzeuge im Haus*). Damit man die Verchromung nicht beschädigt, schützt man sie mit einem Lappen oder einigen Lagen Zeitungspapier. Bei losen Handbrausen braucht man nur den Düseneinsatz oder das Sieb herauszuschrauben.

Die verkalkten Teile legt man in Essigwasser, bis sich der Kalk gelöst hat; das kann man beschleunigen, indem man das Essigwasser erhitzt. Je nach Verkalkungsgrad gibt man mehr oder weniger Essig ins Wasser. Bevor man die Teile wieder einsetzt, bürstet man sie kräftig ab und prüft die Dichtungen. Wenn sie brüchig sind, erneuert man sie.

Bremsversagen

Fällt ein Bremskreis plötzlich aus, etwa weil ein Bremsschlauch geplatzt ist, bemerkt man beim Abbremsen einen stark verlängerten Pedalweg. Auch Brems- und Anhalteweg werden sehr viel länger sein. Mit einem solchen Schaden kann man je nach Situation, z. B. wenn das Auto nur leicht beladen ist, bei stark verminderter Geschwindigkeit und vorsichtiger Fahrweise noch zur Werkstatt fahren.

Es kann vorkommen, wenn auch äußerst selten, daß beide Bremskreise gleichzeitig ausfallen. In diesem Fall muß man versuchen, mit Hilfe der Handbremse, die von der hydraulischen Bremse unabhängig ist, die Fahrgeschwindigkeit allmählich abzubremsen. Auf einer steilen Bergstrecke wird dies in der Regel nicht genügen, um das Fahrzeug anzuhalten. Hier sollte man die Fahrzeuglängsseite an eine Felswand so heranfahren, daß der Wagen zum Stehen kommt.

Brennessel

Die Brennessel, eine mehrjährige Pflanze, wächst häufig im Rasen, an Hecken, unter Büschen und zwischen Steinplatten. Sie vermehrt sich durch Samen. Brennesseln gräbt man am besten aus, solange sie noch jung sind.

Im biologischen Gartenbau werden Brennesseln häufig zur Bekämpfung von Blattläusen, Roter Spinne und Welkekrankheiten eingesetzt. Man bereitet aus den Blättern der Pflanze entweder einen Tee oder eine Jauche.

Den Tee gewinnt man, indem man 1 kg frische Brennesseln mit 10 l kochendem Wasser übergießt und 24 Stunden lang ziehen läßt. Man kann auch 200 g getrocknete Pflanzen mit 10 l Wasser überbrühen und ebenfalls 24 Stunden stehenlassen. Mit diesem Tee spritzt man Pflanzen, die von Welkekrankheiten befallen sind.

Brennesseljauche wehrt nicht nur Insekten ab, sondern stärkt auch die Widerstandskraft der Pflanzen. 1 kg frische Brennesseln werden mit 10 l Wasser angesetzt. Man läßt die Jauche ungefähr zwei Wochen lang vergären und spritzt sie 50mal verdünnt gegen Blattläuse und Rote Spinne.

Briefmarken sammeln

siehe Seite 60–61

Brillen

Um das passende Brillengestell auszuwählen, muß man seinen Typ kennen. Weiter muß man beachten, wie dick und schwer die Gläser sein werden, die man braucht. Da man meist nur eine oder eventuell zwei Brillen hat, sollte man ein Gestell wählen, das sowohl zur Farbe des Teints als auch zu den häufigsten Farbtönen der Garderobe paßt. Wer sich im Sommer braun gebrannt beispielsweise ein gelbes Gestell aussucht, sollte bedenken, daß die Haut im Winter sehr viel blasser ist und daß diese Blässe durch das gelbe Gestell unvorteilhaft betont wird.

Eine Brille muß vom Optiker so angepaßt sein, daß sie weder drückt noch rutscht. Haben sich doch Druckstellen am Nasenrücken gebildet, behandelt man sie mit einem einfachen Talkumpuder, geht aber baldmöglichst zum Optiker, um die Brille nachbiegen zu lassen. Auch wenn eine Brille beim Sport oder durch unsachgemäße Behandlung verbogen wird, sollte man sie nicht selbst reparieren, sondern vom Fachmann richten lassen; denn wenn die Gläser nicht genau auf die Pupillen zentriert sind, kann es sein, daß man schlecht sieht oder Kopfschmerzen bekommt.

Brillengläser muß man unbedingt vor Kratzern und ähnlichen Beschädigungen schützen. Auf keinen Fall darf man eine Brille auf die Gläser legen. Besonders Kunststoffgläser verkratzen bei unsachgemäßer Behandlung sehr schnell. Auch wenn man die Brille im Etui zusammenlegt, wickelt man ein Tuch um die Gläser, damit die Bügelenden sie nicht zerkratzen.

Man reinigt Brillengläser mit einem speziellen Pflegemittel oder einer warmen Spülmittellösung und einem weichen, sauberen Tuch oder feinem, weichem Papier. Man sollte die Gläser nicht trocken putzen, da selbst feine Staubteilchen beim Reiben Kratzer verursachen können.

Von Zeit zu Zeit empfiehlt es sich, die ganze Brille zu reinigen. Am besten bringt man sie zum Augenoptiker. Er gibt sie in ein Ultraschallbad, in dem der Schmutz auch an schwer zugänglichen Stellen beseitigt wird.

Jeder Brillenträger, der auf seine Brille angewiesen ist, sollte immer eine Ersatzbrille griffbereit haben – vor allem im Urlaub.

Sonnenbrillen Eine gute Sonnenbrille muß mehr als ein modisches Accessoire sein; sie hat vor allem die Aufgabe, die Augen vor den ultravioletten Strahlen des Sonnenlichts zu schützen. Minderwertige Gläser schaden oft mehr, als sie nützen.

Auch eine Sonnenbrille kauft man am besten beim Optiker, der gern bereit sein wird, sie genau anzupassen. Optische Gläser sollten mindestens 75% des Lichts ausfiltern; Kunststoffgläser sollten mit Ultraviolettfilter ausgerüstet sein.

Siehe auch *Augenbeschwerden; Schneeblindheit.*

Bromelien

Bromelien oder Ananasgewächse sind rosettenbildende Pflanzen, die in der freien Natur vor allem in den Subtropen vorkommen. Es gibt epiphytisch wachsende Bromelien oder Aufsitzerbromelien – also solche, die auf Bäumen wachsen – und Erdbromelien, die auf der Erde wachsen.

Bromelien gehören zu den beliebtesten Zimmerpflanzen. Bekannt sind vor allem *Aechmea, Ananas, Billbergia, Cryptanthus, Dyckia, Guzmania, Neoregelia, Nidularium, Tillandsia* und *Vriesea.* Von den erwähnten Gattungen sind die meisten Arten von *Ananas, Cryptanthus, Dyckia* und *Neoregelia* Erdbromelien, die Arten der übrigen Gattungen überwiegend epiphytisch wachsende Pflanzen.

Epiphytische Bromelien mit dünnen Blättern gedeihen am besten an einem hellen Standort ohne direkte Sonnenbestrahlung. Solche mit lederartigen Blättern bevorzugen am Morgen und Abend direkte Sonnenbestrahlung. Erdbromelien dagegen, die auch in der Natur an sonnigen, offenen Standorten vorkommen, brauchen auch als Zimmerpflanzen einen möglichst hellen Standort. Je sonniger der Standort ist, desto kräftiger werden die Farben der Blätter.

Normale Zimmertemperaturen sind für alle Bromelien das ganze Jahr über gut geeignet. Arten mit dünnen Blättern sterben ab, wenn die Temperatur unter 13°C absinkt.

Bei Bromelien, die eine Zisterne haben, muß diese stets mit Wasser gefüllt sein. Damit das Wasser nicht faulig wird, leert man es alle vier Wochen aus und füllt neues Wasser ein. Außerdem gießt man den Topfballen der meisten Bromelien gleichmäßig und läßt die obere Erdschicht zwischen den Wassergaben etwas antrocknen. Während der kurzen Ruhepause, die einige Arten im Winter einlegen, bekommen die Pflanzen nur so viel Wasser, daß der Topfballen nicht vollständig austrocknet.

In der Hauptwachstumszeit gibt man den meisten Arten alle zwei Wochen einen handelsüblichen Flüssigdünger.

Am einfachsten lassen sich Bromelien durch Seitensprosse vermehren, die man von der Basis der reifen Pflanzen abschneidet. Die günstigste Zeit für die Vermehrung ist das zeitige Frühjahr. Bromelien können auch aus Samen gezogen werden. Wichtig ist, daß man frisch gesammeltes Saatgut erhält.

Brot

Das heutige Brotsortiment ist sehr breit gefächert. Es reicht vom weißen Weizenmehlbrot bis zum dunklen Roggenschrot; daneben gibt es eine Reihe von Spezialbroten wie etwa Leinsamen-, Soja-, Weizenkeim- und Mehrkornbrot.

Nährwert Der Nährwert der einzelnen Brotsorten ist sehr unterschiedlich. Roggenschrotbrot hat nicht nur den höchsten Feuchtigkeitsgehalt, sondern auch den geringsten Brennwert und den höchsten Ballaststoffanteil (siehe *Ballaststoffe*). Bei Weißbrot (Weizenmehlbrot) ist es gerade umgekehrt: wenig Feuchtigkeit, wenig Ballaststoffe, hoher Brennwert. Weizenvollkornbrot ist nahrhafter als Weißbrot; das gleiche gilt für Roggenvollkornbrot gegenüber Roggenbrot. Eine Mittelstellung nehmen die dunklen Brotsorten, Weizen- und Roggenmischbrote, ein, die im Nährwert den Vollkornbroten näher stehen als dem Weißbrot. Dunkle Brote und Vollkornbrote enthalten wertvolle Mineralstoffe und sind wichtige Lieferanten von Vitamin B_1, das allerdings durch langes Backen (Pumpernickel) zerstört wird.

Man sollte versuchen, möglichst viele unterschiedliche Sorten zu essen, und lieber öfter einmal zu einem dunklen Brot greifen.

Lagerung Verpacktes Brot läßt man in der Originalpackung, sonst wird Brot im trockenen, belüfteten Brotkasten oder, in ein sauberes Küchentuch

Fortsetzung Seite 62

Briefmarken sammeln

Briefmarkensammeln ist ein Hobby, das sich fast jeder leisten kann, denn das Material bekommt man zum Teil umsonst geliefert: Man schneidet von den Briefen, die man selbst erhält, die Marken aus. Auch der Bekanntenkreis kann Material beisteuern. Auf diese Weise kann man schon den Grundstock für eine Sammlung legen.

Marken vorbereiten Die Marken müssen sauber aus den Umschlägen ausgeschnitten werden, eventuell auch mit dem Poststempel (siehe unten). Auf keinen Fall darf man sie von den Briefen herunterreißen. Dann sondert man alle Markenabschnitte aus farbigen Briefumschlägen aus, entfernt das farbige Brieffutter und sortiert die Abschnitte mit Resten von Kopierstift oder wasserlöslicher Tinte aus. Werden solche Abschnitte ins Wasserbad gelegt, können sie die übrigen Marken verfärben und damit unbrauchbar machen. Es gibt auch Marken, die mit wasserlöslicher Farbe gedruckt sind. Hierzu liefert der Katalog Hinweise (siehe unten).

Nach der Vorsortierung gibt man die Abschnitte in eine Plastikschüssel mit warmem Wasser, die Bildseite nach oben, wobei man nicht zu viele Markenabschnitte auf einmal hineinlegt. Damit die Marken sich leichter ablösen lassen, fügen manche Sammler dem Wasser ein Spülmittel bei. Die abgelöste Marke gibt man in eine zweite Schale mit kaltem Wasser, um sie von Leimresten zu säubern.

Die ausgesonderten farbigen Abschnitte behandelt man genauso wie die anderen, nur legt man sie einzeln in die Schale und zieht die Marke sofort ab, wenn sie sich wellt. Wenn sich trotz aller Sorgfalt eine Marke verfärbt haben sollte, kann man sie in eine Schale mit Wasser geben, dem man etwas Haarshampoo zufügt, und sie über Nacht stehenlassen. Ob alle Marken dies unbeschadet überstehen, ist aber nicht garantiert. Auch im Handel gibt es Mittel, um Marken zu entfärben. Marken mit wasserlöslichen Farben legt man mit dem Bild nach oben auf eine angefeuchtete Papierschicht. Ist die Unterlage durchfeuchtet, hebt man die Marke vorsichtig mit der Pinzette ab und entfernt die Gummireste auf der Rückseite.

Man sollte die Marken grundsätzlich nur mit der Pinzette anfassen, damit sie nicht beschädigt werden. Vor allem postfrische Marken nehmen es sehr übel, wenn man sie mit den Fingern anfaßt: Sie hinterlassen Spuren auf der gummierten Markenrückseite, und die Marke verliert dadurch an Wert.

Der Briefmarkenhändler hält eine Auswahl an Pinzetten bereit. Man sollte aber keine verwenden, die man zu Hause für die Kosmetik oder Wundbehandlung benützt: Sie hat vorn Rillen; diese würden die Marke beschädigen.

Die sauber gewaschenen Marken werden in ein handelsübliches Trokkenbuch gelegt und unter leichtem Druck getrocknet. Sie sollten aber nicht triefend naß hineingelegt werden, sonst wird der Trocknungsprozeß unnötig verlängert. Ein Trockenbuch besteht aus mehreren Blättern dicken Filtrierpapiers. Auf keinen Fall darf man farbige Löschblätter etwa aus Schulheften verwenden – sie färben ab.

Als nächstes werden die Marken sortiert. Von verschmutzten, beschädigten oder solchen mit verschmierten Stempeln (Wellenstempel) sollte man sich sofort trennen; sie haben keinen Wert. Die Marken, die man in seine Sammlung aufnimmt, sollten einwandfrei gestempelt, einwandfrei gezähnt sein und auch keine Stockflecke (verursacht durch falsche – feuchte – Lagerung) haben. Solche Flecke kann man nur aus gestempelten Marken mit Hilfe eines Lösungsmittels entfernen.

Mit einer Lupe prüft man die Beschaffenheit der Marken.

Katalog Kein ernsthafter Sammler kann ohne Katalog arbeiten. In ihm findet man alle Angaben über eine Marke: die Bildbeschreibung, die Katalognummer, den Preis, den Anlaß der Ausgabe, das Ausgabejahr, die Druckart, das Papier, das Wasserzeichen, die Zähnung, die Farbangabe, die Auflagenhöhe und Angaben über Abarten einer Marke. Auch findet man im Katalog Hinweise, wie eine Marke zu behandeln ist (wasserempfindlich oder benzinempfindlich). In der Einführung findet man alles Wissenswerte über die Briefmarkenherstellung und philatelistische Begriffe.

Die Preise im Katalog sind Bruttopreise. Oft bekommt man beim Verkauf nur einen Bruchteil des Katalogpreises. Auch weisen die Kataloge oftmals untereinander Differenzen in der Bewertung der Marken auf. In der Praxis entscheiden über den Verkaufspreis Angebot und Nachfrage.

Wasserzeichen und Zähnung Um das Wasserzeichen identifizieren zu können, benötigt man drei einfache Teile: ein kleines Kunststoffschälchen, eine Pipette, eventuell von einer alten Medizinflasche, und ein Fläschchen reines Benzin. Kein Autobenzin verwenden! Man legt die Marken in das Kunststoffschälchen und träufelt mit der Pipette etwas Benzin auf die Rückseite: Das Wasserzeichen wird sichtbar. Das Benzin verfliegt und hinterläßt keine Spuren. Hinweise im Katalog auf benzinempfindliche Marken sollte man beachten.

ACHTUNG!

Reines Benzin ist feuergefährlich. Dabei nicht rauchen. Kein offenes Feuer verwenden.

Die Zähnung stellt man mit Hilfe eines Zähnungsschlüssels fest. Dies ist ein Pappstreifen, auf den unterschiedliche Zähnungslöcher aufgedruckt sind. Man schiebt die Marke so lange hin und her, bis deren Zähnungslöcher genau mit den aufgedruckten Punkten übereinstimmen. Verschiedene Zähnungen bei den gleichen Marken können oft für die Bewertung wichtig sein. Im Katalog ist die Anzahl der Zähnungslöcher auf 2 cm angegeben. Für Marken, die mit einem Falz im Album eingeklebt sind, verwendet man Zähnungsschlüssel aus Plastik, die man auf die Marke auflegt.

Hilfsmittel Seit geraumer Zeit werden Briefmarken auf fluoreszierendem oder phosphoreszierendem Papier gedruckt. Um die bildgleichen Marken von denen unterscheiden zu können, die auf normalem Papier gedruckt sind, benötigt man eine Prüflampe. Man sollte sich von seinem Briefmarkenhändler beraten lassen.

Die verschiedenen Farbschattierungen kann man anhand eines Farbenführers bestimmen. Er ist ebenfalls im Fachgeschäft erhältlich.

Hat man alle Marken identifiziert, bewahrt man sie zu Anfang in einem

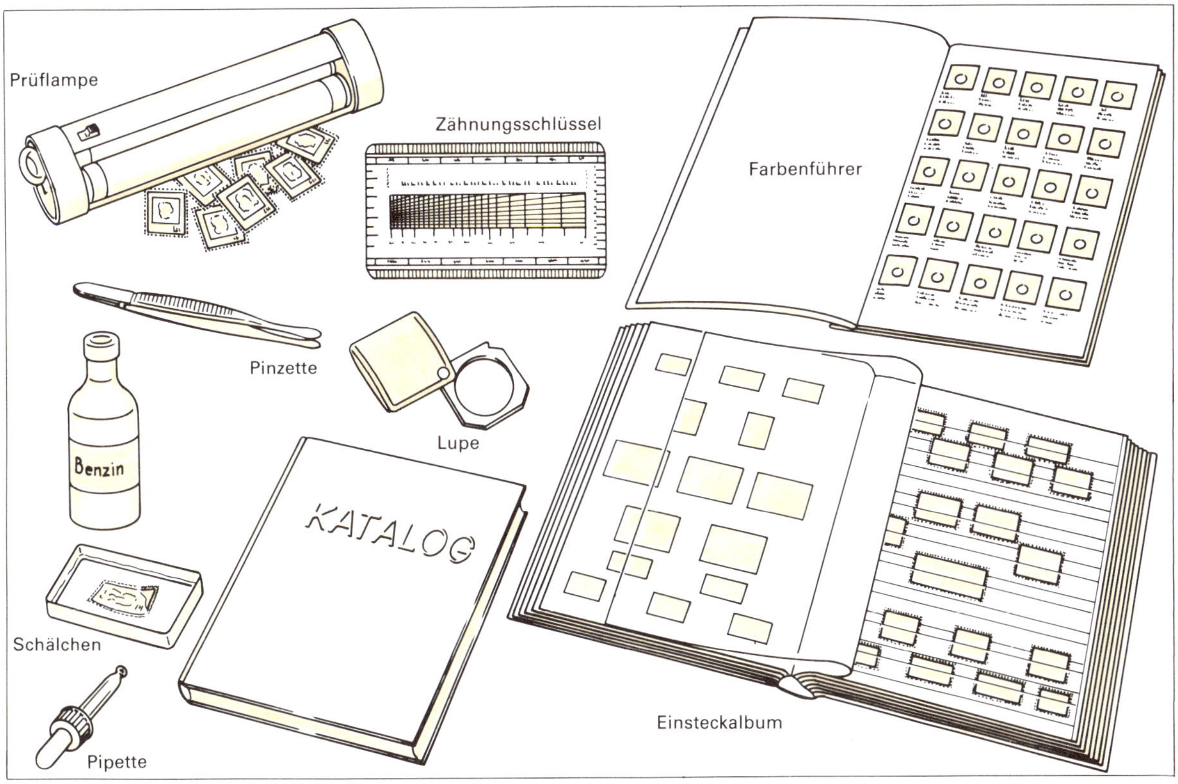

Einsteckalbum auf. Am besten ist es, wenn man vor oder hinter die Marke ein Zettelchen steckt, auf dem die Katalognummer und eventuell auch der Preis stehen.

Aufbau der Sammlung Auf keinen Fall sollte man sich verzetteln und alles sammeln. Die Marken, die man nicht sammeln will, kann man zum Tauschen verwenden.

Marken mit schönen Sonderstempeln sollte man samt Stempel vom Umschlag ausschneiden und für Tauschzwecke in dem Einsteckalbum aufbewahren. Auch ganze Briefe mit schönen Marken und Stempeln finden immer wieder Interessenten. Wer etwas mehr Geld für den Kauf von Briefmarken ausgeben will, kann sich für postfrische Marken entscheiden.

Es gibt folgende Möglichkeiten zum Aufbau einer Sammlung: eine Ländersammlung (gestempelt oder postfrisch) oder eine Motivsammlung (z. B. nur Burgen und Schlösser aus allen Ländern, Tiere, Sport, Blumen, Gemälde usw.). Man muß allerdings berücksichtigen, daß eine Motivsammlung beim Verkauf nicht so hoch bewertet wird wie eine Ländersammlung.

Hat man sich entschieden, welches Gebiet man sammeln will, kauft man sich das passende Album. Für die einzelnen Länder gibt es Vordruckalben. Sehr verbreitet sind heute Alben, die aus einzelnen Vordruckblättern in einem Ringbinder bestehen. Hier werden die Marken in ein Kunststofftäschchen gesteckt. Man braucht sie nicht mehr mit einem Falz einzukleben. Die Alben werden jedes Jahr durch Nachträge ergänzt. Allerdings ist diese Investition verloren, denn die Alben werden beim Verkauf nicht mitgewertet.

Wenn sich jemand auf das Sammeln von Briefen oder Postkarten spezialisieren will, gibt es auch dafür Spezialalben.

Der Sammler, der postfrische Neuheiten sammelt, hat die Möglichkeit, ein Abonnement für alle Neuheiten bei seinem Briefmarkenhändler oder bei einem Versand-Briefmarkenhändler zu bestellen. Auch von der Bundespost kann man die Neuausgaben der bundesdeutschen und Westberliner Marken beziehen.

Es ist nicht ratsam, sich in einem Warenhaus ein Paket mit Briefmarken zu kaufen, um damit seine Sammlung zu erweitern. Diese Pakete sind nicht sehr ergiebig. Günstiger ist es, wenn man sich beim Händler die einzelnen Sätze oder Marken dazukauft. Besonders zu empfehlen sind aber Tauschtage, die von Philatelistenvereinen organisiert werden. Hier kann man durch Tausch oder Kauf seine Sammlung ergänzen. Auch bei Auktionen findet man gute Restsammlungen; die sehr teuren Marken fehlen, aber trotzdem findet man sicherlich noch viel Material, das in die eigene Sammlung paßt. Es empfiehlt sich, einem Sammlerverein beizutreten. Man hat dadurch die Gelegenheit, Erfahrungen auszutauschen, und viele Möglichkeiten, seine Sammlung auszubauen.

Beim Tausch nach dem Katalog sollte man darauf achten, daß man nur Marken aus einem Land untereinander tauscht (z. B. Schweiz – Schweiz, nicht Schweiz – Ungarn), da manche Länder unangemessen hoch bewertet werden. Einen Grundsatz sollte man beachten: Zuerst versuchen, die teuren Marken zu bekommen – sie werden immer teurer; billige dagegen bleiben billig!

eingeschlagen, im Küchenschrank aufbewahrt. Damit die Schnittkante nicht austrocknet, legt man ein Stück Klarsichtfolie darauf. Weizenbrote werden rascher altbacken als Roggenbrote. Ein Weißbrot hält sich ein bis drei Tage frisch, ein Roggenschrotbrot bis zu neun Tage. Vollkornbrot läßt sich besser schneiden, wenn es einen Tag alt ist.

Im Kühlschrank schimmelt Brot nicht so schnell, wird aber schneller altbacken. Brotsorten allerdings wie etwa Pumpernickel, die besonders schnell schimmeln, nimmt man aus der angebrochenen Packung heraus, wickelt sie gut in Klarsichtfolie ein und legt sie in den Kühlschrank, wo sie länger halten. Die Schimmelbildung wird begünstigt, wenn das Brot warm in den Kasten oder Schrank gelegt wird. Verschimmeltes Brot enthält giftige Substanzen und darf nicht gegessen werden; es empfiehlt sich, den ganzen Laib wegzuwerfen, da der Teil, der noch keine sichtbare Schimmelbildung aufweist, auch befallen sein kann.

Brot läßt sich gut einfrieren (siehe *Einfrieren*) und hält im Tiefkühlgerät sechs bis zwölf Monate. Es empfiehlt sich, größere Laibe zu portionieren, da das aufgetaute Brot relativ schnell austrocknet.

Brot backen

Grundzutaten sind Mehl, Hefe oder Sauerteig und Wasser oder eine andere Flüssigkeit. Weitere Zutaten können Zucker, Fett, Gewürze, Körner, Speckwürfel, Zwiebeln o.a. sein. Zukker läßt sich durch Sirup, Rohzucker oder Honig ersetzen; Fett macht das Brot zarter, verbessert dessen Haltbarkeit und trägt dazu bei, daß sich eine braune Kruste bildet. Man kann Butter, Margarine oder Pflanzenöle verwenden. Salz gibt Geschmack, verzögert aber die Wirkung der Hefe, so daß der Teig langsamer geht. Dies ist auch der Fall, wenn man dem Teig Eier, kandierte Früchte oder Nüsse zusetzt. Für Hinweise zur Zubereitung des Grundteigs siehe *Hefe* und *Hefeteig*.

Eines der wichtigsten Geheimnisse des Brotbackens: Man verwendet nur so viel Mehl, daß man den Teig gut handhaben kann – möglicherweise braucht man weniger Mehl, als in einem Rezept angegeben ist. Der Teig sollte leicht feucht, aber nicht klebrig sein.

Jeder Brotteig muß zweimal gehen. Eine Probe zeigt, ob das erste Gehen abgeschlossen ist: Man drückt den Zeigefinger gut 1 cm in den Teig hinein. Wenn sich das Loch nicht sofort wieder schließt, ist der Teig genug gegangen. Ist der Brotteig nach anderthalb Stunden noch immer nicht richtig gegangen, löst man einen frischen Hefewürfel in wenig lauwarmem Wasser auf und arbeitet den Brei gründlich in den Brotteig ein. Ist der Teig genug gegangen, wird er mit der Faust geschlagen, damit die Luft entweicht.

Der Teig muß ein zweites Mal gehen und dabei wieder sein Volumen verdoppeln. Dies prüft man wie beim ersten Gehen, doch drückt man den Finger jetzt in den Rand der vorgeformten Brote hinein, sonst hat das fertig gebackene Brot unter Umständen ein Loch.

Das Brot wird nach Anweisung des Rezeptes gebacken. Ob ein Brot durchgebacken ist, prüft man, indem man die Form aus dem Ofen nimmt, sie umstülpt und dann mit dem Zeigefingerknöchel an den Boden des Brotlaibs klopft; klingt es hohl, ist das Brot durchgebacken.

Man kann das Brot, wenn es noch nicht ganz fertig ist, ohne Form in den Ofen zurückschieben; es wird dann rundum knuspriger. Zum Auskühlen legt man das fertige Brot seitlich auf einen Gitterrost und stellt es an einen zugluftfreien Ort. Nach etwa zwei bis drei Stunden kann man helles Brot anschneiden, Vollkornbrot am nächsten Tag.

Für Sauerteigbrote gelten grundsätzlich die gleichen Regeln wie für Hefeteigbrote, lediglich die Flüssigkeiten müssen wärmer sein – etwa 50 °C. Enthält der Teig auch Weizen, sollte man zusätzlich etwas Hefe mitverarbeiten. Da die Hefe mit höchstens 37 °C angesetzt werden darf, wird sie erst zugegeben, wenn der Sauerteig schon angeknetet ist.

Sauerteigbrote backt man mit abfallender Temperatur: Nach einer kurzen Phase bei 250 °C schaltet man auf 180 °C zurück. Sauerteigbrote reifen nach und entwickeln ihr volles Aroma erst nach einigen Tagen.

Brücken und Läufer

Rutschende Läufer und Brücken sind eine ernst zu nehmende Gefahrenquelle im Haushalt. Um sie rutschfest zu machen, näht man mit groben Stichen Einmachringe unter die Ecken. Gut geeignet sind auch Dreiecke aus Schaumgummi. Je nach Bodenbelag kann man auch doppelseitiges Klebeband verwenden. Einen rutschfesten Belag aus Latexgummi kann man auch selbst anbringen. Er ist in flüssiger Form oder in Spraydosen erhältlich. Die beste Wirkung besitzt flüssiges Latex; man trägt es mit einem Spachtel oder einem steifen Kartonstreifen auf. Es gibt auch dünne gummierte Gewebematten und -gitter zu kaufen, die unter den Teppich gelegt werden und ihm einen festen Halt geben. Abgenutzte Teppichunterlagen müssen rechtzeitig erneuert werden.

Siehe auch *Teppiche knüpfen; Teppiche reparieren; Teppichreinigung*.

Brühe

Es gibt verschiedene Methoden, Fleischbrühe herzustellen, wobei die schnellsten nicht unbedingt die besten sind. Grundsätzlich gilt: Will man eine gute Brühe haben, muß man das Fleisch mit kaltem Wasser aufsetzen; dadurch wird das Fleisch zäh und nur bedingt genießbar. Will man das Fleisch verwenden, muß man es in den Topf legen und kochendes Wasser aufgießen; dann wird aber die Brühe nicht so schmackhaft.

Beste Ergebnisse erzielt man, wenn man eine große Portion mit viel Knochen und etwas Fleisch sehr langsam kocht. In einen möglichst großen Topf – er sollte keine hitzeempfindlichen Kunststoffgriffe haben – ein wenig Fett geben und darin ein bis drei Bund gewaschenes, geputztes, kleingeschnittenes Suppengemüse anbraten. Dann 3 kg Rinder- und/oder Kalbsknochen und 500–750 g Suppenfleisch hinzufügen. Die Knochen sollten vom Metzger möglichst klein gehackt sein; je mehr Markknochen, desto besser. Mit Lorbeerblättern, Pfefferkörnern, Piment, Muskatnuß oder Muskatblüte, nach Belieben auch mit Thymian oder Rosmarin würzen. Auf keinen Fall jetzt schon Salz zugeben! Mit kaltem Wasser auffüllen.

Alles bei schwacher Hitze so langsam wie möglich erwärmen, am besten im Backofen; man stellt den Topf direkt auf die Bodenplatte und schaltet die Ofentemperatur auf 150 °C. Nach zwei bis drei Stunden, wenn die Brühe eine Temperatur von 85–90 °C erreicht hat (mehr braucht sie nicht), die Ofentemperatur auf 100 °C zurückschalten. Die Brühe muß nun mindestens fünf Stunden ziehen; es empfiehlt sich, sie abends aufzusetzen und über Nacht im Backofen zu lassen. Diese Methode hat auch den Vorteil, daß die Brühe nicht überkocht und daß es nicht nach Knochenbrühe riecht.

Die fertige Brühe durch ein feines Sieb gießen, abkühlen lassen und das Fett abheben. Man hat nun etwa 3 l Brühe, die man in Portionen einfrieren kann.

Brust untersuchen

Unabhängig von ihrem Alter sollte jede Frau einmal im Monat ihre Brust untersuchen, und zwar möglichst zum gleichen Zeitpunkt, z. B. eine Woche nach der Periode oder nach den Wechseljahren monatlich jeweils am gleichen Tag. Sind dabei irgendwelche Veränderungen (Knoten, Absonderungen u. a.) festzustellen, sollte möglichst bald ein Arzt aufgesucht werden. Auch wenn die meisten Knoten in der Brust sich als nicht bösartig erweisen, sind eine frühzeitige Erkennung und schnellstmögliche ärztliche Abklärung ratsam.

Zunächst betrachtet man die Brüste im Spiegel und achtet dabei auf sichtbare Knoten, Einbuchtungen und Veränderungen der Brustform. Besondere Aufmerksamkeit widmet man den Brustwarzen, um festzustellen, ob sie eingezogen oder in ihrem Aussehen verändert sind. Erscheinen beide Brustwarzen symmetrisch, oder ist eine auffallend nach einer Seite gerichtet? Dann hebt man beide Arme über den Kopf und achtet auf Anschwellungen oder Einziehungen der Haut.

Besonders wichtig bei einer Brustuntersuchung ist das Abtasten. Zunächst betastet man beide Brüste vollständig bei vorgebeugtem Oberkörper; dabei liegt die jeweilige Brust zwischen den flach aufgelegten Händen. Man achtet darauf, ob sich ein Knoten gebildet hat, und untersucht dabei besonders sorgfältig den oberen Brustdrüsenrand.

Dann legt man sich auf den Rücken, schiebt ein Kissen unter die rechte Schulter und legt die rechte Hand unter den Kopf. Anschließend tastet

man mit den drei mittleren Fingern der linken Hand die rechte Brust in ringförmigen Bewegungen von außen nach innen bis zur Brustwarze hin ab. Dabei drückt man das Gewebe der Brust behutsam, aber fest gegen die Brustwand und fühlt die ganze Brust rundherum nach Knoten ab. Durch vorsichtiges Zusammendrücken der Brustwarzen wird geprüft, ob eine Absonderung austritt. Anschließend wechselt man die Seite, schiebt das Kissen unter die linke Schulter, legt die linke Hand unter den Kopf und untersucht mit der rechten Hand die linke Brust. Zum Schluß auch den Teil der Brust abtasten, der sich bis in die Achselhöhle erstreckt.

Siehe auch *Vorsorgeuntersuchungen.*

Brustschmerzen

Schmerzen in der Brust, die beim oder nach dem Essen auftreten, deuten meist auf eine Verdauungsstörung hin und können z. B. durch Blähungen (siehe dort) verursacht werden. Auch eine Gürtelrose, eine Muskelzerrung oder Muskelverspannungen können Schmerzen in der Brust hervorrufen. Wenn Zweifel über die Ursache bestehen, sucht man einen Arzt auf.

Starke Brustschmerzen, die vor allem nach körperlicher Anstrengung bis zum Hals, in die Schultern und sogar bis in die Arme ausstrahlen und bei Ruhe wieder verschwinden, sind meist Symptome einer Herzkrankheit. Sehr starke Schmerzen können auf eine Lungenembolie oder eine Lungenentzündung zurückzuführen sein, vor allem wenn sie von trockenem Husten und hohem Fieber begleitet sind. Auch ein Herzinfarkt oder Verkrampfungen der Herzkranzgefäße können die Ursache für starke Brustschmerzen sein. Bei Verdacht auf eine dieser Krankheiten ist sofort ein Arzt zu verständigen.

Bücher reparieren

Wenn sich der Einband gelockert hat, öffnet man die beiden Einbanddeckel und zieht sie etwas auseinander. Mit einer Stricknadel trägt man dann Weißleim (PVA-Kleber) entlang der Rückenfalze auf. Nun klappt man das Buch zu, beschwert es und läßt den Leim 24 Stunden trocknen.

Einen abgerissenen Rücken repariert man, indem man die beiden langen Kanten des Buchs – nicht den ganzen Rücken – mit Weißleim bestreicht. Dann legt man den Rücken genau an die Buchkanten und drückt ihn an. Mit einem flachen Gegenstand, beispielsweise einem Küchenmesser, streicht man nun über die Gazefälzel, drückt so überschüssigen Klebstoff heraus und wischt ihn ab. Danach deckt man den Buchrücken mit Wachspapier ab, wickelt eine elastische Binde um das Buch und läßt den Leim 24 Stunden trocknen.

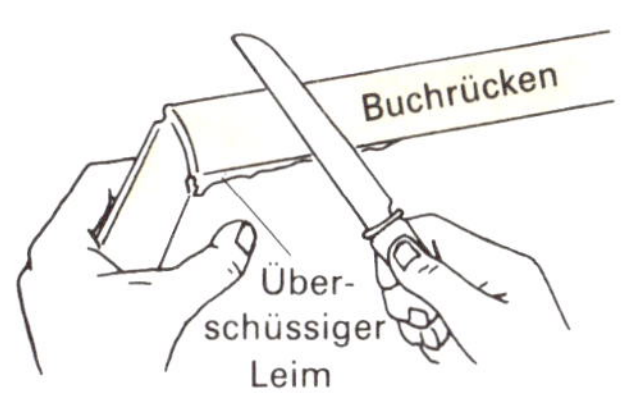

Bei einem eingerissenen Vorsatzblatt trägt man einen dünnen Kleberwulst auf und drückt ihn in den Riß. Dann schneidet man einen Streifen Wachspapier einige Zentimeter länger als das Buch zu, faltet ihn der Länge nach in der Mitte zusammen und legt ihn mit dem Falz an die Klebestelle. (Überschüssiger Leim quillt dann auf das Wachspapier, und das Vorsatzblatt bleibt sauber.) Nun wird das

Buch zugeklappt und 24 Stunden lang beschwert. Zur Verstärkung klebt man anschließend noch einen Stoffstreifen über das Gazefälzel.

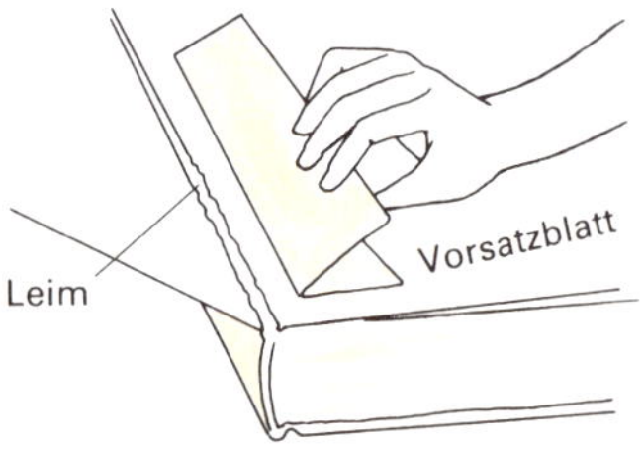

Eingerissene Seiten bessert man aus, indem man ein Wachspapier unter den Riß legt, die Rißkanten zusammenschiebt und den Riß mit Weißleim bestreicht. Dann wird auf den Riß Seiden- oder Durchschlagpapier gelegt, leicht angerieben und beschwert. Sobald der Leim trocken ist, reißt man das überschüssige Papier vorsichtig ab.

Um lose Seiten wieder zu befestigen, schneidet man einen schmalen Papierstreifen in der Länge des Buchs zu, faltet ihn der Länge nach zusammen und bestreicht ihn an der Rückseite mit Weißleim. Die eine Hälfte des Streifens wird auf die lose Seite geklebt und die andere auf die nächste, feste Buchseite. Danach legt man Wachspapier über den Papierstreifen, schließt das Buch und läßt den Kleber trocknen.

Bügeleisen reinigen

Dampfbügeleisen sollte man nur mit destilliertem Wasser füllen, damit sich kein Kalk ablagert. Ist man einige Zeit auf Leitungswasser angewiesen und verstopfen die Dampfaustrittslöcher, reinigt man sie mit einem steifen Draht. Dann füllt man ein Gemisch aus gleichen Teilen Wasser und Weinessig in das Gerät, stellt es auf einen Backrost über ein Gefäß oder über die Spülmulde und läßt es in Dampfstellung eingeschaltet, bis kein Dampf mehr ausströmt. Damit ist es entkalkt.

Wenn sich auf der Sohle eines Bügeleisens ein Belag gebildet hat, tränkt man Küchenkrepp mit Weinessig, streut Salz darauf und fährt mit dem Bügeleisen mehrmals darüber, bis der Belag aufgeweicht ist. Dann wischt man die Sohle mit Küchenkrepp ab, den man mit Essig getränkt hat.

Bügeln

Frisch gewaschene Kleidungsstücke bügelt man, solange sie noch etwas feucht sind, sonst besprüht man sie mit Wasser und rollt sie eine Stunde lang in ein Handtuch ein oder legt sie in einen Plastiksack. Blusen und Hemden rollt man so zusammen, daß Kragen und Manschetten innen sind. Wenn viel Bügelwäsche ansteht, nimmt man sich zuerst die Stücke vor, die mit der niedrigsten Temperatureinstellung gebügelt werden.

Wenn möglich, bügelt man dunkle Stoffe und Acetatseide, Reyon (Kunstseide) und Seide von links, damit die rechte Seite keinen unerwünschten Glanz bekommt. Zerknitterte Wollstoffe werden von links mit dem Dampfbügeleisen gedämpft, oder man legt ein feuchtes Tuch darüber; das Eisen setzt man in jedem Fall immer wieder senkrecht auf, statt es über das Tuch zu schieben. Stickereien und Applikationen bügelt man von links, indem man ein Frotteetuch zwischen den Stoff und das Bügelbrett legt. Samt und andere Florgewebe legt man mit der Florseite nach unten auf eine große Kleiderbürste und bügelt leicht über die Rückseite; so kann man zumindest kleine Bereiche glätten, ohne den Flor flach zu bügeln.

Hemden und Blusen Man beginnt mit dem Kragen und bügelt zuerst die linke Seite; den Stoff straff ziehen, um keine Falten einzubügeln. Dann kommen die Ärmel an die Reihe, wobei man zuerst die Innenseiten und dann die Außenseiten der Manschetten bügelt. Für Ärmel, die an der Manschette oder Schulter eingekräuselt oder in Falten gelegt sind, verwendet man ein Ärmelbrett. Sonst breitet man den Ärmel flach auf dem Bügelbrett so aus, daß die Unterarmnaht die eine Bruchkante bildet, und bügelt nicht ganz zur Mitte des Ärmels, wobei man die gekräuselten Partien ausläßt. Dann legt man die Unterarmnaht unten in die Mitte und bügelt die Oberseite, ohne seitlich Falten einzubügeln. Zuletzt bügelt man die Schulterpartie des Ärmels über dem Ende des Bretts und fährt mit der Spitze des Eisens in die Reihfalten.

Bei Hemden den Ärmel flach auf dem Bügelbrett ausbreiten und darauf achten, daß die Falten an den Manschetten richtig sitzen und daß die Bügelfalte genau in der Mitte der Ärmeloberseite verläuft. Erst die eine, dann die andere Seite bügeln. Der Sattel (Schulterteil) wird über das breite Ende des Bügelbretts gelegt und ausgebügelt. Den Rücken flach auflegen und schnell bügeln. Die seitlichen Nähte erst innen, dann außen glattbügeln; wellige Nähte dabei straff ziehen. Bei aufgesetzten Taschen wird zuerst die Innenseite der Tasche gebügelt. Zuletzt die beiden Vorderteile bügeln und das Hemd oder die Bluse auf einem Kleiderbügel an einem luftigen Platz trocknen lassen. Unabhängig vom Material eines Hemds oder einer Bluse probiert man die Temperatureinstellung des Eisens zunächst am unteren Saum des Rückenteils aus, um sich zu vergewissern, daß der Stoff nicht versengt wird oder sich kräuselt.

Röcke und Hosen Zuerst bügelt man den Rockbund über dem Ende des Bügelbretts. Bei Faltenröcken bügelt man etwas über den Bund hinaus; dann wird der Rock umgedreht, die Falten werden genau ausgerichtet und von oben nach unten gebügelt. Bei angekrausten Röcken oder Röcken mit ungebügelten Falten arbeitet man vom Saum zum Bund.

Hosen werden zuerst oben ausgebügelt. Dann legt man sie mit den Beinen übereinander flach auf, so daß sich Seiten- und Innennähte decken. Das obere Bein wird zurückgeschlagen, und man bügelt die Innenseite des unteren Beins. Dann die Hose umdrehen und das andere Bein innen bügeln. Zuletzt kommen die Außenseiten der beiden Beine sowie – mit aufgelegtem feuchtem Bügeltuch – die Bügelfalten an die Reihe. (Wollhosen und -röcke nur dämpfen, sonst verzieht sich das Gewebe.) Wenn man auf der linken Stoffseite mit einer Kerze über die Bügelfalten oder Rockfalten streicht und sie dann wie oben mit einem feuchten Tuch bügelt, halten sie länger.

Bumerang

Wurfübungen mit einem Bumerang macht man bei schönem Wetter im freien Gelände, wo keine Gefahr besteht, daß Menschen, Autos oder Gebäude getroffen werden. Man hält den Bumerang so an einem Ende, daß er

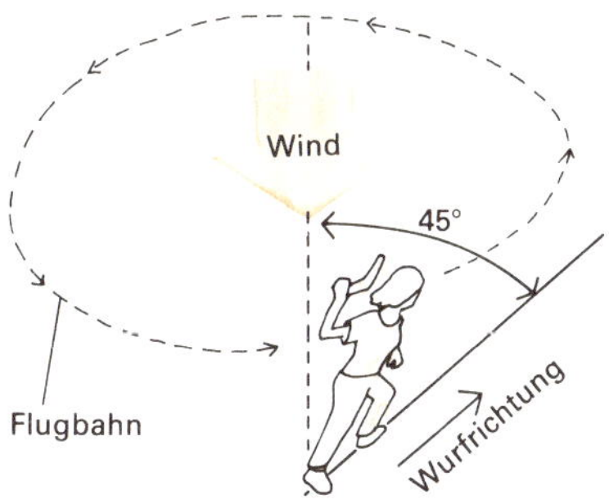

mit der flachen Seite zur Handfläche und mit der gewölbten Seite zum Körper hin gerichtet ist. Das andere Ende des Bumerangs kann nach vorn oder über die Schulter zeigen; beide Möglichkeiten ausprobieren.

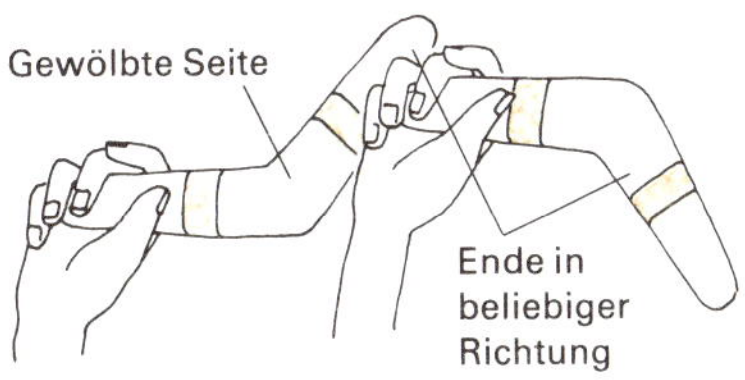

Man macht mit dem linken Fuß einen Schritt nach vorn und schwingt den Arm zurück. Dabei auf den Horizont zielen und den Bumerang in die verlängerte Richtung der Füße werfen. Beim Loslassen soll der Bumerang etwas vom Körper weg geneigt sein. Den richtigen Neigungswinkel durch Versuche ermitteln, denn er ist für jeden Bumerang unterschiedlich. Die Abbildung zeigt die Stellung bei leichtem Wind. Beim Werfen das Handgelenk abwinkeln und dem Bumerang mit dem Zeigefinger einen Drall geben. Den zurückkehrenden Bumerang mit den flachen Händen auffangen.

Es gibt eigene Bumerangs für Linkshänder. Die Anleitung für den Wurf gilt dann spiegelbildlich.

Bündchen

Bündchen als Abschluß an den Ärmeln oder am Halsausschnitt eines gehäkelten oder gestrickten Kleidungsstücks sollen meist fest, aber trotzdem elastisch sein. Dies ist am besten durch Rippenmuster zu erreichen.

Strickbündchen Man verwendet um ein oder zwei Nummern feinere Nadeln als für die restliche Arbeit und strickt am besten schmale Rippen (1 M r, 1 M li). Breitere (2 M r, 2 M li) sind auffälliger und eher für sportliche Kleidung aus dickerem Garn geeignet. Siehe auch *Stricken; Strickgarne.*

Häkelbündchen Man kann sie getrennt arbeiten und die Seitenkante an die fertige Arbeit annähen, oder man stellt zuerst das Bündchen her und häkelt dann auf seiner Seitenkante das Kleidungsstück hoch. Rippenmuster: Der Anschlag entspricht der Bündchenbreite. 1. R: 1 M übergehen, in nächste M und alle folgenden 1 f M häkeln. 2. R: 1 WLm, dann in nächste M und alle folgenden 1 f M häkeln, dabei nur ins rückwärtige Maschenglied stechen. Siehe auch *Häkelgarne; Häkeln.*

Solche Bündchen sind fest, aber nicht sehr dehnbar. Will man elastischere haben, kann man sie auch an die Häkelarbeit anstricken. Man schließt zuerst alle Nähte des Kleidungsstücks und nimmt dann die erforderliche Maschenzahl aus der Kante auf. Für eine Häkelmasche rechnet man eine Strickmasche. Es ist jedoch zur genauen Berechnung der Maschenzahl in jedem Fall besser, eine Maschenprobe (siehe dort) zu machen.

Gummifaden Feiner Gummifaden für Strick- und Häkelarbeiten ist in verschiedenen Farben erhältlich und wird gleich eingehäkelt oder -gestrickt. Er ist vor allem zu empfehlen, wenn das Garn selbst wenig Elastizität besitzt. Dies ist besonders bei Baumwolle und Mohair der Fall. Festeren, baumwollumsponnenen Gummifaden, für schwere Strick- und Häkelsachen geeignet, kann man auch in die fertige Arbeit einziehen. Dazu fädelt man den Gummifaden in eine Stopfnadel und zieht ihn auf der Rückseite des Rippenmusters durch alle Reihen. Wichtig ist hierbei, jeweils nur die oben liegenden Maschenglieder zu fassen, damit man den Gummifaden auf der Vorderseite nicht sieht.

Büropflanzen

Die Lebensbedingungen für Pflanzen in einem Büro können oft recht problematisch sein. Die Luft ist meist wärmer und trockener als in Wohnräumen. Die Lichtverhältnisse sind nicht selten unausgeglichen. Oft sind große Fenster direkt der Sonne ausgesetzt. Daneben gibt es aber auch düstere, durch Leuchtstoffröhren erhellte Räume.

Da die Heizung im Winter an Wochenenden gewöhnlich gedrosselt wird, folgen in dieser Jahreszeit auf fünf warme zwei kalte Tage. Im Sommer dagegen werden an den Wochenenden die Räume nicht gelüftet oder durch eine Klimaanlage gekühlt, so daß die Temperaturen im Sommer in den Büros an zwei Tagen meist ziemlich hoch, an den übrigen wesentlich niedriger sind.

Es gibt eine Reihe von Pflanzen, die in einem Büro gedeihen und dem Arbeitsplatz ein freundliches Aussehen verleihen. Etliche Blattpflanzen vertragen die Sonne gut, und andere kommen auch in mäßig hellen Zimmern voran. Pflanzen, die eine hohe Luftfeuchtigkeit benötigen oder die Wärme nicht vertragen, sollte man möglichst nicht ins Büro stellen. Niedere Temperaturen erträgt die Grünlilie gut. Für etwas wärmere Plätze sind die Efeutute, die *Schefflera,* der Schlangenbart, die Königsklimme, das Zebrakraut, die Dieffenbachie und das Bubiköpfchen geeignet. Wärmere Standplätze brauchen der Kolbenfaden, das Glanzkölbchen und die *Dracaena.*

Büropflanzen müssen – wie alle Zimmerpflanzen – regelmäßig gegossen und alle 14 Tage mit einem handelsüblichen Flüssigdünger gedüngt werden. Will man die Pflanzen gut übers Wochenende bringen, stellt man die Töpfe in eine größere Schale mit feuchtem Torfmull.

Nur ganz wenige Zimmerpflanzen dürfen direkt der Sonne ausgesetzt werden. Auch schadet es den meisten, wenn man sie über einem warmen Heizkörper aufstellt. Ebenso sollte Zugluft möglichst vermieden werden.

Weitere Informationen findet man unter *Zimmerpflanzen.*

Butter

Butter wird aus süßer oder gesäuerter Sahne hergestellt und demzufolge als Süß- oder Sauerrahmbutter bezeichnet. Süßrahmbutter ist milder im Aroma und weniger haltbar als Sauerrahmbutter. Der Fettgehalt der Butter beträgt mindestens 82%, der Wassergehalt maximal 16%. In der Regel wird Butter ungesalzen und ohne Farbstoffzusatz angeboten.

Markenbutter darf nur von zugelassenen Molkereien produziert werden, muß bestimmten Anforderungen genügen und im Geschmack vollwertig sein. Bei Molkereibutter sind geringfügige Geschmacksfehler erlaubt, denn sie darf aus Molkenrahm, der bei der Käseherstellung anfällt, hergestellt werden. Kochbutter darf stärkere Geruchs- und Geschmacksfehler aufweisen.

Landbutter wird aus nicht erhitztem Rahm hergestellt. Frisch schmeckt sie köstlich, aber sie ist nur kurz haltbar und wird leicht ranzig.

Lagern Butter lagert man am besten bei 4–6°C; sie sollte gut verpackt sein und möglichst nicht neben stark riechenden Lebensmitteln liegen. Man nimmt sie rechtzeitig aus dem Kühlschrank, damit sie streichfähig ist, wenn sie auf den Tisch kommt. Die Haltbarkeit ist auf der Packung angegeben. Im Gefriergerät kann man Süßrahmbutter sechs bis acht Monate lagern; sie wird im Kühlschrank oder bei Zimmertemperatur aufgetaut. Sauerrahmbutter und gesalzene Butter sind zum Einfrieren nicht geeignet.

Verwendung Als Bratfett ist Butter nicht geeignet, da sie schon bei 120°C nicht nur braun und unansehnlich, sondern auch schwer verdaulich wird. Besser ist es, ganz zum Schluß ein Stückchen Butter hinzuzugeben.

Für die festliche Tafel läßt man die Butter im Kühlschrank sehr fest werden, sticht kleine Stückchen ab und formt sie zwischen zwei Brettchen zu Kugeln. Man kann auch mit dem Butterformer darüber streichen, um kleine Löckchen zu bilden. Jeder Gast bekommt ein Portionsschälchen mit ein paar kleinen Eiswürfeln.

Als Beigabe zu Fisch, Steaks usw. rührt man Salz mit Kräutern, feingehacktem Knoblauch, Sardellenpaste, Kapern, Senf u.a. in die bei Zimmertemperatur weich gewordene Butter. Man kann die Mischung in einen Spritzbeutel füllen, Portionen auf ein Stück Pergamentpapier spritzen und im Kühlschrank fest werden lassen oder das Ganze kühlen und wie oben angegeben formen.

Buttercreme

Reine Buttercreme ist sehr schwer und sollte am besten nur zur Verzierung von Torten verwendet werden; allenfalls kann man einen Tortenboden dünn damit bestreichen. Für eine Tortenfüllung ist eine leichtere Buttercreme geeignet (siehe unten).

Für reine Buttercreme nur frische Butter verwenden. Auf 100g Butter rechnet man 60g Puderzucker, ein Eigelb und eventuell 20g Kokosfett. Die Butter schaumig rühren, Puderzucker, Eigelb und zuletzt das flüssige, aber abgekühlte Kokosfett dazugeben. Diese Grundcreme kann man mit Schokolade, Pulverkaffee, Spirituosen oder Aromastoffen geschmacklich abwandeln. Das Kokosfett gibt der Creme Festigkeit, was besonders bei Tortenverzierungen wichtig ist.

Für eine leichte Creme 45g Speisestärke mit ein wenig kalter Milch verquirlen, ½l Milch mit 150g Zucker aufkochen und die Speisestärke hineinrühren. Diesen Grundpudding wandelt man nach Belieben mit Vanille, Kuvertüre, Pulverkaffee usw. ab. Den Pudding mit zwei Eigelb legieren (binden) und unter gelegentlichem Umrühren erkalten lassen.

Inzwischen 250g Butter schaumig schlagen, dann den abgekühlten Pudding eßlöffelweise darunterrühren. Butter und Pudding müssen die gleiche Temperatur haben, sonst gerinnt die Creme. In diesem Fall stellt man die Schüssel mit der geronnenen Creme in ein warmes Wasserbad und schlägt sie gut durch.

Für eine Eigelbcreme schlägt man Eigelb schaumig auf, läßt Zucker mit Wasser zu einem Sirup einkochen, gibt den Sirup heiß unter das Eigelb und schlägt, bis das Gemisch geschmeidig eindickt. Man variiert den Geschmack mit den obengenannten Aromastoffen. Zuletzt wird die weiche Butter eßlöffelweise unter die Creme geschlagen. Die fertige Buttercreme mindestens eine halbe Stunde im Kühlschrank ruhen lassen, sie läßt sich dann besser weiterverarbeiten.

Butterschmalz

Um Butterschmalz zu erhalten, wird der Butter durch Erhitzen das Wasser entzogen. Es ist zum Kochen und Braten besonders gut geeignet, da es stark erhitzt werden kann, ohne zu verbrennen oder zu spritzen. Kühl gelagert, hält es sich etwa ein Jahr.

Butterschmalz gibt es zu kaufen, man kann es aber auch selbst herstellen. Dazu erwärmt man Butter, bis sich das Fett von der Molke trennt; diese setzt sich als weißer Belag am Boden des Gefäßes ab. Das Fett gießt man vorsichtig in ein sauberes Gefäß ab, die Molke wirft man weg.

C

Campingausrüstung

Mit der Auswahl des Zeltes (siehe auch *Zelte*) ist die Campingausrüstung keinesfalls vollständig. Art und Umfang der Ausrüstung hängen von der Transportmöglichkeit und von den eigenen Ansprüchen ab. Je mehr Komfort man wünscht, desto umfangreicher ist das Gepäck.

Wenn man als Camper mit dem Fahrrad unterwegs ist, wird man größten Wert auf Gewicht- und Platzeinsparung legen und nur das Allernotwendigste mitnehmen. Zum leichten, klein zusammengerollten Schlafsack (siehe auch *Schlafsäcke*) kommt eine platzsparende Schaumstoffmatte oder Isoliermatte. Die handlichen Minipackzelte eignen sich hervorragend für Campingtouren mit dem Zweirad.

Kocher, Aluminiumgeschirr und Besteck sind so knapp bemessen, daß man bestenfalls ein kleines Frühstück bereiten oder eine Fertigsuppe aufwärmen kann. Der so gesparte Stauraum kann für die Bekleidung genutzt werden, wobei man darauf bedacht sein sollte, für jedes Wetter ein geeignetes Kleidungsstück dabeizuhaben, z.B. Regenschutz. Wer Gepäck sparen will, kann auch weniger Kleidungsstücke, dafür aber ein Waschmittel in der Tube mitnehmen.

Wesentlich großzügiger kann man

mit Gewicht und Stauraum umgehen, wenn man mit dem eigenen Auto in Urlaub fährt. Aber auch hier muß man mit dem Platz haushalten, denn Zelt, Zeltgestänge und Schlafsack beanspruchen einen großen Teil des Kofferraumes. Als Schlafunterlage kann man in diesem Fall die Schaumstoff-, Luftmatratze oder die Campingliege einplanen. Hinzu kommt ein stabiler, zusammenklappbarer Campingtisch mit der nötigen Anzahl von Klappstühlen, denn nicht jeden Abend wird man in einem Restaurant verbringen, sondern oft gemütlich vor dem eigenen Zelt sitzen wollen.

Es empfiehlt sich in jedem Fall, eine Kühltasche mitzunehmen. Auf fast allen Campingplätzen gibt es inzwischen die Möglichkeit, die Kühlkissen wieder einfrieren zu lassen oder gegen eine geringe Gebühr bereits portioniertes Stangeneis zu kaufen. Auch ein Wasserkanister gehört zu einer guten Campingausrüstung. Am wenigsten Platz braucht ein zusammenfaltbarer Plastikwassersack.

Für die Mahlzeiten benötigt man einen zweiflammigen Kocher (siehe *Campingkocher*) mit dem entsprechenden Gasvorrat. Besteck und Geschirr sollten, wenn möglich, stabil und bruchfest sein. Dies gilt auch für Töpfe und Pfannen. Gute Dienste leistet auch ein zusammenfaltbarer Vorratsschrank für Lebensmittel. Er wird im Zelt am Gestänge aufgehängt, ist leicht, beansprucht wenig Platz und schützt die Vorräte vor Ungeziefer.

Zu jeder Campingausrüstung gehört auf jeden Fall eine Reiseapotheke (siehe dort) mit den notwendigsten Arzneimitteln. Auch Bücher, vor allem Taschenbücher, und Spiele für Schlechtwettertage sollten im Gepäck Platz finden.

Ebenfalls nicht verzichten sollte man auf einen handlichen Klappspaten, um z. B. bei länger dauernden Regenfällen rund ums Zelt Abflußgräben für das Wasser legen zu können, auf eine hell leuchtende Lampe (am besten eine Gasleuchte, die man an der Propangasflasche anschließen kann) sowie auf Ersatzheringe für Sand- und Normalböden.

Wer größere Sportgeräte (Surfbrett, Segelboot) mitnehmen will, muß darauf achten, daß er das zulässige Zuladungsgewicht seines Pkws nicht überschreitet (siehe auch *Auto beladen*). Reisende, die mit dem Wohnwagen oder dem Wohnmobil unterwegs sind, tun gut daran, sich vorab zu informieren, ob sie mit ihrem großen Gefährt die steilen Paßstraßen bewältigen und durch die teilweise engen und winkeligen Straßen der Städte kommen.

Campingkocher

Campingkocher lassen sich in drei Kategorien einteilen.

- Kleinkochgeräte sind handliche Kocher mit einer Flamme und Gaskartusche. Die Kartusche mit aufgeschraubtem Kocher bildet eine Einheit und läßt sich sehr gut verstauen. Neuere Kocherausführungen besitzen eine eingebaute piezoelektrische Zündung und sind besonders für den Trekking- und Zweiradcamper geeignet. Bei mehrtägigen Reisen muß man allerdings Ersatzkartuschen mitnehmen. In den meisten Ländern kann man sie problemlos erhalten. Der einflammige Kocher genügt, um sich ein Frühstück zu bereiten und eine Suppe aufzuwärmen; eine Mahlzeit für mehrere Personen kann man darauf nicht zubereiten. Die Kartusche reicht für etwa drei Kochstunden.
- Zweiflammige Kocher mit mittlerer Leistung und Kartusche: Die Kartusche kann bis zu 2 kg Gas fassen und reicht somit auch für den mehrwöchigen Urlaub. Kocher und Kartusche sind allerdings schon so groß, daß sie nur noch für den Pkw-Reisenden geeignet sind. Der Kocher ist mit einem Gestell und darin montierter Kartusche ausgerüstet; ein Zusatztisch wird nicht benötigt. Der Gasvorrat reicht je Brennstelle für etwa zehn Kochstunden.
- Zweiflammige Propangaskocher mit hoher Wärmeleistung: Diese Geräte stehen dem Haushaltsgasherd kaum nach. Die Heizleistung gestattet, größere Gerichte zuzubereiten. Die 5-kg-Gasflasche reicht für rund 32 Kochstunden pro Flamme. Allerdings benötigt man dafür im Pkw einen größeren Stauraum. Vielfach werden diese Kocher in Einbauform in Kleinbussen oder Wohnwagen eingesetzt. Außerdem verfügen sie im Gegensatz zu den anderen Campingkochern über eine Zündsicherung und einen Druckregler.
- Petroleum- und Benzinkocher sind, weil relativ unpraktisch, außer Mode. Lediglich Bergsteiger und Trekker bevorzugen diese Kochausrüstung in Regionen, wo sich Flüssiggas noch nicht durchgesetzt hat.

Campingurlaub

Bei der Planung eines Campingurlaubs ist zu bedenken, daß die Gebühren auf manchen Campingplätzen z. B. der Mittelmeerländer sich durchaus mit den Übernachtungssätzen guter Hotels messen können. Hinzu kommen der Aufwand und die Kosten für die Ausrüstung.

Wenn man eine Campingreise in ein beliebtes Urlaubsland – etwa Italien oder Spanien – plant, sollte man den gewünschten Platz rechtzeitig buchen. Besonders in der Hochsaison kommt es sonst nicht selten vor, daß man nach langer Reise einen vollbelegten Campingplatz anläuft.

Die Regeln des jeweiligen Campingplatzes sind zu beachten. Kann man z. B. den Platz frei wählen, oder wird er zugeordnet? Falls man sich den Platz aussuchen darf, sollte man darauf achten, daß der Untergrund möglichst eben ist. Wer in der Nähe der sanitären Anlagen seinen Stellplatz hat, muß zwar nur kurze Wege zurücklegen, ist aber meist einer Lärm- und Geruchsbelästigung ausgesetzt.

Benötigt man am eigenen Standplatz Strom, sollte die nächste Stromversorgung nicht zu weit entfernt sein, denn eine Verkabelung darf aus Sicherheitsgründen max. 25 m lang sein.

Es empfiehlt sich, den Nachbarn, auch wenn Sprachschwierigkeiten bestehen, zu begrüßen. Vielleicht kann man nach besonderen Wünschen fragen, denn man muß nicht anderen Campinggästen die Sicht verbauen, wenn das eigene Zelt oder der Wohnwagen einige Meter weiter genauso gut steht.

Vermeiden sollte man jede unnötige Lärmbelästigung. Radio und Cassettenrecorder mehr als auf Zeltlautstärke spielen zu lassen oder eine Feier bis in die Nacht auszudehnen ist überflüssig und bringt meist nur Ärger mit den Zeltnachbarn. Feiern sollte man besser im nahen Restaurant, vielleicht am Strand oder auf dem Grillplatz weit weg von schlafenden Gästen.

Auf fast allen Campingplätzen sind die Umgangsformen lockerer als im Hotel. Dies hat aber nichts mit fehlender Sauberkeit, mangelndem Ordnungssinn oder Disziplinlosigkeit zu tun. Je mehr Camper sich an die allgemein üblichen Spielregeln halten, desto erholsamer wird der Urlaub.

Canapés

Canapés sind kleine, pikante, ungedeckte Sandwiches, die in appetitlicher Form und Farbe belegt und phantasievoll garniert werden. Man kann sie warm oder kalt als Appetithappen zum Tee, zu einem Drink bei einer Party oder als besonderen Imbiß servieren. Besonders hübsch sehen drei oder vier verschiedene Canapésorten aus, die man auf einer Platte mit untergelegter Serviette oder Papierdeckchen arrangiert. Sie sollten nicht zu lang im voraus gemacht und bis zum Servieren mit Folie abgedeckt und kühl gestellt werden.

Als Grundlage nimmt man dünne Scheiben Weißbrot, Roggenbrot, Vollkornbrot oder Pumpernickel, die rund, viereckig oder oval zugeschnitten werden. Damit man die Canapés bequem zum Mund führen kann, muß das Brot so fest sein, daß es nicht auseinanderbricht. Die Scheiben bestreicht man mit Butter, Margarine oder Weichkäse, damit sie nicht aufweichen. Dieser Aufstrich kann auch mit anderen Zutaten abgeschmeckt werden oder allein als Belag dienen, wenn man ihn beispielsweise mit dem Spritzbeutel aufträgt. Für eine einfache Kräuterbutter vermengt man 120g leicht gesalzene und cremig gerührte Butter mit je 2 Eßl. feingehackter Petersilie und Schnittlauch.

Vorschläge für den Belag Ein reiches Angebot an Käse steht zur Verfügung; in letzter Minute legt man noch eine Scheibe Apfel oder Birne auf. Hartgekochte Eier können entweder in Scheiben geschnitten oder als Salat angemacht werden. Fisch, Krabben, Hummer, Garnelen und andere Meeresfrüchte, in dünne Scheiben geschnitten, ergeben allein bereits einen ausgezeichneten Belag, können aber auch mit Mayonnaise und Kräutern vermischt werden. Besondere Leckerbissen sind roter, schwarzer oder goldgelber Kaviar und in Scheiben geschnittener Räucherfisch wie Lachs, Forelle oder Bückling. Ein einfacher Aufstrich läßt sich aus 100g Ölsardinen herstellen, die man abtropfen läßt, kleinhackt und mit einem hartgekochten, gehackten Ei und 1 Eßl. Mayonnaise vermengt; köstlich schmecken Ente, Huhn, Truthahn und anderes Geflügel, das man in dünne Scheiben schneidet oder mit Mayonnaise und Gewürzen vermengt. Pikant schmecken Scheibchen von Entenfleisch, auf die man etwas Orangenmarmelade setzt.

Als Belag eignen sich auch kalter Braten sowie Pasteten, Wurst oder Corned Beef. Wer Vegetarisches bevorzugt, wählt einen Gemüsebelag: leicht gesalzene, hauchdünn geschnittene Gurkenscheibchen, mit etwas Dill bestreut, oder grob gehackte Karotten, mit Zitronensaft beträufelt und mit kleingehackter Petersilie bestreut.

Cholesterin

Der Körper stellt Cholesterin her, eine fettähnliche Substanz, die u.a. für Nerven und Zellwände sowie beim Aufbau von Vitamin D und zahlreichen Hormonen benötigt wird. Andererseits ist ein Zusammenhang zwischen einem erhöhten Cholesterinspiegel des Blutes und Herzkrankheiten sowie Arteriosklerose (Arterienverkalkung) erwiesen. Inwiefern der Cholesteringehalt der Nahrung hier eine Rolle spielt, ist noch nicht eindeutig geklärt. Der Cholesterinspiegel kann aber durch eine Kost, die reich an mehrfach ungesättigten Fettsäuren ist, gesenkt werden. Diese sind vor allem in pflanzlichen Fetten und Ölen enthalten.

Besonders viel Cholesterin enthalten folgende Nahrungsmittel: Eigelb, Butter, Sahne, fetter Käse, Garnelen, Austern, Hirn, Niere, Lunge, Leber, Herz, Zunge, Speck, fette Wurstsorten.

Cocktail

Ein Cocktail ist ein kurzer, aus verschiedenen Spirituosen und auch nichtalkoholischen Zutaten gemixter Drink. Er wird in der Regel mit Eis im Mixbecher (Shaker) geschüttelt und aus einem speziellen Cocktailglas getrunken. Am bekanntesten ist der Dry Martini. Er besteht aus drei Teilen Gin, einem Teil trockenem Wermut und einem Spritzer Angostura. Wahrzeichen dieses Cocktails ist eine grüne Olive, die man, auf einen Zahnstocher gespießt, ins Glas gibt.

Cocktails mit süßerer Komponente serviert man gern in Gläsern mit Zukkerrand, Crusta genannt. Dazu feuchtet man den Rand des Cocktailglases mit Zitronensaft an und taucht den Glasrand dann in Zucker, den man auf eine Untertasse geschüttet hat.

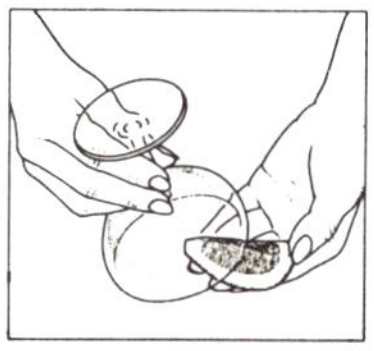

Cocktailsauce

Um eine klassische Cocktailsauce für Schalen- und Krustentiere (Krabben, Muscheln usw.) herzustellen, vermengt man je 3Eßl. Tomatenketchup, geriebenen Meerrettich und Zitronensaft mit 1Teel. Worcestershiresauce, etwas Tabascosauce nach Geschmack und wahlweise noch 1Eßl. feingehackter Zwiebel.

Als Variante verrührt man 200g Mayonnaise (siehe dort) mit 1–2 Teel. Tomatenketchup und 1Eßl. Cognac. Nach Belieben ein paar Tropfen Zitronensaft, Tabasco oder etwas Pfeffer aus der Mühle hinzufügen. Zum Schluß 2–3 Eßl. sehr steif geschlagene Sahne unterheben.

Zu kalten Meeresfrüchten kann man auch eine grüne Mayonnaise servieren: Man vermengt je 1Teel. feingehackten Spinat, frischen Schnittlauch, Dill und Petersilie und verrührt alles mit 200g Mayonnaise.

Auch Remouladensauce paßt gut zu Meeresfrüchten: Man rührt in 200g Mayonnaise 1Eßl. gehackte Petersilie, ein kleingehacktes hartgekochtes Ei, eine gepreßte Knoblauchzehe und 1Teel. Dijonsenf.

Siehe auch *Krusten- und Weichtiere.*

Collage

Eine Collage, abgeleitet von dem französischen Wort *coller* (kleben), ist ein Bild, bei dem verschiedene Materialien auf einer Leinwand oder auf einem festen Grundbrett beliebiger Größe zu einer originellen Komposition arrangiert und befestigt werden. Als Materialien eignen sich Papierabschnitte, Stoffreste, Trockenblumen oder Muscheln, aber auch Maschinenteile, Reißnägel, kurz: alle möglichen Objekte mit interessanter Form, Farbe oder Struktur.

Wenn man schwere Materialien verarbeitet, verwendet man keine Leinwand, sondern ein Grundbrett. Dieses schneidet man aus einer Hartfaserplatte, einer Dämmplatte oder aus Sperrholz in der gewünschten Größe zu. Die Dicke richtet sich nach dem Gewicht der verwendeten Gegenstände.

Damit sich das Brett nicht verzieht, streicht man es auf beiden Seiten mit Weißleim ein. Als Untergrund kann man nach Belieben Papier oder Stoff auf das Brett kleben.

Nun wählt man die Materialien aus, z.B. farbiges Seidenpapier, Glanzpapier, Illustrationen und Glückwunschkarten oder unterschiedliche Stoffe sowie andere Materialien, die auch mit den andern kombiniert werden können, und legt sie zurecht, bis man mit der Zusammenstellung zufrieden ist. Stoff- und Papierteile wirken oft ganz anders, wenn man sie nicht abschneidet, sondern abreißt. Dann klebt man die einzelnen Teile auf und läßt den Kleber trocknen (siehe *Klebstoffe und Leime*).

Daß man bei einer Collage seiner Phantasie freien Lauf lassen und auch ungewöhnliche Materialien verwenden kann, zeigt das abgebildete Detail: Es besteht aus Teigwaren. Man zeichnet auf einem farblich kontrastierenden Grundbrett mehrere Kreise in gefälliger Anordnung und teilt die Kreise in gleiche Viertel. Nach diesen Zeichnungen arrangiert man dann Teigwaren verschiedenster Form zu symmetrischen Mustern und klebt sie auf.

Compact Discs

Compact-Disc-Player (kurz: CD-Player) sind die neue Generation der Plattenspieler. Statt der herkömmlichen Schallplatte, bei der die Tonschwingungen in Rillen auf einer Kunststoffplatte aufgezeichnet sind und von einer Nadel mechanisch abgetastet werden, sind bei der Compact Disc alle Toninformationen als mikroskopisch kleine Vertiefungen in einer Kunststoffplatte mit nur 11,5 cm Durchmesser angebracht. Weil das Abtastsystem – ein Laserstrahl – die Oberfläche der Platte nicht berührt, nützt sich die CD-Platte beim Abspielen nicht ab.

CD-Player sind hochkomplizierte elektronische Geräte, die der Laie selbst nicht reparieren kann. Auch die Platten selber sollte man sehr sorgfältig behandeln. Man darf sie nicht durchbiegen und ihre Oberfläche nicht mit den Fingern berühren. Auch darf man keine Schallplatten-Reinigungssprays oder Flüssigkeiten gegen statische Elektrizität verwenden. Falls die Oberfläche verschmutzt ist, wischt man sie sanft mit einem weichen, nur mit Wasser befeuchteten Tuch ab. Dabei bewegt man das Tuch immer von der Mitte gerade nach außen und nicht im Kreis wie bei normalen Schallplatten.

Falls die Disc aus einer kalten Umgebung in einen warmen Raum gebracht wird, kann sich Kondenswasser auf ihr bilden. Dieses muß man mit einem weichen, trockenen Tuch abwischen, bevor man die Platte abspielt. Nie darf man sie mit einem Haartrockner behandeln. Das Etikett darf man weder mit einem Kugelschreiber noch mit einem Bleistift oder einem anderen harten Schreibgerät beschriften. Discs müssen immer in ihren Behältern aufbewahrt werden.

Crêpes

Crêpes sind hauchdünne Pfannkuchen, die man als Hauptgericht, Zwischenmahlzeit oder Dessert reichen kann. Je nachdem, ob man sie süß oder salzig füllen will, bereitet man den Grundteig unterschiedlich zu. Wichtig bei beiden Varianten: Das mit der Flüssigkeit verrührte Mehl muß mindestens eine Stunde ruhen, damit es quellen kann; und man darf die Eier erst kurz vor dem Backen zugeben, sonst rollen sich die Crêpes in der Pfanne seitlich hoch.

Salzige Crêpes: 50 g Mehl, 1 Ei, knapp ⅛ l Milch und Wasser, zu gleichen Teilen gemischt, 1 Prise Salz und knapp 1 Eßl. zerlassene, abgekühlte Butter. Für süße Crêpes unverdünnte Milch verwenden und dem Teig 1 Eßl. Zucker und eventuell einen winzigen Schuß Cognac beigeben. Das Mehl mit der Flüssigkeit von Hand verrühren – der Elektromixer bringt zuviel Luft in den Teig.

Zum Backen Butterschmalz oder reines Pflanzenöl nehmen (Butter wird zu dunkel). Es darf nur ein feiner Fettfilm auf dem Pfannenboden sein. Mit einem Schöpflöffel wenig Teig in die Pfanne geben – es muß dabei zischen. Die Pfanne sofort leicht schwenken, damit sich der Teig gleichmäßig verteilt. Sollen die Crêpes hauchdünn sein, muß man überschüssigen Teig abgießen. In zwei, höchstens drei Minuten ist die Unterseite braun; man wendet die Crêpe und läßt die andere Seite höchstens eine Minute backen. Die fertigen Crêpes auf einen Teller schichten und im vorgeheizten Backofen (höchstens 100 °C) warm halten; mit Alufolie abdecken, sonst trocknen sie aus.

Crêpes lassen sich im Kühlschrank drei Tage, in der Gefriertruhe etwa vier Wochen aufbewahren, wenn man gefettetes Pergamentpapier zwischen die einzelnen Crêpes legt und alles in Alufolie gut verpackt. Tiefgefrorene müssen vollständig aufgetaut sein, ehe man sie weiterverarbeitet, da sie sonst brechen oder reißen.

Croûtons

Man schneidet von etwa 1 cm dicken Weißbrotscheiben die Kruste ab, bestreicht die Scheiben mit Butter und schneidet sie dann in Würfel. Diese werden drei bis vier Minuten im Backofen bei 200 °C geröstet; dann dreht man sie um und röstet sie auch auf der anderen Seite. Ebenso kann man die unbestrichenen Brotwürfel in Butter oder Öl in der Bratpfanne braten oder zehn bis 15 Sekunden in schwimmendem Fett bei 175 °C backen. Anschließend läßt man die Würfel auf Küchenkrepp abtropfen.

Die Croûtons können auch gewürzt werden. Dazu setzt man dem Bratfett eine in Scheiben geschnittene Knoblauchzehe oder etwas kleingehackte Zwiebel zu. Man kann auch die noch heißen Croûtons mit geriebenem Parmesankäse, Paprika oder kleingehackten frischen Kräutern bestreuen (am einfachsten ist es, die Brotwürfel in einer Plastik- oder Papiertüte mit den Zutaten durchzuschütteln).

Die erkalteten Croûtons werden in einem luftdichten Behälter aufbewahrt oder eingefroren. Man verwendet sie zum Garnieren von Terrinen, Suppen, Salaten oder gekochtem Gemüse.

Currypulver

Curry ist eine Gewürzmischung; seine Hauptbestandteile sind Kreuzkümmel, Kardamom, Koriander, Kurkuma (Gelbwurz), Nelken, Zimt, Muskatnuß und Muskatblüte (Macis). Er kann auch Bockshornklee, Fenchelsamen, Safran, Piment und schwarze oder gelbe Senfkörner enthalten. Seine Schärfe erhält der Curry durch Cayennepfeffer und Ingwer. Schwarzer Pfeffer kann ein Bestandteil sein, er hebt sich aber unter Umständen geschmacklich unangenehm heraus.

Um Currypulver selber zu machen, kann man bereits pulverisierte Gewürze mischen. Sehr viel besser ist das Ergebnis, wenn man ganze Gewürze nimmt, die man in Gewürzläden oder Apotheken kaufen kann. Diese Gewürze werden zunächst bei 100 °C im Backofen 20 Minuten lang geröstet und dann im Mörser pulverfein zerrieben oder im Mixaufsatz der Küchenmaschine pulverisiert.

Eine gut abgestimmte Mischung ist folgende: 2 Teel. Kreuzkümmel, je 1 Teel. Kurkuma und Kardamom, je ½ Teel. Cayennepfeffer und Koriander, je ¼ Teel. Nelken und Zimt. Diese Mischung kann man je nach Geschmack mit Muskat und Ingwer ergänzen und mit Safran abrunden. In luftdichten, lichtundurchlässigen Behältern aufbewahren.

D

Dachentlüftung

Wenn man das Dachgeschoß ausbaut, um die Wohnfläche eines Hauses zu vergrößern, muß man für eine gute Wärmedämmung sorgen. Bringt man die Wärmedämmschicht zwischen die Dachsparren ein, bleibt ein Hohlraum zwischen der Dämmschicht und den Dachlatten. Dieser Hohlraum muß unbedingt belüftet sein, da sonst der Wasserdampf, der aus dem bewohnten Dachraum durch die Wärmedämmung dringt, an den Dachziegeln kondensiert. Dieses Kondenswasser tropft dann auf die Sparren und Dachlatten und auf die Wärmedämmung. Dadurch wird diese wirkungslos, und die Sparren und Dachlatten werden bei dauernder Durchfeuchtung zerstört (siehe *Hausschwamm*).

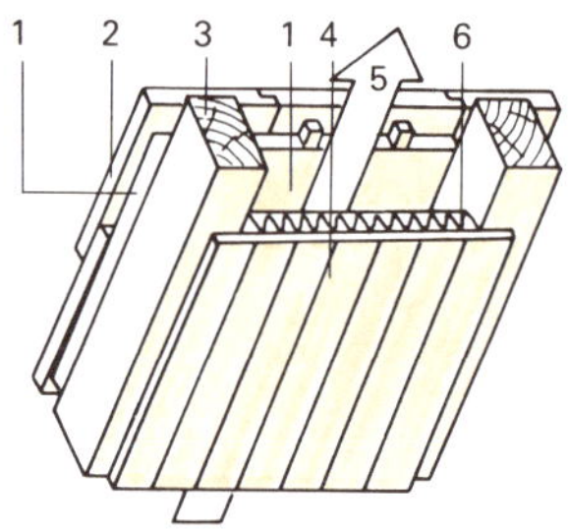

1 Unterspannbahn 2 Dachdeckung
3 Dachsparren 4 Decke 5 Unterlüftung
6 Wärmedämmschicht

Damit das Kondenswasser schnell abgeleitet wird, ehe es Schaden anrichten kann, stemmt man an der Traufe (im Bereich der Dachrinne) in jedem Sparrenfeld eine Belüftungsöffnung aus.

Wenn man auf die Sparren eine Unterspannbahn aufbringt, darf man sie am First nicht schließen, denn die Außenluft muß unter ihr hindurch bis zum First streichen und dort ungehindert austreten können.

Dachentwässerung

Im Frühjahr und Herbst sollte man aus den Dachrinnen Blätter, Zweige und anderen Schmutz entfernen, damit das Regenwasser nicht überfließen und ins Haus eindringen kann. Man steigt auf eine geeignete Leiter und reinigt die Rinne von Hand. Dazu trägt man Gummihandschuhe. Die Leiter sollte möglichst nicht an die Dachrinne, sondern gegen die Hauswand gelehnt und jeweils um Armlänge seitlich versetzt werden, so daß man mit einer Hand bequem zur bereits gereinigten Stelle reicht (siehe *Leitern*). Für Höhen über 4 m sollte man ein Gerüst verwenden.

Verstopfte Fallrohre macht man mit einem steifen Draht frei, den man von der Rinne aus in die Rohre stößt. Zum Schluß spült man Fallrohre und Dachrinnen mit dem Gartenschlauch durch. Um Verstopfungen zu vermeiden, setzt man Schmutzfänger aus rostfreiem Stahl oder Kupferdraht in die Abflußöffnungen.

Neigung regulieren Wenn in einer sauberen Dachrinne das Regenwasser stehenbleibt, stimmt meist die Neigung nicht, weil die Rinne beispielsweise vom Schnee nach unten gedrückt wurde. Eine Dachrinne sollte ein gleichmäßiges Gefälle vom geschlossenen Ende zum Abflußloch des Fallrohrs hin haben. Das Gefälle beträgt normalerweise 2–5 mm je Meter Rinnenlänge. Um das Gefälle zu prüfen, steigt man auf eine Leiter und visiert an der Rinnenkante entlang oder gießt Wasser in die Rinne. Stellen, an denen das Wasser stehenbleibt, sind zu tief, müssen also nach oben gebogen werden. Dazu drückt man die betreffenden Rinnenträger vorsichtig so weit nach oben, bis das Wasser abfließt.

Löcher ausbessern Löcher in Dachrinnen können mit Flicken aus Glasfaserstoff ausgebessert werden. Man richtet sich dabei genau nach der Gebrauchsanleitung.

Dachflächenfenster

Wenn man ein Dachfenster neu einbauen möchte, braucht man eine baupolizeiliche Genehmigung. Es gibt einfache Fenster, die nur eingesetzt werden, um Bodenräume ein wenig zu erhellen oder um für den Kaminfeger einen Ausstieg zu schaffen. Diese Fenster bestehen aus einem flachen Eindeckrahmen aus verzinktem Stahlblech.

Richtige Dachflächenfenster, auch Wohndachfenster genannt, kann man in fast jeden Dachstuhl einbauen, wenn die Dachneigung mindestens 15° und höchstens 85° beträgt. Bei sehr flachen Dächern hebt man das Fenster durch einen Aufkeileindeckrahmen um 10° an. Je flacher ein Dach ist, desto mehr muß man bei der Wahl des Wohndachfensters auf die für Wohnkomfort entscheidenden Punkte achten: Kopffreiheit, freien Zugang und freien Ausblick auch bei geöffnetem Fenster. Die Klapp- und Schwingflügelkonstruktion mit der nach oben verlagerten Schwingachse erfüllt diese Forderungen.

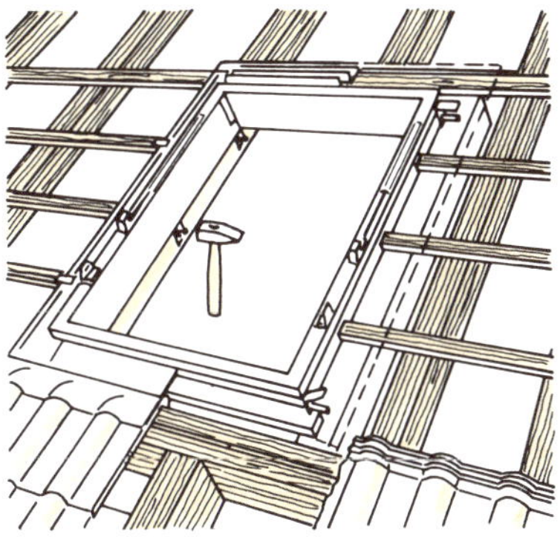

Wichtig ist außerdem, die richtige Fenstergröße zu wählen; sie richtet sich nach der Größe des Raumes. Das Fensterlichtmaß (freie Glasfläche) soll mindestens 6–10% der Fußbodenfläche betragen. Es gibt Standardbreiten von etwa 55 cm bis etwa 135 cm sowie Standardhöhen von etwa 85 cm bis etwa 145 cm. Die Größen sind auf die gängigen Ziegelmaße abgestimmt. Bei größeren Räumen oder höheren Ansprüchen kann man auch mehrere Fenster kombinieren. Die handelsüblichen Einbausätze enthalten sämtliche Zubehörteile. Der Einhandbedienungsgriff hat folgende

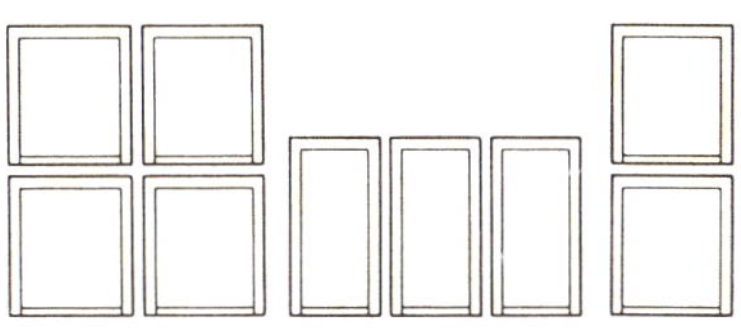

Funktionen: Klappen, Schwingen, Schwenken, Lüften; der Griff ist außerdem abschließbar, so daß beispielsweise Kinder das Fenster nicht öffnen können.

Dachflächenfenster gibt es mit Rollladen aus Kleinprofil, mit Außenrollo, Innenjalousette oder Innenrollo als Sonnen- und Wärmeschutz. Die Fenster werden auch mit Isolierglas, auf Wunsch sogar mit Ornamentglas geliefert.

Dachreparaturen

Ein beschädigtes Dach sollte man umgehend reparieren, denn eindringendes Wasser führt schnell zu Schäden, die nur mit viel Aufwand behoben werden können.

Gesprungene Dachziegel kann man leicht auswechseln, denn sie werden nur in die Dachlatten eingehängt. Kann man die schadhafte Stelle nicht direkt erreichen, entfernt man so viele Dachziegel, daß man auf den Dachlatten nach oben steigen kann, bis man die beschädigten Ziegel erreicht. Dabei sollte man sich anseilen und von einem Helfer sichern lassen.

Wenn man angemauerte Firstziegel auswechseln muß, schlägt man sie und die Mörtelreste mit Hammer und Flachmeißel möglichst vorsichtig los, damit man angrenzende Ziegel nicht beschädigt. Die neuen Firstziegel mörtelt man mit einem Gemisch aus Zement, Kalk und Sand (im Verhältnis 1:2:10) an.

Bei neueren Konstruktionen sind die Austauscharbeiten etwas einfacher, denn die Firstziegel sind meist nur noch lose aufgelegt und aneinandergehängt.

Schwieriger wird es, wenn man im Giebelbereich einen Ziegel erneuern muß, der unter einem Schirmbrett (Windborde) liegt. Man nimmt dann seitlich so viele Ziegel heraus, bis man den Ziegel entfernen kann.

Fehlen die Schirmbretter, sind die Ziegel im Bereich des Giebels oft angemörtelt. Dann schlägt man mit Hammer und Meißel die schadhaften Ziegel heraus und reinigt die Giebelmauer von Schmutz und Mörtelresten. Die neuen Ziegel setzt man mit einem Kalk-Zement-Mörtel (siehe oben) an. Um einen guten optischen Abschluß zu erhalten, streicht man den Mörtelrand an der Giebelmauer mit dem Reibebrett glatt (siehe *Putz*).

Wenn man Ziegelteile auswechseln muß, schneidet man die Ersatzziegel mit einem Winkelschleifer auf Maß zu. Bemerkt man beim Auswechseln von Ziegeln, daß Dachlatten unter den Ziegeln naß und stockig geworden sind, muß man sie erneuern. Man deckt zu diesem Zweck die Ziegel so weit wie nötig ab und sägt die betreffenden Dachlatten ab. Die neuen Dachlatten befestigt man mit rostgeschützten Nägeln. Dann hängt man die Dachziegel wieder ein.

Sind Schirmbretter oder Untersichtbretter im Giebelbereich verfault, muß man sie auswechseln, damit der Schaden nicht auf Pfetten und Sparren übergreift. Man nimmt die beschädigten Bretter heraus und benutzt sie als Schablonen. Ohne aufwendiges Nachmessen kann man dann aus dem neuen Holz die richtigen Größen herausschneiden. Die neuen Bretter kann man annageln oder anschrauben und dann nach Belieben lackieren (siehe dort).

Wenn man auf einer Leiter arbeitet, muß man dafür sorgen, daß sie sicher steht (siehe *Leitern*).

Damespiel

Dame spielt man zu zweit auf einem Brett mit achtmal acht Spielfeldern, die abwechselnd schwarz und weiß gefärbt sind. Außerdem braucht man zwölf weiße und zwölf schwarze runde Spielsteine. Ziel des Spiels ist es, mit möglichst vielen Steinen in die letzte Reihe des Gegners vorzudringen und ihm unterwegs möglichst viele Steine wegzunehmen.

Zu Beginn setzt man die zwölf schwarzen Steine auf die schwarzen Felder der ersten drei Querreihen; der Gegner setzt in gleicher Weise seine weißen Steine auf die schwarzen Felder der gegenüberliegenden Seite des Bretts. Die Steine dürfen nur auf schwarzen Feldern stehen oder fortbewegt werden. Beide Spieler ziehen nun abwechselnd je einen Stein diagonal nach vorn auf das nächste schwarze Feld. Der Spieler mit den schwarzen Steinen beginnt.

Wenn man mit seinem Stein vor dem Stein des Gegenspielers steht, hinter dem sich ein freies schwarzes

Feld befindet, kann man den Stein schlagen, indem man über ihn springt und ihn vom Brett nimmt. Steht man damit vor einem weiteren gegnerischen Stein, wird er ebenfalls geschlagen. So kann man in einem Zug mehrere Steine schlagen. Wenn man die Gelegenheit verpaßt, einen gegnerischen Stein zu schlagen, verliert man den betreffenden eigenen Stein. Erreicht man mit einem Stein ein Feld in der letzten Reihe (Grundlinie des Gegners), wird er zur „Dame", und man legt einen weggenommenen Stein der gleichen Farbe darauf. Mit einer Dame kann man vorwärts und auch rückwärts schräg nicht nur über ein Feld, sondern über beliebig viele unbesetzte Felder ziehen. Die Dame darf auch schlagen, ohne unmittelbar vor dem gegnerischen Stein zu stehen; allerdings kann sie, wie die anderen Steine, auch geschlagen werden.

Das Spiel ist beendet, wenn einer der beiden Spieler keine Steine mehr auf dem Brett hat.

Dämpfen

Bei Gemüse, Fisch und Obst, die in heißem Wasserdampf gegart werden, bleiben die Nährstoffe erhalten, die sonst in der Kochflüssigkeit verlorengehen; ebenso behalten die Speisen besser ihre Form und Farbe. Das Gargut liegt in einem Siebeinsatz über 3–5 cm kochendem Wasser in einem geschlossenen Kochtopf (bei Artischocken, Brokkoli u.ä. können die unteren Enden der Stiele ins Wasser tauchen). Dieses Verfahren ist auch besonders gut dafür geeignet, Beilagen wie Reis, Nudeln und Klöße aufzuwärmen.

Siehe auch *Schnellkochtopf; Wasserbad.*

Dauerwellen

Vor der Dauerwelle werden die Haare geschnitten oder die gespaltenen Haarspitzen egalisiert. Wenn die Haare auch getönt werden sollen, legt man zuerst die Dauerwelle und tönt anschließend. In der Gebrauchsanweisung für Heimdauerwellen ist angegeben, welcher Zeitraum dazwischenliegen muß; will man Strähnen machen, wartet man etwa vier Wochen. Es gibt besonders schonende Heimdauerwellen für gefärbte und gebleichte Haare; am besten läßt man sich im Fachgeschäft beraten, welches Präparat man verwenden soll.

Eine Dauerwellenpackung enthält eine alkalische Wellflüssigkeit (Emulsion), die den Haarschaft weich macht, damit er sich der Form des Lockenwicklers anpaßt, eine Fixierung (Shampoo), die das Haar in der neuen Wellenform festlegt, und eine genaue Gebrauchsanweisung. Manchen Packungen liegen auch Lockenwickler bei. Wenn man sie extra kaufen muß, schafft man sich eine ausreichende Anzahl nicht zu großer Lockenwickler an, um viele dünne Haarsträhnen eindrehen zu können. Bei mittellangem Haar braucht man mindestens 50 Lockenwickler. Die Gebrauchsanweisung sollte man schon einen Tag vor der beabsichtigten Dauerwelle lesen, um sicherzugehen, daß für die Anwendung alles bereit ist: Frottiertücher, Folienhandschuhe, ein Kamm (nicht aus Metall), Haarspitzenpapier und ein Frisierumhang zum Schutz der Kleidung.

Der Erfolg einer Dauerwelle hängt wesentlich davon ab, wie lange man die Wellflüssigkeit einwirken läßt. Je nach Beschaffenheit nimmt das Haar die Wellflüssigkeit schneller oder langsamer auf.

ACHTUNG!
Läßt man die Präparate zu lange einwirken, können die Haare schwer geschädigt werden.

Um die richtige Einwirkungszeit zu ermitteln, macht man 24 Stunden vor der Dauerwelle einen Test mit einer Haarsträhne genau nach den Angaben in der Gebrauchsanweisung. Falls empfohlen, sollte man gleichzeitig auch einen Allergietest machen. Dazu tupft man ein wenig Flüssigkeit auf die Haut der Ellbogenbeuge; eine Hautrötung zeigt eine allergische Reaktion an. Bei Verletzungen oder Entzündungen der Kopfhaut muß man die Dauerwelle auf einen späteren Zeitpunkt verschieben, bis die Kopfhaut wieder abgeheilt ist.

Man sollte eine Dauerwelle nur dann machen, wenn keine Störungen von außen zu erwarten sind. Beim Aufwickeln der Haare – besonders am Hinterkopf – braucht man meist Hilfe. Die Präparate dürfen auf keinen Fall in die Augen gelangen. Nicht aufgebrauchte Reste sind zu vernichten, denn man kann sie nicht wieder verwenden.

Eine Dauerwelle hält je nach Intensität der Anwendung und Länge des Haares drei bis sechs Monate.

Daumenlutschen

Das Daumenlutschen ersetzt das Saugen an der Mutterbrust und ist bis etwa zum zweiten Lebensjahr ein ganz natürlicher Vorgang. Besonders vor dem Einschlafen, bei Hunger, Langeweile, Angst, Spannungen und Unruhe sowie bei einer Änderung der äußeren Lebensumstände (z.B. Trennung von der Mutter) lutschen Kinder am Daumen. Eltern geben dem Kind statt dessen oft Gumminuckel (Sauger), weil dadurch Kiefer und Daumen geschont und Entzündungen am Daumen vermieden werden.

Wenn ein Kind auch nach dem zweiten Lebensjahr noch intensiv am Daumen lutscht, sollte man einen Kinderarzt um Rat fragen. Häufig sind seelische Gründe (z.B. Zärtlichkeitsmangel, Einsamkeit) die Ursache. Außerdem besteht die Gefahr einer Kieferverformung, die später nur noch vom Zahnarzt mit Hilfe einer Spange gerichtet werden kann.

Die beste Vorbeugung gegen das Daumenlutschen ist die ausgiebige Befriedigung des Saugbedürfnisses: Man sollte die Mahlzeiten bei Flaschenkindern auf 15–20 Minuten ausdehnen. Dies erreicht man leicht mit einem möglichst kleinen Loch im Sauger der Flasche. Außerdem sollte man Daumenlutscher nie beschimpfen oder auslachen. Auch Strafen sollte man vermeiden, da man dadurch seelischen Druck entweder hervorruft oder ihn nur noch schlimmer macht.

Deckenpaneele

Wand- und Deckenverkleidungen beeinflussen die optische Wirkung eines Raumes sehr stark. Deshalb muß man gründlich überlegen, in welche Richtung der Raum durch eine Längsstruktur der Verkleidung scheinbar vergrößert werden soll. Scheinbalken (vorgetäuschte, aufgesetzte Balken) verstärken diese Wirkung. Grundsätzlich werden alle flächendeckenden Holzdecken auf Lattenunterlagen, die vorher angebracht werden, montiert (siehe *Unterkonstruktionen*).

Es gibt furnierte Paneele in Standardbreiten von 13 und 19 cm und Längen von 260–500 cm in fast allen gängigen Holzarten, fertig lackiert, teilweise auch gebeizt. Häufig erhält man auch Sonderangebote mit kurzen Längen; diese können sehr dekorativ wirken, wenn man sie in der Länge so zusammenfügt, daß die Längsstöße ein harmonisches Muster bilden.

Paneele sind beidseitig genutet und werden mit losen Federn verbunden. Paneele befestigt man am besten mit passenden Montageklammern (A), die man allerdings extra bezahlen muß.

Vorgefertigte Scheinbalken gibt es in verschiedenen Abmessungen. Man kann sie an die Decke montieren und die Zwischenräume mit einem dekorativen Putz versehen (B), tapezieren oder Paneele (C) oder eine Stulpschalung (siehe *Nut und Feder*) einsetzen. Zierstäbe zwischen den einzelnen Paneelen lassen die Decke plastisch wirken und betonen die Länge des Raumes; man kann sie einnuten oder aufsetzen (D).

Plattendecken (E) werden aus furnierten, kunststoffbeschichteten, textilbespannten oder tapezierten Holzwerkstoffen hergestellt. Man kann das Format so wählen, daß keine bestimmte Raumrichtung betont wird. Die Fläche wird durch die Sichtnuten aufgeteilt, die die Plattenkanten bilden. Im Beispiel ist links eine Abschlußleiste angebracht; man kann die Platten aber auch bis zur Wand führen, wie es rechts angedeutet ist.

Kassettendecken sind Verkleidungen, deren Felder (Kassetten) tiefer liegen als die Rahmen oder Friese. Sie werden von Profilleisten oder Scheinbalken umrahmt. Die Ausführung ist sehr aufwendig, man sollte deshalb einen Fachmann beauftragen.

Mit abgehängten Decken kann man störende Leitungen verdecken oder die Raumhöhe mindern (siehe *Unterkonstruktionen*).

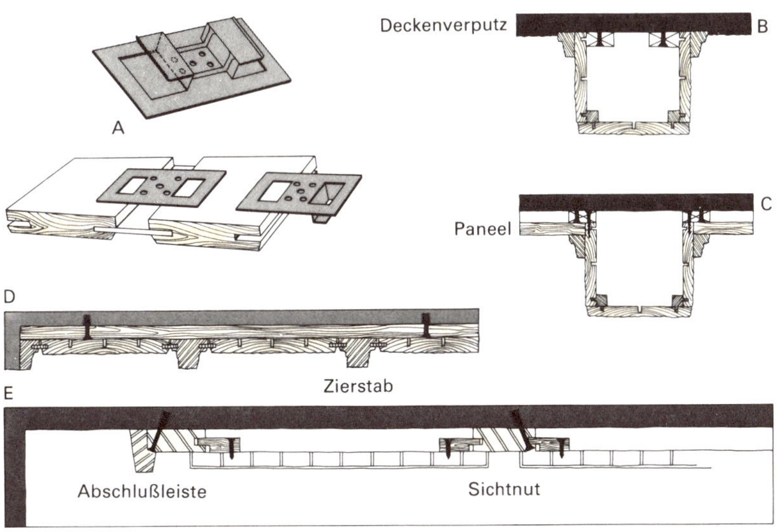

Découpage

Découpage (das Wort stammt aus dem Französischen und bedeutet Herausschneiden) ist eine Technik, bei der Bilder ausgeschnitten, zu einem Muster zusammengestellt, auf Holz, Glas, Metall oder Porzellan geklebt und dann mit Lackschichten überzogen werden. Als Werkzeug braucht man eine Schere, eine kleine Nagelschere, einen Schwamm, einen Pinsel, einen Sperrgrund (Acryllack in Spraydosen oder eine Lösung aus drei Teilen Schellack und einem Teil Alkohol), einen Polierstahl oder kleinen Löffel, Weißleim, eine Gummiwalze oder einen Nudelroller aus der Puppenküche, Granatpapier der Körnung 240 und Naßschleifpapier der Körnung 400 sowie Klarlack und ein Staubbindetuch (siehe dort).

Für Découpagen eignen sich alle Gegenstände mit glatter Oberfläche, z.B. Tische, Kästchen, Papierkörbe, Schalen sowie Lampengestelle und Lampenschirme. Die Bilder oder Bildelemente kann man aus Büchern, Kunstdrucken, Katalogen, Geschenkpapieren, Glückwunschkarten oder auch Samenpäckchen ausschneiden. Man wählt möglichst Bilder mit feinen Details auf dünnem Papier.

Bevor man ausschneidet, werden die Papiervorlagen versteift, indem man zweimal Sperrgrund aufträgt. Die Grundformen schneidet man mit der Schere aus, kleinere Details mit der Nagelschere. Bei stärkeren Vorlagen hält man die Schere schräg, um die Schnittkanten abzuflachen.

Arbeitstechnik Holzflächen werden mit Granatpapier glattgeschliffen (siehe *Schleifen*) und dann mit dem Staubbindetuch entstaubt. Dann beizt man sie (siehe *Holzoberflächen*) und schützt sie mit Sperrgrund. Erhält der Gegenstand einen Farbanstrich, trägt man zuerst den Sperrgrund und dann die Farbe auf. Gegenstände aus Metall werden zunächst entrostet, mit einem Rostschutzmittel versehen, mit Sperrgrund behandelt und dann gestrichen.

Wenn man die einzelnen Bildelemente zusammenstellt, kann man sie vorläufig mit Klebepunkten (Hafties) fixieren und die Anordnung ändern, bis man mit dem Motiv zufrieden ist. Dann nimmt man die Ausschnitte wieder ab, trägt Kleber (bei Holz Weißleim, bei Metall und Porzellan Alleskleber) auf die Rückseite auf und entfernt die Klebepunkte. Nun setzt man zunächst die großen Teile, dann die kleineren und die sich überlappenden Ausschnitte auf. Leim- und Luftblasen werden mit den Fingern ausgestrichen; überschüssigen Weißleim entfernt man mit einem feuchten Schwamm.

Dann legt man ein feuchtes Tuch auf das Muster und glättet es mit der Gummiwalze oder dem Nudelroller von der Mitte zu den Rändern hin. Nun läßt man den Weißleim etwa zwei bis drei Stunden trocknen. Danach werden die Ränder der Ausschnitte mit dem Polierstahl oder der Rundung eines kleinen Löffels angedrückt.

Nun erhält das Bild zehn Überzüge aus Klarlack, die man jeweils 24 Stunden trocknen läßt; vor jedem frischen

Überzug wird die Fläche mit dem Staubbindetuch entstaubt. Dann legt man ein Stück Naßschleifpapier der Körnung 400 um einen kleinen Schwamm, taucht es in Seifenwasser und zieht die Fläche ab, bis sie glatt und matt ist.

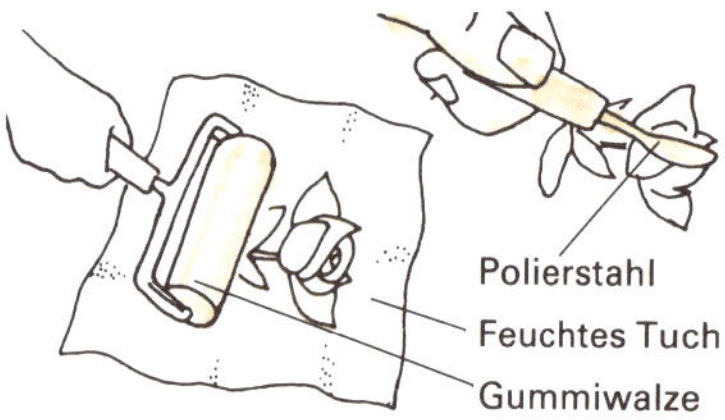

Anschließend wird noch sechs- bis zehnmal Klarlack aufgetragen, wobei man nach jedem dritten sowie nach dem letzten Auftrag jeweils naß und nach den anderen Aufträgen trocken nachschleift. Zuletzt wird die Fläche mit feinster Stahlwolle abgezogen, mit einem Gemisch aus 1 Teil Bimsmehl und 2 Teilen Leinöl auf einem weichen Lappen abgerieben und mit Wachs auspoliert.

Depression

Die meisten Menschen haben gelegentlich depressive Stimmungen; krankhaft sind sie jedoch erst, wenn sie lange Zeit anhalten oder besonders schwere Formen annehmen. Häufig kann man eine Ursache erkennen, manchmal gibt es aber keinen offensichtlichen Grund. Depressionen treten oft phasenweise auf und vergehen dann wieder, manchmal allerdings erst nach Wochen und Monaten.

Die Symptome sind mangelndes Selbstwertgefühl, Hemmungen, Apathie, schlechte Arbeitsleistung, häufiges, oft grundloses Weinen, Appetit- und Schlaflosigkeit, Konzentrationsschwäche und Launenhaftigkeit. In schweren Fällen kann sogar Selbstmordgefahr hinzukommen. Ursache sind oft Schicksalsschläge wie z.B. ein Todesfall, eine Scheidung oder Arbeitslosigkeit. Bei Frauen gibt es eine besondere Anfälligkeit vor Beginn der Regelblutung und in den Wechseljahren.

Bei Depressionen ist es sehr wichtig, daß der Betroffene versucht, ein normales Leben zu führen. Die Erfahrung, daß er schon einmal eine depressive Phase überstanden hat, kann dabei eine wichtige Stütze sein.

Kalte Halbbäder nach dem Aufwachen können stimmungsaufhellend wirken: Die Badewanne schon am Abend fast bis zur Hälfte mit kaltem Wasser füllen und am Morgen, um keine Körperwärme zu verlieren, sofort – zuerst mit dem rechten, dann mit dem linken Fuß – in die Wanne steigen, sich hinsetzen, langsam ausatmen und dabei Bauch und Beine mit den Händen abreiben. Nach zehn Sekunden die Wanne verlassen und sich dann bis zur völligen Wiedererwärmung nochmals ins warme Bett legen. Auch ein Beruhigungstee aus 25 g Johanniskraut, 20 g Melissenblättern, 20 g Hagebutten und 10 g Hopfenzapfen kann die Stimmung günstig beeinflussen.

Wenn die Depressionen länger als etwa zwei Wochen unverändert anhalten und der allgemeine Gesundheitszustand des Betroffenen gefährdet ist, sollte unbedingt ein Arzt oder Psychotherapeut aufgesucht werden. Außerdem sollte der Betroffene versuchen, in Gesprächen mit Familienangehörigen oder Freunden die Ursache für die Depression herauszufinden. Die Angehörigen ihrerseits sollten dem Betroffenen das Gefühl vermitteln, daß sie seine Depression ernst nehmen, ihn lieben und brauchen. Bei Anzeichen von Selbstmordgefahr ist ein Arzt zu verständigen.

Siehe auch *Angst; Schlafstörungen.*

Diaprojektor warten

Diaprojektoren entwickeln sehr viel Wärme, deshalb sollte man darauf achten, daß das Gerät immer ausreichend Kühlluft erhält. Sollte der Gebläsemotor defekt sein, sofort das Gerät ausschalten und zur Reparatur bringen. Überhitzt sich der Projektor bei laufendem Gebläse, prüft man, ob er ausreichend Kühlluft von unten erhält; eventuell ist der Lufteintritt durch einen Gegenstand behindert.

Lampe brennt nicht Bei gezogenem Netzstecker den festen Sitz der Lampe im Sockel überprüfen, ebenfalls die Gerätesicherung, sonst Lampe austauschen.

Objektiv reinigen Damit das Projektionsbild stets scharf ist, muß man die Frontlinse des Objektivs regelmäßig mit einem fusselfreien Tuch oder einem Lederläppchen reinigen. Gelegentlich mit einem Pinsel Kondensorlinse, Wärmefilter und Spiegel im Innern des Geräts von Staub befreien. Dabei Netzstecker ziehen.

Nach Benutzung immer Schutzdeckel vor das Objektiv setzen.

Dia klemmt Ein zu dickes oder verbogenes Dia kann im Wechselmechanismus verklemmen. Das Dia von Hand oder mit einer Pinzette vorsichtig lösen. Ist der Transportmechanismus eines automatischen Diaprojektors bzw. die elektronische Steuerung defekt, sollte man nicht versuchen, den Fehler selber zu beheben, sondern das Gerät zum Fachhändler bringen.

Diarahmen

Wenn der Diaprojektor für längere Zeit benutzt wird oder wenn man ein einzelnes Dia sehr lange projiziert, kann es vorkommen, daß das Bild nach hinten oder vorne „springt" und dadurch unscharf wird. Das geschieht bei Dias in Papp- oder Plastikrähmchen ohne Glas. Autofocusprojektoren stellen die Schärfe automatisch nach, bei anderen Geräten muß man dies selbst tun.

Diarähmchen mit Glas haben aber auch ihre Tücken: Wenn man die Bilder in die Rahmen steckt, muß man Glas und Film mit einem fusselfreien Tuch oder Pinsel sorgfältig reinigen, damit winzige Staubpartikel bei der Projektion nicht stören.

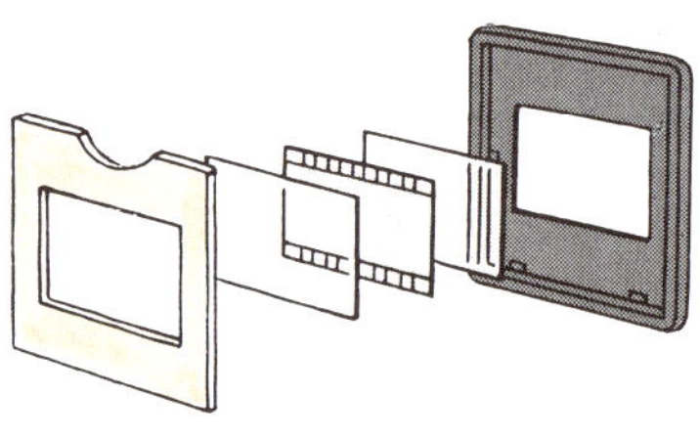

Diavorführung

Eine gelungene Diavorführung setzt eine sorgfältige Vorbereitung voraus. Auch dem gutwilligsten Gast sollte man z.B. die Ausbeute des letzten Urlaubs nicht vom ersten bis zum letzten Bild lückenlos vorführen. Schlechte

Bilder, ganz gleich, ob technisch oder gestalterisch mißlungen, gehören nicht ins Diamagazin. Auch dann nicht, wenn sie für den Fotografen selbst einen gewissen Erinnerungswert besitzen. Der Zuschauer sieht nur das schlechte Bild und langweilt sich. Es nützt ihm wenig, wenn ihm dabei berichtet wird, wie hübsch das Panorama in Wirklichkeit sei und daß es auf dem Bild leider nicht so richtig zum Ausdruck komme.

Leuchttisch Zum Vorsortieren der Dias kann sich ein Leuchttisch als sehr nützlich erweisen. Leuchttische – eine Opalglasscheibe mit einer Lampe dahinter in einem flachen Kasten – kann man in verschiedenen Größen im Fotohandel kaufen. Zur Not läßt sich dieses Hilfsmittel auch improvisieren, indem man eine Glasplatte, etwa von einem Nachttisch, auf zwei Bücherstapel rechts und links setzt und mit einem Bogen Transparentpapier aus einem Geschäft für Zeichenbedarf beklebt. Unter die Glasplatte stellt man eine kleine Lampe, etwa eine Nachttischlampe. Darauf kann man seine Dias auslegen, schlechte Aufnahmen aussortieren und die Bilder bequem in die Reihenfolge bringen, in der man sie seinen Zuschauern präsentieren will.

Diashow aufbauen Die Anordnung der Bilder hängt natürlich vom Thema ab. Wenn es sich um einen Arbeitsablauf handelt, ist die Auswahl einfach, da die Abfolge der Bilder vorgegeben ist. Handelt es sich z.B. um ein allgemeineres Thema, etwa um den Urlaub, muß man sich einen roten Faden einfallen lassen, eine Geschichte beispielsweise, die man in Bildern erzählt. Den Urlaubsverlauf könnte man chronologisch darstellen.

Man muß nicht unbedingt ein Perfektionist sein, wenn man für Anfang und Ende der Vorführung einen optischen Gag sucht. Wer etwas Aufwand nicht scheut, kann sogar ein Titeldia malen oder eine Collage (siehe dort) zusammenstellen, diese abfotografieren und an den Anfang der Projektion stellen. Einschübe wie Landkarten lockern eine Vorführung auf und dienen der Information. Wer seine Gäste besonders beeindrucken will, gestaltet ein Tonband mit Musik, Geräuschen und einem Kommentartext (siehe *Tonbandgeräte*).

Projektionswand Alle Zuschauer sollten die Projektionswand bequem betrachten können. Als Projektionswand läßt sich jede weiße Wand benützen. Praktischer sind spezielle Projektionswände, die man entweder an einen Haken in der Wand hängt oder die man auf einem zur Konstruktion gehörenden Stativ aufstellt. Der Raum soll so abgedunkelt sein, daß kein störendes Licht auf die Projektionswand fällt.

Dicke hobeln

Kanthölzer, Bohlen oder Bretter, die bereits abgerichtet sind und bestoßene Kanten haben (siehe *Abrichten; Bestoßen*), kann man auf genaue „Dicke hobeln". Man stellt im Streichmaß (siehe *Werkzeuge im Haus*) die gewünschte Holzdicke ein und reißt sie auf den Kanten ringsum an. Mit Schlichthobel und Rauhbank (siehe *Werkzeuge im Haus*) wird dann der Überstand abgehobelt. Die Fläche bzw. Kante muß absolut plan zur Bezugsfläche liegen. Mit einer Dickenhobelmaschine kann das gewünschte Maß in einem Arbeitsgang erreicht werden.

Die exakte Breite der Werkstücke erreicht man auf dieselbe Weise.

Diebstahlsicherung

Alle Fahrzeuge besitzen serienmäßig eine Diebstahlsicherung an Lenkrad oder Schalthebel. Diese genügt aber oft nicht, um einen Diebstahl zu verhindern. Deshalb sollte man das Auto beim längeren Parken, z.B. am Urlaubsort, zusätzlich sichern.

Am wirksamsten ist eine massive Stange, die zwischen Bremspedal und Lenkung eingesetzt und mit einem Schließzylinder gesichert wird. Wegfahren oder Lenken ist unmöglich. Die gut erkennbare Sicherung verrät einem Dieb, daß ein Versuch sinnlos wäre.

Unter der Motorhaube kann man den Verteiler öffnen, den Verteilerfinger herausnehmen und sicher verwahren. Manche Autofahrer bauen sich auch eine Trickschaltung ein, indem sie die Versorgungsleitung zwischen Zündspule und Verteiler über einen versteckt angebrachten Schalter führen. Unterbricht der Schalter die Zün-

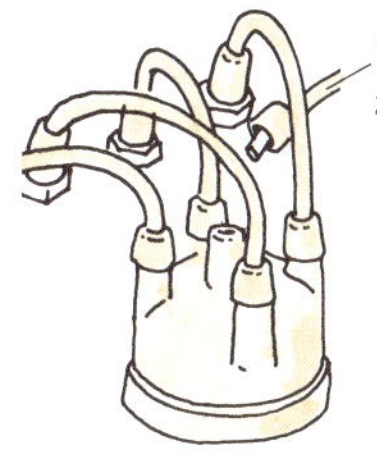

dung, funktionieren Anlasser und Lichtanlage wie gewöhnlich, der Motor springt allerdings nicht an, und der Dieb wird nach mehreren Startversuchen aufgeben. Bei elektronischen Zündungen darf man diese Technik aber nicht anwenden, da sonst das Schaltgerät der Zündung durchbrennt. Hier muß man die Stromversorgung des Zündgeräts über den Schalter führen.

Diesel im Winter

Dieselfahrzeuge sind im Winter nicht unproblematisch. Obwohl in den Herbstmonaten alle Tankstellen rechtzeitig auf Winterdiesel umstellen, der ein besseres Fließverhalten besitzt, verschlechtert sich bei Temperaturen ab etwa −12 °C das Fließverhalten so weit, daß der Motor zwar noch anspringt, aber bereits nach einigen Fahrkilometern stehenbleibt. Das liegt daran, daß im Diesel Paraffin ausgeschieden wird, das den Filter zusetzt.

Den Versulzungseffekt des Diesels kann man wirkungsvoll bekämpfen, indem man ihm Fließverbesserer oder Normalbenzin beigibt. Normalbenzin ist dabei besonders kostengünstig und kann bis zu 30 % dem Dieselkraftstoff beigefügt werden.

In besonders strengen Wintern gibt es trotz Zugaben von Normalbenzin erhebliche Probleme mit dem Dieselkraftstoff. Zur Zeit gibt es am Markt ein neuartiges Zubehör, und zwar die Dieselfilterheizung, die den Dieselkraftstoff bis auf etwa 15 °C erwärmt.

Domino

Gespielt wird meist zu zweit mit einem Satz von 28 rechteckigen Steinen aus Bein, Elfenbein, Kunststoff oder Holz. Die Vorderseite dieser Dominosteine ist durch eine Mittellinie in zwei Hälften aufgeteilt. Auf jeder Hälfte befinden sich Punkte oder Augen wie bei einem Würfel; einige Hälften sind leer. Die Anzahl der Augen zeigt den Wert des Steins an; die leeren Hälften entsprechen der Punktzahl Null.

Alle Dominosteine werden verdeckt – mit der Zahlenseite nach unten – auf den Tisch gelegt und sorgfältig gemischt. Dann nimmt jeder Spieler acht Steine aus dem Haufen heraus und stellt sie so vor sich auf, daß der Gegner die Augen nicht sieht.

Wer den höchsten Pasch (einen Stein mit gleicher Augenzahl auf beiden Hälften) besitzt, legt ihn offen auf den Tisch. Hat niemand einen Pasch, werden alle Steine wieder gemischt und neu verteilt. Liegt ein Pasch auf dem Tisch, muß der Gegner einen seiner Steine an ihn anlegen, der auf einer Hälfte die gleiche Augenzahl besitzt wie der Pasch. Wenn beispielsweise ein Pasch mit sechs Augen ausgespielt wurde, muß der Gegner einen passenden Stein mit sechs Augen auf einer Hälfte anlegen. Ein Pasch wird quer in die Reihe gelegt; andere Steine legt man fortlaufend Ende an Ende oder, wenn auf dem Tisch kein Platz mehr ist, im rechten Winkel an.

Die Spieler kommen abwechselnd an die Reihe. Wenn man keinen passenden Stein besitzt, muß man so lange einen Stein aus dem Haufen nehmen, bis er sich anlegen läßt. Hat man bereits alle Steine aus dem Haufen genommen, ohne anlegen zu können, muß man passen. Der erste Spieler, der „Domino" gemacht hat, d.h., der keine Steine mehr hat, ist Sieger. Er bekommt so viele Punkte, wie die Steine des Gegners Augen zählen. Wenn beide Spieler nicht mehr anlegen können, werden die Steine offen hingelegt und die Augen gezählt. Wer die wenigsten Augen hat, hat gewonnen.

Man sollte also bei Domino darauf achten, daß man sich möglichst früh der hohen Nummern (6/6; 6/5 usw.) entledigt, um zum Schluß eine niedrige Augenzahl zu haben.

Dörren

Man wählt nur reifes, unbeschädigtes Obst und Gemüse aus und wäscht es sorgfältig. Auch Gemüse und Obst, das man üblicherweise mit der Schale ißt, wird geschält und in 3–6 mm dikke Scheiben (z.B. Äpfel, Karotten) oder etwa 3 cm große Stücke (grüne Bohnen) geschnitten. Aprikosen, Pfirsiche u.ä. werden nach dem Blanchieren (siehe unten) halbiert und entkernt. Erbsen, Spargel und kleine Pilze trocknet man im Ganzen. Früchte wie Äpfel, Birnen, Bananen und Pfirsiche taucht man in unverdünnten Zitronensaft, damit sie sich nicht verfärben. Man kann sie auch zwei bis drei Minuten lang in eine Lösung aus 3 Teel. Askorbinsäure auf ¼ l Wasser eintauchen.

Blanchieren Die meisten Früchte und Gemüsesorten mit Ausnahme von Zucchini, Pilzen, Zwiebeln, Paprikaschoten, Bananen, Feigen, Weintrauben und Pflaumen sollten vor dem Trocknen blanchiert werden. Man gibt das Blanchiergut in ein Metallsieb oder einen Drahtkorb und setzt es über einen Topf, der etwa 5 cm hoch mit kochendem Wasser gefüllt ist. Einen Deckel aufsetzen und den Korbinhalt laut Tabelle (rechts) im Dampf blanchieren; dann kaltes Wasser darüberfließen lassen. Früchte wie Pfirsiche und Tomaten, deren Haut erst nachher abgeschält wird, kann man auch in kochendem Wasser blanchieren (siehe *Blanchieren*).

Trocknen Je schneller getrocknet wird, desto mehr Vitamine bleiben erhalten; auch gibt es kaum Schäden durch Bakterien oder Feuchtigkeit. Zu hohe Temperaturen zerstören andererseits die Vitamine. Empfohlen werden Temperaturen um 50 °C. Bei sehr heißer und trockener Witterung (mit Tagestemperaturen über 32 °C) kann man die vorbereiteten Früchte und Gemüsesorten auf Roste aus Holzlatten oder Kunststoffgitter auslegen (kein Metall verwenden) und an einen sonnigen Platz stellen. Mindestens einmal am Tag das Trockengut wenden. Nachts mit Plastikfolie abdecken oder ins Haus bringen. Die meisten Gartenfrüchte trocknen innerhalb von drei bis fünf Tagen. Schlägt das Wetter um, wird im Haus fertiggetrocknet.

Diese Methode hat einige Nachteile: Je länger die Lebensmittel der Luft und der Sonne ausgesetzt sind, desto mehr Vitamine gehen verloren. Auch besteht die Gefahr der Verschmutzung. Am einfachsten ist es, im Backofen zu trocknen. Er wird auf etwa 65 °C vorgeheizt, dann breitet man das Trockengut in einfacher Schicht auf mit Backpapier ausgelegte Roste; diese werden so in den Ofen geschoben, daß Zwischenräume von mindestens 10 cm frei bleiben. Die Tür des Backofens läßt man einen Spalt offen (Holzlöffel einklemmen) und läßt den Backofen auf 50 °C abkühlen. Von Zeit zu Zeit wird das Trockengut umgeschichtet, damit es gleichmäßig trocknen kann.

Eine Frucht ist trocken, wenn sie lederartig wirkt und keine Spuren von Feuchtigkeit zeigt, wenn man sie zusammendrückt. Die meisten Gemüsesorten sind nach dem Trocknen brüchig und rascheln, wenn man sie auf dem Papier hin und her schiebt (siehe auch Tabelle).

Produkt	Blanchieren im Dampf/Min.	Trocknen/ Stunden
Äpfel	5	6–12
Aprikosen	3–4	10–36
Auberginen	3	12–14
Bananen		6–24
Birnen	6	10–36
Blumenkohl	4	12–15
Brokkoli	3–3½	12–15
Erbsen	3	8–10
Grüne Bohnen	2½	8–18
Karotten	3½	10–12
Kohl	2½	10–12
Pfirsiche	8	32–38
Tomaten	3	10–18
Weintrauben		6–20
Zucchini		4–12

Lagerung Damit das Trockengut nicht verdirbt, wird es 15 Minuten lang im Backofen bei 80 °C pasteurisiert. Dann läßt man es fünf bis zehn Tage lang in einer zugedeckten Schale oder einem Glas stehen und schichtet es zweimal täglich um. Falls dann noch Feuchtigkeit kondensiert, wird der Inhalt nochmals einige Stunden lang nachgetrocknet. Getrocknete Lebensmittel lagert man in luftdicht verschlossenen Behältern an einem kühlen, dunklen Platz. Trockengemüse hält sich im allgemeinen sechs Monate, getrocknete Früchte ein Jahr.

Siehe auch *Kräuter konservieren*.

Drachen basteln

Um einen Drachen zu basteln, braucht man lediglich zwei Vierkantholzstäbe mit 5 × 10 mm Querschnitt, eine dünne Schnur, Alleskleber oder Klebeband und Material für die Bespannung. Die Holzstäbe sollen leicht, fest und geradfaserig sein. Man

ACHTUNG!
Für Drachen niemals Metallfolie oder Metallteile verwenden. Drachen nie in der Nähe von Starkstromleitungen steigen lassen; wenn sich ein Drachen in einer Leitung verfangen hat, dort hängen lassen. Kinder stets beaufsichtigen, wenn sie Drachen steigen lassen.

bekommt sie in Bastelgeschäften. Die Stäbe werden an beiden Enden eingekerbt und in der gezeigten Weise zusammengebunden. Die Abmessungen stehen für alle Größen des abgebildeten Drachentyps im gleichen Verhältnis zueinander: Der Längsstab ist um ein Drittel länger als der Querstab; am Kreuzungspunkt ragt der Längsstab mit einem Viertel seiner Länge über den Querstab hinaus. In die Kerben wird eine Umspannungsschnur eingelegt und verknotet.

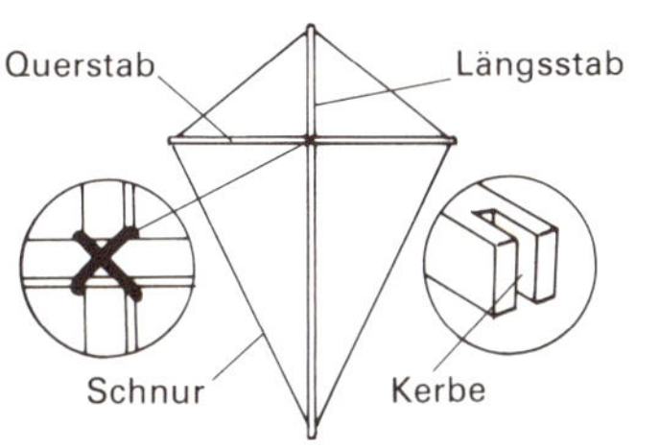

Das festeste Material für die Bespannung ist Nylon, das einfachste leichtes Drachenpapier. Man legt das Drachengestell auf die Bespannung und schneidet das Material 2,5 cm außerhalb der Umspannungsschnur ab. Die Ecken werden in der gezeigten Weise eingeschnitten; dann legt man die Kanten um die Schnur und befestigt sie mit Klebeband oder Klebstoff.

Wenn man dünne Plastikfolie als Bespannung verwendet, wird sie etwa 7 cm außerhalb der Umspannungsschnur zugeschnitten und an den Rändern doppelt gelegt, bevor man sie über die Schnur umschlägt.

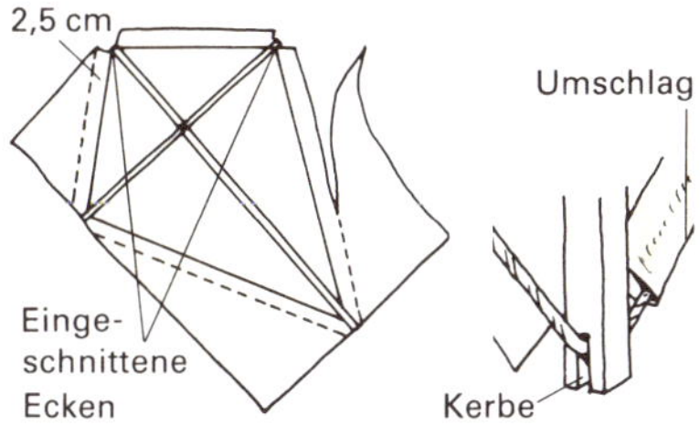

An der Oberseite des Drachens befestigt man an beiden Enden des Querstabs eine Schnur und spannt sie so straff, daß sich der Querstab um etwa 7–10 cm durchbiegt. An der Unterseite des Drachens wird über dem Kreuzungspunkt der Stäbe ein Stück Klebeband oder Bespannungsmaterial als Verstärkung geklebt. In diese Verstärkung sticht man ein Loch, zieht ein Ende einer Schnur hindurch und verknotet es am Kreuzungspunkt der Stäbe. Um die Länge dieser als Waage bezeichneten Schnur zu ermitteln, führt man sie zum einen Ende des Querstabs, hält sie dort fest und führt sie weiter zum unteren Ende des Längsstabs. Dort wird sie angebunden; der Rest wird abgeschnitten. An der Stelle, wo die Waage das Ende des Querstabs berührt, wird die Steigleine eingebunden.

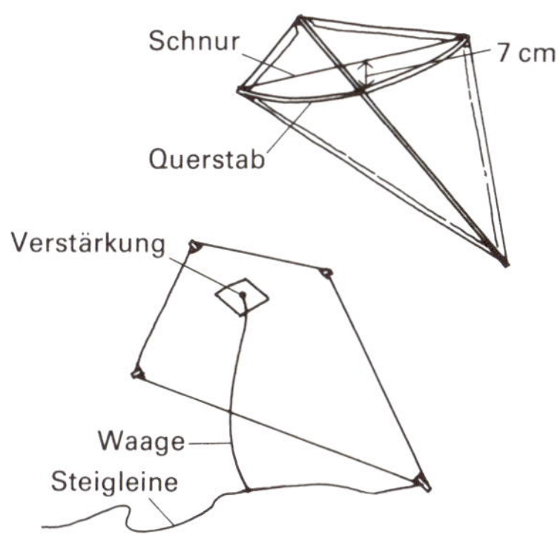

Sollte der Drachen bei starkem Wind taumeln und stürzen, befestigt man einen Schwanz am unteren Ende des Längsstabs. Der Schwanz besteht aus Schnur, in die man im Abstand von etwa 15 cm rund 10 cm lange Stoff- oder Papierstreifen einbindet. Wie lang der Schwanz sein muß, probiert man aus.

Drechseln

Das Holzdrechseln ist eine der ältesten Techniken der Holzbearbeitung. Eine Holzdrehbank ist sehr teuer, und die Anschaffung lohnt sich nur, wenn man viel drechselt. Doch es gibt auch preiswerte Zusatzgeräte zur Handbohrmaschine.

Das Drehbankbett muß fest mit der Werkbank verschraubt werden, und auf das Drehbankbett montiert man die Bohrmaschine mit feststehendem Spindelstock sowie den Reitstock und die Werkzeugauflage, die verstellbar sind. Man richtet sich in jedem Fall genau nach der Montageanleitung des Herstellers.

Das Werkstück wird zwischen Spindelstock und Reitstock eingespannt. Die Drechslereisen legt man auf der Werkzeugauflage auf; das Werkstück dreht sich gegen die Werkzeugschneide. Flache Drehteile, z.B. Teller, Schalen oder Deckel, befestigt man auf der Planscheibe, die in den Spindelstock gespannt wird. Sehr flache Teile leimt man mit Papierzwischenlage auf einen Holzklotz, den man auf die Planscheibe schraubt. Die Papierlage hält das Werkstück zwar zum Bearbeiten fest, es läßt sich aber nachher mühelos lösen, indem man sie spaltet.

Die Werkzeugauflage stellt man so hoch ein, daß die Spitze des Werkzeugs das Drehteil etwas oberhalb der gedachten Mittellinie berührt. Vertiefte Konturen schneidet man mit der Drehröhre heraus, gewölbte und gerade mit der Drehröhre und dem Flachmeißel; gerade Kanten dreht man mit dem Flach- und Abstechmeißel. Das

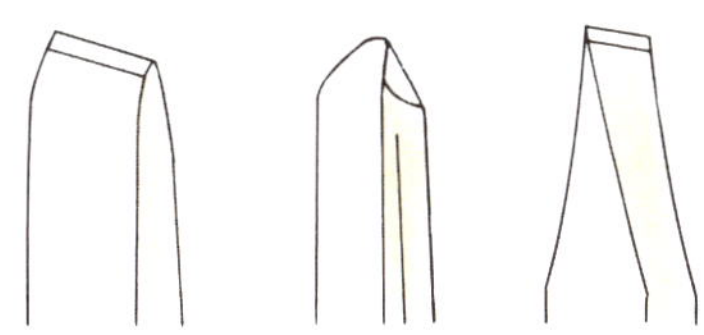

fertige Drehteil wird bei laufender Maschine geschliffen.

Zum Schluß dreht man das Werkstück an beiden Enden mit dem Abstechmeißel bis auf dünne Bolzen in der Mitte des Teils ab. Diese sägt man dann bei stehender Maschine vorsichtig durch.

Drehkippbeschlag

Ältere Fenster sind häufig nur mit Drehbeschlägen versehen, so daß man sie zum Lüften nicht kippen kann. Doch man kann die alten Beschläge leicht durch Drehkippbeschläge ersetzen. Es gibt z.B. Drehkippbeschläge, die aufgeschraubt (A) oder eingebohrt werden. Die aufschraubbaren Beschläge sind am einfachsten zu montieren. Zuerst bringt man die Beschlagteile am Flügel an und überträgt dann ihre Position auf den Rahmen (B). Man muß darauf achten, daß der Flügel ringsum genügend Luft hat, d.h. frei läuft.

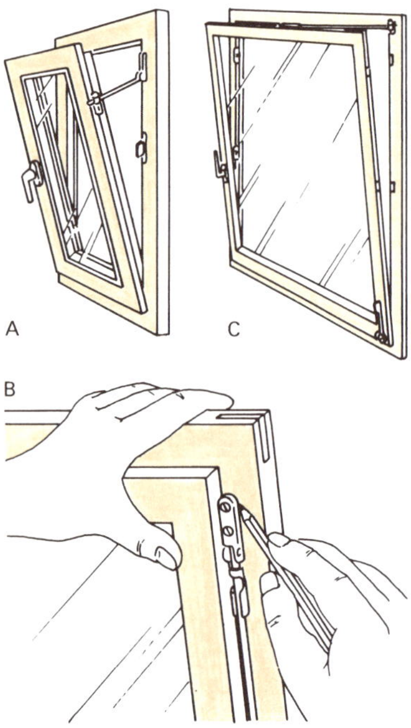

Für größere Flügel eignet sich ein stabiler Drehkippbeschlag, der mit Bohrzapfenbändern angeschlagen wird; die Funktionsteile (Bänder, Schere und Stangen) sind sichtbar (C). Der Eckantrieb befindet sich an der dem Fenstergriff gegenüberliegenden unteren Flügelecke.

Drogenabhängigkeit

Alle Substanzen, die das Befinden eines Menschen, seine Stimmungen, Wahrnehmungen und Gefühle beeinflussen, können durch Mißbrauch zu einer Abhängigkeit führen. Dies trifft also nicht nur für Rauschmittel wie Haschisch, LSD, Heroin und Kokain zu, sondern auch für alle Arzneimittel (z.B. Schlaf-, Beruhigungs- und Schmerzmittel) sowie Alkohol und Nikotin (siehe *Rauchen aufgeben*).

Man unterscheidet bei übermäßigem Drogenkonsum zwischen einer körperlichen und einer seelischen Abhängigkeit. Seelisch abhängig ist man, wenn man nur noch mit Hilfe einer Droge das innere Gleichgewicht wiederherstellen kann. Körperliche Abhängigkeit ist erreicht, wenn sich der Körper so an das Mittel gewöhnt hat, daß er ohne es nicht mehr normal funktionieren kann. Wird die Droge plötzlich abgesetzt, können sich quälende Entzugserscheinungen einstellen, z.B. Erbrechen, Schweißausbrüche, Erregungszustände, quälende Kopf- und Leibschmerzen sowie Muskelkrämpfe. Nur durch eine erneute Drogeneinnahme werden diese Beschwerden beseitigt.

Drogenkonsumenten erkennen Erste Anzeichen sind häufig eine ungewohnte Verhaltensweise, etwa Veränderungen im Freundeskreis, im Benehmen, in Kleidung, Stimmung, in den Interessen, sowie schlechte Leistungen in Schule und Beruf. Nadeleinstiche in der Armbeuge deuten bereits darauf hin, daß sich der Süchtige Injektionen verabreicht. Meist ist er bemüht, die Einstiche durch langärmelige Blusen oder Hemden zu verbergen. Körperliche Symptome wie Unwohlsein, Magenbeschwerden, Appetitlosigkeit, Gewichtsabnahme und Zittern weisen ebenso auf eine Abhängigkeit hin.

Behandlung und Hilfe Wer selbst drogenabhängig ist und seine Sucht erfolgreich bekämpfen möchte, braucht den ganz festen Willen dazu. Der Betroffene sollte – eventuell zusammen mit seinen Angehörigen – eine Drogenberatungsstelle aufsuchen. Sobald man deutliche Anzeichen dafür bemerkt, daß ein anderer drogenabhängig ist, sollte man versuchen, mit ihm darüber zu sprechen. Wichtig ist, daß man ein Vertrauensverhältnis aufbaut und dem Süchtigen Verständnis entgegenbringt.

Wenn ärztliche oder psychiatrische Hilfe erforderlich ist, sollte man zunächst den Hausarzt informieren, der physische Krankheitszeichen (z.B. Blutarmut) behandelt und den Süchtigen an einen Facharzt überweist. Der wichtigste Schritt ist jedoch, mit einer Drogenberatungsstelle Kontakt aufzunehmen. In fast jeder größeren Stadt der Bundesrepublik Deutschland und in Österreich gibt es diese Zentren. Auch Erziehungs- und Familienberatungsstellen stehen Jugendlichen und Eltern zur Seite. Einige private Organisationen befassen sich besonders mit dem Alkoholismus, wie die Anonymen Alkoholiker in Deutschland und die Kontaktstelle der Anonymen Alkoholiker in Österreich, wo man Auskunft über weitere örtliche Gruppen erhält, dann der Deutsche Guttemplerorden und das Blaue Kreuz. Die Adressen findet man im Telefonbuch.

Druckknöpfe

Schwarze und vernickelte Druckknöpfe sind in Größen von 5–21 mm erhältlich. Es gibt auch durchsichtige Nylondruckknöpfe in verschiedenen Größen und Formen. Kleine Druckknöpfe eignen sich für den Halsausschnitt und andere Öffnungen, die nicht stark beansprucht werden. An Jacken, Rockbünden und Kleidern aus schwererem Material verwendet man größere und kräftigere Druckknöpfe. Guten Halt bieten auch nicht genähte Druckknöpfe, die mit Hilfe eines gezahnten Rings in den Stoff gedrückt werden.

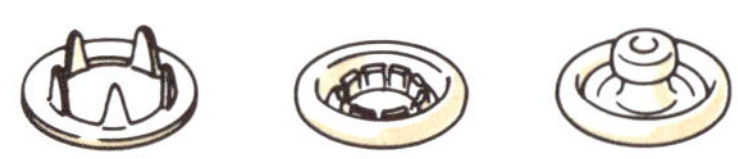

Durchsichtige Druckknöpfe verwendet man für dünne Stoffe und Synthetics. Sie passen sich der Stoffarbe an. Man kann Druckknöpfe auch mit leichtem Stoff, zum Kleidungsstück passend, selbst beziehen. Für jeden Druckknopfteil schneidet man einen Stoffkreis aus, den man mit einem Faden um den Teil zusammenzieht. Dann wird der überschüssige Stoff abgeschnitten und der Druckknopf angenäht.

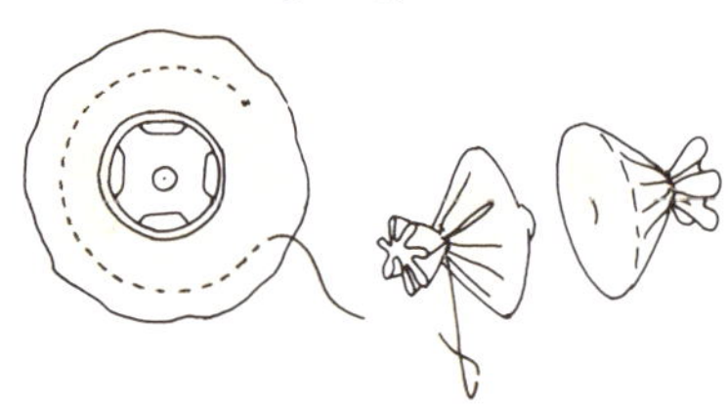

Das Unterteil des Druckknopfes legt man auf den Untertritt des Kleidungsstücks, hält es fest und näht es an. Das Oberteil mit dem Köpfchen wird auf die Unterseite des Übertritts gelegt und so angenäht, daß es mit dem Unterteil übereinstimmt.

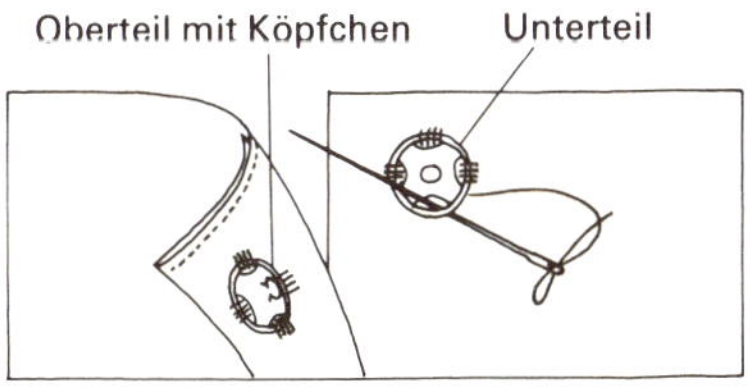

Dübeln

Man unterscheidet Holzdübelverbindungen und Mauerdübelbefestigungen. Wichtig ist in jedem Fall, daß man die Löcher genau anreißt und exakt für Dübeldurchmesser und -tiefe bohrt.

Holzdübelverbindungen Stumpfe Längsfugen (A), Eckverbindungen (B) und T-förmige Verbindungen (C) werden stabiler, wenn man sie nicht nur verleimt, sondern in die Fugen Holzdübel einsetzt. Dübel werden meist aus Buchenholz hergestellt und sind geriffelt, um die Oberfläche zu vergrößern.

A
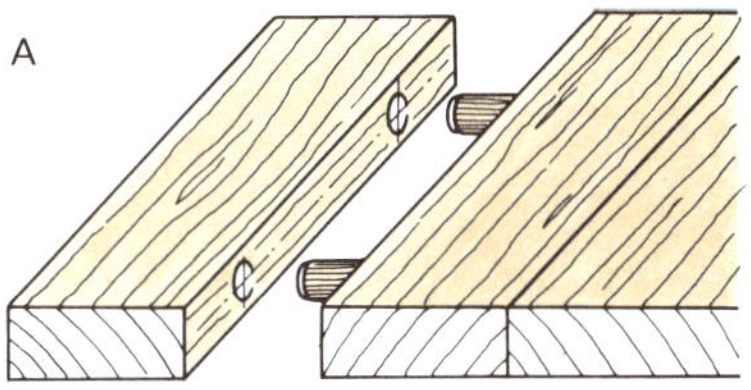

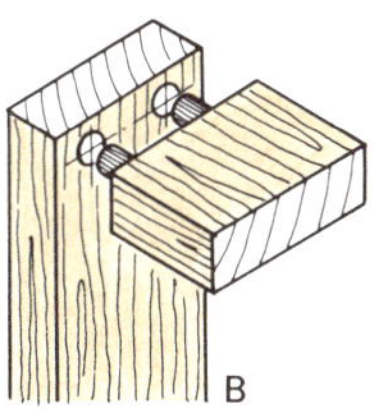
B

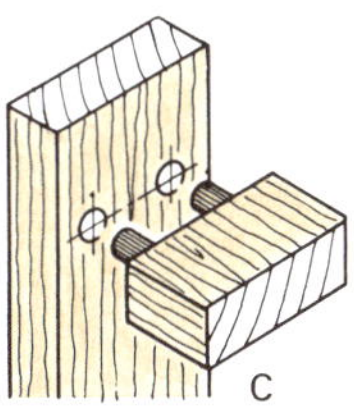
C

Für Ecken, die auf Gehrung gearbeitet sind, verwendet man gerade Dübel oder Winkeldübel. Gerade Dübel bohrt man rechtwinklig zur Gehrungsfläche ein (D). Winkeldübel sind um 90° abgewinkelte Dübel aus Holz (E) oder Kunststoff; für sie bohrt man die Löcher vor dem Gehrungsschnitt parallel zur Brettfläche.

D
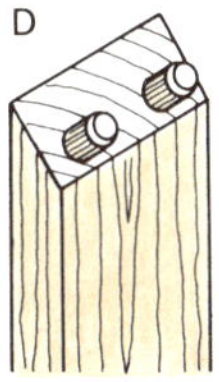

E
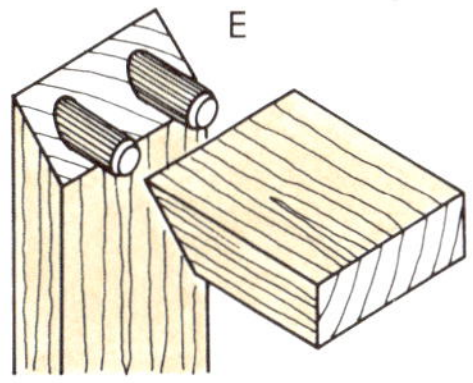

Mauerdübelbefestigungen Dafür gibt es je nach Verwendung Dübel in verschiedenen Ausführungen. Wenn man in Beton oder Mauerwerk Dübel setzen will, braucht man einen hartmetallbestückten Steinbohrer und eine Bohrmaschine. Für die meisten Mauerwerksarten genügt eine einfache Schlagbohrmaschine, für Beton jedoch sollte man einen Bohrhammer verwenden.

Die handelsüblichen Fertigdübel sind meist aus Kunststoff oder Metall. Kunststoffdübel haben den Vorzug, daß sie nicht rosten und verrotten. Sie sind außerdem zäh, elastisch und leiten elektrischen Strom nicht.

Man arbeitet meist im Durchsteckverfahren, das bedeutet: Man setzt das zu montierende und bereits mit dem Dübeldurchmesser gebohrte Werkteil auf die Trägerwand und bohrt dann, ohne anzureißen, durch das Loch im Werkteil in die Wand. Dann dreht man die Schraube ein wenig in den Dübel, ohne ihn zu spreizen, und schiebt den Dübel durch das Loch im Werkteil in die Mauerbohrung; notfalls klopft man leicht auf den Schraubenkopf, denn der Dübel muß mit voller Länge im Mauerwerk sitzen. Nun zieht man die Schraube fest. Wenn der Schraubenkopf kleiner als der Dübeldurchmesser ist, muß man das Werkteil abnehmen, um das Dübelloch zu bohren, den Dübel ins Bohrloch und die Schraube durch das Werkteil stecken (F). Bei weniger anspruchsvollen Arbeiten mit Weichhölzern

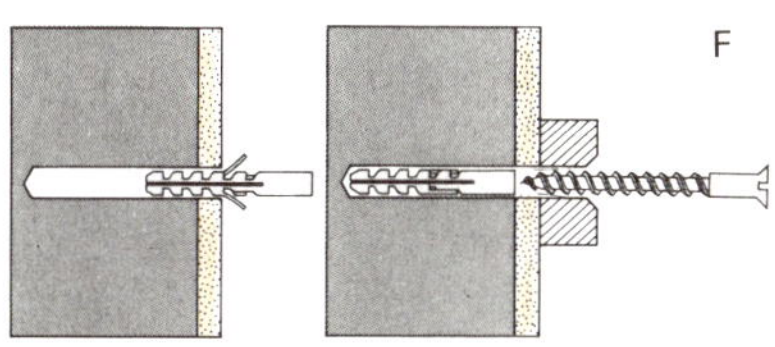
F

kann man in einem Arbeitsgang mit dem Steinbohrer durch das Werkteil in die Mauer bohren.

Für dicke Rahmenteile, auch Türrahmen, gibt es Rahmendübel mit langem Schaft und passenden Schrauben mit Pozidrivkopf, der mit Kunststoffkappen abgedeckt werden kann (G). Der Kopf ist mit einem speziellen Kreuzschlitz versehen.

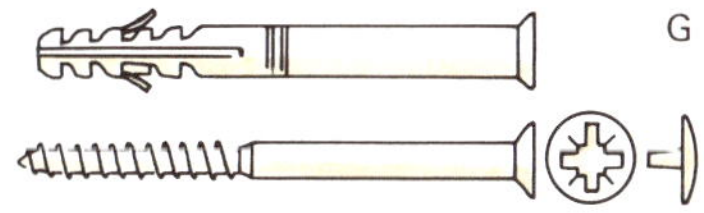
G

Für Montagen an Gipswänden, Platten und Weichstoffplatten mit begrenztem Hohlraum als Hintergrund gibt es den Dübelanker. Wenn man die Schraube eindreht, werden die Ankerkrallen gegen die Wand gezogen (H).

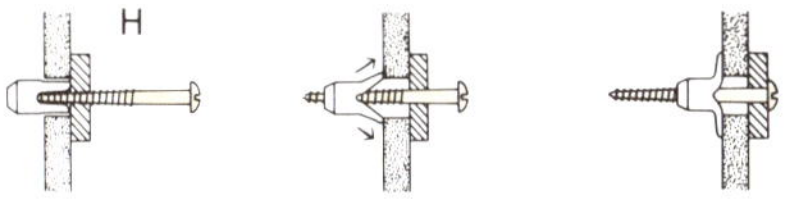
H

An Wänden und Decken mit ausreichendem Hohlraum als Hintergrund verwendet man Metallkippdübel mit Haken oder Gewindestange, um Lampen, Spiegel, Vorhangschienen usw. zu befestigen (I).

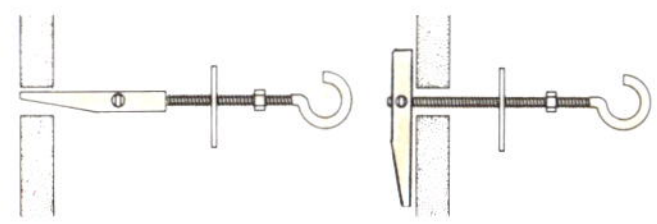
I

Für Befestigungen in Gasbeton eignet sich der Gasbetondübel, dessen spiralförmige Außenrippen den Druck im Bohrloch gleichmäßig verteilen (J).

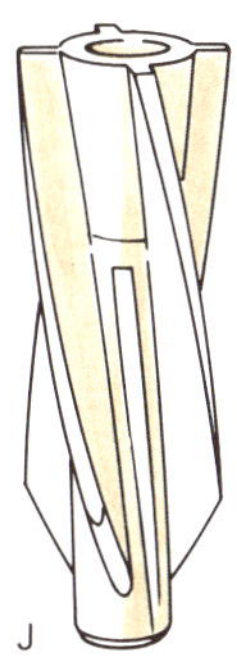
J

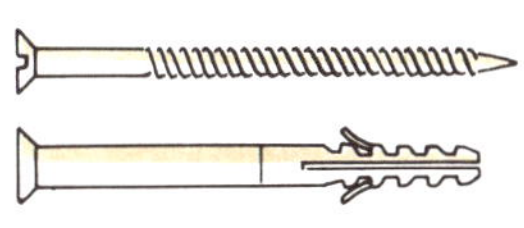
K

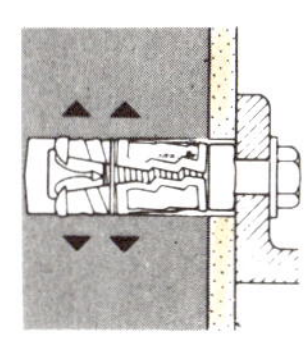
L

Mit Nageldübeln und speziellen Nagelschrauben (K) nagelt man Latten- und Unterkonstruktionen für Täfelungen, Paneele oder für die Wärmedämmung auf. Der Einschlaganker aus Metall mit Maschinenschraube oder Gewindebolzen ist ein Schwerlastdübel (L). An ihm kann man schwerste Gegenstände aufhängen.

Duftkissen

Duftkissen gibt man zu Wäsche und Kleidern in Schubfächer und Schränke, um sie zu parfümieren. Die Kissen sind mit getrockneten, wohlriechenden Blüten und Blättern gefüllt oder enthalten ein „Potpourri", eine Mischung aus getrockneten Blumen, Kräutern und Gewürzen aller Art.

Das einfachste Duftkissen besteht aus einem Spitzentaschentuch, das man mit einem Band verknotet. Man kann Duftkissen aber auch selbst aus Stoffresten nähen und besticken (siehe *Stickstiche*) oder mit Bändern, Spitze oder Applikationen (siehe dort) verzieren.

Wenn Duftkissen auch gegen Motten wirken sollen, füllt man kleine Säckchen aus Musselin mit Eberraute, Wermut, Lavendel, Sandelholz oder Wermutkraut. Die Säckchen gibt man in die Taschen der Kleidungsstücke oder befestigt sie an den Kleiderbügeln. Zur Weihnachtszeit kann man Duftkissen in Sternform an Geschenkpäckchen hängen oder als kleine Aufmerksamkeit verschenken.

Selbstgemachte Duftmischungen Wer einen Garten hat, kann vom Frühjahr bis in den Herbst Ingredienzien für Duftkissen sammeln; sonst verarbeitet man die Blumen, die man im Blumenladen kauft (siehe *Blumen trocknen*). Rosen, Lavendel und Tuberosen behalten ihren Duft am besten; man kann aber auch andere duftende Blumen wie Akeleien, Nelken oder Orangenblüten verwenden.

Bevor man ein Duftkissen füllt, zerkleinert man die Blütenblätter oder Kräuter und vermischt sie mit Iriswurzel, die man in Parfümerien bekommt, um ihren Duft zu fixieren, damit er nicht verfliegt. Und um die Duftnote hervorzuheben, gibt man einige Tropfen eines ätherischen Öls, z.B. von Minze oder Zitrone, hinzu.

Ein Potpourri aus Blumen und Gewürzen kann man nach folgendem Rezept ansetzen: 1 l getrocknete Blütenblätter; 2 Eßl. getrocknete und geriebene Zitronen- oder Orangenschalen; je 1 Eßl. gestoßene Gewürznelken, Nelkenpfeffer und Zimt; je 1 Eßl. Rosmarin und zerkleinerte Lorbeerblätter; 3 Eßl. pulverisierte Iriswurzel; 10 Tropfen Ölextrakt von Patschuli, Jasmin, Tuberose, Rose oder Flieder bzw. einer Kombination dieser Essenzen. Die Blütenblätter gibt man in ein großes Glas; dann werden die Zitronen- oder Orangenschalen, Gewürze, Kräuter und Iriswurzel zugesetzt und leicht vermischt. Darüber sprüht man die Essenzen und verschließt dann das Glas luftdicht. So wird das Gemisch vier bis sechs Wochen lang aufbewahrt, wobei man das Gefäß in Abständen von einigen Tagen schüttelt.

Dunkelkammer

Einen Schwarzweißfilm selbst zu entwickeln ist sehr einfach. Man braucht dazu nur eine Filmentwicklungsdose, Chemikalien (Filmentwickler und Fixierlösung) und einen absolut dunklen Raum. Entwickelt wird bei vollem Licht; den Film muß man allerdings im Dunkeln in die Entwicklungsdose einlegen. Wenn die Dose geschlossen ist, kann man das Licht wieder anschalten. Nach den Angaben des Film- bzw. Chemikalienherstellers gießt man nun den Entwickler in die Entwicklerdose und bewegt diese entsprechend lange hin und her. Ist der Entwickler wieder zurückgeschüttet, wird mit Leitungswasser gewässert und anschließend die Fixierlösung in die Dose gegossen. Nach einer letzten Wässerung kann man den Film der Dose entnehmen und mit einer Wäscheklammer an einer Schnur aufhängen. Das lose Filmende wird mit einer weiteren Wäscheklammer beschwert.

Um Papiervergrößerungen in Schwarzweiß und Farbe herzustellen, braucht man eine etwas umfangreichere technische Ausstattung. Herzstück des Labors ist das Vergrößerungsgerät, das für Colorarbeiten einen Farbmischkopf besitzen muß. Dazu kommen bei Schwarzweißarbeiten die Chemikalienschalen für den Entwickler, das Zwischenwässerungs- und das Fixierbad. Die Schlußwässerung kann man in einer weiteren Schale oder einfach im Spülbecken vornehmen. Eine Zeitschaltuhr ermöglicht die exakte Belichtung des Papiers.

Colorvergrößerungen werden in speziellen Entwicklungstrommeln, für die es elektrische Rotationsmaschinen mit konstanter Temperaturregelung gibt, entwickelt. Während die Arbeit mit farbigen Bildern relativ teuer und zeitaufwendig ist, kann man mit Schwarzweißbildern rasch und preiswert gute Resultate erzielen.

Als Raum für das Amateurlabor eignet sich die Küche oder das Badezimmer. Einen Raum im Keller könnte man sich sogar als ständiges Labor herrichten. Auf jeden Fall benötigt man einen Wasseranschluß und Strom. Der Raum muß sich außerdem völlig abdunkeln lassen.

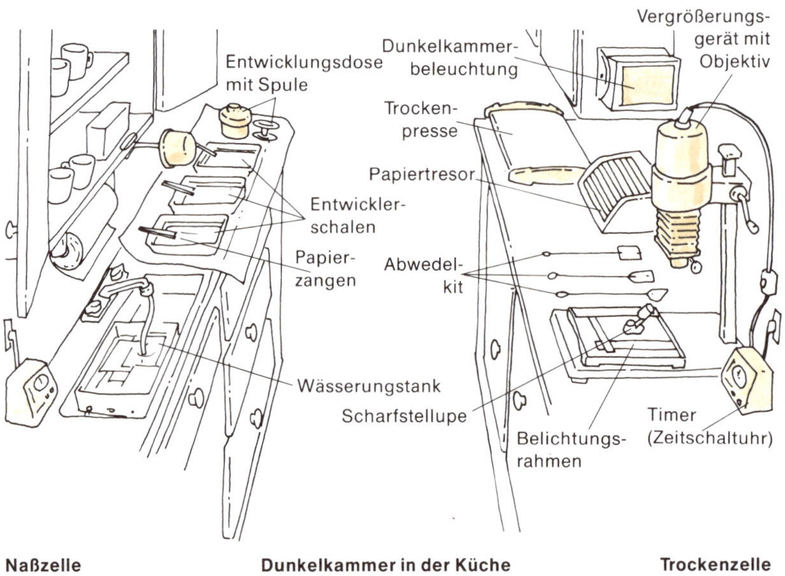

Naßzelle **Dunkelkammer in der Küche** **Trockenzelle**

Durchfall

Durchfall kann viele unterschiedliche Ursachen haben. Es kann sich um eine Infektion durch Viren oder Bakterien handeln, die nach wenigen Tagen bereits abklingt. Akuter Durchfall, begleitet von Übelkeit und Erbrechen, ist gelegentlich auf den Genuß von verdorbenen Speisen oder verseuchtem Wasser zurückzuführen (siehe *Lebensmittelvergiftung*). Kürzere, schwächere Anfälle können ihre Ursache in unvernünftigem Essen und Trinken haben oder eine Reaktion auf Streß sein. Wiederkehrende Anfälle von Durchfall sind möglicherweise Anzeichen einer Nahrungsmittelallergie oder einer Darmreizung.

Man sucht einen Arzt auf, wenn der Stuhlgang länger als drei Tage weich und wäßrig ist, wenn Blut oder Schleim im Kot festzustellen ist oder der Durchfall von Fieber und Erbrechen begleitet wird.

Da Säuglinge bis zu drei Monaten schneller eine Dehydration erleiden (siehe *Flüssigkeitsverlust*), kann für sie ein Durchfall gefährlich sein. Wenn die Durchfälle sehr stark sind oder mehr als sechs Stunden anhalten, ruft man einen Arzt. Ist das Baby an Flaschenkost gewöhnt, verdünnt man sie zur Hälfte mit Wasser; sonst wird wie üblich weiter gestillt. Einem Kleinkind verabreicht man klare Flüssigkeiten, etwa schwachen Tee oder Fleischbrühe. Wenn sich der Darm nicht mehr so häufig entleert, bietet man eine eiweißreiche, fettarme und stopfende Kost an: zerstampfte Banane, Reis oder Reisflocken, geriebenen Apfel oder Apfelscheiben, Karotten, Zwieback oder Toastbrot, Magermilch, Traubenzucker statt Zucker.

Bei älteren Kindern wird ein leichter Durchfall in ähnlicher Weise behandelt wie bei Erwachsenen. Meist genügt ein Tag, an dem nur klare Flüssigkeiten und Zwieback verabreicht werden, und dann ein oder zwei Tage mit milder, fettarmer Kost. Oft helfen schwarzer Tee, stilles Wasser und Salzstangen, die Darmtätigkeit zu stabilisieren. Zur Verfestigung des Stuhlgangs gibt es rezeptfreie Mittel. Wenn diese Maßnahmen nichts nützen, sucht man einen Arzt auf.

Reisedurchfall Bei einer Reise in fremde Länder ist Durchfall meist auf verunreinigte Rohkost oder unreines Wasser zurückzuführen. Man sollte deshalb das Obst vor dem Verzehr stets schälen oder zumindest heiß waschen, nur gekochtes Gemüse essen, Speiseeis vermeiden und Wasser sowie andere Flüssigkeiten nur trinken, wenn sie in Flaschen abgefüllt oder abgekocht sind. Auf Eiswürfel in Getränken verzichten. Selbst zum Zähneputzen abgekochtes Wasser verwenden. Vor einer Auslandsreise läßt man sich vom Arzt beraten, welche Medikamente mitzunehmen sind.

Duschvorhang reinigen

Duschvorhänge kann man je nach Material in der Waschmaschine – siehe die Angaben am Pflegeetikett – oder in der Badewanne mit warmem Wasser und einem Feinwaschmittel reinigen. In die Waschmaschine gibt man außer dem Vorhang noch zwei oder drei große Handtücher, um das Gewicht gleichmäßig zu verteilen. Um den Seifenfilm vom Vorhang zu entfernen, setzt man dem Waschwasser ½ Tasse Natron zu. Damit der Vorhang weich fällt, kann man dem Spülwasser ½ Tasse Essig oder etwas Weichspüler zusetzen. Den Vorhang nicht schleudern, sondern tropfnaß an seinen Ringen wieder aufhängen.

Stockflecke entfernt man mit einer Paste aus Natron, dann wird der Vorhang wie oben gewaschen. Noch vorhandene Flecke behandelt man mit Essig oder Zitronensaft. Um der Schimmelbildung vorzubeugen, gibt man dem letzten Spülwasser etwas Kochsalz zu.

E

Edelstahl pflegen

Zur Pflege von Gegenständen aus Edelstahl (Chromstahl) genügt es meist, sie nach jedem Gebrauch zu waschen und trockenzureiben, damit keine Wasserflecken zurückbleiben. Damit Besteck und Schüsseln aus Edelstahl ihren Hochglanz behalten, setzt man dem Spülwasser gelegentlich Salmiakgeist (2 Eßl. auf 1 l) zu. Sind die Gegenstände matt oder fleckig, reinigt man sie mit Spezialpolitur. Für Spülbecken, Abtropfflächen und Herdmulden nimmt man Boraxlösung, Glasreiniger oder eine Paste aus Natron, damit sie ihren Glanz behalten. Scheuermittel sind ungeeignet.

Siehe auch *Kochgeschirr*.

Efeu

Als Zimmerpflanze erfreut sich der Efeu besonderer Beliebtheit, weil er bereitwillig schön dicht und buschig wächst.

Pflege Der Efeu kann sich Zimmertemperaturen in einem weiten Bereich anpassen, gedeiht aber nicht in Räumen, in denen die Temperaturen stark schwanken. Die buntblättrigen Formen brauchen täglich zwei bis drei Stunden Abend- oder Morgensonne, damit die kontrastreiche Färbung erhalten bleibt. Die rein grünen Sorten bevorzugen zwar auch einen hellen Standort, ertragen aber keine direkte Sonnenbestrahlung. Am besten gedeihen sie an einem Nordfenster.

Sobald Wurzeln aus dem Wasserabzugsloch treten, setzt man die Pflanzen in etwas größere Töpfe. In der Hauptwachstumszeit wird gleichmäßig gegossen, in der Ruhezeit sparsamer. Heranwachsenden Pflanzen gibt man alle zwei Wochen einen handelsüblichen Flüssigdünger.

Vermehrung Der Efeu läßt sich leicht vermehren. Man stellt 7–10 cm lange Kopfstecklinge (siehe *Stecklinge*) in ein Glas Wasser und stellt sie an einen hellen Ort. Sobald sich 2–3 cm lange Wurzeln gebildet haben, pflanzt man zwei oder drei Stecklinge zusammen in einen Topf mit Blumenerde. Eine besonders hübsche Wirkung erzielt man, wenn man verschiedene Arten in eine Ampel pflanzt.

Gartenefeu Im Garten wird Efeu gern verwendet, um mit dieser Kletterpflanze kahle und schattige Mauern zu begrünen. Gartenefeuarten sind gewöhnlich so anspruchslos, daß sie in jedem Boden und unter fast allen Bedingungen gedeihen.

Eier

Eier enthalten hochwertiges Eiweiß sowie wichtige Mineralstoffe und gehören zu den vitaminreichsten Nahrungsmitteln. Der Cholesteringehalt des Eigelbs ist sehr hoch (siehe *Cholesterin*). Eier sind, mit Ausnahme von rohen und hartgekochten, leicht verdaulich.

Eier werden in sieben Gewichtsklassen eingeteilt: Die Eier der Klasse 1 wiegen 70g und mehr, die der Klasse 2 65–70g usw. bis zur Klasse 7 mit 45g und weniger. Die Güteklassen A (frisch) und B (zweite Qualität oder haltbar gemacht) kommen in den Handel; die Klasse C ist nur für die Lebensmittelindustrie bestimmt. Bei abgepackten Eiern ist auf der Schachtel außerdem das Datum der Verpackung oder die Verpackungswoche vermerkt, wobei die erste „Eierwoche" des laufenden Jahres bereits am 2. Dezember des Vorjahres anfängt.

Eier sollten kühl (7–10°C) bei möglichst hoher Luftfeuchtigkeit aufbewahrt werden, am besten im Keller; so bleibt das volle Aroma länger erhalten. Sie müssen gut verpackt oder im Kühlschrank in einem Spezialfach liegen, da sie leicht Gerüche aufnehmen. So aufbewahrt, halten sie bis zu vier Wochen.

Mit einem leichten Test kann man den Frischegrad der Eier prüfen. Nestfrische sinken, wenn man sie in ein Gefäß mit Wasser legt, zu Boden. Ein etwa eine Woche altes Ei richtet sich im Wasser auf, ein 14 Tage altes steht auf der Spitze oder beginnt zu schwimmen. Eier, die bis an die Oberfläche kommen, sollte man nicht mehr verwenden. Außerdem hört man den Inhalt älterer Eier schwappen, wenn man sie schüttelt. Angeschlagene Eier sollte man gleich verwenden und entweder sehr hart kochen oder zum Backen nehmen. Damit sie beim Kochen nicht auslaufen, wickelt man sie in Alufolie und gibt etwas Salz oder Essig ins Wasser.

Braucht man ein oder mehrere Eier etwa zum Backen, schlägt man sie immer einzeln in eine Tasse auf, falls ein schlechtes darunter sein sollte. Übriggebliebenes Eiweiß gibt man in ein Glas, bedeckt es mit Folie und stellt es in den Kühlschrank, wo es noch etwa drei Tage hält. Eigelb bedeckt man vorher mit etwas kaltem Wasser oder Öl. Eier lassen sich nur einfrieren, wenn man die rohe Eimasse mit ein wenig Salz oder Zucker verschlägt.

Siehe auch *Eier kochen*; *Eischnee*; *Rührei*.

Eier kochen

Man sticht die Eier am stumpfen Ende mit einer Nadel oder einem Eierpieker an und setzt sie mit kaltem Wasser auf. Die Kochzeit mißt man von dem Augenblick an, wo kleine Bläschen aufzusteigen beginnen. Man kann die Eier auch in das bereits kochende Wasser geben (sie sind aber weniger gut bekömmlich); dann verlängert sich die Kochzeit um eine Minute. Die Kochzeit richtet sich nach der Größe und der Frische der Eier – nestfrische Eier brauchen etwas länger –, aber als Richtlinie gilt: für wachsweiche Eier etwa dreieinhalb Minuten, vier für weiche und zehn für harte. Alle Eier möglichst gleichzeitig, etwa in einem Drahtkorb, ins Wasser legen, damit die Garzeit für alle gleich ist. Wenn ein Ei platzt, gibt man sofort etwas Salz ins Kochwasser.

Will man hartgekochte Eier geschält servieren, sollte man mindestens drei Tage alte nehmen – frischere Eier lösen sich nur schwer von der Membran und lassen sich nicht sauber abschälen. Es geht leichter, wenn man die Eier unter Wasser abpellt. Gekochte Eier immer sofort nach dem Kochen mit kaltem Wasser abschrecken.

Gekochte Eier drehen sich auf dem Tisch gleichmäßig und schnell. So kann man sie leicht von rohen unterscheiden, die sich langsamer drehen und dabei „taumeln".

Pochierte (verlorene) Eier In einem flachen Topf Wasser mit Essig und Salz (3 Eßl. Essig und 1 Teel. Salz auf 1l Wasser) aufkochen lassen. Die sehr frischen, sehr kalten Eier einzeln in Tassen aufschlagen und von dort sehr vorsichtig in das knapp siedende Essigwasser gleiten lassen. Sofort mit zwei Holzlöffeln das Eiweiß an das Eigelb zurückführen. Nach vier Minuten ist das Eigelb innen noch flüssig, das Eiweiß aber fest. Das fertig pochierte Ei so lange in warmem Wasser aufbewahren, bis alle fertig sind.

Siehe auch *Rührei*.

Einfädeln

Es gibt verschiedene Methoden, um sich das Einfädeln zu erleichtern:

Garnschlinge Man legt den Faden um die Nadel und zieht ihn fest an. Anschließend drückt man die Schlinge zwischen Daumen und Zeigefinger zusammen und zieht die Nadel heraus. Die flachgedrückte Schlinge wird dann durch das Nadelöhr geschoben.

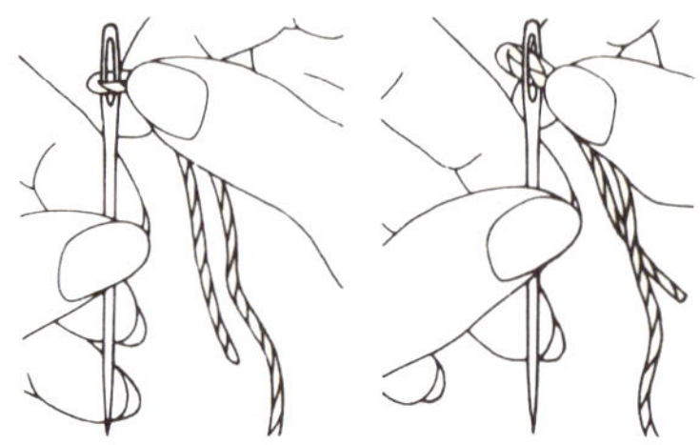

Papierstreifen Einen etwa 5 cm langen Papierstreifen, der etwas weniger breit als das Nadelöhr groß ist, faltet man über dem Faden zusammen und schiebt ihn durch das Nadelöhr.

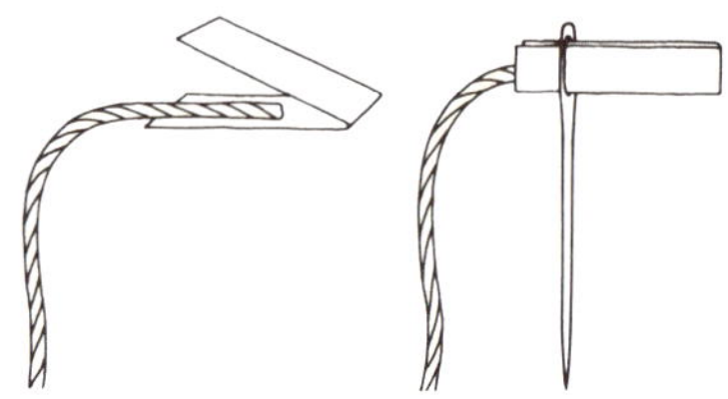

Einfädler Die Drahtschlinge wird durch das Nadelöhr geschoben und der Faden durch die Schlinge gezogen. Dann holt man Einfädler und Faden durch das Nadelöhr zurück.

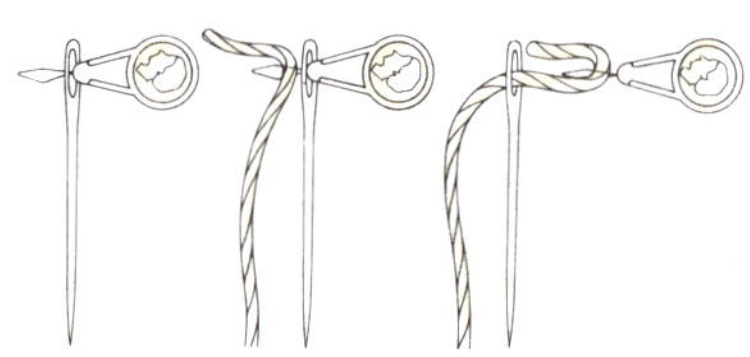

Bei allen Methoden muß das Öhr der Nadel groß genug sein, damit der Faden leicht durchgleitet, ohne jedoch bei der Näharbeit ständig wieder herauszuschlüpfen.

Einfrieren

Man wählt nur erstklassige Produkte und verpackt sie möglichst luftdicht. Flüssigkeiten dehnen sich allerdings beim Gefrieren aus und brauchen entsprechend mehr Raum. Geeignete Verpackungen sind Plastikbehälter mit absolut fest schließenden Deckeln, extrastarke Aluminiumfolie oder Gefrierbeutel, aus denen man alle Luft herausdrückt, ehe man sie fest verschließt. Es gibt auch Folienschweißgeräte, die in den Verpackungen ein Vakuum erzeugen. Nützlich sind kombinierte Gefrier- und Kochbeutel, in denen man die Speisen (z. B. Knödel, Reisreste) nachher gleich erhitzen kann.

Man packt die Lebensmittel in möglichst kleine Portionen ab; so frieren sie schneller durch. Aufgetaute oder angetaute Ware darf nicht noch einmal eingefroren werden. Will man größere Mengen Lebensmittel einfrieren, stellt man das Gefriergerät etwa vier Stunden vorher auf Super- oder Schnellfrostschaltung.

Das Tiefkühlgut muß ordentlich beschriftet sein, vor allem das Einfrierdatum ist wichtig, denn auch Tiefkühlkost ist nicht unbegrenzt haltbar. Man kann auch gleich notieren, ob Fertiggerichte etwa verdünnt oder noch gewürzt werden müssen.

Nicht zum Einfrieren geeignet sind Lebensmittel mit hohem Wassergehalt wie etwa ganze Eier, Tomaten oder Gurken; sie müssen vorher aufbereitet werden – als Püree, Mus usw. Saure Sahne und Joghurt flocken aus, gekochte Eier werden glasig, Mayonnaise gerinnt, Baisers werden weich und zäh, Gelatinecremes können sich in ihre Bestandteile trennen, Quarkkuchen kann wäßrig werden, und fritierte Speisen werden leicht ranzig und weich.

Fleisch, Geflügel, Wild, Fisch Alles muß sorgfältig verpackt werden, denn eine schadhafte Verpackung kann zu Gefrierbrand führen – die Oberfläche des Gefriergutes trocknet aus, wird zäh und unansehnlich. Spitze Knochenenden bei Fleisch und Geflügel umwickelt man mit mehreren Schichten Folie, damit sie die äußere Verpackung nicht beschädigen. Will man Fleisch oder Fisch in Scheiben einfrieren, trennt man die Lagen mit Pergamentpapier oder Gefrierfolie. Je magerer das Fleisch, desto länger hält es sich in der Tiefkühltruhe (Schweinefleisch etwa drei Monate, Wild bis zu einem Jahr). Innereien sind nicht sehr tiefkühlgeeignet. Geflügel sollte man niemals mit Füllung einfrieren.

Selbst Fische einzufrieren lohnt sich fast nur für Angler. Sehr große Fische sollte man filieren. Aus den Abfällen (außer den Innereien) kocht man einen Sud, den man ebenfalls einfriert. Darin werden die Filets später pochiert; man kann daraus auch die Sauce bereiten.

Obst und Gemüse Sie sollten unbedingt möglichst frisch eingefroren werden; die einzelnen Portionen sollten nicht schwerer als 1 kg sein. Früchte friert man meist mit Zuckerzusatz ein (so bleibt das Vitamin C besser erhalten); Erdbeeren, Himbeeren usw. werden einzeln auf einem Brettchen o. ä. vorgefroren und dann in die Behälter gefüllt, damit sie ihre Form behalten und sich beim Auftauen leicht voneinander lösen. Fast alle Gemüsearten muß man blanchieren (siehe dort).

Fertiggerichte Man spart Zeit, wenn man beispielsweise die doppelte Menge Eintopf, Suppe, Gulasch usw. zubereitet und die Hälfte einfriert. Da die Gerichte beim Aufwärmen weitergekocht werden, nimmt man den Teil zum Einfrieren heraus, ehe er ganz gar ist. Auch sollte man zurückhaltend würzen, weil manche Gewürze sich geschmacklich verändern. Anis, Bohnenkraut, Majoran, Muskat, Paprika und Pfeffer sowie Essig und Senf verlieren an Geschmack; für Basilikum, Dill, Estragon, Salbei und Thymian trifft das Gegenteil zu. Ingwer, Kapern, Kümmel, Nelken, Vanille sowie Meerrettich, Zitrone, Salz und Zucker bleiben im Geschmack stabil, während Knoblauch zum Einfrieren ganz ungeeignet ist.

Brot und Gebäck Brot und die meisten Backwaren lassen sich gut einfrieren. Je frischer die Ware, desto besser; selbstgebackene Brote und Brötchen, Rührkuchen usw. kann man lauwarm in das Gefriergerät geben. Torten mit reiner Buttercreme lassen sich ebenfalls gut einfrieren. Will man später nicht die ganze Torte auf einmal servieren, schneidet man sie vor dem Einfrieren in Stücke und friert diese einzeln ein; zwischen die einzelnen Tortenstücke legt man jeweils ein Stückchen Folie.

Siehe auch *Kräuter konservieren*; *Tiefkühlkost auftauen*.

Einladungen

Zu einem ungezwungenen Fest darf man die Gäste kurzfristig einladen. Bei einem offizielleren Anlaß sollte man sie zwei bis drei Wochen im voraus benachrichtigen. Für kleine Einladungen genügt ein Telefonanruf, zu förmlichen Festen und Parties bittet man in schriftlicher Form. Vorgedruckte Karten verwendet man meist nur für sehr große Gesellschaften. Für kleine, persönliche Feiern eignen sich handgeschriebene Einladungen auf dem Briefpapier der Gastgeber oder auf einer hübschen Karte.

Unabhängig von der äußeren Form muß eine Einladung genaue Einzelheiten enthalten: Außer dem Namen des Eingeladenen werden Ort, Datum, Uhrzeit und die Art des Festes (Abendessen, Cocktail) sowie der genaue Absender mit Adresse und Telefonnummer vermerkt. Falls erforderlich, kann man darauf hinweisen, welche Kleidung erwünscht ist. Um Zu- oder Absage bittet man ebenfalls auf der Einladung. Eventuell legt man eine Antwortkarte bei.

Wenn man etwas abseits wohnt, legt man der Einladung auch einen kleinen Lageplan bei. Dies ist besonders angebracht, wenn die Gäste von außerhalb kommen. Einfacher ist es, wenn man den entsprechenden Abschnitt der Straßenkarte oder des Stadtplans fotokopiert und die Route mit Rot nachzeichnet.

Einladungen annehmen Wurde man telefonisch eingeladen, sagt man meist auch telefonisch zu und bedankt sich für die Einladung. Bei schriftlichen Einladungen kann der Gast, je nach dem Charakter des Einladungsschreibens, telefonisch oder schriftlich annehmen oder aber eine vorgedruckte Antwortkarte benutzen.

Einlegen

Um Obst und Gemüse haltbar zu machen, werden sie u. a. in Salz, Essig oder Alkohol eingelegt. Man verwendet nur einwandfreie, frische Erzeugnisse und achtet während der Einlegearbeit auf peinliche Sauberkeit. Das Gefäß sollte aus Email, Steingut oder Glas sein. Metall ist ungeeignet.

Stein- und Beerenobst eignet sich

gut zur Konservierung in Alkohol. Es muß nicht immer der berühmte Rumtopf sein, in dem man gemischte Früchte mit Rum und Zucker – auf 1 kg Früchte braucht man mindestens 500 g Zucker – einlegt. Man kann auch Himbeeren in Himbeergeist, Kirschen in Kirschwasser usw. einlegen.

Wer gern Mixed Pickles ißt, kann Blumenkohl, Tomaten, Möhren und rote Bete zerteilen und mit Maiskölbchen und Cornichons in einer Marinade aus Salz, Essig und Gewürzen einlegen. Nach der Fermentierung (zwei bis drei Wochen) halten sie im Kühlschrank bis zu drei Wochen. Auch Pflaumen schmecken sehr gut sauer eingelegt.

Je mehr Salz man beim Einsalzen verwendet, desto besser halten die Lebensmittel. Der Verlust an Nährstoffen ist aber entsprechend groß, weil man das Gemüse vor dem Verzehr bis zu zwölf Stunden wässern muß. Das Gemüse wird vorher blanchiert, dann kann man es entweder mit Salz abwechselnd in ein Gefäß schichten (auf 500 g Gemüse 125 g Salz) und bei 3–4 °C aufbewahren oder mit einer Lake aus 125 g Salz auf 1 l Wasser übergießen und bei Zimmertemperatur fermentieren lassen. Nach der Fermentierung hält sich das Gemüse, bei 3–4 °C gelagert, mindestens drei Wochen. Diese Methoden eignen sich z. B. für grüne Bohnen und Pilze.

Sauerkraut wird dagegen mit wenig Salz hergestellt: Auf 1 kg Kohl kommen 25 g. Der Weißkohl wird geschnitten und gewaschen, aber nicht blanchiert. Er wird im Gefäß mit einem Tuch abgedeckt und beschwert. Die Fermentierung bei Zimmertemperatur dauert vier bis sechs Wochen. Der Schaum, der sich dabei bildet, wird regelmäßig entfernt und das Tuch durch ein sauberes ersetzt. Wenn keine Luftblasen mehr aufsteigen, ist der Prozeß abgeschlossen. Bei 3–4 °C und im geschlossenen Gefäß hält sich das Sauerkraut einige Wochen. Diese Methode ist auch für Rüben geeignet.

Einmachen

Für diese weitverbreitete Konservierungsmethode braucht man spezielle Einmachgläser aus hitzebeständigem Glas, denn durch Hitzeeinwirkung unter Luftabschluß wird das Einmachgut haltbar gemacht. Um die Bakterien, die Lebensmittelvergiftungen verursachen könnten, zu vernichten, müssen unter Druck Temperaturen weit über dem Siedepunkt erreicht werden. (Dies gilt für Tomaten nicht.)

Es gibt verschiedene Möglichkeiten, in Gläsern einzukochen. Am einfachsten geht es im Backofen. Nachdem man die Gläser gefüllt hat, verschließt man sie mit Gummiringen und Klammern. Man heizt den Backofen vor, gibt etwa 1 cm hoch Wasser in die Fettpfanne und stellt die Gläser so hinein, daß sie weder sich gegenseitig noch die Backofenwände berühren. Alle Gläser sollten gleich hoch und gleichmäßig gefüllt sein.

Zum Einmachen sollte man nur einwandfreies Obst und Gemüse verwenden. Gläser, Ringe, Deckel und Verschlüsse müssen in gutem Zustand und gründlich gesäubert sein. Die Gummiringe werden ausgekocht. Man verwahrt das Eingemachte an einem dunklen, trockenen, kühlen Ort und vergewissert sich von Zeit zu Zeit, ob keins der Gläser aufgegangen ist. Hat sich ein Teil des Eingekochten verfärbt oder hat sich Schaum gebildet, wirft man den Inhalt des Glases weg. Es empfiehlt sich, eingemachtes Gemüse (außer Tomaten) vor dem Servieren aufzukochen.

Einschalen

Beton ist bei der Verarbeitung in einem mehr oder weniger weichen Zustand (siehe *Betonieren*). Er muß bis zum Erhärten in eine Schalung eingebracht werden, damit das Bauteil die gewünschte Form und Abmessung erhält. Da frischer Beton sehr schwer ist, muß die Schalung äußerst sorgfältig und stabil gebaut werden.

Will man Fundamente und Gehwege betonieren, wird die Fläche genau ausgemessen und mit Pflöcken abgesteckt, die man von Eckpunkt zu Eckpunkt mit Schnüren verbindet. Rechtwinkelige Flächen erreicht man, indem man die Diagonalen mißt: Wenn sie gleich lang sind, ist die Fläche rechtwinkelig.

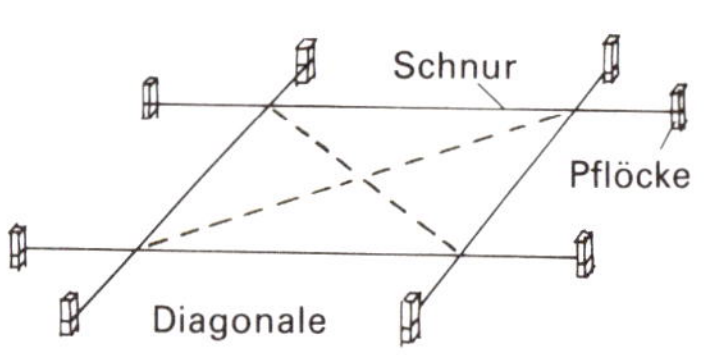

Entlang der Schnüre wird nun die Schalung angebracht. Man schlägt Pflöcke in die Erde und nagelt daran die Schalbretter fest. Dabei soll die Innenkante der Schalung mit den Schnüren genau übereinstimmen. Die Ecken werden mit einem Winkel genau gesetzt.

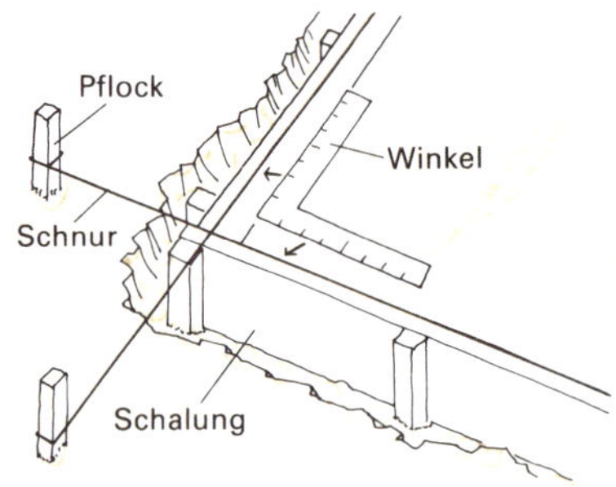

Durch schräg in den Boden geschlagene Pflöcke, an die man die Schalbretter nagelt, verhindert man, daß die Schalung verrutscht und kippt.

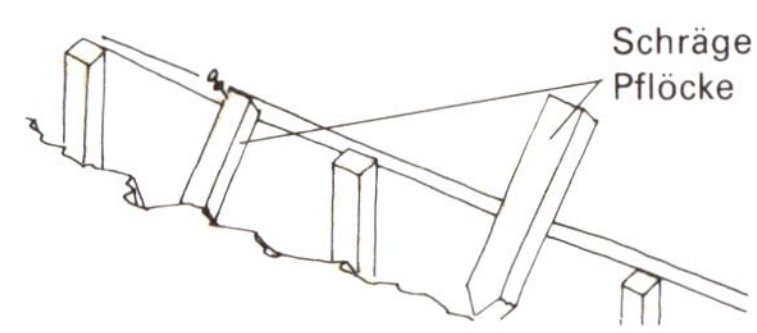

Bei größeren Bauteilen wie Stützmauern, Pfeilern und Betondecken sollte unbedingt die Hilfe eines Fachmannes in Anspruch genommen werden.

Einschulung

Der Zeitpunkt der Einschulung sollte sich nach dem Entwicklungsalter des Kindes, der Schulreife, richten. Eine verfrühte Einschulung kann sich nicht nur im ersten Schuljahr, sondern durch die gesamte Schulzeit hindurch nachteilig auswirken. Durch eine zu späte Einschulung wird ein Kind oft unterfordert, Dauerschäden sind jedoch kaum bekannt.

Die Schulreife des Kindes wird nach verschiedenen Kriterien beurteilt. Neben der Entwicklung der Intelligenz spielt die körperliche Reife des Kindes eine wesentliche Rolle. Als grobes Kriterium gilt das sogenannte Philippinermaß: Das Kind muß mit dem rechten Arm, den es über seinen Kopf legt, das linke Ohr erreichen können. Zur körperlichen Reife gehört eine motorische Reife. Sie ist insofern wichtig, als das Schulkind in der Lage sein muß, mindestens 30 Minuten einigermaßen still auf seinem Platz zu sitzen. Auch zum Schreiben bedarf das Kind einer motorisch gesteuerten Hand, d.h., Bewegungen müssen willkürlich gestoppt, geändert und verbessert werden können.

Auch die seelisch-soziale Reife ist ein wichtiger Aspekt. Sie zeigt sich u.a. in der sprachlichen Ausdrucks- und Lernfähigkeit sowie in einem dem Alter des Kindes entsprechenden aktiven und passiven Wortschatz. Auch muß das Kind andere Erwachsene, also Lehrer, als Bezugspersonen und Autoritäten anerkennen. Die Spielregeln einer neuen Gemeinschaft müssen akzeptiert werden. Dies ist vor allem für Einzelkinder (siehe dort) schwierig.

Eltern, die bei ihren Kindern die eine oder andere körperliche Unzulänglichkeit feststellen, sollten so schnell wie möglich einen Arzt aufsuchen. Dazu gehören Sprechstörungen, Ungeschicklichkeit, die auf fehlende Muskelkoordination hindeutet, Wachstumshemmung, Fettleibigkeit und Hörschwierigkeiten. Durch eine rechtzeitige Behandlung ist es in den meisten Fällen möglich, leichte Behinderungen zu beseitigen, und dem Kind bleiben die Hänseleien der Schulkameraden erspart.

Einzelkinder

Eltern, die ein Einzelkind haben, sollten versuchen, es nicht zu sehr zu verwöhnen und ihre Liebe und Zuneigung nicht ausschließlich auf das Kind zu projizieren. Sonst kann es geschehen, daß der natürliche Egoismus des Kindes zu stark ausgeprägt wird und es sich zu einem „Haustyrannen" entwickelt, der immer im Mittelpunkt stehen möchte. Die Eltern eines Einzelkinds sollten deshalb rechtzeitig dafür sorgen, daß das Kind spätestens vom dritten Lebensjahr an in eine Eltern-Kind-Gruppe geht, wo es das Leben in der Gemeinschaft und mit Gleichaltrigen kennenlernt. Gibt es keine derartigen Gruppen in der Nähe, sucht man Kontakt mit den Eltern gleichaltriger Kinder in der Umgebung. Auch Sportvereine, Wander- oder Pfadfindergruppen sind für ältere Einzelkinder ein guter Ersatz.

Andererseits haben Einzelkinder viele Vorteile, nicht zuletzt dank der Tatsache, daß die Eltern mehr Zeit für sie haben. Dies macht sich z.B. laut Statistik besonders bei den Schulleistungen bemerkbar.

Eischnee

Sehr frische Eier lassen sich nicht zu festem Schnee schlagen; sie sollten ein paar Tage alt sein und etwa Zimmertemperatur (15–20 °C) haben. Man schlägt das Ei mit einem Messer oder am Schüsselrand auf einer Seite auf, bricht dann die Schale auseinander und läßt das Eigelb in die eine Schalenhälfte gleiten, während das Eiweiß aus der anderen Schalenhälfte in die Schüssel tropft. Das Eigelb muß unbedingt unverletzt bleiben, denn wenn das Eiweiß auch nur eine geringe Menge Eigelb enthält, läßt es sich nicht mehr zu steifem Schnee schlagen. Wenn nur eine winzige Spur hineingekommen ist, gibt man drei bis vier Tropfen Zitronensaft zum Ei-

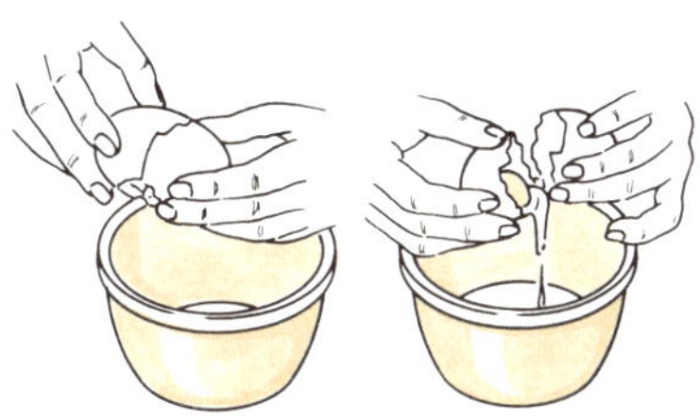

weiß; die Säure bindet das Eigelb. Auch sonst wird der Eischnee durch etwas Zitronensaft oder eine Prise Salz fester.

Das verwendete Gerät und Geschirr müssen absolut sauber, vor allem völlig fettfrei sein. Man schlägt das Eiweiß in einem weiten Gefäß auf, erst mit mäßiger Geschwindigkeit, dann, wenn das Eiweiß schon schaumig ist, sehr schnell. Um das Volumen zu vergrößern, fügt man der gerade schaumigen Eiweißmasse Weinsteinsäure zu (auf vier Eiweiß ¼ Teel.); sie ist in der Apotheke erhältlich.

Ekzem

Ekzem ist ein Sammelbegriff für Hautkrankheiten, die ganz unterschiedliche Ursachen haben können, aber drei charakteristische, gemeinsame Merkmale aufweisen: Rötung, Juckreiz und Schuppung. Häufig beginnen Ekzeme mit deutlichen Hautveränderungen: Auf geröteten und leicht geschwollenen Hautstellen entstehen dichtgesäte Bläschen und Blasen, die aufgehen und nässen. Wenn sie dann eintrocknen, bilden sich Krusten, und danach tritt eine Schuppung ein.

Ekzeme können allergische Reaktionen gegen bestimmte Substanzen sein, z.B. Metalle, Waschmittel, Wundpflaster, Medikamente, aber auch berufsbedingte Stoffe. Ein Hautarzt kann verschiedene Tests machen, um den Auslöser festzustellen. Wird die Ursache beseitigt, heilt das Ekzem innerhalb von zwei bis drei Wochen ab. Zur Linderung kühlende Umschläge mit Leitungswasser machen; akut nässende Ekzeme zusätzlich mit Zinköl behandeln.

Falls möglich, muß man die allergieauslösenden Stoffe vermeiden, da das Ekzem sonst chronisch wird. Bei einer Allergie gegen Pflaster gibt es beispielsweise besondere Wundpflaster für empfindliche Haut.

Siehe auch *Allergien; Ausschläge; Juckreiz; Ohrringe und Clips.*

Elektrounfälle

Man unterscheidet bei elektrischem Strom Niederspannung (bis 1000 V) und Hochspannung (über 1000 V). Hochspannungsanlagen sind durch Warnschilder gekennzeichnet.

Niederspannungsunfälle Wenn jemand einen elektrischen Leiter mit Niederspannung berührt, verkrampfen sich seine Muskeln, solange der Strom einwirkt. Hinzu kommen häufig Verbrennungen mit Brandwunden und manchmal Bewußtlosigkeit und Atemstillstand.

Den Strom sofort unterbrechen (abschalten, Stecker ziehen, Sicherung ausschalten). Ist dies nicht möglich, den Verletzten mit Hilfe eines nichtleitenden Gegenstandes, z.B. einer trockenen Holzlatte, von den Teilen trennen, die unter Spannung stehen. Man kann auch versuchen, den Betroffenen an seiner Kleidung wegzuziehen. Dazu muß der Helfer sich isoliert hinstellen, z.B. auf ein trockenes Brett, auf trockene Kleidungsstücke oder eine dicke Zeitung, und darf nichts anderes berühren. Nach der Trennung den Betroffenen sofort in Ruhelage bringen. Puls und Atmung kontrollieren; gegebenenfalls Schock bekämpfen; bei Bewußtlosigkeit, aber intakter Atmung den Verunglückten in die Seitenlage bringen; falls nötig, lebensrettende Maßnahmen einleiten. Brandwunden keimfrei bedecken und den Notruf veranlassen. Für die notwendigen Maßnahmen siehe *Atemspende; Notruf; Puls; Schock; Seitenlagerung; Verbände anlegen; Verbrennungen.*

Hochspannungsunfälle Hier muß ein Sicherheitsabstand von mindestens 5 m eingehalten werden. Deshalb sofort über den Notruf (siehe dort) einen Elektrounfall melden, damit die Elektroanlage abgeschaltet wird. Die Rettungsmaßnahmen werden dann vom Fachpersonal durchgeführt.

Elektrowerkzeuge

Nahezu alle Unfälle mit Elektrowerkzeugen sind auf Nachlässigkeit zurückzuführen. Mit den Geräten muß man vorsichtig umgehen und ihre Funktion kennen. Kein Elektrowerkzeug zur Hand nehmen, wenn man müde, krank oder abgelenkt ist oder unter dem Einfluß von Medikamenten steht. Läßt die Aufmerksamkeit auch nur leicht nach, legt man die Arbeit nieder und macht etwas anderes, bis man sich wieder konzentrieren kann. Außerdem einen Verbandkasten bereithalten und mit Elektrowerkzeugen nur in Rufweite von anderen arbeiten.

Der Arbeitsraum soll gut beleuchtet, ausreichend belüftet und aufgeräumt sein. Ablenkungen, auch durch andere Menschen und Haustiere, auf ein Mindestmaß beschränken. Haare und Kleidung nicht locker herabhängen lassen; Schmuck ablegen; Augen und Ohren schützen.

Die Werkzeuge müssen geerdet und alle Stromkabel in einwandfreiem Zustand sein. Schutzvorrichtungen nur entfernen, wenn dies eine bestimmte Arbeit unbedingt verlangt; dann besonders vorsichtig sein.

Die Arbeitsvorgänge zuvor genau überlegen; dabei versuchen, mögliche Gefahren vorauszusehen und zu vermeiden. Herumliegende Handwerkszeuge oder Beschläge vom Sägetisch, von der Grundplatte eines fest montierten Werkzeuges oder der Arbeitsfläche entfernen. Bei Handwerkszeugen das Werkstück so einspannen, daß man beide Hände frei hat; zwischen den einzelnen Arbeitsgängen den Stecker herausziehen und das Werkzeug sicher ablegen. Ebenso den Stecker ziehen, wenn man das Werkzeug einstellt oder Sägeblätter, Bohrer oder Zusatzgeräte auswechselt.

Wenn man kleinere Werkstücke an eine Tischsäge oder Hobelmaschine heranführt, benutzt man Druckfederbretter und einen Schiebestock und

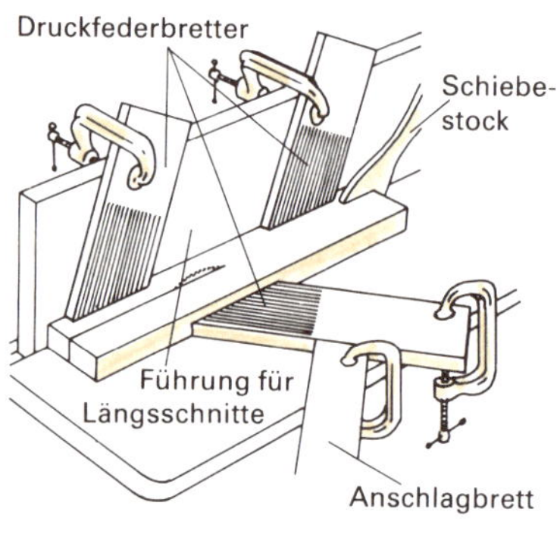

stellt sich stets seitlich hin, falls das Holz zurückschlägt.

Siehe auch unter den einzelnen Werkzeugen.

Elfenbein

Gegenstände aus Elfenbein staubt man mit einem weichen, sauberen Tuch ab. Damit es seine gedeckte weiße Farbe behält und nicht vergilbt, muß es dem Licht ausgesetzt sein.

Um leicht gelbliches Elfenbein wieder weiß zu machen, vermengt man Zitronensaft und Wasser zu gleichen Teilen und reibt die Gegenstände damit ab; dabei darauf achten, daß die Lösung nicht auf Metallteile kommt. Dann das Elfenbein mit einem feuchten Tuch abwischen und nachpolieren. Stark fleckiges oder vergilbtes Elfenbein läßt man von einem Juwelier reinigen.

Schmuckstücke oder Messergriffe aus Elfenbein soll man nicht ins Wasser tauchen; der Kleber, mit dem das Elfenbein befestigt ist, könnte weich werden. Um Klaviertasten zu reinigen, gibt man etwas Natron auf ein leicht angefeuchtetes Tuch und reibt vorsichtig eine Taste nach der anderen ab. Dann werden die Tasten mit einem feuchten Tuch abgewischt und trockengerieben.

Empfängnisverhütung

Es gibt eine ganze Reihe von natürlichen und künstlichen Methoden der Empfängnisverhütung. Bevor man sich für eine Methode entscheidet, sollte man sich unbedingt vom Arzt beraten lassen.

Natürliche Verhütungsmethoden Sie beruhen darauf, daß man den Zeitpunkt des Eisprungs annähernd voraussagen oder durch Temperaturmessung erkennen kann.

Die „Kalendermethode" geht davon aus, daß die fruchtbaren Tage zwischen dem zehnten und 19. Tag des Periodenzyklus der Frau liegen (der erste Tag der Blutung wird als Tag eins gezählt). In dieser Zeit darf also kein Geschlechtsverkehr stattfinden. Wenn der Periodenzyklus jedoch nicht immer ganz regelmäßig ist, muß die Zeit zwischen dem sechsten und dem 21. Tag als unsicher bezeichnet werden. Diese Methode ist relativ unzuverlässig, da man – vor allem bei kurzen oder unregelmäßigen Zyklen – den Zeitpunkt des Eisprungs nicht genau voraussagen kann.

Da die Körpertemperatur beim Eisprung um etwa 0,5 °C steigt, kann man mit der „Temperaturmethode" diesen Zeitpunkt genau erkennen. Man mißt jeden Morgen nüchtern vor dem Aufstehen die Temperatur im Mund oder im After mindestens drei Minuten lang. Dann trägt man jeden Meßwert in ein Kurvenformular ein, das man in der Apotheke oder beim Frauenarzt erhält. Die einzelnen Meßpunkte werden durch eine Linie verbunden. Der Zeitpunkt des Eisprungs kann dann direkt abgelesen werden. Manche Frauen spüren den Eisprung als kleinen Schmerz im Unterleib oder als Spannung in den Brüsten. Auch diese Methode ist jedoch ziemlich unsicher.

Beim Coitus interruptus wird das männliche Glied kurz vor dem Samenerguß aus der Scheide gezogen. Diese Methode ist recht unzuverlässig, da leicht Samenfäden an den Scheideneingang gelangen können.

Künstliche Verhütungsmethoden
Samenabtötende Substanzen (Spermizide) bekommt man als Creme, Gel oder Scheidenzäpfchen in der Apotheke. Sie werden kurz vor dem Verkehr in die Scheide eingeführt. Ohne weitere Verhütungsmittel bieten sie keinen ausreichenden Empfängnisschutz.

Das Scheidendiaphragma ist eine Gummischeibe mit einem wulstigen Rand, die man vor dem Verkehr in die Scheide einführen muß. Wie man ein Scheidendiaphragma einsetzt und seinen Sitz kontrolliert, lernt man beim Frauenarzt. Allein ist das Diaphragma unsicher. Bestreicht man die Innenseite des Diaphragmas jedoch mit samenabtötender Creme oder mit Gel, erhöht sich die Sicherheit.

Kondome bestehen aus einem dünnwandigen, aber reißfesten Gummi. Sie werden vom Mann nur einmal benutzt. Auch hier erhöht sich der Empfängnisschutz, wenn man das Kondom mit einem samenabtötenden Mittel kombiniert.

Intra-Uterinpessare (IUP) sind heute mit Kupfer umwickelt oder mit Gelbkörperhormon gefüllt und haben meist die Form einer Spirale oder T-Form. Sie werden vom Frauenarzt in die Gebärmutter eingeführt und verhindern die Befruchtung. Frauen, die ein Intra-Uterinpessar tragen, sollten sich mindestens alle sechs Monate vom Arzt untersuchen lassen, da der Sitz überprüft werden muß und ein Pessar gelegentlich krampfartige Schmerzen im Unterleib verursachen kann. Die Empfängnisverhütung eines Pessars, das etwa zwei Jahre in der Gebärmutter bleibt und dann ausgetauscht wird, ist recht zuverlässig. Frauen mit starker Regelblutung oder Frauen, die noch nie schwanger waren und eine noch wenig entwickelte Gebärmutter haben, sollten besser eine hormonelle Verhütungsmethode wählen.

Hormonelle Empfängnisverhütung
Dazu zählt man die Antibabypille und Hormonspritzen. Die verschiedenen Pillen sind sehr unterschiedlich in ihrer Hormonzusammensetzung, je nach ihrem Östrogen- bzw. Gestagenanteil. Wer mit der Pille beginnt, muß die Periodenblutung abwarten. Je nach Präparat nimmt man am ersten, dritten oder fünften Tag der Periode die erste Pille ein. Die Gebrauchsanweisung muß man sorgfältig beachten. Damit der Hormonspiegel im Blut konstant bleibt, sollte man die Pille regelmäßig zur selben Tageszeit einnehmen. Sie bietet dann einen absolut sicheren Empfängnisschutz. Es gibt jedoch auch Nebenwirkungen wie Übelkeit, leichte Kopfschmerzen, Spannungen in den Brüsten, Gewichtszunahme und erhöhten Blutdruck. In diesen Fällen sollte man sich vom Arzt ein anderes Präparat empfehlen lassen.

Gestageninjektionen schützen zwei bis drei Monate lang sicher vor einer Schwangerschaft. Nachteilig ist jedoch, daß der Menstruationszyklus durch diese Spritzen häufig unterbrochen wird und daß manche Frauen zunehmen.

Auch durch die „Pille danach" mit sehr hohem Östrogenanteil kann innerhalb von 24 Stunden nach dem Geschlechtsverkehr eine Schwangerschaft verhindert werden. Diese Methode sollte wegen ihrer starken Nebenwirkungen nur im Notfall vom Arzt angewandt werden.

Die Sterilisation bei Männern und Frauen ist eine einfache Operation. Durch die Sterilisation verändert sich weder das sexuelle Empfinden noch das Sexualleben, der Eingriff ist allerdings nicht rückgängig zu machen. Bevor man sich dazu entschließt, sollte man sich absolut sicher darüber sein, daß man keine Kinder (mehr) haben will. Gespräche mit dem Arzt und dem Partner sind dabei von großer Bedeutung.

Energie sparen

Es gibt viele Möglichkeiten, im Haushalt den Energieverbrauch einzuschränken:

- Nur die Räume voll heizen, in denen man sich am häufigsten aufhält. Bei älteren Zentralheizungen Thermostatventile an die Heizkörper montieren lassen. Nachts und auch tagsüber, wenn man nicht zu Hause ist, die Heizung drosseln, aber nicht abstellen, denn es kostet viel Energie, kalte Wände, Decken und Fußböden wieder zu erwärmen. Heizkörper nicht zustellen oder mit Vorhängen verdecken. Zwischen Heizkörper und Wand Strahlfolie anbringen. Nicht dauerlüften, etwa durch schräg gestellte Fenster, sondern kurz die Fenster ganz öffnen. Rolläden oder Fensterläden bei Einbruch der Dunkelheit schließen.
- Kochtöpfe verwenden, die im Durchmesser und nach Machart zur Kochstelle (Gas, Strom) passen. Gut schließende Deckel aufsetzen. Wasser jeweils nur so stark erhitzen, wie man unbedingt braucht. Möglichst häufig einen Schnellkochtopf (siehe dort) verwenden. Bei Elektroherden die Heizplatten vor der eigentlichen Garzeit ausschalten, um die gespeicherte Wärme zu nützen. Backofen nur bei Biskuitteig vorheizen; im Heißluftherd soviel Gerichte, Kuchen usw. wie möglich gleichzeitig zubereiten.
- Kühl- oder Gefriergeräte nicht in die Nähe von Wärmequellen stellen. Kapazität voll ausnutzen, aber bei Kühlgeräten Temperatur nur so tief einstellen, daß Butter streichfähig bleibt und Getränke mundgerecht temperiert sind. Leerräume im Gefriergerät mit Schaumstoff füllen. Nur abgekühlte Waren einlagern. Geräte so kurz wie möglich öffnen (Gefriergut systematisch lagern, um langes Suchen zu vermeiden) und regelmäßig abtauen. Kühl- und Gefriergut nach Herstellerhinweisen verpacken und lagern. Siehe auch *Kühlgeräte*.
- Geschirrspülmaschinen nur ganz gefüllt anschalten und bei wenig verschmutztem Geschirr Kurz- oder Sparprogramm einsetzen. Gerät nach dem letzten Spülgang öffnen und das Geschirr an der Luft trocknen lassen.
- Bei Waschmaschinen Fassungsvermögen ausnutzen oder bei geringerer Füllmenge mit Sparprogramm waschen. Vorwaschprogramm nur bei stark verschmutzter Wäsche einsetzen; bei wenig verschmutzter Wäsche Energiesparprogramm mit 60 °C einschalten.
- Wäschetrockner nur mit geschleuderter Wäsche beladen und Füllmenge ausnutzen. Trocknungsgrad richtig wählen; Wäsche möglichst nicht übertrocknen, Bügelwäsche z.B. feucht entnehmen. Filter nach Bedienungsanleitung reinigen.
- Staubsauger rechtzeitig entleeren,

denn volle Staubfangbeutel mindern die Saugkraft und steigern damit den Stromverbrauch.

- Wenn möglich, elektrische Kleingeräte wie Toaster, Eierkocher oder Kaffeemaschinen benutzen, da sie kostengünstiger arbeiten als Elektro- oder Gasherde.
- Beleuchtungskörper an den Stellen anbringen, an denen man sie braucht, und nur bei Bedarf einschalten. Leuchtstofflampen nur dann verwenden, wenn sie lange Zeit ohne Unterbrechung benötigt werden, denn häufiges Ein- und Ausschalten schadet ihnen. Helle Wände und Decken absorbieren weniger Licht als dunkle Flächen, helfen also, Strom zu sparen.
- Heizungs- und Warmwasseranlagen oder Einzelgeräte regelmäßig warten und entkalken lassen, da sie nur kostengünstig arbeiten, wenn sie voll funktionsfähig sind.

Siehe auch *Abdichten; Treibstoff sparen; Wärmedämmung.*

Enthaarung

Unerwünschte, kräftige Haare lassen sich am einfachsten durch Rasieren entfernen; aber sie wachsen dann schnell – innerhalb von ein bis drei Tagen – und mit stoppeligen Spitzen wieder nach. Rasieren kann man den seitlichen Haaransatz, die Unterschenkel und die Unterarme. An den Oberschenkeln und in der Leistengegend können die nachwachsenden Haare Hautreizungen verursachen.

Bei der Naßrasur schäumt man die entsprechende Stelle mit Rasiercreme oder -seife ein, wartet zwei bis drei Minuten und rasiert dann mit einer scharfen Klinge möglichst entgegen der Haarwuchsrichtung. Bei trockener Haut ist eher ein elektrischer Rasierapparat zu empfehlen, der die Haut nicht so leicht verletzt.

Enthaarungsmittel Chemische Enthaarungsmittel, meist in Form einer Creme, lösen die Haarsubstanz auf, so daß man die Haare einfach abwaschen kann. Die behandelte Stelle bleibt dann sieben bis zehn Tage lang unbehaart, und der Nachwuchs hat keine stoppeligen Spitzen. Diese Enthaarungsmittel eignen sich für die meisten Körperpartien; für das Gesicht gibt es jedoch spezielle, besonders schonende Enthaarungscremes. Vor dem Enthaaren testet man das Mittel auf einer kleinen Hautfläche. Rötet sich die Haut an dieser Stelle, sollte man ein anderes Präparat ausprobieren oder die Haare mit mechanischen Mitteln entfernen.

Wachs und Harz Für größere Hautflächen empfiehlt sich die Haarentfernung mit Wachs oder Harz, wobei die Haare mit der Wurzel herausgezogen werden. Für diese Methode müssen die Haare mindestens 5 mm lang sein. Man erwärmt das Bienenwachspräparat, bis es schmilzt, trägt es auf und drückt darauf einen Streifen Stoff. Harzpräparate haben den Vorteil, daß sie nicht erst erhitzt werden müssen. Sobald das Wachs hart geworden ist, zieht man den Stoffstreifen schnell und ruckartig entgegen der Haarwuchsrichtung von der Haut ab. Das so entfernte Haar wächst nicht vor zwei bis drei Wochen nach.

Die Haarentfernung mit Wachs oder Harz eignet sich für den Oberlippenbart, die Beine und die Leistengegend. Diese Methode wird meist von einer Fachkraft in einem Kosmetik- oder Schönheitssalon durchgeführt; es gibt aber auch Präparate für den Hausgebrauch. Man muß sich genau an die Gebrauchsanweisung halten. Kosmetisches Wachs ist sehr klebrig, und es empfiehlt sich, Zeitungspapier als Arbeitsunterlage zu verwenden. Überschüssiges Wachs wird mit Petroleum von der Haut entfernt.

ACHTUNG!

Wachs ist brennbar; man erwärmt es in einem Wasserbad, niemals über offener Flamme.

Epilieren Die einzige Methode zur dauerhaften Haarentfernung besteht darin, die Haarwurzeln mit elektrischem Strom (mit dem Epilot) abzutöten. Als unerwünschte Nebenwirkung bleiben manchmal kleine vertiefte Narben zurück. Es gibt jedoch Verfahren, bei denen diese Gefahr gering ist. Das Epilieren muß allerdings von einer erfahrenen Fachkraft gemacht werden.

Bleichen Damit lästiges Haar nicht so störend wirkt, kann man es mit einer 6%igen Wasserstoffperoxidlösung bleichen, der man pro 30 g zehn Tropfen Salmiakgeist zusetzt. Danach die Haut gut eincremen.

Entspannungsübungen

Durch Streß kann sich die Muskulatur verspannen; eine Entspannung der Muskeln verringert dagegen das Streßgefühl. Von den zahlreichen Entspannungsübungen sind hier einige einfache, jedoch besonders wirkungsvolle angeführt.

Man atmet sehr tief ein, hält den Atem so lange wie möglich an und atmet dann wieder aus, bis die Lungen vollkommen entleert sind; dabei läßt man den letzten Rest Luft mit einem hörbaren Seufzer aus dem offenen Mund entweichen. Beim Ausatmen entspannt man bewußt Hals und Schulterpartie. 40 solcher tiefer Atemzüge sollten zum täglichen Entspannungsprogramm gehören. Am besten ist es, diese Übungen fest in den Tagesablauf einzuplanen, vor allem in Situationen, die besonders spannungsgeladen sind. So kann man beispielsweise jedesmal einen solchen tiefen Entspannungsatemzug tun, wenn man in einen Verkehrsstau gerät, das Telefon läutet oder das Baby wieder zu schreien anfängt. Dieser tiefe Atemzug dauert nur wenige Sekunden, läßt aber das Gefühl der davoneilenden Zeit vergessen.

Um ihre Entspannungsübungen nicht zu vergessen, bringen manche Leute einen farbigen Markierungspunkt auf ihrer Büro- oder Armbanduhr an. Jedesmal, wenn sie auf die Uhr sehen, machen sie dann eine Entspannungsatmung. Langsames Atmen verdrängt auch das Gefühl, unter Zeitdruck oder Zwang zu stehen. Man atmet langsam tief ein und wieder aus, während man rückwärts von zehn bis eins zählt. Bei der Atmung merkt man, welche Muskeln verspannt sind, und man entkrampft sie ganz bewußt.

Konzentrative Selbstentspannung Entspannung durch tiefes und langsames Atmen ist jederzeit und überall möglich. Für andere Übungen muß man sich etwas Zeit nehmen und einen Platz finden, an dem man ungestört ist. Man nimmt eine bequeme Sitzhaltung ein, zieht die Schuhe aus und lockert die Kleidung. Dann schließt man die Augen und macht mehrere tiefe Atemzüge. Nun konzentriert man sich, beginnend bei den Füßen, ganz bewußt auf einen Körperteil und entspannt ihn völlig. Es werden nacheinander die Beine, die Knie usw. entspannt, aber jeweils nur ein einzelner Körperteil. Dies gelingt manchmal besser, wenn der betreffende Körperteil zuvor angespannt wurde. So ist es beispielsweise einfacher, das Gesicht zu entspannen, wenn man zuerst eine Grimasse schneidet.

Nach einiger Zeit kommt ein Gefühl der Wärme und Schwere auf. Jetzt stellt man sich vor, im Wasser zu treiben oder auf Wolken zu schweben. So gewinnt man in zehn Minuten Abstand von der Routine und kehrt anschließend mit Elan und neuer Energie in den Alltag zurück.

Siehe auch *Autogenes Training; Meditation.*

Entwöhnung

Der Zeitpunkt für die Entwöhnung von der Brust kann unterschiedlich sein. Einige Kinder sind dazu schon im Alter von neun bis zwölf Monaten bereit, andere wiederum können bis zum Alter von zwei Jahren gestillt werden.

Beim Abstillen läßt man zunächst eine Brustmahlzeit aus; einige Tage später wird eine zweite ausgelassen, dann eine dritte usw. Kindern unter sechs Monaten gibt man statt dessen das Fläschchen (siehe *Fläschchen geben*).

Ältere Kinder (über sechs Monate) gewöhnt man langsam an eine Tasse. Zuerst gibt man nur einige Schlucke Tee oder Wasser aus einer unzerbrechlichen Tasse. Nimmt das Kind die Tasse regelmäßig an, fügt man zu den Mahlzeiten etwas Milch hinzu. In dieser Zeit geht die Milchbildung der Mutter allmählich zurück. Lehnt das Kind die Tasse jedoch ab, wartet man noch einige Zeit.

Will man das Baby vom Fläschchen entwöhnen, geht man wie beim Abstillen Schritt für Schritt vor. Zuletzt läßt man die Flaschenmahlzeit vor dem Zubettgehen weg.

Erbrechen

Erbrechen ist ein häufiges Symptom, das verschiedene Ursachen haben kann. Liegt es einfach daran, daß man zuviel gegessen oder übermäßig Alkohol getrunken hat, legt man sich hin, bis die Beschwerden abklingen, trinkt einen Magentee oder schluckweise kohlensäurefreies Mineralwasser, um den Flüssigkeitsverlust zu kompensieren, und fastet so lange, bis der Magen wieder bereit ist, leichte Nahrung – etwa Zwieback oder Hühnerbrühe – aufzunehmen. Manchmal hilft auch eine Wärmflasche oder ein Heizkissen auf dem Magen. Siehe auch *Kater.* Ursache kann auch eine beginnende Schwangerschaft sein.

Wenn das Erbrechen längere Zeit anhält und mit Bauchschmerzen verbunden ist, wenn dem Erbrochenen frisches Blut beigemengt ist oder wenn es wie Kaffeesatz aussieht, sollte man einen Arzt aufsuchen. Wenn in dem Erbrochenen Nahrung enthalten ist, die vor mehr als sechs Stunden gegessen wurde, und mit dem Erbrechen Durchfälle und Muskelkrämpfe auftreten, muß man umgehend einen Arzt rufen.

Bei Säuglingen läuft oft ein bißchen geronnene Milch aus dem Mund, wenn sie aufstoßen. Hier besteht kein Grund zur Sorge. Spuckt das Kind die ganze Mahlzeit wieder aus oder erbricht sich mehrmals am Tag, muß man einen Arzt aufsuchen.

Siehe auch *Durchfall; Gewichtsregulierung; Kolik; Lebensmittelvergiftung; Magenschmerzen; Reisekrankheiten; Übelkeit; Vergiftungen.*

Erfrierungen

Erfrierungen sind nicht nur bei Frost, sondern auch bei Temperaturen bis zu 6°C möglich. Besonders gefährdet sind Körperstellen, die sehr exponiert sind, wie Ohren, Nase, Finger und Zehen, oder die von zu enger Bekleidung (z.B. Schuhen) umhüllt sind. Man erkennt oberflächliche Erfrierungen an der Blässe der betroffenen Körperstelle sowie an dem tauben Gefühl. Erfrierungen, die zwar in die Tiefe gehen, aber nicht ausgedehnt sind, sehen weißgrau aus und sind beim Betasten weich und schmerzhaft. Nach dem „Auftauen" rötet sich das erfrorene Gewebe, und es bilden sich, manchmal erst nach einigen Stunden, auch Blasen.

Enganliegende Kleidung und Schuhe lockern. Die erfrorenen Körperteile durch Leitungswasser möglichst langsam erwärmen; auch die eigene Körperwärme hilft – man kann beispielsweise die Hände in die Achselhöhlen stecken. Den Körper des Betroffenen mit zusätzlichen Kleidungsstücken und Decken umhüllen; heiße, gezuckerte Getränke – aber keinen Alkohol! – geben. Auftretende Blasen nicht öffnen; nur keimfrei bedecken. Erneute Kälteeinwirkung vermeiden.

Sind die erfrorenen Körperteile bereits hart und gefühllos, wenn man sie betastet, ist unbedingt der Notruf zu veranlassen. Das Gewebe wird bei dieser starken Form der Erfrierung schwarz und stirbt ab. Wiederholt Puls (siehe dort) und Atmung kontrollieren.

Zur Vorbeugung bei Kälte immer zweckmäßige Kleidung tragen; beim Skifahren Ohren, Hände und Gesicht durch entsprechende Kleidungsstücke bzw. eine Kälteschutzcreme schützen. Die Nase öfters reiben – anfangs merkt man von der Erfrierung nichts – und andere darauf aufmerksam machen, wenn ihre Nase auffallend weiß wird.

Siehe auch *Frostbeulen; Unterkühlung.*

Erkältungen

Eine gewöhnliche Erkältung, eine Viruserkrankung, für die es noch kein Gegenmittel gibt, dauert meist rund eine Woche, gleichgültig, ob sie behandelt wird oder nicht. Zieht sich die Erkältung länger hin, sollte man einen Arzt aufsuchen.

Die Beschwerden treten meist in einer bestimmten Reihenfolge auf: Halsschmerzen, Niesen, laufende und dann verstopfte Nase sowie manchmal leichtes Fieber mit Schmerzen und Abgeschlagenheit. Man behandelt nur die jeweiligen Symptome, wenn sie tatsächlich auftreten. Wenn möglich, bleibt man bereits bei den ersten Anzeichen im Bett, während das Abwehrsystem des Körpers gegen das Virus ankämpft.

Gegen Halsschmerzen helfen warme Suppen und Getränke wie auch das Gurgeln mit lauwarmem Salzwasser. Bei Verstopfungen der Nase oder der Bronchien inhaliert man heiße Dämpfe (siehe *Heilkräuter*). Salizylsäurehaltige Mittel helfen gegen Schmerzen, lassen das entzündete Gewebe abschwellen und senken das Fieber, so daß man besser schlafen kann.

Mittel gegen Erkältungen Bevor man ein rezeptfreies Erkältungsmittel kauft, erkundigt man sich beim Apotheker, welche Wirkstoffe es enthält und ob man diese bedenkenlos einnehmen kann. Präparate mit Mehrfachwirkung können auf Symptome abgestimmt sein, die man gar nicht hat, oder vertragen sich nicht mit anderen Medikamenten, die man bereits einnimmt. Ohne ärztlichen Rat sollten solche Mittel nicht länger als drei Tage eingenommen werden; Kinder bekommen sie nur auf ärztliche Anweisung.

Vorbeugung Die ansteckendste Phase einer Erkältung ist die Zeit zwei bis drei Tage, bevor die Symptome sich bemerkbar machen. So ist eine Vorbeugung nahezu unmöglich. Sobald die Symptome auftreten, verhält man sich wie folgt: Zum Husten oder Naseputzen nur Papiertaschentücher verwenden; die benutzten Tücher in einem Plastikbeutel sammeln und schnellstens (nicht in den Papierkorb!) wegwerfen. Häufig die Hände waschen und zu Kontaktpersonen einen gebührenden Abstand halten.

Ernährung

Die Ernährungsbedürfnisse eines Menschen ändern sich im Lauf seines Lebens. Die eines Kindes zwischen dem zweiten und zehnten Lebensjahr bleiben ziemlich unverändert. In diesem Alter brauchen Kinder etwa 335 Joule (80 Kalorien) pro Kilogramm Körpergewicht täglich. Die Nährstoffzufuhr sollte sich nach folgendem Verhältnis zusammensetzen: 15% der Kalorien sollten als Eiweiß, 30–35% als Fett und der Rest als Kohlenhydrate aufgenommen werden. Durch eine abwechslungsreiche, ausgewogene Mischkost kann auch der Mineralstoff- und Vitaminbedarf des Kindes gedeckt werden. Vor allem Kalzium und Vitamin D sind in diesem Alter wichtig; beide Stoffe braucht der Körper zum Aufbau von Knochen und Zähnen. Milch und Milchprodukte sind besonders reich an Kalzium. Vitamin D ist vor allem in Lebertran, Eigelb, Butter und Leber enthalten. Der Aufenthalt an frischer Luft und die Einwirkung von Sonnenstrahlen fördern den Aufbau von Vitamin D. Außerdem brauchen Kinder viel Flüssigkeit – ein zehnjähriges Kind mindestens 1 l pro Tag. Diesen Flüssigkeitsbedarf sollte man nach Möglichkeit mit ungezuckerten Fruchtsäften, Mineralwasser, Malzkaffee oder Früchtetees decken. Handelsübliche Limonaden enthalten meist viel Zucker. Auch Milch mit ihrem hohen Fett- und Eiweißgehalt ist mehr als ein Durstlöscher.

Der Energiebedarf von Jugendlichen ist sehr hoch, auch wenn er sich im Verhältnis zum Körpergewicht pro Kilogramm seit der Kindheit verringert. Er liegt im Durchschnitt bei 210 Joule (50 Kalorien) pro Kilogramm Körpergewicht. Ist der Jugendliche als Sportler aktiv, kann der Bedarf noch höher liegen. Der Kalorienbedarf heranwachsender Mädchen ist etwas geringer. Wichtig für Jugendliche beiderlei Geschlechts ist eine ausgewogene Ernährung, bei der eiweißhaltige und kohlenhydratreiche Bestandteile eine wichtigere Rolle spielen sollten als Fette. Jugendliche leiden häufig unter Kalzium- und Eisenmangel. Deshalb ist darauf zu achten, daß diese Mineralstoffe bei der Ernährung zugeführt werden. Eisen ist in Leber, Fleisch, Vollkornprodukten, verschiedenen Gemüsen und Obstsorten enthalten. Statt zuckerreicher Limonaden sollte man Jugendlichen Frucht- und Gemüsesäfte, Mineralwasser, Milch und Tees anbieten.

Etwa ab dreißig braucht der Erwachsene von Jahr zu Jahr bei gleichbleibender Tätigkeit weniger Kalorien. Der Bedarf richtet sich natürlich nach Größe und Körpergewicht und nach dem Grad der körperlichen Betätigung. Wichtig ist, wie in jedem Alter, daß man genügend Flüssigkeit, 2–3 l täglich, in Form von nichtalkoholischen Getränken zu sich nimmt.

Gerade ältere Menschen sollten auf eine gesunde, ihren individuellen Bedürfnissen angepaßte Ernährung achten. Der Bedarf an Eiweiß, Mineralstoffen und Vitaminen bleibt unverändert hoch, es müssen also vermehrt kalorienarme Nährstoffe aufgenommen werden. Wie jeder anderen Altersgruppe ist auch den älteren Menschen am besten mit einer abwechslungsreichen Kost gedient. Milch und Milchprodukte, mageres Fleisch, Fisch und Eier sollten ebenso im Speiseplan enthalten sein wie ballaststoffhaltige, kohlenhydratreiche Lebensmittel, etwa Vollkornbrot, Grün- und Wurzelgemüse, Kartoffeln und Obst. Der Fettanteil der Nahrung sollte maximal 35% betragen, wobei ältere Menschen, die nicht an Arteriosklerose (Arterienverkalkung) leiden, nicht unbedingt auf cholesterinreiche Eiweißträger wie Eier, Käse, Wurst und Leber verzichten müssen (siehe auch *Cholesterin*). Vermeiden sollten ältere Menschen scharf gebratene Speisen und fette Saucen; auch Kochsalz sollten sie nur sparsam verwenden.

Weitere Ratschläge geben die Deutsche Gesellschaft für Ernährung in Frankfurt am Main, die Krankenkassen und die Volkshochschulen.

Ernährung beim Autofahren Bei Autoreisen gilt bereits am Vorabend Alkoholverbot, da der Alkohol bis in den späten Vormittag des nächsten Tages nachwirkt. Man geht zeitig schlafen und steht früh auf, denn am frühen Morgen sind weniger Autofahrer unterwegs. Das Frühstück sollte sättigend sein, ohne jedoch den Magen zu belasten. Es besteht am besten aus Fruchtsaft, Tee oder Kaffee, einem weichen Ei, Schinken, Käse und Vollkornbrot.

Nach zwei Stunden macht man eine Fahrpause. Es genügt, wenn man eine Kleinigkeit – etwas Obst oder einen Becher Joghurt – zu sich nimmt.

In der Mittagspause bevorzugt man eine kleinere Fleisch- oder Fischportion mit einer Salatplatte, allerdings mit wenig Reis, Kartoffeln oder Teigwaren, und zum Abschluß etwas Obst; als Getränk ist Alkohol grundsätzlich zu meiden.

Ersatzreifen

Der Ersatzreifen führt ein vernachlässigtes Dasein im dunkelsten Teil des Kofferraums, meist verdeckt von einer Ablage, und wird nur selten kontrolliert. Da er aber für den Notfall einsatzbereit sein muß, sollten Luftdruck sowie Gesamtzustand in regelmäßigen Abständen geprüft werden.

Ist der Ersatzreifen schon weit abgefahren, kann man auch einen Winterreifen in den Kofferraum legen. Beim Kauf von Winterreifen genügt es, stets drei Felgen und vier Reifen zu erwerben. Eine Felge hat man ja bereits mit dem Neuwagen gekauft.

Bei einigen Neufahrzeugen gibt es nur noch ein Notrad im Kofferraum. Dies sollte man, speziell bei weiten Urlaubsreisen, durch ein echtes Reserverad mit Fahrbereifung auswechseln.

Erste Hilfe

Unter Erster Hilfe versteht man die Sofortmaßnahmen am Unfallort. Zunächst muß der Betroffene gegebenenfalls in Sicherheit gebracht, etwa von der Straße fortgeschleift werden, dann folgen, falls nötig, die Atemspende und das Stillen der Blutungen. Man sichert die Unfallstelle ab. Der Notruf (siehe dort) muß veranlaßt werden. Zu den ersten Maßnahmen gehören auch sachgerechte Lagerung, Verbände anlegen, Zuspruch und sonstige Hilfeleistung, bis der Rettungsdienst eintrifft.

Für den Ersthelfer ist es wichtig, daß er die Erste-Hilfe-Maßnahmen beherrscht. Unsachgemäße Hilfe kann oft mehr schaden als nützen. Man muß seine Kenntnisse stets auffrischen, denn man kann die erforderliche Sicherheit für die praktische Anwendung nur durch intensive Übung gewinnen. In Abständen von etwa drei Jahren empfiehlt es sich in jedem Fall, einen Erste-Hilfe-Lehrgang zu besuchen. Diese Kurse bieten in Deutschland die großen Hilfsorganisationen wie das Deutsche Rote Kreuz, die Johanniter-Unfall-Hilfe und der Malteser-Hilfsdienst kostenlos an; in Österreich kann man diese Lehrgänge beim Malteser Hospitaldienst Austria, bei der Johanniter-Unfall-Hilfe und beim Österreichischen Roten Kreuz absolvieren.

Siehe auch im Register unter *Erste-Hilfe-Maßnahmen.*

Ertrinkende retten

Ist ein Ertrinkender in Reichweite, legt man sich auf den Boden und sucht mit einem Arm einen sicheren Halt oder läßt sich von einer anderen Person an den Beinen festhalten. Dann faßt man ihn an einem Arm, Bein oder an der Kleidung und zieht ihn in Sicherheit. Ist er knapp außer Reichweite, kann man ihm eine Stange, ein Ruder, einen Wasserski oder notfalls ein Kleidungsstück zureichen.

Im seichten Wasser Man watet hinein und reicht dem Opfer eine Stange, ein Handtuch o.a. zu. Dabei beugt man sich nicht zu ihm hin, sondern hält den Körper zum Ufer hin geneigt, damit man selbst nicht das Gleichgewicht verliert. Mehrere Helfer können auf diese Weise auch eine Menschenkette bilden.

Wenn man einen Rettungsring auswirft, stellt man sich mit dem Fuß auf das Ende der Leine, schleudert den Ring hinter den Ertrinkenden und zieht ihn dann langsam an diesen heran. Ist kein Rettungsring zur Hand, wirft man einen anderen schwimmfähigen Gegenstand – eine Schwimmweste, einen Ast – aus.

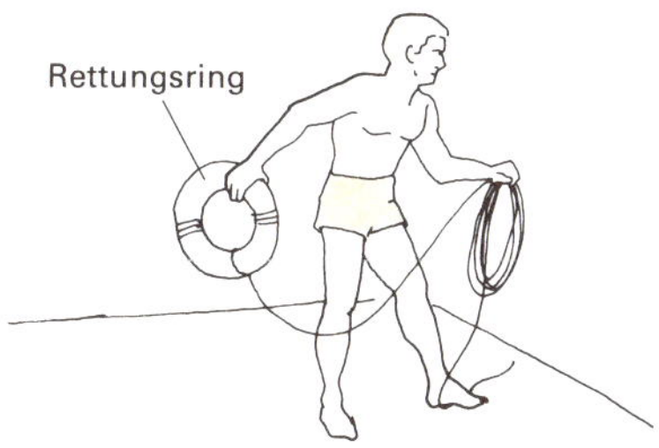

Kann man den Ertrinkenden mit einem Boot erreichen, hält man ihm ein Ruder hin. Man zieht ihn langsam ans Heck heran und hebt ihn ins Boot.

Im tiefen Wasser Hier muß man nicht nur ein guter Schwimmer sein, sondern auch schnell Entfernung, Gewicht des Opfers, Wassertemperatur und Strömung oder Wellengang beurteilen können. Wenn man befürchten muß, sich selbst in Gefahr zu bringen, sollte man auf keinen Fall einen Rettungsversuch durch Schwimmen unternehmen. Man holt Hilfe und läßt am Ufer ein auffallendes Kleidungsstück liegen, um die Stelle schnell wiederzufinden.

Wenn man doch hinausschwimmt, nimmt man nach Möglichkeit einen schwimmfähigen Gegenstand mit, notfalls ein Handtuch o.ä., an dem man das Opfer abschleppen kann. Diesen hält man zwischen sich und den Ertrinkenden, während man sich ihm nähert. Auf dem Rücken schwimmend, zieht man ihn in Sicherheit. Versucht der Ertrinkende, sich ängstlich anzuklammern, läßt man die Schwimmhilfe los und geht auf Abstand. Nachdem man das Opfer beruhigt hat, kann man sich ihm wieder nähern. Hat man keine Schwimmhilfe zur Hand, verhindert man die lebensgefährliche Umklammerung durch den Ertrinkenden dadurch, daß man seinen Kopf auf Armlänge wegdrückt, so daß er den Retter nur mit gestreckten Armen erreichen kann.

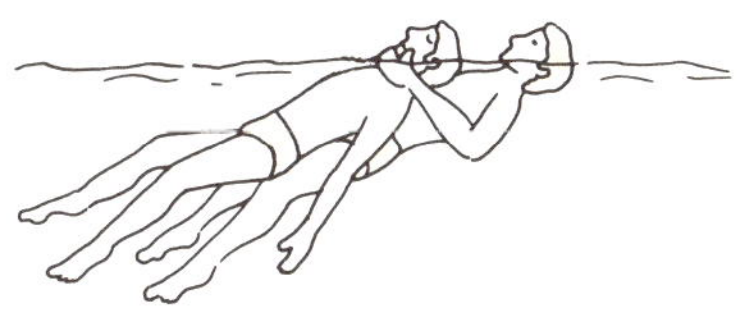

Einen Bewußtlosen dreht man auf den Rücken, umfaßt dann mit der hohlen Hand sein Kinn und hält so seinen Kopf über Wasser. Am Ufer wird er dann künstlich beatmet (siehe *Atemspende*).

Einbrechen im Eis Man versucht, mit Hilfe von Brettern oder Leitern, die man vorsichtig über das Eis schiebt, so nah an den Eingebrochenen heranzukriechen, daß man ihn fassen kann. Der Retter sollte möglichst angeseilt sein.

Eßstäbchen

Chinesische Stäbchen sind unten rund, japanische laufen spitz zu. Beide Arten werden gleich gehandhabt.

Man legt ein Stäbchen in die Höhlung zwischen Daumen und Zeigefinger und läßt es auf der Innenseite der Ringfingerkuppe ruhen (1). Dann nimmt man das zweite Stäbchen wie einen Bleistift zwischen Zeige- und Mittelfinger und drückt es mit der Daumenkuppe an diese Finger an (2). Die Spitzen bringt man auf gleiche Höhe, indem man sie auf den Teller drückt. Das untere Stäbchen liegt fest in der Hand; das obere bewegt man auf das untere zu, um so die Bissen zu greifen (3). Reis wird etwas zusam-

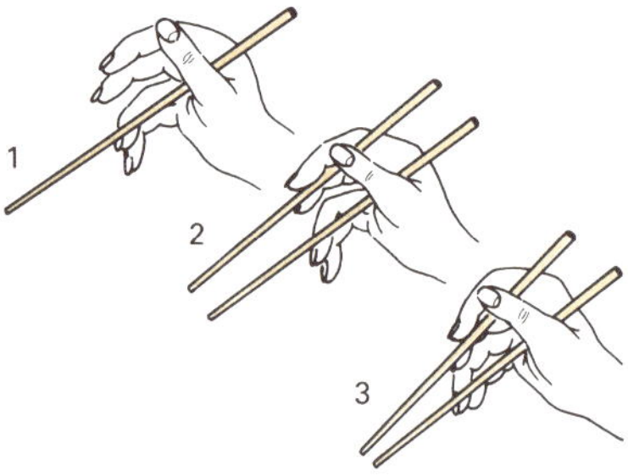

mengedrückt und aus der an den Mund herangeführten Schale mit den eng zusammengehaltenen Stäbchen direkt in den Mund „geschaufelt“.

Fadenbilder

Mit Nägeln, die man in ein Grundbrett schlägt, und Faden kann man phantasievolle Muster, abwechslungsreiche Formen und geometrische Gebilde herstellen. Man kann Nägel, Fäden, Garne oder Drähte aller Art verwenden. Als Grundbrett eignet sich jedes Holz, in das sich leicht Nägel einschlagen lassen. Sehr gut sind Sperrholzplatten; man kann sie roh belassen, mit Stoff bespannen oder mit Farbe streichen.

Zunächst entwirft man das Muster auf einem Stück Papier, indem man einzelne Punkte mit bunten Bleistiftstrichen verbindet. Da Fäden nicht in geschwungenen Formen gespannt werden können, müssen bei Fadenbildern alle Linien zwischen zwei Punkten gerade verlaufen. Trotzdem kann man mit geraden Linien auch Kurven und sogar Kreise formen.

Um eine Kurve darzustellen, zeichnet man zwei Linien auf, die im rechten Winkel zueinander stehen, und markiert auf beiden Linien eine Reihe von Punkten in gleichen Abständen. Dann werden die Punkte in der gezeigten Weise numeriert und Punkte mit gleicher Nummer durch eine gerade Linie verbunden.

Um einen Kreis auszubilden, zeichnet man mit dem Zirkel einen Kreis vor und markiert dann mit dem Winkelmesser Punkte im Abstand von jeweils 20 Winkelgraden. (Ein dichteres Muster entsteht, wenn man die Punkte in geringeren Abständen markiert.) Nun zieht man Linien von Punkt 1 zu Punkt 6, dann von Punkt 6 zu Punkt 2, von 2 zu 7, von 7 zu 3, von 3 zu 8, von 8 zu 4, von 4 zu 9, von 9 zu 5 und von 5 zu 10. So fährt man im Uhrzeigersinn fort, bis auch die letzten Punkte (von 5 zu 1) miteinander verbunden sind.

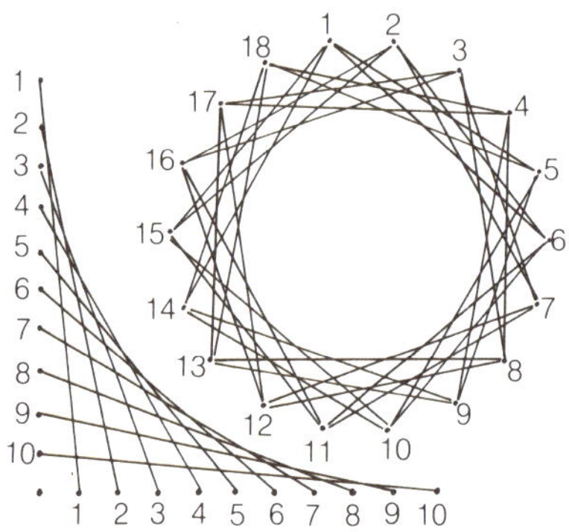

Nun schlägt man in jeden Punkt des Musters einen Nagel in das Grundbrett; alle Nägel sollten gleich weit herausstehen. Danach bindet man einen Faden am ersten Nagel fest und legt ihn, den Linien des Musters folgend, um die übrigen Nägel. Zum Schluß wird das Fadenende verknotet.

Fadendurchschlag

Um Schnittmusterzeichen und Markierungen auf bunte, weiche, empfindliche oder durchsichtige Stoffe zu übertragen, verwendet man den Fadendurchschlag. Schneiderkreide und Kopierpapier sind hier nicht zu empfehlen, da die Markierungen nicht deutlich sichtbar werden.

Bei einfacher Stofflage verwendet man den Eilstich (siehe *Heften*), bei doppelter Stofflage den Durchschlagstich.

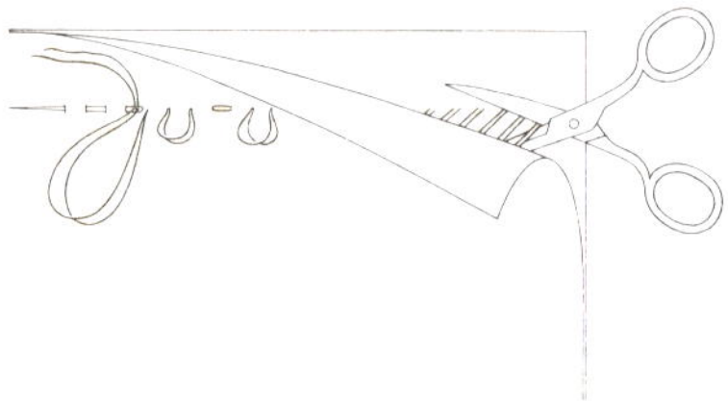

Den Papierschnitt ritzt man an den zu übertragenden Zeichen durch. Mit langem, doppeltem Heftfaden ohne Knoten sticht man bei Nahtlinien o.ä. an den betreffenden Stellen ein und wieder aus und zieht Nadel und Faden so weit durch, daß jeweils eine etwa 5 cm lange Fadenschlinge stehenbleibt. Für Einzelmarkierungen sticht man zweimal ein und aus und läßt die Schlinge und etwa 3 cm lange Fadenenden stehen.

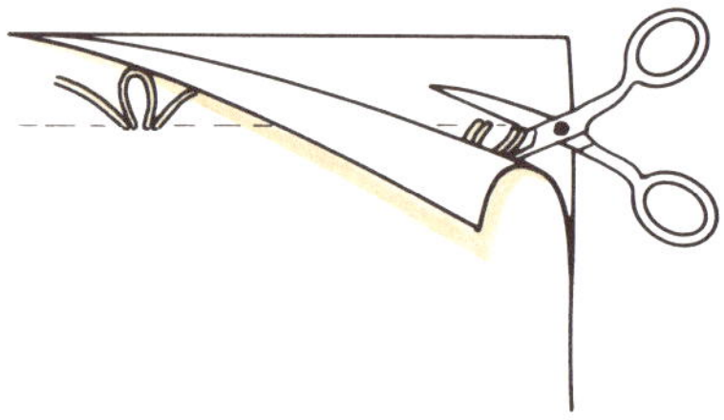

Zum Schluß wird der Papierschnitt vorsichtig entfernt, dann zieht man die beiden Stofflagen auf Länge der Schlingen auseinander und schneidet die Fäden in der Mitte durch. Nach dem Heften werden die Fäden entfernt, damit sie nicht von den Maschinenstichen erfaßt werden.

Sind viele Markierungen an einem Schnitteil erforderlich, kann man für die einzelnen Bereiche – Abnäher, Nahtlinie usw. – jeweils eine andere Garnfarbe verwenden.

Fadenkette

Die Fadenkette kann man anstelle eines geschürzten Stegs (siehe *Festonstich*) verwenden, um zwei Stoffteile wie etwa Mantel und Futter an der

Unterkante locker miteinander zu verbinden, als Öse, Gürtelschlaufe oder Knopfschlinge.

Man sichert das Fadenende im Stoff und bringt darüber einen kleinen Stich an, zieht den Faden aber nur so weit durch, daß eine Schlinge stehenbleibt. Mit der rechten Hand hält man den Faden fest, mit der linken hält man die Schlinge offen (A) und holt mit dem Mittelfinger den Faden durch die Schlinge (B). Die Schlinge läßt man von den Fingern gleiten und zieht sie zum Stoff hin (C). Der Faden am Mittelfinger bildet die neue

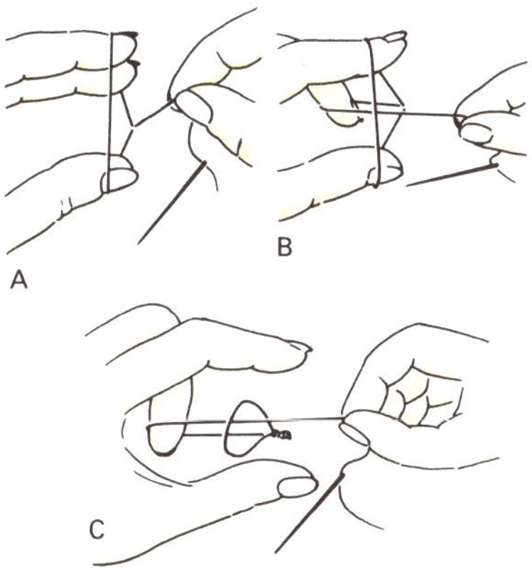

Schlinge. Diese Schritte wiederholt man, bis die Fadenkette die erforderliche Länge hat, dann führt man die Nadel durch die letzte Schlinge und näht sie fest.

Fadenlauf

Bei gewebten Stoffen verläuft der Längsfaden (Kette) parallel zur Webkante, der Querfaden (Schuß) rechtwinkelig dazu. Der Schrägfadenlauf kreuzt diese beiden diagonal an beliebiger Stelle.

1 Webkante 2 Längsfadenlauf 3 Querfadenlauf 4 Echter Schrägfadenlauf

Da Stoffe im Längsfadenlauf besonders fest sind, werden sie meist so verarbeitet, daß der Längsfaden senkrecht verläuft. Eine Ausnahme bilden gemusterte Stoffe wie Bordürendrucke, die z. B. für Röcke so verarbeitet werden müssen, daß der Längsfaden waagrecht verläuft. Ein im Schrägfadenlauf geschnittenes Kleidungsstück fällt sehr weich, man muß es aber vor der Saumverarbeitung aushängen lassen, da der Saum sonst ungleichmäßig durchhängen könnte.

Fadenlauf ausrichten Wenn nach der Begradigung (siehe *Stoffenden begradigen*) die Enden keinen rechten Winkel mit den Webkanten bilden, faltet man den Stoff so der Länge nach, daß Webkanten und Enden übereinstimmen, heftet durch alle Kanten und schlägt ihn in ein feuchtes Tuch oder befeuchtet ihn mit dem Wäschesprenger. Wasserempfindliche Stoffe werden nicht befeuchtet.

Dann wird der Stoff gleichmäßig, aber nicht zu stark im Schrägfadenlauf gedehnt, bis alle Ecken rechte Winkel bilden. Zum Trocknen legt man ihn flach hin; notfalls wird er zum Schluß leicht gebügelt.

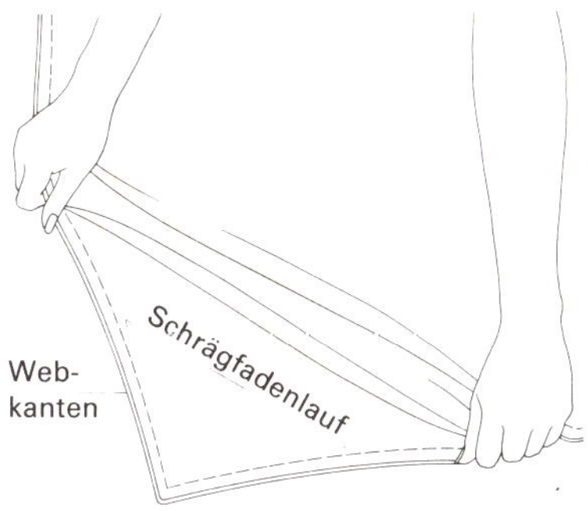

Ein Stoffdruck, etwa ein Karomuster, der nicht im Fadenlauf, also schief bedruckt wurde, läßt sich nicht begradigen, auch wenn der Fadenlauf stimmt. Es empfiehlt sich daher, solche Drucke vor dem Kauf sorgfältig zu untersuchen.

Fadenspiele

Man braucht dazu lediglich beide Hände und einen etwa 2 m langen Faden, dessen Enden miteinander verknotet werden. Für die Ausgangsstellung legt man den so gebildeten Fadenring hinter beide Daumen und beide kleinen Finger (jedoch vor die anderen Finger), wobei man die Handflächen parallel zueinander hält. Die Hände zunächst ausbreiten, damit der Faden straff gespannt wird, dann die Handflächen wieder etwas nähern, um die Spannung zu lockern. Nun führt man den rechten Zeigefinger unter den linken Handflächenfaden (der vorn quer über der linken Handfläche liegt) und holt mit dem linken Zeigefinger den rechten Handflächenfaden. Dann die Handflächen ausbreiten und den Faden straff spannen.

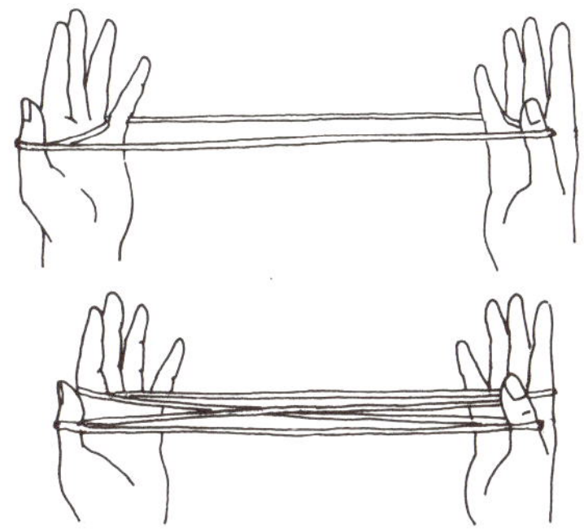

Diese erste Figur kann nun beliebig abgewandelt werden. Mit Hilfe eines Partners, der mit beiden Daumen und Zeigefingern in die gekreuzten Fäden greift, diese abhebt, umdreht und mit beiden Händen wieder spannt, können viele weitere Fadenfiguren geschaffen werden.

Fahrpraxis

In der Fahrschule absolviert man ein Mindestprogramm und darf nach der bestandenen Prüfung mit dem eigenen Fahrzeug am öffentlichen Verkehr teilnehmen. Was fehlt, ist oft die Weiterbildung, und viele Fehler in der Fahrpraxis bezahlt man mit unliebsamen Zwischenfällen oder sogar Unfällen.

Eine empfehlenswerte Weiterbildung ist das Üben auf dem leeren Parkplatz eines Supermarktes o. ä. Zwar gilt auch hier die Straßenverkehrsordnung, jedoch kann man testen, wie sich das Fahrzeug in der extremen Situation, z. B. nach einer Vollbremsung bei Regen, Schnee und Eis, verhält. Man kann das Abfangen des Autos nach heftigen Lenkkorrekturen üben, indem man einen leeren Karton aufstellt und diesen umrundet.

Noch besser sind die Übungen im Rahmen eines Sicherheitstrainings, das von manchen Automobilfirmen und den Automobilclubs angeboten wird. Die geringen Kosten für die Weiterbildung sind gut angelegt. Auch für die Motorradfahrer gibt es derartige Kurse.

Fahrräder

Bevor man ein Fahrrad erwirbt, sollte man sich mit den Hauptbaugruppen beschäftigen, denn je nach Einsatzart und persönlichen Ansprüchen muß man unter verschiedenen Ausführungen das richtige Modell aussuchen.

- Tourenräder: In dieser Gruppe findet man solide Gebrauchsräder ohne größeren technischen Aufwand. Manchmal ist eine einfache Dreigang-Nabenschaltung mit Rücktrittbremse vorhanden. Das Zubehör erfüllt einfachste Ansprüche.
- Sporträder und Leichtlaufräder: Hier findet man das richtige Fahrrad für eine mehrtägige Wanderung. Sporträder haben etwas schmalere Reifen als Tourenräder. Der Rahmen ist aus Spezialrohren gefertigt und deshalb etwas leichter. Die aufwendige Farbgebung unterstreicht den sportlichen Eindruck. Das Zubehör ist weitgehend aus rostfreiem Stahl gefertigt oder so beschichtet, daß es nicht korrodiert. Die Schaltung hat häufig mehr als drei Gänge. Der Sitz ist schlanker als beim Tourenrad und darum für längere Distanzen besser geeignet.
- Rennsporträder: Der Rahmenaufbau ähnelt dem des Sportrads, jedoch wird hier aufwendigeres Zubehör für Schaltung, Lichtanlage, Lenker und Sattel eingebaut. Durch die schmale Bereifung läuft das Fahrrad auf befestigten Straßen sehr gut. Der Lenker muß nicht so tief wie beim Wettbewerbsfahrrad (siehe unten) geschwungen sein, sondern er erlaubt eine noch bequeme, leicht geneigte Haltung, um den Windwiderstand zu verringern.
- Wettbewerbsfahrräder: Bei diesen Fahrrädern spricht man besser von Straßenrennmaschinen. Es kommt nur das beste verfügbare Material zum Einsatz. Die Rahmenrohre bestehen aus speziellen Legierungen und sind entsprechend leicht. Die Reifen sind als Schlauchreifen ausgebildet, besonders schmal und nicht für Radtouren auf unbefestigten Straßen geeignet. Die in der Straßenverkehrs-Zulassungsordnung vorgeschriebenen Anbauteile wie Lichtanlage und Klingel fehlen. Ebenfalls werden aus Gewichtsgründen Schutzbleche und Gepäckträger weggelassen.
- Mountainbikes: Kennzeichen ist ein kräftiger, meist verschweißter Rahmen aus hochwertig legiertem Rohr. Reifen und Felgen sind den Belastungen des Geländebetriebes angepaßt und entsprechend verstärkt. Die Reifen sind besonders grobstollig.

Als Bremse wird eine neue Bauart eingesetzt, die man als Cantileverbremse bezeichnet. Sie arbeitet wie eine Mittelzugbremse, die Bremsbeläge werden aber von Kipphebeln angepreßt.

Besonders aufwendig ist auch die Schaltung, denn im Gelände und beim Bergauffahren muß man den Trittrhythmus ständig neu anpassen. Üblich sind deshalb Schaltungen mit bis zu 15 Gängen.

Mountainbikes sind zwar wesentlich teurer als Standardfahrräder, da hochwertige Bauteile wie abgedichtete Lager verwendet werden, sie sind aber dafür besonders langlebig. Die Ausgabe lohnt sich nur für gut trainierte, sportliche Fahrer.

- BMX-Räder: Von diesen gepolsterten Geländerädern ist im allgemeinen abzuraten, da die meisten, vor allem die billigen, den Sicherheitsbestimmungen nicht entsprechen.

Einkaufstips Das billigste Fahrrad ist immer die schlechteste Lösung. Schon am Ende einer Sommersaison beginnen die ersten Reparaturen. Billigfahrräder werden oft von Fahrradkonfektionären zusammengestellt, wobei das Zubehör aus allen möglichen Herkunftsländern stammen kann.

Besser ist es, man informiert sich bei einem Fachhändler über die Qualität in den verschiedenen Preislagen und kauft ein solides Rad am oberen Ende der mittleren Preisskala.

Handelt es sich nicht um einen Alurahmen, sollte er eine Mehrschichtlackierung besitzen; alle Blankteile sollten rostfrei sein, da es in der Praxis meist an der notwendigen Fahrradpflege fehlt. Bei Rennmaschinen kann man Rahmenhöhe und -länge so aufeinander abstimmen, daß sie den eigenen Körpermaßen entsprechen; entscheidend sind Beinlänge sowie Oberkörper- und Armlänge. Im Fachgeschäft kann man sich beraten lassen.

Sattel- und Lenkerform wählt man entsprechend den eigenen Anforderungen, wobei der Sattel nicht zu breit sein sollte, auch wenn er zunächst ein angenehmes Sitzgefühl vermittel. Um die Sattelhöhe einzustellen, bringt man, ohne Schuhe auf dem Fahrrad sitzend, ein Pedal in die unterste Position. Dann wird die Ferse auf das Pedal gestellt. Wenn das Bein dabei fast durchgestreckt ist, stimmt die Sattelhöhe. Der Lenker mit kleinem Vorbau läßt sich besser auf die eigene Sitzposition abstimmen; die Lenkergriffe sollten aus griffigem Material bestehen und ergonomisch richtig ausgebildet sein.

Das Fahrrad prüft man rundherum, ob es scharfe Kanten gibt. Falls ja, sollte man solche Teile auswechseln lassen.

Die Beleuchtungsanlage in Standardausführung genügt oft nicht den eigenen Ansprüchen, wenn man bei Dunkelheit fahren will. Deshalb läßt man den Scheinwerfer vorn durch eine Halogenausführung und das Rücklicht durch eine Spezialanfertigung mit verstärkter Leuchtkraft ersetzen.

Sporträder ohne Schaltung gibt es heute nicht mehr im Angebot. Für die meisten Zwecke genügen drei Gangstufen. Hingegen verlangt das 12-Gang-Fahrrad in Abhängigkeit von der Straße sehr häufige Schaltvorgänge, wenn man die Vorteile der Schaltung ausnutzen will, und ist nur bei einer ausgesprochen sportlichen Fahrweise angebracht.

Siehe auch *Radfahren.*

Fahrradpflege

Bei der Fahrradpflege geht man sparsam mit Wasser um, denn gerade bei älteren Modellen, deren Blankteile nicht rostgeschützt sind, löst Feuchtigkeit vielfach Rostbildung aus. Das normal verschmutzte Fahrrad kann man mit einem feuchten Tuch oder Schwamm abreiben, um den groben Schmutz zu entfernen. Nach dem Abtrocknen poliert man die lackierten Rohre mit einer Autopolitur und versiegelt sie mit Hartwachs. Blankteile reibt man mit einer Chrompolitur ab.

Aluminiumteile werden nach längerem Gebrauch oft grau. Hier hilft ver-

12-Gang-Fahrrad

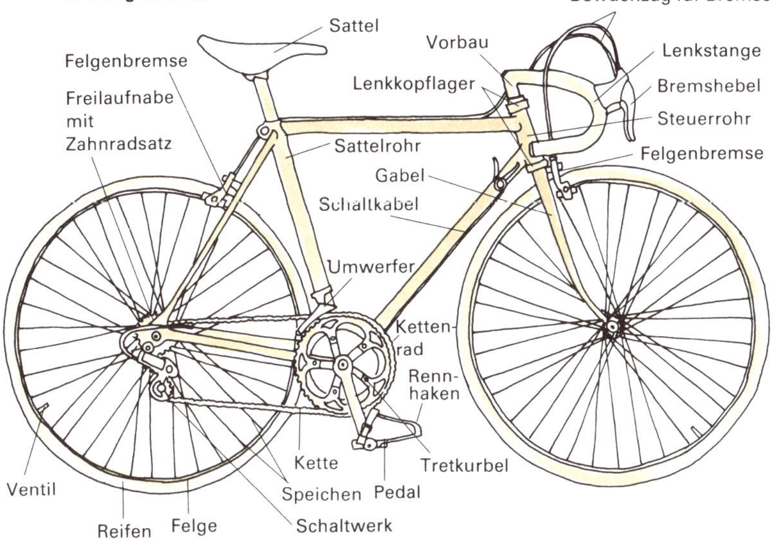

seifte Feinstahlwolle (Topfreiniger) aus der Küche, um wieder den gewünschten Glanz zu erhalten.

Nach der Reinigung werden alle Gelenkstellen, besonders an Bowdenzügen und Bremsen, geölt und gefettet. Sind die Bowdenzüge schwergängig, hängt man sie aus und gibt einige Tropfen Öl zwischen Seilzug und Außenhülle. Dabei sollte man den Zug senkrecht halten, damit sich das Öl gut verteilt.

Bei allen modernen Fahrrädern sind die Kugellager auf Lebensdauer fettversorgt. Stellen sich rauhe Laufgeräusche ein, muß man vom Fahrradhändler neue Lager einsetzen lassen.

Fahrradpedale lassen sich meist nicht mehr öffnen. Wenn sie beschädigt sind, sollte man sie komplett auswechseln und darauf achten, daß die Trittflächen der neuen Pedale rutschfest sind.

Fahrradketten behandelt man mit einem kriechfähigen Spezialspray, das eine gute Haftwirkung besitzt. Normales Öl ist häufig nur kurze Zeit wirksam und wird bei der nächsten Regenfahrt sofort abgewaschen.

Abschließend untersucht man den Zustand der Lichtanlage. Besonders störanfällig ist die Verkabelung. Beim Herausziehen der Glühlampen achtet man darauf, ob sich der Glaskolben geschwärzt hat. Derartige Lampen brennen bald durch oder besitzen nicht mehr ihre volle Lichtleistung.

Bremsen Manche Fahrradtypen besitzen eine Rücktrittbremse, die wartungsfrei ist, andere sind am Vorder- und Hinterrad mit Felgenbremsen ausgestattet. Man unterscheidet Mittel- und Seitenzugbremsen.

Bei einer Felgenbremse müssen die Bremsklötze an der Radfelge und nicht am Reifen angreifen. Ist dies nicht der Fall, löst man die Einstellmuttern und stellt die Bremsklötze in den Langlöchern der Bremszangen entsprechend ein; dann werden die Muttern wieder festgedreht.

Wenn man den Bremshebel ganz losläßt, sollten sich die Bremsklötze an beiden Seiten gleichmäßig von der Felge abheben. Die voll angezogenen Bremshebel wiederum sollten von der Lenkstange noch 2 cm entfernt sein, wenn das Fahrrad zum Stehen kommt. Wenn man die Bremsklötze oder Bremshebel nachstellen muß, drückt man zunächst von Hand die Bremsklötze an die Radfelge. Dann löst man mit einem Schraubenschlüssel die Kontermutter an der Einstellhülse und dreht diese von Hand – gegen den Uhrzeigersinn, um die Bremsklötze näher an die Felge zu bringen, und im Uhrzeigersinn, um den Abstand zur Felge zu vergrößern. Dann die Kontermutter wieder anziehen und die Bremse ausprobieren.

Lassen sich Felgenbremsen auf diese Weise nicht mehr nachstellen, schraubt man die Einstellhülse vollständig in ihre Ausgangsposition zurück. Dann löst man die Verschraubung des Bowdenzuges, und während ein Helfer die Felgenbremse von Hand zusammendrückt, wird der Bowdenzug verkürzt. Die Feinjustierung erfolgt dann wiederum mit der Rändelmutter.

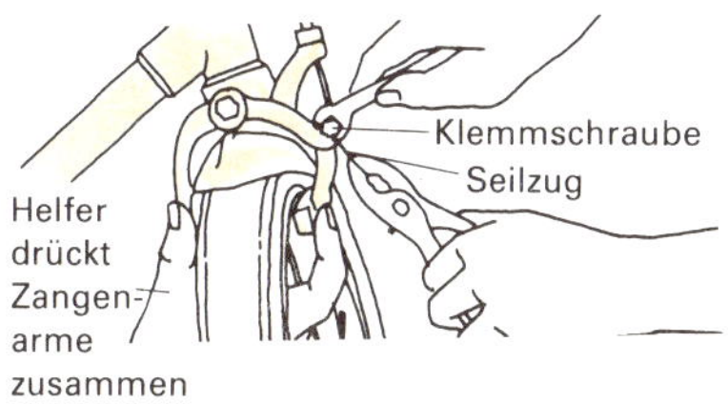

Schaltung Wenn Kettenschaltungen sich nicht mehr sauber schalten lassen, gibt es am Parallelogramm des Umwerfers zwei Einstellschrauben, und zwar als Anschlag für den obersten und kleinsten Gang. Die Schrauben sind meist mit H und L bezeichnet.

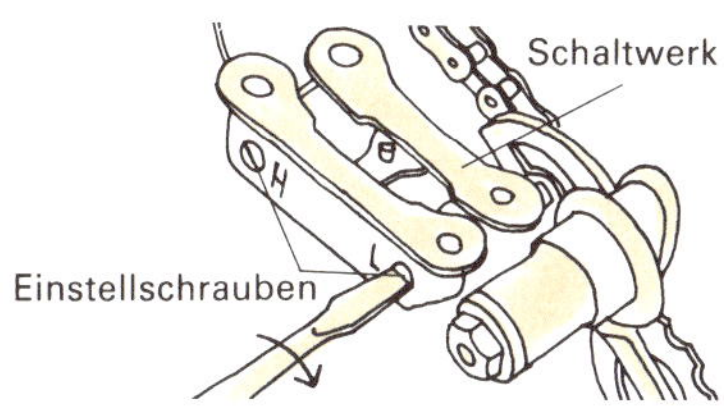

Seitenzug-Felgenbremse

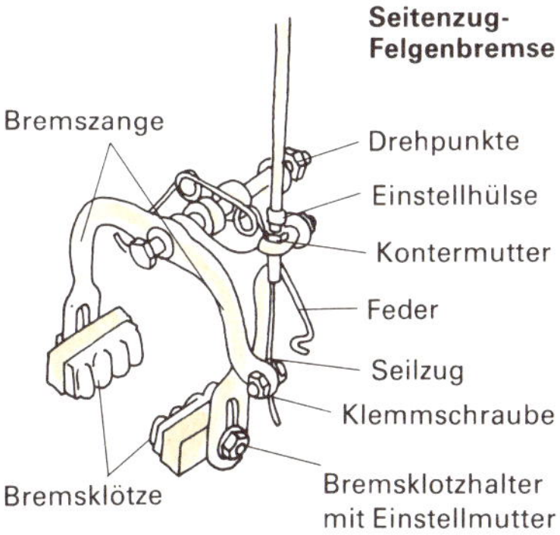

Mittelzug-Felgenbremse

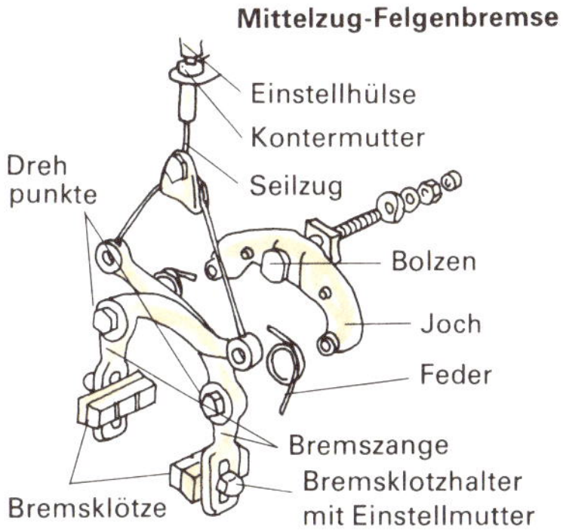

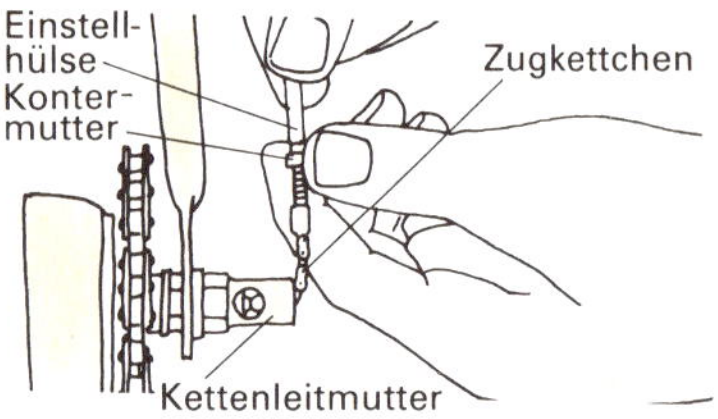

Bei Nabenschaltungen ist die Einstellung einfach. Am Handschalter gibt es eine Einstellmarkierung, die man einrastet. Nun muß die Schaltkette an der hinteren Verschraubung des Rades eine bestimmte markierte Position einnehmen. Ist dies nicht der Fall, löst man eine Überwurfmutter und spannt den Bowdenzug. Nach dem Einstellen sichert man die Überwurfmutter mit einer Rändelmutter.

Fahrradschlauch flicken

Wenn ein Reifen platt wird, insbesondere wenn die Luft nur langsam entwichen ist, prüft man grundsätzlich zuerst das Ventil. Man dreht das Rad so, daß das Ventil ganz oben ist, schraubt die Ventilkappe ab und taucht das ganze Ventil in ein Glas Wasser. Wenn im Wasser Blasen aufsteigen, wird der Ventileinsatz erneuert. Der alte Ventileinsatz wird mit dem Schlitz am Ende der Ventilkappe herausgedreht.

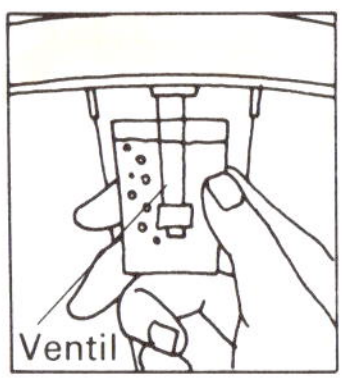

Ist am Reifen ein Riß oder ein Loch festzustellen, markiert man die Stelle mit Kreide, damit man die entsprechende Stelle am Schlauch leichter findet. Nägel werden mit einer Zange herausgezogen, Glassplitter mit einem Schraubenzieher entfernt. Um an den Schlauch heranzukommen, muß man gegebenenfalls das Rad abmontieren. Dazu siehe die jeweilige Betriebsanleitung.

Loch im Schlauch finden Zunächst wird die Luft aus dem Schlauch restlos herausgelassen, dann hebt man mit einem Montiereisen oder Löffelstiel (ein Schraubenzieher ist dafür zu scharf!) den Reifen an einer Stelle von der Radfelge ab und drückt ihn dabei zur Mitte ins Tiefbett der Felge. Den Löffelstiel zwischen Reifen und Felge steckenlassen und mit einem zweiten den Reifen an einer Seite rundherum von der Felge abziehen. Das Ventil läßt man in der Felge stecken und holt vorsichtig den Schlauch unter dem Reifen hervor. Nun wird der Schlauch aufgepumpt, und man fährt mit der Hand darüber, um festzustellen, wo die Luft entweicht. Die Stelle mit Kreide markieren. Die entsprechende Stelle außen und innen am Reifen nach Nägeln, Glassplittern, Dornen oder anderen scharfen Gegenständen absuchen und diese entfernen.

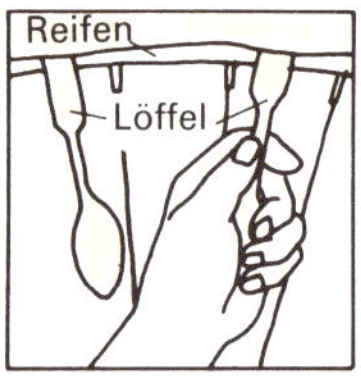

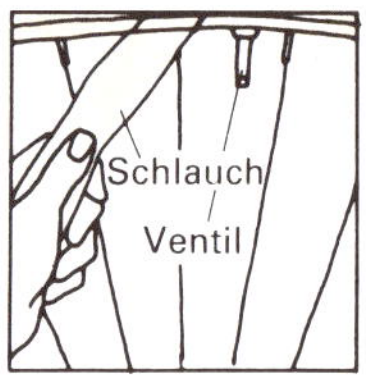

Läßt sich das Loch so nicht finden, schraubt man die Befestigungsmutter vom Ventil ab und schiebt das Ventilrohr durch das Loch der Felge. Nun wird der Schlauch teilweise aufgepumpt, Abschnitt für Abschnitt in einen Eimer mit Wasser eingetaucht und dabei etwas auseinandergezogen. Am Loch entweichen Luftblasen, und man markiert die Stelle.

Loch flicken Die Luft wieder aus dem Schlauch lassen. Das im Fahrradgeschäft erhältliche Flickzeug enthält alles, was man für die Reparatur braucht. Die Stelle um das Loch reibt man mit Sandpapier blank, trägt dann eine gleichmäßige, dünne Schicht Gummilösung auf und läßt sie antrocknen. Das Schutzpapier vom Flicken abziehen und diesen mit der Klebseite auf die mit der Gummilösung bestrichene Stelle am Schlauch andrücken. Die Kanten des Flickens

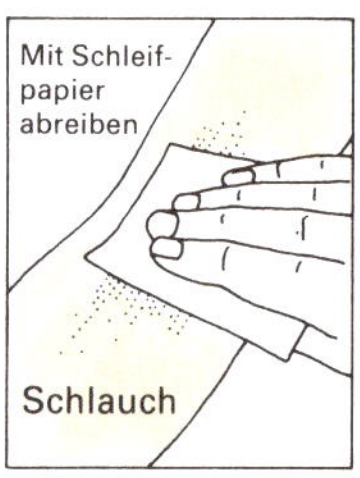

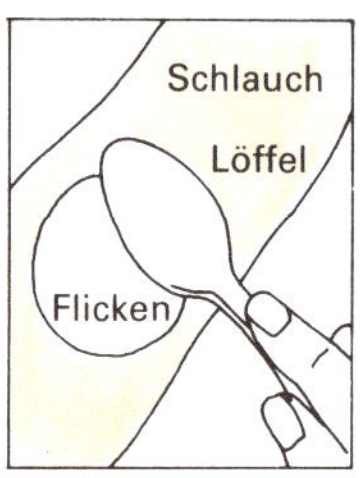

mit der Rundung eines Löffels fest anpressen oder mit einem Hammer anklopfen und den Kleber kurz trocknen lassen.

Den Schlauch wieder unter den Reifen legen und das Ventilrohr durch das Felgenloch stecken. Nun den Reifen mit den Händen wieder aufsetzen und kontrollieren, ob beide Ränder innerhalb der Felge liegen. Die Befestigungsmutter auf das Ventilrohr schrauben und den Schlauch wieder aufpumpen.

Fahrradsicherung

An öffentlichen Plätzen sollte man sein Fahrrad nicht aus den Augen lassen, wenn es ungesichert ist. Fahrradschlösser sind allerdings zur Sicherung wenig geeignet, da sie einen entschlossenen Dieb doch nicht abhalten können.

Man verwendet lieber ein Schloß mit langem Bügel, den man um einen ortsfesten Gegenstand und dann über den Fahrradrahmen und das Vorderrad legen kann. Wenn sich das Vorderrad mit Flügelmuttern oder Schnellspannaben rasch ausbauen läßt, nimmt man es ab und legt den Bügel über beide Räder.

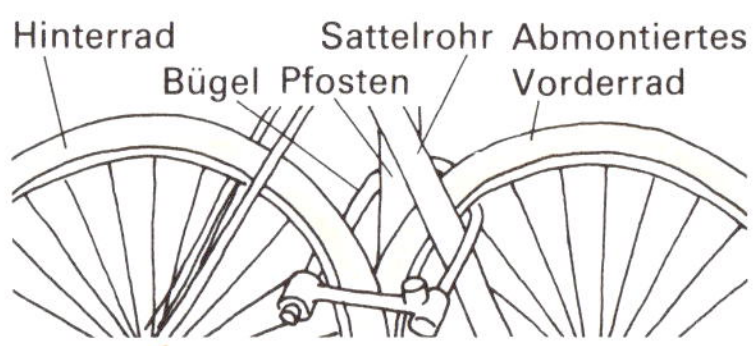

Besonders gut geeignet sind Vorhängeschlösser, die einen U-förmigen Bügel aus gehärtetem Stahl mit Kunststoffüberzug und einen eingebauten Schließzylinder besitzen. Diese Schlösser lassen sich nicht mit einem Bolzenschneider knacken oder aufbrechen, und gelegentlich ist im Kaufpreis auch eine Diebstahlversicherung eingeschlossen.

Nicht so sicher, aber leichter, billiger und einfacher, auch um Bäume oder Pfosten herumzulegen, sind lange, kunststoffummantelte Stahlseile mit starken Ösen an beiden Enden oder Ketten mit gehärteten Stahlgliedern. Sie werden mit einem Vorhängeschloß mit gehärtetem Stahlbügel und einem Stiftzylinder abgesperrt (siehe auch *Vorhängeschlösser*).

Fahrradträger

Ein Fahrrad läßt sich auf dem Dach eines Pkws zweckmäßig und sicher transportieren. Man sollte DIN- und GS-geprüfte Dachträger bevorzugen.

Zunächst verschraubt man die Querholme des Dachträgers an den Regenrinnen. (Für Autos ohne Regenrinnen gibt es spezielle Dachträger; die Werkstatt gibt darüber Auskunft.) Anschließend montiert man die Fahrradträger mit den Längsschienen und arretiert die Zusatzbefestigung, die das Fahrrad in aufrechter Stellung festhält.

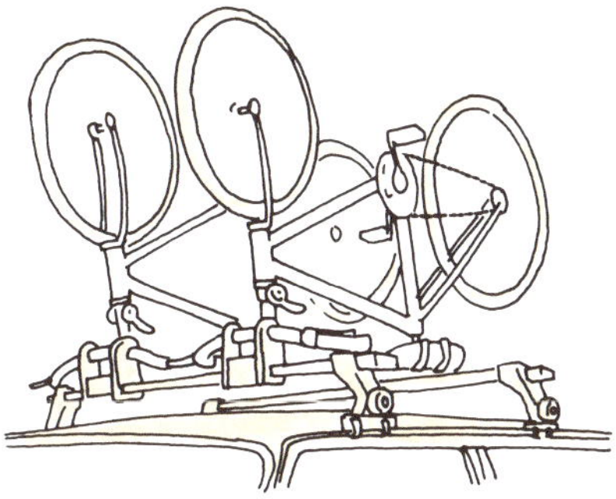

Da sich das Fahrverhalten des Autos, bedingt durch die hohe Schwerpunktlage, beim Transport mehrerer Fahrräder ändern kann, sollte man die Fahrweise entsprechend anpassen.

Falttüren

Falt- oder Harmonikatüren setzt man ein, wenn der Raum für eine Flügeltür nicht ausreicht und wenn auch eine Schiebetür nicht montiert werden kann.

Es gibt einflügelige und zweiflügelige Falttüren. Die einflügeligen gibt es in Standardausführungen für Türöffnungen von etwa 80 × 200 cm (A); mit zweiflügeligen Türen können ganze Räume auch stockhoch abgeteilt werden. Man kann Falttüren auf Maß bestellen; man braucht nur die Breite und Höhe der Türöffnung anzugeben. Wichtig dabei ist, daß man die Höhe an verschiedenen Stellen mißt und das kleinste Maß angibt.

Falttüren gibt es aus Kunstleder in verschiedenen Farben und Prägungen sowie aus den gängigen Echtholzsorten.

Wenn man eine Falttür zusam-

menschiebt, ist das Türpaket pro Meter Türbreite etwa 15 cm breit; dazu kommen etwa 10 cm für die Endleiste mit Griff.

Man kann die Deckenschiene, in der die Führungsbolzen laufen, versenkt oder vorstehend montieren. Wichtig ist, daß sie absolut maßgenau angeschraubt wird. Wenn die Türleibung breit genug ist, kann man die Deckenschiene samt oberer Türpartie

B

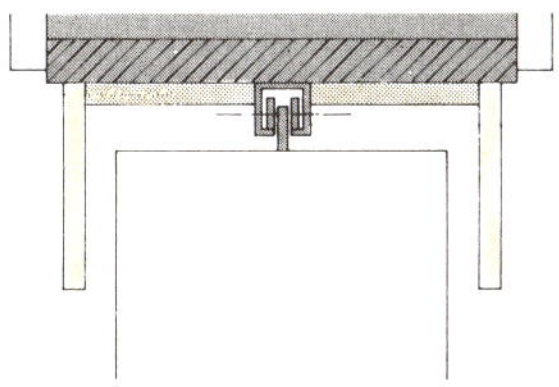

C

mit zwei Blenden verkleiden (B). Ist die Leibung zu schmal, läßt man die Blenden weg (C). In jedem Fall richtet man sich nach der Montageanleitung, die allen Falttüren beiliegt.

Falzen

Ein Falz ist eine rechtwinklige Aussparung in einem Bauteil. Hauptsächlich bewegliche Teile wie Türen, Fenster, Tore u.ä. werden mit Falz und Gegenfalz versehen, damit sie gut passen. Doch auch Riemenfußböden oder Schalbretter werden mit Falz und Gegenfalz verarbeitet. Bei sol-

A

chen Teilen werden die Falze mit Automaten ausgefräst. Wenn man jedoch Falze selbst herstellen will, braucht man einen speziellen Falzhobel (A) mit Vorschneider und Tiefensteller. Man stellt den Hobel auf das gewünschte Falzmaß ein und hobelt den Falz aus.

B

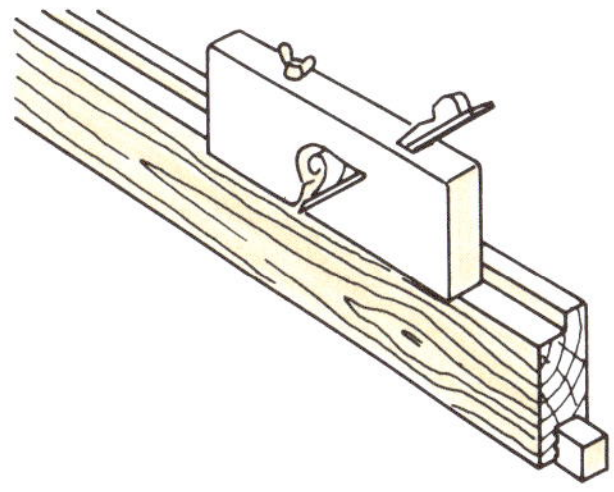

Doch auch mit dem einfachen Simshobel (B) kann man falzen. Man reißt Breite und Tiefe auf dem Werkstück an und hobelt den Falz von zwei Seiten aus. Als Hilfe heftet man eine Anschlagleiste an. Nachgeputzt wird mit dem Doppelsimshobel.

Farbe aufsprühen

Es gibt Farbspritzgeräte als Zusatz zu Staubsaugern und Spritzpistolen mit eingebautem Motor, die sich für viele Arbeiten im Haushalt, beispielsweise zum Spritzen von Jalousien oder Korbmöbeln, eignen. Für Wand- und Fassadenanstriche kann man fahrbare Hochdruck-Spritzgeräte mieten, die ohne Druckluft arbeiten; zum Farbauftrag auf glatten Möbelflächen sind Druckluft-Spritzpistolen mit Kompressor, die man auch mieten kann, besser geeignet. Man sollte sich aber vergewissern, daß das Spritzgerät für die vorgesehene Farbe geeignet ist und eine entsprechende Düse besitzt. Mit Farbsprühdosen kann man kleinere Gegenstände spritzen; die Dosen müssen vorher gut geschüttelt werden.

Die umgebenden Flächen schützt man mit Zeitungspapier oder Plastikfolie, die mit Klebeband festgehalten wird. Wenn möglich, hängt oder stellt man das Werkstück so auf, daß man beim Spritzen seine Lage nicht mehr verändern muß.

Wenn die Farbe verdünnt werden muß, siebt man sie durch einen Nylonstrumpf, um Klumpen aufzufangen. Der Strahl der Spritzpistole wird aus einer Entfernung von 15–30 cm

ACHTUNG!
Beim Spritzen einen Mund-Nasen-Schutz tragen, den Arbeitsplatz gut belüften und offenes Feuer vermeiden. Niemals den Sprühstrahl einer Hochdruckpistole auf einen Körperteil richten, denn die Farbe könnte in die Haut eindringen.

senkrecht auf die Arbeitsfläche gerichtet. Man spritzt im Hin- und Hergang stets aus der gleichen Entfernung; bei einem Spritzgang kann man bis zu 1 m in Querrichtung zurücklegen und überspritzt dabei den vorherigen Gang um ein Drittel oder um die Hälfte. Die Bewegungen werden gleichmäßig ausgeführt; man beginnt mit jedem Spritzgang unmittelbar außerhalb der Kante des Werkstücks und geht bis knapp über die andere Kante hinaus.

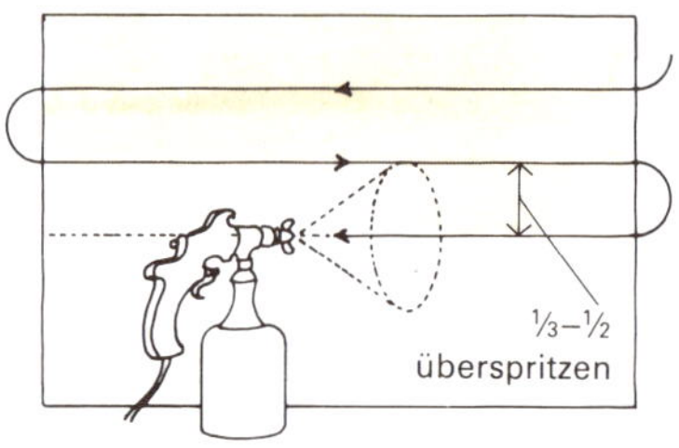

Auf einem Stück Pappkarton probiert man aus, welcher Abstand, welche Geschwindigkeit und welche Strahlbreite am günstigsten sind. Für kleine Teile stellt man einen engen Strahl an der Düse ein, für größere Flächen einen breiten.

Farbe entfernen

Von kleineren Flächen entfernt man schlecht haftende oder abblätternde Farbe mit einer Ziehklinge oder ei-

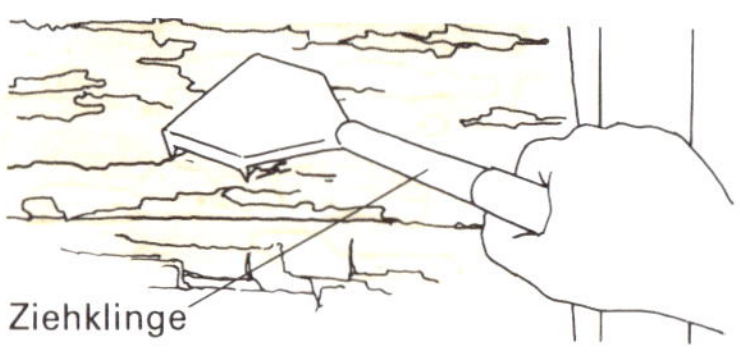

nem Spachtel. Bei größeren Holzflächen arbeitet man mit einem Band- oder Schwingschleifer. Man verwendet zuerst grobes, dann mittelfeines und schließlich feines Schleifpapier. Tellerschleifscheiben, die man in die Handbohrmaschine spannt, sind nicht so gut geeignet, weil sie sichtbare runde Schleifspuren hinterlassen. Abblätternde Farbe auf Metall wird mit der Drahtbürste oder einer in die Handbohrmaschine gespannten Stahldraht-Topfbürste entfernt.

ACHTUNG!
Beim Arbeiten mit Schleifmaschinen stets eine Schutzbrille und einen Mund-Nasen-Schutz tragen. Mit Gaslötlampen oder Heißluftpistolen vorsichtig umgehen, damit man sich und andere nicht verbrennt. Wegen der bestehenden Feuergefahr eine Lötlampe weder in Innenräumen noch an abgesplitterten oder rissigen Holzwänden benutzen.

Dicke Farbschichten von größeren Flächen können mit der Lötlampe und einer Flachdüse abgebrannt werden. Man richtet die Flamme der Lötlampe so lange auf die Fläche, bis die Farbe schmilzt. Dann schabt man die Farbe mit einem Spachtel ab. Dabei läßt sich meist nicht vermeiden, daß sich das Holz leicht verfärbt; es sollte aber möglichst nicht angesengt werden.

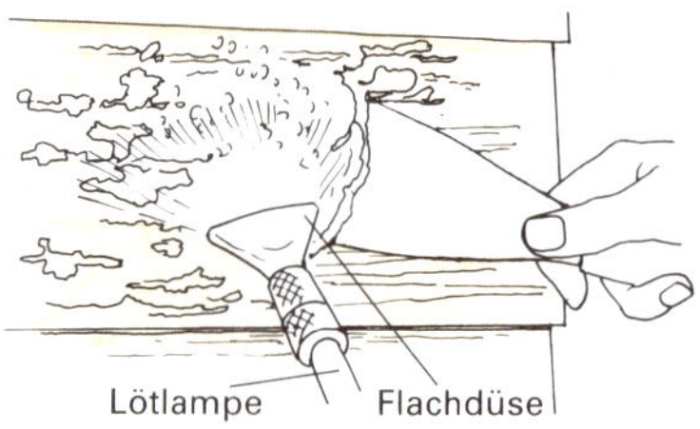

Ungefährlicher als eine Lötlampe ist eine Heißluftpistole. Der Heißluftstrom der Pistole bringt wie die Flamme der Lötlampe die Farbe zum Schmelzen, so daß sie leicht abgeschabt werden kann.

Man sollte in jedem Fall mit Handschuhen arbeiten, denn man kann sich an der heißen Farbe stark verbrennen. Die abgelöste Farbe gibt man in den Sondermüll.

Wenn eine Oberflächenbehandlung vorgesehen ist, bei der die Maserung des Holzes sichtbar bleiben soll, entfernt man die alte Farbe besser mit einem chemischen Abbeizmittel (siehe *Abbeizen*).

Farben und Lacke

Wenn man Malerarbeiten ausführt, ist es wichtig, daß man geeignete Farben und Lacke verwendet.

Dispersionsfarben für innen Die unterste Qualitätsstufe bei Dispersionsfarben, die für Innenanstriche geeignet sind, ist die waschbeständige Type. Man kann sie bei späteren Renovierungsarbeiten überstreichen, ohne daß sie abblättert. Für strapazierte Räume wie z.B. Hausflure, Küchen, Badezimmer usw. sollte jedoch eine scheuerbeständige Qualität verwendet werden. Beim Kauf sollte man darauf achten, daß das Produkt der DIN 53 778 entspricht.

Latexfarben stellen eine Sondergruppe dar; sie sind besonders scheuerbeständig.

Alle Dispersionsfarben lassen sich streichen, rollen und spritzen. Im Normalfall sind zwei Anstriche erforderlich.

Dispersionslacke Diese umweltfreundlichen, wasserverdünnbaren Lacke sind besonders leicht zu verarbeiten und sehr wetterbeständig. Da sie sehr gut haften, kann man sie universell verwenden, also auf Holz, Metall, Putz, Beton und Kunststoff. Alle Dispersionslacke können gestrichen, gerollt und gespritzt werden. Wenn man streicht, sollte man langborstige Pinsel mit Kunststoffborsten verwenden. Ein Grund- und ein Schlußanstrich genügen normalerweise.

Kunstharzlacke Diese Lacke lassen sich leicht verarbeiten, da sie gut verlaufen und decken; außerdem sind sie dauerelastisch. Sie ergeben hochwertige, außerordentlich witterungsbeständige und strapazierfähige Anstriche auf Holz, Metall und Altanstrichen. Man kann sie streichen, spritzen und rollen. Drei bis vier Stunden nach dem Auftrag sind die Lacke staubtrocken, und nach etwa 24 Stunden kann man sie überstreichen. Für ein gutes Ergebnis sind drei Anstriche erforderlich.

Da Kunstharzlacke entzündlich sind, sollte man bei der Arbeit nicht rauchen.

Der Blaue Engel Das Umweltbundesamt in Berlin zeichnet Erzeugnisse mit dem Blauen Engel aus, die eine umweltentlastende Alternative zu andern Produkten darstellen. Dazu zählen hauptsächlich wasserverdünnbare Acryllacke. Entscheidend für die Vergabe ist, daß der Lösemittelanteil unter 15% liegt. Bei herkömmlichen Kunstharzlacken kann dieser 40 bis 60% betragen. Dispersionsfarben erhalten jedoch den Blauen Engel nicht, obwohl sie nicht umweltbelastend sind und es auch keine echten Alternativprodukte für sie gibt.

Der Blaue Engel sollte nicht mit „Bio"- oder „Natur"-Empfehlungen verwechselt werden. Sogenannte Bio-Lacke enthalten auch 40–50% Lösemittel. Diese werden zwar aus Pflanzen gewonnen, sind aber genauso umweltfeindlich wie die aus Erdöl hergestellten.

Farne im Haus

Viele Farne sind widerstandsfähige, ausdauernde Zimmerpflanzen. Sie brauchen viel Wärme, eine hohe Luftfeuchtigkeit und viel Wasser. Farne müssen vor direktem Sonnenlicht geschützt werden; am wohlsten fühlen sie sich an einem hellen Standort bei normaler Zimmertemperatur.

Gießen Während der Wachstumszeit wird reichlich mit lauwarmem Wasser gegossen. Bei Temperaturen über 22°C besprüht man die Wedel mit Wasser, und während längerer Hitzeperioden stellt man die Töpfe in wassergefüllte Schalen auf Kieselsteine. Im Winter läßt man die obere Erdschicht abtrocknen, bevor man wieder gießt.

Düngen Man verwendet einen handelsüblichen Flüssigdünger in schwacher Konzentration. Die Häufigkeit der Düngergaben hängt von der verwendeten Erde ab. Bei Farnen in Komposterde genügt eine monatliche Düngung. Bei Torf düngt man alle zwei Wochen. Von März bis Oktober wird viel, im Winter weniger gedüngt.

Umtopfen Erst wenn die Wurzeln den alten Topf ganz ausfüllen, wird umgetopft. Man setzt den Farn in ein Gemisch aus gleichen Teilen Kompost- und Lauberde. Die Komposterde sollte unbedingt sterilisiert sein. Anstelle von Lauberde kann man auch langfaserigen Torf verwenden. Wächst die Pflanze zu dicht, teilt man den Stock oder beschneidet den Wurzelballen und setzt ihn in einen neuen Topf um.

Viele Arten, wie Schwertfarn, Streifenfarn, Venushaar und andere Frauenhaarfarne, eignen sich besonders gut als Ampelpflanzen. Miniaturfarne, wie der Tüpfelfarn und der Saumfarn, gedeihen praktisch ohne Pflege. Der Geweihfarn kann auf einem Rinden- oder Korkstück aufgehängt werden. Zum Gießen und Düngen taucht man die Unterlage in einen Behälter mit lauwarmem Wasser.

Faschingskostüme

Aus Büchern und Zeitschriften wählt man eine lustige oder gruselige Faschingsmaske und stellt dann ein passendes Kostüm aus fertigen Teilen zusammen – oder man näht ein Kostüm nach eigenem Entwurf. Es sollte bequem sitzen und genügend Bewegungsfreiheit lassen, so daß man ungehindert gehen und tanzen kann. Gesichtsmasken oder Kopfschmuck sollten die Sicht nicht wesentlich einschränken.

Als Material kann man alte Handtücher, Vorhänge, Tischtücher oder Bettücher verwenden; abgelegte Kleider kann man nach Belieben zu Kostümen umarbeiten. Wenn man zu Hause keine geeigneten Stoffe findet, kauft man für wenig Geld Musselin, Filz, Faschingsseide oder Futterstoff. Eine Ritterrüstung beispielsweise kann man aus Kartonresten machen, die man mit Aluminiumfolie überzieht.

Gesichtsmasken Sehr leicht ist eine Augenmaske herzustellen. Man schneidet die Grundform grob aus

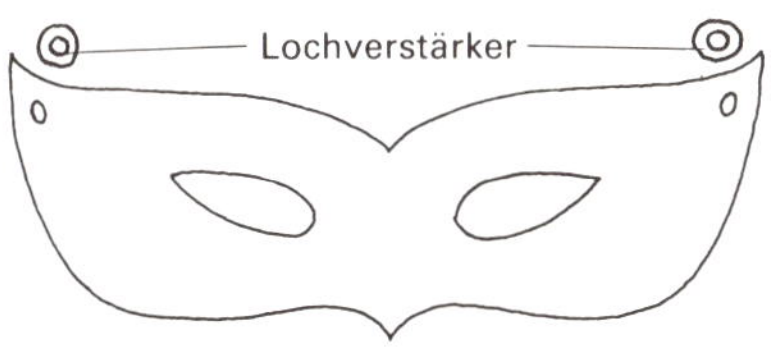

Zeitungspapier aus und paßt sie dann Kopf und Augen an. Nach dieser Vorlage wird dann die Maske aus dünnem Pappkarton, dickem Papier oder aus farbigem Passepartoutkarton ausgeschnitten. Ganz nach Belieben kann man die Maske lustig bemalen oder mit Glimmer, Pailletten oder Papierrüschen verzieren. An den Enden der Maske stanzt man Löcher aus und klebt Lochverstärker darüber, wie sie im Büro verwendet werden. In den Löchern befestigt man ein Gummiband entsprechender Länge.

Make-up und Frisur Den letzten Pfiff erhält die Maske durch das Make-up. Man verwendet normale Präparate oder Faschings- und Theaterschminke. Wenn die Schminke aus einer Fettcreme besteht, trägt man darunter Tagescreme auf, die in die Haut eingerieben und mit den Fingern leicht eingeklopft wird. Mit dem Augenbrauenstift imitiert man Bartstoppeln, Schnurrbärte und Backenbärte. Das Haar wird grau, wenn man es mit Maisstärke oder Talkum einpudert. Für eine „Glatze" malt man eine Badekappe in Fleischfarbe an und schneidet Löcher für die Ohren aus. Man kann einzelne Haare aus der Glatze sprießen lassen, indem man Löcher in die Badekappe schneidet und Fäden darin verknotet.

Fasen

Eine gefaste Kante ist nicht so scharfkantig wie eine 90°-Kante, da ihr Winkel halbiert oder zumindest geteilt wird; außerdem wirkt eine Fase dekorativ. Sehr kleine Fasen nennt man gebrochene Kanten. Man reißt mit dem Streichmaß (siehe *Werkzeuge im Haus*) die gewünschte Breite der Fase auf Fläche und Kante an und hobelt die Schräge mit dem Doppelhobel (siehe *Werkzeuge im Haus*) an. Wenn man eine Fräsmaschine besitzt, führt man den Arbeitsgang mit dem Fasefräser aus. Es gibt gleichseitige Fasen mit 45°-Schräge (A), Steilfasen mit 60°-Schräge (B) sowie Flachfasen mit 30°-Schräge (C), die man auch Facetten nennt und häufig bei Glasfüllungen und Wandspiegeln anbringt.

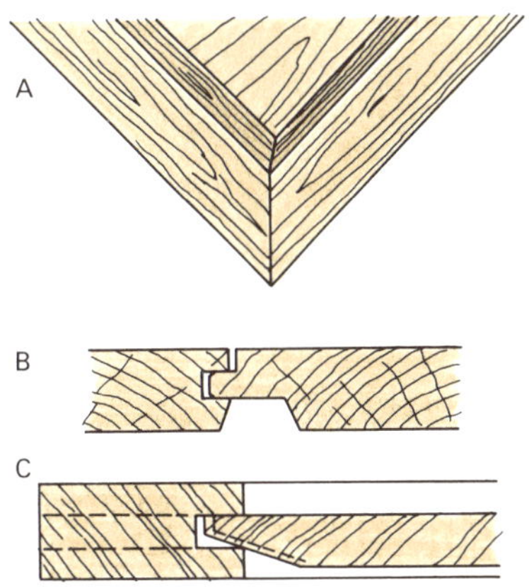

Federbetten pflegen

Federbetten sollte man täglich aufschütteln, um die Füllung zu lockern, damit nachts kein Wärmestau entsteht. Bei trockenem Wetter lüftet man sie regelmäßig und ausreichend, um eventuell aufgestaute Nachtfeuchtigkeit zu entfernen. Feuchte Luft schadet den Daunen und Federn auf Dauer, aber auch direkte Sonne läßt die Füllung spröde und unelastisch werden.

Das Inlett sollte man weder ausklopfen noch mit dem Staubsauger absaugen, sondern nur von Zeit zu Zeit mit einer weichen Bürste leicht ausbürsten. Wenn mal eine Feder durch das Inlett sticht, schneidet man den herausstehenden Teil vorsichtig ab und drückt den verbleibenden Stumpf wieder zurück. Etwa alle fünf Jahre läßt man die Füllung im Fachgeschäft reinigen und durch neue Federn auffüllen.

Federbetten eignen sich gut für Rheumakranke, die warm und trokken schlafen sollen. Sie sind leicht, speichern die Körperwärme, lassen trotzdem die Luft zirkulieren und leiten die vom Körper abgegebene Feuchtigkeit ab.

Federn

Mit Federn verbindet man zwei Werkstücke, die mit Nuten versehen sind. Sie können eingeleimt oder lose eingesetzt werden. Lose Federn sind aus Langholz, Querholz oder Hartfaserplatte. Angefräste verwendet man bei Eck- und Mittelverbindungen (A).

Winkelfedern setzt man bei Eckverbindungen ein, die auf Gehrung gearbeitet sind. Es gibt Kunststoffwinkel (B) und Holzwinkel, die aus kreuzweise aufeinandergeleimten Holzschichten bestehen (C). Kunststofffedern haben Längsrillen und Löcher, damit die Verleimung gut hält; sie eignen sich besonders für Werkstücke

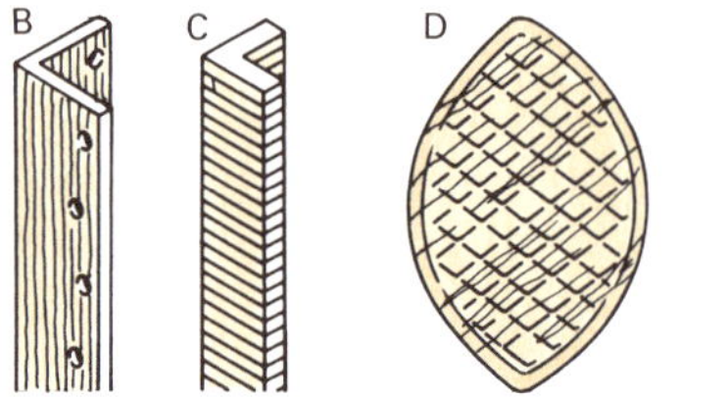

geringer Dicke. Lamellofedern (D) sind bootsförmige Holzplättchen, in die diagonal verlaufende Rillen eingepreßt sind. Die Nuten für Lamellofedern fräst man mit der Handoberfräse (siehe *Fräsen*) ein. Man leimt die Plättchen ein; dabei quellen sie auf und bilden dann eine gute Verbindung. Sie sind in verschiedenen Größen erhältlich.

Feigenbaum

Der Feigenbaum oder *Ficus* gehört zu den beliebtesten Zimmerpflanzen. Es gibt zahlreiche Arten dieser Gattung; hier eine Übersicht über die wichtigsten.

- Der Gummibaum *(F. elastica)* mit seinen großen, glänzenden Blättern bevorzugt Temperaturen zwischen 13 und 16 °C, verträgt jedoch auch höhere und niedrigere Temperaturen. Der Zugluft darf er allerdings nicht ausgesetzt werden. Die Pflanze liebt einen hellen, doch nicht vollsonnigen Standort. Man hält sie im Frühjahr und Sommer ziemlich feucht, im Winter dagegen einigermaßen trocken. Vermehrt wird der Gummibaum durch Kopfstecklinge (siehe *Stecklinge*).
- Der Kleinblättrige Gummibaum *(F. benjamina)*, auch Birkenfeige genannt, ist ein dekorativer Baum mit leicht gewellten Blättern, dessen Zweige etwas nach unten hängen. Die Pflanze braucht eine Mindesttemperatur von 10 °C. Sie bevorzugt einen hellen bis halbschattigen Standort. Im Sommer ist sie feucht zu halten, im Winter sollte die Erde zwischen dem Gießen immer etwas antrocknen. Im Winter werden die Blätter zuweilen gelb und fallen ab. Der Verlust wird in der Hauptwachstumszeit wieder ausgeglichen.
- Die Kletterfeige *(F. pumila)*, eine kleine, klimmende Pflanze mit herzförmigen, leicht gewellten Blättern, gedeiht am besten an einem schattigen bis halbschattigen Platz. Man muß sie stets feucht halten. Die Pflanze hält sich am besten bei mäßigen bis kühlen Temperaturen.
- Die Geigenfeige *(F. lyrata)* hat große, wellige Blätter, die bis zu 40 cm lang und über 20 cm breit werden. Man stellt sie am besten an einen leicht schattigen, warmen, windgeschützten Platz. Im Sommer sollte sie etwas mehr, im Winter weniger gegossen werden.

Sämtliche Feigenbaumarten düngt man zur Zeit des Hauptwachstums alle zwei Wochen mit einem handelsüblichen Flüssigdünger.

Feilen

Mit Feilen bearbeitet man Metalle, Holz und Kunststoffe. Der Hieb, die Zahnung auf dem Feilenblatt, verläuft bei den meisten Feilen diagonal. Für harte Metalle eignen sich einhiebige oder Kreuzhiebfeilen; für Weichmetalle, Holz und Kunststoffe nimmt man Feilen mit grobem Kreuz-, Einfach- oder Raspelhieb. Holz wird geschliffen, nachdem man es gefeilt hat (siehe *Schleifen*).

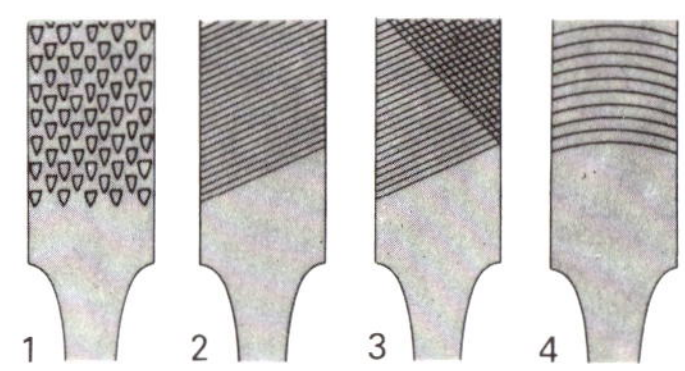

1 Raspelhieb mit Einzelschneiden
2 Einfachhieb 3 Doppel- oder Kreuzhieb
4 Weichmetallfeile

Damit man für die jeweilige Arbeit die richtige Feile verwendet, befolgt man folgende Regel: Für weiche Werkstoffe eignen sich Feilen mit grobem Hieb und großer Hiebeinteilung; für harte Werkstoffe nimmt man Feilen mit feinem Hieb und kleiner Hiebeinteilung.

Metalle werden in drei Arbeitsgängen gefeilt. Für den ersten Arbeitsgang, bei dem viel Material abgetragen wird, verwendet man grob gehauene Schruppfeilen; danach schlichtet man mit Halbschlicht- und Schlichtfeilen, und zur Feinstbearbeitung nimmt man Doppelschlichtfeilen. Man sollte daher Feilen in verschiedenen Feinheitsgraden besitzen.

Der Form nach unterscheidet man flachspitze und flachstumpfe Feilen für den allgemeinen Gebrauch, Halbrundfeilen, mit denen gewölbte Vertiefungen ausgefeilt werden, Rundfeilen für Lochvergrößerungen, Dreikantfeilen für Innenwinkel unter 90°, Messerfeilen für Winkel unter 60° und Vierkantfeilen, mit denen man Schlit-

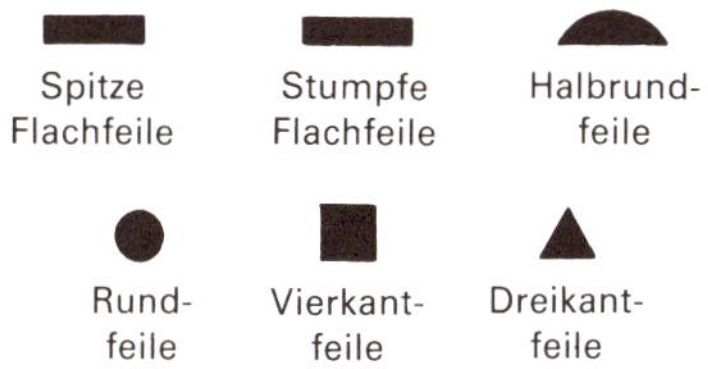

ze und Nuten ausfeilt. Für feinste Holz- und Metallarbeiten gibt es Schlüssel- oder Nadelfeilen in verschiedenen Formen.

Fenster

Rahmen Fenster werden aus Holz, Kunststoff und Aluminium hergestellt. In Wohnhäuser werden hauptsächlich Holzfenster eingebaut, obwohl sie gegenüber Fenstern aus den anderen Materialien mehr Wartungsaufwand erfordern. Für den Fensterbau eignen sich zwar verschiedene Holzarten, doch werden hauptsächlich Kiefer sowie Mahagoni und einige Mahagoniarten verwendet. Holz für Fenster muß für den Einsatz im Freien geeignet, gleichmäßig gewachsen sein und wenig Äste aufweisen.

Kunststoffenster aus schlagfestem PVC gibt es in verschiedenen Ausführungen. Die Profile sind hohl und durch Metallstäbe im Innern versteift. Diese Stäbe bestehen meist aus Vierkantstahlrohren.

Aluminiumfenster sind in verschiedenen eloxierten Farbtönen auf dem Markt und werden vorzugsweise in Büro- und öffentlichen Gebäuden eingesetzt; ihre Oberflächen sind wartungsfrei. Die Rahmen- und Flügelprofile dieser Fenster gibt es mit und ohne wärmedämmende Ausschäumung. Bei ungedämmten Aluminiumfenstern ist der Wärmeverlust durch die Rahmen sehr groß, und dies hat wiederum zur Folge, daß sich die Fenster oft beschlagen. Dieser Nachteil läßt sich ausgleichen, indem man Aluminium und Holz kombiniert.

Verglasungsarten Man unterscheidet Fenster mit Einfach-, Doppel- und Isolierverglasung.

Beim Einfachfenster (A) sind die Flügelrahmenprofile nur für eine Glasscheibe ausgelegt; ihre Wärme- und Schalldämmung sind daher gering. Solche Fenster eignen sich nur für unbewohnte Räume.

Verbundfenster (B) mit Doppelverglasung haben zweiteilige Flügelrahmenprofile, die ineinandergehängt oder verschraubt sind. Wenn diese nicht dicht verbunden sind, können die Innenseiten der Scheiben anlaufen. Abhilfe kann man schaffen, indem man auf ein Rahmenprofil Schaumstoffstreifen klebt. In beide Flügelrahmen ist eine Scheibe eingebaut. Wenn man die Fenster reinigen will, muß man den Doppelflügel aufschrauben.

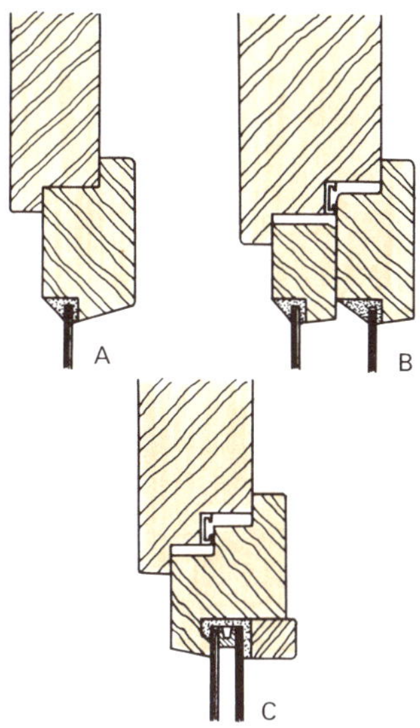

Fenster mit Isolierverglasung (C) haben wie Einfachfenster einteilige, aber dickere Flügelrahmenprofile, da auch die Isolierglasscheiben dicker sind. Isoliergläser bestehen aus zwei Scheiben, die eine Einheit bilden und zwischen denen trockene Luft dicht eingeschlossen ist. Deshalb ist die Wärmedämmung sehr gut. Einheiten mit drei Scheiben haben auch einen sehr hohen Schalldämmwert.

Funktionsweise Man unterscheidet Fenster auch nach ihrer Funktionsweise. Die einfachste und älteste Art ist der Drehflügel (D), der nur um eine seitliche Längsachse gedreht werden

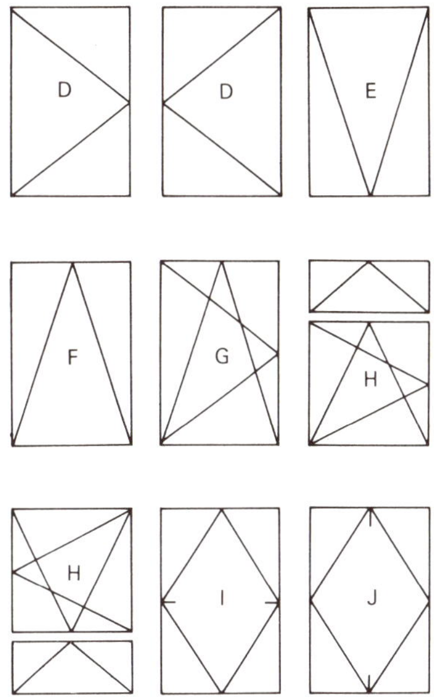

kann. Der Klappflügel (E) öffnet nur nach oben, der Kippflügel (F) nur nach unten; beide Systeme eignen sich zum Lüften von Nebenräumen; wenn sie als hoch liegende Oberlichter eingesetzt sind, werden sie mit einem Gestänge betätigt.

Eine sinnvolle Kombination aus Dreh- und Kippflügel ist der Drehkippflügel (G). Mit modernen Beschlägen kann man ihn mit einem Bedienungsgriff drehen und kippen. Es gibt auch Kombinationen beider Systeme (H). Der Schwingflügel (I) ist seitlich in der Mitte gelagert; die untere Hälfte des Flügels schwingt nach außen, die obere nach innen. Diese Anschlagart eignet sich vor allem für großflächige Fenster. Zum Reinigen kann man den Flügel um 180° schwenken. Der Wendeflügel (J) dreht sich um eine senkrecht in der Mitte liegende Achse; sonst entspricht er einem um 90° gedrehten Schwingflügel.

Neben Hebedrehbeschlägen gibt es Hebeschiebebeschläge für Fenster und Türen, die auf horizontalen Laufschienen geführt werden. Sie eignen sich für sehr große Öffnungen zu Terrassen und Balkonen. Man bedient sie über ein Einhebelsystem. Eine Weiterentwicklung dieser Art ist die Schiebekippfenstertür (K). Über eine Eingriffbedienung können Flügel bis zu einer Breite von 220 cm geschoben und gekippt werden.

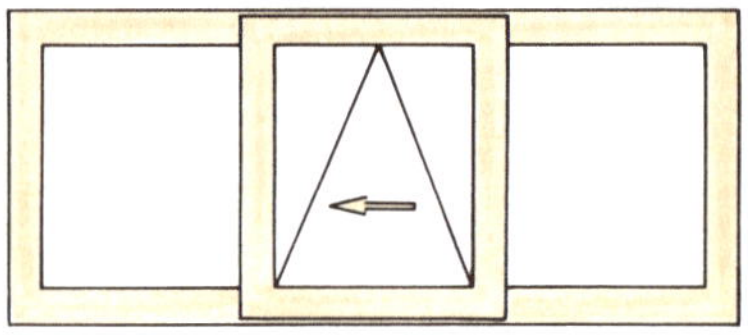

K

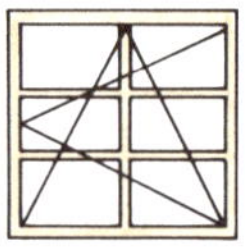

L

Sprossenfenster Jedes Flächenfenster läßt sich in ein Sprossenfenster (L) verwandeln. Es gibt Rahmen mit verschiedenster Sprossenanordnung, die auf die Innenseiten der bestehenden Fensterelemente aufgesetzt und so fixiert werden, daß man sie abnehmen kann, wenn man die Fenster reinigen möchte.

Fenster austauschen

Für die Altbausanierung gibt es praktische Fensterfertigsysteme aus Aluminium oder Kunststoff, die alle Vorteile eines modernen Fensters aufweisen. Der bestehende Blendrahmen verbleibt in der Fensteröffnung, nur die alten Beschläge muß man entfernen. Die neue Blendrahmenschale wird über den alten Rahmen gestülpt und verschraubt, so daß keinerlei Putz- und Tapezierarbeiten anfallen.

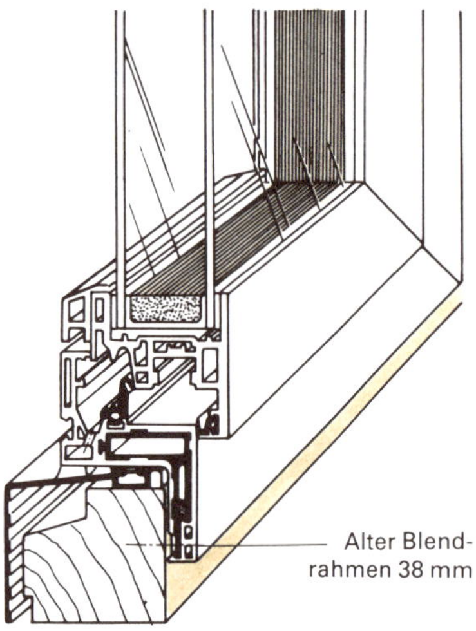

Die Systeme sind in wärme- und schalldämmender Ausführung auf dem Markt; außerdem gibt es sie mit Sprossenteilung, Ornamentgläsern, Drehsperre bzw. verschließbarem Griff als Fenstersicherung sowie mit integrierten Rolläden.

Fenster putzen

Zum Fensterputzen wählt man möglichst einen Tag, an dem der Himmel bedeckt ist. Auf keinen Fall sollte die Sonne direkt auf die Fensterscheiben scheinen, weil das Glas sonst blinde Streifen bekommt. Zum Fensterputzen nimmt man am besten reines, lauwarmes Wasser. Bei sehr schmutzigen Fenstern kann man eines der handelsüblichen Reinigungsmittel verwenden. Mit einer Mischung aus 2 Eßl. Salmiakgeist, Branntweinessig oder Spiritus und 1 l warmem Wasser erzielt man dieselbe Wirkung.

Das Reinigungsmittel oder Wasser wird mit einer Sprühflasche, einem Lappen oder Leder aufgetragen, den man gründlich auswringt, damit er nicht tropft. Man beginnt am oberen Rand der Scheibe. Bei Fenstern mit mehreren Scheiben wird jeweils eine waagrechte Reihe geputzt, bevor man zur nächsten übergeht. Schmutz aus den Ecken entfernt man mit einer alten Zahnbürste oder einem Wattestäbchen.

Zum Trockenreiben der Fenster verwendet man Küchenkrepp, zusammengeknülltes Zeitungspapier, ein Leder oder einen fusselfreien Lappen. Auf der einen Seite wischt man die Scheibe waagrecht, auf der anderen senkrecht ab; falls Streifen zurückbleiben, sieht man gleich, auf welcher Seite sie sich befinden.

Fenstersicherung

Fenster kann man so sichern, daß sie weder von innen, beispielsweise von Kindern, noch von außen geöffnet werden können, auch in gekipptem Zustand nicht (ein ungesicherter, gekippter Fensterflügel kann durchaus von außen ausgehängt werden).

Es gibt verschiedene Fenstersicherungen. Man kann einen Flügel mit einem speziellen Sicherheitsschloß versehen, einer sogenannten Fensterolive mit abschließbarem Sicherheitszylinder.

Für integrierte Umschaltgetriebe mit Drehkippfunktion gibt es Griffe mit Sicherheitszylinder, mit denen man alle

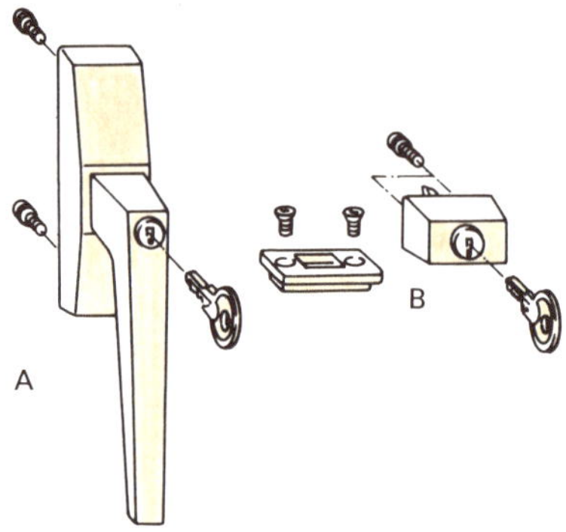

Drehteile blockieren kann (A). Mit einer Drehsperre (B) kann man einen Flügel in Kippstellung festsetzen. Der Beschlag wird bei diesem System an der Schloßseite am unteren Flügelrand montiert.

Bei einem anderen System ist im unteren Drehzapfenband eine Aus-

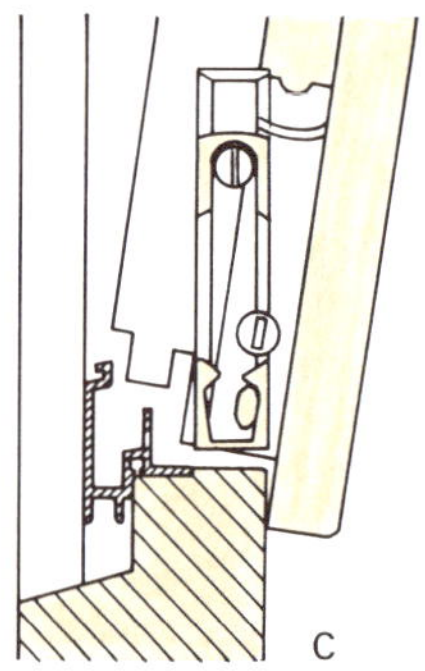

C

hängesicherung eingebaut, die garantiert, daß man den Flügel nur aushängen kann, wenn er 90° geöffnet ist (C).

Fernsehapparat

Der wichtigste Rat, den man dem Besitzer eines Fernsehgeräts geben kann, ist ein Verbot: Man darf auf keinen Fall das Gerät öffnen und sich in seinem Inneren zu schaffen machen, auch nicht, wenn der Netzstecker gezogen ist. Da Fernsehröhren mit hohen Spannungen betrieben werden, kann man auch von einem nicht ans Netz angeschlossenen Gerät einen Stromschlag bekommen.

Fernsehgeräte entwickeln viel Wärme, daher muß man unbedingt darauf achten, daß die Entlüftungsschlitze an der Rückseite des Geräts frei sind. Also keine Deckchen oder Zeitschriften auf das Gerät legen! Auch Blumenvasen gehören nicht aufs Fernsehgerät:

Wenn man eine Vase umstößt und Wasser ins Gerät läuft, kommt es zu einem unter Umständen folgenschweren Kurzschluß. Fernsehgeräte, die in einer Anbauwand, einem Schrank o.ä. untergebracht sind, müssen ausreichend belüftet sein.

Auch beim Transport eines Fernsehgeräts sollte man besondere Sorgfalt walten lassen, da die Bildröhre sehr empfindlich ist. Unter Umständen kann sie implodieren, d.h., der Unterdruck im Innern der Röhre zertrümmert diese. Dabei kann auch ein Brand entstehen.

Von Zeit zu Zeit reinigt man den Bildschirm mit einem Fensterreiniger. Es ist oft erstaunlich, wie klar und deutlich das Bild nach einer solchen Reinigung wieder erscheint.

Was man an einem Fernsehgerät alles einstellen kann, hängt von dem jeweiligen Modell ab. Normalerweise ist es die Bildhelligkeit, der Bildkontrast und die Farbsättigung. Daneben lassen sich Lautstärke und Tonblende regeln. Über drahtlose Fernsteuerungen (deren Batterien man alljährlich auswechseln sollte) können diese Funktionen bequem vom Sessel aus getätigt werden.

Bildstörungen hängen, wenn das Gerät selbst in Ordnung ist, meist mit einer defekten oder unsachgemäß installierten Antenne zusammen. Dies zu beheben ist Sache des Fachmanns.

Siehe auch *Zimmerbrand*.

Fernsehen für Kinder

Psychologen und Pädagogen warnen vor zu häufigem Fernsehen der Kinder. Aber in den USA verbringen schon Zwölfjährige zwischen 21 und 35 Stunden in der Woche vor dem Bildschirm. Die Gefahren des Fernsehens für Kinder bestehen darin, daß die Kinder nicht zwischen Spiel und Wirklichkeit unterscheiden können. Außerdem lernt ein Kind an sogenannten Modellen (Vorbildern); dies bedeutet, daß Gewalt oder hemmungslose Kaufsucht (Werbefernsehen!) unter Umständen eingeübt werden. Fernsehen am späten Abend raubt den Kindern wertvollen Schlaf; am nächsten Tag in der Schule macht sich dies bemerkbar. Dennoch ist ein striktes Fernsehverbot abzulehnen. Wichtig dagegen ist, die Sendungen sorgfältig auszuwählen, darauf zu achten, daß ein Kind möglichst nicht allein längere Zeit fernsieht, und anschließend mit ihm über die Sendung zu sprechen.

Fernsehfotos

Aufnahmen vom Bildschirm macht man am besten auf einem Film mittlerer Empfindlichkeit (18–24 DIN; siehe auch *Filmmaterial*). Beim Diafilm muß man gegen den Blaustich ein Farbkorrekturfilter (Nr. CC40R) vor das Objektiv setzen.

Die Kamera wird im abgedunkelten Raum (damit die Mattscheibe nicht reflektiert) auf einem Stativ parallel zur Bildröhre des Fernsehgeräts aufgebaut. Man geht so nahe an den Bildschirm heran, daß der Bildschirmrahmen nicht mehr im Kamerasucher zu sehen ist. Das Fernsehgerät wird optimal auf Farbsättigung, Helligkeit und Kontrast eingestellt. An der Kamera wählt man eine Belichtungszeit, die je nach Kameratyp nicht kürzer als 1/25 bzw. 1/30 s sein soll. Wenn man nicht zu schnelle Bewegungsabläufe aufnehmen möchte, ist 1/15 s günstiger, weil man so den dunklen Balken sicherer vermeidet, der durch den Bildwechsel über den Bildschirm läuft. Kameras mit Zentralverschluß eignen sich besser als solche mit Schlitzverschluß. Bei letzteren kann es zu Streifen auf dem Bild kommen.

Festonstich

Dieser Zierstich, auch Langettenstich genannt, wird gelegentlich für Näharbeiten verwendet, z.B. um Kanten dekorativ zu umstechen oder um Flikken an Ellbogen zu befestigen. Man arbeitet von links nach rechts, sichert das Fadenende an der Stoffkante und legt den Faden bei jedem Stich unter die Nadelspitze. Die Abstände zwischen den Stichen sowie die Stichlängen können gleich oder verschieden groß sein.

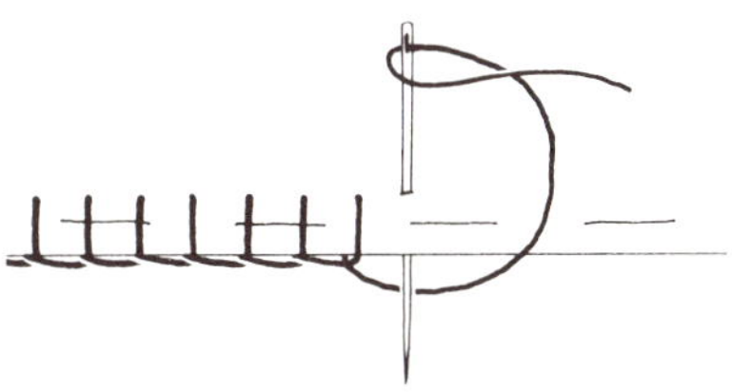

Mit dem Festonstich lassen sich auch der Garnriegel und der geschürzte Steg arbeiten:

Garnriegel Er wird dazu verwendet, stark beanspruchte Stellen wie etwa die Ecken einer Tasche zu verstärken. Man näht zwei oder drei Spannstiche in der vorgesehenen Länge des Riegels und umschürzt sie mit dichten Festonstichen, wobei der darunterliegende Stoff mit erfaßt wird.

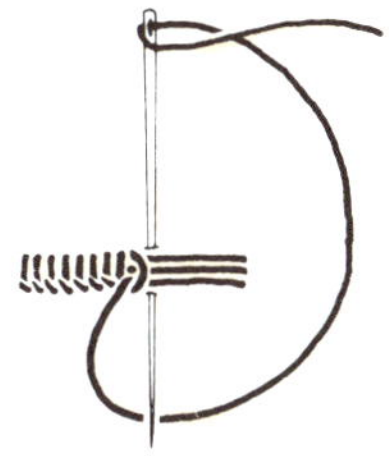

Geschürzter Steg Er ist auch als französisches Anheften bekannt und dient dazu, zwei Teile wie Unterkante und Futter eines Mantels oder Vorhang und Futter so zu verbinden, daß ein gewisser Spielraum bleibt. Er wird auch als Öse, Gürtelschlaufe oder Knopfschlinge verwendet. Man näht jeweils einen kleinen Stich an beiden Teilen und läßt 2,5–5 cm Faden dazwischen stehen. Dies wiederholt man ein- oder zweimal und umnäht dann die Verbindungsfäden mit dichten Festonstichen. Siehe auch *Fadenkette*.

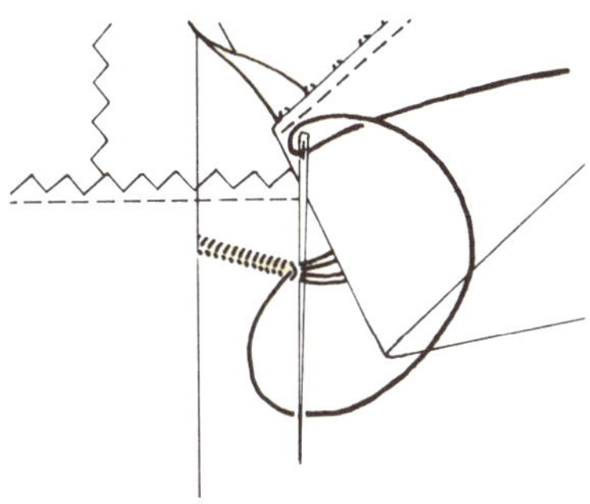

Fette und Speiseöle

Nährwert Pflanzliche und tierische Fette spielen als Energieträger in der Ernährung eine wichtige Rolle. Der Energiegehalt von Fett ist allerdings sehr hoch – 100g Butter haben 3244 Joule (775 Kalorien), 100g Olivenöl sogar 3880 (927) –, und die Gefahr, daß der tägliche Verbrauch die benötigte Menge bei weitem übersteigt, ist sehr groß. 70–80g täglich decken durchaus den Durchschnittsbedarf, wobei man bedenken muß, daß in fast allen Lebensmitteln versteckte Fette enthalten sind. Milchprodukte wie Vorzugsmilch oder süße Sahne sind ebenso fettreich wie manche Fische – Aale beispielsweise. Auch Nüsse und Früchte wie Avocados enthalten viel Fett. Fast jeder ist gut beraten, sich auf fettärmere Kost umzustellen.

Sehr viele, besonders pflanzliche Fette sind aber Träger lebenswichtiger essentieller Fettsäuren. Außerdem sind Fette Lösungs- und Transportmittel für fettlösliche Nahrungsbestandteile wie etwa die Vitamine A, E und D.

Man sollte möglichst nur solche Fette verwenden, die einen hohen Gehalt an mehrfach ungesättigten Fettsäuren haben – besonders die Linolsäure ist dabei von Bedeutung. Einen hohen Linolsäuregehalt haben Distel-, Maiskeim- und Sonnenblumenöl, einen sehr niedrigen dagegen Kokosfett, Rindertalg und Schmalz.

In der Küche Als Brotaufstrich sind Butter (siehe dort) und hochwertige Margarinesorten empfehlenswert. Zum Kochen sind aus den obengenannten Gründen vor allem Öle geeignet. Die hochwertigen kaltgepreßten Öle, die teurer sind, sollte man für Salatsaucen und Mayonnaisen verwenden; zum Kochen und Braten reichen die preisgünstigeren, da die wertvollen Stoffe durch das starke Erhitzen ohnehin zerstört werden. Auch Butterschmalz (siehe dort) wird gern verwendet. Allerdings muß man bedenken, daß Butterschmalz und manche Öle einen sehr ausgeprägten Eigengeschmack haben. Zum Fritieren (siehe dort) braucht man die wasserfreien Plattenfette, da sie nicht spritzen; aus gesundheitlichen Gründen sollte man Fritierfett nicht öfter als drei- bis viermal verwenden.

Lagerung Butter und Butterschmalz: siehe dort. Speiseöl bewahrt man am besten in luftdichten, lichtundurchlässigen Behältern kühl auf, z.B. in Dosen oder dunklen Glasflaschen. Klare Flaschen müssen im Schrank stehen. Wenn man die Flaschen in Blumenuntersetzer passender Größe stellt, gibt es keine Ränder auf dem Fachboden; die Untersetzer lassen sich schnell reinigen. Nicht zu große Mengen kaufen, da die Luft in der angebrochenen Flasche zum schnelleren Verderb führt. Plattenfette werden auch kühl und dunkel gelagert; die Haltbarkeit beträgt, wie bei den Speiseölen, etwa ein Jahr.

Feuchtigkeit im Haus

Wenn in Wohnhäusern Wände und Decken feucht werden, kann das viele verschiedene Ursachen haben. Oftmals fehlt eine Feuchtigkeitssperre, oder sie ist schadhaft; aber auch eine ungenügende Wärmedämmung kann der Grund sein.

Als erstes muß man feststellen, woher die Feuchtigkeit kommt. Sie kann von außen eindringen, oder es kann sich um Kondenswasserfeuchtigkeit handeln (siehe *Kondensationsfeuchte*). Wird eine Kellerwand von außen feucht, handelt es sich in der Regel um aufsteigende Erdfeuchtigkeit. In diesem Fall sollte man die Kellerwand außen freilegen und den Bereich, der im Boden liegt, zweimal mit Bitumen streichen. Dazu muß aber die Oberfläche der Wand möglichst glatt und rißfrei sein. Risse und Löcher werden daher mit einem Zementmörtel verspachtelt. Dieser Zementputz muß bis auf die Oberkante des Fundaments geführt und unten mit einer Hohlkehle versehen werden. Dadurch wird das Wasser schnell und ungehindert abgeleitet. Da die Wand nun schon freigelegt ist, sollte man auch eine Dränage einlegen oder eine alte oder schadhafte erneuern.

Die Dränage muß in Höhe der Fundamentunterkante eingelegt werden und sollte ein Gefälle von 1–2% bekommen. Die Abbildung zeigt in senkrechtem, räumlichem Schnitt, wie die fertige Arbeit aussieht.

Wenn der Keller wegen sehr dichter Bebauung nicht freigelegt werden kann, bringt man auf die Innenseite der Wände eine Feuchtigkeitssperre auf. Das ist zwar ein Kompromiß, aber ein brauchbarer. Man reinigt die Wände, entfernt dabei sorgfältig alle losen Teile und trägt dann eine handelsübliche Dichtungsschlämme auf. Bei der Verarbeitung richtet man sich nach den Hinweisen des Herstellers.

Feuerlöscher

Ein Feuerlöscher sollte in keinem Haus fehlen. Er ist überall dort Vorschrift, wo eine Öl- oder Gasheizung betrieben wird.

Zugelassen sind Feuerlöscher der Brandklasse

- A – für Feststoffe wie Holz und Kohle;
- B – für Benzin, Heizöl oder Petroleum;
- C – für Gasbrände.

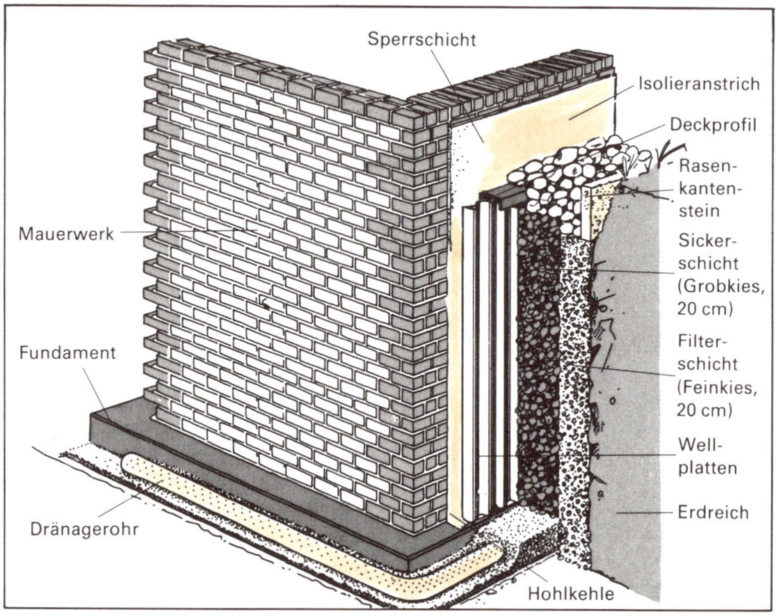

Häufig erfüllen die Feuerlöscher auch noch die Anforderung der Brandklasse

- E – für Kabelbrände bis 1000 V.

Der preiswerteste Feuerlöscher ist die Variante mit Pulverfüllung. Dieser Feuerlöschertyp kann nachglühende Teile sehr gut löschen. Allerdings hinterläßt das Löschpulver nach dem Einsatz einen Staubbelag.

Etwa doppelt so teuer wie der herkömmliche Löscher sind Halongaslöscher; das Gas löscht rückstandsfrei. Halongaslöscher sollte man nicht in geschlossenen Räumen einsetzen, denn bei Eintritt des Löschgases in die Flamme können giftige Substanzen entstehen. Aus diesem Grund darf der Löschstrahl nicht direkt auf Gesicht oder Kopf gerichtet werden.

Den Feuerlöscher sollte man mindestens alle zwei Jahre, spätestens aber nach dem Gebrauch von einer zugelassenen Prüfanstalt oder Firma untersuchen lassen. Hier wird das Löschpulver getestet, ob es noch rieselfähig ist. Feuchtes Löschpulver wechselt man aus. Bei sogenannten Aufladelöschern mit separater Druckpatrone prüft man deren Zustand; ist sie nicht einwandfrei, wird sie ersetzt. Dauerdrucklöscher, bei denen der ganze Behälter ständig unter Druck steht, werden direkt mit Treibgas gefüllt.

Bei Bränden sollte man berücksichtigen, daß die vorgeschriebenen Löscher mit mindestens 6 kg Löschpulver nur etwa zehn Sekunden bei einer Sprühweite von 6 m wirksam bleiben. Damit im Fall eines Brandes diese Pulvermenge richtig eingesetzt wird, sollte man die Bedienungsanleitung sorgfältig studieren. Brände bekämpft man stets, indem man den Strahl nach unten auf den Brandherd richtet und im Schutz der Löschwolke vorgeht. Reifen- oder Glutbrände löscht man mit kurzen, kräftigen Stößen.

Feuerlöscher im Auto In Pkw sind kleine Feuerlöscher mit einer Füllmenge von 2 kg üblich. 1-kg-Feuerlöscher sollte man nur dann kaufen, wenn diese eine gesteigerte Löschwirkung besitzen. Für die Unterbringung im Auto gibt es geeignete Halterungen. Der Norm entsprechend, wird der Feuerlöscher vor dem Fahrersitz oder auf der Fahrzeug-Mittelkonsole im Griffbereich des Fahrers angebracht.

Siehe auch *Autobrand.*

Feuerwerk

Zum Jahresende wird regelmäßig in den Tageszeitungen und auch in Merkblättern der Behörden vor den Gefahren des Feuerwerks eindringlich gewarnt. Doch immer wieder gibt es Unfälle, die mit schweren oder gar tödlichen Verletzungen enden. Die Gründe sind stets dieselben: mangelnde Kenntnis der Gefahr, Fahrlässigkeit oder auch falsches Heldentum.

Folgende Maßnahmen helfen, das Risiko zu mindern:

- Das Feuerwerk sollte nur an einem sicheren, gut übersichtlichen Platz, z.B. einem leeren Parkplatz, einer leeren Straße oder im Garten, abgebrannt werden.
- Alle Beteiligten sollten gemeinsam eine Richtung festlegen, in die das Feuerwerk abgebrannt wird, und sich entsprechend aufstellen.
- Zuschauer, vor allem Kinder, sollten sich in einem ausreichenden Sicherheitsabstand aufhalten.
- Raketen sollten mit dem Holzstab in wassergefüllte Flaschen gestellt oder in den weichen Erdboden gesteckt werden. Sie sollten nicht von der Terrasse oder vom Balkon aus abgebrannt werden. Hier besteht die Gefahr, daß sie nach dem Start gegen die Hauswand oder das Dach fliegen, zurückprallen und dabei Personen verletzen.
- Die Flugbahnen sollten von den Zuschauern, von Gebäuden, Fahrzeugen und anderen brandgefährdeten Gegenständen wegzeigen.
- Die Flugbahn vor allem von unkontrolliert fliegenden Raketen sollte man verfolgen und eventuell auch nachschauen, ob dadurch ein Brand ausgelöst werden könnte.
- Feuerwerkskörper mit einer Zündschnur sollten immer nur einzeln gezündet werden. Sie dürfen keinesfalls aus Jux in die Zuschauer geworfen werden.
- Wenn ein Feuerwerkskörper nach dem Anzünden nicht losgeht, sollte man einige Zeit abwarten, bevor man sich ihm nähert.
- Ist die Zündschnur sehr kurz geworden, sollte man den Feuerwerkskörper nicht mehr anzünden, sondern mit einer Schaufel sicher beseitigen, indem man ihn z.B. in einen Eimer Wasser taucht.
- Hobbybastler sollten nicht versuchen, durch Eigenproduktion ein Feuerwerk herzustellen; nur allzuoft ist dies buchstäblich ins Auge gegangen.

Fieber

Die normale Körpertemperatur liegt bei 37 °C mit Abweichungen um etwa 0,5 °C nach oben oder unten. Zwischen 37,5 °C und 38,5 °C spricht man von erhöhter Temperatur. Fieber erkennt man an Hitzegefühl, einem heißen Kopf oder Schüttelfrost. Es ist immer nur ein Symptom und deutet darauf hin, daß sich der Körper gegen eine Infektion wehrt.

Bei einfachen Infekten Bettruhe einhalten, viel Flüssigkeit trinken, vor allem Wasser, Obstsäfte, Buttermilch, Molke und Tees aus Schwarzem Holunder, Tausendgüldenkraut, Sonnenhut oder Wasserdost; leichte Kost zu sich nehmen; Wadenwickel anlegen (siehe *Wickel*). Wenn erbrochen wurde, gesalzene Bouillon trinken oder Salzstangen essen (bei Kindern beliebt), um den Salzverlust auszugleichen.

Bei Babys und Kleinkindern sollte man den Arzt schon bei erhöhter Temperatur holen; wenn das Fieber über 40 °C steigt, muß er sofort kommen. Bei größeren Kindern und Erwachsenen holt man den Arzt, wenn die Temperatur über 39 °C ansteigt, wenn das Fieber von starkem Schüttelfrost und Zähneklappern begleitet ist oder wenn es länger als drei Tage anhält.

Siehe auch *Grippe; Infektionskrankheiten.*

Figur

Jede Zeit und jede Kultur hat ihre eigene Vorstellung von der idealen Figur. Es versteht sich von selbst, daß niemals alle dem gerade herrschenden Ideal entsprechen können. Man kann aber versuchen, sich durch Gymnastik (siehe dort) eine gewisse Elastizität und Beweglichkeit zu erhalten, und man kann durch einige spezielle Übungen kleine Schönheitsfehler beseitigen oder ausgleichen.

- Zu üppige Hüften bekämpft man mit einer einfachen Übung: Auf den Boden knien, Arme vor der Brust kreuzen und sich nun abwechselnd, ohne sich abzustützen, mit Schwung mal rechts, mal links neben die Füße auf den Boden setzen.

- Gesäß: Man setzt sich auf den Fußboden und „hoppelt" dann mit gestreckten Beinen durch das Zimmer.
- Bauchmuskeln: Bauch beim Einatmen tief einziehen, so als ob man ihn ans Rückgrat heften wollte. Luft anhalten, bis zehn zählen, dann den Bauch beim Ausatmen wieder ruckartig nach vorn schnellen lassen. Fünf- bis zehnmal wiederholen. Man kann die Übung in jeder Lage, im Sitzen, Liegen oder Stehen, machen.
- Brustmuskeln: In leichter Grätschstellung stehen. Arme waagrecht seitlich in Schulterhöhe ausstrecken und fest zurückschlagen; oder mit seitlich ausgestreckten Armen zuerst kleine, dann größere Kreise beschreiben; oder Handflächen vor der Brust gegeneinanderpressen und so halten. Alle Übungen fünf- bis zehnmal wiederholen.
- Doppelkinn: Kopfkreisen rechts- und linksherum; oder die Unterlippe über die Oberlippe schieben; den Kopf weit in den Nacken legen, bis zehn zählen, dann lockern; fünfmal wiederholen. Es muß spürbar in den Muskeln ziehen.

Grundsätzlich sind Muskelanspannungen jeder Art geeignet, Erschlaffungen entgegenzuwirken. Man kann sie für jede beliebige Körperpartie – Arme, Beine, Bauch, Gesäß, Brust – anwenden. Jede einzelne Anspannung sollte zehn bis 15 Sekunden dauern. Wichtig für einen Erfolg ist, daß man die Übungen konsequent täglich mindestens fünf- bis zehnmal ausführt.

- Waden und Knie: Auf den Zehenspitzen hüpfen und dabei abwechselnd das rechte und linke Bein federnd nach vorn schleudern; oder sich auf den Fußboden legen und in der Luft radfahren, zuerst vorwärts, dann rückwärts. Diese Übungen zunächst langsam, dann immer schneller ausführen.

Diese Übung ist besonders wirksam bei dicken Knien, man muß nur darauf achten, daß die Knie nach dem Beugen ganz fest durchgestreckt werden. Jeden Morgen zehn bis 20 Kniebeugen lassen dicke Waden dünner, zu dünne dagegen – durch Muskelkräftigung – dicker werden.

Filmmaterial

Es ist nicht gleichgültig, welches Filmmaterial man verwendet. Von Schwarzweißfilmen lassen sich nur schwarzweiße Papiervergrößerungen anfertigen; von Farbfilmen kann man neben Farbvergrößerungen auch schwarzweiße Papierbilder machen. Man unterscheidet Schwarzweißfilm, Farbnegativ- und Farbdiafilm. Ein weiteres Unterscheidungsmerkmal ist die Lichtempfindlichkeit. Es gibt niedrig empfindliche Filme (bis 16 DIN oder 32 ASA), mittelempfindliche Filme (bis 23 DIN oder 160 ASA) und hochempfindliche Filme (bis 29 DIN oder 650 ASA). Daneben gibt es für spezielle Zwecke noch höchstempfindliches Filmmaterial, das sogar bis zu 39 DIN (6400 ASA) reicht.

Je höher die Lichtempfindlichkeit des Films, desto weniger Licht benötigt man bei der Aufnahme. Mit höchstempfindlichen Filmen kann man notfalls Nachtaufnahmen ohne Stativ und auch Aufnahmen bei Kerzenlicht anfertigen. Es ist aber nicht sinnvoll, hochempfindliches Filmmaterial für Aufnahmen bei normalem Tageslicht zu verwenden. Mit der Empfindlichkeit des Films steigert sich nämlich auch seine Körnigkeit, d.h., das Bild setzt sich aus weniger, dafür aber gröberen Pünktchen zusammen. Je stärker das Negativ vergrößert wird, desto deutlicher und störender treten diese Punkte in Erscheinung.

Vom Farbnegativfilm lassen sich farbige und schwarzweiße Papiervergrößerungen herstellen. Farbige Diafilme liefern erst einmal Diapositive (kurz Dias) für die Projektion; von diesen Dias lassen sich aber ebenfalls farbige Papiervergrößerungen machen. Wer hauptsächlich Bilder fürs Fotoalbum haben möchte, sollte sich für den Farbnegativfilm entscheiden, weil Papiervergrößerungen vom Negativfilm preiswerter als vom Dia sind. Wer seine Bilder vor allem auf der Leinwand betrachten will (siehe auch *Diavorführung*), wählt natürlich einen Diafilm, von dem man gelegentlich auch Papierabzüge anfertigen lassen kann.

Für Außenaufnahmen bei gutem Wetter sollte man einen Film mittlerer Empfindlichkeit (18–24 DIN) wählen; damit ist man allen erdenklichen Aufnahmesituationen gegenüber gewappnet. Dieses Filmmaterial eignet sich auch für Innenaufnahmen, wenn man das Blitzlichtgerät dazu verwendet. Bei schlechtem Wetter, in der Dämmerung, bei Nacht oder bei Innenaufnahmen, bei denen man mit der vorhandenen künstlichen Beleuchtung auskommen will, muß man zu hoch- und höchstempfindlichen Filmen greifen. Selbst bei schwachem Licht (beispielsweise im Theater oder im Zirkus) erlauben diese Filme, schnelle Schlußgeschwindigkeiten zu benützen; dies ist besonders bei Motiven, die sich schnell bewegen, sehr hilfreich.

Ein Film ist nicht unbegrenzt haltbar. Auf der Filmpackung findet man das Verfallsdatum aufgedruckt. Filme lassen sich im Kühlschrank gut aufbewahren. Wenn der Film belichtet ist, sollte man ihn nicht zu lange aufbewahren, sondern möglichst rasch zum Entwickeln bringen. Besonders wenn Farbfilme zu lange (und vielleicht sogar noch in der Sonne) gelagert werden, verändert sich der Farbcharakter des Films (siehe auch *Röntgenkontrolle am Flughafen*).

Filme für Schmalfilmkameras gibt es ebenfalls als Schwarzweiß- und Farbumkehrmaterial in verschiedenen Empfindlichkeiten.

Filmprojektor

Bevor man mit der Reinigung oder Instandsetzung des Geräts beginnt, zieht man den Netzstecker.

Mit einem Pinsel befreit man Objektiv, Kondensor und Spiegel von Staub. Keinesfalls mit einem groben Tuch auf der Linse herumkratzen! Um das Bildfenster zu reinigen, wo sich am meisten Staub ansammelt, montiert man zuerst die Abdeckhaube des

Objektiv herausklappen

Projektors ab und klappt das Objektiv heraus. Jetzt sind Bildfenster und Transportmechanismus zugänglich und können mit einem härteren Pinsel, der in Methylalkohol getaucht

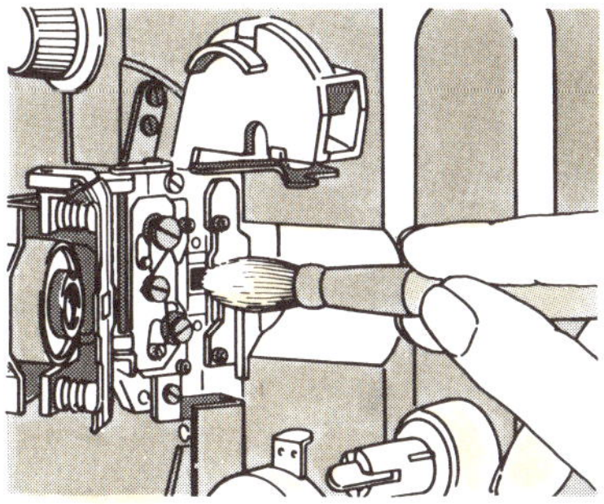

sein kann, gereinigt werden. Bei dieser Gelegenheit reinigt man auch alle Zahnräder des Transportmechanismus.

Wenn man die Projektionslampe – bei modernen Projektoren finden fast ausschließlich Niedervoltlampen Verwendung – austauschen will, darf man den Glaskörper nicht mit den Fingern anfassen. Falls man ihn einmal versehentlich berührt, wird er sofort mit Alkohol gereinigt, weil die Fingerabdrücke sich sonst ins Glas brennen würden.

Wenn die Spulenwellen des Projektors aus Metall sind, benötigen sie nach ungefähr 24 Betriebsstunden Öl.

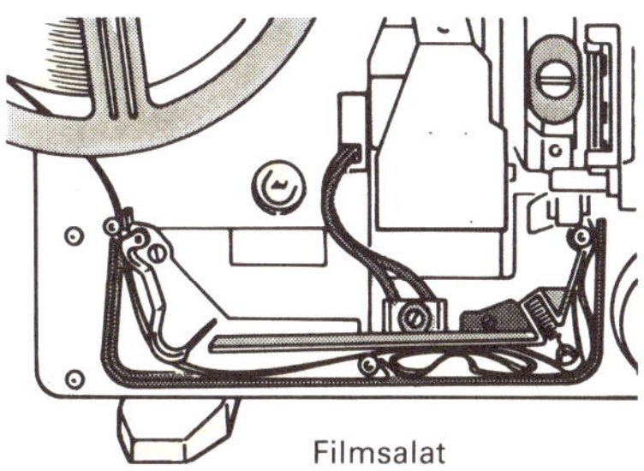

Filmsalat
bei automatischer Filmeinfädelung

Man verwendet säurefreies Öl, von dem man einen Tropfen in die gekennzeichneten Schmierstellen gibt. Wellen in Nylonlagern benötigen kein Öl.

Viele Filmprojektoren haben eine Einrichtung, die dafür sorgt, daß der Film automatisch eingefädelt wird. Verheddert sich der Film im Filmkanal, etwa weil er bricht, so öffnet man die Abdeckung, zieht den Film vorsichtig heraus und klebt ihn.

Filmreinigung

Filmmaterial ist sehr empfindlich gegen mechanische Beschädigungen. Ein Kratzer auf dem Film stört sowohl bei einer Diavorführung als auch bei der Projektion von Schmalfilmen; ebenso unangenehm wirken Kratzer auf schwarzweißen oder farbigen Papiervergrößerungen.

Grundsätzlich sollte man Filme nie mit den bloßen Fingern anfassen, sondern vorsichtig am Rand oder überhaupt mit leichten Stoffhandschuhen, die man in Fotofachgeschäften kaufen kann. Fotografische Filme sollten immer in Schutzhüllen aufbewahrt werden. Besonders kleinformatige Filme wie die des Discformats, die extrem hoch vergrößert werden müssen, sind besonders schonend zu behandeln, da selbst der kleinste Kratzer in der Vergrößerung als dicker Balken erscheint. Dias werden gerahmt, oder man bekommt sie von der Entwicklungsanstalt bereits in Rähmchen zurück. Entweder bewahrt man sie in Projektionsmagazinen auf, oder man archiviert sie in speziellen Klarsichtmappen.

Schmalfilme sollte man nicht sofort vorführen, wenn sie von der Entwicklung kommen. Je besser sie nachgetrocknet sind, desto weniger empfindlich sind sie gegen Schrammen und Kratzer.

Schmalfilme werden in Kunststoffcassetten aufbewahrt. Niemals sollte man einen Film auch nur für ein paar Tage außerhalb einer Cassette herumliegen lassen. Filmmaterial verträgt feuchte und sonnige Aufbewahrungsorte nicht, also die Filme stets trocken und dunkel lagern.

Schmalfilme sind einer hohen mechanischen Beanspruchung ausgesetzt; man sollte sie deshalb nicht im Projektor zurückspulen, sondern mit einem separaten Umspulgerät, das zudem den Vorteil bietet, daß man die Filme gleich auf mechanische Schäden kontrollieren und reinigen kann. Dazu hält man ein mit einem Filmreinigungsmittel getränktes Tuch in der Hand und läßt den Film durch die Hand laufen. Mit Schutzmitteln sollte man vorsichtig sein und zuerst Tests machen, denn oft entstehen dadurch Schlieren auf dem Film. Beschädigungen an der Perforation sofort ausbessern.

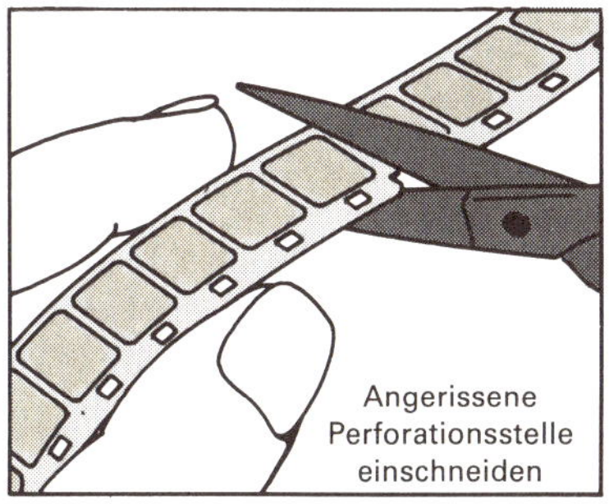

Angerissene
Perforationsstelle
einschneiden

Perforationsloch auf
beiden Seiten
anschrägen

Fingerflechten

Fingerflechten, auch Bandflechten oder mehrsträhniges Flechten genannt, ist eine Webtechnik, bei der Garnfäden mit den Fingern im Winkel von 45° zu gemusterten Bändern verschlungen werden. Hierfür sind alle Garnarten geeignet: Strickwolle, Teppichgarn, Bindfaden, Jute oder feine Garne, die man doppelt oder dreifach nimmt.

Ein einfaches Muster ist das durchgehende Schräggeflecht (auch Peruanisches Flachband genannt). Will man in dieser Technik einen Gürtel anfertigen, braucht man 45 m Strick- oder Häkelgarn aus Baumwolle oder Strickwolle für ein Band von rund 2,5 cm Breite. (Bei dickeren Garnen wird der Gürtel breiter.) Man schneidet 18 Fäden von je 2,5 m Länge zu, was der anderthalbfachen fertigen Länge von rund 150 cm entspricht. Etwa 15 cm von einem Ende entfernt bindet man die Fäden in Dreiergruppen mit einer einfachen Knotenschlinge zusammen; diese Knoten werden in einer Klemmleiste befestigt.

Man hält die Fäden fest in der linken Hand und flicht mit der rechten Hand den äußersten rechten Faden als Schußfaden (siehe *Webrahmen*) von rechts nach links, indem man ihn über den zweiten, dann unter den dritten usw. und zuletzt über den äußersten linken führt, wo er dann einer der Kettfäden wird. In dieser Weise flicht man weiter, und zwar stets mit dem Faden, der jeweils außen rechts liegt. (Für Linkshänder ist es oft bequemer, von links nach rechts zu flechten.)

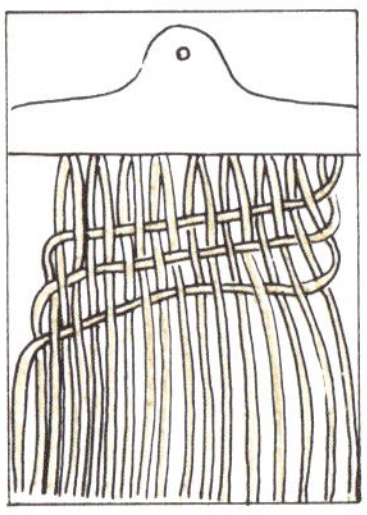

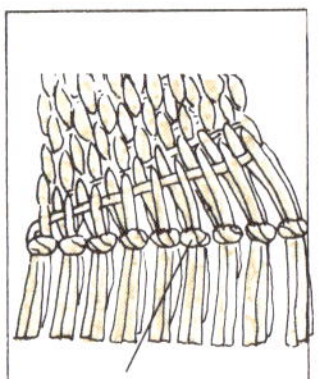

Während der Arbeit werden die Schußfäden fest hochgezogen (angeschlagen) und die lose hängenden Kettfäden immer wieder geglättet und getrennt, damit sie sich nicht ineinander verwickeln. Wenn man die Arbeit zur Seite legt, sichert man den Schußfaden in der letzten Reihe mit mehreren Büroklammern oder einer Klemme. Etwa 15 cm vor dem unteren Ende bindet man als Abschluß die Fäden wieder mit einem einfachen Knoten in Dreiergruppen zusammen.

Für ein Chevronmuster teilt man die Fäden in zwei Gruppen zu je neun Fäden. Man arbeitet von der Mitte aus, und zwar flicht man jeweils den äußersten rechten Faden der linken Gruppe nach rechts und den äußersten linken Faden der rechten Gruppe nach links.

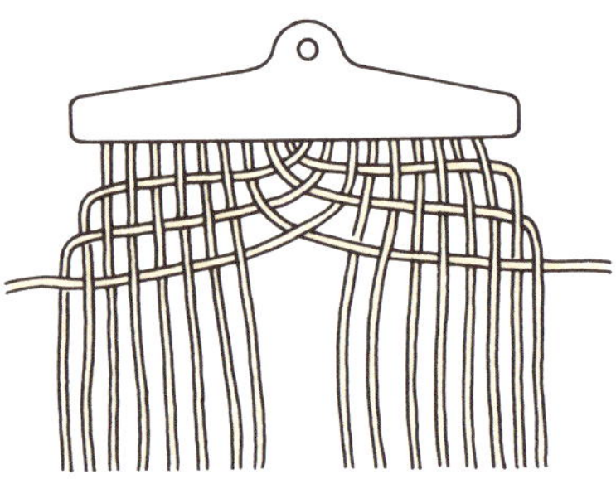

Fingermalerei

Fingerfarben sind pastenförmig, wasserlöslich, ungiftig und werden mit den Händen aufgetragen. Sie eignen sich daher hervorragend für Kinder, die spielerisch damit erste Malversuche machen können. Man braucht kein teures Malpapier zu kaufen, sondern kann verwenden, was man gerade zu Hause hat: Tapetenreste, Packpapier (auch gebrauchtes), alte Leintücher. Da die Farben leicht abzuwaschen sind, kann man Kinder auch die Fenster ihres Zimmers bemalen lassen.

Anleitung braucht man den Kindern nicht zu geben, denn erlaubt ist alles. Man kann mit einem Finger malen oder mit mehreren, mit der Handfläche, mit dem Handballen oder mit der Handkante. Kratzbilder kann man z.B. mit Holzstäbchen oder Kämmen machen.

Fingernägel

Die Nägel, auch die der Zehen, sind aus Hornzellen aufgebaute, leicht gewölbte Hornplatten, die am Nagelbett haften. Durchschnittlich wächst ein Nagel 2–3 mm im Monat.

Brüchige Nägel Weiche Nägel, die leicht rissig werden und abbrechen, sind oft auf einen schlechten Gesundheitszustand, auf Eiweiß- oder Mineralstoffmangel zurückzuführen (siehe *Ernährung*). Auch wenn Nägel sehr trocken sind, können sie brüchig werden. In diesem Fall massiert man morgens und abends eine Nagelcreme ein und feilt die Nägel sehr kurz. Gelatinekapseln können helfen, auch bei Haarproblemen.

Gelbe Nägel Durch farbigen Nagellack – besonders wenn er ohne Unterlack aufgetragen wird – können sich die Nägel gelb verfärben. Die Verfärbung ist harmlos, sie verschwindet, wenn die Nägel nicht mehr lackiert werden.

Grübchen oder Dellen im Nagel Wenn sie vereinzelt auftreten, handelt es sich um eine normale, nicht beunruhigende Erscheinung, die nicht auf eine Krankheit hindeutet. Bemerkt man aber auffallend viele, sollte man den Arzt aufsuchen. Es kann sich dann um ein Symptom der Schuppenflechte handeln.

Nagelfurchen Durch kleine Verletzungen der Nagelwurzel an der Nagelhaut, die u.a. bei ungeschickter Maniküre entstehen, können sich Längsfurchen oder Rillen auf dem Nagel bilden. Frauen können solche Rillen dadurch ausgleichen, daß sie die Nägel mehrmals mit Unterlack einpinseln, bevor sie den Farblack auftragen.

Spaltnägel Die obersten Nagelschichten können sich ablösen, wenn die Nägel allzuoft mit Wasser, Seife oder Spülmittel in Kontakt kommen. Wer zu Spaltnägeln neigt, sollte zum Waschen und Spülen Gummihandschuhe tragen und täglich eine Nagelcreme in die Nagelwurzeln einmassieren.

Wem die üblichen Gummihandschuhe zu unförmig sind, kann sich in der Apotheke Chirurgenhandschuhe kaufen. Die Hände stäubt man immer erst mit Talkumpuder ein, ehe man die Handschuhe anzieht.

Weiße Flecken Sie entstehen manchmal durch Verletzungen der Nagelhaut, können aber auch spontan auftreten. Sie sind harmlos und wachsen heraus.

Abgebrochener Nagel Es gibt Kittmassen, mit denen man einen solchen Nagel wieder ankleben und dann mit Nagellack stützen kann, doch meist ist die Prozedur nicht sehr erfolgreich. Am besten ist es, alle Nägel entsprechend zu kürzen und sie langsam wieder wachsen zu lassen.

Siehe auch *Handpflege; Nagellack.*

Finger- und Handpuppen

Fingerpuppen kann man leicht aus einem abgelegten Strickhandschuh anfertigen, indem man die Finger abschneidet. Als Kopf steckt man Wattebällchen in die Fingerspitzen und bindet sie unten ab. Die Augen macht man aus Pailletten, für den Mund verwendet man rotes Stickgarn, für das Haar Garnsträhnen und für die Kleider Stoffreste. Die Figuren einer „Fingerfamilie“ sollten möglichst verschieden aussehen.

Man kann Fingerpuppen auch aus Zeichenpapier machen. Man schneidet für jede Puppe ein 7,5×7,5 cm großes Stück Papier aus, rollt es um einen Finger und fixiert die Röhre mit Klebeband. Als Haare klebt man Seidenpapierstreifen auf; Gesicht und Kleidung malt man mit Farbstiften oder Filzschreibern. Man kann auch Papier- und Stoffausschnitte aufkleben.

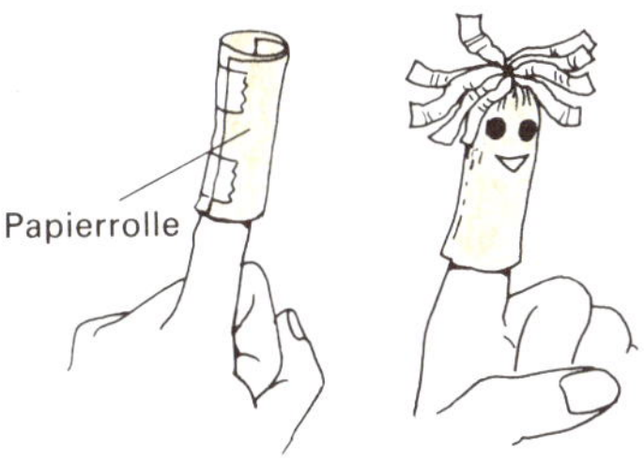

Handpuppen werden nach einer Schablone angefertigt. Man legt eine Hand mit abgespreiztem Daumen und kleinem Finger auf ein Stück Papier und zeichnet die Umrißlinie mit etwa 2,5 cm Zugabe nach. Nach dieser Schablone schneidet man zwei Lagen eines schweren Stoffs, beispielsweise Filz oder Wolle, zu. Man legt die Stofflagen links auf links aufeinander, steckt sie fest und steppt sie mit etwa 1 cm Nahtzugabe am Rand zusammen; die Stoffkanten am Handgelenk bleiben offen. Man zackt die Rundungen aus bzw. schneidet sie ein (siehe *Nähte*), säumt die Öffnung für die

Hand und wendet die Puppe nach rechts. Für die Augen werden Knöpfe und als Haare Garnsträhnen angenäht. Die andern Details macht man aus Filz und betont die Konturen durch Stickstiche (siehe dort).

Fisch

Auf dem Markt oder im Geschäft erkennt man einen frischen Fisch an seinen roten Kiemen. Filets und Fischkoteletts müssen – gut auf Eis gelagert – im Fleisch fest sein und dürfen nicht fischig riechen.

Fangfrische Fische sollten so rasch wie möglich zubereitet werden. Muß man sie aufbewahren, legt man sie in einem gut mit Essig durchfeuchteten Tuch in den Kühlschrank. Tiefgefrorenen Fisch sollte man nur im Gefriergerät aufbewahren, nicht im Gefrierfach des Kühlschranks; dessen Kühlleistung reicht nicht aus.

Lästigen Fischgeruch an den Händen vermeidet man weitgehend, wenn man mit nassen Händen arbeitet. Nach der Arbeit reinigt man Hände und Geräte erst gründlich mit Papier, dann wäscht man alles kalt ab und zum Schluß heiß mit Spülmittel. Auch sollte man Fisch nie auf Holzbrettern bearbeiten; sie nehmen den Fischgeruch besonders nachhaltig auf. Glatte Kunststoffflächen sind dagegen gut geeignet.

Geschirr und Besteck reinigt man nach dem Fischessen erst mit kaltem Wasser; heißes Wasser intensiviert den Fischgeruch.

Reste von pochiertem Fisch verwendet man für Fischsalat oder serviert ihn mit Cocktailsauce (siehe dort). Man kann pochierte Fischreste auch mit Aspik (siehe dort) überziehen.

Schuppen Um einen Fisch zu schuppen, hält man ihn mit einem Handtuch am Schwanzende fest und streicht mit einem Fischschupper oder einem Messerrücken vom Schwanzende zum Kopf hin die Schuppen ab. Das geht am besten, wenn der Fisch noch nicht ausgenommen ist. Wenn man den Fisch unter Wasser im Spülbecken schuppt, fliegen die Schuppen nicht so umher.

Ausnehmen Man kann einen Fisch sehr einfach vom Bauch her ausnehmen. Dazu schlitzt man ihn vom Schwanz zum Kopf hin auf; dabei achtet man darauf, daß man die Eingeweide nicht verletzt, vor allem, daß die Galle nicht ausläuft. Wenn man den Fisch dann umdreht, fallen die Eingeweide heraus.

Will man den Fisch füllen, ist es besser, ihn vom Rücken her auszunehmen. Man legt den Fisch auf die Seite und hält ihn mit einem Küchenhandtuch fest. Mit einem sehr scharfen, spitzen Messer macht man beiderseits des Rückgrats einen Schnitt vom Kopf zum Schwanz. Mit sanftem Druck der Daumen löst man nun auf beiden Seiten den Fisch vorsichtig von den Gräten. Wenn die Mittelgräte völlig freigelegt ist – auch die Bauchseite muß vollständig abgelöst sein –, wird sie am Kopf- und Schwanzende abgeschnitten. Jetzt kann man den Fisch umdrehen; Mittelgräte und Eingeweide fallen heraus.

Fisch garen

Um festzustellen, ob ein ganzer Fisch gar ist, prüft man das Fleisch in der Nähe des Rückgrats mit einem Holzspieß; er sollte sich verhältnismäßig leicht einstechen lassen. Ein Fischfilet ist durchgegart, wenn das Fleisch an der dicksten Stelle nicht mehr glasig aussieht; ein gebratenes Stück Fisch sollte noch nicht auseinanderfallen, wenn man mit einer Gabel einsticht. Unabhängig von der Art der Zubereitung rechnet man mit einer Garzeit von rund 15 Minuten pro 1 cm Dicke der Fleischschicht.

Garen im Backofen Diese Methode eignet sich besonders für ganze Fische. Man legt den mit Butter oder Öl bepinselten Fisch auf eine gut eingefettete Form; man kann ihn auch mit gehacktem Gemüse oder einer Mischung aus Semmelbröseln, Butter und Kräutern bedecken. Zum Braten wird der Backofen auf 220°C vorgeheizt. Für die Garzeit siehe oben.

Man kann den Fisch in eine eingeölte Alufolie legen, Gewürze oder eine Sauce zugeben und bei 220°C im Backofen braten. Damit der Dampf zirkulieren kann, wird die Folie nur locker um den Fisch gewickelt, an den Rändern aber fest verschlossen (siehe auch *Aluminiumfolie*).

Fritieren und Braten Diese Zubereitungsmethoden eignen sich sowohl für kleine oder größere ganze Fische, beispielsweise Karpfen, als auch für Fischfilets. Sie werden dazu entweder paniert oder in Mehl oder Bierteig gewendet. Zum Braten erhitzt man auf mittlerer Stufe Öl und Butter zu gleichen Teilen in einer Bratpfanne. Dann wird der Fisch auf der einen Seite und anschließend auf der anderen gebräunt. Zum Fritieren wird das Öl auf 180 °C erhitzt (siehe auch *Fritieren*; *Garmethoden*; *Panieren*).

Grillen Die Methode eignet sich für alle Fische, sofern sie länger als 15 cm sind. Man heizt den Backofengrill vor oder bringt die Grillkohlen zum Glühen (siehe *Grillen auf dem Rost*). In einem Drahtkörbchen lassen sich ganze Fische auf dem Holzkohlengrill besser wenden. Der Fisch wird in einer Entfernung von 10–15 cm von der Hitzequelle gegrillt und mit Öl oder zerlassener Butter begossen.

Pochieren Fische mit festem Fleisch, wie Seezunge, Lachs, Forelle oder Barsch, läßt man in einem Sud bei höchstens 80 °C gar ziehen. Der Fisch kommt in die schwach kochende Flüssigkeit, dann schaltet man die Hitze gleich zurück. Um einen großen, ganzen Fisch zu pochieren, legt man ihn am besten auf den Siebeinsatz eines Fischkessels.

Blau zubereiten Vor allem Karpfen, Aal und Forelle werden nach dieser Methode gegart. Die Schleimschicht und die Schuppen müssen unverletzt sein. Auf 1 l Sud kommen 2 Eßl. Essig. Der Fisch muß vom Sud bedeckt sein. Man kann ihn auch vor dem Pochieren mit einer heißen Essiglösung (Essig und Wasser im Verhältnis 2:1) übergießen und zehn bis 15 Minuten ziehen lassen.

Siehe auch *Gerüche beseitigen*; *Tontopf*.

Fitneß

Körperliche Bewegung sorgt dafür, daß Knochen, Gelenke und Muskeln stark und elastisch bleiben. Sie verringert das Risiko von Herzkrankheiten und erleichtert im Zusammenhang mit der richtigen Ernährung das Abnehmen.

Wer mit einem Fitneßtraining beginnen möchte, ohne vorher sportlich tätig gewesen zu sein, sollte einen Arzt konsultieren. Dies gilt besonders für Menschen über 40 und solche, die herzkrank sind, unter Bluthochdruck, Schwindelanfällen oder Zuckerkrankheit leiden. Man sollte vorsichtig beginnen und die Leistung über sechs Wochen allmählich steigern. Nach einer schweren Mahlzeit zwei Stunden warten, bevor man mit dem Training beginnt. Sobald man Schmerzen spürt oder sich unwohl fühlt, muß man aufhören. Wenn man erschöpft oder erkältet ist oder Fieber hat, darf man nicht trainieren.

Zu den Bewegungs- und Sportarten, die einen Trainingseffekt haben, gehören Gymnastik, Yoga, Tanz, Gewichtheben, Aerobic, Wandern, Jogging, Radfahren, Skilanglauf und Schwimmen sowie viele Platz- oder Feldsportarten (siehe auch die einzelnen Stichwörter und *Sport und Gesundheit*).

Ein Trainingseffekt stellt sich erst ein, wenn eine bestimmte Pulszahl erreicht oder überschritten ist. Bei gesunden Personen männlichen und weiblichen Geschlechts unter 50 Jahren beträgt diese Zahl 130 pro Minute. Bei über Fünfzigjährigen gibt 180 minus Lebensalter die gewünschte Pulszahl pro Minute. Man sollte wöchentlich dreimal jeweils 30–40 Minuten trainieren.

Durch einen einfachen Test kann man feststellen, wie fit man ist. Man steigt drei Minuten lang eine Treppenstufe hinauf und herunter. Dabei setzt man einen Fuß auf die Stufe, dann den anderen, stellt den ersten Fuß wieder auf den Boden, dann den anderen. Diesen Bewegungsablauf wiederholt man 25mal in der Minute.

Anschließend ruht man genau eine Minute aus und mißt den Puls (siehe dort). Die folgende Tabelle zeigt den jeweiligen Fitneßgrad (die Zahlen gelten nicht für Kinder):

Pulsschläge/Min.		**Fitneß**
(Männer)	(Frauen)	
unter 79	unter 84	völlig fit
80–89	85–94	fit
90–99	95–109	nicht sehr fit
über 100	über 110	gar nicht fit

Flambieren

Flambiert werden nicht nur Geflügel- und Fleischgerichte wie Steaks, Spieße oder Tournedos, sondern auch Suppen, Krustentiere wie Scampi und Krevetten, Früchte und Mixgetränke wie Irish Coffee. Die dazu verwendeten Spirituosen sollten mehr als 38 % Alkoholgehalt haben und von guter Qualität sein, da das Aroma entscheidend zum Geschmack der fertigen Speisen beiträgt. Hauptsächlich werden Cognac und Rum verwendet, aber auch Obstschnäpse wie Kirschwasser zum Flambieren von Früchten. Der Alkohol sollte mit den übrigen Zutaten geschmacklich harmonieren.

Die Speisen werden in der Küche vorbereitet; am Tisch wird dann flambiert. Dazu braucht man ein Rechaud (Spirituskocher), eine passende Pfanne aus Kupfer oder Chromnickelstahl und einen Saucenlöffel. Alle Zutaten und Getränke sollten auf dem Tisch bereitstehen, damit der Ablauf nicht unterbrochen wird.

Speisen und Spirituosen müssen heiß sein, sonst brennen sie nicht. Der Schnaps wird im Saucenlöffel über der Flamme erwärmt, dann über die Speise in der Pfanne gegossen. Dann hält man die Flambierpfanne leicht schräg, damit die Flüssigkeit vom Kocher Feuer fangen kann. Man schüttelt die Pfanne oder wendet vorsichtig die Zutaten, bis die Flamme erlischt.

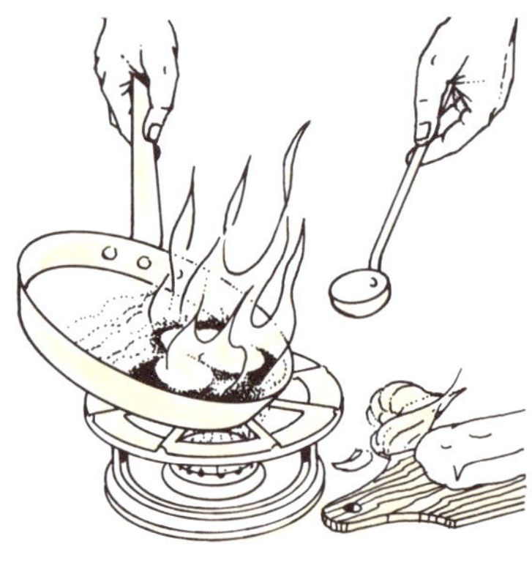

Fläschchen geben

Man setzt sich bequem hin, lehnt den Rücken an und nimmt das Kind so in den Arm, daß der Kopf in der Armbeuge liegt. Der Magen muß deutlich tiefer als der Kopf liegen. Das Füttern ist nicht nur als Nähren wichtig; für eine gesunde Entwicklung ist auch das Fühlen von Nähe, Wärme und Geborgenheit notwendig. Deshalb hält man das Kind beim Füttern dicht an sich. Es allein aus einer festgeklemmten Flasche trinken zu lassen ist auch deshalb gefährlich, weil es ersticken könnte.

Die Milch wird im Wasserbad erwärmt; sie sollte etwa Körpertemperatur haben. Man prüft das, indem man sich das Fläschchen an die Wange hält oder einige Spritzer Milch auf den Puls (Innenseite des Handgelenks) tropfen läßt. Im Zweifelsfall schadet zu kalte Milch weniger als zu heiße.

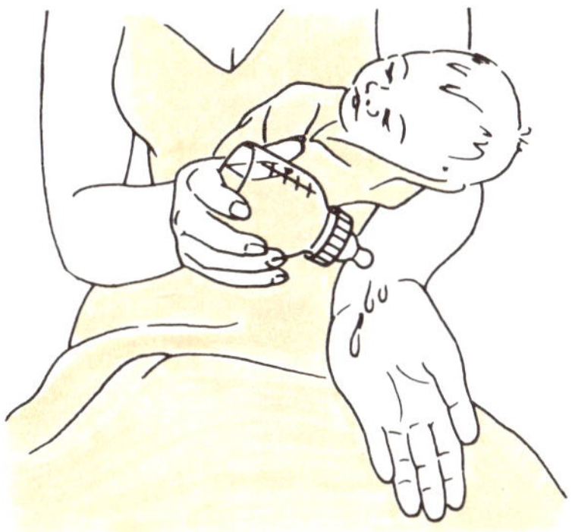

Man stopft dem Kind nicht den Sauger in den Mund, sondern streichelt ihm die Wange. Es riecht und spürt die Milch, wendet von selbst den Kopf und nimmt den Sauger. Jetzt läßt man es trinken, soviel es mag. Daß die Flasche leer wird, ist nicht so wichtig; entscheidend ist, daß das Kind zufrieden zu sein scheint.

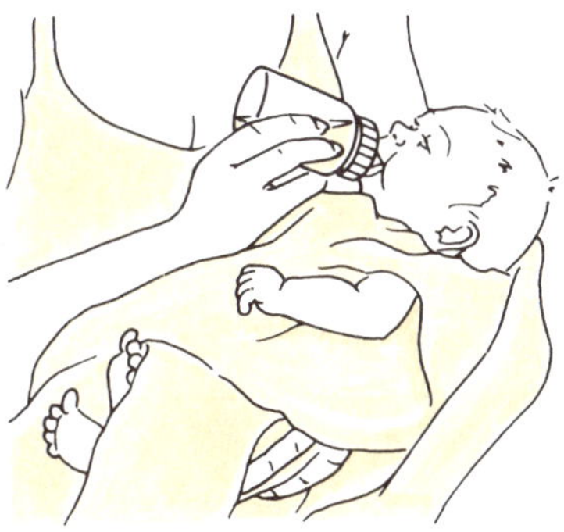

Damit nicht allzuviel Luft geschluckt wird, muß die Flasche so geneigt werden, daß der Sauger immer voll Milch ist. Dennoch wird auch Luft geschluckt. Man muß deshalb das Füttern ein- oder zweimal unterbrechen, damit das Kind sein „Bäuerchen" (siehe dort) machen kann.

Die Mutter ist für den Säugling eine wichtige Bezugsperson. Das heißt aber nicht, daß immer sie das Fläschchen geben muß; Männer und ältere Geschwister können das durchaus auch.

Flaschengarten

Zuerst besorgt man sich eine dicke, bauchige Flasche mit einem weiten Hals, der sich gut verschließen läßt. Die Flasche reinigt man gründlich und läßt sie gut austrocknen. Dann füllt man eine 2 cm dicke Kiesschicht ein. Mit Hilfe eines Papiertrichters wird eine 8–10 cm dicke Schicht Blumenerde eingelassen. Nun steckt man eine Fadenrolle auf einen Stab und drückt damit die Erde ein wenig fest. Mit einem dünnen Plastikröhrchen, das bis an den Boden reicht, wird die Erde gleichmäßig angefeuchtet.

In einen Flaschengarten setzt man nur kleine Pflanzen ein. Ein Löffelchen, das man an einen dünnen Bambusstab bindet, läßt sich leicht durch den Flaschenhals führen. Mit dem Löffelchen gräbt man kleine Pflanzlöcher.

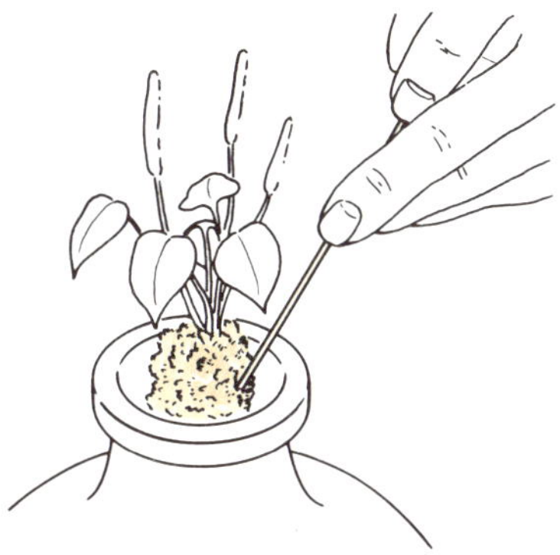

Am Außenrand wird mit der Arbeit begonnen. Die Pflanzen werden mit einem Drahtstück, das man um den Wurzelballen legt, gehalten und in die Pflanzlöcher gesetzt. Auch hier gräbt man von außen nach innen.

Ehe man eine neue Pflanze einsetzt, muß der Boden mit der Fadenrolle wieder festgedrückt werden.

Wenn alle Pflanzen in der Erde sind, verschließt man die Flasche und stellt sie an einem hellen Platz auf, wo

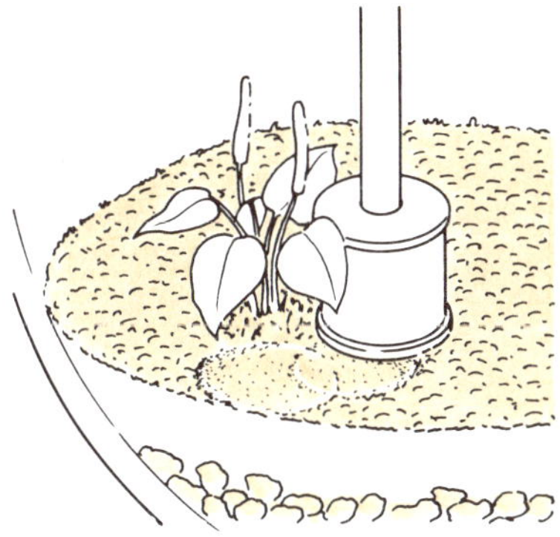

sie aber nicht der direkten Sonnenbestrahlung ausgesetzt ist. Ungefähr alle vier Monate sollte man frische Luft in die Flasche lassen. Auch sollte nun außer Wasser noch Flüssigdünger gegeben werden.

Für einen Flaschengarten eignen sich feuchtigkeitsliebende, langsam wachsende Pflanzen. Dazu zählen u.a. Blattbegonie, Bunter Drachenbaum, Davallie, Efeu, Fittonie, Kanonierblume, Kletterfeige, Kolbenfaden, Korbmarante, Tradeskantie, Usambaraveilchen, Zwergpfeffer und einige Farnarten wie Flügelfarn, Nestfarn, Frauenhaarfarn und Saumfarn.

Fleckentfernung

Stoffe Wenn man nicht weiß, woher ein Fleck stammt, ist es meist ratsam, den Gegenstand chemisch reinigen zu lassen. Sonst versucht man es mit warmem Wasser und etwas Feinwaschmittel, vorsichtshalber zunächst an einer unsichtbaren Stelle, etwa innen am Saum. In einigen Fällen eignet sich auch Mineralwasser.

Flecke sind leichter zu entfernen, solange sie frisch sind.

- Alkoholische Getränke: Fleck auftrocknen. Waschbare Stoffe in kaltem Wasser ausspülen und waschen. Andere Stoffe mit einem Schwamm und einer Lösung von 1 Teel. weißem Weinessig auf ½ l Wasser reinigen.
- Blut: Waschbare Stoffe sofort in kaltem Wasser ausspülen und waschen; bei weißen Stoffen dem Wasser einige Tropfen Salmiakgeist hinzufügen. Bei anderen Stoffen Fleck mit 1–2 Tropfen Salmiakgeist auf 1 Tasse kaltes Wasser betupfen.
- Brandflecken: Vorsichtig bürsten, mit 3%igem Wasserstoffperoxid nachreiben, danach mit klarem Wasser warm und kalt nachspülen.
- Eier siehe Blut.
- Farben: Ölfarbe und Lack auf waschbaren Stoffen mit Terpentin behandeln, dann auswaschen; bei Emulsionsfarben (Binderfarben) Stoff in kaltem Wasser einweichen und waschen; Zellulose- und Kunstharzfarben mit Aceton oder Nagellackentferner behandeln (nicht bei Kunstfaser!) und waschen. Alle anderen Stoffe wie waschbare Stoffe behandeln, jedoch kein Aceton und keinen Nagellackentferner verwenden; nicht waschen, sondern nur vorsichtig reiben.
- Fett: Bei allen Stoffen Fleck vorsichtig mit Tetrachlorkohlenstoff oder Fleckenentferner behandeln.
- Fruchtsaft: 3 g Feinwaschmittel in 1 l 30 °C warmem Wasser lösen, Fleck damit betupfen. Hilft das nicht, die Wäsche mit dem für das Material vorgeschriebenen Waschverfahren reinigen. Bei unempfindlichen Farben kann man auf hartnäckige Flecken zehn Minuten lang 10%ige weiße Zitronensäure einwirken lassen. Anschließend mit klarem Wasser warm und kalt spülen. Ältere Flecken kann man mit heißer Milch behandeln und mit einer Lösung aus halb Salmiakgeist, halb Wasserstoffsuperoxid tränken; ausreichend mit Wasser nachspülen.
- Getränke (Kakao, Kaffee, Tee, Milch, Alkoholfreies): Fleck auftrocknen. Waschbare Stoffe in einer Lösung von 25 g Borax auf ½ l warmes Wasser auswaschen. Andere Stoffe mit einem Stofflappen und Tetrachlorkohlenstoff oder käuflichem Fleckenentferner behandeln.
- Gras: Alkohol auf einen Wattebausch geben, den Fleck damit vorsichtig betupfen. Seide und empfindliche Farben vorsichtig behandeln. Sonst dem Material entsprechend in der Maschine oder von Hand waschen. Falls nötig, etwa zehn Minuten lang in Entfärber legen, anschließend gut spülen.
- Leim: Waschbare Stoffe in so heißem Wasser einweichen, wie sie es vertragen. Hartnäckige Flecken eine Minute lang in heißem weißem Weinessig einweichen lassen, dann spülen und auswaschen. Bei Kunstharzleimen Aceton oder Nagellackentferner verwenden (nicht bei Kunstfaser!). Bei anderen Stoffen den Fleck mit Seifenlauge anfeuchten und Feinwaschmittel in den Fleck reiben; anschließend mit kaltem Wasser ausspülen.
- Öl, Schmierfett, Teer: Bei waschbaren Stoffen Fleck mit Terpentin behandeln und dann auswaschen. Andere Stoffe ebenso behandeln, aber nur mit einem feuchten Lappen vorsichtig reiben, nicht waschen.
- Rost: 10 g Kleesalz auf 1 l 60 °C warmes Wasser geben, zehn Minuten einweichen lassen. Mit dem für das Material vorgeschriebenen Waschverfahren reinigen, anschließend gut mit klarem Wasser warm und kalt spülen.
- Wachs: Das hart gewordene Wachs vorsichtig abheben. Dann den Stoff zwischen zwei Löschblätter legen und vorsichtig mit dem Bügeleisen darüber bügeln, bis das Wachs vom Löschblatt aufgenommen ist.

ACHTUNG!

Tetrachlorkohlenstoff ist giftig und darf nur in einem gut belüfteten Raum verwendet werden.

- Teppiche: Grundsätzlich ist zu beachten, daß der Teppich bei der Fleckentfernung nicht zu naß werden darf. Eine Ausnahme bildet vollwaschbare Ware aus Kunstfaser.
- Alkoholfreie Getränke, Bier: Teppich feucht mit flüssigem Teppichschaum aus der Sprühdose behandeln; der Teppich soll möglichst wenig naß werden. Zum Schluß Flor in die natürliche Richtung bürsten.
- Gras: Fleck mit Brennspiritus abreiben, dann wie oben behandeln. Ältere Flecken kann man mit Zitronensaft entfernen.
- Kaffee, Kakao siehe alkoholfreie Getränke.
- Kochsalz: Sofort mit dem Staubsauger entfernen; Salz zieht Feuchtigkeit an und schadet den Farben.
- Milch siehe alkoholfreie Getränke.
- Obst siehe alkoholfreie Getränke. Hartnäckige Flecken mit Brennspiritus oder Alkohol behandeln.
- Öl, Schmierfett: Wegreiben oder abkratzen, dann mit Tetrachlorkohlenstoff oder Trichloräthylen reinigen; dazu ein Tuch mit dem Mittel anfeuchten und den Fleck vom Rand zur Mitte hin kreisförmig wegreiben. Etwa alle zehn Sekunden Tuch neu falten und frisch anfeuchten. Vorsicht bei Teppichen mit einer Latex- oder Kautschukrückseite: Die Mittel greifen diese Materialien an; sie sind außerdem giftig und dürfen nur im gut belüfteten Raum benutzt werden. Teppich anschließend wie bei alkoholfreien Getränken behandeln. Behandlung notfalls wiederholen.
- Schuhcreme: Wegreiben oder abkratzen; dann wie bei alkoholfreien Getränken behandeln.
- Spirituosen: Wie bei Öl mit Tetrachlorkohlenstoff oder Trichloräthylen behandeln.
- Stärkehaltige Speisen: Wegreiben oder abkratzen, dann wie bei alkoholfreien Getränken behandeln.
- Tee siehe alkoholfreie Getränke.
- Teer siehe Öl.
- Tinte: Frische Tintenflecken wie bei alkoholfreien Getränken behandeln. Kugelschreiber und Kopierstift mit Brennspiritus, dem man ein paar Tropfen weißen Weinessig zugefügt hat, wegreiben; anschließend wie bei alkoholfreien Getränken behandeln.
- Wein: Wie Öl mit Tetrachlorkohlenstoff oder Trichloräthylen entfernen. Frische Rotweinflecken sofort mit Salz bestreuen und einwirken lassen.

Siehe auch *Kaugummi entfernen; Marmor.*

Fleisch siehe Seite 114–115

Flicken

Eine aufgegangene Naht wird am besten mit der Nähmaschine ausgebessert. Man wendet das Kleidungsstück und steppt mit Geradstichen entlang der Nahtlinie, wobei man am Anfang und Ende der aufgegangenen Naht die alten Stiche mit übersteppt. Beim Ausbessern von Hand arbeitet man mit kurzen Rückstichen (siehe dort) entlang der Nahtlinie; an beiden Enden wird die Ausbesserungsnaht mit mehreren kleinen, übereinander gearbeiteten Rückstichen verriegelt.

Rückstich

Wenn man nicht an die Innenseite des Kleidungsstücks herankommt, wird die aufgegangene Naht von Hand mit Staffierstichen ausgebessert (siehe *Saumstiche*). Die Nahtenden werden auch hier mit kleinen Rückstichen verriegelt.

Risse im Stoff Um einen Riß im Stoff mit der Nähmaschine auszubessern, benötigt man ein Stück passenden Stoffs als Verstärkung, das etwas größer ist als der Riß. Man legt es unter den Riß, führt die Kanten des Risses aneinander, steckt sie am Unterstoff an und heftet durch beide Lagen. Dann werden die Stecknadeln entfernt. Mit der rechten Seite nach oben übersteppt man den Riß mit kurzen, breiten Zickzackstichen oder Trikotstichen. Man verwendet eine feine Nadel und einen farblich zum Stoff passenden Faden.

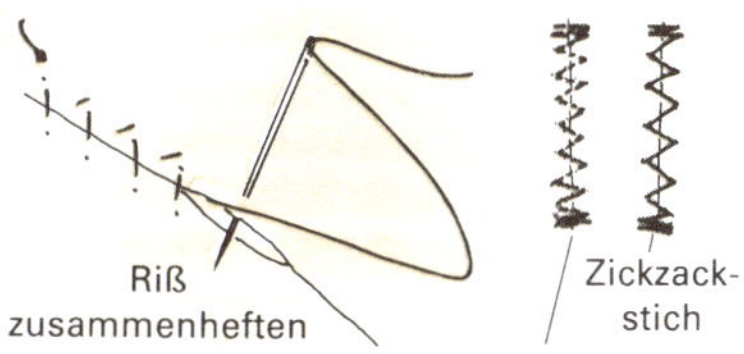

Bei mittelschweren Stoffen kann man einen Riß mit aufbügelbaren Flicken ausbessern. Sie sind in verschiedenen Formen oder als Streifen, in bestimmten Längen abgepackt, erhältlich. Der Flicken sollte rundherum etwa 2 cm größer als der Riß sein. Der Riß wird damit unterlegt und der Flicken nach den Anweisungen des Herstellers aufgebügelt.

Siehe auch *Flicken aufsetzen; Stopfen.*

Flicken aufsetzen

Flicken werden aufgesetzt, wenn ein Loch zum Stopfen zu groß ist. Man verwendet möglichst einen passenden Stoffrest oder ein Stück aus dem Saum oder einem anderen nicht sichtbaren Teil des Kleidungsstücks. Das Loch wird rechteckig ausgeschnitten und der Flicken so zugeschnitten, daß er mit dem Fadenlauf (siehe dort) übereinstimmt und rundherum etwa 2 cm größer ist als das Loch.

Um einen Flicken von Hand anzunähen, breitet man das Kleidungsstück mit der rechten Seite nach oben aus, legt den Flicken unter das Loch und steckt ihn fest. Die Ecken des Lochs werden 5 mm tief diagonal eingeschnitten, die Kanten des Lochs nach unten eingeschlagen und mit Staffierstichen (siehe *Saumstiche*) am Flicken angenäht.

Von Hand

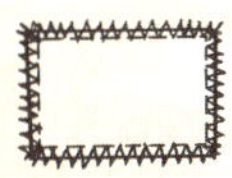

Mit der Maschine

Will man einen Flicken mit der Maschine annähen, stellt man kurze, breite Zickzackstiche ein. Der Flicken wird auf die rechte Stoffseite gesteckt oder geheftet. Mit der rechten Seite des Kleidungsstücks nach oben näht man nun um die Kanten des Flickens. Unmittelbar innerhalb der Zickzackstiche bringt man eine Naht mit mittellangen Geradstichen an.

An den Knien von Kinderhosen u.ä. ist es praktisch, fertige Aufbügelflikken anzubringen. Sie können als Verzierung in einer Kontrastfarbe von außen aufgebügelt werden. Sonst wird der Flicken von innen unterlegt. Bei schweren Baumwollstoffen legt man vor dem Aufbügeln ein Stück Aluminiumfolie unter das Kleidungsstück, damit die Wärme stärker einwirkt.

Durchgewetzte Ellbogen an Jacken und Pullovern können mit Flicken aus Wildleder oder Veloursstoff ausgebessert werden. Man kauft fertige Flicken oder schneidet zwei ovale, etwa 12 cm breite und 15 cm lange Stücke aus. An Pullovern werden die Flicken von Hand mit Festonstichen (siehe dort) angenäht. Bei Jacken trennt man das Futter am Ärmelende auf. Das Futter wird so weit entfernt, daß man darunterfassen und den Flicken außen am Stoff anstecken kann. Er wird mit Festonstichen oder geraden Maschinenstichen angenäht. Das Futter wird mit Staffierstichen wieder am Ärmel befestigt.

Siehe auch *Flicken; Stopfen.*

Fliege binden

Man legt den Querbinder so um den Hals, daß ein Ende etwas länger als das andere herunterhängt (1). Das längere Ende wird über das kürzere gelegt, unten herumgeführt und von oben nach unten durchgezogen; jetzt müssen beide Enden gleich lang sein (2). Das obere Ende hochschlagen,

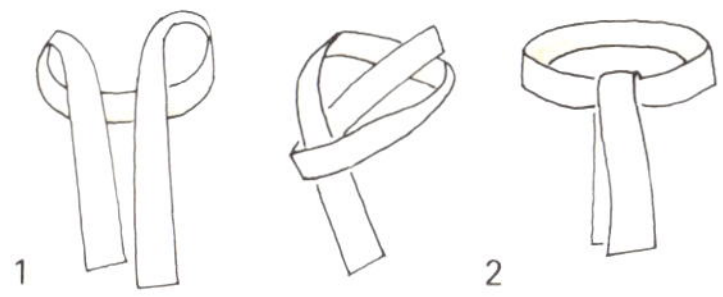

das andere Ende zu einer Schlaufe legen (3). Die Schlaufe zum Hals führen und in der Mitte mit dem Zeigefinger festhalten; mit der anderen Hand das obere Ende nach unten schlagen (4).

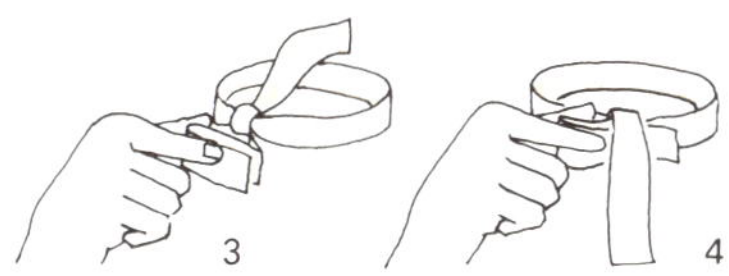

Im oberen Ende eine Schlaufe einlegen, in der Mitte nach hinten hochstecken und dort, wo der Zeigefinger aufliegt, zu einem Knoten durchziehen (5). Die Schlaufen so zurechtziehen, daß sie gleich lang und mit beiden Enden bündig sind. Dann den Knoten zurechtrücken (6).

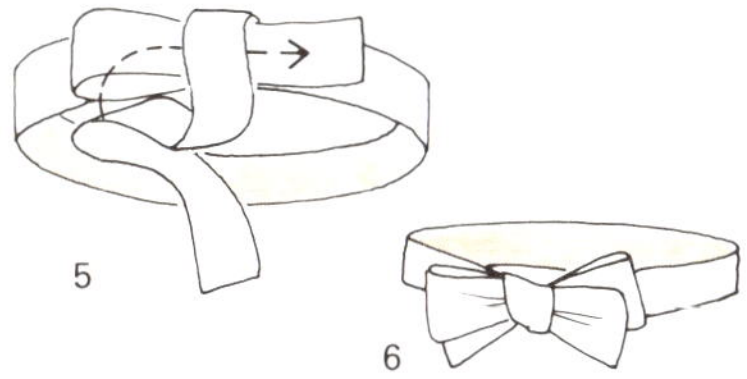

Siehe auch *Krawatte binden.*

Fleisch

Schweinefleisch Da Schweinefleisch im allgemeinen von verhältnismäßig jungen Tieren stammt, ist es meist zart und kann für alle Zubereitungsarten verwendet werden. Einige Teilstücke – etwa dicke Rippe – werden hauptsächlich zum Kochen, andere – etwa das Nackenstück – lieber zum Braten verwendet.

Schweinefleisch wird hierzulande sehr gründlich veterinärmedizinisch untersucht. Nur einwandfreies, vor allem auch trichinenfreies Fleisch wird als tauglich bezeichnet und darf in den Handel. Daher kann man auch rohes einheimisches Schweinefleich ohne Bedenken verzehren.

Beim Einkauf sollte man solches Schweinefleisch bevorzugen, das deutlich rosa ist (weißliches Fleisch ist qualitativ minderwertiger) und eine schwache Fettmarmorierung oder durchwachsene Stellen aufweist, da es aromatischer ist und beim Garen weniger schrumpft. Man braucht außerdem weniger Bratfett. Abgepacktes Fleisch sollte man meiden, vor allem solches, bei dem sich Flüssigkeit in der Packung angesammelt hat. Schweinefleisch enthält besonders viel Vitamin B_1. Im Fettgewebe sind allerdings kaum Vitamine oder Mineralstoffe.

Rindfleisch Es kann von Tieren verschiedenen Alters und Geschlechts stammen, auch kann es von Körperpartien genommen sein, die das Tier zu Lebzeiten stark oder aber kaum beansprucht hat. Daher sind beim Rindfleisch die einzelnen Teilstücke jeweils nur für bestimmte Zubereitungsarten geeignet. Filet beispielsweise ist sehr zart und eignet sich zum Kurzbraten, Lende ist für Schmorbraten geeignet, Nacken ist ein beliebtes Gulasch- oder Kochfleisch, Hüfte ist das klassische Stück für Rinderbraten. Alle Teilstücke des Rinds müssen vor der Verarbeitung gut abgehangen sein.

Gut abgehangenes Rindfleisch hat eine kräftige, eher dunkelrote Färbung. Eine sehr dunkle Färbung deutet auf eine mangelhafte innere Eigensäuerung. Das Fleisch ist deshalb nicht minderwertig, doch weniger haltbar und sollte rasch verbraucht werden.

Schweinefleisch

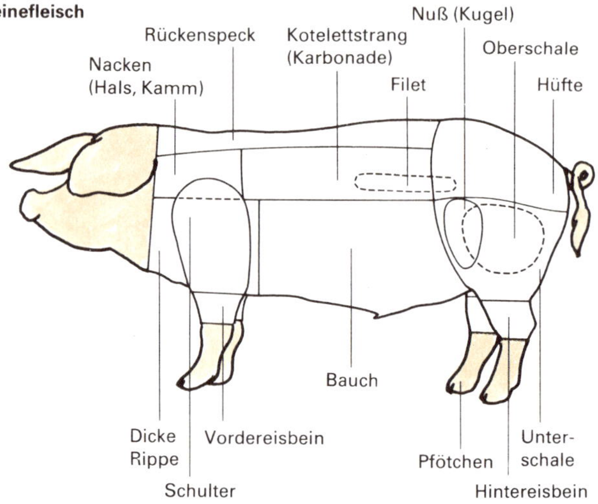

Rindfleisch

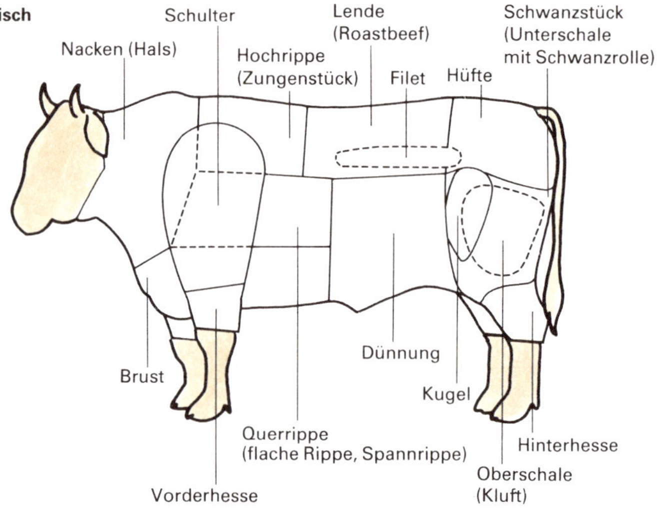

Kalbfleisch Dies ist das Fleisch sehr junger Rinder. Sein Fettgehalt ist gering. Früher galt das extrem helle Fleisch der Milchkälber, also der Tiere, die vor der Schlachtung nur Milch getrunken hatten, als besonders zart und vor allem für Kranke und Genesende geeignet. Die helle Farbe ist jedoch nur auf den niedrigen Eisengehalt des Fleisches zurückzuführen, das auch nicht zarter ist als das ernährungsphysiologisch wertvollere Fleisch älterer Kälber.

Kalbfleisch sollte blaßrosa bis rosa sein. Es wird ähnlich wie Schweinefleisch zugeschnitten, und gleichermaßen eignen sich fast alle Teile für alle üblichen Zubereitungsarten.

Lammfleisch Es stammt meist von verhältnismäßig jungen Tieren; das Lamm ist bei der Schlachtung selten älter als acht Monate. Das Fleisch älterer Tiere (Hammelfleisch) hat einen strengen Geschmack, und das Fett ist talgiger. Lammfleisch ist im allgemeinen recht zart und eignet sich zum Grillen ebenso wie zum Braten und Schmoren. Bestimmte Teile, z.B. die Brust, sind als Kochfleisch für Gemüseeintöpfe – etwa Lammfleisch mit grünen Bohnen – sehr gut zu gebrauchen.

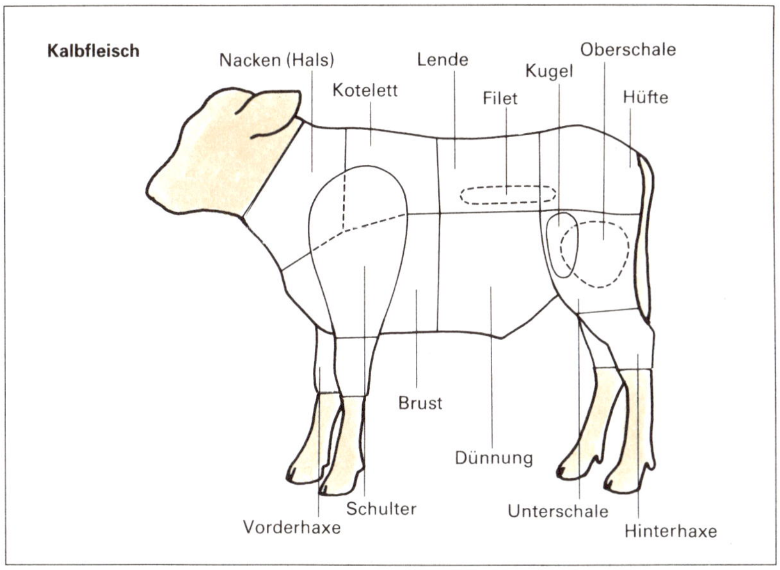

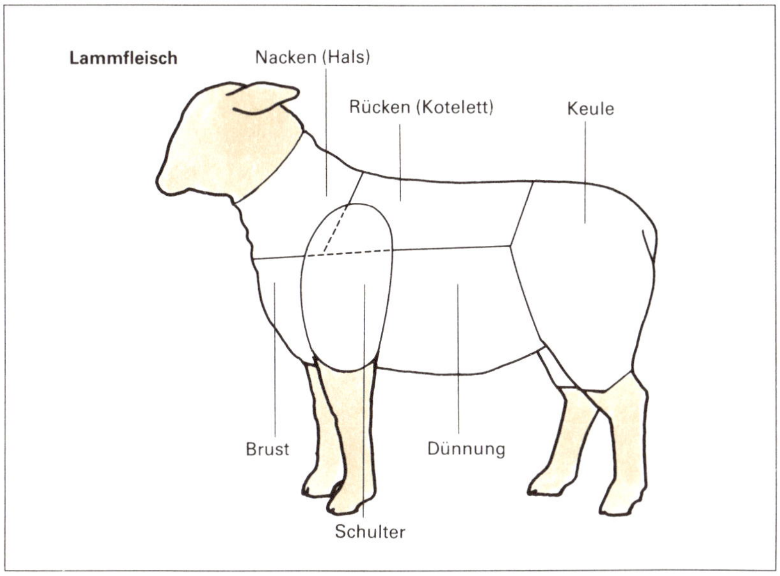

Lammfleisch sollte eine leuchtend hellrote Farbe aufweisen, das Fett möglichst weiß sein; das Fleisch älterer Tiere ist dunkler. Das gegarte Hammelfleisch muß möglichst warm verzehrt werden, denn der manchmal unangenehme Geruch und der talgige Geschmack machen sich bei erkaltetem Fleisch deutlicher bemerkbar.

Lammfleisch ist etwas fetter als Rindfleisch, enthält aber mehr Eisen als beispielsweise Schweine- oder Kalbfleisch.

Innereien Innereien sind in erster Linie diejenigen eßbaren Teile des Tieres, die die Körperhöhlen ausfüllen, also Leber, Nieren, Herz, Hirn, Kalbsmilch (Bries), Lunge, Milz und Pansen (Kutteln, Kaldaunen); aber auch Zunge sowie das Euter des Rindes gelten als Innereien.

Alle Innereien haben einen ähnlichen Nährwert wie das schiere Fleisch. Sie enthalten biologisch hochwertiges Eiweiß, viel Vitamin B, auch fettlösliche Vitamine und viele Mineralstoffe. Andererseits haben Innereien einen deutlich höheren Cholesteringehalt (siehe *Cholesterin*) als Muskelfleisch und Fettgewebe. Zudem können Leber und Nieren älterer Tiere größere Mengen von Schwermetallen enthalten. Solche Innereien kommen aber normalerweise nicht in den Handel.

Innereien sollten immer frisch aussehen; sie dürfen nicht unangenehm riechen. Man sollte sie möglichst gleich nach dem Einkauf zubereiten und verzehren.

Hinweise und Tips Da es gesetzliche Vorschrift ist, daß sowohl die lebenden als auch die geschlachteten Tiere von amtlich bestallten Tierärzten veterinärmedizinisch genau untersucht werden, kommt nur einwandfreies Fleisch in den Handel. Sogenanntes bedingt taugliches oder minderwertiges Fleisch darf in bestimmten Verkaufsstellen – den Freibänken – verkauft werden. Dieses Fleisch sollte man niemals roh verzehren.

o. Kn. bedeutet ohne Knochen; der Preis ist also für schieres Fleisch zu verstehen.

m. B. heißt mit Bein; je nach Art des Tieres werden zum schieren Fleischstück anteilig 10–30% Knochen dazugewogen.

w. gew. bedeutet wie gewachsen; ein typisches Beispiel dafür ist das Kotelett, das bekanntlich teils aus Fleisch, teils aus Knochen besteht.

Fleisch lagert man lose eingepackt oder in einer zugedeckten Schüssel im Kühlschrank; gegebenenfalls legt man ein Stück Klarsichtfolie zwischen die Scheiben. Hackfleisch ist nur begrenzt haltbar und sollte unbedingt am Tag des Einkaufs verwendet werden. Rohes Fleisch hält sich bis zu fünf Tage im Kühlschrank, gegartes bis zu sechs Tage. Fleisch immer nur ganz kurz mit kaltem Wasser waschen und sofort gut mit Küchenkrepp abtrocknen.

Große Braten oder Fleischstücke, die man paniert, salzt man vor der Zubereitung; Kurzbratstücke und Innereien werden erst nach der Zubereitung gesalzen. Kurzbratstücke kann man eine halbe Stunde vor Zubereitung mit Fleischzartmacher (Papaïn) bestreuen. Dieses eiweißspaltende Enzym macht das Fleisch mürbe. Danach nur noch sehr sparsam salzen.

Für selbstgemachte Leberpasteten sollte man keine Schweineleber verwenden, da sie dazu neigt, sich grünlich zu verfärben. Die Qualität der Pastete ist nicht beeinträchtigt, wohl aber der optische Eindruck.

Fliegen

Stubenfliegen können ernsthafte Krankheiten übertragen. Um sie von der Wohnung fernzuhalten, muß man Lebensmittel verschlossen aufbewahren, in der Küche für peinliche Sauberkeit sorgen und Abfälle im mit einem Plastiksack ausgeschlagenen, verschlossenen Abfalleimer sammeln. Hof und Garten hält man frei von tierischen Ausscheidungen und Kehricht. Abfalltonnen spritzt man in Abständen mit dem Schlauch aus und läßt sie möglichst in der Sonne trocknen; der Deckel sollte dicht schließen. Auch Container sollten einmal im Jahr gereinigt werden.

Darauf achten, daß alle Fenster und Jalousien oder Fliegengitter intakt sind und dicht schließen. Im Handel gibt es zudem Insektenspray, Fliegenklatschen sowie Fliegenfänger zum Aufhängen, deren süßlicher Geruch Fliegen anzieht und an denen sie klebenbleiben. Ein Büschel getrocknete Fliederblüten, ein Schälchen mit Lorbeer- oder Lavendelöl oder eine Tomatenpflanze auf dem Fensterbrett hält Fliegen ab.

Zimmerpflanzen setzt man in sterilisierte Erde, damit sich Schädlinge nicht vermehren können.

Fliesen neu verfugen

Mit der Zeit kann das Fugenmaterial zwischen den Fliesen Schimmel ansetzen, stark verschmutzen oder herausbröckeln, so daß Wasser hinter die Fliesen dringt. Mit einem scharfkantigen Werkzeug, beispielsweise einer Ahle, einem alten Stemmeisen oder Schraubenzieher, wird das lose und beschädigte Material aus den Fugen gekratzt. Das alte Fugenmaterial muß nicht restlos entfernt werden, wenn es noch sauber ist und fest haftet. Den staubförmigen Rückstand bürstet man aus den Fugen. Dann wird frische Fugenfüllmasse nach den Anweisungen auf der Packung angemischt (es wird in Pulverform geliefert und mit Wasser angerührt) und mit einem Gummischaber in die Fugen gedrückt. Mit einem feuchten Schwamm wischt man die Füllmasse von den Fliesen. Nach mindestens zwölf Stunden Trockenzeit putzt man sie mit einem sauberen, trockenen Leinenlappen nach.

Fliesen schneiden

Da Keramik- und Steinzeugfliesen schwierig zu schneiden sind, setzt man komplizierte Formen mit Ausschnitten aus kleineren quadratischen oder rechtwinkeligen Stücken zusammen. Wird eine Fliese mit unregelmäßiger Seitenlänge gebraucht, markiert man sie entsprechend mit Bleistift und zieht dann eine zweite Linie mit Fugenabstand parallel zur ersten.

Die angezeichnete Fliese wird auf Ziegelsteine o.ä. gelegt und auf der Oberseite entlang der Markierungslinie mit Hammer und Meißel eingekerbt. Dann legt man die Fliese mit

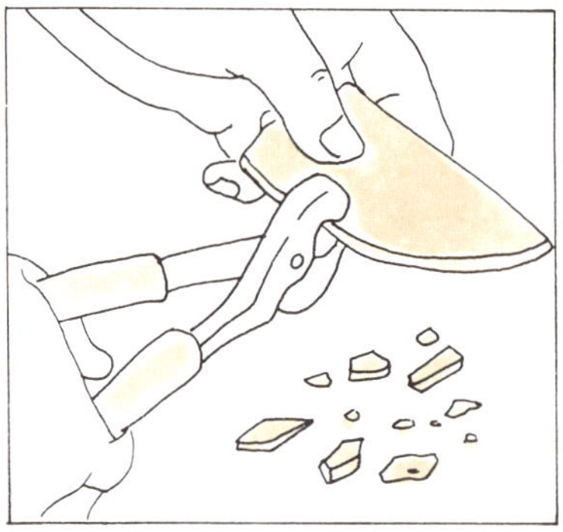

der Kerblinie nach oben auf die Kante einer harten Unterlage und bricht oder schlägt sie vorsichtig auseinander. Schmale Stücke bricht man mit einer Zange ab. Schmale Streifen kann man auch Stück für Stück abbrechen. Gerundete Formen kann man nicht brechen, sondern man muß sie nach dem Einkerben stückchenweise mit der Zange herausarbeiten.

Fliesen verlegen

Es gibt Kleber, mit denen man auf einfache Weise neue Fliesen sogar auf alte kleben kann. Die alten Fliesen müssen allerdings noch fest sitzen. Dies stellt man fest, indem man die Fliesen abklopft. Dann entfernt man Seifen- und Fettreste und rauht die Oberfläche mit Schleifpapier auf, damit der Kleber hinterher gut haftet.

Wandfliesen Wird eine Wand neu mit Fliesen belegt, muß der Untergrund fett- und staubfrei, eben, starr und ohne lockere Stellen sein.

Ist der Fußboden nicht waagrecht, wird mit der untersten Fliesenreihe an der tiefsten Stelle angefangen. Dort klebt man eine Fliese senkrecht an die Wand und zieht an ihrer Oberkante mit Richtlatte und Wasserwaage einen

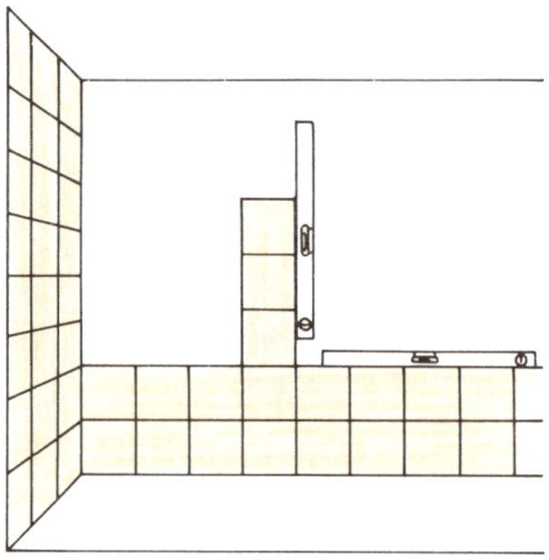

waagrechten Strich über die gesamte Wandbreite. Dann schneidet man mit einem Fliesenschneidegerät oder von Hand (siehe *Fliesen schneiden*) die Fliesen der untersten Reihe so zu, daß sie zwischen Fußboden und Strich passen, und klebt sie fest. Danach zieht man drei oder vier Fliesen vom Wandende entfernt einen senkrechten Strich und verlegt auch daran eine Reihe Fliesen. Die Fugen sollten möglichst gleichmäßig sein. Deshalb verwendet man Fugenkreuze aus Kunststoff, die zwischen die Fliesen gesteckt werden.

Der Kleber wird mit einer Traufel gleichmäßig aufgetragen und mit dem mitgelieferten Zahnspachtel senkrecht durchkämmt. Dann drückt man Fliese nach Fliese ins Kleberbett und klopft sie mit einem Gummihammer leicht an.

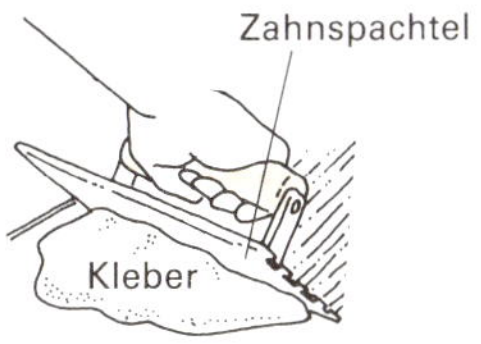

Man trägt immer nur so viel Kleber auf, wie man in einer halben Stunde verarbeiten kann (etwa 1 m^2). Fliesen sollten so auf der Wand verteilt werden, daß an den Wandenden gleich große Teilfliesen liegen.

Wenn aneinanderstoßende Wände mit Fliesen belegt werden, sollten die Fugen der einzelnen Lagen stufenlos durchlaufen.

Nach etwa 24 Stunden ist der Kleber erhärtet, und man kann ausfugen. Der Fugenmörtel wird nach der Anweisung des Herstellers mit Wasser zu einem dickflüssigen Brei angerührt, mit dem mitgelieferten Fugengummi in die Fugen gedrückt und mit einem Schwamm so lange abgewaschen, bis die Fliesen sauber sind. Wenn die Fliesen ganz trocken sind, reibt man sie mit einem Tuch nach, um restlichen Mörtelstaub zu entfernen.

Bodenfliesen verlegen Man verlegt Bodenfliesen wie Wandfliesen, nur müssen sie senkrecht zur Tür ausgerichtet werden. Um nicht nach Augenmaß arbeiten zu müssen, zeichnet man daher eine Linie auf den Boden, die senkrecht von der Türmitte zur hinteren Wand verläuft. Entlang dieser Linie legt man einige Fliesen trokken aus und fügt dann an der ersten Fliese rechts und links Fliesen hinzu, bis die Seitenwände erreicht sind.

Wenn an den Seitenwänden ungleiche Ränder offenbleiben, verschiebt man die Fliesen dieser ersten parallel zur Tür verlaufenden Reihe, bis die beiden äußersten ganzen Fliesen gleich weit von den Seitenwänden entfernt sind. Entsprechend muß man dann auch die an der Linie ausgerichteten Fliesen verschieben. Am besten zieht man parallel zur ersten eine zweite Linie, an der man dann die Fliesen neu ausrichtet.

Flöhe

Flöhe sind kleine, braune, als blutsaugende Parasiten lebende Insekten, die etwa 3 mm lang werden. Sie können gefährliche Krankheiten (z.B. Fleckfieber) übertragen. Stellt man Flöhe in der Wohnung fest, wischt man die Böden täglich naß auf. Dem Wischwasser fügt man einen guten Schuß rohen Holzessig hinzu. Die Wände und Türen pudert man mit Insektenvernichtungsmittel ein.

Vorbeugende Maßnahmen gegen Flöhe sind ein gründlicher Hausputz mit dem Staubsauger, wobei man der Lagerstatt eines Haustiers besondere Aufmerksamkeit widmet. Man wäscht die Unterlage und läßt sie trocknen; dann wird sie mit einem vom Tierarzt empfohlenen Insektenmittel eingestäubt oder eingesprüht. Das Haustier sollte man öfter auf Flöhe untersuchen. (Flöhe sind an ihren Exkrementen, winzigen schwarzen Punkten, zu erkennen.) Der Tierarzt kann auch ein Shampoo, Puder oder Halsband gegen Flöhe empfehlen. Hundeflöhe gehen selten an Menschen.

Bei starkem Flohbefall ist es meist ratsam, einen Ungeziefervertilger (Kammerjäger) ins Haus zu rufen.

Siehe auch *Insektenstiche; Juckreiz.*

Flüssigkeitsverlust

In der Regel nehmen Erwachsene 1,5 bis 2,5 l Flüssigkeit am Tag in Form von Getränken und als Bestandteil fester Nahrungsmittel zu sich; ein Flüssigkeitsverlust (Dehydration) tritt auf, wenn dem Körper mehr Flüssigkeit entzogen als zugeführt wird. Dies kann bei großer Hitze, bei der Einnahme von bestimmten Medikamenten, bei Überanstrengung und durch Krankheit geschehen und schwere Störungen hervorrufen oder sogar auch tödlich sein. Am empfindlichsten reagieren auf einen Flüssigkeitsverlust sehr junge und sehr alte Menschen.

Symptome eines gefährlichen Flüssigkeitsverlusts sind trockener Mund, belegte Zunge, zäher Speichel, eingefallenes Gesicht, Teilnahmslosigkeit, leichte Erregbarkeit, tiefliegende Augen, blasse Haut und geringe Urinausscheidung.

Auch Erbrechen und Durchfall, die mehr als 24 Stunden lang anhalten, können bei einem Erwachsenen zu einer Dehydration führen. Säuglinge unter drei Monaten können bereits eine Dehydration erleiden, wenn sie innerhalb von sechs Stunden dreimal kräftig Durchfall bekommen oder während der gleichen Zeit ihre gesamte Nahrung erbrechen. Dann sollte man den Arzt rufen. Bei etwas älteren Kleinkindern mit Durchfall und Erbrechen kann man bis zu 24 Stunden warten, bevor man den Arzt hinzuzieht. Inzwischen gibt man dem Kind die unter dem Stichwort *Durchfall* empfohlene Nahrung.

Ein Arzt sollte auch gerufen werden, wenn ein Kind oder Erwachsener den Flüssigkeitsverlust durch Trinken nicht ausgleichen kann, weil jeder Schluck gleich wieder erbrochen wird. Gegebenenfalls muß dann Flüssigkeit intravenös verabreicht werden.

Auch starker Wasserverlust durch Schwitzen bei hoher Temperatur oder bei körperlicher Anstrengung kann zu einer Dehydration führen und auch Muskelkrämpfe zur Folge haben, da beim Schwitzen Salz mit dem Wasser ausgeschieden wird. Ein Glas Salzwasser (1 Teel. Salz auf 1 l Wasser) löst die Verkrampfung. Außerdem sollte man reines Wasser, Mineralwasser, Fruchtsaft, Tee oder andere Flüssigkeiten, jedoch keine alkoholischen Getränke (Alkohol wirkt entwässernd) zu sich nehmen und bei körperlicher Anstrengung vorbeugend genügend trinken, am besten Mineralwasser.

Wenn man bestimmte Medikamente – beispielsweise harntreibende Mittel – einnimmt, sollte man sich vom Arzt beraten lassen, ob man die Dosierung bei heißer Witterung ändern muß.

Siehe auch *Hitzeerschöpfung; Hitzschlag.*

Fondue

Für alle Fondues braucht man einen Spirituskocher (Rechaud). Dieser muß unbedingt einen festen Stand haben. Die Flamme kann man besser regulieren, wenn der Brenner mit Spiritus nicht ganz voll ist. Sollte man Spiritus nachfüllen müssen, auf jeden Fall vorher die Flamme löschen! Beim elektrischen Fonduegerät die Schnur an der Tischkante mit einer Klammer sichern.

Käsefondue Diese Urform des Fondues wird in einem Caquelon, einem glasierten Tongefäß, bereitet, das man mit einer Knoblauchzehe ausgerieben hat. Darin schmeckt es am besten. Für vier Personen braucht man 600 g geriebenen Käse (meist halb Greyerzer, halb Emmentaler), den man im Caquelon mit $^3/_{10}$ l Weißwein unter ständigem Rühren kurz aufkochen läßt. Danach darf er nur noch ziehen. 1 Eßl. Speisestärke in 2–3 Gläschen Kirschwasser auflösen und hineinrühren, mit Pfeffer und Muskatnuß würzen und servieren.

Während des Essens zieht das Fondue weiter. Damit es sämig bleibt und nicht anbrennt, rührt man mit den Brotwürfeln und den Fonduegabeln um und fährt ab und zu damit am Topfboden entlang.

Der Wein muß eine gewisse Säure haben. Zur Abwechslung kann man einen rezenten Apfelwein nehmen. Entscheidend sind auch Qualität und Beschaffenheit des Käses. Ist er zu jung, bilden sich Klumpen; alter Käse sondert Fett ab. Verwendet man zwei Sorten, läßt man den härteren zuerst schmelzen. Nach Bedarf kann man das Fondue mit etwas Wein verdünnen oder mit Käse dickflüssiger machen.

Das passende Getränk zu Käsefondue ist schwarzer Tee, dazu eventuell ein Kirschwasser. Weißwein macht das ohnehin schwere Gericht noch schwerer verdaulich.

Fleischfondue Dafür wird in Würfel geschnittenes Rinderfilet oder Roastbeef auf Gabeln gespießt und in heißem Fett gegart. Dazu reicht man verschiedene Saucen. Diese Art ist auch als Fondue Bourguignonne bekannt.

Das Gefäß muß aus Metall oder Email sein; Ton könnte springen. Das Fett – am besten Plattenfett oder geschmacksneutrales Öl – muß frisch sein. Es wird auf dem Herd vorgeheizt, bis es leicht raucht, dann auf das Rechaud gestellt. Man kann es später filtern und wieder verwenden. Keine Fette mischen, sie spritzen sonst leicht. Das Fleisch sollte gut abgehangen sein. Falls man es wäscht, muß es gut abgetrocknet werden, da es sonst spritzt, wenn es in das heiße Fett getaucht wird. Die fertigen Fleischwürfel streift man von der Fonduegabel und läßt sie auf dem Teller ein wenig auskühlen. Niemals die Fonduegabel mit dem Fleisch zum Mund führen – sie ist sehr heiß!

Bouillonfondue Diese Variante, auch Fondue Chinoise genannt, ist weniger kalorienreich als die anderen. Man taucht Fleisch- und Gemüsestückchen in eine kräftige Hühner- oder Rinderbrühe, bis sie gar sind. Für Fischfondue bereitet man aus Weißwein und Gemüsebrühe den Sud, in dem man Würfel aus festem Seefisch, Scampi, Krevetten usw. gar ziehen läßt. Bouillon und Fischsud verteilt man, wenn das Fondue gegessen ist, auf Suppentassen und serviert die Suppe zum Abschluß des Essens.

Schokoladenfondue Für Kinderparties zu empfehlen. Man läßt verschiedene Sorten Schokolade in einem Caquelon mit etwas süßer Sahne schmelzen und zieht auf Holzspießchen gesteckte Fruchtstücke – Banane, Pfirsich, Aprikose, Birne – durch die heiße Schokoladenmasse. Auch Weißbrotwürfel und feste Kekse eignen sich dazu. Das Schokoladenfondue hält man nur auf einem Stövchen mit einem Teelicht warm; eine Spiritusflamme ist zu heiß; die Schokoladenmasse würde gerinnen.

Fotoapparat pflegen

Moderne Fotoapparate benötigen eine Batterie, meistens eine Knopfzelle. Bei normalem Gebrauch hält diese ungefähr ein Jahr. Man sollte sie regelmäßig austauschen und auch immer eine Ersatzbatterie mit sich führen, da Fotoapparate bei schwacher Batteriespannung ohne Vorwarnung ihre Funktion vollständig einstellen. Batterie beim Einsetzen nicht mit den Fingerspitzen anfassen, da das Fett den Kontakt vermindert.

Das Objektiv sollte immer mit einem Deckel geschützt sein. Die Frontlinse nur mit Pinsel, Lederläppchen

oder Spezialpapier reinigen, nie mit dem Taschentuch.

Fotolampen

Für Innenaufnahmen auf Filmmaterial reicht oft die normale Innenbeleuchtung nicht aus. Deshalb setzt man spezielle Beleuchtungskörper ein, Fotolampen oder Halogenscheinwerfer. Fotolampen – nichts anderes als von innen mit reflektierendem Material belegte Glühlampen – sind relativ preiswert, doch ihre Brenndauer ist beschränkt (vier bis zehn Stunden). Außerdem dunkelt der Glaskolben der Lampen nach; dies bedeutet, daß sich die Lichtstärke der Lampe verändert und ebenso ihre Farbtemperatur, das Licht wird also rötlich. Fotolampen haben eine Leistung von 250–500 W. Sie entwickeln viel Wärme, weshalb man sie nur mit Metall- oder Porzellanfassungen verwenden soll.

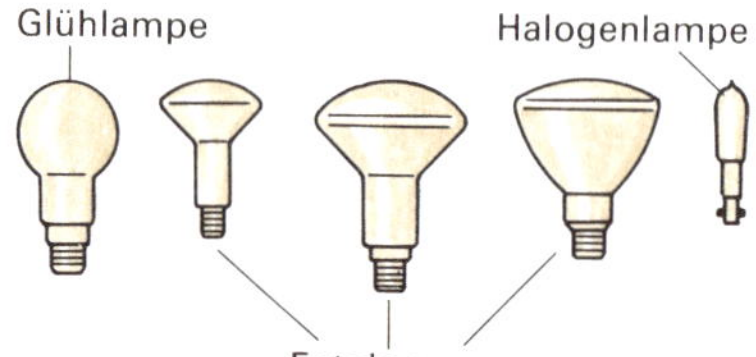

Halogenlampen werden für den Normalgebrauch mit einer Leistung zwischen 150 und 1000 W angeboten. Auch sie entwickeln intensive Wärme. Meistens sind Spezialscheinwerfer für Halogenlampen mit einem Gebläse ausgestattet. Ist keines vorhanden, eignen sich diese Leuchten nicht für den Dauerbetrieb; man muß sie zwischendurch 20–30 Minuten abkühlen lassen. Halogenlampen haben eine durchschnittliche Lebensdauer von 15 Stunden. Ihre Lichtintensität und Farbtemperatur bleibt immer konstant.

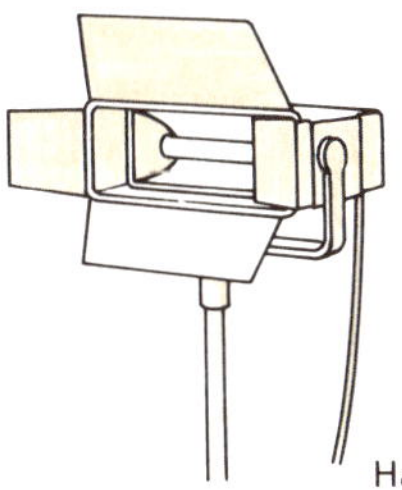

Halogenscheinwerfer

Halogenlampen darf man beim Einsetzen in die Halterung nicht mit den Fingern berühren, weil sich das Fett

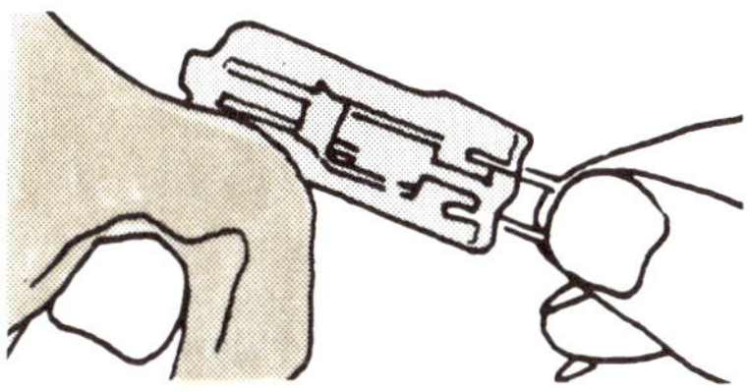

der Haut ins Glas einbrennt. Mit Alkohol oder Spiritus lassen sich eventuelle Fingerabdrücke beseitigen.

Fotos aufziehen

Mit eigenen Fotos kann man seine Räume schmücken, indem man die Bilder vergrößern läßt und entsprechend präsentiert. Dabei kann man sie entweder in fertige Rahmen stekken oder selbst aufziehen.

Für die Vergrößerung sollte man nur solche Negative oder Dias auswählen, die vom Motiv her besonders aussagekräftig sind und sich dafür auch technisch eignen. Das bedeutet, daß die Bilder zunächst einmal gestochen scharf und auch richtig belichtet sein müssen. Fotogeschäfte bieten für verhältnismäßig wenig Geld Großvergrößerungen in Posterformat an. Wer die Bilder noch größer möchte, muß sich an ein Fachlabor wenden, wo er allerdings ein Vielfaches bezahlen muß, da es sich hier um Handarbeit handelt.

Entweder kauft man sich handelsübliche Wechselrahmen, die es in allen möglichen Formaten gibt, oder man zieht die Bilder auf. Im letzten Fall verwendet man eine kräftige Unterlage, etwa Fotokarton, Fotopappe oder dünnes Sperrholz. Je stärker die Unterlage, desto weniger verzieht sich das Bild. Großformatige Bilder sollte man nicht mit Fotokleber aufkleben, da es nicht ganz einfach ist, sie blasenfrei auf den Untergrund zu bringen. Bequemer ist es, wenn man Heißsiegelfolie verwendet. Man legt sie zwischen Unterlage und Bild, schützt die Bildfläche mit einem Stück Packpapier und erwärmt sie Abschnitt um Abschnitt mit dem Bügeleisen.

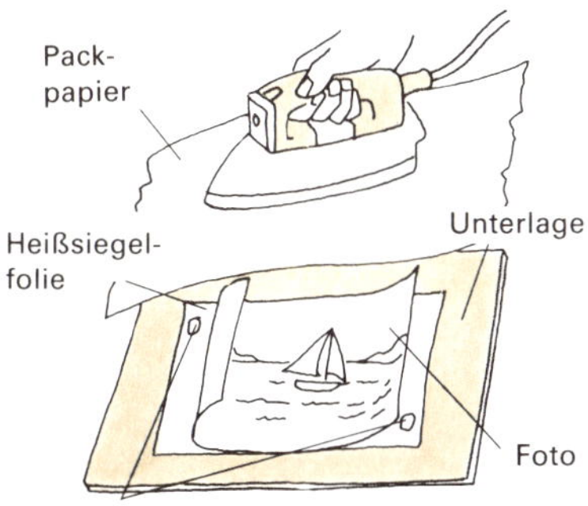

Folie mit Reißnägeln befestigen

Überstehende Bildkanten schneidet man zum Schluß mit einem scharfen Messer ab. Die Schnittstellen färbt man mit schwarzem Filzstift ein.

Fransen

Um Fransen für Stricksachen (z.B. Schals), Teppiche oder Makrameearbeiten zu machen, wickelt man das Garn um einen Kartonstreifen, der etwas breiter ist, als die fertigen Fransen lang sein sollen. Mit einem längeren Kartonstreifen kann man mehrere Einzelfransen bzw. kleinere oder größere Fransengruppen nebeneinander machen. Am unteren Rand des Kartons schneidet man die Garnfäden auf. Jede Franse bzw. Fransengruppe kann nun getrennt verarbeitet werden.

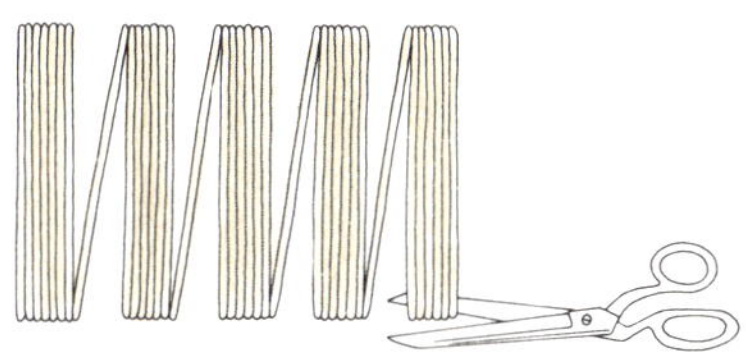

Um sie an Teppichen oder Stricksachen anzubringen, zieht man einen Faden bzw. ein Fadenbündel mit einer Häkelnadel durch ein Straminloch bzw. eine Masche, holt die Enden durch die Schlinge und zieht sie fest. Bei Stoffen wird vorher mit einer Ahle oder einer spitzen Stricknadel ein Loch in den Saum gestochen.

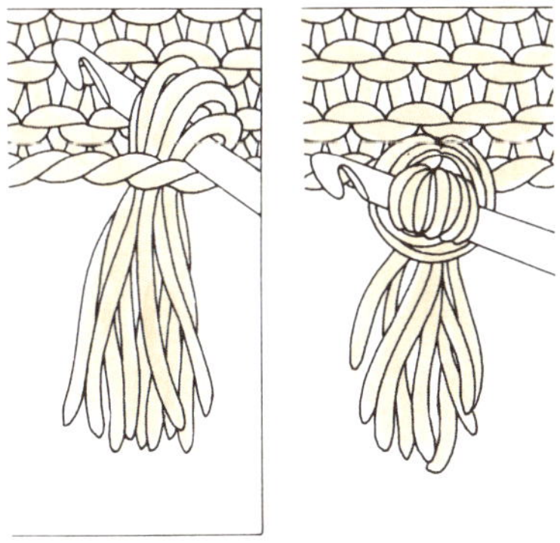

Fransen an Stoffen kann man auch aus den Gewebefäden arbeiten, indem man die Querfäden einzeln herauszieht. Sind die so freigelegten Längsfäden lang genug (etwa zweimal die gewünschte Fransenlänge), werden

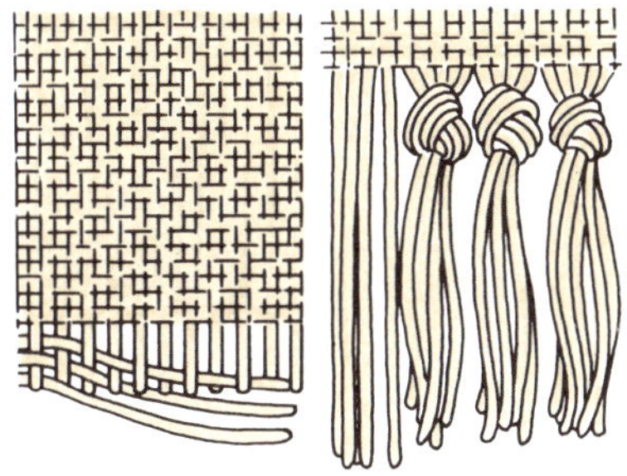

sie gruppenweise verknotet. Diese Methode ist für sehr feine Stoffe nicht geeignet.

Fräsen

Fräsen ist ein Arbeitsvorgang, der mit einer Tischfräsmaschine (A) oder mit einer Handoberfräse (B) ausgeführt werden kann. Tischfräsen sind viel teurer als Handoberfräsen. Außerdem kann man aus einer Handoberfräse ei-

A

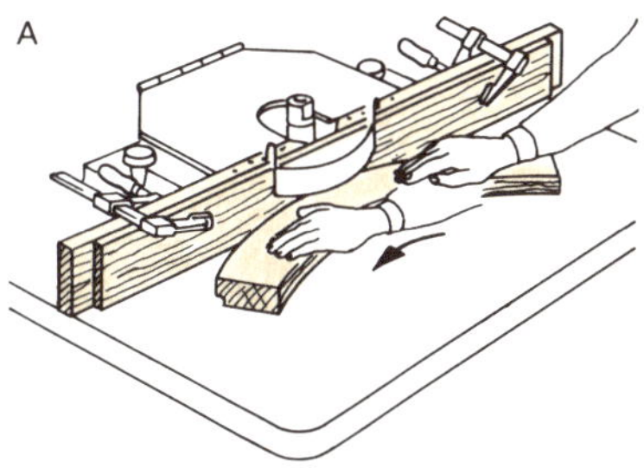

ne kleine Tischfräse bauen, indem man sie in ein Tischgestell montiert. Zudem kosten die Werkzeuge für Handfräsen, die Schaftfräser (C), weniger als die Messerköpfe, die man für Tischfräsen braucht.

B

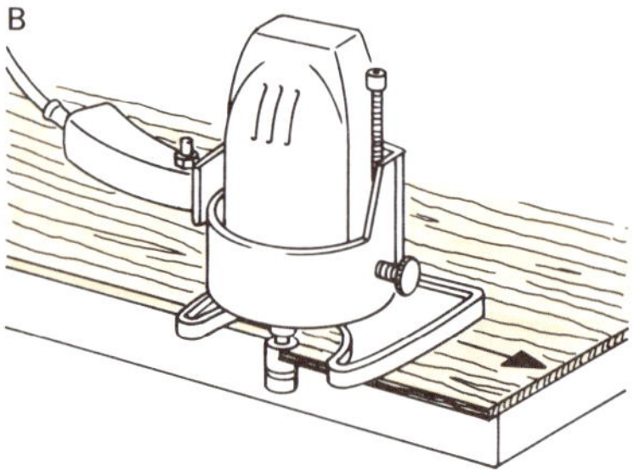

C

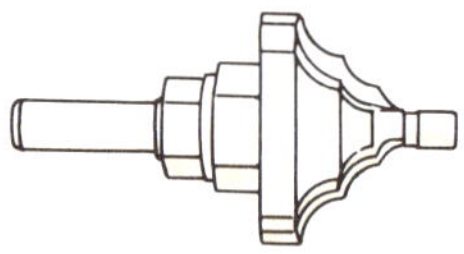

Wenn man Schaftfräswerkzeuge kauft, muß man darauf achten, daß sie für „Handvorschub" zugelassen sind.

Mit Fräsmaschinen kann man Längs- und Eckverbindungen, Falze und Nuten sowie verschiedenartige Profile herstellen.

Fremdkörper im Auge

Selbst versucht man nur Fremdkörper zu entfernen, die auf dem Weißen des Augapfels schwimmen oder unter einem Augenlid eingeklemmt sind. Man

---

ACHTUNG!

Keinesfalls versuchen, Fremdkörper, die im Augapfel festsitzen, zu entfernen. Das Auge abdecken und sofort einen Arzt aufsuchen.

---

setzt sich vor einen gutbeleuchteten Spiegel, blickt nach oben und zieht vorsichtig das untere Lid nach unten. Kann man den Fremdkörper sehen, wird er mit der Ecke eines sauberen Taschentuchs, einem Wattestäbchen

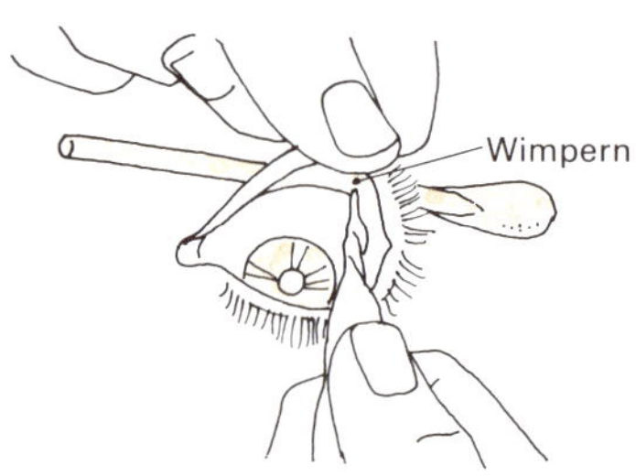

o.ä. entfernt. Befindet sich der Fremdkörper unter dem Oberlid, zieht man vorsichtig das obere Lid über das untere und läßt es wieder zurückgleiten. Wenn auch dies nichts hilft, blickt man nach unten, hebt das obere Lid an, indem man es über ein Wattestäbchen zurückklappt, und entfernt den nun sichtbaren Fremdkörper. Gelingt dies nicht, deckt man das Auge ab (siehe *Augenverletzungen*) und sucht einen Arzt auf.

Auf diese Weise kann man auch einer anderen Person einen Fremdkörper aus dem Auge entfernen.

Fremdkörper in der Nase

Da die Verletzungsgefahr zu groß ist, sollte man niemals selbst versuchen, den Fremdkörper zu entfernen, sondern ihn vom Arzt entfernen lassen.

Bei Kindern kann es schwierig sein, einen Fremdkörper festzustellen. Wenn sich ein Kind ständig an die Nase faßt, wenn ein Nasenloch blokkiert ist, wenn Schleim oder Eiter abgesondert wird, wenn die Nase blutet oder schmerzt, kann dies ein Hinweis sein. Dann sollte man das Kind so bald wie möglich zum Arzt bringen.

Kinder sollte man davor warnen, Gegenstände (z. B. Perlen) in die Nase zu stecken. Die Nase nur durch Schnauben in ein Taschentuch reinigen; nicht in der Nase bohren.

Für Fremdkörper im Ohr siehe *Ohrenschmerzen.*

Fritieren

Fritieren, d.h. in siedendem Fett schwimmend ausbacken, ist eine schnelle Garmethode. Für gute Ergebnisse muß man ein paar Regeln beachten.

Das Fritierfett muß einen hohen Rauchpunkt haben; dazu siehe *Fette und Speiseöle.* Damit füllt man einen Topf mit Einsatz oder die Friteuse etwa zur Hälfte; der Topf muß so groß sein, daß man das Fritiergut mühelos hin und her bewegen kann. Man gibt das Fritiergut erst hinein, wenn das Fett die nötige Temperatur erreicht hat (ein Weißbrotwürfel sollte innerhalb von 30 Sekunden eine goldbraune Kruste bekommen), sonst saugt es sich voll. Das Fritiergut sollte Zimmertemperatur haben; man gibt auch nur kleine Portionen hinein, da große Mengen kalter Speisen das Fett zu stark abkühlen lassen. Gart man mehrere Stücke nacheinander, muß man immer abwarten, bis das Fett wieder die nötige Temperatur erreicht hat. Die Einzelstücke dürfen auch nicht zu groß sein, sonst bleiben sie innen roh.

Man darf verschiedene Fettsorten nicht mischen, denn sie haben unterschiedliche Siedepunkte; auch schon gebrauchtes Fett sollte man nicht mit frischem Fett mischen. Nach dem Gebrauch läßt man das abgekühlte Fett jedesmal durch ein Mulltuch oder eine Filtertüte laufen. Es kann dann im Kühlschrank bis zu einem halben Jahr aufbewahrt werden. Solange das Fett nach dem Filtern noch klar und hell ist, kann man es wieder verwenden, und zwar bis zu viermal.

Man darf niemals Wasser in das heiße Fett geben (Kartoffeln für Pommes frites vorher mit Küchenkrepp trokkentupfen), niemals den Topf mit dem heißen Fett herumtragen und ihn nie unbeaufsichtigt lassen, denn siedendes Fett kann leicht in Brand geraten.

Siehe auch *Panieren*; *Zimmerbrand.*

Frostbeulen

Frostbeulen sind blaurote, polsterartige Schwellungen der Haut, die hauptsächlich an Zehenballen, Zehen und Fingerrücken auftreten. Sie entwikkeln sich trotz des Namens meist nicht bei Frost, sondern bei Temperaturen von 10–15 °C und Feuchtigkeitseinwirkung. Die schmerzhaften und juckenden, 2,5–5 cm großen Schwellungen können auch über dem Gesäß auftreten, wenn man im Freien zu enge Hosen trägt, oder an Waden und Knöcheln, wenn die Haut schlecht durchblutet ist.

In schlimmen Fällen kann der Arzt gefäßerweiternde und juckreizstillende Salben verschreiben. Auch Teilbäder mit Eichenrinde sind ein bewährtes Hausmittel: 200 g Eichenrinde in 2 l Wasser 15 Minuten lang kochen; dann die Frostbeulen im unverdünnten Sud 15–20 Minuten baden.

Zur Vorbeugung vor allem bei feuchtkaltem Wetter dicke Hosen und gefütterte Stiefel tragen; enges Schuhwerk vermeiden; Füße trocken halten.

Möglichst nicht in feuchtkalter Umgebung arbeiten. Im Sommer heilen die Frostbeulen von selbst ab.

Frostschutz im Kühler

Moderne Kühler besitzen eine Kühlmitteldauerbefüllung, die aus Wasser und einem Frostschutzmittel besteht. Die Befüllung wird bei vielen Fahrzeugen nicht mehr routinemäßig gewechselt.

Einige Firmen empfehlen jedoch, das Kühlmittel nach etwa drei Jahren zu wechseln. Dazu öffnet man die Ablaßöffnungen am Motorblock und am Kühler. Nach Öffnen des Kühlerdeckels und des Ausgleichsbehälters läuft das System leer. Fehlt am Kühler der untere Ablaßhahn, wird der Schlauchbinder abgeschraubt und der untere Wasserschlauch abgezogen. Dabei sollte man vorsichtig arbeiten, damit der Kühler beim Abziehen des Schlauches nicht bricht.

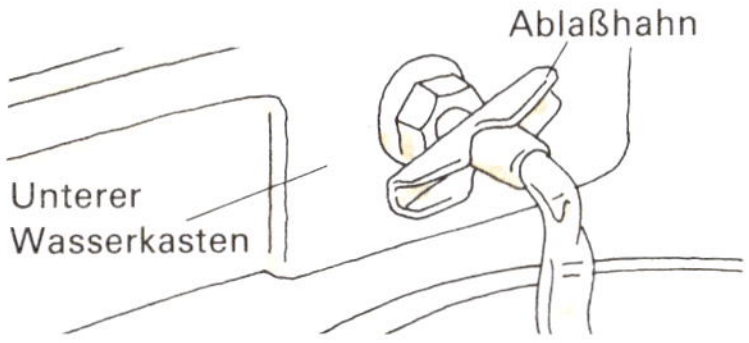

Sind die Ablauföffnungen wieder geschlossen, füllt man das Gemisch aus Wasser und Frostschutzmittel ein. Etwa 40 % Frostschutzmittel – je nach Fabrikat – genügen, um eine Betriebssicherheit bis −25 °C zu gewährleisten.

Ist der Kühler bzw. das Ausgleichsgefäß gefüllt, muß das System entlüftet werden. Dazu startet man den Motor und läßt ihn bei offenem Kühlerdeckel so lange laufen, bis der Thermostat sich öffnet. Man erkennt dies bei den meisten Fahrzeugen daran, daß der elektrische Kühlerlüfter sich einschaltet. Bei diesem Entlüftungsvorgang treten Luftblasen aus dem System aus. Man füllt mit dem Frostschutz-Wasser-Gemisch auf.

Frühbeet

Mit Hilfe eines Frühbeets kann man einen Kulturraum im Freien schaffen, der Schutz vor Frösten bietet. Man verwendet ihn für die Kultur wärmebedürftiger Gemüsearten oder für die Anzucht von Blumen- und Gemüsesetzlingen.

Es gibt verschiedene Arten von Frühbeeten. Die einfachsten bestehen aus einem Kasten mit aufgelegten Fenstern (kalter Kasten) oder aus Folientunneln. Diese Arten von Frühbeeten halten den Luftraum über den Pflanzen ohne Heizung so warm, daß ein leichter Nachtfrost keinen Schaden anrichtet, außerdem bleibt die Luftfeuchtigkeit sehr hoch. Frühgemüse, wie Kopfsalat, Radieschen und Spinat, kann man so zwei bis vier Wochen eher ernten als auf Freilandbeeten. Auch wenn frühe Fröste im Herbst Gemüse und Blumen zu vernichten drohen, bieten niedere Folientunnel einen guten Schutz.

Will man im Frühjahr Samen und Setzlingen von Sommerblumen und Gemüsearten eine Starthilfe geben, deckt man sie am besten mit einer perforierten Polyäthylen-Gartenbaufolie ab. Hierfür braucht man keinen Unterbau; die Materialkosten sind verhältnismäßig gering. Die Folienbahnen werden direkt nach der Aussaat oder nach dem Einsetzen junger Pflanzen flach auf das Beet gelegt und an den Seiten eingegraben. Besonders empfehlenswert ist die sogenannte wachsende Folie. Durch viele kleine Schlitze, die gleichzeitig der Belüftung dienen, „wächst" die Folie mit den Pflanzen.

Außer den einfachen Frühbeetarten gibt es noch den warmen Kasten, der mit Heizrohren ausgerüstet ist. Auch das Mistbeet – man hebt aus dem kalten Kasten eine 50–70 cm dicke Schicht Erde aus und gibt statt ihrer Mist hinein – stellt eine Verbesserung gegenüber dem kalten Kasten dar.

Furniere

Furniere sind dünne Holzblätter, die nur einige Zehntelmillimeter bis etwa 3 mm dick sind. Nach der Art, wie sie hergestellt werden, unterscheidet man Sägefurniere, Messerfurniere, Schälfurniere und Radialfurniere.

Sägefurniere (A) Sie werden von zugerichteten Stämmen abgesägt und sind mindestens 1 mm dick. Wegen der aufwendigen Herstellung sind sie teuer und daher selten.

Messerfurniere (B) Man gewinnt diese Furniere aus edlen Hölzern fast ohne Verschnitt; sie sind etwa 0,7 mm dick.

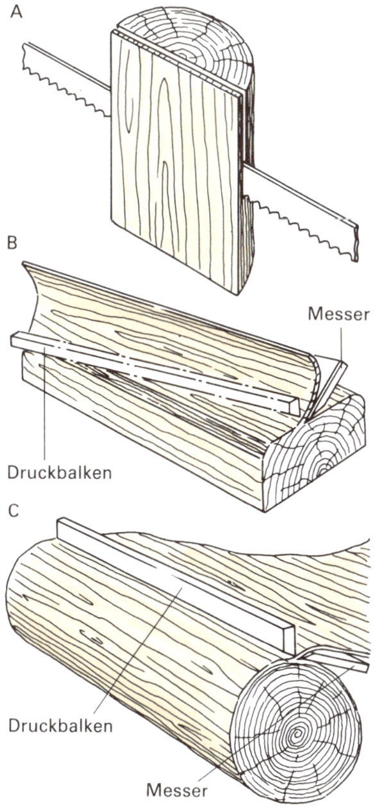

Schälfurniere (C) Diese Furniere stellt man her, indem man einen horizontal eingespannten Stamm walzenförmig gegen ein Messer dreht. So kann ein fast endlos breites Furnierband abgeschält werden, aus dem hauptsächlich Sperrholz gemacht wird; die Maserung ist verzerrt.

Radialfurniere Sie werden nach Bleistiftspitzerart konisch von Stämmen oder Wurzelstöcken geschält. Sie haben eine fugenlose, lebhafte und interessante Maserung und werden besonders für runde Flächen verwendet.

Furniere ausbessern

Fehlleimstellen in einer Furnierfläche nennt man Kürschner. Diese ungeleimten Stellen sind am Klang zu erkennen, wenn man mit dem Finger eine Furnierfläche abklopft. Man schneidet solche Stellen mit einem spitzen Messer in Faserrichtung auf, schiebt dann mit einem Furnierstreifen als Leimspachtel Weißleim unter das Furnier und spannt es fest.

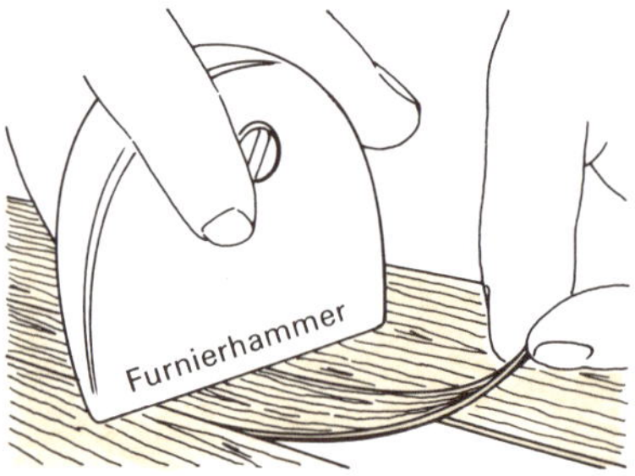

Wenn in einer Fläche ein Stück Furnier ausgerissen ist, kauft man ein möglichst passendes Furnier. Man legt dieses auf die schadhafte Stelle und zeichnet entsprechend dem Faserverlauf den Flicken bootsförmig und möglichst schlank auf. Danach schneidet man das Ersatzfurnier mit dem Messer zu, legt es auf die schadhafte Stelle, fixiert es mit einem Klebeband und überträgt die Kontur mit dem Messer auf die Fläche. Nun wird das beschädigte Furnierstück entfernt, die Stelle gesäubert, das Ersatzfurnier eingebaut und mit dem Furnierhammer aufgerieben (siehe auch *Furnieren*).

Furnieren

Edelvollhölzer sind sehr teuer und häufig in den gewünschten Maßen nur schwer erhältlich. Außerdem muß man bei Vollhölzern aufwendigere Techniken anwenden als bei Platten. Deshalb werden Platten oder billige Vollhölzer mit Furnieren aus den verschiedensten Edelhölzern „veredelt". Furniere trennt man maschinell als Blätter von Baumstämmen ab (siehe *Furniere*).

Furnieren bedeutet, daß man ein dünnes Holzblatt, das Furnier, auf eine Trägerplatte und Furnierstreifen auf die Plattenkanten leimt. Erhält eine Kante jedoch einen Falz oder ein Profil, braucht man einen Vollholzanleimer.

Kleine Furnierblätter kann man zu großen Flächen zusammensetzen. Man schneidet die Blätter mit einem Furniermesser zu und klebt sie auf der Oberseite mit Furnierfugenpapier zusammen. Wenn man beispielsweise zwei Blätter nebeneinandersetzen muß, um eine bestimmte Breite zu erzielen, sollte man darauf achten, daß die Holzmaserung spiegelbildlich ist (A). Dies setzt voraus, daß man zwei genau gleiche Furnierblätter verwendet.

Wird ein Furnier auch in der Länge zusammengesetzt, braucht man vier gleiche Furnierblätter; man erhält dann eine Kreuzfuge (B). Querschnitte im Furnier macht man mit einer scharfen, ungeschränkten Furniersäge.

Wenn man einzelne Furnierteile, die auch aus verschiedenen Holzarten bestehen können, zusammenfügt, erreicht man sehr dekorative Furnierbilder. Für Karo- und Rautenformen beispielsweise eignen sich am besten Furniere mit schlichter Maserung (C–E); auch Friese gelingen gut mit diesem Furnier (F, H). In ein Längsfurnierblatt dagegen läßt sich gut andersfarbiges Furnier einsetzen (G). Im Mittelteil einer Platte wiederum wirkt Wurzelmaserfurnier sehr schön (H).

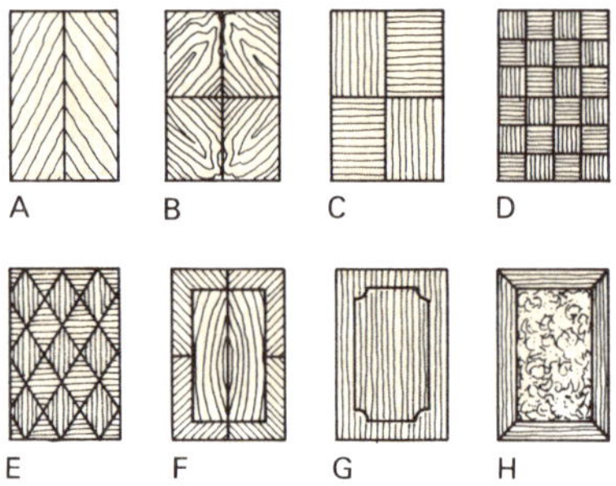

Wenn man den Zuschnitt eines Edelfurniers plant, muß man beachten, daß das Furnier auf Vollholz in dessen Faserrichtung, auf Sperrholz dagegen immer quer zur Faserrichtung des obersten Furniers verleimt wird. Bei Spanplatten gibt es keine Faserrichtung.

Damit sich die furnierten Teile nicht verziehen, wird grundsätzlich beidseitig in gleicher Faserrichtung furniert. Bei beweglichen Teilen wie Türen, Klappen usw. sollten möglichst auch Holzart sowie Furnierdikke gleich sein.

Bevor man Furniere aufleimt, muß man den Untergrund eben, staub- und fettfrei machen, und vorher angebrachte Vollholzanleimer müssen bündig verputzt werden. Unebene Flächen bearbeitet man mit grobem Schleifpapier (siehe *Schleifen*).

Furniere kann man mit PVAC-Leim (Weißleim) aufleimen; dabei muß die Fläche in jedem Fall nach den Angaben des Herstellers gepreßt werden, bis der Leim ausgehärtet ist. Verwendet man Warmleim (Hautleim), braucht man nur große Flächen zu pressen; Kanten und kleinere Flächen können aufgerieben werden. Ganz „biologisch" verhält man sich, wenn man Hautleim und Platten der Emissionsklasse I verwendet (siehe auch *Klebstoffe und Leime)*.

Das auf der Oberfläche liegende Fugenpapier schleift man ab, wenn der Leim ausgehärtet ist.

Fußböden, knarrende

Lockere Fußbodenriemen oder Dielen sind nicht nur Stolperfallen, sondern geben auch bei jedem Tritt störende Geräusche von sich. Ältere Dielen sind meist mit stumpfen Kanten aneinandergelegt und sichtbar genagelt, während der eigentliche Bodenriemen mit Nut und Feder (siehe *Nut und Feder*) versehen und verdeckt genagelt ist. Dielen knarren, wenn sie geschwunden sind und sich dann bei Belastung an den Nägeln reiben. Das gleiche kann geschehen, wenn sich die Fußbodenbalken etwas gesenkt haben.

Man treibt an den knarrenden Stellen alle alten Nägel kräftig ein, bis die Dielen fest sitzen. Um ganz sicherzugehen, kann man dann neben den alten Nägeln neue einschlagen oder Schrauben mit Senkköpfen eindrehen. Ihre Köpfe werden oberflächenbündig belassen oder unter die Oberfläche versenkt und ausgekittet (siehe *Auskitten*).

Wenn anschließend beispielsweise ein Teppichboden verlegt werden soll, bringt man, um keine Trittkanten zu bekommen, Spanverlegeplatten auf die Dielen auf. Sie werden verschraubt oder mit dem Tacker befe-

stigt (siehe *Heftpistole; Schrauben und Muttern*). Sollen die Riemen jedoch nicht verdeckt werden und weisen aber breite Fugen auf, sollte man sie neu verlegen. Dabei prüft man mit einem Richtscheit, einem langen Brett mit geraden und parallelen Kanten, ob die Balken gleich hoch liegen. Wenn nicht, gleicht man die Höhenunterschiede mit Unterleg- oder Beihölzern aus.

Füße, kalte

Niedriger Blutdruck, Stoffwechselstörungen, Durchblutungsstörungen, vor allem bei Rauchern, Verbrühungen, Verkühlungen und Gefäßschäden durch Erfrierungen können die Ursache für kalte Füße sein.

Heiß-kalte Wechselfußbäder oder temperaturansteigende Fußbäder machen. Auch Senfmehlfußbäder helfen; dazu 2 Eßl. Senfmehl in ½ Eimer körperwarmem Wasser auflösen, darin die Füße etwa fünf Minuten baden, dann mit lauwarmem Wasser abspülen. Auch Wannenbäder, denen man Roßkastaniensud (Roßkastanien vor dem Abkochen aufschneiden), Rosmarin oder einen Spritzer Eukalyptusbadeöl zusetzt, können ebenfalls Erleichterung bringen. Im Sommer im Garten Tau-, im Winter Schneetreten; beide Übungen nur einige Sekunden lang durchführen. Nach dem Abtrocknen und Anziehen bewegt man sich so lange, bis man sich völlig warm fühlt. Auch Bürstungen der Beine mit einer Borstenbürste in Herzrichtung, Fußgymnastik und Massagen können kalte Füße wieder erwärmen.

Wenn keine Besserung eintritt, den Arzt aufsuchen.

Siehe auch *Blutdruck; Erfrierungen; Kreislaufstörungen.*

Fußnagel, eingewachsener

Ein eingewachsener Nagel dringt in die umgebende Haut ein und verursacht neben Schmerzen häufig auch eine Anschwellung und Entzündung. Ursachen hierfür sind meist zu kurz geschnittene und an den Ecken abgerundete Fußnägel sowie zu enges Schuhwerk. Der Nagel wächst dann nicht gerade, sondern krümmt sich und schneidet in das Fleisch ein.

Um die dadurch entstehenden Schmerzen zu lindern und einer Infektion vorzubeugen, tränkt man etwas Watte mit einer antibiotischen Lösung oder Salbe und schiebt sie vorsichtig unter den Rand des Nagels. Möglichst nicht mit Instrumenten am Nagelbett hantieren. Sollte eine Entzündung auftreten, sucht man einen Arzt auf. Zur Vorbeugung schneidet man die Fußnägel vorn gerade ab, ohne sie an den Ecken abzurunden. Man sollte die Fußnägel nicht über die Zehenspitzen herauswachsen lassen und immer Schuhwerk tragen, in dem die Zehen genügend Platz haben.

Fußpflege

Wer gesunde, gepflegte Füße haben will, muß einmal wöchentlich eine Pediküre machen. Man braucht dazu eine Schüssel für das Fußbad, Nagel- und Fußcreme, eine starke Nagelbürste mit festen Nylonborsten und geeignetes Pediküregerät. Dazu gehören eine Nagelschere, ein Pferdefuß (Nagelhautschieber), ein Hornhautentferner und eine Diamantfeile.

Wer Nagellack benutzt, entfernt ihn zunächst sorgfältig mit ölhaltigem Nagellackentferner. Dann wäscht man die Füße mit warmem Wasser, bürstet die Nägel gründlich, spült mit kaltem Wasser nach und trocknet die Füße sorgfältig ab, vor allem zwischen den Zehen.

Das spitze Ende des Pferdefußes umwickelt man mit Watte, trägt darauf Nagelcreme auf und schiebt damit die Nagelhaut gut zurück. Dann massiert man die Creme auch seitlich der Nägel sanft ein. So verhindert man, daß die Nägel spröde oder trocken werden. Man läßt die Creme mindestens drei Minuten lang einziehen. Mit dem stumpfen Ende des Pferdefußes schiebt man die Nagelhaut noch einmal zurück. Nun werden letzte Schmutzreste unter den Nägeln mit dem spitzen Ende des Pferdefußes, das man mit Watte umwickelt hat, entfernt.

Die Nägel werden mit der Nagelschere oder dem Nagelknipser gerade gekürzt. Vor allem die Ecken bleiben stehen, damit die Nägel nicht einwachsen können. Die Fußnägel sollten nicht über die Zehenspitzen hinauswachsen. Die Nagelränder werden mit einer Diamantfeile vorsichtig abgefeilt; dabei läßt man wieder die Ecken stehen.

Für Hornhaut und Hühneraugen siehe die entsprechenden Stichwörter.

Schließlich werden die Füße mit einer Fußcreme einmassiert. Man massiert mit kreisenden Bewegungen von den Zehen bis zum Knöchel.

Will man die Zehennägel lackieren, steckt man kleine Zellstoffröllchen zwischen die Zehen, damit sie Abstand haben und der Lack gut trocknen kann. Für Finger- und Fußnägel immer die gleiche Farbe verwenden.

Fußpilz

Der häufigste Infektionsherd für Fußpilz ist der Fußboden von Umkleidekabinen u. ä.; man kann sich aber auch in den eigenen vier Wänden anstecken. Wichtigste Symptome sind eine aufgesprungene und sich abschälende Haut, Juckreiz oder Brennen und gelegentlich auch Blasenbildung, vor allem zwischen den Zehen und an der Fußsohle. Gelegentlich treten auch nässende Blasen oder tiefe Risse auf, die dann von einem Hautarzt behandelt werden müssen.

Wenn man die Symptome rechtzeitig erkennt, helfen oft peinliche Sauberkeit und frische Luft. Man wäscht die Füße täglich mit Seife und Wasser, spreizt dann die Zehen auseinander und reibt vorsichtig mit dem Handtuch die sich schälende Haut mehrmals ab. Dann trocknet man die Füße gründlich ab, da durch Feuchtigkeit das Pilzwachstum begünstigt wird. Anschließend reibt man die befallenen Stellen mit einem Pilzmittel ein. Diese Behandlung sollte man bis mindestens drei Wochen nach Verschwinden des Pilzekzems täglich durchführen.

Je mehr Luft um die befallenen Stellen zirkulieren kann, desto schneller sterben die Pilze ab. Im Sommer offene Sandalen tragen. Auch Leinenschuhe oder perforiertes Schuhwerk sind zu empfehlen. Außerdem kochfeste, saugfähige Baumwollsocken anziehen, die man, sobald sie feucht werden, wechselt.

Auch im Haus sollte man immer Socken oder Sandalen tragen, um andere nicht anzustecken. Sich selbst schützt man vor einer neuerlichen Infektion, indem man die Füße trocken hält und z. B. in öffentlichen Badeanstalten oder Turnhallen nicht barfuß geht.

Fußschmerzen

Bei Fußbeschwerden können Überbelastung (besonders bei Übergewicht), Überanstrengung, Durchblutungsstörungen und falsches Schuhwerk als Ursachen in Frage kommen. Meist sind die Schmerzen eine Folge von Überbelastung durch ungewohntes Gehen oder Stehen. Wohltuend sind dann Ruhepausen, wobei man die Beine möglichst hochlegt. Sonst entlastet man die Füße, wenn die Beschwerden auf längeres Stehen zurückzuführen sind, indem man sich von Zeit zu Zeit auf die Außenkanten stellt.

Gegen müde Füße hilft ein heißes Fußbad aus Kamillenblüten, Kalmus, Rosmarin und Pfefferminze. Auch ein kurzer kalter Guß wirkt erfrischend. Außerdem sollte man möglichst bequeme Schuhe kaufen, die den Fuß abpolstern, das Fußgewölbe unterstützen und den Zehen genügend Platz lassen, und mehrmals täglich die Schuhe wechseln. Fußgymnastik, bei der man sich häufig auf die Zehen stellt, kann die Beschwerden lindern.

Immer wiederkehrende Schmerzen sind häufig auf eine Absenkung des Fußgewölbes (Senkfuß) zurückzuführen. Senkfußeinlagen, die man jedoch nur nach einer ärztlichen Untersuchung und Verordnung kaufen sollte, können helfen. Durch heiße und kalte Wechselbäder können manchmal die Schmerzen gelindert werden.

Treten an den Füßen Taubheitsgefühle, Verfärbungen, anhaltende Schmerzen oder Schwellungen auf, könnte es sich auch um Durchblutungsstörungen (Raucherbein) oder erste Anzeichen einer Zuckerkrankheit handeln. In diesen Fällen sollte man einen Arzt aufsuchen.

Siehe auch *Ballenentzündung; Fußnagel, eingewachsener; Hühneraugen; Jogging; Warzen.*

Fußschweiß

Wer unter Schweißfüßen leidet, wäscht die Füße morgens und abends mit Seife und warmem Wasser – heißes Wasser regt die Schweißproduktion zusätzlich an. Man spült kurz mit kaltem Wasser nach und trocknet die Füße, besonders auch zwischen den Zehen, sehr gründlich ab. Dann reibt man sie mit adstringierendem Puder, Franzbranntwein oder einem Deodorant ein. Zum Schluß kann man sie noch leicht mit Talkumpuder überstäuben.

Ein gutes Mittel gegen übermäßige Schweißproduktion ist Eichenrindenextrakt. Man erhitzt 100 g Eichenrinde – in Apotheken und Drogerien erhältlich – in 1 l Wasser so lange, bis das Wasser zur Hälfte verkocht ist. Diesen Extrakt setzt man dem Fußbad zu. Bei regelmäßiger Anwendung verringert sich die Schweißproduktion allmählich.

Außerdem wechselt man zweimal täglich Socken oder Strümpfe, die möglichst aus Naturfaser sein sollten, und trägt so oft wie möglich Sandalen. Das Schuhwerk muß luftdurchlässig, also aus Leder sein. Schuhe aus Gummi und Kunststoff sind ungünstig. Wer geschlossene Schuhe tragen muß, kann geruchshemmende Einlegesohlen verwenden.

G

Gabelhäkeln

Für die Gabelhäkelei braucht man eine zweizinkige Gabel oder Universalnetzgabel (in der Breite verstellbar), eine Häkelnadel und beliebiges Garn. Die einzelnen Häkelbänder können zu Deckchen oder Kleidungsstücken verbunden werden.

Den unteren Steg von der Gabel abnehmen und um die linke Zinke eine von Hand geknotete Schlinge legen; den Steg wieder aufsetzen.

Den Faden von vorn nach hinten um die rechte Zinke legen. Mit der Häkelnadel von unten in die Schlinge einstechen, den Faden holen (A) und

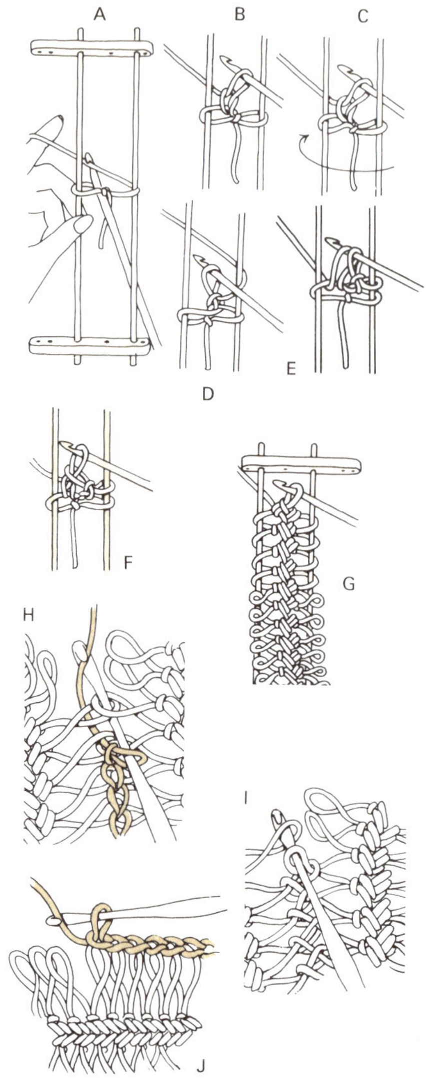

durch die Schlinge ziehen. Dann wieder den Faden holen und erneut durch die Schlinge zu einer festen Masche (siehe *Häkeln*) ziehen (B). Die Häkelnadel aus der Schlinge ziehen und von hinten wieder einstechen (C), dann die Gabel von rechts nach links drehen. Dadurch hat sich der Faden um die jetzt rechts liegende Zinke gelegt (D). Den Faden holen und durchziehen, um eine feste Masche zu bilden. Jetzt hat man eine neue Schlinge um die rechte Zinke. Die Häkelnadel nun von unten in die linke Schlinge einstechen, den Faden holen und durchziehen (es liegen jetzt zwei Schlingen auf der Nadel, E). Den Faden holen und durch beide Schlingen ziehen (F).

Die Schritte C bis F wiederholen, bis die Gabel voll ist. Dann den unteren Steg entfernen und bis auf wenige obere Reihen alle Schlingen von der Gabel abziehen (G); den Steg wieder aufsetzen und bis zur gewünschten Länge weiterarbeiten.

Die so hergestellten Bänder können mit Kettmaschen (siehe *Häkeln*) verbunden werden (H); man arbeitet dabei mit einem getrennten Faden, der unter der Arbeit gehalten wird. Die Häkelnadel jeweils in eine Schlinge des linken und eine Schlinge des rechten Bands einstechen und Kettmaschen arbeiten.

Bei der Webverbindung (I) sticht man die Häkelnadel in ein, zwei oder drei Schlingen des einen Bands und dann in die gleiche Anzahl von Schlingen des anderen Bands ein. Die zweiten Schlingengruppen durch die ersten ziehen.

Um die Bänder einzufassen, häkelt man eine feste Masche in jede Schlinge am Rand des Bandes (J).

Galgenmännchen

Für das Galgenspiel braucht man ein Blatt Papier und einen Bleistift. Zunächst zeichnet der erste Spieler in Form eines umgedrehten L einen Galgen. Dann denkt er sich ein Wort mit fünf oder mehr Buchstaben aus und zeichnet für jeden Buchstaben einen Strich auf das Papier. Daneben schreibt er das ganze Alphabet auf.

Der zweite Spieler muß nun versuchen, das Wort herauszufinden, indem er beliebige Buchstaben nennt. Kommt einer dieser Buchstaben in dem zu erratenden Wort vor, schreibt der erste Spieler ihn über dem dazugehörigen Strich auf und streicht ihn im Alphabet durch. Kommt ein Buchstabe mehrmals in dem Wort vor, muß er über jedem dazugehörigen Strich eingesetzt werden. Nennt der Gegner einen Buchstaben, der im Wort nicht vorkommt, zeichnet man jedesmal einen Körperteil des Galgenmännchens – zuerst Kopf, dann Hals, Rumpf, jeweils einen Arm und ein Bein. Wenn der zweite Spieler das Wort errät, bevor das Galgenmännchen beide Beine hat, ist er Sieger und darf nun dem ersten Spieler ein Rätselwort aufgeben. Ist dies nicht der Fall, muß er hängen, und der erste Spieler kann sich einen weiteren – möglichst schwierigen – Begriff ausdenken.

Gallen

Pflanzengallen sind krankhafte Wucherungen an Trieben, Blättern, Blattstielen, Knospen, Wurzeln und Ästen. Sie können die verschiedensten Formen annehmen und von punktförmigen Verdickungen bis zu Anschwellungen von beachtlicher Größe reichen. Gallen können verkrüppeltes Wachstum verursachen; Teile oberhalb einer Galle sterben oft ab. Im Inneren siedeln sich oft Insektenlarven (etwa die von Milben, Wespen oder Blattläusen) an. Einige Gallen sind auf Krankheitsbefall durch Pilze, Bakterien oder Viren zurückzuführen.

Obwohl Pflanzengallen manchmal gefährlich aussehen, richten sie an Pflanzen meist keinen größeren Schaden an. Um Abhilfe zu schaffen, kann man die Gallen von Hand entfernen und vernichten. Wenn ein Strauch stark befallen ist, schneidet man die befallenen Teile ab und verbrennt sie. Dadurch beugt man einer weiteren Ausbreitung vor. Sind Älchen an den Wurzeln der Pflanze die Ursache, kann eine Desinfektion des Bodens durch Dämpfen notwendig sein. Am besten läßt man sich von dem zuständigen amtlichen Pflanzenschutzdienst beraten.

Garagentore

Drehflügeltore Herkömmliche Drehflügeltore aus Holz bestehen meist aus zwei Flügeln, die nach außen geöffnet werden. Sie sollten, wenn sie geöffnet sind, mit Türfeststellern gesichert werden, damit sie nicht von einem Windstoß zugeschlagen werden können, denn dabei werden die Bänder eventuell verbogen oder gar ausgerissen.

Man kann Türfeststeller kaufen oder ohne großen Aufwand selber machen. Man braucht dazu für jeden Türflügel ein abgewinkeltes Rundeisen und zwei Winkeleisen mit je einer Bohrung im Durchmesser des Rundeisens. Man schraubt je zwei Winkeleisen waagrecht in etwa 20 cm Abstand zueinander unten so an jeden Türflügel, daß die Rundeisen von oben durchgesteckt werden können. Wenn das Tor geöffnet ist, läßt man die Rundeisen auf den Boden fallen und arretiert somit das Tor.

Sehr breite und schwere Holztore können sich senken und dann am Boden streifen. Mit einer stabilen Bugleiste, die von der unteren Ecke am Beschlag diagonal zur gegenüberliegenden oberen Ecke angebracht wird, kann man den rechten Winkel wiederherstellen.

Kipp- und Rolltore Anstelle von Drehflügeltoren werden heute hauptsächlich Kipp- und Rolltore eingesetzt, denn sie haben den Vorteil, daß sie sich beim Öffnen waagrecht unter die Decke schieben und somit die gesamte Einfahrtbreite freigeben. Rolltore sind meist aus Stahl, Leichtmetall oder Kunststoff. Kipptore gibt es auch aus diesen Materialien; sehr häufig sind sie aber mit Brettern verschalt, die senkrecht oder waagrecht verlaufen können. Teurer sind kassettenförmige oder ähnliche Schmuckverkleidungen aus Holz.

Bei beiden Türarten besteht der Grundrahmen aus Stahlrohr. Kipptore sind sehr schwer, lassen sich aber dennoch leicht bewegen, da sie mit starken Spiralfedern versehen sind. Rolltore sind ohne diese Hilfe mühelos zu öffnen und zu schließen.

Automatischer Torantrieb Wie für Drehflügeltore gibt es auch für Kipp- und Rolltore (A, B) automatische

A

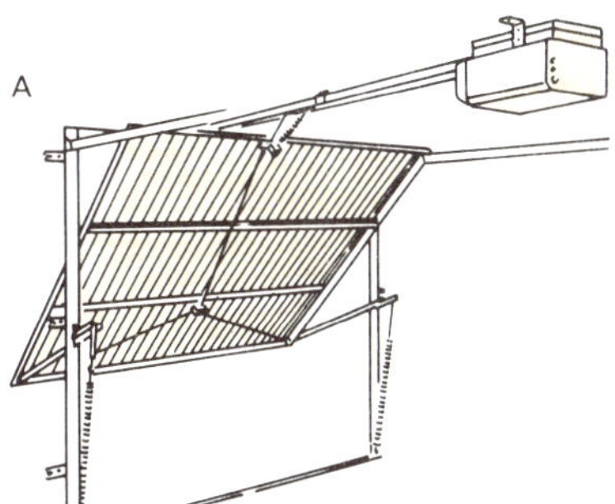

elektrische Antriebe. Solche Antriebe können mit einem Funksender, den man im Fahrzeug mitführt, betätigt werden. Man kann damit aus Entfernungen bis zu 25 m, auch um Häuserecken herum, aus dem Fahrzeug per Knopfdruck ein Tor öffnen oder schließen (C). Elektrische Antriebe kann man auch nachträglich einbauen lassen. Für Störfälle gibt es in jedem Fall eine Handentriegelung über das Schloß.

B

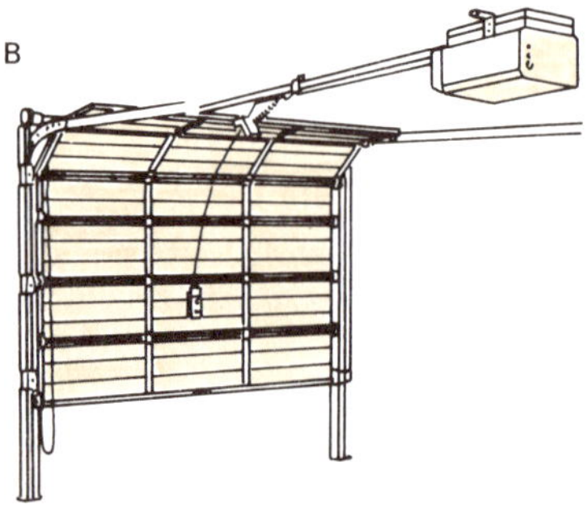

C

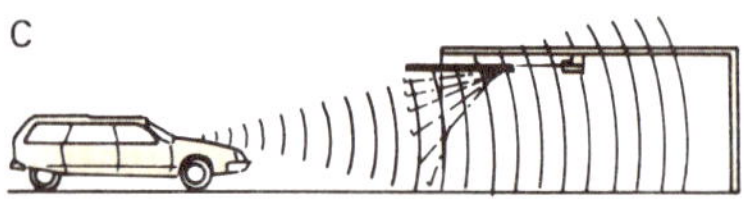

Ein solcher Torantrieb kann auch über einen Schlüsselschalter, der etwa an der Hofeinfahrt vom Fahrzeug aus erreichbar ist, gesteuert werden.

Gardinen und Vorhänge

Gardinen und Stores bestehen aus durchscheinendem oder leichtem Material und haben an der Oberkante entweder Gardinenband für Rollringe oder einen Zugsaum für die Gardinenstange; auf den Saum ist manchmal noch ein Köpfchen aufgesetzt. Manche Stoffe sind mit einem Bleiband versehen, sonst kann man es selber einarbeiten. Vorhänge oder Übergardinen sind meist aus schwerem Stoff und werden an Rollringen, Haken oder Ringen aufgehängt. Dazu braucht man für die Oberkante Gardinenband, Faltenband oder Einlegestreifen (festes, nicht gewebtes Versteifungsband oder Buckram). Mit einem Futter kann man leichte Stoffe lichtundurchlässig machen oder teure Stoffe vor dem Ausbleichen schützen. Speziell ausgerüstete oder beschichtete Stoffe isolieren gegen Kälte und Wärme. Soll der Vorhang besonders schön fallen, näht man kleine Gewichte an die Ecken und Nähte am Saum.

Stoffbedarf berechnen Zunächst montiert man die Vorhangschiene oder -stange mit dem Zubehör nach den Anweisungen des Herstellers. Dann mißt man von der Oberkante der Vorhangstange die gewünschte Länge ab (bis zum Fensterbrett, zur Unterkante der Fensterbank oder zum Fußboden – abzüglich 1,5 cm Bodenfreiheit für bodenlange Vorhänge). Hinzu rechnet man die Zugabe für den unteren Saum (je nach Stoff und Länge 5–10 cm bei Gardinen, 7,5 bis 15 cm bei Vorhängen) und, falls erwünscht, für das Köpfchen (5 cm bei Gardinen, 4 cm bei Vorhängen) sowie für den Zug- oder Hohlsaum (Durchmesser der Vorhangstange zuzüglich 5–12 mm Mehrweite, damit der Stoff leicht über die Stange gleitet). Bei schweren Stoffen genügt ein einfacher Saum, bei leichteren Stoffen ist ein doppelter zu empfehlen.

Um die fertige Breite zu bestimmen, mißt man die Gesamtlänge der Vorhangstange, gegebenenfalls einschließlich Retouren (Abschlußbogen) und Überlauf, und nimmt sie doppelt (bei durchscheinenden Gardinen und Stores dreifach), damit der Vorhang dicht fällt. Die Zugaben für die seitlichen Säume betragen 3,5 cm bei Gardinen und 6 cm bei Übergardinen; hinzu kommen 2,5 cm Zugabe pro Naht, wenn man mehrere Bahnen zusammensetzt.

Die fertige Breite wird durch die Stoffbreite dividiert, um die Anzahl der benötigten Bahnen zu berechnen; meist empfiehlt es sich, gegebenenfalls auf die nächste volle Stoffbreite aufzurunden. Für Schals, die seitlich nur zur Dekoration dienen, genügt oft je eine halbe Stoffbahn. Wenn man dann die fertige Länge pro Bahn mit der Anzahl der Bahnen multipliziert, erhält man den Stoffbedarf. Muß ein Muster übereinstimmen, rechnet man pro Bahn noch einen Rapport hinzu.

Bahnen zusammensetzen Man begradigt die Stoffenden (siehe *Stoffenden begradigen*), dann werden die Bahnen mit einer ineinandergreifenden Kappnaht zusammengenäht: Man legt die Stoffbahnen rechts auf rechts so aufeinander, daß die untere Bahn 5 mm übersteht. Die überstehende Kante über die obere Bahn umschlagen und beide Stoffbahnen nochmals umfalten. Darüberbügeln, dann zusammenstecken und steppen.

Ineinandergreifende Kappnaht

Seiten einsäumen Bei ungefütterten Gardinen werden die seitlichen Saumzugaben umgeschlagen und gebügelt; auch die Saumkanten 5 mm einschlagen und bügeln. Dann entlang der Innenfalte mit Geradstichen oder Blindstichen steppen. Die Webkante kann bei leichten Stoffen als seitlicher Abschluß dienen, wenn sie sich nicht verzieht.

Geradstich

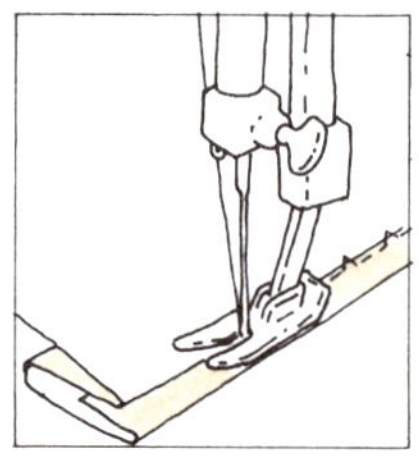

Blindstich

Bei gefütterten Vorhängen schneidet man den Futterstoff 10 cm schmäler und 5–12 cm kürzer als die Vorhangbahn zu. Das Futter wird unten 2,5 cm breit eingesäumt. Dann legt man die beiden Stoffe rechts auf rechts und steppt das Futter an beiden Seiten an die Vorhangbahn an; die letzten 5 cm vor dem Futtersaum läßt man offen. Die Nahtzugaben zum Futter hin bügeln. Das Futter nach der Mitte der Vorhangbahn ausrichten. Ist ein Faltenband vorgesehen, den

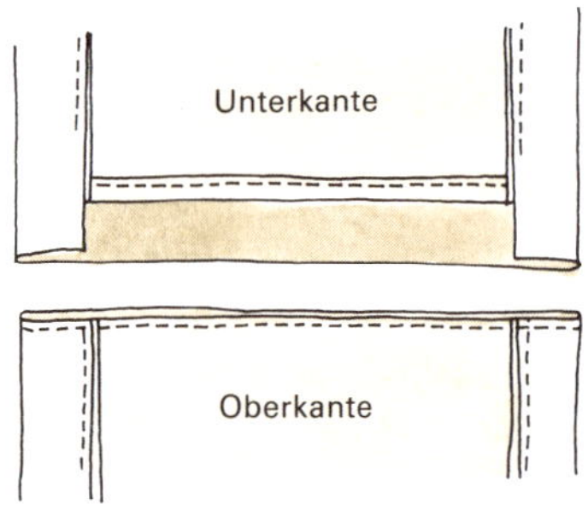

Vorhang wenden; sonst an der Oberkante durch beide Lagen 5 mm breit steppen.

Oberkante mit Zugsaum Für den Zugsaum einer Gardine zunächst die Schnittkante des Stoffs 1 cm breit umbügeln; dann den Saum in einer Breite umschlagen und bügeln, die dem Durchmesser der Vorhangstange plus Mehrweite (siehe oben) entspricht. In rund 3 mm Abstand an der gebügelten Kante entlangsteppen.

Bei einem Zugsaum mit Köpfchen zuerst die Schnittkante 1 cm breit umbügeln, dann die gesamte Oberkante umschlagen und bügeln. Den Saumrand steppen und dann in Höhe des Köpfchens (meist 2,5 cm) eine zweite Steppnaht anbringen.

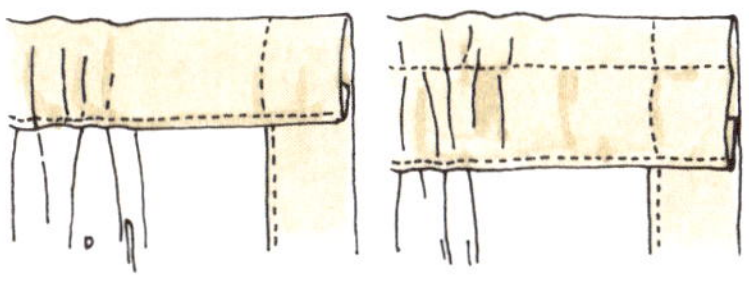

Einfacher Zugsaum — Zugsaum mit Köpfchen

Oberkante von Vorhängen Beim Annähen eines Faltenbands werden zunächst die Bandenden 1 cm weit eingeschlagen und angenäht. Das Band so auf die rechte Stoffseite legen, daß sich die Kanten 1 cm überlappen. An der Kante steppen. Dann das Band auf die linke Seite umlegen, bügeln und entlang der Führungslinie ansteppen. In die Taschen an den Bandenden werden einfache Haken eingeschoben; in die benachbarten und übrigen Taschen der Oberkante kommen Faltenleghaken (mit 4 Dornen), wobei man zwischen den einzelnen Falten zwei bis vier Taschen frei läßt; die entstehenden Falten mit den Fingern ausstreichen.

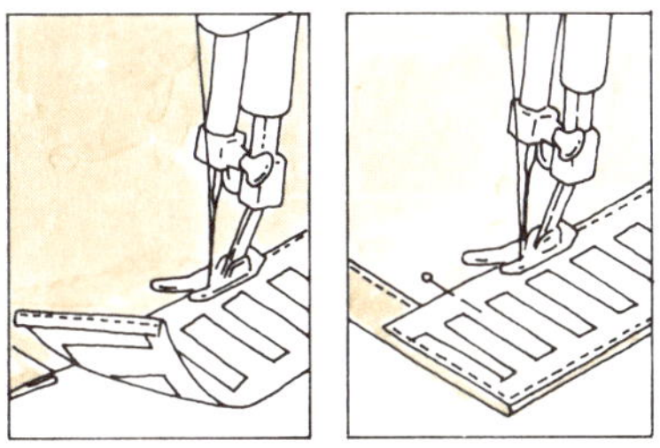

Faltenband ansteppen

Sollen gefütterte Vorhänge von Hand in Falten gelegt werden, setzt man in der gezeigten Weise ein Versteifungsband auf und näht es an der Kante an. Den Vorhang nach rechts wenden und rundherum bügeln. Dann an beiden Vorhanghälften die Überläufe (mittleren Kanten) und Retouren oder Abschlußbogen (Außen-

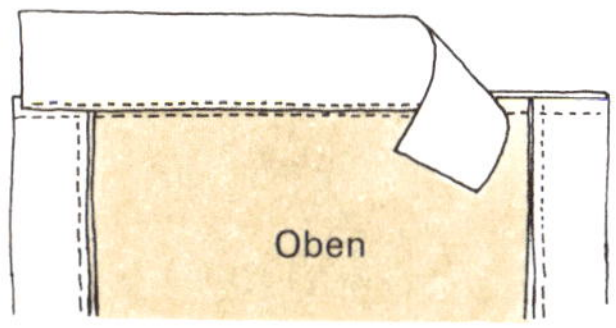

Versteifungsband an einen gefütterten Vorhang ansteppen

kanten) markieren. Dazwischen die Falten gleichmäßig verteilen; man rechnet pro Falte 12–15 cm und pro Zwischenraum 10 cm Stoff. Zunächst jede Falte in der Mitte zusammenlegen und vom oberen Rand bis zur Unterkante des Versteifungsbands absteppen. Dann jede Falte in drei gleichmäßige kleinere Falten auffächern und bügeln; am unteren Ende des Versteifungsbands mit einer Quernaht absteppen oder von Hand heften.

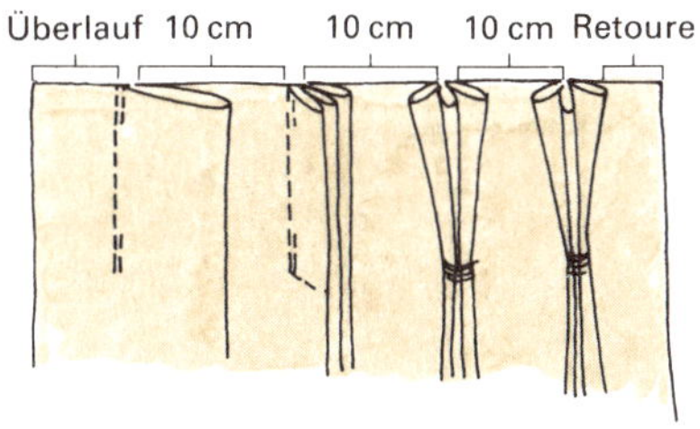

Unterkante säumen Den Saum umschlagen, anheften und die Gewichte annähen. Die einzelnen Bahnen einige Tage aufhängen und dann erst in der Länge angleichen.

Beim einfachen Saum wird die Schnittkante 5 mm breit umgebügelt und dann die restliche Saumzugabe umgeschlagen, gebügelt und an den Ecken abgeschrägt. Dann Haftmaterial einbügeln oder mit der Maschine bzw. von Hand mit Staffierstichen (siehe *Saumstiche*) säumen.

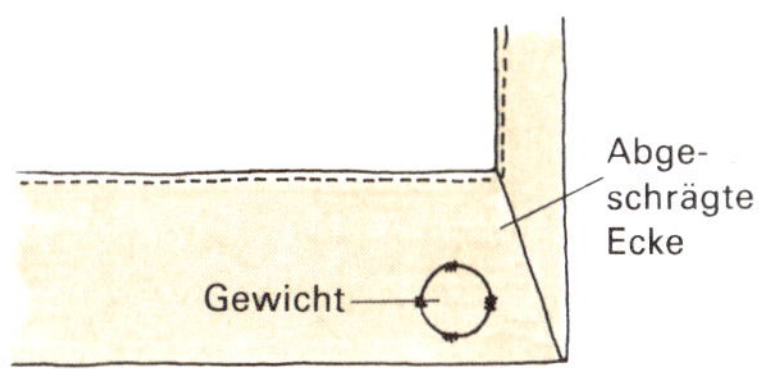

Ungefütterter Vorhang mit einfachem Saum

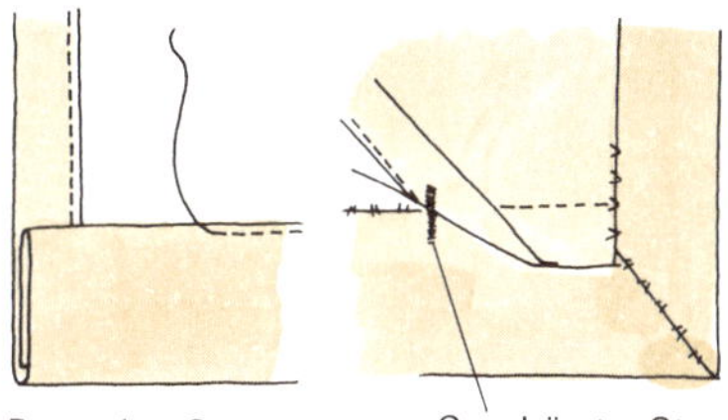

Doppelter Saum — Geschürzter Steg

Bei einem doppelten Saum wird die Kante zunächst 5 cm umgebügelt und dann nochmals 5 cm umgeschlagen, gebügelt und eingesäumt.

Bei gefütterten Vorhängen das Futter an der noch 5 cm offenen Naht von Hand annähen. Den Futtersaum mit geschürzten Stegen (siehe *Festonstich*) am Vorhangsaum befestigen und die Gewichte anbringen.

Siehe auch *Raffhalter*.

Garmethoden

Viele Nahrungsmittel müssen durch Hitze genießbar oder zumindest bekömmlicher gemacht werden. Hier ein Überblick über die üblichen Methoden:

Backen Nahrungsmittel auf Teigbasis im Backofen oder in Fett in der Pfanne erhitzen oder garen.

Braten Nahrungsmittel in wenig Fett in der Pfanne auf dem Herd oder (bei größeren Fleischstücken) auf dem Rost, auf dem Grillblech oder im Bräter im Backofen erhitzen oder garen. Wichtig dabei ist, daß das Fett zwar heiß, aber nicht überhitzt ist. Bratpfannen sind heiß genug, wenn Wassertropfen darin tanzen, ohne sofort zu verdunsten. Dies gilt nicht für kunststoffbeschichtete Pfannen, die mit dem Fett erhitzt werden müssen.

Dämpfen Im Wasserdampf garen oder aufwärmen. Bevorzugt für Gemüse geeignet. Am besten verwendet man Dampfeinsätze aus Metall; das Kochgut darf nicht mit dem Wasser selbst in Berührung kommen. Der Topfdeckel muß fest schließen. Am geeignetsten sind Schnellkochtöpfe.

Dünsten Nahrungsmittel im eigenen Saft, eventuell unter Zugabe von etwas Fett und/oder Flüssigkeit, garen. Die Methode eignet sich für Nahrungsmittel mit hohem Wassergehalt.

Fritieren Siehe dort.

Garen ohne Fett und Wasser Fleisch und Gemüse in fest schließenden Spezialtöpfen ohne Zusatz von Fett und Wasser garen. Diese Methode ist für Diät- und Schonkost besonders geeignet und ist auch energiesparend.

Grillen Durch Strahlungshitze auf dem Elektro-, Gas- oder Holzkohlengrill garen. Je dicker das Grillgut, desto größer muß der Abstand von der Heizquelle sein. Hähnchen und Braten muß man vor oder unter der Heizquelle drehen. Siehe auch *Grillen auf dem Rost*.

Kochen Nahrungsmittel in Flüssigkeit bei mindestens 95 °C garen. Viele Nahrungsmittel (z. B. Fleisch, Gemüse) werden bei dieser Garmethode ausgelaugt und verlieren an Nährwert. Eine Grundregel für das Kochen lautet daher: So lange wie nötig, so kurz wie möglich!

Pochieren In heißer Flüssigkeit bei höchstens 80 °C garen. Diese Methode ist besonders für Fisch dem Kochen vorzuziehen.

Schmoren Nahrungsmittel, vor allem Fleisch, in heißem Fett kräftig anbraten, um eine starke äußere Bräunung zu erzielen. Dann mit Flüssigkeit ablöschen und in geschlossenem Topf bei mäßiger Hitze zu Ende garen.

Sieden In beinahe kochender Flüssigkeit garen.

Ziehen lassen In Flüssigkeiten unterhalb des Siedepunktes sehr langsam und lange garen oder auslaugen lassen.

Siehe auch *Kochgeschirr*; *Wasserbad*.

Garneinkauf

Bevor man viel Zeit und Geld in eine neue Häkel- oder Strickarbeit investiert, sollte man folgende Hinweise beachten:

Wenn man nach einer Vorlage arbeiten will, kauft man möglichst die dafür empfohlene Garnart ein. Falls sie nicht erhältlich ist, läßt man sich im Fachgeschäft beraten, welches Garn dem empfohlenen am ehesten entspricht. Davon kauft man am besten nur einen Knäuel und fertigt eine Maschenprobe (siehe dort) an.

Wichtig beim Kauf ist die Nummer der Farbpartie auf der Garnbanderole. Die benötigte Gesamtmenge jeder Garnfarbe sollte aus derselben Farbpartie stammen, denn kleinste Farbabweichungen (auch bei Weiß und Schwarz!), die nicht erkennbar sind, wenn man die Knäuel nebeneinanderhält, fallen an der fertigen Arbeit unangenehm auf. Falls man gezwungen ist, mit Garn aus zwei verschiedenen Partien zu arbeiten, verwendet man die eine beispielsweise für alle Bündchen, die andere für die Hauptteile eines Kleidungsstücks. Farbabweichungen fallen auch kaum auf, wenn andere Farben, etwa bei einem Streifenmuster, dazwischen liegen. Hat man den Farbunterschied zu spät gemerkt, kann man die Stelle eventuell mit einer Stickerei, einer Zierborte o.ä. kaschieren.

Man sollte lieber zuviel als zuwenig Garn aus einer Farbpartie kaufen, um die Arbeit fertigstellen zu können. Fast alle Handarbeitsgeschäfte nehmen nicht verwendete ganze Knäuel gegen Bargeld oder zumindest gegen Gutschein zurück.

Meist sind auf der Banderole auch Pflegeanleitungen angegeben. Ist dies nicht der Fall, kann man die Maschenprobe waschen und dämpfen, um zu sehen, wie sich das Garn verhält. Will man mit verschiedenen Garnarten arbeiten, sollten die Pflegeeigenschaften aller verwendeten Garne gleich sein. Im Zweifelsfall läßt man das Stück chemisch reinigen.

Um bei einem anderen als dem empfohlenen Garn den Bedarf auszurechnen, richtet man sich am besten nach den Angaben für ein ähnliches Modell. Man kann sich aber auch im Fachgeschäft beraten lassen.

Um die Elastizität eines Woll- oder wollähnlichen Garns vor dem Kauf zu prüfen, dehnt man einen etwa 15 cm langen Faden und läßt ihn dann wieder los. Nimmt er seine ursprüngliche Länge nicht an, wird die fertige Arbeit ihre Form nicht behalten. Baumwollgarne, baumwollähnliche Syntheticgarne und viele Phantasiegarne sind kaum oder nicht dehnbar. Sie sollten nur für Tischdecken u.ä. oder für Kleidungsstücke verwendet werden, bei denen keine Elastizität erforderlich oder erwünscht ist. Für Teilbereiche, die dehnbar sein müssen, siehe *Bündchen*.

Ist auf der Garnbanderole eine bestimmte Nadelstärke empfohlen, sollte man um höchstens zwei Nummern davon abweichen.

Gartenschläuche

Einen Gartenschlauch läßt man nach Gebrauch nicht einfach am Boden liegen. Man bewahrt ihn, entleert und locker aufgewickelt, an einem kühlen, trockenen Platz auf, denn sonst könnte er leicht zur Stolperfalle oder bei anderen Gartenarbeiten, z.B. mit dem Rasenmäher, beschädigt werden. Den Winter über bewahrt man ihn im Haus oder in einem Schuppen auf. Dazu wickelt man ihn auf eine Trommel oder legt ihn in Schlaufen flach auf den Boden. Auf einen Nagel oder dergleichen sollte man ihn nicht hängen, weil er sonst geknickt und dadurch beschädigt werden könnte. Weist ein Schlauch Falten oder Knickstellen auf, richtet man sie sofort gerade.

Schlauch reparieren Meist hat es keinen Sinn, einen undichten Schlauch mit Klebeband oder einem Flicken provisorisch zu reparieren. Geeignetes Reparaturmaterial gibt es für wenig Geld fertig abgepackt im Fachhandel. Am einfachsten läßt sich die Reparatur mit einem Verbindungsstück durchführen, das eine dauerhafte Verbindung ergibt. Ein wenig teurer sind Kupplungen, die es ermöglichen, den Schlauch an dieser Stelle auseinanderzunehmen; sie werden angeklemmt, mit Schlauchbinden befestigt oder mit Muffen verschraubt.

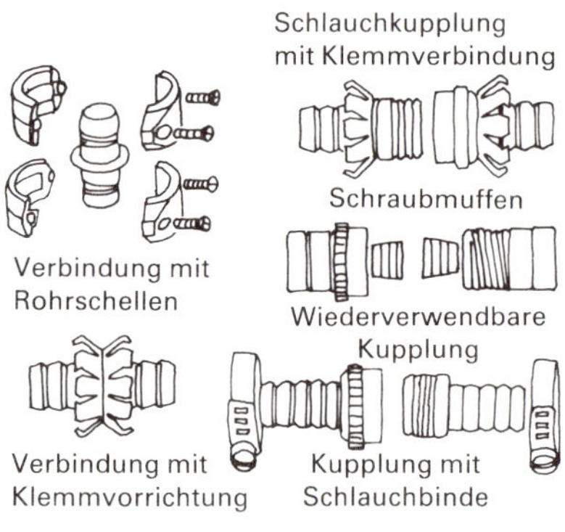

Zunächst wird der Schlauch an beiden Seiten der Leckstelle mit einem Universalmesser gerade durchgeschnitten. Dieses Abfallstück des Schlauchs nimmt man mit ins Geschäft, damit man ein passendes Verbindungsstück oder eine entsprechende Kupplung aussuchen kann. Die Teile sollten fest im Schlauch sitzen, ihn jedoch nicht so weit ausdehnen, daß er einreißt. Bei Kunststoffschläuchen kann man die Enden in heißem Wasser einweichen; dann lassen sich die Teile besser einsetzen. Wie man Verbindungsstücke oder Kupplungen einbaut, ist auf der Verpackung beschrieben.

Leckt ein Schlauch an einer Kupplung, erneuert man die Dichtung.

Gartenteich

Einen besonderen Blickfang im Garten bildet ein kleiner Teich.

Anlage Mit Hilfe einer starken Plastikfolie – es gibt spezielle Folien für Teiche – kann man ihn leicht selber anlegen. Man hebt zuerst eine Grube aus, entfernt alle scharfkantigen Steine am Boden und bringt eine 2 cm hohe Sand- oder Erdschicht aus. Nun wird die Plastikfolie so hineingelegt, daß die Ränder der Grube überdeckt werden. Die Größe der Folie bemißt sich nach der größten Länge und Breite plus der doppelten Breite der Grube. Den Rand beschwert man mit Steinen und läßt langsam Wasser einlaufen, damit sich die Folie der Form der Grube anpaßt. Schließlich wird der Rand mit Platten so abgedeckt, daß sie zum Wasser hin 2–5 cm abstehen. Man kann selbstverständlich auch ein Fertigbecken kaufen und dieses in die ausgehobene Grube einbauen.

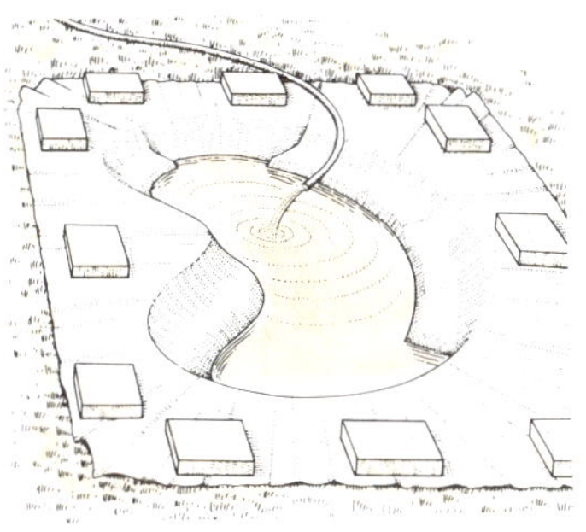

Bepflanzung Die schönsten Pflanzen für einen Teich sind die Seerosen. Es gibt Zwergarten, mittelgroße und große Arten in Rot, Rosa, Gelb und Weiß, die in Staudengärtnereien zu haben sind. Die Pflanzen setzt man entweder in einen mit Lehm gefüllten Plastikkorb oder in einen Plastiktopf, in den man mehrere 6 mm große Löcher gebohrt hat. Will man die Pflanzen nicht in Behälter, sondern direkt in die Erde setzen, breitet man auf dem Boden des leeren Beckens eine ungefähr 15 cm hohe Lehmschicht aus, in die man die Pflanzen einsetzt. Dann streut man eine Schicht Sand oder Kiesel auf den Lehm.

Außer Seerosen kann man in einen kleinen Teich auch die Wasserähre, die Sumpfrose und die Goldkeule einpflanzen. Beliebte sauerstoffbildende Unterwasserpflanzen sind die Wasserfeder, das Tausendblatt, der Wasserhahnenfuß, das Krause Laichkraut und die Kanadische Wasserpest. Sie sind für jedes Becken wichtig, weil sie das Wachstum von Mikroorganismen fördern. Daneben gibt es noch Schwimmpflanzen, die auf der Wasseroberfläche schwimmen. Dazu gehören der Moosfarn, die dekorative Wasserhyazinthe, die Wasseraloe und die Wassernuß. Für den Rand des Wasserbeckens wählt man Sumpfpflanzen. Pfeilkraut, Binse und Rohrkolben rahmen einen Teich besonders wirkungsvoll ein. Für die Randbepflanzung kleinerer Teiche eignen sich die Sumpfdotterblume, die Sumpfschwertlilie, das Wollgras und das Sumpfvergißmeinnicht. Sehr apart machen sich auch die Sumpfkalla und die Gauklerblume.

Gartentore

Wenn ein Gartentor aus Holz nicht mehr schließt, kann es aufgequollen sein und deswegen am Pfosten klemmen. Dann hängt man das Tor aus und hobelt das klemmende Teil, bis es wieder paßt. Wenn sich ein Holzpfosten leicht gesenkt hat, kann man die Bänder mit Unterlegscheiben unterlegen oder versuchen, die Angeln etwas nach oben zu richten.

Pfeiler aus Beton oder Mauerwerk verändern manchmal durch extreme Temperaturen ihre Position, so daß das Tor oder das Schloß nicht mehr funktioniert. Dies wird vermieden, wenn man die Pfeiler durch ein unterirdisches armiertes Betonband verbindet. Als Sofortmaßnahme kann man die Bänder entsprechend kröpfen (abwinkeln) oder unterlegen.

Wenn sich ein Torrahmen aus Holz abgesenkt hat, also aus dem Winkel geraten ist, setzt man eine neue Bugleiste und bringt den Rahmen dadurch wieder in Form. Eine Bugleiste verläuft diagonal von der unteren Rahmenecke am Pfosten zur gegenüberliegenden oberen. Ist das Tor mit Stahldraht und Spanner an einem langen Pfosten gesichert, wie es für schwere Tore zu empfehlen ist, zieht man den Spanner entsprechend an. Lose Eckverbindungen an Holztoren kann man mit Flacheisen oder Eckwinkeln (Scheinecken) sichern.

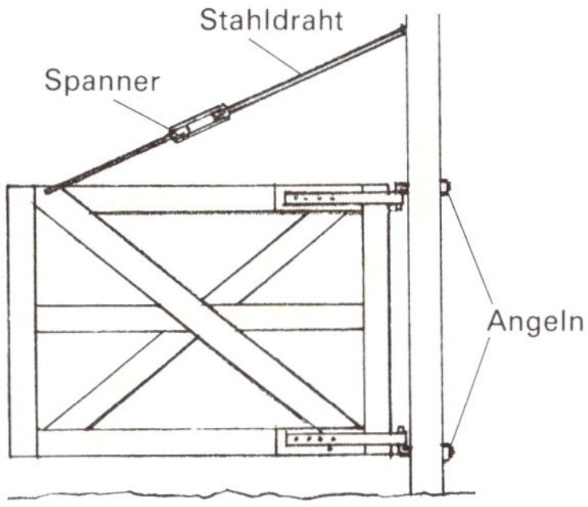

Wer seine Toreinfahrt passieren möchte, ohne aus dem Auto auszusteigen, kann einen elektrischen automatischen Torantrieb installieren lassen. Solche Antriebe gibt es für Schiebetore sowie für ein- und zweiflügelige Drehtore. Der Betriebsimpuls erfolgt über Funksteuerung, die sich im Fahrzeug befindet, oder über Schlüssel- oder Magnetkartenschalter. Letztere werden so installiert, daß man sie vom Fahrzeug aus bedienen kann, ohne aussteigen zu müssen.

Gartenwege und Gartentreppen

Wenn man einen Garten gestaltet, sollte man Wege und, wenn nötig, auch Treppen so anlegen, daß man den Garten bei jedem Wetter bequem und sicher begehen kann. Welches Material man verwendet, ist Geschmackssache, es sollte jedoch witterungsbeständig, d.h. feuchtigkeits- und frostbeständig sein. Geeignet sind z.B. Klinker, Natursteine, Beton oder druckimprägniertes Holz.

Gartentreppen sollten nicht nur ihre Funktion erfüllen, sondern auch als

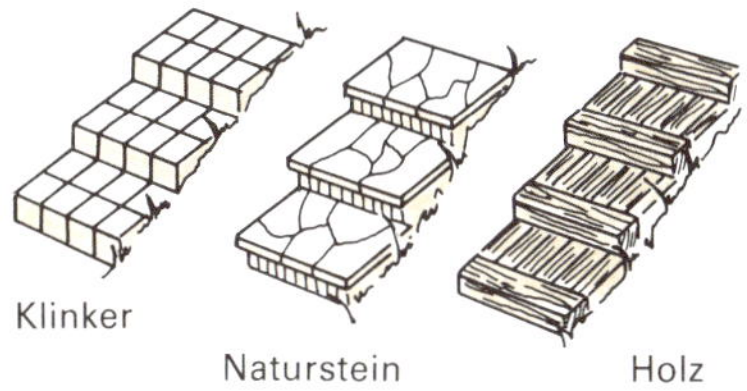

gestalterische Elemente harmonisch in den Garten eingefügt werden. So muß eine Treppe nicht direkt einen Höhenunterschied überbrücken, sie kann auch seitlich zum Gefälle verlaufen, unterschiedlich breite Stufen haben oder durch Zwischenpodeste aufgelockert werden. Die Stufenhöhe sollte nicht mehr als 16 cm und die

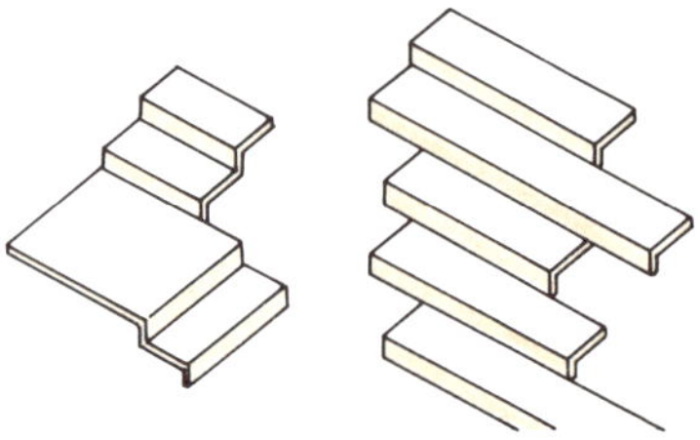

Auftrittsbreite mindestens 31 cm betragen. Der Unterbau sollte möglichst immer aus 10 cm Kies und mindestens 10 cm Magerbeton bestehen (siehe *Betonieren*).

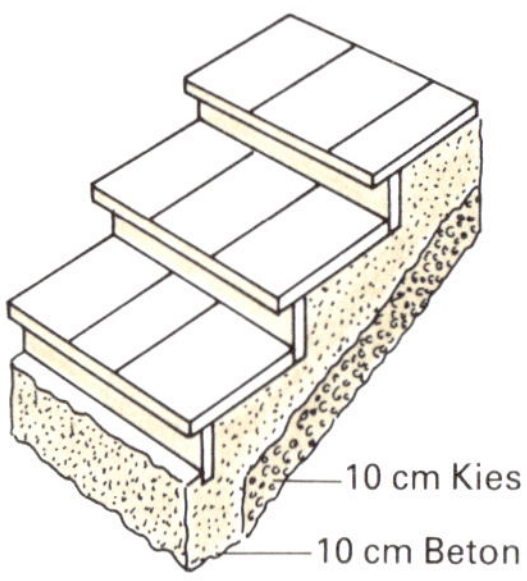

Wichtig ist außerdem, daß alle Beläge im Bereich von Gebäuden mit einem leichten Gefälle versehen werden, um das Regenwasser wegzuleiten.

Gasaustritt

Erdgas ist ungiftig, farblos und geruchlos. Ihm ist jedoch ein Geruchsstoff beigemischt, der dem Duft von faulen Eiern ähnelt und deshalb leicht wahrnehmbar ist.

Unverbranntes Erdgas tritt durch kleinste Undichtigkeiten an Leitungen, Armaturen oder schadhaften Geräten aus, meistens an Schwachstellen wie Dichtungen oder veralteten Armaturen, die jahrelang nicht mehr überprüft wurden. Erdgas ist leichter als Luft, und schon 5 Vol.-% können mit der Raumluft ein zündfähiges Gemisch bilden.

Bei Gasaustritt sind folgende Maßnahmen zu ergreifen:

- Sofort alle Fenster und Türen öffnen, um für Durchzug und somit Entlüftung zu sorgen.
- Bei stärkerem Gasaustritt sollten alle Personen das Gebäude unverzüglich verlassen.
- Da der kleinste Funken das zündfähige Gemisch explodieren lassen kann, muß eine Funkenbildung jeder Art vermieden werden. Daher kein offenes Licht verwenden! Nicht rauchen! Keine elektrischen Schalter betätigen, z.B. Beleuchtung, Treppenhauslicht, Türklingel, Taschenlampe! Keine elektrischen Stecker herausziehen!
- Wenn möglich, die Gasabsperreinrichtung oder die Hauptabsperreinrichtung zu schließen versuchen.
- Unverzüglich das zuständige Gasversorgungsunternehmen benachrichtigen.
- Bemerkt man Gasgeruch aus einer abgeschlossenen Wohnung, die Polizei oder die Feuerwehr unverzüglich verständigen, da diese das Recht haben, sich den notwendigen Zutritt zu verschaffen.

Das Gasleitungsnetz darf nur von einer zugelassenen Fachfirma mit Genehmigung des Gasversorgungsunternehmens instand gesetzt werden.

Gebrauchtwagenkauf

Der Kauf eines gebrauchten Pkws verlangt einige Sachkenntnisse; deshalb sollte man sich vorher ausführlich informieren oder sich die Unterstützung eines sachkundigen Helfers sichern.

Gebrauchte Fahrzeuge mit kleineren Motoren (Kleinwagen und untere Mittelklasse) sind wegen ihrer günstigen Versicherungs- und Steuerklasse gesucht und daher immer relativ teuer. Man sollte also prüfen, ob nicht ein Fahrzeug mit einem etwas größeren Motor auf die Dauer vorteilhafter wäre, selbst wenn die Unterhaltskosten etwas höher liegen. Ein solches Fahrzeug ist auch sehr viel betriebssicherer, weil es technisch weniger belastet wird.

Zu bevorzugen ist ein Fahrzeug mit eher hoher Kilometerlaufleistung, aber wenigen Zulassungsjahren. Moderne Motoren sind auch nach 100000 km noch betriebssicher, dagegen zeigen die Karosserien nach etwa sechs Jahren schon Rostschäden.

Beim Gebrauchtwagenkauf sollte man zunächst die Fahrzeugpapiere prüfen und mit der am Fahrzeug angebrachten Fahrgestellnummer vergleichen.

Die Karosserie ist gründlich auf Rost- und Unfallschäden zu untersuchen. Kritisch sind hier Lackabweichungen, gespachtelte, verbeulte Stellen, Abweichungen der Karosseriespalten an Hauben, Türen und Deckeln sowie einseitig abgefahrene Reifen. Nicht vergessen, nach kleineren Unfallschäden zu fragen; die Unfallfreiheit sollte man sich schriftlich bestätigen lassen.

Der Motor muß einwandfrei, ohne zu rucken und ohne Geräuschbildung beschleunigen. Beim Abbremsen ist zu kontrollieren, ob das Fahrzeug einseitig ausbricht; dabei auf Schleifgeräusche und Pedalvibration achten. Die Fußmatten anheben sowie den Kofferraum untersuchen, ob sich Feuchtigkeit angesammelt hat.

Nach Möglichkeit das Fahrzeug auf eine Grube oder Hebebühne fahren und hier den Zustand des Unterbodens und des Auspuffsystems kontrollieren. Zu prüfen wäre, ob das Fahrzeug schadstoffarm ausgerüstet werden kann und in welche Steuerklasse es in Zukunft fällt.

Bei den Preisverhandlungen sollte man die in sogenannten Zeitwertlisten enthaltenen Preisinformationen berücksichtigen; die Listen sind in den Automobilclubs erhältlich.

Geburtshilfe

Bei einer unerwarteten Geburt (Spontan- oder Sturzgeburt) redet man beruhigend mit der Gebärenden, legt sie auf eine saubere Unterlage und zieht ihr alle hinderlichen Kleidungsstücke aus. Nun läßt man den Geburtsvorgang ablaufen, ohne einzugreifen. Wenn das Kind geboren ist, legt man es in Seitenlage neben die Mutter und deckt es warm zu; es bleibt durch die Nabelschnur mit der Mutter verbunden. Die Nabelschnur deckt man am Nabel des Kindes und 10 cm weiter mit einem sterilen Verband ab. Setzt beim Kind die Atmung nicht sofort ein, hält man es an den Füßen hoch und beklopft vorsichtig Rücken und Po. Nun benachrichtigt man möglichst rasch den Rettungsdienst (siehe *Notruf*).

Dann wartet man bei Mutter und Kind auf die Hilfe. Wenn vorher, etwa 20 Minuten nach der Geburt, die Nachgeburt erscheint, legt man sie neben das Kind und deckt sie zu; der Arzt prüft sie auf Vollständigkeit. Die Mutter wird nicht gesäubert. Sie soll mit ausgestreckten, übereinandergeschlagenen Beinen gut zugedeckt liegen. Zwischen die Beine legt man keimfreie Vorlagen.

Fehlgeburt Treten bei einer Schwangeren plötzlich heftige Blutungen auf, kann eine Fehlgeburt bevorstehen. Man benachrichtigt sofort einen Arzt oder den Rettungsdienst. Die Blutende muß zugedeckt flach liegen. Man legt keimfreie Vorlagen oder ein sauberes, frisch gebügeltes Leintuch zwischen die Beine, die ausgestreckt übereinandergeschlagen sein sollen.

Gedächtnistraining

Wenn man neue Informationen aufnimmt, sollte man ganz bewußt genau darauf achten, was man hört, liest oder sieht, und sich nicht ablenken lassen. Wenn man jemanden zum erstenmal trifft, konzentriert man sich voll darauf, den Namen richtig zu verstehen und zu behalten; es hilft meist, wenn man ihn gleich bei der Begrüßung laut wiederholt.

Man wiederholt ein- oder zweimal am Tag Dinge, die man gelernt hat und die wichtig sind. Wenn möglich, sagt man das Gelernte laut auf, stellt es sich bildlich vor und schreibt es außerdem nieder; alle drei Ausdrucksformen trainieren das Gedächtnis in unterschiedlicher Weise.

Hilfreich können sogenannte Eselsbrücken sein. Wenn man sich im gesellschaftlichen Umgang Namen und Gesichter schlecht merkt, kann man den Namen mit einem äußeren Merkmal oder Charakterzug der Person in Verbindung bringen: Hat Frau Winter beispielsweise eine frostige Art und Herr Philipp ein zappeliges Wesen? Von Personen, mit denen man beruflich zu tun hat, legt man eine Namensliste an, die man häufig durchgeht, wobei man sich das dazugehörige Gesicht ins Gedächtnis ruft.

Wichtige Zahlen kann man in einen bedeutungsvollen Zusammenhang bringen. Man stellt sich die Zahl 615729 z.B. als zwei Tageszeiten vor: 6.15 Uhr (wenn der Wecker läutet) und 7.29 Uhr (Abfahrt der Straßenbahn). Man kann die Ziffern auch zueinander in Beziehung bringen: 6 − 1 = 5, 6 + 1 = 7 + 2 = 9.

Geflügel

Bei tiefgekühltem Geflügel muß man darauf achten, daß die Verpackung nicht verletzt ist und daß unter der Folie sich kein Schnee oder kein Gefrierbrand (braune Flecken) gebildet hat. Das Tiefkühlgerät darf keinen starken Eisbelag haben; die Ware sollte nicht darin aufgehäuft, sondern gleichmäßig verteilt sein.

Bei Geflügel, auch bei frischem, ist die Salmonellengefahr groß. Daher ausgelaufenen Saft oder Auftauflüssigkeit wegschütten; alle Geräte usw. heiß spülen; keine Holzbretter, zum Abtrocknen Küchenkrepp und kein Tuch verwenden; Geflügel immer durchgaren. Siehe auch *Tiefkühlkost auftauen*.

Hähnchen Zum Braten, Grillen und Schmoren im Ganzen und als Teilstücke geeignet. Das Fleisch ist meist mager. Ein Hähnchen reicht für zwei Personen.

Suppenhühner Das Fleisch der gemästeten Legehennen ist meist zäh. Man bereitet aus ihnen Bouillon, eventuell auch Ragout oder Frikassee.

Poularden Sie sind schwerer und fleischiger, meist auch fetter als Hähnchen; man bereitet sie wie diese zu. Ein Vogel reicht für vier Personen.

Perlhühner Sie haben dunkles Fleisch mit leichtem Wildgeschmack, sind mager und zum Braten und Schmoren geeignet. Ein Perlhuhn ergibt zwei Portionen.

Puter oder Truthahn Fast nur als etwa 3 kg schwere Jungtiere (Babyputer) im Angebot. Auch Einzelteile – Keulen, Schnitzel – werden verkauft. Puter sind fleischig und fettarm, eignen sich zum Braten und Schmoren und reichen je nach Größe für sechs und mehr Personen.

Gänse Sie gehören zu den fettreichen, schwer verdaulichen Geflügelarten. Das Fett sollte herausgebraten und die Sauce vor dem Servieren entfettet werden. Gänse kann man auch schmoren. Frühmastgänse wiegen 3,5–5 kg, ältere bis 8 kg; sie reichen für sechs und mehr Personen.

Enten Fast nur als Frühmastenten oder Jungenten (1,5–2 kg) auf dem Markt. Sie sind unterschiedlich fett und zum Braten besonders geeignet. Eine Ente reicht für vier Personen.

Wildenten Sie sollten jung sein. Sie sind fettarm, eignen sich zum Schmoren und Braten und reichen für zwei Portionen.

Fasane Das Fleisch ist mager. Nur junge Tiere eignen sich zum Braten, ältere sollte man schmoren, noch besser zu Wildsuppe oder Pastete verarbeiten. Ein Vogel ergibt zwei Portionen.

Rebhühner Zarte Wildvögel, die man nur schmoren sollte; sie trocknen sonst aus. Ein Vogel reicht für eine Person.

Tauben Junge kann man braten, ältere sollte man schmoren. Pro Person rechnet man einen Vogel.

Wachteln Sie werden bardiert (siehe *Bardieren*) geschmort. Pro Person braucht man zwei Wachteln.

Geflügel ausnehmen

Zunächst schneidet man mit einer Küchenschere die Haut neben der Darmöffnung des Vogels auf, ohne dabei den Darm selbst zu verletzen. Dann fährt man mit den Fingern vorsichtig in die Öffnung und löst die Eingeweide und das Fett von der Bauchdecke. Nun kann man Eingeweide und Fett auf einmal herausziehen. Mit dem Zeigefinger schält man die Fettpolster beiderseits des Bürzels aus; man kann das Fett auslassen und zum Anbraten benutzen. Von der Leber schneidet man die Galle großzügig weg; den Magen schneidet man an der weißen Naht auf und schält den Magensack heraus. Aus Hals, Magen, Herz und Leber bereitet man einen Fond für die Sauce.

Geflügel dressieren

Wenn man vor der Zubereitung die Flügel und Beine von Geflügel festbindet, behält es seine kompakte Form, und die Haut platzt nicht. Dazu benötigt man lediglich einen weißen Baumwollfaden von rund 1 m Länge.

Den Vogel so auf den Rücken legen, daß die Beine nach vorn weisen, und

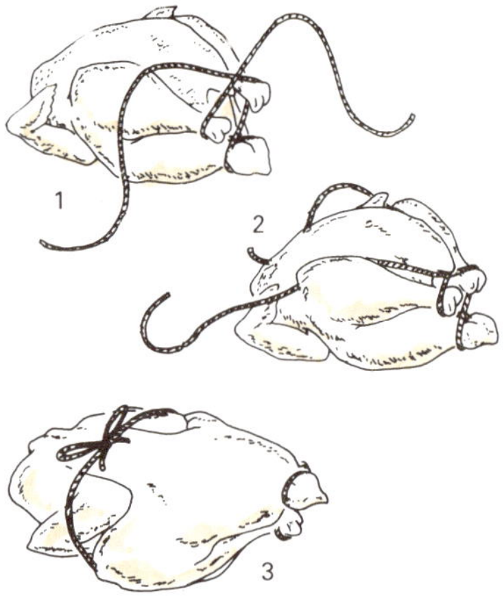

die Mitte des Fadens unter den Bürzel schieben; den Faden oben überkreuzen und straff ziehen. Dann den Faden um die Keulen legen und oben überkreuzen (1); dabei die Gelenke möglichst eng zusammenziehen. Anschließend den Faden unter der Spitze des Brustbeins zurück zu den Flügeln führen (2). Dann den Vogel umdrehen und den Faden so über die Flügel legen, daß sie fest am Rumpf anliegen. Zum Schluß die Fadenenden verknoten und abschneiden (3).

Geflügel garen

Vor dem Braten wird das Geflügel dressiert (siehe *Geflügel dressieren*). Nur junge, zarte Vögel im Backofen braten; ältere werden in der trockenen Hitze zäh. Auch Kleingeflügel wie Tauben, Wachteln und Stubenküken lieber zugedeckt im Ofen oder auf der Herdplatte schmoren. Mageres Geflügel wird bardiert (siehe *Bardieren*). Fettes Geflügel wie Ente oder Gans zuerst mit der Brust nach unten in den Bräter legen, kochendes Salzwasser angießen, bis es etwa 1 cm hoch steht; nach der halben Bratzeit wenden.

Die Bratzeiten richten sich nach Gewicht und Alter der Tiere; die Tabelle gibt Näherungswerte für frisches Geflügel an. Garprobe: Man sticht tief in die Keule; wenn heller, klarer Saft austritt, ist das Fleisch gar.

Tier	Min.	°C	Bemerkung
Ente	90	190–200	in den kalten Ofen geben, Brust nach unten; kochendes Salzwasser angießen
Fasan	45–60	200–225	Ofen vorheizen; bardieren
Gans	150–180	180–200	in den kalten Ofen geben, Brust nach unten; kochendes Salzwasser angießen
Hähnchen	50–60	200–225	evtl. bardieren; Ofen vorheizen
Perlhuhn	50–60	200–225	bardieren; Ofen vorheizen
Poularde	60–70	200–225	Ofen vorheizen
Pute	150–180	180–190	bardieren; in den kalten Ofen geben
Rebhuhn	40–50	200–225	bardieren; Ofen vorheizen
Taube	40–50	200–225	bardieren; Ofen vorheizen

Gehrung

Wenn man ein Werkteil in einem 45°-Winkel abschrägt, nennt man dies gehren oder eine Gehrung anbringen. Meist verbindet man Rahmenteile aus Plattenwerkstoffen mit durchlaufendem Kantenprofil, Falz oder Anleimern auf Gehrung, ebenso Profilleisten wie Bilderrahmen, Umrandungen und Zierstäbe. Gehrt man Teile mit größeren Querschnitten, muß man die Gehrungsfuge durch Dübel oder Federn zusätzlich sichern (siehe *Dübeln*).

Man sägt Gehrungen mit einer Feinsäge (siehe *Sägen*) in der Schneidlade an. Die Gehrungsschneidlade (A) kann man kaufen oder selber machen.

Mit der Gestellgehrungssäge (B) kann man auch andere Winkel ansä-

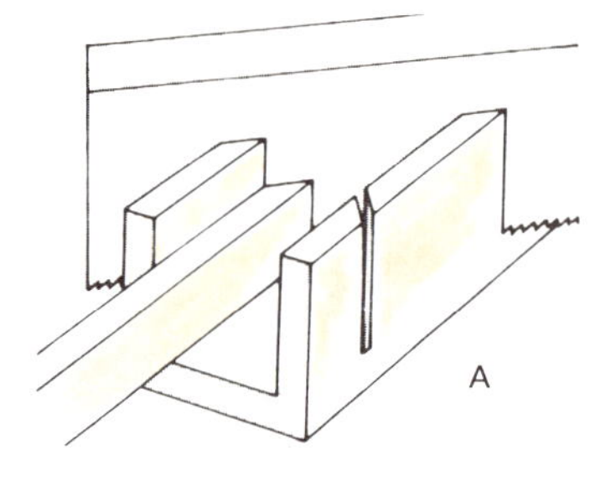
A

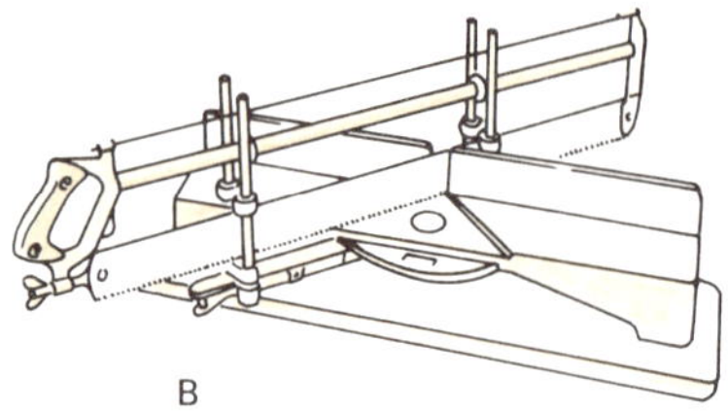
B

gen. Danach wird die Gehrung mit einem scharfen Hobel bestoßen; man muß daher diesen Materialverlust beim Sägen zugeben. Man bestößt in einer selbst hergestellten Fügelade (C) oder in einer Gehrungsstoßlade (D).

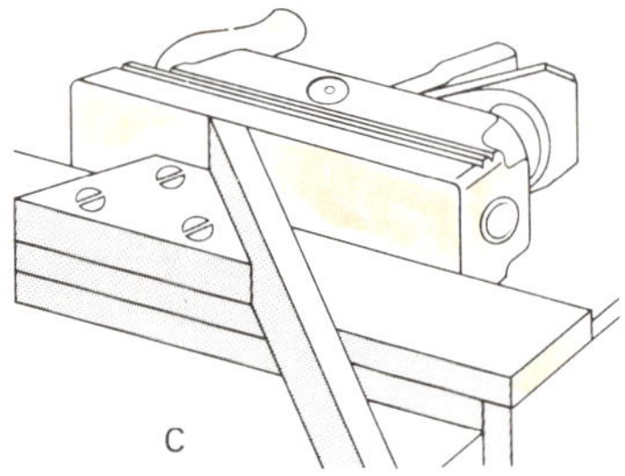
C

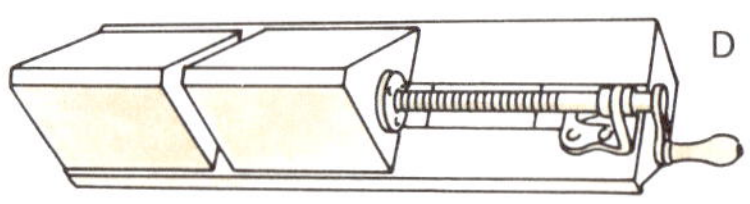
D

Geländejagd

Für dieses Suchspiel eignet sich am besten unwegsames und bewaldetes Gelände. Der Spielleiter versteckt dort zuerst den „Schatz", der meist aus Süßigkeiten besteht. Dann markiert er den Weg dorthin mit versteckten Zetteln, abgeknickten Ästen, Kreidestrichen am Boden, Spuren im Sand u.ä. Anschließend werden die Spielteilnehmer in verschiedene Gruppen eingeteilt; jede Gruppe bekommt einen Zettel mit dem gleichen verschlüsselten Hinweis auf die erste Spur. Sieger ist die Gruppe, die als erste den verborgenen Schatz anhand der Spuren findet.

Gelee

Ein Gelee wird aus Fruchtsaft und Zucker, gelegentlich unter Zusatz eines Geliermittels, zubereitet. Es sollte klar und fest, jedoch nicht gummiartig sein. Obwohl man alle möglichen Früchte verwenden kann, eignen sich am besten saure Apfelsorten, Quitten,

Brombeeren, Stachelbeeren und Zitrusfrüchte.

Am besten verarbeitet man jeweils kleinere Mengen – nicht mehr als 1,5–2 kg Früchte auf einmal. Die Früchte werden vorher gründlich gewaschen.

Um Beeren zu entsaften, werden sie zerstampft. Andere Früchte schneidet man in kleinere Stücke, ohne sie jedoch zu schälen oder die Kerngehäuse zu entfernen; die Schale und die Gehäuse enthalten viel Pektin. Dann kommen die Früchte in einen großen, schweren Emaille- oder Edelstahltopf, der mindestens das vierfache Volumen der Früchte hat. Große Früchte werden nur knapp mit Wasser bedeckt. Bei Beeren gibt man nur so viel Wasser hinein, daß sie am Topfboden nicht ansetzen.

Bei milder Hitze werden dann die Früchte erwärmt oder notfalls (beispielsweise bei Quitten und Äpfeln) langsam gekocht, bis sie weich werden und zerfallen. Je nach Art der Frucht beträgt die Kochzeit zehn bis 25 Minuten. Wird zu lange gekocht, büßen die Früchte zum Teil ihre Gelierfähigkeit ein.

Um den Saft zu gewinnen, gibt man das Fruchtfleisch in einen feuchten Sack aus Mull oder ein Sieb (es sollte nicht aus Metall sein), das man mit einem groben Tuch ausgelegt hat. Den Mullsack oder das Sieb befestigt man an den Beinen eines umgedrehten Küchenhockers, stellt eine Schüssel darunter und läßt dann den Saft eine Stunde oder länger abtropfen. 1,5 kg Früchte geben rund vier Tassen Fruchtsaft. Um mehr Saft zu gewinnen, kann man den Mullsack auch ausdrücken oder eine Fruchtpresse verwenden, der Saft wird bei dieser Methode jedoch etwas trüb. Geliermittel gibt man laut der Anweisung auf der Packung zu.

Den Saft läßt man nun sprudelnd aufkochen. Dann wird Zucker (etwa ¾ Tasse auf 1 Tasse Saft) zugesetzt und umgerührt, bis er sich aufgelöst hat. Wenn nach dem Rühren noch ungelöster Zucker übrigbleibt, läßt man abermals sprudelnd aufkochen. Nach der Gelierprobe schöpft man den Schaum mit dem Schaumlöffel ab und füllt das Gelee in sterilisierte Gläser.

Für weitere Einzelheiten siehe *Marmelade.*

Gemüse

Gemüse liefert vor allem Vitamine und Faserstoffe (Ballaststoffe, siehe dort); diese fördern die Verdauung und wirken sättigend. Die meisten Sorten enthalten wenig Kalorien. Erwachsene sollten täglich 250 g Gemüse verzehren.

Als Rohkost ist Gemüse besonders wertvoll. Durch zu langes Waschen sowie durch Wässern gehen wichtige Nährstoffe verloren. Gemüse kocht man in möglichst wenig Wasser, am besten im Spezialtopf für fett- und wasserloses Garen, oder man dämpft es. Auch durch zu lange Kochzeiten werden die Vitamine ausgeschwemmt. Das Kochwasser wird nicht weggeschüttet, sondern für Suppen und Saucen aufbewahrt.

Auf Dosengemüse sollte man nur im Notfall zurückgreifen; es ist meist zu weich gekocht und hat nur noch wenig Vitamine. Besser ist Tiefkühlgemüse, das man im allgemeinen unaufgetaut verarbeiten kann.

Wer selber Gemüse anbaut, sollte es möglichst kurz vor dem Verbrauch ernten. Beim Einkauf wählt man möglichst frische Erzeugnisse; sie dürfen weder vergilbt noch welk aussehen. Gemüse wird in Handelsklassen nach den äußeren Merkmalen eingeteilt. Weniger schöne Ware kann daher genauso viele oder sogar mehr wertvolle Stoffe enthalten.

Gemüse muß in durchlöcherten Kunststoffbeuteln oder Papier kühl gelagert werden, nicht in Zeitungspapier (Druckerschwärze enthält Giftstoffe!) und möglichst nicht mit Obst zusammen, da dies zu einem Qualitätsverlust führt.

Außer Wurzelgemüse wie Möhren und Knollensellerie, die in Sand oder Torf längere Zeit frisch bleiben, sollte Gemüse möglichst bald verzehrt werden, da die Vitamine durch langes Lagern verlorengehen. Überschüsse werden sofort eingefroren oder eingemacht.

Geräuschdiagnose

Die unterschiedlichen Mängel an einem Fahrzeug verursachen unterschiedliche Geräusche, die die Fehlerdiagnose erleichtern. Da gibt es Geräusche, die drehzahl- oder fahrgeschwindigkeitsabhängig sind. Andere Geräusche sind besonders intensiv auf schlechter Straße.

- Quietschen beim Beschleunigen im Stand: Der Keilriemen ist lose oder ist hart geworden. Man reibt ihn mit einem Spezialstift ein und prüft, ob sich das Geräusch gelegt hat. Danach die Keilriemenspannung richtig einstellen.

Die von Keilriemen angetriebenen Teile können ebenfalls solche Geräusche erzeugen. Deshalb den Keilriemen, z. B. der Lichtmaschine oder einer Hydraulikpumpe, von den Teilen nacheinander abnehmen und einen Probelauf durchführen.

- Klopfen beim Beschleunigen: Dies kann von ausgeschlagenen Kardan- oder Seitenwellengelenken stammen. Beim Frontantrieb verändern sich die Geräusche bei der Kurvenfahrt. Hört man das Klopfen nur bei scharfer Beschleunigung, kann auch die Aufhängung des Motors und des Getriebes schadhaft sein.
- Klappern unter dem Wagenboden: Ist das Klopfen besonders bei beladenem Fahrzeug, bei schlechter Straße und beim Beschleunigen hörbar, stammt es vom Auspuffsystem. Man prüft die gesamten Aufhängegummis. Manchmal haben sich auch Befestigungsklammern gelöst, der Auspuff hat sich gedreht und schlägt am Wagenboden an.
- Geräusche beim Bremsen: Quietschen deutet oft auf verschlissene Bremsbeläge hin. Unruhe in der Lenkung beim Bremsen stammt von einseitig verschlissenen Bremsbelägen, abgefahrenen Reifen, schadhaften Stoßdämpfern oder losen Teilen der Federung.
- Metallisches Rasseln unter der Motorhaube: Beschleunigungsklopfen hört man besonders bei zu früh eingestellter Zündung oder dann, wenn ein Kraftstoff mit zu geringer Klopffestigkeit getankt wurde. Hört man das Klopfen sogar im hohen Geschwindigkeitsbereich, besteht die Gefahr eines Motorschadens.
- Metallisches Klappern nach dem Motorstart: Besonders nach längerer Standzeit ist ein leichtes Klappern ganz normal, das aber sofort verstummen muß, wenn sich der Öldruck im Motor aufgebaut hat.

Prasselnde Geräusche stammen

hingegen oft von einer fehlerhaften Einstellung des Ventils. Man hört sie besonders intensiv im Bereich des Ventildeckels.

- Zischende Geräusche: Diese sind typisch für schlechte Schlauchanschlüsse; man hört sie sehr gut bei laufendem Motor. Um sie zu beseitigen, genügt es, den Schlauchbinder nachzuziehen.

Auch Unterdruckschläuche können derartige Geräusche erzeugen, und man sollte in diesem Fall die Unterdruckleitungen des Verteilers und des Bremskraftverstärkers prüfen.

- Vibrationen im Wagenboden und in den Sitzen: Diese Vibrationen bemerkt man meist ab 80 km/h. Sie stammen in diesem Fall von ausgeschlagenen Gelenken der Kardan- und Seitenwellen.

Bemerkt man die Vibrationen hingegen im Stand und sind diese drehzahlabhängig, kann auch ein Teil des Auspuffs am Aufbau anliegen und die Vibrationen übertragen.

- Vibrationen im Lenkrad: Sie werden oft von schlecht ausgewuchteten Reifen hervorgerufen.
- Vibrationen an der Armaturentafel oder an Verkleidungsteilen: Besonders an kalten Tagen neigen Verkleidungsteile zu Vibrationen. Sie sind leicht aufzuspüren, wenn der Beifahrer, den Geräuschen folgend, die Hand auf den fraglichen Teil preßt. Oft genügt es, die Befestigungsschrauben nachzuziehen oder die Verkleidung neu anzukleben. Auch selbstklebende Gummistreifen oder Dichtungsmasse helfen, lose Teile wieder zu befestigen.
- Windgeräusche: Diese entstehen bei schneller Fahrt, wenn die Türen schlecht eingestellt sind. Deshalb zunächst die Türschließkeile nachsetzen, eventuell auch die gesamten Türdichtungen erneuern.

Wandert bei schneller Fahrt der obere Fensterrahmen nach außen, muß man die Türverkleidung abbauen und den Fensterrahmen neu einstellen.

Starke Pfeifgeräusche werden durch gebrochene oder lose Teile des Kühlergrills verursacht. Man kann diese mit Klebestreifen festlegen. Dabei muß man jedoch darauf achten, daß der Kühlluftstrom nicht behindert wird.

Gerstenkorn

Gerstenkörner sind kleine Abszesse der Liddrüsen. Das Lid schmerzt, schwillt an und ist gerötet, die Schwellung bricht durch und sondert Eiter ab. Die Ursache dafür ist meist eine bakterielle Infektion. Der Heilungsprozeß dauert im Normalfall sieben bis zehn Tage.

Man sollte versuchen, das Gerstenkorn durch heiße Kompressen, die man alle zwei bis drei Stunden etwa zehn Minuten lang auflegt, zum Eitern zu bringen. Dazu die Vertiefung eines Plastiklöffels mit Watte ausfüllen und mit einem Verband umwickeln. Den Löffel in sehr heißes Wasser tauchen und die Kompresse dann auflegen.

Auch heiße Leinsamen-, Bockshornkleesamen- oder Kartoffelbreiauflagen helfen. Sie müssen so heiß sein, daß man sie gerade noch ertragen kann. Hat sich das Gerstenkorn bereits geöffnet, kocht man Augentrosttee oder eine Mischung aus Fenchel und Kamille, taucht einen Wattebausch ein und feuchtet die betroffene Stelle damit mehrmals täglich an. Das Gerstenkorn niemals reiben oder gar ausdrücken. Jedesmal die Hände waschen, wenn man es berührt hat. Handtücher und Waschlappen, die der Betroffene verwendet, sollte sonst niemand benutzen.

Wenn das Gerstenkorn nach zwei bis drei Tagen nicht durchgebrochen ist, muß man einen Augenarzt aufsuchen.

Siehe auch *Bindehautentzündung*.

Gerüche beseitigen

Sauberkeit ist das oberste Gebot, wenn im Haus ein angenehmer, frischer Geruch herrschen soll. Die Zimmer, Schränke und Schubfächer sollen regelmäßig gelüftet werden. Ein Geruch von Schimmel und Fäule läßt sich vermeiden, wenn man zum Aufwischen ein Desinfektionsmittel verwendet. Bei Zigarettenrauch u.ä. hilft meist ein Raumspray, den man jedoch nicht in Anwesenheit von Kindern und Haustieren verwenden und auch nicht selber einatmen sollte.

Küchengeruch In der Küche öffnet man nach dem Kochen das Fenster. Verschüttetes oder verspritztes Kochgut wird sofort abgewischt. Um starken Küchengeruch zu beseitigen, stellt man Essig in einer Pfanne auf den Herd und läßt ihn schwach kochen. Gerüche nach Fisch, Knoblauch und Zwiebeln lassen sich entfernen, wenn man das Kochgeschirr, die Pfannen, Schneidbretter und auch die Hände mit Zitronensaft abwäscht. Muffiger Geruch in Porzellankannen verschwindet, wenn man sie mit Boraxwasser ausspült. Mit einer Lösung von Natron in Wasser werden Innenräume von Kühlschränken und Thermoskannen gereinigt und deodoriert. Der Abfall im Eimer bleibt geruchfrei, wenn man ihm geriebene Zitronen- oder Orangenschalen zusetzt.

Gerüche im Badezimmer Um Gerüche im Badezimmer oder in der Toilette zu beseitigen, kann man eine Kerze oder ein Stück Faden anzünden und einige Sekunden lang brennen lassen. Dann den ausgelöschten Gegenstand etwa fünf Minuten in einer Schale im Badezimmer stehenlassen. Aufwischen mit starkem Essigwasser erfüllt denselben Zweck.

Siehe auch *Abfluß, verstopfter; Schimmel; Tiergerüche beseitigen.*

Gerüst bauen

Für viele Arbeiten im und am Haus ist es empfehlenswert, sich einige stabile Gerüstböcke und Bohlen anzuschaffen, denn damit kann man leicht eine Plattform bauen, auf der man bequem arbeiten kann. Die Böcke (A) müssen immer eben und auf festem Unter-

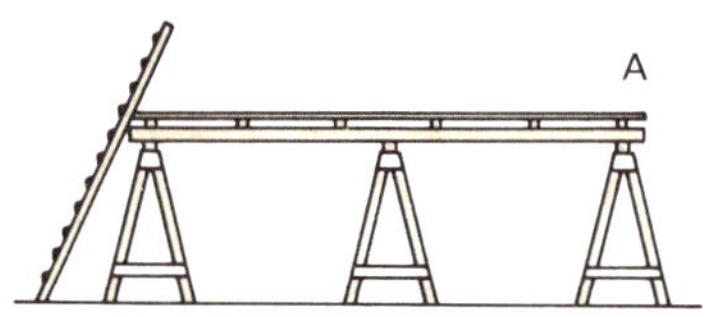

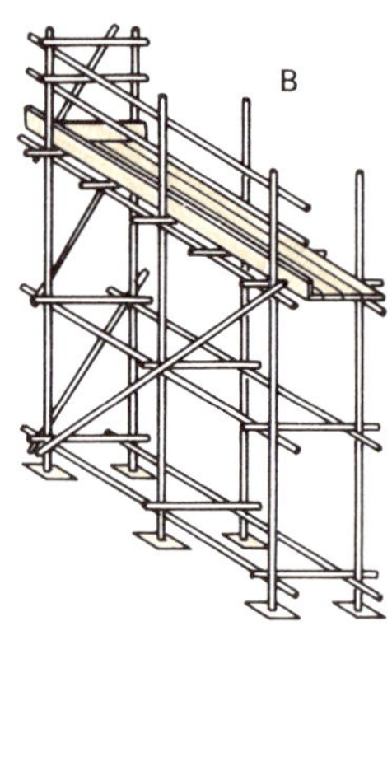

grund aufgestellt werden. Gerüste, bei denen man höher als 2 m über dem Boden steht, müssen unbedingt einen Seitenschutz haben.

Für alle Arbeiten in Höhen von mehr als 4 m muß ein Gerüst (B) erstellt werden, das alle Anforderungen der Unfallverhütungsvorschriften erfüllt. Man kann solche Gerüste ausleihen, aber es erfordert viel Erfahrung, sie fachgerecht aufzustellen. Man sollte dies deshalb von der Verleihfirma machen lassen.

Geschäftsbriefe

Die meisten Geschäftsbriefe werden heute aus Gründen der besseren Lesbarkeit mit der Schreibmaschine geschrieben. Sie enthalten oben links Namen und rechts oben Adresse und Rufnummer des Absenders sowie das Absendedatum. Die genaue Adresse des Empfängers folgt als Block etwas tiefer am linken Rand. Der Empfänger wird mit Titel und Namen (soweit bekannt) angeredet, z. B. „Sehr geehrter Herr Dr. Müller". Ist der Name des Empfängers unbekannt, behilft man sich meist mit der Formel „Sehr geehrte Damen und Herren".

Am Ende des Briefes steht immer eine Grußformel. Immer häufiger werden heute die Schlußworte „Hochachtungsvoll" und „Mit vorzüglicher Hochachtung" durch das verbindlichere „Mit freundlichen Grüßen" oder „Mit freundlicher Empfehlung" ersetzt.

Geschäftsbriefe werden mit der Hand unterschrieben.

Werden dem Geschäftsbrief Dokumente, Ablichtungen oder sonstige Schriftstücke beigefügt, so vermerkt man dies unter der Unterschrift mit „Anlage(n)".

Texte von Geschäftsbriefen sollten genau und klar formuliert sein. Bei Bestellungen gehören die exakte Menge sowie die genaue Bezeichnung des Produkts, eventuell unter Hinzufügung einer Bestellnummer und eines Einzelpreises, dazu. Bei Mahnungen und Beschwerden werden Gegenstand, Aktenzeichen, Rechnungsnummer sowie der Brief, auf den Bezug genommen wird, stets angegeben. Der Ton sollte sachlich sein, weder polemisch noch ausfallend und auf gar keinen Fall beleidigend.

Geschenke einpacken

Wenn man eine Schachtel als Geschenk einpacken möchte, legt man sie mit dem Deckel nach unten auf einen Bogen Schmuckpapier. Der Bogen soll so lang sein, daß er sich, um die Schachtel herumgelegt, mit den Kanten noch 5 cm überlappt, und so breit, daß er an beiden Seiten etwas mehr als die halbe Höhe der Schachtel bedeckt. Nun legt man die eine Papierhälfte über die Schachtel und heftet die Kante mit einem Stück Klebeband fest. Die andere Längskante wird 2,5 cm umgeschlagen und mit Klebeband festgehalten. Entlang der Umschlagkante bringt man kurze Streifen aus doppelseitigem Klebeband oder einen Ring aus normalem Büroklebeband (mit der Klebeseite nach außen) an. Dann zieht man diese Kante straff über die erste und drückt sie fest an.

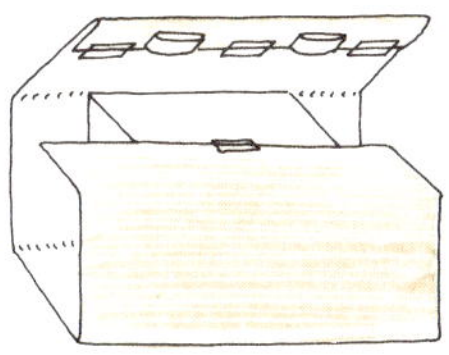

Nun faltet man eine Seite herunter und befestigt sie mit Klebeband an der Schachtel. Die beiden angrenzenden Seitenteile werden nach innen eingelegt und zur Mitte hin umgeschlagen, wobei man das Papier an den Kanten der Schachtel falzt. Die Seitenklappen werden unten mit Klebeband fixiert. Nun schlägt man die Spitze der unteren Klappe 2,5 cm um, sichert den Umschlag mit einem Stück doppelseitigen Klebebands oder einem Ring aus normalem Büroklebeband, schlägt die Klappe hoch und drückt sie fest an. In gleicher Weise verschließt man die andere Seite.

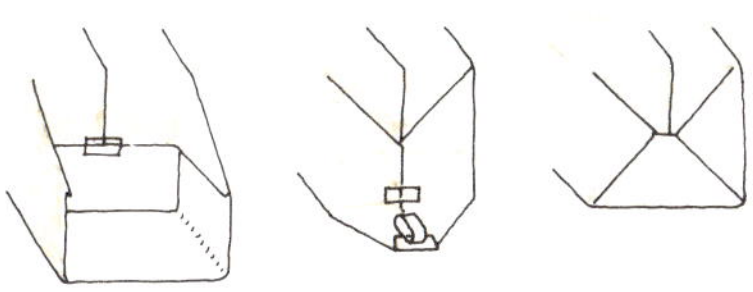

Wenn eine Schachtel größer ist als das Schmuckpapier, werden zwei oder drei Bogen durch einen Falz miteinander verbunden. Man legt die Bogen mit der linken Seite nach oben nebeneinander aus, schlägt an jedem Bogen die sich gegenüberliegenden Kanten in der gezeigten Weise etwa 1 cm breit um, schiebt sie ineinander und deckt den Falz mit einem Klebestreifen ab.

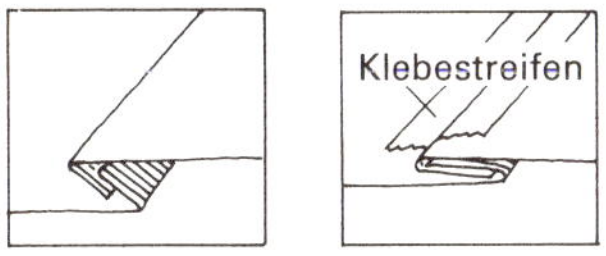

Gläser, Flaschen oder ähnliche Gegenstände verpackt man am besten mit geschmeidigem Material, beispielsweise Seidenpapier oder farbiger Dekorationsfolie. Man kann auch Stoff verwenden; dann sollte man allerdings die Ränder auszacken, damit sie nicht ausfransen. Man schneidet zwei große Quadrate aus dem Material zu, legt sie mit der Sichtseite nach unten über Eck aufeinander und stellt den Gegenstand in die Mitte darauf. Dann schlägt man die beiden Quadrate nach oben, bindet sie mit Schleifenband oder Garn zu und breitet die Ekken rüschenartig aus.

Wenn man einen weichen, flachen Gegenstand verpacken muß und keine Schachtel hat, legt man ihn vorher auf ein etwas größeres Stück Pappkarton, damit das Päckchen Form behält. Man kann ein solches Geschenk auch zusammenrollen und in ein Papprohr stecken. Ein Rohr packt man ein, indem man das Geschenkpapier etwa 15 cm länger als das Rohr und 5 cm breiter als sein Umfang zuschneidet. Man wickelt das Papier um das Rohr, sichert es wie bei der Geschenkschachtel mit Klebeband und bindet die Enden mit Geschenkband oder Schmuckschnur zu. Verpackt man das Geschenk mit Karton als Unterlage, schlägt man die Papierenden zu Dreiecken ein, die man dann auf dem

Geschenk fixiert. Man verwendet das Klebeband wie bei der Schachtel.

Eine Schleifenrosette macht man, indem man Geschenkband sieben- bis achtmal um die Hand wickelt. Lockere Wicklungen ergeben größere Rosetten, mit festeren erhält man kleinere. Man fixiert die beiden Bandenden mit Klebestreifen in der Mitte der Wicklungen und schneidet deren Enden schräg zu. Dann zieht man die Bandlagen auseinander und ordnet sie so an, daß die abgeschrägten Stellen in der Mitte der Wicklungen übereinanderliegen, wickelt und verknotet ein schmales, farblich zur Rosette passendes Band darum und entfernt das Kle-

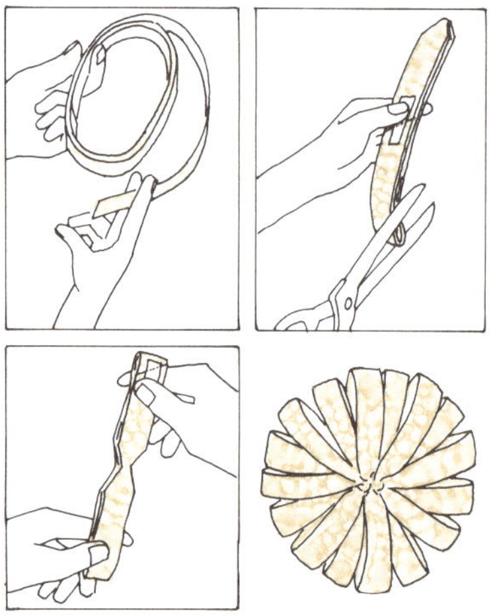

beband. Jetzt entfaltet man die Rosette, indem man die einzelnen Schlaufen der Wicklungshälften abwechselnd nach links und rechts auseinanderzieht, und klebt sie auf das Geschenkpapier.

Geschirr spülen

Zum Schutz der Glasur sollte man Tafelgeschirr möglichst bald nach dem Gebrauch spülen bzw. einweichen. Zum Abspülen von Ei und Milch verwendet man kaltes, für andere Speisereste warmes Wasser. Besonders schädlich sind Reste von sauren Speisen und Getränken; Tee oder Kaffee können dauernde Flecken hinterlassen. Um Flecken auszubleichen, verwendet man eine Lösung aus 1 Teil 30%igem Wasserstoffperoxid in 3 Teilen Wasser, dem man einen Tropfen Salmiakgeist zusetzt. Man kann das nasse Geschirr auch mit Natron oder Salz abreiben, muß aber darauf achten, daß ein Muster nicht beschädigt wird. Teller mit angetrockneten Speiseresten dürfen nicht mit einem groben Scheuermittel behandelt oder einem scharfen Gegenstand abgekratzt werden.

Um angebrannte Speisen aufzuweichen, gießt man in den Topf oder die Pfanne Wasser, setzt Spülmittel oder Essig zu und läßt es auf dem Herd leicht sieden. Eisenpfannen jedoch nur mit klarem, heißem Wasser reinigen! Angebrannte Bratenreste entfernt man, indem man grobes Salz dick in die Eisenpfanne streut und stark erhitzt. Um die Fettpfanne des Backofens zu reinigen, füllt man Spülmittellösung hinein, stellt den Rost hinein und legt ein angefeuchtetes Geschirrtuch darauf; durch die Feuchtigkeit lassen sich angebrannte Fettreste leichter lösen.

Geschirrspülen von Hand Um die Kanten des Geschirrs nicht abzuschlagen, verwendet man zum Spülen eine Plastikschüssel. Man wäscht zuerst die am wenigsten fettigen Teile – meist die Gläser (siehe auch *Glas und Kristall*). Als nächstes kommen das Besteck und die Teller an die Reihe, zuletzt die Töpfe und Pfannen. Damit das Porzellan keine Sprünge bekommt, sollte man kalte Teller nicht ins heiße Wasser eintauchen und nicht allzu viele Teile auf einmal in die Abwaschschüssel legen. Gläser werden in einer Schüssel mit heißem Wasser nachgespült oder auf dem Abtropfgestell mit heißem Wasser übergossen.

Um dem Geschirr Hochglanz zu verleihen, trocknet man Teile aus Silber und Kristallglas von Hand ab, solange sie vom Nachspülen noch warm sind. Dazu benutzt man ein fusselfreies Geschirrtuch (am besten aus Leinen). Eßgeschirr, Glasplatten, Platten aus Edelstahl sowie Tee- und Kaffeekannen läßt man am besten an der Luft trocknen.

Geschirrspülmaschinen Das meiste heute verwendete Geschirr kann man bedenkenlos in der Geschirrspülmaschine reinigen. Beim Kauf von Geschirr im Zweifelsfall fragen, ob es spülmaschinenfest ist. Vorsicht ist jedoch bei altem Porzellan, handgemalten Mustern und Dekoren aus Gold, Silber, Platin oder Kobaltblau geboten. Darauf achten, daß die Teile beim Waschgang nicht aneinanderschlagen. Ungeeignet für die Spülmaschine sind Gläser, Tassen usw. mit Vertiefungen im Fuß, in denen sich das Wasser sammelt, da sie jedesmal von Hand nachgetrocknet werden müssen. Es dürfen nur für Spülmaschinen bestimmte Geschirreiniger verwendet werden; andere Mittel entwickeln zuviel Schaum.

Siehe auch *Energie sparen.*

Gesichtsfalten

Falten im Gesicht sind eine natürliche Folge des fortschreitenden Alterungsprozesses. Durch den Abbau von Elastin- und Kollagenfasern im Bindegewebe verliert die Haut ihre Geschmeidigkeit. Talg- und Schweißdrüsen verringern ihre Produktion, und die Haut trocknet mehr und mehr aus. Häufig schrumpft auch das Fettgewebe unter der Haut und führt zur Erschlaffung des Gewebes.

In welchem Lebensalter Falten und Runzeln auftreten, ist individuell recht verschieden und hängt zum Teil auch von Erbfaktoren ab. Menschen mit heller Hautfarbe bekommen früher Falten als Dunkelhäutige. Die ersten Falten machen sich meist um die Augen, an der Oberlippe und am Hals bemerkbar. Cremes und Lotionen können die Haut weich und geschmeidig machen, die Faltenbildung aber nur hinauszögern und letztlich nicht verhindern. Eine länger anhaltende Wirkung ist durch Maßnahmen der plastischen Chirurgie, chemische Schälkuren oder Unterspritzen mit Silikonpräparaten zu erzielen; diese Eingriffe, ausgeführt von Chirurgen oder Hautärzten, sind aber mit einem gewissen Risiko verbunden (siehe *Schönheitsoperation*).

Faltenbildung hinauszögern Schon von Jugend an sollte man möglichst wenig sonnenbaden und im Freien stets ein Sonnenschutzmittel verwenden (siehe *Sonnenbaden*). Rauchen kann mitverantwortlich für eine frühzeitige Faltenbildung sein, weil es die Durchblutung der oberflächlichen Kapillaren hemmt. Auch Schlafmangel wirkt sich nachteilig auf die Haut aus. Bei Ärger, Streß usw. verzieht man oft die Gesichtsmuskulatur. Diese Verspannungen, aber auch Lachen, hinterlassen auf die Dauer Spuren. Mehrmals am Tag sollte man sich die Zeit nehmen, die Gesichtsmuskulatur kurz zu entspannen. Man sollte sich auch abgewöhnen, bei jeder Gelegenheit die Stirn in Falten zu legen, auf die Lippen zu beißen usw.

Krähenfüße rings um die Augen sind oft die Folge einer Fehlsichtigkeit, die man rechtzeitig korrigieren lassen sollte. Auf dem Wasser, an der Küste oder im Schnee stets eine gute Sonnenbrille tragen! Die Hände möglichst vom Gesicht fernhalten! Wenn man beim Sitzen das Kinn aufstützt, das Gesicht aus seiner natürlichen Lage verschiebt oder sich die Augen reibt, kann die empfindliche Haut gedehnt werden. Auch sollte man beim Auftragen von Gesichtscreme die Haut niemals zerren. Schnelles Abmagern sowie eine ständige Gewichtszu- und -abnahme lassen die Haut ebenso erschlaffen wie unzureichende Zahnpflege und -behandlung (die Struktur der Kinnbacken verfällt). Durch schlechte Körperhaltung werden eine bereits bestehende Faltenbildung und eine Erschlaffung der Haut optisch noch unterstrichen.

Gesichtspflege

Um die Gesichtshaut gesund zu erhalten, bedarf es täglicher Pflege, bei der die Haut gereinigt, erfrischt und mit den nötigen Feuchtigkeits- und Nährstoffen versorgt wird.

Reinigung Man reinigt die Haut mindestens zweimal am Tag. Besonders wichtig ist die Reinigung am Abend, um das Gesicht von Fett, Make-up und Schmutz zu säubern.

Fette Haut verträgt flüssige Reinigungsmittel oder auf den speziellen Hauttyp abgestimmte Seifen. Bei trockener Haut ist eine rückfettende medizinische Seife, Reinigungsmilch oder Waschcreme zu empfehlen; bei normaler Haut verwendet man milde Seifen und Reinigungsmittel. Bei allen Hauttypen ist gründliches Spülen unerläßlich. Die meisten Hauttypen, mit Ausnahme der äußerst empfindlichen oder sehr trockenen Haut, vertragen ein gelegentliches Peeling, bei dem die oberste Schicht der abgestorbenen Hautzellen entfernt wird. Hierfür gibt es spezielle Präparate (Rubbelcremes usw.) zu kaufen. Beim Peeling wird die empfindliche Hautpartie um die Augen ausgespart.

Nachreinigung Nach der Reinigung erfrischt man das Gesicht mit einem mit Gesichtswasser getränkten Wattebausch, um letzte Reste von Makeup usw. völlig zu entfernen; dabei läßt man wieder die empfindliche Augenpartie aus. Bei fettiger Haut verwendet man ein adstringierendes Gesichtswasser auf Alkoholbasis. Für trockene Haut eignet sich eine milde Kräuterlotion, die morgens meist als einzige Reinigung ausreicht. Eine Erfrischungslotion soll auf der Haut prickeln und ein Gefühl der Straffheit hinterlassen; wenn sie auf der Haut brennt, ist sie zu stark.

Cremes und Gesichtsbäder Normale und trockene Haut, aber auch die trockenen Partien einer Mischhaut brauchen einen dünnen Film Feuchtigkeitscreme nach der Reinigung und vor dem Make-up. Wenn die Haut sehr trocken ist oder bei sehr kaltem und trockenem Wetter behandelt man sie nach der abendlichen Reinigung mit einer Fettcreme (siehe auch *Hautcremes herstellen*).

Um tiefersitzende Verunreinigungen zu entfernen und die Durchblutung zu fördern, macht man gelegentlich ein Gesichtsdampfbad. Dazu einige Beutel Kamillentee mit kochendem Wasser überbrühen. Das Gesicht abschminken und eine Duschhaube aufsetzen. Dann den Sud in eine Schüssel gießen, ein Handtuch über den Kopf legen und das Gesicht etwa zehn Minuten lang im Abstand von etwa 35 cm zum Wasser in den Dampf halten. Danach das Gesicht abtrocknen und eine Maske auftragen (für fettige Haut ein Präparat mit Tonerde und für trockene Haut eine Feuchtigkeitsmaske). Die Maske nicht zu nahe an Augen, Mund oder Haaransatz auftragen. Wie in der Gebrauchsanweisung angegeben, einwirken lassen, dann mit einem Reinigungstuch sanft entfernen. Zunächst mit lauwarmem, dann mit kaltem Wasser nachspülen und eine Feuchtigkeitscreme auftragen.

Getreide

Zum Getreide gehören Gerste, Hafer, Hirse, Mais, Reis (siehe dort), Roggen, Triticale – eine Roggen-Weizen-Hybride – und Weizen. Buchweizen rechnet man zwar auch zum Getreide, er ist aber ein Knöterichgewächs.

Man kann das gesamte Getreidekorn als Vollkorn essen, oder man verarbeitet es zu verschiedenen Getreideprodukten, insbesondere zu Mehl (siehe dort). Kauft man Getreide, um es selbst zu mahlen, muß man vor allem bei Roggen darauf achten, daß es kein Mutterkorn enthält. Dieser kornähnliche, gesundheitsschädliche Pilz ist an seiner Größe und der blauschwarzen Färbung leicht zu erkennen.

Getreide enthält viel Stärke und Ballaststoffe, dagegen wenig Fett, Zucker und Natrium. Der Nährwert hängt vom Ausmahlungsgrad ab und davon, ob ein Produkt angereichert oder vitaminisiert wurde. Die meisten Getreideprodukte liefern viele Vitamine des B-Komplexes sowie wichtige Mineralstoffe wie Phosphor, Kupfer, Chrom, Mangan, Selen und Molybdän.

Getreide und Getreideprodukte werden in luftdichten Gefäßen – am besten in Gläsern mit fest schließenden Deckeln – an einem kühlen, trokkenen Ort gelagert. Vollkornprodukte sollten nicht länger als zwei Wochen bei Zimmertemperatur und vier bis sechs Wochen im Kühlschrank aufbewahrt werden, da sie sonst ranzig werden können.

Gewächshaus

Zuerst sollte man überlegen, ob man sich ein Gewächshaus aus Glas oder aus Kunststoff anschaffen will. Im Gewächshaus aus Glas bleibt die Wärme gut erhalten, während sich Kunststoffgewächshäuser bei Nacht schnell abkühlen. Daneben gibt es noch Gewächshäuser in Leichtbauweise mit Folienbedachung, die besonders preisgünstig, aber nicht für jeden Zweck geeignet sind.

Es werden die verschiedenartigsten Gewächshäuser angeboten. Im wesentlichen unterscheidet man zwei Haupttypen: das Anlehnhaus und das frei stehende Haus. Das Anlehnhaus ist an die Wand eines Hauses oder einer Garage angebaut und besitzt ein Pultdach. Beim Anlehnhaus sind die Heizkosten geringer als beim frei stehenden Typ. Besonders empfehlens-

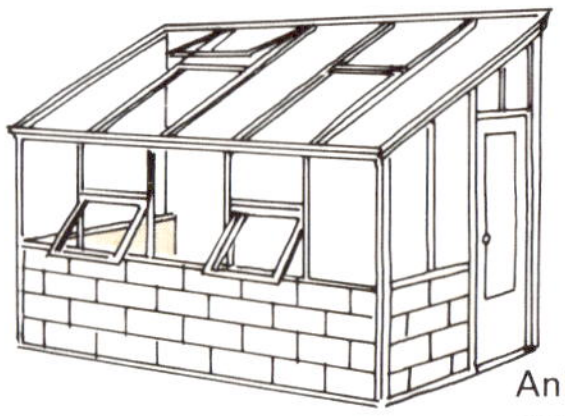

Anlehn-gewächshaus

wert ist es, das Anlehnhaus an der Südseite eines Gebäudes anzubringen, weil die tagsüber von der Sonne beschienene Wand als Wärmespeicher dient und bei Nacht Wärme abgibt. Das frei stehende Haus kann die verschiedenartigsten Grundrisse haben. Es kann rechteckig, quadratisch, sechs- oder achteckig sein.

Frei stehendes Gewächshaus

Gerüstkonstruktionen Gewächshausgerüste müssen fest und dauerhaft sein. Aluminium eignet sich für den Gewächshausbau sehr gut. Es werden auch Holzgerüste angeboten. In diesem Fall sollte man darauf achten, daß das Holz wetterbeständig ist.

Gewächshaus aufstellen Ehe man ein Gewächshaus in Wohngebieten aufstellt, muß man zuerst die Genehmigung des Baurechtsamts einholen. Das Gewächshaus sollte möglichst viel Licht bekommen. An einem Nord- oder Osthang ist es vor kalten Winden geschützt. Praktisch ist es, wenn das Gewächshaus in der Nähe des Hauses steht, damit es leicht mit Wasser und Strom versorgt werden kann. Ein rechteckiges Gewächshaus wird am besten so aufgestellt, daß der First in der Nord-Süd-Richtung verläuft.

Aufbau Alle vorgefertigten Gewächshäuser werden mit einer Aufbauanleitung geliefert. Stabile Gewächshäuser sollten auf einem Fundament errichtet werden. Bei Häusern in Leichtbauweise ist dies jedoch nicht erforderlich.

Wärmequellen, Temperatursteuerung Im Winter sollte ein Gewächshaus geheizt werden. Am besten schließt man es an das Heizsystem des Wohnhauses an. Ist dies nicht möglich, kann man entweder mit elektrischem Strom, mit einem Ölofen oder mit einer Warmwasserzentralheizung heizen. Heizen mit elektrischem Strom ist zwar eine saubere und bequeme Lösung, soll aber den ganzen Winter durchgeheizt werden, eignet sich ein Ölofen besser.

Eine genaue Temperatursteuerung erreicht man mit einem Thermostat, der entweder abends oder morgens so eingestellt wird, daß die Mindesttemperatur nicht unter den verlangten Wert abfällt.

Gewächshauseinrichtungen Wichtig sind vor allem Pflanzentische, die gewöhnlich entlang der Längswände aufgestellt werden, so daß ein Mittelgang entsteht. Ein Gewächshaus muß mindestens zwei Öffnungen im Dach und einige Öffnungen an den Seitenwänden besitzen, damit im Sommer die Temperatur nicht zu stark ansteigt. Zusätzlich kann ein Ventilator gute Dienste leisten. Zum Schattieren des Daches werden häufig Schattierrollos aus Holz- oder Plastikstäbchen verwendet. Sie lassen sich innen oder außen anbringen. Zum ganzjährig genutzten Gewächshaus gehört eine frostfrei verlegte Wasserzuführung. Ist ein Wasserhahn vorhanden, kann man die Pflanzen entweder mit der Gießkanne oder dem Schlauch bewässern. Daneben gibt es auch noch mechanische Bewässerungsanlagen.

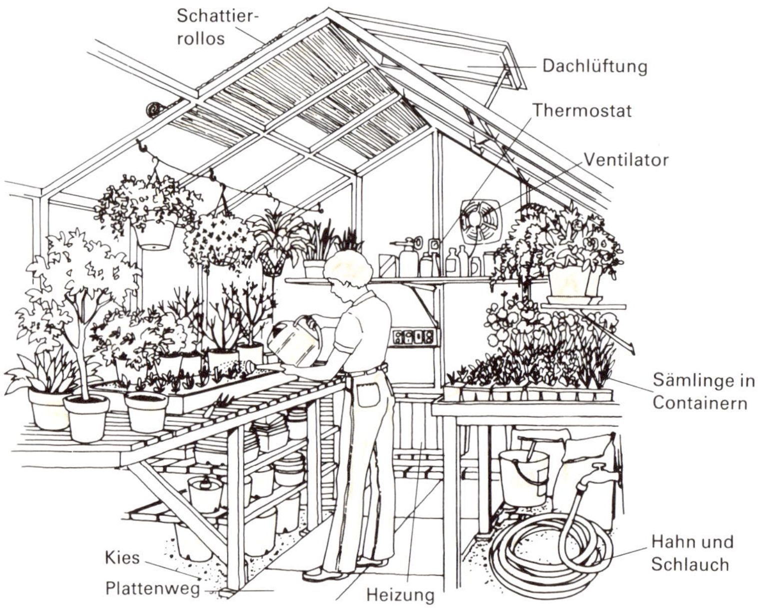

Gewächshausgärtnerei

In einem Gewächshaus kann man im Frühjahr vor der Saat- und Pflanzzeit im Freien Zier- und Nutzpflanzen aussäen und pflanzen, und ebenso ist es möglich, im Herbst nach den ersten Frösten Pflanzen weiterzukultivieren. Außerdem kann man in einem Gewächshaus solche Pflanzen heranziehen, die sonst nur in wärmeren Klimaten gedeihen. Balkon- und Kübelpflanzen lassen sich im Gewächshaus besonders gut überwintern, und wer ein Freund von selbstgezogenem Gemüse ist, wird mitten im Winter Feld- und Kopfsalat, Gurken und viele andere Gemüsearten ernten können.

Das Gewächshausjahr In jedem Monat fallen im Gewächshaus besondere Arbeiten an.

- Januar: An milden, sonnigen Tagen wird ein wenig gelüftet und gegossen.
- Februar: Fuchsien und Geranien werden zurückgeschnitten, Sommerblumen sowie Tomaten, Kopfsalat, Rettich, Radieschen und Petersilie ausgesät.
- März: Nach Bedarf lüften und im Gewächshaus Wasser versprühen. Wenn die Sonne länger scheint, Gewächshaus schattieren. Frostempfind-

liche ein- und mehrjährige Pflanzen aussäen. Sämlinge von früheren Aussaaten pikieren. Radieschen, Rettiche, Gurken und Stangenbohnen säen. Grün- und Blattpflanzen durch Stecklinge vermehren.

- April: Zunehmend gießen, lüften und schattieren. Pflanzen absprühen. Küchenkräuter, Sonnenblumen, Kapuzinerkresse und Levkojen säen. Salate können bereits geerntet werden.
- Mai: Tagsüber reichlich lüften und täglich das Gewächshaus absprühen. Stecklinge umtopfen; Gemüse pflanzen.
- Juni: Topfpflanzen für das nächste Frühjahr auspflanzen, z.B. Primeln, Pantoffelblumen und Cinerarien. Zweijährige Sommerblumen, etwa Stiefmütterchen und Bellis, aussäen.
- Juli/August: Luftfeuchtigkeit sehr hoch halten. Bei warmem Wetter bei Tag und Nacht lüften. Stecklinge können von Usambaraveilchen, Blatt- und Lorraine-Begonien geschnitten werden. Feldsalat, Kopfsalat, Rettiche und Petersilie säen.
- September: Weiter lüften, abspritzen und gießen. Blumenzwiebeln zum Antreiben eintopfen, kühl und dunkel stellen. Kopfsalat pflanzen.
- Oktober: Balkon- und Kübelpflanzen zum Überwintern einräumen und nur wenig gießen. Bei Frost die Heizung einschalten. Cinerarien und Pantoffelblumen eintopfen.
- November: An sonnigen Tagen etwas lüften. Petersilie und Schnittlauch antreiben. Sukkulenten trockener halten, aber hell aufstellen.
- Dezember: Blumenzwiebeltöpfe zum Treiben aufstellen. Glas reinigen. Welke Blätter entfernen. Wenn nötig, etwas gießen.

Gewichtheben

Wenn man älter als 30 Jahre ist oder bisher noch kein regelmäßiges Krafttraining durchgeführt hat, sollte man einen Arzt befragen, bevor man mit dem Gewichtheben beginnt. Sofern die Möglichkeit besteht, empfiehlt es sich, einem Sportverein beizutreten oder in einem Fitneßcenter unter fachkundiger Aufsicht die Grundübungen zu lernen.

Will man zu Hause trainieren, kauft man zunächst eine Langhantel, eine etwa 1,5 m lange Stange, auf die Gewichtscheiben zwischen 0,5 und 20 kg aufgesteckt werden, und zwei Kurzhanteln. Für den Anfänger genügen Gewichte von insgesamt 50 kg; kleine Gewichte müssen unbedingt dabeisein, damit man das Gesamtgewicht allmählich erhöhen kann. Für einige Übungen ist eine solide gebaute Trainingsbank erforderlich. Kraftmaschinen lohnen sich nicht für das Training zu Hause. Man braucht auch einen Trainingsanzug aus saugfähigem Material – zu schnelle Abkühlung kann zu Muskelzerrungen führen – und Trainingsschuhe mit Fußbett, die den Fuß richtig stützen. Der Körper braucht ausreichend Sauerstoff beim Training, Zugluft kann jedoch ebenfalls zu Zerrungen führen.

Man trainiert zunächst mit so vielen kleineren Gewichtscheiben, wie man achtmal hintereinander hochstemmen kann; man spricht von einem Satz mit acht Wiederholungen. Im Lauf einiger Wochen werden die Sätze allmählich auf zehn bis zwölf Wiederholungen ausgedehnt; dann erhöht man das Gewicht bis zu 10% und beginnt wieder mit acht Wiederholungen. Wichtig: Bei einer Übung darf man den Atem nie anhalten; in der Belastungsphase atmet man aus, in der Entlastungsphase ein.

Um Muskeln aufzubauen und zu kräftigen, macht man weniger Wiederholungen mit schwereren Gewichten; um den Muskeltonus (Spannkraft) und Ausdauer zu trainieren, macht man mehrere Wiederholungen mit leichteren Gewichten. Trainiert wird dreimal in der Woche an nicht aufeinanderfolgenden Tagen. Die günstigste Zeit ist nachmittags oder abends bis etwa 22 Uhr.

Vor dem Gewichtheben muß man sich etwa durch Laufen auf der Stelle, Seilspringen u.ä. aufwärmen (siehe auch *Gymnastik*). Zwischen den einzelnen Sätzen ruht man sich zwei Minuten lang aus.

Gewichtsregulierung

Es gibt nur eine Methode, schlanker zu werden und schlanker zu bleiben: über längere Zeit weniger Kalorien zu sich zu nehmen und seine Eßgewohnheiten umzustellen. Spezielle Diätformen können oft eine schnelle Gewichtsabnahme bewirken, doch diese ist selten von Dauer, denn sobald man zu den alten Eß- und Trinkgewohnheiten zurückkehrt, nimmt man wieder zu.

Zunächst muß man ermitteln, wie viele Kalorien man pro Tag benötigt, und sich dann bemühen, immer etwas weniger zu essen. Die Berechnung wird wie folgt gemacht: Man multipliziert sein derzeitiges Gewicht in Kilo mit dem Faktor 27 bei sitzender Tätigkeit, mit 30–36 bei mäßiger körperlicher Betätigung und mit 40 bei schwerer körperlicher Tätigkeit. Wichtig zu wissen ist auch, daß man 3500 Kalorien einsparen muß, um 500 g abzunehmen. Oft genügt es, das tägliche Glas Bier oder Wein, das Stück Kuchen oder den Nachtisch wegzulassen. Man sollte z.B. mageres Fleisch, magere Käsesorten und Vollkornprodukte, die besser sättigen als Weißbrot, bevorzugen. Eine Mahlzeit auszulassen hat wenig Sinn, denn man hat dann bei der nächsten um so mehr Hunger. Einen Fastentag einzulegen (nach Absprache mit dem Arzt), an dem man viel nichtalkoholische und ungezuckerte Flüssigkeit zu sich nimmt, trägt dagegen zur Entschlakkung bei. Ideal für denjenigen, der abnehmen will, sind fünf kleinere Mahlzeiten über den Tag verteilt, wobei zwei aus einem Apfel, einem Joghurt oder einer Scheibe Knäckebrot bestehen können.

Wer diese Methode wählt, muß Geduld aufbringen: Man nimmt zwar stetig, aber langsam ab – mehr als 200–300 g pro Woche sind ohnehin nicht erstrebenswert. Dafür ist der Erfolg dauerhaft, denn der Körper gewöhnt sich gleichzeitig an die neue Lebensweise, und man fällt nicht so leicht in die alten Eßgewohnheiten zurück. Außerdem vermeidet man die Nachteile der üblichen Diätformen: Der Körper wird mit allen notwendigen Nährstoffen versorgt, die Haut wird nicht schlaff und welk, wie das oft bei einem schnellen Gewichtsverlust der Fall ist, und man kann seinen gewohnten Tätigkeiten nachgehen.

Zusätzlich zu dieser Ernährungsumstellung sollte man für mehr Bewegung sorgen. Das kann darin bestehen, daß man z.B. den Fahrstuhl nicht mehr benutzt, denn jede kleine zusätzliche Anstrengung verbraucht Kalorien.

Siehe auch *Ernährung; Fitneß; Sport und Gesundheit.*

Krankhafte Gewichtsabnahme Wer plötzlich, ohne daß er gerade eine besondere Diät einhält, abmagert, sollte sich in ärztliche Behandlung begeben, denn eine körperliche Krankheit oder seelische Störung kann der Grund dafür sein.

Eine besondere Form der krankhaften Gewichtsabnahme ist die Magersucht (*Anorexia nervosa*), von der hauptsächlich Mädchen in der Pubertät, aber auch erwachsene Frauen betroffen sind. Der Patient bildet sich ein, daß er abnehmen müsse und weder eine Behandlung noch ausreichende Nahrung brauche. Erbrechen wird oft bewußt und heimlich herbeigeführt. Ursachen dieser Krankheit, die unbedingt ärztlicher Behandlung bedarf, sind meist seelische Konflikte.

Gewitter

Ein Gewitter kündigt sich durch auflebende Winde und dumpfes Donnergrollen an. Es ist gefährlich nahe, wenn zwischen Blitz und Donner weniger als zehn Sekunden vergehen. Man sollte dann, falls möglich, rasch ein Gebäude aufsuchen. Auch bietet das Auto als Faradayscher Käfig einen hinreichenden Schutz, wenn man die Fenster verschließt und die Antenne einzieht. Sonst breitet man an einer geschützten Stelle, z.B. in einer Mulde, ein Kleidungsstück aus und hockt sich darauf mit eingezogenem Kopf.

Die Nähe von Bäumen, Lichtmasten und Gewässern ist unbedingt zu meiden. Wassersportler und Badende sollten das Wasser so schnell wie möglich verlassen. Auch ein Zelt ist nicht der richtige Aufenthaltsort, weil Blitze leicht auf die Zeltstangen überspringen. Wird man im Wald von einem Gewitter überrascht, darf man sich keinesfalls unter einen auffallend mächtigen Baum stellen, der über das Kronendach hinausragt. Im Gebirge ist die Blitzgefährdung besonders hoch. Am ehesten findet man noch in Felsnischen oder zwischen niedrigen Felsblöcken Schutz. Von Felswänden, großen Felsspalten und Schneefeldern muß man sich fernhalten.

Blitzunfälle müssen nicht immer tödlich sein. Oft tritt nur eine kurze Bewußtlosigkeit oder Atemstillstand ein, so daß Wiederbelebungsversuche erfolgreich sind (siehe *Atemspende; Bewußtlosigkeit*).

Gewürze

Gewürze werden aus den Wurzeln, Rinden, Früchten oder Beeren verschiedener Pflanzen hergestellt. Meist rechnet man auch die Samen – etwa von Anis, Fenchel, Koriander – zu den Gewürzen; das frische Grün dieser Pflanzen bezeichnet man als Kräuter (siehe *Küchenkräuter*).

Man bewahrt Gewürze in luftdichten, möglichst dunklen Gläsern auf. Sie sollten weder der Sonne noch allzu großer Wärme und schon gar nicht der Feuchtigkeit ausgesetzt sein. Pulverisierte Gewürze verlieren ihr Aroma und ihre Würzkraft leichter als ganze Gewürze.

Viele Gewürze entwickeln ihr volles Aroma erst, wenn man sie erhitzt. Andererseits sind sie empfindlich, man sollte sie also nicht überhitzen und niemals in rauchendheißes Fett geben.

Ganze Gewürze sollten vor Gebrauch leicht zerstoßen werden. Möchte man diese Gewürze später nicht im Essen haben, wickelt man sie in ein Stückchen Mull und bindet mit Küchengarn ein Päckchen zusammen, das man in der Suppe oder Sauce mitkochen läßt und später mühelos entfernen kann.

Verwendung Welche Gewürze man verwendet und in welchen Mengen, ist Sache des persönlichen Geschmacks. Hat man mit einem bestimmten Gewürz noch keine Erfahrung, gibt man zunächst nur wenig an die Speise. Hier einige Richtlinien für die Verwendung:

- Anis: Kuchen, Weihnachtsgebäck
- Fenchel: Fisch, Käsegerichte, grüne Salate, Tomatengerichte, Brot
- Ingwer: Fisch, Hackfleisch, Lamm-, Hammel- und Schweinefleisch, Huhn, Truthahn, Kuchen, Weihnachtsgebäck
- Kardamom: Hammel- und Rindfleisch, Wild, Brot, Kuchen, Weihnachtsgebäck
- Koriander: Brot, Kuchen, Weihnachtsgebäck
- Kümmel: Hammelfleisch, Gemüse, Kartoffelgerichte, Brot
- Muskat: Brühe, Fisch, Lamm- und Hammelfleisch, Huhn, Truthahn, Eier- und Käsegerichte, Gemüse, Kartoffelgerichte
- Nelken: Brühe, Fisch, Hammel- und Schweinefleisch, Wild, Wildgeflügel, Süßspeisen, Brot, Kuchen, Weihnachtsgebäck
- Paprika: Fisch, Hackfleisch, Lamm-, Hammel-, Kalb-, Rind- und Schweinefleisch, Leber, Huhn, Truthahn, Eier- und Käsegerichte, Gemüse, Kartoffel- und Tomatengerichte
- Pfeffer: Brühe, Hackfleisch, Rind-, Hammel- und Schweinefleisch, Wild, Wildgeflügel, Leber, Eier- und Käsegerichte, Salate, Kartoffel- und Tomatengerichte
- Piment: Brühe, Fisch, Lamm-, Hammel-, Rind- und Schweinefleisch, Wild, Wildgeflügel, Brot, Weihnachtsgebäck
- Safran: Fisch, Reis
- Vanilleschote: Kuchen, Süßspeisen, Weihnachtsgebäck
- Wacholderbeeren: Brühe, Fisch, Hammel- und Rindfleisch, Wild, Wildgeflügel
- Zimt: Lamm- und Hammelfleisch, Kuchen, Süßspeisen, Weihnachtsgebäck

Siehe auch *Currypulver.*

Gießharz

Unzählige Gegenstände verschiedenster Art – Blumen, Muschelschalen, Federn, Briefmarken, Versteinerungen – lassen sich dauerhaft und dekorativ in Gießharz „verpacken". Sie müssen nur trocken, sauber und fettfrei sein.

Gießharz ist durchsichtig und dickflüssig, wird aber fest, wenn man es mit einem entsprechenden Härter vermischt. Das Mischungsverhältnis ist in der Gebrauchsanweisung des Herstellers angegeben.

Formen, in die das Harz gegossen wird, kann man kaufen, doch man kann auch Plastikdosen, Joghurtbecher, Trinkgläser usw. verwenden. Die Formen müssen innen ganz glatt sein. Bei der Wahl ist zu bedenken, daß man solche, die sich nach oben verjüngen, zerstören muß, um den Gießblock freizulegen.

Man kann eckige Gießformen auch selber machen, beispielsweise aus Glas oder Acrylglas (siehe dort), aus kunststoffbeschichteten Platten oder aus anderen Kunststoffen. Um festzustellen, ob das Material gießharzfest ist, gibt man einen Tropfen Azeton darauf und wischt ihn mit einem trokkenen Lappen gleich wieder weg. Wenn das Azeton das Material angegriffen hat, ist es für eine Gießharzform nicht geeignet. Azeton eignet sich übrigens gut als Reinigungsmittel für Hände, Arbeitsplatz und Formen.

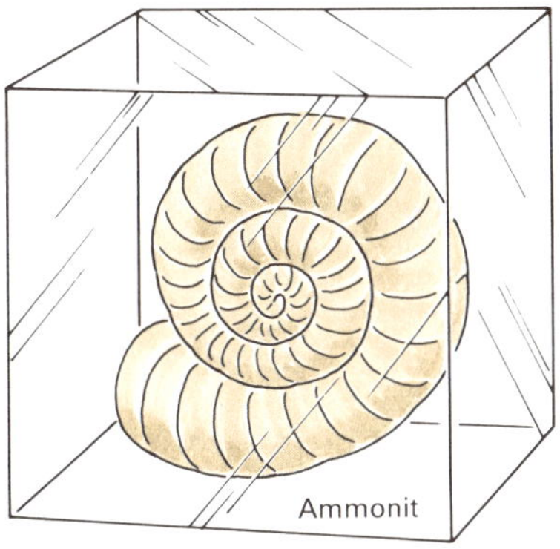

Bevor man eine Form ausgießt, sollte man sie innen laut Gebrauchsanweisung mit einem Trennmittel behandeln; das kann Lack oder Wachs sein.

Man gießt eine erste Schicht in die Form, die etwa ein Drittel der späteren Gesamtblockdicke ausmachen sollte. Wenn die Schicht fest wird, legt man den gewählten Gegenstand darauf und gießt weiteres Harz hinein, bis die gewünschte Blockdicke erreicht ist. Damit sich kein Staub darauf absetzen kann, deckt man die Form ab, z.B. mit einer sauberen Glasplatte.

Je nachdem, wie das eingegossene Objekt beschaffen ist, kann es von Vorteil sein, es mit drei Schichten einzugießen. Zarte Gegenstände können verformt werden, wenn man das Harz direkt auf sie gießt. Um das zu vermeiden, läßt man das Harz vorsichtig an einem sauberen Stäbchen neben dem Gegenstand in die Form laufen.

Im Gießharz bilden sich Luftblasen. Wenn man sie nicht als dekoratives Element eingeschlossen haben möchte, schlägt man leicht gegen die Form, damit sie an die Oberfläche steigen, und sticht sie dort mit einer Nadel auf. Gießharz zieht sich beim Aushärten etwas zusammen; dabei sinkt die Oberfläche zur Mitte hin ein.

Wenn der Gießblock fest ist, wird er aus der Form genommen. Dazu fährt man mit einem Messer vorsichtig zwischen Block und Form entlang; Formen, die nach oben enger werden, muß man, wie erwähnt, zerstören. Den Block darf man dabei nicht zerkratzen.

Um alle Unebenheiten zu entfernen und die ganze Brillanz des Materials herauszuarbeiten, muß man den Gießblock schleifen. Man arbeitet mit Schleifpapier in den Körnungen 80 oder 100, 120, 220, 400 und 600. Mit dem gröbsten, also 80 oder 100, fängt man an. Für die drei letzten Schleifgänge verwendet man Naßschleifpapier. Zwischen den Schleifgängen wird der Block gesäubert, damit beim Wechsel auf das nächstfeinere Papier keine Körner vom gröberen darauf zurückbleiben. Den letzten Schliff gibt man dem Werkstück mit einer für Gießharz geeigneten Polierpaste und Polierwatte. Gießharz läßt sich nicht nur schleifen, sondern auch sägen und bohren.

Wer dem Gießharz einen farblichen Effekt geben möchte, kann es mit speziellen Abtönpasten einfärben.

Gipskarton ausbessern

Wenn man Risse oder kleine Löcher in Gipskartonplatten ausbessern muß, entfernt man alle losen und lockeren Teile, drückt mit einem Spachtel Kunstharzfüllmasse hinein und zieht sie oberflächenbündig ab.

Größere Löcher, etwa in hohlen Leichtbauwänden, erweitert man mit einer Lochsäge zu einer rechteckigen Öffnung. Dann schneidet man eine Dachlatte etwa 10 cm länger als die Öffnung zu, bestreicht die Lattenenden mit Kontaktkleber, schiebt die Latte in die Öffnung und drückt sie von innen an die Gipskartonplatte. Durch die Gipskartonplatte bohrt man Löcher in die Lattenenden und dreht vorsichtig Flachkopfschrauben ein.

Als nächstes schneidet man ein Stück Gipskarton zu, das rundherum etwa 3 mm kleiner als die Öffnung ist. Nun gibt man etwas Kontaktkleber auf die Latte, an der entsprechenden Stelle auf das Einsatzstück, bestreicht dessen Kanten und die Kanten der Öffnung mit Füllmasse und drückt das Einsatzstück in die Öffnung. Aus den Fugen quellende Füllmasse zieht man mit einem Spachtel glatt. Die versenkten Schraubenköpfe verspachtelt man.

Ist ein größerer Schaden zu beheben, schneidet man die Stelle bis an die beiden benachbarten Ständer aus, nagelt, um Plattenstärke zurückversetzt, seitlich Dachlatten an sie an und befestigt auf diesen mit Nägeln für Leichtbauplatten ein entsprechendes Einsatzstück.

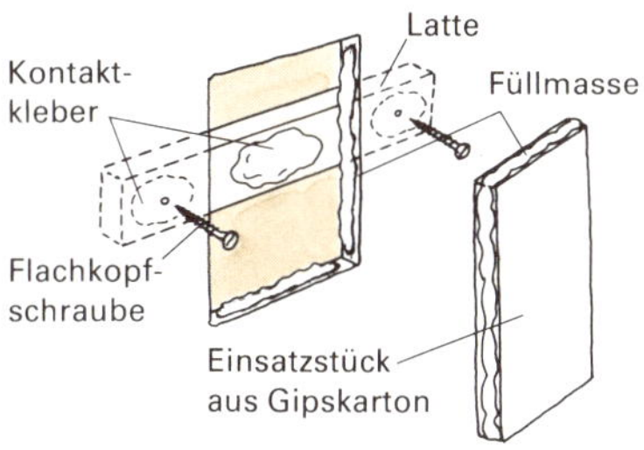

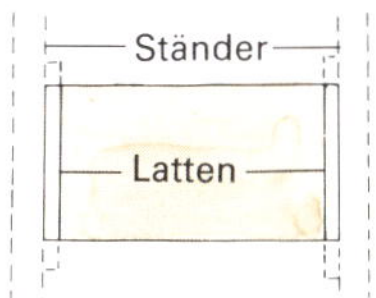

Wenn sich an den Stößen der Gipskartonplatten die Malerbinden lösen, entfernt man sie möglichst so, daß die Fugenfüllung nicht herausbricht. Dann schleift man die schadhafte Stelle glatt, schneidet eine neue Malerbinde in entsprechender Größe zu, trägt mit dem Spachtel Füllmasse auf, drückt die Binde hinein und legt eine dünne Schicht Füllmasse darüber. Nach 24 Stunden wird dann nachgespachtelt.

Zuletzt glättet man alle ausgebesserten Stellen sorgfältig mit Schleifpapier.

Gitarre stimmen

Viele erfahrene Spieler stimmen ihre Gitarre nach dem Gehör. Andere verwenden dazu ein Klavier oder eine Stimmpfeife. Manche bevorzugen eine Stimmgabel mit Kammerton a^1 und stimmen ihre Gitarre, indem sie die Tonabstände der einzelnen Saiten untereinander festlegen.

Stimmen mit Klavier oder Stimmpfeife Mit dem mittleren C als Ausgangston schlägt man die Tasten E, A, d, g, h und e^1 auf einem wohltemperierten Klavier an und stimmt jede einzelne Saite der Gitarre auf die Tonhöhe des Klaviers ein. Wenn eine Saite tiefer klingt, spannt man sie, indem man ihren Wirbel nach rechts dreht. Klingt eine Saite höher, entspannt man sie, indem man den Wirbel nach links dreht.

In gleicher Weise stimmt man eine Gitarre mit der Stimmpfeife.

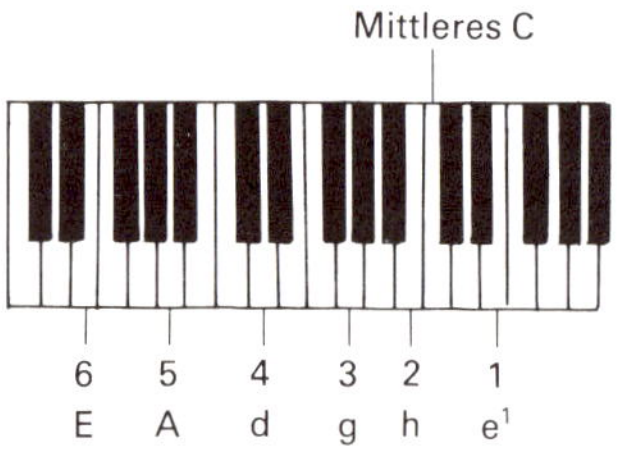

Stimmen mit der Stimmgabel Die Saiten E, A, d, g, h und e^1 sind in der Reihenfolge 6, 5, 4, 3, 2 und 1 numeriert. Man schlägt die Zinken der Stimmgabel kurz und kräftig gegen die Kante eines Tischs und stellt sie mit dem Fuß auf die Tischplatte. Nun schlägt man die A-Saite der Gitarre an und stimmt sie nach dem Gehör auf den Ton der Stimmgabel ein, indem man ihre Spannung mit ihrem Wirbel erhöht oder verringert. Nun drückt man die E-Saite (6) am fünften Bund und stimmt sie auf die A-Saite ein. Dann wird der Finger auf den fünften Bund der A-Saite gesetzt und die d-Saite nach ihrem Ton eingestimmt. Man greift den fünften Bund der d-Saite und legt danach die Tonhöhe der g-Saite fest. Nun drückt man die g-Saite am vierten Bund; mit ihrem Ton muß die h-Saite übereinstimmen. Zuletzt setzt man den Finger auf den fünften Bund der h-Saite und stimmt sie auf die e^1-Saite ein.

Wenn man kein Stimminstrument

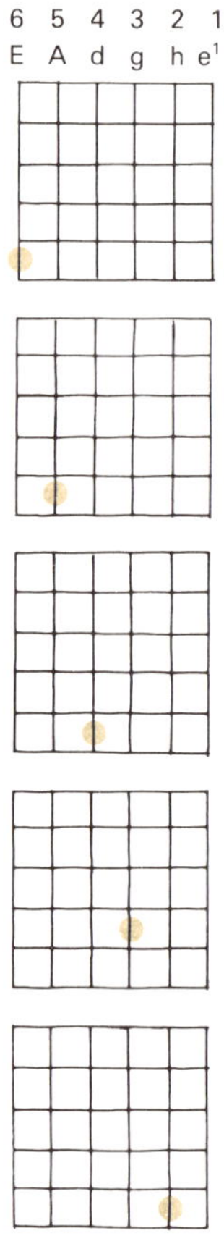

hat, stimmt man die Saiten nach der E-Saite (fünfter Bund) in der gleichen Weise aufeinander ein.

Glas schneiden

Für gelegentliche kleine Glasreparaturen im und ums Haus lohnt es sich zu lernen, mit dem Glasschneider umzugehen. Man schafft sich einen Glasschneider mit Stahlrädcheneinsatz an und macht an Abfällen Schnittversuche. Das Glas muß völlig eben liegen; am besten nimmt man eine saubere Sperr- oder Spanplatte als Unterlage.

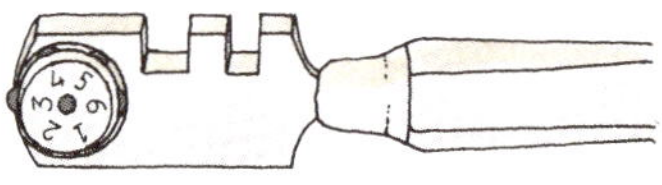

Als erstes entfernt man Staub und Fett vom Glas, denn sonst greift das Stahlrädchen nicht. Dann zeichnet man mit einem Filzschreiber eine Rißlinie an und legt ein Lineal oder einen Anschlagwinkel an die vorgesehene Schnittkante. Dabei muß man berücksichtigen, daß das Rädchen 3 mm Abstand zur Anlegeseite des Glasschneiders hat. Bevor man schneidet, gibt man einen Tropfen Petroleum auf das Rädchen. Dann zieht man es, unter leichtem Druck zügig und ohne abzusetzen, von einem Rand des Glases zum andern. Wenn das Rädchen ein ununterbrochenes leichtes Zischgeräusch erzeugt, ist der Schnitt gelungen.

Man darf niemals in einer bereits vorhandenen Schnittfuge nachschneiden, sonst leidet das Stahlrädchen.

Geschick und Sorgfalt erfordert es dann, die Schnittfuge zu brechen. Wenn man gut geschnitten hat, bricht das Glas sauber entzwei, wenn man es an der Schnittfuge anhebt. Ist das nicht der Fall, klopft man mit dem Glasschneider leicht entlang dem Riß an die Unterseite des Glases. Schmale Abschnitte nimmt man mit einer Zange oder mit den Schlitzen im Glasschneider ab.

Glas und Kristall

Feine Glassachen sollte man am besten von Hand abspülen. Damit die Ränder nicht absplittern, wäscht man jeweils nur ein oder zwei Gläser in einer mit einer Gummimatte ausgelegten Plastikschüssel oder Spülbecken. Das Waschwasser sollte frisch und heiß sein. Für Wein- und Biergläser nimmt man nur klares Wasser. Sonst setzt man, um einen strahlenden Glanz zu erzielen, der Seifenlösung etwas Salmiakgeist zu. Täglich mit Geschirrspülmittel gereinigte Glasteile bekommen mit der Zeit matte Stellen, die sich kaum mehr entfernen lassen. Geschliffenes oder geätztes Glas wird mit einer weichen Bürste gewaschen. Dann stellt man die Gläser umgekehrt auf ein dickes Küchentuch in das Abtropfgestell. Zum Abtrocknen verwendet man ein fusselfreies Geschirrtuch aus Leinen.

In die Geschirrspülmaschine werden die Gläser so eingeschichtet, daß sie miteinander oder mit anderem Geschirr nicht in Berührung kommen. Um Flecken von Glaswaren, auch Karaffen und Vasen, zu entfernen, füllt man sie mit Wasser, setzt 1 Teel. Salmiakgeist zu und läßt sie über Nacht stehen. Für Vasen kann man auch etwas WC-Reiniger verwenden. Man kann auch versuchen, die Flecken mit Natron abzureiben, darf aber keine Scheuermittel oder Topfreiber verwenden. Um Kalkrückstände von hartem Wasser zu entfernen, stellt man das Glas für ein oder zwei Tage in destilliertes Wasser, dem man etwas Essig zugesetzt hat. Flecken auf Kristallglas lassen sich entfernen, wenn man sie in der Lösung eines handelsüblichen Reinigungsmittels für Zahnprothesen einweicht.

Aufbewahren und Ausbessern Gegenstände aus Glas werden in einem Regal aufbewahrt, das man mit Textilfolie oder starkem Papier (Schrankpapier) belegt. Glassachen sollte man nicht längere Zeit in Zeitungspapier oder in Holzwolle eingewickelt lagern, weil das Glas dadurch matt wird. Abgesplitterte Ränder von Glassachen kann man mit feinem Naßschleifpapier vorsichtig glätten. Beschädigte Gegenstände aus dünnem Glas oder Kristall sollte man jedoch von einem Fachmann ausbessern lassen.

Sollten ineinandergesteckte Gegenstände aus Glas festsitzen, gießt man kaltes Wasser in das innere Glas und taucht das äußere Glas in warmes Wasser ein. Dann werden die beiden Stücke durch eine gegenläufige Drehbewegung vorsichtig voneinander getrennt.

Siehe auch *Kochgeschirr*.

Gläser öffnen

Ein Vakuum wird in Gläsern und Flaschen teilweise erzeugt, damit der Verschluß luftdicht abschließt, hat aber auch zur Folge, daß sich Verschlüsse schwer öffnen lassen. Ein geringes Vakuum kann auch entstehen, wenn man ein Glas mit warmem Inhalt in den Kühlschrank stellt.

Wenn ein Glas nicht wieder verwendet werden soll, kann man mit einem Dosenöffner oder einem anderen spitzen Gegenstand ein Loch in den Deckel stechen oder den Deckelrand mit einer Münze lockern und dadurch das Vakuum aufheben. Man kann das Glas auch auf den Kopf stellen und mehrmals auf den Boden schlagen; danach läßt sich der Deckel meist leicht öffnen, ebenso wenn man vor dem Öffnen warmes (nicht heißes) Wasser über das Glas laufen läßt.

Um einen festsitzenden Deckel besser fassen zu können, umwickelt man ihn mit einem Gummiband, einem feuchten Schwamm oder einem feuchten Geschirrtuch. Im Handel gibt es Schraubdeckelöffner mit gezähnten Backen und langen Griffen für alle gebräuchlichen Deckelgrößen.

Damit sich ein Deckel nicht festsetzt, wischt man alle Speisereste vom Gewinde des Deckels und vom Rand des Glases ab. Läßt sich ein Deckel wegen verkrusteter Speisereste nicht öffnen, schlägt man ihn am Rand vorsichtig mit einem Messergriff an oder läßt warmes Wasser über den Deckel laufen; in der Wärme erweichen die Speisereste, und der Deckel dehnt sich aus, so daß man ihn dann abschrauben kann.

Glasuren

Glasuren für Kuchen und Plätzchen bereitet man aus Puderzucker und Eiweiß oder aus Puderzucker und einer geschmackgebenden Flüssigkeit.

Eiweißglasuren werden besonders dick und glänzend. Sie eignen sich als Tortenverzierung, weil man sie in den Spritzbeutel geben kann – dünnste Tülle benutzen! Man rechnet auf ein Eiweiß 200g Puderzucker. Mit Instantkaffee, Kakao oder farbigem Sirup (etwa Grenadine) die Glasur nach Belieben färben.

Für einen dünneren Guß 200g Puderzucker mit 2–3 Eßl. geschmack- und farbgebender Flüssigkeit, etwa Zitronen- oder Orangensaft, Rum oder starkem Mokka, verrühren. Das kalte Gebäck mit der Glasur bestreichen; gibt man sie auf das noch heiße Gebäck, wird sie stumpf. Soll diese Glasur fest und noch glänzender sein, gibt man ein wenig flüssig gemachtes Kokosfett dazu.

Einen schmackhaften Guß für Obsttorten bereitet man so: ¾ Tasse Fruchtsaft – entweder vom Einmachsirup oder von dem frischen Saft, den die gezuckerten Früchte gezogen haben – aufkochen lassen, ½ Teel. mit kalter Flüssigkeit angerührte Speisestärke – besser ist Pfeilwurzmehl (Arrowroot) – darunterrühren und noch einmal kurz aufkochen lassen. Den Guß nach Belieben mit einem kleinen Schuß Obstbrand oder Likör abschmecken und ihn heiß über die Obsttorte geben.

Soll selbstgebackenes helles Brot glänzen, bestreicht man es vor dem Backen mit einer Mischung aus Eigelb und Milch oder Öl. Dunkles Brot bestreicht man unmittelbar nach dem Backen mit in Wasser aufgekochter Speisestärke.

Siehe auch *Kuvertüre*.

Glühbirnen

Im Haushaltsbereich verwendet man heute zwei Arten von Lichtquellen: Glühlampen und Leuchtstofflampen. Die Brenndauer einer gewöhnlichen Glühlampe liegt bei 1000 Stunden.

Glühlampen sind in verschiedenen Ausführungen erhältlich: klar, mattiert, opalisiert, kopfverspiegelt und ringverspiegelt. Diese Lampen sind mit einer Leistungsaufnahme von 25–150 W erhältlich. Für besondere Zwecke stehen Pilzformlampen, Tropfenlampen und Kerzenlampen (15, 25, 40, 100 W) zur Verfügung. Kohlefadenlampen ergeben ein besonders weiches Licht, weshalb man sie ohne Schirm verwenden kann. Sie sind in klarer Ausführung erhältlich (60, 90, 100, 115 W).

Reflektorglühlampen werden für Strahler, Einbauleuchten und Klemmleuchten verwendet. Diese Lampen, die mit einer Leistung zwischen 40 und 100 W erhältlich sind, haben einen variablen Leuchtkegel von 35–80°. Reflektorlampen mit Preßglaskolben (Leistung 70–150 W) verwendet man in der Regel für Strahler, Einbauleuchten und Klemmleuchten. Es gibt sie in zwei Ausführungen, nämlich mit einem Leuchtkegel von 15° als Spot und mit einem Leuchtkegel von 40° als Flutlicht.

Relativ teuer in der Anschaffung, aber im Verbrauch günstig sind die neuen stromsparenden Glühlampen.

Leuchtstofflampen haben eine Länge von 60, 120 oder 150 cm und eine Leistung von 20, 40 oder 65 W. Es gibt sie auch kreisförmig mit verschiedenen Durchmessern oder in U-Form. Sie werden in tageslichtähnlicher Tönung, neutral, weiß, warmweiß und glühlampenähnlich geliefert.

Siehe auch *Beleuchtungskörper; Lampenschirme; Leuchtröhren*.

Goldhamster

Für einen Goldhamster braucht man einen speziellen Käfig mit Laufrad, in dem er sich nach Bedarf bewegen kann, und ein Schlafhaus. Damit er sich in dem Haus sein Bett machen kann, legt man Nestwolle in den Käfig. Um das Haus sauberzuhalten, räumt man es alle drei bis vier Wochen aus. Das Tier richtet sich dann wieder gemütlich ein. In den Käfig kommt Kleintiereinstreu, die zwei- bis dreimal wöchentlich erneuert werden sollte. Und natürlich darf ein Futternapf nicht fehlen.

Die Grundnahrung des Goldhamsters besteht aus fertig gemischtem Körnerfutter, Äpfeln, Birnen, Möhren, Klee, frischem Löwenzahn und Beeren. Einmal in der Woche gibt man ihm ein Stückchen rohes Fleisch oder ein paar Mehlwürmer, denn er braucht auch tierisches Eiweiß. Wenn man gerade kein Obst oder Grünzeug hat, läßt man ihn Wasser trinken, am besten aus einer Hamstertrinkflasche. Sehr wichtig ist Beifutter zum Nagen und Knabbern, denn wie bei allen Nagetieren wachsen auch beim Goldhamster die Zähne ständig nach und müssen daher abgenutzt werden. Dieses Beifutter bekommt man wie alles andere auch im Zoogeschäft.

Der Goldhamster wird bis zu 18 cm lang und zwei bis drei Jahre alt. Er ist ein Einzelgänger; man sollte daher immer nur ein Tier halten. Tagsüber schläft er in seinem Haus; abends wird er dann munter und ist die ganze Nacht aktiv. Doch wenn man ihn am Tag sanft weckt, läßt er gern mit sich spielen. Wenn man ihn aus dem Käfig holt, darf man ihn nicht unbeobachtet lassen, sonst ist er wie der Blitz in irgendeinem Versteck verschwunden.

Graten

Die Gratverbindung (A) ist eine schwalbenschwanzförmige Nut- und Federkonstruktion, die nur für T-förmige Vollholzverbindungen geeignet ist. Man kann sie mit ein- oder zweiseitiger Schräge herstellen. Zweiseitig muß die Gratfeder immer dann sein, wenn die Verbindung auf Zug belastet wird, z.B. bei frei stehenden Konsolen. Die Gratnut schneidet man immer in das durchlaufende Teil ein; ihre Tiefe beträgt etwa ein Drittel der Holzdicke.

Gratleisten setzt man an Vollholzflächen ein, damit diese sich nicht werfen. Dabei kann das Holz dennoch schwinden und quellen. Der Nachteil ist allerdings, daß die Leisten vorstehen. Man verwendet zweierlei Arten: die liegende Gratleiste (B) für Türen oder ähnliche Werkteile sowie die stehende Gratleiste (C), die sich z.B. für Tischplatten eignet.

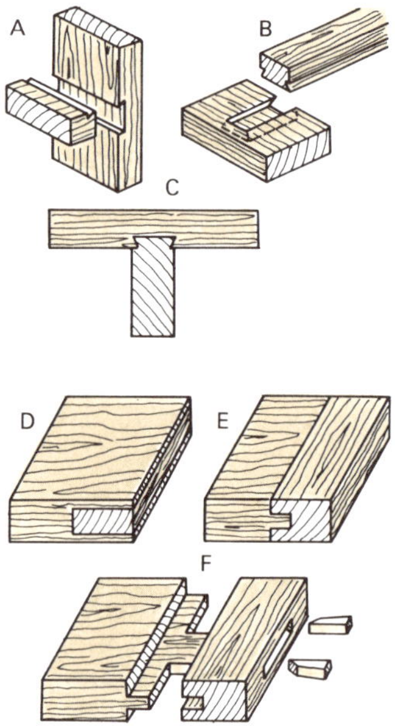

Hirnleisten sind, im Gegensatz zu Gratleisten, flächenbündige Hilfen, mit denen man verhindern kann, daß Vollholz sich wirft. Man kann sie vor die Hirnenden federn, zapfen und verkeilen. Eingenutete Hirnleisten (D) müssen voll verleimt werden. Angefederte Leisten (E) darf man nur in der Mitte mit dem Querholz verleimen. Gefederte und verkeilte Hirnleisten (F) bleiben unverleimt.

Grillen auf dem Rost

Wer auf dem Holzkohlenfeuer grillt, hantiert mit offener Glut und muß entsprechend vorsichtig sein. Der Grill muß einen festen Stand haben. Nie Spiritus o.ä. benutzen, um das Feuer in Gang zu bringen, sondern mit dem Blasebalg nachhelfen. Kinder gut beaufsichtigen.

Das Grillgut legt man erst auf den zuvor eingeölten Rost, wenn die Holzkohle gut durchgeglüht und mit einer feinen weißen Aschenschicht überzogen ist. Da dies bis zu einer Stunde dauern kann, muß man mit den Vorbereitungen rechtzeitig anfangen.

Fleisch zum Grillen sollte eher durchwachsen sein; mageres verwendet man zu Spießen mit Speckscheiben. Mariniertes Fleisch gründlich trockentupfen, ehe man es auf den Rost legt. Zum Grillen ist gepökeltes Fleisch nicht geeignet, da sich durch die starke Hitze gesundheitsschädliche Stoffe entwickeln. Koteletts, Steaks und andere flache Fleischstükke wenden, wenn auf der Oberseite Saftperlen austreten. Wenn auf der anderen Seite auch Saftperlen austreten, ist das Fleisch gar. Die erste Seite dauert länger. Das Fleisch erst salzen, wenn es fertiggegrillt ist, sonst verliert es Saft. Fertiggegrilltes Fleisch sofort verzehren; wenn es liegenbleibt, wird es trocken.

Große Fleischstücke, Geflügel, Spanferkel usw. muß man am Spieß braten und über der Heizquelle drehen. Die Grillzeiten können sehr lang sein; es lohnt sich deshalb, solche Stücke im Backofen vorzugaren. Während des Grillens das Bratgut ständig begießen. Die Faustregel besagt, daß Rind- und Lammfleisch je 500g etwa 50 Minuten Garzeit brauchen, Schweinefleisch braucht 40, Kalbfleisch 30 Minuten je 500g. Gibt das Fleisch federnd nach, wenn man mit dem Gabelrücken darauf drückt, ist es im Kern noch rosa; es ist voll durchgegart, wenn es sich fest anfühlt.

Auch Fisch, Gemüse und Obst sind zum Grillen geeignet. Meist empfiehlt es sich, diese empfindlichen Nahrungsmittel in Aluminiumfolie (siehe dort) einzuwickeln. Kartoffeln, in Aluminiumfolie gegart, sind eine beliebte Beilage; Bananen, in der Schale in Aluminiumfolie auf dem Rost gegrillt, mit Zucker bestreut und mit Rum flambiert, sind ein feines Dessert.

Grippe

Kopfschmerzen, Glieder- und Rükkenschmerzen, hohes Fieber, allgemeine Schwäche, aber auch Schnupfen, Halsweh oder Husten sind die Symptome, die auf eine Grippe hindeuten. Diese Virusinfektion wird dadurch übertragen, daß Erkrankte die Erreger ausatmen, aushusten oder ausniesen.

Man sollte, vor allem während der ersten Tage, Bettruhe einhalten, viel Flüssigkeit trinken, z. B. heiße Zitronen- und Honiggetränke, Wadenwickel anlegen und je nach Bedarf milde Schnupfenmittel oder Hustensaft einnehmen und Halspastillen lutschen. Man sollte sich auf keinen Fall zur Arbeit zwingen.

Ist der Betroffene herz-, zucker- oder lungenkrank, über 65 Jahre alt oder hat er über 39 °C Fieber, muß man einen Arzt hinzuziehen. Auch wenn das Fieber erst sinkt und später wieder steigt, sollte man einen Arzt konsultieren, der gegebenenfalls Antibiotika verschreibt.

Nach zwei bis drei Tagen sind die Symptome meist zurückgegangen; die allgemeine Abgeschlagenheit kann jedoch noch einige Wochen anhalten.

Vorbeugend kann man sich jedes Jahr impfen lassen, die Impfung schützt allerdings nur gegen einige der sehr vielen Grippearten.

Siehe auch *Erkältungen; Fieber; Husten; Schnupfen; Wickel.*

Grünlilie

Damit Grünlilien kräftig wachsen und die Blätter ihren Farbkontrast deutlich zeigen, muß man sie an einen hellen Ort stellen. Im Sommer sollte man die Pflanzen jedoch vor der heißen Mittagssonne schützen. Während der Hauptwachstumszeit gießt man reichlich, während der Ruheperiode nur mäßig. Sobald junge Pflanzen ausgewachsen sind, gibt man ihnen alle zwei Wochen einen handelsüblichen Flüssigdünger.

Vermehrung Grünlilien lassen sich ganz einfach vermehren. Man schneidet Tochterpflanzen (siehe dort) von den Trieben ab, sobald die Blätter 5 bis 7 cm lang sind. Die untersten Blätter werden entfernt, damit sie nicht faulen. Haben sich bei den Pflänzchen bereits Wurzelansätze gebildet, stellt man sie so lange in ein Gefäß mit Wasser, bis die Wurzeln ungefähr 3 cm lang sind. Pflänzchen, die beim Abtrennen schon kräftige Wurzeln haben, können gleich eingepflanzt werden.

Gummitwist

Gummitwist wird von mindestens drei Personen im Freien gespielt. Die Enden eines 2–3 m langen Kleidergummis werden verknotet. Zwei Mitspieler stellen sich einander gegenüber mit leicht gespreizten Beinen so auf, daß das Gummi, das etwa in Knöchelhöhe um sie herumläuft, leicht gespannt ist. Der dritte Mitspieler muß in bestimmten, vorher festgelegten Figuren über die Gummibänder springen. Man kann z.B. sechsmal von der rechten Seite zwischen die Gummibänder und wieder hinaus springen, dann alles von der linken Seite aus wiederholen. Das Gummiband darf man dabei nicht berühren. Die Figuren werden komplizierter, wenn man auf die Bänder springt, sie überkreuzt, indem man mit den Füßen ein Gummiband (während des Sprungs) über das andere führt und dann beide Bänder ebenso in die ursprüngliche Position zurückbringt. Schwieriger wird es auch, wenn man das Gummi nach jeder Runde höher spannt: auf die Knöchelhöhe folgen Wadenhöhe, Kniehöhe, Oberschenkelhöhe und zuletzt Taillenhöhe.

Wer die Figuren nicht korrekt ausführt, muß dann einen der beiden „Gummihalter" ablösen, der jetzt an die Reihe kommt.

Gymnastik

Gymnastische Übungen sind in jedem Lebensalter zu empfehlen und müssen nicht unbedingt anstrengend sein. Wer über 50 ist und nie regelmäßig Körperübungen gemacht oder Sport getrieben hat, sollte allerdings vorher einen Arzt konsultieren.

Man sollte sich für die Übungen Zeit lassen und ein Tempo wählen, das einem zuträglich ist. Am sinnvollsten ist es, wenn man mindestens drei- bis fünfmal pro Woche jeweils 20–30 Minuten lang übt.

Die folgenden Streck- und Beugeübungen fördern die Beweglichkeit. Damit die Übungen ihre Wirkung tun, streckt man sich, bis man eine leichte Spannung verspürt, und hält dann inne. Liegestütze sind eine Kraftübung, während beim Aufsitzen und Beinheben aus der Rückenlage besonders die Bauch- und die Rückenmuskulatur beansprucht werden.

- Kopfrollen: Zur Entspannung der Nackenmuskeln sich leicht gegrätscht hinstellen, die Arme locker herabhängen lassen. Man dreht den Kopf, so weit es geht, nach links, zurück zur Mitte, dann ebenso nach rechts und wieder zur Mitte. Man senkt das Kinn zur Brust und rollt den Kopf vorsichtig nach hinten. Beim Rückwärtsneigen des Kopfes den Mund leicht öffnen.
- Schulterheben: Eine leichte Grätschstellung einnehmen; die Arme hängen seitlich locker herab. Jetzt die rechte Schulter zum rechten Ohr heben, dann wieder fallen lassen, ohne den Kopf zu bewegen. Je achtmal links und rechts üben.
- Armkreisen: Man stellt sich mit leicht geöffneten Beinen bequem hin und blickt geradeaus. Die Arme werden seitlich waagrecht in Schulterhöhe ausgestreckt und gleichzeitig zuerst in die eine und dann in die andere Richtung gekreist. Dabei zuerst kleinere und dann größere Kreise beschreiben. Den Körper dabei aufrecht und ruhig halten.
- Fußkreisen: Man stellt sich entspannt hin, hebt einen Fuß etwas vom Boden ab, streckt ihn viermal kräftig vor und zurück. Dann mit dem Fuß zweimal in beide Richtungen kreisen. Dieselbe Übung mit dem anderen Fuß machen. Wenn man die Arme dabei seitlich waagrecht ausstreckt, hat man einen besseren Stand.
- Seitwärtsbeugen: Man stellt sich mit gestreckten, leicht gegrätschten Beinen hin. Den linken Arm seitlich vom Ohr nach oben strecken, wobei die Handinnenfläche dem Körper zugewandt ist. Den Rumpf weit nach rechts hinunterbeugen und dabei den rechten Arm am Bein herabgleiten lassen. Nicht nachwippen und darauf achten, daß der Rumpf ganz zur Seite und nicht nach vorn geneigt ist. Dann

den rechten Arm heben und den Rumpf nach links beugen.

- Rumpfdrehen: Man stellt sich mit leicht gegrätschten Beinen hin und streckt die Arme seitlich waagrecht in Schulterhöhe aus. Man dreht den Oberkörper nach rechts und führt dabei den rechten Arm weit zurück. Der Kopf wird auch nach rechts gedreht mit Blick nach hinten. Dann den Oberkörper nach links drehen und die gleiche Übung mit dem linken Arm ausführen.
- Strecken: In Grätschstellung stehen und beide Arme abwechselnd in schnellem Wechsel so weit wie möglich nach oben strecken. Man muß die Dehnung dabei auf der gestreckten Seite spüren.
- Streckübungen im Sitzen: Man setzt sich mit gegrätschten Beinen, hochgestellten Zehen und entspannten Knien aufrecht hin. Mit ausgestreckten Armen den Rumpf zunächst über das eine Bein vorbeugen, bis sich die Hände in Höhe der Zehen befinden. In dieser Stellung mindestens 15 Sekunden verharren; dann den Rumpf wieder aufrichten und über das andere Bein beugen. Die Beine schließen. Dann mit aufgerichtetem Kopf den Körper langsam nach vorn beugen, bis man ein Ziehen in der Leistengegend verspürt. Die Hände umfassen dabei die Knöchel.
- Seitliches Beinheben: Man legt sich mit ausgestreckten Beinen auf die Seite; der Kopf ruht auf dem angewinkelten Arm. Das obere Bein heben und senken und dabei die Zehen strecken. Auf der anderen Seite liegen und die Übung wiederholen.
- Katzenbuckel: Im Kniestand die Hände aufstützen. Den Bauch einziehen, das Kinn an die Brust drücken und den Rücken wie eine Katze nach oben krümmen. Die Übung umkehren, indem man den Kopf aufrichtet und das Rückgrat durchhängen läßt.
- Liegestütze und Aufsitzen: Dies sind Kraftübungen für Fortgeschrittene. Die Zahl der Übungen und das Tempo bzw. beim Aufsitzen den Schwierigkeitsgrad wählt man entsprechend der eigenen Kondition und steigert sie allmählich. Wenn man keine richtigen Liegestütze fertigbringt, macht man sie im Kniestand. Kann man beim Aufsitzen die Füße nicht am Boden halten, geht man einen Schwierigkeitsgrad zurück.

Bei den Liegestützen Beine und Füße schließen und in die Hocke gehen. Die Handflächen im Abstand von ungefähr 30 cm auf den Boden legen (1). Die geschlossenen Beine so weit zurückschieben, bis Körper und Beine gestreckt sind (2). Den Körper nach oben drücken, bis die Arme gestreckt sind (3). Die Arme erneut beugen, bis die Stirn den Boden berührt (4).

Bei den Aufsitzübungen aus liegender Position zunächst nur Arme und Schultern anheben. Wenn diese Übung zu einfach ist, richtet man den Körper weiter auf, indem man sich mit den Händen am Boden abstützt. Fortschreitend schwieriger wird die Übung, wenn man beim Aufsitzen die Hände auf die Oberschenkel legt (1), vor Bauch oder Brust verschränkt und schließlich an die Ohren legt (2). Die

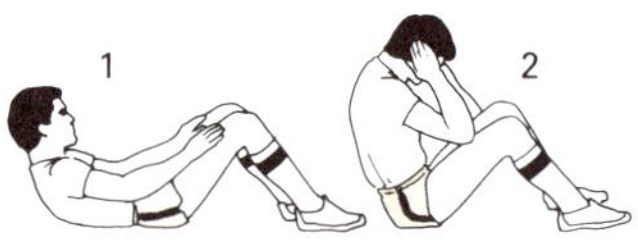

Hände nicht im Nacken verschränken.

Siehe auch *Fitneß; Sport und Gesundheit.*

H

Haarausfall

Es ist durchaus normal, daß beim täglichen Kämmen einige Haare ausfallen. Wird der Haarausfall stärker und zeigen sich erste schüttere oder kahle (auch kreisrunde) Stellen, sollte man einen Hautarzt aufsuchen.

Vorübergehender Haarausfall kann viele Ursachen haben, beispielsweise schwere Erkrankungen mit Fieber, Behandlung mit Medikamenten oder Strahlentherapie bei Krebs. Auch weniger schwerwiegende Störungen wie Nährstoffmangel, Störungen des Hormonhaushalts, Streß, emotionelle Belastungen oder eine Schädigung der Haare durch eine allzu strenge Frisur und zu häufige oder unsachgemäße Behandlung mit Chemikalien, wie sie bei Dauerwellen, Färben oder Bleichen des Haares verwendet werden, können die Ursache sein. Wenn sie beseitigt wird, normalisiert sich der Haarwuchs wieder.

Dauernde Kahlköpfigkeit ist meist erblich bedingt und tritt fast nur bei Männern auf. Bis jetzt ist keine Behandlungsmethode bekannt, mit der man Kahlköpfigkeit ohne bedenkliche Nebenwirkungen erfolgreich bekämpfen kann. Wer unter seiner Kahlheit leidet, sollte sich ein Toupet oder eine Perücke anpassen lassen (siehe *Haarersatz*).

Haare färben

Grundsätzlich sollte man die Haare erst zwei bis drei Wochen nach einer Dauerwelle färben, wenn sie sich erholt haben. Färbt man vorher, wird die Farbe durch die Dauerwelle verändert.

Präparate zum Haarfärben können allergische Reaktionen auslösen, das Haar schädigen oder eine unpassende Kolorierung ergeben, wenn man sie falsch anwendet. Falls man beschließt, seine Haarfarbe zu ändern, sollte man nur ein bekanntes Markenprodukt verwenden. Dabei gilt folgende Grundregel: Je krasser der Farbwechsel, desto aggressiver der chemische Prozeß, der erforderlich ist. Es ist daher ratsam, eine Farbe auszuwählen, die die eigene Haarfarbe nur um Nuancen verändert. Die Farbe auf der Packung wird nie genau mit der Farbe übereinstimmen, die man beim Färben erzielt; das Ergebnis hängt von der eigenen Grundhaarfarbe ab.

Die Haare färbt man nie unter Zeitdruck! Am besten ist, das Präparat bereits einige Tage zuvor zu kaufen und die Gebrauchsanweisung mehrmals durchzulesen. Dann legt man alle notwendigen Utensilien bereit, auch eine Stoppuhr zum Bemessen der Einwirkungszeit, einen Frisierumhang zum Schutz der Kleidung und Gummi- oder Folienhandschuhe, da sich die Farbe nur schwer von den Händen entfernen läßt. Mindestens 24 Stunden vor dem eigentlichen Färben sollte man nach den Anweisungen des Herstellers einen Allergietest machen. Enthält die Packung keine Angaben, tupft man etwas Farbe auf die Haut der Ellbogenbeuge und läßt sie einwirken. Wenn die Haut sich rötet oder juckt, darf man das Präparat nicht verwenden. Man sollte auch an einer einzelnen Haarsträhne testen, wie die Farbentwicklung beim eigenen Haar ist. Dazu schneidet man aus dem Unterhaar eine Haarsträhne heraus, taucht sie in die Farblösung und stoppt die in der Gebrauchsanleitung angegebene Einwirkungszeit. Man notiert genau die Anzahl der Minuten, bis sich der gewünschte Farbton einstellt, und kann so die individuelle Einwirkungszeit festlegen. Bei entzündeter oder verletzter Kopfhaut dürfen keine Präparate zum Färben oder Bleichen der Haare angewendet werden. Während des Färbens achtet man genau auf die Zeit. Wird sie überschritten, können die Haare geschädigt werden, oder man erhält einen unerwünschten Farbton.

Natürliche Färbemittel Wenn man seine Haare auf besonders schonende Weise färben möchte, sollte man Pflanzenfarbe verwenden. Diese Farben sammeln sich außen am Haarschaft und dringen nicht in das Haarinnere ein.

Eine schöne, intensive Blondfärbung erreicht man mit pulverisierter Rhabarberwurzel (in der Apotheke erhältlich). Man mischt 2–3 Tassen getrocknete Rhabarberwurzel, 1 Spritzer Pflanzenöl und 1 Spritzer Zitronensaft mit etwas heißem Wasser, bis ein streichfähiger Brei entsteht.

Walnußschalen-Brauntönung verleiht dunkelbraunem Haar einen satten tiefbraunen Farbton. 2–3 Tassen (je nach Haarlänge) zerkleinerte Walnußschalen, die man in der Apotheke bekommt, werden in der Kaffeemühle zu staubfeinem Pulver gemahlen. Das Pulver, 1 Spritzer Pflanzenöl und 1 Spritzer Obstessig mit ein wenig heißem Wasser zu einem streichfähigen Brei verrühren und diesen 15 Minuten ziehen lassen. Vor der Anwendung eventuell nochmals Wasser zusetzen.

Rotfärbendes Henna, das man in Apotheken und Drogerien erhält, verleiht dunkelbraunem Haar einen schönen Rotton. Bei hellbraunem Haar ist Vorsicht geboten, da sehr unschöne rost- und karottenrote Töne entstehen könnten. Um dies zu vermeiden, vermischt man das rote Hennapulver mit nichtfärbendem Henna (neutral); das Verhältnis richtet sich nach der gewünschten Farbintensität. 1 Tasse rotfärbendes Hennapulver, 1 Eigelb und 1 Eßl. Pflanzenöl vermischen. Dann vorsichtig heißes Wasser zusetzen, bis die richtige Konsistenz erreicht ist. Die Paste über Nacht zugedeckt ziehen lassen. Vor der Anwendung nochmals heißes Wasser zusetzen, bis der Brei streichfähig ist.

Das Haar zunächst einmal waschen und leicht frottieren. Dann einzelne Haarsträhnen sauber abscheiteln und die Farbe mit einem breiten Backpinsel sorgfältig Strähne für Strähne auftragen, bis sie gleichmäßig auf dem ganzen Haar verteilt ist. Eine alte Plastikhaube aufsetzen, darüber ein altes Handtuch um den Kopf wickeln und die Farbe bei konstanter Wärme einziehen lassen, bis der gewünschte Farbton erreicht ist. Zum Schluß wird das Haar noch einmal gründlich ausgewaschen.

Haare legen

Langes oder mittellanges Haar, auf besonders dicke Wickler gerollt, ergibt eine nahezu glatte, locker fallende Frisur. Normal große Wickler verleihen der Frisur mehr Fülle, während mittelgroße oder kleine Wickler das Haar dichter gewellt erscheinen lassen. Fülle erreicht man, wenn man kurze Haare am Scheitel, an den Seiten und am Hinterkopf auf große Wickler rollt. Für feines, dünnes Haar sind jedoch grundsätzlich kleinere Wickler günstiger, weil sonst leicht „Löcher" in der Frisur entstehen. Für Ponys und sehr kurze Haare an den Ohren und in der Nackenpartie nimmt man Haarclips.

Wickler aus Drahtnetz sind am schonendsten für das Haar, müssen aber sorgfältig mit glatten Haarnadeln oder Pickern aus Metall oder Kunststoff befestigt werden. Neu sind Wickler mit Klettbefestigung. Bürstenwickler oder Wickler aus Kunststoff mit feinen Zähnchen halten besser, strapazieren aber das Haar mehr. Bequem über Nacht zu tragen sind Wickler aus Schaumstoff oder weichem Kunststoff, aber das Haar ist dann meist etwas ungleichmäßig gewellt. Wenn man Heizwickler zu häufig benutzt, schädigt man auf Dauer das Haar. Sie sind mehr für den gelegentlichen Gebrauch gedacht, wenn man z.B. für eine überraschende Einladung gut frisiert sein muß.

Wickeltechnik Man beginnt mit dem Haar in der Kopfmitte über der Stirn und dreht es Strähne für Strähne in der für die Frisur erforderlichen Richtung ein; am Hinterkopf werden die Strähnen nach unten eingedreht. Die einzelnen Strähnen müssen sehr sauber mit einem Stielkamm abgeteilt werden. Jede Strähne sollte nicht breiter als der Wickler und nicht tiefer als der Durchmesser des Wicklers sein. Vor dem Eindrehen kann man etwas flüssigen Haarfestiger, Gel oder Schaum auf das gewaschene nasse Haar auftragen, um dem Haar mehr Stand und Fülle zu geben. Vor dem Einrollen die Strähne durchkämmen und straffen und darauf achten, daß die Haarspitzen flach und glatt am Wickler aufliegen. Papierchen schützen gespaltene Haarspitzen und helfen, abgeknickte Spitzen zu vermeiden. Den Wickler eng am Haaransatz feststecken.

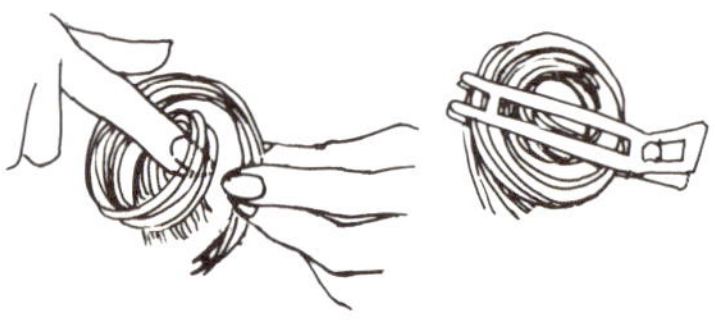

Einzelne Locken wickelt man um den Finger und hält sie mit einem Haarclip fest.

Haarersatz

Man trägt ein Haarteil aus Gründen der Bequemlichkeit, um schüttere Haarstellen zu kaschieren oder um die Frisur vorübergehend abzuwandeln. Bei entsprechender Indikation übernimmt die Krankenkasse die Kosten für eine Perücke bei Frauen ohne Altersbegrenzung und bei Männern bis zum 25. Lebensjahr.

Die besten Haarteile und Perücken sind aus dicht geknüpftem, feinem Menschenhaar. Sie sind relativ teuer und nicht ganz leicht zu pflegen. Perücken aus stärkerem Haar sind preiswerter. Kunsthaarperücken sehen gut aus, sind noch billiger und darüber hinaus pflegeleicht.

Wenn man einen Haarersatz trägt, der die Luft nur schlecht zirkulieren läßt, sammeln sich auf der Kopfhaut Schweiß und Hautfett an, die wiederum das Wachstum von Bakterien und die Schuppenbildung begünstigen. Deshalb sollte man einen Haarersatz möglichst nur einen um den anderen Tag tragen, falls das Aussehen dadurch nicht allzu stark beeinträchtigt wird.

Träger von Toupets und Perücken sollten Haar und Kopfhaut täglich waschen und mit einer Spülung nachbehandeln. Es gibt spezielle Reinigungsmittel für Perücken, so daß es möglich ist, auch den Haarersatz stets peinlich sauber zu halten. Falsche Haarknoten, Locken und Zöpfe sollte man auch nicht ständig tragen. Das eigene Haar leidet darunter, kann abbrechen und ausfallen bis hin zur Kahlköpfigkeit. Deshalb empfiehlt es sich, Haarteile zum Aufstecken nur bei besonderen Gelegenheiten zu tragen und sie sorgfältig zu befestigen.

Verbreitet sind auch eingewebte Haarteile, bei denen falsche Haare auf einem Netz auf die Kopfhaut gesetzt und mit dem noch vorhandenen Haarkranz fest verknüpft werden. Durch das Nachwachsen der eigenen Haare lockern sich die falschen Haarteile mit der Zeit und müssen alle vier bis acht Wochen neu befestigt werden. Gelegentlich kann es zu Reizungen der Kopfhaut kommen.

Eine Transplantation von gesunder Kopfhaut mit Haarwuchs auf kahle Stellen sollte nur von einem erfahrenen Schönheitschirurgen durchgeführt werden. Die Transplantation hat bei vielen Männern zu einem befriedigenden Ergebnis geführt, obwohl Komplikationen auftreten können und das transplantierte Haar meist nicht ganz natürlich wirkt.

Haarpflege

Jedes Haar ist von Natur aus schön, gesund und glänzend. Die äußere Schicht des Haarschafts, die Cuticula, besteht aus dachziegelartig angeordneten, schuppigen Zellen. Diese Zellen liegen flach an, und der Haarschaft ist glatt und glänzend, wenn das Haar richtig behandelt wird und vom Organismus die nötigen Nährstoffe erhält. Die Ernährung und Regeneration des Haares finden vor allem in der Haarwurzel statt, und so läßt sich auch der Zustand des Haares von innen durch eine richtige, ausgewogene Ernährung (siehe dort) beeinflussen.

Zu intensive Sonnenbestrahlung, häufiges zu heißes Fönen, Dauerwellen, chemische Haartönungen, Wäsche mit radikal entfettenden Haarshampoos, Toupieren und Entkrausen können die Cuticula des Haares schädigen. Wenn sie austrocknet und brüchig wird, sieht das Haar stumpf und leblos aus und läßt sich schwer frisieren.

Bürsten Man bürstet das Haar ein- oder zweimal am Tag, vor allem vor dem Waschen, damit sich Schmutz und Schuppen von der Kopfhaut lösen und die Haare sich aufrichten. Je dichter und kräftiger das Haar ist, desto fester sollten die Borsten der Bürste sein. Es gibt Borsten aus Metall, Nylon oder Kunststoff sowie Naturborsten; in jedem Fall sollten die Spitzen abgerundet und der Schaft glatt sein.

Beim Bürsten der Haare beugt man den Oberkörper vor und zieht die Bürste vorsichtig und langsam vom Nacken zur Stirn hin durch das Haar. So wird das empfindliche Haar am Scheitel und rund um das Gesicht geschont.

Waschen Wenn man das Haar täglich wäscht, genügt meist eine Wäsche, es sei denn, das Haar ist sehr fettig oder die Kopfhaut verschwitzt. Wird das Haar weniger oft gewaschen, sind zwei Waschgänge die Regel. Die meisten Shampoos sind heute auf einen bestimmten pH-Wert abgestimmt, um die Cuticula zu schützen.

Am besten wäscht man die Haare in vorgebeugter Haltung unter der Brause. Das Haar gründlich anfeuchten, das Shampoo zwischen den Handflächen zum Schäumen bringen und auf das Haar und die Kopfhaut verteilen. Man massiert zunächst die Kopfhaut mit den Fingerspitzen – nicht mit den Nägeln – und verteilt dann das Shampoo entlang den Haarsträhnen bis zu den Spitzen. Nach dem Einschäumen muß lang und gründlich mit viel Wasser gespült werden. Viele Schädigungen am Haar treten auf, weil Rückstände von Shampoos im Haar und auf der Kopfhaut verbleiben. Man sollte das Haar etwa fünf Minuten lang mit nicht zu heißem Wasser spülen. Damit der Wasserstrahl auch die darunterliegenden Haare erreicht, hebt man lange Haarsträhnen hoch.

Spülung Haarspülungen sollte man bei angegriffenem Haar nach jeder Haarwäsche anwenden. Die Spülung legt um jedes Haar einen dünnen Film, sogenannte Haargleiter, macht so die Haare nach dem Waschen leichter frisierbar und läßt sie glatt und dicht erscheinen. Bei Neigung zu fettem Haar genügt es, nur die Spitzen zu behandeln.

Um alle wasserlöslichen Kalk- und Seifenrückstände nach der Haarwäsche aus dem Haar zu entfernen, empfiehlt sich eine gründliche Behandlung mit einer sauren Spülung: Ein Schuß Obstessig oder Zitronensaft im letzten Spülwasser gibt dem Haar schönen Glanz.

Eine Kamillenfarbspülung verleiht blondem Haar natürlichen Glanz und wirkt auch gegen Schuppen, fettiges Haar und leichtentzündliche Kopfhaut. Man übergießt 1–3 Tassen (je nach Haarlänge) getrocknete Kamillenblüten mit 1/2 l kochendem Wasser und läßt alles 20 Minuten lang bedeckt im Topf ganz schwach sieden. Danach die Flüssigkeit abseihen und einen Spritzer Zitronensaft hinzugeben. Nach der Haarwäsche das Haar in der Kamillenfarbspülung baden und anschließend nicht mehr ausspülen.

Trocknen Das Haar mit dem Handtuch nur abtupfen, nicht stark frottieren. Das verfilzte, feuchte Haar wird mit den Fingern oder einem breitzinkigen Kamm durchgekämmt. Brüchiges Haar nicht im feuchten Zustand bürsten! Soweit möglich, läßt man das Haar an der Luft trocknen; einen Fön, Lockenwickler oder einen Lockenstab nur für die letzte Verschönerung verwenden.

Gespaltene Haarspitzen Die Hauptursachen für widerspenstiges, struppiges Haar, das an den Spitzen gespalten ist, sind zu häufige Dauerwellen oder zu starkes Bleichen. Sind die Haarspitzen gespalten, ist der Schaden nicht mehr rückgängig zu machen. Man kann nur noch die gespaltenen Haarspitzen vom Friseur abschneiden lassen.

Man sollte angegriffenes Haar bei jeder zweiten Kopfwäsche mit einer entsprechenden Kurpackung behandeln. Ein bewährtes Hausmittel ist Olivenöl: Etwa 50 g erwärmen, auf das Haar auftragen und einkämmen; danach den Kopf 15 Minuten lang in ein Handtuch einwickeln. Anschließend mit Shampoo gründlich waschen.

Gespaltene Haarspitzen lassen sich vermeiden, wenn man das Haar richtig behandelt (siehe oben). Nicht mehr als zwei Dauerwellen im Jahr machen lassen. Das Haar möglichst nicht toupieren. Grundsätzlich keine scharfen Kämme und Bürsten benutzen. Das Haar besonders schonend behandeln, solange es naß ist, weil es dann am verletzlichsten ist. Beim Einwickeln Haarspitzenpapier einlegen und Heißwickler höchstens zweimal in der Woche verwenden.

Siehe auch *Dauerwellen; Haare färben; Toupieren.*

Häkelgarne

Obwohl man zum Häkeln fast jedes Garn vom feinsten Occhigarn bis zu Bast und Lederstreifen verwenden kann, sind die herkömmlichen Häkelgarnarten für die meisten Arbeiten zu empfehlen.

Das vierfach gut gezwirnte, merzerisierte Schulgarn verwendet man für Schals, Pullover, Bettüberwürfe und Vorhänge. Auch das Cablégarn eignet sich gut für Pullover, Kleider und Schals. Es ist fünffach gezwirnt und ebenfalls merzerisiert.

Bouclé, ein weich genopptes Phantasiegarn, ist meist ein Gemisch aus Wolle und Polyacryl. Man verwendet es gern für Jacken, Pullover und Accessoirs. Als Phantasiegarn bezeichnet man auch das drei- bis vierfache synthetische Garn mit Lurexfaden, aus dem man Jäckchen, Blusen, Kleider und Accessoirs häkelt. Durch den Glanzeffekt bekommt die Häkelarbeit einen festlichen Charakter.

Für Heimartikel u.ä. gibt es besondere Garne. Das sechsfach stark gezwirnte und merzerisierte Filethäkelgarn eignet sich vor allem für Spitzen, Decken und Vorhänge. Auch mit der zweifach locker gezwirnten Häkelkunstseide (100% Viskose) häkelt man Decken und Deckchen. Glanzhäkelgarn, das sechsfach sehr stark gezwirnt ist, verwendet man für Spitzen und Deckchen. Speziell für Taschentuchspitzen gibt es das sechsfach gezwirnte Taschentuch-Häkelgarn.

Zum Häkeln kann man auch Woll- und Syntheticgarne benutzen (siehe *Strickgarne*).

Nützliche Hinweise wie Pflegeanleitung, Lauflänge und empfohlene Nadelstärke findet man auf der Garnbanderole. Die Garnnummer gibt die Fadenstärke an. Grundsätzlich gilt: je höher die Zahl, desto feiner der Faden.

Siehe auch *Garneinkauf.*

Häkeln

Jede Häkelarbeit beginnt mit Luftmaschen. Eine Kette aus Luftmaschen dient als Anschlag und ist auch Bestandteil vieler Muster. Als Anschlag muß die Luftmaschenreihe gleichmäßig und eher locker sein; sonst kann sich die Arbeit verziehen.

Luftmasche (Lm) Etwa 15 cm vom Garnanfang eine lockere Schlinge bilden (A); die Häkelnadel von rechts nach links in die Schlinge stechen. An beiden Fadenenden ziehen, bis die Schlinge locker um die Nadel liegt. Den zum Knäuel führenden Faden an der linken Hand erst um den kleinen Finger wickeln, dann innen über den Ring- und Mittelfinger und schließlich außen über den Zeigefinger führen (B). Das Garn zwischen Zeigefinger und Häkelnadel sollte etwa 5 cm lang und bei der Arbeit straff gespannt sein. Mit Daumen und Mittelfinger der linken Hand die Anfangsschlinge festhalten. Die Häkelnadel nach vorn schieben, den Faden fassen (C) und durch die Luftmasche zurückholen, so daß er eine Schlinge bildet (D). So

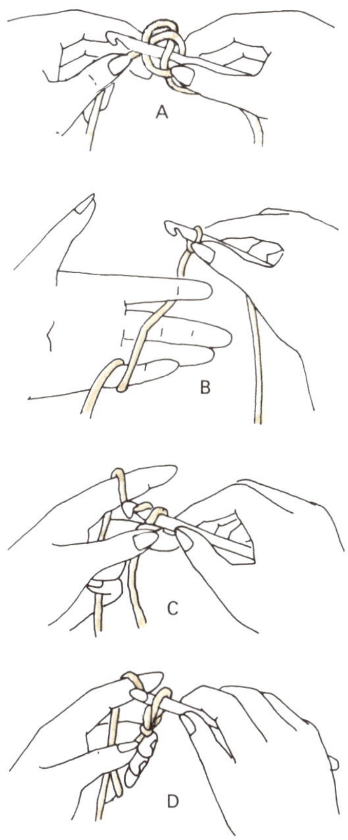

weiterarbeiten, bis die Luftmaschenkette die gewünschte Länge hat. (Die auf der Nadel befindliche Schlinge wird bei der Berechnung des Anschlags nicht mitgezählt.) Alle Luftmaschen gleichmäßig arbeiten.

Feste Masche (fM) Dies ist eine der kleinsten Maschen; sie ergibt ein festes, ebenmäßiges Muster. Die Häkelnadel in die zweite Luftmasche von der Nadel aus einstechen (E), den Faden holen und eine Schlinge durchziehen; nun liegen zwei Schlingen auf der Nadel. Den Faden abermals holen und durch beide Schlingen ziehen (abmaschen); auf der Nadel bleibt eine Schlinge (F). In dieser Weise in alle

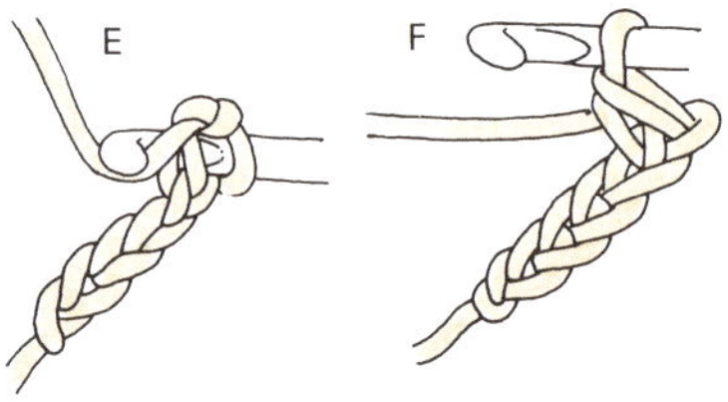

Maschen der Vorreihe häkeln. Am Reihenende eine Wendeluftmasche (Wlm) häkeln, um die Arbeit auf die Höhe der nächsten Reihe zu bringen, und die Arbeit wenden. Eine neue Reihe beginnen, indem man die Häkelnadel in die erste Masche einsticht.

Halbes Stäbchen (hStb) Diese Masche ist etwas größer als die feste Masche. Den Faden einmal von hinten nach vorn um die Nadel legen (Umschlag), die Häkelnadel in die dritte Luftmasche von der Nadel aus einstechen und eine Schlinge durchziehen; auf der Nadel liegen nun drei Schlingen (G). Wieder abmaschen, den Faden wieder holen und durch alle drei Schlingen ziehen; auf der Nadel liegt jetzt eine Schlinge (H). In alle Ma-

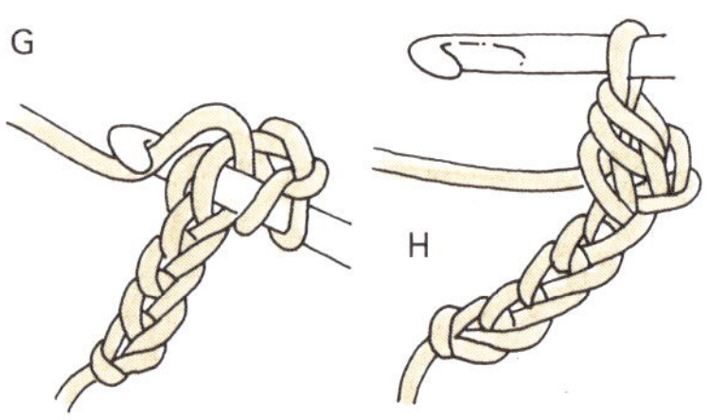

schen der Vorreihe häkeln. Am Reihenende zwei Wendeluftmaschen häkeln, um die Arbeit auf die Höhe der nächsten Reihe zu bringen, und die Arbeit wenden. Zu Beginn einer neuen Reihe Faden um die Nadel schlagen und die Häkelnadel in die erste Masche einstechen.

Stäbchen (Stb) Es ist doppelt so hoch wie eine feste Masche und bildet die Grundlage für viele Muster beim Häkeln. Umschlagen, die Häkelnadel in die vierte Luftmasche von der Nadel aus einstechen, den Faden holen (I) und eine Schlinge durchziehen; auf der Nadel befinden sich drei Schlingen. Den Faden holen, durch zwei Schlingen ziehen, wieder Faden holen und durch die beiden restlichen Schlingen ziehen (J). In dieser Weise in alle Maschen der Vorreihe häkeln. Am Reihenende drei Wendeluftmaschen häkeln, um auf die Höhe der nächsten Reihe zu kommen, und die Arbeit umdrehen. Am Anfang der neuen Reihe umschlagen und die Häkelnadel in das zweite Stäbchen der Vorreihe einstechen.

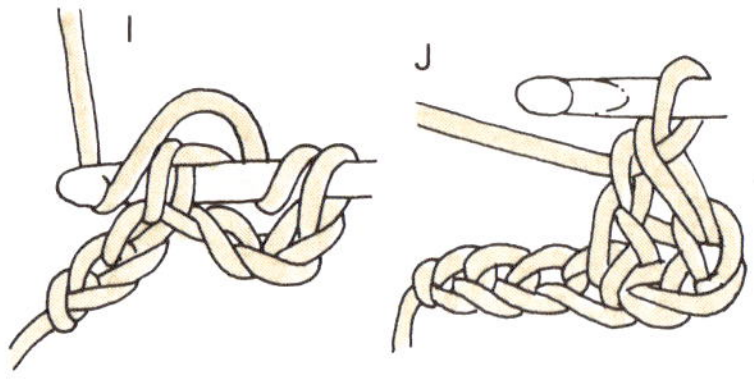

Doppelstäbchen (DStb) Es ergibt ein luftigeres Muster als die vorher beschriebenen Maschen. Zweimal den Faden um die Nadel schlagen, die Häkelnadel in die fünfte Luftmasche von der Nadel aus einstechen (K), den Faden holen und eine Schlinge durchziehen; auf der Nadel befinden sich vier Schlingen. Den Faden holen, durch zwei Schlingen ziehen, wieder Faden holen, durch zwei weitere Schlingen ziehen, abermals Faden holen und durch die beiden restlichen Schlingen ziehen (L). In dieser Weise in alle Maschen der Vorreihe häkeln. Am Reihenende vier Wendeluftmaschen häkeln, um auf die Höhe der nächsten Reihe zu kommen, und die Arbeit wenden. Am Beginn einer neuen Reihe zweimal umschlagen und die Häkelnadel in die zweite Masche der Vorreihe einstechen.

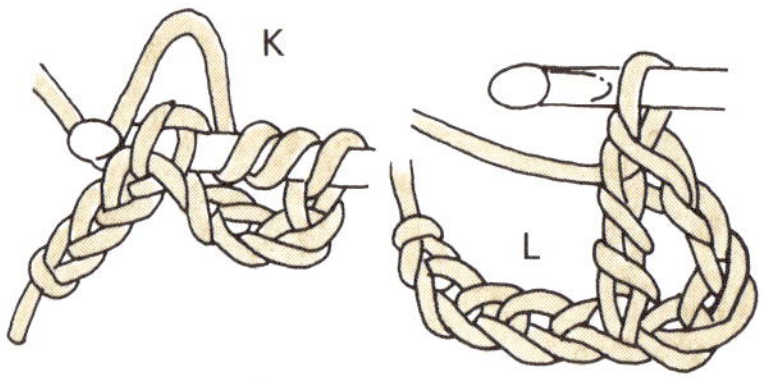

Kettmasche (Km) Mit ihr, der kleinsten Masche, kann man Ketten zum Ring schließen und runde Teile verbinden sowie fertige Häkel- und

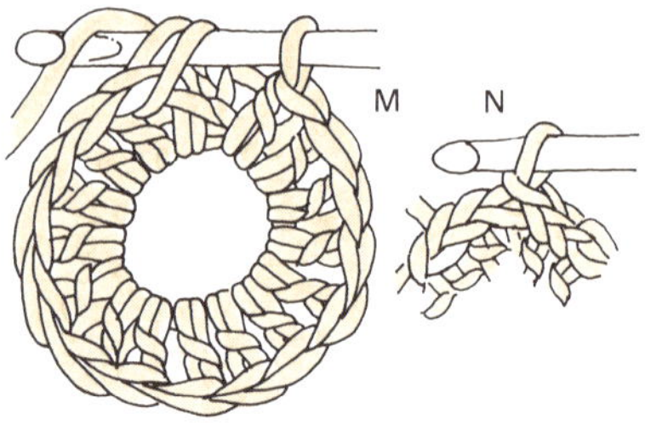

Strickteile einsäumen oder am Rand versäubern. Sie wird grundsätzlich nicht mitgezählt. Die Häkelnadel in eine Masche einstechen, den Faden holen (M) und sowohl durch die Masche als auch durch die Schlinge auf der Nadel durchziehen (N).

Häkelnadeln

Häkelnadeln werden wie auch Stricknadeln mit Nummern bezeichnet, die jeweils den Durchmesser der Nadeln in Millimetern angibt, d.h., je größer die Ziffer, desto dicker die Nadel.

- Garnhäkelnadeln sind in den Stärken 0,60–1,75 erhältlich und haben oft einen Kunststoffgriff oder einen Umstecker zum Schutz der feinen Spitze.
- Wollhäkelnadeln gibt es aus vernickeltem Aluminium in den Größen 2–15 und aus Kunststoff in den Größen 2,5–15. Kunststoffnadeln nimmt man gern für größere Arbeiten aus dickem Garn.
- Häkelnadeln mit Knopf werden für Arbeiten mit dickem Garn und für Muster, bei denen sich häufig mehrere Maschen auf der Nadel befinden, sowie für die tunesische Häkelei verwendet. Sie sind in den Größen 2–7 und einer Länge von 35 cm in Kunststoff, Aluminium und Holz erhältlich. Der Knopf am Ende verhindert, daß die Maschen von der Nadel fallen.

Bei allen Häkelnadeln sollte man darauf achten, daß der Haken nicht zu scharf und die Krümmung nicht zu stark ist. Eine gute Nadel hat einen fein modellierten Haken und eine tiefgekehlte, gratfreie Fadenrille.

In der Regel werden dicke Fäden mit dicken Nadeln, feine Fäden mit entsprechend dünnen Nadeln verarbeitet. Dickes Garn läßt sich nur mühsam mit dünnen Nadeln verhäkeln, außerdem wird die Arbeit bretthart. Umgekehrt kann man dünne Garne mit dickeren Nadeln verarbeiten, vor allem wenn man sehr fest häkelt. Wichtig hierbei ist die Maschenprobe (siehe dort). Mit ihrer Hilfe kann man die richtige Nadelstärke bestimmen.

Für besondere Effekte kann man dünne Garne mit extrem dicken Nadeln verarbeiten; dies ergibt jedoch eine sehr lockere Struktur, und die fertige Arbeit ist wenig formstabil.

Haken und Ösen

Wenn sich die Kanten eines Kleidungsstücks überlappen, näht man den Haken etwa 3 mm von der Kante entfernt am Übertritt an. Zunächst sichert man das Fadenende mit einem Rückstich (siehe *Rückstiche*), dann werden beide Löcher des Hakens mit Matratzenstichen (siehe *Überwendlingsstich*) umnäht. Nadel und Faden führt man unter dem Stoff zum Hakenende und umnäht dieses ebenfalls mit Matratzenstichen. Zum Schluß wird das Fadenende gesichert. Dann wird das Kleidungsstück geschlossen und am Untertritt die Stelle für die Öse markiert. Man verwendet eine gerade Öse und umnäht die Löcher ebenfalls mit Matratzenstichen.

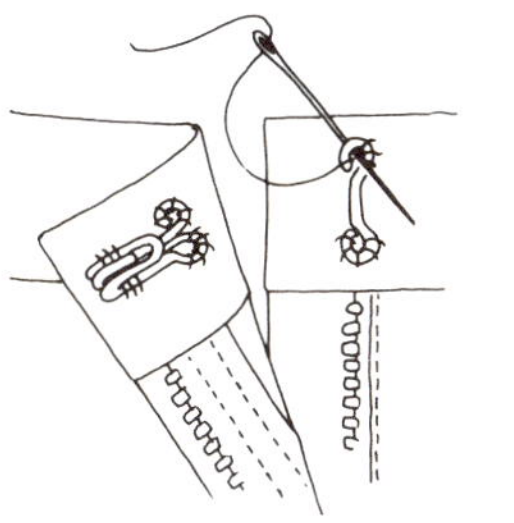

Bei Kleidungsstücken mit aneinanderstoßenden Kanten näht man den Haken an der Innenseite knapp 2 mm innerhalb der Kante an. Auf der gegenüberliegenden Kante läßt man in Höhe des Hakens eine runde Öse knapp 3 mm überstehen. Beide Löcher sowie die Schenkel der Öse werden mit Matratzenstichen umnäht.

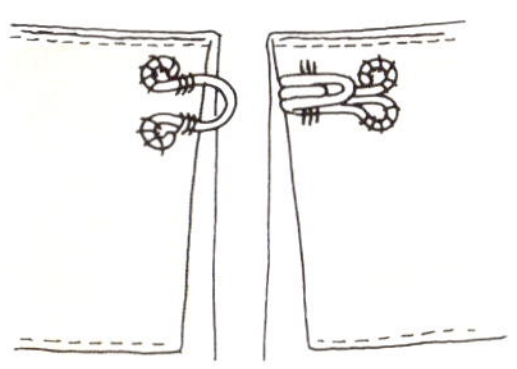

Für genähte Ösen siehe *Fadenkette* und *Festonstich*.

Halma

Dieses Spiel für zwei bis vier Spieler wird mit 68 farbigen Halmakegeln auf einem Halmabrett gespielt, das in quadratische Felder eingeteilt ist. Ziel ist, alle eigenen Figuren aus einer der Ecken des Spielbretts in die gegenüberliegende Ecke zu bringen. Sieger ist der Spieler, der das zuerst schafft.

Bei vier Spielern setzt jeder 13 Kegel einer Farbe (bei zwei Spielern 19 Kegel) in eine Ecke des Halmabretts, d.h. in seinen Hof. Dann kommen die Spieler abwechselnd zum Zug. Dabei kann man mit den Kegeln auf ein benachbartes, freies Feld ziehen; man darf aber nur jeweils einen Schritt tun. Man kann aber auch eine bzw. mehrere eigene oder gegnerische Figuren überspringen, wenn sich hinter der Figur, die man überspringen möchte, ein freies Feld befindet. Man kann so unter Umständen mehrere Sprünge hintereinander ausführen und kommt sehr schnell in die gegenüberliegende Ecke des Spielfelds. Der Gegner versucht, diese „Springbahnen" zu verbauen.

Sternhalma (für drei Personen) wird nach denselben Regeln wie Halma gespielt. Jeder Spieler bekommt 15 Kegel und besetzt damit die 15 Punkte

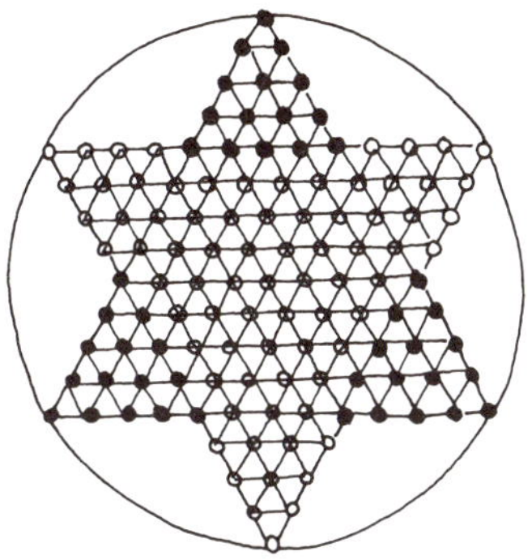

seines Sternecks. Auch hier muß man wieder – möglichst schnell und geschickt – mit seinen Kegeln in das gegenüberliegende Sterneck springen.

Halskettenverschlüsse

Den Schraubverschluß an einer Perlenkette erneuert man, indem man erst den Verschlußteil am einen und dann am andern Ende der Kette ersetzt. Man schneidet den alten Verschluß so ab, daß ein möglichst langes Ende des Reihfadens erhalten bleibt. Falls die letzte Perle nicht verknotet ist, knüpft man einen Knoten ein. Dann wird das Ende des Reihfadens durch die Öse des neuen Schraubverschlusses gefädelt und am letzten Knoten des Reihfadens verknotet. Das freie Ende des Fadens wird so weit abgeschnitten, daß es so lang ist wie die letzte Perle breit. Man streicht es mit Weißleim ein und läßt ihn trocknen. Das nun steife Fadenende steckt man so in das Loch der letzten Perle, daß nur noch der Knoten sichtbar ist. Zum Schluß gibt man etwas Epoxydkleber auf den Knoten und läßt ihn trocknen.

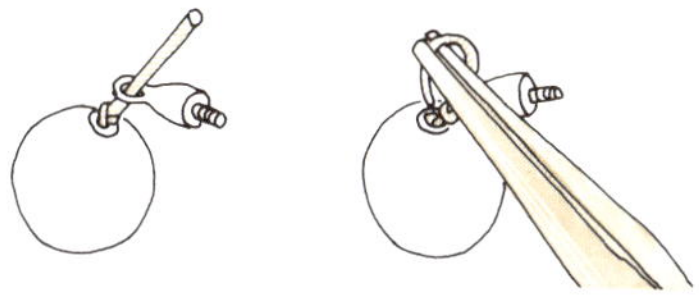

Um an einer Hals- oder Armkette einen Verschluß mit Federring auszuwechseln, öffnet man das letzte Kettenglied oder die an den Federring gelötete Öse, indem man sie mit zwei Spitzzangen faßt und, seitlich leicht abgewinkelt, auseinanderbiegt. Man

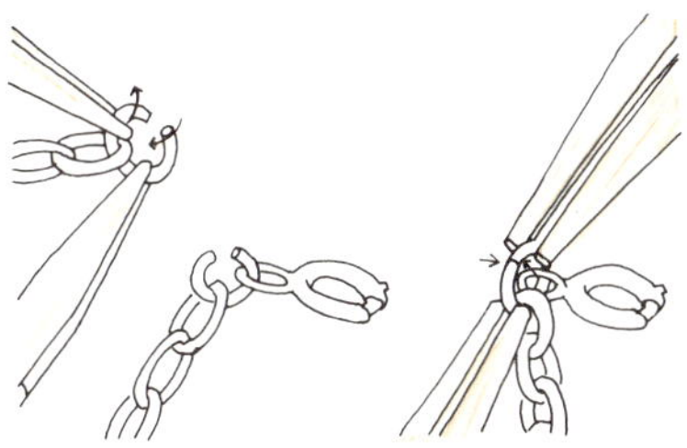

entfernt den alten Verschluß, setzt den neuen ein und schließt Kettenglied oder Verschlußöse, indem man ihre Enden zusammenbiegt.

Siehe auch *Perlenarbeiten*.

Halsschmerzen

Ein rauher Hals kann die Folgeerscheinung eines langen Abends sein, an dem man geraucht und zuviel geredet hat. Die dadurch entstandenen Halsschmerzen klingen ab, wenn man sich Ruhe gönnt, weniger redet und mit Kamillentee oder warmem Wasser gurgelt. Auch Halspastillen können helfen. Siehe auch *Heiserkeit*.

Erkrankungen der Atemwege Halsschmerzen sind aber auch häufig eine Begleiterscheinung von Erkrankungen der Atemwege wie Erkältung, Grippe, Kehlkopf- oder Mandelentzündung. Man kann sich Linderung verschaffen, wenn man im Abstand von wenigen Stunden beispielsweise mit Heidelbeertee gurgelt, warme Flüssigkeit, etwa eine Teemischung aus Thymiankraut, Fenchel und Huflattichblättern, trinkt und harte Hustenbonbons oder medizinische Halspastillen lutscht. Ebenso verschafft ein Luftbefeuchter oder Inhalator sowie Halswickel (siehe *Wickel*) Erleichterung. Ein bewährtes Hausmittel gegen Husten sind die „Dreierlei Tropfen": Eukalyptus-, Pfefferminz- und Latschenkiefernöl. Man gibt fünf Tropfen davon in 1 l siedendes Wasser und inhaliert den Dampf.

Gerötete und vergrößerte Mandeln lassen auf eine Mandelentzündung (Tonsillitis) schließen. Einen Arzt sucht man auf, wenn sich weiße Pünktchen auf den Mandeln bilden, wenn man hohes Fieber bekommt, wenn die Lymphdrüsen am Hals außen druckempfindlich sind und wenn die Halsschmerzen länger als fünf Tage anhalten.

Hämorrhoiden

Hämorrhoiden sind erweiterte Blutgefäße bzw. Krampfadern im Bereich des Afters.

Äußere Hämorrhoiden Man erkennt sie als runde, bläuliche Knoten am After. Sie kommen häufig nach schwerem Pressen beim Stuhlgang vor. Durch Reibung platzen sie dann auf und bluten; danach läßt der Schmerz nach. Ursachen können angeborene Bindegewebsschwäche (Veranlagung zu Krampfadern), zu enge Kleidung oder Stuhlverstopfung, vor allem nach Durchfällen, sein.

Schmerzlinderung verschaffen kalte Kompressen (Waschlappen oder Schwamm in kaltes Wasser tauchen, ausdrücken und – vor allem nach dem Stuhlgang – auf den After pressen), lauwarme Sitzbäder oder Dampfbäder (fünf bis zehn Minuten) mit Kräutern, am besten Kamille, Roßkastanie, Eichenrinde oder Zinnkraut (siehe *Heilkräuter*), oder kühle Heilerdeauflagen.

Wichtig ist die richtige Analhygiene: nach jedem Stuhlgang den After vorsichtig mit Wasser reinigen (feuchte, weiche Tücher oder einen Schwamm verwenden); anschließend sanft trockentupfen. Den After vorsichtig mit Vaseline einreiben oder kühlende Hämorrhoidensalbe oder -zäpfchen aus der Apotheke besorgen. Außerdem ist es wichtig, für einen weichen, reizlosen Stuhlgang zu sorgen, indem man auf eine ballaststoffreiche Diät (siehe *Ballaststoffe*) achtet, z. B. morgens 1–2 Eßl. Leinsamen zu sich nimmt.

Halten die Schmerzen und Blutungen länger als zwei Wochen an, sollte man den Arzt aufsuchen.

Innere Hämorrhoiden Weiche, dunkelrote Knoten, die beim Stuhlgang heraustreten oder ständig nach außen gekehrt sind, leuchtendrote Blutungen, die nach dem Stuhl aus dem After heraustropfen, Juckreiz, Schmerzen und ein Völlegefühl im Mastdarm sind Symptome für erweiterte Blutgefäße innerhalb des Afters. Starkes Pressen beim Stuhlgang, chronischer Husten, Fettleibigkeit und Schwangerschaft sind die häufigsten Ursachen.

Wie bei den äußeren Hämorrhoiden Bäder und Kompressen machen; dabei versuchen, die herausgetretenen Hämorrhoidenknoten mit der Kompresse zurückzudrücken.

Wenn die Hämorrhoidenknoten nach dem Stuhlgang nicht zurückgedrückt werden können und die Schmerzen und Blutungen stark anhalten, sollte man einen Arzt hinzuziehen.

Siehe auch *Krampfadern; Verstopfung*.

Handpflege

Für die tägliche Handpflege genügt es, die Nägel häufig zu bürsten und, wann immer sich die Hände trocken anfühlen, eine Handcreme oder Lotion aufzutragen. Ein einfacher Trick: Man sollte eine Pflegecreme ständig griffbereit haben, nicht nur an einer Stelle, sondern im Bad, in der Küche, im Handschuhfach des Autos und am Arbeitsplatz. Handcremes sind oft parfümiert, man sollte sie also nicht unmittelbar vor der Zubereitung des Essens verwenden, weil sich Duftstoffe auf die Lebensmittel übertragen. Bei der Hausarbeit empfiehlt es sich, nicht zu eng anliegende, gefütterte Gummihandschuhe zu tragen, die jede Schweißabsonderung gleich aufsaugen.

Maniküre Flecken, etwa vom Gemüseputzen, lassen sich mit Zitronensaft entfernen (die ausgepreßte Schale dafür verwenden – die Nägel werden auch schöner, wenn man die Fingerspitzen hineindrückt). Darüber hinaus müssen die Nägel einmal in der Woche manikürt werden, wenn sie gepflegt aussehen sollen. Eine Maniküre-Grundausstattung besteht aus: Sandblatt-Nagelfeilen, einem Pferdefuß (Nagelhautschieber), einer Nagel- oder Nagelhautcreme, einem Lederkissen und – wenn man seine Nägel lackiert – einem ölhaltigen Nagellackentferner.

Als erstes entfernt man alten Nagellack gründlich mit Nagellackentferner. Dann werden die Nägel mit einer Sandblattfeile geformt, indem man jeweils vom Nagelrand bis zur Nagelmitte feilt. Die Nagellänge hängt vom persönlichen Geschmack, aber auch von der Festigkeit der Nägel ab.

Um die Nagelhaut zu erweichen, taucht man die Fingerspitzen fünf Minuten lang in warmes Seifenwasser. Dann massiert man die Nägel mit Nagelhautcreme ein und läßt sie drei Minuten einziehen. Die Nagelhaut wird dann sanft mit dem stumpfen Ende des Pferdefußes zurückgeschoben. Niednägel (siehe dort) werden vorsichtig mit einer kleinen Schere zurückgeschnitten.

Als nächstes reinigt man die Nägel gründlich mit einer Bürste und warmem Seifenwasser. Schmutz unter den Nägeln wird mit der Spitze des Pferdefußes entfernt, die man mit feuchter Watte umwickelt. Zum Abschluß werden die Nägel mit einem Lederkissen glattpoliert, wobei man nur in eine Richtung streicht.

Handtaschen

Von Kunst- und Lackleder werden Flecken mit Natron auf einem feuchten Lappen entfernt. Man reibt danach die ganze Tasche mit Vaseline ein und poliert sie kräftig.

Dickes Leder wird mit Lederseife gereinigt. Für feines Leder verwendet man ein handelsübliches Pflege- und

Reinigungsmittel. Dunkle Schmutzstreifen auf hellem Leder können mit einem weichen Radiergummi entfernt werden. Für Flecke auf Wildleder verwendet man einen Glasfaserradierstift; hinterher wird die Stelle mit Schleifpapier wieder aufgerauht.

Wenn eine Ledertasche zerkratzt oder an kleineren Stellen abgescheuert ist, kann man die Schäden mit Schuhcreme ausbessern. Wichtig ist, daß man die Stellen hinterher gründlich poliert.

Risse und Löcher reparieren Risse in Kunstleder kann man mit einem passenden Kunstlederstück und Kontaktkleber reparieren. Die Tasche und der Flicken müssen trocken und fettfrei sein, bevor man den Kleber aufträgt. Der Kleber wird nach dem Herstellerhinweis verarbeitet.

Um Risse in Ledertaschen zu reparieren, kauft man einen entsprechenden Lederflicken oder zerschneidet einen alten Handschuh. Man legt den Lederflicken auf die rauhe Seite und schabt die Kanten mit einer Rasierklinge schräg ab, damit sie hinterher keine erhöhten Ränder bilden. Dann streicht man die linke, rauhe Seite der Tasche mit Kontaktkleber ein. Wenn der Kleber angetrocknet ist, legt man den Flicken auf und reibt ihn mit einem weichen Tuch fest an.

Flicken aus Wildleder werden an der linken Seite angeklebt; dabei muß man darauf achten, daß die Rißränder möglichst genau aneinanderpassen. Dann wird das Leder mit einer Bürste aufgerauht, um den Riß zu verbergen.

Da ein aufgesetzter Flicken niemals ganz unsichtbar sein wird, sollte man ein Loch durch eine Einfassung oder ein Monogramm kaschieren. Man kann den Flicken aber auch so formen, daß er wie eine Applikation aussieht. Größere Löcher oder Risse verschwinden, wenn man auf die Handtasche eine Außentasche aus geeignetem Material aufsetzt.

Traggriffe und Verschlüsse Wenn ein Tragriemen gerissen ist, schrägt man die Ränder an der Rißstelle ab und näht sie überlappend zusammen (siehe *Lederarbeiten*). Man kann den alten Tragriemen aber durch einen neuen oder durch eine modische Schmuckkette ersetzen.

Wenn ein Schnappverschluß nicht mehr richtig schließt, kontrolliert man, ob die beiden Bügel der Tasche genau aneinanderpassen, und biegt sie gegebenenfalls etwas zurecht. Sollte ein Knebelverschluß nicht mehr halten, obwohl die Bügel der Tasche in Ordnung sind, schützt man die beiden Knebel mit Klebeband und biegt sie mit einer Zange näher zusammen.

Hänschen, piep einmal

Einem Spieler werden die Augen verbunden. Dann wird er um die eigene Achse gedreht, damit er die Orientierung verliert. Die anderen Mitspieler sitzen im Kreisrund auf Stühlen.

Der Spieler mit den verbundenen Augen setzt sich auf den Schoß eines beliebigen Mitspielers und ruft: „Hänschen, piep einmal." Der Mitspieler antwortet „Piep" mit verstellter Stimme, und der andere muß versuchen, ihn allein anhand der Stimme zu identifizieren. Gelingt ihm das, ist er erlöst und darf die Augenbinde weitergeben. Errät er nicht, wer „Hänschen" ist, muß er das gleiche Spiel bei einem anderen wiederholen.

Haus und Wohnung bei Abwesenheit

Verläßt man das Haus bzw. die Wohnung für längere Zeit, sollte man einige Vorsichtsmaßnahmen treffen und bestimmte Dinge vorab klären:

- Haus- bzw. Wohnungstür grundsätzlich immer abschließen.
- Kellereingang und andere Zugänge zum Haus gut versperren (Riegel und Schloß); schadhafte Schlösser auswechseln.
- Fenster gut verschließen; dies gilt auch für Wohnungen, die nicht ebenerdig liegen.
- Rolläden mit einem Spezialriegel sichern, so daß sie von außen nicht hochgedrückt werden können. Solche Sperrvorrichtungen kann man in Eisenwarengeschäften kaufen.
- Die Rolläden tagsüber von Freunden oder Nachbarn öffnen lassen und abends – möglichst zu den sonst üblichen Zeiten – Licht an- und abstellen lassen, damit die Wohnung bewohnt aussieht.
- Die Vertrauensperson sollte auch alle paar Tage die Wohnung durchlüften und die Zimmerpflanzen gießen (siehe auch *Zimmerpflanzen*).
- Nur Personen, die es wissen müssen, von der Abwesenheit erzählen.
- Haus- und Wohnungsschlüssel beim Vermieter, Nachbarn, Hausverwalter oder Freunden hinterlassen. Gibt es einen Hauswart oder Hausmeister, so muß man ihn verständigen, wer den Schlüssel hat, damit er im Notfall in die Wohnung kann.
- Rechtzeitig Post und Zeitung abbestellen. Dafür sorgen, daß jemand die Wurfsendungen aus dem Briefkasten holt.
- Mit den Nachbarn oder Mitbewohnern des Hauses absprechen, wer die Treppenhausreinigung oder das Schneeräumen während der Zeit der Abwesenheit übernimmt.
- Telefon durch ein Spezialschloß absperren.
- Alle Stecker aus der Steckdose ziehen.
- Kühlschrank abtauen, auswaschen und offen lassen.
- Alle Wasserhähne einschließlich Hauptwasserhahn abdrehen.
- Im Winter darauf achten, daß die Wasserleitung nicht einfrieren kann. Wenn nötig, die Räume leicht heizen.
- Keinen Müll zurücklassen.
- Gasboiler ausmachen; Ölofen leer brennen.
- Wer längere Zeit verreist, sollte die Möbel, vor allem Sitzmöbel, Fernsehgerät und Stereoanlage, mit Tüchern abdecken, damit sie nicht einstauben.
- Für Haustiere rechtzeitig eine Pflegemöglichkeit suchen.
- Wer noch die Zeit findet, sollte vor der Reise die Räumlichkeiten putzen. Wenn man zurückkommt, freut man sich über eine aufgeräumte Wohnung.

Die Beratungsstellen der Polizei geben kostenlos weitere Auskünfte, wie man sein Haus bzw. seine Wohnung bei längerer Abwesenheit sichern kann.

Siehe auch *Urlaubs-Checkliste*.

Hausapotheke

Zur Grundausrüstung einer Hausapotheke gehören:

- Pflasterwundverbände in verschiedenen Breiten für kleinere und mittlere Wunden
- Heftpflaster in unterschiedlicher Breite
- sterile Mullbinden
- elastische Binden

- Verbandswatte
- Mulltupfer
- sterile Augenkompressen
- ein Fingerling
- eine Schere mit abgestumpfter Spitze
- Sicherheitsnadeln in verschiedenen Größen
- eine Pinzette mit viereckiger Spitze
- ein Fieberthermometer in einer Metall- oder Plastikhülle
- eine antiseptische Salbe
- eine Salbe gegen Muskelzerrungen
- schmerzstillende Tabletten, Magen- und Kohletabletten
- Mittel gegen Insektenstiche, Sonnenbrand und Juckreiz.

Treten in der Familie bestimmte Krankheiten häufiger auf, sollte man die Mittel dagegen immer wieder ergänzen. Telefonnummer des Hausarztes und Adresse des nächsten Krankenhauses sollten im Arzneischrank auf einem Zettel stehen.

Die Hausapotheke bringt man in einem gut schließbaren Plastik- oder Metallkasten unter und bewahrt sie im obersten Fach eines Schranks im Flur oder Schlafzimmer auf. Das Badezimmer ist nicht geeignet, da Feuchtigkeit und starke Temperaturschwankungen den Arzneimitteln schaden und ihre Haltbarkeit beeinträchtigen können. Die Hausapotheke vor Kindern sichern. Niemals etwas im Dunkeln aus der Hausapotheke nehmen. Arzneien immer in der Originalverpackung lassen; niemals umfüllen. Vor dem Gebrauch den Beipackzettel genau durchlesen.

Auch wenn man sie an einem kühlen und trockenen Ort aufbewahrt, sind Medikamente nicht unbegrenzt haltbar. Wenn Arzneimittel in Flaschen auf kräftiges Schütteln nicht mehr reagieren, sind sie nicht mehr wirksam. Besser ist es, auf das Verfallsdatum zu achten oder, wenn es nicht angegeben ist, das Datum des Kaufs auf der Packung zu notieren und die Medikamente nach spätestens drei Jahren auszusondern. Dies gilt auch für angebrochene Medikamente, die von einer abgeschlossenen Behandlung übriggeblieben sind. Ausgesonderte Arzneimittel nicht zum Müll geben, sondern in die Apotheke zurückbringen. Auf keinen Fall Medikamente, die man verordnet bekommen hat, an andere weitergeben.

Haushaltsplanung

Ein Haushaltsplan ist ein Hilfsmittel, um laufenden Verpflichtungen nachkommen zu können und Geldmittelreserven für kurz- und langfristige Ziele zu bilden, sei es die Anschaffung eines neuen Wagens im nächsten Jahr, der Bau eines eigenen Hauses in fünf Jahren oder das Hochschulstudium eines Kindes in 15 Jahren.

Sobald man sich seine Ziele gesteckt hat, teilt man den Haushaltsplan in Zeitabschnitte ein, in denen man die tatsächlichen Ausgaben aufschreibt, überprüft und den Erwartungen gegenüberstellt. Dies kann wöchentlich, monatlich oder vierteljährlich geschehen (bei längeren Abständen verliert man leichter die Übersicht), wobei man für längerfristige Ziele meist größere Zeitabstände wählt.

Einkommen veranschlagen Zunächst addiert man alle Einkommensquellen; berücksichtigt wird lediglich das Nettogehalt nach allen Abzügen wie Steuern, Kranken- und Rentenversicherung, Sozialabgaben, Versicherungen usw. Dann zählt man alle regelmäßigen Geldeingänge hinzu, beispielsweise Guthabenzinsen auf Sparkonten, Aktiendividenden und Mieteinnahmen. Hinzu kommen andere Vergütungen wie Provisionen, Trinkgelder, geschenktes Bargeld und Steuerrückzahlungen, sofern diese mit Sicherheit zu erwarten sind. Bei der Veranschlagung dieser Posten legt man den zu erwartenden Mindestbetrag zugrunde. Selbständige und Teilzeit- oder Saisonbeschäftigte legen die Einkünfte vom Vorjahr zugrunde, auch wenn im laufenden Jahr Steigerungen zu erwarten sind. Das so ermittelte voraussichtliche Jahreseinkommen wird durch die Anzahl der im Haushaltsplan vorgesehenen Zeitabschnitte im Jahr dividiert.

Ausgaben veranschlagen Es gibt drei Haupttypen von Aufwendungen:

- Feste Kosten sind Verpflichtungen, die regelmäßig monatlich, vierteljährlich, halbjährlich oder jährlich anfallen. Sie lassen sich kaum verringern, es sei denn, man ändert grundlegend seinen Lebensstil. Hierzu gehören Miete, Hypothekenzahlungen und andere Belastungen aus Haus- und Grundbesitz; Nebenkosten (Heizung, Gas, Strom, Wasser, Telefon usw.); Zins- und Tilgungsraten für Kredite; Ausbildungskosten; Steuern und Versicherungsprämien (sofern nicht bereits vom Gehalt abgezogen).
- Spareinlagen, also Beträge, die man pro Zeitabschnitt des Plans auf ein Sparkonto o.a. einzahlt, richten sich nach den gesteckten Zielen. Das erste Ziel für alle, die auf sich gestellt sind, sollte eine Rücklage für Notfälle sein; die Höhe hängt davon ab, inwieweit man beispielsweise durch Arbeitslosen- und Krankenversicherung abgesichert ist. Als Rücklage für solche Fälle werden durchschnittlich zwei Monatsgehälter veranschlagt.
- Variable Kosten, deren Höhe von Monat zu Monat stark schwanken kann, fallen an für Lebensmittel und Haushaltswaren, Transport (Kraftfahrzeugunterhalt und öffentliche Verkehrsmittel), Arztkosten, die nicht von der Krankenversicherung abgedeckt sind, Reparaturen und Instandsetzungsarbeiten im Haushalt, Kleidung, Urlaub, kulturelle Veranstaltungen und Freizeit, Geschenke, Spenden für wohltätige Zwecke, Taschengeld. Eine Rücklage für unerwartete Reparaturen oder Erneuerungen im Haushalt ist zu empfehlen; geben die Ausgaben des letzten Jahres keine Anhaltspunkte, um eine angemessene Höhe zu ermitteln, behält man die laufenden Ausgaben über einige Monate hinweg im Auge, um ein genaueres Bild zu bekommen.

Ausgabenangleichung Nun zieht man die Ausgaben von den Einnahmen ab. Wenn noch Geld übrigbleibt, kann man die Spareinlagen erhöhen. Wenn die Ausgaben das Einkommen übersteigen, überprüft man die Ausgaben und stellt fest, wo Einsparungen möglich sind. Dabei ist zu bedenken, daß manche Kosten in bestimmten Zeitabschnitten höher sind und sich langfristig wieder ausgleichen. Auch darf man keine unrealistischen Sparmaßnahmen vorsehen, die dann doch nicht zu verwirklichen sind; sie gefährden letztlich nur die Einhaltung des Haushaltsplans. Notfalls muß man seine Zielsetzung überprüfen.

Ist schließlich ein realistischer Haushaltsplan aufgestellt, wird er vierteljährlich, jährlich oder bei jeder Änderung der Finanzlage neu überprüft und bei Bedarf revidiert.

Hausschwamm

Besonders in alten Häusern bestehen wichtige Bauteile wie Wände und Decken aus Holz (Fachwerk, Holzbalkendecken). Diese können bei unsachgemäßer Verarbeitung von verschiedenen Schädlingen befallen werden. Besonders häufig ist der Hausschwamm. Er greift hauptsächlich Nadelholz an, doch auch Laubholz ist nicht vor ihm sicher.

Der Hausschwamm benötigt zwar eine Holzfeuchtigkeit von mindestens 20 %. Er vermag aber trockene Strecken zu überbrücken, da er in seinen Strängen Wasser leiten und trockenes Holz selbst befeuchten kann. Diese weißgrauen, in trockenem Zustand brüchigen Stränge sind für das Anfangsstadium charakteristisch; das fortgeschrittene Stadium erkennt man an den bräunlichen, fladenartigen Fruchtkörpern, auf denen Wassertropfen sitzen.

Angegriffene Holzteile werden mindestens 1 m über den sichtbaren Befall hinaus entfernt. Wenn nötig, muß dazu der Putz bis auf das Mauerwerk abgeschlagen werden. Zu empfehlen ist auch, die Mauerfugen auszukratzen und neu zu füllen. Das entfernte Material sollte man möglichst rasch auf den Müll bringen, damit die Pilzsporen nicht verbreitet werden.

Alle Maßnahmen gegen den Hausschwamm haben aber nur dann Erfolg, wenn die Ursache des Schadens beseitigt wird (siehe auch *Dachentlüftung; Feuchtigkeit im Haus; Kondensationsfeuchte*).

Haustiere, entlaufene

Es kann immer passieren, daß ein Hund oder eine Katze wegläuft und aus irgendwelchen Gründen nicht mehr nach Hause kommt. Die Chance, ein entlaufenes Tier wiederzubekommen, wird größer, wenn man ihm ein Halsband mit einem Täschchen anlegt, in dem Name, Anschrift und Telefonnummer vermerkt sind. Auch das nötige Kleingeld, damit der Finder telefonieren kann, sollte man nicht vergessen.

Zunächst sucht man alle Plätze ab, wo das Tier sein könnte. Männliche Tiere suchen beispielsweise gern paarungsbereite Weibchen auf. Bei Nacht sollte man eine Taschenlampe dabeihaben, um dunkle Stellen ausleuchten zu können. Und natürlich lockt man das Tier immer wieder mit Rufen.

Bleibt die Suche erfolglos, verständigt man die Polizei, das nächstgelegene Tierheim und die Nachbarn. Außerdem hängt man Zettel in den umliegenden Geschäften aus, gibt eine Suchanzeige in der Zeitung auf und setzt dabei eine Belohnung aus. Umgekehrt schaut man in der Zeitung nach, ob zugelaufene Tiere gemeldet werden. Vielleicht hat auch der Briefträger auf seiner Runde ein herrenloses Tier bemerkt, und wenn ein Tierarzt in der Nachbarschaft ist, sollte man ihn fragen, ob er eine entsprechende Mitteilung erhalten hat.

Wenn man selber ein herrenloses fremdes Tier findet, das keinen Anhänger mit Adresse usw. trägt, benachrichtigt man die Polizei, den Tierschutzverein oder ein Tierheim.

Einem fremden Tier sollte man sich nur vorsichtig nähern, vor allem, wenn es verängstigt oder mißtrauisch ist. Speichelfluß und krampfartige Zuckungen lassen auf Tollwut schließen. Dann nähert man sich ihm nicht, sondern benachrichtigt umgehend die Polizei oder einen Tierarzt.

Wenn man ein herrenloses Tier aufnehmen möchte, muß man sich mit ihm zunächst anfreunden. Stark vernachlässigte Streuner werden oft schon zutraulich, wenn man sie ein- oder zweimal füttert. Bevor man ein zugelaufenes Tier endgültig im Haus aufnimmt, läßt man es von einem Tierarzt gründlich auf Parasiten und Krankheiten untersuchen und eventuell entsprechend behandeln.

Haustiere, kranke

Medikamente sollten möglichst nicht dem Futter zugesetzt, sondern direkt verabreicht werden, und zwar nach dem vom Tierarzt angeordneten Zeitplan. Wenn man einmal vergessen hat, ein Medikament zu geben, darf man die nächste Dosis nicht erhöhen. Für Menschen bestimmte Medikamente dürfen Tieren nur dann verabreicht werden, wenn es der Tierarzt angeordnet hat.

Unnachgiebig und zärtlich zugleich muß man sein, wenn man einem Tier Medizin eingeben möchte. Beruhigendes Zureden ist unerläßlich. Wenn sich eine Katze beispielsweise sträubt, wird sie in ein Handtuch eingewickelt oder von einem Helfer in der gezeigten Weise festgehalten.

Tabletten geben Man legt eine Hand so auf den Nasenrücken eines Hundes oder den Kopf einer Katze, daß sich Daumen und Zeigefinger an den beiden Mundwinkeln befinden. Dann öffnet man die Kiefer, indem man unmittelbar vor dem Gelenk die Lippen des Tiers gegen seine Zähne preßt. Bei einem Hund hält man die Lefzen mit den Fingern, um sich vor einem Biß zu schützen. Dann zieht man den Kopf nach oben und legt die Tablette mit Daumen und Zeigefinger der freien Hand möglichst weit hinten auf die Zunge.

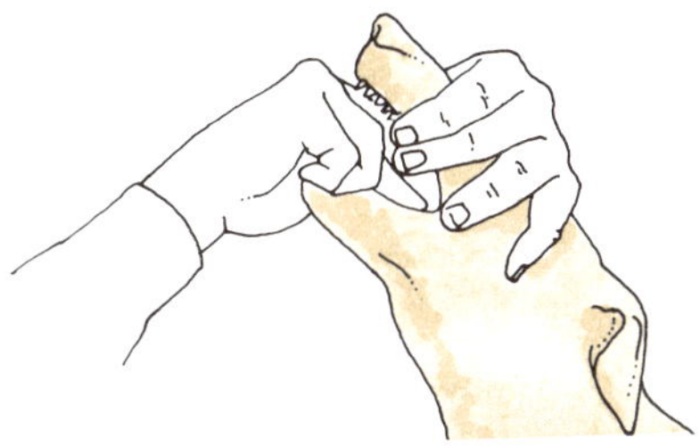

Dann schließt man die Schnauze schnell, hält sie mit einer Hand zu und streicht dem Tier dabei über den Kehlkopf. Bei einer Katze achtet man darauf, daß die Tablette bis hinter den Buckel der Zunge gelangt. Wenn das gelungen ist, schließt man ihr die Schnauze und bläst ihr schnell ins Gesicht.

Flüssige Medikamente Bei einem Hund zieht man unmittelbar vor dem Mundwinkel die Unterlippe etwas nach außen, damit sich eine Tasche bildet. Mit einer Injektionsspritze (ohne Nadel natürlich) oder mit einer Augenpipette tropft man die Flüssigkeit in mehreren Dosen in die Tasche. Nach jeder Dosis schließt man die Tasche und hebt die Schnauze etwas an, bis der Hund schluckt. Bei einer Katze öffnet man an einer Seite beide Lippen und gibt die Flüssigkeit langsam mit einer Augenpipette ein.

Haustiere, verletzte

Wenn ein Tier ernsthaft verletzt ist, wendet man sich unverzüglich an einen Tierarzt oder an eine Tierklinik. Damit man in einem Notfall nicht lange suchen muß, sollte man ihre Adressen griffbereit auf einem Zettel in der Brieftasche und neben dem Telefon zu Hause haben.

Obwohl man als Laie niemals den Tierarzt ersetzen kann, empfiehlt es sich, ein Erste-Hilfe-Kästchen für die Haustiere bereitzuhalten. Es sollte enthalten: Fieberthermometer, Vaseline, eine Pinzette und eine kleine Schere, Heftpflaster, Verbandwatte, Verbandmull und Mullbinden, eine bakterizide Seife, ein Antibiotikum in Salbenform.

Verkehrsunfälle und Stürze Wenn z. B. ein Hund bei einem Verkehrsunfall oder durch einen Sturz verletzt wurde und liegenbleibt, sollte man ihn möglichst wenig bewegen. Steht er von selbst auf, hält man ihn fest, damit er nicht herumlaufen kann, und spricht ihm beruhigend zu. Während man sich um das Tier kümmert, ruft eine andere Person den Tierarzt an oder sorgt für eine Transportmöglichkeit.

Damit ein Hund nicht beißen kann, legt man ihm einen provisorischen Maulkorb aus einer Binde, Krawatte oder einem Strumpf an. Den Maulkorb muß man entfernen, wenn der Hund erbrechen sollte.

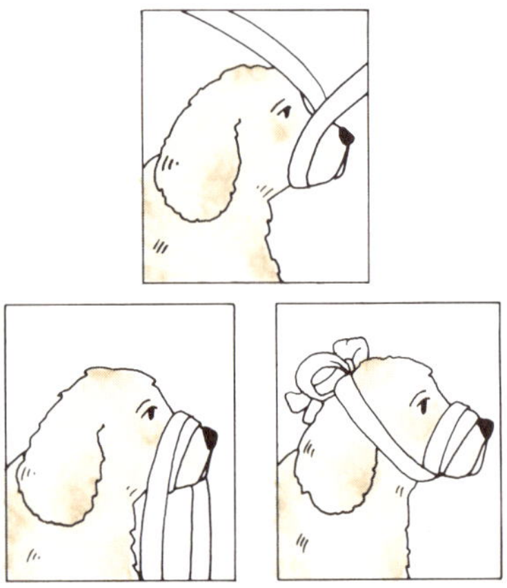

Ist eine Katze bei einem zu riskanten Kletterversuch im Garten von einem hohen Baum gefallen und wehrt sich gegen eine Untersuchung, wickelt man sie in eine Decke und trägt sie ins Haus. Ein Helfer sollte sie dann auf einem Tisch am Genick und an den Hinterbeinen festhalten, so daß man äußere Verletzungen feststellen kann. Wenn das Tier z. B. aus einem Hautriß stark blutet, drückt man eine Kompresse aus Verbandmull oder einem sauberen Taschentuch auf die Wunde und befestigt sie mit einer Binde. Man sollte nicht versuchen, die Blutung durch eine Aderpresse zu stoppen. Besteht Verdacht auf einen Knochenbruch, muß das Tier möglichst stillgelegt werden. Auch wenn äußerlich keine Wunden sichtbar sind, kann das Tier innere Blutungen haben und im Schockzustand sein; er ist daran zu erkennen, daß das Zahnfleisch blaß wird und das Tier flach und unregelmäßig atmet. Dann deckt man das Tier mit einer leichten Decke zu, legt es vorsichtig in einen Reisekorb oder ähnlichen Behälter und bringt es zum Tierarzt. Wenn man einen größeren verletzten Hund transportieren muß, kann man ein Brett oder eine andere feste Unterlage als Trage verwenden. Sonst behilft man sich mit einer Decke oder einem Mantel.

Kleinere Wunden Damit man ruhig arbeiten kann, sollte ein Helfer das Tier festhalten. Als erstes schneidet man das Fell um die Wunde herum ab. Dann spült man die Stelle mit klarem Wasser ab, entfernt mit einem Wattebausch anhaftende Schmutzteilchen, wäscht behutsam mit bakterizider Seife nach und trägt antibiotische Salbe auf. Damit kein Schmutz in die Wunde gelangen kann, legt man mit Mull und Binde einen Verband an. Rißwunden, die länger als 2 cm sind, läßt man von einem Tierarzt behandeln.

Hitzschlag Wenn man ein Haustier im geschlossenen Auto läßt oder bei heißem Wetter an einem sonnigen Platz anbindet, kann es leicht einen Hitzschlag bekommen. Sollte an einem heißen Tag das Tier stark hecheln und sabbern, sich sehr heiß anfühlen oder bewußtlos werden, besprüht man es mit kaltem Wasser oder taucht es bis zum Hals in ein kaltes Bad und legt Eis auf Kopf und Hals. Diese Behandlung setzt man fort, bis das Tier wieder normal atmet. Dann bringt man es sofort zum Tierarzt.

Verschluckte Fremdkörper Man sollte stets darauf achten, daß ein Haustier nicht mit kleinen Gegenständen, vor allem Nadeln oder ähnlichen spitzen Dingen, spielt, denn sie werden allzuleicht verschluckt. Fremdkörper wie Knöpfe werden ausgewürgt oder auf natürlichem Weg ausgeschieden. Hat ein Tier aber anhaltenden starken Speichelfluß oder Würg- und Brechreiz, muß umgehend ärztliche Hilfe geleistet werden.

Vergiftungen Wenn ein Tier anhaltend erbricht, Durchfall oder Leibkrämpfe hat, bringt man es zum Tierarzt, denn es könnte Gift in irgendeiner Form zu sich genommen haben.

Stromschlag Unter Strom stehende Kabel von Leuchten oder elektrischen Geräten, die frei auf dem Boden liegen, können zu gefährlichen Spielzeugen werden, denn ihr Schutzmantel ist schnell durchgenagt. Man sollte die Kabel daher möglichst unerreichbar für die Tiere verlegen oder aber die Stecker aus den Steckdosen ziehen, wenn man Haus oder Wohnung verläßt. Kommt ein Tier aber mit elektrischem Strom in Berührung, darf man es nicht anfassen, denn man erhält dann selbst einen Stromschlag. Man schaltet den Strom am Sicherungskasten ab und bringt das Tier möglichst rasch zum Tierarzt.

Haustierhaltung

Wenn man ein Tier, gleich welcher Art, im Haus oder in der Wohnung hält, muß man es laut Tierschutzgesetz artgerecht unterbringen, ernähren und pflegen. Als Mieter muß man sich vergewissern, ob die Haustierhaltung erlaubt ist. Auch bei Eigentumswohnungen muß man sich nach dem Mehrheitsbeschluß der Eigentümergemeinschaft richten.

Bevor man also das Tier seiner Wahl kauft (über den Preis für das Tier, seine „Wohnung" und Zubehör hat man sich genau informiert), sollte man sich beim Verkäufer (Züchter, Zoogeschäft, Tierheim), bei einem Tierschutzverein oder einem Tierarzt erkundigen, wieviel Zeit und Geld man täglich für Pflege und Nahrung aufwenden muß und ob noch Kosten für irgendwelche Schutzimpfungen, z.B. gegen Tollwut oder Katzenseuche, zu erwarten sind. Schafft man einen Hund an, muß man außerdem wissen, wie hoch die Steuer ist und was man für eine Haftpflichtversicherung ausgeben muß. Weiterhin sollte man bedenken, daß z. B. unvorhersehbare Arzt- und Medikamentenkosten entstehen können, wenn das Tier sich verletzt oder krank wird.

Ein Problem, an das beim Kauf oft nicht gedacht wird, ist der Urlaub. Wenn man sein Haustier nicht mitnehmen kann, muß man jemanden haben, der das Tier versorgt. Andernfalls muß man es in eine Tierpension geben. Tierärzte und Tierschutzvereine kennen Adressen gutgeführter Häuser, die natürlich auch ihren Preis haben.

Wer sein Tier mitnehmen kann und ins Ausland fährt, muß es vom Tierarzt den Vorschriften des Gastlandes entsprechend schutzimpfen lassen und das Impfzeugnis mit sich führen.

Nur wenn man in der Lage ist, alle diese Verpflichtungen zu erfüllen, sollte man das gewünschte Haustier anschaffen.

Hautcremes herstellen

Selbsthergestellte Naturkosmetik sollte nur aus hautähnlichen Inhaltsstoffen wie reinen Pflanzenölen, Bienenwachs und Fetten (vor allem Lanolin) zusammengesetzt sein. Die Zutaten gibt es in der Apotheke, in Kräuterhandlungen und Bioläden zu kaufen.

Wichtig ist, daß man die notwendigen Gerätschaften ausschließlich für die Kosmetikherstellung verwendet und Töpfe usw. nur unter kochendheißem Wasser und ohne Verwendung von Spülmitteln reinigt. Sehr empfehlenswert für die Herstellung von Hautcremes ist ein elektrisches Rührgerät. Da auf Konservierungsmittel verzichtet wird, ist es ratsam, die Produkte rasch – bei Lagerung im Kühlschrank innerhalb von vier bis sechs Wochen – zu verbrauchen. Die ideale Lagertemperatur beträgt 10°C. Lotionen und Gesichtswasser bewahrt man in dunklen Fläschchen auf, Hautcremes in Porzellandosen. Bevor man die Cremes in die Dose einfüllt, reibt man diese kurz mit Alkohol aus.

Mandelölcreme für jede Haut Im kochenden Wasserbad 3 g weißes Wachs schmelzen lassen; 15 g Lanolinanhydrid und 5 g Kakaobutter hinzufügen. Sobald die Fette geschmolzen sind, 30 g süßes Mandelöl hinzugeben und alles auf 60°C erwärmen. Die Schmelze vom Feuer nehmen. 40 g Rosenwasser, das man in einem feuerfesten Porzellantopf leicht erwärmt hat, hinzufügen. Mit dem elektrischen Handrührgerät auf kleinster Stufe mit dem Kaltrühren beginnen. Sobald die Creme handwarm abgekühlt ist, 3 Tropfen Lavendelöl einträufeln und weiterrühren, bis die Creme erkaltet ist.

Hamamelistonikum 60 g Hamameliswasser und 40 g Rosenwasser vermischen, nachdem man zuvor 1 Eßl. Rosenwasser entnommen und leicht erwärmt hat. Darin 1 g Alaunpulver auflösen. Jetzt alles gut vermischen und in eine dunkle Apothekerflasche abfüllen. Das Tonikum verwendet man zur Nachreinigung der Haut. Durch den Alaun wirkt es sanft porenverengend.

Reinigungscreme Im kochenden Wasserbad 5 g weißes Wachs schmelzen, dann 20 g Lanolin und 5 g Kakaobutter hinzufügen. Sobald alles geschmolzen ist, 40 g Olivenöl beifügen und alles auf 65°C erwärmen. In einem feuerfesten Porzellantopf 40 g Rosenwasser ebenfalls auf 65°C erwärmen. Die geschmolzenen Fette vom Herd nehmen und mit dem elektrischen Handrührgerät auf kleinster Stufe das Rosenwasser einrühren. Weiterrühren, bis die Creme kalt ist, und in Cremetöpfchen abfüllen. Diese Reinigungscreme löst vor allem fettlösliches Make-up auf schonende Weise.

Hecken

Hecken dienen im Garten als Sichtschutz, Windschutz und als Raumteiler. Immergrüne Heckenpflanzen wie etwa Lebensbaum, Eibe, Liguster und Berberitze sind sehr beliebt, weil sie den ganzen Winter hindurch dicht und grün bleiben, aber auch laubabwerfende Sträucher und Bäume wie Hainbuche, Weißdorn, Zierkirsche, Falscher Jasmin und Forsythie eignen sich gut für Hecken.

Pflanzen Heckensträucher kann man entweder in einer Reihe oder in einer versetzten Doppelreihe pflanzen. Immergrüne Hecken pflanzt man entweder im September und Oktober oder aber im März und April, während laubabwerfende Hecken den ganzen Herbst und Winter über gepflanzt werden können, vorausgesetzt, der Boden ist nicht gefroren.

Will man eine doppelreihige Hecke pflanzen, markiert man die Reihe so, daß die Pflanzen beider Reihen versetzt stehen. Die Pflanzlöcher müssen so groß sein, daß sie den Wurzelballen gut aufnehmen können. Jeder Strauch wird etwas tiefer eingepflanzt, als er zuvor in der Baumschule saß. Damit die Pflanze gedeiht, gibt man reichlich feuchten Torf in das Pflanzloch. Der Stamm wird leicht geschüttelt, damit sich die Erde setzt und keine Hohlräume bleiben. Dann verteilt man den Rest der Erde über die Wurzeln und tritt sie fest.

Schnitt Bei Hecken, die nicht geschnitten werden sollen, kürzt man die Sträucher nach dem Pflanzen um ein Drittel. Schnitthecken brauchen einen dichten Unterbau und einen einheitlich dichten Wuchs nach oben. Um dies zu erreichen, werden die Pflanzen nach dem Einsetzen etwa um die Hälfte gekürzt. Damit eine möglichst gerade Oberfläche entsteht, schneidet man an einer Richtschnur entlang, die man zwischen zwei Pfählen spannt. Jedes Jahr wird der neue Wuchs um die Hälfte bzw. ein Drittel gekürzt, bis die Hecke die gewünschte Höhe erreicht. Diese Höhe wird beibehalten, indem man die Hecke entsprechend stark zurückschneidet.

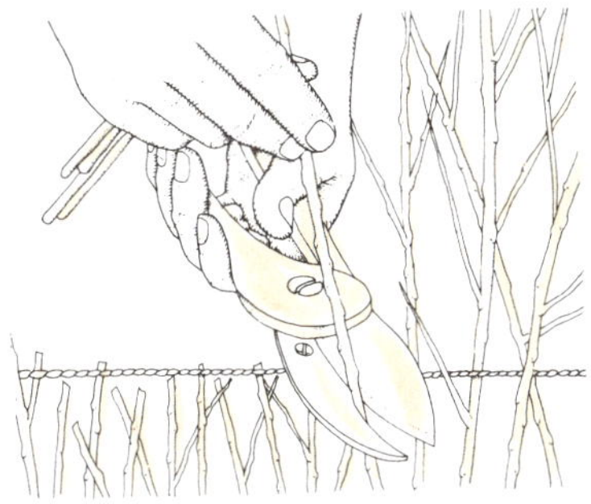

Formhecken werden zwei- bis dreimal jährlich im Frühjahr und im Sommer, ungeformte Hecken jeweils nach der Blüte geschnitten. Eine möglichst dichte Hecke bekommt man, wenn man sie nach oben konisch zuschneidet.

Ausgewachsene Hecken werden im Frühjahr mit einem Volldünger gedüngt. Eine zweite Düngung erfolgt

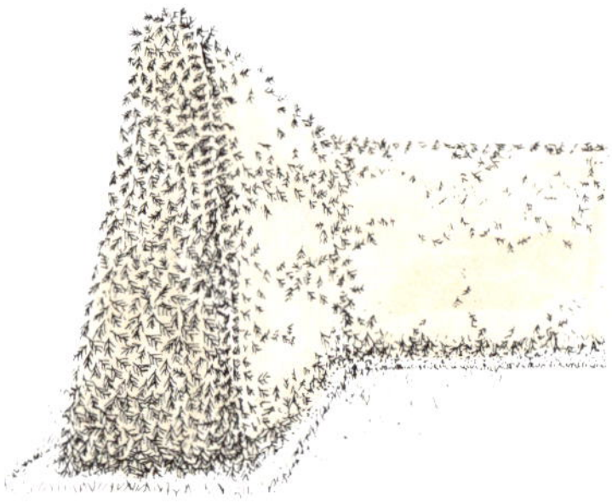

im Frühsommer. Ist der Boden trokken, muß er gewässert werden. Eine dicke Schicht Gartenkompost oder verrotteter Blätter schützt die Hecke vor zu starker Wasserverdunstung.

Hefe

Hefe, die man als Preßhefe in Würfeln zu je 40g kauft, wird aus mit Malz versetzter Getreidemaische gewonnen. Frisch gepreßt, ist sie geschmeidig und riecht angenehm; krümelige oder schmierige Ware ist zu alt und hat nur noch wenig Treibkraft.

Hefe muß kühl aufbewahrt werden; gut in Alufolie gewickelt, hält sie sich drei bis vier Tage im Butterfach des Kühlschranks. Tiefgekühlt ist sie auch drei bis vier Monate haltbar, wird aber beim Auftauen flüssig.

Praktisch ist Trockenhefe, da sie bei vorschriftsmäßiger Lagerung mehrere Monate haltbar ist.

Mit Hefeextrakt werden Brühen und Saucen angereichert; Hefeflokken verwendet man in Aufläufen, Salaten usw. Beide Produkte enthalten viel Vitamin B.

Hefeteig

Je nach Fettgehalt des Teigs kommen auf 500g Mehl 20–50g Hefe; zuviel macht den Kuchen oder das Brot krümelig.

Die Treibkraft der Hefe entwickelt sich am besten bei 36–38°C. Die Hefe sowie alle anderen Backzutaten sollte man also vor Backbeginn Raumtemperatur annehmen lassen.

Wenn Hefe unmittelbar mit Fett, Öl, Eigelb oder Salz in Berührung kommt, geht sie nicht auf. Daher wird sie zunächst mit etwas lauwarmer Milch (etwa 37°C) und eventuell etwas Zukker verrührt und mit einem Teil des Mehls vermischt. Nach herkömmlicher Art läßt man diesen sogenannten Vorteig zugedeckt gehen, ehe man die anderen Zutaten hinzufügt. Nach der modernen Methode wird alles gleich anschließend hineingerührt, sie ist allerdings weniger für schwere Teige wie etwa Stollen geeignet.

Man kann den Hefeteig auch mit kalten Zutaten bereiten, in eine Schüssel legen und zugedeckt bis zum nächsten Tag (höchstens zwölf Stunden) langsam im Kühlschrank bei etwa 4°C gehen lassen. Vor dem Backen knetet man ihn gut durch und läßt ihn dann etwa eine halbe Stunde bei Zimmertemperatur gehen. Um das beste Ergebnis zu bekommen, muß Hefeteig von Hand 15–20 Minuten, mit der Küchenmaschine zehn Minuten geschlagen werden.

Heutzutage sind die meisten Küchen so temperiert, daß es sich erübrigt, den Hefeteig, wie in den meisten Rezepten angegeben, warm zu stellen. Man muß ihn jedoch zudekken, um ihn vor Zugluft zu schützen. Wenn die Küche kalt ist, kann man den Backofen auf 50°C heizen und die zugedeckte Schüssel mit dem Teig auf die aufgeklappte Backofentür stellen. Der Teig darf vor dem Backen nicht zu stark erwärmt werden, da die Hefezellen bei 60°C absterben.

Wenn es einmal schneller gehen soll, steckt man die Schüssel mit dem Teig in einen entsprechend großen Plastikbeutel und bindet diesen fest zu. Man kann den Teig auch in eine gefettete, luftdicht verschließbare Plastikdose oder direkt in einen gefetteten Plastikbeutel legen, den man fest zubindet. Fertigen, aber noch nicht aufgegangenen Hefeteig kann man gut einfrieren. Nach dem Auftauen knetet man ihn gut durch, gibt je nach Rezept die anderen Zutaten wie Rosinen oder Nüsse dazu und läßt ihn bei Zimmertemperatur gehen.

Heften

Heftstiche dienen dazu, zwei oder mehrere Stofflagen provisorisch zusammenzuhalten. Man verwendet weißes oder helles Garn, das sich farblich vom Stoff abhebt. Dunkles Garn kann auf hellen Stoffen Spuren hinterlassen.

Heftstich Der normale Heftstich (Vorstich) ist etwa 6 mm lang. Stichlänge und Abstand zwischen den Stichen sind gleich. Man arbeitet von rechts nach links und sticht die Nadel mehrmals gleichmäßig ein und aus,

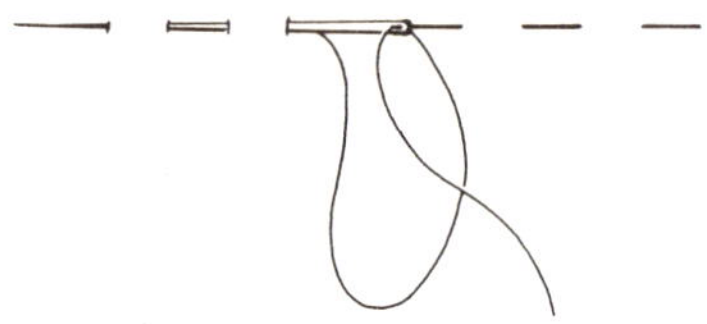

bevor man den Faden durch den Stoff zieht. Diesen Stich verwendet man bei glatten Stoffen und bei Schnitteilen, die besondere Sorgfalt erfordern, etwa bei gerundeten Nähten mit überschüssiger Weite oder eingesetzten Ärmeln.

Eilstich Er ist ebenfalls etwa 6 mm lang, wird aber in Abständen von etwa 25 mm gearbeitet. Er eignet sich für allgemeine Heftarbeiten, etwa für Ränder, die nicht allzu sorgfältig genäht werden müssen, oder um Schnittmusterzeichen auf den Stoff zu übertragen; hier können Stiche und Abstände noch größer sein.

Hohler Heftstich Eine Stoffkante wird entlang der Nahtlinie gefaltet und nach innen umgeschlagen. Mit der rechten Seite nach oben wird dann die umgeschlagene Stoffkante an die Nahtlinie des zweiten Stoffteils angelegt und festgesteckt. Den etwa 6mm langen Stich arbeitet man von rechts nach links, wobei die Nadel zuerst durch den unteren Stoff und dann durch die darüberliegende Bruchkante geführt wird. Mit fortschreitender Naht werden die Stecknadeln entfernt. Mit diesem Stich werden Schottenkaros, Streifen oder große Druckmuster an der Ansatznaht genau ge-

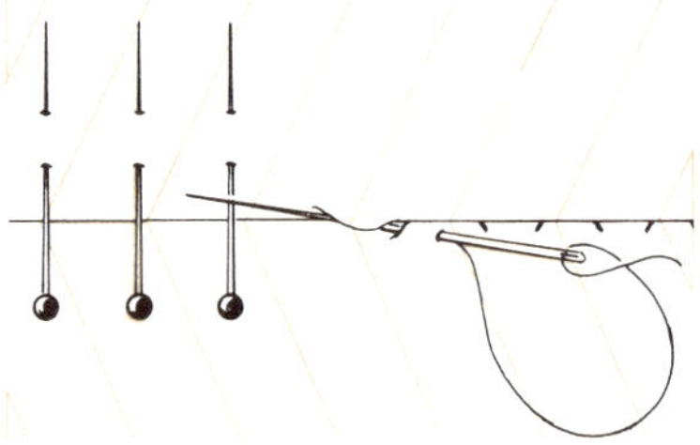

geneinander ausgerichtet, kompliziert gerundete Schnitteile geheftet und Änderungen festgehalten, die während der Anprobe auf der rechten Seite des Kleidungsstücks ausgeführt werden.

Schräger Heftstich Kleine Stiche werden parallel zueinander und diagonal von unten links nach oben rechts gearbeitet. Die Nadel wird rechts ein- und links ausgestochen.

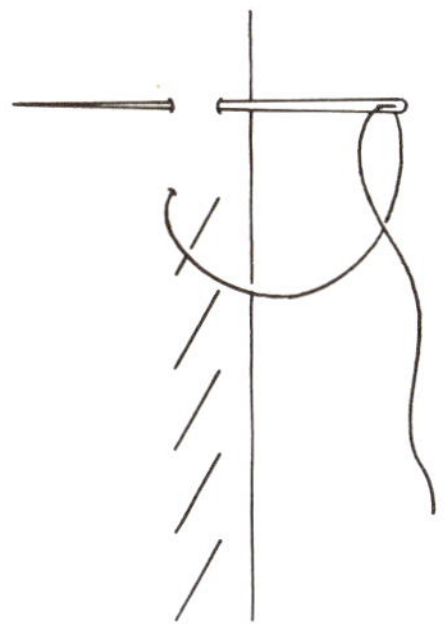

Man verwendet diesen Stich, um beim Nähen und Bügeln die Stofflagen flächig zusammenzuhalten. Kurze Stiche mit geringem Abstand geben einen festen Halt, etwa um Nahtkanten und Falten abzusteppen und zu bügeln; lange Schrägstiche genügen, um z.B. die Unterlegware am Oberstoff zu befestigen.

Heftpistole (Tacker)

Es gibt mechanische und elektrische Heftpistolen. Sie machen Hammer und Nägel in vielen Fällen überflüssig und sind ganz einfach zu bedienen.

ACHTUNG!
Eine Heftpistole nie auf Menschen richten; immer verriegeln, wenn sie nicht gebraucht wird, und kindersicher aufbewahren.

Mechanische Heftpistolen arbeiten mit Federkraft und sind in verschiedenen Größen und mit unterschiedlicher Schlagkraft zu kaufen. Mit einer leichten Heftpistole kann man z.B. Kunststoffolien, Papier und Stoffe befestigen. Die schweren Ausführungen verarbeiten verschieden große und dicke Klammern sowie Nägel und eignen sich für schwere Arbeiten. Mit ihnen lassen sich z.B. Teppichböden verlegen, Fußleisten anbringen, Polsterbezüge erneuern oder Spanplatten befestigen. Bei einigen Modellen kann man die Schlagkraft der Feder mit einem Knopf stufenlos regulieren und so der Härte der zu verbindenden Materialien anpassen.

Man faßt das Gerät mit einer Hand am Griff, setzt es auf das Material, das man befestigen möchte, und löst die Verriegelung. Dabei klappt der Druckgriff nach oben. Man drückt ihn kräftig nach unten, wobei eine Klammer oder ein Nagel abgeschossen wird. Um den Rückstoß zu vermindern und die Schlagkraft zu erhöhen, preßt man den Kopf des Geräts mit dem Ballen der freien Hand fest nach unten.

Wenn man beispielsweise einen Dachstock ausbauen möchte und dabei viel Plattenmaterial aller Art und Nut- und Federbretter befestigen muß, sollte man sich eine elektrische Heftpistole mit stufenlos regulierbarer Schußkraft kaufen. Es gibt dafür Klammern, Nägel und Stifte für die verschiedensten Arbeiten und Materialstärken. Eine Besonderheit sind beharzte Klammern, mit denen man sehr feste Verbindungen herstellen kann.

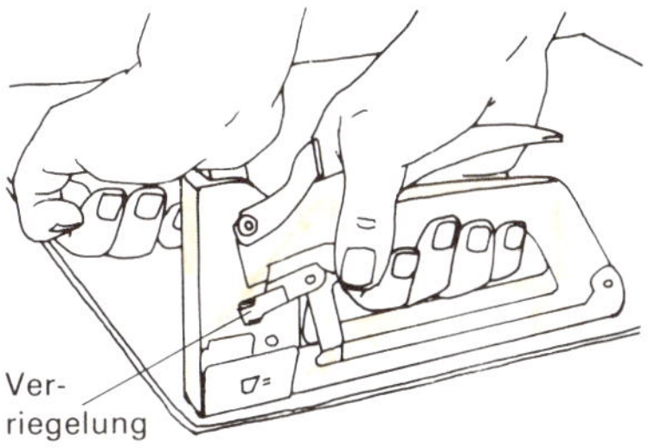

Als Zusätze gibt es Klammernheber, mit denen man falsch gesetzte Klammern entfernen kann, Heftschienen, mit denen man Papier und Pappe heftet, sowie Abstandhalter, die es ermöglichen, Klammern und Nägel parallel zu setzen.

Heilkräuter

Heilkräuter können die körpereigenen Abwehrkräfte stärken und eine allgemeine Kräftigung und Leistungssteigerung bewirken. Sie werden zur Vorbeugung, als Hausmittel bei leichten Befindlichkeitsstörungen, zur Linderung akuter und chronischer Leiden und in Zusammenarbeit mit dem Arzt zur Unterstützung der Therapie eingesetzt. Heilkräuter erhält man fertig getrocknet; man kann sie jedoch auch selbst sammeln (siehe *Wildkräuter sammeln*).

Wirkung In fast allen Heilkräutern sind Wirkstoffgruppen mit einer spezifischen Heilwirkung enthalten. Man sollte sich nur mit ihnen behandeln, wenn man Anwendung und Wirkungsweise genau kennt. Der unsachgemäße Umgang kann nachteilige Folgen für die Gesundheit haben.

- Ätherische Öle, wie z.B. das Öl der Pfefferminze, wirken hautreizend, erleichtern das Abhusten, sind harntreibend, lösen Krämpfe, beseitigen Blähungen, stärken Magen und Darm und bekämpfen Bakterien, Pilze und Viren. Bei der Kamille wirkt vor allem das ätherische Öl der Kamillenblüten: Es hemmt Entzündungen, entkrampft und desinfiziert.
- Bitterstoffe, wie in Enzian und Tausendgüldenkraut enthalten, helfen bei Appetitlosigkeit, sind verdauungsfördernd und kräftigend.
- Gerbstoffe, z.B. in Blutwurz, Eichenrinde oder getrockneten Heidelbeeren enthalten, setzt man als Gurgelmittel bei Angina, als Mundspülmittel, zur Wundbehandlung und gegen Durchfall ein.
- Pflanzenschleime, in vielen Heilpflanzen wie Eibisch, Isländisch Moos und Leinsamen enthalten, legen sich schützend auf die gereizten oder geschädigten Schleimhäute im Mund sowie im Magen und Darm. Auch Reizhusten und chronische Stuhlverstopfung können durch Pflanzenschleim gelindert werden.
- Vitamine sind in Zitrusfrüchten, Hagebutten, Erdbeeren und Sanddornfrüchten besonders reich vorhanden. Man kann sie, als Saft, Extrakt oder Mus zubereitet, direkt bei Vitaminmangelerscheinungen einsetzen.
- Thymian, ein bewährtes Hustenmittel, das mehrere Wirkstoffgruppen enthält, eignet sich auch als Gurgelmittel und Spülung bei Infektionen im Mund und Rachen. Er hilft ferner bei übelriechenden Durchfällen, wirkt appetitanregend und verdauungsfördernd.

Anwendung Heilkräuter kann man innerlich und äußerlich anwenden – als Tee, Umschlag, Inhalation usw.

- Aufguß: Empfindliche Pflanzenteile wie zarte Blätter und Blüten mit siedendem Wasser übergießen und fünf bis zehn Minuten lang ziehen lassen; anschließend abseihen.

- Tee: Kräftige Blätter mit kaltem Wasser ansetzen, einmal kurz aufwallen lassen, dann nach fünf Minuten abseihen.
- Abkochung: Harte Pflanzenteile wie Wurzeln und Rinde mit kaltem Wasser ansetzen, zehn bis 20 Minuten leicht kochen lassen, anschließend abseihen.

Diese Zubereitungen schluckweise und möglichst warm trinken. Zum Mundspülen, Gurgeln oder für Einläufe ist eine Temperatur von 30–40 °C geeignet.

- Inhalationen: Eine knappe Handvoll der Kräuter (z.B. Salbei, Kamille und Thymian) in eine große Schüssel geben und mit 1 l siedendem Wasser übergießen. Die aufsteigenden Dämpfe etwa zehn Minuten unter einem Tuch einatmen. Kräuterdampfinhalationen wirken vor allem bei Husten, Schnupfen, Heiserkeit und Nebenhöhlenkatarrhen.
- Kräuterdampfbäder, besonders aus Kamillenblüten, sind bei Beschwerden im Anal- und Vaginalbereich hilfreich. In ein standfestes Gefäß, auf das man sich setzen kann, gibt man zwei Handvoll Kamillenblüten, übergießt sie mit 2 l siedendem Wasser und setzt sich für fünf bis zehn Minuten darauf.
- Kräutervollbäder sind bei Rheuma, Hautunreinheiten und zur Beruhigung geeignet. Man kocht 100–150 g Droge in 2 l Wasser etwa zehn Minuten aus. Der Absud wird dem Badewasser zugesetzt. Etwa 10–15 Minuten bei 37 °C baden. Danach mindestens eine halbe Stunde Bettruhe.
- Kräuterweine, Pflanzensäfte (aus frischen Pflanzenteilen) und Tinkturen lassen sich ebenfalls aus Heilkräutern herstellen.
- Kräutersalben zur Behandlung von Wunden und Entzündungen gibt es mit Arnika, Ringelblume, Kamille oder Hamamelis. Solche mit ätherischem Öl sind wirksam bei Durchblutungsstörungen, Rheuma, Gicht, Verstauchungen und Prellungen.

Siehe auch *Kräutertee; Küchenkräuter.*

Heimcomputer

Mit einem Heimcomputer (Personalcomputer) kann man spielen und lernen, Musikstücke komponieren, Haushaltspläne und Konten abstimmen, Anlagemöglichkeiten auswerten, Steuererklärungen abgeben, Büroarbeiten von Kleinbetrieben abwickeln und Texte, Zahlen und Grafiken mit erstaunlicher Geschwindigkeit verarbeiten. Mit einem Modem, das den Computer mit dem Telefon verbindet, kann man von externen großen Informationsspeichern zu verschiedensten Wissensgebieten Informationen abrufen oder mit anderen Computerbesitzern in elektronischen Briefwechsel treten, in einem elektronischen Briefkasten Nachrichten hinterlassen und an Fernlehrgängen teilnehmen. Es ist auch möglich, ein Telex oder Telefax zu übertragen.

Die gerätetechnische Einrichtung eines Computers wird als Hardware bezeichnet und besteht aus einem Prozessor (dem Gehirn der ganzen Anlage), einer Tastatur, einem Bildschirm (an dessen Stelle man auch das vorhandene Fernsehgerät benutzen kann), einem Diskettenspeicher und wahlweise einem Drucker. Oft wird auch schon ein Festplattenspeicher mit einer vielfach höheren Speicherkapazität angeboten. Außerdem benötigt man verschiedene Arten von Programmen – auch Software genannt. Die Basissoftware ist das Betriebssystem, das Verbindungsglied zwischen Hardware und Anwendungssoftware wie Textverarbeitung, Kalkulation usw. Die meisten Programme sind magnetisch auf Disketten oder Platten gespeichert, teilweise auch in fest verdrahteten Steckmodulen.

Ein Betriebssystem ist meist auf eine bestimmte Hardware oder einen bestimmten Prozessor abgestimmt. Das heute gängigste ist das DOS (Disc Operating System). Ebenso sind Anwendungsprogramme in vielen Fällen an ein bestimmtes Betriebssystem gebunden.

Computerkauf Zunächst entscheidet man, welche Aufgaben der Computer erfüllen soll. Dann liest man einschlägige Schriften und spricht mit Besitzern von Heimcomputern. Man kauft bei einem Händler, der fachmännisch beraten kann, und testet das Gerät dort ausführlich mit den Programmen, die man verwenden wird.

Preis und Einsatzmöglichkeiten eines Computers richten sich unter anderem nach der Größe des internen Arbeitsspeichers und des Prozessors, nach der Geschwindigkeit, mit der er die Befehle ausführt, sowie danach, ob es ein System mit Festplatte oder Diskette ist. Die Größe des Random Access Memory (RAM) – des Zwischenspeichers für Programmbefehle und Daten – wird in Kilobytes (KB) oder 1024 Bytes (Informationseinheiten = Zeichen) angegeben; ein Byte besteht aus acht Bits. Ein Computer mit einer RAM-Speicherkapazität von 64 KB. (65536 Bytes) entspricht umfangmäßig einem Dokument von rund 36 Seiten zu je 1800 Anschlägen. Ein RAM-Speicher von 640 KB ist heute üblich.

Man informiert sich auch über die Leistungsmerkmale des Computers. Die wichtigsten sind: Größe der Daten- und Adreßbusse, Hauptspeicher (RAM), Lesespeicher oder ROM (Read-Only Memory), Zugriffzeiten, Taktfrequenz, Schnittstellen sowie Erweiterungsmöglichkeiten.

Die Preise liegen zwischen 300 und einigen tausend Mark. Hinzu kommen die Kosten für den Bildschirm, das Diskettenlaufwerk, den Drucker, Anschlußkabel und Erweiterungen mit besonderen Funktionen, beispielsweise Grafiken.

Auch die Garantie muß man genau lesen: Welche Leistungen sind eingeschlossen? Nimmt der Händler die Wartung vor, oder muß man das Gerät einschicken? Kann man nach Ablauf der Werksgarantie einen Wartungsvertrag abschließen? Ein Jahresvertrag kostet je nach Art und Leistungsumfang 5–10% der Kaufsumme und hält Reparaturkosten in Grenzen.

Während der Garantiezeit sollte man den Computer häufig benutzen, alle Funktionen ausprobieren und alle Fehler vermerken. Die Kontrollkarte sendet man erst an den Hersteller zurück, wenn die Tests erfolgreich waren; fehlerhafte Geräte werden oft vom Händler gleich umgetauscht.

Computer anschließen Man schließt den Computer an einen Stromkreis des Hauses an, in dem keine Störungen durch starke Stromverbraucher wie Kühlschränke mit automatischer Ein- und Ausschaltung auftreten können. Am sichersten ist ein separater Stromkreis.

Weitere Störfaktoren für Computer, insbesondere auch für die Disketten, sind Hitze, Staub, Zigarettenrauch, statische Elektrizität und Magnetfelder. An den Lüftungsöffnungen muß die Luft frei zirkulieren können. Die Raumtemperatur soll zwischen 10 und 27 °C liegen. Den Computer muß man sauberhalten und abdecken, wenn er nicht benutzt wird.

Alle elektrischen und elektronischen Geräte bilden ein elektromagnetisches Feld. Deshalb sollten Disketten nicht in deren unmittelbarer Nähe gelagert werden, weil sonst die aufgezeichneten Informationen zerstört werden können.

Das Gerät muß auch vor statischer Elektrizität geschützt werden. Es empfiehlt sich daher, im Arbeitsbereich auf Teppiche zu verzichten. Man kann außerdem einen Luftbefeuchter aufstellen und antistatische Bodenmatten auslegen. Im Fachhandel erhältlich ist auch entsprechendes Zubehör zur Vermeidung von elektrostatischen Aufladungen.

Heimtrainer

Ein Heimtrainer bietet die Möglichkeit der sportlichen Betätigung bei schlechtem Wetter in der eigenen Wohnung. Welchen man wählt, hängt davon ab, ob man einen Ausgleich für eine vorwiegend sitzende Tätigkeit sucht, ob man seine Kondition für den Freizeitsport erhalten will oder Hochleistungssport bzw. Bodybuilding betreibt. Wer über 40 ist oder längere Zeit nicht mehr sportlich aktiv war, sollte den Arzt vorher konsultieren.

Die einfachste und kostengünstigste Methode ist der Erwerb eines Rollensatzes für ein normales Fahrrad. Den Lenker des Fahrrades spannt man in einen Stahlrahmen ein; das Hinterrad läuft auf einer Rolle, die bei einigen Ausführungen sogar gebremst werden kann, damit der erforderliche Kraftaufwand erhöht wird. Aufwendiger sind Fahrradergometer. Mit dem Pedalantrieb wird eine gebremste Rolle bewegt. Nur Sattel und Lenker ähneln dem normalen Fahrrad. Die Bremse für die Rolle ist stufenlos verstellbar. Es gibt eine Geschwindigkeits- und Kilometeranzeige sowie einen Kurzzeitmesser für die Trainingsüberwachung, bei teuren Luxusausführungen auch einen Ohrclip für die Kontrolle des Pulsschlages.

Etwas mehr Platz benötigt man für eine Rudermaschine. Man nimmt auf einem schmalen Sitz Platz, während die Füße fest fixiert in Schlaufen ruhen. Die Ruderbewegungen erfolgen gegen ein hydraulisch gedämpftes System. Man beansprucht bei dieser Tätigkeit sowohl Bein- und Arm- als auch Rücken- und Brustmuskulatur. Manche Rudertrainingsgeräte können mit wenigen Handgriffen so umgebaut werden, daß sie als Expander und Langhantel funktionieren.

Besitzt man genügend Platz für einen eigenen Trainingsraum, kann man ein Bodybuildingcenter aufstellen. An einer Stahlrohrkonstruktion ist eine klappbare Liegebank montiert. Es gibt einen Bein- und Bizepscurler sowie eine Langhanteleinrichtung mit entsprechender Ablage und zusätzlich ein Butterflygerät.

Siehe auch *Fitneß; Gewichtheben.*

Heiserkeit

Heiserkeit kann viele Ursachen haben, von einer einfachen Erkältung bis zur Kehlkopfentzündung. Häufig tritt Heiserkeit auf, wenn man zuviel geredet und sich in verrauchter Umgebung aufgehalten hat.

Man sollte dann die Stimmbänder schonen, also weniger reden, Kräuterbonbons lutschen und möglichst viel Flüssigkeit zu sich nehmen. Warme Milch mit Honig und etwas Weinbrand oder Tee aus 2 Teel. Salbeiblüten, dem Saft einer Zitrone und echtem Bienenhonig lindert die Beschwerden. Auch eine Mischung aus Malven- und Holunderblütentee schafft Erleichterung; dazu 2 Teel. davon mit kochendem Wasser übergießen, fünf Minuten ziehen lassen, dann Zitrone und Honig zugeben. Scharfe Gewürze, Zigaretten und zuviel Alkohol sind möglichst zu vermeiden.

Wenn man länger als zwei Wochen heiser ist, sollte man einen Arzt aufsuchen.

Siehe auch *Erkältungen; Wickel.*

Heizdecken und -kissen

Vor dem Gebrauch überprüft man den fest angebrachten inneren Bezug; wenn er abgenutzt oder rissig ist, ersetzt man Decke oder Kissen. Man darf sie weder knicken noch schwere oder spitze Gegenstände auf sie stellen. Wenn sie nicht gebraucht werden, bewahrt man sie am besten in der Originalverpackung auf. Den Thermostatschalter darf man nicht in die Nähe eines Heizkörpers oder Fensterbretts legen.

Wenn ein Heizkissen oder eine Heizdecke nicht funktioniert, zieht man den Stecker heraus und kontrolliert, ob alle Anschlüsse in Ordnung sind. Wenn das Gerät trotzdem nicht warm wird, ungleichmäßig heizt oder wiederholt die Sicherung in einem Stromkreis durchbrennen läßt, der durch andere Verbraucher nicht überlastet ist, läßt man es im Fachhandel reparieren. Wenn man beim Berühren des Stromkabels einen Schlag bekommt, läßt man Kabel und Schalter vom Fachmann auswechseln. Bekommt man beim Berühren der Decke bzw. des Kissens selbst einen leichten Schlag, zieht man sofort den Stecker heraus und sucht nach einer eingestochenen Nadel oder einem anderen Metallgegenstand.

Siehe auch *Sicherheit zu Hause.*

Heizkörper entlüften

Luft im Heizkörper verhindert, daß genügend Heizwasser hindurchströmt, und der Heizkörper wird nicht richtig warm. Sehr häufig macht sich dies auch durch Gurgelgeräusche bemerkbar. Dann muß der Heizkörper entlüftet werden. Dazu braucht man einen kleinen Schlüssel, den man sich bei der Übernahme einer Wohnung unbedingt geben lassen sollte. Man steckt den Schlüssel in das Entlüftungsventil am Heizkörper und dreht ihn nach links, bis Wasser aus der Entlüftungsöffnung des Ventils tritt. Da das Wasser sehr verschmutzt sein kann, sollte man es mit einem Gefäß auffangen.

Wenn es sehr lange dauert, bis Wasser austritt, kann zuwenig Wasser in der Anlage sein. Dann sollte man den Installateur rufen, der die Anlage wartet.

Heizscheibe reparieren

Funktioniert die Heizscheibe eines Autos nicht mehr, prüft man zunächst die Stromversorgung direkt an der Zentralelektrik. Manchmal ist nur die entsprechende Sicherung ausgefallen.

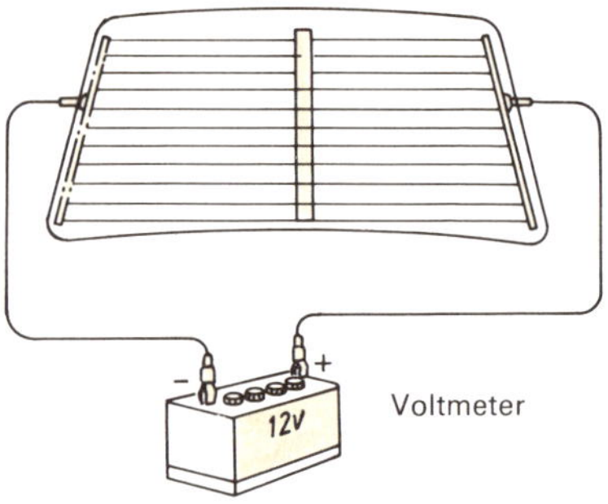

Ist die Sicherung einwandfrei, zieht man die Verbindungsstecker rechts und links an der Heizscheibe ab und reinigt sie. Mit einem Voltmeter oder einer Prüflampe untersucht man, ob zwischen den beiden Leitungen Strom vorhanden ist. Ist dies der Fall, bringt man die Stecker wieder an, und die Scheibe funktioniert.

Falls ein Leiter der Heizscheibe unterbrochen ist, erkennt man es mit Hilfe einer Prüflampe oder durch eine

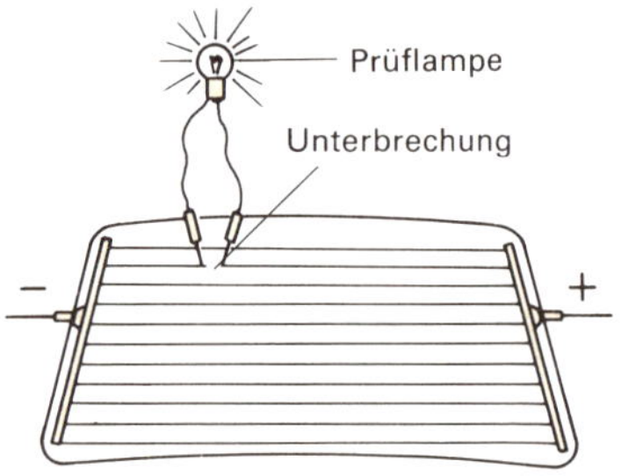

einfache Sichtprüfung. Zur Reparatur besorgt man sich Leitsilber in einem Spezialfläschchen, macht die Reparaturstelle fettfrei und trägt das Leitsilber mit einem kleinen Pinsel auf.

Heuschnupfen

Heuschnupfen ist eine weit verbreitete Allergie (siehe dort), die trotz des Namens nicht durch Heu, sondern durch Pollen ausgelöst wird. Sie kann bereits im Februar auftreten, da sich zu dieser Zeit schon Erlen- und Haselnußpollen in der Luft befinden. Unaufhörliche Niessalven, angeschwollene Nasenschleimhäute, tränende und entzündete Augen, Juckreiz im Rachenraum, der sich bis ins Mittelohr erstreckt, und Fließschnupfen sind die Symptome.

Keine Wanderungen in der Nähe von Bäumen und Wiesen machen; nachts bei geschlossenem Fenster schlafen. Möglichst in der entscheidenden Zeit den Urlaub nehmen und an die See oder ins Gebirge fahren, wo die entsprechenden Gräser oder Bäume, falls vorhanden, zu einer anderen Zeit blühen. Vollwertkost (siehe dort) zu sich nehmen, vor allem vitaminreiches Obst. Manchmal bringt es Erleichterung, wenn man heißen Dampf (ohne Zusätze) inhaliert.

Bei starken Beschwerden helfen gefäßverengende Nasensprays oder Nasentropfen, die man in der Apotheke erhält. Sie sind jedoch nicht ungefährlich, da sich die Nasenschleimhäute schnell an diese Stoffe gewöhnen. Am besten sucht man den Arzt auf, der entweder Medikamente (Antihistamine) verschreibt oder entsprechende Maßnahmen zur Desensibilisierung einleitet.

Hexenschuß

Starke Schmerzen in der Kreuzgegend, die beim Heben, in gebückter Haltung, nach plötzlichen Bewegungen oder bei schneller Abkühlung nach dem Schwitzen auftreten, bezeichnet man als Hexenschuß. Oft sind die Schmerzen so stark, daß man in einer Zwangshaltung verharrt. Bei Ruhe und Wärme verschwinden die Beschwerden allmählich wieder.

Trotz Schmerzen sollte man sich vorsichtig bewegen und sich nicht verkrampfen. Man läßt einen warmen, langsam heißer werdenden Strahl über die Lendengegend fließen, bis sich die Haut stark rötet. Danach gut abtrocknen. Heiße Heublumensäcke auf die schmerzenden Stellen legen; Fangopackungen machen; sich mit Wärmflasche oder Heizkissen hinlegen. Lassen die Schmerzen nicht nach, sucht man einen Arzt auf.

Vorbeugend warme Kleidung tragen und zugfrei schlafen; täglich durchblutungsfördernde Wechselbäder oder Duschen machen. Durch Gymnastik (siehe dort), Schwimmen o.ä. (siehe *Sport und Gesundheit*) den Rücken gut durchblutet halten.

Himmel und Hölle

Als Vorbereitung für dieses Hüpfspiel zeichnet man mit Kreide Zahlenfelder übereinander auf die Straße oder den Bürgersteig. In das oberste halbrunde Feld schreibt man Himmel, in das darunterliegende große rechteckige Feld Hölle. Dann teilt man die Hölle durch diagonale Linien in vier Dreiecke. Zu dem Spiel benötigt man außerdem ein flaches Steinchen. Beliebig viele Spieler können teilnehmen.

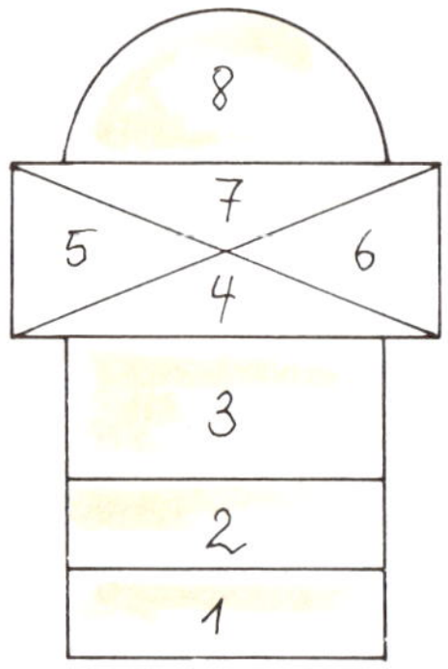

Es geht darum, auf einem Bein hüpfend, das Steinchen mit dem Fuß vor sich her von einem Feld zum nächsten zu stoßen. Dabei darf man weder eine Linie mit den Füßen berühren noch das Steinchen über die Grenzlinie stoßen. Vom Feld 3 aus muß das Steinchen direkt in den Himmel gekickt werden; in der Hölle werden – ohne Steinchen – Kreuzsprünge gemacht, d.h., man springt mit beiden Beinen so, daß man mit je einem Fuß auf den sich gegenüberliegenden Feldern steht (6 und 5; 4 und 7). Auch hier darf man die Linien nicht berühren. Im Himmel darf man dann auf beiden Füßen stehen und sich ausruhen. Nach Belieben kann man das Steinchen vom Himmel aus wieder zurück in das Feld 1 kicken.

Himmel und Hölle kann auf vielerlei Arten gespielt werden. Bei einer Variante legt man das Steinchen auf die Fußspitze und trägt es durch alle Felder („Eier tragen"). Wichtig ist nur, daß man die Regeln stets mit den Mitspielern genau abspricht.

Hitzeausschlag

Ein Hitzeausschlag oder Schweißfriesel tritt in Form kleiner roter – oft jukkender – Pickel oder Bläschen auf. Kleinkinder und Personen, die fettleibig sind oder ein Hautleiden haben, sind besonders betroffen. Der Ausschlag tritt dort auf, wo der Schweiß nicht verdunsten kann – in Körperfalten oder an Hautstellen, an denen Kleidung oder Bettzeug eng anliegt oder scheuert.

Zur Vorbeugung lockere und leichte Kleidung tragen und sich möglichst in kühler Umgebung aufhalten, z. B. in Räumen mit Klimaanlage oder Ventilator. Säuglinge möglichst nicht anziehen oder nur mit einem Baumwolllaken zudecken. Häufig baden oder duschen ohne Seife. Babypuder oder Talkum hält die Haut trocken und verhindert, daß die Kleidung scheuert; aber sparsam benutzen, damit er nicht verkrustet. Einen Hitzeausschlag nicht mit Salben o. ä. behandeln.

Hitzeerschöpfung

Kalter Schweiß mit Frösteln, schneller und schwacher Puls bei normaler Körpertemperatur, auffallende Blässe und Schwäche sind die Anzeichen einer Hitzeerschöpfung. Ursache dafür sind körperliche Belastung und unzweckmäßige Bekleidung bei großer Hitze.

Den Betroffenen im Schatten flach lagern und gegebenenfalls zudecken. Ihm Salzwasser (1 Teel. Salz in 1 l Wasser auflösen) zu trinken geben. Wenn möglich, Kniegüsse machen (kalt oder als Wechselgüsse). Grundsätzlich für längere Körperruhe sorgen, da der Betroffene sonst einen Rückfall erleiden kann.

Bei Bewußtlosigkeit Atmung und Puls kontrollieren und entsprechende Maßnahmen ergreifen. Den Notruf veranlassen. Dazu siehe *Atemspende; Bewußtlosigkeit; Notruf; Puls.*

Siehe auch *Hitzschlag; Sonnenstich.*

Hitzschlag

Ein Hitzschlag wird durch einen Wärmestau verursacht. Symptome sind ein hochroter Kopf, heiße, trockene Haut, ein stumpfer Gesichtsausdruck, taumelnder Gang und sehr hohe Körpertemperatur.

Den Betroffenen mit erhöhtem Oberkörper an einem kühlen Ort lagern. Kleidung weit öffnen und in kaltem Wasser getränkte Tücher auf den Körper legen. Nach kurzer Zeit Tücher erneuern. Luft zufächeln. Für längere Körperruhe sorgen, da sonst die Gefahr eines Rückfalls besteht, der lebensgefährlich sein kann.

Bei Bewußtlosigkeit oder wenn die Rötung des Kopfs in Blässe übergeht, Atmung und Puls kontrollieren und entsprechende Maßnahmen ergreifen. Den Notruf veranlassen. Dazu siehe *Atemspende; Bewußtlosigkeit; Notruf; Puls.*

Siehe auch *Hitzeerschöpfung; Sonnenstich.*

Hobeleisen schärfen

Wenn die Schneide eines Hobeleisens oder eines Stecheisens stumpf oder schartig ist oder durch häufiges, auch unsachgemäßes Abziehen verformt wurde, muß man sie an der Schleifscheibe nacharbeiten. Schleifmaschinen gibt es mit Hand- und mit elektrischem Antrieb. Für unlegierte Werkzeugstähle verwendet man harte Schleifscheiben aus Elektrokorund. Für harte Stähle braucht man weichere Scheiben aus Siliciumcarbid.

Wichtig ist, daß der richtige Keilwinkel von 25° erhalten bleibt oder angeschliffen wird. Damit das Eisen keine Schleifschäden erleidet, z. B. ausglüht oder blau anläuft, kühlt man die Schneide ständig mit Wasser. Wenn man die Fase der Schneide leicht hohl schleift (A), kann man sie hinterher mehrmals abziehen, man muß sie jedoch vorher unbedingt nachschleifen (B).

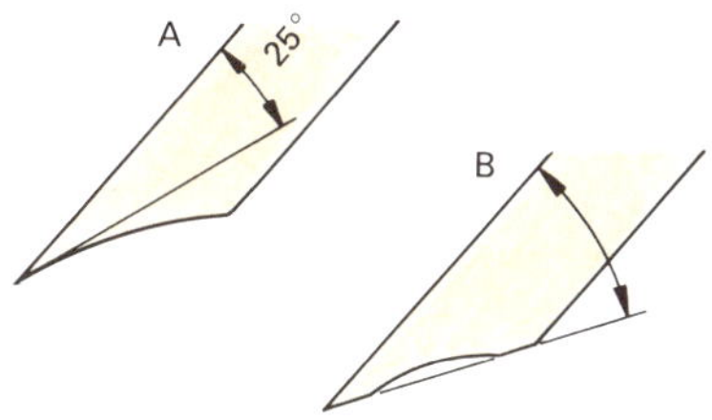

Beim Schleifen ist ein Grat an der Schneide entstanden; man entfernt ihn, indem man das Eisen auf einem Abziehstein abzieht und dabei auch fein schleift, bis zwei kleine Flächen an der Fase entstehen (siehe *Abziehen*). Natürliche Abziehsteine sind Belgische Brocken und Arkansassteine. Künstliche Abziehsteine sind aus Schleifmittelkörnern wie Korund und Siliciumcarbid. Alle Abziehsteine werden mit Wasser oder Petroleum befeuchtet.

Hohlraumversiegelung

Pkw-Karosserien werden aus dünnen Tiefziehblechen gefertigt. Um eine ausreichende Stabilität zu erhalten, werden diese vielfach gefalzt, geprägt und zu Hohlprofilen geschweißt. Dabei entstehen Hohlräume, in denen sich Kondenswasser ansammeln und folglich auch Rost bilden kann.

Um dies zu verhindern, haben die Fahrzeughersteller vor einigen Jahren die Hohlraumversiegelung eingeführt, bei der wachshaltige Mittel in die Hohlräume gesprüht werden. Je nach Herstellerkonzept gibt es Langzeitversiegelungen, aber auch solche Mittel, die von Zeit zu Zeit ergänzt oder erneuert werden müssen.

Man kann die Hohlraumversiegelung selbst erneuern, indem man Spraydosen kauft, deren Sprühkopf mit einer dünnen Sonde versehen wird. Die Karosserie besitzt spezielle Öffnungen für die Hohlraumversiegelung.

Holz

Holz ist hygroskopisch, d. h., es nimmt Feuchtigkeit auf und gibt sie wieder ab. Dabei arbeitet es, indem es schwillt und schwindet.

Die wichtigsten Bestandteile des Holzes sind Zellulose, Lignin und Gerbstoff. Zellulose macht die Faser quellfähig und biegsam. Lignin ist in der Zellulose eingelagert und gibt dem Holz Härte und Festigkeit. Gerbstoff findet man hauptsächlich bei Hölzern mit starkfarbigem Kern.

Holz teilt man in Weichholz und Hartholz ein. Unter Weichholz versteht man Holz von Nadelbäumen, obwohl es auch sehr hartes Nadelholz gibt, z. B. Eibe. Als Hartholz bezeichnet man das Holz von Laubbäumen, obwohl es auch sehr weiche Laubhölzer gibt, z. B. Pappel oder Balsa.

Nadelholzstämme werden im Sägewerk in Endstücke, Mittelstücke und Kopfstücke aufgeteilt und dann mit der Gattersäge zu Schnittholz gesägt. Ein Teil ergibt Bauholz (siehe dort), also Balken, Kanthölzer, Sparren und Pfosten, aus dem andern Teil wird Werkholz geschnitten – das sind Bohlen und Bretter. Die Dicke von Bohlen beträgt 4 cm und mehr, die Bretter sind weniger als 4 cm dick.

Harthölzer, zu denen man auch Obstbaumhölzer rechnet, werden in erster Linie im Möbel- und Innenausbau sowie für Drechselarbeiten und Schmuckteile verwendet. Harthölzer sind meist teurer als Weichhölzer und nicht in genormten Querschnitten erhältlich.

Bei der Auswahl der Werkteile sollte man folgendes beachten: Kern- oder Herzbretter müssen aufgetrennt werden, weil sie im Kern reißen; Splintholz sollte man nicht verarbeiten, denn es ist weich und heller als Kernholz, und außerdem wird es oft von Holzschädlingen befallen; Seitenbretter werfen sich leicht (A, B).

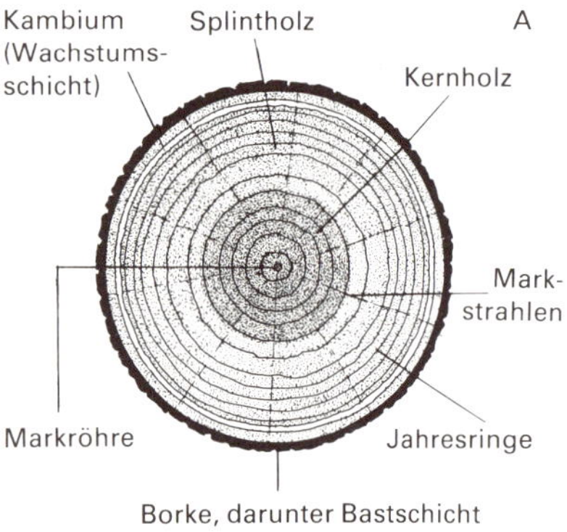

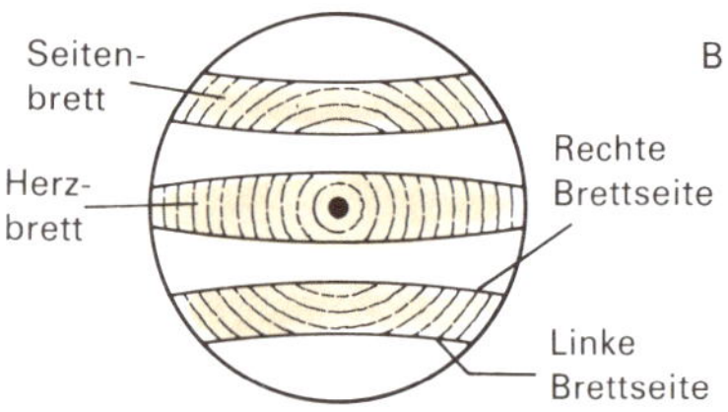

Holzfehler Wenn man Schnittholz einkauft, sollte man je nach Verwendungszweck die entsprechende Holzqualität wählen. Äste können je nach Größe, Zahl und Lage die Festigkeit des Holzes mehr oder weniger mindern. Ferner können sie das Aussehen der Werkstücke verschlechtern. Man unterscheidet gesunde (verwachsene) Äste (C) und kranke (schwarze) Äste (D) sowie der Form nach Rund- und Flügeläste (E). Schwarze Äste, auch Durchfalläste genannt, muß man ausdübeln. Verwachsene Äste dagegen können durchaus dekorativ wirken, z. B. bei Zirbelholz.

Harzgallen sind mit Harz gefüllte Zwischenräume, die hauptsächlich bei Kiefer und Fichte vorkommen.

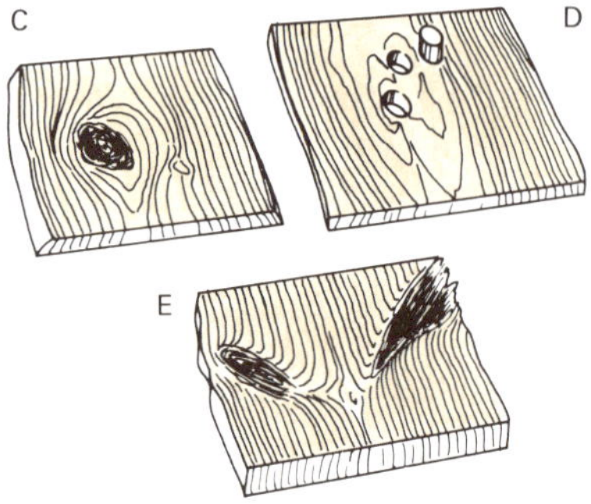

Das Harz kann nach der Bearbeitung austreten; man muß es daher entfernen.

Risse können in verschiedenen Richtungen auftreten; sie entstehen durch Spannungen im Holz und können nicht verleimt werden. Wenn man auf das Holz nicht verzichten will, muß man die Stelle auftrennen, fugen und verleimen (siehe *Bestoßen; Leimen; Sägen*). Kern- oder Ringschäliges Holz (F) entsteht, wenn das Herzstück des Stammes schneller austrocknet als das äußere Holz. Kern- oder Ringschäle kann aber auch bereits am stehenden Baum durch plötzliche Änderung der Lichtverhältnisse auftreten. Luftrisse (G) treten am gefällten Stamm sowie an Brettern und Bohlen auf, wenn das Holz zu schnell trocknet. Man längt die eingerissene Stelle ab (siehe *Ablängen*) oder trennt das Brett in Rißrichtung auf und fugt und verleimt es. Querrisse (H) kön-

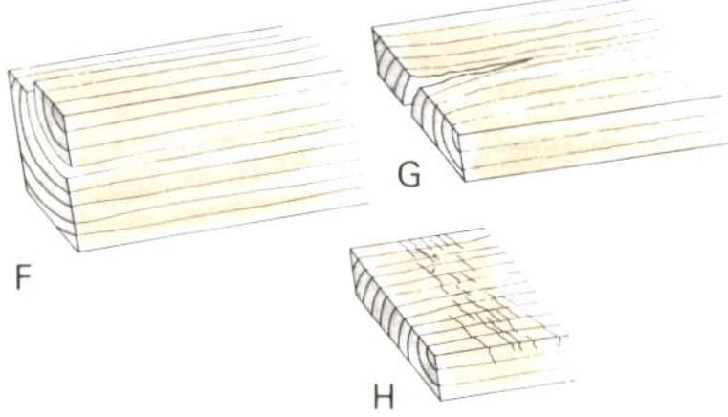

nen beim Fällen entstehen, wenn der Stamm aufschlägt. Solche Fehlstellen schneidet man aus. Bei Schilferrissen lösen sich Holzschichten schuppenartig ab; das Material ist als Werkholz unbrauchbar.

Holz hacken

Frisch geschnittenes Holz läßt sich leichter spalten als abgelagertes. Normalerweise genügen zum Holzhacken eine Axt und ein Beil. Mit der Axt spaltet man Hölzer von 15–35 cm ∅ grob vor; mit dem Beil richtet man hinterher die Klötze auf die gewünschte Dicke zu. Stammabschnitte bis 15 cm ∅ kann man gleich mit dem Beil fein spalten. Für ganz dickes oder stark verastetes Holz braucht man Keile und einen Schlegel oder Vorschlaghammer. Keile gibt es in verschiedenen Größen aus Stahl, Hartholz und Holz mit Metallüberzug.

Am besten spaltet man auf einem Hackblock, der von einem möglichst dicken Baumstamm geschnitten und hüfthoch sein sollte. Er muß fest und senkrecht stehen. Wenn man einhändig mit dem Beil arbeitet, sollte man mit der freien Hand nicht das Holz festhalten, denn man kann sich sonst leicht verletzen.

Beim Arbeiten mit der Axt steht man mit leicht gespreizten Beinen vor dem Block, faßt das Werkzeug mit beiden Händen, führt es über eine Schulter, nicht über den Kopf, nach oben und versucht dann die Mitte des zu spaltenden Holzes zu treffen. Damit der Axtkopf senkrecht auf das Holz auftrifft, geht man beim Schlag entsprechend in die Knie. Holzklötze, die nur mit Keilen zu bewältigen sind, können liegend oder stehend gespalten werden. Wenn man sie legt, sichert man sie rechts und links mit einem Holzscheit, damit sie nicht vom Hackklotz rollen. Man setzt einen Keil mit leichten Schlägen möglichst in einem Riß im Holz an und treibt ihn dann mit dem Schlegel oder Vorschlaghammer ein, bis das Holz splittert. Genügt das nicht, treibt man in gerader Linie daneben einen weiteren Keil ein. Die Axt sollte man nie als Keil benutzen, denn sie kann dabei zerbrechen.

Die Stiele von Äxten, Beilen, Schlegeln oder Hämmern werden regelmäßig überprüft, ob sie nicht gesplittert sind. Außerdem vergewissert man sich, daß die Köpfe der Werkzeuge festsitzen und die Schneiden scharf sind (siehe *Äxte und Beile*).

Gestapelt wird das gehackte Holz an einem sonnigen, freien Platz. Damit es keine Bodenfeuchtigkeit aufnimmt, legt man Rundhölzer oder Latten darunter. Den Holzstoß deckt man mit einer Zeltbahn oder Plastikfolie ab; die Seiten läßt man offen, damit die Luft zirkulieren kann.

Holz, verzogenes

Jedes Vollholz arbeitet; es schwindet, wenn es Feuchtigkeit abgibt, und quillt, wenn es Feuchtigkeit aufnimmt. Man muß daher gewisse Grundregeln beachten, wenn man Vollhölzer verarbeitet (siehe *Holzverbindungen*). Man darf auch nicht bedenkenlos Plattenmaterialien mit Vollhölzern verbinden, da Platten nur minimal arbeiten. Werkteile, die keinen besonderen Halt haben, z.B. Türen, Klappen und sonstige bewegliche Teile, verziehen sich besonders leicht. Sie verziehen sich auch, wenn sie einseitig behandelt, z.B. furniert, lackiert oder tapeziert sind. Selbst unterschiedliche Temperaturen oder Luftfeuchten beeinflussen das Holz einseitig.

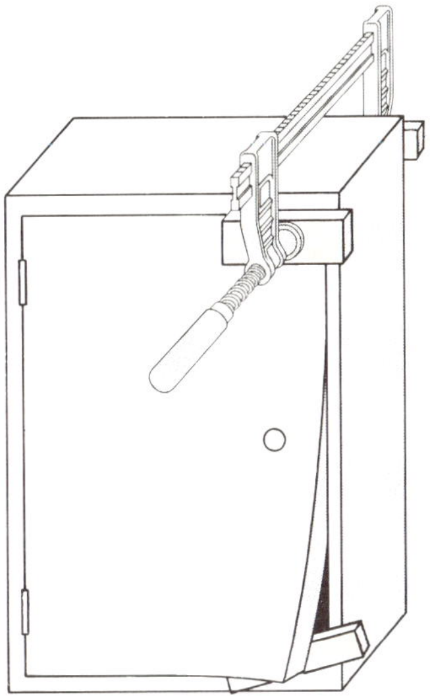

Ist beispielsweise die Tür eines Schränkchens verzogen, kann man versuchen, sie zu begradigen, indem man sie, wie oben abgebildet, mit einer Schraubzwinge und einem Keil gegen die Richtung, in der sie verzogen ist, einige Tage festspannt. Bei nur leicht verzogenen Türen hilft manchmal auch ein zusätzlicher Magnetverschluß. Krumme Bretter beispielsweise legt man mit den Enden auf Unterlagen und beschwert sie in der Mitte mit einem Gewicht.

In jedem Fall sollte man einseitig behandelte Werkteile auf der andern Seite entsprechend behandeln, nachdem man sie begradigt hat.

Holzboden abschleifen

Riemen- und Parkettböden werden im Lauf der Zeit abgenutzt, beschädigt und bekommen Flecke. Wenn man einen solchen Boden abschleift und die Oberfläche entsprechend behandelt, sieht er wieder wie neu aus. Bei sichtbar genagelten Riemen muß man sich vor dem Schleifen vergewissern, daß keine Nagelköpfe überstehen, da sie das Schleifband beschädigen; alle Nagelköpfe müssen versenkt sein. Lose Riemen werden angenagelt, lose Parkettstäbe klebt man vorher mit Parkettkleber fest.

Man kann einen Fachbetrieb beauftragen; billiger ist es aber, wenn man eine Fußbodenschleifmaschine mit geeigneten Schleifbändern ausleiht und die Arbeit selbst macht. Wenn der Fußboden gestrichen ist, sollte man die Farbe entfernen, um das Schleifband zu schonen. Dazu kann man eine Fußbodenziehklinge verwenden oder einen selbstgefertigten Kratzer, der aus einem alten Hobeleisen besteht, das man an einen Holzgriff schraubt (siehe *Abziehen*).

Bevor man die Schleifmaschine in Gang setzt, kehrt man den Boden sauber ab.

Geschliffen wird, indem man die Schleifmaschine erst diagonal und dann gegenläufig diagonal über den Boden führt. Die Schleifbahnen sollten sich 5 cm überlappen.

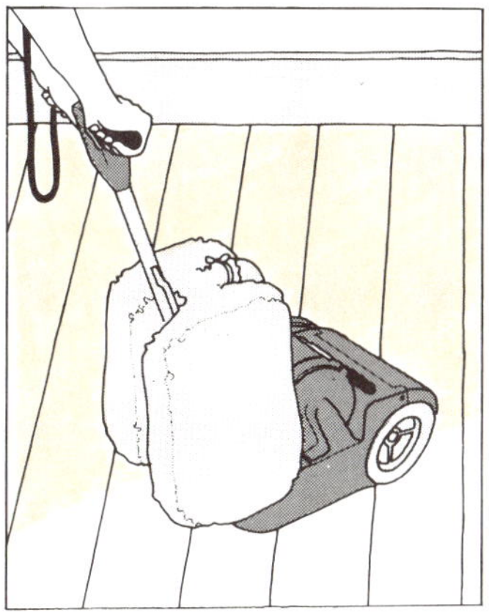

Danach erkennt man deutlich schadhafte Stellen; sie werden ausgeflickt oder ausgekittet (siehe *Ausflikken; Auskitten*). Danach folgt der Zwischen- und Feinschliff. Ecken und schwer zugängliche Stellen schleift man mit dem Winkeltellerschleifer oder mit der Fußbodenziehklinge.

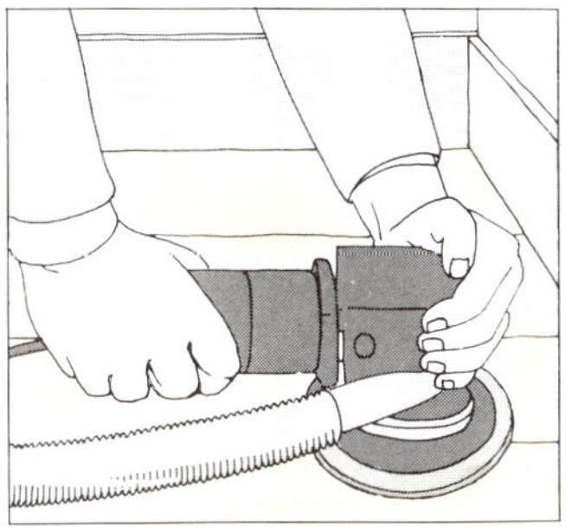

Zum Schluß versiegelt man den Boden zweimal mit einem handelsüblichen Fußbodenlack. Dabei richtet man sich nach den Verarbeitungshinweisen des Herstellers.

Man kann die Oberfläche aber auch biologisch behandeln, indem man eine in Terpentin gelöste Wachsemulsion mehrmals aufträgt. Auch dabei sollte man die Angaben des Herstellers beachten. Nach der angegebenen Trockenzeit bürstet man den Boden auf Glanz.

Holzfeuchte

Der Fachmann stellt die Holzfeuchte mit einem speziellen Meßgerät fest. Doch sie läßt sich auch auf einfache Weise durch eine Darrprobe bestimmen. Dazu entnimmt man mindestens 50 cm vom Holzende entfernt ein etwa 8 cm langes Probestück und wiegt es. Das festgestellte Gewicht nennt man Naßgewicht. Auf einer Heizplatte oder im Backofen trocknet man dann das Probestück so lange, bis es kein Gewicht mehr verliert. Die Holzfeuchte beträgt jetzt 0%. Dann wiegt man es wieder, um das Trocken- oder Darrgewicht zu ermitteln. Nach folgender Formel errechnet man nun die Holzfeuchte des Probestücks in Prozenten: Holzfeuchte in % =

$$\frac{(\text{Naßgewicht} - \text{Darrgewicht}) \times 100\,\%}{\text{Darrgewicht}}$$

Beispiel:
Holzfeuchte in % =

$$\frac{(200\text{ g} - 160\text{ g}) \times 100\,\%}{160\text{ g}} =$$

$$\frac{40\text{ g} \times 100\,\%}{160\text{ g}} = 25\,\%$$

Holzoberflächen

Bei alten Möbeln, die hergerichtet werden sollen, prüft man zunächst, ob die vorhandene Lackschicht ausgebessert werden kann oder ob man sie entfernen muß. Wenn man eine Farbveränderung vornehmen möchte, sollte man die Oberfläche abbeizen und danach eventuell notwendige Reparaturen ausführen (siehe *Abbeizen; Brandflecke in Holz; Furniere ausbessern*).

Abgebeiztes Holz ist meist so stark aufgerauht, daß man es wieder feinschleifen muß. Bei Nadelholz beginnt man mit Schleifpapier der Körnung 120 und bei Hartholz mit der Körnung 150; für den Fertigschliff geht man auf Körnung 150 bzw. 220 (siehe *Schleifen; Staubbindetuch*). Das so vorbereitete rohe Holz kann man nun auf verschiedene Arten weiterbehandeln. Wenn man Holz anfeuchtet, zeigt es den Farbton, den es nach einem Klarlackauftrag erhält.

Bleichen Man kann Holz nach Belieben mehr oder weniger stark aufhellen, bleichen. Bei den meisten Holzarten eignet sich Wasserstoffperoxid dazu. Es wird je nach gewünschtem Aufhellgrad mit mehr oder weniger Wasser verdünnt. Die Bleichwirkung kann man erhöhen, indem man 10% Salmiak zusetzt. Bei der Arbeit muß man sehr vorsichtig sein, denn die Lösung ist stark ätzend. Man arbeitet daher mit Schutzbrille und säurefesten Handschuhen und trägt die Lösung mit einem Lappen auf, den man an einem Holzstab befestigt hat. Nach einer Einwirkungszeit von acht bis zehn Minuten wird mit klarem Wasser nachgewaschen. Danach muß man mindestens acht Stunden warten, bis man einen schützenden Klarlack aufbringen kann.

Beizen Soll der Holzton dunkler werden, muß man die Oberfläche beizen; man verwendet dazu wässerige Lösungen von Farbstoffen (Wasserbeizen) oder Farbstofflösungen auf der Basis organischer Lösemittel (Rustikalbeizen). Diese Beizen kann man gebrauchsfertig in verschiedenen Farbtönen kaufen; wenn man sie mischt, erhält man Zwischentöne.

Bevor man Wasserbeizen aufträgt, sollte man die Holzoberfläche mit warmem Wasser befeuchten, denn dadurch stehen die Holzfasern auf, und man kann sie leicht abschleifen, wenn das Holz trocken ist (siehe *Schleifen; Staubbindetuch*).

Die Beizlösung wird gründlich aufgeschüttelt und dann mit einem Haarpinsel satt und gleichmäßig auf die gut entstaubte Fläche aufgetragen. Nach zwei bis drei Minuten nimmt man mit dem Pinsel den Überschuß ab und egalisiert den Auftrag mit einem möglichst breiten Haarpinsel in Holzstrukturrichtung. Wenn die Beize trocken ist, kann man die Oberflächen mattieren oder lackieren (siehe nachfolgende Absätze).

Lösemittelbeizen eignen sich insbesondere für grobporige Hölzer wie Eiche und Esche, da sie die Struktur des Holzes deutlich dunkler hervorheben. Man nennt diese Wirkung Rustikaleffekt.

Lösemittelbeizen rauhen das Holz nicht auf, man muß also nicht vorher wässern. Man trägt sie mit einem Trikotlappen gleichmäßig und ansatzfrei auf die geschliffene und entstaubte Fläche auf. Anschließend egalisiert man mit dem noch feuchten Ballen in Holzfaserrichtung. Diese Beizen trocknen schnell, so daß man zügig weiterarbeiten, also mattieren oder lackieren kann.

Wenn man Nadelhölzer mit Wasser- oder Lösemittelbeizen behandelt, erhält man ein sogenanntes negatives Beizbild, d.h., die von Natur aus hellen (weichen) Jahresringe werden dunkler als die dunklen (harten) Jahresringe, weil sie mehr Beize aufnehmen als diese. Das gewachsene Bild wird also umgekehrt.

Ein positives Beizbild erhält man, wenn man eine Spezialbeize, eine Einkomponenten-Nadelholzbeize, verwendet. Auch solche Beizen gibt es gebrauchsfertig. Sie werden vor Gebrauch kräftig aufgeschüttelt und dann mit einem weichen Flachpinsel gleichmäßig und satt auf die mit Körnung 100 geschliffene und entstaubte Fläche aufgebracht. Egalisieren darf man nicht, da sonst die Farbpigmente von den harten Jahresringen abgenommen werden. Diese Beizen müssen mindestens acht Stunden trocknen; danach bürstet man mit einer mittelharten Bürste in Holzfaserrichtung und nimmt so den Pigmentüberschuß ab. Um den Beizton zu erhalten, muß ein „Hellgrund" verwendet werden, bevor man mattiert oder lackiert (siehe *Malerwerkzeuge*).

Mattieren Mit dieser Technik, auch Handballenmattierung genannt, erzielt man eine transparente Oberfläche. Die entweder nur feingeschliffene und entstaubte oder gebeizte oder gebleichte Fläche wird zunächst mit einem Schnellschliffgrund Strich an Strich satt grundiert. Man verwendet dazu einen flachen Haarpinsel. Nach der vom Hersteller angegebenen Trockenzeit schleift man den Auftrag mit Körnung 240 und entstaubt die Fläche. Danach verdünnt man eine handelsübliche Ballenmattierung um etwa 20% und trägt sie mit dem Mattierungsballen auf. Man arbeitet Strich an Strich, und der Ballen sollte stets feucht, aber nie naß sein. Der Ballen besteht aus weißer Putzwolle, die man mit einem Stück Trikot umhüllt. Man kann mit dieser Technik eine seidenmatte bis glänzende Fläche erreichen.

Lackieren Mit Einschichtklarlacken, die sich als Grund- und Decklack verwenden lassen, kann man Holzoberflächen schützen. Man streicht sie mit einem flachen Haarpinsel auf. Nach angegebener Trockenzeit schleift man den ersten Anstrich mit Körnung 220, entstaubt die Fläche und wiederholt den Vorgang. Wird eine geschlossenporige Fläche gewünscht, muß man mehrfach Lack auftragen. Einschichtklarlacke gibt es seidenglänzend, seidenmatt oder matt.

Hochglanzpolieren Mit dem Abbauverfahren, einer modernen Technik, stellt man hochglanzpolierte Holzoberflächen her. Dabei beschichtet man eine Oberfläche mehrfach mit Polyurethanlack, bis in der Fläche sämtliche Poren gefüllt sind und eine ausreichend dicke Lackschicht besteht. Bei grobporigem Holz braucht man vier bis fünf Lackaufträge. Wichtig ist, daß man die Lackaufträge in den vom Hersteller angegebenen Zeitabständen aufbringt.

Man läßt die Lackschicht nach Anweisung aushärten und schleift sie dann trocken von Hand oder maschinell nacheinander mit Körnung 280, 320, 360, 400, 500 (siehe *Schleifen*). Danach entstaubt man die Fläche (siehe *Staubbindetuch*) und bringt sie mit der Schwabbelscheibe auf Hochglanz (siehe *Winkelschleifer*). Außer der Schwabbelscheibe braucht man grobes, mittleres und feines Schwabbelwachs. Zum Schluß wird die Fläche mit einem handelsüblichen Polish und Wattebäuschen von möglichen Wachsrückständen gereinigt.

Außer dieser modernen gibt es eine sehr alte Technik, mit der man Hochglanzpolieren kann. Man nennt sie Aufbauverfahren. Die meisten antiken polierten Möbel sind mit Schellackpolitur in diesem Verfahren gearbeitet. Das Hauptwerkzeug ist der Polierballen. Er besteht aus saugfähigem Strickgewebe, das man mit einem sauberen Leinentuch umhüllt. Man „füllt" den Ballen häufig mit ganz wenig Schellackpolitur und trägt sie in kreisförmigen Bewegungen auf die Holzfläche auf, bis sie mit einer gleichmäßigen Politurschicht überzogen ist. Diese Deckschicht wird nach acht Stunden Trockenzeit auspoliert. Dazu gibt man etwas Spiritus in einen neuen Ballen und poliert die Fläche anfangs kreisförmig und zum Schluß in Faserrichtung. Man darf nicht zuviel Spiritus nehmen, sonst entfernt man die vorher aufgetragene Politur. Es erfordert viel Übung und Erfahrung, eine einwandfreie Hochglanzfläche zu erreichen.

Biologische Oberflächen Es gibt schadstofffreie flüssige Holzwachse, die sich gut als Überzugsmittel für Holz eignen. Sie sind hellbraun, rotbraun, dunkelbraun, weiß oder farblos und verändern den natürlichen Charakter des Holzes nicht.

Man schleift die Fläche mit Körnung 180 und 220 (siehe *Schleifen*), entstaubt sie sorgfältig (siehe *Staubbindetuch*) und trägt eine Schicht Wachs als Grundierung auf. Man verwendet dazu einen Trikot- oder Leinenballen, den man in der Holzstrukturrichtung unter Druck hin- und herbewegt.

Die Grundierung läßt man (über Nacht) trocknen und schleift sie dann leicht mit Körnung 280. Danach reibt man, ebenfalls mit dem Ballen, eine zweite Wachsschicht als Überzug auf. Einige Stunden später bürstet man die Fläche mit einer Roßhaarbürste, um sie zu verfeinern. Als Grundierung kann man auch biologische Leinölfirnisse oder Naturharzimprägnierungen verwenden.

Holzschädlinge

Man unterscheidet Waldschädlinge und Holzschädlinge. Wald- oder Forstschädlinge befallen das stehende oder frisch geschlagene Holz. Holzschädlinge bevorzugen trockenes, verarbeitetes Holz. Die gefährlichsten sind Hausbock, Pochkäfer sowie der eingeschleppte Parkettkäfer.

Hausbock Dieser grauschwarze Käfer ist etwa 2 cm lang. Das Weibchen legt seine Eier in Risse und Spalten des Holzes, in Häusern besonders ins Dachgebälk, wo dann die langen weißen Larven oft viele Jahre lang Gänge in Längsrichtung fressen, ohne die Holzoberfläche zu beschädigen. Durch ein ovales Schlupfloch verläßt der Käfer später das Holz.

Pochkäfer Er ist braun und etwa 5 mm lang; er bevorzugt Laubhölzer, doch befällt er gelegentlich auch Nadelholz. Die weißen Larven, im Volksmund als Holzwurm bezeichnet, sind etwa 6 mm lang und fressen unregelmäßige Gänge in das Holz. Ihre Entwicklung dauert mehrere Jahre, so daß das befallene Stück total zerstört werden kann. Die geschlüpften Käfer fressen dann kreisrunde Fluglöcher, um nach außen zu gelangen. Dabei rieselt Bohrmehl aus den Löchern.

Parkett- oder Splintholzkäfer Dieses 3–6 mm lange Insekt befällt hauptsächlich das Splintholz von Laubhölzern. Die gelbweißen, etwa 5 mm langen Larven entwickeln sich schon ab 5% Holzfeuchtigkeit.

Siehe auch *Holzschutz*.

Holzschnitzerei

Für die ersten Schnitzversuche genügt durchaus ein Taschenmesser. Es sollte nur gut in der Hand liegen und eine scharfe Klinge haben (siehe *Messer schärfen*). Weichholz, beispielsweise Linde, ist leichter zu bearbeiten als Hartholz wie Eiche oder Nußbaum. Wenn man Lindenholz nicht bekommt, nimmt man Fichtenholz.

Als erstes zeichnet man mit einem weichen Bleistift die Umrißlinien des Gegenstandes auf alle Seiten des Holzblocks. Dann arbeitet man die Grundform heraus und schließlich die Details.

Damit das Holz nicht splittert, schneidet man stets mit der Faser und, wenn möglich, immer von der dicksten Stelle des Werkstücks zur dünnsten hin. Um eine Kante scharf abzusetzen oder einen Schnitt in der Länge zu begrenzen, wird das Holz eingekerbt. Dazu drückt man die Messerklinge quer zur Faser senkrecht in das Holz und schnitzt dann zu diesem Kerbschnitt hin.

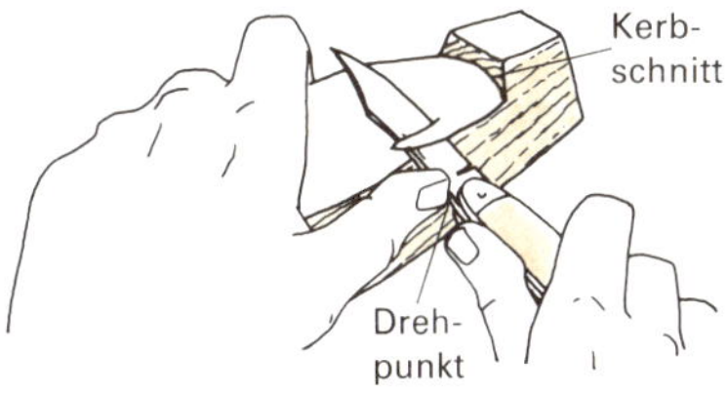

Tiefe Schnitte sollte man vermeiden und das Holz in dünnen Schichten allmählich abtragen. Dabei führt man die Klinge möglichst von sich weg. Am besten läßt sich das Messer führen, wenn man den Daumen der linken (bei Linkshändern der rechten) Hand als „Drehpunkt" auf den Messerrücken legt. Wenn man die Klinge zu sich hinführen muß, umfaßt man das Messer mit den Fingern und erzeugt mit dem Daumen Gegendruck,

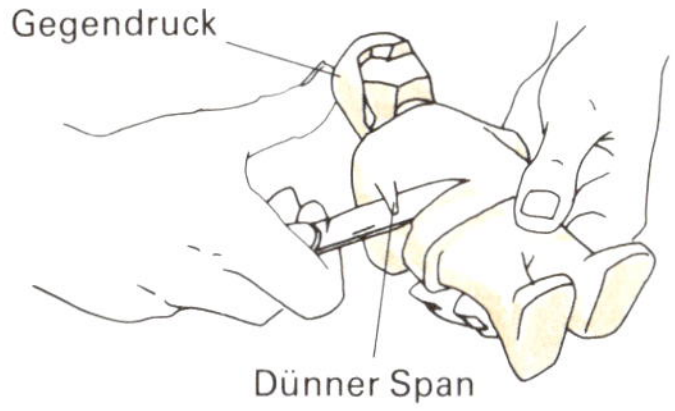

während man die Hand wie zu einer Faust zusammenzieht und dabei einen Holzspan abhebt.

Holzschutz

Man unterscheidet zwischen vorbeugendem und bekämpfendem Holzschutz. Zum vorbeugenden Schutz eignen sich wasserlösliche Salze, Teerölpräparate (Carbolineen) sowie lösemittelhaltige Imprägnierungen, die, mehrmals aufgestrichen, auch einen dekorativen Zweck erfüllen.

Die Holzschutzmittel sind nach DIN 68800 durch Buchstaben auf den Gebinden gekennzeichnet:

P = wirksam gegen Pilze;

Iv = vorbeugend wirksam gegen Insekten;

Ib = wirksam zur Bekämpfung von Insekten;
S = auch zum Streichen, Spritzen und Tauchen von Bauhölzern geeignet;
W = auch für Holz, das der Witterung ausgesetzt wird;
F = wirksam als Feuerschutz (machen schwer entflammbar);
M = geeignet zur Bekämpfung des Schwammes im Mauerwerk.

Bekämpfenden Holzschutz nimmt man am bereits befallenen Holz vor. Bei leichtem Holzbockbefall bohrt man im Abstand von 50–60 cm kleine Löcher, in die man Holzschutzmittel gießt. Bei stärkerem Befall muß man das verwurmte Holz abbeilen und den gesunden Teil konservieren. Da die Holzbocklarven die Oberfläche nicht beschädigen, kann man einen Befall am besten feststellen, indem man ins Holz sticht und eventuell vorhandene Fraßgänge freilegt.

Der Pochkäfer hinterläßt zahlreiche kreisrunde Schlupflöcher, in die man mit einer Injektionsspritze vorsichtig das Bekämpfungsmittel spritzt, damit die Holzoberfläche keine Flecken bekommt. Die Löcher werden anschließend mit passendem Holzkitt oder Wachs geschlossen.

Siehe auch *Holzschädlinge*.

Holztrocknung

Feuchtes Holz schwindet und kann sich werfen, wenn es nachtrocknet; dann halten Leimfugen nicht.

Man kann Holz selbst trocknen, indem man unbesäumte Ware zu Blockstapeln (A), besäumte Ware zu Kastenstapeln (B) aufsetzt (siehe *Besäumen*). Zwischen die Lagen werden Stapelleisten gelegt. Sie müssen genau übereinanderliegen, damit sich die Bretter und Bohlen nicht durchbiegen. In einem Stapel verwendet man gleich dicke Stapelleisten. Die Hirnenden der Bretter und Bohlen schützt man entweder durch einen Farbanstrich oder durch Brettstücke, die man aufnagelt.

Der Holzstapel wird gegen Regen abgedeckt; jedoch sollte die Luft hindurchstreichen können. Bei der Freilufttrocknung rechnet man pro Zentimeter Holzdicke eine Trockenzeit von einem Jahr.

Für Innenausbauten sollte die Holzfeuchte $\leqq 12\%$, für zentralbeheizte Räume $\leqq 10\%$ betragen. Im Freien oder in Schuppen gelagertes Holz erreicht kaum einen Feuchtegehalt von weniger als 12%. Man muß deshalb das Holz in einem beheizten Raum luftdurchlässig aufstapeln und nachtrocknen lassen.

In Handwerk und Industrie wird Holz in großen beheizten Trockenkammern getrocknet. Schon nach acht bis zehn Tagen hat es einen Feuchtegehalt, den es im Freien erst nach einigen Jahren erreichen würde.

Siehe auch *Holzfeuchte*.

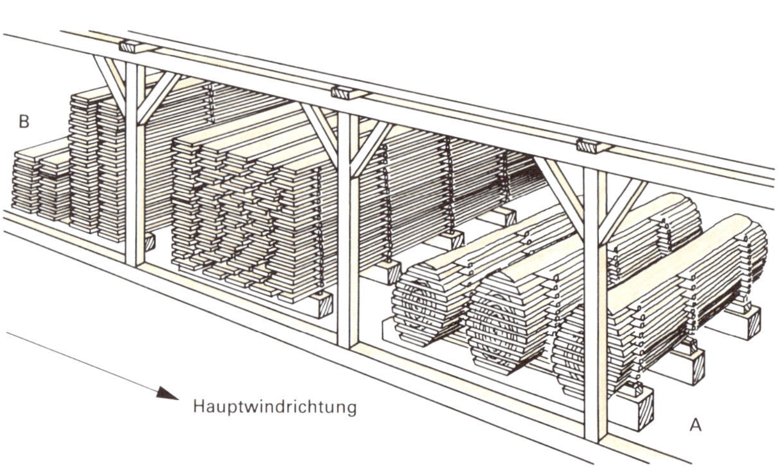

Holzverbindungen

Holzverbindungen sind meist konstruktiv gestaltet, d.h., sie greifen ineinander, oder sie werden mit anderen Befestigungsmitteln so gearbeitet, daß sie die gleichen Anforderungen erfüllen. Ausnahme ist die stumpfe Fuge, die ausschließlich geleimt wird. Leicht lösbare Verbindungen werden nur verkeilt (siehe *Zinken*). Zerlegbare Korpusverbindungen (Schrankbeschläge) gelten nicht als Holzverbindungen.

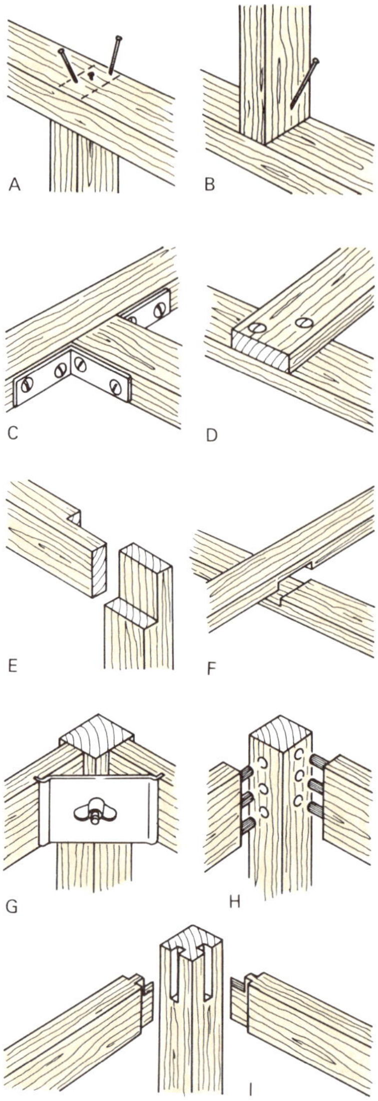

Man sollte immer paßgenau arbeiten, damit die Verbindungen nicht nur schön, sondern auch so stabil wie möglich werden.

Genagelte Verbindungen Für stehende Rahmenkonstruktionen eignen sich genagelte T-Verbindungen (A, B), wenn kein Wert auf besondere Qualität gelegt wird. Man kann die Verbindungen zusätzlich leimen.

Metallwinkel Sie werden auch Stuhlwinkel genannt. Man kann sie bei flachen Rahmenverbindungen verwenden; bei T-Verbindungen schraubt man die Winkel auf beiden Seiten an (C).

Überlappende Verbindungen Sie sind einfach und doch haltbar (D). Man kann sie nageln, schrauben oder durchschrauben. Wenn man sie auch leimt, erhöht sich ihre Festigkeit. Bei Vollholz wird nur ein Drittel der Flächen mit Leim bestrichen, damit das Holz arbeiten kann.

Eck- und Kreuzüberplattungen Sie sind fester und sehen besser aus als Überlappungen; sie sind flächenbündig (E, F). Bei ungleich dicken Hölzern kann man das dünnere Werkteil mit ganzer Dicke in das dickere einlassen; bei gleichen Stücken schneidet man jedes zur Hälfte aus. Wenn die Teile gut ineinanderpassen, braucht man nur zu leimen. Für weitere Rahmeneckverbindungen siehe auch *Dübeln; Federn; Schlitzen*.

Dreifachverbindungen Für den Gestellbau sind Dreifachverbindungen wichtig. Tischbeine und Zargen lassen sich z.B. mit Tischbeinbeschläge genannten Metallplatten verbinden (G); man kann die Zargen auch versetzt dübeln (H) oder mit gegehrten Nutzzapfen (I) versehen.

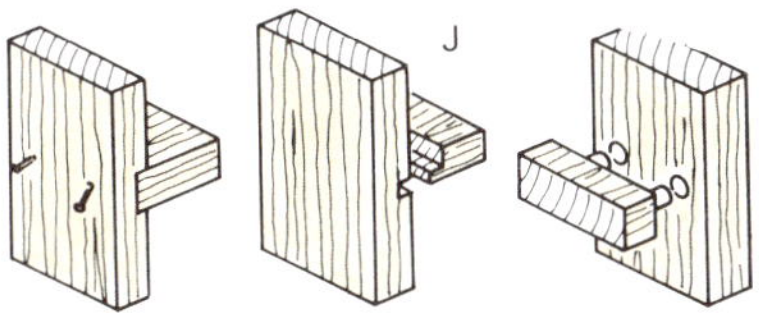
J

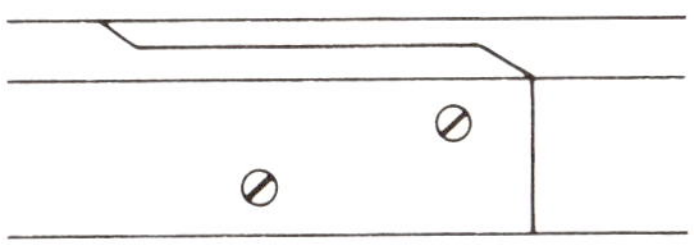
K

L

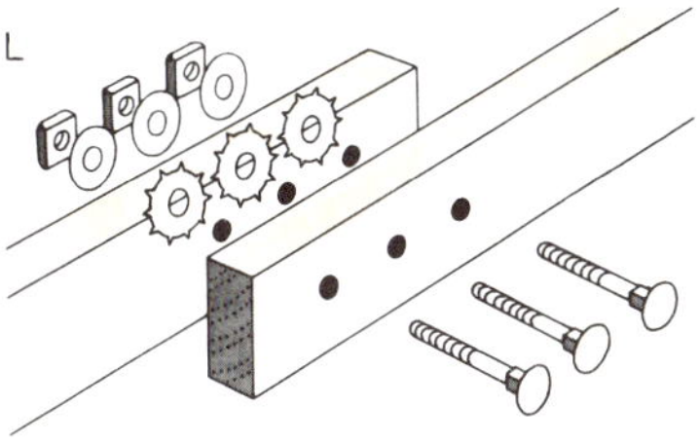

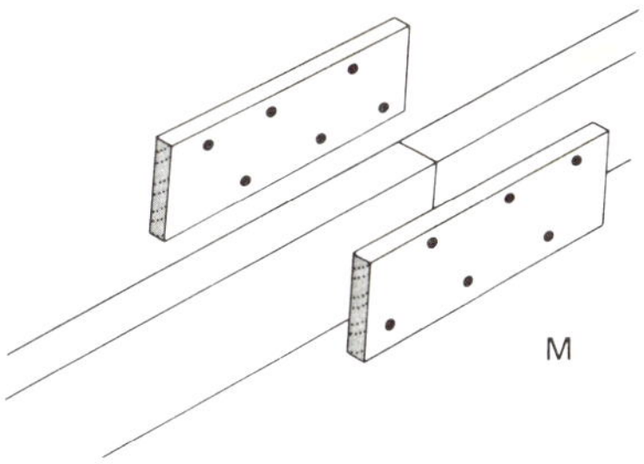
M

Kasteneckverbindungen Man kann sie aus Plattenwerkstoffen oder Vollhölzern auf verschiedene Weise herstellen. Die einfachste Art ist die stumpfe, genagelte Ecke, die durch eine Eckleiste verstärkt werden kann. Sehr wirtschaftlich sind Kasteneckverbindungen mit Federn. Man kann sie an rechtwinkligen oder gegehrten Kanten einfräsen (siehe *Federn*).

Gedübelte Kasteneckverbindungen sind einfach und auch ohne hohen Werkzeugaufwand herzustellen (siehe *Dübeln*). Eine traditionelle Kasteneckverbindung für Vollhölzer ist die Zinkung in verschiedenen Ausführungen (siehe *Zinken*).

Kasten-T-Verbindungen kann man stumpf leimen und nageln, einnuten (J), dübeln oder federn; typische Vollholz-T-Verbindungen sind Graten, Fingerzinken oder Verkeilen (siehe *Graten; Zinken*).

Verlängerungen Bei größeren Holzkonstruktionen müssen Hölzer häufig verlängert werden. Auch bei Reparaturen sind gelegentlich Holzteile zu verlängern. Da man Hirnholz gegenseitig kaum verleimen kann, muß man eine geeignete Verbindung herstellen. Ein gerader Blattstoß (K) ist einfach herzustellen; er wird geleimt und versetzt geschraubt. Anspruchsvoller ist der schräge Blattstoß. Er muß sehr genau gearbeitet werden; er hält aber auch so gut wie die Hölzer selbst. Man kann ihn nur leimen oder zusätzlich verschrauben. Er wird häufig im Möbel- und Innenausbau angewandt.

Keilzinken (siehe dort) eignen sich bestens, um Hölzer zu verlängern. Sie können allerdings nur maschinell exakt hergestellt werden.

Überlappungen, die mit Flachrundschrauben und Holzverbindern zwischen den Teilen zusammengeschraubt werden, ergeben auch sehr haltbare Längsverbindungen (L). Man legt Unterlegscheiben unter die Muttern, damit diese nicht ins Holz gezogen werden.

Stumpf aneinandergestoßene Hölzer kann man durch Verstärkungsplatten recht sicher verbinden (M). Die Verbindung wird geleimt und verschraubt.

Holzwerkstoffe

Holzwerkstoffe haben fast die gleichen Eigenschaften wie Holz; darüber hinaus bieten sie Vorteile bei der Wahl der Konstruktion, weil sie nahezu formstabil sind und sich zu großen Flächen verarbeiten lassen.

Holzfaserplatten Man stellt sie aus Holzfasern und anderen Stoffen wie Sägemehl und Textilien her; ihre Festigkeit und Dichte können bei der Herstellung nach Bedarf verändert werden. Harte Holzfaserplatten sind auf der Rückseite narbenartig rauh, die Vorderseite ist glatt und hell- bis dunkelbraun. Sie weisen keine Strukturrichtung auf und sind zwischen 1,5 und 10 mm dick. Kunststoffbeschichtete Holzfaserplatten sind harte Holzfaserplatten, die auf der Sichtseite mit einer Dekor-Kunstharzschicht versehen sind. Man erhält sie einfarbig oder auch als Holzimitat mit glänzender, matter oder strukturierter Oberfläche. Weiche Holzfaserplatten haben ein poröses Gefüge und wirken wärme- und schalldämmend; man nennt sie daher auch Dämmplatten. Sie werden in Dicken von 10–50 mm hergestellt. Es gibt sie auch in bitumengetränkter, verrottungsfester Ausführung.

Holzspanplatten Diese Platten bestehen aus kunstharzverleimten Holzspänen und werden mit unterschiedlicher Dichte und Oberflächenqualität hergestellt. Handelsübliche Dicken sind 8–38 mm. Die Platten können in beliebiger Richtung überfurniert werden.

Sperrholz Furnierplatten ist die Fachbezeichnung für Platten, die aus mindestens drei oder mehr kreuzweise verlaufenden, verleimten Holzlagen bestehen. Dieses gegenseitige „Absperren“ verhindert, daß die Hölzer arbeiten. Zwei verleimte Furniere werfen sich (A, B), drei bleiben schon

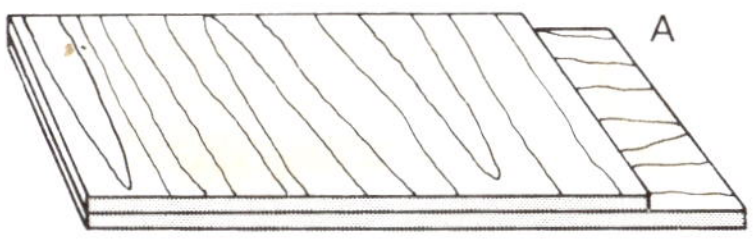
A

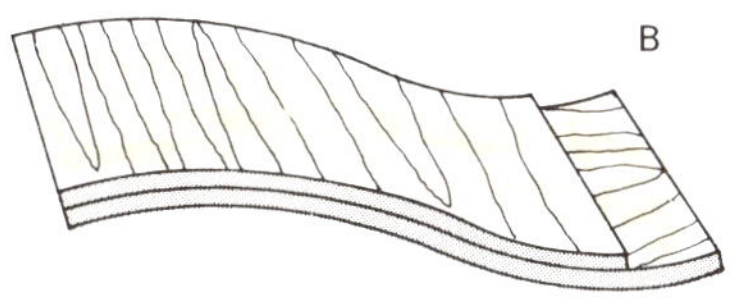
B

gerade (C). Gebräuchliche Dicken sind 4–12 mm; es gibt aber auch Sondermaße von 0,8–2,5 mm.

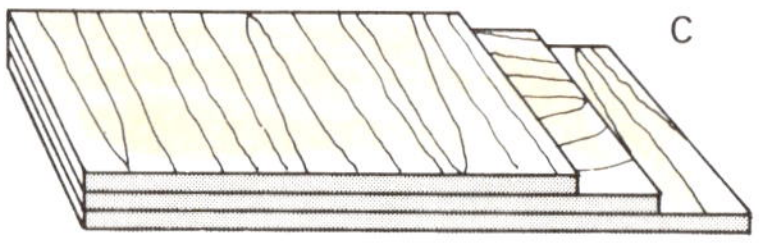
C

Tischlerplatten Man zählt die Platten zum Sperrholz, denn sie weisen eine Mittellage aus Stäben auf, die auf beiden Seiten mit einem Sperrfurnier versehen ist (D). Man spricht dann

D

von Stabsperrholz. Mittellage und Furnier verlaufen kreuzweise zueinander. Noch formstabiler ist Stäbchensperrholz (E). Man stellt es her,

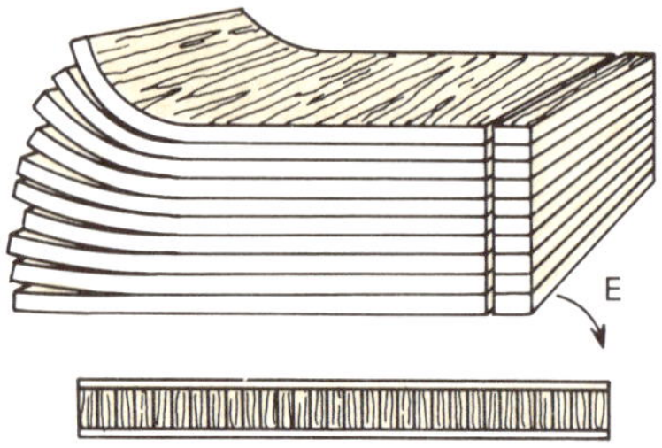
E

indem man Schälfurniere mit liegenden Jahresringen zu einem Block verleimt, in Blätter sägt und diese beidseitig mit Sperrfurnier versieht. Diese Platten gibt es in Dicken von 13 bis 44 mm.

Honig

Bienenhonig, der hauptsächlich aus Trauben- und Fruchtzucker besteht, wird schnell vom Organismus resorbiert und ist daher ein guter Energiespender. Er enthält auch wichtige Mineralstoffe, vor allem Kalium und Phosphor. Die blutbildenden Prozesse werden von Honig begünstigt.

Honig, der auskristallisiert, also trüb und fest geworden ist, läßt sich durch Erwärmen wieder verflüssigen, am besten im Wasserbad (siehe dort). Man darf ihn jedoch nicht über 40 °C erhitzen, sonst gehen wertvolle Stoffe verloren.

Honig ist sehr lange haltbar. Man lagert ihn frostfrei und dunkel in einem fest verschlossenen Gefäß; Metall ist nicht geeignet, da es zu Geschmacksveränderungen führen kann.

Hornhaut

Die Verhornung ist eine natürliche Schutzreaktion der Haut an Stellen, die ständig stärkerem Druck ausgesetzt sind. Sie tritt vor allem an den Fersen und Fußballen auf. Bei manueller Arbeit kann sich Hornhaut auch an den Händen bilden.

An den Füßen verschwindet Hornhaut manchmal von selbst, wenn man besser sitzendes Schuhwerk trägt. Sonst kann man Hornhaut entfernen, indem man zuerst die Haut in warmem Wasser aufweicht und dann die tote Haut Schicht für Schicht mit einem Bimsstein oder Hornhautentferner aus der Drogerie abrubbelt oder besonders dicke Stellen an den Füßen mit einem Hornhauthobel (in Drogerien, Apotheken und Fußpflegegeschäften erhältlich) abschält. Wenn dies nichts hilft, kann ein Hautarzt die Hornhaut chirurgisch entfernen.

Um der Hornhautbildung vorzubeugen, kann man gepolsterte Einlegsohlen kaufen oder bei Fehlbildungen der Füße sich entsprechende Einlagen verschreiben lassen. Frauen sollten nicht ausschließlich Schuhe mit hohen Absätzen tragen.

Hühneraugen

Ein Hühnerauge ist eine schmerzhafte Hornhautverdickung, die meist über einem Zehengelenk sitzt, aber auch an den Fußballen vorkommen kann. In der Mitte der Verhornung befindet sich ein tiefreichender Sporn, der auf die Gelenkkapsel oder den Knochen drückt und dadurch häufig starke Schmerzen hervorruft. Ursache für Hühneraugen sind drückende Schuhe oder eine Fehlstellung der Zehen.

Abhilfe schaffen bequeme Schuhe, die man an der betreffenden Stelle mit einem Spezialspray (in Schuhgeschäften und Kaufhäusern erhältlich) weich und dehnbar machen kann, und Hühneraugenpflaster, die man in der Apotheke oder Drogerie erhält. Man macht Fußbäder mit heißem Seifenwasser und versucht dabei, die aufgeweichte Hornschicht vorsichtig abzulösen. Auf keinen Fall versuchen, das Hühnerauge mit einem Messer herauszuschneiden. In hartnäckigen Fällen läßt man das Hühnerauge vom Fußpfleger entfernen. Ältere und zukkerkranke Menschen sollten lieber gleich zum Fußpfleger gehen.

Wenn sich das Hühnerauge infiziert und sich zu einem Geschwür entwickelt oder wenn die Fußknochen stark deformiert sind, geht man zum Arzt.

Siehe auch *Ballenentzündung; Hornhaut.*

Hühnerbrühe

Eine kräftige Hühnerbrühe bereitet man am besten aus einem Suppenhuhn. Diese Tiere – alte Legehennen – sind allerdings oft so zäh, daß ihr Fleisch nicht verwendet werden kann. Will man also auch Fleisch in der Hühnerbrühe haben, muß man noch ein junges Huhn dazugeben. Aber auch aus Hühnerklein – Hälsen, Flügeln, Herzen und Mägen – läßt sich eine gute Brühe kochen. Wenn man oft gebratene Hähnchen ißt, kann man diese Teile jeweils zurückbehalten und einfrieren, bis man etwa 2 kg beisammenhat.

Eine gute Brühe setzt man immer kalt auf. Man gibt Suppengemüse und Gewürze nach Geschmack an die kalte Brühe, aber kein Salz. Dann läßt man alles mindestens zwei Stunden schwach kochen; der Topfdeckel bleibt dabei einen Spaltbreit offen. Die fertige Brühe gießt man durch ein Mulltuch oder ein feines Sieb, läßt sie kalt werden und hebt das Fett ab. Im Kühlschrank hält sich die Brühe etwa vier Tage, man kann sie aber auch portioniert einfrieren.

Hühnerhaltung

Bevor man Hühner kauft, muß man für einen Stall sorgen. Entweder baut man beispielsweise einen ungenutzten Schuppen um, oder man zimmert einen Stall nach Maß. Die Größe richtet sich nach der Anzahl der Tiere: Für jedes Tier rechnet man 0,3–0,5 m^2 Bodenfläche. Der Stall sollte warm, trocken, zugfrei, leicht zu reinigen und möglichst mäuse- und rattensicher sein.

Wenn möglich, sollten an der Südseite des Stalls Fenster angebracht werden, die sich zur Lüftung nach in-

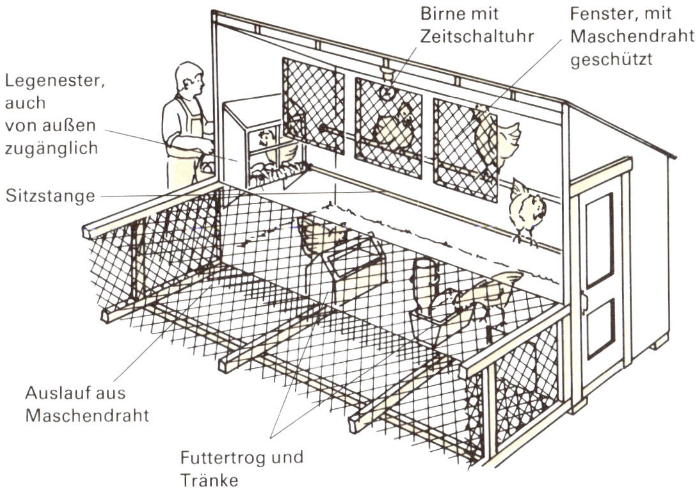

nen kippen lassen. Davor bringt man Maschendraht an.

Im Innern befestigt man in 60 cm Höhe und im Abstand von 60 cm zueinander Sitzstangen aus 5 cm dicken Rundhölzern; man kann auch gehobelte Dachlatten verwenden, deren Kanten man abrundet. An eine Stallseite kommen Legenester, die etwa 35 × 35 × 35 cm groß sein sollten. Für vier Hühner genügt ein Nest.

Als Bodenstreu verwendet man Heu oder Stroh, das den Kot auffängt und von Zeit zu Zeit erneuert wird. Die alte Streu wirft man am besten auf den Kompost, da sie einen guten Dünger ergibt.

Von Vorteil ist es, wenn sich an den Stall ein Auslauf mit Naturboden anschließt, in dem die Hühner scharren und Käfer und anderes Kleingetier picken können. Den Auslauf umgibt man an den Seiten und oben mit Maschendraht zum Schutz vor Katzen, Mardern und Greifvögeln.

Wenn man die Möglichkeit hat, elektrischen Strom in den Stall zu legen, sollte eine 40-W-Birne mit einer Zeitschaltuhr installiert werden, die auch im Winter für 14 Stunden Licht sorgt, denn Hühner legen bei Licht mehr Eier.

Hühnerrassen Es gibt Rassen, die viele Eier legen, aber weniger Fleisch ansetzen, und solche, die viel Fleisch ansetzen und weniger Eier liefern. Daneben werden auch Rassen und Hybriden gezüchtet, die viel Fleisch haben und legefreudig sind. Das Weiße Leghorn und weiße Hybriden z.B. sind gute Legehennen, bringen aber nicht viel Fleisch; White-Rock-Hühner sind gut zur Mast; New-Hampshire-Hühner und braune Hybriden legen recht viele Eier und setzen gut Fleisch an.

Anfänger in der Hühnerhaltung kaufen am besten Junghennen, die etwa vier Monate alt und gerade legereif sind. Ihre Eier sind zwar anfangs klein, doch dauert es nicht lange, bis sie normal große Eier legen. Eine gute Legehenne legt fast täglich ein Ei; d.h., sie liefert in der Legeperiode fünf Tage lang hintereinander ein Ei und setzt dann einen Tag aus. Während der Mauser legt sie auch nicht. Wie viele Legehennen man kauft, hängt also davon ab, wie viele Eier man täglich im Durchschnitt braucht.

Fütterung Vom Füttern und Tränken hängen Qualität, Menge, Geschmack und Aussehen des Fleisches und der Eier ab. Frisches Wasser muß man stets bereitstellen; im Winter achtet man darauf, daß es in der Tränke nicht einfriert. Für Legehennen gibt es fertiges Mischfutter mit hohem Kalziumgehalt. Man kann das teure Mischfutter aber mit Mais, Weizen und Roggen sowie mit Küchenabfällen aller Art strecken. Zum Körnerfutter gibt man Grit; das sind Kiesteilchen und Sand, die sich im Muskelmagen sammeln und die Körner verdauen helfen. Hühner fressen außerdem gern frisches Gras und Salatblätter.

Das Futter für Legehennen kann man auch selbst mit Kalzium anreichern, indem man Eierschalen dazugibt. Die Schalen müssen aber ganz fein zerstampft werden, denn sonst gewöhnen sich die Hühner an die großen Schalenstücke und picken dann die eigenen Eier auf.

Hülsenfrüchte

Hülsenfrüchte, die reifen, trockenen Samen von Erbsen, Bohnen und Linsen, bestehen hauptsächlich aus Stärke. Sie enthalten Mineralstoffe (Kalium, Kalzium), Vitamine der B-Gruppe und Ballaststoffe (Zellulose).

Beim Kauf darauf achten, daß die Samen ausgereift, gleichmäßig, dünnschalig, glänzend und von einheitlicher Färbung sind. Ware mit sichtbaren Schäden wie etwa gesprungenen Samenschalen, Fremdkörpern oder Wurmfraß lehnt man ab. Hülsenfrüchte in fest verschlossenen Behältern an einem trockenen Platz lagern und möglichst innerhalb von sechs Monaten verbrauchen. Zu unterschiedlichen Zeiten gekaufte Hülsenfrüchte nicht miteinander mischen, da sie unterschiedliche Garzeiten haben können.

Vor der Zubereitung Hülsenfrüchte waschen und verlesen, dann 6–8 Stunden einweichen und langsam zum Kochen bringen. Gibt man dem Wasser etwas Natron zu, werden sie schneller weich, das Vitamin B_1 wird jedoch zerstört. Ist das normale Leitungswasser sehr kalkhaltig, weicht und kocht man die Hülsenfrüchte in Mineralwasser.

Hülsenfrüchte sind relativ schwer verdaulich, und viele Arten rufen Blähungen hervor. (Geschälte sind bekömmlicher, enthalten aber weniger Vitamine und Mineralstoffe.) Ein wirkliches Gegenmittel ist nicht bekannt, doch soll es helfen, wenn man etwas Bohnenkraut mitkocht, eine kräftige Prise Ingwer ins Kochwasser gibt oder nach dem Essen Pfefferminze kaut. Große Limabohnen und Schwarzaugenbohnen blähen weniger als Soja- und weiße Bohnen. Auch tiefgekühlte und wieder aufgetaute Gerichte aus Hülsenfrüchten blähen weniger als frisch gekochte.

Säure und Salz verzögern den Garprozeß von Hülsenfrüchten. Man salzt und fügt den Schuß Essig oder Rotwein, den man gern an Linsengerichte gibt, erst am Schluß zu. Will man den typischen Räuchergeschmack von Speck oder Schinken haben, gart man die Hülsenfrüchte mit sowenig Wasser wie möglich, kocht das Fleisch extra und gibt es mit dem Kochwasser hinzu.

Hunde ausbilden

Das wichtigste Hilfsmittel bei der Erziehung und Ausbildung von Hunden ist die Belohnung und das oberste Gebot Gerechtigkeit. Wenn das Tier gehorcht, sagt man mit zufriedener Stimme z. B.: „Gut gemacht", „Sehr gut" oder „Ja" und streichelt es sanft und ruhig am Kopf oder an der Seite; überschwengliches Abklopfen weckt nur seinen Spieltrieb. Einen Hund darf man niemals schlagen, wenn er einem Befehl nicht gehorcht; er bekommt sonst Angst und fürchtet die weiteren Erziehungsmaßnahmen. Ein „Nein!" oder „Pfui!" mit kräftiger, erhobener Stimme genügt; dann wiederholt man dieselbe Übung einige Male. Ein Hund lernt eine Aufgabe nicht in einer Übungsstunde an einem Tag. Man muß sie geduldig mehrere Tage hintereinander mit ihm durchnehmen. Dabei dehnt man die Übungszeit von anfangs zehn allmählich auf 20 Minuten aus.

Wenn der Hund etwa fünf Monate alt ist, sollte man mit der Ausbildung anfangen. Als erstes muß man sich angewöhnen, den Leinengriff mit der rechten Hand zu halten und die Leine mit der linken nach links zu richten, denn der Hund soll links vom Herrchen oder Frauchen geführt werden. Am einfachsten ist es, dem Hund das Sitzen beizubringen. Man stellt ihn an die linke Seite, drückt mit der linken Hand sein Hinterteil hinunter, zieht die Leine mit der rechten nach oben und erteilt dabei den Befehl „Sitz!". Sobald er sitzt, wird er sofort gelobt. Die Befehle für eine bestimmte Handlung gibt man stets im gleichen Wortlaut und Tonfall.

Soll der Hund „bei Fuß" gehen (neben dem linken Bein mit der Nasenspitze etwas vor dem Knie des Herrn), bringt man ihn zunächst neben dem linken Bein zum Sitzen und gibt mit fester Stimme den Befehl „Bei Fuß!". Dann schreitet man mit dem linken Bein aus und geht flott voran. Läuft der Hund hinterher oder voraus, zieht man kräftig an der Leine und befiehlt: „Bei Fuß!". Läuft der Hund immer noch voraus, ändert man die Gehrichtung; man macht eine Kehrtwendung nach links und geht im Kreis oder in Schleifen in Form einer Acht. Der Hund geht dann gezwungenermaßen „bei Fuß". Auch diese Übung muß man wie alle anderen geduldig wiederholen, bis der Hund sie gelernt hat.

Wenn der Hund sitzen bleiben soll, läßt man ihn zunächst sitzen und entfernt sich dann rückwärts, wobei man die Leine gestrafft nach oben hält, dem Hund die rechte Handfläche vorhält und den Befehl „Bleib!" gibt. Man geht weiter zurück, die Leine immer noch in der linken Hand. Folgt der Hund nach, tadelt man ihn mit Worten, z. B. mit einem „Nein!". Sitzt diese Übung, nimmt man die Leine ab, hält dabei die rechte Hand erhoben und befiehlt wieder: „Bleib!" Man wiederholt die Übung so oft wie nötig und entfernt sich dabei immer weiter, bis man außer Sichtweite des Hundes ist. Länger als eine Minute sollte man zunächst nicht wegbleiben. Dann geht man zurück und lobt ihn. Das Ende der Übung zeigt man dann durch den Befehl „Lauf!" an.

Aus dem Kommando „Sitz, bleib!" macht man den Befehl „Sitz, Platz!", wenn man möchte, daß der sitzende Hund sich hinlegt. Man zieht ihm mit der rechten Hand die Vorderläufe nach vorn, drückt ihm mit der linken auf den Rücken und befiehlt ihm dabei: „Platz!" Weiter verfährt man dann wie beim „Sitz, bleib!".

Wichtig ist auch, daß ein Hund auf Befehl zurückkommt, wenn er sich entfernt hat. Um ihm das beizubringen, bindet man ihn am besten an eine 5–6 m lange Leine, die ihm das Gefühl von Freiheit gibt, und läßt ihn laufen. Dann gibt man den Befehl „Hier!" und macht eine entsprechende Armbewegung. Folgt er nicht, zieht man mit einem kräftigen Ruck an der Leine. Man darf nicht auf ihn zugehen, sondern man wiederholt den Befehl und zieht an der Leine, bis er begriffen hat. Sobald er neben einem steht, lobt man ihn und läßt ihn sitzen oder hinliegen. Wenn der Hund aufs Wort gehorcht, macht man die Übung ohne Leine.

Wer seinen Hund ganz konsequent ausbilden möchte, geht am besten in einen Hundesportverein.

Hunde, bellende

Ein Hund kann zum Ärgernis werden, wenn er auf jedes alltägliche Geräusch oder auf Alleinsein mit Bellen reagiert. Da einem jungen Hund das Bellen leichter abzugewöhnen ist, beginnt man schon frühzeitig, diesen Fehler zu korrigieren.

Wenn der Hund in Anwesenheit des Herrn unangebracht bellt, ruft man ihn mit einem entschiedenen „Nein!" oder „Aus!" zur Ordnung und zieht ruckartig, aber nicht allzu kräftig an der Leine oder am Halsband. Ist der Hund dann still, wird er sofort gelobt und gestreichelt. Dies führt man beständig durch, bis der Hund bereits auf den ersten Befehl reagiert.

Allein gelassene Hunde Schwieriger ist ein Hund zu erziehen, der bellt, wenn er allein gelassen wird. Auf keinen Fall darf man sich so verhalten, daß er Angst bekommt. Man bringt ihn in seinen Korb, gibt ihm zu trinken und zu fressen und legt seine Spielsachen in Reichweite. Dann verläßt man die Wohnung, bleibt aber vor der Tür stehen. Bellt oder weint der Hund länger als fünf Minuten, tritt man wieder ein, befiehlt ihm mit fester Stimme „Nein!" und zieht notfalls ruckartig am Halsband. Wenn er gehorcht, lobt man ihn. Dann verläßt man abermals die Wohnung und wiederholt diese Maßnahme mehrmals am Tag, wobei man den Hund vom einen zum andern Mal länger allein läßt.

Hundehaltung

Man sollte einen Hund niemals aus einer plötzlichen Laune heraus oder als Überraschungsgeschenk kaufen.

Denn es muß ganz sicher sein, daß man selbst oder die beschenkte Person die Verantwortung für das Tier auf Dauer übernehmen kann. Ein Hund muß artgerecht untergebracht, regelmäßig gefüttert, ausgeführt und im Notfall auch tierärztlich betreut werden.

Sind diese Voraussetzungen gegeben, muß man sich überlegen, was man von einem Hund erwartet. Soll es ein Wachhund oder ein Spielkamerad für die Kinder sein? Soll er klein oder groß sein? Will man eine Promenadenmischung oder einen Rassehund mit Papieren? Einen Rassehund kauft man am besten bei einem Züchter.

Hunde, die man in einer Tierhandlung kauft oder in einem Tierheim aussucht, haben bisweilen öfter den Besitzer gewechselt und können durch schlechte Behandlung gestört sein. Man läßt sich am besten bestätigen, daß der Hund gesund ist, und vereinbart ein Rückgaberecht innerhalb einer gewissen Zeit, falls sich das Tier als besonders angriffslustig oder scheu erweisen sollte.

Kauf Welpen kauft man am besten im Alter von acht bis zwölf Wochen, denn dann sind sie entwöhnt und können sich gut an neue Lebensumstände anpassen. Ein gesunder Welpe hat klare Augen, ein glänzendes Fell und ist an allem interessiert und verspielt. Wenn Augen oder Nase triefen oder wenn er Husten oder Durchfall hat, ist er nicht gesund. Ein kontaktfreudiger Welpe läuft auf einen zu und freut sich, wenn man ihn streichelt. Schnappt er jedoch nach den Füßen und läßt sich nicht streicheln, könnte der Hund später aggressiv werden und schwer zu erziehen sein. Wenn ein Welpe ängstlich zurückweicht, kann das bedeuten, daß er krank ist oder nervös und scheu wird.

Kauft man bei einem Züchter einen Hund, erhält man den Nachweis, daß das Tier gesund ist und entwurmt und geimpft wurde. Welche weiteren Impfungen erforderlich sind, erfährt man beim Tierarzt. Er entscheidet im Einzelfall, wann welche Impfung sinnvoll ist, denn starre Empfehlungen für einen Impfplan gibt es nicht. Üblich sind Impfungen gegen Staupe (siehe dort), Hepatitis, Leptospirose, Parvovirose und Tollwut (siehe dort).

Ernährung Welches Futter geeignet ist und wievielmal täglich man es einem Welpen geben muß, weiß am besten der Züchter oder der Tierarzt. Von ihm läßt man einen Ernährungsplan aufstellen. Üblicherweise werden junge Hunde ab der Entwöhnung bis zum dritten Monat viermal am Tag gefüttert, vom dritten bis zum sechsten Monat dreimal und vom sechsten bis zum zwölften zwei- bis dreimal. Heute gibt es Fertignahrung als Trocken-, Halbfeucht- und Feuchtfutter, das alle Nährstoffe in ausgewogenen Anteilen enthält.

Wichtig neben der richtigen Ernährung ist auch, daß dem Hund jederzeit reichlich frisches Wasser zur Verfügung steht, damit er nach Bedarf trinken kann. Vitamine verabreicht man nur nach Anweisung des Tierarztes.

Pflege Schon der ganz junge Hund sollte an eine regelmäßige Körperpflege gewöhnt werden. Man hält das Tier im Arm und bürstet leicht sein Fell, während man ihm beruhigend zuredet. Je nach Rasse muß ein Hund einmal in der Woche bis einmal täglich gebürstet werden. Dabei wird auch kontrolliert, ob die Haut von Parasiten befallen ist (siehe *Flöhe; Zecken*).

Gebadet wird ein Hund sowenig wie möglich und erst ab dem dritten Monat. Wenn sein Fell schmutzig ist oder schlecht riecht, stellt man ihn in die Badewanne oder in ein anderes geeignetes Becken (vorher eine Gummimatte hineinlegen, damit er nicht ausrutscht) und wäscht ihn mit warmem Wasser und einem Hundeshampoo. Zum Schutz reibt man ihm vorsichtig etwas Vaseline um die Augen und stopft einen Wattebausch in die Ohren. Dann wird er abgespült und mit einem Handtuch gut abfrottiert (mit dem Fön auf kleinster Wärmestufe kann man nachhelfen). Danach bleibt der Hund im Haus und vor Zugluft geschützt, bis er ganz trocken ist.

Wenn sich die Krallen bei den täglichen Ausläufen nicht von selbst abnützen, läßt man sie vom Tierarzt schneiden. Absonderungen der Augen entfernt man mit lauwarmem Wasser und einem Wattebausch oder nur mit einem Zellstofftuch. Hört der Tränenfluß nicht auf, sucht man einen Tierarzt auf. Um einer Zahnsteinbildung vorzubeugen, gibt man dem Hund einen Büffelhautknochen zum Kauen. Bildet sich dennoch Zahnstein, läßt man ihn vom Tierarzt entfernen.

Auslauf Grundsätzlich sollte jeder Hund täglich mindestens morgens und vor dem Schlafengehen ausgeführt werden. Wie lange die Spaziergänge dauern sollten, hängt von der Rasse ab, denn die verschiedenen Rassen brauchen unterschiedlich viel Auslauf. Gut ist es in jedem Fall, wenn man einen Hund zu regelmäßigen Zeiten ausführt.

Erziehung und Ausbildung Sobald man einen Hund zu Hause aufgenommen hat, beginnt man mit der Erziehung, um ihn stubenrein zu machen (siehe *Stubenreinheit*). Im Alter von fünf Monaten kann er anfangen zu lernen, den Befehlen „Bei Fuß!", „Sitz!", „Platz!", „Hier!" und „Bleib!" zu gehorchen. Dabei soll man energisch, aber auch geduldig sein und den Erfolg durch Lob und Streicheln belohnen (siehe *Hunde ausbilden*).

Krankheit und Alter Zu den Anzeichen einer Krankheit bei Hunden gehören Appetitlosigkeit, Augentrübung, stumpfes Fell, allgemeine Unlust, Erbrechen, Durchfall und unnatürlicher Durst sowie übermäßige Urinabscheidung. Wenn solche Symptome auftreten, mißt man die Temperatur und geht zum Tierarzt.

Man mißt die Temperatur, indem man ein Fieberthermometer mit Vaseline einfettet und in den After einführt; dort verbleibt es zwei Minuten lang, während ein Helfer das Tier festhält. Die normale Körpertemperatur eines Hundes liegt zwischen 37,5 und 38,5 °C. Siehe auch *Haustiere, kranke; Haustiere, verletzte.*

Mit zunehmendem Alter kann ein Hund an Körpergewicht zunehmen, seine Sehfähigkeit oder sein Gehör einbüßen oder auch krank werden. Man füttert ihn dann mit kleineren Portionen in kürzeren Zeitabständen. Ein älterer Hund sollte zur Vorsorge zweimal im Jahr tierärztlich untersucht werden.

Siehe auch *Haustiere, entlaufene; Reisen mit Haustieren.*

Hundekämpfe

Wenn ein Hund einem Artgenossen gegenüber Aggressivität zeigt (Knurren, Zähnefletschen, aufgestellte Hals- und Rückenhaare), nimmt man ihn fest an die Leine, befiehlt mit fester, erhobener Stimme „Nein!" und geht schnell weiter. Läuft der Hund frei umher, beobachtet man sein Verhalten und nimmt ihn sogleich an die Leine, wenn mit Schwierigkeiten zu rechnen ist.

Sind Hunde aber miteinander in Kampf geraten, sollte man nicht versuchen, sie mit den Händen auseinanderzubringen, denn dabei kann man ernsthaft gebissen werden. Wenn sie angebunden sind, versucht man sie an den Leinen auseinanderzuziehen. Frei kämpfende Hunde kann man auch voneinander trennen, indem man einen Eimer Wasser über sie gießt, eine Decke über sie wirft oder ein lautes, schallendes Geräusch erzeugt.

Erfahrene Hundebesitzer raten, die Hunde an den Hinterläufen zu packen, hochzuheben und voneinander wegzuziehen. Aber auch dabei läuft man Gefahr, gebissen zu werden, vor allem wenn nur ein Hund zurückgehalten wird.

Wenn alle diese Maßnahmen nichts nützen, muß man dem Hundekampf seinen Lauf lassen, auch wenn ernste Verletzungsgefahr für einen oder beide Hunde besteht. Meist ist der Kampf vorüber, wenn sich einer geschlagen gibt, indem er sich auf den Rücken legt und den Bauch freigibt.

Siehe auch *Bißverletzungen; Hunde ausbilden*.

Hupe instand setzen

Fällt die Hupe aus, prüft man zuerst die Sicherung. Welche Sicherung zur Hupe gehört, erfährt man in der Bedienungsanleitung oder durch einen Aufkleber auf dem Sicherungskasten.

Ist die Sicherung einwandfrei, kontrolliert man die Verkabelung an der Hupe selbst. Dazu werden zunächst beide Anschlüsse gereinigt.

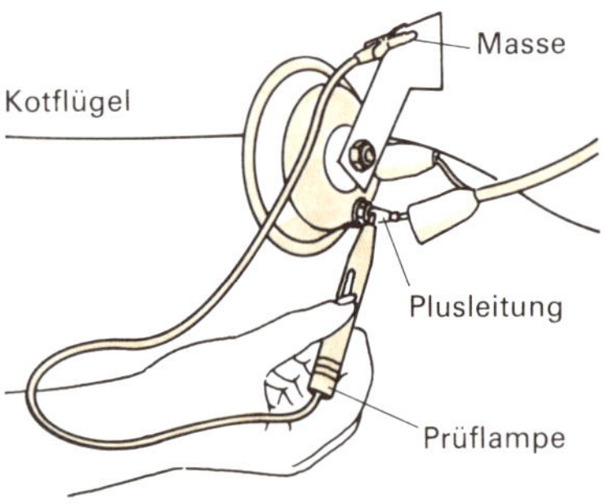

Funktioniert die Hupe noch nicht, legt man eine 12-V-Prüflampe zwischen die beiden Anschlüsse und betätigt bei eingeschalteter Zündung den Hupknopf. Leuchtet die Lampe auf, hat die Hupe einen Defekt, und man muß sie erneuern.

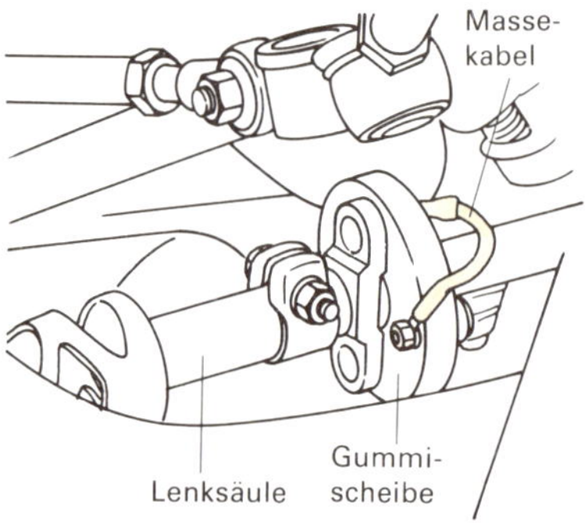

Leuchtet die Lampe nicht auf, ist vermutlich die Masseverbindung zur Hupe gestört. Man verfolgt die entsprechende Leitung bis zum Hupenknopf. Man kann diese Leitung auch auf Masse legen, und die Hupe muß bei eingeschalteter Zündung ertönen.

Husten

Die häufigste Ursache für Husten ist eine Erkältung, wobei die Schleimhäute der oberen Luftwege anschwellen und vermehrt Schleim absondern.

Ein Erkältungshusten klingt meist ohne Behandlung nach ein bis zwei Wochen ab. In dieser Zeit nachts nicht in kalten Räumen schlafen und tagsüber schlechte Luft meiden (Abgase, Rauch usw.). Warme Flüssigkeiten wie Tees mit echtem Thymian oder Salbei trinken. Den Dampf eines Inhalators einatmen oder Kopfdampfbäder mit Kamille machen (siehe *Heilkräuter*). Auch Hustenbonbons oder Lutschpastillen können Linderung verschaffen. Es gibt zweierlei Hustenmittel: Expektorantia lösen den Schleim, so daß er ausgehustet werden kann; Suppressiva unterdrücken den Hustenreiz. Letztere sollte man jedoch nur anwenden, wenn ein trockener, quälender Reizhusten besteht. Die im Beipackzettel angegebene Dosis nicht überschreiten.

Husten und Fieber können Anzeichen für viele verschiedene, auch schwere Erkrankungen sein. Eine Behandlung durch den Arzt wird deshalb erforderlich, wenn ein Husten von hohem Fieber oder Brustschmerzen beim Atmen begleitet wird, wenn Atemnot auftritt, wenn zäher, gelber Schleim ausgehustet wird oder wenn dem Auswurf Blut beigemengt ist und wenn der Husten länger als drei Wochen anhält und sich offensichtlich noch verschlechtert (siehe auch *Erkältungen; Fieber; Grippe*).

Husten kann auch durch ein spontanes Ereignis ausgelöst werden, wenn beispielsweise kleine Speiseteilchen in die Luftröhre gelangen (siehe *Verschlucken*). Sind chemische Dämpfe eingeatmet worden, muß man sofort den Arzt aufsuchen.

Hydrokultur

Hydrokultur ist eine Pflanzenzucht ohne Erde in einer Nährlösung. Der Vorteil der Hydrokultur gegenüber der Erdkultur besteht darin, daß den Pflanzen ein größerer Wasservorrat zur Verfügung steht. Die Nährstoffe sind im Wasser gelöst und stets im richtigen Verhältnis vorhanden.

Wer Pflanzen in Hydrokultur ziehen will, besorgt sich Spezialgefäße aus Kunststoff, Glas oder Keramik. Die Mindestgefäßhöhe sollte bei 20 cm liegen. In jedes Gefäß gehört ein Wasserstandsanzeiger. Die Nährlösung wird mit Wasser und Hydrokulturdünger hergestellt, den man im Fachgeschäft erhält. Als Haltesubstrat verwendet man Blähton.

Für das Bepflanzen der Gefäße nimmt man am besten Pflanzen, die nicht in Erde herangezogen wurden. Geeignet sind viele Blattpflanzen wie Bogenhanf, Drachenbaum, Efeutute und Dieffenbachie. Beim Eintopfen hält man mit einer Hand die Pflanze in den Topf, mit der anderen wird der Blähton so eingefüllt, daß er sich gleichmäßig um die Wurzeln verteilt. Bei der Hydrokultur wird etwas tiefer als in Erde getopft. Der Wurzelhals muß aber im oberen Drittel des Topfes stehen. Dann wird der Topf bis zum Rand mit Blähton gefüllt. Den bepflanzten Topf übergießt man mit Wasser. In den ersten drei bis vier Wochen wird nur mit Wasser bis zur halben Höhe des Topfes aufgefüllt; danach wird mit Nährlösung gegossen. Der Nährlösungspegel sollte sich zwischen 1 und 7 cm bewegen.

IJ

„Ich sehe was ...“

Bei diesem Spiel, das für Kinderparties wie auch für längere Autofahrten geeignet ist, geht es darum, möglichst schnell Begriffe zu erraten. Einer der Mitspieler wählt insgeheim einen Gegenstand aus, der für alle sichtbar ist. Er verrät den Gegenstand aber nicht, sondern sagt nur: „Ich sehe was, was du nicht siehst ...“ und gibt eine zusätzliche Information, beispielsweise: „... und das ist grün.“ Die Mitspieler müssen nun möglichst schnell erraten, welcher Gegenstand gemeint ist. Derjenige, der den Gegenstand ausgewählt hat, kann bei Bedarf zusätzliche Informationen geben.

Igel überwintern

Jungigel, die zu spät im Jahr geboren werden, können sich nicht genug Fettreserven anfressen, um den Winter zu überstehen. Nur solche Exemplare sollte man zu Hause durchfüttern. Um zu entscheiden, ob man einen Jungigel bei sich aufnehmen soll, wiegt man ihn ab. Es gilt die Faustregel, daß Tiere mit einem Gewicht von weniger als 500 g auf Winterfütterung angewiesen sind.

Man wäscht den Igel zunächst in lauwarmem Wasser. Anschließend befreit man ihn von Ungeziefer, am besten mit einem für Tiere geeigneten Insektenspray, der jedoch nicht in Nase, Mund und Augen des Igels gelangen darf. Zecken (siehe dort), die zwischen den Stacheln sitzen, faßt man mit einer Pinzette und zieht sie mit einem kräftigen Ruck bei gleichzeitiger Linksdrehung der Pinzette heraus.

Als Winterquartier eignen sich zwei Kisten oder Kartons, ein größerer und ein kleinerer, die man ineinanderstellt. Es empfiehlt sich, ein Brett darüber zu legen, damit der Igel nicht hinausklettern kann.

Das kleinere Behältnis dient als Unterschlupf zum Schlafen. Man füllt es mit einer Schicht aus zerknülltem Zeitungspapier oder Heu. Die Reinigung besorgt der Igel selbst. Den umgebenden Kistenboden legt man mit Zeitungen aus. Darüber gibt man Katzenstreu, die regelmäßig erneuert werden muß.

Zum Futterplatz gehört ein Napf mit frischem Wasser. Man verköstigt den Wintergast entweder mit handelsüblichem Fertigfutter oder mit zerkleinertem Rind- bzw. Hühnerfleisch, harten Eiern und weichem Obst, z.B. Bananen. Entgegen der landläufigen Meinung dürfen Igel keine Milch erhalten, weil sie das darin enthaltene Fett nicht vertragen. Die Überwinterungstemperatur sollte über 10 °C liegen. Keinesfalls darf sie unter 5 °C fallen, sonst überkommt den Igel der Winterschlaf, aus dem er nicht mehr erwachen würde.

Infektionskrankheiten

Die Erreger von Infektionskrankheiten werden auf verschiedene Weise übertragen, z.B. durch Einatmen, durch Kontakt der Hände, die dann zum Mund geführt werden, durch Trinken aus einem gemeinsamen Glas oder durch direkten Kontakt (z.B. Küssen). Bestimmte Erreger dringen über eine offene Wunde in den Körper ein, andere über Zwischenwirte wie Insekten. Bei Schwangerschaft können Erreger von der infizierten Mutter auf das Kind übergehen. Fieber, Kopfschmerzen, Durchfall und Hautausschlag können auf eine Infektionskrankheit hinweisen. Leichtere Erkrankungen kann man mit Hausmitteln bekämpfen (siehe *Erkältungen; Grippe*); bei schwereren Fällen zieht man einen Arzt hinzu.

Vorbeugung Bei Kindern die empfohlenen Schutzimpfungen durchführen lassen. Alle Vorsichtsmaßnahmen der Hygiene beachten (z.B. nach Kontakt die Hände waschen, nur das eigene Glas, Handtuch usw. benutzen). Besonders Gefährdete (z.B. Säuglinge, Schwangere, alte und kranke Menschen) von Infizierten fernhalten. Vor Auslandsreisen gegebenenfalls Schutzimpfungen gegen Infektionskrankheiten im Reiseland vornehmen lassen und sich beim Arzt über weitere Vorsichtsmaßnahmen erkundigen; in Ländern, in denen Infektionskrankheiten verbreitet sind, nur abgekochtes, keimfreies Wasser trinken und auf Speiseeis sowie rohe Nahrungsmittel verzichten.

Siehe auch *Aids; Fieber; Kinderkrankheiten; Schutzimpfungen; Tollwut; Zecken.*

Innenanstrich

Decken und Wände lassen sich besonders gut mit Dispersionsfarben und einem Farbroller streichen (siehe *Farben und Lacke; Malerwerkzeuge*). Stark saugende Flächen, z.B. neue Putze, werden mit Tiefgrund vorgrundiert. Alte Putze müssen abgebürstet, entstaubt und vor dem Anstrich ebenfalls tiefgrundiert werden. Rauhfasertapeten werden mit Handfeger oder Besen entstaubt.

Bevor man jedoch mit der Arbeit beginnt, sollte man die Möbel in die Raummitte schieben und ringsum mit Plastikfolie abdecken. Fuß- oder Sockelleisten, Türfutter und Fensterrahmen deckt man mit Kreppband ab. Schließlich belegt man den Boden mit Folie, die man mit Klebeband an den Fußleisten befestigt.

Wenn der Untergrund wie beschrieben vorbereitet ist, streicht man zuerst die Decke und dann die Wände. Bei Rauhfasertapeten, die zum erstenmal gestrichen werden, sind zwei Anstriche notwendig. Für den ersten Anstrich verdünnt man die Dispersionsfarbe um 5–10% mit Wasser. Der zweite Anstrich erfolgt unverdünnt. Decken und die oberen Hälften erreicht man leicht vom Boden aus, wenn man den Farbroller mit einem

Besenstiel verlängert. Man kann auch einen Teleskopstab kaufen, der sich stufenlos in der Länge verstellen läßt.

Siehe auch *Lackieren*.

Insektenstiche

Einen zurückgebliebenen Stachel am besten mit einer Pinzette oder mit dem Fingernagel entfernen; die Einstichstelle sofort mit kaltem Wasser baden oder einen Eisbeutel auflegen (Kinder gegebenenfalls beruhigen). Die Stelle mit antiseptischen Mitteln reinigen; eine Salbe, die Antihistaminika enthält, auftragen. In der Regel schmerzt die Stelle etwa drei bis sechs Stunden; der Juckreiz hält zwei bis drei Tage an. Zur Linderung des Juckreizes und der Schwellung frische, zerdrückte Spitzwegerichblätter auflegen; kalte Wickel, auch mit Magerquark, machen (siehe *Wickel*).

Bei einer Infektion breiten sich Entzündung und Schmerzen, möglicherweise mit Fieber und Gelenkschmerzen, nach zwei bis drei Tagen aus. In diesem Fall sucht man einen Arzt auf.

Auch im Fall einer allergischen Überreaktion, wenn der Juckreiz unerträglich wird, Gelenke und Zunge und Lippen anschwellen, Atembeschwerden, Fieber, eine Schwellung im Halsbereich oder ein Hautausschlag auftreten, sollte man den Arzt hinzuziehen.

Wer empfindlich reagiert, sollte sich vorbeugend mit einem entsprechenden Mittel einreiben. Beim Essen darauf achten, daß man keine Wespen mit hinunterschluckt, die sich auf Nahrungsmittel gesetzt haben.

Siehe auch *Zecken*.

Jalousiebrettchen

Jalousiebretter in Türen oder Fensterläden werden zuerst mit dem Staubsauger (Bürstenansatz) gereinigt. Lackierte Bretter wäscht man auf beiden Seiten mit warmem Seifenwasser und einem feuchten Schwamm ab – kein Scheuermittel verwenden. Sind die Jalousiebretter gebeizt, sprüht man etwas Möbelreiniger auf einen sauberen, trockenen Lappen und wischt damit das Holz ab. Gleich danach mit einem sauberen Tuch trockenreiben.

Streichen mit dem Pinsel Die Jalousiebretter von Fett, Wachs und Schmutz reinigen. Den Teil so aufstellen, daß die Jalousiebrettchen vorn schräg nach unten weisen. Man streicht zuerst das oberste Brettchen. Der verwendete Pinsel soll die Breite eines Brettchens haben. Den Pinsel an der Stelle ansetzen, an der das Brettchen im Rahmen verzapft ist, und zur Mitte hin streichen; dann von der anderen Verzapfung aus streichen und die Pinselstriche ineinander verlaufen lassen. Dann werden die Kanten des Rahmens, die obere und untere Querleiste und zuletzt die Seiten gestrichen. Den Anstrich auf „Farbnasen" und ausgelassene Stellen kontrollieren und ausbessern (siehe auch *Anstriche, fehlerhafte*). Dann den Teil umdrehen und in gleicher Weise die andere Seite streichen.

Farbe aufsprühen Man arbeitet im Freien oder an einem gut belüfteten Ort. Vorher übt man auf einem Stück Zeitungspapier, um später die Spritzpistole oder Spraydose richtig führen zu können. Die Tür oder den Fensterladen senkrecht aufstellen, so daß die Brettchen waagrecht liegen. Oben beginnend, mit stetigen Hin- und Herbewegungen die Farbe aufspritzen. Anstelle eines einzigen dicken Farbauftrags spritzt man in mehreren Arbeitsgängen und läßt die Farbe vor dem Überspritzen jeweils trocknen.

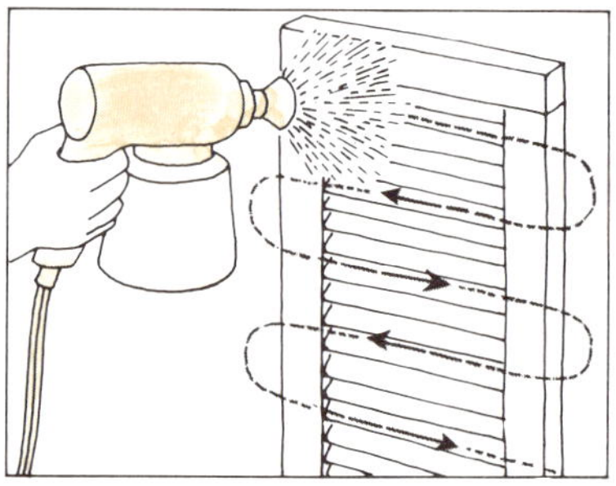

Siehe auch *Lackieren*.

Jet lag

Die Zeitverschiebung bei weiten Flugreisen kann den Tagesrhythmus des Körpers empfindlich stören. (Das gleiche gilt für einen Wechsel von der Tag- zur Nachtschicht.) Es kann eine Woche oder länger dauern, bis sich der Körper anpaßt.

Falls es die tägliche Arbeit erlaubt, kann man vorher durch eine allmähliche Verschiebung der Schlaf- und Essenszeiten den Körper an den künftigen Rhythmus gewöhnen. Während des Flugs sollte man alkoholische Getränke vermeiden, da sie zusätzlich ermüden. Viel trinken, vor allem Säfte und Mineralwasser.

Die Essenszeiten bei längeren Flügen sind meist schon der neuen Ortszeit angepaßt. Trotzdem sollte man sich diesem noch ungewohnten Rhythmus nicht sofort unterwerfen und etwa nachts keine umfangreichen Menüs essen. Lieber während des Flugs und der nächsten Tage leichte Kost wählen, die nicht belastet. Nach dem Flug möglichst für Ruhe und ausreichend Schlaf sorgen.

Wer häufig weite Flugreisen macht, sollte sich vom Arzt beraten lassen.

Jogging

Um Verletzungen und Beschwerden vorzubeugen, muß man vor allem auf die richtigen Schuhe achten. Joggingschuhe – auf keinen Fall darf man Tennis- oder Turnschuhe tragen – müssen den Fersen genügend Halt geben, eine gepolsterte Zwischensohle besitzen (um den Aufprall am Boden abzufangen), am Fußballen genügend flexibel sein (mit den Händen prüfen, ob sie sich leicht abbiegen lassen), eine breite Sohle haben, den Rist abstützen und zwischen großem Zeh und Schuhspitze eine Daumenbreite freien Platz lassen.

Die Kleidung sollte locker und bequem, aus luftdurchlässigem Material und leicht sein. Nach dem Aufwärmen braucht man zum Joggen weniger Kleidung als zum Gehen.

Am besten läuft man auf Wald- oder Lehmboden, Graswegen oder einer

Aschenbahn. Auf befestigten Wegen zieht man einen Asphaltbelag einem Betonuntergrund vor. Außerdem läuft man möglichst mit einem Partner; es ist einfacher und macht mehr Spaß.

Zunächst macht man etwa zehn Minuten lang Aufwärmübungen – Gehen, Armkreisen und Fußkreisen im Knöchelgelenk (siehe *Gymnastik*). Außerdem streckt man die Wadenmuskulatur und die Sehnenmuskeln an der Rückseite der Knie und Oberschenkel (oben).

Den Dauerlauf beginnt man in einem langsamen, bequemen Tempo. Beim Joggen ist die Dauer der Übung wichtiger als die Geschwindigkeit oder die zurückgelegte Entfernung. Man läuft, bis die Pulsfrequenz die Belastungsstufe für eine aerobe Leistung erreicht hat (siehe *Fitneß; Puls*). Diese Belastungsstufe hält man 20–30 Minuten lang ein. Zu Beginn des Trainingsprogramms, wenn man noch nicht so lange laufen kann, wird Gehen und Joggen abgewechselt; dann die Laufphase allmählich steigern.

Nach dem Laufen geht man auf Schrittgeschwindigkeit zurück und kühlt sich durch weitere Körper- und Streckübungen so weit ab, daß die Pulsfrequenz wieder auf normal zurückgeht.

Wenn man wegen seines Gesundheitszustands oder der Belastung Bedenken hat oder älter als 35 Jahre ist, sollte man vor dem Joggen einen Arzt befragen.

Jo-Jo

Die Jo-Jo-Spule hängt an einer etwa 1 m langen Schnur. Diese wird nun um die Achse der Spule aufgewickelt. Dann das Ende der Schnur zu einer Schlaufe knüpfen und über das erste Gelenk des Mittelfingers schieben. Den Ellbogen so nach oben abbeugen, daß die Handfläche zum Körper hin zeigt. Das Handgelenk abwinkeln; während man den Unterarm in Schulterhöhe absenkt, das Handgelenk zurückwerfen und das Jo-Jo an der Schnur abrollen lassen. Wenn die Spule am Ende der Schnur angelangt ist (ohne den Boden zu berühren), die Handfläche drehen und eine kurze, ruckartige Bewegung mit der Hand nach oben machen; das Jo-Jo rollt

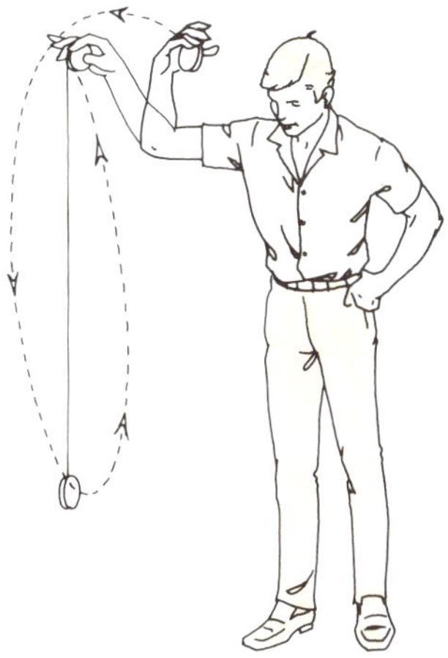

dann an der Schnur nach oben und in die Handfläche zurück. Den Vorgang möglichst oft wiederholen.

Jonglieren

Grundsätzlich darf man beim Jonglieren nie auf die Hände sehen. Um dies zu lernen, hält man die Hände etwa in Hüfthöhe und wirft einen Ball so von einer Hand in die andere, daß sich der Scheitelpunkt seiner Flugbahn (wo er wieder zu fallen beginnt) genau in Augenhöhe befindet. Man konzentriert sich nur auf diesen Punkt. Beim Abwerfen läßt man den Ball über die Fingerspitzen wegrollen und fängt ihn in der hohlen Hand auf. Wenn man diese Übung beliebig oft wiederholen kann, ohne auf die Hände zu sehen, läßt man den Ball zwischen beiden Händen kreisen: Man wirft den Ball mit der rechten Hand hoch, fängt ihn mit der linken auf und wirft ihn in Hüfthöhe vor dem Körper wieder in die rechte Hand. Kann man den Ball beliebig oft kreisen lassen, ohne daß er hinunterfällt, übt man in der umgekehrten Richtung.

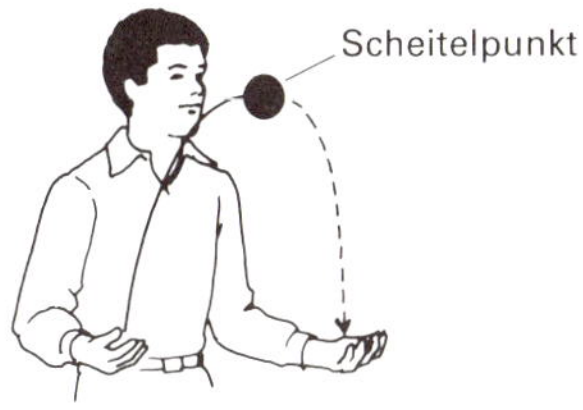

Danach versucht man es mit zwei Bällen. Man nimmt einen Ball in jede Hand. Einer wird hochgeworfen, während man den anderen schnell in die Wurfhand weitergibt. Ist der erste Ball am Scheitelpunkt angelangt, wirft man den zweiten hoch. Den ersten fängt man mit der Fanghand auf, gibt ihn in die andere Hand weiter und wirft, sobald der zweite am Scheitelpunkt angelangt ist, den ersten wieder

hoch. Wenn man diese Übung in beide Richtungen beherrscht, läßt man zwei Bälle jeweils in einer Hand kreisen; den einen Ball wirft man immer dann hoch, wenn der andere seinen Scheitelpunkt erreicht hat und wieder zu fallen beginnt. Um den Rhythmus zu ändern, wirft man die Bälle unterschiedlich hoch. Dann geht man von der kreisenden Bewegung zu einer kolbenförmigen über: Man wirft die Bälle abwechselnd gerade hoch und bewegt die Hand beim Auffangen vor und zurück.

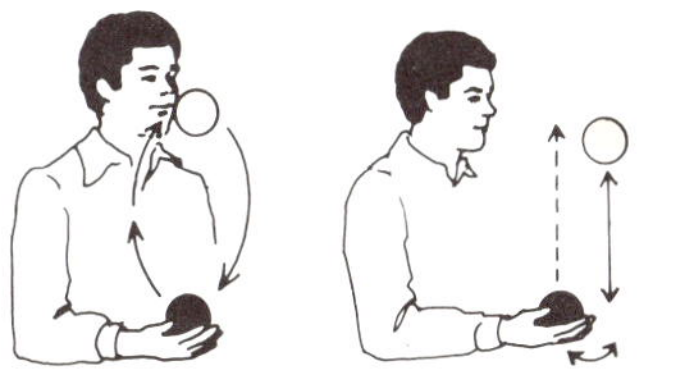

Beim Jonglieren mit drei Bällen in einer sich kreuzenden Flugbahn nimmt man zwei Bälle in die rechte Hand und einen Ball in die linke Hand. Dann wird der erste Ball aus der rechten Hand hochgeworfen. Hat er seinen Scheitelpunkt erreicht, wirft man den Ball aus der linken Hand so in die Höhe, daß seine Flugbahn unter der des ersten liegt und in gleicher Höhe den Scheitelpunkt erreicht; man fängt dann den ersten Ball auf. Der letzte Ball wird hochgeworfen, sobald der zweite seinen Scheitelpunkt erreicht hat.

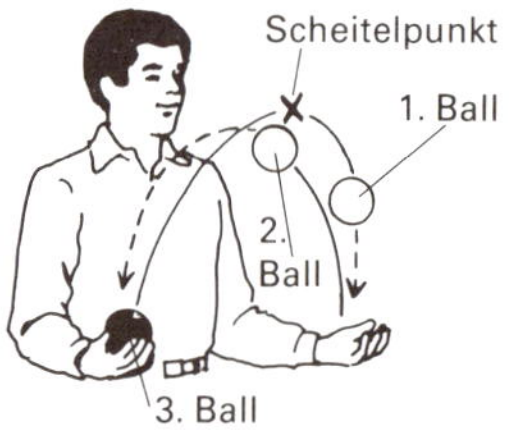

Man kann mit beliebig vielen Bällen (oder Kegeln) jonglieren; beherrscht man die Übung mit drei Bällen, kann man sie mit vier oder mehr Bällen versuchen.

Juckreiz

Juckreiz tritt oft auf, wenn die Haut durch Kälte oder zu häufiges Waschen mit Seife oder Badezusätzen ausgetrocknet ist. Man sollte möglichst nicht kratzen, sondern die betroffenen Stellen mit einer Feuchtigkeitscreme oder einer Hautlotion einreiben. Meist vergeht der Juckreiz nach einiger Zeit von selbst, wenn man eine milde Waschlotion benutzt oder nur mit klarem Wasser duscht und sich grundsätzlich nach dem Waschen eincremt.

Im Sommer kann Juckreiz u.a. durch Insektenstiche oder Bisse (siehe *Insektenstiche*) hervorgerufen werden. Auch der Schweißfriesel (siehe *Hitzeausschlag*) und der Sonnenbrand (siehe dort) verursachen Juckreiz. Allergische Reaktionen auf bestimmte chemische Substanzen, Lebensmittel wie Erdbeeren oder Schimmelkäse und Medikamente sind oft mit Juckreiz verbunden (siehe *Allergien; Ekzem; Nesselsucht*).

Bei anhaltendem Juckreiz sollte man einen Arzt aufsuchen, da Juckreiz ein Symptom für eine innere Krankheit, beispielsweise Zuckerkrankheit (siehe dort), Blut- oder Leberleiden oder eine Infektion durch Parasiten, sein kann.

Bei Frauen kann Juckreiz im Genitalbereich auftreten, der durch eine allergische Reaktion auf bestimmte Tamponmarken oder Verhütungsmittel verursacht sein kann. Man sollte dann die Marke oder das Präparat wechseln. Dauert der Juckreiz länger an oder ist er mit starkem Ausfluß verbunden, kann dies Anzeichen einer Infektion der Geschlechtsteile sein. In diesem Fall sollte man unbedingt einen Arzt konsultieren.

Juckreiz kann ebenso durch Pilze oder Bakterien ausgelöst werden. Vor allem die Füße (siehe *Fußpilz*), die Leistengegend, die Achselhöhlen und bei Frauen die Brustfalten können betroffen sein. Wenn Reizungen in diesen Körperregionen auftreten, hält man die Haut möglichst trocken und stäubt sie mit einem pilzabtötenden Puder ein. Zur Linderung des Juckreizes kann man dreimal täglich für jeweils zehn Minuten eine kalte und feuchte Kompresse auflegen. Danach gut abtrocknen und wieder pudern.

Juckreiz in der Aftergegend kann durch Pilze und Bakterien, aber auch durch Würmer (siehe dort) verursacht sein. Man sollte den After mindestens einmal täglich waschen, nur weiches Toilettenpapier verwenden, nach jedem Stuhlgang nur mit Wasser reinigen, eventuell mit nasser Watte, die Unterwäsche häufig wechseln und enge Wäsche vermeiden. Wenn das Jukken anhält oder es zu Blutungen kommt, müssen der Betroffene und alle Familienmitglieder von einem Arzt untersucht werden.

Julienne

Als Julienne bezeichnet man Nahrungsmittel, die in sehr feine, streichholzlange Streifchen geschnitten werden. Besonders häufig nimmt man dazu Lauch, Sellerie und Möhren, die dann in einer feinen Bouillon in wenigen Minuten garen. Man kann auch anderes Gemüse, festen Käse, Geflügel- oder Bratenreste so schneiden und als Salat anrichten oder zum Garnieren verwenden. (Schneidet man sehr feine Würfelchen, bezeichnet man das Ergebnis als Brunoise.)

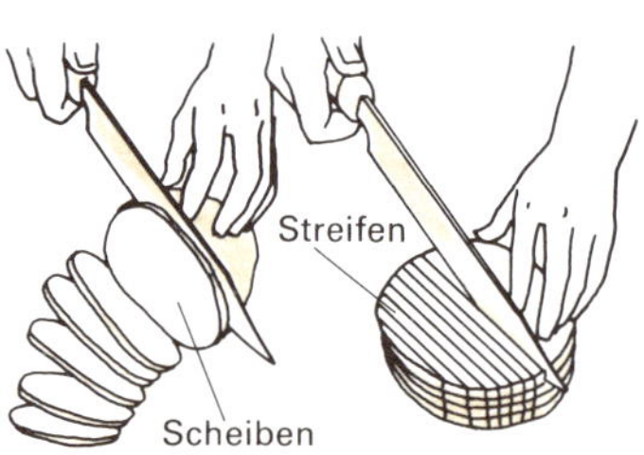

Zunächst schneidet man mit einem scharfen Küchenmesser sehr dünne Scheiben (etwa 3 mm). Dann legt man drei oder vier Scheiben aufeinander und schneidet sie in 3 mm starke Streifen. Für Bouillon oder Salat sollten die Streifen etwa 5 cm lang sein, als Garnierung etwas länger.

Siehe auch *Kleinhacken; Würfel schneiden.*

K

Kaffee

Ohne Milch und Zucker getrunken, hat Kaffee nahezu keinen Nährwert. Er wirkt stimmungsverbessernd und anregend auf Herz, Kreislauf, Magen und Darm, kann aber auch den Schlaf beeinträchtigen. Nach ein paar Stunden läßt die Wirkung nach; Milch und Zucker verzögern allerdings die Aufnahme des Koffeins ins Blut, daher kann die Wirkung länger anhalten. Zuviel Kaffee kann Herzklopfen und Nervosität verursachen. Für Herz-, Magen- und Gallenkranke gibt es spezielle koffeinarme und säurearme Sorten im Handel.

Die gerösteten Kaffeebohnen behalten in der geschlossenen Packung mehrere Wochen ihr Aroma. Um das volle Aroma zu genießen, mahlt man sie unmittelbar vor der Verwendung. Gemahlener Kaffee in der nicht angebrochenen Vakuumverpackung hält etwa sechs Monate; angebrochene Packungen sollten, vor Feuchtigkeit geschützt, luftdicht und kühl (möglichst im Kühlschrank) aufbewahrt und innerhalb von etwa acht Tagen verbraucht werden.

Für eine normale Tasse Kaffee rechnet man 6–8 g Kaffeemehl (ein bis zwei Kaffeelöffel). Man gibt das Mehl in eine Filtertüte – zur Geschmacksverbesserung fügen manche eine Prise Salz hinzu –, übergießt es mit kochendem Wasser und läßt den Kaffee durchlaufen. Nicht umrühren! Der Kaffeesatz im Filter kommt in den Mülleimer. Nicht wegspülen, da Kaffee oder auch Teeblätter und die Mundstücke von Filterzigaretten die Arbeit der Kläranlagen erschweren.

Kaffeetrockenpulver spart Zeit und ist sehr viel ergiebiger: Pro Tasse genügt ein Teelöffel Pulver. Es ist allerdings weniger aromatisch als Filterkaffee. Da es sich in kaltem wie in heißem Wasser löst, kann man es auch zur Aromatisierung von Süßspeisen, Gebäck und Speiseeis benutzen. Man muß Kaffeetrockenpulver trocken im luftdichten Behälter aufbewahren, sonst wird es hart.

Kakteen

Kakteen und andere Sukkulenten gedeihen im Zimmer am besten an einem Süd- oder Westfenster, da sie viel Licht und Wärme brauchen. Wer die Pflanzen auf einer Fensterbank zieht, kann sie im Sommer ins Freie stellen. Während der Winterruhe müssen Kakteen kühl und trocken gehalten werden, wenn sie in der folgenden Saison reichlich blühen sollen. Eine Wintertemperatur von 5–8 °C ist für die meisten Gattungen und Arten richtig. Leicht zu pflegen sind z.B. Aloe, Kugelkaktus, Warzen- und Feigenkaktus sowie die Lebenden Steine. Besonders schöne Blüten bringen Weihnachts- und Osterkaktus hervor.

Gießen Man gießt möglichst mit kalkarmem Wasser (Regenwasser). Während der Vegetationsperiode von April bis September sollte man die Erde nicht austrocknen lassen. Danach wird das Gießen langsam eingeschränkt. Im Dezember und Januar werden die Pflanzen überhaupt nicht gegossen. Wenn im Februar das Licht intensiver wird, beginnt man langsam wieder zu gießen.

Vermehrung Viele Kakteen und andere Sukkulenten lassen sich, besonders im Frühjahr und Sommer, leicht aus Stecklingen vermehren (siehe *Stecklinge*). Es gibt Pflanzen, von denen sich leicht Ableger oder Seitensprosse abnehmen lassen. Viele Kakteen und andere Sukkulenten lassen sich auch aus Samen ziehen (siehe *Aussaat unter Glas*). Bekannte Gattungen und Arten bekommt man bei jedem Samenhändler.

Schädlinge und Krankheiten Am häufigsten tritt die Wollaus auf (siehe *Wolläuse*). Auch Wurzelläuse greifen die Wurzeln der Pflanzen an. Sie werden durch Umtopfen oder durch Gießen mit Etrimfos bekämpft. Die häufigste Krankheit ist die Fäule. Sie wird durch zu reichliches Gießen während der Ruheperiode oder bei empfindlichen Arten durch zu niedrige Wintertemperaturen verursacht. Wenn Kakteen an der Basis faulen, schneidet man den oberen Teil der Pflanze ab und behandelt ihn wie einen Steckling.

Kalligraphie

Für die Kalligraphie oder Schönschreibkunst braucht man eine Kunstschriftfeder und Zeichentusche. Zum Üben legt man einen Bogen Briefpapier oder Schreibmaschinenpapier auf ein gedrucktes Alphabet (siehe unten) und zieht die Buchstaben nach. Die Feder wird in einem Winkel von 45° angesetzt und von oben nach unten sowie von links nach rechts geführt; dabei muß die Hand entspannt sein. Um die Strichstärke zu variieren, dreht man die Hand etwas und verändert dadurch den Anstellwinkel der Federspitze.

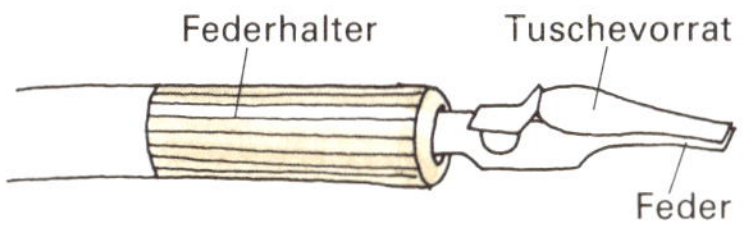

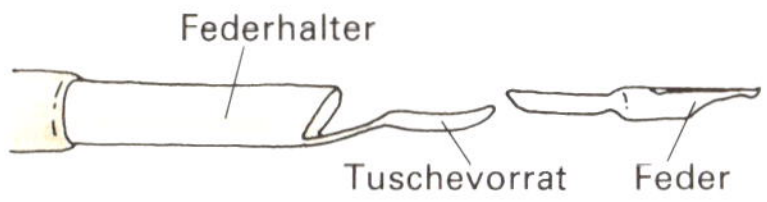

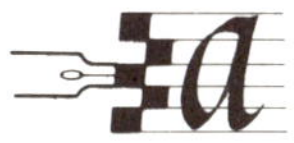

Bei Kleinbuchstaben entspricht die mittlere Schrifthöhe der fünffachen Breite der Federspitze; das gleiche gilt für die Ober- und Unterlängen. Die Höhe der Großbuchstaben entspricht der siebenfachen Federspitzenbreite

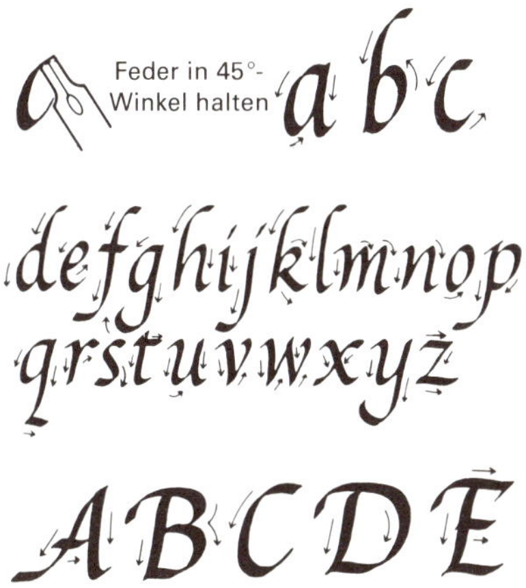

Pfeile zeigen Strichrichtung an

Ein Schönschreibwerkzeug besteht aus einer Feder mit gespaltener Spitze, einem Reiter, der ein paar Tropfen Tusche speichert, und einem Federhalter. Wenn man mit der Feder auf das Papier drückt, verbreitert sich die gespaltene Spitze, und die Tusche fließt heraus. Da der Vorrat sehr klein ist, muß man die Feder immer wieder in die Tusche tauchen.

Bevor man ein Schreibwerkzeug kauft, steckt man eine Feder in den Halter: Die Feder sollte gerade und fest in der Spreizfassung des Halters sitzen; wenn sie locker sitzt, kann man keine sicheren Striche ziehen. Es gibt unterschiedlich dicke und schwere Federhalter; man wählt einen, der gut in der Hand liegt. Bei einem leichteren Federhalter hat man einen besseren Kontakt mit der Federspitze auf dem Papier; mit einem schwereren Halter lassen sich die Striche leichter und mit weniger Reibung ausführen. Federhalter aus Kunststoff fühlen sich mit der Zeit rutschig an, und dann verkrampft sich die Hand.

Bei längeren Schreibübungen spült man die Feder von Zeit zu Zeit mit Wasser durch, schüttelt Tropfen ab und wischt sie mit saugfähigem Papier und dann mit einem flusenfreien Lappen ab. Nach der Arbeit wird die Feder mit einem speziellen Lösungsmittel für Tusche gereinigt.

Kunstschrifttusche sollte dünnflüssig, im Farbton gleichbleibend und möglichst lichtecht sein. Wenn die im Handel erhältlichen Farbtuschen zu dünn sind oder nicht genügend dekken, kann man auch Acrylfarben verwenden, die man mit Wasser entsprechend verdünnt. Sie trocknen sehr schnell, und man muß die Feder öfter in warmem Wasser reinigen.

Kameras

Die richtige Kamera zu kaufen ist gar nicht so einfach, weil der Markt unzählige Kamerasysteme und innerhalb dieser Systeme ebenso zahlreiche Modelle anbietet. Zuerst muß man sich darüber klarwerden, was man mit der Kamera anfangen will. Möchte man nur gelegentlich fotografieren, Schnappschüsse machen, Familienerlebnisse und Urlaubstage dokumentieren oder ein richtiger Fotoamateur werden? Und schließlich ist es auch entscheidend, wieviel man zu investieren bereit ist.

Pocketkameras Ihr Vorteil ist ihre Handlichkeit. Sie passen in jede Jakken- oder Handtasche oder ins Handschuhfach des Autos. Da Pocketkameras jedoch einen sehr schmalen Film benutzen (das Bild ist 13 × 17 mm groß), ist es mit der fotografischen Qualität der Bilder nicht weit her. Für Schnappschüsse eignet sich dieses Format sehr gut, wer aber mehr will, wird enttäuscht. Dasselbe gilt für andere Miniaturkameras, die Filmformate unter dem Kleinbildformat (24 × 36 mm) verwenden. Nicht zu leugnen ist aber der Vorteil, eine solche Kamera wirklich immer bei sich tragen zu können. Außerdem: je kleiner die Kamera, desto unauffälliger lassen sich Aufnahmen machen.

Sucherkameras Bei diesem einfachen Kameratyp kontrolliert man das Motiv durch einen separaten Sucher, der manchmal mit einem Schnittbild-Entfernungsmesser ausgestattet ist, so daß sich die Entfernung genau messen läßt und man sich nicht aufs grobe Schätzen verlassen muß.

Sucherkameras sind besonders handlich und eignen sich für den Anfänger oder als Zweitkamera für den Fotoamateur, der immer einen Fotoapparat bei sich trägt. Ein weiterer Vorteil der Sucherkamera: Sie ist sehr leise. Fast jede Spiegelreflexkamera verursacht ein nicht zu überhörendes Geräusch, wenn der Spiegel vor- und zurückklappt. Das Objektiv ist meist fest eingebaut.

Spiegelreflexkameras Man sieht im Sucher der Kamera genau das Bild, das beim Betätigen des Auslösers auf den Film gebannt wird: Durch einen Spiegel wird das Bild direkt in den Sucher der Kamera eingespiegelt. Beim Auslösen klappt der Spiegel für Sekundenbruchteile hoch und erlaubt so die Belichtung des Films.

Ein großer Vorteil der Spiegelreflexkameras besteht darin, daß man bereits im Sucher sieht, ob das Bild scharf eingestellt ist. Dieser Vorteil wiegt noch mehr, wenn man im Nahbereich fotografiert, wo die Schärfe des Bildes ein ganz besonderes Problem ist. Spiegelreflexkameras sind Systemkameras: Man kann also ihre Objektive auswechseln.

Mittelformatkameras Sie sind für den ernsthaften Amateur und Profi gedacht und sollen hier nur der Vollständigkeit halber erwähnt werden. Mittelformat meint den guten alten Rollfilm, auf den, je nach Format, zwischen 8 und 16 Bilder passen. Mittelformatkameras sind unhandlich, groß, nicht gerade leicht und entsprechend kostspielig.

Sofortbildkameras Es gibt sie als Sucher- und als Reflexkameras, in Billigversionen und als teure Modelle sogar mit Wechselobjektiven. Als handlich kann man diese Fotogeräte nicht bezeichnen, was aber durch ihre Bauart bedingt ist. Dem Vorteil, sich einfach bedienen zu lassen und Sekunden nach der Aufnahme das fertige Bild zu liefern, stehen zwei Nachteile gegenüber: Sofortbilder sind ein sehr teures Vergnügen, und ihre Farb- und Schärfenqualität bleibt um einiges hinter dem Standard des herkömmlichen fotografischen Verfahrens zurück.

Zubehör Um zu fotografieren, braucht man nur eine Kamera. Der Fachhandel bietet zu jedem Kamerasystem aber eine Unmenge von Zubehörteilen wie Balgengeräte oder Stative an, die, wenn man sie für spezielle Aufgaben braucht, durchaus sinnvoll sein können.

- Bereitschaftstaschen und Koffer: Eine Kamera kann man „nackt", also schußbereit, mit sich herumtragen. Das ist sinnvoll. Man muß sie aber auch aufbewahren und transportieren, und dafür sollte man das empfindliche Gerät in einer Tasche oder – zusammen mit dem Zubehör – in einem Leder- oder Metallkoffer aufbewahren.
- Blitzgeräte: Wer bei schlechten Lichtverhältnissen fotografieren will und nicht auf besonders lichtempfindliche Filme schwört, braucht eine Kunstlichtquelle, das Blitzgerät. Es gibt einfache Geräte, bei denen man Blitzlampen verwendet, und teurere, die mit Batterien oder wiederaufladbaren Akkus bestückt sind und durch entsprechend höhere Lichtleistung bestechen.
- Blitzlampen: Sie werden einzeln in das Gerät eingesetzt oder zu mehreren in einem Würfel oder in einer Leiste zusammengefaßt; sie können also nur einmal benutzt werden, dann wirft man sie weg. Wer nur ganz selten mit dem Blitzlicht arbeitet, wird damit zufrieden sein. Elektronenblitzgeräte dagegen brauchen keine Blitzlampen, sondern nur eine Batterie bzw. einen Akku, den man immer wieder aufladen kann. Elektronenblitzgeräte arbeiten meistens automatisch und sorgen dafür, daß jedes Bild korrekt belichtet wird.
- Wechselobjektive: Mit einem Normalobjektiv, das man in der Regel zusammen mit dem Kameragehäuse kauft, kann man eine ganze Reihe fotografischer Aufgaben lösen. Zusatzobjektive ermöglichen es dem Fotografen, Aufnahmen von ein und demselben Standpunkt mit jeweils verschiedenen Blickwinkeln zu machen.

Als Weitwinkelobjektive bezeichnet man alle Objektive mit einer Brennweite von 6–35 mm. Teleobjektive sind Objektive mit einer Brennweite ab 135 mm.

Mit einem Teleobjektiv kann man weit entfernte Motive bildfüllend abbilden, je nachdem, wie groß die Brennweite des Objektivs ist. Freilich handelt es sich dabei nicht nur um einen Vergrößerungseffekt; das Objektiv beeinflußt nämlich den gesamten Bildcharakter, und dies muß man mit berücksichtigen, wenn man ein Teleobjektiv verwendet. Wer die Wirkung kennt, kann damit großartige Effekte erzielen. In der Landschaftsfotografie ist das von Bedeutung.

Nicht jedes Teleobjektiv kann man freihändig benutzen. Bei Objektiven mit einer Brennweite bis zu 200 mm läßt sich bei ausreichendem Licht und mit einem empfindlichen Film ohne weiteres frei aus der Hand fotografieren. Bei Objektiven mit höheren Brennweiten ist ein Stativ unabdingbar, damit das Bild nicht verwackelt.

Objektive mit kurzer Brennweite, sogenannte Weitwinkelobjektive, ver-

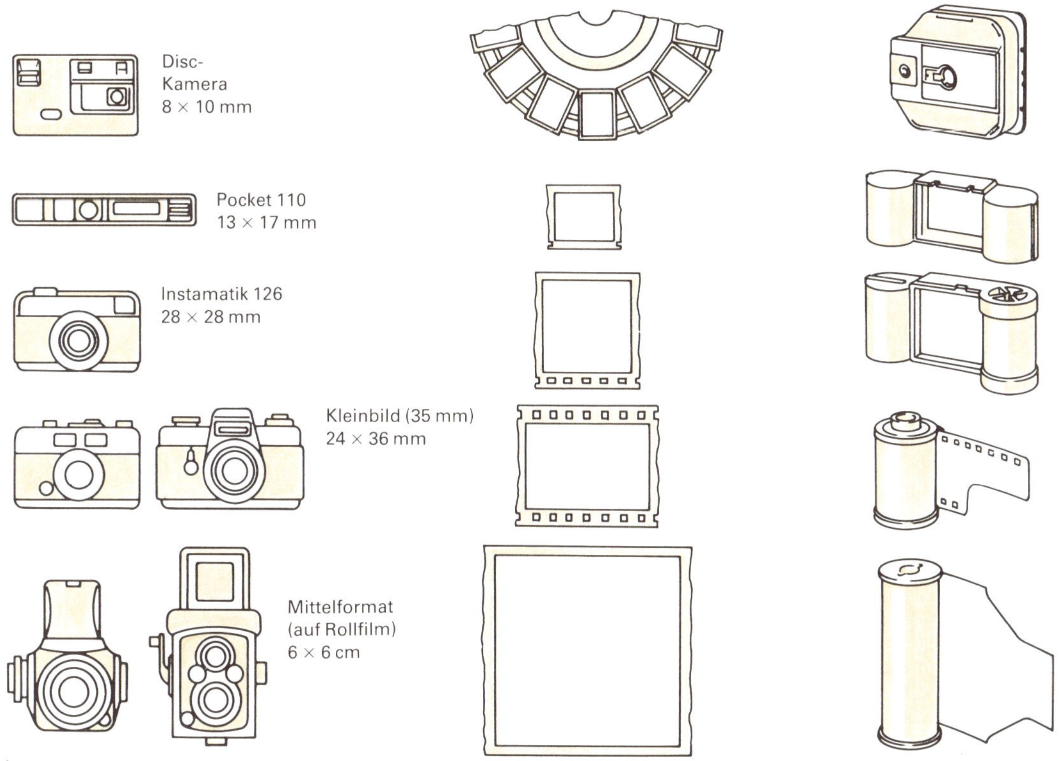

wendet man ebenfalls in der Landschaftsfotografie. Mit ihnen kann man den Eindruck großer Entfernungen vermitteln.

Interessant sind auch Zoom- oder Varioobjektive, so genannt, weil man ihre Brennweite stufenlos verändern kann. Mit einem solchen Objektiv kann man bei der Aufnahme den gewünschten Bildausschnitt festlegen. Wer Dias macht, wird diese Möglichkeit schätzen, da bei Dias Ausschnittvergrößerungen nachträglich nicht möglich sind. Zoomobjektive umfassen entweder den Weitwinkelbereich (24–80 mm), oder sie reichen vom Normalobjektiv bis zum stärkeren Tele (80–200 mm).

Filter Fotografische Filter gibt es für die Schwarzweiß- und die Farbfotografie sowie für Spezialeffekte. Wenn man einen Filter benutzt, verlängert sich die Belichtungszeit je nach Dichte des Filters; dies ist jeweils auf der Filterfassung angegeben. Bei einer Spiegelreflexkamera, die die Belichtung durch das Objektiv mißt, berücksichtigt die Belichtungsautomatik diesen Verlängerungsfaktor selbsttätig.

Der wichtigste Filter für die Schwarzweißfotografie ist der Gelbfilter. Er gilt als eine Art Universalfilter. Personenaufnahmen und Porträts im Freien gewinnen an Plastizität, und bei Landschaftsaufnahmen wird der Dunst weitgehend unterdrückt, der Himmel erscheint etwas dunkler, die Wolken wirken heller. Der Grünfilter dient dazu, Grüntöne sehr differenziert wiederzugeben. Im Wald und auf der Wiese werden die verschiedenen Grüntöne deutlich voneinander abgestuft. Bei Porträtaufnahmen erscheint die Haut kräftig getönt. Der Rotfilter steigert bei Landschaftsaufnahmen den Kontrast. Blau und Grün erscheinen auf dem Bild fast schwarz. Gut geeignet ist der Rotfilter für Landschaftstotalen, da eventueller Dunst gut unterdrückt wird. Verwendet man Schwarzweißfilter bei Farbfilmen, so ergeben sich extreme Farbverfälschungen, die für besondere Effekte sinnvoll sein können.

In der Regel versucht man mit Filtern für die Farbfotografie nur leichte Korrekturen der Gesamtfarbe zu erreichen. Moderne Fotoobjektive sind so vergütet, daß man auch ohne Filter gute Farbaufnahmen erzielen kann. Wer aber oft Landschaftsaufnahmen macht, sollte sich einen Skylight-Filter anschaffen. Dieser Filter ist eine Art Universalfilter für jeden Farbfilm und verhindert, daß Farbaufnahmen eventuell einen Blaustich bekommen. Besonders im Gebirge ist er zu empfehlen. Außerdem schützt er die Frontlinse des wertvollen Objektivs.

Ein Polarisationsfilter ist ein Spezialfilter für die Schwarzweiß- und die Farbfotografie. Mit ihm schaltet man Reflexe auf spiegelnden Flächen aus, beseitigt bei Fernaufnahmen den Dunst und intensiviert die Farbsättigung des Bildes. Daneben gibt es noch eine Unzahl von Effekt- und Trickfiltern, mit denen man bei Farbaufnahmen Bilder zum Teil einfärben kann: Einer Landschaft kann man mit einem Farbverlaufsfilter ohne weiteres einen dunkelblauen Himmel verpassen, den es in Wirklichkeit gar nicht gibt. Andere Filtervorsätze geben dem Bild weiche Konturen oder teilen es in viele Einzelbilder, ähnlich einem Kaleidoskopbild, auf.

Kamine

Nach dem Einbau einer neuen Heizungsanlage kommt es manchmal vor, daß aus der Reinigungsklappe im Keller und auf dem Dachboden eine gelbbraune Brühe herausfließt oder in einem Wohnraum braune Flecke an der Wand erscheinen. Der Grund: Die Rauchgastemperatur der neuen Heizung ist niedriger als die der alten Heizung; sie beträgt z.B. statt 280°C nur noch 160°C. Bei der hohen Rauchgastemperatur der alten Anlage wurde der Schornstein so stark erhitzt, daß kein Kondenswasser entstehen konnte. Bei der geringeren Rauchgastemperatur der neuen Anlage wird der Kamin nicht genügend erhitzt, die Gase kühlen schneller ab und kondensieren nun im Kamin.

Normalerweise kühlen die Gase im oberen Bereich des Kamins ab, im nicht ausgebauten Dachgeschoß bzw. im Schornstein- oder Kaminkopf über dem Dach. Um das zu vermeiden, muß in diesem Bereich eine Wärmedämmung aufgebracht werden.

Kondenswasser bildet sich auch, wenn der Kaminquerschnitt zu groß ist. In diesem Fall muß man sich unbedingt an den zuständigen Schornsteinfegermeister wenden. Die Ausführung der von ihm empfohlenen Maßnahmen übergibt man einer Fachfirma.

Kaminfeuer

Ein offener Kamin sollte mit einem Feuerbock oder Rost – für die Luftzufuhr von unten – und einem Funkengitter ausgestattet sein. Bevor man ein neues Feuer herrichtet, wird die Asche bis auf eine Schicht von 5 cm entfernt und die Zugklappe geöffnet. Das Holz muß trocken und gut abgelagert sein. Feuchtes oder frisch geschnittenes Holz läßt sich schwer anzünden und entwickelt viel Rauch. Hartholz brennt langsamer als Weichholz und lagert nicht soviel Teer im Kamin ab.

Als erstes legt man ein großes Holzscheit ganz hinten auf den Feuerbock und ein etwas kleineres, möglichst mit der geraden Spaltfläche nach innen, etwa 10 cm davor. Den Zwischenraum füllt man mit einigen fest zusammengeknüllten Bogen Zeitungspapier aus; darüber kommen kreuz und quer trockene Holzspäne zum Anzünden, die nicht dicker als 2,5 cm sein sollen. Auf die Späne legt man noch ein kleines Scheit.

Mit einem Streichholz nun das Zeitungspapier anzünden. Sobald das Feuer brennt, darauf achten, daß das oberste Holzscheit langsam zwischen die beiden unteren absinkt. Das vordere Scheit Stück für Stück nach hinten schieben und ein neues Scheit auflegen, sobald genügend Platz ist. Gegebenenfalls noch ein weiteres Holz darüberlegen. Wenn das hintere Holzscheit in der Mitte durchgebrannt ist, legt man ein neues darüber und senkt es allmählich ab, indem man die beiden Reste des ursprünglichen Scheits nach vorn schiebt.

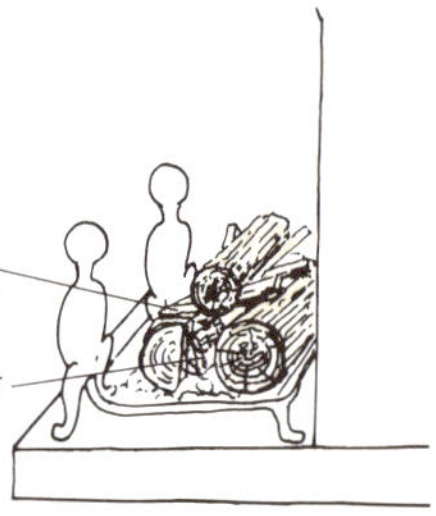

Wenn das Feuer nicht anbrennen will oder starken Rauch entwickelt, kann es daran liegen, daß der Schornstein gekehrt werden muß. Eventuell muß man ein Fenster öffnen, damit dem Feuer mehr Luft zugeführt wird. Wenn die Luft im Schornstein in verkehrter Richtung strömt (die Flamme eines Streichholzes im Kamin brennt nach unten), hält man brennendes Zeitungspapier direkt in die Öffnung des Kaminabzugs, um die Wände des Schornsteins vorzuheizen und damit einen Luftzug nach oben zu erzeugen. Der Kamin ist fehlerhaft gebaut.

Wenn Rauch ins Zimmer tritt Wichtig sind Stellung und Größe der im Kamin eingebauten Zugklappe. Sie sollte sich 15–20 cm oberhalb des unteren Rands der Schürze befinden und ebenso breit sein wie die Öffnung des Kamins. Ist dies nicht der Fall, kann Rauch in das Zimmer treten. Ist die Zugklappe in falscher Stellung eingebaut, läßt sich das Problem manchmal dadurch beheben, daß man ein Ablenkblech oder eine Haube oben in den Feuerraum einsetzt. Ist die Zugklappe nicht breit genug, läßt man von einem Ofensetzer eine Klappe entsprechender Breite einbauen oder verkleinert die Öffnung des Feuerraums.

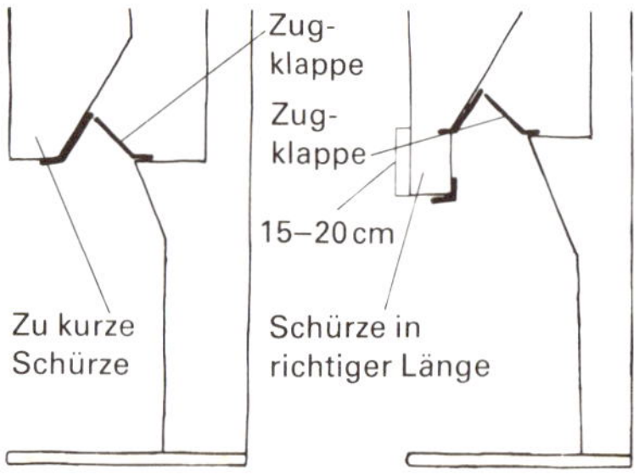

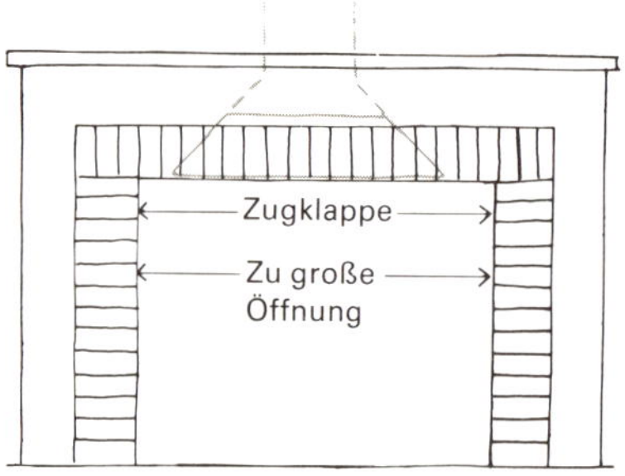

Ebenso kann Rauch austreten, wenn der offene Kamin keine genügende Tiefe hat. Man stellt dann die Feuerböcke oder den Rost erhöht auf Ziegelsteine oder verwendet einen Rost, der sich näher an die hintere Kaminwand schieben läßt. Wenn diese Maßnahmen keinen Erfolg bringen, läßt man sich von einem Fachmann beraten.

Kaninchen

Kaninchen sind widerstandsfähig, sehr fruchtbar, billig in der Haltung und liefern ein wohlschmeckendes, hochproteinhaltiges Fleisch.

Wenn man Kaninchen im Freien halten will, baut man einen Stall aus Brettern oder Spanplatten und Maschendraht für die Türen. Kaninchen halten Kälte gut aus, aber der Stall muß sie vor Regen, Zugluft und großer Hitze schützen. Wenn man den Boden als Schublade konstruiert, erleichtert man sich die Reinigung. Gegen Witterungseinflüsse kann man den Stall mit Bitumenpappe schützen. Die einzelnen Kabinen sollten etwa 90 × 90 × 60 cm groß und mit Gefäßen für Wasser und Futter ausgerüstet sein. Für Heu und Gras gibt es Raufen, für Körnerfutter Näpfe oder Schütten. Als Bodenstreu verwendet man Stroh, Sägemehl oder Torfmull.

Als Anfänger kauft man am besten sechs Monate alte Tiere für die Zucht. Sie sollten lebhaft und sauber sein, klare Augen, trockene Ohren und Nasen und unverletzte Läufe haben. Beim Kauf kann man gleich üben, wie man ein Kaninchen hochhebt: Man faßt es mit einer Hand an der Hautfalte am Genick und unterstützt es mit der anderen am Hinterteil.

Futter Am besten ist Körnermischfutter; man ergänzt es mit zartem Heu, frisch geschnittenem Gras und Gemüseblättern. Auch Wurzelgemüse, Äpfel, Birnen und die Blätter von Obstbäumen fressen Kaninchen sehr gern. Kaninchen, die jünger als ein halbes Jahr sind, sollte man sparsam mit Grünzeug füttern. Grünfutter und Wurzelgemüse darf nicht naß oder feucht sein, weil die Tiere sonst Blähungen bekommen. Wenn man viel Grünfutter gibt, stellt man kein Wasser bereit, sonst sorgt man täglich für frisches Wasser.

Paarung Die beliebtesten Schlachtkaninchen sind mittelschwere Rassen wie die Weißen Neuseeländer. Sie werden mit etwa sechs Wochen geschlechtsreif. Häsinnen zeigen ihre Paarungsbereitschaft dadurch, daß sie unruhig werden und den Kopf am Stall scheuern. Sie sind fast ununterbrochen fruchtbar; unfruchtbare Perioden dauern nur wenige Tage. Wenn man eine Häsin in den Stall eines Rammlers (Männchens) setzt, paaren sie sich meist unverzüglich. Ist dies nicht der Fall, bringt man die Häsin in ihren Stall zurück, wartet ein paar Tage und versucht es dann noch einmal. Man darf nie den Rammler zur Häsin bringen, da diese ihn sonst aus Angst angreift.

Geburt Nach 31 Tagen werden die Jungen gesetzt; sie kommen meist nachts auf die Welt. Man läßt sie ein bis zwei Tage ungestört, bis sich die Häsin beruhigt hat. Dann lenkt man sie mit Futter ab und schaut nach, ob tote oder mißgebildete Junge im Nest sind; diese müssen entfernt werden. Nach acht bis zwölf Wochen sind die Kaninchen schlachtreif. Wer nicht weiß, wie man schlachtet, sollte einen erfahrenen Kleintierzüchter darum bitten oder die Tiere zu einem Metzger bringen.

Krankheiten Wenn ein Kaninchen die Nahrung verweigert, niest, eine laufende Nase oder Durchfall hat, bringt man es zum Tierarzt. Sind die Läufe entzündet, muß man den Stallboden regelmäßig säubern und stets trocken halten.

Kaninchen in der Wohnung Besonders Zwergkaninchen kann man durchaus auch in der Wohnung als Haustiere halten. Wenn man sie frei laufen läßt, sollte man sie nicht unbeaufsichtigt lassen, da sie gern Möbel, Teppiche usw. annagen. In jedem Fall sollte man Stromkabel aus ihrer Reichweite bringen. Gehalten werden sie wie Meerschweinchen (siehe dort).

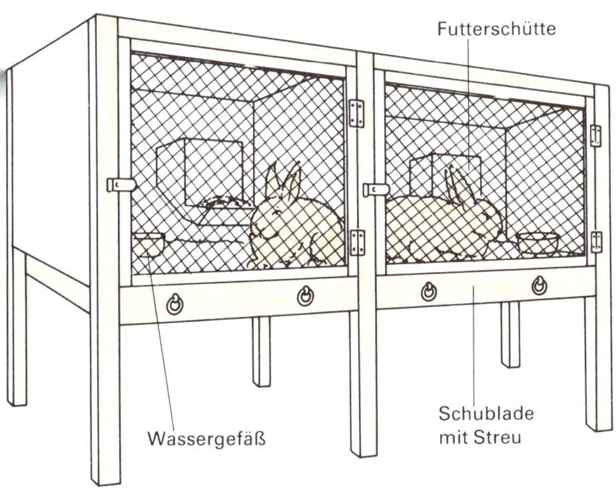

Karamel

Karamel läßt sich am besten in einem Topf mit Kupferboden oder in einem Edelstahltopf herstellen. Man gibt den Zucker bei schwacher Hitze so hinein, daß er im Topf einen Berg bildet. Nicht rühren! Erst wenn der Zucker am Rand schmilzt und langsam Farbe annimmt, bewegt man den Topf vorsichtig, um den Zucker zu verteilen. Sind zwei Drittel des Zuckers geschmolzen, rührt man um. Je dunkler der Zucker bräunt, desto intensiver wird der Geschmack.

Mit reinem Karamel kann man Flanförmchen auskleiden. Möchte man den Karamel etwas flüssiger oder will man eine Karamelsauce oder einen -pudding bereiten, löscht man mit Wasser, Orangensaft oder Milch ab. Man gibt die Flüssigkeit kalt und nur eßlöffelweise unter kräftigem Rühren dazu. Später kann man mehr Flüssigkeit angießen. Hat sich ein Klumpen gebildet, muß man den Topf so lange auf dem Feuer lassen, bis sich der Klumpen in der Flüssigkeit aufgelöst hat.

Karten lesen

Land-, Auto- und Wanderkarten sowie Stadtpläne verzeichnen in einem unterschiedlichen Maßstab auf dem jeweils aktuellsten Stand die Straßen- und Wegeführung, Flußläufe, Täler und Höhenzüge. Der Maßstab 1:50000 beispielsweise bedeutet, daß 1 cm auf der Karte einer Entfernung von 500 m in der Natur entspricht. 1:100000 bedeutet entsprechend, daß 1 cm auf der Karte einer realen Entfernung von 1 km entspricht. Je mehr detaillierte Kenntnisse man über ein Gebiet benötigt, desto größer muß der Maßstab sein. 1:50000 ist der übliche Maßstab für Wanderkarten; für Straßenkarten genügt 1:200000 bis höchstens 1:500000.

Beim Kartenkauf sollte man darauf achten, daß man eine möglichst neue Ausgabe erhält. Das Ausgabejahr der Karte steht meist klein gedruckt am unteren Rand.

Auf guten Karten finden sich an geeigneter Stelle Windrosen, mit denen der geographische Norden angezeigt wird. Dies erleichtert die Orientierung nach Himmelsrichtungen, z.B. beim Wandern; dazu siehe auch *Kompaß*. Neben Maßstab und Windrose finden sich auf Karten oft Gradnetze. Bei Stadtplänen handelt es sich dabei meist um willkürliche Einteilungen im Schachbrettmuster, die zum schnelleren Auffinden von Straßen und Plätzen dienen. Der Benutzer braucht nur die im Register hinter dem gesuchten Ort angeführten Koordinatenangaben auf den jeweiligen Kartenabschnitt zu übertragen, um die genaue Lage zu finden. Bei Landkarten und Atlanten haben diese Unterteilungen noch eine weitere Bedeutung: Hier handelt es sich um die Längen- und Breitengrade der Erde, Meridiane und Parallelkreise genannt.

In Land- und Wanderkarten sind üblicherweise in bestimmten Abständen Höhenlinien eingezeichnet. Mit ihrer Hilfe kann man die Steigung auf einer bestimmten Wegstrecke ermitteln. Liegen die Höhenlinien weit auseinander, handelt es sich um flaches Gelände; drängen sie sich eng zusammen, ist das Gebiet steil.

Zusätzlich wird in den Karten beschrieben, teilweise auch markiert, an welchen Stellen Flußläufe und andere Gewässer überquert werden können. Schließlich weisen sie den Betrachter auch auf Sehenswürdigkeiten und Besonderheiten in der Landschaft hin wie z.B. Hohlwege, Steinbrüche, Aussichtspunkte, Moore, Dünen. Die Erklärung der in der Karte verzeichneten Symbole (Signaturen) findet man in der Legende erläutert.

Kartoffeldruck

Wasserfarben, Pinsel, ein scharfes Messer, Zeitungen als Schutz für die Arbeitsfläche und große, am besten längliche Kartoffeln braucht man für den Kartoffeldruck.

Als erstes halbiert man eine Kartoffel der Breite nach, und dann macht man aus einer Hälfte für den Anfang einen einfachen Druckstempel, z.B. ein Quadrat. Man führt das Messer von außen schräg zur Schnittstelle hin, so daß dort eine gerade Kante entsteht. Als nächstes schneidet man auf gleiche Weise eine weitere Kante an, die parallel zur ersten verläuft, und dann die restlichen zwei Seiten des Quadrats. Die Kanten und die Fläche, mit der gedruckt wird, arbeitet man nach, bis sie gerade und glatt sind. Die Kartoffel wird nicht geschält, denn mit der Schale läßt sie sich besser halten.

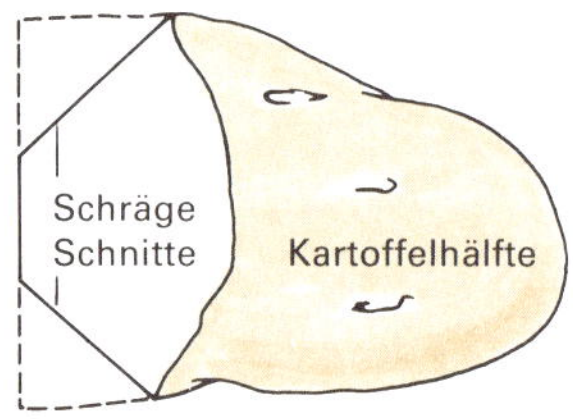

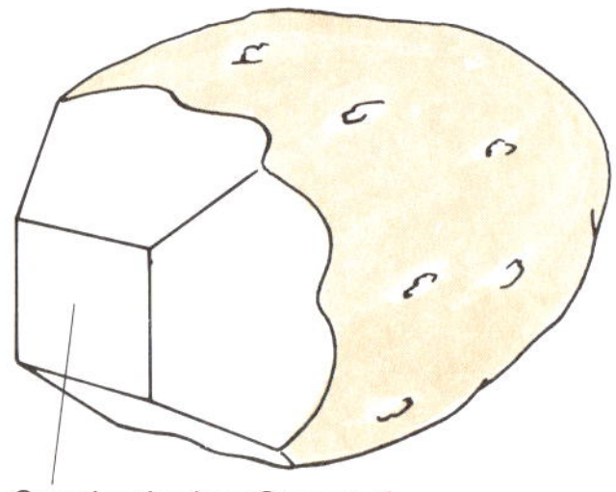
Quadratischer Stempel

Mit fast trockenem Pinsel nimmt man eine beliebige Farbe auf und trägt sie auf die Druckfläche auf. Die ersten Drucke macht man zur Probe auf dem Rand einer Zeitung. Nach jedem Druck wird erneut Farbe aufgetragen.

Allein mit diesem Druckstempel und einer Farbe lassen sich Mosaikbilder drucken, wenn man die Quadrate entsprechend setzt. Mit einem zweiten quadratischen Stempel und einer weiteren Farbe hat man bereits zahlreiche Gestaltungsmöglichkeiten.

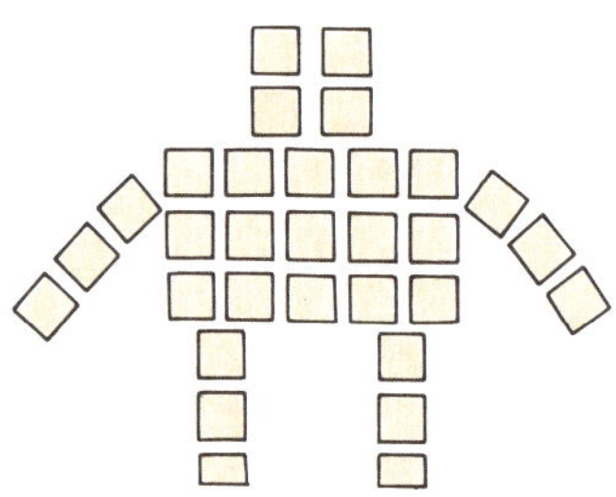

Man kann aber auch Kreisflächen machen, Rechtecke, Stäbchen, Sterne, Ringe und Phantasiemuster in verschiedener Größe. Wenn man die Drucke sich überlappen läßt, entstehen immer neue Muster, Landschaften mit Häusern, Kirchen, Menschen Tieren, Pflanzen, Maschinen und vieles mehr. Bedrucken kann man z.B Zeichenpapier, Karton, Briefpapier und Glückwunschkarten.

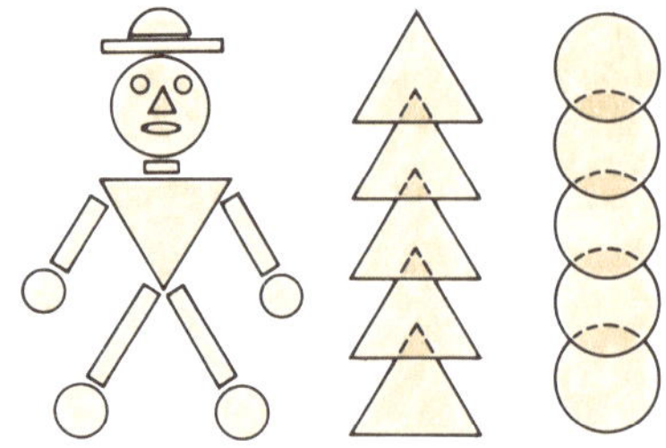

Kartoffeln

Neben Stärke und Ballaststoffen liefert die Kartoffel vor allem Vitamine Spurenelemente und Mineralstoffe Der Nährwert bleibt am besten erhalten, wenn man sie in der Schale kocht. Schonend ist auch das Garen im Spezialtopf ohne Wasser oder im Dampf (siehe *Garmethoden*).

Man unterscheidet zwischen festkochenden, vorwiegend festkochenden und mehligkochenden Kartoffeln Festkochende haben meist eine längliche Knollenform, springen beim Kochen nicht auf, sind von fester Konsistenz, feinkörnig und feucht, schmekken mild bis angenehm kräftig und eignen sich besonders gut für Kartoffelsalat. Vorwiegend festkochende springen beim Kochen nur wenig auf, sind mäßig feucht, feinkörnig und mild im Geschmack; sie eignen sich als Pell- und Salzkartoffeln. Mehligkochende sind meist rund, springen beim Kochen schon auf, sind trocken und grobkörnig, dabei kräftig im Geschmack. Sie eignen sich für Knödel, Püree, Kartoffelsuppe und Kartoffeleintöpfe.

Darüber hinaus unterscheidet man Früh- und Spätkartoffeln. Die frühen sollte man möglichst frisch verbrauchen; zum Einkellern eignen sich die mittelspäten und späten Kartoffelsorten. Empfehlenswerte Sorten: Sieglinde (festkochend, früh); Hansa (festkochend, mittelfrüh); Clivia (vorwiegend festkochend, mittelfrüh); Grata (vorwiegend festkochend, mittelfrüh); Datura (mehligkochend, spät); Irmgard (mehligkochend, mittelfrüh); Maritta (mehligkochend, spät).

Kartoffeln müssen dunkel gelagert werden. Wenn sie dem Licht ausgesetzt sind, färben sie sich grün. Die grünen Stellen müssen großzügig weggeschnitten werden, da sie gesundheitsschädliche Stoffe enthalten. Die günstigste Lagertemperatur liegt bei 4 °C. Eine gute Belüftung, auch von unten, ist besonders wichtig. Am besten geeignet sind Lattenkisten oder Lattenroste mit einer maximalen Schütthöhe von 40 cm. Eine Zeitlang kann man sie auch in Papier- oder Jutesäcken lagern, nicht jedoch in Folienbeuteln aus Plastik. Ist der Lagerraum zu warm, kann man nur kleine Mengen lagern. Streut man keimhemmende Mittel auf die Kartoffeln, kann man sie erst nach sechs Wochen verzehren.

Beim Einkauf achtet man darauf, daß die Kartoffeln sauber, unverletzt und ohne grüne Stellen sind. Bevor man größere Mengen für die Einlagerung kauft, prüft man die Qualität der Ware besonders sorgfältig. Dazu schneidet man auch einige auf und vergewissert sich, daß sie keine inneren Mängel aufweisen.

Kartoffeln anbauen

Es gibt frühe, mittelfrühe und späte Sorten. Frühkartoffeln pflanzt man Mitte März, mittelfrühe Sorten Anfang April und späte Sorten Ende April. Kartoffeln brauchen ziemlich viel Platz, ungefähr 10 × 5 m für acht Reihen. Auch benötigen Kartoffeln viel Licht. In den meisten Böden wachsen Kartoffeln gut, am besten jedoch in einem lockeren Lehmboden. Vor der Pflanzzeit düngt man mit einem mineralischen Volldünger.

Pflanzen Zur Pflanzzeit sollten die Keime kurz und dick sein. Mit einer Ziehhacke macht man 10–15 cm tiefe Furchen. Dann legt man die Saatkartoffeln in einem Abstand von 30 cm mit der Krone nach oben, schiebt mit der Hacke Erde in die Furchen und errichtet mit einem Rechen einen flachen Damm über den gelegten Kartoffeln.

Wenn das Kraut ungefähr 20–25 cm hoch ist, beginnt man mit dem Anhäufeln. (Bei Frühkartoffeln empfiehlt es sich, die jungen Triebe, sobald sie aus dem Boden treten, zum Schutz vor Frösten anzuhäufeln und größere Jungpflanzen mit Laub, Stroh oder Zeitungspapier etwas abzudecken.)

Zuerst lockert man die Erde zwischen den Reihen mit einer Hacke. Mit einer Ziehhacke wird dann die Erde aus den Zwischenräumen zu einem flachen Damm an die Pflanzen herangezogen. Nach einer Woche wiederholt man diesen Vorgang. Ein letztes Mal wird angehäufelt, wenn die Pflanzen ungefähr 30 cm hoch sind und der Damm eine Höhe von maximal 15 cm erreicht hat.

Ernten Die ersten Frühkartoffeln können bereits im Juni geerntet werden, die mittelfrühen Sorten von Juli bis September und späte Sorten im September. Mit einer Schere schneidet man das Kraut ab, ehe man mit einer Grabgabel oder einem Spaten so tief in den Boden sticht, daß man die ganze Pflanze herausheben kann.

Anbau unter Folie Sehr beliebt in neuerer Zeit ist der Anbau von Kartoffeln unter einer schwarzen Plastikfolie. In diesem Fall muß man die Pflanzen nicht anhäufeln. Sobald die jungen Pflanzen die Erde durchbrochen haben, schneidet man 5 cm lange Schlitze in die Folie und zieht die Triebe durch diese Öffnungen. Wenn die Pflanzen blühen, hebt man die Folie an einer Seite hoch und prüft, ob nicht schon einige Kartoffeln reif sind. Nur die größten Knollen werden abgenommen. Dann legt man die Plastikfolie wieder auf. Vor der Ernte wird das Kraut abgeschnitten und die Folie abgenommen. Ehe man die Kartoffeln einlagert, müssen sie gut abgetrocknet sein.

Käse

Je nach Art der Reifung entstehen der jeweils typische Charakter und das Aroma des Käses. Je länger ein Käse reift, desto fester, würziger und leichter verdaulich wird er.

Käse enthält besonders viel Eiweiß und Mineralstoffe. Man unterscheidet die einzelnen Sorten nach der Fettgehaltsstufe, d. h. nach dem Fettgehalt in der Trockenmasse (Fett i. Tr.). Die Magerstufe umfaßt Käse mit weniger als 10 %, die höchste, die Doppelrahmstufe, bezeichnet Käse mit 60–85 % Fett i. Tr. Der absolute Fettgehalt ist niedriger; Hartkäse mit 45 % Fett i. Tr. hat z. B. nur 27 % Fett absolut.

Käse lagert man, in dicht anliegender Aluminium- oder Plastikfolie verpackt, im Käse- oder Gemüsefach des Kühlschranks. Besser ist allerdings ein kühler Keller oder eine Speisekammer. Da er weiterreift, muß man mit einer Nadel einige Löcher in die Folie stechen. Käse als Laib kann sich mehrere Monate halten, Schnittkäse am Stück etwa zehn Tage. Weichkäse wie Brie muß bei etwa 15 °C reifen; voll ausgereift, hält er bei kühler Lagerung nur wenige Tage.

Schmelzkäse, kühl und luftdicht verpackt, hält vier Wochen. Man nimmt den Käse etwa eine Stunde vor dem Servieren aus dem Kühlschrank, damit sein Aroma sich bei Zimmertemperatur entfalten kann; nur Frischkäse serviert man gekühlt.

Reicht man Käse zum Dessert, so paßt am besten Wein dazu. Nur kräftigere Edelpilzkäse wie Roquefort oder Gorgonzola erfordern einen kräftigen Rotwein; die meisten anderen Käsesorten vertragen sich auch sehr gut mit Rosé- und Weißweinen.

Käsekästchen

Bei diesem Schreibspiel kämpfen zwei Spieler mit unterschiedlichen Farbstiften gegeneinander. Auf einem Blatt Karopapier grenzt man ein beliebig großes Quadrat als Spielfeld ab; je größer das Feld, desto länger dauert das Spiel. Jeder Spieler markiert nun abwechselnd mit seinem Stift je eine waagrechte oder senkrechte Seite eines beliebigen Karos. Ziel des Spieles ist es, möglichst viele Karos (Kästchen) zu schließen. Dabei versucht jeder Spieler zu verhindern, daß der Gegner ein Kästchen schließt. So kann es vorkommen, daß beide um dasselbe Kästchen kämpfen.

Sobald es einem gelungen ist, ein Kästchen zu schließen, darf er es mit seiner Farbe ausmalen. Wer ein Karo erobert hat, darf außerdem einen weiteren Strich machen. Gewinner ist derjenige, der die meisten Kästchen besitzt, wenn alle Linien des Spielfelds vollständig geschlossen sind.

Das Spiel verlangt Konzentration und logische Kombinationsgabe. Es gilt, die Strategie des Gegenspielers zu ergründen, um herauszufinden, welchen Zug (Strich) er wohl plant, und ihm zuvorzukommen.

Kasperlspiel

Das Kasperlspiel ist eines der ältesten Puppenspiele. Klassische Figuren sind Kasperle, Gretel, König, Königin, Hexe, Großmutter, Polizist, Teufel und Krokodil, deren Köpfe und Arme von den Fingern der Spieler bewegt werden. Für eine Anleitung zum Selbermachen siehe *Finger- und Handpuppen; Papiermaché.*

Zum Kasperltheater gehört auch eine Bühne, die man einfach improvisieren kann: Man braucht nur einen größeren Tisch auf die Seite zu legen, sich dahinter zu setzen oder zu legen und die Puppen hochzuhalten. Auch ein Bettlaken, das man über eine Stange hängt, kann als Bühne dienen: Gespielt wird oberhalb der Stange; die Spieler stehen oder sitzen hinter dem Laken. Aus einem großen Verpackungskarton, z.B. von einem Kühlschrank oder einer Waschmaschine, kann man eine Bühne basteln: In die Vorderfront ein rechteckiges Loch, hinten einen Eingang einschneiden; gegebenenfalls Hocker unter die Vorderfront des Kartons stellen; darauf achten, daß die Spieler unsichtbar bleiben. Den Bühnenausschnitt außen mit einem Vorhang bedecken; als Hintergrund in der Größe des Bühnenausschnitts Landschaftsbilder malen und sie an der Rückwand des Kartons befestigen; den Pappkarton bemalen oder mit Stoff bespannen. Von Vorteil ist, daß sich ein Pappkarton leicht verstauen läßt. Auch ein Holzgerüst aus einigen Dachlatten, die an den Seiten vernagelt werden, kann als Bühne herhalten. Anschließend das Gerüst mit Stoff bespannen und den Bühnenausschnitt mit einem Vorhang versehen. Auch Preßpappe eignet sich für die Herstellung einer Kasperlbühne.

Für das Kasperlspiel gibt es keine festen Regeln. Die Handlung der Stücke kann man frei erfinden. Traditionell ist das Erkennungslied vom Kasperl: „Tri tra trullala, tri tra trullala, Kasperle ist wieder da!" Er befreit sich aus jeder brenzligen Situation, hilft auch Gretel häufig, muß bisweilen die Königin retten und wird dafür vom König belohnt.

Kassetten und Recorder

Wenn sich das schmale Band einer Tonkassette verdreht und verheddert, zieht man es mit einer aufgebogenen Büroklammer bzw. einem Bleistift vorsichtig heraus, legt es auf eine glatte Fläche und versucht, es mit sauberen Fingern zu glätten. Vorsichtig wird es dann wieder in die Kassette eingedreht. Hat sich ein längeres Bandstück in der Kassette verheddert, muß man diese öffnen. Dazu löst man die Schrauben, die die beiden Teile des Kassettengehäuses zusammenhalten, entfernt das obere Gehäuseteil und versucht dann, das verhedderte Bandstück abzuwickeln, zu glätten und wieder aufzuwickeln. Gebrochene Bänder werden mit einer speziellen Klebevorrichtung aus dem Fachhandel wieder zusammengefügt.

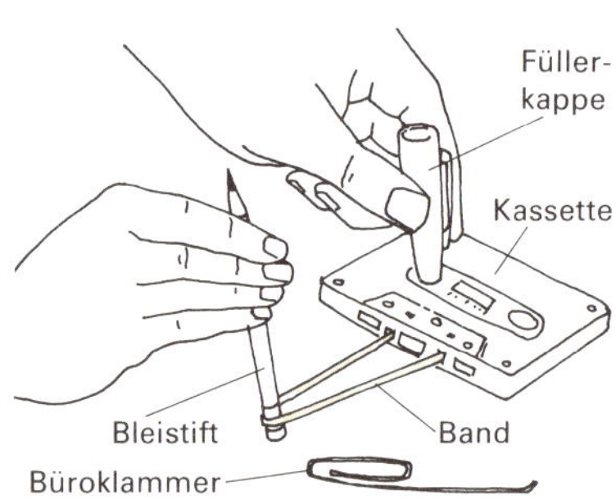

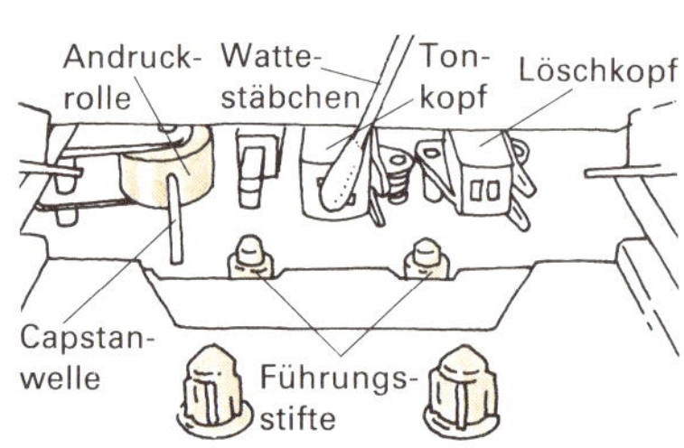

Recorder reinigen Um die Klangqualität des Recorders zu erhalten, sollte man regelmäßig die Tonköpfe mit einem Wattestäbchen reinigen, ebenso die Andruckrolle, die Capstanwelle (Tonwelle) und alle Führungsstifte. Dazu verwendet man eine im Fachhandel erhältliche Reinigungsflüssigkeit. Der Fachhandel hält Reinigungskassetten bereit, die man wie eine normale Kassette einlegt und abspielt. Automatisch werden so die Köpfe gereinigt. Ebenso gibt es spezielle Entmagnetisierkassetten.

Kater

Ein Kater ist die Folge von übertriebenem Alkoholgenuß. Die Symptome sind Kopfschmerzen, Müdigkeit, Übelkeit, ein trockener Mund und Kreislaufstörungen, die bis zu 24 Stunden anhalten können.

Viel Schlaf und Ruhe helfen. Morgens Wechselduschen machen, um den Kreislauf anzuregen. Gegebenenfalls eine Kopfschmerztablette einnehmen. Möglichst viel Flüssigkeit (Mineralwasser, Fruchtsäfte oder Tomatensaft, Bouillon, Tee oder Kaffee) trinken. Säuerliche Speisen wie etwa Rollmöpse oder auch ein Glas Milch können helfen, den Magen zu beruhigen. Auch Bewegung an der frischen Luft, etwa ein Spaziergang, oder Schwimmen kann die Beschwerden lindern. Auf keinen Fall Auto fahren.

Vorbeugend möglichst wenig und nicht durcheinander trinken; man muß sein Maß kennen und sich danach richten. Den Alkohol mit Wasser und Eiswürfeln verdünnen. Wenig rauchen, da Nikotin die Alkoholwirkung verstärken kann. Vor dem Schlafengehen ein großes Glas Wasser trinken.

Wer häufig einen Kater hat, sollte sich fragen, ob nicht bereits eine Alkoholabhängigkeit besteht, und seine Trinkgewohnheiten ändern.

Wenn ein Betrunkener bewußtlos wird und der Verdacht auf eine Alkoholvergiftung besteht, muß man unbedingt einen Arzt holen.

Siehe auch *Kreislaufstörungen.*

Katzen

Bevor man eine junge Katze kauft oder übernimmt, untersucht man sie auf ihren allgemeinen Gesundheitszustand und ihre Charaktereigenschaften. Ihr Fell sollte glatt und glänzend sein, ohne kahle Stellen und ganz sauber, auch an den Hinterläufen und unter dem Schwanz. Außerdem beobachtet man, wie die Katze reagiert, wenn man sie im Arm hält und streichelt. Dann weckt man ihren Spieltrieb, indem man einen Faden am Boden entlangzieht. Spielt sie nicht damit, kann dies bedeuten, daß sie nicht gesund ist oder aber daß der Vorbesitzer sie vernachlässigt hat.

Erziehung zur Sauberkeit Die Katze darf sich in ihrer neuen Umgebung frei bewegen, aber man läßt sie in den ersten zehn Tagen nicht aus der Wohnung. An eine ruhige Stelle in Küche oder Bad stellt man ein Katzenklo mit geruchsbindender Katzenstreu. Dort setzt man sie immer wieder hinein, um ihr zu zeigen, daß sie an diesem Ort ihre Geschäfte verrichten darf. Die verunreinigte Streu wird nach Bedarf erneuert (siehe auch *Stubenreinheit*).

Ernährung Am einfachsten ist es, wenn man Fertignahrung verfüttert. Es gibt sie als Feucht- und Trockenfutter. Beide enthalten alle wichtigen Nährstoffe in ausgewogenen Anteilen. Damit eine Katze nicht allzu wählerisch wird, nimmt man ihr übriggelassenes Futter weg und bietet es ihr zur nächsten Mahlzeit wieder an. Feuchtfutterreste bewahrt man im Kühlschrank auf. Vor dem Füttern bringt man sie auf Zimmertemperatur und rührt sie um.

Speisereste vom Tisch sind Leckerbissen für Katzen; man sollte ihnen aber kein Schweinefleisch, keine fetten Fleischreste, keine Geflügelhaut und auch keine Fischgräten oder Geflügelknochen geben. Fisch sollte nur ein- bis zweimal in der Woche gefüttert werden. Die meisten Katzen stehlen auch gern Speisereste, die auf dem Tisch stehengeblieben sind; am besten setzt man sie dieser Versuchung erst gar nicht aus und räumt die Reste gleich weg. Einige Katzen fressen zu hastig und müssen dann erbrechen. Um sie zu einer langsameren Nahrungsaufnahme zu zwingen, kann man das Futter in einem größeren Gefäß, beispielsweise in einer Bratpfanne, als dünne Schicht verteilen. Außerdem muß man immer frisches Wasser bereithalten; das ist besonders wichtig, wenn man Trockenfutter gibt.

Will man eine Katze davon abhalten, Vögel, Nager und andere Kleintiere zu jagen, bewirft man sie (aus einem Versteck heraus) mit kleinen Kieselsteinen, wenn sie sich anschleicht. Frei jagende Katzen können durch ihre Beutetiere mit Krankheiten angesteckt werden.

Fellpflege Das Fell einer Katze wird mit einer Bürste oder einem Kamm mit abgerundeten Zähnen gepflegt; dadurch regt man die Durchblutung der Haut an und entfernt ausgefallene Haare. Langhaarige Katzen müssen, vor allem zur Zeit des Fellwechsels, täglich gebürstet werden; sonst bürstet man Katzen im Abstand von einigen Tagen.

Auch regelmäßig gebürstete Katzen schlucken Fellhaare, wenn sie sich putzen. Diese Haare bilden im Magen ein Knäuel, das meist ausgewürgt wird, gelegentlich aber auch zu einer Darmverstopfung führen kann. Tritt bei einer Katze dieses Problem auf, setzt man ihrer Nahrung zweimal in der Woche einen Teelöffel Vaseline zu und kämmt sie häufiger. Dabei wird auch kontrolliert, ob die Katze Flöhe hat; die Parasiten sind manchmal nur an kleinen schwarzen Pünktchen (ihren Ausscheidungen) zu erkennen. Manche Katzen sind gegen Flöhe allergisch und bekommen bereits nach wenigen Bissen Ekzeme. Zur Bekämpfung von Flöhen verwendet man nur Mittel, die ausdrücklich als für Katzen ungefährlich bezeichnet sind.

Gesundheit Katzen sollten unbedingt gegen Katzenpest und Katzenschnupfen (eine schwere Infektion der Atemwege) geimpft werden. Auch eine Schutzimpfung gegen Tollwut (siehe dort) ist ratsam. Vorsorglich sollte man eine Katze jährlich vom Tierarzt untersuchen lassen. Dabei können, wenn erforderlich, auch Schutzimpfungen erneuert werden.

Junge Katzen läßt man auf Würmer untersuchen. Wurmmittel sind leichte Gifte und dürfen ohne ärztliche Anweisung weder jungen noch alten Katzen verabreicht werden, wenn sie krank sind.

Sofern Katzen nicht zur Zucht gehalten werden, sollte man sie sterilisieren oder kastrieren lassen, sobald sie ihre Geschlechtsreife (nach rund sechs Monaten bei einer Katze und acht bis neun Monaten bei einem Kater) erreicht haben. Dadurch werden die Tiere nicht dick, wie oft zu hören ist; außerdem streifen kastrierte Kater weniger umher.

Wenn eine Katze appetitlos ist, oft niest und teilnahmslos erscheint, mißt man ihre Temperatur mit einem Fieberthermometer, das man mit Vaseline einreibt. Man hebt den Schwanz an und hält die Katze fest, während das Thermometer 2–3 cm weit in den After eingeführt wird. Nach drei Minuten liest man das Thermometer ab: Die Normaltemperatur einer Katze liegt zwischen 38 und 39,5 °C. Bei höherer oder tieferer Temperatur sucht man einen Tierarzt auf.

Einer Katze sollte man niemals ohne tierärztlichen Rat ein Medikament verabreichen, denn Katzen reagieren sehr empfindlich auf viele Medikamente.

Siehe auch *Flöhe; Kratzbaum; Reisen mit Haustieren; Stubenreinheit; Tiergerüche beseitigen.*

Kaugummi entfernen

Kaugummi läßt sich leichter entfernen, wenn man ihn durch Abreiben mit einem in Plastikfolie eingewickelten Eiswürfel hart macht. Man kann auch kleinere Gegenstände, an denen ein Kaugummi klebt, in eine Plastiktüte einwickeln und in die Kühltruhe legen, bis der Kaugummi hart geworden ist. Dann kratzt man ihn mit einem stumpfen Gerät ab. Um die restlichen Spuren von einer Wand, vom Fußboden oder von Möbelstücken zu entfernen, reibt man die Stelle mit Fleckenmittel, Benzol oder Terpentin ab; bei Asphalt eine Waschmittellösung verwenden.

Um Kaugummiflecke aus Textilien zu entfernen, legt man den Stoff mit der rechten Seite nach unten auf ein sauberes, saugfähiges Tuch oder Küchenkrepp; die Stelle leicht mit einem Tuch abreiben, das mit Fleckenmittel angefeuchtet ist. Während der Behandlung den Stoff immer wieder versetzen, damit sich der Fleck stets an einer sauberen Stelle des untergelegten Tuchs befindet.

Hat ein Kind Kaugummi im Haar, muß man die Strähne abschneiden.

Keilriemen erneuern

Will man den Keilriemen auswechseln, löst man die Verstellung an der Lichtmaschine und schiebt diese bis zum Anschlag zurück. Den Keilriemen kann man jetzt abnehmen.

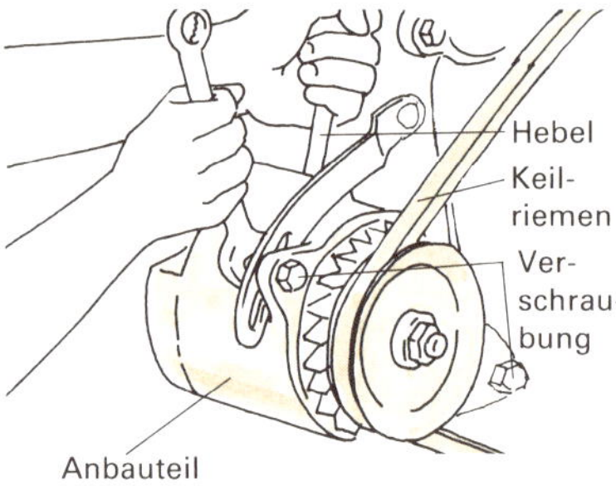

An der Keilriemenaußenflanke erkennt man die genaue Bezeichnung sowie die Keilriemenlänge und besorgt sich die passende Ausführung. Am zweckmäßigsten ist es, wenn man die entsprechende Keilriemenbestükkung als Reserve immer im Kofferraum mitführt.

Den Keilriemen legt man, ohne ihn zu verdrehen, in das Profil der Riemenscheibe ein und spannt die Lichtmaschine, indem man ein Montiereisen einlegt. Die Langlochverstellung

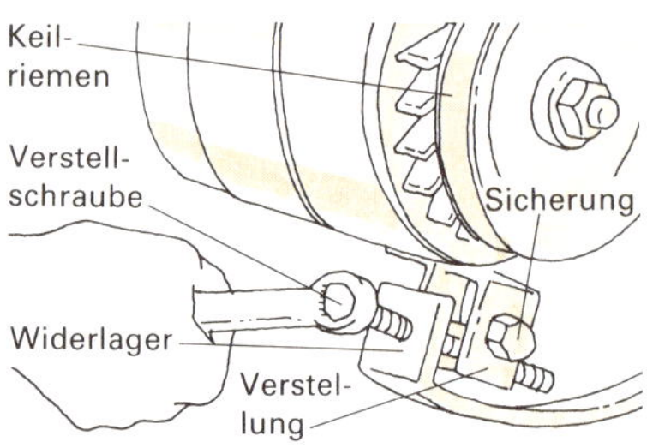

der Lichtmaschine zieht man fest und prüft die Keilriemenspannung. Der Keilriemen sollte sich an seiner längsten freien Stelle zwischen den beiden Riemenscheiben um etwa 10–15 mm durchdrücken lassen.

Keilzinken

Keilzinken werden meist maschinell hergestellt; sie eignen sich für Langholz-, Breiten- und Eckverbindungen (A, B, C). Da man Hirnhölzer nicht stumpf miteinander verleimen kann, sind Keilzinken unerläßlich, wenn man Langhölzer verlängern will. Doch auch bei Breitenverbindungen ist diese Art der Leimfugenvergrößerung zu empfehlen: Wenn die Keilzinken gut passen und sorgfältig verleimt werden, ist diese Verbindung sogar stark beanspruchbar. Sie wird daher häufig bei Hallen- und Brückenkonstruktionen angewendet, indem man lamellenartig verleimte Hölzer als Träger (Leimbinder) einsetzt, die große Spannweiten ermöglichen.

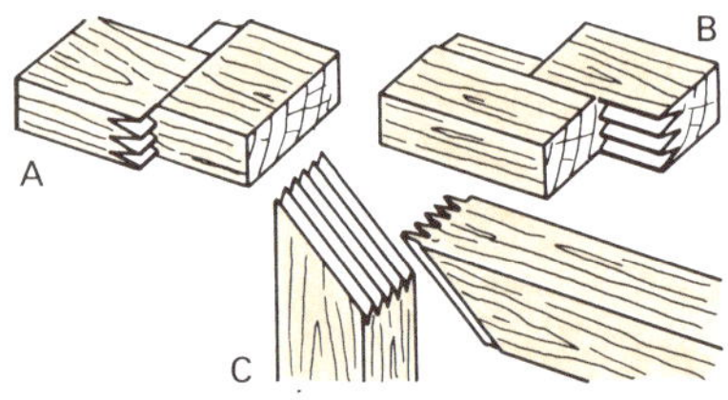

Im Rahmenbau werden Keilzinkenverbindungen verwendet, weil man die Teile in jeder Winkelstellung „zusammenfingern" kann.

Keller unter Wasser

Wasser im Keller kann verschiedene Ursachen haben, z.B. eine gebrochene oder durchgerostete Wasserleitung, Hochwasser oder einen Rückstau, wenn die Abwasserkanäle das Regenwasser nach einem Wolkenbruch o.ä. nicht mehr aufnehmen können.

Bei einem Leitungsbruch oder einer undichten Leitung schließt man sofort den Hauptabsperrschieber bei der Wasseruhr. Ist dies nicht möglich, ruft man das zuständige Wasserversorgungsunternehmen an, das einen Schieber außerhalb des Hauses zudreht.

Bei einer Überschwemmung kann man nur versuchen, die Öffnungen abzudichten, durch die das Wasser eindringt, etwa mit Sandsäcken, Putzlappen oder alten Kleidungsstücken.

Bei einem Rückstau stopft man den Ablauf zu und beschwert die Abdichtung, damit sie nicht wieder herausgedrückt werden kann. Anschließend versucht man mit Eimern oder mit Pumpen (Feuerwehr), das Wasser so schnell wie möglich zu entfernen.

Man öffnet alle Fenster und Türen und sorgt für ausreichende Lüftung, damit die Feuchtigkeit entweichen kann. Regale und Schränke rückt man von den Wänden, damit diese besser trocknen können.

Siehe auch *Leitungswasserschäden.*

Kerzen gießen

Mit nur wenigen Materialien und Werkzeugen kann man Kerzen nach eigenem Geschmack selbst herstellen. Als Kerzenwachs eignet sich am besten Paraffin, das man in Blöcken kaufen kann. Ein Zusatz von 10% Stearin zum Paraffin erhöht den Schmelzpunkt, macht die Kerzen härter und bewirkt, daß sie länger brennen. Die Rohstoffe sind in Hobbygeschäften erhältlich. Als Faustregel gilt: 3 Eßl. Stearin auf 500 g Wachs.

Man zerteilt das Paraffin in kleinere Stücke, bringt Wasser im Wasserbad (siehe dort) zum Kochen und legt nacheinander einige Paraffinbrocken hinein. Während das Wachs schmilzt, kontrolliert man die Temperatur mit einem Einweckthermometer; die Temperatur sollte 98 °C nicht überschreiten, weil das Paraffin sonst zu rauchen beginnt und braun wird.

Sobald das Wachs geschmolzen ist, rührt man das Stearin unter. Wenn sich das Stearin aufgelöst hat, schneidet man Wachsfarbe in kleinen Flokken hinein. Um die Farbe auszuprobieren, läßt man ein wenig eingefärbtes Wachs auf ein weißes Papier tropfen. Die Kerze wird allerdings etwas dunkler.

Gießen Man kann Gießformen für Kerzen kaufen oder Kunststoffbecher, Blechdosen mit glatten Wänden, Milchkartons oder andere Hilfsmittel verwenden. Damit sich die Kerze später besser herausnehmen läßt, wird die Gießform innen mit Silikonspray ausgesprüht; man kann sie auch mit Pflanzenöl einfetten.

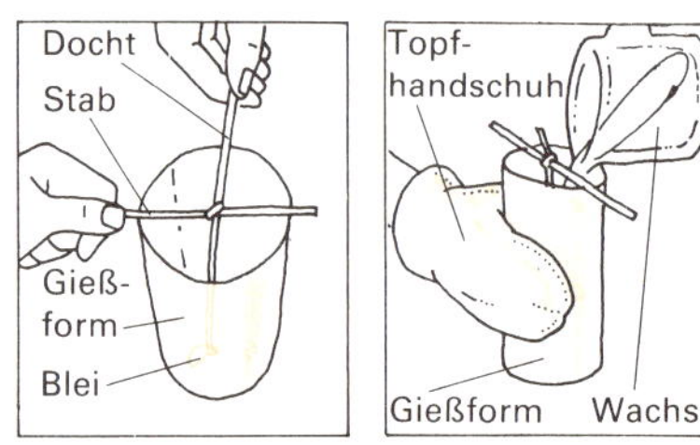

Das Ende des Dochts wird am Boden der Gießform mit Klebeband fixiert oder mit einem Bleigewicht beschwert. Über den Rand der Gießform legt man einen Holzstab und bindet daran den Docht so fest, daß er straff gespannt ist.

In Formen aus Metall wird das Wachs mit einer Temperatur von 98°C eingefüllt; die Form selbst wärmt man auf 43°C vor. Wenn man Formen aus anderem Material verwendet, sollte das Wachs nur 83 °C heiß sein. Man trägt Topfhandschuhe und gießt das Wachs aus dem Wasserbad in einen Metallbecher und dann langsam in die Gießform. Bei Kerzen mit verschiedenen Farbschichten läßt man das Wachs in der einen Farbe erstarren, bevor man die nächste Schicht in einer anderen Farbe darübergießt. Die mit Wachs gefüllte Gießform stellt man bis zur Kerzenhöhe in einen Eimer mit kaltem Wasser und beschwert sie mit einem Gewicht. Nach 30 Minuten nimmt man das Gewicht herunter, sticht Löcher in die Wachskruste am Docht und gießt den Hohlraum, der sich rund um den Docht gebildet hat, mit flüssigem Wachs auf.

Man läßt das Wachs über Nacht aushärten und trennt dann die Kerze von der Gießform, indem man sie vorsichtig am Docht herauszieht, aus der

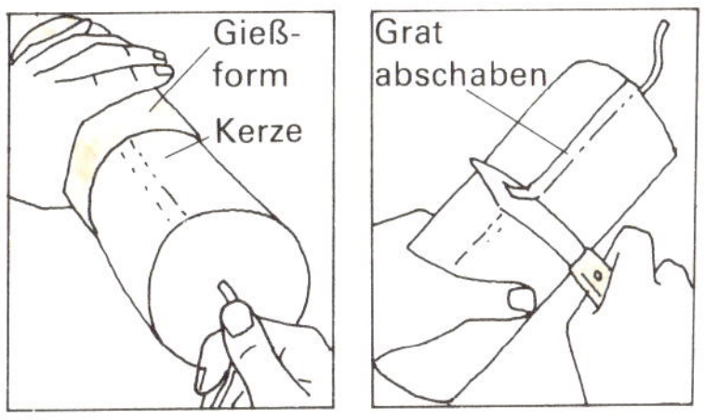

Form gleiten läßt oder die Form abschält. Sollte die Kerze einen Grat haben, wird er mit einem Messer abgeschabt.

Kettensägen

Das Arbeiten mit Kettensägen ist nicht ungefährlich. Deshalb sollte man Sicherheitskleidung wie Schutzbrille, Helm und festes Schuhwerk mit Stahlkappen tragen, um das Unfallrisiko zu mindern.

Man hält die Säge stets mit beiden Händen fest und drückt den Krallenanschlag fest an. Wenn man ohne Anschlag sägt, kann man plötzlich nach vorn gerissen werden. Wichtig ist auch, daß man einen sicheren Stand hat. Nach Möglichkeit sollte man nicht allein arbeiten, damit im Notfall sofort jemand Hilfe holen kann.

Wenn man Bäume fällt, vereinbart man Rufkommandos. Anwesende Personen, die nicht beteiligt sind, muß man auf das Vorhaben rechtzeitig hinweisen.

Man sollte nie mit verschlissener Sägekette arbeiten, sondern sie immer rechtzeitig nachschärfen.

Bevor man zu arbeiten beginnt, reinigt man die Säge mit einer Bürste oder bläst sie mit Preßluft ab, besonders im Bereich der Einfüllöffnungen für Gemisch- und Haftöl.

Das Zweitaktgemisch füllt man im angegebenen Mischungsverhältnis in den Tank. Dabei darf man kein offenes Feuer unterhalten und nicht rauchen. Der Tankverschluß muß fest verschraubt werden und dicht sein. Dann öffnet man den Verschluß für das Kettenhaftöl und füllt das vorgeschriebene Haftöl auf.

Anschließend stellt man die Spannung der Sägekette ein. Dazu löst man die außen am Sägeblatt liegende Sicherungsschraube oder -mutter und zieht die Spannschraube so lange an, bis die Sägekette an der Unterseite gut am Schwert anliegt und gerade noch über die Führungsschiene gezogen werden kann. Dann wird die Kettenspannvorrichtung arretiert, indem man Sicherungsmuttern oder -schrauben anzieht. Die Säge ist nun betriebsbereit.

Säge starten Man stellt die Säge auf den Boden, hält sie mit einer Hand am oberen Handgriff fest, stellt einen Fuß in den hinteren Handgriff. Danach drückt man den Handschutz nach vorn, wodurch die damit verbundene Kettenbremse ausrastet.

Nun drückt man die Starterklappe, bedient die Gashebelsperre, gibt gleichzeitig Gas und zieht den Seilstarter mehrmals kräftig durch. Der Motor sollte sicher anspringen.

Bei manchen Sägen wird die Starterklappe automatisch in 0-Stellung gebracht, wenn man den Gashebel bedient, bei anderen muß man dies von Hand machen. Die Starterklappe sollte man nicht zu lange betätigen, damit der Motor nicht absäuft. Man gibt mehrmals Gas und beobachtet, ob der Motor einen stabilen Leerlauf hat. Die Kette darf dabei nicht mitlaufen. Die Kettenbremse wird erst eingerastet, wenn man zu sägen anfängt. Da es verschiedene Fabrikate gibt, muß man sich nach der Bedienungsanleitung richten.

Einstellarbeiten Je nach Wetterlage und Höhenlage kann es erforderlich sein, den Vergaser der Kettensäge neu zu justieren. Dabei sollte man nach Möglichkeit die mit „H" bezeichnete Einstellschraube nicht verdrehen, denn sie beeinflußt die Höchstdrehzahl, und wenn diese überschritten wird, besteht die Gefahr eines Motorschadens.

Korrekturen sind mit der Leerlaufanschlagschraube möglich. Wenn die Säge öfter stehenbleibt, kann man die Anschlagschraube etwas öffnen.

Man führt einen Probelauf durch, gibt Gas und läßt den Gashebel los. Dabei muß die Sägekette unverzüglich stehenbleiben.

Läuft die Kette mit, verdreht man die Verstellschraube entgegengesetzt. Mit Hilfe einer weiteren Einstellschraube kann man das Leerlaufgemisch beeinflussen. Man markiert die Ausgangsstellung, um sie wiederzufinden. Dreht man sie nun nach rechts, wird das Gemisch magerer, dreht man sie nach links, wird es fetter. Dabei beobachtet man, bei welchem Gemisch der Leerlauf stabiler wird.

Kerzen und Zündung Nach längerer Betriebsdauer empfiehlt es sich, die Kerze herauszuschrauben und sie auf Verschleiß zu prüfen. Ist der Elektrodenabstand zu weit, biegt man die

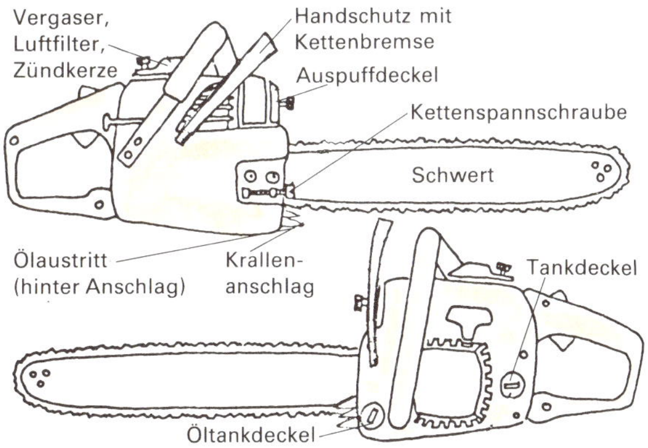

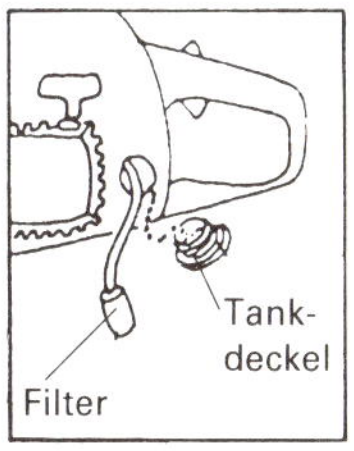

Masseelektrode nach. Stimmt der Elektrodenabstand nicht, springt der Motor schlecht an, oder er setzt aus.

Fast alle modernen Kettensägen haben berührungslose Zündsysteme, so daß keine Wartung und Pflege erforderlich ist.

Kettenpflege Trotz automatischer Ölversorgung sollte man die Kette von Zeit zu Zeit in ein Ölbad legen. Und die Führungsschiene, das Schwert, wird regelmäßig gereinigt.

Eine stark beanspruchte Kette muß nachgefeilt werden. Dafür gibt es auf die jeweiligen Kettentypen abgestimmte Rundfeilen und einen dazugehörigen Feilenhalter. Man feilt die Schneide am Schärfwinkel stets nur in einer Richtung. Der Schärfwinkel (A) bei den meisten Ketten liegt zwischen 30 und 35°. Zusätzlich muß man auch den Brust- und Dachschneidewinkel (B, C) nacharbeiten.

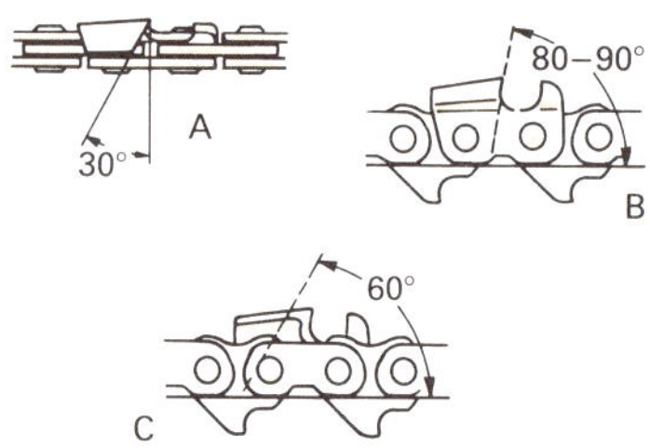

Man kann die komplette Kettensäge auch beim Kundendienst des jeweiligen Herstellers abgeben, der dann die Kette mit einem Schärfgerät nacharbeitet. Sehr wichtig ist auch, daß die Kette immer richtig straff gehalten wird.

Luftfilter reinigen Motorsägen haben Kleinfilter, meist aus Schaumstoff oder Gewebedraht. Im Filter sammelt sich Sägemehl, das ihn allmählich belegt. Dadurch kann der Kraftstoffverbrauch steigen, außerdem wird der Leerlauf unstabil.

Von Zeit zu Zeit entfernt man den Schutzdeckel und bläst den Luftfilter von innen nach außen aus. Ist der Filter sehr verschmutzt, wäscht man ihn in Benzin aus und bläst ihn anschließend durch.

Wenn man sehr trockenes Holz sägt, sollte man den Filter täglich nach Abschluß der Arbeiten reinigen.

Elektroantrieb Für Arbeiten ums Haus gibt es auch Kettensägen mit Elektroantrieb in verschiedenen Größen und Stärken. Man arbeitet mit ihnen wie mit benzinbetriebenen Sägen und pflegt sie nach den Herstellerhinweisen.

Siehe auch *Motorsägen; Sägen.*

Kinder im Auto

Besonders problematisch ist der Transport von Babys bis zum Alter von etwa zehn Monaten. Die sicherste Methode ist, wenn man das Baby liegend transportiert, und zwar im abnehmbaren Kinderwagenoberteil, das man mit Sicherheitsgurten befestigt. Bei manchen Kindersitzsystemen sind die Gurtanlenkpunkte so konstruiert, daß bei einem Unfall die Schale ausschwenkt und der Körper sicher aufgefangen wird.

Babys und Kleinkinder werden auch bei anderen Kindersitzsystemen grundsätzlich auf den Rücksitzen transportiert. Erst Kinder ab zwölf Jahren darf man vorn im Pkw sitzen lassen.

Es gibt auch Babysitze, bei denen das Kind entgegen der Fahrtrichtung auf dem Vordersitz mit Hilfe des serienmäßigen Sicherheitsgurtes untergebracht wird. Sofern der Kindersicherheitssitz der ECE-Norm 44 entspricht, schreiten die Ordnungsbehörden nicht ein, obwohl das Kind vorn untergebracht ist. Gut bei diesem System ist der Augenkontakt mit der Bezugsperson am Lenkrad.

Für ältere Kinder gibt es ein nach Lebensalter und Körpergröße abgestuftes Programm, das sich ebenfalls mit dem serienmäßigen Gurtsystem verbinden läßt.

Autofahren ist für Kinder nach kürzester Zeit langweilig. Deshalb zur Abwechslung ausreichend Spielzeug mitnehmen. Für ältere Kinder ist Lesestoff zu empfehlen. Auch Spiele, die man im Auto durchführen kann, sorgen für Unterhaltung (siehe *Reisen mit Kindern* sowie im Register unter *Ratespiele* und *Schreibspiele*).

Kinder im Krankenhaus

Wenn kleine Kinder, die noch nie im Krankenhaus waren, eingewiesen werden müssen, ist es wichtig, daß ein Elternteil oder ein Verwandter bei ihnen im Krankenhaus bleibt. In den meisten Kinder- und Säuglingsstationen der Krankenhäuser wird das „Rooming-in" angeboten. Dabei wird der Mutter ein Zusatzbett in das Krankenzimmer des Kindes gestellt, in dem sie schlafen kann. Wenn man jedoch – z.B. aus beruflichen Gründen – nicht bei seinem Kind bleiben kann, sollte man ihm unbedingt die Wahrheit sagen. Auf keinen Fall dem Kind falsche Versprechungen machen. Bevor man geht, sollte man dem Kind einen ihm vertrauten Gegenstand geben und nach Möglichkeit dafür sorgen, daß wenigstens ein Bekannter das Kind ein- bis zweimal täglich besucht.

Man sollte auch mit der zuständigen Krankenschwester sprechen und ihr bestimmte Angewohnheiten des Kindes erklären.

Zeichnet sich die Notwendigkeit eines Krankenhausaufenthaltes länger im voraus ab, sollten die Eltern ihr Kind darauf vorbereiten: Man kann vom Krankenhaus erzählen, mit dem Kind Krankenschwester und Arzt spielen, Kindergeschichten aus dem Krankenhausmilieu vorlesen, die Kinderstation eines Krankenhauses besuchen und möglicherweise schon Arzt und Krankenschwester kennenlernen.

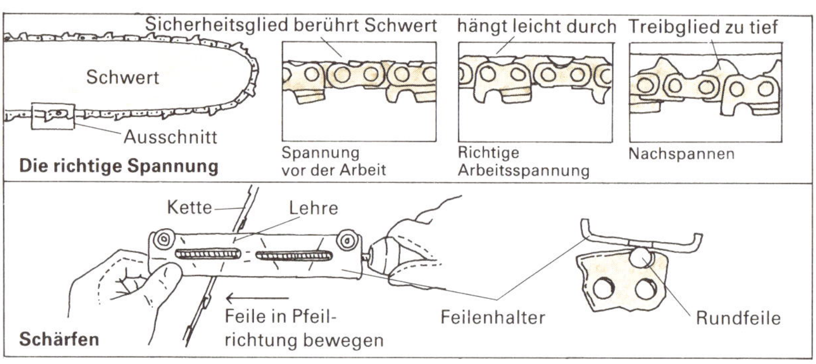

Ins Krankenhaus sollten die Kinder dann immer etwas von Zuhause, z.B. ein Schlaftier, einen Teddybären oder die Lieblingspuppe, mitnehmen.

Wenn das Kind aus dem Krankenhaus zurückkommt, ist es meist etwas verändert, möchte keinen Augenblick allein bleiben und klammert sich an die Mutter. Möglicherweise macht es das Bett wieder naß (obwohl es schon trocken war), wacht nachts auf, weigert sich einzuschlafen oder klagt über Kopf- und Bauchschmerzen. Diese „Trennungsreaktionen" vergehen mit der Zeit wieder.

Wenn es sich vermeiden läßt, sollten Eltern ihre Kinder nicht ins Krankenhaus geben. Viele Kinderkrankheiten (siehe dort) können in Absprache mit dem Hausarzt zu Hause behandelt werden. Wichtig dabei ist eine gute Betreuung den ganzen Tag über und z.T. auch nachts. Überängstlichkeit und Besorgnis der Betreuer belasten das Kind nur und können den Genesungsprozeß verzögern.

Kinderkrankheiten

Bei allen ist der Arzt hinzuzuziehen; zur Unterstützung der Behandlung kann man einiges selber tun.

- Keuchhusten: Symptome sind eine Erkältung mit starker Schleimabsonderung aus der Nase und übermäßigen Hustenanfällen. Nach einigen Tagen zieht das Kind am Ende eines Hustenkrampfes die Luft geräuschvoll ein. Manchmal muß es nach einem Hustenanfall erbrechen. Man verabreicht ihm kalorien- und vitaminreiche Getränke und Medikamente gegen Husten in empfohlener Dosierung, bringt es an die frische Luft und raucht in seiner Gegenwart nicht. Der Keuchhusten dauert drei Wochen bis vier Monate. Vorbeugend kann man bei besonders gefährdeten Kindern eine Schutzimpfung machen lassen.
- Masern: Zu Beginn treten häufig kleine weiße Bläschen in Mundhöhle und Backentaschen auf. Eigentliches Kennzeichen ist aber ein Hautausschlag mit kleinen bräunlich rosaroten, erhabenen Flecken. Er beginnt hinter dem Ohr und breitet sich etwa am vierten Tag in größeren Flecken über den ganzen Körper aus. Etwa ein bis zwei Tage vorher tritt ein trockener Reizhusten auf, und die Temperatur steigt; auch eine Bindehautentzündung mit brennenden und geröteten Augen kann hinzukommen. Nach Auftreten des Hautausschlags dauern Masern etwa fünf bis sieben Tage. Der Betroffene sollte Bettruhe einhalten (bei Augenbeschwerden das Zimmer etwas abdunkeln), viel trinken und gegebenenfalls fiebersenkende Mittel in empfohlener Dosierung einnehmen. Vorbeugend kann man eine Impfung durchführen lassen, die in etwa 35% aller Fälle wirksam ist und vor allem eine Minderung von gefährlichen Komplikationen bewirkt.
- Mumps: Die Ohrspeicheldrüse schwillt vor dem Ohr und oberhalb des Kieferwinkels an. Nach ein bis zwei Tagen geht die Schwellung auf die gegenüberliegende Speicheldrüse über. Der Betroffene hat Ohrenschmerzen sowie Beschwerden beim Kauen und Schlucken. Der Betroffene sollte bei Kaubeschwerden nur Suppen und Getränke zu sich nehmen, kühlende Umschläge machen und einige Tage im Bett bleiben. Die Krankheit dauert etwa eine Woche. Vorbeugend kann man eine Impfung machen lassen. Eine gefürchtete Folgekrankheit bei erwachsenen Männern ist die Hodenentzündung, die Unfruchtbarkeit zur Folge haben kann.
- Röteln: Ein Ausschlag mit winzigen rosaroten, leicht erhabenen Flecken tritt zuerst hinter den Ohren oder auf dem Gesicht auf und breitet sich dann über den ganzen Körper aus. Geschwollene Drüsen, vor allem hinter den Ohren, und Gelenkschmerzen (besonders bei Erwachsenen) können hinzukommen. Treten Röteln innerhalb der ersten 16 Schwangerschaftswochen auf, kann das Kind tot oder mit Mißbildungen geboren werden. In diesem Frühstadium ist eine Schwangerschaftsunterbrechung möglich. Vorbeugend sollten sich junge Frauen gegen Röteln impfen lassen; eine Schwangerschaft in den ersten zwei Monaten nach der Impfung ist zu vermeiden. Frauen, die nicht wissen, ob sie Röteln bereits gehabt haben, sollten eine Blutuntersuchung machen lassen.
- Scharlach: Symptome sind Halsschmerzen und ein Ausschlag mit winzigen Flecken, der sich wie Sandpapier anfühlt und weiß wird, wenn man dagegen drückt. Dazu kommen Fieber, Erbrechen, ein gerötetes Gesicht und eine weiß belegte Zunge mit roten Flecken. Wenn der Ausschlag abklingt, kann sich die Haut schälen. Scharlach wird durch körperlichen Kontakt übertragen. Der Betroffene sollte von Beginn der Krankheit an sieben Tage isoliert werden. Die Krankheit dauert ein bis zwei Wochen. Bettruhe einhalten; kühle Getränke und fiebersenkende Tabletten in empfohlener Dosierung einnehmen und so schnell wie möglich mit einer vom Arzt verordneten Antibiotikabehandlung beginnen.
- Windpocken: Wer sie einmal gehabt hat, bekommt sie nie wieder. Windpocken beginnen mit einem stark juckenden Ausschlag, der sich, vom Rumpf ausgehend, auf Arme, Beine, Gesicht und Kopf ausbreitet. Zunächst besteht er aus linsengroßen, rosafarbenen Flecken, aus denen kleine Bläschen mit wasserklarem, später trübem bis eitrigem Inhalt werden. Die Bläschen trocknen dann ein, wobei sich in der Mitte eine Delle bildet, und verkrusten. Etwa vier Tage lang erscheinen die Flecken in großen Mengen, so daß alle Ausschlagsstadien gleichzeitig auf dem Körper vorhanden sein können. Die Temperatur ist leicht erhöht. Innerhalb von etwa zwei Wochen verschwinden dann die Krusten. Den Ausschlag trocken- und sauberhalten; täglich kurz duschen und die Haut trockentupfen. Gegen den Juckreiz Puder oder Salben auftragen; die Bläschen auf keinen Fall aufstechen oder aufkratzen, da sonst Narben zurückbleiben. Reichlich trinken. Nur bei hohem Fieber Bettruhe einhalten. Bei hohem Fieber oder Erbrechen, wenn die Augen angegriffen sind und wenn sich die Bläschen entzünden, ruft man einen Arzt.

Bei Erwachsenen besteht die Gefahr von Komplikationen wie etwa Lungenentzündung. An Windpocken Erkrankte muß man von Babys unter sechs Monaten und von hochschwangeren Frauen, die vor der Geburt stehen, fernhalten, da sonst das Baby mit Windpocken geboren werden kann. Sonst sind Windpocken während der Schwangerschaft ungefährlich. Auch ältere Menschen sollten jeden Kontakt meiden, da für sie die Gefahr einer Gürtelrose besteht.

Siehe auch *Pseudokrupp*.

Kinderpartyspiele

Bei der Vorbereitung einer Kinderparty sollte man mehr Spiele einplanen, als voraussichtlich notwendig sein dürften, falls einige vielleicht nicht zustande kommen oder schneller als erwartet beendet sind. Auch die Reihenfolge der Spiele (abwechselnd längere und kürzere) sollte vorher festgelegt werden, damit sich die Kinder nicht langweilen.

Suchspiele Beim einfachen Suchspiel werden Süßigkeiten im Haus oder im Garten versteckt. Die Kinder beginnen zu einem bestimmten Zeitpunkt mit der Suche; der Finder darf die Leckereien als Preis behalten. Man kann auch eine Schatzsuche veranstalten. Zunächst werden kleine Preise versteckt. Dann bekommt jedes Kind einen farbigen Zettel mit Hinweisen, die zu seinem Schatz führen. Bei einem weiteren Suchspiel legt – oder spannt – man aus Fäden ein Spinnennetz kreuz und quer durch das Zimmer. An ein Fadenende hängt man einen Zettel, auf dem der Name des Kindes steht, an das andere Ende einen Preis. Jedes Kind muß nun seinen Faden aufwickeln, um den Preis zu bekommen, darf dabei aber kein Möbelstück oder andere Hindernisse aus dem Weg räumen.

Hindernisrennen Der Staffelkurs wird vom Spielleiter festgelegt; dabei müssen verschiedene Aufgaben bewältigt werden, beispielsweise einen kompletten Fußballdreß an- und auszuziehen oder Wasser in Kaffeetassen aus einem vollen Eimer auf der einen Seite des Zimmers in einen leeren in der anderen Zimmerecke zu bringen. Dann werden zwei Mannschaften gebildet, die möglichst schnell alle Aufgaben erfüllen müssen. Sieger ist die schnellere Mannschaft.

Geschicklichkeitsspiele Man benötigt eine Vase oder ein ähnliches Gefäß mit engem Hals und je Spieler fünf eingewickelte Bonbons. Die Spieler stellen sich 3 m von der Vase entfernt auf. Jeder bekommt fünf Bonbons und hat drei Versuche, diese in die Vase zu werfen. Sieger ist der Spieler, der alle Bonbons losgeworden ist. Ebenso kann man Stecknadeln in eine Flasche fallen lassen oder Karten in einen Hut werfen. Die Spielregeln legt man vorher miteinander fest.

Apfeltauchen Man breitet eine große Plastikfolie auf dem Fußboden aus. Dann stellt man eine große Schüssel auf die Folie, füllt sie etwa 15 cm hoch mit Wasser und läßt einige Äpfel darin schwimmen. Die Spieler knien einzeln oder in Gruppen rund um die Schüssel und versuchen (ohne Zuhilfenahme der Hände), in einen der schwimmenden Äpfel hineinzubeißen und ihn so aus dem Wasser zu holen. Wer die meisten Äpfel aus dem Wasser geholt hat, ist Sieger. Eine Spielvariante ist das Apfelschnappen. Dazu werden an die Stiele der Äpfel etwa 50 cm lange Fäden gebunden. Die Fadenenden befestigt man am besten an der oberen Leiste einer Türöffnung. Die Äpfel baumeln dann herunter. Die Spieler müssen ihre Hände auf dem Rücken halten und versuchen, in die Früchte hineinzubeißen. Statt der Äpfel kann man auch Würstchen oder Süßigkeiten aufhängen. An die Apfelspiele kann sich dann – vor allem bei älteren Mitspielern – das Apfelschalenorakel anschließen. Sobald ein Spieler einen Apfel ergattert hat, muß er ihn mit einem Messer in einem möglichst langen, fortlaufenden Streifen schälen und die Schale über die linke Schulter hinter sich werfen. Dann deuten die Mitspieler die Figur, die die Schale gebildet hat.

Detektivspiel Bei diesem Spiel für ältere Kinder bekommt jeder Gast vom Spielleiter einen Zettel. Auf einem der Zettel steht Detektiv, auf einem zweiten Mörder; die restlichen Zettel sind unbeschrieben. Der Detektiv gibt sich gleich zu erkennen und verläßt den Raum; die übrigen Spieler bleiben im Zimmer. Sie wissen nicht, wer von ihnen der Mörder ist. Dann wird das Licht ausgeschaltet. Der Spieler, auf dessen Zettel Mörder steht, sucht sich unter den anderen Mitspielern ein Opfer und schlägt ihm leicht auf die Schulter. Das Opfer läßt sich dann mit einem Laut zu Boden fallen. Der Mörder entfernt sich wieder und mischt sich unter die übrigen Teilnehmer. Dann wird das Licht wieder eingeschaltet; der Detektiv kommt in den Raum zurück und versucht durch geschickte Fragen, den Mörder zu ermitteln. Nur der Mörder selbst darf lügen; alle anderen Spieler müssen die Wahrheit sagen.

Staffelrennen Das Spiel kann auf Geburtstags- oder Faschingspartys auch im Kostüm veranstaltet werden. Bei beliebig vielen Teilnehmern werden zwei Mannschaften gebildet, die sich als Hexen verkleiden (z.B. mit Röcken und Kopftüchern) und den vorher verabredeten Kurs – auf Besenstielen reitend – zurücklegen. Sieger ist die schnellere Mannschaft.

Das Staffelrennen kann auch im Geistermilieu stattfinden: Dazu zieht sich jeweils ein Läufer aus beiden Mannschaften ein Leintuch über den Kopf (eventuell zwei Augenlöcher einschneiden) und rennt schnell um einen vorher verabredeten Platz. Sobald der Läufer zum Ausgangspunkt zurückkommt, wirft er das Gewand ab und übergibt es dem nächsten Läufer seiner Mannschaft, der wiederum als Geist verkleidet um den Platz rennen muß. Sieger ist die Mannschaft, die zuerst den Platz umrundet hat.

Preise Für jedes Kind wird von Spielbeginn an eine Punktekarte geführt. Dem Gewinner eines Spiels werden drei Punkte, dem zweiten Sieger zwei Punkte und allen anderen Kindern ein Punkt gutgeschrieben. Am Ende der Party zählt man die Punkte zusammen und läßt die Kinder in der Reihenfolge der erzielten Punkte einen Preis selbst auswählen. Die Preise sollten etwa den gleichen Wert haben, und niemand darf leer ausgehen.

Siehe auch *Blindekuh; Hänschen, piep einmal; Kasperlspiel; Ratespiel; Reise nach Jerusalem; Sackhüpfen; Scharade; Schnitzeljagd; Seilspringen; Suchrallye; Tauziehen; Zaubertricks.*

Kissen

Es gibt zwei Grundformen: einfache Kissen, die in der Mitte am höchsten sind und zu den Kanten hin flach werden, und Kissen mit Boden, die kastenförmig sind und überall die gleiche Höhe haben.

Einfaches Kissen Will man ein einfaches Kissen aus Schaumstoff beziehen, schneidet man zwei Stoffteile nach den Abmessungen des Schaumstoffs zu. Rund um einen Stoffteil wird 12 mm von den Kanten entfernt eine Paspel (siehe dort) angenäht. Diesen Stoffteil legt man rechts auf rechts auf den anderen und näht sie an drei Seiten 12 mm vom Rand entfernt zusammen. (Durch die 12 mm breite Naht wird der Bezug etwas kleiner als die Schaumstoffeinlage und liegt daher gut an.)

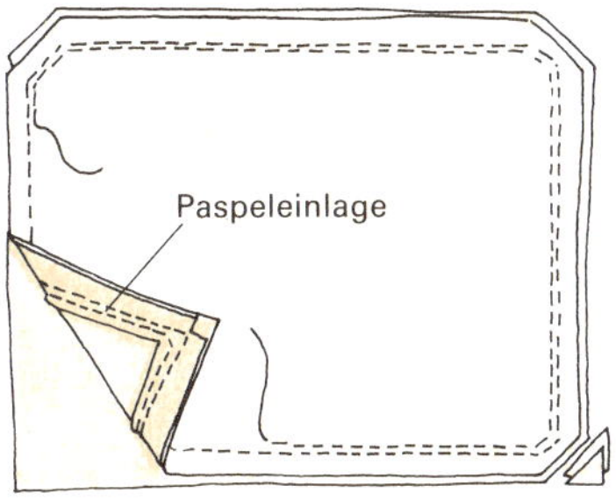

Der Bezug wird nach rechts gewendet, gebügelt und über das Kissen gezogen. Die Öffnung wird mit Staffierstichen (siehe *Saumstiche*) geschlossen. Man kann auch einen Reißverschluß einnähen (siehe *Reißverschlüsse*). Damit der Bezug sich zum Waschen besser von der Schaumstoffeinlage abnehmen läßt, kann man auf gleiche Weise einen Innenbezug aus einfachem leichtem Stoff anfertigen.

Kissen mit Boden Der Bezug für ein rechteckiges Kissen mit Boden wird aus zwei Stoffteilen zugeschnitten, deren Größe jeweils der Kissenoberfläche zuzüglich der halben Kissenhöhe und einer Nahtzugabe von 2,5 cm an allen vier Seiten entspricht. An einer Seite wird ein Reißverschluß verdeckt eingearbeitet (siehe *Reißverschlüsse*); der Reißverschluß bleibt offen. Die beiden Teile legt man rechts auf rechts aufeinander und näht sie zusammen; dabei fängt man an einem Ende des Reißverschlusses an und näht entlang den Kanten bis zum anderen Reißverschlußende. Das Kissen zieht man ein und steckt die Ecken genau ab. Das Kissen nimmt man wieder heraus und näht entlang den mit Stecknadeln markierten Linien; überschüssiges Material schneidet man ab. Den Bezug wendet man schließlich nach rechts und drückt die Ecken heraus.

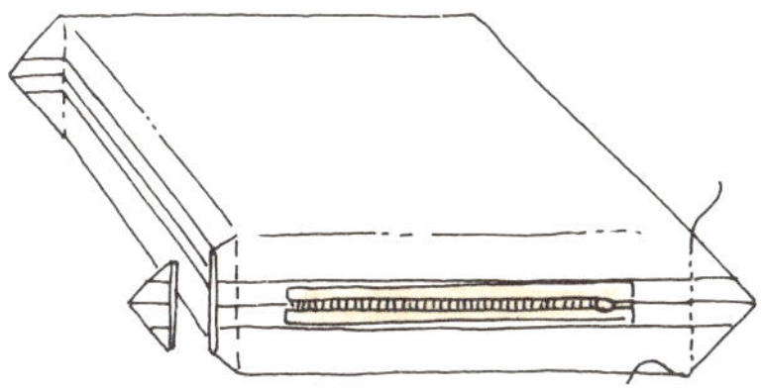

Kissen mit loser Füllung Mit losem Füllmaterial kann man Kissen in beliebiger Größe und Form herstellen. Für das Füllmaterial wird zunächst ein Innenbezug aus festem Gewebe zugeschnitten und an drei Seiten zusammengenäht. Den Sack mit dem Füllmaterial (Polyesterflocken, Kapok, Federn oder Daunen) schneidet man an einer Ecke ein, steckt sie in den Innenbezug und füllt das Material ein. Die Öffnung näht man mit Staffierstichen zu. Dann fertigt man den Außenbezug an, wie für ein einfaches Kissen beschrieben.

Klappladensicherung

Fensterläden mindern den Energieverlust und bieten Sonnen-, Wetter- und Einbruchschutz. Bei den herkömmlichen Konstruktionen muß man das Fenster öffnen, wenn man den Laden schließen oder öffnen will.

Für Klappläden gibt es Kurbelöffner, mit denen man die Ladenflügel vom Zimmer aus auf- und zumachen kann, ohne die Fenster öffnen zu müssen. Die Beschläge sind verdeckt und von außen nicht erreichbar. Wenn man die Kurbel wegnimmt, können die Läden nicht bewegt werden.

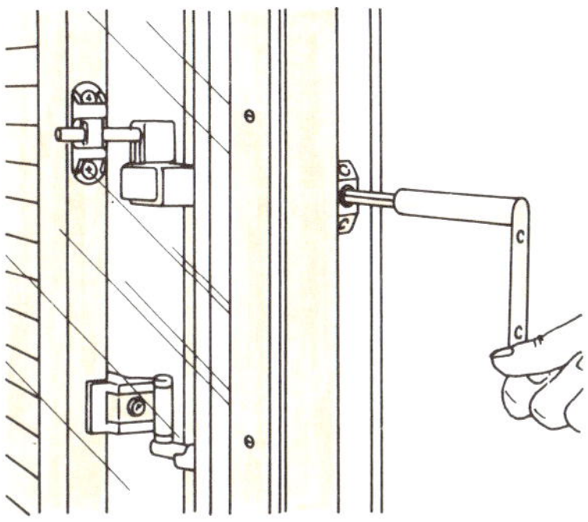

Der Kurbelöffner ist unabhängig vom Drehpunkt der Bänder und kann auch nachträglich montiert werden.

Klebebänder

Für die verschiedensten Arbeiten gibt es Klebebänder mit unterschiedlichen Eigenschaften; sie variieren auch in Farbe und Breite.

- Kristallklares Klebeband ist der Standardklebefilm für Büro, Haushalt und Schule. Es hat auf einer Seite einen Klebefilm, ist sehr reißfest, alterungs- und lichtbeständig sowie feuchtigkeitsunempfindlich. Mit dem Band kann man zukleben, verpacken, reparieren und fixieren.
- Mit dem beschreibbaren Klebeband lassen sich Dinge rasch markieren und beschriften. Da es so gut wie unsichtbar ist, kann man damit gut Urkunden, Fotos, Buchseiten usw. reparieren.
- Temperaturbeständiges Klebeband hat einen speziellen Selbstklebefilm, der kurzzeitig bis zu einer Temperatur von 120 °C wärmebeständig, alterungs- und lichtbeständig sowie heißlichtpausfähig ist. Breite Bänder dieser Art gibt es mit vollflächigem Klebefilm oder mit Klebefilm nur am Rand. Damit schützt man z.B. Versandetiketten oder Dokumente.
- Reißfestes Verpackungsband hat eine hohe Klebekraft und hält auch hohe Belastungen aus.
- Mit dem Segelband lassen sich beim Segeln schnell und zuverlässig kleine Reparaturen durchführen.
- Mit Griffband macht man die Griffe von Sportgeräten rutschfest; man kann damit aber auch alle möglichen Dinge provisorisch reparieren und fixieren.
- Das Pannenband verwendet man, um z.B. undichte Wasserschläuche an Autos behelfsmäßig abzudichten.
- Das normale Kreppband läßt sich vielseitig in Haushalt und Büro sowie zum Basteln verwenden. Man kann es auch beschriften.
- Das schwach gekreppte Band verwendet der Maler als Abdeckstreifen, um schnurgerade, saubere Farbkanten zu erreichen.
- Das stark gekreppte Band nimmt der Maler dann, wenn auf Flächen geschwungene Formen sauber abgedeckt werden müssen.
- Das Abdeckband für Lackierer ist naß-, schliff- und füllerfest und hält mehrere Brenndurchläufe im Lackierofen aus.
- Abdeckpapier mit Selbstklebestreifen verwendet man, um große Flächen in einem Arbeitsgang abzudecken. Es gibt auch Abdeckpapier mit doppeltem Klebestreifen.
- Gewebeband gibt es in vielen Farben und Breiten. Es klebt gut, ist reißfest und eignet sich zum Basteln, Dekorieren, Markieren, Reparieren, Schützen und Verstärken.

- Mit selbstklebendem Prägeband kann man selbstklebende Schilder in vielen Farben herstellen. Die Schrift erscheint weiß auf farbigem Untergrund. Die Bänder sind feuchtigkeits- und temperaturbeständig und halten Temperaturen bis 80 °C aus.
- Das doppelseitige Klebeband kann man für viele Arbeiten verwenden, bei denen zwei Materialien miteinander verbunden werden müssen. So lassen sich beispielsweise sehr leicht Teppichböden damit verlegen.
- Das Abdichtklebeband hat auf der Oberseite eine Schaumstoffauflage. Man kann damit gut Fenster und Türen aller Art abdichten.
- Auf das selbstklebende Kennband für Kabel sind Zahlen aufgedruckt, so daß sich damit Kabel gut numerieren lassen, z. B. bei der Verdrahtung von Modelleisenbahnanlagen.
- Isolierband ist unentbehrlich, wenn man elektrische Leitungen isolieren muß. Man kann damit auch Kabelummantelungen ausbessern.

Kleben

Klebeverbindungen sind heute von technischer Bedeutung, weil sie oft einfacher und preisgünstiger sind als andere Verfahren. Außerdem kann man auch ungleiche Werkstoffe miteinander verbinden, was beispielsweise beim Schweißen nicht möglich ist.

ACHTUNG!

Wenn man mit Klebstoffen arbeitet, muß man für eine gute Raumbelüftung sorgen, denn ihre Lösemittel sind gesundheitsschädlich. Man sollte die Dämpfe möglichst nicht einatmen und Handschuhe und Schutzbrille tragen. Lösemittel sind außerdem brand- und explosionsgefährlich; man darf deshalb keine offene Flamme unterhalten und nicht rauchen.

Es gibt Ein-, Zwei- und Mehrkomponentenkleber. Zweikomponentenkleber (A) sind einfach zu verarbeiten und ergeben sichere Verbindungen (siehe *Klebstoffe und Leime*). Sehr wichtig ist immer die Vorbereitung

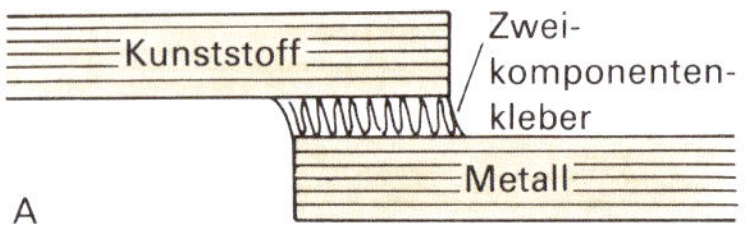

A

der Klebeflächen: Sie müssen absolut staub- und fettfrei, trocken sowie weitgehend eben sein. Unebenheiten oder Oxidschichten sollte man mit einer Schlichtfeile (siehe *Feilen*) abnehmen. Entfettet wird mit einem Lösemittel, z. B. mit Trichloräthylen. Danach darf man die zu verklebenden Flächen nicht mehr berühren. Wie ein Kleber angemischt und verarbeitet werden muß, entnimmt man den Herstellerhinweisen. Die zu verbindenden Teile darf man nur so stark pressen, daß in der Fuge noch Kleber verbleibt.

Thermomere Kunststoffe (siehe *Kunststoffe*) klebt man meist mit Lösemittelklebern, die auf den betreffenden Kunststoff abgestimmt sind (siehe *Klebstoffe und Leime*). Man spricht dann nicht mehr von kleben, sondern von lösemittelschweißen oder auch kaltschweißen. Das im Kleber enthaltene Lösemittel greift die Kunststoff-

B

oberfläche nach kurzer Einwirkungsdauer an; danach werden die Teile zusammengefügt und fixiert (B).

Klebstoffe und Leime

Es gibt keine gebräuchlichen Materialien, die nicht mit einem Kleber oder Leim verbunden werden könnten.

Zellulosekleber Sie eignen sich für Glas, Porzellan und Steingut und werden auch im Modellbau verwendet. Sie trocknen schnell, sind klar und durchsichtig.

Kontaktkleber Das sind Kunstharzkleber auf Neoprenbasis. Man kann damit fast alle Materialien miteinander verbinden. Die Klebefuge kann jedoch, insbesondere unter Wärmeeinfluß, altern. Beide Teile werden dünn bestrichen, zusammengefügt und nach angegebener Ablüftzeit stark angepreßt. Einspannen ist nicht erforderlich.

Epoxidharzkleber Diese Kleber bestehen aus zwei Komponenten, dem eigentlichen Klebeharz und dem Härter, die unmittelbar vor dem Verarbeiten nach Angabe des Herstellers vermischt werden. Solche Kleber ergeben bei nahezu allen Materialien dauerhafte Verbindungen. Die Aushärtezeit beträgt zwischen vier und 48 Stunden. So lange müssen die geklebten Teile fixiert werden; als Fixierung genügen Klebebandstreifen.

Gummiklebstoffe Diese pflanzlichen Klebstoffe werden aus Latex oder Guttapercha hergestellt. Sie trocknen schnell und ergeben feste und zugleich elastische Verbindungen bei vielen Materialien, z. B. Leder, Stoffen, Schaumstoffen usw.

Polystyrolkleber Diese Lösemittelkleber sind nur für Polystyrolteile geeignet, nicht jedoch für Polystyrolschäume. Man baut damit Plastikmodelle oder repariert Gebrauchsgegenstände. Es genügt, die Fugen mit Klebeband zu fixieren.

PVC-Kleber Diese Kleber sind für harte und weiche Polyvinylchloride geeignet. Sie lösen die Oberflächen der zu verbindenden Teile an. Die Klebstoffe enthalten wenig Füllstoffe; das bedeutet, daß die Verbindung gut passen muß. Bei Hart-PVC genügt es, die Klebefugen mit Klebeband zu sichern; Weich-PVC dagegen sollte man beschweren.

Acrylkleber Diese glasklaren Lösemittelkleber härten durch Polymerisation aus, und zwar nur unter Lichteinwirkung. Das Aushärten dauert je nach Lichtintensität zwischen zwei und sechs Stunden. Mit Acrylklebern kann man nur Acrylglas kleben. Die Verbindungen brauchen nur mit Klebeband fixiert zu werden.

Kunstkautschukschutz- und Kunstlatex-Klebstoffe Mit diesen Klebern werden Beläge aus Linoleum und Kunststoffen auf Fußböden und an Wänden verklebt.

PVAC-Leim Der gebräuchliche Name für diese Leimart ist Weißleim. Er hat die traditionellen Haut- bzw. Glutinleime nahezu abgelöst. Leimfugen müssen gespannt bleiben, bis der Leim abgebunden hat. Die Abbindezeit beträgt je nach Raum- und Holztemperatur 20–60 Minuten. Ist das Holz oder der Leim zu kalt, verkreidet der Leim und wird brüchig. Der Leim trocknet hell aus und verursacht keine Holzverfärbungen. Wenn man ihm Härter zusetzt, wird die Verbindung wasserfest.

Glutinleime Der Hauptbestandteil dieser Leime ist Glutin, eine Eiweißverbindung, die aus tierischen Abfällen gewonnen wird. Glutinleime, oft auch als Haut- oder Knochenleim bezeichnet, sind meist als gelbbraune Perlen im Handel. Man erwärmt sie im Wasserbad. Bei etwa 80°C schmelzen sie und ergeben einen Warmleim, der sich gut streichen läßt. Er bindet zwar in kurzer Zeit ab, aber die Werkteile müssen dennoch gespannt werden. Die Verbindung ist elastisch, jedoch feuchtigkeits- und wärmeempfindlich. Der Leim ist frei von Schadstoffen, also biologisch unbedenklich.

Harnstoffharzleime In kleinen Gebinden gibt es diese Leime nur als Pulver. Sie bestehen aus Leim und Härter, die nach Angabe des Herstellers getrennt angesetzt und vor der Verarbeitung vermischt werden. Der nicht mit Härter versetzte Leim hält mehrere Tage. Harnstoffharzleime härten chemisch aus und ergeben eine sprödharte, wasserfeste Verleimung.

Schmelzkleber Diese Montageklebstoffe aus Kunstharzen werden bis etwa 200 °C flüssig und mit der elektrisch beheizten Schmelzkleberpistole verarbeitet. Man kann damit Kunststoffe, Holz und Holzwerkstoffe, Textilien, Keramik u.a. fixieren und verkleben. Für die Klebeverbindungen genügt zwar Kontaktdruck, sie werden jedoch fester, wenn man sie kurz anpreßt.

Kleidung ändern

Ein Kleidungsstück, das sehr stark geändert werden müßte, sollte man lieber nicht kaufen, denn es ist wahrscheinlich für einen anderen Figurtyp entworfen worden. Auch bei älteren Stücken, die man etwa der neuen Mode anpassen möchte, ist das Ergebnis selten befriedigend. Dagegen sind kleinere Korrekturen in der Weite sowie die meisten Längenänderungen relativ einfach zu machen. Bei Kinderkleidung sollte man beim Kauf darauf achten, daß an Säumen und Nahtzugaben genügend Stoff vorhanden ist, um sie später auslassen zu können. Wer selber näht, kann dies beim Zuschneiden berücksichtigen.

Verlängern und kürzen Bei Röcken, Kleidern, Hosen usw. trennt man den Saum auf und dämpft die alte Saumkante vorsichtig. Für die weitere Verarbeitung siehe *Säume*.

Bei einer klassisch geschnittenen Hose berührt die Saumkante vorn leicht den Schuh; hinten endet sie über dem Absatz.

Eine abgestoßene Saumkante bei einem verlängerten Rock kann man mit Zackenlitze, Schrägband o.ä. verdecken. Hat ein Rock wenig oder keine Saumzugabe, kann man einen Stoffstreifen unten ansetzen. Weite Röcke aus geraden Stoffbahnen kann man durchschneiden und einen Stoffstreifen einsetzen.

Sind Ärmel mit Manschetten zu lang, trennt man die Manschette ganz ab, kürzt den Ärmel und näht die Manschette wieder an. Bei weiten, weich fallenden Blusenärmeln genügt es oft, den Ärmelknopf so zu versetzen, daß sich das Bündchen fest um das Handgelenk schließt. Der Ärmel fällt dann locker darüber.

Weiter und enger machen Bei Röcken wird die Weite meist an den Seitennähten geändert. Dazu muß man den Bund und oft auch den Reißverschluß abtrennen. Meist genügt es, die Naht nur bis zum Hüftbereich aufzutrennen. Die neue Naht muß so in die alte übergehen, daß keine Stufen oder Wellen an der Nahtlinie entstehen. Eine Hose kann man auch auf diese Weise ändern. Da ein Hosenbund jedoch hinten meist mit Naht verarbeitet ist, braucht man in der Regel nur die hintere mittlere Naht aufzutrennen und an dieser Stelle die Weite zu korrigieren. Wie bei der seitlichen Änderung muß die neue Naht stufenlos in die alte übergehen.

Siehe auch *Nähte*.

Kleidung aufbewahren

Sofern ein Kleidungsstück nicht in die Reinigung muß, hängt man es möglichst gleich nach dem Ausziehen zum Lüften auf; alle Verschlüsse zumachen und Kragen und Manschetten ausrichten. Pullover nicht auf einen Bügel hängen, sondern über einen Handtuchhalter legen. Anzüge und Mäntel werden ausgebürstet, bevor man sie weghängt. Kleidungsstücke, die man regelmäßig auslüften läßt und bürstet, müssen nicht so häufig in die Reinigung und halten länger.

Für Anzüge und Mäntel sollte man breite Holzbügel, für andere Kleidungsstücke gepolsterte Kleiderbügel anschaffen (oder Kleiderbügel selbst polstern). Auf gepolsterten Bügeln behalten die Schultern ihre Form, und die Kleider knittern weniger. Für Hosen benutzt man spezielle Hosenbügel. Man kann auch ein Stück Filz oder Schaumgummi über den Querstab eines Kleiderbügels kleben; es entsteht dann auch kein so starker Bruch am Knie.

Bei größeren Schubladen wird der Raum durch Trennwände oder Schachteln unterteilt. Zusammengefaltete Kleidungsstücke bekommen keine so scharfen Bruchkanten, wenn man sie vor dem Zusammenfalten mit Seidenpapier unterlegt.

Bevor die Winter- oder Sommerkleidung für längere Zeit weggehängt wird, sollte man sie waschen oder chemisch reinigen lassen. Schränke, Kleidersäcke, Schrankfächer oder Schachteln werden mit Mottenschutz und mit beschrifteten Aufklebern versehen, damit man bei Bedarf ein Wäschestück schnell findet. Wolle, Baumwolle und Seide dürfen nicht länger als einige Monate in Plastiktüten aufbewahrt werden, weil diese Gewebe atmen müssen; am besten wickelt man sie in alte Leintücher oder Seidenpapier ein. Wo Feuchtigkeit auftritt und sich Schimmel bilden kann, sollte man keine Plastikbehälter verwenden.

Damit das Schuhwerk seine Form behält, verwendet man Leisten und Stiefelspanner oder steckt zerknülltes Zeitungspapier hinein. Werden Schuhe in Schachteln gelagert, muß man sie vorher gut auslüften lassen.

Handtaschen kann man mit Vorhangringen an der Kleiderstange aufhängen. Man sollte sie allerdings mit Zeitungspapier ausstopfen, damit sie nicht in der Mitte durchhängen. Um sie vor Staub zu schützen, kann man sie auch in durchsichtigen Plastikbehältern aufbewahren.

Hüte werden an mit Polstern versehenen Wandhaken aufgehängt. Hat man genügend Platz, legt man sie in ein Schrankfach, die Krempe gegebenenfalls nach oben gebogen, und deckt sie mit Seidenpapier ab, oder man befestigt ein Polster aus Seidenpapier oben auf einer leeren Flasche, einem hohen Einmachglas o.ä. und setzt jeweils einen Hut darauf.

Gürtel und Krawatten hängt man über einen Bügel an der Schranktür.

Kleingebäck

Kleingebäck kann man salzig-pikant oder süß herstellen. Gebräuchliche Grundteige sind Mürbeteig (siehe dort), Blätterteig, den man heute meist tiefgekühlt kauft, und Hefeteig (siehe dort). Quark-Öl-Teig ist auch gut geeignet. Er ist schnell zubereitet, fettarm und schmeckt frisch am besten. Grundrezept: 300g Mehl mit einem Päckchen Backpulver in eine Schüssel sieben. 150g trockenen Magerquark, 6 Eßl. Milch und 6 Eßl. Öl hinzugeben und alles mit den Knethaken des Elektroquirls eine Minute vermischen. Je nach Verwendung eine Prise Salz oder 4 Eßl. Zucker und ein Päckchen Vanillinzucker hineinrühren. Die Backzeit beträgt 20–25 Minuten bei 200 °C.

Fetthaltiger Teig muß kühl verarbeitet werden. Backt man größere Portionen, so daß die Küche durch die Backofentemperatur zu heiß wird, muß man ab und zu kräftig durchlüften; die Teige stellt man vorher in den Kühlschrank.

Sehr fetthaltiges Kleingebäck legt man auf ein ungefettetes, Quark-Öl-Teig auf ein gefettetes Backblech. Für Blätterteig spült man das Backblech mit kaltem Wasser ab. Blätterteigreste niemals verkneten! Man kann lediglich aus den Resten ausgerollten Blätterteigs Formen ausstechen.

Fertiggebackenes Kleingebäck läßt man auf einem Kuchengitter gut auskühlen und legt es dann nach Sorten in gut schließende Blechbüchsen. Es läßt sich auch sehr gut einfrieren. Vor allem Weihnachtsplätzchen müssen reifen, um ihr volles Aroma zu entwickeln. Sie müssen kühl und trocken stehen. Sollten sie zu hart sein, legt man ein Stückchen Apfel, Kartoffel oder einen Kanten Schwarzbrot mit in die Büchse.

Kleinhacken

Um Gemüse, Kräuter usw. zu schneiden und kleinzuhacken, eignet sich am besten ein Wiegemesser oder ein großes, schweres Küchenmesser mit geschwungener Schneide, die sehr scharf sein muß. Mit der einen Hand umfaßt man fest den Griff; der Daumen liegt dabei an der Klinge auf, um das Messer zu führen. Die andere Hand legt man in der Nähe der Spitze schräg auf den Messerrücken. Das Messer wird mit der Schneide auf der Unterlage aufgesetzt (ein Holzbrett ist weniger geeignet, da es den Saft aufsaugt); die Messerspitze dient nun als Drehpunkt, während das andere Ende nicht nur auf und ab, sondern gleichzeitig auch hin und her bewegt wird.

Das Kleingeschnittene wird immer wieder zu einem Häufchen zusammengeschoben.

Siehe auch *Julienne*; *Würfel schneiden*.

Kletterpflanzen

Einjährige Kletterpflanzen, wie Prunkwinde und Wicke, gedeihen am besten in voller Sonne auf nährstoffreichem Boden. Sobald sie gut angewachsen sind, bedecken sie mit ihrer farbigen Blütenpracht schnell Spaliere, Zäune und Mauern.

Ausgesät wird Anfang März unter Glas. Man legt drei bis fünf Samenkörner in 10-cm-Töpfe, die nur halb mit Erde gefüllt sind, und hält die Pflanzen bei 18–20°C. Wenn die Sämlinge über den Topf hinausgewachsen sind, wird er vollends mit Erde aufgefüllt. Dann stellt man die Töpfe allmählich kühler. Ende Mai wird ins Freiland ausgepflanzt. Die Pflanzen blühen am schönsten, wenn sie einzeln an Schnüren hochgezogen werden.

Mehrjährige Klettergehölze wählt man u.a. nach den klimatischen Bedingungen des jeweiligen Standorts aus. Ehe man sich für das eine oder andere Gehölz entscheidet, sollte man feststellen, wie groß es wird. Eine Glyzine kann 18–20 m hoch wachsen und, wenn sie am Haus hochgeleitet wird, Dachrinnen und Fallrohre beschädigen. Der Echte Jasmin hingegen wird selten höher als 4 m.

Kletterpflanzen abstützen Viele Kletterpflanzen, wie etwa die Waldrebe, schlingen sich um jeden verfügbaren Halt. Andere, wie der Wilde Wein, halten sich mit Hilfe ihrer Haftscheiben an Wänden und Spalieren fest. Kletterpflanzen mit stark wuchernden Trieben, wie das Geißblatt, brauchen eine Stützvorrichtung. Man stellt zwischen der Pflanze und der zu bewachsenden Fläche ein Lattengerüst auf; die einjährigen Triebe werden mit Bast hochgebunden.

Bei Kletterpflanzen erfolgt der Rückschnitt nach der Blüte, meist im Spätsommer oder Frühherbst.

Kletterpflanzen drinnen Mit Kletterpflanzen kann man Zimmerwände attraktiv gestalten. Man verwendet sie außerdem zum Begrünen von Raumteilern, zum Schmücken von Fensternischen oder zum Einrahmen von Türen. Einige blühende Kletterpflanzen, wie die Passionsblume und die Schwarzäugige Susanne, brauchen nicht nur einen hellen Standort, sondern auch zwei bis drei Stunden am Tag direktes Sonnenlicht. Eine beschränkte Anzahl von Blattpflanzen, wie z.B. der Kletterficus (siehe *Feigenbaum*), gedeiht auch an halbschattigen Standorten.

Manche Kletterpflanzen, wie etwa die Passionsblume, finden mit ihren Ranken überall Halt. Andere müssen lose an dünne Stäbe, Drähte oder Spaliere festgebunden werden. Man nimmt dafür Bast oder transparenten Klebefilm, den man der Länge nach so zusammenfaltet, daß er nicht an den Trieben haftenbleibt.

Knoblauch

Man sollte nur feste, dicke Knoblauchknollen mit sauberer, trockener Außenhaut kaufen. Man lagert sie in luftdurchlässigen Beuteln an einem kühlen, trockenen Ort; muß man sie in der Küche aufbewahren, kauft man nur kleine Mengen, die man bald verbraucht. Wer nur gelegentlich Knoblauch verwendet, kauft am besten Knoblauchsalz, Knoblauch in Form von Pulver, Flocken oder Saft oder in Öl eingelegte Knoblauchzehen.

Knoblauch läßt sich leicht schälen, wenn man die einzelne Zehe auf die Arbeitsfläche legt und dann mit einer breiten Messerklinge einmal kurz darauf drückt. Man kann Knoblauch auch ungeschält mitschmoren, muß aber die Zehen aus dem fertigen Gericht herausholen.

Roher Knoblauch würzt am intensivsten; je länger er gekocht wird, desto mehr läßt die Würzkraft nach. Wenn man Knoblauch anbrät, darf das Fett nicht zu stark erhitzt werden, da er leicht anbrennt und dann bitter schmeckt. Möchte man einem Salat einen zarten Knoblauchgeschmack geben, reibt man die Schüssel mit einer Knoblauchzehe aus.

Knoblauchgeruch an den Händen entfernt man mit Salz; auch Kaffeesatz ist ein altes Gegenmittel. Man wäscht die Hände anschließend erst kalt, dann warm ab. Gegen die Ausdünstungen nach dem Verzehr von Knoblauch wird Verschiedenes empfohlen, beispielsweise rohe Petersilie oder Gewürznelken zu kauen oder besonders gründlich zu duschen. Ein wirklich wirksames Mittel gibt es nicht, und man kann nur darauf achten, daß beispielsweise die ganze Familie mitißt (dann stört er wenigstens die einzelnen nicht) und daß man keine großen Mengen am Tag vor einer besonderen Einladung o.ä. verzehrt. Berufstätige beschränken sich oft auf Freitag und Samstag, damit der Geruch bis Montag verflogen ist.

Knochenbrüche

Knochenbrüche erkennt man an den meist starken Schmerzen und daran, daß im Bereich des Bruchs eine Schwellung zu sehen ist und die Gliedmaßen oft unnatürlich verlagert sind. Der Verletzte nimmt automatisch eine Schonhaltung ein. Es kann aber auch vorkommen, daß der Betroffene einen Bruch nicht bemerkt, weil er den verletzten Körperteil noch bewegen kann. Deshalb sollte er, wenn die Verletzung länger als einen Tag schmerzt, einen Arzt aufsuchen. Bei einem offenen Bruch wird eine Wundauflage auf der offenen Stelle befestigt (siehe auch *Blutungen stillen; Verbände anlegen*).

Dann muß der betroffene Körperteil unbedingt ruhiggestellt werden. Bei Rippenbrüchen geschieht dies durch eine dem Wunsch des Verletzten entsprechende Lagerung, bei Beckenbrüchen durch Unterschieben einer Knierolle; bei Beschädigungen der Wirbelsäule wird die Lage des Verletzten grundsätzlich nicht verändert.

Oberschenkel-, Unterschenkel- und Knöchelbrüche stellt man ruhig, indem man den verletzten Körperteil mit festgerollten Kleidungsstücken, Decken, Kissen, Sandsäcken o.ä. umlagert und schient. Am besten nimmt man als Schienen mehrere Holzstöcke oder Metallstangen in passender Länge, die mit einer Bandage oder Tüchern fest an den gebrochenen Körperteil gebunden werden. Hat man keine Schienen zur Hand, helfen auch mehrere Lagen Pappe oder einige dicke Zeitungen. Zur Not kann man auch die Beine an den Knöcheln und an den Knien zusammenbinden. So wird das gesunde Bein zur Schiene für das gebrochene.

Bei Schultergürtel- oder Oberarmbrüchen stellt man die Bruchstelle mit Dreiecktüchern ruhig. Das Dreiecktuch so auf die verletzte Schulter legen, daß die Spitze zum Ellbogen zeigt und ein Ende um den Nacken herum bis auf die unverletzte Schulter reicht. Das andere Ende um den Unterarm herum zur unverletzten Schulter hochschlagen. Die Hand muß bis zu den Fingerspitzen im Tuch liegen. Die Enden verknoten. Die Spitze des Tuchs am Ellbogen befestigen, z. B. eindrehen und unterstecken (A). Dicht über dem Ellbogen, parallel zum Unterarm, eine Dreiecktuchkrawatte anlegen und vor der gegenüberliegenden Achselhöhle vorn verknoten. Dann parallel zur ersten eine zweite Dreiecktuchkrawatte anlegen (B). Den Wundbereich dabei frei lassen.

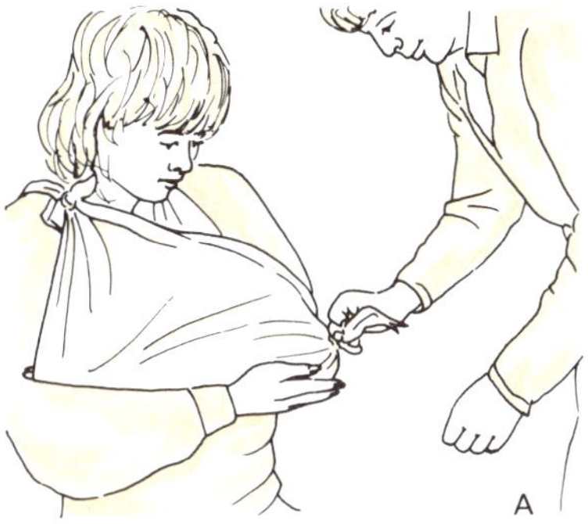
A

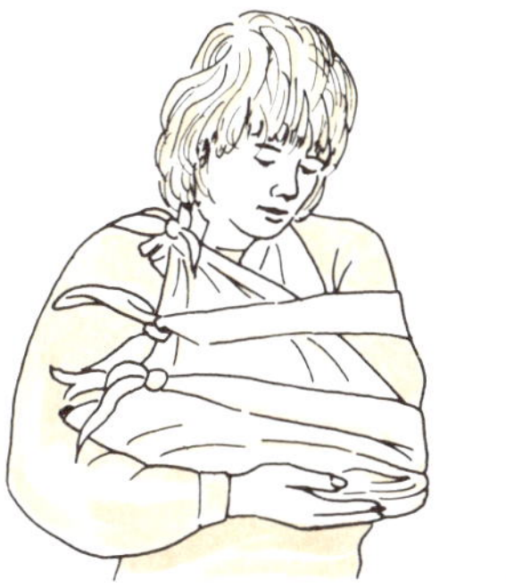
B

Knöpfe

Wenn man Knöpfe kauft, sollte man sich erkundigen, ob sie waschfest bzw. reinigungsbeständig sind. Falls sie den Pflegevorschriften des Kleidungsstücks nicht genügen, müssen sie jedesmal abgetrennt und nach der Wäsche bzw. Reinigung wieder angenäht werden, eine Arbeit, die sich nur etwa bei Zierknöpfen an einem festlichen Kleidungsstück lohnt.

Es gibt durchgenähte Knöpfe mit zwei oder vier Löchern und Stegknöpfe. Stegknöpfe wirken in der Regel dekorativer als durchgenähte Knöpfe. Der Steg verhindert, daß der Knopf zu dicht aufliegt; dies ist vor allem bei dicken Stoffen ein Vorteil.

Selbermachen Findet man keine passenden Knöpfe, kann man aus kleinen Resten stoff- oder lederbezogene selber herstellen. Das nötige Zubehör mit Gebrauchsanleitung ist im Fachhandel erhältlich. Geknotete Kugelknöpfe aus Kordel oder Litze wirken sehr dekorativ und sind leicht zu arbeiten. Man sichert ein Kordelende mit einer Stecknadel an einer festen Unterlage, legt die Kordel, wie hier gezeigt, zu drei Schlingen und zieht sie zum Schluß zu einer Kugel zusammen. Die Kordelenden werden auf der Unterseite festgenäht.

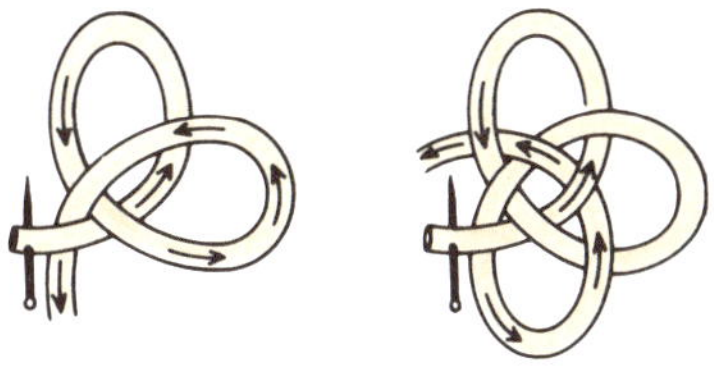

Knöpfe annähen

In die Nadel fädelt man einen 50 cm langen Garnfaden ein (dicken Nähfaden oder Zwirn für Mantelknöpfe, normales Nähgarn für kleinere Knöpfe), zieht ihn durch und verknotet die Enden miteinander. Die Nadel sticht man von der rechten Seite in das Kleidungsstück ein und zieht das Garn straff. Den Knopf legt man auf den Knoten und sticht von der linken Seite nach oben durch den Stoff und ein Loch im Knopf.

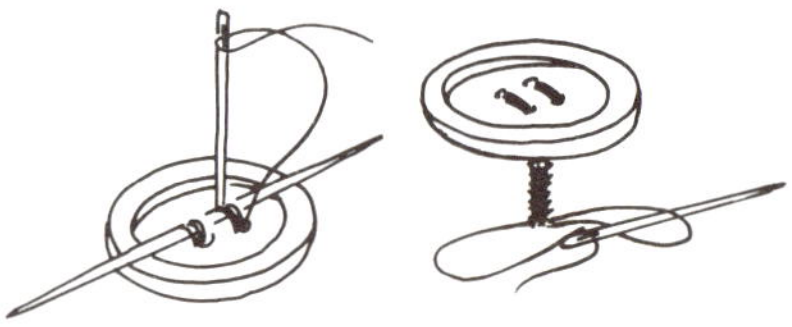

Bei dicken Stoffen oder an stark beanspruchten Stellen wird, wie in der Abbildung gezeigt, ein Garnstielchen gearbeitet: Dazu legt man eine dicke Nadel oder ein Streichholz über den Knopf, dann sticht man durch das benachbarte Loch und den Stoff nach unten. Durch jedes Lochpaar arbeitet man etwa sechs bis zehn Stiche. Das Streichholz wird entfernt, der Knopf vom Stoff weggezogen und das Garn fest um die Stiche gewickelt. Das Garnende wird zur Befestigung zu einer Schlinge gelegt und die Nadel, wie gezeigt, durchgezogen. Näht man den Knopf ohne Garnstielchen an, wird der Faden auf der Stoffrückseite mit zwei oder drei Rückstichen gesichert.

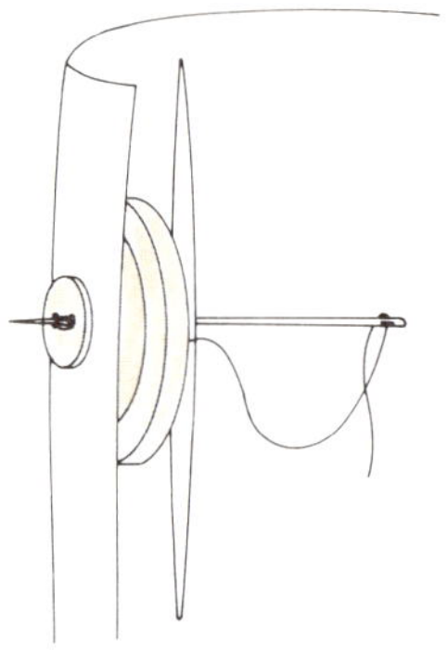

Um einen Knopf an einer stark beanspruchten Stelle oder an einem dicken Stoff zu verstärken, folgt man der Anleitung für das Garnstielchen, näht aber gleichzeitig einen kleinen, flachen Knopf auf der Rückseite an. Bei dünnem Material verwendet man statt eines Knopfes ein doppeltes Stückchen Kleiderstoff oder Nahtband in passendem Farbton.

Knopflöcher

Bei Damenkleidung sitzen die Knopflöcher im rechten Vorderteil bzw. im linken Rückenteil, wenn das Kleidungsstück hinten schließt. Bei Herrenbekleidung sitzen die Knopflöcher im linken Vorderteil.

Für die meisten Kleidungsstücke werden waagrechte Knopflöcher bevorzugt, da diese besser schließen als die senkrechten, die in der Hauptsache an schmalen Schlitzen, z.B. an Hemdenleisten oder Damenblusen, verwendet werden.

Zuerst werden die Knopflöcher an Hals, Taille und an der weitesten Stelle der Brust markiert, dann werden die restlichen gleichmäßig verteilt. Das unterste muß oberhalb des Saumeinschlags liegen. Waagrechte Knopflöcher werden so angezeichnet, daß das eine Ende 3 mm außerhalb der Knopflinie liegt; bei senkrechten liegt das obere Ende 3 mm über der Knopf-

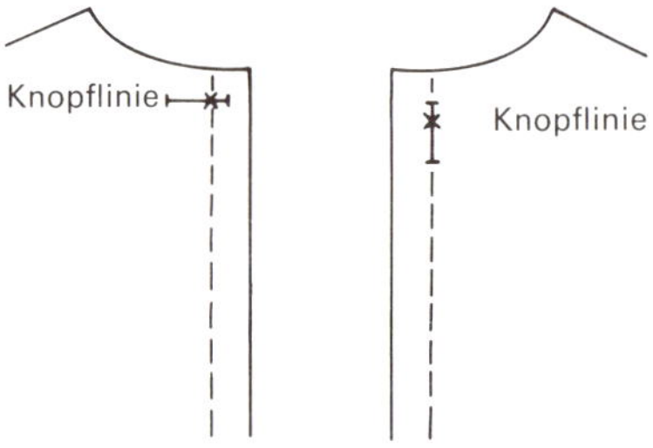

mitte. Die Länge des Knopflochs muß so berechnet werden, daß der Knopf sich leicht durchschieben läßt, aber nicht wieder hinausrutscht. Die richtige Länge entspricht dem Durchmesser des Knopfs plus der Knopfstärke plus 3 mm für die Verarbeitung der Enden. Bei Kugelknöpfen entspricht die Länge des Knopflochs dem Knopfumfang. Zur Probe schneidet man einen Stoffrest entsprechend ein und schiebt den Knopf durch.

Maschinengearbeitete Knopflöcher werden je nach Nähmaschine entweder mit Zickzackstichen oder mit einem Zusatzgerät genäht. In der Gebrauchsanleitung der Nähmaschine wird die Methode genau erklärt. Die Knopflöcher werden erst zum Schluß aufgeschnitten; dazu verwendet man eine sehr schmale, scharfe Schere oder einen Nahttrenner. Um zu verhindern, daß man die Enden durchschneidet, sichert man sie jeweils mit einer Stecknadel.

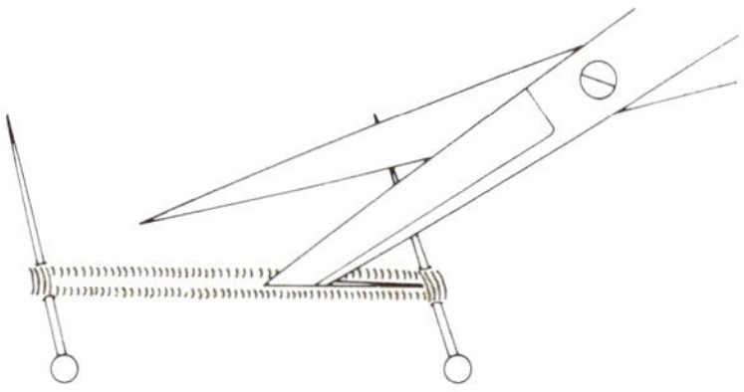

Für handgearbeitete Knopflöcher wird der Stoff zuerst eingeschnitten, dann werden die Kanten mit Knopflochstich (siehe dort) umnäht. Bei waagrechten Knopflöchern werden die Stiche an dem Ende, wo der Knopf sitzt, fächerförmig angeordnet. Am anderen Ende arbeitet man einen geraden Riegel. Dazu bringt man mehrere lange Stiche über den beiden Knopflochstichreihen an und umnäht sie

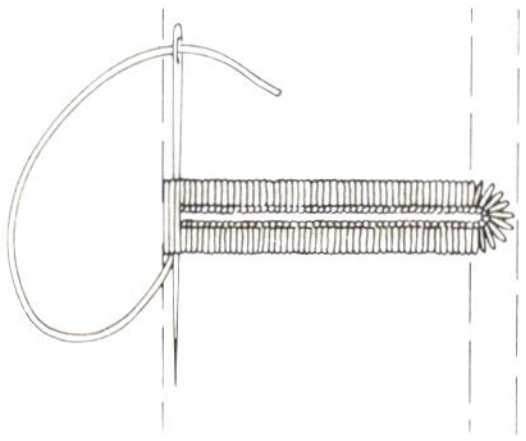

zum Schluß mit Festonstichen (siehe dort); dabei wird der Stoff unter den langen Stichen mitgefaßt.

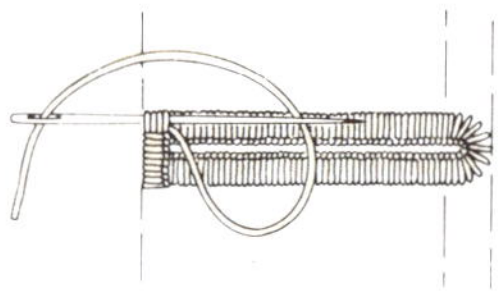

Für Knopfschlingen siehe *Fadenkette* und *Festonstich*.

Knopflochstich

Mit diesem Stich werden handgearbeitete Knopflöcher umnäht und auch andere Stoffkanten dekorativ abgeschlossen. Der Faden wird an der Kante befestigt, dann entgegen dem Uhrzeigersinn zu einer Schlinge gelegt. Die Nadel sticht man von hinten so durch den Stoff, daß der Faden oben und unten unter der Nadel liegt. Dann wird die Nadel durch den Stoff und so nach oben gezogen, daß sich

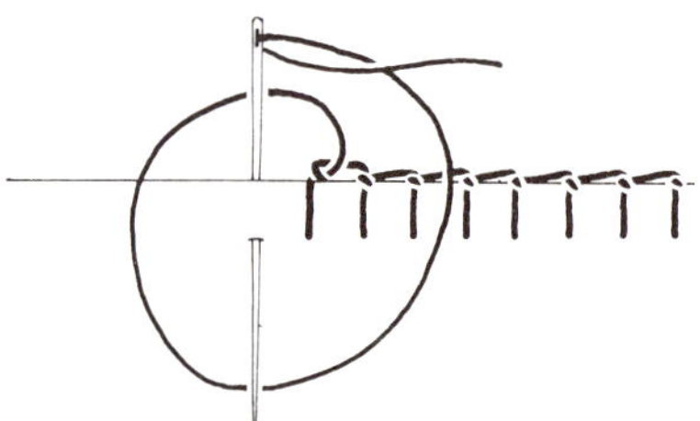

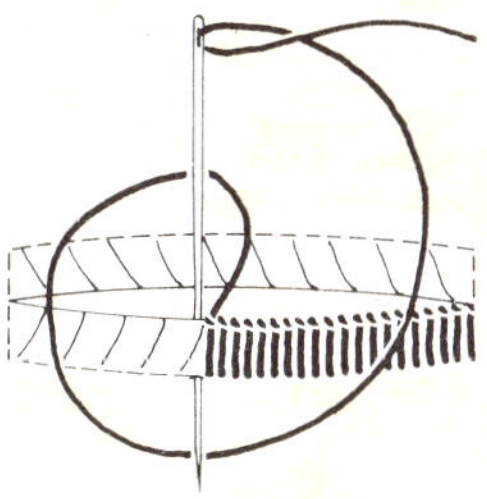

die Fadenschlinge zu einem Knötchen an der Kante zusammenzieht. Bei Knopflöchern arbeitet man die Stiche etwa 3 mm tief und dicht aneinander. Bei anderen Kanten können Abstand und Stichlänge je nach Stoff und gewünschtem Effekt variieren.

Siehe auch *Knopflöcher.*

Knoten

Wenn man mit einem Seil einen Knoten bindet, unterscheidet man zwei Enden: das lange Ende (seemännisch: die feste Part), das stehenbleibt, und das freie Ende (seemännisch: die lose Part oder der Tampen), mit dem der Knoten gemacht wird (A). Bildet man mit den beiden Enden eine einfache Schlaufe (seemännisch: Auge), kann man das freie Ende auf oder unter das lange Ende legen (B).

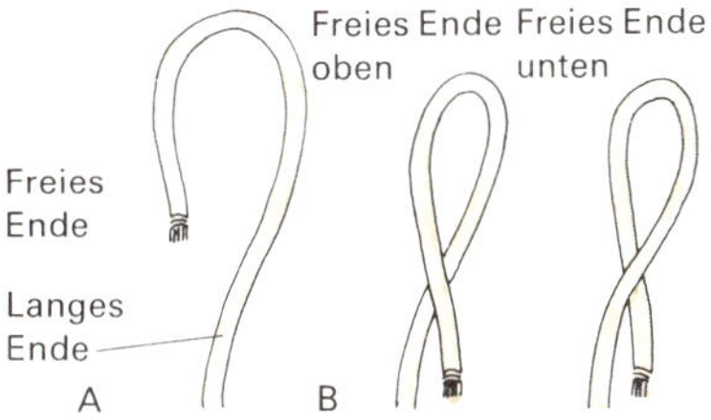

Schlingenknoten oder Überhandschlag Er ist der einfachste Knoten. Um ihn zu bilden, holt man das obenliegende freie Ende durch die Schlaufe (C). Wenn man statt des freien Endes eine zweite Schlaufe durch die erste holt, entsteht ein Slipstek (D), der sich ganz leicht lösen läßt.

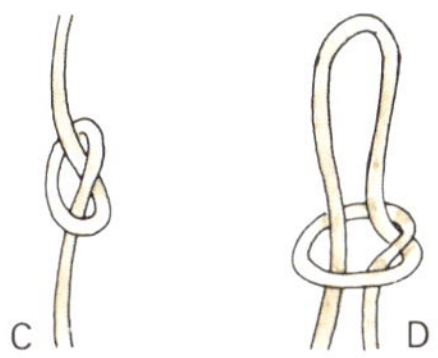

Achtknoten Er wird am Ende einer Schnur oder eines Seils gemacht, damit es sich nicht auflöst. Ausgehend von einer Schlaufe mit untenliegendem freiem Ende, legt man eine zweite mit dem freien Ende nach oben (E) und holt dann das freie Ende durch die erste Schlaufe (F).

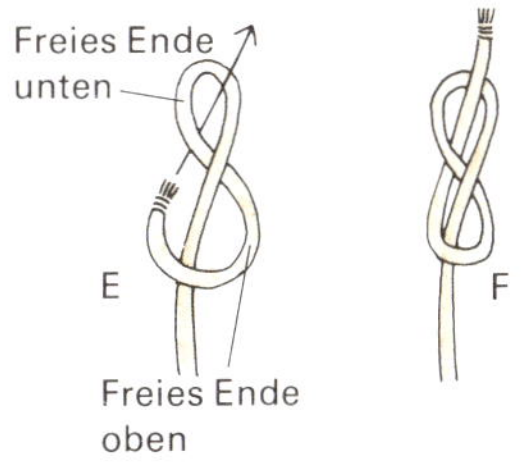

Kreuz- oder Weberknoten (zwei entgegengesetzt geschlagene Überhandschläge) Mit ihm werden die beiden Enden einer Schnur oder zwei Schnüre miteinander verbunden (G). Der Kreuzknoten hat den Nachteil, daß sich die erste Hälfte leicht wieder lockert, wenn man sie nicht festhält. Sofern niemand zur Verfügung steht, der den Finger auf die Schnur drückt, macht man einen doppelten Kreuzknoten (H). Dieser hält schon nach der ersten Hälfte fest und kann ohne Helfer fertiggeknotet werden, ohne daß die ursprüngliche Spannung nachläßt.

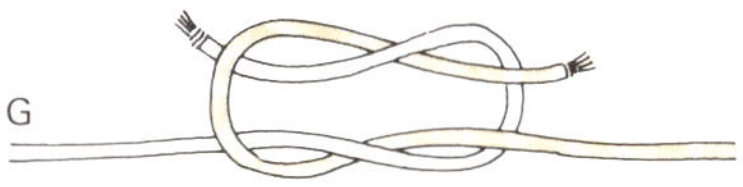

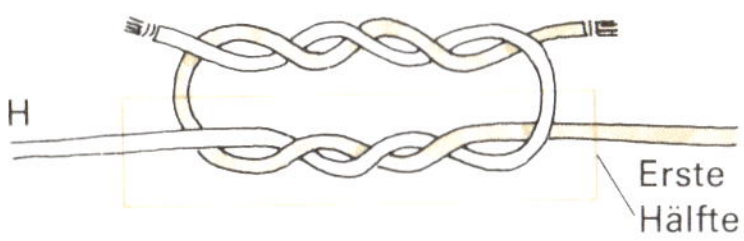

Webeleinstek Er eignet sich gut, um ein Seil an einem Pfosten oder an einer Stange zu befestigen. Man legt das Seil einmal um den Pfosten herum und überkreuzt es unter dem langen Ende (I); dann legt man es nochmals herum und führt das freie Ende unter der zweiten Schlaufe hindurch (J). Da der Webeleinstek nur hält, wenn er durch Zug belastet wird, eignet er sich lediglich als vorübergehende Befestigung. Er geht nicht auf, wenn man noch einen halben Schlag dazu macht: Das freie Ende wird über das lange Ende herumgeführt und durch die dabei entstandene Schlaufe geholt (K); dann zieht man den halben Schlag zum Webeleinstek hin fest.

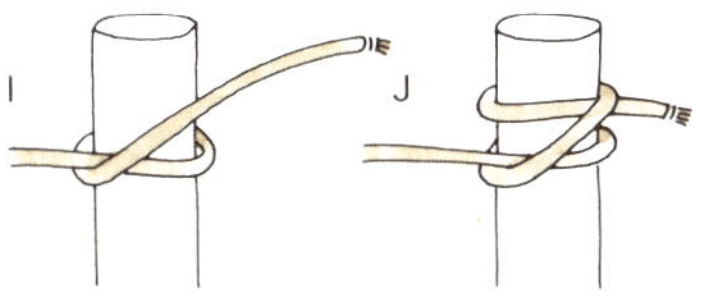

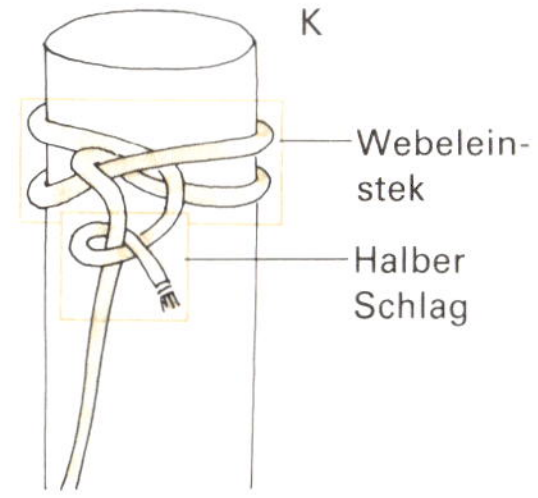

Palstek Eine Schlinge am Ende eines Seils, die sich nicht zusammenzieht. Man legt eine Schlaufe und führt das obenliegende freie Ende von unten nach oben hindurch (L). Dann wird das freie Ende hinten um das lange Ende gelegt und wieder nach vorn und unten durch die erste Schlaufe geführt (M).

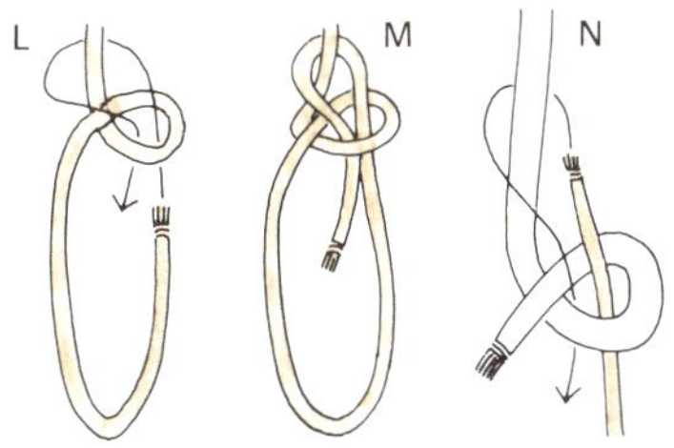

Einfacher Schotstek Er ist dem Palstek ähnlich, wird aber hauptsächlich verwendet, um unterschiedlich dicke Seilenden miteinander zu verbinden. Man bildet mit dem dickeren Seil eine Schlaufe, bei der das freie Ende oben liegt, und holt das freie Ende des anderen Seils von unten durch die Schlaufe (N). Dann wird das freie Ende des zweiten Seils hinten um das lange Ende herum nach vorn und unten durch die Schlaufe geführt.

Knüpfbatik

Bei der Knüpfbatik entstehen Muster, indem man ein Stück Stoff an bestimmten Stellen fest abbindet, verknotet oder zusammennäht und dann in ein Farbbad legt. Die abgebundenen Stellen behalten ihre ursprüngliche Farbe oder werden nur schwach eingefärbt, während der restliche Stoff die Textilfarbe aufnimmt.

Am besten eignen sich zarte Stoffe aus Baumwolle oder Leinen sowie Seide. Synthetische Stoffe und Mischgewebe sind nicht zu empfehlen. Abbinden kann man mit allen möglichen Fäden oder Garnen, Gummibändern oder auch mit Pfeifenreinigern. Gefärbt wird mit Textilfarben, die entweder in kaltem oder in warmem Wasser löslich sind (siehe auch *Batik*).

Technik Zunächst wird der Stoff gewaschen, gebügelt und dann „geknüpft". Ein marmoriertes Muster erhält man, wenn man den Stoff zu einem Ball zusammenknüllt und mit einem Faden kreuz und quer verschnürt. Wenn man ein Streifenmuster möchte, legt man den Stoff in gleichmäßige Plisseefalten, bügelt sie und bindet die Faltenlagen in regelmäßigen Abständen mit Faden ab. Ist eine zweite Farbe vorgesehen, schneidet man die Fäden durch und verknotet den Stoff an anderen Stellen.

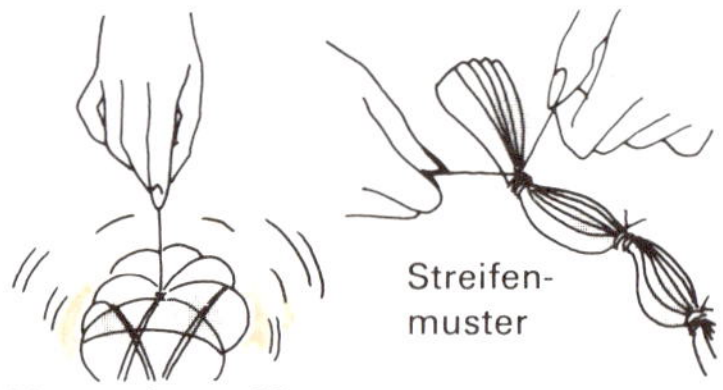

Marmoriertes Muster

Der Stoff wird jeweils so lange ins Farbbad gelegt, wie auf der Packung der Farbe angegeben ist. Anschließend spült man den Stoff, bis das Wasser klar abläuft. Zum Schluß entfernt man die Fäden, Knoten oder Stiche, faltet den Stoff auseinander und bügelt ihn feucht.

Sonnenrosette Man säumt die Ränder eines gelben Stoffquadrats, breitet den Stoff aus, faßt ihn in der Mitte, zieht ihn nach oben und bindet die Spitze ab. Man hält den Stoff an der Spitze hoch, legt ihn wie einen Regenschirm in Falten und bindet ihn in regelmäßigen Abständen ab. Dann kommt er in ein orangerotes Farbbad und wird anschließend gespült. Als nächstes bindet man den Stoff zwischen den ersten Fäden nochmals ab, gibt ihn in ein rotes Farbbad und spült ihn wieder. Danach werden alle Abbindungen entfernt. Das Muster sollte einer roten, gelben und orangefarbenen strahlenden Sonnenrosette gleichen.

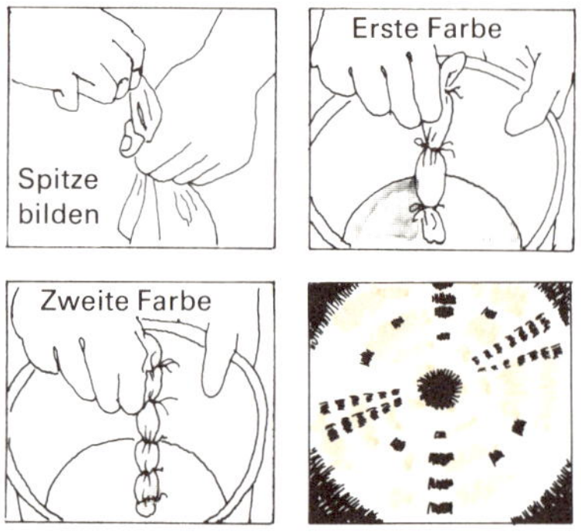

Kochgeschirr

Man wählt Kochgeschirr aus haltbarem Material in solider Ausführung und mit fest angebrachten Stielen und Griffen, die nicht warm werden, wenn Topf oder Pfanne erhitzt wird. Töpfe und Pfannen sollten außerdem einen plan geschliffenen Boden besitzen. Er leitet die Wärme gut und gleichmäßig, spart Energie und verzieht sich auch bei starker Hitzeeinwirkung nicht. Solches Kochgeschirr ist in der Regel relativ teuer, hält aber wesentlich länger als einfaches.

Aluminium Es ist preiswert und ein ausgezeichneter Wärmeleiter, hat ein geringes Gewicht, verfärbt sich allerdings und muß blank gescheuert werden. Bei längerer Einwirkung von alkalischen Flüssigkeiten und Speisen kann es zu Lochfraß kommen. Wenn man Aluminiumgeschirr kauft, sollte es eine mittlere bis dicke Wandstärke haben; dünnes Aluminiumgeschirr nimmt die Wärme ungleichmäßig auf und bekommt schnell Beulen.

Oft hat Aluminiumgeschirr eine Spezialbeschichtung, die verhindert, daß die Speisen am Boden haftenbleiben. Zur Reinigung wird es mit einem Schwamm ausgewischt. Da die Beschichtung leicht Kratzer bekommt, verwendet man Holz- oder Plastikgeräte zum Umrühren oder Wenden der Speisen.

Edelstahl Er ist verhältnismäßig leicht zu reinigen und lange haltbar; der höhere Preis macht sich bezahlt. Das Metall leitet die Wärme schlecht, dieser Nachteil wird aber durch einen gut leitenden Metallkern im Boden wettgemacht. Durch längere Einwirkung von sauren oder salzigen Speisen kann auch bei Edelstahl Lochfraß auftreten. Bei übermäßiger Hitzeeinwirkung (z. B. wenn Speisen anbrennen oder ein Kochtopf trocken erhitzt wird) färbt er sich dunkel; diese Verfärbung läßt sich nicht mehr beseitigen. Damit das Geschirr seinen Hochglanz behält, muß man es mit einem Geschirrtuch abtrocknen und gelegentlich mit einem Edelstahlreiniger polieren.

Gußeisen Es erwärmt sich langsam und gleichmäßig, speichert die Wärme und ist meist relativ preiswert. Sein größter Nachteil ist das hohe Gewicht; außerdem ist es spröde und bricht leicht.

Emaille Emailliertes Metall ist leicht zu reinigen (keine kratzenden Mittel verwenden) und sieht hübsch aus, so daß man die Speisen darin auch servieren kann. Vor dem ersten Gebrauch mit Wasser auskochen. Emaillierter Stahl ist für Schmorpfannen (Kasserollen) gut geeignet, besitzt jedoch nicht die poröse Innenfläche, die man zum Braten benötigt. Ein dünner Emailleüberzug springt leicht ab, und das Geschirr wird stellenweise sehr heiß.

Kupfer Kupfergeschirr leitet die Wärme gut. Es sieht schön aus und kann auch am Tisch benutzt werden, ist jedoch teuer und muß häufig gereinigt werden, damit es seinen Glanz behält. Außerdem muß es neu verzinnt werden, wenn der alte Überzug abgenutzt oder zerkratzt ist. Beim Kauf von Kupfergeschirr ist auf eine dicke Wandstärke zu achten; dünnes Kupfer wird stellenweise sehr heiß.

Feuerfestes Glas Kochgeschirr aus diesem Material ist preiswert und läßt sich meist durch Abspülen mit Seifenwasser leicht reinigen. Bei hartnäckigen Flecken einweichen. Es hat den Vorteil, daß die Speisen auch darin serviert werden können. Da es die Wärme langsam und gleichmäßig aufnimmt, eignet es sich besonders gut für Formen, die im Backofen verwendet werden. Es darf nie leer auf den Herd gestellt werden; bei offener Gasflamme sollte ein Drahtsieb oder eine Asbestplatte untergelegt werden. Feuerfestes Glas kann man rasch erhitzen, es darf aber nicht zu schnell ab-

kühlen und auf kaltes Metall oder nasse Flächen gestellt werden.
Feuerfeste Keramik Sie hat die gleichen Eigenschaften wie feuerfestes Glas und wird ebenso behandelt.

Koffer und Taschen

Eine sachgemäße Behandlung ist wichtigste Voraussetzung für den Zustand und die Lebensdauer von Koffern und Reisetaschen. In einen Koffer darf man niemals zuviel hineinstopfen und Reißverschlüsse oder Schnappschlösser gewaltsam schließen wollen. In diesem Fall ist es besser, den Inhalt umzupacken. Gegenstände mit scharfen Ecken dürfen nicht als Oberstes oder Unterstes in weiche Gepäckstücke gelegt werden, weil sie Löcher durchstoßen könnten. Einen Reißverschluß, der hakt, sprüht man mit Silikonöl ein. Auf kleine Risse setzt man ein Stück Klebeband oder einen Flicken auf (siehe *Flicken aufsetzen*). Gepäckstücke mit beschädigten Scharnieren und großen Rissen läßt man von einem Fachmann (Sattler) reparieren.

Verschmutzte Lederwaren lassen sich mit Lederseife und einem feuchten Schwamm reinigen. Koffer und Taschen aus Kunststoff, Kunstleder und Nylon reinigt man mit dem Schwamm und einem milden Waschmittel. Für Segeltuch nimmt man Seifenwasser und eine kleine Handbürste; nachgespült wird mit klarem Wasser. Gepäckstücke, gleich, aus welchem Material, dürfen nicht in Wasser eingetaucht werden.

Lederwaren, die man länger nicht benutzt hat, entstaubt man vor Gebrauch, reibt sie hauchdünn mit farblosem Bohnerwachs ein und poliert sie mit einem weichen Lappen.

Kokosnuß

Eine frische Kokosnuß enthält Flüssigkeit, die man gluckern hört, wenn man die Kokosnuß schüttelt. Nur solche Nüsse sollte man kaufen. Mit einem Dosenöffner, einer Ahle o.ä. durchstößt man die drei Augen der Nuß und läßt die sogenannte Milch in ein Gefäß ablaufen.

Die Kokosnuß läßt sich leichter öffnen, wenn man sie im auf knapp 200 °C vorgeheizten Backofen erhitzt. Man wickelt sie dann in ein Tuch und schlägt mit einem Hammer kräftig darauf, bis die Schale springt. Das Fleisch, das an der Schale hängenbleibt, löst man mit einem Messer aus.

Man schält die äußere braune Haut mit einem scharfen Messer vom Fleisch. Will man es nicht sofort verwenden, kann man es ein bis zwei Tage in der Milch im Kühlschrank aufbewahren. Das Fleisch muß dabei mit Flüssigkeit bedeckt sein – notfalls gießt man Wasser zu.

Um Kokosraspeln herzustellen, gibt man das Fruchtfleisch durch eine Nußmühle oder reibt es auf der Handreibe. Frische Kokosraspeln sind für die Herstellung von Kokosmakronen ungeeignet, da sie zu feucht sind. Man nimmt dafür besser abgepackte, getrocknete Kokosraspeln. Diese müssen kühl und trocken im gut schließenden Behälter gelagert und innerhalb von etwa drei Monaten verbraucht werden, da sie sonst ranzig werden.

Kolik

Anfallsweise starke, krampfartige Schmerzen im Bereich des Bauchs bezeichnet man als Kolik. Eine Kolik kann z.B. durch Gallensteine, Nierensteine, eine Magen- oder Darmschleimhautentzündung oder Menstruation (siehe dort) ausgelöst werden. Bei kolikartigen Bauchschmerzen, deren Ursache nicht geklärt ist, sollte man einen Arzt aufsuchen.

Da diese Schmerzen unter intensiver Hitze zurückgehen, verwendet man zur Linderung eine Dampfkompresse. Dazu ein Leintuch oder ein Handtuch mehrfach falten, bis es die Größe der betreffenden Stelle hat. Dann das Tuch mit geschützten Händen in kochendes Wasser eintauchen. Anschließend auswringen und die Kompresse in ein leichtes Wolltuch einschlagen, und zwar so, daß die Oberseite des Wolltuchs zur Wärmeerhaltung aus mehreren Lagen und die an der Haut anliegende Seite nur aus einer Lage besteht. Die Kompresse dann so heiß wie möglich an den Körper wickeln und erneuern, sobald sie nur noch als warm empfunden wird.
Koliken bei Säuglingen Sie werden meist dadurch verursacht, daß der Darm noch nicht richtig arbeitet, und sind meist nichts Besorgniserregendes. Die Neigung zu Koliken klingt nach dem dritten Lebensmonat von selbst ab. Eine beginnende Kolik ist am Verhalten des Kindes zu erkennen: Es ist unruhig und zieht die Beine an, schreit plötzlich und hat Blähungen. Eine Wärmflasche hilft in manchen Fällen. Man trägt das Baby an die Schulter gelehnt herum, schaukelt es im Wagen oder legt es sich bäuchlings auf den Schoß und reibt ihm sanft den Rücken. Möglicherweise schluckt es – wegen eines zu großen Loches im Sauger – zuviel Luft beim Trinken. Man besorgt dann einen Sauger mit einer kleineren Öffnung.

Bei wiederholten starken Koliken, vor allem wenn andere Symptome wie Erbrechen oder Durchfall auftreten, sollte man ärztlichen Rat einholen.
Andere Bauchschmerzen Sie können bei Erkrankungen des Verdauungssystems (z.B. Magen-Darm-Katarrh, Magengeschwür, Gallenblasenerkrankungen, Bauchspeicheldrüsenentzündung), bei Erkrankungen der Harnorgane (z.B. Blasenentzündung, Nierenbeckenentzündung) und bei Erkrankungen der weiblichen Geschlechtsorgane (z.B. Eierstockentzündung, Eileiterentzündung) auftreten, sind jedoch auch häufig nur Zeichen einer unbedeutenden Störung. Man legt sich ins Bett und nimmt keine feste Nahrung zu sich, bis die Schmerzen abgeklungen sind, sondern trinkt häufig in kleinen Schlucken eine klare Flüssigkeit wie Tee, Bouillon oder Wasser. Eine Wärmflasche oder ein Heizkissen auf dem Bauch kann die Beschwerden lindern.

Halten die Schmerzen länger als drei bis vier Stunden an oder treten andere Symptome wie Fieber, Hartleibigkeit, ständiges Erbrechen, Bluterbrechen und Blut im Stuhl auf, ist sofort ein Arzt zu rufen; dies gilt auch bei Verdacht auf Blinddarmentzündung.

Siehe auch *Erbrechen; Lebensmittelvergiftung; Magenschmerzen; Sodbrennen; Übelkeit.*

Kompaß

Die Kompaßnadel ist ein kleiner Magnet, der zum erdmagnetischen, nicht zum geographischen Nordpol zeigt.

Die Abweichung zwischen diesen beiden Polen heißt Deklination oder Mißweisung, ist von Ort zu Ort verschieden und wird in den meisten topographischen Karten angegeben.

Wichtig ist, daß man den Kompaß immer waagrecht hält, damit die Nadel nicht blockiert und sich frei einpendeln kann. Außerdem sollten keine metallenen Gegenstände (z.B. Armbanduhren, Kameras) in der Nähe sein, die das Verhalten der Magnetnadel beeinflussen können.

Orientierung ohne Karte Wenn man ohne Karte querfeldein wandert, spielt die Mißweisung keine bedeutende Rolle. Man hält den Kompaß so, daß der Richtungspfeil auf das Ziel deutet, und dreht den Ring mit der Einteilung (die Dose) so, daß die Nadel auf die 360°-Marke zeigt. Beim Wandern muß die Nadel immer auf dieser Marke stehen. Zur Orientierung auf dem Rückweg dreht man die Dose um 180°.

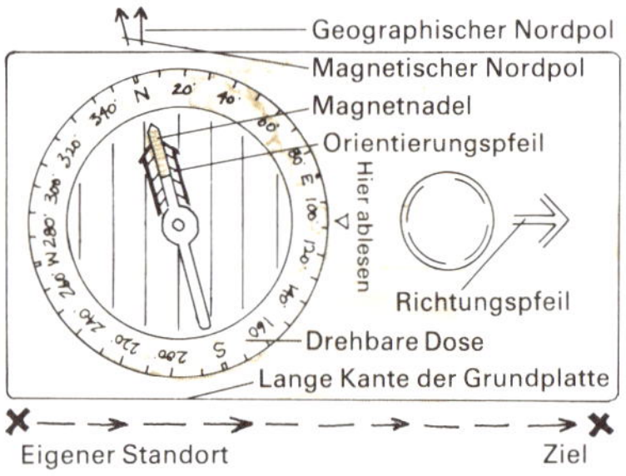

Orientierung nach der Karte Wenn man sich im Gelände nach einer Karte orientieren will, muß man diese zuerst genau nach Norden ausrichten (einnorden): Man dreht die Dose, bis der Orientierungspfeil mit dem Richtungspfeil übereinstimmt. Danach legt man den Kompaß an den rechten oder linken Kartenrand an und dreht die Karte mitsamt Kompaß so lange, bis die Magnetnadel auf Norden steht: Himmelsrichtung von Karte und Gelände sind somit identisch. Um die gewünschte Marschrichtung zu finden, legt man die Zielkante des Kompasses parallel zur Start-Ziel-Richtung – die eingravierte Pfeilspitze auf dem Kompaß zeigt zum Ziel – und dreht dann die Kompaßscheibe so, daß die Nullmarkierung mit der Magnetnadelspitze übereinstimmt. Die Visiereinrichtung zeigt nun die Marschrichtung im Gelände an. Meist ist ein Ziel nicht in einem Streckenabschnitt zu erreichen. Man wählt dann einen markanten Geländepunkt in Marschrichtung aus und visiert, wenn man dort angekommen ist, den nächsten in weiterer Entfernung an.

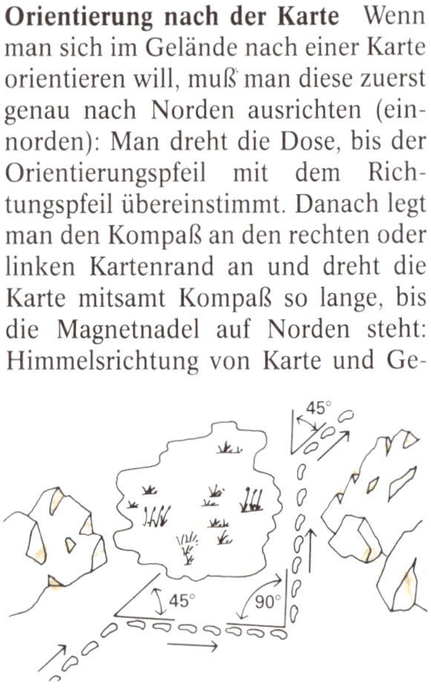

Wenn man um ein Hindernis herumgehen muß, ändert man seine Marschrichtung im Winkel von 45° und zählt dann, wie oft man mit dem linken Fuß auf dem Boden auftritt. Sobald das Hindernis nicht mehr den Weg versperrt, dreht man sich um 90° zurück, geht die gleiche Schrittzahl in diese Richtung und dreht sich dann nochmals um 45° in die ursprüngliche Marschrichtung.

Siehe auch *Karten lesen.*

Kompost

Der Kompost ist der wichtigste Humusdünger für den Garten. Man kann ihn aus organischen Garten- und Küchenabfällen selbst herstellen.

Komposthaufen Am besten geeignet für einen Komposthaufen sind weiche Abfälle, z.B. Gras, welke Blätter, Heu und Stroh sowie Obst- und rohe Gemüseabfälle aus der Küche. Aber auch die Stengel und Zweige von Stauden, Sträuchern und jungen Bäumen lassen sich verwenden, wenn man sie mit der Rebschere kleingeschnitten oder durch einen Häcksler geschickt hat. Nicht auf einen Komposthaufen dagegen gehören einjährige Unkräuter, die Samen tragen, die Wurzeln mehrjähriger Unkräuter oder kranke Pflanzen.

Ein quadratischer Komposthaufen ist einem rechteckigen vorzuziehen, weil der quadratische weniger schnell austrocknet. Günstig ist eine Grundfläche von 2 × 2 m, doch auch mit 1,5 × 1,5 m kann man auskommen. Schicht um Schicht wird das Material aufgetragen. Die Schichten sollten jeweils ungefähr 30 cm hoch sein. Mit einem Gartenschlauch wird jede gut durchfeuchtet und dann mit Erde abgedeckt. Die Seiten des Komposthaufens schrägt man leicht ab. Wenn er eine Höhe von 1–1,5 m erreicht hat, wird er mit einer 5 cm dicken Torf- oder Erdschicht abgedeckt. Man kann die Zersetzung des organischen Materials beschleunigen, wenn man den Komposthaufen nach sechs Wochen umsetzt. Hat man nur weiches Material verwendet, ist der Verrottungsprozeß nach einem bis anderthalb Jahren abgeschlossen. Sonst dauert er mindestens zwei Jahre.

Kompost kann man in verschiedenen Rottestadien verwenden. Man braucht dem Gartenboden nicht nur feinkrümeligen Kompost zuzuführen. Das Material darf grobbrockig sein und auch nicht völlig zersetzte organische Substanzen enthalten.

Für die Kompostbereitung gibt es außerdem eine große Anzahl von Behältern, bei denen die Verrottung teilweise schneller abläuft als im freiliegenden Komposthaufen. Sehr verbreitet sind der Kompostbehälter aus Drahtgeflecht und die Schwarzwälder Kompostlege aus Holz.

Kondensationsfeuchte

Die Luft kann bei einer bestimmten Temperatur auch nur eine bestimmte Menge Wasserdampf aufnehmen. Ihre Aufnahmefähigkeit steigt mit der Temperatur. Ist die Luft mit Wasserdampf gesättigt und kühlt sich nur geringfügig ab, bildet sich Kondenswasser. Wenn z.B. an warmen und schwülen Tagen die Fenster eines Gebäudes mit einer niedrigeren Innentemperatur geöffnet sind und die warme, feuchte Luft ins Hausinnere eindringt und dort stark abkühlt, kann es in Extremfällen, wie z.B. im Keller, zu so starker Kondenswasserbildung kommen, daß das Wasser buchstäblich an den Wänden herunterläuft. Deshalb sollten Kellerräume möglichst nur dann gelüftet werden, wenn Außen- und Kellertemperatur gleich sind oder die Außentemperatur tiefer ist als die Temperatur im Keller.

Doch Feuchtigkeit dringt nicht nur von außen in ein Haus. Auch die Bewohner erzeugen Feuchtigkeit durch Atmen, Kochen, Baden oder Duschen. Diese wird von der Luft und zum Teil auch von den Wänden aufgenommen, die sie nach außen weiterleiten. Fällt jedoch sehr viel Feuchtigkeit an und wird dann nicht ausreichend gelüftet, so staut sich das Wasser in und an den Oberflächen der Wände: Es bildet sich Schimmel, die Räume riechen muffig, und mit der Zeit wird das Baumaterial der Außenwände völlig durchnäßt. Frost und Schädlinge (siehe auch *Hausschwamm*) setzen dann die Zerstörung fort.

Konserven

In Dosen konservierte Lebensmittel sind zwar lange haltbar, doch können säurehaltige Speisen bei langer Lagerung einen metallischen Geschmack annehmen, andere sich verfärben. Je länger die Dosen lagern, desto größer wird auch der Vitaminverlust. Beim Einkauf nach dem Verfallsdatum und den Lagerungsvorschriften schauen. Manche Konserven wie Fisch müssen kühl stehen. Neu eingekaufte Ware hinten ins Regal stellen, ältere nach vorn holen. Das Einkaufsdatum kann man mit Filzstift auf der Dose notieren.

Grundsätzlich nur Dosen kaufen, die nicht verformt sind und keine Dellen oder Knickstellen haben. Ein gewölbter Deckel oder Boden deutet darauf hin, daß sich Gas in der Dose entwickelt hat, der Inhalt also verdorben ist. Man darf ihn auf keinen Fall verzehren. Auch wenn der Inhalt einer äußerlich einwandfreien Dose schäumt oder spritzt, ist er verdorben.

Bevor man eine Dose öffnet, wischt man den Deckel ab, sonst kann Staub hineinkommen. Wird der Doseninhalt nicht sofort ganz verbraucht, wie es vor allem bei Kaffeesahne oft der Fall ist, muß man ihn in ein Glas- oder Porzellangefäß umfüllen.

Kontaktlinsen

Die Frage, ob man eine Brille oder Kontaktlinsen wählt, klärt man mit dem Augenarzt. Neben Aussehen spielen Dioptrienzahl, Beschaffenheit der Augen und Verwendungszweck (z.B. Sport) hier eine Rolle.

Neben harten und weichen Linsen gibt es auch sogenannte Verlängerte-Tragezeit-Linsen. Nur der Augenarzt oder Optiker kann feststellen, welcher Linsentyp am besten für ein Auge geeignet ist.

Harte Kontaktlinsen sind pflegeleichter und haltbarer als weiche Linsen. Sie fallen allerdings beim Schwimmen und Baden leicht heraus oder verschieben sich beim Reiben am Auge aus der Augenmitte. Sie erfordern eine Eintragezeit von zwei bis vier Wochen. Da die Augen Sauerstoff benötigen, sollte man die Kontaktlinsen in den ersten Tagen viel im Freien tragen und verrauchte Räume meiden. Nachts dürfen die harten Linsen nicht auf den Augen bleiben.

Weiche Linsen sind bequemer (sie passen sich dem Auge genauer an), kosten jedoch mehr und erfordern eine besondere Pflege. Sie halten etwa drei Jahre bei exakter Reinigung und Handhabung; allerdings können sie leichter beschädigt werden als harte Linsen (oft durch Fingernägel und den Aufbewahrungsbehälter).

Die Verlängerte-Tragezeit-Linsen kann man bis zu 30 Tagen ständig eingesetzt lassen, wenn man genügend Tränenflüssigkeit hat. Dadurch, daß man sie nicht täglich in die Hand nehmen muß, ist die Beschädigungsgefahr geringer als bei den anderen Linsentypen. Manche Augen gewöhnen sich schnell an diese Linsen, andere vertragen sie nicht. Man sollte in den ersten Wochen mehrmals eine Kontrolle beim Augenarzt durchführen lassen. In jedem Fall sollte man neben den Linsen eine Brille nach neuestem Rezept besitzen. Bei Schwierigkeiten mit den Augen den Augenarzt aufsuchen.

Pflege Die Linsen müssen peinlich saubergehalten werden; zur Pflege und Aufbewahrung der Linsen gibt es Speziallösungen, die man beim Optiker kauft. Bevor man Linsen oder Augen berührt, wäscht man sich gründlich die Hände. Zum Aufbewahren verwendet man ein geeignetes Kontaktlinsenetui und stellt es stets an denselben Platz.

Verschobene Kontaktlinse Ist eine harte Kontaktlinse verschoben, sollte man sie aus dem Auge herausholen und neu einsetzen. Weiche Kontaktlinsen schieben sich von allein wieder auf die Hornhaut.

Verlorene Linse Wenn man die Kontaktlinsen im Bad einsetzt oder herausnimmt, sollte man immer den Abfluß des Waschbeckens schließen. Fällt die Linse auf den Boden, bewegt man die eigenen Füße möglichst nicht, hält andere Personen fern und sucht den Boden Zentimeter für Zentimeter ab. Um sie deutlicher zu erkennen, verdunkelt man den Raum und richtet den Strahl einer Taschenlampe oder kleinen Tischlampe flach über den Boden. Die Linse glitzert dann im Licht. Wenn es sich um eine weiche Kontaktlinse handelt, ist es wichtig, daß man sie nicht mit den Händen berührt, wenn sie längere Zeit trocken gelegen hat. Man schiebt ein Stück Papier unter die Linse und läßt sie in den Aufbewahrungsbehälter gleiten. Nach etwa zwei Stunden hat sie sich in den meisten Fällen regeneriert. Hat man gerade keine Aufbewahrungsflüssigkeit oder Kochsalzlösung zur Hand, läßt man sie in ein Glas Wasser fallen (weiche Kontaktlinsen dürfen nicht trocken lagern). Da Wasser Mineralien enthält, ist anschließend eine gründliche Reinigung notwendig.

Kopfhörer

Kopfhörer haben eine Reihe von Vorteilen: Man kann damit Musik in voller Lautstärke hören, ohne andere Personen zu belästigen. Der Kopfhörer erlaubt aber auch ein intensiveres und kritischeres Hören als über Lautsprecher. Das einmalige Raumerlebnis der Kunstkopfstereophonie ist sogar nur mit Kopfhörern möglich. Als Nachteil gilt, daß man vom übrigen akustischen Geschehen im Raum ausgeschlossen ist und daß jede weitere Person, die mithören möchte, einen eigenen Kopfhörer braucht. Beim Kauf sollte man außer auf die akustische Qualität auch darauf achten, daß der Kopfhörer sehr bequem sitzt und nicht auf die Ohren drückt.

Kopfschorf

Bei vielen Kindern bildet sich auf dem Kopf ein harmloser, bräunlicher Schorf, der sich wie normale Kopfschuppen abschuppt. Dem Kind zweimal wöchentlich den Kopf waschen und dabei den schuppigen Belag abreiben. Falls das nicht hilft, den Arzt aufsuchen, der ein spezielles Haarwaschmittel verschreibt.

Es können sich auch kleine rote Flecken bilden, die ineinander übergehen. Dann entstehen kleine Bläschen, die bald platzen und nässen. Das Bläschenwasser trocknet später ein, und es bilden sich besonders an den Wangen und im Bereich des behaarten Kopfes eitrige Krusten, die meist mit starkem Juckreiz verbunden sind. Hier muß man einen Arzt konsultieren, der eine Salbe verschreibt. Man muß außerdem das Kind davon abhalten, an den befallenen Stellen zu kratzen, und ihm die Fingernägel kurz schneiden. Die befallenen Hautpartien werden durch Salbenverbände abgedeckt.

Ist der Schorf abgeheilt, sollte die Kopfhaut mindestens zweimal in der Woche mit einem milden Hautöl eingerieben werden, damit sie nicht austrocknet.

Kopfschmerzen

In vielen Fällen haben Kopfschmerzen eine unmittelbare und eindeutige Ursache, etwa eine Kopfverletzung, eine Nervenreizung (z.B. nach einer Zahnbehandlung) oder eine Grippe. Sie verschwinden wieder, wenn die Ursache beseitigt ist.

Chronische Kopfschmerzen sind dagegen meist Anzeichen für eine erhöhte Dauerbelastung, etwa durch Alkoholmißbrauch, Rauchen, Durchblutungsstörungen, Bluthochdruck, seelische Probleme, Streß, Schlaflosigkeit, falsche Brillengläser oder Sehstörungen (z.B. bei Menschen, die eine Brille tragen sollten, es aber nicht tun). Der Arzt kann feststellen, ob eine körperliche Ursache vorliegt, und eine entsprechende Behandlung einleiten.

Liegt die Ursache im seelischen Bereich, ist eine Änderung der Lebensweise zu empfehlen, um Streß abzubauen und für Entspannung und genügend Schlaf zu sorgen. Folgende Maßnahmen können zur Unterstützung hilfreich sein: temperaturansteigende Arm- und Fußbäder, Wechselfußbäder und Wassertreten; kalte Nackenauflagen; Saunabesuche; Fußbäder mit Senfmehl (2 Eßl. in etwa 5 l körperwarmem Wasser auflösen, etwa fünf Minuten baden, Füße anschließend mit lauwarmem Wasser abspülen); mehrmals täglich die Unterarme kurz in kaltes Wasser tauchen; regelmäßige Entspannungsübungen machen (siehe dort).

Anfallsweise auftretende starke Kopfschmerzen mit Brechreiz, Sehstörungen und Schwindelgefühl weisen auf Migräne hin. In diesem Fall sollte man sich in einen dunklen Raum legen und ruhen; bei längeren Anfällen durch leichte, magenschonende Speisen den Brechreiz unterdrücken. Treten starke Kopfschmerzen ganz plötzlich und grundlos auf und sind von Erbrechen, Sehstörungen, Schwindelgefühl oder Fieber und einem steifen Nacken begleitet oder ändert sich der Gemütszustand des Betroffenen auffällig, sollte man sofort einen Arzt aufsuchen.

Siehe auch *Kater; Schlafstörungen; Wetterfühligkeit.*

Kopfverletzungen

Bei ernsthaften Kopfverletzungen ist der Notruf (siehe dort) zu veranlassen.

Erinnerungslücken, kurzer Bewußtseinsschwund, Übelkeit und möglicherweise Erbrechen, Schwindel und Kopfschmerzen sind Anzeichen einer Gehirnerschütterung. In diesem Fall soll man die Atmung des Verletzten wiederholt überprüfen und ihn nach seinen Wünschen lagern – er muß unbedingt liegenbleiben, bis der Arzt kommt.

Anzeichen einer Schädel-Hirn-Verletzung sind sofortige und anhaltende Bewußtlosigkeit sowie eine offene Kopfwunde. Die Gefahren einer weiteren Gehirnschädigung, einer Infektion sowie Atemstillstand drohen. Hier muß man Puls und Atmung wiederholt kontrollieren und entsprechende lebensrettende Maßnahmen einleiten (siehe unten). Die Kopfwunde wird keimfrei bedeckt. Auf keinen Fall darf man austretende Hirnmasse berühren oder gar in den Schädel zurückdrücken!

Beim Schädelbasisbruch blutet der Betroffene aus Nase, Mund und/oder Ohr und ist bewußtlos. Atmung wiederholt kontrollieren und gegebenenfalls lebensrettende Maßnahmen ergreifen; Nase und Ohren nicht bedecken.

Für die besonderen Maßnahmen siehe *Atemspende; Bewußtlosigkeit; Puls; Seitenlagerung; Verbände anlegen; Verkehrsunfall.*

Korbmöbel

Möbel aus Rohr- oder Weidengeflecht (Rattan oder Peddigrohr) wäscht man mit Seifenwasser ab; eine weiche Bürste nimmt man für die Fugen. Wenn Korbmöbel brüchig werden, kann man sie mit Wasser anfeuchten und so wieder geschmeidig machen.

Möbel aus einem Geflecht von Binsen, Seegras oder Naturbast darf man nur gelegentlich mit einem feuchten Tuch abwischen.

Wenn Korbmöbel im Lauf der Zeit durch viele Anstriche unansehnlich geworden sind, kann man sie von einem Fachmann abbeizen lassen. Macht man es selbst, arbeitet man im Freien, trägt ein Abbeizmittel in dickflüssiger Form auf und reibt es dann mit einer steifen Borstenbürste ab, die man in eine Waschmittellösung eingetaucht hat (siehe *Abbeizen*).

Sollen die Möbel ihre helle Naturfarbe behalten, streicht man sie mit Klarlack. Dunklere Farbtöne werden gebeizt. Korbmöbel können aber auch mit Decklack angestrichen werden. Am günstigsten ist es, wenn man die Farbe oder den Klarlack mit der Spritzpistole aufträgt. Man arbeitet im Freien an einem warmen, trockenen Tag. Zuerst wird die Unterseite gespritzt. Man trägt zwei oder drei dünne Lagen auf, die man jeweils gründlich trocknen läßt.

Siehe auch *Farbe aufsprühen; Farben und Lacke; Lackieren.*

Kordel

Je nach gewünschter Stärke der fertigen Kordel schneidet man zwei oder mehr gleich lange Garnfäden zu und verdreht sie gleichmäßig miteinander. Wenn man sie nun doppelt legt, drehen sich die beiden Hälften zu einer Kordel.

Die Enden der Kordel bindet man mit einem Garnfaden ab und schneidet dann am einen Ende die Schlaufen durch; nach Belieben kann man sie auch verknoten.

Beim Zuschneiden der Fäden muß man etwas mehr als die doppelte Länge der fertigen Kordel rechnen, da die Fäden durch das Drehen kürzer werden. Je mehr Fäden man verwendet, also je dicker die Kordel, desto mehr muß man zugeben.

Körpergeruch

Die Schweißdrüsen, die am ganzen Körper verteilt sind, sondern ständig Feuchtigkeit ab, die praktisch geruchlos ist. Körpergeruch entsteht, wenn Bakterien den Schweiß zersetzen, vor allem in den Achselhöhlen, in der Leistengegend und an den Füßen, wo er nicht so schnell verdunsten kann. Das beste Mittel gegen Körpergeruch ist tägliches Waschen. Außerdem empfiehlt es sich, häufig die Kleidung zu wechseln, vor allem jene Stücke, die mit den betreffenden Bereichen in Berührung kommen. Luftdurchlässige Kleidung aus Naturfasern verbessert die Luftzirkulation und verhindert, daß sich Bakterien auf der Haut ansiedeln.

Wenn diese Maßnahmen nicht ausreichen, kann man ein Deodorant mit Wirkstoffen verwenden, die Bakterien abtöten oder die Schweißabsonderung hemmen. Diese Wirkstoffe verursachen jedoch in manchen Fällen Hautreizungen, allergische Reaktionen und auch Schäden an der Kleidung. Am besten testet man verschiedene Produkte, mit dem mildesten beginnend, bis man ein wirksames und für die eigene Haut unschädliches Präparat gefunden hat. Man benutzt das Deodorant nach dem Waschen und auch tagsüber, wenn man das Bedürfnis hat, sich wieder frisch zu machen. Wenn man die Achselhöhlen rasiert, darf ein Deodorant erst zwölf Stunden später verwendet werden. Nach längerem Gebrauch stellt man möglicherweise fest, daß es genügt, nur jeden zweiten Tag ein Deodorant zu benutzen. Am wirkungsvollsten sind Lotionen; aus Gründen des Umweltschutzes sollte man Sprays möglichst vermeiden.

Körpergewicht

Das Normalgewicht eines Menschen beträgt Körpergröße in Zentimetern minus 100. Wer also 1,75 m groß ist, hat ein Normalgewicht von 75 kg. Das Idealgewicht bei Männern liegt um 10%, bei Frauen um 15% darunter. Diese Begriffe sind jedoch mit Vorsicht anzuwenden, denn welches Gewicht als „normal“, „ideal“ oder gar „gesund“ zu betrachten ist, hängt nicht nur von der Körpergröße, sondern auch sehr stark von verschiedenen Faktoren wie Körperbau und Lebensweise des einzelnen ab. Die meist von der Mode bestimmte sogenannte Idealfigur kann oft nur auf Kosten der Gesundheit oder zumindest des Wohlbefindens erhalten werden. Die folgende Tabelle gibt eine Übersicht über die erlaubten Abweichungen nach unten und nach oben:

	Größe (cm)	Gewicht (kg)
Frauen	150	47–55
	160	54–66
	170	64–79
	180	72–88
Männer	160	54–66
	170	63–76
	180	72–88
	190	81–99

Menschen mit deutlichem Übergewicht leiden häufiger unter Zuckerkrankheit (Diabetes), Bluthochdruck, Gelenkverschleiß sowie Herz- und Kreislaufbeschwerden. Deutlich Untergewichtige oder zu dünne Menschen haben nur wenig Abwehrkräfte z.B. gegen Infektionen. Es gibt jedoch auch Untergewichtige, deren Magerkeit Konstitutionsmerkmal ist und keine krankhafte Bedeutung hat.

Siehe auch *Ernährung; Gewichtsregulierung.*

Körperhaltung

Die richtige Körperhaltung ist eine bequeme, entspannte Standposition, bei der Kopf, Rumpf und Beine eine gerade senkrechte Linie bilden. Eine militärisch stramme Haltung, bei der das Rückgrat stark durchgebogen ist, wird heute nicht mehr als ideal empfunden.

Um die eigene Haltung zu überprüfen, stellt man sich an eine Wand und drückt die obere Rückenpartie, das Gesäß und die Fersen gegen die Wandfläche. Dann schiebt man die Hand hinter das Kreuz, wobei sie sowohl den Rücken als auch die Wand berühren sollte. Wenn zwischen Kreuz und Wandfläche viel Raum bleibt, ist der Grund eine übermäßige Krümmung der Wirbelsäule nach vorn, ein sogenanntes Hohlkreuz, das durch eine schwache Bauchmuskulatur begünstigt wird. Abhilfe schafft eine einfache Übung, bei der man die Füße etwa 5 cm von der Wand entfernt aufstellt und durch rollende Bewegungen des Beckens versucht, mit der unteren Rückenpartie die Wandfläche zu erreichen. Durch verschiedene gymnastische Übungen wie Kopfneigen und Aufsitzen wird die Bauchmuskulatur gestärkt (siehe *Gymnastik*). Beim Stehen oder Sitzen sollte man bemüht sein, die untere Beckenpartie stets nach vorn zu schieben.

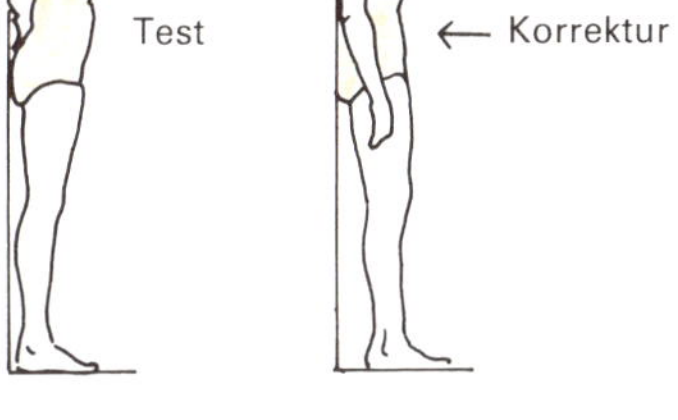

Liegt eine ernsthafte Wirbelsäulenverbiegung vor, wird der Orthopäde eine Heilgymnastik zur Stärkung der Rückenmuskulatur verschreiben. Schuhe mit hohen Absätzen begünstigen eine Wirbelsäulenverbiegung nach vorn.

Haltungsschäden bei Jugendlichen korrigieren sich beim Heranwachsen oft von selbst. Früher glaubte man, ständige Ermahnungen, geradezusitzen oder -zustehen, würden nützen; heute sind die Ärzte der Ansicht, daß dies nur das Gegenteil bewirkt. Ein ernsthaftes Problem ist jedoch die Skoliose, eine Rückgratverkrümmung nach der Seite, bei der die einzelnen Wirbelkörper verdreht und versteift sind. Unter dieser Krankheit leiden vor allem Mädchen im Alter zwischen zehn und 15 Jahren. Sichtbares Zeichen der Skoliose sind unterschiedlich hohe Schultern oder Schulterblätter. Wenn Skolioseverdacht vorliegt, ist unbedingt ein Orthopäde aufzusuchen, denn die Verkrümmung kann schlimmer sein als äußerlich erkennbar. Eine leichte Verkrümmung erfordert oft keine Behandlung, sollte aber ständig beobachtet werden, während das Kind heranwächst.

Ein typischer Haltungsschaden bei älteren Menschen ist die Kyphose, eine Ausbiegung der oberen Wirbelsäule nach hinten, die als Buckel oder Rundrücken in Erscheinung tritt. Die Kyphose ist ein häufiges Symptom einer Osteoporose (Knochenabbau). Bei den ersten Anzeichen sucht man einen Arzt auf.

Körperpflege

Eine ausgewogene Ernährung (siehe dort), regelmäßige Körperübungen und eine richtige Reinigung sind wichtige Voraussetzungen für eine gesunde und schöne Haut. Den Verzehr von Zucker, Salz und Fetten sollte man möglichst gering halten, dafür aber mindestens 2–3 l Flüssigkeit am Tag zu sich nehmen. Übermäßiger Genuß von alkoholischen Getränken kann die Blutgefäße erweitern und zu Rötungen der Haut an Nase und Wangen führen. Starkes Rauchen bewirkt eine Verengung der Blutgefäße, verleiht der Haut ein fahles Aussehen und kann frühzeitige Faltenbildung begünstigen. Auch langanhaltende häufige Sonnenbestrahlung trocknet letztlich die Haut aus und läßt sie früher altern; wenn man sich in der Sonne aufhält, muß man sich mit einem Sonnenmittel schützen (siehe *Sonnenbaden*). Tägliche Körperübungen fördern die Durchblutung und erhalten die Spannkraft der Muskelschicht unter der Haut.

Reinigung Wenn die Haut sehr verschmutzt ist, nimmt man ein kurzes Bad oder Duschbad mit warmem Wasser und Seife. Außer bei medizinischen Bädern sollte man nie heißes Wasser verwenden und nicht lange oder öfter als jeden zweiten Tag baden oder duschen, wobei Wasser ohne Seife o.ä. meist genügt. Allenfalls nimmt man ein Badeöl oder ein mildes Duschgel. Badesalze und Schaumbäder laugen die Haut meist zu sehr aus (siehe *Juckreiz*). Unabhängig vom Hauttyp kann man beim Waschen einen Badeschwamm, Luffaschwamm oder Waschlappen aus Frottee verwenden, um die toten Zellen von der Hautoberfläche abzureiben und dadurch den Blutkreislauf anzuregen.

Nach dem Baden oder Duschen stets eine Feuchtigkeitscreme oder -lotion auftragen, um den Verlust an Hautfett zu ersetzen. Das Präparat in die noch feuchte Haut einmassieren. Bei fetter Haut genügt eine besonders leichte Feuchtigkeitsmilch; für trockene und alternde Haut ist eine kompaktere Feuchtigkeitscreme zu empfehlen.

Siehe auch *Fußpflege; Gesichtspflege; Handpflege.*

Krampfadern

Starke, ausgeprägte Krampfadern, die als dicke, bläulich gefärbte Stränge deutlich erkennbar sind, verursachen kaum Beschwerden, während kleine, unauffällige besonders bei Frauen zu ziehenden Schmerzen und einem Schweregefühl in den Beinen führen können. Abends kommt es leicht zu Schwellungen in der Knöchelregion.

Bewegung schafft Abhilfe: Langes Sitzen und Stehen vermeiden; möglichst viel gehen, radfahren, tanzen und schwimmen. Wo immer möglich, die Beine hochlegen. Enganliegende, einschnürende Kleidung meiden; gutsitzende Schuhe und eventuell Kompressionsstrümpfe tragen. Bein- und Fußgymnastik machen. Kalte Beingüsse helfen: den Strahl außen am Bein hochführen, oben fünf Sekunden verweilen und dann auf der Beininnenseite abgleiten lassen; am anderen Bein wiederholen und zum Abschluß die Fußsohlen begießen. Wassertreten lindert ebenfalls die Beschwerden.

Auch Lehm- oder Heilerdewickel helfen: einen geschmeidigen Brei aus Lehmpulver oder Heilerde und kaltem Wasser oder Kräutertee anrühren und messerrückendick auf den feuchten Wickel streichen; den Lehmbrei mit Mull abdecken.

Buchweizentee oder schwarzen Holundersaft trinken. Vitamin- und ballaststoffreiche Kost zu sich nehmen (siehe *Ballaststoffe; Vitamine*). Auf die Antibabypille verzichten, da sich dadurch die Thrombosegefahr erhöhen kann. Sonnenbestrahlung auf die Beine vermeiden; keine Vollbäder über 37 °C machen.

Wenn sich entlang der Krampfadern ein juckender Hautausschlag bildet oder wenn innerhalb der Krampfadern Thrombosen (derbe, schmerzhafte Knoten) entstehen, sollte man einen Arzt hinzuziehen. Gegebenenfalls werden die Krampfadern verödet oder chirurgisch entfernt.

Krankenkost

Wer wegen einer akuten oder chronischen Erkrankung eine bestimmte Diät einhalten muß, bekommt vom Arzt einen genauen Diätplan. Aber auch bei leichteren Erkrankungen oder Rekonvaleszenz ist eine leichte Kost, die dennoch alle benötigten Nährstoffe enthält, zu empfehlen.

Wer wegen Halsschmerzen, Zahnweh usw. schlecht schlucken oder nicht kauen kann, braucht ein paar Tage lang flüssige Vollnahrung: Milch und Milchprodukte, Milchmixgetränke, Kakao, passierte und gebundene Suppen (evtl. mit sehr weich gekochten Einlagen wie Reis oder Nudeln), Cremespeisen und Puddings, Grießbrei u.a., Obst- und Gemüsesäfte, Kartoffelbrei mit Butterflocken, Apfelmus.

Bei der normalen Schonkost kann man diese Speisen reichen, außerdem noch kräftige Fleischbrühen mit oder ohne Einlagen, Eier (keine hartgekochten!), pochierten Fisch, gedünstetes Kalb- und Hühnerfleisch, zartes Gemüse und leicht verdauliches Obst wie etwa Bananen. Zu vermeiden sind Fett und alle Reizstoffe, gebratene und scharf gewürzte Speisen sowie faserstoffreiche Nahrungsmittel (siehe *Ballaststoffe*) und Alkohol. Insbesondere bei Magenbeschwerden sollten die Speisen weder sehr heiß noch sehr kalt sein.

Bei Fieber- und Durchfallerkrankungen muß man vor allem darauf achten, daß dem Kranken genügend Flüssigkeit und Mineralstoffe zugeführt werden. Man reicht alle paar Stunden frisch gepreßten, mit Wasser verdünnten Fruchtsaft, klare – nicht zu heiße – Fleischbrühe, schwarzen Tee (keinen Kaffee). Salzige Schleimsuppen, Zwieback und Knäckebrot können bei Durchfall am zweiten oder dritten Tag gegessen werden.

Man sollte versuchen, Schonkost möglichst abwechslungsreich zu gestalten, denn die Speisen selbst sind häufig etwas fade. Vor allem Kinder kann man eher zum Essen überreden, wenn man alles bunt herrichtet: belegte Brote mit Gesichtern aus Gurken-, Tomaten- und Radieschenschnitzen, Fleischbällchen, Käsewürfel und Cocktailwürstchen an Zahnstochern, Buchstabennudeln und andere kleine

Teigwaren mit Ketchup oder Fleischsauce (sie sind leichter zu essen als Spaghetti), Salzstangen und Partygebäck zum Eintunken in Dips aus gewürztem Quark u.a., bunte Gelatinespeisen und Pudding mit Gesichtern aus Rosinen, Mandeln usw.

Die Rückkehr zu normaler Kost sollte langsam und stufenweise geschehen, damit der entwöhnte Organismus nicht überlastet wird.

Siehe auch *Ballaststoffe*; *Ernährung*; *Verstopfung*.

Kränze

Für einen traditionellen Adventskranz kauft man nach Belieben Fichten- oder Edeltannenzweige; in manchen Gegenden darf man die Zweige geschlagener Bäume sammeln. Man stellt sie ein oder zwei Tage lang ins Wasser. Inzwischen biegt man aus einem Drahtkleiderbügel oder einem anderen starken Draht einen kreisrunden Ring mit etwa 30 cm ∅, der als Unterbau für den Kranz dient.

Nun schneidet man zwei oder drei der Zweige auf 20–30 cm Länge zu und bindet sie mit dünnem Draht zu einem Büschel zusammen. Für die weitere Arbeit verwendet man eine Spule mit dünnem Blumenbindedraht, den man mit dem Ende am Drahtring befestigt und dann um die Stiele der Zweige wickelt. Hinter dem ersten Zweigbüschel wird ein zweites angedrahtet; dann bindet man ein drittes Büschel so an, daß seine Spitzen die Stiele des ersten Büschels überdecken. Auf diese Weise wird Büschel um Büschel angedrahtet, bis ein gleichmäßiger, fülliger Kranz entsteht. Als Dekoration setzt man dann Kerzen, Zierschleifen, Christbaumschmuck, kleines Spielzeug, Tannen- oder Kiefernzapfen auf.

In gleicher Weise kann man einen Kranz aus Trockenblumen binden

(siehe auch *Blumen trocknen*). Wenn die Blumen sehr brüchig sind, sprüht man sie vorher leicht mit Wasser ein.

Statt eines Drahtrings kann man auch einen Ring aus Hartschaum oder Weidenruten als Grundlage für einen Kranz verwenden.

Kratzbaum

Katzen, die viel Auslauf haben, kratzen an Bäumen, um ihre Krallen zu schärfen. Wenn sie diese Möglichkeit nicht haben, kratzen sie in der Wohnung an Teppichen, Vorhängen, Polstermöbeln usw. Um dies zu verhindern, stellt man einen Kratzbaum auf.

Am besten eignet sich ein Stück von einem Baumstamm mit Rinde, das so hoch sein sollte, daß sich die Katze daran ausstrecken kann. Man befestigt es schräg auf einer standfesten Unterlage. Ein dickes, altes Brett reicht jedoch auch. Man umwickelt es mit alten Tüchern, einem Stück Wollteppich oder Sisalläufer und nagelt die Umwicklung auf der Brettrückseite fest. Um die Katze an ihren Kratzbaum zu gewöhnen, befestigt man oben ein Spielzeug mit einer Schnur oder bringt sie immer wieder an den Baum und zeigt ihr, wie gut sich daran kratzen läßt.

Kräuter konservieren

Die Blätter von Kräutern erntet man am besten kurz vor der Blütezeit, wenn sie das meiste ätherische Öl enthalten. Samenkapseln sammelt man, wenn sie braun sind und bald abfallen werden. Man pflückt die Kräuter am frühen Morgen; dann werden sie gewaschen und durch Schütteln oder Abtupfen getrocknet. Um sie nicht waschen zu müssen, kann man sie einen Tag vor dem Pflücken mit dem Schlauch abspritzen.

Trocknen Die Kräuter bindet man zu kleinen Bündeln zusammen und hängt sie umgekehrt an einem warmen, dunklen und gut belüfteten Platz, beispielsweise am Dachboden, auf. Man kann sie auch in Papiertüten mit Lüftungslöchern einwickeln und mehrere Tage an einem schattigen Platz im Freien aufhängen (über Nacht müssen sie aber hereingeholt werden). Außerdem können Kräuter im Backofen bei etwa 40 °C getrocknet werden. Man läßt die Backofentür offen und legt die Kräuter auf Holzbrettchen, Backpapier oder einen stoffbespannten Rahmen, nicht aber auf Metall, was die Vitamine zerstören kann (siehe auch *Dörren*). Auch ein Mikrowellenherd ist dafür geeignet; nähere Angaben sind in der Bedienungsanleitung des Geräts zu finden.

Die trockenen Blätter kann man leicht von den Stielen abstreifen und zwischen den Fingern zerkleinern. Gelagert werden sie in sauberen, luftdicht verschlossenen Gläsern, möglichst an einem kühlen und dunklen Ort. Dort halten sie sich maximal ein Jahr.

Einfrieren Diese Methode ist für alle frischen Kräuter, vor allem aber für Kräuter mit weichen Blättern, wie Basilikum oder Schnittlauch, geeignet. Sie werden gewaschen, getrocknet, von Stengeln usw. befreit und in Gefrierbeuteln tiefgekühlt. Sie halten sich einige Monate. Man gibt sie noch gefroren an die fertige Speise – so lassen sie sich zerdrücken oder zerreiben. Man kann sie auch vor dem Einfrieren hacken (siehe *Kleinhacken*), sie verlieren dabei aber möglicherweise unnötig Saft.

Einlegen Kräuter für die Zubereitung von Saucen können mehrere Monate in Öl eingelegt werden. Man gibt die abgeschnittenen Blätter in ein Marmeladenglas, übergießt sie mit Oliven- oder einem anderen Pflanzenöl und stellt das Glas in den Kühlschrank.

Kräutergarten

Einen Kräutergarten legt man am besten an einem sonnigen, windgeschützten Platz im Garten an. Kleine Kräuterrabatten, die nur Gewürzkräuter für die Küche liefern, kann man im Gemüsegarten unterbringen. Reizvoll ist es, eine kleine Auswahl von Kräutern zwischen den Speichen eines alten Wagenrads zu ziehen, das auf die Erde gelegt wurde. Jedes Kreissegment wird mit einem anderen Kraut bepflanzt. Wo genügend Platz vorhanden ist, legt man einen Kräutergarten in Schachbrettform an. Die einzelnen Quadrate werden mit verschiedenen Kräutern bepflanzt. Dazwischen ordnet man im Wechsel gleich große Quadrate an, die mit Trittplatten ausgelegt werden.

Es gibt ein- und mehrjährige Gewürzkräuter. Die einjährigen sät man im Frühjahr oder Frühsommer aus. Die mehrjährigen sind überwiegend Stauden oder Halbsträucher, die viele Jahre am selben Standort bleiben können. Es empfiehlt sich, die einjährigen von den mehrjährigen getrennt anzubauen, damit sie sich ungestört entfalten können. Manche Kräuter brauchen nur einmal ausgesät zu werden, von anderen werden in gewissen Zeitabständen Folgesaaten gemacht, damit immer junge Kräuter zur Verfügung stehen.

Gewürz- und Küchenkräuter Zu den wichtigsten Gewürz- und Küchenkräutern gehören: Bohnenkraut, Borretsch, Dill, Dost, Estragon, Fenchel, Kerbel, Knoblauch, Liebstöckel, Majoran, Petersilie, Pfefferminze, Salbei, Schnittlauch, Thymian, Waldmeister, Ysop und Zitronenmelisse. Von den genannten werden nur Bohnenkraut, Borretsch, Kerbel und Majoran einjährig kultiviert.

Siehe auch *Heilkräuter; Kräuter konservieren; Kräutertee; Küchenkräuter.*

Kräutertee

Es gibt fast 400 Kräuter und Gewürze, aus denen man Tee herstellen kann. Viele dieser Tees, etwa Hagebutten-, Melissen-, Pfefferminz-, Kamillen-, Lindenblüten-, Fenchel-, Anis- und Malventee, können in mäßigen Mengen völlig unbedenklich als Durstlöscher, zum Essen oder als Schlaftrunk genossen werden. Fencheltee hilft außerdem bei Blähungen, Baldriantee bei Schlafstörungen, Lindenblütentee bei Erkältungen, Malventee bei Reizhusten, Kamillentee bei entzündlichen Magen- und Darmbeschwerden (Rollkur) und Pfefferminztee bei Übelkeit und Brechreiz.

Arzneitees, die zur Behandlung bestimmter Krankheiten dienen, sollten nur auf fachlichen Rat hin getrunken werden, da sie Wirkstoffe enthalten, die in größeren Dosen gesundheitsschädlich sein können. Am besten kauft man sie in der Apotheke; dort kann man sich über die Wirkungsweise der einzelnen Kräuter beraten lassen.

Siehe auch *Heilkräuter; Kräuter konservieren; Wildkräuter sammeln.*

Krawatte binden

Der einfache Krawattenknoten ist verhältnismäßig schmal, trägt nur wenig auf und wird folgendermaßen gebunden:

Die Krawatte so um den Hals legen, daß sich das breitere Ende rechts befindet und etwa 10 cm länger ist als das schmalere Ende (1).

Das breitere Ende über das schmalere legen und eineinhalbmal herumschlagen, so daß das Ende nach links zeigt (2).

Das breite Ende hinter dem Knoten nach oben führen und durch die Schlinge herausziehen (3).

Nun das breitere Ende durch die querliegende vordere Schlaufe stekken und straff ziehen (4). Notfalls das schmalere Ende anziehen. Das breitere Ende der Krawatte sollte das schmalere überdecken und etwas tiefer herunterhängen.

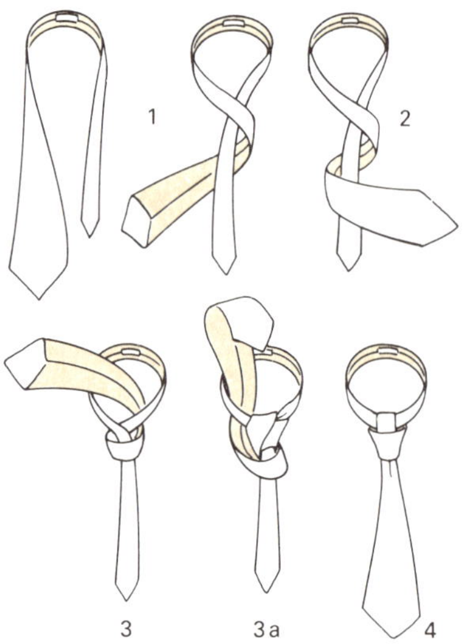

Beim halben Windsorknoten wird das breite Ende zunächst von rechts nach links über das kurze geschlagen und von hinten nach vorn durchgezogen. Dann wird die Krawatte wie oben gebunden.

Um einen echten Windsorknoten zu binden, fängt man wie oben an, legt aber die Krawatte so um den Hals, daß das breitere Ende etwa 30 cm länger ist. Nach Schritt 3 schlägt man das breite Ende wieder anderthalbmal herum, aber diesmal nach rechts (3a), und fährt mit dem Schritt 4 wie oben fort.

Kreislaufstörungen

Wer unter leichten Kreislaufstörungen wie etwa Schwindel oder chronisch kalten Gliedmaßen leidet, sollte sich viel bewegen und vernünftig essen (siehe *Ernährung*). Für vitaminreiche Kost sorgen (siehe *Vitamine*); salzarm essen; auf das Gewicht achten; Nikotin und Alkohol möglichst vermeiden. Urlaub im Gebirge verbringen. Zur Kreislaufanregung morgens Wechselduschen machen. Beim Baden die Haut mindestens fünf Minuten lang mit einer kräftigen Bürste kreisförmig oder in gleichmäßigen Längsstrichen bürsten. Gezielte Bewegungs- und Entspannungsübungen machen.

Täglich zwei Tassen Weißdorntee trinken; dazu 2 gehäufte Teel. einer Mischung aus 30 g Weißdornblüten, 20 g Melissenblättern, 10 g Orangenblüten, 10 g Hagebutten, 5 g Lavendelblüten mit ¼ l Wasser übergießen und 15 Minuten lang ziehen lassen.

Halten die Kreislaufstörungen länger an oder ist das Wohlbefinden ernsthaft beeinträchtigt, sollte man einen Arzt aufsuchen.

Siehe auch *Füße, kalte; Gewichtsregulierung; Gymnastik; Körpergewicht; Wetterfühligkeit.*

Krocket

Bei diesem Rasenspiel können bis zu zehn Spieler in zwei gleich starken Mannschaften mitmachen. Jeder Spieler bekommt eine farbige Holzkugel und einen hölzernen Hammer, der mit einem Streifen in der gleichen Farbe gekennzeichnet ist. Ziel des Spiels ist es, die Kugel über eine 25 m lange Strecke zu schlagen, die mit neun Toren aus Drahtbügeln und zwei Holzpfosten abgesteckt ist; ein Pfosten markiert Start und Ziel, der andere den Wendepunkt. Beim Wenden und am Ziel muß jeder Pfosten mit einem eigenen Schlag getroffen werden, nachdem man das nächstgelegene Tor passiert hat.

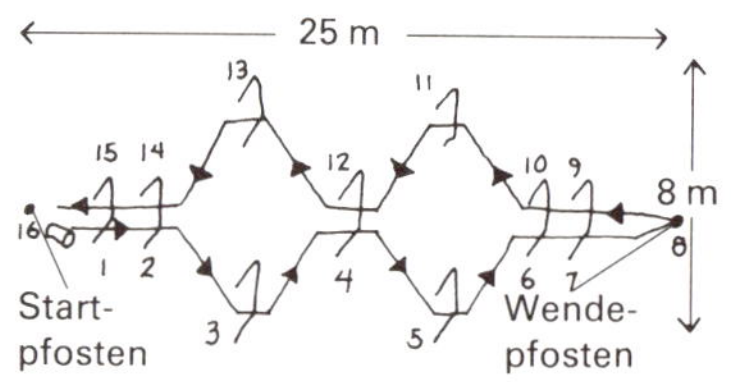

Um die Spielerfolge festzulegen, schlägt jeder Spieler seine Kugel aus einer markierten Entfernung von etwa 5 m zum Startpfosten. Es beginnt der Spieler, dessen Kugel dem Pfosten am nächsten liegt, dann der Spieler mit der zweitnächsten Kugel usw. Zu Spielbeginn legt man seine Kugel in die Mitte der Strecke zwischen Startpfosten und erstem Tor und schlägt sie mit dem Hammer so an, daß sie in der angegebenen Reihenfolge durch möglichst viele Tore rollt. Für jedes Tor, durch das die Kugel hindurchrollt, bekommt man einen Freischlag. Wird eine gegnerische Kugel getroffen, bekommt man zwei Freischläge, solange die eigene Kugel bei dem Zusammenstoß nicht „entgleist". Man hat dann die Möglichkeit, mit dem ersten Schlag die Kugel des Gegners auf zweierlei Weise aus der Spielbahn wegzuprellen: Beim Krocketschlag legt man die eigene Kugel dicht neben die gegnerische und setzt einen Fuß auf die eigene Kugel, um sie festzuhal-

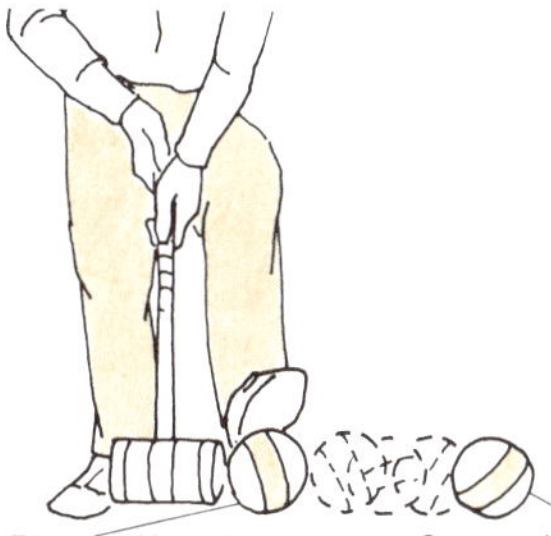

ten; dann wird die eigene Kugel kräftig angeschlagen und dabei die andere weggetrieben. Bei einem Spaltschlag hält man die eigene Kugel nicht fest, so daß beide Kugeln weggetrieben werden. Die gleiche Kugel des Gegners darf erst wieder angeschlagen werden, wenn man zwischendurch ein Tor passiert hat. Wenn eine Kugel ein Tor verfehlt, muß sie vor dem Durchlaß zurückgespielt werden, und der Gegner kommt an die Reihe. Wer mit seiner Kugel den Weg durch alle Tore geschafft hat, kann für seine Mannschaft als „Außenseiter" wieder am Spiel teilnehmen und die anderen in ungünstige Situationen bringen, indem er z. B. mit seiner Kugel die Bahn blockiert.

Sieger ist die Mannschaft, deren Kugeln als erste die ganze Strecke zurückgelegt und den Startpfosten wieder berührt haben. Wenn man das Spiel erschweren will, kann man statt der einfachen Tore auch Doppeltore auf den Kurs stecken.

Krumpfen

Das Verfahren ist zu empfehlen, wenn nicht bekannt ist, wie stark ein Stoff einläuft, wenn für ein waschbares Kleidungsstück zwei oder mehr verschiedene Stoffe verarbeitet werden sollen oder wenn zu erwarten ist, daß der Stoff mehr als 1 % einlaufen könnte. Um waschbare Stoffe zu krumpfen, werden sie einfach nach der Pflegeanleitung gewaschen und getrocknet, dann gegebenenfalls gebügelt.

Nicht waschbare Stoffe werden der Länge nach so gefaltet, daß die Webkanten und Enden übereinstimmen (siehe auch *Fadenlauf*). Dann heftet man durch alle Kanten. Den Stoff schlägt man in ein feuchtes Tuch ein und läßt ihn einige Stunden liegen oder befeuchtet ihn mit dem Wäsche-

ACHTUNG!
Dieses Verfahren kann bei manchen Stoffen zu Wasserflecken oder zum Verfilzen führen. Erst an einem Stoffrest testen!

sprenger. Anschließend legt man ihn zum Trocknen flach hin und bügelt dann leicht über die linke Stoffseite.

Krusten- und Weichtiere

Als Krustentiere werden im Handel Garnelen (Nordseekrabben, Shrimps), Langusten, Hummer, Kaisergranate, Krebse und Krabben angeboten. Zu den Weichtieren gehören die Tintenfische – Kalmar und Oktopus – und die Muscheln.

Alle Krusten- und Weichtiere sind leicht verdaulich und enthalten viel Eiweiß, Vitamine und Mineralstoffe (siehe *Nährstoffe*). Frische Meeresfrüchte sind zum sofortigen Verzehr bestimmt. Gegarte lassen sich im Kühlschrank kurze Zeit aufheben, aber man darf sie keinesfalls wieder aufwärmen! Tiefgekühlte Krusten- und Weichtiere kann man im Gefriergerät weiterlagern, vorausgesetzt, sie sind auf dem Nachhauseweg nicht angetaut.

Hummer und Miesmuscheln werden im Handel lebend angeboten. Bei Muscheln müssen die beiden Schalenhälften fest aufeinanderhaften oder sich sofort schließen, wenn man mit dem Finger daran klopft. Beim Kochen öffnen sich die Muscheln; falls einige nach dem Kochen noch fest geschlossen sind, darf man sie keinesfalls essen. Lebende Hummer müssen in Meerwasser aufbewahrt werden und sich im Becken noch bewegen. Wie auch bei Langusten und Krebsen muß der Schwanz leicht nach innen gerollt sein. Krustentiere, deren Schwanz geradegestreckt ist, sollte man nicht kaufen.

Zubereitung Krustentiere werden in einem Sud aus Wasser, Weißwein, Kräutern, Gewürzen und Salz gekocht. Hummer gibt man mit dem Kopf voran in den lebhaft sprudelnden Sud; man kann sie vorher durch einen Einstich zwischen Kopf und Rückenpanzer töten. Ein Hummer von etwa 1 kg Gewicht braucht 20–30 Minuten Garzeit, eine Languste etwas weniger; Krebse brauchen rund zehn Minuten. Die Tiere müssen beim Kochen völlig vom Sud bedeckt sein. Man rechnet pro Person einen halben Hummer, eine Languste oder sechs bis acht Krebse.

Muscheln muß man gründlich mit einer harten Bürste schrubben, um sie von Sand, Tang und vor allem den Barthaaren zu befreien. Auch sie gibt man in den kochenden Sud, in dem man sie etwa sechs Minuten garen läßt. Gegarte Muscheln kann man in der Schale servieren; man kann aber auch die obere Schale ablösen und die Muscheln auf der unteren Schale überbacken, oder man löst sie ganz aus und gibt sie in eine Cremesuppe.

Tintenfische haben sehr festes Fleisch, das man in 20 Minuten im Dampfkochtopf weich kochen kann. Der gekochte Tintenfisch wird kleingeschnitten und kann dann als Suppeneinlage oder kalt in einem Meeresfrüchtesalat gegessen werden. Rohe Tintenfischringe kann man auch in Ausbackteig tauchen und fritieren (siehe dort).

Essen Krustentiere, Miesmuscheln und Austern (siehe dort) ißt man mit den Fingern. Im Restaurant bekommt man den Hummer halbiert und zerlegt serviert; man kann ihn dann problemlos mit Fingern und Hummergabel – einer langen Gabel mit zwei kurzen Zinken – essen. Zerlegt man ihn selbst, dreht man Scheren, Beine und Fühler ab und teilt den Körper vom Rücken her längs in zwei Teile. Magen (ein kleiner Sack beim Kopf), Gallensack und Darm (sie sitzen am Schwanzende), eventuell auch den roten Rogen (Corail) und die Leber (Meergrün) entfernen – Hummerliebhaber essen beides mit. Mit der Hummerschere oder einem Nußknacker knackt man die Scheren an. Mit einer Gabel lockert man das Fleisch in der Schwanzkruste. Dann setzt man die Hummerteile wieder zusammen und bringt sie zu Tisch.

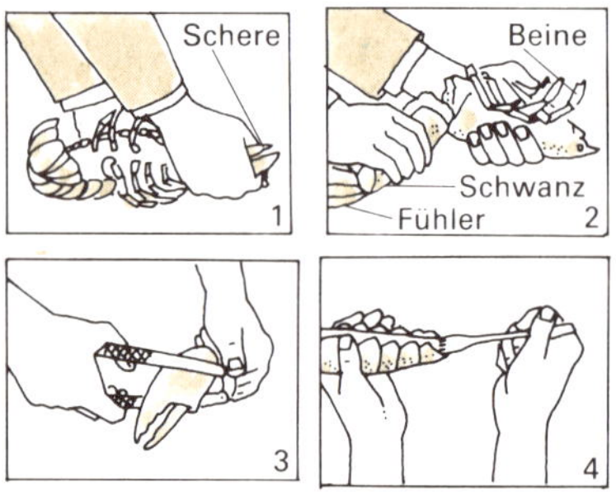

Bei Muscheln ißt man nur die erste mit der Gabel – man darf auch die Finger benutzen. Für die weiteren verwendet man die nun leere Schale als Eßzange. Mit ihr faßt man das Fleisch aus den weiteren Muscheln und führt es zum Mund. Der Muschelsud, der sich auf dem Teller gesammelt hat, wird zum Schluß ausgelöffelt.

Küchenkräuter

Kräuter muß man fein dosieren – zunächst lieber sparsam; man kann die Menge immer noch bei Bedarf erhöhen. Bei frischen gehackten Kräutern rechnet man bis zu 1 Teel. je Portion, bei getrockneten die Hälfte oder bei intensiv schmeckenden eine Prise.

Frische Kräuter spült man kalt ab und läßt sie auf Küchenkrepp abtropfen. Erst kurz vor der Verwendung zerkleinern. Dazu kann man eine Kräutermühle benutzen oder sie mit dem Messer hacken (siehe *Kleinhakken*). Getrocknete Kräuter zerreibt man zwischen den Fingerspitzen, um das Aroma zu intensivieren.

Hier die bekanntesten Küchenkräuter und ihre Verwendung:

- Basilikum: Hammel, Huhn, Leber, Tomaten, alle Gerichte mit südländischem Einschlag
- Bohnenkraut: Hackbraten, Hammel, Schweinebraten, Gerichte mit grünen Bohnen, Hülsenfrüchte
- Borretsch: Kräutersuppe, Hackfleisch, Gurken, Kräutersauce
- Dill: Kalbfleisch, gekochtes Rindfleisch, Fischsaucen, Lachs, Gurken
- Estragon: Huhn, Kalbfleisch, Lamm, Krabben, Eiergerichte, Sauce Béarnaise
- Kerbel: Lamm, Kalbsragout, Geflügel, Eiergerichte, Salate
- Liebstöckel: Suppen, Tomatensaft
- Lorbeerblätter: Schmorbraten, Wild, Pasteten, Fleisch- und Fischmarinaden, Tomatensauce
- Majoran: alle deftigen Gerichte mit Schweinefleisch oder Speck, fettes Geflügel, Fleischfüllungen, Hülsenfrüchte, Tomaten
- Minze: englische Minzsauce (zu Lamm), Gerichte mit griechisch-orientalischem Einschlag, kalte Sommerdrinks (als Verzierung)
- Oregano: Hackbraten, Gerichte der italienischen Küche wie Pizza, Spaghettisaucen und geschmorte Kalbshaxe (Ossobuco), Tomaten
- Petersilie: Kalbfleisch, Lamm, Hühnerragout, Eiergerichte, Suppen, Tomaten (glattblättrige hat mehr Würzkraft, krause verwendet man lieber als Dekoration)
- Rosmarin: Schmorbraten, Schweinefleisch, Lamm, Hammel, Geflügel, Marinaden, Tomaten, Salzkartoffeln
- Salbei: Schweinefleisch, Lamm, Fleischfüllungen, Kalbfleisch auf italienische Art (Saltimbocca), Leber, Grillspieße (ganze Blätter), Aal und andere fette Fische
- Schnittlauch: klare Suppen, Eiergerichte, Kräuterquark, Tomatensalat, frische Salate
- Thymian: Fleisch mit dunklen Saucen, Lamm, Wild, Leber, Geflügelfüllungen, alle Gerichte mit südländischem Gemüse

Kräutermischungen Ein Bouquet garni ist ein Kräutersträußchen, zu dem Petersilienstengel, Thymian und Lorbeer gehören; man kann aber je nach Geschmack und Verwendung auch Basilikum, Sellerieblätter, Pimpernell, Kerbel, Estragon, Rosmarin und Bohnenkraut dazunehmen. Man würzt Suppen, Eintöpfe und Schmorgerichte damit. Frische Kräuter bindet man zusammen, getrocknete werden in einem Mullsäckchen verpackt, damit man sie vor dem Servieren aus der Speise entfernen kann.

Als Fines herbes (feine Kräuter) bezeichnet man eine Kräutermischung aus Schnittlauch, Kerbel, Petersilie und Estragon, zu der ein wenig Trüffel genommen werden kann. Die Kräuter werden frisch zum Schluß an feine Suppen, Saucen, Omeletten gegeben.

Die klassischen Kräuter für die Grüne Sauce (siehe auch *Saucen*) sind Dill, Petersilie, Kerbel, Borretsch, Estragon, Pimpernell, Liebstöckel, Sauerampfer und Zitronenmelisse. Man kann auch Schnittlauch zugeben, doch sollte man ihn unbedingt extra mit dem Messer schneiden und nicht mit in die Kräutermühle geben.

Siehe auch *Gewürze*; *Heilkräuter*; *Knoblauch*; *Kräuter konservieren*; *Kräutergarten*; *Wildkräuter sammeln*.

Küchenschaben

Küchenschaben (Kakerlaken) kommen dort vor, wo sie Nahrung, Feuchtigkeit und Schlupfwinkel finden. Alle Speisen und Nahrungsmittel sollten daher im Kühlschrank oder in Behältern aus Metall, Glas oder Plastik gelagert werden. Arbeitsflächen, Regale und Fußböden müssen peinlich saubergehalten werden. Undichte Installationen und Armaturen reparieren; Schwämme und Geschirrtücher auswringen und trocknen. Fugen um Rohrleitungen, Installationsanschlüsse und Wandschränke mit Kitt abdichten (siehe *Abdichten*). Auch den Boden unter niedrigen Möbelstücken und Geräten gründlich putzen.

ACHTUNG!
Der Bereich, in dem Speisen zubereitet werden, darf nicht mit Insektenvertilgungsmitteln behandelt werden. Kinder und Haustiere fernhalten.

Gegen Schaben verwendet man in Drogerien erhältliches Insektenspray, mit dem man die Schlupfwinkel und Laufflächen einsprüht. Man kann auch eine Mischung aus Borax und Zucker ausstreuen oder Schabenfallen als Köder aufstellen; die Kakerlaken nehmen den giftigen Wirkstoff über das Futter auf.

Kühler kocht

Man bemerkt es zunächst nur daran, daß die Temperaturanzeige allmählich steigt. Manche Automodelle besitzen zusätzlich ein rotes Warnsignal. Übersieht man die Anzeige, tritt unter Geräuschbildung Dampf aus dem Überlaufgefäß aus. Dann muß man sofort die Fahrtgeschwindigkeit verringern und das Auto ausrollen lassen.

Nun öffnet man vorsichtig die Motorhaube und läßt zunächst, ohne einzugreifen, den Überdruck aus dem System entweichen. Jetzt kann der Kühlerverschluß oder der Deckel des Überlaufgefäßes geöffnet werden. Vorsicht! Dabei Handschuhe anziehen und ein großes Tuch über den Verschluß legen! Den Deckel bis zur ersten Sicherheitsraste drehen, damit noch vorhandener Druck endgültig entweicht.

Da das Risiko eines Motortotalschadens in solchen Fällen recht groß ist, sollte man möglichst eine sorgfältige Diagnose durchführen lassen. Also besser etwas Zeit opfern und den Pannendienst rufen.

Kühlgeräte

Gilt es nur, industrielle Tiefkühlkost für einige Tage aufzuheben, genügt ein Kühlschrank mit Dreisternegefrierfach. Der Rauminhalt liegt in der Regel zwischen 20 und 50 l.

Wer selber auf Vorrat einfrieren will, braucht einen Gefrierschrank oder eine Gefriertruhe. Für den Stadthaushalt rechnet man im allgemeinen 50–80 l Nutzraum pro Person, für den Landhaushalt 100–130 l. Truhen sind meist preiswerter, Schränke dafür raumsparender und übersichtlicher.

Abtauen Sofern der Kühlschrank keine automatische Abtauvorrichtung besitzt, sollte man das Gerät abtauen, sobald die Eisschicht am Kühlkörper etwa 5 mm dick ist.

Man stellt den Regler des Kühlschranks auf Abtauen oder Aus, nimmt alle Lebensmittel heraus und läßt das Eis abtauen. Das Schmelzwasser sammelt sich in einer Schüssel oder Auffangschale, die man je nach Bedarf mehrmals ausleeren muß. Übergelaufenes Wasser saugt man mit einem Schwamm vorsichtig auf.

Das Gefriergerät muß möglichst schnell – am besten in der kalten Jahreszeit – enteist werden, damit das Gefriergut nicht antaut. Das Gefriergut wird in mehrere Lagen Zeitungspapier gewickelt und im kühlsten Raum des Hauses, im Treppenhaus oder – im Winter – auf dem Balkon gelagert. Damit sich die Eiskrusten schnell lösen, stellt man eine Schüssel mit kochendem Wasser ins Gerät. Die Eisschicht nie mit einem Messer abkratzen, da die Auskleidung des Geräts beschädigt werden könnte; am besten eignet sich ein Plastikteigschaber dazu. Dann wäscht man das Gefriergerät mit Spülmittellösung, anschließend mit schwacher Essiglösung aus. Zum Schluß Innenwände und Gefriergut trockenwischen; je weniger Feuchtigkeit ins Gerät kommt, desto langsamer bildet sich eine neue Eisschicht. Gerät auf Höchststufe schalten, damit es stark durchkühlt.

Stromausfall Das Gefrierfach oder -gerät macht man nicht oder notfalls nur ganz kurz auf, bis der Fehler behoben ist. Danach schaltet man die Höchststufe ein, bis die erforderliche Temperatur wieder erreicht ist. Wird vom Elektrizitätswerk angekündigt, daß der Strom abgeschaltet wird, kann man das Gerät vorher ein paar Stunden lang höher schalten.

Siehe auch *Energie sparen.*

Kündigungsschreiben

Wenn man ein Arbeitsverhältnis mit einem Unternehmen lösen möchte, bei dem man einen verantwortungsvollen Posten hat und schon lange Zeit beschäftigt ist, sollte man schriftlich kündigen. Oft wird die schriftliche Form im Arbeitsvertrag verlangt. Das Schreiben wird wie ein Geschäftsbrief (siehe dort) abgefaßt. Man adressiert es bei kleineren Firmen an den Geschäftsführer, bei größeren Gesellschaften an den Leiter der Personalabteilung oder an den unmittelbaren Vorgesetzten. Wenn man nicht an seinen direkten Vorgesetzten schreibt, bekommt dieser in jedem Fall eine Kopie des Kündigungsschreibens.

Man teilt in dem Schreiben mit, daß man kündigen will und zu welchem Termin die Kündigung wirksam werden soll. Den Grund für die Kündigung kann man angeben. Außerdem sollte man sich anerkennend über die am Arbeitsplatz gewonnenen Kenntnisse, die gebotenen Möglichkeiten oder das gute Betriebsklima aussprechen.

Beim Verfassen des Briefes sollte man daran denken, daß er ein ständiger Bestandteil der Personalakte sein wird. In dieser Akte ist er vielen Leuten zugänglich. Deshalb sollte man die Worte in einem Kündigungsschreiben sorgfältig wählen, auch wenn man nicht im guten Einvernehmen ausscheidet. Wenn man wegen organisatorischer Veränderungen innerhalb der Firma auf einen Posten versetzt wurde, der nicht den Erwartungen entspricht, kann man in taktvoller Weise auf diesen Umstand hinweisen.

Ärgerliche Reaktionen, abfällige Bemerkungen oder namentliche Nennungen sind in jedem Fall zu vermeiden. Es ist wahrscheinlich, daß sie einem später einmal negativ ausgelegt würden. Statt dessen bemüht man sich um positive Aussagen über die Erfahrungen am Arbeitsplatz, um damit die Tür für eventuelle spätere gute Beziehungen offenzuhalten.

Kunststoffe

Kunststoffe teilt man in drei Gruppen ein: Thermomere, Duromere, Elastomere.

Thermomere Diese Kunststoffe sind durch Wärme verformbar und schweißbar. Die wichtigsten Sorten sind: Hartpolyvinylchlorid (PVC) für Außenverkleidungen, Rolläden, Dachrinnen und Fenster; Weichpolyvinylchlorid (PVC) für Folien, Umleimer, Schutzkleidung, Ledersatz; Polyethylen (PE) für Hohlkörper, Behälter, Schutzfolien und Verpackungen; Polystyrol (PS) für Glasersatz und Einwegartikel; Polyamid für Kunstfasern und gleitende Teile wie Rollen und Zahnräder; Polymethylmethacrylat (Acrylglas) für Lichtkuppeln, Leuchtreklame, Kfz-Leuchten, Schutzschilder und Spezialfenster.

Duromere Das sind ausgehärtete Zweikomponentenkunststoffe, die zur Verstärkung meist Füllstoffe wie Papier, Textil, Holz oder Glasfasern (GFK) enthalten. Dazu gehören: Phenolplaste (Phenolharze) für den Apparatebau, Lager und Zahnräder; Aminoplaste (Melaminharze) für Küchen- und Laboreinrichtungen (Schichtpreßstoffplatten) und Formteile; Harnstoffharze für Leimharze und Klebstoffe; Polyester für Boote, den Flugzeugbau und Oberflächenbeschichtungen.

Elastomere Diese Kunststoffe sind elastisch. Man zählt dazu: Silicone für Dichtungen, Schläuche und Isolationen; Neoprene für Polsterschäume und Klebemittel; Polyurethanschäume für Polstermaterialien und Formteile.

Kunststoffe schweißen

Thermoplastische Kunststoffe (Thermomere) lassen sich unter Anwendung von Wärme und Druck verbinden. Elastomere und Duromere kann man nicht schweißen; man muß sie kleben oder mechanisch verbinden (siehe *Kunststoffe*).

Da fast jeder Kunststoff eine andere Zusammensetzung und damit verschiedene Schmelz- bzw. Schweißbereiche hat, kann man nur gleichartige Stoffe miteinander verschweißen.

Es gibt drei verschiedene Schweißverfahren: das Heizelementschweißen, das Warmgasschweißen und das Reibungsschweißen. Beim Heizelementschweißen drückt man die zu verschweißenden Teile gegen ein Heizelement, beispielsweise einen Schweißspiegel oder eine Kochplatte, bis sich an beiden Teilen ein kleiner Wulst bildet (A), nimmt die Teile vom Heizelement (B) und fügt sie dann zusammen (C). Die Schweißtemperatur beträgt etwa 200 °C.

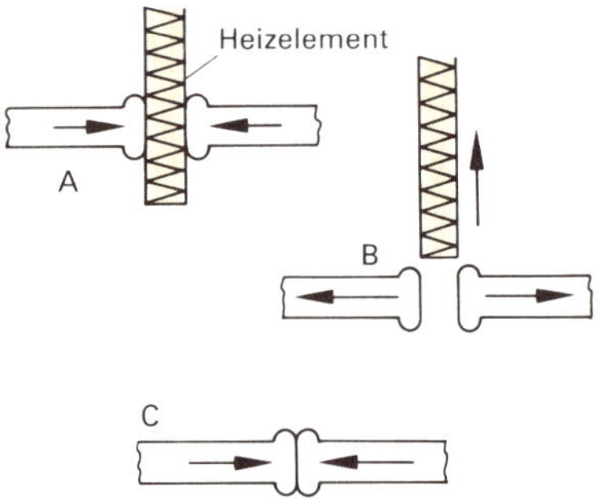

Zum Warmgasschweißen braucht man ein Schweißgerät, das einem Haarfön mit aufgesetzter Düse gleicht, sowie Schweißdraht aus dem Material, aus dem die Teile bestehen. Man fast die zu verschweißenden Kanten V-förmig auf 60 °C an, macht den Schweißdraht mit dem Schweißgerät plastisch und füllt damit die Kerbe aus. Bei sehr dicken Platten macht man eine X-förmige Naht.

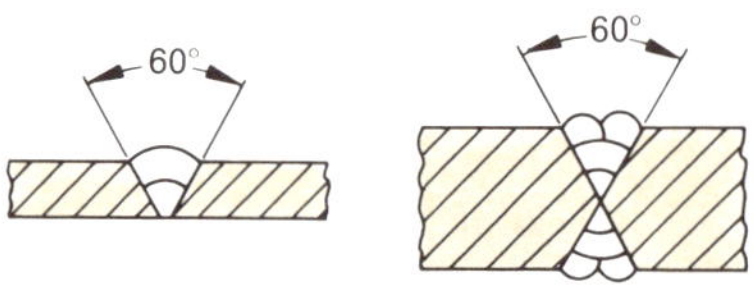

Beim Reibungsschweißen spannt man ein Werkteil in das Futter einer Bohrmaschine und das andere auf eine feste Unterlage. Dann führt man das eine Teil bei laufender Maschine an das andere heran und drückt die Maschine leicht an. Durch die Reibung entsteht die nötige Schweißwärme. Wenn das Material plastisch ist, schaltet man die Maschine ab und drückt die Teile zusammen.

Kupfer und Messing

Die heute im Handel erhältlichen Metallpolituren verhindern das Anlaufen, so daß das Metall seinen Glanz behält und an der Luft nicht oxidiert. Der Gegenstand wird mit warmem Seifenwasser abgewaschen, nachgespült und gut getrocknet und dann nach den Anweisungen des Herstellers poliert. Überschüssige Politur muß man abreiben oder abwaschen; verbliebene Reste beschleunigen das Anlaufen.

Nicht zu stark angelaufenes Metall kann mit einer Paste gereinigt werden, die man selbst aus gleichen Teilen Salz, Essig und Mehl herstellt. Die Paste mit einem weichen Lappen auftragen, dann den Gegenstand spülen und trockenreiben. Hartnäckige Flecken auf Messing oder Kupfer reibt man mit Salz und Essig oder Zitronensaft ab. Grünspan entfernt man mit Petroleum, notfalls mit feinem Scheuerpulver; mit klarem Wasser spülen und mit einem weichen Lappen trockenreiben.

Damit Messinggegenstände im Freien ihren Glanz behalten, überzieht man sie nach dem Polieren mit einer dünnen Wachsschicht oder mit Zaponlack; Gegenstände im Haus werden mit Zitronenöl poliert.

Kürbislaterne

Man kauft einen möglichst großen Kürbis, schneidet um den Stiel herum einen so großen Deckel ab, daß eine Hand bequem in die Öffnung paßt, und höhlt den Kürbis beispielsweise mit einem langen Löffel aus. Dann zeichnet man ein Gesicht darauf und schneidet es mit einem scharfen Messer aus; das geht mit sägenden Bewegungen am besten.

Man kann ein trauriges, lachendes oder furchterregendes Gesicht machen. Immer aber sollte der Mund so hoch liegen, daß die Kerze, die man mit einem passenden Halter in den Kürbis steckt, nicht zu sehen ist.

Kuvertüre

Damit Kuvertüre nach dem Austrocknen auf Kuchen und Plätzchen nicht stumpf wird, muß man sie richtig temperieren. Sie wird grob gehackt im Wasserbad erwärmt, bis sie schmilzt (bei 35 °C). Dann nimmt man sie aus dem Wasserbad – Vorsicht, es darf kein Tropfen Wasser hineinkommen! – und rührt sie so lange, bis sie kalt und fast wieder erstarrt ist. Nun wird sie im warmen Wasserbad wieder flüssig gemacht und über den völlig erkalteten Kuchen gegeben. Große Kuchen und Torten, z. B. Sachertorte, übergießt man mit Kuvertüre und verstreicht die Schokoladenmasse sehr schnell mit einem Teigspachtel, Pfannenmesser o. ä.

Kuvertürereste können immer wieder in das Wasserbad zurückgegeben und erneut flüssig gemacht werden.

Damit beim Anschneiden des Kuchens die Schokoladenglasur nicht bricht, taucht man das Messer in heißes Wasser, bis die Klinge sehr heiß ist. Dann setzt man das Messer an und wartet einen Augenblick, bevor man den Kuchen durchschneidet.

Siehe auch *Glasuren*.

L

Lackieren

Gute Ergebnisse beim Lackieren erzielt man, wenn man die nachfolgend aufgeführten Arbeitsschritte und Arbeitsweisen ausführt.

Spachteln Rohes Holz läßt sich am besten lackieren, wenn man es vorher spachtelt. Doch bevor man es spachtelt, sollte man es mit einem üblichen Grundierungsmittel streichen. Danach führt man den ersten Spachtelgang aus, mit dem das Holz abgeport wird, wie der Fachmann sagt. Dazu drückt man Lackspachtelmasse mit steil gehaltenem Japanspachtel kräftig in die Holzporen (A). Dabei arbeitet man immer in Richtung der Holzmaserung. Nach drei bis vier Stunden spachtelt man in entgegengesetzter Richtung noch einmal. Diesmal hält man den Japanspachtel flach und zieht ihn mit wenig Druck so über die Fläche, daß sich die Spachtelbahnen überlappen (B). Dadurch wird die Spachtelmasse gleichmäßig dick auf der Fläche verteilt. Anschließend schleift man.

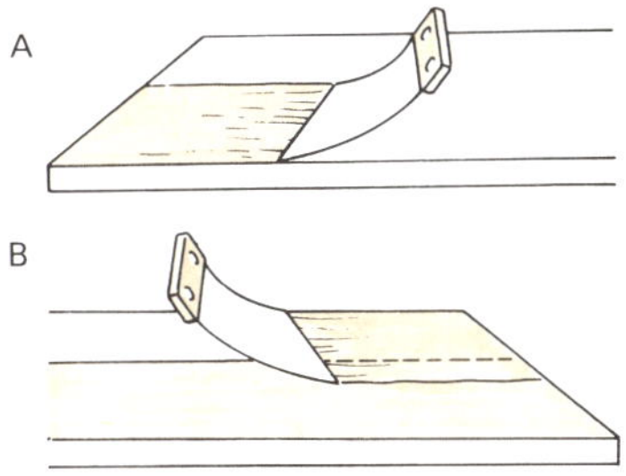

Schleifen (siehe auch dort) Vor jedem Grundanstrich, Zwischenanstrich und Schlußanstrich muß der Untergrund geschliffen werden. Das ist wichtig, denn dadurch glättet man die Fläche dreimal, entfernt Farbläufer und Staubkörner und rauht den Untergrund leicht auf, so daß der nächste Anstrich gut haftet. Gestrichene Flächen sollte man naß schleifen, denn dann bildet sich kein Schleifstaub. Man verwendet Schleifpapier der Körnung 220–320, legt es um den Schleifklotz und bewegt diesen mit schwachem Druck in kreisenden Bewegungen über die Fläche. Rohes, grundiertes und gespachteltes Holz wird nur trocken mit Schleifpapier der Körnung 180 geschliffen.

Streichen Man hält einen Pinsel wie einen Bleistift und taucht ihn nur bis zur Hälfte der Borsten in die Farbe, damit sich am Borstenansatz nicht zuviel Farbe ansammelt und der Pinsel nicht tropft.

Zuerst werden alle Ecken, Kanten und schwer zugänglichen Stellen gestrichen, dann die Flächen. Bei Flächen trägt man die Farbe zuerst in einer Richtung auf (C), führt dann den Pinsel, ohne Farbe aufzunehmen, quer darüber (D) und verschlichtet in Gegenrichtung zum ersten Farbauftrag (E).

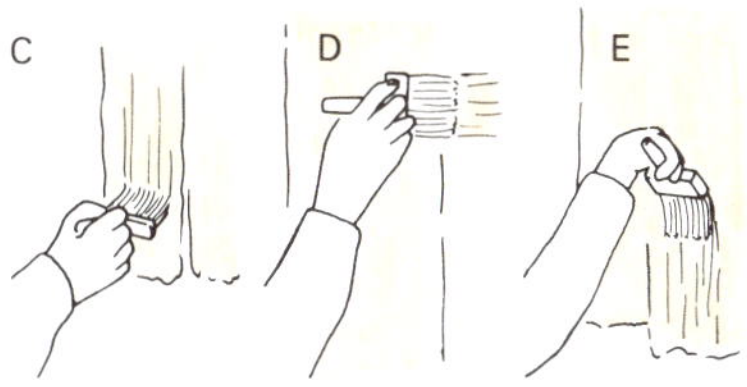

Bei Möbeln arbeitet man von innen nach außen. Man streicht also zuerst die Innenseiten von Tisch- und Sitzflächen, dann die Beine von innen nach außen und danach Arm- und Rückenlehnen, Tisch- und Sitzflächen. Bei Regalen und Schränken geht es genauso: zuerst die Innenseiten, dann die Beine, danach die Seitenflächen und zum Schluß die Vorderflächen. Abschließend wird der Anstrich im Seitenlicht von allen Seiten geprüft. Pinselborsten und Staubkörner entfernt man mit einem zugespitzten Streichholz.

Rollen Für große Flächen eignen sich Farbroller besonders gut. Gerollt wird folgendermaßen: Man trägt die Farbe in groben Bahnen in einer Richtung auf (F), rollt kreuz und quer darüber (G), um die Farbe gleichmäßig auf der Fläche zu verteilen, und führt dann den Roller locker in gegenläufigen, sich überlappenden Bahnen (H) über die Fläche, um die Farbe glattzuziehen und Bläschen wegzurollen. Kanten und Ecken werden vor dem Rollen mit dem Pinsel gestrichen (siehe *Malerwerkzeuge*).

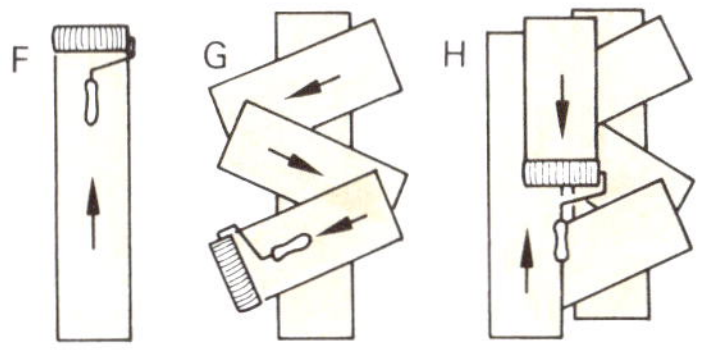

Lackschäden ausbessern

Beim Autowaschen bemerkt man oft kleine Steinschlagschäden auf der Motorhaube oder im Sprühbereich der Räder. Diese Schäden sollte man unverzüglich ausbessern, denn sonst beginnt der Untergrund zu rosten. Der Lack wird unterwandert, und es kommt zu schweren Rostschäden.

Man kauft eine Spraydose oder einen Lackstift entsprechend der Farbcodierung des Herstellers (sie ist in den Fahrzeugpapieren oder im Motor- bzw. Kofferraum des Autos zu finden). Man schüttelt sorgfältig die Spraydose, sprüht etwas Lack in den Deckel und tupft ihn von dort mit einem Streichholz oder einem kleinen Pinsel auf den Lackschaden. Beim Lackstift verfährt man entsprechend; hier kann man den im Deckel eingebauten kleinen Pinsel benutzen.

Sind die Steinschläge schon angerostet, entfernt man den Rost mit einem Glasradierer, den man im Schreibwarengeschäft erhält. Damit kann man sehr punktgenau arbeiten. Die blanke Stelle bessert man mit einem Grundiermittel aus; erst nach dem Abtrocknen bringt man den Decklack auf.

Lagerfeuer

Im allgemeinen darf man nur an von der Gemeinde ausgewiesenen Plätzen Feuer machen. Man erkundigt sich vorher; die Plätze sind aber oft auch in guten Wanderkarten angegeben.

Brennholz liefern abgestorbene und umgefallene Bäume; lebende Bäume oder Äste darf man nicht absägen – sie brennen auch schlecht. Mit einem Beil oder einer Astsäge werden die Seitenäste von den Stämmen abgesägt, mit einer größeren Säge schneidet man die Holzscheite zurecht.

Am einfachsten läßt sich das Brennholz in Pagodenform oder Pyramidenform aufschichten. Das Pagodenfeuer ist der beste Wärmespender. Es brennt langsam an, dann gleichmäßig und lang, und der Funkenflug ist gering. Zunächst legt man den Zunder aus: trockenes Reisig, Kiefernzapfen, vom Boden aufgesammelte Birkenrinde (wenn man die Rinde von einem Baum abschält, stirbt er ab) und zusammengeknülltes Papier. Darüber schichtet man in mehreren Lagen die Holzscheite kreuz und quer in Form einer Pagode. Die beiden obersten Holzlagen werden dichter aneinandergelegt und decken den Haufen ab. Nun wird der Zunder angezündet.

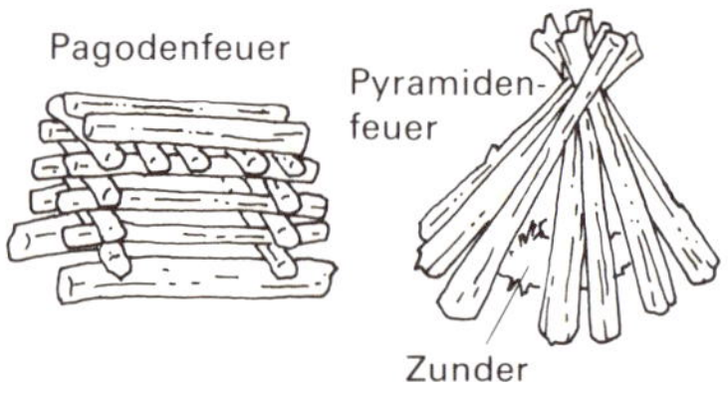

Das Pyramidenfeuer ist zum Kochen besser geeignet. Es brennt schneller an, ist auch mit feuchtem Holz zu unterhalten und ergibt eine kleine, begrenzte Flamme. Auf den Boden kommt der Zunder, und rundherum stellt man die Holzscheite in Form einer kleinen Pyramide auf. Wenn das Holz feucht ist, kann man in einige Scheite mit dem Taschenmesser Späne einschneiden.

Spanscheit

Ein Feuer darf niemals unbeaufsichtigt bleiben, auch wenn es sich nur um eine Kochstätte handelt. Vor dem Weggehen löscht man es sorgfältig mit Wasser.

Lampenschirme

Die beste Pflege für Lampenschirme aller Art ist regelmäßiges Abstauben. Man verwendet dazu einen weichen Lappen, eine weiche Bürste oder einen Staubwedel; in Falten gelegte Lampenschirme aus Stoff werden mit dem Staubsauger (Polsterdüse) gereinigt. Den Lampenschirm möglichst nicht mit den Händen berühren; das Hautfett kann Flecken hinterlassen und zieht den Schmutz an.

Lampenschirme aus Kunststoff werden abgestaubt, dann mit einem Lappen und lauwarmem Seifenwasser abgewischt, nachgespült und getrocknet. Zusammengeleimte Teile oder Drähte sollten nicht mit Feuchtigkeit in Berührung kommen.

Von Papierschirmen können Flekken vorsichtig mit einem sauberen Plastikradiergummi oder Tapetenreiniger (Trockenschwamm oder Knetmasse) entfernt werden. Damit Pergamentpapier nicht austrocknet, reibt man es einmal im Jahr mit Klauen- oder Rizinusöl ein.

Lampenschirme mit einer Bespannung aus Baumwolle, Leinen oder Seide sollte man chemisch reinigen lassen, weil diese Stoffe bei der Behandlung mit Wasser einlaufen können und das Gestell des Lampenschirms sich dann verzieht. Seidenschirme kann man auch mit einer benzingetränkten weichen Bürste strichweise abbürsten.

Lampenschirme aus Glas reinigt man mit einem Fensterleder, das man in Wasser mit etwas Salmiakgeist oder Spiritus taucht und gut ausdrückt. Mit Küchenkrepp nachpolieren.

Lampenschirme aus Reyon und Nylon kann man waschen, wenn sie nicht geklebt, sondern am Gestell angenäht sind und farbechte Fransen oder Einfassungen besitzen. Man richtet sich nach der Pflegeanleitung auf dem Etikett. Am besten wäscht man den Schirm bei klarem, trockenem Wetter, weil er dann schnell trocknet, bevor das Drahtgestell Rost ansetzt. Zunächst wird der Lampenschirm gründlich abgestaubt. Dann füllt man in die Badewanne so viel warmes Wasser, daß der Schirm ganz bedeckt ist; dem Wasser ein Feinwaschmittel zusetzen und den Schirm wiederholt eintauchen und herausheben. Wenn das Wasser sehr schmutzig wird, muß man es wechseln und den Schirm nochmals waschen. Zuletzt wird der Schirm mit klarem Wasser öfters nachgespült (Handbrause verwenden). Dann mit einem Handtuch abtupfen und zum Trocknen aufhängen. Mit einem Fön kann man den Trockenvorgang beschleunigen. Lokker durchhängender Stoff strafft sich beim Trocknen.

Landschaftsfotografie

Es heißt, daß man eine Landschaftstotale wegen der Tiefenwirkung nie ohne einen Vordergrund aufnehmen soll. Das kann stimmen, und ein Baum oder eine Person im Vordergrund mag sich ganz gut ausnehmen; oft wird dieser Ratschlag aber zu Tode geritten, indem jeder Fernblick mit Baumstämmen umrahmt wird. Eine Landschaft läßt sich sehr wohl auch einmal ohne Vordergrund abbilden!

Wichtig ist, wie man ein Bild aufbaut. In einer Landschaft ist man von der Räumlichkeit ganz umgeben. Diesen totalen Eindruck kann ein Foto nicht vermitteln, das ja nur einen zweidimensionalen und sehr kleinen Ausschnitt dessen wiedergibt, was man selbst dreidimensional erlebt. Man muß deshalb auswählen, was aufs Bild soll. So läßt sich z.B. der Himmel betonen und die Landschaft selbst ganz an den unteren Bildrand rücken. Oder umgekehrt: Der Himmel verschwindet gänzlich aus dem Bild, und man fotografiert nur die Flächen eines Feldes, dessen Geometrie einen eigenartigen Reiz ergibt.

Selbstverständlich kann man gute Landschaftsbilder mit jeder Kamera und einem einzigen Objektiv machen. Wer allerdings eine Spiegelreflexkamera und dazu ein paar Wechselobjektive besitzt, hat mehrere Gestaltungsmöglichkeiten, die man auch gezielt einsetzen sollte. Eine Landschaft, mit einem Weitwinkelobjektiv aufgenommen, eröffnet einen ganz neuen Blick; dabei wird die Weite der Landschaft unterstrichen und sogar noch mehr betont, als es in Wirklichkeit dem Betrachter erscheint. Umgekehrt sieht eine Landschaft durch das Teleobjektiv viel geraffter und flächiger aus.

Läuse

Das erste Anzeichen für Kleider-, Kopf- und Filzläuse am Menschen ist meist ein Juckreiz an behaarten Körperstellen. Man kann sie mit dem bloßen Auge gerade noch ausmachen. Die von ihnen hinterlassenen winzigen Bißwunden sind nur schwer zu sehen, besser zu erkennen sind jedoch ihre Nissen – kleine, weiße Eier, die gebündelt am Haarschaft sitzen.

Wirksame Mittel in Gel- oder Shampooform kann man – rezeptfrei – in der Apotheke kaufen. Haarspülungen mit heißem Essigwasser sind ebenfalls sinnvoll. Die dadurch gelösten Nissen können mit einem feinzinkigen Kamm ausgekämmt werden. Bettwäsche und Kleidung wäscht man bei 95 °C, damit sie keimfrei werden, und bügelt sie nach dem Trocknen. Wenn den Läusen damit nicht beizukommen ist, sucht man einen Arzt auf.

Wer von Läusen befallen wird, sollte sich nicht schämen. Sie sind kein Zeichen für mangelnde Sauberkeit im Haushalt oder im persönlichen Bereich und sind auch nicht auf bestimmte soziale Schichten beschränkt. Verschwiegenheit aus falscher Scham kann zu einer Epidemie in einer Familie, einer Schulklasse oder in der Nachbarschaft führen. Jeder, der mit dem Befallenen Körperkontakt hat, kann selbst Läuse bekommen und sollte deshalb von dieser Übertragungsmöglichkeit unbedingt in Kenntnis gesetzt werden.

Siehe auch *Insektenstiche; Juckreiz.*

Lautsprecher

Die Klangqualität einer Stereoanlage hängt vor allem von der Qualität der Lautsprecher ab. An den Lautsprechern zu sparen und einen aufwendigen Verstärker, Tuner und Plattenspieler zu kaufen wäre ein großer Fehler. Auf jeden Fall sollten die Lautsprecher in ihrer Leistung genau auf die Leistung des Verstärkers abgestimmt sein. Ein Verstärker mit einer hohen Leistungsabgabe kann Lautsprecher mit zu niedriger Leistungsaufnahme sogar zerstören.

Um einen ungetrübten Stereoeffekt zu erzielen, muß man beide Lautsprecher mindestens 2,50 m voneinander getrennt derart aufstellen, daß sie jeweils in Richtung Raummitte zeigen. Keinesfalls dürfen sie sich gegenüberstehen.

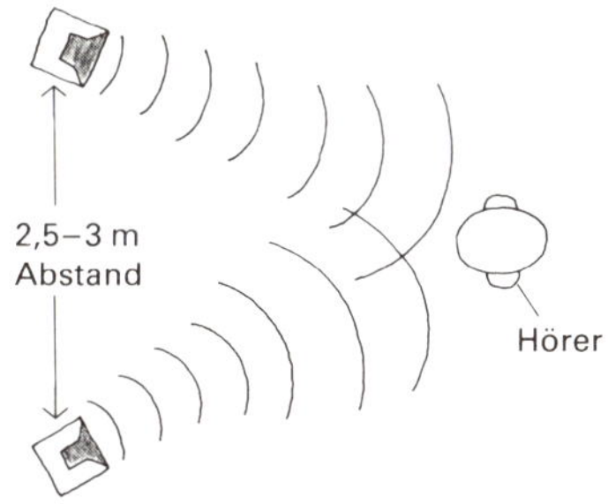

Beim Anschließen achtet man darauf, daß der linke bzw. der rechte Lautsprecher auch mit der entsprechenden Buchse des Verstärkers verkabelt ist. Falls ein Lautsprecher ausfällt, überprüft man zuerst das Kabel und die Steckverbindungen.

Vibriert ein Lautsprecher bei bestimmten Frequenzen, stellt man ihn anders auf oder legt ein Stück Stoff oder Filz unter.

Lawinen

Je nach Schneebeschaffenheit und Art des Abgangs lassen sich drei Lawinentypen unterscheiden.

- Staublawinen treten vor allem nach ergiebigen Pulverschneefällen auf. Sie lösen sich an einem Punkt und fahren mit Geschwindigkeiten von 200 km/h und mehr zu Tal. Immer werden sie von einer gewaltigen Druckwelle begleitet, die für einen Menschen tödliche Folgen haben kann.
- Naßschneelawinen rutschen unter lautem Donnern abwärts. Meist folgen sie bestimmten Rinnen, die den Einheimischen als Lawinengassen vertraut sind. Sie bilden sich, wenn der Schnee taut und dadurch schwerer wird. Vor allem im Frühjahr ist mit Naßschneelawinen zu rechnen, aber auch ein winterlicher Föhneinbruch kann sie in Gang setzen.
- Schneebretter reißen sich bei Erschütterungen entlang einer bis zu 150 m langen Kante los. Ein Skifahrer kann ebenso Auslöser sein wie der Lärm eines Hubschraubers.

Man kann der Lawinengefahr vorbeugen, wenn man bestimmte Verhaltensregeln beachtet. Als Abfahrtsläufer sollte man grundsätzlich nie die abgesteckten Pisten verlassen. Auf Skitouren durch unbekanntes Gelände sollte man nach ergiebigen Schneefällen unbedingt verzichten. Auch sonst ist anzuraten, daß man sich immer einem ortskundigen Führer anvertraut oder sich zumindest beim örtlichen Fremdenverkehrsverein nach der Schneelage erkundigt und sich nach seinen Empfehlungen richtet. Unterwegs darf man gefährliche Hänge keinesfalls in Gruppen überqueren, damit keine Schneebretter ausgelöst werden. Aufsteigen sollte man nicht in Mulden, sondern nach Möglichkeit über bewaldete Hänge oder Berggrate.

Überlebenschancen Wenn man trotz aller Vorsicht von einer Lawine erfaßt wird, ist es wichtig, die Nerven zu behalten und die Situation rasch zu überblicken. Befindet man sich in der Anbruch- oder Randzone einer Lawine, kann man am ehesten einer Verschüttung entgehen, indem man sich an Bäumen, Sträuchern oder Felsblöcken festklammert. Sehr gute Skifahrer können auch versuchen, in schräger Schußfahrt aus der Lawine zu fahren.

Ist die Flucht unmöglich, wirft man, wenn die Zeit noch reicht, Stöcke, Skier und Rucksack weg. Dann dreht man sich zur Lawine hin, tritt mit den Füßen den Schnee und drückt sich mit Kraulbewegungen der Arme im Schnee hoch. Dabei sollte man versuchen, den Lawinenrand oder einen Baum oder Felsen zu erreichen.

Bevor die Lawine zum Stillstand kommt, nimmt man eine Hockstellung ein und kreuzt die Arme vor Gesicht und Brust; damit schafft man sich einen Atemraum. Jetzt ist es äußerst wichtig, Kraft und Atemluft zu sparen und die Angst zu unterdrükken, denn Angst erhöht den Sauerstoffverbrauch.

Die Chancen, rasch gefunden zu werden, erhöhen sich, wenn man beim Skifahren ein batteriebetriebenes Verschüttetensuchgerät mit sich führt. Ein solches Gerät sendet Signale aus, die von der Suchmannschaft oder von unverschütteten Begleitern mit entsprechenden Geräten aufgefangen werden. Alle auf dem Markt befindlichen Geräte arbeiten auf zwei in den Alpen eingeführten Frequenzen.

Lebenslauf schreiben

Der Lebenslauf ist deswegen wichtig, weil er für den mit der Bewerberauslese betrauten Personalchef oder -sachbearbeiter die geeignetste Unterlage ist, sich schnell einen Überblick über Werdegang und Entwicklung des Bewerbers zu verschaffen. Erst in zweiter Linie wird er sich im Detail mit den eingereichten Zeugnisunterlagen befassen.

Grundsätzlich sollte man den Lebenslauf so schreiben, wie es von den Firmen oder Institutionen gefordert ist (tabellarische Form, Aufsatzform, handschriftlich, maschinengeschrieben). Wird die handschriftliche Form verlangt, kann dies bedeuten, daß ein graphologisches Gutachten eingeholt werden soll.

Wer die Wahl hat und am Anfang seines Ausbildungs- oder Arbeitslebens steht, entscheidet sich am besten für die Aufsatzform, bei der auch die Handschrift am ehesten angebracht ist. Wer im Lauf des Berufslebens mehrmals den Arbeitgeber oder den Beruf gewechselt hat, wählt wegen der besseren Übersichtlichkeit die tabellarische Form.

Man kann den Lebenslauf sowohl zeitlich als auch sachlich gliedern oder auch eine Kombination aus beiden Formen wählen. Ein Lebenslauf mit sachlich-zeitlicher Gliederung sollte folgende Positionen enthalten:

- persönliche Daten: Vor- und Familienname, Geburtstag, Geburtsort, Familienstand, Wohnort und Anschrift
- Schulbildung
- Berufsausbildung
- Berufstätigkeit
- Weiterbildung
- besondere Fähigkeiten und Kenntnisse.

Beim tabellarischen Lebenslauf schreibt man links an den Rand den Zeitraum (z.B. 1965–1970) und rechts bündig untereinander die jeweiligen Angaben. Die Zeiträume sollten möglichst mit genauem Kalenderdatum wiedergegeben werden. Die Daten müssen lückenlos sein. Auch ein maschinengeschriebener Lebenslauf wird handschriftlich unterschrieben. Das Datum, das mit dem Datum des Bewerbungsschreibens identisch sein sollte, wird handschriftlich unter den Lebenslauf gesetzt. Es empfiehlt sich, den Lebenslauf jedesmal neu zu schreiben und keine Fotokopie zu verwenden, da sonst leicht der Eindruck erweckt wird, daß es sich hier nur um eine Bewerbung unter vielen handelt.

Siehe auch *Bewerbungsschreiben*.

Lebensmittelvergiftung

Durchfall und Erbrechen als Reaktion auf den Genuß von verdorbenen Lebensmitteln dauern meist nicht länger als 24 Stunden. Um einem Wasserverlust vorzubeugen, trinkt man in der Zeit viel stilles Wasser, klare Brühe und dünnen Tee. Besonders geeignet ist Blutwurztee, der bei Durchfällen und auch als Gegenmittel bei Vergiftungen wirksam ist. Tritt beim Trinken sofort wieder Brechreiz auf, nimmt man die Flüssigkeit alle 15 Minuten in kleinen Schlucken zu sich. Danach sollte man versuchen, etwas Zwieback zum Tee langsam zu kauen, und nach einigen Stunden dann auf eine milde, feste Kost übergehen (siehe auch *Durchfall; Vergiftungen*). Eine Behandlung mit Medikamenten ist meist nicht notwendig.

Ein Arzt muß jedoch aufgesucht werden, wenn bei Kindern unter drei Jahren Verdacht auf eine Lebensmittelvergiftung besteht, wenn bei Erwachsenen die Beschwerden länger als zwei Tage anhalten, wenn ungewöhnlich starke Bauchschmerzen auftreten oder wenn Blut oder Schleim im Stuhl oder im Erbrochenen festzustellen ist.

Wenn Sehstörungen (z. B. Doppeltsehen), extreme Muskelschwäche und eventuell Sprach-, Schluck- oder Atmungsstörungen auftreten, handelt es sich wahrscheinlich um Botulismus, eine seltene und sehr gefährliche Form der Lebensmittelvergiftung, die erst 12–72 Stunden nach Aufnahme des vergifteten Nahrungsmittels auftritt. Erbrechen und Durchfall gibt es dabei nur in einem Drittel der Fälle. Betroffene müssen sofort ins Krankenhaus; sie brauchen Infusionen und Serumspritzen. Auslöser dieser Krankheit sind oft Lebensmittel, die entweder zu Hause falsch eingemacht oder nicht sachgerecht industriell eingedost wurden (siehe *Konserven*). Eine Probe des verdächtigen Lebensmittels sollte man möglichst ins Krankenhaus mitnehmen.

Vorbeugung Die Bakterien, die Lebensmittelvergiftungen verursachen, sind meist in kleinen Mengen harmlos, können sich aber auf falsch gelagerten Lebensmitteln alle 20 Minuten um das Doppelte vermehren. Die Beschwerden werden entweder durch die Bakterien selbst oder durch von ihnen produzierte Giftstoffe ausgelöst, die meist durch eine Verfärbung oder schlechten Geruch erkennbar sind. Im Umgang mit Lebensmitteln ist stets auf peinliche Sauberkeit zu achten. Bei aufgewärmten oder aufgetauten Speisen ist besondere Vorsicht geboten (siehe *Aufwärmen; Resteverwertung; Tiefkühlkost auftauen*). Lebensmittel immer sachgemäß lagern. Zu einem Picknick oder auf die Reise möglichst keine Speisen wie Pudding, Cremefüllungen, Mayonnaise oder Rohwurst mitnehmen. Im übrigen verläßt man sich auf seine Nase und seine Augen und ißt keine Speisen, die unangenehm riechen oder eigenartig (z. B. verfärbt) aussehen. Beim Einkochen und Konservieren müssen die Vorschriften genau befolgt werden (siehe *Einfrieren; Einlegen; Einmachen*).

Lederarbeiten

Leder kauft man meist nach Quadratfuß (= 0,093 m^2) und nach der Stärke, die wiederum das Gewicht bestimmt. Bei einer Stärke von 2,8 mm wiegt das Leder etwa 200 g pro Quadratfuß, bei 0,4 mm Stärke etwa ein Siebtel davon. Für Gürtel benötigt man Kalbsleder, Rindsleder oder Schweinsleder von 2,8–3,6 mm Stärke, für Geldbörsen die gleichen Ledersorten von 0,8 bis 1,6 mm Stärke.

Zugeschnitten wird das Leder nach einer Pappschablone. Man legt das Leder mit der glatten Seite nach oben auf eine Holzfaserplatte, eine Schneidunterlage aus Linoleum oder Hartgummi. Angezeichnet wird rund um die Schablone mit einem scharf gespitzten Bleistift, den man senkrecht zum Leder hält. Die Bleistiftlinie wird mit einer Ahle vorsichtig nachgezogen.

Dünnes Leder kann man mit der Schere – es gibt spezielle Lederscheren – oder mit dem Universalmesser schneiden, wobei die Schere sich besonders für Rundungen und kompliziertere Konturen eignet. Für dickes Leder ist ein Ledermesser zu empfehlen; im ersten Arbeitsgang wird nur teilweise ins Leder eingeschnitten, im zweiten erst führt man den endgültigen Schnitt aus.

Bevor man Leder näht, werden die Nahtlinien 3–6 mm von der Außenkante vorgezeichnet. Bei dünnem Leder verwendet man eine Ledernähnadel mit scharfer Spitze, bei starkem Leder eine Sattlernadel mit stumpfer

Spitze (die Löcher werden mit der Ahle vorgestochen) und, je nach Lederstärke, Nylongarn oder Leinengarn, das mit Wachs eingerieben wird, Sattlerzwirn oder Segelgarn. Nadel und Faden sollen in ihrer Stärke dem Durchmesser der vorgestochenen Löcher entsprechen. Um den Faden zu befestigen, sticht man die Nadel durch den Faden, fädelt das freie Fadenende im Nadelöhr ein und zieht dann den Faden zurück.

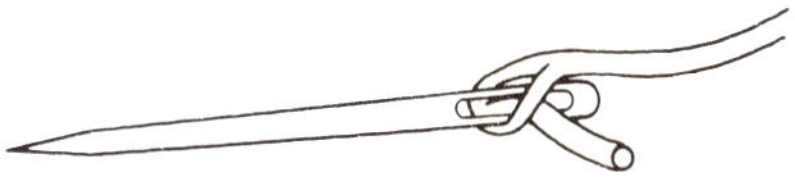

Die gebräuchlichsten Stiche sind der Vorstich und der Sattlerstich (Zwienaht). Der Vorstich wird am Anfang und Ende verknotet, damit die Naht nicht aufgeht; man kann auch den Faden wieder zum Anfang der Naht zurückstechen, wobei ein doppelter Vorstich entsteht, und dann die beiden Fadenenden miteinander verknoten.

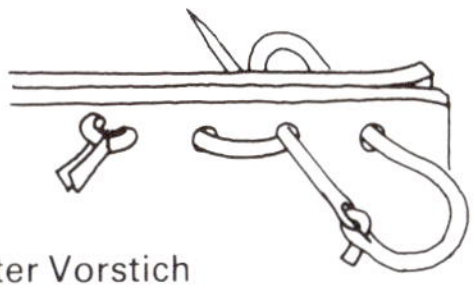

Doppelter Vorstich

Beim Sattlerstich wird mit je einer Nadel an beiden Enden eines Fadens gearbeitet. Zur Verstärkung wird die Naht mit einem verketteten Sattlerstich abgeschlossen; dazu führt man eine oder beide Nadeln durch die letzte Schlinge oder Schlingen, zieht den Faden fest und schneidet die Enden unmittelbar am Leder ab.

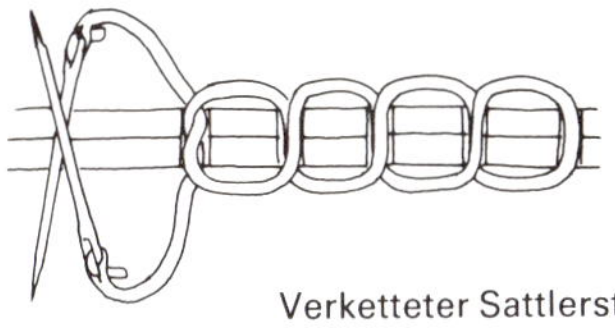

Verketteter Sattlerstich

Lederkanten können mit einer Zierschnürung versehen werden; man verwendet dazu Lederstreifen anstelle von Garn. Es eignen sich Peitschenschnüre (mit quadratischem Querschnitt) oder flache Riemchen. Die Riemchen werden in eine Schnürnadel eingesetzt; diese besitzt eine Nadelklammer mit Dornen, die das

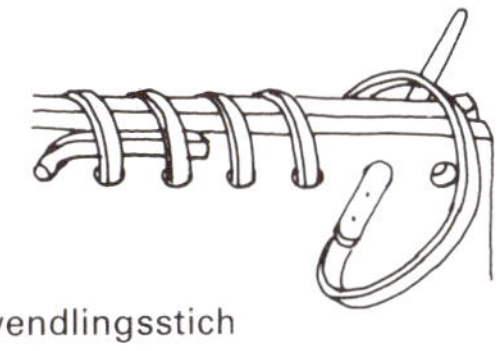

Überwendlingsstich

Riemchen festhält. Für die Umschnürung sticht man Löcher ganz durch das Leder (nicht nur vorstechen wie beim Nähen). Ein beliebter Schnürstich ist der Überwendlingsstich. Das Ende des Lederstreifens zieht man zur Befestigung unter mehrere Stiche hindurch.

Lederpflege

Lederbekleidung sollte man nicht zu oft in die chemische Reinigung geben, auch nicht in eine spezielle Lederreinigung, da sie dadurch hart und brüchig werden kann.

Glattes Leder Kleidungsstücke aus glattem Leder werden einmal im Jahr gesäubert und mit Öl eingerieben, damit sie geschmeidig bleiben und keine Risse bekommen. Zunächst wischt man das ganze Kleidungsstück mit einem feuchten Tuch und etwas milder Seife oder einem Feinwaschmittel ab. Mit einem frischen, feuchten Schwamm wird nachgewischt und überschüssiges Wasser abgetupft; dann läßt man das Kleidungsstück bei Zimmertemperatur (nicht in der Nähe eines Heizkörpers) trocknen. Anschließend wird das Kleidungsstück noch mit etwas reinem Klauen- oder Nerzöl leicht eingerieben. Wenn sich die Oberfläche klebrig anfühlt, wischt man überschüssiges Öl mit einem sauberen Lappen ab.

Wildleder Neue Kleidungsstücke aus Wildleder und Schaf- oder Ziegenleder können mit einer Imprägnierung gegen Schmutz und Feuchtigkeit eingesprüht werden. Um die Oberfläche zu säubern und aufzurauhen, reibt man sie regelmäßig mit einem Frotteetuch oder einer Wildlederbürste (ohne Drahtborsten) ab. Hat die Rückseite des Wildleders eine glatte Oberfläche, kann man sie mit Klauenöl einreiben.

Wenn nach einem Regen Wasserflecken auf Wildleder zurückgeblieben sind, läßt man das Kleidungsstück gründlich trocknen. Dann wird es mit einem Handtuch oder mit einer Bürste abgerieben. Kleinere Schmutzstellen kann man mit einem sauberen Radiergummi, einem Spezialgummi für Wildleder oder Schleifpapier entfernen.

Mäntel und Jacken aus Leder hängt man auf breite Holz- oder ausgepolsterte Kleiderbügel. Um sie bei längerer Lagerung vor Staub zu schützen, deckt man sie mit einem Tuch, nicht mit Plastikfolie, ab. Lederbekleidung soll man nicht zusammenfalten; die Falten könnten sichtbar bleiben. Zerknitterte Lederbekleidung läßt man in feuchter Luft, z. B. im Badezimmer, aushängen. Man kann sie auch ausbügeln, wenn man das Bügeleisen auf die niedrigste Stufe stellt und auf das Leder ein dickes Papier legt.

Handschuhe reinigen Lederhandschuhe können einmal im Jahr in kaltem Wasser mit einer milden Seife gewaschen werden. Das Wasser vorsichtig durch die Handschuhe drücken; nicht auswringen. Mit kaltem Wasser nachspülen, die Handschuhe ausdrücken, in Form ziehen und auf einem Handtuch bei Zimmertemperatur trocknen lassen. Wenn die Handschuhe fast trocken sind, reibt man sie außen mit etwas farblosem Lederpflegemittel ein, damit sie geschmeidig werden.

Siehe auch *Handtaschen reparieren; Koffer und Taschen; Schuhpflege.*

Legasthenie

Wenn ein Kind mit normaler Intelligenz in der Schule Schwierigkeiten hat, kann es an einer Legasthenie genannten Lese- und Schreibschwäche liegen. Wenn die Legasthenie frühzeitig erkannt wird, kann sie meist überwunden oder zumindest gebessert werden.

Wichtig ist, daß die Eltern und Angehörigen des Legasthenikers die Krankheit ernst nehmen und dem Kind Verständnis und Zuwendung entgegenbringen. Sie sollten mit ihm einen Kinderarzt aufsuchen, der dann entsprechende Behandlungsmaßnahmen einleitet. Häufig ist eine Psychotherapie erforderlich, um die Ursachen für die Störungen herauszufinden. Normalerweise bezahlt die Krankenkasse die Behandlung.

Leimen

Mit Leim verbindet der Tischler Teile aus Vollholz und Holzwerkstoffen; bei andern Materialien verwendet man Klebstoffe (siehe *Klebstoffe und Leime*). Nur Schmelzkleber eignet sich auch für Holz und Holzwerkstoffe. Gebräuchliche Leime sind Glutinleime, PVAC-Leime und Harnstoffharzleime.

Glutinleime Wenn man mit Glutinleim arbeitet, muß die Leimfuge absolut dicht, staub- und fettfrei sein. Man wärmt die Teile leicht an, erhitzt den Leim auf 80 °C, trägt ihn mit einem eisenfreien, also mit Schnur abgebundenen Pinsel auf nur eine Verbindungsfläche auf und fügt und spannt die Teile so schnell wie möglich zusammen (siehe *Spannen*). Wenn der Leim erkaltet ist, kann man die Spannvorrichtungen abnehmen; allerdings ist die Endfestigkeit erst nach Stunden erreicht. Man kann Glutinleim auch als Furnierleim verwenden. Um zu verhindern, daß der Leim durchschlägt, dickt man ihn mit Roggenmehl ein. Damit das Furnier vollflächig abbindet, muß man es mit heißen Aluminiumplatten verpressen.

PVAC-Leime Am einfachsten ist PVAC-Leim oder Weißleim zu verarbeiten. Man muß nur darauf achten, daß die Raum- und Holztemperatur mindestens 18 °C beträgt, sonst härtet der Leim nicht aus, verkreidet und wird brüchig. Richtig ausgehärtet ist er transparent. Alle Verbindungen mit PVAC-Leim muß man spannen, je nach Raumtemperatur zwischen 20 und 60 Minuten. Werden Furniere mit Aluminiumzulagen eingespannt, müssen diese nach etwa einer Stunde entfernt werden, da sonst Verfärbungen auf dem Furnier entstehen können.

Harnstoffharzleime Sie eignen sich auch für Verleimungen im Außenbereich. Sie bestehen aus Härter und Leim. Wenn man beide vermischt, härtet der Leim aus. Man sollte daher den Härter auf das eine Werkteil vorstreichen und auf das andere den Leim auftragen. Damit bleibt der Rest des Leims noch gebrauchsfähig; man hat also keinen Verlust. Für Furnierverleimungen gibt es spezielle Harnstoffharzleime in Pulverform, die bereits Streckmittel (Roggenmehl) und Härter enthalten; man muß sie jedoch heiß verpressen. Die Abbindezeit beträgt je nach Preßtemperatur vier bis zehn Minuten.

Leitern

Wenn die Sprossen oder Stufen einer Leiter nicht rutschfest sind, sollte man sie mit selbstklebendem Antirutschband umwickeln, das im Fachhandel erhältlich ist. Auch beide Holmenenden einer Anlegeleiter sollten rutschfeste Gummi- oder Kunststoffaufsätze haben.

ACHTUNG!

Eine Leiter, die mit einer Stromleitung in Berührung kommt, kann einen tödlichen Stromschlag übertragen; deshalb benutzt man Metalleitern oder feuchte Holzleitern möglichst nicht in der Nähe von Oberleitungen. Wenn man eine Leiter aufstellt oder verrückt, vergewissert man sich, daß keine Stromleitung in der Nähe ist.

Weitere Zusätze dienen der Arbeitssicherheit auf einer Leiter. Auf eingehängten Schalen kann man Farbtöpfe und Werkzeuge abstellen; Farbtöpfe kann man aber auch mit S-Haken an die Sprossen hängen; verstellbare Leiterfüße gleichen Unebenheiten des Bodens aus. Bei gewachsenem Boden muß man prüfen, ob er tragfähig ist, und gegebenenfalls aus Brettern eine feste Unterlage schaffen. Bevor man eine Leiter besteigt, überprüft man sie auf Risse, Sprünge und verbogene Teile. Eine Anlegeleiter wird so aufgestellt, daß der Abstand zwischen ihren Füßen und der Wand mindestens einem Viertel der Höhe vom Boden bis zu ihrem Auflagepunkt entspricht.

Eine Leiter sollte man nie gegen ein Fenster lehnen. Eine Ausziehleiter zieht man nur so weit aus, daß die beiden Teile sich mindestens noch 1 m überlappen; wichtig ist auch, daß die Gleithaken richtig an einer Sprosse einrasten. Beim Auf- und Abstieg geht man mit dem Gesicht zur Leiter und hält sich mit mindestens einer Hand fest. Arbeitet man auf einer Leiter mit beiden Händen, hakt man sich zur Sicherheit mit einem Bein über einer Sprosse fest. Wenn man sich seitlich zu weit hinauslehnt, besteht Sturzgefahr; die Leiter sollte daher öfter versetzt werden. Außerdem stellt

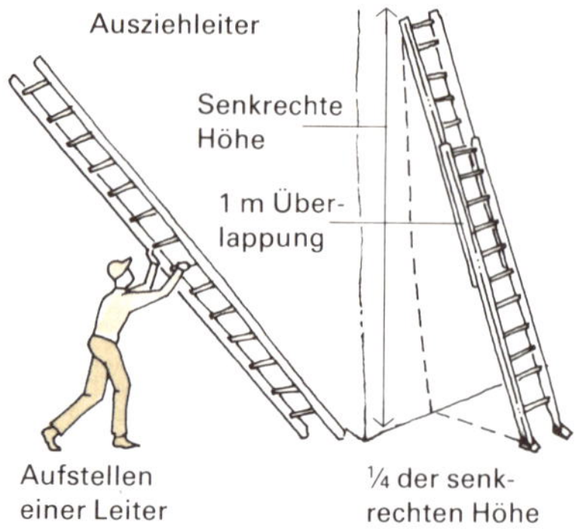

man sich nicht auf die drei obersten Sprossen einer Anlegeleiter und die oberste Stufe einer Steh- oder Bockleiter.

Leitungswasserschäden

Weit über die Hälfte aller Leitungswasserschäden entstehen durch Korrosion. Dies kommt nicht nur bei alten Installationen, sondern auch in neueren Häusern vor. Auch durch Frost beschädigte Heizungsleitungen und Heizkörper können beträchtliche Schäden anrichten. In der kalten Jahreszeit sollten Wasserleitungen zu ungeheizten Räumen (Keller, Dachboden, Garage) sowie die Gartenleitung abgesperrt und vollständig entleert bleiben.

Sobald man einen Schaden entdeckt, schließt man zuerst die Absperrventile zu den betroffenen Leitungen. Man kann bei den Wasserleitungen auch die Hauptabsperrventile schließen. Sie befinden sich bei einer Etagenwohnung meist im Bad oder in der Küche, im Wohnhaus im Keller bei der Wasseruhr. Absperrventile werden immer durch eine Rechtsdrehung, also im Uhrzeigersinn, geschlossen.

Danach werden alle Fenster und Türen geöffnet und, wenn möglich, voll geheizt, um die feuchte Luft im Raum zu beseitigen. Kleinere Möbelstücke bringt man an einen trockenen Ort. Größere Möbelstücke rückt man von der Wand weg, damit sie schneller trocknen können. Wenn möglich, sollte man sie auch unterlegen, damit sie nicht länger im Wasser stehen. Je schneller Decke, Wände, Boden usw. trocknen, desto geringer ist der Schaden. Heute gibt es Spezialfirmen, von denen man ein Entfeuchtungsgerät ausleihen kann. Damit werden recht gute Erfolge erzielt, und der Wasserschaden kann in Grenzen gehalten werden. Um die Adresse einer solchen Firma zu erfahren, wendet man sich am besten an die Versicherungsgesellschaft.

Lernprogramm

Als erstes stellt man einen Lernplan auf, in dem Vorlesungszeiten, Klausuren und Prüfungstermine, Arbeitsstunden und andere Pflichtübungen vermerkt sind. Mindestens zwei Stunden am Tag plant man zum Lernen ein, möglichst jeden Tag um die gleiche Zeit. Wenn man nach einem festen Zeitplan arbeitet, wird dieser zur Routine, und man läßt sich weniger leicht ablenken.

Konzentration ist eine wichtige Voraussetzung für effektives Lernen. Man arbeitet an einem ruhigen Ort, wo man nicht gestört wird, entweder zu Hause oder in einer Bibliothek. Dort sollten ein Arbeitstisch, ein bequemer Stuhl und gutes Licht zur Verfügung stehen. Wenn Hintergrundgeräusche stören, steckt man sich Watte o.ä. in die Ohren.

In den ersten zehn Minuten legt man fest, welcher Lernstoff am wichtigsten ist. Was muß bis morgen gemacht werden? Was bis zum übernächsten Tag? Größere Vorhaben, für die man einige Wochen Zeit hat, unterteilt man in kleinere, überschaubare Abschnitte. Etwa zehn Minuten verwendet man für die planmäßige Vorbereitung spezieller Aufgaben, beispielsweise um eine Liste der Dinge zusammenzustellen, die man für eine wissenschaftliche Arbeit braucht. Man notiert kurz, was man an einem Tag erledigen möchte und wieviel Zeit man dafür veranschlagt. Dementsprechend teilt man seine Lernzeit ein.

Lernen aus Büchern Wenn man in einem Lehrbuch mit einem neuen Kapitel beginnt, sollte man den Text nicht nur herunterlesen und Passagen unterstreichen, sondern sich auch Notizen machen. Auf einem Notizblock schreibt man die Überschrift des Kapitels sowie die einzelnen Untertitel und läßt dazwischen genügend Platz für Anmerkungen. Nun liest man das Kapitel durch, notiert die wichtigsten Punkte und formuliert sie später in seinen eigenen Worten. Man kann sie durch Blockschrift hervorheben, während man zusätzliche Anmerkungen in Schreibschrift macht.

Siehe auch *Referat schreiben.*

Leuchtröhren

Wenn sich eine Leuchtstoffröhre nicht einschalten läßt, kontrolliert man den Sicherungskasten. Wenn die Röhre immer noch nicht angeht oder flackert und blinkt, schaltet man den Strom aus und dreht die Röhre in der Fassung etwas vor und zurück, um festzustellen, ob sie richtig sitzt.

ACHTUNG!
Bevor man eine Leuchtstoffröhre herausnimmt oder an der Fassung arbeitet, muß der entsprechende Stromkreis abgeschaltet werden.

Um die Röhre auszuwechseln, dreht man sie um ein Viertel ihres Umfangs zu sich hin und zieht sie vorsichtig aus der Fassung heraus. Die neue Röhre setzt man entsprechend ein; sie kann zunächst ein oder zwei Stunden lang flackern.

Schwärzungen an den Enden lassen erkennen, daß eine Leuchtstoffröhre verbraucht ist und ersetzt werden muß. Tritt die Verfärbung nur an einem Ende auf, kann man die Röhre herausnehmen, umdrehen und wieder einsetzen.

Häufiges Ein- und Ausschalten kostet viel Strom und verkürzt die Lebensdauer einer Leuchtstoffröhre. Verläßt man einen Raum nur für kurze Zeit, läßt man die Lampe brennen.

Siehe auch *Glühbirnen.*

Linkshändigkeit

Obwohl linkshändige Kinder bei manuellen Tätigkeiten manchmal etwas ungeschickter sind als Rechtshänder, haben Untersuchungen ergeben, daß Linkshänder oft außergewöhnlich kreativ, erfinderisch und sportlich begabt sind. Linkshändigkeit zeigt sich meist im Alter von drei bis sechs Jahren. In diesem Fall sollte man nicht versuchen, das Kind auf die rechte Hand umzugewöhnen, da es unsicher und ängstlich werden könnte.

Schreiben Das Schreibenlernen kann Linkshändern Schwierigkeiten bereiten, weil die Hand bei der Schreibbewegung stets die zuletzt geschriebenen Wörter verdeckt. Man läßt den Anfänger mit einem Bleistift oder einer Feder üben, die nicht schmiert, und hält ihn an, das Schreibgerät so weit von der Spitze entfernt zu halten, daß das Geschriebene stets zu sehen ist. Man läßt das Kind selbst entscheiden, ob es eine Schreibstellung bevorzugt, bei der die Hand von oben abgewinkelt ist, oder ob es mit der Schreibhand unterhalb der Zeile besser zurechtkommt.

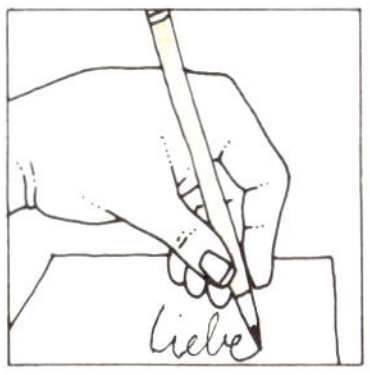

Essen, lernen, spielen Beim Essen bevorzugen es manche Linkshänder, links außen am Tisch und links von einem Rechtshänder zu sitzen, um sich nicht gegenseitig mit den Ellenbogen zu behindern. Wichtiger ist es für Linkshänder, an einem Schreibtisch oder auf der Schulbank links zu sitzen, denn sonst müssen sie die Hand beim Schreiben unnatürlich abwinkeln. Bei Sport und Spiel, vor allem beim Tennis und anderen Sportarten, bei denen ein Schläger benötigt wird, haben Linkshänder eher Vorteile, da der Gegner auf die Taktik, Schwächen und Stärken eines Rechtshänders eingestellt ist.

Werkzeug und Gerät Linkshänder sind heute in diesem Bereich bei weitem nicht mehr so benachteiligt wie früher. Es gibt im Fachhandel zahlreiche Werkzeuge und Geräte speziell für Linkshänder (beispielsweise Scheren), oder es besteht die Möglichkeit, diese der linken Hand anzupassen. Dies ist besonders bei Werkzeugen wie etwa Kettensägen wichtig, da die für Rechtshänder bestimmte Ausführung für Linkshänder gefährlich ist.

Linolschnitt

In Bastelgeschäften gibt es Linoleum in verschieden großen Platten sowie alle für diese Drucktechnik erforderlichen Werkzeuge und Materialien.

Als Schneidwerkzeuge genügen zunächst drei unterschiedlich geformte Stahlfedern und ein Halter: ein V-förmiger Geißfuß für schmale Linien, eine U-förmige Hohlfeder zum Ausheben und Abtragen größerer Flächen sowie eine Konturenfeder zum Vorschneiden von Konturen. Später kann man sich Geißfüße und Hohlfedern in verschiedenen Breiten anschaffen. Weiterhin braucht man eine kleine Glasscheibe, eine kleine Gummiwalze mit Griff, Druckerfarbe in der Tube und saugfähiges Papier, z. B. Zeichenpapier für den Anfang; nach einiger Übung sollte man das etwas teurere, aber geeignetere Japanpapier verwenden.

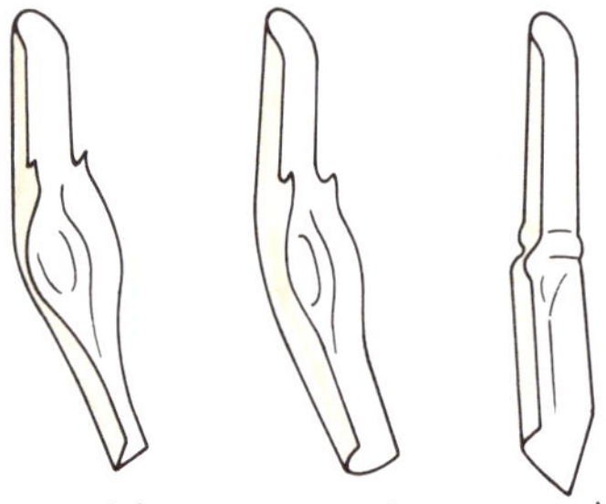

Geißfuß V Hohleisen U Konturen- I eisen

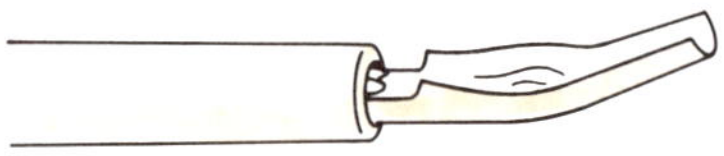

Einfacher Federhalter

Spezialhalter mit Spannvorrichtung

An einem kleinen Linoleumstück probiert man die Federn aus, um zu sehen, welche Schnittspuren sie erzeugen. Dabei sollte man sich gleich das richtige Arbeiten einprägen: Man schneidet immer vom Körper weg, damit man sich nicht verletzen kann, wenn das Werkzeug ausrutscht. Aus diesem Grund legt man auch nie die freie Hand, mit der man das Linoleum festhält, in die Schnittrichtung. Wichtig ist auch, daß man beim Schneiden nicht zu stark drückt: Die Federn sollen mit möglichst wenig Widerstand durch das Linoleum gleiten.

Damit man sieht, wie die Schnitte wirken, macht man einen Probeabzug. Dazu drückt man ein wenig Farbe auf die Glasplatte und walzt sie mit der Walze kreuz und quer, bis sie gleichmäßig glatt auf Walze und Glas verteilt ist. Dann rollt man die Walze über das Linoleum, bis die Flächen ganz mit Farbe bedeckt sind, legt ein Papier darüber und drückt es mit dem Rücken eines Kamms oder mit dem Handballen an. Das Papier sollte nicht in die Vertiefungen gepreßt werden. Dann zieht man das Papier ab – der erste Druckabzug ist fertig.

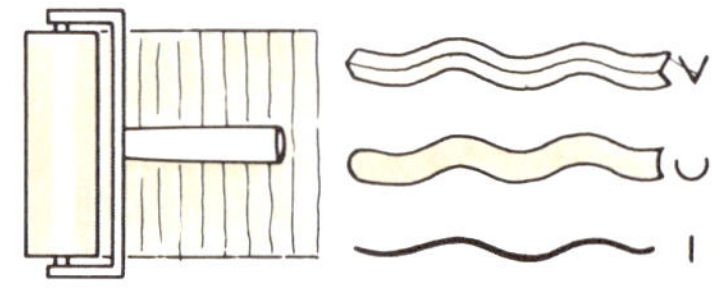

War er zufriedenstellend, kann man mit der Arbeit beginnen. Man zeichnet mit Bleistift das ausgedachte Bild direkt auf eine Linoleumplatte, oder man legt den Entwurf auf Papier an und paust ihn auf die Platte durch. Man verwendet dazu normales Kohlepapier und einen Bleistift. Wichtig ist in jedem Fall, daß man möglichst einfache, klare Umrißlinien zeichnet, denn was man mit dem Bleistift leicht fertigbringt, gelingt nicht unbedingt mit der Schneidfeder.

Beim Schneiden des Bildes gibt es drei verschiedene Arbeitsweisen: Man kann die Umrisse des Motivs linienartig herausarbeiten und die Zwischenräume stehenlassen. Auf diese Weise erhält man einen Negativdruck. Das umgekehrte Verfahren ist der Positivdruck, bei dem das Motiv stehenbleibt, indem man das Linoleum darum herum entfernt. Dabei kann man einen interessanten Effekt erzielen, wenn man beim Ausheben der Flächen schmale Stege beläßt, die dann mitdrucken. Die beste Wirkung erzielt man jedoch, wenn man diese beiden Methoden zusammen anwendet.

Bevor man die fertige Platte mit Farbe einwalzt, entfernt man mit Seifenlauge Fingerspuren, da sie die Farbe nicht annehmen würden, und läßt sie trocknen. Dann kann man drucken.

Loipenregeln

Wer nicht als Skiwanderer durch ungespurtes Gelände zieht, sondern in der Loipe bleibt, sollte die folgenden Verhaltensregeln beachten.

- Rücksichtnahme auf die anderen: Jeder Langläufer muß sich so verhalten, daß er keinen anderen gefährdet oder schädigt.
- Signalisation und Laufrichtung: Markierungen und Hinweisschilder sind zu beachten. In Loipen ist in der angegebenen Richtung zu laufen.
- Wahl der Spur: Auf Doppel- und Mehrfachspuren muß in der rechten Spur gelaufen werden. Langläufer in Gruppen müssen in der rechten Spur hintereinander laufen.
- Überholen: Es darf rechts oder links in einer freien Spur oder außerhalb der Spuren überholt werden. Der vordere Läufer braucht die Spur nicht freizugeben. Er sollte aber ausweichen, wenn er glaubt, das gefahrlos tun zu können.
- Gegenverkehr: Bei Begegnungen hat jeder nach rechts auszuweichen. Der aufsteigende hat dem abfahrenden Langläufer die Spur freizugeben.
- Stockführung: Beim Überholen, Überholtwerden und bei Begegnungen sind die Stöcke eng am Körper zu führen.
- Geschwindigkeit: Jeder Langläufer muß, vor allem auf Gefällstrecken, Geschwindigkeit und Verhalten seinem Können, den Geländeverhältnissen, der Verkehrsdichte und der Sichtweite anpassen. Er muß einen genügenden Sicherheitsabstand zum vorderen Läufer einhalten. Notfalls muß er sich fallen lassen, um einen Zusammenstoß zu verhindern.
- Freihalten der Loipe: Wer stehenbleibt, tritt aus der Spur. Ein gestürzter Langläufer hat die Spur möglichst rasch freizumachen.
- Hilfeleistung: Bei Unfällen ist jeder zur Hilfeleistung verpflichtet.
- Ausweispflicht: Jeder, ob Zeuge oder Beteiligter, ob verantwortlich oder nicht, muß im Fall eines Unfalles seine Personalien angeben.

Löten

Man unterscheidet zwischen Hart- und Weichlöten. Weichgelötete Verbindungen halten nicht so große Belastungen aus wie hartgelötete. Zum Weichlöten braucht man Temperaturen bis 450 °C, beim Hartlöten von 450 bis 1100 °C; diese hohen Temperaturen erreicht man nur mit Lötlampen oder speziellen Lötbrennern.

Beim Löten sind folgende wichtige Punkte zu beachten: Erstens muß das Metall so gereinigt werden, daß es frei von Rost, Fett, Oxidationsprodukten und Feuchtigkeit ist. Zweitens wird – mit Ausnahme von Verglasungen mit Bleistegen – das Metall und nicht das Lot erhitzt; dabei muß das Metall so warm sein, daß das Lot schmilzt und das Flußmittel verdampft. Ein Flußmittel ist eine chemische Substanz, die das Metall reinigt, eine Oxidation verhindert und dafür sorgt, daß das geschmolzene Lot fließt und anhaftet.

Es gibt Lote in Spulen aufgewickelt als Hohldraht, die Kolophonium oder eine Säure als Flußmittel enthalten. Um verzinktes Eisen zu löten, verwendet man Lötdrähte mit saurem Flußmittel, für andere Metalle gibt es Lötdrähte mit säurefreiem Flußmittel. Für manche Arbeiten, beispielsweise zum Löten von Kupferrohren, verwendet man besser Lötzinn in Stangenform und trägt das Flußmittel gesondert auf.

Das Metall wird mit einer elektrischen Lötpistole, einem elektrischen Lötkolben oder einer Lötlampe erhitzt. Die Lötpistole wird durch einen Druckschalter betätigt, und ihre Spitze wird sehr schnell heiß und wieder kalt; sie eignet sich für Lötverbindungen an elektrischen Geräten und Leitungen sowie für andere feine Arbeiten. Lötkolben gibt es in verschiedenen Größen für kleinere und größere Lötverbindungen. Große Arbeiten erledigt man mit der Lötlampe.

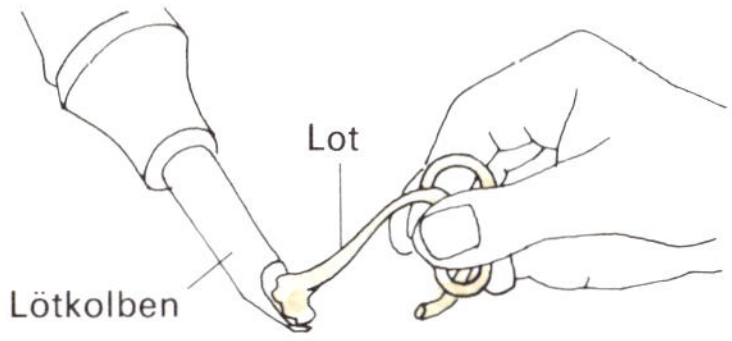

Bevor man eine Lötpistole oder einen Lötkolben benutzt, wird die Spitze an allen Seiten blank gefeilt. Dann schaltet man das Gerät ein und hält einen Lötdraht mit Kolophoniumeinlage an die Spitze, um sie mit einer Lotschicht zu verzinnen. Überschüssiges Lot wird mit einem feuchten Schwamm abgewischt. Die Werkstükke, die miteinander verlötet werden sollen, spannt man zusammen. Dann erhitzt man die Lötstelle möglichst von unten und hält das Lot von oben

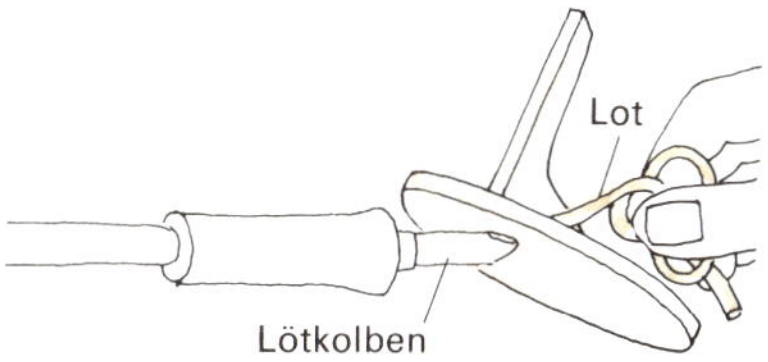

so lange dagegen, bis es schmilzt und in die Verbindungsnaht hineinläuft. Geschmolzenes Lot fließt von selbst zur heißesten Stelle. Überschüssiges Flußmittel wird abgewischt.

Glatt aufeinanderliegende Flächen kann man verbinden, indem man sie flammenlötet. Zunächst reinigt man die zu verbindenden Flächen, bestreicht sie mit Flußmittel und verzinnt dann jede für sich, indem man sie mit der Lötlampe erhitzt und eine dünne, gleichmäßige Zinnschicht aufschmilzt. Man läßt das Metall abkühlen, reinigt die verzinnten Flächen und trägt nochmals Flußmittel auf.

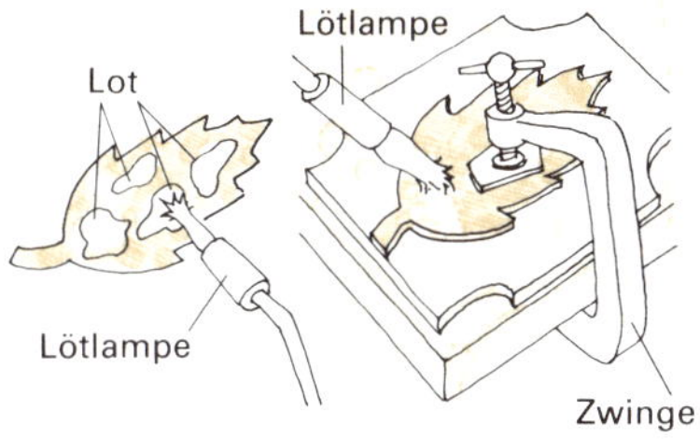

Dann spannt man die beiden Stücke zusammen ein und erhitzt sie wieder, bis entlang der Kante eine dünne Lotlinie sichtbar wird. Wenn das Metall abgekühlt ist, wird es mit Wasser abgewaschen.

Löwenzahn

Wenn sich diese Wildpflanze in einem Rasen stark vermehrt, gehen Gräser und andere Pflanzen ein. Die Wurzeln des Löwenzahns entziehen dem Boden wichtige Nährstoffe, und die Blätter beschatten benachbarte Pflanzen. Der Löwenzahn vermehrt sich durch Samen und Wurzelabschnitte.

Am besten bekämpft man die Pflanzen, sobald sie auftreten. Wenn der Boden feucht ist, lockert man die Wurzeln mit einem langen Stecheisen und gräbt die Pflanze aus. Die langen Pfahlwurzeln müssen restlos entfernt werden, weil die Wurzelreste sonst wieder austreiben.

Junge Löwenzahnblätter sind sehr schmackhaft und enthalten viel Vitamin A und C. Darum werden sie gern in der Küche verwendet. Man kann die Wurzeln schälen und wie Pastinakwurzeln kochen oder rösten, mahlen und wie Kaffee zubereiten. Die Blätter werden getrocknet als Tee aufgebrüht oder als frisches Gemüse verarbeitet. Am besten schmecken die Blätter, wenn man sie im zeitigen Frühjahr erntet, solange sich die Blütenknospen noch direkt am Boden befinden. Die Blätter werden mehrmals gründlich gewaschen. Dann kann man sie entweder roh verwenden und Salate daraus bereiten oder wie Spinat kochen.

Löwenzahn von chemisch behandeltem Rasen, mit Chemikalien verseuchten Straßenrändern und Auslaufplätzen für Hunde darf nicht zur Zubereitung von Speisen verwendet werden.

Luftfilter

Die Filtereinheit besteht aus dem Gehäuse mit den Schlauchanschlüssen sowie dem innenliegenden Filterelement. Bei den meisten Fahrzeugen ist die Filtereinheit über dem Vergaser oder seitlich am Motor angebracht.

Bevor man den Deckel des Gehäuses öffnet, reinigt man ihn außen mit einem Tuch oder mit Preßluft. Die Schlauchanschlüsse für die Kurbelgehäuseentlüftung und für die Steuerung der Ansaugluftvorwärmung löst man und merkt sich die Einbaulage. Nun öffnet man die Befestigungsclipse und hebelt den Deckel mit einem Schraubenzieher ab. Gelegentlich sind auch Schrauben oder Muttern vorgesehen. Den Deckel legt man zur Seite und nimmt das Filterelement heraus. Bei Betrieb auf staubigen Straßen muß man den Filter etwa alle 10000 km von innen nach außen durchblasen oder ausklopfen. Je nach Herstellerempfehlung sollte man ihn nach 30000 km auswechseln.

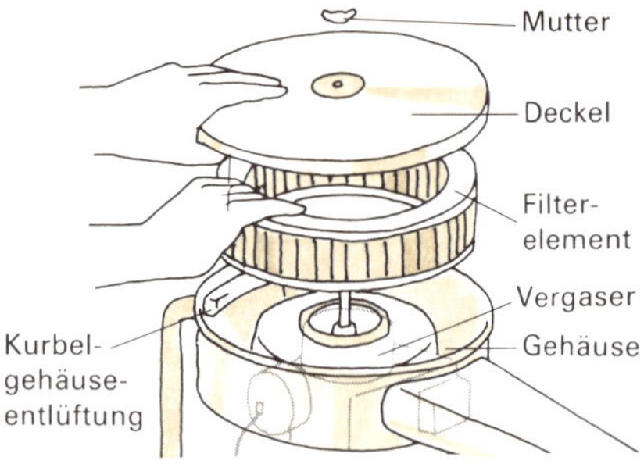

Den Boden des Luftfiltergehäuses reinigt man ebenfalls und montiert die Filteranlage wieder. Dabei befestigt man alle Schlauchanschlüsse sehr sorgfältig, damit die Luft wirklich nur über die Filtereinheit angesaugt werden kann.

Ältere Fahrzeuge besitzen Filtergehäuse mit Ölbefüllung. Das verschmutzte Öl schüttet man in ein Auffanggefäß und reinigt das Gehäuse. Man füllt bis zur angebrachten Markierung normales Motoröl auf, und der Filter ist wieder funktionsfähig. An manchen Luftfiltern gibt es für die Ansaugluft eine Sommer- und eine Wintereinstellung, die entsprechend der Jahreszeit gewählt wird.

M

Magenschmerzen

Magenschmerzen sind meist Anzeichen für eine Entzündung der Magenschleimhaut (Gastritis). Zu den Ursachen gehören verdorbene Nahrungsmittel, bestimmte Infektions- und Viruskrankheiten, unverträgliche Arzneimittel, übermäßiger Alkoholgenuß sowie ein Überschuß an Magensäure. Oft wird eine Gastritis auch durch übermäßiges Essen und Trinken ausgelöst. Für die anderen möglichen Ursachen siehe *Lebensmittelvergiftung; Sodbrennen; Übelkeit.* Bei Krämpfen im Unterleib siehe *Menstruation; Verstopfung.*

Die Reizung müßte innerhalb von 48 Stunden abklingen. Einige Erleichterung schaffen auch rezeptfreie Mittel, die die Magensäure neutralisieren. Schmerztabletten sind nicht zu empfehlen, da sie den Magen reizen könnten. Am ersten Tag nimmt man keine festen Speisen, sondern häufig Wasser, Milch oder einen Magentee aus Wermut, Tausendgüldenkraut, Pfefferminz- und Kamillenblüten in kleinen Mengen zu sich und kaut langsam etwas Zwieback dazu. Man hält Ruhe und legt sich ein Heizkissen auf den Bauch. Am nächsten Tag kann man auf kleine Portionen einer milden, leichtverdaulichen Kost (siehe *Krankenkost*) übergehen.

Wenn die Magenschmerzen länger als zwei Tage anhalten, sucht man einen Arzt auf. Im gemeinsamen Gespräch kann man dann oft die Ursachen für die Beschwerden wie Streß, hastige Mahlzeiten, Rauchen oder übermäßiger Genuß von Alkohol oder Kaffee feststellen. Magenschmerzen haben auch oft psychische Gründe, bei Kindern z. B. Schulangst.

Bei einer einfachen Gastritis treten die Schmerzen in Intervallen auf; bei ständigen Schmerzen, die länger als sechs Stunden anhalten, geht man zum Arzt.

Ein Gastritisanfall kann so akut sein, daß ein Herzinfarkt vorgetäuscht wird, bei dem die Schmerzen bis in die Schulter und in den Arm ausstrahlen. Hier sollte man kein Risiko eingehen und den Arzt hinzuziehen. Bei jedem Anzeichen einer inneren Blutung (Blut im Erbrochenen oder schwarzer Stuhl) sollte sofort der Arzt aufgesucht werden.

Maispuppen

Man breitet die weichen inneren Hüllblätter von sechs Maiskolben zum Trocknen auf einem Bogen Packpapier oder zwischen einigen Lagen Zeitungspapier aus. Nach etwa einer Woche, wenn die Blätter eine helle, goldgelbe Farbe haben, kann man sie verarbeiten. Um die getrockneten Maisblätter geschmeidig zu machen, werden sie mit Wasser besprüht und über Nacht in einer Plastiktüte gelagert oder in warmem Wasser eingeweicht. Während der Arbeit schlägt man sie in ein feuchtes Handtuch ein.

Zuerst wird der Kopf der Puppe ausgebildet, indem man sechs Maisblätter an den Enden gerade abschneidet, die Blätter der Breite nach zusammenrollt und die Rolle dann etwa 2,5 cm von einem Ende entfernt mit einem Faden fest abbindet. Dann schlägt man die langen Blattenden einzeln über den Faden nach unten, so daß sie das abgebundene kurze Ende überdecken. Man streicht die Blätter glatt auseinander und bindet den Kopf gleich unterhalb der Verdickung mit einem Faden fest ab. Um den Hals anzudeuten, wird ein 3 mm breiter Blattstreifen über den Faden gewikkelt und verknotet.

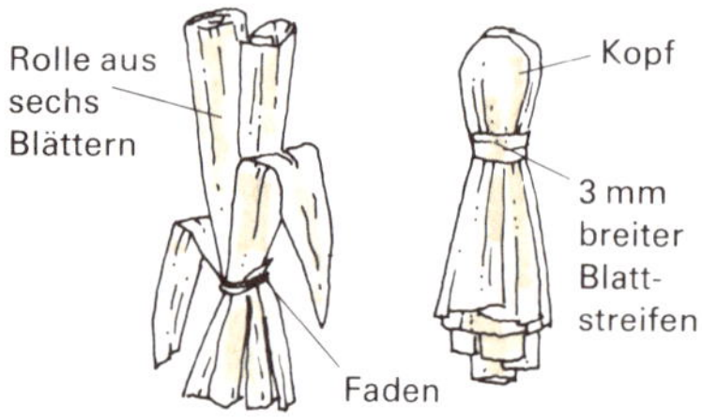

Für die Arme wickelt man zwei Maisblätter um einen dünnen, etwa 15 cm langen Draht. Die Enden der Blätter werden mit Fäden abgebunden und zurückgeschnitten. Dann steckt man sie zwischen den vorderen und hinteren Blättern der Brust unmittelbar unter dem Hals so ein, daß die Arme gleich lang sind. Man befestigt die Arme an der Brust, indem man einen Blattstreifen so über und unter die Schultern legt, daß er sich auf der Brust und am Rücken überkreuzt; die freien Enden steckt man in den Rumpf. Mit schmalen Blattstreifen bindet man die Ellbogen und Handgelenke ab.

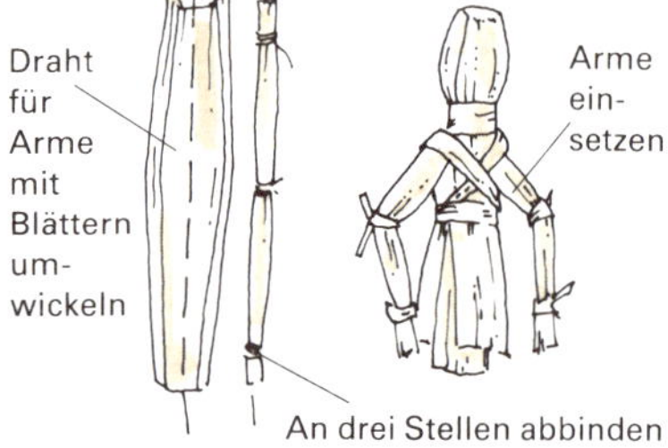

Nun werden 1 cm breite Blattstreifen über die Schultern gelegt, vorn und hinten überkreuzt und an der Taille mit einem 3 mm breiten Streifen befestigt.

Für den Rock legt man mehrere Maisblätter mit den breiten Enden nach unten um die Taille der Puppe und bindet sie dort mit einem Faden fest. Dann schneidet man die Blätter oben und unten gerade ab. Als Rockbund setzt man einen breiteren Blattstreifen über den Faden und bindet ihn mit zwei schmäleren Blattstreifen fest. Man breitet den Rock aus und läßt die Puppe einige Tage stehen, bis sie ganz trocken ist. Als Haar klebt man die getrockneten Fäden eines Maiskolbens auf den Kopf; Gesichtszüge malt man mit Filzstift auf.

Make-up

Mit einem geschickten Make-up kann man Unreinheiten und Hautfehler verbergen, dem Teint ein glattes Aussehen und dem Gesicht Ausdruck verleihen. Kosmetika darf man nie ausleihen oder gemeinsam mit anderen benutzen. Präparate, die älter als einige Monate sind, sollte man nicht mehr verwenden, da sie Bakterien beherbergen könnten.

Bei trockener Haut verwendet man eine Make-up-Unterlage auf Fett- oder Cremebasis, bei fetter Haut eine auf wäßriger oder fettfreier Basis. Die richtige Wahl des Farbtons ist für die Wirkung des Make-ups entscheidend. Vor dem Kauf testet man den Farbton, indem man eine kleine Menge möglichst bei Tageslicht auf das Gesicht und den Hals aufträgt. Der richtige Farbton kommt der Farbe der eigenen Haut sehr nahe. Aprikosenfarbige Make-up-Tönung verleiht einer stumpf wirkenden Haut Wärme; grün schwächt eine rötliche Hautfarbe ab, und malvenbraun verleiht einer dunklen Haut einen sanften Schimmer. Wenn man zum Abdecken von Hautunreinheiten eine Tönungscreme verwendet, sollte sie etwas heller sein als die Grundierung.

Wangenrouge muß farblich nicht unbedingt dem Lippenstift entsprechen, sollte aber zum Lippenrot in einem nicht zu starken Kontrast stehen. So paßt beispielsweise Koralle als Rouge nicht zu einem pinkfarbenen Lippenstift. Bei fettiger Haut ist Puder zu empfehlen, bei trockener Haut Cremerouge.

Die Haut vorbereiten Vor dem Schminken wäscht man sich die Hände, bindet das Haar zurück und reinigt Gesicht und Hals je nach Hauttyp mit Wasser und Seife, Reinigungscreme oder -lotion. In jedem Fall muß gut nachgespült werden. Verletzte Hautstellen betupft man mit einem mit Alkohol oder einer adstringierenden Lotion getränkten Wattebausch. Dann auf das möglichst noch leicht feuchte Gesicht eine Feuchtigkeitslotion oder -creme auftragen.

Mit Tönungscreme oder einem Abdeckstift kann man Pickel, dunkle Flecken sowie Äderchen kaschieren. Die Abdeckung gut verteilen, so daß sich die korrigierte Stelle nicht von der sie umgebenden Haut absetzt. Dunkle Ringe unter den Augen überdeckt man mit einer Tönungscreme, die man sanft in die Haut einklopft.

Grundierung und Puder Um eine gleichmäßige Gesichtsfarbe zu erzielen, wird etwas Grundierung mit den Fingern oder einem leicht angefeuchteten Schwamm gleichmäßig aufgetragen. Man verteilt sie, von der Nase ausgehend, über die Wangenknochen bis hin zum Haaransatz (nicht auf die Haare streichen) und bis unterhalb der Backenknochen, damit keine Trennungslinie am Hals entsteht. Am besten ist es, mehrere Grundierungen in etwas helleren und dunkleren Schattierungen als die natürliche Hautfarbe zu kaufen, um sie passend zu sonnengebräunter oder blasser Haut auftragen zu können. Mit diesen zusätzlichen Farbschattierungen kann man auch dem Gesicht eine bestimmte Kontur verleihen. Bei einem fliehenden Kinn trägt man z.B. etwas hellere Tönung halbmondförmig am Kinn auf und läßt sie fließend in die Haupttönung an den Backenknochen und Wangen übergehen. Ein spitzes Kinn tritt zurück, wenn man es in gleicher Weise mit einem etwas dunkleren Make-up schattiert. Bei Tageslicht kontrollieren, ob der Übergang natürlich aussieht; gegebenenfalls noch etwas verwischen.

Rouge und Lidschatten in Puderform lassen sich am besten auftragen, wenn man das Gesicht vorher pudert. Rouge oder Lidschatten in Cremeform werden dagegen zuerst aufgetragen und dann überpudert. Losen, durchscheinenden Puder sollte man mit dem Pinsel auftragen. Für Compactpuder (Puderstein) verwendet man am besten eine Puderquaste oder einen Wattebausch.

Konturieren Rouge hilft, den Teint aufzufrischen und die Gesichtszüge zu betonen. Auf die Wangen aufgetragen und fächerförmig zu den Schläfen hin verteilt, läßt es die Augen besonders leuchten. Ein wenig Rouge auf Stirn und Kinnspitze läßt die Gesichtszüge lebhafter erscheinen. Damit ein langes und schmales Gesicht breiter erscheint, verteilt man je einen Tupfer Rouge von den Wangenknochen nach außen bis zu den Ohren. Ein rundes Gesicht wirkt schmäler, wenn man das Rouge direkt in die Mitte der Wangen halbmondförmig unterhalb der Augenpartie aufträgt. Ein kantiges Gesicht erscheint weicher, wenn man die Farbe von der Mitte der Wangen breit auslaufend bis hin zu den Ohren und entlang des Kieferknochens verteilt.

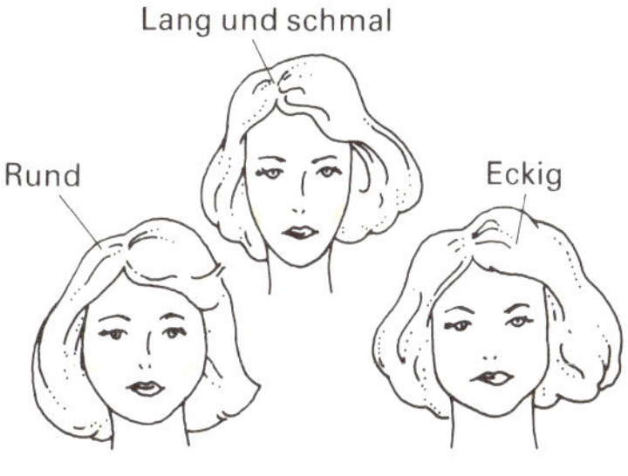

Dann kommen Lidschatten und Mascara (siehe *Augen-Make-up*). Zuletzt wird der Lippenstift aufgetragen. Mit dem Konturenstift zeichnet man zunächst die äußeren Linien der Lippen nach und trägt dann das Lippenrot mit einem Pinsel auf.

Siehe auch *Augenbrauen; Gesichtspflege.*

Makramee

Makramee ist eine Knüpftechnik, mit der man originelle Gürtel, Hundeleinen, Taschengriffe und Wand- oder Fensterschmuck herstellen kann.

Das Knüpfmaterial muß reißfest und möglichst elastisch sein; sehr feines Garn ist nicht geeignet. Am häufigsten werden Schnüre von 2–5 mm ∅ aus Pflanzenfasern wie Baumwolle, Jute, Sisal und Hanf sowie aus Synthetics verwendet; sie sind einfach zu knoten, haben die erforderliche Festigkeit und sind in vielen Stärken und Farben erhältlich. Sehr glatte Schnüre rutschen leicht und sind für Anfänger nicht zu empfehlen. Bevor man eine größere Schnurmenge einkauft, fertigt man am besten eine Probe an.

Als Arbeitsunterlage benötigt man ein Knüpfbrett. Dafür eignen sich Faserplatten, dicke Pappe, Kork, Dämmplatten oder Hartschaum. Um gleichmäßige Knoten zu bilden, kann man das Knüpfbrett in Quadrate mit 2 cm Seitenlänge einteilen. Außerdem braucht man einen Stab, einen Ring oder eine Halteschnur als Träger für die Arbeitsschnüre, große Stecknadeln oder Dekorationsnadeln, um die Knoten am Brett festzustecken, und Klammern, um die Schnüre, mit denen man gerade nicht arbeitet, festzuhalten.

Jede Schnur schneidet man sieben- bis achtmal so lang wie die fertige Arbeit zu; da die Stränge zum Knüpfen doppelt genommen werden, sind die angehängten Schnüre dreieinhalb- bis viermal länger als die fertige Arbeit. Stellt man während der Arbeit fest, daß man sich verschätzt hat, kann man das Ende der alten Schnur und den Anfang der neuen aufdrehen und die beiden Schnüre verspleißen und verleimen.

Anhängen Alle Schnüre werden mit einer einfachen Schlaufe an den Träger angehängt. Wenn man die Schlaufen aneinanderreiht, entsteht am unteren Rand des Trägers eine waagrechte Rippe. Die Schnüre kann man auch von hinten anhängen; die Rippe ist dann auf der Rückseite.

Anhängen von vorn — Anhängen von hinten

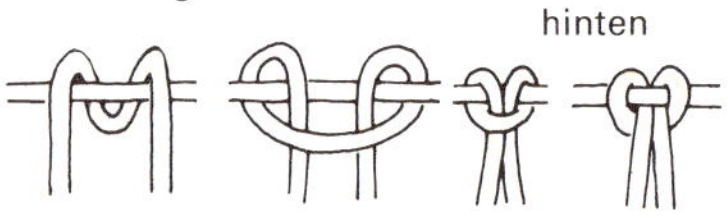

Im folgenden werden zwei Grundknoten mit Varianten beschrieben:

Rippenknoten Er besteht aus zwei halben Schlägen. Man braucht zwei Schnüre, die Trägerschnur und die Arbeitsschnur. Die Trägerschnur muß straff gehalten werden. Die Arbeitsschnur hinter die Trägerschnur legen, unter der Trägerschnur nach vorn, dann nach oben holen, wieder nach hinten schlagen und das Ende durch die entstehende Schlaufe fädeln. Einen zweiten halben Schlag danebensetzen und den gesamten Knoten fest anziehen.

Waagrechter Rippenknoten Die linke Schnur waagrecht über die anderen Schnüre nach rechts legen. Mit der zweiten Schnur links beginnen und einen Rippenknoten um die waagrechte Schnur knüpfen. Dann mit jeder folgenden Schnur den gleichen Knoten arbeiten. Ist die letzte Schnur ganz rechts verknotet, die waagrechte Schnur nach links zurücklegen und die Rippenknoten von rechts nach links arbeiten.

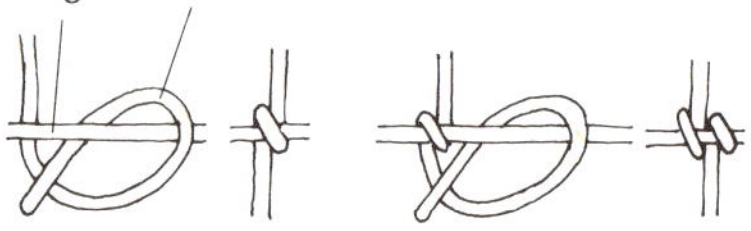

Rippenknoten von links nach rechts

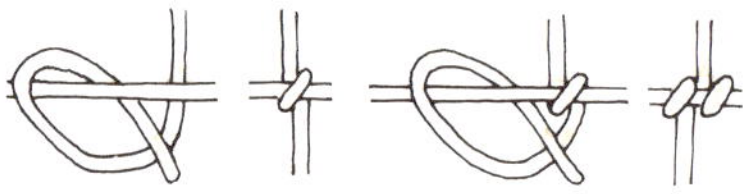

Rippenknoten von rechts nach links

Diagonaler Rippenknoten Die erste Schnur links diagonal über die Arbeitsschnüre legen und mit jeder Schnur einen Rippenknoten arbeiten.

Senkrechter Rippenknoten Mit der Schnur links außen um jede folgende senkrechte Schnur einen Rippenknoten knüpfen.

Flachknoten Man benötigt zwei Schnurpaare. Die linke Schnur über die zwei Mittelschnüre und unter die rechte Schnur führen. Dann die rechte Schnur unter die Mittelschnüre und von unten durch die von der linken Schnur gebildete Schlinge führen. So entsteht ein Halbknoten (A). Anschließend die neue rechte Schnur über die Mittelschnüre und unter die

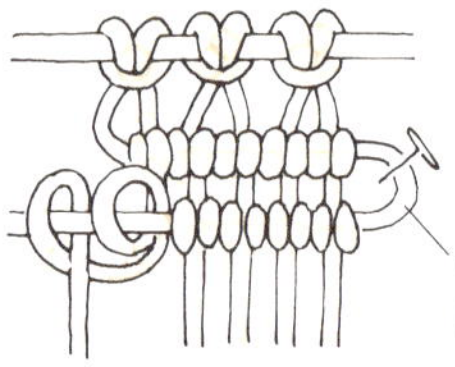

Waagrechter Rippenknoten

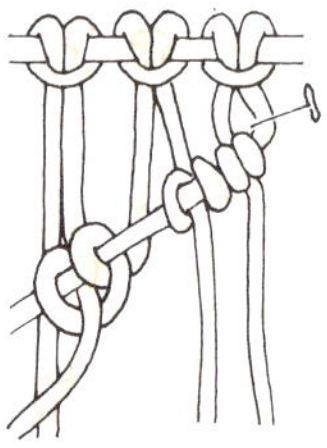

Diagonaler Rippenknoten

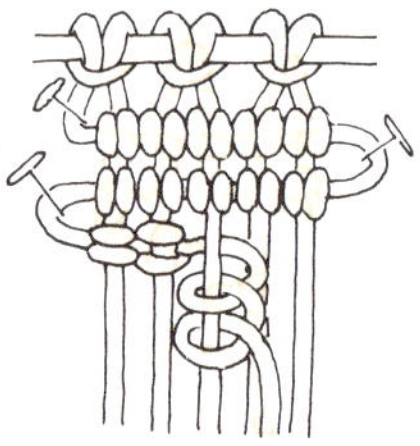

Senkrechter Rippenknoten

linke Schnur, dann die linke Schnur unter die Mittelschnüre und von unten durch die von der rechten Schnur gebildete Schlinge führen (B). Eine Folge von Flachknoten ergibt ein flaches Band, das man für Gürtel, Taschengriffe oder Hundeleinen verwenden kann. Eine Spirale entsteht,

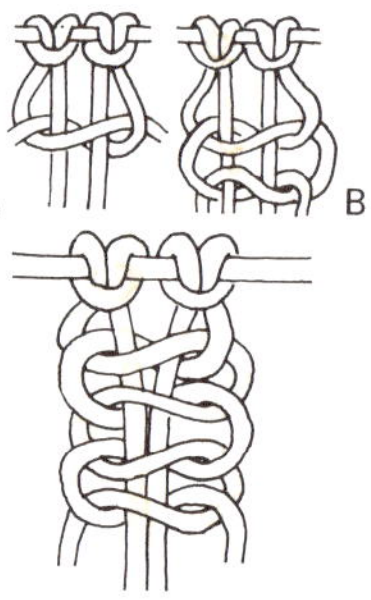

Flachknotenband

Halbknotenspirale

wenn man Halbknoten (A) aneinanderreiht. Nach etwa vier Knoten dreht sich das Band um sich selbst.

Malerwerkzeuge

Wenn man die immer wieder in Haus oder Wohnung anfallenden Malerarbeiten selber ausführen möchte, lohnt es sich, eine Grundausstattung an Malerwerkzeugen zu kaufen. Für einmalige Arbeiten kann man das nötige Werkzeug im Fachgeschäft ausleihen.

Drahtbürste (1) Damit werden kleine Teile und winklige Konstruktionen entrostet.

Stielspachtel (2) Mit solchen Spachteln stößt man schadhafte, alte Anstriche ab, bessert Putzschäden aus und verkittet Löcher und Risse in Holz.

Schleifklotz (3) Wenn man von

Hand mit Schleifpapier schleift, sollte man einen Schleifklotz aus Kork, Hartgummi oder Holz verwenden (siehe auch *Schleifen; Winkelschleifer*).

Japanspachtel (4) Diese Spachtel gibt es in verschiedenen Größen. Man trägt damit Spachtelmasse auf und verteilt sie nahtlos (siehe *Lackieren*).

Schaber (5) Von Profilleisten oder Fensterrahmen kann man alte, schlecht haftende Anstriche leicht mit Schabern entfernen. Es gibt sie mit verschieden geformten, auswechselbaren Klingen.

Ringpinsel (6) Je nach Größe streicht man damit größere und kleinere Flächen sowie schmale Teile. Die besten Pinsel haben Chinaborsten. Pinsel mit Kunststoffborsten verwendet man, um wasserverdünnbare Dispersionslacke zu verarbeiten.

Flächenstreicher (7) Da man mit diesen breiten Pinseln zügig arbeiten kann, lackiert man damit am besten große Flächen wie z. B. Türblätter.

Heizkörperpinsel (8) Winklige und schwer zugängliche Stellen streicht man am besten mit einem solchen abgewinkelten Pinsel.

Flachpinsel (9) Man nennt diesen Pinsel auch Plattpinsel. Er ist klein, flach, und seine Borsten sind in Blech gepaßt. Er ist gut für Ecken und Kanten geeignet.

Deckenbürste (10) Decken und auch Wände streicht man mit der Deckenbürste, und außerdem kleistert man Tapeten damit ein. Hochwertige Bürsten sind mit Schweinsborsten bestückt, die billigeren haben Kunststoffborsten.

Farbroller und Abstreifgitter (11) Mit keinem Pinsel kann man so rasch und sauber Decken und Wände streichen wie mit dem Farbroller. Es gibt Roller mit Lammfell- oder Kunstfaserbezug, die sich besonders für Dispersions- und Latexfarben eignen. Für Lackfarben muß man Plüsch- oder Schaumstoffroller verwenden. Das Abstreifgitter braucht man, um überschüssige Farbe vom Roller zu nehmen.

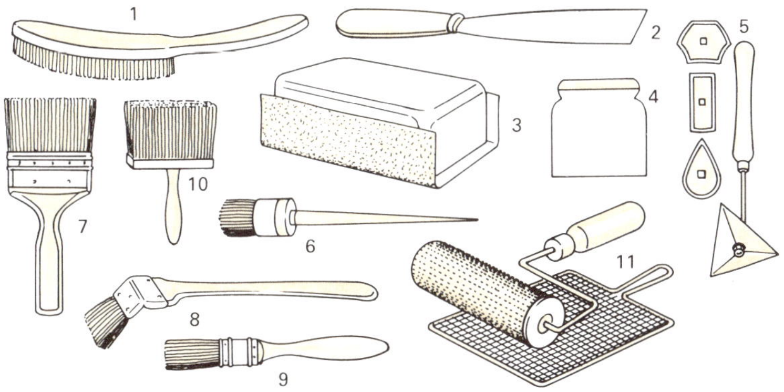

Marinieren

Marinaden sind gewürzte Flüssigkeiten auf der Basis von Essig, Wein, Zitronensaft oder Buttermilch. Man legt Fleisch – vor allem Rindfleisch und Wild – hinein, damit es mürber wird, länger hält und kräftiger schmeckt. Zum Würzen werden hauptsächlich Pfefferkörner, Piment, Wacholderbeeren, Lorbeerblätter, Koriander, Salbei, Thymian und Majoran verwendet. Man gibt niemals Salz an die Marinade, da das Fleisch sonst auslaugt.

Essigmarinaden gibt man kochend über das Fleisch, z. B. für Sauerbraten; die Fleischporen schließen sich rasch, das Fleisch bleibt saftig. Wild wird häufig in Buttermilch eingelegt. Man kann aber auch die Gewürze – die Körner werden leicht zerstoßen – auf das trockene Fleisch geben, es dann mit Öl übergießen und den Topf mit Folie abdecken.

Tiefgekühltes Fleisch darf nicht mariniert werden, da es zu stark auslaugt.

Markisen

Markisen werden als Sonnenschutz über Balkonen, Terrassen und Fenstern angebracht. Sie bestehen aus einer Metallkonstruktion, die mit Stoff bespannt ist. Die Bespannung läßt sich über einen Rollmechanismus auf- und abrollen. Der Stoff kann verrotten, reißen, ausgebleicht und fleckig werden, und die Rahmenkonstruktion kann rosten und sich in ihren Befestigungen lockern.

Herkömmliche Markisenbespannungen bestehen aus Segeltuch, einem festen Baumwollstoff, der eine Lebensdauer von fünf bis sieben Jahren hat. Teurer, aber haltbarer ist Markisendrell aus synthetischem Acrylgarn, der acht bis elf Jahre hält.

Regenwasser oder beispielsweise von Bäumen fallende Blätter oder Schmutz in der Luft können auf dem Stoff Flecke hinterlassen. Um einer Verfärbung vorzubeugen, spritzt man die Markise in regelmäßigen Abständen mit dem Schlauch ab. Damit Markisen über Terrassen wasserdicht bleiben, kann man ein Imprägniermittel aufsprühen oder in flüssiger Form auftragen.

Alte Markisenstoffe bekommen leicht Risse. Einen Riß bessert man aus, indem man aus ähnlichem Stoff einen Flicken so groß zuschneidet, daß er allseitig etwa 3 cm über den Riß hinausreicht, und dann mit einem wasserfesten Kleber aufklebt. Wenn sich Risse im Stoff häufen, sollte man ihn erneuern.

Pflege der Metallteile Wenn die Metallkonstruktion Roststellen aufweist, bürstet man den Rost mit einer Drahtbürste ab, trägt einen Rostschutzgrund auf und streicht die Stellen passend zum übrigen Rahmen. Oft ist es das beste, die ganze Konstruktion zu streichen (siehe *Farben und Lacke*).

Alle Schraubverbindungen werden kontrolliert und nachgezogen, falls sie sich gelockert haben. Manche Markisen flattern und schwanken bei starkem Wind. Man kann sie stabilisieren, indem man von ihren Enden Seile nach unten spannt, bei Balkonen z. B. zum Geländer.

Marmelade

Für Marmelade sollte man nur einwandfreie Früchte verwenden. Wenn man sie gleich nach der Ernte einfriert, kann man später – an Regentagen oder in der kalten Jahreszeit – Mehrfruchtmarmeladen aus Früchten herstellen, die unterschiedliche Reifezeiten haben.

Die Früchte werden geputzt und

dann gewogen. In der Regel nimmt man Früchte und Zucker im Verhältnis 1:1, wenn aber die Marmelade zum baldigen Verzehr bestimmt ist, kann man die Zuckermenge um etwa ein Viertel reduzieren. Es gibt auch Geliermittel, bei denen man nur die halbe Menge Zucker braucht. Es empfiehlt sich, nur kleine Mengen auf einmal in einem Topf mit großer Bodenfläche zu verarbeiten. Durch die kürzere Kochzeit bleiben die Vitamine eher erhalten. Die zerstampften oder zerdrückten Früchte bringt man langsam zum Kochen. Erst wenn sie heiß sind, rührt man sie um. Nach einigen Minuten gibt man Zucker und Geliermittel nach Anweisung des Herstellers hinein. Die angegebene Kochzeit muß genau eingehalten werden. Man macht eine Gelierprobe, indem man etwas Marmelade auf ein Tellerchen träufelt und erkalten läßt. Bildet sich darauf eine Haut, die sich kräuselt, wenn man mit dem Finger darauf tippt, ist die Marmelade fertig.

Die Gläser müssen steril und trokken sein. Damit sie nicht springen, stellt man sie auf ein feuchtes Tuch. Um die Schimmelbildung zu verhindern, füllt man sie möglichst bis unter den Rand und legt ein Stück Einmachfolie, das mit Rum befeuchtet wurde, auf die noch heiße Marmelade. Zum Schluß wird Einmachfolie über das Glas gelegt und mit einem Gummiband befestigt. Man kann auch Gläser mit Schraubverschluß verwenden. Marmelade sollte kühl gelagert werden; ist dies nicht möglich, muß man sie im Glas erkalten lassen und statt Folie flüssiges Paraffin über einen umgedrehten Löffel darauf träufeln. Dadurch wird die Oberfläche versiegelt, und die Marmelade kann weder austrocknen noch schimmeln.

Ist die Marmelade nach einer Woche noch immer nicht fest, erhitzt man den Inhalt von zwei oder drei Gläsern noch einmal, gibt etwas Geliermittel zu und macht eine Gelierprobe. Dann füllt man die Marmelade wieder in saubere Gläser. Wird sie jetzt fest, verfährt man mit den übrigen Gläsern genauso. Wenn nicht, wurde die Marmelade wahrscheinlich ursprünglich zu lange gekocht. Man verwendet sie am besten in Süßspeisen, etwa unter Quark gerührt. Ist die Marmelade zu fest, rührt man sie jeweils unmittelbar vor dem Verbrauch mit etwas heißem Wasser durch.

Hat sich Schimmel auf der Marmelade gebildet, sollte man sie nicht mehr verzehren. Ganz kleine Schimmelfleckchen kann man notfalls sehr großzügig abheben; der Rest muß sehr schnell verbraucht werden. Siehe auch *Gelee*.

Marmor

Marmor bekommt leicht Flecke und Kratzer, daher sollte man bei Tischplatten u.ä. immer Untersetzer benutzen. Verschüttetes sofort abwischen. Über einen Marmorfußboden keine Möbel schieben. Stark begangene Stellen mit Teppichen abdecken. Den Boden häufig mit dem Staubsauger absaugen und einmal wöchentlich mit einem Mop und klarem Wasser oder einer schwachen Schmierseifenlösung abwischen. Hartnäckiger Schmutz läßt sich mit trockenem Borax und einem feuchten Tuch entfernen; dann wird mit warmem Wasser nachgespült und trockengerieben.

Mit einem Marmorpflegemittel, das glänzend auftrocknet, kann man den Stein reinigen und gleichzeitig polieren. Das als Paste oder in flüssiger Form in Drogerien erhältliche Pflegemittel kann pur verwendet oder aber auch ins Wischwasser gegeben werden. Es bildet einen feinen Schutzfilm, in dem der Schmutz hängenbleibt. Matte Oberflächen erhalten wieder ihren Glanz.

Hartnäckige Flecke Fettflecke behandelt man mit einer Paste, die aus Schlämmkreide oder Kreidepulver und Aceton zusammengemischt wird. Bei Flecken von Kaffee, Tee, Tabak, Fruchtsäften und Limonade verrührt man das Pulver nicht mit Aceton, sondern mit Wasserstoffperoxid und setzt unmittelbar vor der Verwendung einige Tropfen Salmiakgeist zu. Für Rostflecke verwendet man flüssigen Rostentferner als Lösungsmittel in der Paste. Die Paste auf die Flecke auftragen, ein Stück Plastikfolie darüberlegen und am Rand mit Klebeband befestigen. Die Rostpaste einige Stunden einwirken lassen. Dann mit einem Schwamm abwischen und trockenreiben. Um Rostflecke restlos zu entfernen, kann man die Stelle nachher mit Peroxidpaste behandeln.

Maschenprobe

Bevor man eine Strick- oder Häkelarbeit beginnt, empfiehlt es sich, eine Maschenprobe zu machen. Dazu strickt oder häkelt man bei feineren Garnen ein etwa 10 cm großes und bei dickeren Garnen ein etwa 20 cm großes Quadrat.

Arbeitet man nach einer Anleitung, verwendet man die dort angegebene oder eine möglichst ähnliche Garnart und die für das Modell empfohlene Nadelstärke. Wenn nicht anders angegeben, wird die Maschenprobe glatt rechts (siehe *Stricken*) gearbeitet. Will man nach einem eigenen Entwurf arbeiten, verwendet man die Nadelstärke, die auf der Garnbanderole angegeben ist.

Die fertige Maschenprobe befestigt man mit Stecknadeln auf einer glatten Unterlage; sie darf dabei nicht gedehnt oder verzogen werden. Dann mißt man senkrecht und waagrecht jeweils 5 bzw. 10 cm ab, markiert die Abschnitte mit Stecknadeln und zählt die Reihen und Maschen zwischen den Markierungen. Stimmt das Ergebnis nicht mit der Anleitung überein, macht man eine neue Maschenprobe mit Nadeln, die eine Nummer feiner bzw. stärker sind. Arbeitet man ohne Anleitung, kann man anhand der Maschenprobe feststellen, ob die Struktur zu fest oder zu locker ist, und gegebenenfalls eine andere Nadelstärke wählen sowie die Maschenzahl für die Strick- oder Häkelteile ausrechnen.

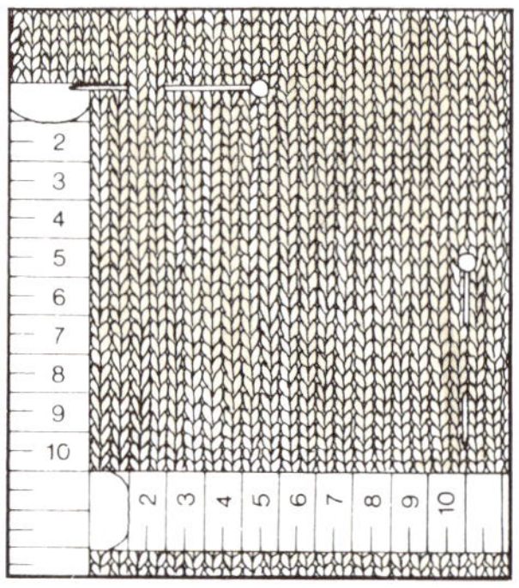

Diese Arbeit lohnt sich, denn eine Masche Differenz auf 5 oder 10 cm macht sich bei größeren Teilen deutlich bemerkbar.

Maschinenschreiben

Man sitzt in aufrechter Haltung direkt vor der Schreibmaschine und stellt die Füße flach auf den Boden. Dann legt man die Hände so auf die Tastatur, daß die Finger entspannt und abgebogen und die Unterarme in fast rechtem Winkel an den Körper angelehnt sind. Falls erforderlich, die Höhe des Stuhls entsprechend verstellen.

Linke Hand

1 Randauslöser, 2 Umschaltfeststeller, 3 Umschalter

Rechte Hand

1 Tabulator, 2 Rücktaste, 3 Umschalter

1. Finger — 2. Finger — 3. Finger — 4. Finger

Man legt die acht Schreibfinger in der gezeigten Weise auf die Grundtasten (a, s, d, f und j, k, l, ö). Den linken Zeigefinger verwendet man für die Tasten f und g, den rechten für die Tasten j und h. Mit einem der Daumen wird die Leertaste am unteren Teil der Schreibmaschine angeschlagen. Mit einem der kleinen Finger hält man den Umschalter niedergedrückt, bevor man eine Taste als Großbuchstaben anschlägt. Wenn man ganze Wörter oder Titel in Versalien tippen will, betätigt man den Umschaltfeststeller.

Zunächst übt man, die Grundtasten blind zu finden. Wenn man dies beherrscht, schlägt man der Reihe nach die Grundtasten der linken Hand an – asdfg (Leertaste) asdfg – und läßt dabei beide Hände auf der Tastatur liegen. Die Tasten nur leicht und kurz antippen, besonders bei modernen elektrischen Schreibmaschinen. Dann übt man mit der rechten Hand und tippt ölkjh (Leertaste) ölkjh. Diese Grundübung wiederholt man wieder und wieder und sagt sich dabei die Buchstaben laut vor. Zum Anschlagen der übrigen Tasten setzt man die Finger wie gezeigt oberhalb und unterhalb der Grundtasten auf alle anderen Buchstaben und Zahlen. Man besorgt sich ein Übungsbuch zum Schreibmaschineschreiben und geht der Reihe nach alle Lektionen durch.

Maße und Mengen

Wenn in Kochrezepten sehr kleine Mengen in Gramm angegeben sind, ist es oft praktischer, die Zutaten in Tee- oder Eßlöffeln abzumessen. Die folgende Tabelle enthält die entsprechenden Werte für Nahrungsmittel, die am häufigsten in kleinen Mengen verwendet werden.

Nahrungsmittel	Teel.	Eßl.
Butter	5 g	15 g
Ei, verquirlt		60 g
Emmentaler, gerieben	1,5 g	4 g
Joghurt	7 g	20 g
Mandeln, gemahlen	2 g	5 g
Mehl	2,5 g	10 g
Öl	4 g	12 g
Parmesan, gerieben	2 g	7 g
Petersilie, gehackt	1,5 g	4 g
Quark	5 g	15 g
Rahm, flüssig	5 g	15 g
geschlagen	3 g	7 g
Salz	6 g	15 g
Speisestärke	4 g	10 g
Tomatenmark, -püree	5 g	15 g
Zucker	5 g	15 g
Zwiebel, gehackt	3 g	10 g

Mauern

Der Fachhandel bietet eine große Auswahl an verschiedenen Mauersteinen. Wichtig ist, den richtigen zu wählen, denn es gibt keinen Stein, der alle erwünschten Eigenschaften wie hohe Druckfestigkeit, Wärmedämmung und Schalldämmung in sich vereinigt.

Für Außenwände werden möglichst leichte Materialien verwendet, um eine gute Wärmedämmung zu erreichen. Außerdem sind großformatige Blöcke zu empfehlen, weil sie den Fugenanteil verringern, wodurch ebenfalls die Wärmedämmung erhöht wird. Geeignete Materialien sind z.B. Gasbeton, Bimsbeton und Leichthochlochziegel.

Für Haus- und Wohnungstrennwände sollten besonders schwere Materialien verwendet werden, denn sie gewährleisten eine gute Schalldämmung. Zu empfehlen sind Hochlochziegel, Kalksandsteine und Beton.

Leichte Trennwände, von denen kein hoher Schall- und Wärmeschutz erwartet wird, sollten aus Steinen mit einem geringen Gewicht gemauert werden. Bimsbeton oder Blähton ist dafür gut geeignet.

Bei allen Materialien und Formaten wird stets im Verband gemauert, nie Fuge auf Fuge. Man beginnt immer an den Ecken oder Enden einer Wand zu

Falsch

Richtig

mauern. Die Ecken oder Enden werden mit Hilfe einer Wasserwaage lotrecht hochgemauert. Dann spannt man für jede einzelne Lage dazwischen waagrecht eine Schnur, nach der man die Steine sauber ausrichten kann. Als Mörtel verwendet man Mauermörtel (siehe *Mörtel mischen*).

Mau-Mau

Bei diesem Kartenspiel erhält jeder Teilnehmer fünf Karten. (Spielen nur zwei Personen mit, erhält jeder Spieler sieben Karten.) Der restliche Stapel kommt verdeckt auf den Tisch; die oberste Karte wird umgedreht und als Anfang des Abwurfstapels danebengelegt. Ziel des Spieles ist, alle Karten auf den Abwurfstoß zu bringen.

Nun wirft jeder Spieler der Reihe nach eine Karte ab, die entweder die gleiche Farbe oder den gleichen Wert wie die oberste Karte des Abwurfstapels hat. Wenn die oberste Karte beispielsweise eine Pikneun ist, kann man eine beliebige Pikkarte oder eine Neun in beliebiger Farbe ablegen. Liegt eine Sieben oben auf dem Stapel, muß der nächste Spieler zwei Karten nehmen – es sei denn, er hat selbst eine Sieben. Dann muß der nächste Spieler vier Karten vom Stapel nehmen. Wenn eine Acht abgelegt wurde, muß der nächste Spieler einmal aussetzen – es sei denn, er kann selbst eine Acht auf den Stapel legen. Man kann auch einen Buben abwerfen und eine beliebige andere Farbe ansagen. Wenn man weder einen Buben noch eine Karte zum Abwerfen hat, muß man vom Abwurfstapel eine Karte ziehen und damit das Ablegen probieren. Wenn es auch damit nicht geht, ist der nächste Spieler an der Reihe. Hat man nur noch eine Karte in der Hand, ruft man: „Mau“, sonst darf man die letzte Karte nicht ablegen.

Gewonnen hat der Spieler, der alle seine Karten zuerst abgeworfen hat. Er ruft: „Mau-Mau.“ Die übrigen Spieler zählen die Werte ihrer verbliebenen Karten zusammen. Die Summen werden aufgeschrieben. Wer als erster 100 Minuspunkte erreicht hat, ist Verlierer, und die Spielrunde ist beendet. Bei der Abrechnung zählt jedes As elf Punkte, jeder König vier Punkte, jede Dame drei Punkte, jeder Bube zwei Punkte und jede andere Karte die Punktzahl ihres aufgedruckten Werts.

Mäuse als Haustiere

Mäuse sind nachtaktive Tiere mit geflecktem, schwarzem, braunem oder weißem Fell, die ihre Umgebung neugierig untersuchen; den Großteil der Nacht springen, rennen und klettern sie umher. Doch auch tagsüber sind sie jederzeit zum Spielen bereit. Sie sind zwar normalerweise sehr furchtsam und scheu. Wenn man sich jedoch mit ihnen abgibt, werden sie bald handzahm.

Der Käfig – ein Aquarium mit festem Fliegengitter als Abdeckung oder ein Nagetierkäfig aus der Zoohandlung – sollte 20×25×15 cm groß sein. Am besten ist es, wenn der Käfig so groß ist, daß ein Schlafhäuschen, ein Laufrad, eine Wasserflasche, ein Futternäpfchen und ein Klo darin Platz haben und noch genügend Raum zum Herumtollen bleibt.

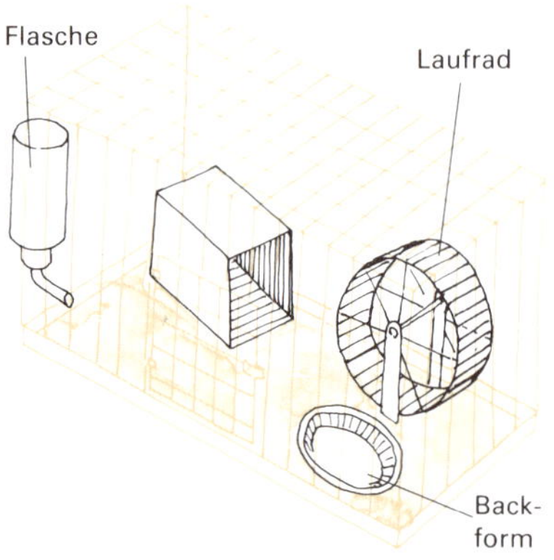

Mäuse werden etwa drei Jahre alt. Ein Pärchen kann alle 20 Tage sechs bis zwölf Junge bekommen. Sie sind bei der Geburt blind und nackt und werden vom Weibchen drei Wochen lang gesäugt. Nach drei Monaten können sie sich selbst wieder fortpflanzen. Wenn man eine Übervölkerung vermeiden will, schafft man sich zwei Weibchen an; zwei Männchen würden miteinander kämpfen.

Eine Maus braucht täglich etwa einen Teelöffel Futter; ihr schmecken Samenkörner, Vogelfutter, Nüsse, Trockenfutter für Hunde, Schwarzbrotstückchen, Gemüseblätter, frische Früchte und vor allem Käse. Es gibt auch Fertigfutter. Das Wasser im Wasserspender wird jede Woche gewechselt.

Mäuse verrichten ihr Geschäft oft am selben Platz; man stellt daher eine kleine Backform aus Aluminium auf, in die man etwas Sand oder Katzenstreu gibt. Das Klo wird täglich gereinigt. Man kann aber auch Sand auf den Käfigboden streuen und von Zeit zu Zeit erneuern.

Mäuse und Ratten

Der beste Schutz vor Mäusen ist immer noch die Katze im Haus. Allein der Geruch einer Katze hält schon die meisten Nager fern. Darüber hinaus erweisen sich als vorbeugende Schutzmaßnahmen Ordnung und Sauberkeit im Haushalt. Alle Lebensmittel sollte man in Glas-, Plastik- oder Metallbehältern aufbewahren. Öffnungen von Rohrleitungen und elektrischen Anschlüssen sowie Risse im Fundament stopft man mit Stahlwolle zu, verputzt sie mit Zement oder fugt mit Kitt aus (siehe *Abdichten*). Da Mäuse und Ratten klettern, müssen auch höher gelegene Löcher abgedichtet werden. Fenster und mögliche Öffnungen von Lüftungen usw. werden mit einem starken Fliegengitter von 6 mm Maschenweite verschlossen.

Mäuseplage Hat man die Nagetiere im Haus oder im Garten, stellt man Fallen auf. Mäuse bauen ihre Nester meist in der Nähe einer Nahrungsquelle. Nachts verlassen sie ihre Schlupfwinkel, laufen an den Wänden entlang und machen halt, wenn sie etwas Freßbares finden. Man stellt deshalb die Fallen in der Nähe einer Wand auf und setzt einen Köder ein, den Mäuse mögen: Schinkenspeck, Rosinen oder Käse. Besser ist es, mehrere Fallen aufzustellen. Damit sich Mäuse an eine Falle gewöhnen, stellt man sie zunächst zwei oder drei Tage lang auf, ohne den Federmechanismus zu spannen. Dann erst stellt man die Falle ein, verwendet dazu aber einen Bleistift, um sich nicht die Finger einzuklemmen. Entkommt die Maus mit dem Köder, befestigt man ihn das nächstemal mit einem Faden oder Draht in der Falle.

Rattenplage Obwohl Ratten sehr scheu sind, kann man sie gelegentlich mit einer Falle fangen. Bevor man den Köder in die Falle gibt, muß man sich gründlich die Hände waschen; Ratten werden durch den Geruch des Menschen gewarnt. Mäuse und Ratten gehen sicher an den ausgelegten Köder, wenn man ihn mit einem Tropfen Rosenholzöl beträufelt. Ratten kann man auch damit vertreiben, daß man Chlorkalk mit Essig vermischt und ihn in Schalen aufstellt.

ACHTUNG!

Plätze, an denen Mäuse- oder Rattengift ausgelegt ist, dürfen für Kinder und Haustiere nicht zugänglich sein. Das Gift unter Verschluß aufbewahren.

Rattengift sollte man nicht verwenden, allein schon wegen der Gefährdung von Kindern und Haustieren.

Zudem verhalten sich Ratten bei Ködergiften sehr vorsichtig. Sie schicken meist ein oder zwei Artgenossen zum Probieren der Köder vor. Verenden die Tiere, meiden die restlichen Ratten den Köder. Im übrigen sind viele Ratten gegen die Gifte inzwischen immun geworden. Wird man der Rattenplage nicht Herr, sollte man sich auf jeden Fall mit den Gesundheitsbehörden in Verbindung setzen.

Mayonnaise

Will man eine Mayonnaise selber rühren, stellt man alle Zutaten rechtzeitig bereit, damit sie Zimmertemperatur annehmen. Man gibt ein Eigelb, eine Prise Salz, 1 Teel. Senf und 1 Teel. Essig oder Zitronensaft in eine ebenfalls zimmerwarme Schüssel und verrührt alles gut. Nun fügt man tropfenweise Öl dazu und rührt ständig weiter. Wenn sich eine feste Sauce gebildet hat, kann man das Öl (insgesamt etwa ¼ l) in ganz dünnem Strahl zufügen, bis die erwünschte Konsistenz erreicht ist. Sollte die Mayonnaise gerinnen, macht man einen neuen Ansatz mit Eigelb, Senf und Essig und gibt statt Öl von der geronnenen Mayonnaise zu.

In einem fest verschlossenen Glas hält sich selbstgemachte Mayonnaise einige Tage im Kühlschrank. Diese Grundsauce kann so verwendet oder auch vielfältig variiert werden: Mit Joghurt, Dosenmilch o.ä. verdünnt, dient sie als Grundlage für Salatsaucen. Mit frischen Kräutern (Petersilie, Estragon, Kerbel, Schnittlauch), mit zerdrücktem Knoblauch, mit Zitronensaft, mit Kapern, kleingeschnittenen Gewürzgurken und Paprikaschoten, mit Tomatenketchup oder mit geriebenem Käse verrührt, liefert sie pikante Saucen zu Fleisch, Geflügel, Fisch, Eiern und Gemüse.

Meditation

Bei Konzentrationsschwäche, schlechtem Schlaf, nervösen Störungen wie innerer Unruhe oder Angst, bei Kreislaufstörungen und sogar Magengeschwüren können Meditationsübungen Besserung bringen und oft sogar ein Gefühl des Wohlbehagens vermitteln. Man befreit den Geist nicht nur von der Flut der Umweltreize, sondern auch von dem ständigen Strom der eigenen Gedanken und erreicht einen Zustand, der jenseits von Schlaf oder dem üblichen Wachsein liegt.

Meditationstechnik Man wählt einen ruhigen Platz, an dem man nicht abgelenkt wird, und setzt sich in bequemer, aufrechter Haltung auf einen Stuhl. Die letzte Mahlzeit liegt mindestens zwei Stunden zurück. Um die Tagesanspannung zu lösen, spannt man gleichzeitig kurz Arme, Beine, Nacken, Gesicht und Bauch an und ballt die Hände zu Fäusten. Dann lokkert man alles, schließt die Augen, öffnet den Mund leicht und holt tief Atem. Dabei lockert man den ganzen Körper, von den Fußsohlen bis zum Scheitel des Kopfes. Im Geist betrachtet man eine ruhige Szene, beispielsweise einen blauen Himmel oder eine grüne Wiese, oder konzentriert sich auf ein bestimmtes Wort oder eine Redewendung, die man selbst auswählt und sich immer wieder vorsagt.

Wird man durch andere Gedanken, Gefühle oder Eindrücke abgelenkt, muß man sich lediglich stark auf das gewählte Wort oder Bild konzentrieren. Dies mag in Streßzeiten schwierig sein, wenn man aber in Ruhe alle Ablenkungen fernhält, werden mit der Zeit auch die unerwünschten Gedanken verfliegen. Nach zehn bis 20 Minuten öffnet man die Augen und bleibt noch etwa eine Minute lang ruhig sitzen, bevor man in das Alltagsleben zurückkehrt.

Siehe auch *Entspannungsübungen*.

Meerschweinchen

Wenn man ein Meerschweinchen im Zoogeschäft kauft oder aber von Bekannten geschenkt bekommt, schafft man am besten gleich einen geeigneten Käfig an, denn ganz frei in der Wohnung halten kann man es nicht, da es sie nicht nur verschmutzen, sondern auch alles mögliche, wie Möbel, Teppiche, Tapeten oder Bücher, annagen würde. Zur Ausstattung des Käfigs gehören eine Raufe für Heu und Grünfutter, ein tönerner Futternapf und eine Trinkflasche. Als Einstreu eignet sich gut geruchbindende Katzenstreu, die mindestens zweimal wöchentlich erneuert werden sollte. Billiger, aber nicht so nasenfreundlich ist ein Torf-Sägemehl-Gemisch; man muß es außerdem häufiger auswechseln.

Ein Meerschweinchen frißt Heu, Körner (als Mischfutter erhältlich), Salat, Obst, Gemüse wie Möhren und Kartoffeln, aber auch Gras, Klee, Löwenzahn, Huflattich, Brennesseln. Besonders wichtig ist, daß man Salat und Gemüse nie feucht oder gar naß zum Fressen gibt, sondern trocken, denn sonst bekommt das Tier Blähungen.

Heu kann man durchaus auch ein wenig auf die Einstreu geben, denn es ist beliebt als Sitzunterlage. Beim Füttern ist außerdem darauf zu achten, daß man Wasser nur zusammen mit Trockenfutter bereitstellt, nie aber, wenn Obst und Gemüse auf dem Speiseplan stehen. Damit das Meerschweinchen seine laufend nachwachsenden Zähne abnutzen kann, kauft man entsprechendes hartes Beifutter.

Wenn man ein Rasenstück im Garten hat, sollte man aus Latten und Maschendraht einen mindestens 1 m^2 großen und etwa 30 cm hohen Rahmen mit Deckel basteln. In diesem beweglichen Gehäuse kann man das Tier grasen und auslaufen lassen, ohne daß Hunde, Katzen oder Vögel ihm etwas antun können.

Um ein Meerschweinchen an sich zu gewöhnen, spricht man mit ihm, füttert es aus der Hand, z.B. mit Möhren, und streichelt es sanft. Und auch die Fellpflege sollte man nicht vergessen: Kurzhaarige Tiere bürstet man, langhaarige Angorameerschweinchen werden gekämmt.

Mehl

Der Ausmahlungsgrad ist maßgebend für die Beschaffenheit des Mehls. Beim hohen Ausmahlungsgrad erhält man bis zu 90g Mehl aus 100g Getreide. Solche Mehle sind dunkel und haben einen größeren Gehalt an Mineralstoffen, Vitaminen, Zellulose, Eiweiß und Fett als die feinen, weißen Mehlsorten (Auszugsmehle), die niedrig ausgemahlen sind – 100g ergeben etwa 40g Mehl. Die verschiedenen Mehltypen sind durch eine Zahl gekennzeichnet: je niedriger die Zahl, desto niedriger der Ausmahlungsgrad.

Weizenmehl Feines Gebäck wird aus Weizenmehl gemacht, weil es größere Mengen Kleber (Gluten) enthält; das ist das Eiweiß, das erforderlich ist, um lockere Teige herzustellen (Roggenmehlteige müssen mit Säuren oder Sauerteig gelockert werden).

Haushaltsmehl Type 405 ist besonders für Kuchen geeignet, Type 550 für hefegelockerte Backwaren. Instantmehl löst sich schnell in Flüssigkeiten (z.B. Saucen), ohne zu klumpen, und muß nicht gesiebt werden. Zum Backen ist es nicht geeignet. Weizenvollkornmehl (auch als Grahammehl bezeichnet) wird für Brot verwendet; es enthält sämtliche Bestandteile des ganzen Korns.

Roggenmehl Es ist weniger backfähig als Weizenmehl (siehe oben), Roggenbrot hält sich aber länger frisch als Weizenbrot und ist kräftiger im Geschmack. Helles Roggenmehl ist gesiebt, also die Kleie ist entfernt worden; dunkles ist grober gesiebt, so daß ein Teil der Kleie erhalten bleibt. Roggenvollkornmehl oder -schrot enthält alle Bestandteile des Korns.

Andere Mehle Gerstenmehl, das keinen Kleber enthält, kann man zum Brotbacken nur mit Weizenmehl zusammen verwenden. Es verleiht den Backwaren einen süßlichen Geschmack. Aus Buchweizenmehl werden hauptsächlich Pfannkuchen gemacht. Reismehl ist besonders leicht verdaulich und wird gern für Babybrei verwendet. Mit Sojamehl können Backwaren mit Protein angereichert werden; allein ist es nicht backfähig. Aus Maismehl wird Polenta gemacht; außerdem verwendet man es für Kindernahrung und Diätprodukte.

Lagerung Mehl lagert man an einem kühlen, trockenen Platz in einem geschlossenen Gefäß; durchsichtige Behälter müssen dunkel stehen. Helles Mehl hält sich länger frisch (etwa ein Jahr) als dunkles; Vollkornmehl und -schrot, Maismehl und Sojamehl, die nicht innerhalb von zwei bis drei Wochen verbraucht werden, müssen im Kühlschrank gelagert werden.

Mehltau

Der Mehltau, eine Pilzkrankheit, befällt viele Pflanzen. Man unterscheidet zwei Gruppen: den Echten und den Falschen Mehltau.

Der Echte Mehltau ist ein weißer mehliger Belag. Die Sporen des Pilzes können an den Pflanzen überwintern. Bekannt ist u.a. der Erdbeermehltau. Unmittelbar vor der Blüte spritzt man mit dem umweltfreundlichen Bio-S-Präparat. Die Spritzung wird nach Bedarf wiederholt. Auch an Kürbissen tritt der Echte Mehltau auf, den man ebenfalls mit Bio-S bekämpfen kann. Beim Erbsenmehltau zeigt sich ein weißer Schimmelrasen auf den Blättern. Man entfernt stark befallene Pflanzen und verbrennt sie. Die übrigen spritzt man mit Netzschwefel. Tritt an den Beeren, Blättern und Trieben von Stachelbeeren der Mehltau auf, kann mit Rainfarn (300 g auf 10 l Wasser, unverdünnt) oder Schachtelhalm (1 kg auf 10 l Wasser, 5mal verdünnt) gespritzt werden. Sind die Blätter und Triebe von Rosen mit einem weißen Pilzbelag überzogen, handelt es sich mit einiger Sicherheit um den Rosenmehltau. Von Anfang Juni an spritzt man mit Triforin. Viele andere Zierpflanzen werden vom Echten Mehltau befallen, z.B. Begonien, Lupinen, Phlox, Skabiosen und Glockenblumen. Hier wird bei Bedarf mit Triforin gespritzt.

Der Falsche Mehltau tritt bei den verschiedensten Pflanzen auf, etwa bei Salat, Zwiebeln, Kohl, Goldlack und Rosen. An der Blattunterseite zeigt sich ein grauer Schimmelrasen, und an der Oberseite von Blättern entstehen gelbe Flecken. Man sät oder setzt die Pflanzen jedes Jahr an einen anderen Ort. Außerdem kann man mit Kupferoxychlorid spritzen.

Meißel

Mit Meißeln bearbeitet man Werkstoffe wie Stahl, Messing, Zink, Kupfer, Aluminium, Blei und Stein. Meißel bestehen aus Schneide, Schaft und Kopf. Für verschiedene Arbeiten gibt es unterschiedlich geformte Meißel.

- Der Flachmeißel (A) hat eine breite Schneide. Man kann damit Werkteile trennen oder ihre Oberfläche abspanend bearbeiten.
- Mit dem Kreuzmeißel (B) hebt man rechtwinklige Vertiefungen oder Nuten aus. Seine Schneide liegt quer zum Meißelschaft.
- Der halbrunde Nutenmeißel (C) hat eine halbrunde Schneide. Man meißelt damit Schmiernuten aus.
- Der Aushaumeißel (D) hat eine breite, bogenförmige Schneide und dient dazu, Formen aus Blech auszuschlagen.
- Der Maurermeißel ist dem Flachmeißel ähnlich. Er hat jedoch einen längeren und achtkantigen Schaft und wird hauptsächlich für die Bearbeitung von Steinen verwendet.
- Mit dem Spitzmeißel (E) kann man Vertiefungen in Stein schlagen und Ecken ausstechen.

Meißel werden aus unlegiertem oder legiertem Werkzeugstahl hergestellt. Meißel, mit denen man Stahl bearbeitet, haben einen Schneidenkeilwinkel von 60–70°. Für weiche Werkstoffe wie Aluminium, Blei, Kupfer und Zink beträgt der Winkel 40–50°. Maurer- und Spitzmeißel für Stein weisen einen Winkel von 50–60° auf.

Meißelhandschutz Um sich vor Verletzungen zu schützen, sollte man nie ohne Handschutz meißeln. Der Handschutz ist aus schlagfestem Plastikmaterial, schirmartig geformt und paßt auf achtkantige und flach-ovale Meißelschäfte. Meißelköpfe, an denen sich ein Grat gebildet hat, sind gefährlich, denn von dem Grat können beim Hämmern spitze Teile abspringen. Deshalb sollten Meißelköpfe regelmäßig mit der Feile entgratet werden.

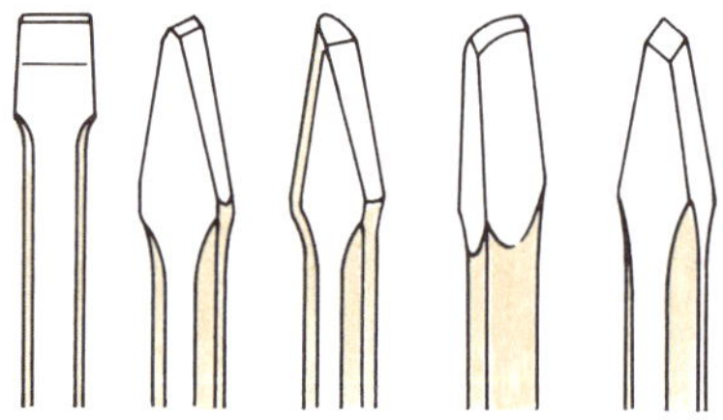

Beim Meißeln blickt man nicht auf den Meißelkopf, sondern auf die Meißelschneide. Um Augenverletzungen durch abgeschlagene Splitter vorzubeugen, trägt man stets eine Schutzbrille.

Menstruation

Kolikartige Schmerzen im Unterbauch (siehe *Kolik*), Kreuzschmerzen sowie manchmal Übelkeit und Erbrechen können vor allem bei jungen Frauen kurz vor oder am ersten oder zweiten Tag der Periode auftreten. Die Ursache dafür kann eine noch zu geringe Entwicklung der Gebärmutter sein, aber auch chronische Eierstock- und Eileiterentzündungen, sehr selten ein Intra-Uterinpessar (siehe *Empfängnisverhütung*) sowie Angstzustände und Spannungen können Schmerzen hervorrufen.

Bettruhe und milde Schmerzmittel, auch ein heißes Bad, eine Wärmflasche oder ein Heizkissen auf dem Bauch helfen in den meisten Fällen. Die Umgebung sollte Verständnis zeigen und vorübergehend keine größeren Leistungen fordern. Linderung bringt auch eine Teemischung aus Kamille, Quendel und Thymian zu gleichen Teilen: 1 Eßl. in eine Tasse geben und mit kochendem Wasser übergießen; abends trinken.

Wenn die Schmerzen so stark sind, daß das tägliche Leben gestört wird, sollte man einen Arzt aufsuchen.

Prämenstruelles Syndrom Die Symptome sind Übellaunigkeit, Reizbarkeit, Traurigkeit, Kopfweh, Müdigkeit, Schmerzen in den Brüsten, Kreuzschmerzen, Beschwerden im Unterleib und leichte Gewichtszunahme in den letzten acht bis zehn Tagen vor der monatlichen Regelblutung. Kurz nach der Periode hören die Beschwerden wieder auf. Die Umgebung sollte darüber informiert werden und der Betroffenen Verständnis entgegenbringen. Eine Vorbeugung ist nicht möglich. Wenn die Symptome unerträglich werden, sollte ein Arzt aufgesucht werden.

Siehe auch *Monatshygiene.*

Menü zusammenstellen

Die starren Vorschriften der klassischen Menüzusammenstellung muß man heute nicht mehr unbedingt beachten, aber einige Grundregeln sind hilfreich.

Ein sehr festliches Menü umfaßt Aperitif, kalte Vorspeise, Suppe, warmen Zwischengang, Hauptgang, Käse, Dessert, Kaffee, Digestif. Dabei gilt es, Wiederholungen innerhalb des Menüs zu vermeiden: z.B. keine Suppe auf Geflügelbasis und im Hauptgang Geflügel, nicht zweimal überbackene Gerichte, nicht ein mit Früchten garniertes Hauptgericht und zum Nachtisch Fruchtsalat, nicht rote Tomatensauce zum Hauptgang und rote Grütze zum Nachtisch (auch der optische Eindruck ist wichtig).

Auftakt eines Menüs sind immer kalte Gerichte: Eine kalte Vorspeise kommt vor der heißen Suppe, eine kalte Suppe – etwa geeiste Bouillon – kommt vor der warmen Vorspeise. Die Speisenfolge sollte eine Steigerung von milderen zu kräftigeren Gerichten darstellen; deshalb serviert man Fisch vor dem Fleisch. Diese Prinzipien kann man natürlich durchbrechen, wenn man ein Menü für Liebhaber besonderer Speisen zusammenstellen will, etwa ein Meeresfrüchteessen oder ein Menü mit Wildspezialitäten.

Zu einem gekonnt zusammengestellten Menü gehören die passenden Getränke. Auch hier sind die Regeln lockerer geworden. Grundsätzlich stellt man immer Mineralwasser und Säfte bereit. Als Aperitif reicht man entweder den Wein, den es auch zur Vorspeise gibt, einen trockenen Sekt, Champagner, Sherry, Portwein oder Madeira, einen Longdrink oder einen Cocktail oder auch einen pikant gewürzten Gemüsesaft.

Bei feierlichen Anlässen wird Wein serviert (siehe *Wein zum Essen*), aber bei einfacheren Menüs, vor allem zu deftigen Hauptgerichten, wird Bier gern getrunken. Zum Kaffee oder Mokka als Abschluß des Menüs reicht man gern einen Cognac, Armagnac oder alten Weinbrand. Auch Kräuterliköre oder ein Obstbrand sind als Digestif geeignet.

Messen

Man mißt Längen, Breiten, Dicken und Winkel und überträgt sie auf das Material.

Ein unentbehrliches Längenmeßwerkzeug ist der Gliedermaßstab mit Millimetereinteilung; es gibt ihn in Längen von 1 und 2 m, geeicht und ungeeicht. Noch genauer sind feste Stahlmaßstäbe mit Halbmillimetereinteilung; übliche Längen sind 10, 30 und 50 cm. Stahlmaßstäbe werden auch an Maschinenanschlägen verwendet. Rollbandmaße, 1, 2 und 3 m lang, bestehen aus gehärtetem Federstahl und sind meist in einer Kapsel aufgerollt; längere Rollbandmaße sind meist aus Leinen. Mit ihnen kann man gut geschweifte Teile messen und anreißen. Rollbandmaße gibt es auch mit einer Skala für Innenmessungen.

Wenn man sehr genau messen will, verwendet man einen Meßschieber (Schieblehre). Mit ihm kann man kleinere Außen-, Innen- sowie Tiefenmaße feststellen. Seine Meßgenauigkeit beträgt $\frac{1}{10}$–$\frac{1}{20}$ mm.

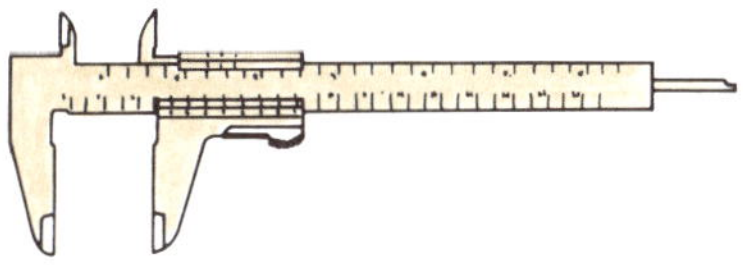

Bei häufig wiederkehrenden Maßen kann man sich selbst Meßlehren herstellen; das sind Leisten oder Schablonen, auf denen die betreffenden Maße durch Bleistiftstriche oder Einkerbungen fixiert sind.

Siehe auch *Werkzeuge im Haus.*

Messer schärfen

Feine, oberflächenvergütete Messer sollte man nicht schleifen, sondern wetzen. Mit dem Wetzstahl kann man jedes Messer ohne Wellenschliff problemlos nachschärfen. Man hält das Messer mit dem Klingengrund in einem Winkel von etwa 15° oben an den Wetzstahl und zieht es, ohne den Winkel zu verändern, bogenförmig nach unten am Stahl entlang. Das macht man abwechselnd auf beiden Seiten der Klinge. Nach acht bis zehn Wetzgängen ist das Messer wieder scharf.

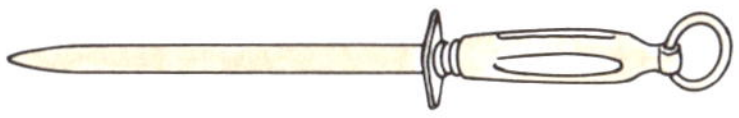

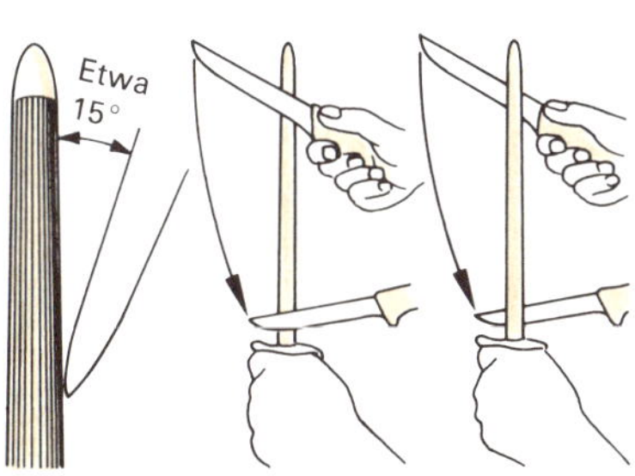

Wenn ein Messer sehr häufig gewetzt wird, kann mit der Zeit an der Klinge eine sogenannte Schulter entstehen, d.h., daß der schlanke Keilwinkel abgestumpft worden ist. In diesem Fall sollte man das Messer in ein Fachgeschäft bringen und nachschleifen lassen.

Mikrofonaufnahmen

Viele batteriebetriebene Kassettenrecorder verfügen über ein eingebautes Mikrofon. An anderen Geräten lassen sich externe Mikrofone über Zuleitungen anschließen.

Für das Gelingen guter Mikrofonaufnahmen sollte man einige Regeln beherzigen. Selbst das beste Mikrofon bringt bei Aufnahmen aus größerer Entfernung von der Schallquelle kein befriedigendes Ergebnis, weil Nebengeräusche, die der Mensch überhört, mit aufgenommen werden und die Gesamtaufnahme stören. Man sollte das Mikrofon am besten sehr nahe an der Schallquelle aufstellen.

Bei Aufnahmen im Freien sollte man ein leichtes Tuch, z.B. ein Taschentuch, als Windschutz um das Mikrofon legen, weil sonst das Windgeräusch alle anderen Geräusche übertönt.

Bei Sprachaufnahmen stellt man das Mikrofon 30–50 cm entfernt vom Sprecher auf. Kürzere Distanzen zum Mikrofon ergeben dumpfe Aufnahmen. Bei Sologesang stellt man das Mikrofon ungefähr 1 m weit vom Sänger auf; kürzere Entfernungen betonen das Atemgeräusch. Bei Klavier und Soloinstrumenten muß das Mikrofon weiter entfernt stehen, und zwar 1,50–2,00 m.

Bei Monoaufnahmen verwendet man ein Mikrofon, bei Stereoaufnahmen zwei Mikrofone. Die Stereomikrofone werden jeweils seitlich von der Schallquelle arrangiert. Die optimale Aufstellung der Stereomikrofone muß man durch eine Probeaufnahme ermitteln. Es gibt auch Stereomikrofone, bei denen die beiden Mikrofonkomponenten in einem Gehäuse montiert sind. Am Mikrofon kann man den Aufnahmewinkel einstellen.

Mikrowellengeräte

Im Mikrowellengerät werden die Speisen durch elektromagnetische Hochfrequenzwellen gegart (der Betrieb muß laut Hochfrequenzgesetz von der Post formal genehmigt werden). Bei sachgemäßer Bedienung sind diese Geräte vollkommen sicher. Wenn das Gerät geöffnet wird, schaltet es sich automatisch aus.

Gegenüber herkömmlichen Garmethoden bietet die Mikrowellentechnik verschiedene Vorteile. Ein bis drei Portionen brauchen nur etwa ein Viertel der auf herkömmlichen Küchenherden erforderlichen Zeit. So können bis zu 70% Energie gespart werden (siehe auch *Energie sparen*). Der natürliche Geschmack sowie die Nährstoffe und Vitamine der Nahrungsmittel bleiben weitgehend erhalten.

Mikrowellengeräte sind besonders dafür geeignet, Tiefkühlkost schnell aufzutauen, frisches oder eingefrorenes Gemüse zu garen und leichte Mahlzeiten oder Imbisse zuzubereiten. Ebenso kann man darin fertige Speisen schnell aufwärmen, ohne deren Geschmack oder Konsistenz zu beeinträchtigen – ein besonderer Vorteil für Berufstätige und Familien, deren Mitglieder zu unterschiedlichen Zeiten zum Essen kommen. Im Mikrowellengerät kann man auch Butter oder Schokolade schmelzen, ohne daß sie Klumpen bilden oder anbrennen. Man spart auch Abwasch, denn die Speisen werden im Servier- oder Eßgeschirr zubereitet. Außerdem erfordern Mikrowellengeräte weniger Pflege und geben weniger Wärme an die Küche ab.

Ein Mikrowellengerät kann jedoch nur ein Zusatzgerät sein und ersetzt den herkömmlichen Herd nicht. Geflügel, Braten, Brot oder Kuchen sind zwar schneller fertig, sie werden aber nicht braun und bekommen auch keine Kruste. Eine appetitliche Bräune erzielt man nur durch spezielles Bräunungsgeschirr. Außerdem kann man mit Mikrowellen nicht Eier in der Schale kochen, Speisen zum Tiefkühlen vorbereiten, Pfannkuchen backen, Gerichte überbacken, Konserven einkochen, lockere Brotsorten und Kuchen, Soufflés oder im Fett Ausgebackenes herstellen. Fertiggerichte, die aus unterschiedlichen Lebensmitteln bestehen, können u.U. ungleichmäßig garen. Für die Zubereitung im Mikrowellengerät braucht man besondere Rezepte.

Die Vorteile aller Garverfahren bieten kombinierte Geräte. Sie bestehen aus einem Backofen herkömmlicher Art (nach Wunsch mit Grill und Umluft) mit integriertem Mikrowellenteil.

Anwendung Man gibt die Speise in ein ofenfestes Geschirr aus Glas, Porzellan, Keramik, Papier oder in einen für Mikrowellenherde bestimmten Kunststoffbehälter. Gefäße aus Metall, Alufolie oder Geschirr mit Gold- oder Silberdekor sind nicht geeignet; der Herd kann dadurch beschädigt werden. Das Gefäß stellt man in die Mitte des Ofens, so daß die Speise von allen Seiten gleichmäßig gegart werden kann. Für saftiges Fleisch nimmt man eine Abtropfschale aus ofenfestem Material oder einen für Mikrowellengeräte bestimmten Rost.

Fleisch kann man offen garen, die meisten Gemüsesorten und gemischten Speisen sollten jedoch mit einem Deckel oder mit hitzebeständiger Klarsichtfolie zugedeckt werden, damit sie nicht austrocknen; die Klarsichtfolie schlägt man an einer Ecke hoch, damit der Dampf entweichen kann.

Von Zeit zu Zeit wendet man einen Braten, rührt die Speisen zur Mitte hin um. oder dreht den Behälter mit einem Fertiggericht, das sich nicht umrühren läßt. Um eine Speise mit ungleich großen Bestandteilen zu garen oder aufzuwärmen, ordnet man die dickeren oder zäheren Stücke am Rand und die dünneren und zarteren mehr in der Mitte des Gefäßes an.

Im Mikrowellengerät beginnt die in der Anleitung angegebene Garzeit gleich nach dem Einschalten, man muß also nicht abwarten, bis der Innenraum aufgeheizt ist. Es gibt Geräte mit zwei bis drei oder fünf und mehr Leistungsstufen sowie eine stufenlose Einstellung. Mit einem Zeitschalter wird die Gardauer gewählt, oder mittels Temperaturfühler wird das Gerät automatisch abgeschaltet, sobald die Speise die erwünschte Temperatur erreicht hat. Manche Geräte werden auch nach dem Gewicht des Garguts eingestellt. Nachdem die Speisen aus dem Mikrowellengerät herausgenommen wurden, garen sie weiter; ihre Innentemperatur kann dabei noch um 8–10°C steigen.

Damit das Mikrowellengerät einwandfrei funktioniert, muß man es, vor allem rund um die Tür, von Speiseresten freihalten. In regelmäßigen Abständen wird die Dichtung an der Tür kontrolliert, ob sie richtig abschließt und keine Strahlen entweichen können (siehe auch *Backofen reinigen*).

Milch

Wenn keine medizinischen Gründe dagegen sprechen, sollte man täglich Milch oder Milchprodukte (siehe dort) zu sich nehmen. Milch ist das ideale Nahrungsmittel, denn sie enthält alles, was der menschliche Organismus braucht, fast alle Vitamine und viele Mineralstoffe. Nur Milch und Milchprodukte können den Organismus mit ausreichend Kalzium versorgen. Milchfett wird von allen Nahrungsfetten am leichtesten verdaut.

Rohmilch, also unbehandelte Vollmilch, die man direkt vom Bauern holt, muß vor dem Verzehr abgekocht werden. Rohmilch, die im Handel als Vorzugsmilch angeboten und deren Erzeugung streng überwacht wird, kann man so trinken; für Kinder empfiehlt es sich, die Milch vorher aufzukochen. Um die Hautbildung zu vermeiden, rührt man die Milch beim Kochen um; dann stellt man sie sofort in ein sehr kaltes Wasserbad und deckt sie zu. Ab und zu rührt man kräftig um, am besten mit dem Schneebesen, und deckt sie umgehend wieder zu. Rohmilch muß man kühl lagern und innerhalb von zwei Tagen verbrauchen.

Bei der pasteurisierten Milch werden die meisten Bakterien durch Erhitzen abgetötet, die Vitamine bleiben jedoch weitgehend erhalten. Sie muß wie die Rohmilch kühl gelagert werden und innerhalb von zwei Tagen verbraucht werden.

Ultrahocherhitzte Milch (H-Milch) ist völlig keimfrei. Ungeöffnet ist sie auch bei Zimmertemperatur sechs Wochen haltbar; geöffnete Packungen bewahrt man im Kühlschrank auf.

Offene Milch bewahrt man in lichtundurchlässigen Behältnissen auf, da sonst Nährwert und Geschmack beeinträchtigt werden.

Milchprodukte

Zu den Milchprodukten gehören Joghurt, Dickmilch, Kefir, Buttermilch, Sahne, Butter und Käse (beide siehe dort), Molke, Kondensmilch und Milchpulver.

Joghurt kann sowohl rechts- als auch linksdrehende Milchsäure enthalten; rechtsdrehende Milchsäure ist leichter verdaulich. Er hat als Naturjoghurt ohne Zusätze wie Früchte eine darmregulierende Wirkung. Magerjoghurt spielt in der Schlankheitskost eine wichtige Rolle; er sättigt, enthält wichtige Nährstoffe und ist kalorienarm.

Kefir enthält neben Milchsäurebakterien auch Hefen und hat deshalb einen geringen Alkoholgehalt. Buttermilch enthält fast ebensoviel Eiweiß, Mineralstoffe und Vitamine wie Vollmilch, aber sehr viel weniger Fett.

Süße Sahne muß mindestens 10% Fett haben, Kaffeesahne enthält 10–15%, Schlagsahne 30–35% Fett. Saure Sahne hat normalerweise 10% Fett, es sind aber auch Sorten mit höherem Fettgehalt auf dem Markt. Crème fraîche hat einen Fettgehalt zwischen 38 und 40%.

Alle frischen Milchprodukte müssen im Laden in entsprechenden Kühlaggregaten stehen, sonst kauft man sie nicht. Sie sollten im Kühlschrank aufbewahrt und selbst bei einer längeren Mindesthaltbarkeit bald verbraucht werden.

Mitfahrdienste

In vielen großen Städten gibt es Mitfahrzentralen, die sich meist in Bahnhofsnähe befinden. Angebotene Fahrziele werden entweder an Informationstafeln bekanntgegeben, oder man läßt sich beraten. Auch Vorausabsprachen am Telefon sind möglich.

Mitfahrerreisen sind kostengünstig für den Mitfahrer und verringern andererseits die Benzinkosten für den Autobesitzer. Bei weiten Reisen schätzt man auch die gemeinsame Unterhaltung.

Vor Reiseantritt muß man für klare Rechtspositionen sorgen. Man sollte das Versicherungsrisiko bei einem eventuellen Unfall zusätzlich durch eine entsprechende, am besten schriftliche Vereinbarung absichern.

Möbelschlösser

Man kann Möbeltüren durch Schnappverschlüsse, Schlösser oder Riegel (siehe dort) verschließen.

Schnappverschlüsse Sie werden auch Schnäpper genannt. Es gibt sie als Kugelschnäpper, Rollenschnäpper oder Magnetschnäpper. Die Haltekraft der Fangmagnete für Magnetschnäpper beträgt 3–10 kg. Man kann die Magnete einbohren oder aufschrauben.

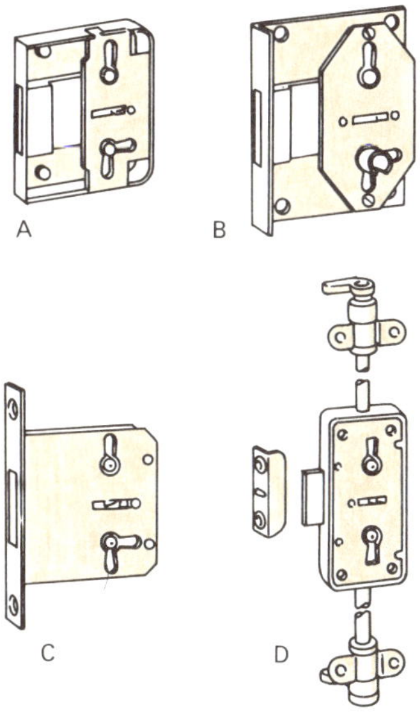

Schlösser für Drehtüren Man unterscheidet folgende Typen: Aufschraubschlösser (A), Einlaßschlösser (B), Einsteckschlösser (C), Schubstangen- oder Drehstangenschlösser (D).

Aufschraubschlösser werden auf die Türinnenseite geschraubt, Einlaßschlösser von innen in die Türseite eingelassen und Einsteckschlösser in die Türkante eingebohrt. Bei Doppeltüren erhält die linke Tür oben und unten je einen Schubriegel (siehe *Riegel*).

Schubstangenschlösser schließen durch Schubstangen, die in den oberen und unteren Boden z.B. eines Schrankes eingeschoben werden. Der Schloßkasten kann aufgeschraubt oder eingelassen werden; die Stangen kann man mit Leisten abdecken. Es gibt auch Schlösser mit Dreifachschließung, bei denen die Tür zusätzlich in der Mitte verriegelt wird. Das Drehstangenschloß ähnelt dem Schubstangenschloß; es wird aufgeschraubt. Die Schließhaken an den Enden der Stangen greifen hinter Schließbolzen, die jeweils am unteren und oberen Boden sitzen, und ziehen die Tür fest an den Schrank.

Schiebetürverschluß Hierfür eignet sich das Hakenriegelschloß (E, Seite 234). Es wird in die Türkante eingelassen und schließt mit seinem Haken in die Schrankseite.

E

Alle diese Schlösser kann man mit Sicherheitszylinder ausstatten.

Mobile

Ein einfaches trägerloses Mobile macht man, indem man verschiedene Formen wie Kreise, Quadrate, Tiersilhouetten oder Blumen an einen Faden bindet oder klebt. Die Formen schneidet man aus Zeichenpapier oder dünnem Karton aus. Man kann außerdem farbiges Glas, Muschelschalen, Nüsse usw. dazuhängen.

Komplizierter und interessanter sind Trägermobile, bei denen die Gegenstände an mehreren waagrechten Armen aufgehängt sind. Diese Träger sollten sich nicht oder nur wenig verbiegen, müssen aber leicht sein. Am besten eignen sich dünne Rundstäbe aus Holz oder Stahldraht von 0,8 bis 1,5 mm Stärke.

An den Enden der Träger hängt man die Gegenstände mit Fäden auf. Dann balanciert man die Träger zwischen Daumen und Zeigefinger aus und verknotet am Balancepunkt einen Faden; dann hält man das Mobile am Faden hoch, um festzustellen, ob sich die Träger waagrecht einpendeln. Wenn nötig, verschiebt man den Aufhängefaden auf den Trägern entsprechend.

In gleicher Weise macht man weitere Träger und fügt sie zu einem mehrteiligen Mobile zusammen. Man arbeitet von unten nach oben und kontrolliert nach jedem neuen Träger, ob sich das Gebilde die Waage hält. Abwechslung schaffen unterschiedliche Formen, die an verschieden langen Fäden befestigt werden. Man hängt das Mobile an einem freien Platz auf, damit es sich ungehindert bewegen kann.

Mofapflege

Mofa, Mokick oder Moped sollten einmal jährlich einer gründlichen Inspektion unterzogen werden.

Man schraubt die Zündkerze heraus und prüft den Zustand. Bemerkt man an den Elektroden einen erheblichen Abbrand, wird die Kerze ausgewechselt. Bei einer guten Kerze kontrolliert man den Abstand der Elektroden mit einer Fühlerlehre und korrigiert diesen, indem man die Masseelektrode nachbiegt. Man gibt etwas Graphitpulver auf das Kerzengewinde und schraubt die Kerze wieder ein.

Am Auslauf des Tanks oder am Einlauf des Vergasers ist oft ein Feinstsieb vorhanden, das Wasser und Verunreinigungen vom Vergaser abhält. Man schließt den Kraftstoffhahn und baut das Sieb aus, bläst es durch und setzt es wieder ein. Bei manchen Vergasern gibt es am Boden der Schwimmerkammer eine Ablaßschraube, mit der Verunreinigungen abgezogen werden können.

Die Kette reinigt man mit einem Tuch oder einer Bürste und behandelt sie mit Kettenspray. Die Kette darf sich in der Mitte zwischen den beiden Zahnrädern nur geringfügig durchdrücken lassen. Gegebenenfalls löst man das Hinterrad und zieht den Kettenspanner an. Dabei verstellt man den Kettenspanner rechts und links gleichmäßig, damit das Rad nicht schief läuft.

Man korrigiert den Reifenluftdruck und prüft die Reifenlaufflächen auf Einschlüsse. Bei älteren Reifen kann es seitliche Leinwandbrüche geben, die man durch Abtasten oder durch Sichtkontrolle leicht findet. Man bemerkt an der Bruchstelle eine deutliche Wölbung.

Alle Gelenkstellen an den Pedalen, Bedien- und Handgriffen sowie Bowdenzügen fettet oder ölt man ein.

Jetzt läßt man den Motor laufen, schaltet das Licht ein und prüft dabei den Zustand der Lichtscheiben, Reflektoren und Verkabelung.

Lack- und Chromteile reinigt man mit handelsüblichen Polituren.

Mogeln

An diesem Kartenspiel können beliebig viele Spieler teilnehmen. Die (je nach Spiel 32 oder 52) Karten werden gleichmäßig an alle Mitspieler verteilt; bleibt ein Rest, wird er in die Tischmitte gelegt. Jeder muß nun versuchen, die Karten möglichst schnell wieder loszuwerden. Der Spieler mit dem Herzas beginnt: Er legt die Karte verdeckt auf den Tisch (bzw. auf die restlichen Karten) und sagt laut: „Herzas." Der nächste Spieler muß die Herzzwei ablegen und ansagen, dann folgen Herzdrei, -vier, -fünf usw. bis zum Herzkönig. Danach geht es mit dem As der nächsten Farbe weiter. (Will man das Spiel vereinfachen, kann man die Reihenfolge As, Zwei, Drei, Vier ... auch mit beliebigen Farben durchzählen, z.B.: Herzas, Pikzwei, Karodrei usw; man kann auch ohne Rücksicht auf die Werte nur nach Farben abwerfen.)

Der Witz des Spiels liegt darin, daß man nicht immer die Karte ablegt, deren Wert man ansagt. Man muß möglichst selbstbewußt aussehen, wenn man mogelt, und umgekehrt. Vermutet ein Mitspieler, daß falsch abgelegt wurde, ruft er: „Gemogelt!" Das Spiel wird daraufhin unterbrochen, die letzte Karte umgedreht und kontrolliert. Liegt eine falsche Karte auf dem Stapel, muß derjenige, der die falsche Karte abgelegt hat, den ganzen Stapel übernehmen, und man beginnt mit einem neuen As. Stimmt der Wert der Karte jedoch mit dem angesagten Wert überein, muß der Spieler, der sich gemeldet hat, alle bisher abgelegten Karten nehmen. Erlaubt ist auch, gleichzeitig zwei oder mehr Karten abzuwerfen; wenn dies bemerkt wird, muß man ebenfalls den ganzen Kartenstapel aufnehmen. Sieger ist am Ende derjenige, der keine Karten mehr hat.

Monatshygiene

Die tägliche Intimpflege ist heute für jede Frau eine Selbstverständlichkeit. Dabei sind grundsätzlich während der

Regel keine anderen Hygienemaßnahmen erforderlich als sonst auch. Tägliche Waschung mit einem milden Spezialpräparat oder mit Wasser und Seife ist die Voraussetzung für körperliche Frische. Scheidenspülungen gehören allerdings nicht zur Körperpflege der Frau, schon gar nicht während der Menstruation; sie sind nur dann anzuwenden, wenn der Arzt sie ausdrücklich verordnet hat.

Binden sollte man häufig wechseln und – sofern man sich außer Haus befindet – immer einen entsprechend großen Vorrat mit sich führen. Auch Frauen mit nur sehr schwacher Blutung sollten die Vorlagen häufig wechseln, da sich sonst ein unangenehmer Geruch bildet. Wenn man zusätzlich zur Binde noch Watte verwendet, die man häufig auswechselt, bleibt die Binde länger frisch. Bei der Verwendung von Tampons ist die Geruchsbildung so gut wie ausgeschlossen. Je nach Stärke der Blutung kann ein Tampon wenige Stunden, aber auch einen ganzen Tag oder die ganze Nacht hindurch getragen werden. Ein allzu häufiger Wechsel ist bei Tampons eher unangebracht, da ein nicht vollgesogener Tampon bei der Entfernung Schmerzen an der Scheide verursachen kann.

Es kann vorkommen, daß man den letzten Tampon zu entfernen vergißt. Dies macht sich am ehesten durch einen unangenehm riechenden Scheidenausfluß bemerkbar. Man entfernt dann den Tampon und badet anschließend. Falls der Ausfluß nicht nachläßt, sucht man den Gynäkologen auf.

Monogramme sticken

Bevor man ein Monogramm stickt, müssen die Buchstaben auf dem Stoff vorgezeichnet werden. Stilisierte Lettern gibt es als Aufbügelmuster, man kann sie aber auch aus Zeitschriften oder Büchern abkopieren. Beim Übertragen von Aufbügelmustern richtet man sich nach der Anleitung des Herstellers. Andere Lettern können zunächst auf die gewünschte Größe gebracht (siehe *Muster übertragen*) und dann mit Schneiderkopierpapier und einem Kopierrädchen auf den Stoff übertragen werden.

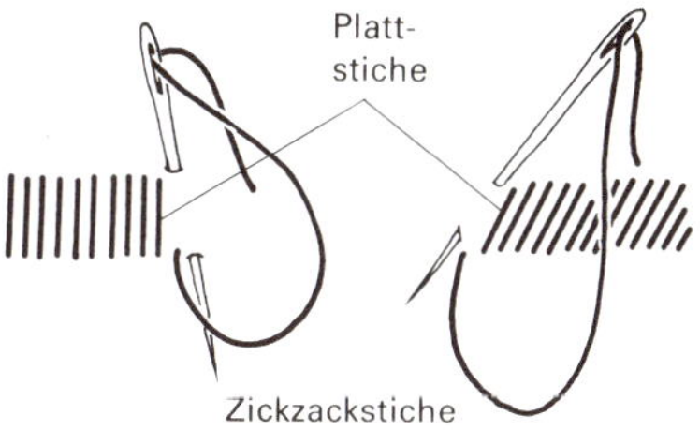

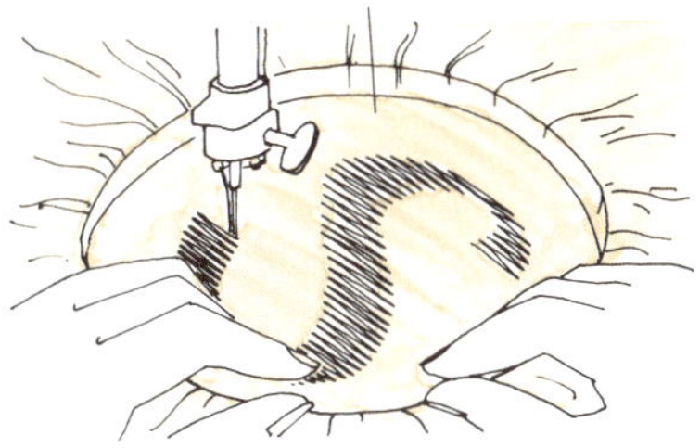

Um ein Monogramm von Hand zu sticken, spannt man den Stoff mit der rechten Seite nach oben über den kleineren Ring des Stickrahmens, dann setzt man den Außenring darüber und zieht die Schraube an; mit sechsfachem Sticktwist (siehe *Stickgarne*) und einer Sticknadel füllt man nun die Buchstaben mit geraden oder leicht schrägen Plattstichen aus (siehe auch *Stickstiche*).

Beim Sticken mit der Maschine verwendet man enge Zickzackstiche in freier Stickerei. Dabei wird der Nähfuß entfernt und der Transporteur versenkt (dazu siehe Gebrauchsanleitung der Nähmaschine). Die Arbeit mit der rechten Seite nach unten über den kleineren Ring des Stickrahmens spannen und mit dem äußeren Ring befestigen. Dann umdrehen und mit der rechten Seite nach oben unter die Nadel legen. Den Nähfußlüfter herunterlassen und den Unterfaden durch den Stoff heraufholen. Dann Ober- und Unterfaden links von der Nadel festhalten und mit einigen Stichen sichern. Die Fadenenden knapp an den Stichen abschneiden. Langsam arbeiten und den Rahmen so führen, daß man den Umrißlinien folgt.

Bevor man einen dehnbaren Stoff bestickt, wird zur Verstärkung ein leichtes Material an der Unterseite angeheftet. Nach dem Sticken das überschüssige Material abschneiden.

Morsezeichen

Mit Hilfe von akustischen Signalen oder einer Taschenlampe kann man Nachrichten im Morsecode übermitteln. Ein kurzes Tonsignal oder das Aufblinken einer Lichtquelle bedeutet einen Punkt, während ein Strich der Länge von drei Punkten entspricht. Gibt man Morsezeichen mit einer Taschenlampe o.ä., muß man sie sehr langsam blinken, da sie sonst nicht deutlich erkennbar sind.

A	.–	I	..	R	.–.
Ä	.–.–	J	.–––	S	...
B	–...	K	–.–	T	–
C	–.–.	L	.–..	U	..–
CH	––––	M	––	Ü	..––
D	–..	N	–.	V	...–
E	.	O	–––	W	.––
F	..–.	Ö	–––.	X	–..–
G	––.	P	.––.	Y	–.––
H	....	Q	––.–	Z	––..

1	.––––	7	––...
2	..–––	8	–––..
3	...––	9	––––.
4	....–	0	–––––
5	.....	Punkt	.–.–.–
6	–....	Komma	––..––

Mörtel mischen

Mörtel ist ein Gemisch aus Sand, Bindemittel (Kalk, Zement oder Gips) und Wasser. Man unterscheidet zwischen Mauermörtel und Putzmörtel.

Mauermörtel Er soll die vermauerten Steine fest miteinander verbinden. Bindemittel für Mauermörtel sind Kalk und Zement. Wenn kein Fertigmörtel verwendet wird, den man nur noch mit Wasser zu vermischen braucht, nimmt man folgendes Mischungsverhältnis:

Kalk	Zement	Sand
2	1	8

Dieser Mörtel erreicht eine hohe Festigkeit und ist witterungsbeständig.

Putzmörtel Er wird an Außen- und Innenwänden sowie an Decken verwendet. Der Mörtel muß geschmeidig sein, damit er leicht verarbeitet werden kann und auf dem Untergrund gut haftet. Bindemittel für Außenputz sind Kalk und Zement und für den Innenputz auch Gips.

Der Zementanteil eines Außenputzes darf nicht zu hoch sein, da sonst die Putzschicht zu dicht wird und keinen Wasserdampf passieren läßt (siehe *Kondensationsfeuchte*). Gips darf

nur für den Innenputz verwendet werden, da er nicht feuchtigkeitsbeständig ist.
Mischungsverhältnis für Außenputz:

Kalk	Zement	Sand
2	1	10

Mischungsverhältnis für Innenputze:

Kalk	Gips	Zement	Sand
1			3
1		1	10
1	1		4

Gips und Kalk können zusammen in einer Mörtelmischung verwendet werden, auch Kalk und Zement, aber niemals Gips und Zement, denn das würde zu Bauschäden führen.

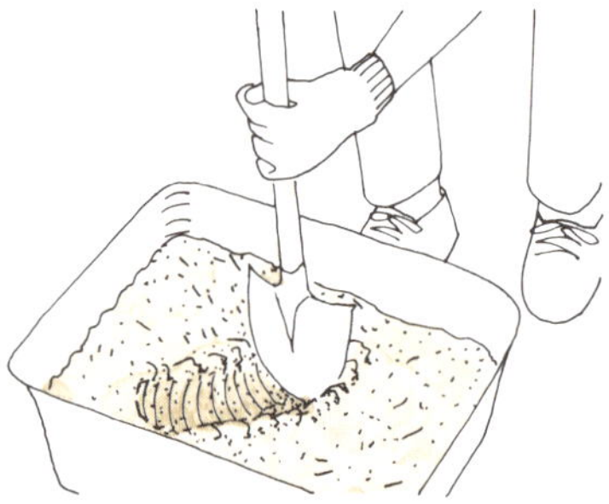

Mörtel mischen Das trockene Material wird abgemessen, in einen Mörtelkübel gefüllt und mit einer Schaufel gut durchgemischt. Dann gibt man vorsichtig Wasser dazu und mischt so lange weiter, bis der Mörtel die gewünschte Güte hat; wenn der Mörtel von der schräg gehaltenen Kelle herunterrutscht, hat er den richtigen Wassergehalt.

Mosaikbilder

Mosaiken werden meist aus kleinen Steinchen aus farbigem Glas oder Keramik zusammengesetzt; man kann aber fast jedes Material, z.B. Plastikplättchen oder Muschelschalen, verwenden. Die Steinchen klebt man auf eine Sperrholzplatte und schließt die Fugen mit Fugenmörtel.

Auf einem Stück Papier entwirft man das Muster in Originalgröße. Nach dieser Vorlage zerteilt man das Material mit einer Kanten- oder Fliesenzange in kleine Steinchen; je kleiner diese Bruchstücke sind, um so besser kann man Details ausarbeiten. Mit Kohlepapier paust man dann die Vorlage auf den Untergrund, der mit den Mosaiksteinchen belegt werden soll. Nun werden die Steine zunächst auf dem Originalentwurf ausgelegt. Dann überträgt man sie Stück für Stück auf den Untergrund und klebt sie mit Weißleim fest. Sehr kleine Teilchen faßt man mit einer Pinzette.

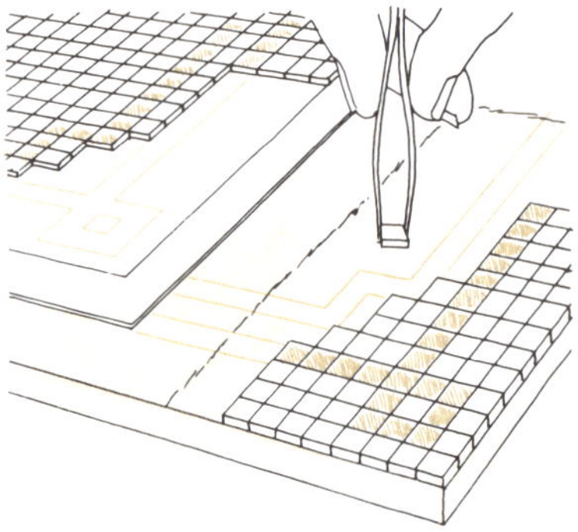

Wenn alle Steinchen übertragen sind und der Leim ausgehärtet ist, füllt man die Zwischenräume mit Fugenmörtel aus. Man kann Fugenmörtel fertig kaufen oder selbst herstellen, indem man 1 Teil Kalk und 5 Teile Portlandzement mit Wasser anrührt, bis ein nicht zu dicker Brei entsteht. Wenn man farbigen Fugenmörtel wünscht, setzt man der Trockenmasse Zementfarbe zu, bevor man sie anrührt. Der dickflüssige Fugenmörtel wird mit einem Gummischaber aufgetragen und in die Zwischenräume gedrückt. Überschüssigen Mörtel wischt man mit einem feuchten Schwamm ab. Dann läßt man das Mosaik über Nacht trocknen, trägt nochmals Fugenmörtel auf und läßt diesen ebenfalls trocknen. Um Unebenheiten der Fugen zu glätten, reibt man das Mosaik kräftig mit einer harten Scheuerbürste ab. Anschließend wird mit einem Schwamm gereinigt und mit flüssigem Wachs eingelassen.

Motor bleibt stehen

Bleibt der Motor bei kaltem Wetter unmittelbar nach dem Start stehen, prüft man die Funktion der Startautomatik. Dazu nimmt man den Luftfilterdeckel ab und betätigt einmal das Gaspedal. Im Vergaser muß sich die oberste Klappe fast vollständig geschlossen haben. Auch die mechanische Starterklappe kann man auf diese Weise prüfen. Während ein Helfer den Zug bedient, erkennt man im Vergaseroberteil die sich öffnende und schließende Klappe. Ist dies nicht der Fall, muß man den Bowdenzug neu einstellen.

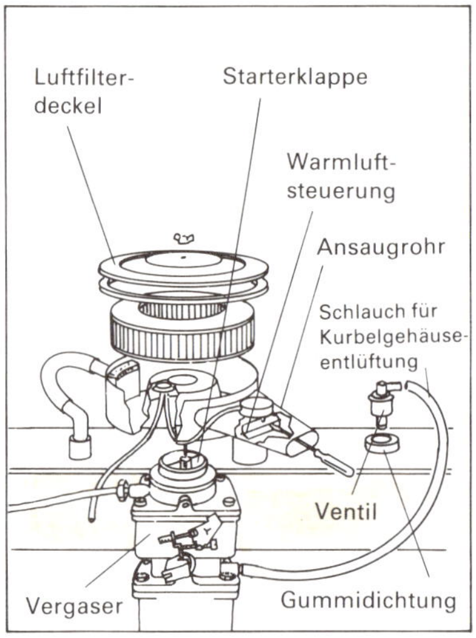

Ebenfalls kontrolliert man die Funktion der automatischen Luftvorwärmung. Diese muß bei kaltem Wetter stets geschlossen sein, damit der Motor vom heißen Krümmer mit Warmluft versorgt werden kann.

Ist die Leerlaufdrehzahl zu niedrig, bleibt der Motor meist dann stehen, wenn zusätzlich Strom verbraucht wird. Deshalb muß man die Grundeinstellung stets bei eingeschaltetem Licht prüfen.

Ist die Leerlaufdrehzahl niedrig, schließt man einen Drehzahlmesser an und öffnet die Vergaserumluftschraube ein wenig. Dabei darf man die wesentlich kleinere CO-Wert-Schraube nicht verstellen (siehe *Vergaser*).

Schlechter Leerlauf muß nicht immer von einer falschen Vergasereinstellung herrühren, sondern kann auch von Fehlern am Zündsystem verursacht werden. Deshalb kontrolliert man zusätzlich den Zustand der Zündkerzen und die Einstellung der Zündung.

Motor läuft nach

Manche Ottomotoren neigen dazu, nach Abziehen des Zündschlüssels nachzulaufen. Dafür gibt es verschiedene Ursachen.

Ist die Leerlaufdrehzahl zu hoch eingestellt, kann es sein, daß der Motor erst nach einigen Umdrehungen stehenbleibt. Man sollte in diesem Fall den Vergaser korrekt einstellen (siehe *Vergaser*).

Hat der Vergaser ein Magnetabschaltventil, kann die Stromversorgung zu diesem Ventil unterbrochen sein. Man prüft die Funktion des Ventils, indem man bei eingeschalteter Zündung das Kabel abzieht. Wenn man es wieder anschließt, muß sich das Ventil hörbar einschalten. Ist dies nicht der Fall, ist die Stromversorgung unterbrochen. Möglich ist auch, daß die Drosselklappe klemmt; man macht sie mit einem Rostlöser gangbar. Dazu muß man eventuell zusätzlich die Rückzugsfeder neu spannen, nachbiegen oder auswechseln.

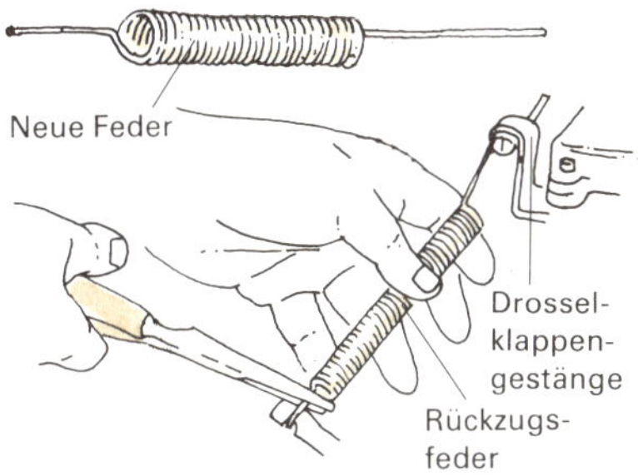

Ein anderer Grund, warum der Motor nachläuft, ist eine zu hohe Betriebstemperatur. In diesem Fall prüft man den Thermostat und die Füllung des Kühlsystems. Möglicherweise hat man einen Kraftstoff mit zu niedriger Klopffestigkeit getankt, oder aber die Zündung ist zu früh eingestellt.

Motorhaubenverriegelung

Läßt sich die Motorhaube nur schwer öffnen, muß man zunächst den Zentralverschluß mit seinem Fanghaken mit Rostlöser gangbar machen und einfetten. Bei offener Haube prüft man, ob der Bowdenzug der Fernbedienung leichtgängig ist. Ist dies nicht der Fall, kontrolliert man die Verlegung; gegebenenfalls baut man den Zug aus und macht ihn gangbar, indem man einige Tropfen Öl zwischen Zug und Hülle einträufelt. Falls dies nichts bewirkt, kommt man nicht umhin, den Zug zu ersetzen.

Nach dem Einbau des Bowdenzuges muß man die Entriegelung sorgfältig einstellen. Während ein Helfer innen im Fahrzeug die Fernbedienung zieht, beobachtet man bei offener Haube, ob sich der Verriegelungshebel weit genug öffnet. Gegebenenfalls verkürzt man den Zug entsprechend.

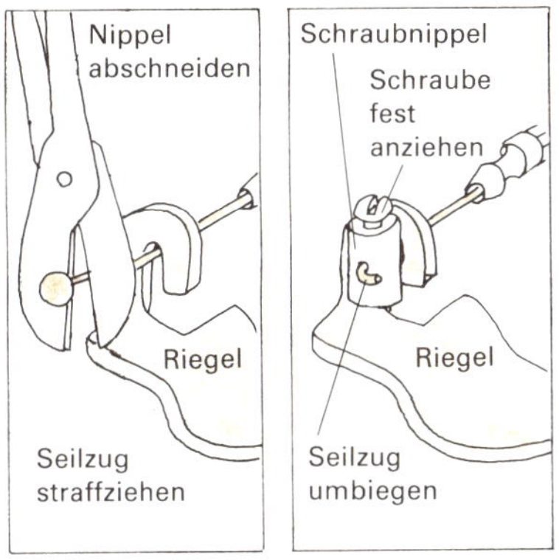

Bei Bowdenzügen mit angelötetem Nippel kann man diesen abschneiden, falls sich der Bowdenzug gestreckt hat. Das Ende des Bowdenzuges bestückt man dann mit einem Schraubnippel.

Wenn man die Haubenentriegelung einstellt, sollte man stets auch die Funktion des Sicherheitsfanghakens prüfen, damit die Motorhaube nicht auffliegt, falls die Verriegelung bei schneller Fahrt versagt.

Motorrad fahren

Beim Motorradfahren ist die richtige Bekleidung besonders wichtig. Neben dem gesetzlich vorgeschriebenen Schutzhelm sollte man immer eine Motorradkombination mit geeigneter Unterbekleidung, Lederhandschuhe und Motorradstiefel tragen. Das Ledermaterial kann die Folgen eines Sturzes erheblich mildern. Bei guter Bekleidung sind die verschleißgefährdeten Stellen an der Kombination sowie an Stiefeln und Handschuhen entsprechend verstärkt.

Da Motorradfahrer wegen ihrer schmalen Silhouette oft nur sehr spät erkannt werden, sollten sie eine auffällige Farbe für die Bekleidung wählen. Eine Ausrüstung mit reflektierenden Streifen bewirkt, daß sie auch bei Nacht früh genug erkannt werden.

Die beste Möglichkeit, einem Unfall zu entgehen, ist für den Motorradfahrer immer noch die defensive Fahrweise. Man sollte berücksichtigen, daß ein schweres Motorrad durch seine hohe Motorleistung und Beweglichkeit jedem anderen Verkehrsteilnehmer überlegen ist. Allerdings gelten für das Zweirad die gleichen physikalischen Gesetze wie für das Auto. Deshalb sollte man vorausschauend fahren und den Straßenzustand richtig einschätzen. Sand, Laub, Kies und Schlaglöcher können Bremswege stark verlängern. Auch die Gefahr an Wildwechselstellen unterschätzt man als Zweiradfahrer oft. Selbst kleine Tiere können schwere Unfälle auslösen.

Zur vorausschauenden Fahrweise gehört auch die Kontrolle des Verkehrs durch die Rückspiegel. Wenn man das Stopplicht geschickt einsetzt, kann man den nachfolgenden Verkehr rechtzeitig warnen.

Wenn man das Motorrad abbremst, sollte man Vorder- und Hinterradbremse so einsetzen, daß man die Maschine unter Kontrolle behält. Dabei geht die höchste Bremsleistung immer von der Vorderradbremse aus; bei unsicherem Untergrund dosiert man daher besonders vorsichtig.

Ein Motorrad sollte sich immer in einwandfreiem Wartungszustand befinden. Dazu gehört die Kontrolle des Reifendrucks genauso wie die der Kettenspannung. Von Zeit zu Zeit benetzt man die Kette mit einem Kettenspray, um den Verschleiß zu mindern. Vor jeder Fahrt kontrolliert man den Motoröl- sowie den Flüssigkeitsstand in den Hydraulikbremsen.

Bei beginnender Dunkelheit unterbricht man die Fahrt und prüft die Funktion der Lichtanlage.

Motorrad überwintern

Man reinigt das Motorrad gründlich. Gut geeignet für die Reinigung sind Dampfstrahler. Vorsicht! Nicht den vollen Strahl auf Lack, Kunststoffteile oder elektrische Bauteile richten! Geeignet sind auch Kaltlöser, die man einwirken läßt und anschließend mit dem Wasserstrahl abwäscht. Aus Gründen des Umweltschutzes dürfen Abwässer aber nur über einen Benzinabscheider in die Kanalisation gelangen.

Wenn man das Motorrad gereinigt hat, bläst man es mit Preßluft ab. Die Lackteile ledert man dann wie beim Auto ab.

Der Lack erhält einen gründlichen Überzug mit einem herkömmlichen Hartwachs. Dabei kontrolliert man die Lackierung auf Steinschläge.

Da sich im Motoröl bei Viertaktern aggressive Substanzen ansammeln, sollte man das Öl wechseln und den Getriebeölstand prüfen.

Die Kette behandelt man mit einem Spezialkettenspray.

Die Kerzen dreht man heraus und gibt einige Tropfen Motoröl in das Kerzenloch. Dann dreht man den Motor mit Kickstarter oder Anlasser einige Male durch, damit sich das Öl gleichmäßig auf der Zylinderwandung verteilt.

Chromteile reinigt man mit einem Chrompflegemittel und behandelt sie mit Hartwachs oder einem säurefreien Fett. Um Kunststoffteile aufzufrischen und zu versiegeln, gibt es siliconhaltige Cockpitsprays.

Die Batterie baut man aus, lädt sie (siehe *Batterie laden*) und verwahrt sie an einem kühlen Ort. Man muß sie über den Winter alle vier Wochen kontrollieren und eventuell nachladen.

Nachdem man den Luftdruck kontrolliert hat, stellt man das Motorrad ab und überdeckt es mit einer Kunststoffplane. Die Plane sollte man offenlassen, damit sich in der Verpackung kein Kondenswasser bilden kann.

Durch einen Holzklotz fixiert man die Maschine so, daß ihr volles Gewicht auf dem Ständer, nicht auf den Reifen ruht.

Den Kraftstofftank des Motors füllt man grundsätzlich voll auf, um zu verhindern, daß der Tank durch Kondenswasserbildung rostet.

Motorsägen

Wenn man mit Motorsägen arbeitet, kommt es vor allem auf eine sichere Führung an. Freihändige Schnitte sollte man vermeiden, denn sie gelingen selten sauber. Man verwendet daher den zur Säge gehörenden verstellbaren Winkelanschlag oder macht geeignete Führungsvorrichtungen ans Holz selber.

Man arbeitet stets mit scharfen Sägeblättern, denn stumpfe Blätter schneiden langsam, belasten übermäßig den Motor der Säge und erhöhen die Unfallgefahr. Alle Muttern und Schrauben zieht man regelmäßig nach; angesammelte Sägespäne sollte man nach jeder Arbeit entfernen. Die Winkeleinstellskalen sind meist nicht genau; man benutzt sie daher zur Grobeinstellung und legt den genauen Sägewinkel durch Probeschnitte in Abfallholz fest.

Handkreissägen Sie schneiden von unten nach oben. Die Zähne des Sägeblatts können, wenn sie austreten, das Holz zersplittern; um einen sauberen Schnitt zu erzielen, zeichnet man die Schnittlinie auf der Rückseite des Werkstücks an und spannt es zum Sägen auch umgekehrt ein. Mit einem

ACHTUNG!

Die federnde Schutzhaube deckt das Sägeblatt ab, weicht aber von selbst zurück, sobald die Säge an das Holz angesetzt wird. Die Schutzhaube darf man nie von Hand zurückziehen, da sonst Verletzungsgefahr besteht.

Winkel kontrolliert man, ob das Sägeblatt senkrecht zum Sägetisch der Maschine steht. Das Sägeblatt muß fest angezogen sein und rund laufen; es darf nicht achtern.

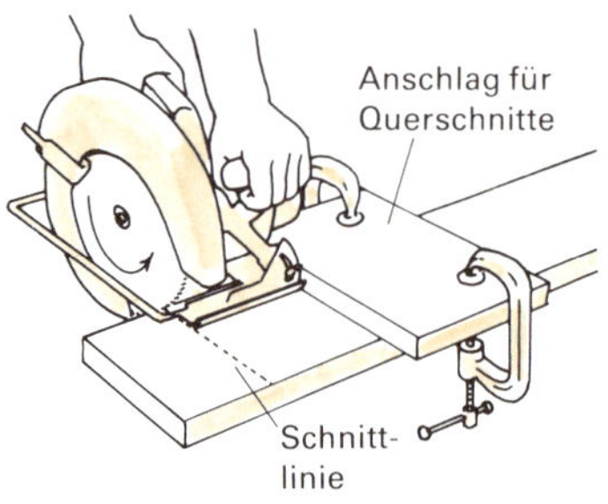

Als Führung für Schnitte quer zur Holzfaser wird ein Brett mit einer geraden Kante parallel zur Schnittlinie auf das Werkstück gespannt. Längsschnitte in Brettern lassen sich sauber mit Hilfe des Parallelanschlags ausführen, wenn eine Kante gerade ist. Wenn dies nicht der Fall ist oder wenn der Parallelanschlag nicht entsprechend verstellt werden kann, spannt man wie bei Schnitten quer zur Faser ein Brett oder eine Latte auf das Werkstück, an der man den Sägetisch der Maschine entlangführt. Bei Quer- wie bei Längsschnitten muß man die Schnittiefe des Sägeblatts immer so einstellen, daß die Sägezähne das Holz gerade noch durchdringen.

Stichsägen Bei solchen Sägen werden kurze, gerade Sägeblätter auf und ab bewegt. Sie schneiden beim Aufwärtshub. Eine Stichsäge sollte man nicht durch übermäßigen Druck nach vorn schieben, um schnelleres Sägen zu erreichen. Man hält sie mit leichtem Druck auf dem Holz und führt sie langsam nach vorn. Je dichter die Zähne eines Sägeblatts stehen, um so länger dauert die Arbeit, um so feiner wird aber auch der Schnitt.

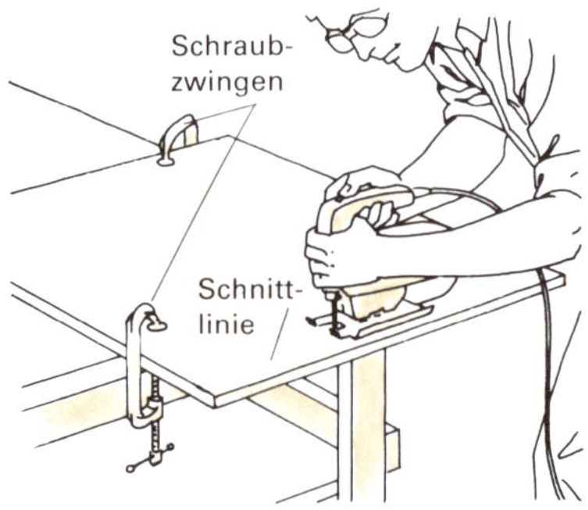

Mit einer Stichsäge lassen sich gut Rundungen ausschneiden. Dabei kann man nur selten Führungen benutzen. Man hält daher das Werkstück mit der Sichtseite nach unten mit Schraubzwingen so fest, daß unten Platz für das Sägeblatt ist; dabei muß die Lage des Werkstücks manchmal öfters gewechselt werden. Man stellt sich mit dem Gesicht direkt über die Schnittstelle und richtet die Augen gerade auf die Linie unmittelbar vor dem Sägeblatt.

Tischkreissägen Alle Tischkreissägen schneiden von oben nach unten. Man legt das Werkstück mit der Sichtseite nach oben auf den Tisch und stellt die Höhe des Sägeblatts so ein, daß die Sägezähne die Holzfläche gerade überragen. Das Holz wird stets gegen die Drehrichtung des Sägeblatts geführt, so daß sich die Zähne auf einen zu bewegen. Lange Werkstücke, die über den Tisch hinausragen, sollten von einem Helfer abgestützt werden. Schneidet man parallel zur Holzfaser, verwendet man den Parallelanschlag der Säge als Führung. Wenn man quer zur Faser sägt, setzt man den verstellbaren Winkelanschlag ein. Beide Anschläge darf man niemals gleichzeitig benutzen.

Druckfederbrett Schmale oder dünne Werkstücke sägt man mit Hilfe eines Druckfederbretts. Das Werkstück selbst wird mit dem Schiebestock durchgeschoben. Um ein Druckfederbrett anzufertigen, braucht man ein etwa 50 × 15 × 2,5 cm großes gehobeltes Hartholzbrett. Man sägt am einen Ende 25 cm lange Schlitze im Abstand von 6 mm ein. Dann schrägt man das geschlitzte Ende im Winkel von 60° ab. Das Druckfederbrett wird so auf den Sägetisch oder an den Parallelanschlag gespannt, daß das Werkstück beim Vorschieben mit dem Druck des Federbrettes angepreßt wird.

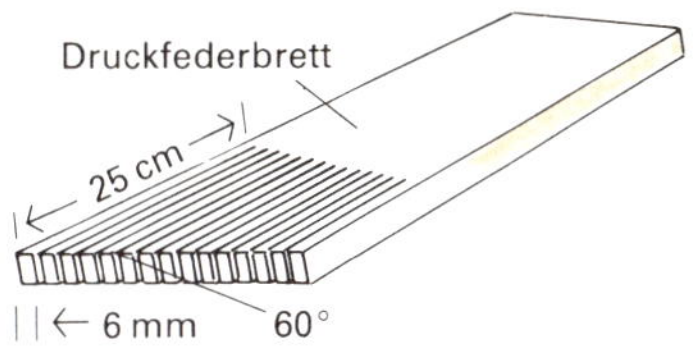

Wenn ein Werkstück aufrecht stehend an das Sägeblatt geführt werden muß, befestigt man ein breites Beilagbrett als zusätzliche Führung am Parallel- oder Winkelanschlag. Für präzise Schnitte, beispielsweise bei einem Zapfen, stellt man eine Spannvorrichtung her, die mit dem Werkstück am Sägeblatt vorbeigeführt wird.

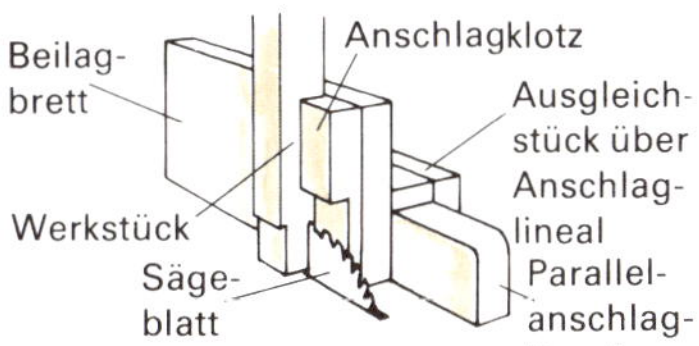

Pendelsägen Diese ebenfalls in Abwärtsrichtung schneidenden Sägen gehören zu den gefährlichsten Maschinen in einer Werkstatt. Mit ihnen werden Bretter und Bohlen grob abgelängt, also quer abgeschnitten.

Man drückt das Werkstück fest an die Anschlagleiste und zieht das laufende Sägeblatt mit dem Handgriff nach vorn. Sollen mehrere Stücke auf gleiche Länge zugeschnitten werden, klemmt man einen Holzblock als Anschlag an die Anschlagleiste.

Siehe auch *Kettensägen; Sägen.*

Mulchen

Eine Mulchschicht aus organischen Abfällen, wie Gartenkompost, altem Laub, gut verrottetem Stallmist, Torfmull, Rasenschnitt, Stroh, Rindenkompost und Sägemehl, hält die Feuchtigkeit im Boden zurück, reichert ihn gleichzeitig mit Nährstoffen an und unterdrückt Unkräuter. Deckt man den Boden mit einer Plastikfolie ab, so bleibt die Feuchtigkeit zwar noch besser erhalten, doch bekommt der Boden keine Nährstoffe.

Eine organische Mulchschicht wird ausgebracht, nachdem sich der Boden im Frühjahr erwärmt hat. In den meisten Fällen sollte die Mulchschicht 5–15 cm dick sein; bei Sägemehl genügt jedoch eine Schichtstärke von 3–5 cm. Auch fünf bis sechs Lagen Zeitungspapier ergeben eine gute Abdeckung.

Vor dem Mulchen wird der Boden von Unkraut befreit, gedüngt und – falls er trocken ist – ausreichend gewässert. Das Mulchmaterial wird nicht direkt bis an Pflanzenstiele und Baumstämme ausgebreitet, sondern man läßt rundherum einen kleinen Kreis frei.

Am Ende der Wachstumsperiode wird der Mulch in den Boden eingegraben oder zusammengerecht und auf den Komposthaufen gebracht. Im Spätherbst legt man eine frische Mulchschicht aus, um mehrjährige Pflanzen sowie Zwiebel- und Knollengewächse im Winter zu schützen.

Nachdem im zeitigen Frühjahr der Boden vorbereitet wurde, kann eine schwarze Plastikfolie ausgelegt werden. Man verrichtet die Arbeit möglichst an einem windstillen Tag. Zunächst gießt man den Boden gründlich, wenn er trocken ist, und beschwert die Ränder der Plastikfolie mit Erde oder Steinen. Die Bodentemperatur steigt nun schnell um einige Grad unter der Folie.

In die Folie werden mit einer Rasierklinge x-förmige Schlitze entsprechend der Größe der Pflanzen geschnitten und diese eingepflanzt. Es gibt im Handel auch bereits gelochte oder geschlitzte Folien aus Polyäthylen. Außerdem werden Vliesstoffe aus Polyesterfäden oder Polypropylen angeboten. Diese Vliese sind luftdurchlässiger als Folien und können daher länger auf den Pflanzen liegenbleiben, ohne Schaden anzurichten.

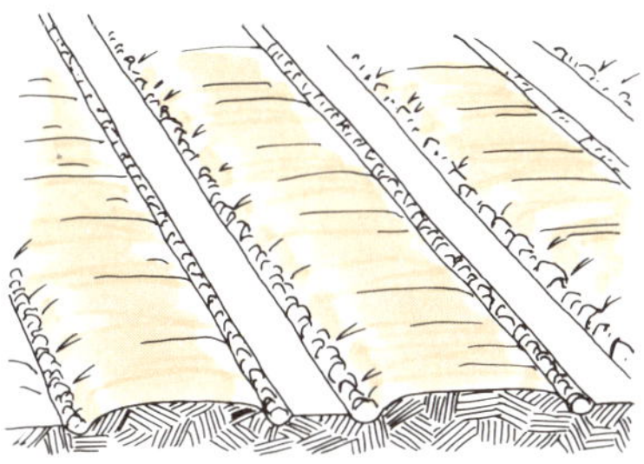

Wichtig bei allen Mulchfolien ist, daß die Pflanzen unter der Folie regelmäßig und reichlich gegossen werden. Einen besonders hohen Wasserbedarf haben Gurken, Kürbisse, Melonen und Tomaten.

Siehe auch *Biogarten,* Seite 50–51.

Mundgeruch

Mundgeruch kann sehr verschiedene Ursachen haben – die harmloseste ist der Genuß bestimmter Speisen wie Knoblauch oder Zwiebeln. Auslöser ist häufig eine mangelnde Mundhygiene oder schlechtsitzender Zahnersatz, aber auch eine Zahnfleischentzündung kann der Grund sein. Eitrige Erkrankungen der Luftwege – der Nasennebenhöhlen, des Rachens, der Mandeln, der Bronchien oder der Lunge – sowie Magenkrankheiten oder Stoffwechselstörungen können zuweilen auch Mundgeruch verursachen.

Wer ständig darunter leidet, sollte einen Arzt aufsuchen, damit die Ursache beseitigt werden kann. Das reine Symptom kann man mit einigen einfachen Mitteln bekämpfen: Zunächst ist eine gute Mundhygiene – mindestens zweimal täglich gründlich die Zähne putzen und ein Mundwasser verwenden – unerläßlich. Zusätzlich kann man mit warmem Kamillentee gurgeln, frische Petersilie oder einzelne Kaffeebohnen kauen oder Chlorophylltabletten verwenden. Zwiebelgeruch verschwindet bald, wenn man frische Milch trinkt.

Siehe auch *Zahnpflege.*

Mürbeteig

Mürbeteig ist vielseitig verwendbar – für süßes und salziges Kleingebäck, für Törtchen, Kuchen- und Tortenböden sowie Pasteten. Er läßt sich gut einfrieren, hält sich aber, in Aluminiumfolie verpackt, auch im Kühlschrank einige Wochen. Es lohnt sich, gleich eine größere Portion zuzubereiten.

Süßen Mürbeteig macht man aus einem Teil sehr feinen Zuckers, zwei Teilen Fett (am besten Butter) und drei Teilen Mehl. Für salzigen Mürbeteig nimmt man einen Teil Fett, zwei Teile Mehl, ein Ei, eine starke Prise Salz und etwas Wasser. Soll der Teig besonders mürb sein, muß der Fettanteil erhöht werden.

Das Mehl siebt man auf ein Backbrett, drückt eine Mulde hinein, gibt die Butter in Flöckchen sowie die restlichen Zutaten dazu und verknetet alles mit kühlen Händen rasch zu einem Teig. Die Butter sollte nicht zu kalt sein, sonst verbindet sie sich nur schwer mit dem Mehl. Den fertigen Teig läßt man eine Stunde im Kühlschrank ruhen, ehe man ihn ausrollt. Das geht am besten, wenn man ihn zwischen zwei Klarsichtfolien legt oder das Rollholz mit Folie umwickelt.

Wird Mürbeteig blind, d.h. ohne Füllung, gebacken, sticht man ihn vorher mit der Gabel ein, damit sich keine Blasen bilden, legt ein Stück Aluminiumfolie darüber und beschwert sie mit Trockenerbsen o.ä. Damit er nicht bricht, läßt man fertiggebackenen Mürbeteig ein paar Minuten abkühlen, bevor man ihn aus der Form nimmt.

Murmeln

Es gibt viele Varianten des Murmelspiels – hier eine einfache Art, die man nach Belieben abwandeln kann. Man drückt zunächst mit dem Absatz eines Schuhs ein Loch von etwa 10 cm ∅ in den Boden und glättet die Ränder. Die – beliebig vielen – Spieler verabreden, um wie viele und mit welchen Murmeln man spielt; dann zieht man etwa 3 m vom Loch entfernt eine Linie. Die Spieler stellen sich dahinter auf und müssen nun versuchen, die Murmeln in das Loch zu werfen bzw. zu kullern. Gelingt es dem ersten, ist der zweite an der Reihe. Hat er nun Erfolg, darf er beide Murmeln, die sich in der Grube befinden, behalten und dann versuchen, eine weitere Murmel in das Loch zu befördern. Dann ist der dritte Spieler an der Reihe usw.

Bleibt die Murmel des ersten (oder eines weiteren) Spielers vor oder neben der Grube liegen, versucht der nächste, dessen Murmel die Grube erreicht, die außerhalb liegende Murmel mit gekrümmtem Zeigefinger in das Loch zu stoßen. Gelingt es ihm, nimmt er alle Murmeln in der Grube an sich, sonst bleibt die eine dort liegen, wohin sie gerollt ist, und das Spiel geht weiter. So können sich im Lauf des Spiels mehrere Murmeln außerhalb der Grube befinden. Der folgende Spieler muß nun seine Murmeln von der Linie aus in die Grube befördern. Ist er erfolgreich, kann er versuchen, auch die außerhalb liegenden Kugeln in die Grube zu bringen.

Muskelkrämpfe

Gegen Muskelverkrampfung helfen Massage und feuchte Wärme. Um eine verkrampfte Hand auszustrecken, massiert man sie in warmem Wasser und versucht, die Finger nach hinten zu drücken. Bei einem Muskelkrampf im Oberarm versucht man, den Arm gerade auszustrecken; bei einem Wadenkrampf streckt man das Bein aus und zieht den Fuß nach oben. Ist ein Zeh verkrampft, beugt und streckt man ihn und drückt ihn fest auf den Boden. Manchmal nützt auch kaltes Wasser, das man über den verkrampften Körperteil laufen läßt.

Oft verkrampft sich die Fuß- und Wadenmuskulatur in der Nacht, vor allem wenn man auf dem Bauch schläft und die Füße nach unten gerichtet sind. Man steht auf und bewegt sich, um den Kreislauf anzuregen. Dann stellt man sich mit dem Gesicht zur Wand und lehnt sich in Armlänge dagegen, so daß die Fersen vom Boden abgehoben sind; anschließend werden die Fersen auf den Boden gedrückt. Um Beinkrämpfe in der Nacht zu vermeiden, nimmt man eine andere Lage ein oder hebt das Fußende des Betts etwas an. Beruhigend wirkt auch ein Glas warme Milch, das man vor dem Schlafengehen trinkt.

Ursache von Muskelkrämpfen kann Mineralstoffmangel sein. Oft hilft es, wenn man seine Ernährung (siehe dort) entsprechend umstellt. Wenn Krämpfe immer wieder auftreten oder akute und anhaltende Schmerzen bereiten, sucht man einen Arzt auf.

Muskelschmerzen

Jede ungewohnte Belastung oder Überanstrengung kann dazu führen, daß man einen Muskelkater bekommt, d.h., daß die Muskeln schmerzen, steif werden oder sich verkrampfen. Gegen starke Schmerzen nimmt man notfalls ein leichtes Schmerzmittel. Zur Entspannung der Muskulatur kann man eine Handvoll Kochsalz ins Badewasser geben, ein heißes Sole-Latschenkiefern-Bad nehmen, ein Heizkissen, eine Wärmflasche oder ein warmes Handtuch auflegen. Massage oder eine Wärmebehandlung beispielsweise mit einer Kartoffelbreipackung oder einem Mittel zum Einreiben, das örtlich Wärme erzeugt, kann helfen. Mit steifen Muskeln macht man vorsichtige Übungen in der Wärme, bis sie wieder funktionsfähig sind.

Zerrungen Ein gezerrter Muskel schwillt an und verursacht Schmerzen. Gegen die Schmerzen kann man – wie bei der Überbelastung eines Muskels – mit leichten Schmerzmitteln angehen; damit die Schwellung zurückgeht, legt man einen Eisbeutel oder kalte Kompressen mit essigsaurer Tonerde auf. Am Arm oder Bein kann der Muskel mit einer elastischen Binde leicht eingebunden werden. Ein gezerrter Muskel sollte erst wieder betätigt werden, wenn er nicht mehr schmerzt. Wenn die Schmerzen und die Schwellung sehr stark sind oder länger als 48 Stunden anhalten, sollte man einen Arzt aufsuchen.

Müsli

Verschiedene Müslimischungen sind als Fertigprodukte auf dem Markt. Sie enthalten mehrere Getreidearten in Form von Flocken sowie getrocknete Früchte, Nüsse und in den meisten Fällen Zucker.

Wer seinen Zuckerkonsum gering halten will, mischt sein Müsli selbst aus verschiedenen Sorten von Getreideflocken und Trockenfrüchten. Nach Belieben gibt man Sesamsamen, Leinsamen, Weizenkeime, Kleie, Sonnenblumenkerne und kleingehackte Nüsse hinzu. Am besten bereitet man eine größere Portion, die man dann in einer gut schließenden Blechbüchse oder einem Glas aufbewahrt und je nach Geschmack mit Milch, Joghurt, Kefir, Dickmilch oder Quark anrührt. Frisches Obst je nach Saison ist eine schmackhafte Abwechslung. Eventuell kann man mit etwas Honig oder Ahornsirup süßen.

Muster übertragen

Stickmuster gibt es als Aufbügelmuster zu kaufen. Um das Muster zu übertragen, legt man die beschichtete Seite auf den Stoff und drückt das heiße Bügeleisen kurz darauf. Aufbügelmuster kann man auch nach eigenen Entwürfen selber herstellen. Man zeichnet das Motiv auf Transparentpapier, wendet das Papier und zeichnet die Linien des Motivs mit einem Bügelstift oder mit Bügelfarbe und einem feinen Pinsel nach. Bügelstifte und Bügelfarbe sind in Fachgeschäften für Nähbedarf, in Bastelgeschäften sowie in Papierwarenhandlungen erhältlich.

Eigene Muster kann man auch auf Stoff sowie auf andere Materialien mit Schneiderkopierpapier übertragen. Man fertigt eine Kopie des Originalmotivs auf Transparentpapier an und legt sie mit einem Stück Schneiderkopierpapier darunter auf die neue Unterlage. Dann zeichnet man die Linie mit einem harten Bleistift, Kugelschreiber oder (bei Holz und anderen rauhen Flächen) mit einem Kopierrädchen nach.

Muster lassen sich auch mit Hilfe von Stechpausen übertragen. Man zeichnet das Motiv auf ein Stück Papier und legt es auf eine Lage Zeitungspapier o.ä. Mit einer dicken Nadel oder einer Ahle perforiert man die Musterlinien; man kann auch auf der Nähmaschine eine große Stichlänge einstellen und mit einer dicken Nadel ohne Faden über die Musterlinien nähen. Die Stechpause legt man nun auf den Stoff und betupft die Perforationen mit Pauspulver. Die Musterlinien zeichnen sich auf dem Stoff ab, sollten aber mit Schneiderkreide in Stiftform (siehe *Nähhilfen*) nachgezogen werden, da sie sonst sehr schnell verblassen.

Bei Stramin kann man auch die Vorlage darunterlegen und die Linien des Musters mit einem breiten Filzstift nachzeichnen.

Muster vergrößern und verkleinern Soll ein Muster vergrößert oder verkleinert werden, zeichnet man ein Raster aus gleich großen Quadraten über die Kopie der Originalvorlage; dann zeichnet man ein vergrößertes bzw. verkleinertes Raster mit der gleichen Anzahl von Quadraten auf die neue Unterlage. Das Muster überträgt man von Hand Quadrat für Quadrat vom Original auf die neue Unterlage. Für sehr genaue Arbeiten zieht man Diagonallinien durch einige oder alle Quadrate, um sie nochmals zu unterteilen.

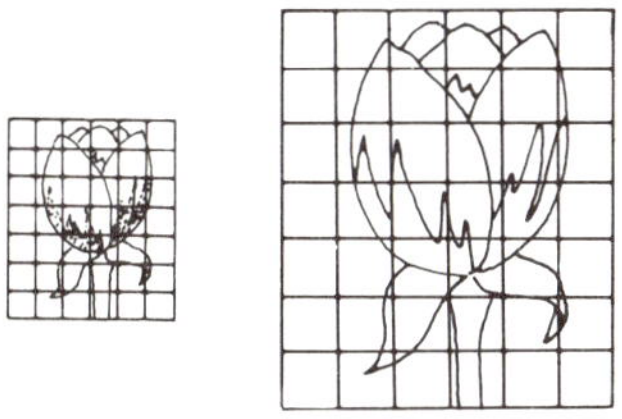

Dreidimensionale Muster Sollen dreidimensionale Originale oder nichtkopierbare Vorlagen (z.B. Umrisse einer Fußbodenleiste, der man einen Schranksockel anpassen will)

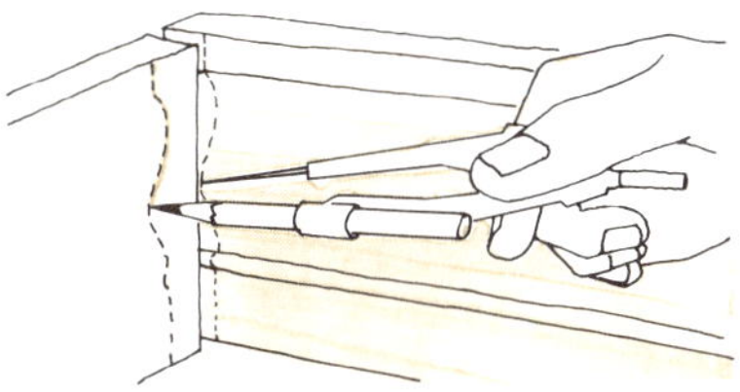

übertragen werden, stellt man das Original und das Werkstück wie gezeigt aneinander. Dann setzt man die Nadel eines Zirkels auf das Original und die Schreibspitze auf die betreffende Stelle des Werkstücks. Mit dem Zirkel fährt man an beiden Stücken entlang, so daß die Zirkelnadel den Umrissen des Originals folgt, während die Schreibspitze die Kontur auf dem Werkstück nachzeichnet.

Ein anderes Hilfsmittel zur Übertragung von dreidimensionalen Vorlagen ist die Profillehre. Sie besteht aus vie-

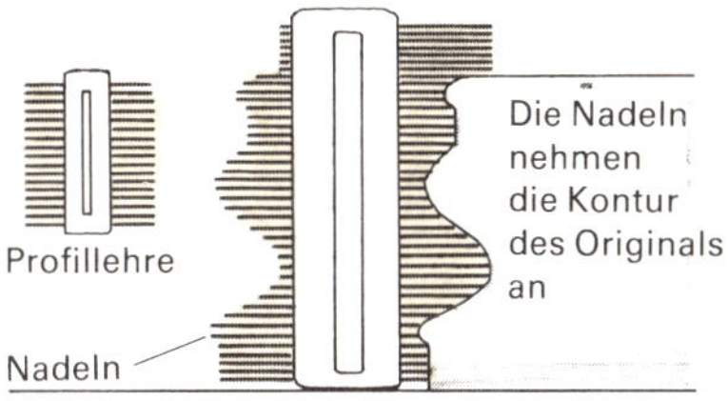

len dicht nebeneinanderliegenden Nadeln, die zurückgeschoben werden, wenn man die Lehre gegen eine Vorlage drückt. Die Nadelreihe mit der Kontur des Originals dient dann als Schablone.

N

Nachtblindheit

Als Nachtblindheit wird mangelhafte Sehkraft bei schlechtem Licht, z. B. in der Dämmerung, bezeichnet. Meist geht sie auf einen Mangel an Vitamin A zurück und kann durch die Zufuhr dieses Vitamins, das in Leber, Eiern, Käse, Butter, Milch sowie vor allem in gelbem, orangefarbenem und dunkelgrünem Gemüse vorkommt, behoben werden. Die beste Vorbeugung ist entsprechende Kost. Hilft der Vitaminmangelausgleich nicht und hat man ständig Sehschwierigkeiten bei schlechtem Licht, sollte man einen Arzt aufsuchen. In seltenen Fällen geht die Nachtblindheit auf die Erbkrankheit *Retinitis pigmentosa* zurück.

Nägelkauen

Zwischen dem achten und elften Lebensjahr tritt das Nägelkauen am häufigsten auf. Wenn nichts dagegen unternommen wird, kann diese schlechte Angewohnheit noch bis ins Erwachsenenalter bestehenbleiben.

Das Nägelkauen hat oft psychische Ursachen. Konfliktsituationen, Hemmungen, Überforderung in der

Schule, Angst vor Strafen und unterdrückte Aggressionen können die Symptome verstärken. Die Eltern müssen versuchen, gemeinsam mit dem Kind die Ursache für das Nägelkauen herauszufinden. Ständige Ermahnungen und Strafandrohungen sollten vermieden werden. Auch die alte Methode, die Nägel mit bitter schmeckenden Tinkturen zu bepinseln, hat wenig Erfolg. Wichtig sind Verständnis und Einfühlungsvermögen. Eventuell muß man dem Kind mehr Gelegenheit geben, sich beim Spiel auszutoben.

Wenn das Kind weiterhin an den Nägeln kaut und älter als etwa elf Jahre ist, sollte man einen Arzt oder einen Psychotherapeuten um Rat fragen.

Siehe auch *Daumenlutschen.*

Nagellack

Wenn Nagellack eintrocknet oder zum Auftragen zu zähflüssig wird, kann man ihn mit einigen Tropfen Verdünner oder mit Nagellackentferner wieder verflüssigen. Der Lack trocknet weniger rasch ein, wenn man das Fläschchen im Kühlschrank aufbewahrt.

Während man darauf wartet, daß eine aufgetragene Lackschicht trocknet, sollte man die Lackflasche immer fest verschließen – auch das verhindert allzu rasches Zähwerden des Lacks. Den äußeren Flaschenhals muß man immer von Lack freihalten – eventuell gut abwischen, ehe man die Flasche verschließt –, sonst klebt die Verschlußkappe fest. In diesem Fall hält man die Kappe kurz unter heißes Wasser.

Ein guter Nagellack gibt brüchigen, strapazierten Nägeln Halt. Die Nägel müssen, ehe man Lack aufträgt, ganz trocken und fettfrei sein. Außerdem ist es empfehlenswert, zunächst einen farblosen Grundlack (Base Coat) aufzutragen; mit ihm kann man Unebenheiten und Rillen der Nägel ausgleichen. Darüber gibt man zwei Schichten farbigen Lack. Jede Schicht muß erst völlig getrocknet sein, ehe man die nächste aufträgt. Zum Schluß kann man zusätzlich farblosen Decklack (Cover Coat) auftragen.

Nur gepflegte Fingernägel (siehe *Fingernägel; Handpflege*) sehen gut aus, wenn sie lackiert sind. Ungleichmäßig lange Nägel wirken ebenso ungepflegt wie Nägel, von denen der Lack schon teilweise abgesplittert ist.

Nageln

Für einfache Holzverbindungen eignen sich Drahtnägel mit glattem oder geriffeltem Senkkopf. Für Verbindungen mit höherem Auszugswiderstand verwendet man Schraubnägel mit Senkkopf. Man befestigt damit vor allem Holz- und Spanplatten sowie Blindfußboden. In der Möbelschreinerei und für andere anspruchsvollere Arbeiten benutzt man Drahtstifte mit Stauchkopf; sie werden mit dem Hammer nicht ganz eingeschlagen und dann mit dem Versenker so weit eingetrieben, bis ihr Kopf in der Holzfläche versenkt ist. Das Loch schließt man mit Kitt oder Spachtel. Dachpappe, Bleche und dünne Platten aller Art nagelt man mit Breitkopfnägeln fest.

Verbindet man zwei Werkstücke unterschiedlicher Stärke, schlägt man die Nägel durch das dünnere in das dickere Material. Die Nägel sollen etwa dreimal so lang wie das zu befestigende Werkstück sein, so daß sie mit zwei Dritteln ihrer Länge fest im unteren Werkstück sitzen. Eine Verbindung wird stabiler, wenn man die Nägel schräg zueinander eintreibt. Noch besser ist es, längere Nägel wechselseitig durch beide Werkstücke zu schlagen und die herausragenden Spitzen umzuschlagen.

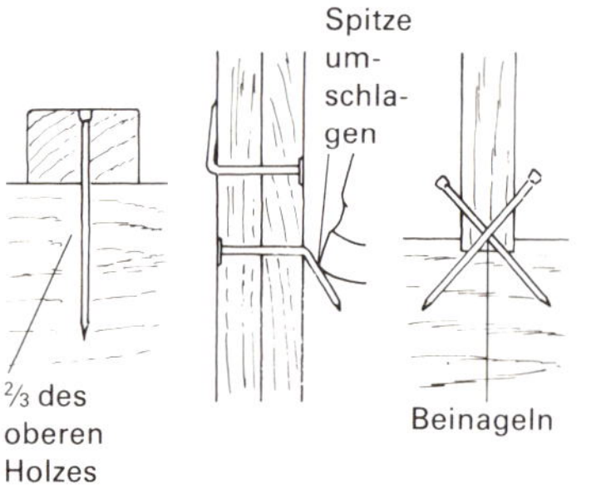

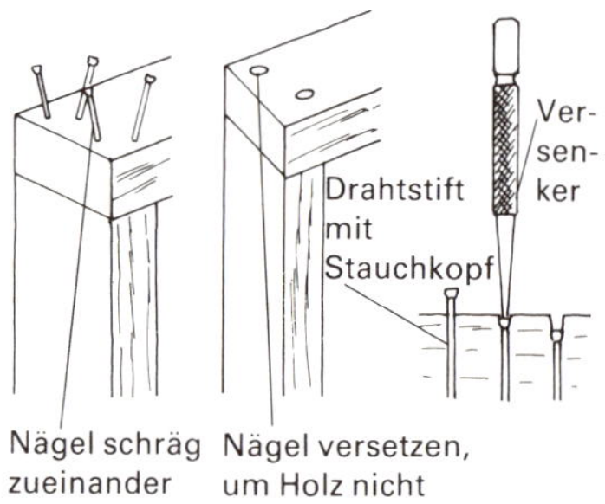

Nägel schräg zueinander einschlagen

Nägel versetzen, um Holz nicht zu sprengen

Damit das Holz nicht gesprengt wird, schlägt man Nägel nicht in die gleiche Faser, sondern gegeneinander versetzt ein. Bei Hartholz bohrt man Löcher etwas kleiner als die Nagelschäfte vor und staucht die Spitzen. Muß man beispielsweise an einem Brettende nageln, staucht man ebenfalls die Nagelspitze oder zwickt sie ab, damit sie in das Holz gedrückt wird, ohne es aufzuspalten.

Für die meisten Arbeiten eignet sich ein Klauenhammer mit 500 g Gewicht. Seine Bahn muß fettfrei sein, damit sie nicht vom Nagelkopf abrutscht. Man hält den Nagel zwischen Daumen und Zeigefinger, setzt ihn mit zwei bis drei Schlägen an und treibt ihn dann mit kräftigen Schlägen ein. Kleine Nägel steckt man durch ein Stück Pappe und hält sie damit in Position. Um einen Nagel herauszuziehen, legt man unter den Hammerkopf ein Stück Abfallholz und benutzt die Klaue als Hebel.

Nahaufnahmen

Mit einem Normalobjektiv von 50 mm Brennweite kann man ungefähr bis auf 30–50 cm an das Motiv herangehen.

Nahaufnahmen, die etwa bis zur Abbildung eines Objekts auf dem Film in Lebensgröße reichen, kann man auch mit einer Sucherkamera machen. Leider läßt sich das Bild dabei aber nicht kontrollieren, und man muß die Schärfentiefe mit Hilfe einer Tabelle errechnen. Dazu tritt das Problem der Parallaxe, d.h., im Sucher ist ein etwas anderer Bildausschnitt zu sehen als später auf dem Film. Mit aufsteckbaren Spezialsuchern läßt sich dieses Problem weitgehend in den Griff bekommen. Umständlich und unsicher bleibt die Nahfotografie mit Sucherkameras trotzdem. Spiegelreflexkameras zeigen dagegen all das, was später auf dem Film abgebildet ist.

Das einfachste Hilfsmittel für Nahaufnahmen ist die Vorsatzlinse, die einfach aufs Normalobjektiv geschraubt oder gesteckt wird, um einen größeren Vergrößerungsmaßstab zu erzielen. Mit solchen Linsen arbeitet man auch bei Sucherkameras.

Mit Zwischenringen oder gar einem Balgengerät läßt sich der Bereich der Nahfotografie vorzüglich beherrschen. Zwischenringe sind ein Satz Ringe verschiedener Länge, die man einzeln oder kombiniert zwischen Objektiv und Kameragehäuse einsetzt, wodurch man den Abbildungsmaßstab verändern kann. Bei einem Balgengerät läßt sich dieser Maßstab sogar stufenlos verändern.

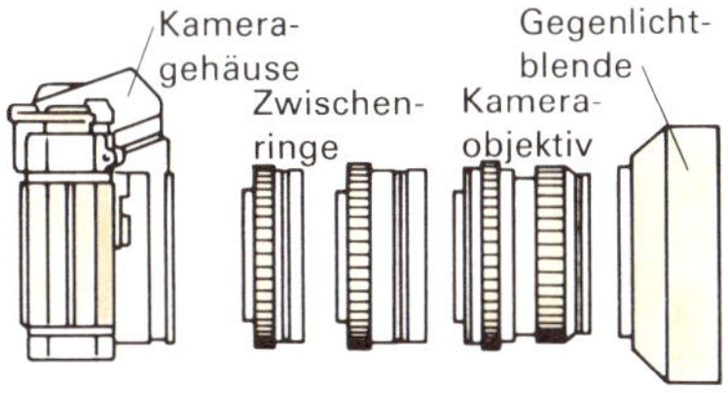

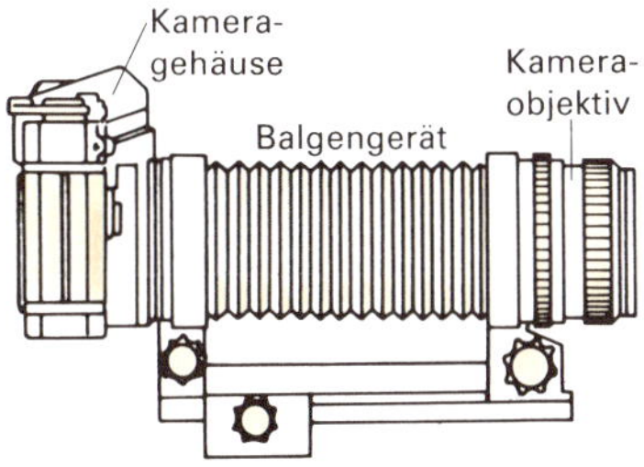

Schließlich gibt es noch spezielle Nahobjektive, sogenannte Makroobjektive, mit denen man wie mit einem Normalobjektiv fotografieren, dazu aber ohne Hilfsmittel auch im Nahbereich operieren kann. Die Makrofotografie umfaßt die Aufnahme von Motiven, deren Abbildungsgröße zwischen Lebensgröße und zehnfacher Vergrößerung liegt.

Nahaufnahmen sollte man nur vom Stativ aus mit dem Drahtauslöser machen, um scharfe und nicht verwakkelte Bilder zu erhalten.

Da im extremen Nahbereich die Schärfentiefe ein Problem ist, muß man in der Regel mit kleiner Blende arbeiten. Das aber heißt, daß die Verschlußgeschwindigkeit gering ist, und dies wiederum ist auch nicht so einfach möglich, da sich viele kleine Motive wie Pflanzen oder gar Kleinsttiere bewegen und deshalb verwischt abgebildet werden würden. Hier hilft der Elektronenblitz, der nur ganz kurz aufleuchtet und selbst die schnellsten Bewegungen noch auf den Film bannt. Das Blitzlicht sollte seitlich aufs Motiv fallen oder indirekt (über einen Karton etwa) auf das Motiv geworfen werden, so daß das ganze Bild gleichmäßig ausgeleuchtet ist.

Nähhilfen

Wer viel näht, braucht Garnspulen für die Nähmaschine in ausreichender Zahl, damit nicht bei jeder neuen Farbe umgespult werden muß. Unentbehrlich ist auch eine größere Menge Stecknadeln; am zweckmäßigsten ist die Länge Nr. 6. Solche mit bunten Kugelköpfen sind deutlich sichtbar und leicht zu greifen; die Flachkopfnadeln haben den Vorteil, daß man sie quer zur Nahtrichtung stecken und mit der Nähmaschine darübernähen kann. Stecknadeln bewahrt man am besten in einer Dose mit gut sitzendem Deckel auf. Während der Arbeit benutzt man ein Nadelkissen. Praktisch sind die mit Klammern versehenen Modelle, die man an der Tischkante befestigen kann; andere sitzen am Handgelenk.

Nützlich ist doppelseitig klebendes Band, das anstelle von Heftstichen verwendet werden kann, um einen Reißverschluß (siehe dort) in der richtigen Lage zu halten oder zwei Stofflagen, z.B. glattes Leder o.ä., während des Nähens zu verbinden.

Der Nahttrenner hat eine scharfe, gebogene Kante, mit der man Nähte auftrennen kann; mit der Spitze wird der Faden erfaßt. Die Gefahr, den Stoff zu verletzen, ist geringer als mit einer Schere. Auch maschinengenähte Knopflöcher können mit dem Nahttrenner aufgeschnitten werden.

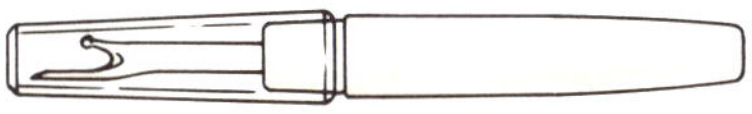

Mit dem Pfriem oder Stilett werden kleine runde Löcher für Ösen oder Augenknopflöcher gestochen. Die Spitze sollte zur Sicherheit immer eine Schutzhülle haben.

Mit stumpfen Durchzieh- oder Einziehnadeln zieht man Gummiband oder Kordel in einen Zugsaum ein. Auch Stoffschläuche (siehe dort) werden mit diesen Nadeln umgedreht.

Für Handnähte, vor allem bei dikken Stoffen, sollte man unbedingt einen Fingerhut verwenden. Er schützt den Mittelfinger vor Nadelstichen, und man kann die Nadel viel leichter durchschieben. Er muß gut sitzen, darf aber nicht zu eng sein.

Mit dem Fadenmarkierer werden Schnittmusterzeichen auf einfache und doppelte Stofflagen übertragen. Vorsicht bei empfindlichen Stoffen! Sie können dabei beschädigt werden.

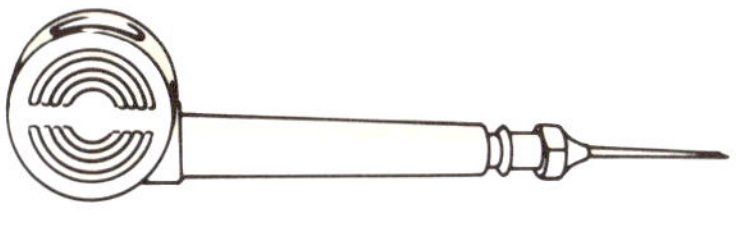

Kopierrädchen mit stumpfen Zähnchen benutzt man, um mit Schneiderkopierpapier die Schnittmusterzeichen auf den Stoff zu übertragen. Mit dem scharf gezahnten Rädchen überträgt man Schnitte oder Schnittzeichen auf Schnittmusterpapier.

Änderungen bei der Anprobe markiert man am besten mit Schneiderkreide, die in verschiedenen Farben erhältlich ist. Kreide in Stiftform eignet sich besonders gut, um Details wie Faltenlinien und Knopflöcher zu markieren, da man mit ihr einen dünnen, exakten Strich ziehen kann. Mit der kleinen Bürste am Stiftende entfernt man die Kreide wieder. Vorsicht bei festen, glatten Stoffen! Kreidemarkierungen lassen sich aus ihnen nur schwer wieder entfernen.

Auch einige Haushaltsgegenstände können bei Näharbeiten behilflich sein. Mit einem Magnet beispielsweise kann man verstreute Steck- und Nähnadeln aufsammeln. Mit Seidenpapier kann man Schnittmuster ändern und sehr glatte oder weiche Stoffe beim Nähen unterlegen, damit sie nicht rutschen. Kurze Fadenreste vom Heften lassen sich am besten mit einer Pinzette herausziehen. Um abgeänderte Schnitteile zusammenzuhalten, kann man transparentes Klebeband verwenden. Eine große Sicherheitsnadel ersetzt häufig die Einziehnadel.

Siehe auch *Einfädeln.*

Nähmaschine

Um mit einer Nähmaschine einwandfrei arbeiten zu können, muß man die Anweisungen in der Betriebsanleitung genau befolgen. Ist die Betriebsanleitung abhanden gekommen, fordert man ein neues Exemplar beim Hersteller an; hierfür muß man die Typennummer der Maschine angeben.

Obwohl es im Detail Unterschiede gibt, werden alle Nähmaschinen grundsätzlich in ähnlicher Weise eingefädelt. Man führt den Oberfaden von der Garnrolle zwischen den Fadenspannungsscheiben hindurch zum Fadengeber und dann hinunter zur Nadel. Dabei muß der Faden unbedingt durch alle Führungsösen laufen, die zwischen diesen Punkten liegen. In die Nadel wird der Faden stets aus der Richtung eingefädelt, die die letzte Führungsöse anzeigt; wenn sich also die Führungsöse links befindet, fädelt man die Nadel von links nach rechts ein und umgekehrt.

Bevor man die Nadel einfädelt, vergewissert man sich, daß sie gerade sitzt, nicht mit Öl verschmutzt oder stumpf ist und keine scharfen Kanten hat. Gegebenenfalls muß man die Nadel auswechseln. Die neue Nadel wird bis zum Anschlag so in die Nadelklammer geschoben, daß die Rille in der Nadel zur letzten Fadenführungsöse hin und die flache Seite des Kolbens (des oberen Teils der Nadel) von ihr weg zeigt. Dann zieht man die Schraube der Nadelklammer fest. Mit einer beschädigten oder verkehrt eingesetzten Nadel kann man keine saubere Naht nähen.

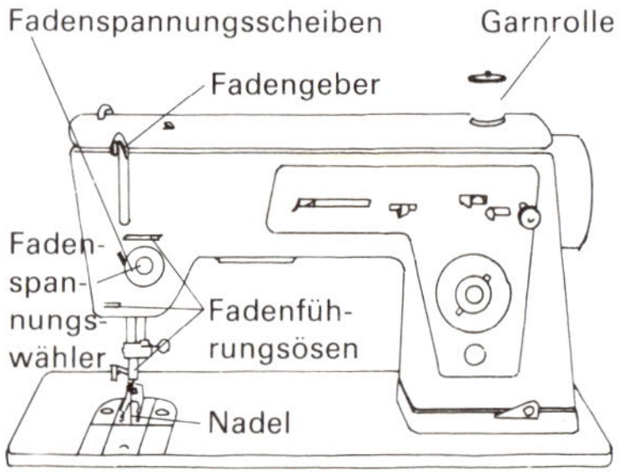

Um den Unterfaden einzulegen, muß zunächst Nähgarn auf die Spule aufgewickelt werden. Beim eingebauten Spulengehäuse setzt man die Spule so ein, daß der Faden in Schlitzrichtung läuft, hält die Spule mit einem Finger fest, legt den Faden in die Schlitzöffnung und zieht ihn zurück unter die Spannungsfeder. Beim herausnehmbaren Gehäuse (Kapsel) legt man die Spule ebenfalls so ein, daß der Faden in Schlitzrichtung läuft, zieht den Faden in den Schlitz und unter die Spannungsfeder. Dann faßt man die Kapsel an der Klappe, legt sie in die Maschine ein und läßt die Klappe los. Die Kapsel müßte jetzt fest im Gehäuse sitzen.

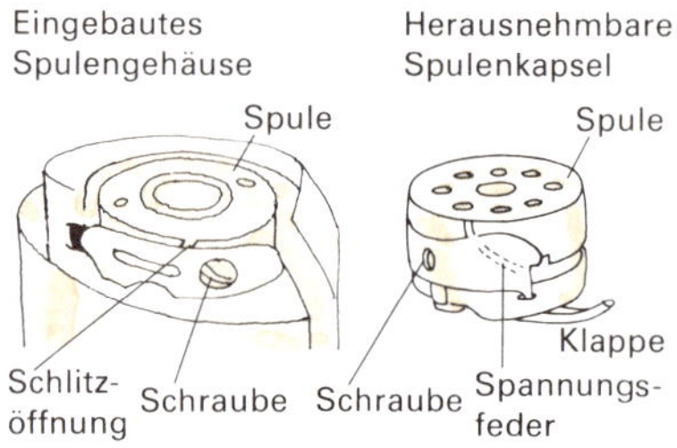

Vor dem Nähen holt man den Unterfaden herauf und überprüft die richtige Fadenspannung mit einer Probenaht an einem Rest des zu verarbeitenden Stoffs. Bei ausgeglichener Fadenspannung liegen die Fadenverschlingungen im Stoff verdeckt und sind nur bei sehr dünnem Material sichtbar. Sind die Verschlingungen an der unteren Stofflage zu sehen, muß die Spannung des Oberfadens verstärkt werden; dazu stellt man am Spannungswähler eine höhere Zahl ein. Wenn auch bei der Maximalstellung des Spannungswählers die Verschlingungen immer noch auf der Unterseite sichtbar sind, muß die Spannung des Unterfadens verringert werden. Dazu dreht man die Schraube am Spulengehäuse bzw. an der Spulenkapsel gegen den Uhrzeigersinn. Bei losen Verschlingungen auf der oberen Stofflage muß die Oberfadenspannung verringert werden; man dreht den Spannungswähler auf eine niedrigere Zahl.

Nährstoffe

Der Nährwert der vom Menschen aufgenommenen Nahrung wird nach ihrem Gehalt an Eiweiß (Protein), Fett und Kohlenhydraten, Vitaminen, Mineralstoffen und Spurenelementen berechnet.

Proteine (Eiweiß) sind komplexe Moleküle, die aus bis zu 22 verschiedenen Aminosäuren zusammengesetzt sind. Hochwertige Proteine sind in allen tierischen Nahrungsmitteln – Fleisch, Eiern, Milch und Milchprodukten – enthalten. Pflanzliche Proteine sind weniger hochwertig, weil in ihnen einige Aminosäuren nur in unzureichender Menge vorkommen. Doch geschickt kombiniert, ergänzen sich die pflanzlichen Proteine zu vollwertigen Eiweißlieferanten (siehe *Vegetarische Kost*).

Kohlenhydrate werden vorwiegend aus pflanzlicher Nahrung, etwa Getreide, aufgenommen. Sie haben einen schlechten Ruf als Dickmacher, sind aber unverzichtbarer Bestandteil einer ausgewogenen Ernährung, nicht zuletzt deswegen, weil beispielsweise viele Gemüsesorten, mit denen man Kohlenhydrate aufnimmt, zugleich auch Ballaststoffe (siehe dort) liefern.

Bei den Fetten wird zwischen gesättigten (tierischen Ursprungs), ungesättigten und hochungesättigten oder essentiellen Fettsäuren (pflanzlichen Ursprungs) unterschieden. Der Organismus kann die ersten beiden selbst bilden, dagegen müssen essentielle Fettsäuren zugeführt werden. Die wichtigste ist die Linolsäure, die in Distel-, Maiskeim-, Sonnenblumen- und Baumwollsaatöl reichlich enthalten ist. Alle Fette sind als Vitaminträger für eine gesunde Ernährung nötig, doch braucht man nur 70–80g täglich, sehr viel weniger, als gemeinhin angenommen und auch als durchschnittlich mit der Nahrung aufgenommen wird.

Neben den drei Grundnährstoffen braucht der Körper auch Vitamine, Mineralstoffe und Spurenelemente. Vitamine kommen vor allem in Gemüse, Obst und Kräutern vor, aber auch in Fleisch, vor allem Leber. Bei einer normalen, ausgewogenen Kost kann kein Vitaminmangel auftreten; Vorsicht ist allerdings bei einer strengen Schlankheitsdiät geboten. Eine Überdosierung mit Vitaminen kann schädlich sein.

Auch die Mineralstoffe und Spurenelemente, die beim Stoffwechsel eine Rolle spielen, sind in jeder ausgewogenen Kost in ausreichender Menge vorhanden. Zu den Mineralstoffen gehören Natrium, Kalium, Chlorid, Magnesium, Kalzium, Phosphor und Schwefel. Der Körper braucht nur wenige Gramm oder Milligramm dieser Substanzen, von den Spurenelementen Eisen, Kupfer, Mangan, Zink, Kobalt, Jod, Silizium und Molybdän nur winzigste Mengen. Sie wirken alle giftig, wenn sie in zu großen Mengen zugeführt werden.

Siehe auch *Cholesterin*; *Ernährung*.

Nähte

Stichlänge, Fadenspannung und Nähdruck müssen an der Nähmaschine entsprechend dem Material eingestellt werden. Auch das Nähgarn muß zum jeweiligen Stoff passen. Die Nahtzugabe beträgt meist 1,5 cm; im Einzelfall richtet man sich nach den Angaben des Schnittmusters. Anfang und Ende einer Naht werden mit Rückstichen verriegelt; bei sehr alten Maschinen muß man die Fadenenden verknoten.

Gerade Nähte Alle Stiche haben den gleichen Abstand von der Stoffkante. Man arbeitet meist mit einem einfachen Geradstich. Bei dehnbarem Gewebe verwendet man besser einen sehr kleinen Zickzackstich oder einen Stretchstich; der Geradstich kann verwendet werden, wenn man den Stoff mit der einen Hand vor und mit der anderen hinter dem Nähfuß hält und ihn beim Nähen vorsichtig dehnt.

Abgerundete Nähte Damit der Abstand zur Stoffkante immer gleich groß bleibt, muß der Stoff genau geführt werden. Am besten arbeitet man mit kurzen Stichen (1,5 mm) und geringer Geschwindigkeit. Mit dem Kantenlineal, einem Zusatzgerät für die Nähmaschine, kann der Abstand genau eingehalten werden. In die Nahtzugabe einer konvexen Naht werden Schlitze geschnitten (A) und bei einer konkaven Naht kleine Keile herausgeschnitten (B), damit die Nahtkante flach aufliegt.

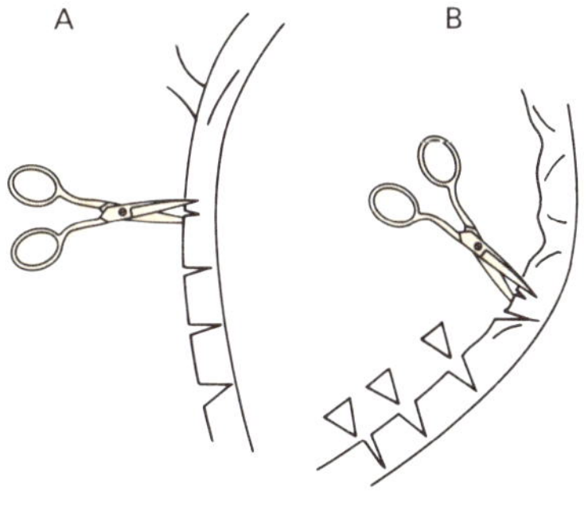

Eckige Nähte Man näht bis zur Ecke, hält die Maschine mit der Nadel im Stoff an und hebt den Nähfuß. Dann dreht man den Stoff auf der Nadel, läßt den Nähfuß herab und näht in die neue Richtung weiter.

An verkürzten Ecknähten, z.B. an Kragen, werden die Ecken abgestumpft, um scharfe Spitzen zu erhalten. Dazu macht man bei leichten Stoffen einen, bei mittelschweren zwei und bei schweren oder flauschigen Stoffen drei Querstiche schräg über die Ecke. Bevor der Kragen gewendet wird, muß die Nahtzugabe zurückgeschnitten werden.

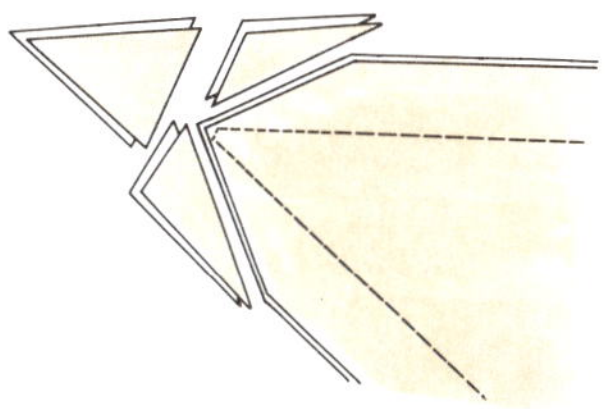

Stütznähte Diese Verstärkungsnähte bringt man auf der Nahtzugabe des Schnitteils knapp innerhalb der Nahtlinie an. Man steppt mit passendem Garn und normaler Stichlänge durch die einfache Stofflage. Stütznähte verhindern, daß abgerundete oder schräg zugeschnittene Kanten sich beim Nähen und Anprobieren ausdehnen oder verziehen. Bei sehr weichen oder dehnbaren Stoffen empfiehlt es sich, alle Nahtlinien auf diese Weise abzusteppen.

Nähte mit überschüssiger Weite Zwei Stoffkanten mit unterschiedlicher Länge näht man zusammen, indem man die längere Kante der kürzeren anpaßt. Geringe Überschußweite wird durch Einhalten verteilt. Man steckt die Nahtenden, dann die Markierungen fest und verteilt die Weite dazwischen gleichmäßig. Heften ist meist nicht nötig; die Stecknadeln zieht man beim Nähen heraus.

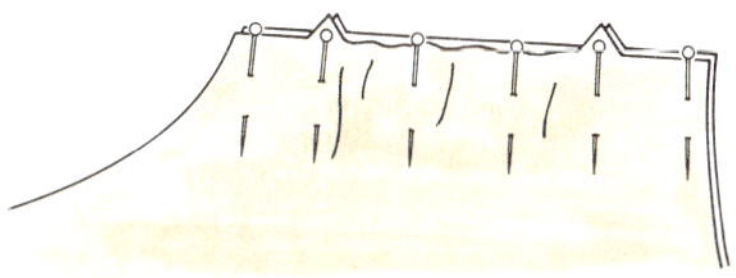

Bei etwas mehr überschüssiger Weite wird eine Reihnaht verwendet, die man fadenbreit neben der Nahtlinie näht. Die Stiche müssen gerade so lang sein, daß man die Weite durch Ziehen am Unterfaden ausgleichen kann; bei zu langen Stichen wird un-

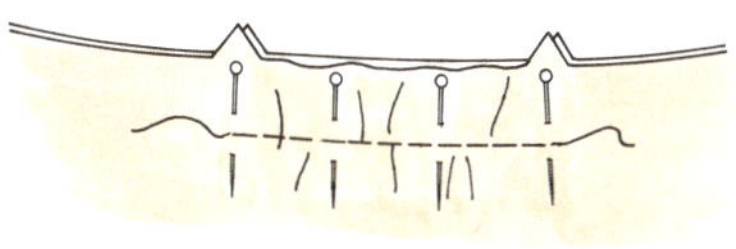

gleichmäßig gerafft. Man steckt die Stofflagen fest, heftet und näht an der Nahtlinie entlang, die eingereihte Stoffkante oben.

Beim Kräuseln näht man eine Heftnaht knapp neben der Nahtlinie und eine zweite 5 mm entfernt auf der Nahtzugabe. Verlaufen andere Nähte quer zur Kräuselung, unterbricht man die Kräuselnähte kurz davor und fängt einen neuen Abschnitt knapp hinter der Quernaht an.

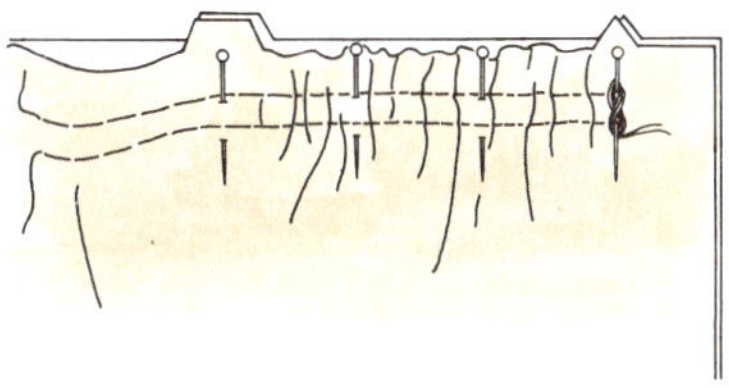

Nähte versäubern Damit die offenen Kanten der Nahtzugaben nicht ausfransen, kann man sie mit kurzen Stichen etwa 5 mm hinter der Kante absteppen und diese dann mit der Zakkenschere beischneiden, von Hand umstechen, mit Zickzackstichen absteppen, nach innen umschlagen und steppen, mit Schrägband (bei ungefütterten Jacken und Mänteln) oder mit Netzband (bei Samt, Chiffon o.ä.) einfassen.

Eingeschlagene Nähte Alle Nahtkanten liegen innerhalb der fertigen Naht, so daß man sie nicht versäubern muß. Für leichte, duftige Stoffe ist die französische Naht (Rechts-links-Naht) am besten geeignet: Man legt den

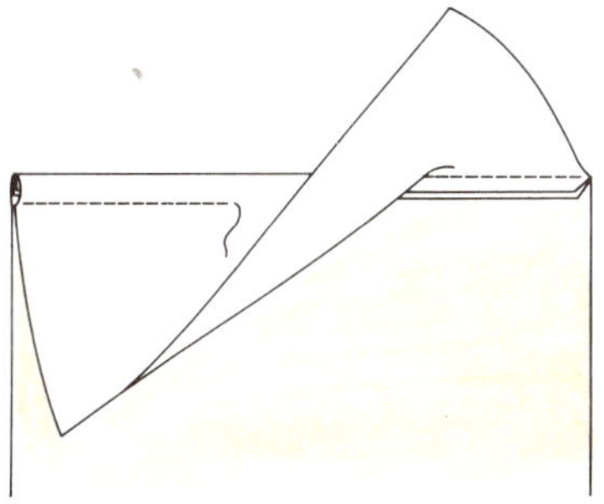

Stoff links auf links und steppt 1 cm vom Rand. Die Nahtzugaben schneidet man auf 3 mm zurück, bügelt sie auseinander und faltet die Teile rechts

auf rechts mit der Naht genau im Bruch zusammen. Dann bügelt man sie nochmals, macht eine zweite Naht auf der Nahtlinie und bügelt die Naht nach einer Seite. Für die Kappnaht siehe *Gardinen und Vorhänge*.

Besondere Materialien Bei glattem Kunstleder u.ä. hinterlassen Steck- und Nähnadeln Einstiche. Man steckt und heftet daher nur auf den Nahträndern, hält die Nähte mit Büroklammern oder mit doppelseitigem Klebeband fest (vorher prüfen, ob das Band Spuren hinterläßt). Bleibt das Material am Nähfuß kleben, betupft man die Nahtstellen mit Öl oder bestäubt sie mit Talkum oder Stärkemehl (vorher auf einem Rest probieren, ob das Mittel sich leicht entfernen läßt).

Vinyl und Kunstleder näht man mit Spezial-Ledernadeln. Um die Nähte zu sichern, verknotet man die Fadenenden. Die fertigen Nähte streicht man mit dem Finger auseinander und drückt sie mit einem flachen Gegenstand fest. Um die Nahtränder flach zu halten, klebt man sie mit einer Gummilösung oder steppt sie mit Zierstichen fest.

Bei Webpelzen näht man in Strichrichtung, um den Flor nicht zu beschädigen. Da Florstoffe beim Nähen rutschen, muß der Nähdruck stärker eingestellt werden. Härchen, die von der Naht erfaßt wurden, zieht man von rechts mit dem Öhr einer starken Nadel hoch. Bei langem, dichtem Flor empfiehlt es sich, nach der Anprobe überschüssiges Material von den Nahtzugaben abzuscheren. Die Naht kann dann allerdings nicht mehr ausgelassen werden.

Nähzeug für unterwegs

Nähutensilien für die Reise, in kleinem Format zusammengestellt, erhält man in Handarbeitsgeschäften und Kaufhäusern. Häufig ist aber manches dabei, was man nicht unbedingt braucht, denn größere Schäden behebt man unterwegs – wenn überhaupt – meist nur provisorisch. Dafür genügt Nähgarn in den Grundfarben Schwarz und Weiß, eventuell auch in Grau oder Beige, aber nicht als einzelne, für die meisten Zwecke zu kurze Fäden, sondern in ausreichender Menge gleich als Garnrolle. Dazu braucht man ein Briefchen mit zwei oder drei Nähnadeln und einigen Stecknadeln.

Von unschätzbarem Wert für den Notfall sind Sicherheitsnadeln in ausreichender Zahl und verschiedenen Größen. Mit ihnen kann man Löcher, Risse und herabhängende Säume an Röcken und Hosen sowie defekte Reißverschlüsse vorübergehend reparieren und auch mal einen fehlenden Knopf ersetzen.

Das alles paßt in ein kleines Schminktäschchen oder eine kleine Schachtel. Wer will, kann diese Grundausstattung beliebig ergänzen und erweitern: Ein Zentimetermaß, ein paar Druckknöpfe, Gummiband, einen Fingerhut, eine Einziehnadel, ein paar Haken und Ösen und einen Einfädler kann man, um ganz sicherzugehen, mit einpacken.

Viele kleine Hilfsmittel hat man oft ohnehin dabei: In der Maniküre ist beispielsweise meist eine Schere. Mit Nagellack fängt man Laufmaschen auf; angefeuchtete Seife tut den gleichen Dienst. Im Büro verwendet man einen Tropfen Klebstoff, und mit Klebeband kann man herunterhängende Säume, vor allem an Lederkleidung, befestigen und sogar einen Riß im Hemd oder in der Bluse von der linken Seite ausbessern.

Namen für Kinder

In den Standesämtern gibt es Nachschlagewerke, die gängige und erlaubte Namen für Kinder enthalten und die kostenlos eingesehen werden können. Auch ein Namensbüchlein kann man für wenig Geld in der Buchhandlung kaufen.

Bei der Wahl des Namens sollten die Eltern zunächst darauf achten, daß der Vorname vom Klang her zum Familiennamen paßt und daß beide zusammen sich gut aussprechen lassen. Von Namen, die allzusehr dem Zeitgeschmack unterworfen sind, ist abzuraten. Auch Namen berühmter Persönlichkeiten der Geschichte, der Literatur oder der Musik, ob klassisch oder modern, sind später meist nur eine Belastung für den Träger.

Namen von Städten, Flüssen und Bergen werden vom Standesbeamten nicht akzeptiert, Namen von bekannten Politikern und Freiheitskämpfern nur ungern.

Nasenbluten

Durch Erkältungen, kalte oder trokkene Luft, kräftiges Schneuzen oder Niesen, Nasenbohren u. a. kann es zum Nasenbluten kommen.

Man setzt sich aufrecht auf einen Stuhl, neigt den Kopf etwas nach vorn und preßt mit Daumen und Zeigefinger den weichen Teil der Nase mindestens 15 Minuten lang zusammen. Durch den Mund atmen. Blut, das in den Rachenraum geflossen ist, ausspucken. Dann die Nasenflügel loslassen und ruhig sitzen bleiben oder sich hinlegen. Wenn die Blutung dadurch nicht zum Stillstand kommt, legt man einen Eisbeutel oder eine kalte Kompresse auf die Nasenwurzel und drückt abermals zehn Minuten lang die Nase zu. Wenn auch dies nichts hilft, sucht man einen Arzt auf.

Bei Kindern drückt man vorsichtig beide Nasenflügel zusammen. Ist die Blutung zum Stillstand gekommen, sollte man drei bis vier Stunden lang nicht die Nase putzen und auch das Blutgerinnsel nicht entfernen, damit die Blutung nicht wieder eintritt.

ACHTUNG!

Einen Blutaustritt aus der Nase nach Kopfverletzungen (siehe auch dort) auf keinen Fall zum Stillstand bringen; die Blutung kann den Druck auf das Gehirn entlasten. Sofort einen Arzt rufen.

Wiederholtes und spontanes Nasenbluten, das nicht im Zusammenhang mit einer Erkältung steht, kann auf eine ernsthafte Krankheit hinweisen. Man sucht in diesem Fall sofort einen Arzt auf.

Naturrasen

Im Herbst kann man damit beginnen, einen Rasen in eine Wiese mit Wildblumen umzuwandeln, die so gut wie keinen Arbeitsaufwand mehr erfordert. Die alte Grasnarbe wird mit dem Spaten oder der Bodenfräse umgegraben. Dann streut man Samen von wilden Blumen- und Grassorten aus und harkt sie mit dem Rechen leicht ein. Im Frühjahr wird nachgesät und bewässert, bis die Saat kräftig aufgegangen ist.

Im Versandhandel und Gartencenter gibt es spezielle Rasenmischungen. Man kann auch reife Samenkapseln von Pflanzen am Wegrand oder in brachliegenden Grundstücken sammeln. Das Verpflanzen von Wildblumen an einen anderen Standort lohnt sich nicht; sie gehen meist ein.

Damit sich die Pflanzen selbst aussäen, mäht man die Wiese erst im nächsten Herbst. Unkräuter und Schößlinge von Bäumen müssen von Zeit zu Zeit gejätet werden. Sobald ein Naturrasen gut bewachsen ist, braucht man ihn nicht mehr zu düngen und zu bewässern; man mäht ihn lediglich ein- oder zweimal im Jahr.

Naturschutz

Die Bäume am Straßenrand sind besonders schweren Belastungen ausgesetzt, u.a. durch das Streusalz. Dafür gibt es im Handel abstumpfende Ersatzmittel, z.B. Sand oder Splitt. Wo Streusalz unerläßlich ist, sollte man es so sparsam wie möglich dosieren und den versalzten Schnee anschließend nicht unter Bäumen und Sträuchern ablagern.

Das Gebot, Picknickabfälle nicht einfach der Natur zu überlassen, sondern mitzunehmen und zu Hause in den Mülleimer zu werfen, hat nicht nur einen ästhetischen Sinn. Plastikbeutel, Getränkedosen und Flaschen können für Kleinlebewesen zur tödlichen Falle werden, auch dann, wenn sie in einem Gewässer versenkt werden.

Besonders strenge Verhaltensregeln gelten in Naturschutzgebieten. Man sollte grundsätzlich einen Blick auf die Hinweistafeln werfen, die meist an den Zugängen aufgestellt sind. Man erfährt dort Wissenswertes und wird nochmals an die Schutzvorschriften erinnert. Auf keinen Fall darf man die Wege verlassen und in die Lebensräume von Tieren und Pflanzen eindringen, etwa um Fotos zu machen oder gar um ein Picknick zu veranstalten. Vor allem in Vogelschutzgebieten ist jeglicher Lärm zu vermeiden. Daß man Pflanzen nicht pflücken oder gar ausgraben darf, müßte selbstverständlich sein.

Verantwortung für die Natur trägt auch, wer sich in der freien Landschaft sportlich betätigt. Das gilt nicht zuletzt für die Langläufer, die durch ruhige Waldgebiete ziehen. Sie scheuchen dabei Wild, aber auch seltene Großvögel wie Birkhühner und Auerhähne auf. Diese verbrauchen auf ihrer Flucht sehr viel Energie. In den Wintermonaten ist das Futterangebot so spärlich, daß sie kaum in der Lage sind, den Energieverlust auszugleichen, und eingehen. Deshalb sollte man in Waldgebieten in der Loipe bleiben. Auf freiem Feld kann man dagegen bedenkenlos seine eigene Spur ziehen. Eisläufer sollten sich von zugefrorenen Weihern und anderen Kleingewässern fernhalten. Sie erzeugen Schallwellen, die sich bis zum Gewässergrund fortsetzen und dort die Kleintiere bei der Winterruhe stören.

Wer sein Surfbrett oder Boot über einen See lenkt, sollte sich vom Schilf- und Rohrgürtel der Uferzone fernhalten. In dem Pflanzendickicht brüten zahlreiche Wasservögel. Schon wenn man sich ihnen auf weniger als 100–200 m von der Seeseite her nähert, fühlen sie sich gestört. Darunter leidet die Brutpflege. Auch an die Angler richtet sich der Appell, sich nur außerhalb dichtbewachsener Uferzonen niederzulassen. Sonst tragen sie ungewollt zur Vernichtung mancher Vogelbrut bei, weil sich die aufgeschreckten Tiere nicht mehr an ihr Nest wagen. Dann kühlen die Eier aus, und die Embryos sterben ab. Man hat herausgefunden, daß über die Hälfte unserer gefährdeten Vogelarten hauptsächlich durch solche Störungen bedroht ist.

In allen Teilen der Welt sind Tiere und Pflanzen vom Aussterben bedroht, weil sie eine begehrte Ware im Handel mit den reichen Industrieländern darstellen. Jeder kann durch bewußtes Kaufverhalten dazu beitragen, daß die Nachfrage nach tierischen Rohstoffen oder lebenden Tieren zurückgeht. In Zoohandlungen sollte man nur exotische Tiere mit einwandfreien Papieren kaufen oder besser ganz darauf verzichten. Das gilt auch für Urlaubssouvenirs wie beispielsweise Schildkrötenpanzer, Elfenbeinschnitzereien oder ausgestopfte Tiere, die ohnehin vom Zoll beschlagnahmt werden. Erzeugnisse wie Froschschenkel, Schildkrötensuppe, Schildpattprodukte u.ä. sollte man ebenfalls boykottieren. Ein Pflanzenliebhaber beweist seine Naturverbundenheit dadurch, daß er keine Kakteen, Orchideen und andere exotische Pflanzen kauft, die von Wildstandorten stammen.

Nesselsucht

Linsen- bis handtellergroße Quaddeln und Juckreiz sind die Symptome der Nesselsucht. Die Quaddeln können überall am Körper auftreten, zu großen Flächen zusammenfließen, nach drei bis vier Stunden verschwinden und dann an anderer Stelle wieder auftreten. Nach vier bis sechs Wochen bilden sie sich meist von selbst zurück. Die akute Nesselsucht kann jedoch auch in eine chronische übergehen, die den Betroffenen jahrelang plagt.

Ursachen sind allergische oder auch direkte Reaktionen auf bestimmte Nahrungsmittel wie Nüsse, Eier, Fisch, Käse, Erdbeeren, auf Medikamente (z.B. Penizillin) oder Farb- und Konservierungsstoffe. Gegen den Juckreiz feuchte Umschläge mit Essigwasser machen oder Leitungswasser auftupfen. Salben und Lotionen helfen nur wenig. Wärme möglichst vermeiden (keine Saunabesuche oder dicke Bettwäsche), da Hitze die Nesselsucht begünstigt. Wichtig ist, den Auslöser herauszufinden, indem man notiert, welche Nahrungsmittel oder Medikamente man jeweils vor einem Anfall zu sich genommen hat.

Tritt keine Besserung ein, sollte man einen Arzt aufsuchen, der Antihistaminika oder in schweren Fällen (z.B. bei Schwellungen im Mund-Kehlkopf-Bereich) Kortison verschreibt.

Siehe auch *Allergien; Juckreiz.*

Niednagel

Die häufigste Ursache von Niednägeln (eingerissener Haut am Nagelbett oder am seitlichen Nagelwall) ist trokkene Haut. Um eine schmerzhafte Infektion zu verhüten, entfernt man den Niednagel am besten, sobald man ihn bemerkt. Mit einer feinen scharfen Nagelhautschere schneidet man die abstehende Haut möglichst weit unten ab. Unter einem kleinen Pflasterverband mit Fettsalbe heilt der Niednagel schnell wieder ab. Die abstehende Haut eines Niednagels niemals abziehen oder gar abbeißen. Wenn die Schmerzen stärker werden und der Niednagel vereitert ist, muß man einen Arzt aufsuchen.

Um Niednägeln vorzubeugen, trägt man beim Geschirrwaschen u.a. Gummihandschuhe und cremt die Hände häufig ein. Vor dem Schlafengehen massiert man Nagelhautöl in die Nägel ein.

Siehe auch *Handpflege*.

Nieten

Mit Vollnieten und Hohlnieten kann man dünne Teile aus Metall, Holz, Leder, Kunststoff o.ä. dauerhaft miteinander verbinden. Nieten gibt es aus hämmerbaren Metallen wie Eisen, Kupfer, Aluminium und Messing. Mit einer Nietzange (Blindnietzange) lassen sich Hohlnieten recht einfach und schnell anbringen, die Verbindung wird aber nicht so fest wie mit Vollnieten, die man von Hand einsetzt. Deshalb verwendet man Blindnieten, wenn man nur von einer Seite an das Werkstück herankommt, und Vollnieten, wenn beide Seiten zugänglich sind.

Bevor man Nieten von Hand einsetzt, legt man die beiden flachen Teile in der gewünschten Lage aufeinander und spannt sie zusammen. Dann markiert man an einem der Werkteile mit einem Körner die Lage der Nieten und bohrt mit einem Spiralbohrer (siehe *Bohren*) durch beide Teile Löcher mit dem Durchmesser der Nietenschäfte. Der Schaft einer Niete sollte mindestens so dick sein wie eines der Werkteile. Rundkopfnieten setzt man am besten mit einem kombinierten Nietenzieher und Schließeisen. Außerdem braucht man einen Holzklotz mit entsprechend großer Hirnholzfläche.

Man führt von unten eine Niete in ein Loch ein und legt den Nietenkopf auf die Hirnholzfläche des Holzklotzes. Der Schaft der Niete muß oben um das Anderthalbfache seines Durchmessers herausragen. Ist er zu lang, sägt man ihn auf Länge. Dann setzt man das Nietwerkzeug mit seiner längeren Bohrung (dem Nietenzieher) über den Nietenschaft und schlägt mit der flachen Hammerbahn auf das Werkzeug. Dadurch treibt man die Niete ein und preßt gleichzeitig die Teile zusammen. Man nimmt das Nietwerkzeug ab, staucht den Schaft der Niete mit der flachen Hammerbahn und formt ihn dann mit einem Kugelhammer pilzförmig. Nun wird das Nietwerkzeug mit seiner halbrunden Vertiefung (dem Schließeisen) auf den Kopf gesetzt und angeschlagen, bis der Kopf abgerundet ist. Wenn man an eine Flachkopfniete einen Rundkopf zieht, nimmt man als Unterlage entweder einen Amboß oder ein Stück Flachstahl anstelle des Holzklotzes.

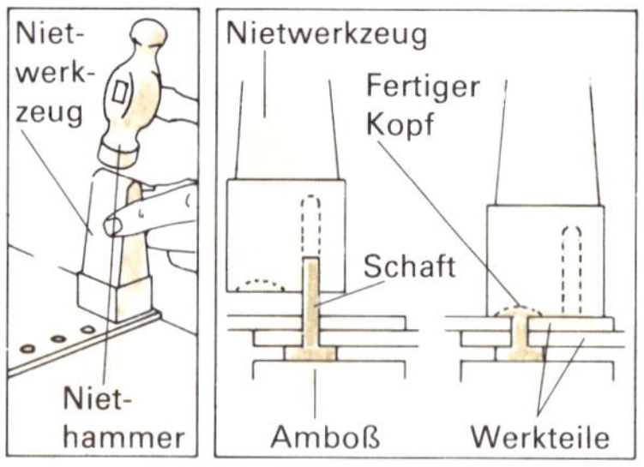

Eine Spaltniete hat zwei Zinken, die sich ausbreiten, wenn man sie auf einer Metallunterlage einschlägt; zweiteilige Nieten, die man wie Spaltnieten hauptsächlich für weiche Materialien wie Leder, Kunststoff oder Sperrholz verwendet, müssen nur zusammengesetzt und auch auf einer harten Unterlage festgeklopft werden.

Mit der Zange werden Hohlnieten nur von einer Seite eingesetzt, und man braucht keine feste Arbeitsunterlage. Die Nietstelle wird in der oben beschriebenen Weise vorbereitet. Die Nietzange arbeitet etwa wie eine Heftpistole (Tacker): Man fügt Nagel und Hohlniete zusammen und steckt sie in die Zange. Dann drückt man die Zangengriffe leicht zusammen, um die Niete festzuhalten, schiebt die Niete so weit in das Bohrloch, daß die Zange am Werkstück aufliegt, und drückt die Zangengriffe fest zusammen. Dadurch wird der Nagel nach oben gezogen, der untere (blinde) Teil der Niete nach außen gequetscht und der Nagel abgebrochen.

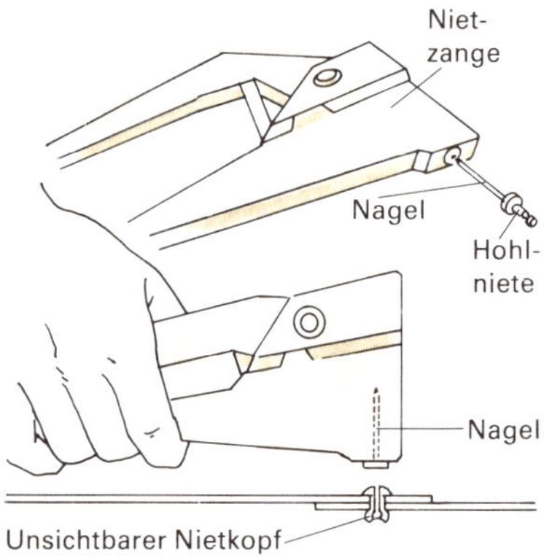

Notruf

Bei Notfällen ist jeder Bürger verpflichtet, Hilfe zu leisten, soweit dies unter den gegebenen Umständen möglich ist und die Maßnahmen zumutbar sind. Sofern die akute Situation nicht sofortige eigene Rettungsmaßnahmen erfordert, ist stets zunächst Hilfe zu holen. Dabei ist es wichtig, genau zu prüfen, was geschehen ist, die Lage zu überblicken und die Gefahr zu erkennen.

Damit eine schnelle und wirkungsvolle Rettungsaktion durchgeführt werden kann, muß ein Notruf folgende Informationen enthalten:

- wo der Unfall geschehen ist, z.B. Ort, Straße, Hausnummer, Stockwerk; auf der Bundesstraße zwischen Ort A und Ort B; auf der Autobahn in Richtung A bei Kilometer B;
- was geschehen ist, d.h. Art des Unglücks (Verkehrsunfall, Brand); Beschreibung des Unfallherganges, eventuell Hinweise auf gefährliche Transportgüter (durch ein orangefarbenes Schild gekennzeichnet);
- wie viele Personen verletzt sind, Art der Verletzungen und ob lebensbedrohlich (Vergiftung, Atemstillstand, starke Blutung, Elektrounfall usw.);
- wer den Notruf meldet (Angabe von Namen, Adresse und Rufnummer).

Beim privaten oder öffentlichen Telefon wählt man in der Bundesrepublik Deutschland die Notrufnummer 110 bzw. 112; in Österreich 122 (Feuer), 133 (Polizei) oder 144 (Notarzt); in der Schweiz 117 (Polizei) oder 118 (Feuerwehr).

Doppel-Notrufmelder für Polizei und Feuerwehr sind schon in vielen Telefonzellen in der Bundesrepublik Deutschland installiert. Diese sind außen mit einem rot-weiß-roten Klebestreifen kenntlich gemacht. Bei einem Notruf wird der Hebel nach rechts ins grüne Feld gedrückt. Drückt man ihn nach links ins rote Feld, wird die Feuerwehr alarmiert.

Bei den Notrufsäulen an Bundesstraßen und Autobahnen in der Bundesrepublik Deutschland und in Österreich hebt man die Klappe hoch (in der Schweiz muß man einen Hebel drücken) und wartet, bis sich der Vermittler meldet, dann gibt man den Notruf durch. Hinweispfeile an den Begrenzungspfosten zeigen die Richtung an, in der sich die nächste Notrufsäule befindet.

Für die Notrufnummern bei Vergiftungen siehe dort.

Notsignale

Notsignale sind akustische, optische oder Funksignale, die nur in Notsituationen gegeben werden dürfen. In Seenot werden akustische und Funksignale verwendet. Ein akustisches Notsignal ist der Dauerton der Schiffssirene oder des Nebelhorns sowie Knallsignale in Abständen von etwa einer Minute.

Optische Signale sind das Flaggensignal „N“ über „C“, eine viereckige Flagge über oder unter einem Signalball, rote Flammensignale, orangefarbene Rauchsignale, das mit Lampen, Scheinwerfern oder Spiegeln nach dem Morsecode gegebene SOS (dreimal kurz, dreimal lang und dreimal kurz ohne Pause) und das Heben und Senken der ausgestreckten Arme.

Das bekannteste Funknotsignal ist der auf einer speziellen Notfrequenz ausgestrahlte internationale Morsecode SOS (siehe auch *Morsezeichen*). Im internationalen Funksprechverkehr verwendet man den Notruf Mayday.

In Bergnot wird in Europa, insbesondere in den Alpenländern, innerhalb einer Minute sechsmal das gleiche akustische Signal (Ruf oder Signalpfeife) oder ein optisches Signal (z.B. mit Taschenlampe oder Spiegel) gegeben. Nach einer Pause von einer Minute wird die Signalfolge wiederholt. Wenn jemand das Notzeichen verstanden hat, signalisiert er dies, indem er ein ähnliches sichtbares oder hörbares Zeichen dreimal in der Minute gibt. Dies wird so lange wiederholt, bis das Notzeichen des Hilfesuchenden abbricht.

Siehe auch *Notruf*.

Nüsse

Nüsse sind zwar kalorienreich, sie enthalten aber wichtige Vitamine, Mineralstoffe und Ballaststoffe. Bittere Mandeln, die gern zum Backen verwendet werden, enthalten auch die hochgiftige Blausäure. Sie werden deshalb nur in geringen Mengen abgegeben. Man ißt sie nie roh; beim Backen verflüchtigt sich die Blausäure, lediglich das Aroma bleibt erhalten.

Fast alle Nüsse werden sowohl in der Schale als auch geschält (Kerne) im Handel angeboten. Cashewkerne gibt es nur geschält, weil die Schale giftig ist, Eßkastanien nur in der Schale. 500 g Nüsse in der Schale geben ein bis zwei Tassen Kerne.

Die Schalen dürfen weder verschimmelt sein noch Risse oder Löcher aufweisen. Nüsse, die klappern, wenn man sie schüttelt, haben einen geschrumpften, vertrockneten Kern.

Geschälte Nüsse müssen fest, unversehrt und von gleicher Farbe sein. Um sie zu enthäuten, röstet man sie kurz im Backofen und reibt sie in einem Tuch; Mandeln werden überbrüht (siehe auch *Blanchieren*). Auch gestiftelte und in Blättchen geschnittene Nüsse sollten eine gleichmäßige Färbung haben. In einer Vakuumpakkung halten sie länger als in Tüten.

Nüsse werden kühl und trocken aufbewahrt; so halten sie einige Monate, im Gemüsefach des Kühlschranks noch länger. Man kann sie auch einfrieren.

Nut und Feder

Die Nut- und Federverbindung, auch Spundung genannt, wird sehr häufig als Breitenverbindung für Vollholz angewandt. Die Bretter sind mindestens auf einer Seite gehobelt und haben an der einen Seite eine Nut und an der andern eine Feder. Die Federdicke bzw. Nutbreite beträgt etwa ein Drittel der Brettdicke. Man verwendet Nut und Feder hauptsächlich bei Wand- und Deckenschalungen sowie bei Türverkleidungen im Innen- und Außenbereich.

Bei Fußböden müssen die Fugen möglichst unauffällig sein (A); bei Wand- und Deckenschalungen dagegen dient die Fuge als Ziernut (B). Bei horizontalen Außenschalungen

A

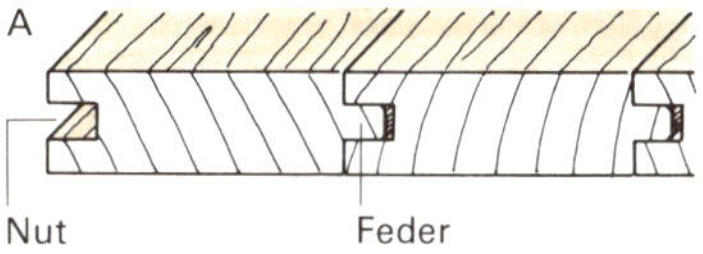

nimmt man am besten Sichtnuten mit angefasten Kanten (C), damit das Wasser gut abläuft; die Nuten liegen dabei oben. Für anspruchsvollere Schalungen gibt es Stab- und Fasebretter (D, E).

B

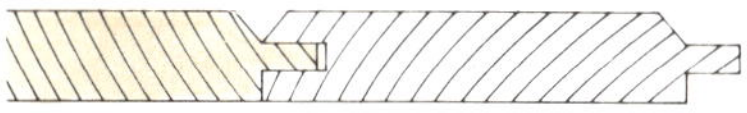

C

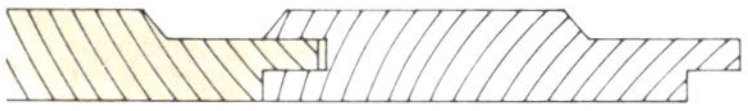

D

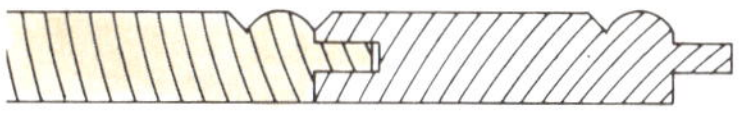

E

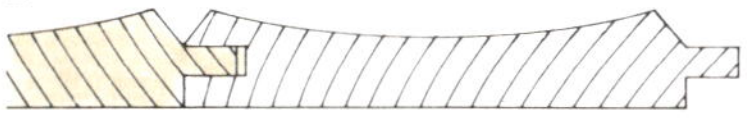

Die überschobene Schalung (F) ist dagegen nur mit Nuten verbunden. Die Fläche wirkt durch die verschiedenen Ebenen sehr dekorativ. Die Bretter werden meist verdeckt befestigt, indem man in die hintere Wange der Nut nagelt.

F

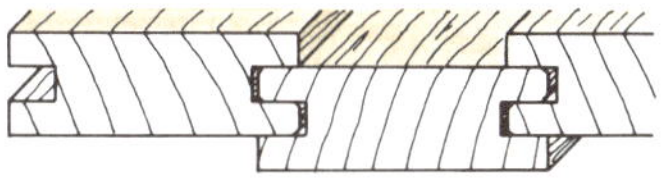

Bei Außenschalung verwendet man nichtrostende Stifte. Für die meisten Profilholzbretter gibt es Halterungen

G

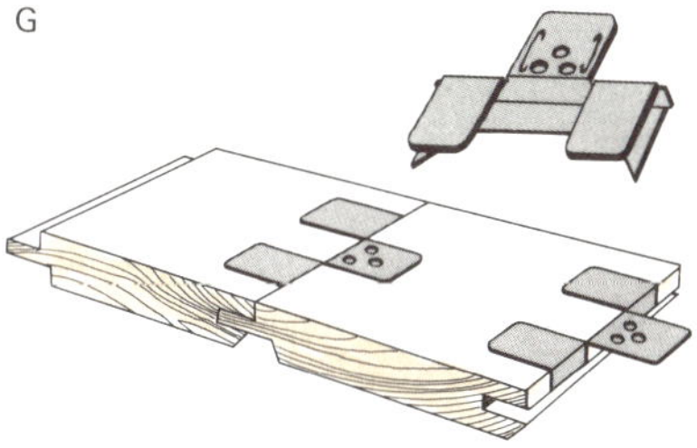

aus Metall (G), die eine sichere Befestigung ermöglichen.

Nuten

Eine Nut ist eine meist rechtwinklige Vertiefung oder Ausnehmung in der Fläche oder Kante eines Werkteils, die ein anderes Werkteil aufnimmt. In die Nut an der Innenkante eines Rahmens z.B. kann man eine Füllung aus Holz, Glas, Kunststoff o.ä. einbauen. Schiebetüren aus Glas oder Sperrholz werden in Nuten geführt (A). Bei Kasteneckverbindung setzt man Federn in Nuten ein (siehe *Federn*). Bei Kasten-T-Verbindung kann man auch die volle Holzdicke des andern Werkteils einnuten (B, C). Solche Verbindungen sind tragfähiger als stumpf ausgeführte (siehe *Holzverbindungen*). Bei einer Gratnut verlaufen die Nutkanten schwalbenschwanzförmig zueinander (siehe *Graten*).

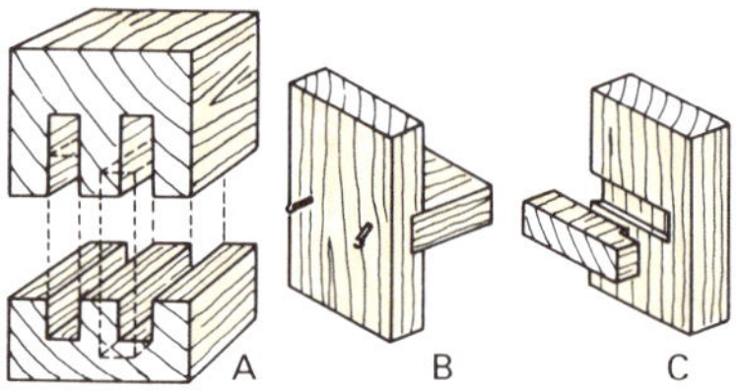

Nuten kann man maschinell mit einem Nutfräser (D) oder einem Kreissägennutfräser (E) ausarbeiten. Beide Werkzeuge gibt es mit konstanter oder verstellbarer Nutbreite. Hat man nur ein Standardkreissägeblatt, macht man so viele Kreissägeschnitte nebeneinander, bis die gewünschte Nutbreite erreicht ist.

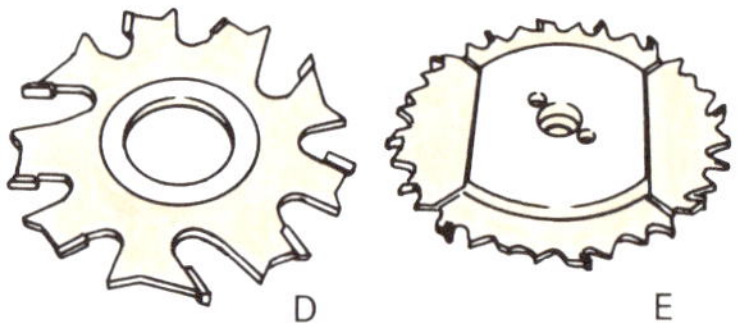

Man kann Nuten auch von Hand mit dem Nuthobel (F) herstellen, allerdings nur in Längsholz, denn mit dem Nuthobel kann man nicht quer zur Faser arbeiten. In solchen Fällen begrenzt man die Nuten mit zwei Sägeschnitten und nimmt den Rest mit dem Grundhobel (siehe *Werkzeuge im Haus*) aus.

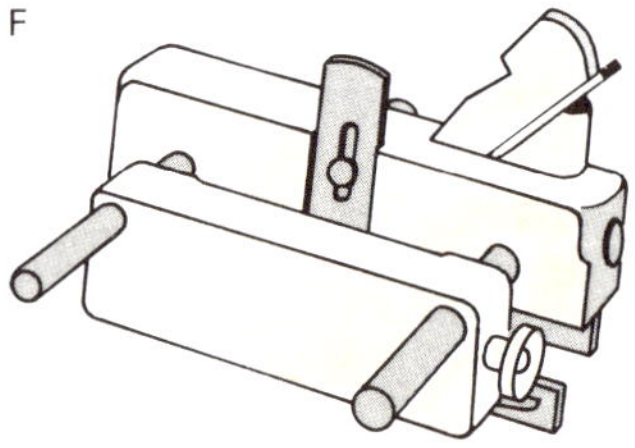

O

Obst

Frisches Obst enthält nicht nur wertvolle Vitamine, sondern auch Ballaststoffe (siehe dort). Wenn möglich, sollte es roh und ungeschält verzehrt werden. Vorher muß man es gründlich waschen. Eine Ausnahme sind Himbeeren, die man nur verlesen kann. Erdbeeren werden gewaschen, dann erst entstielt; auch Johannisbeeren streift man erst nach dem Waschen von den Stielen. Pfirsiche und Aprikosen kann man blanchieren (siehe dort) und dann schälen.

Kernobst Dazu gehören Äpfel, Birnen und Quitten. Lagerfähige Sorten brauchen einen kühlen, aber frostfreien und nicht zu trockenen Platz. Ab und zu muß man sie verlesen und faule Exemplare entfernen. In durchsichtigen Plastikbeuteln verpackt, bleiben Äpfel und Birnen lange frisch.

Quitten werden im allgemeinen nicht roh verzehrt, aber sie eignen sich vorzüglich für Gelee. Auch zu Sauerkraut schmecken sie ausgezeichnet: Man achtelt und schält sie, entfernt das Kerngehäuse und pochiert sie 10–15 Minuten in Apfelwein. Dann gibt man sie an das Sauerkraut, das noch sehr fest sein sollte.

Steinobst Kirschen, Aprikosen, Pfirsiche und Nektarinen, Pflaumen, Zwetschen, Mirabellen und Reneklоden sind nur wenige Tage lagerfähig (Kirschen mit Stiel halten länger). Steinobst läßt sich aber einfrieren, zu Marmeladen, Gelees oder zu Kompott kochen und auch in Alkohol einlegen. Für Kuchen sind Spätzwetschen am besten geeignet. Die Behauptung, daß man nach dem Genuß von rohem Steinobst kein Wasser trinken darf, ist ohne wissenschaftliche Grundlage.

Beerenobst Die meisten Sorten können im Gemüsefach des Kühlschranks kurz aufbewahrt werden, robustere Arten wie Stachelbeeren etwas länger. Himbeeren sollten möglichst gleich verzehrt oder verarbeitet werden. Fast alle Arten eignen sich zum Einfrieren oder zur Zubereitung von Gelees und Marmeladen. Stachelbeeren sollte man grün und unreif verarbeiten, denn reife Früchte haben eine harte Schale und harte Kerne.

Siehe auch *Einfrieren*; *Einlegen*; *Gelee*; *Marmelade*.

Obstbäume

Obstbäume pflanzt man an einen sonnigen Platz in fruchtbaren Boden mit guter Entwässerung und mindestens 2,5 m entfernt von Terrassen, Wasserleitungen, Abflußrohren und anderen unterirdischen Installationen, die durch das Wurzelwerk beschädigt werden könnten. Selbstfruchtende Sorten von Sauerkirschen, manche Pflaumen und die meisten Pfirsiche und Nektarinen können als Einzelbäume gepflanzt werden. Einige Pflaumensorten, Süßkirschen, die meisten Äpfel und Birnen sowie manche Aprikosen tragen nur Früchte, wenn man eine andere geeignete Sorte als Pollenspender in die Nähe setzt.

Die meisten Obstbäume sind veredelt: Ihr Stamm ist auf den Wurzelstock einer anderen Sorte gepfropft. Die Bäume werden so gepflanzt, daß die oft verdickte Pfropfstelle 5–10 cm über der Erde liegt. Wenn der Boden nicht sehr fruchtbar ist, reichert man ihn mit Kompost, Lauberde oder Torf an. Kunstdünger wird nicht verwendet, denn er könnte die Wurzeln verbrennen. Frisch gepflanzte Bäume brauchen in der ersten Wachstumszeit viel Wasser.

Wenn die Bäume gesetzt sind, schneidet man sie so zurück, daß nur drei oder vier der kräftigsten Triebe zur Ausbildung der Kronenform stehenbleiben. Die übrigen Triebe und auch den Mitteltrieb (die Stammverlängerung) schneidet man um rund ein Drittel zurück. Als Leitäste wählt man vor allem Triebe, die flach am Stamm angesetzt sind – Verzweigungen im spitzen Winkel sind schwach –, und läßt jeweils nur ein Triebpaar stehen, das dem Stamm in gleicher Höhe entspringt.

Während der Baum heranwächst, entfernt man alle Schößlinge, die an den Wurzeln austreiben, sowie alle am Stamm. Im zeitigen Frühjahr, bevor das Wachstum beginnt, schneidet man den Baum so weit aus, daß er später überall Licht und Luft bekommt. Dabei entfernt man Zweige, die sich berühren oder kreuzen. Bei Äpfeln, Birnen und Kirschen soll die mittlere Stammverlängerung etwas höher sein als die seitlichen Leitäste. Bei Pflaumen, Pfirsichen und Aprikosen schneidet man auch die Stammverlängerung zurück und bildet eine Krone in Buschform mit drei oder vier Leittrieben aus.

In den ersten drei oder vier Jahren trägt der Obstbaum kaum Früchte. In dieser Zeit mulcht man z. B. mit Gras die Baumscheibe (die rund um den Stamm umgegrabene Erde) und verabreicht im Frühjahr etwas Stallmist oder Kompost. Danach wird nur noch gedüngt, wenn der Baum deutlich unter Nährstoffmangel leidet; zu starke Düngung fördert das Wachstum der Blätter auf Kosten der Früchte.

Früchte ausdünnen Wenn der Baum Früchte ansetzt, läßt man diese bis etwa Kirschengröße heranwachsen und entfernt dann alle wurmigen, kranken oder unterentwickelten.

Verjüngungsschnitt Ein alter Apfel- oder Birnbaum kann durch einen starken Rückschnitt dazu angeregt werden, wieder reichlich Früchte zu tragen. Im späten Winter schneidet man alle abgestorbenen und kranken sowie sich kreuzende Äste heraus. Aus der Kronenmitte entfernt man einige der großen Äste, damit Licht und Luft eindringen können. Quirlholz, das schon viele Jahre Früchte getragen hat, wird abgenommen oder ausgedünnt; sehr lange Äste schneidet man bis an einen kräftigen Seitenast zurück.

Ohnmacht

Zu einer Ohnmacht kann es kommen, wenn das Gehirn vorübergehend nicht ausreichend mit Sauerstoff versorgt wird. Menschenansammlungen, heiße, stickige Luft, akute Streßsituationen, starke Schmerzen, ein Schock (z. B. beim Anblick von Blut), plötzliches Aufstehen, besonders kurz nach dem Aufwachen, Hunger, längere Hustenanfälle und Schwangerschaft können eine Ohnmacht auslösen.

Um einem beginnenden Schwindelgefühl entgegenzutreten und nicht in Ohnmacht zu fallen, legt man sich mit hochgestellten Beinen nieder und wartet, bis das Schwindelgefühl vorüber ist. Ist jemand in Ohnmacht gefallen, legt man den Betroffenen flach hin, lagert den Kopf tiefer und lockert die Kleidung an Hals, Brust und in der Taille. Man sorgt für eine ungehinderte Atmung, indem man den Kopf nach hinten überstreckt. Sollte die Bewußtlosigkeit länger anhalten und sich der Patient ein bis zwei Minuten lang nicht bewegen, ruft man einen Arzt. Wenn Atmung und Pulsschlag zum Stillstand kommen, beginnt man mit einer künstlichen Beatmung (siehe *Atemspende; Puls*).

Wenn der Betroffene das Bewußtsein wiedererlangt, muß er noch eine Weile liegenbleiben, da er sonst erneut ohnmächtig werden kann. Später sollte man ihn an die frische Luft bringen und ihm Wasser zu trinken geben, falls er danach verlangt. Dabei auf Symptome achten, die eine sofortige ärztliche Hilfe erforderlich machen. Auch wenn das Bewußtsein schnell wiederkehrt, sollte der Betroffene einen Arzt aufsuchen.

Siehe auch *Bewußtlosigkeit; Schock; Vergiftungen.*

Ohrenschmerzen

Kinder unter zehn Jahren leiden häufig an Ohrenschmerzen, die auf eine Mittelohrentzündung hinweisen. Bei Erwachsenen sind Ohrenschmerzen seltener. Wenn sie länger als vier bis acht Stunden anhalten, wenn sich Absonderungen zeigen oder Schwerhörigkeit auf einer Seite auftritt, wenn man nach dem Fliegen, Tauchen oder nach Infektionskrankheiten Probleme mit den Ohren hat oder die Schmerzen von einer Verletzung herrühren, sollte man zum Arzt gehen.

Fremdkörper im Ohr Absonderungen aus dem Ohr, Ohrenschmerzen oder Schwerhörigkeit auf einer Seite können darauf hinweisen. Auf keinen Fall versuchen, den Fremdkörper selbst zu entfernen, sondern gleich einen Arzt aufsuchen.

Kinder davor warnen, sich Gegenstände in die Ohren zu stecken. Die Ohren nur durch Abwischen des Ohrenschmalzes am äußeren Gehörgang reinigen; nie Wattestäbchen verwenden oder in den Ohren bohren.

Ohrgeräusche

Klingen, Summen oder Rauschen sowie Schwerhörigkeit rühren häufig von einer Verstopfung durch Ohrenschmalz her, können aber auch auf eine ernste Erkrankung hindeuten. Auf keinen Fall versuchen, die Verstopfung selbst zu beseitigen, sondern möglichst bald einen Arzt aufsuchen.

Hörsturz Man erkennt ihn an meist einseitiger Schwerhörigkeit oder gar Taubheit, die in Sekunden oder Minuten aus völliger Gesundheit heraus auftritt. Oft hat der Betroffene ein Gefühl, als hätte er Watte im Ohr. Ohrgeräusche können dem Hörsturz folgen. Man muß sofort einen Arzt aufsuchen, denn je schneller mit der Behandlung begonnen wird, desto größer sind die Chancen der Heilung.

Ohrringe und Clips

Gelegentlich kommt es bei Ohrclips und anderem Modeschmuck aus unedlen Metallen zu allergischen Hautreaktionen wie Juckreiz oder Ausschlägen. Man muß dann vom Arzt prüfen lassen, gegen welche Metalle eine Allergie vorliegt; eventuell muß man auf Modeschmuck verzichten. Manchmal hilft es, wenn man die Teile, die die Haut berühren, mit einem durchsichtigen Lack bestreicht oder mit einer dünnen Lage Schaumstoff o. ä. beklebt.

Die Ohrläppchen sollte man sich nur von einem Fachmann durchstechen lassen, der alle erforderlichen hygienischen Vorschriften streng einhält. Sollte es dennoch zu einer Entzündung kommen, muß man den Arzt aufsuchen. Keinesfalls darf man durch frisch gestochene Ohrläppchen ungereinigte Ringe aus unedlen Metallen ziehen; am besten geeignet ist ein feiner Goldring.

Ohrwurm

Ohrwürmer sind mittel- bis schwarzbraun und 10–20 mm lang. Betrachtete man noch vor kurzer Zeit den Ohrwurm als einen Schädling, weil er bei

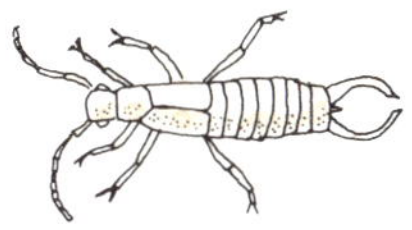

feuchtem Wetter die Blätter von Blumenkohl, Gurken und Tomaten und auch die Blütenköpfe von Dahlien anknabbert, so wird er heute, besonders von Biogärtnern, als Nützling hoch geschätzt. Er ist nämlich ein eifriger Läusejäger und vertilgt Blattläuse und andere Insekten in großer Zahl.

Will also ein Hobbygärtner mit Blattläusen aufräumen, steckt er in einem Beet einen mit Holzwolle gefüllten Tontopf auf einen Stab (siehe *Biogarten*), und bald finden sich die Ohrwürmer hier ein, wo sie sich nicht nur aufhalten, sondern auch nisten. Je mehr Töpfe, um so besser die Wirkung.

Ölfilter wechseln

Wenn das Motoröl gewechselt wird, tauscht man gleichzeitig auch immer den Ölfilter aus. Nachdem man das Motoröl abgelassen hat, stellt man die Auffangwanne unter den Filter.

Bei vielen Fahrzeugen kann man den Ölfilter mit einem Spannschlüssel lösen. Ein Band, das man um das Gehäuse gelegt hat, spannt sich beim Drehen so, daß der Filter festgequetscht wird und sich lösen läßt. Die letzten Umdrehungen kann man leicht von Hand ausführen. Hier muß man vorsichtig arbeiten, damit kein heißes Öl über die Hände läuft.

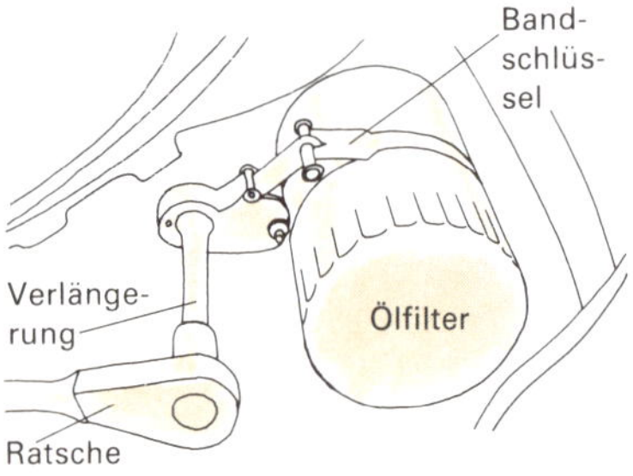

Die Dichtung des neuen Filters ölt man mit frischem Motoröl ein und zieht den Filter von Hand fest. Dabei wird kein Werkzeug eingesetzt. Wenn man das Motoröl aufgefüllt hat, führt man einen Probelauf durch und achtet auf Dichtigkeit.

Öllecks

Bemerkt man regelmäßig Ölflecken unter dem Fahrzeug, sollte man sie nicht nur beseitigen, sondern auch die Ursache aufspüren. Dazu läßt man an einer Tankstelle eine Motor- und Fahrzeugunterwäsche durchführen. Wenn der Motor trocken ist, macht man eine längere Probefahrt. Nun stellt man den Motor ab, öffnet die Motorhaube und leuchtet die einzelnen Bauteile ab. Typische ölundichte Stellen sind Ventildeckel mit Öleinfüllstutzen, Seitendeckel, Öldruckschalter, Benzinpumpe, Verteiler und Dichtring der Keilriemenscheibe. Oft genügt es, wenn man die Befestigungsschrauben nachzieht, um eine ausreichende Abdichtung zu erhalten. Verbogene oder verzogene Deckel richtet man mit einem Holzklotz aus.

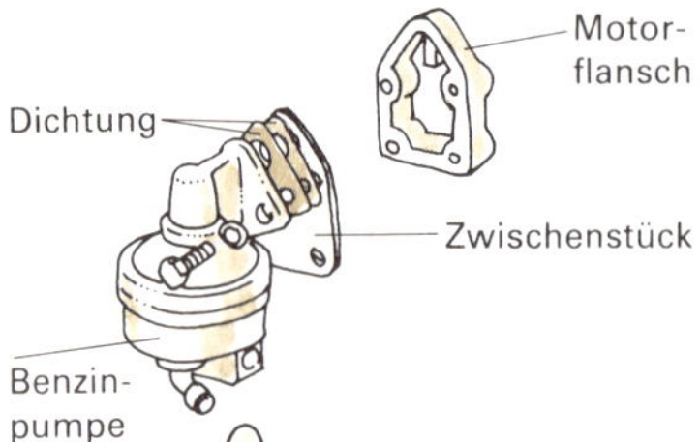

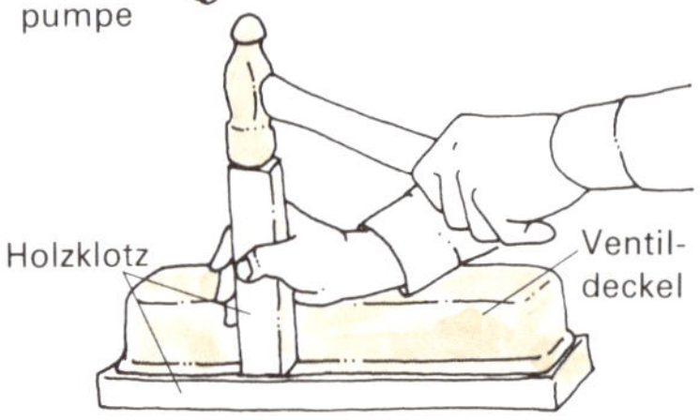

Eine typische Stelle für Öllecks unter dem Auto ist die Ölwannendichtung mit der Ablaßschraube. Auch hier kann man versuchen, einzelne Schrauben nachzuziehen.

Tritt zwischen Motor und Kupplungsgehäuse Öl aus, ist die Abdichtung der Kurbelwelle schadhaft; diese muß man instand setzen lassen.

Ölwechsel

Bevor man das Motoröl wechselt, reinigt man den Bereich des Öleinfüllstutzens, des Peilstabes und der Ablaßschraube gründlich mit einem Tuch.

Zum Ölwechsel sollte der Motor betriebswarm sein, damit das Öl schnell abläuft. Man stellt eine Kunststoffwanne bereit, um das Öl aufzufangen, und dreht die Ölwannenablaßschraube mit einem Ringschlüssel heraus. Vorsicht, bei sehr heißem Motor besteht Verbrühungsgefahr!

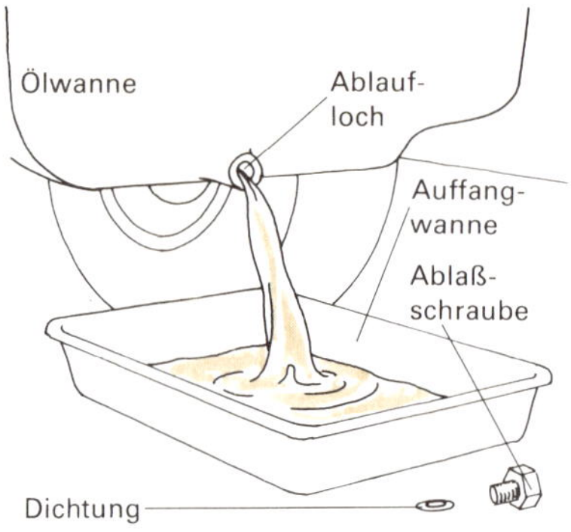

Man reinigt die Ölablaßschraube und dreht sie mit neuer Dichtung wieder ein. Die vorgesehene Ölfüllmenge wird eingefüllt und der Ölstand mit dem Peilstab kontrolliert. Man verschraubt den Einfüllstutzen und prüft nach einem Probelauf die Dichtigkeit.

Omeletten

Damit eine Omelette locker wird, sollen die Eier Raumtemperatur haben; die Pfanne und die zerlassene Butter müssen so heiß sein, daß die untere Schicht der Eimasse nahezu sofort stockt. Da Salz die Eimasse zähflüssig macht, salzt man erst nach dem Braten oder würzt nur die Füllung. Die Pfanne sollte so bemessen sein, daß sich die Eimasse darin in einer etwa 5 mm hohen Schicht verteilen kann. Der Boden der Pfanne muß glatt und eben sein, damit sich die Eimasse ungehindert ausbreitet. Will man mehrere Omeletten bereiten, verwendet man am besten zwei Pfannen; die fertigen Omeletten hält man auf einer feuerfesten Platte auf dem Herd warm.

In einer Schüssel zwei oder drei Eier und 1 Eßl. Wasser mit der Gabel leicht verschlagen. Die Pfanne erhitzen und 1 Eßl. Butterschmalz (oder Butter, die aber leicht dunkel wird) darin zerlassen. Die Pfanne leicht schwenken, damit sich das Fett verteilt. Nun die Eimasse hineingießen, notfalls glattstreichen und auf schwache Hitze zurückschalten. Die Pfanne ständig hin und her bewegen, damit die Masse nicht ansetzt. Omeletten nicht wenden! Sobald die Oberseite fest zu werden beginnt (sie soll noch etwas glänzen), die Pfanne anheben und die Hälfte der Omelette auf einen vorgewärmten Teller gleiten lassen, dann die zweite Hälfte darüberklappen. Werden die Omeletten gefüllt, verteilt man die Füllung jeweils auf die eine Hälfte, bevor man sie aus der Pfanne nimmt.

Um einer Omelette besonderen Geschmack zu verleihen, gibt man Kräuter (siehe *Küchenkräuter*), ½–¾ Tasse gekochten Schinken, Pilze oder geriebenen Käse hinein. Als Füllung nimmt man z. B. Ragoût fin oder Konfitüre.

Opa plätschert ...

Für dieses Schreibspiel benötigt man ein Blatt Papier und einen Kugelschreiber. Auf den oberen Rand des Blattes schreibt jeder der beliebig vielen Teilnehmer, die sich am besten im Kreis hinsetzen, den Satz: „Opa plätschert lustig in der Badewanne." Dann wird das Blatt hinter den Wörtern „Opa", „plätschert" und „lustig" senkrecht abgeknickt und so zusammengefaltet, daß man jeweils nur eine senkrechte Spalte lesen kann. Dann wird es an den Nachbarn zur Linken weitergegeben; gleichzeitig erhält man selber ein Blatt vom Nachbarn zur Rechten. Unter das Wort „Opa" schreibt man einen anderen Namen (etwa eines Bekannten oder einer berühmten Persönlichkeit), dann knickt man das Blatt wieder senkrecht nach hinten um, so daß der nächste Spieler den Namen nicht lesen kann. Das Blatt gibt man nach links weiter und schreibt unter „plätschert" ein neues Verb auf das Blatt, das man wiederum vom rechten Nachbarn erhalten hat. Auch das Blatt knickt man nach hinten um und schreibt unter „lustig" ein neues Adverb auf das Blatt vom Nachbarn usw. Da das Blatt nach jedem Wort immer abgeknickt wird, kann keiner der Mitspieler die neuen Sätze im Zusammenhang lesen. Wenn die Blätter voll sind, werden sie auseinandergefaltet und die Sätze im Zusammenhang vorgelesen.

Orchideen

Die meisten Orchideen verlangen eine besondere Pflege im Gewächshaus. Es gibt aber mehr als ein Dutzend Arten mit mehreren Sorten, die bei entsprechender Wärme, Belichtung und Luftfeuchtigkeit auch im Zimmer gedeihen.

Nach ihren Temperaturansprüchen kann man Orchideen in drei Gruppen einteilen: in Kalthausarten, die im Sommer tagsüber 16–18 °C, nachts 13–15 °C und im Winter tagsüber um 13 °C und nachts 8–10 °C brauchen; in Temperierthausarten, die im Sommer tagsüber zwischen 18 und 20 °C, nachts 16–18 °C und im Winter tagsüber 16–18 °C und nachts 14–16 °C benötigen; und in Warmhausarten, die tagsüber 23–25 °C und nachts um 20 °C brauchen.

Man beginnt mit den anspruchsloseren Pflanzen für den mittleren Temperaturbereich: *Paphiopedilum* (Frauen- oder Venusschuh), *Cattleya* und *Phalaenopsis* (Malaienblume). *Paphiopedilum*-Arten sind im Boden wurzelnde Erdorchideen, die beiden anderen Gattungen sind Epiphyten (Aufsitzerpflanzen). Die meisten epiphytischen Orchideen besitzen sogenannte Scheinbulben, die einem waagrechten Rhizom entspringen und aus denen die Blüten treiben.

Orchideen stellt man auf eine Fensterbank an einen hellen, nicht vollsonnigen Standort. Sie sollen lediglich mitten im Winter direkt von der Sonne beschienen werden. Damit Orchideen blühen, müssen sie mindestens zehn, jedoch nicht mehr als 16 Stunden am Tag ausreichendes Licht bekommen. Im Winter kann man die Belichtung sechs oder mehr Stunden am Tag durch Leuchtstoffröhren ergänzen. Der Abstand zwischen der Pflanze und der Leuchtstoffröhre sollte ungefähr 15 cm betragen.

Im allgemeinen werden Orchideen während der Hauptwachstumszeit zwei- bis dreimal in der Woche gegossen, wobei man die obere Erdschicht zwischen den Wassergaben abtrocknen läßt. In der Ruhezeit im Winter gießt man einmal alle ein bis zwei Wochen. Als Gieß- und Sprühwasser eignet sich am besten Regenwasser. Kalkhaltiges Wasser schadet den Pflanzen. Die Wassertemperatur sollte der Lufttemperatur entsprechen. Bei jeder dritten oder vierten Wassergabe setzt man einen Flüssigdünger zu, dessen Konzentration fünf- bis zehnmal niedriger sein muß als die für normale Zimmerpflanzen. Während der Ruhezeit im Herbst oder Winter gießt man nur mäßig und düngt gewöhnlich nicht.

Alle Orchideen brauchen vor allem während der Hauptwachstumszeit eine hohe Luftfeuchtigkeit. Man sprüht mit einem Zerstäuber und stellt die Töpfe in wassergefüllte Schalen auf Kieselsteine. Im Winter kann die Luftfeuchtigkeit niedriger sein.

Erdorchideen werden in normale Töpfe gepflanzt. Als Kultursubstrat verwendet man ein Gemisch aus gleichen Teilen Lauberde oder Torf, zerkleinertem Sumpfmoos *(Sphagnum)*, brockigem Lehm und scharfem Sand.

Kulturerden für epiphytische Orchideen bestehen meist aus zwei Teilen *Osmunda*-Fasern oder zerkleinerter Borke und einem Teil Sumpfmoos. Man kann epiphytische Orchideen auch auf einem Rindenstück kultivieren.

Alle zwei bis drei Jahre werden Orchideen im Frühjahr umgetopft. Man schneidet die abgestorbenen oder beschädigten Wurzeln ab und entfernt vorsichtig die Reste des alten Kultursubstrats. Pflanzen mit Rhizomen setzt man so auf das frische Kultursubstrat, daß die ältesten Scheinbulben am Topfrand liegen und die Triebspitzen zur Mitte hin zeigen. Dann füllt man die Zwischenräume der Saugwurzeln mit Substrat aus.

Origami

Für Origamiarbeiten braucht man lediglich Papierbögen, die genau quadratisch sind und sich gut falten lassen. In Papier- und Bastelgeschäften gibt es spezielles Origamipapier, das auf einer Seite farbig und auf der andern weiß ist. Meist bekommt man es in Packungen mit mehreren Bögen und Arbeitsanleitungen für einige traditionelle Figuren. Außerdem gibt es Bücher mit vielen Modellen in Buchhandlungen.

Grundbegriffe der Falttechnik In den Arbeitsanleitungen werden Faltungen durch unterbrochene Linien und Pfeile angezeigt. Eine Linie aus Punkten und Strichen besagt, daß man das Papier nach unten, also von sich weg falten soll; dabei entsteht eine Bergfalte. Eine gestrichelte Linie besagt, daß man das Papier nach oben falten soll; es entsteht eine Talfalte. Eine umgekehrte Falte macht man, indem man das Papier in der Mitte zusammenfaltet, dann eine diagonale

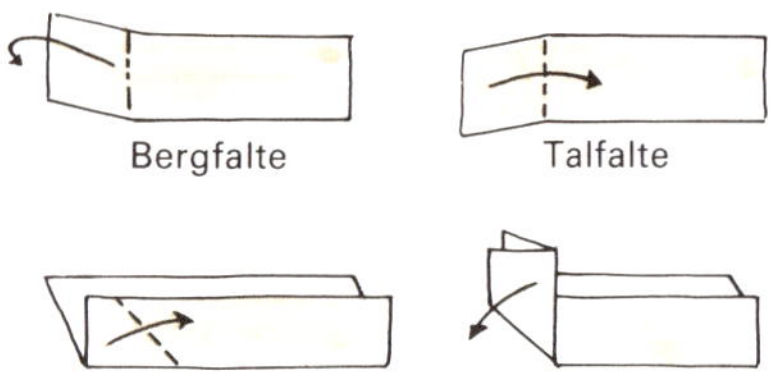

Talfalte einlegt und wieder öffnet; nun öffnet man die Mittelfalte ein wenig, drückt die eingefalteten Ecken nach innen und zieht die Faltlinien nach.

Viele Origamimodelle gehen von der Grundfaltung aus. Ein quadratisches Stück Papier wird zweimal diagonal zu einem Dreieck zusammengefaltet. Dann hebt man das obere Dreieck an, bis es senkrecht auf dem unteren steht, biegt seine Spitze nach unten und faltet sie auf dem unteren

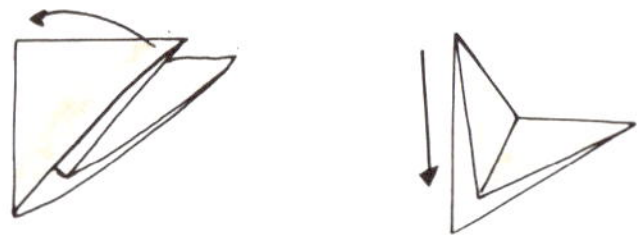

Dreieck flach aus, so daß ein Quadrat entsteht. Zum Schluß wendet man das Modell und wiederholt die Schritte beim andern Dreieck.

Kranich im Flug Ein sehr beliebtes Origamimodell ist der Kranich, der bei den Japanern als Glücksvogel gilt. Man beginnt mit der Grundfaltung (A), schlägt die beiden oberen Klappen zur Mitte hin um und wieder auseinander (B). Nun faltet man die obere Ecke herunter und wieder zurück (C) und zieht die untere Ecke der obersten Papierlage vorsichtig über das Modell hinweg nach oben, bis die Kanten in der Mitte zusammentreffen (D). Die Falten werden glattgestrichen (E). Danach wendet man das Modell um und wiederholt die gleichen Schritte auf der Rückseite. Nun hat man die Grundform des Vogels.

Anschließend faltet man die Seiten der Grundform vorn und hinten um

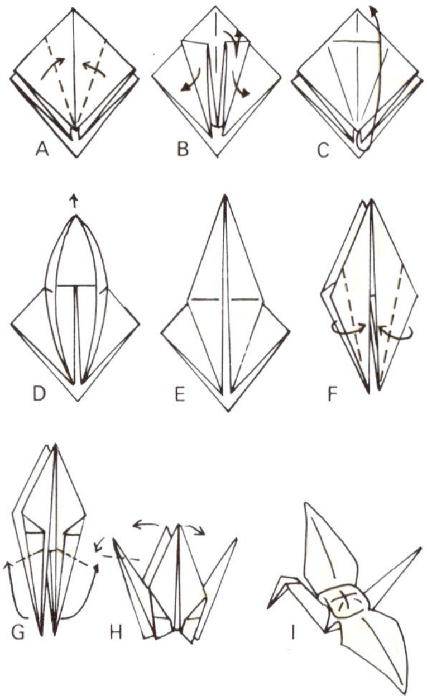

(F) und legt die unteren Ecken in umgekehrten Falten nach oben (G). Aus einer umgekehrten Falte bildet man den Kopf aus (H), dann zieht man die Flügel vorsichtig auseinander und bläst den Vogel durch das unten entstandene Loch auf (I).

Siehe auch *Papierflugzeug; Papierhüte.*

Ösen

Ösen sind Metallringe, mit denen man Löcher in Stoffen, Plastik und Leder verstärkt, in die Haken eingehängt oder Schnüre und Bänder eingezogen werden. Ösen und das nötige Werkzeug dazu bekommt man im Fachhandel. Sie haben 5–20 mm Durchmesser.

In dünnes Material macht man mit einer Schere einen x-förmigen Einschnitt, der etwas kleiner ist als die

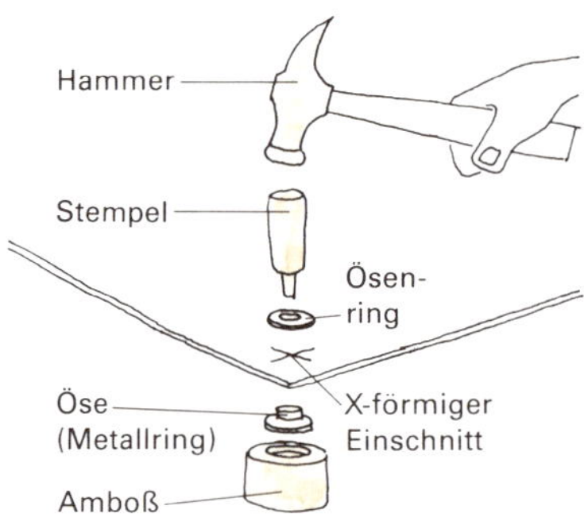

Öffnung des höheren Ösenteils. Bei dickem Leder stanzt man ein entsprechend großes Loch aus. Nun legt man den hohen Ösenteil in den Amboß, schiebt den x-förmigen Einschnitt über den hochstehenden Rand, setzt den Ösenring mit der ausgewölbten Seite nach oben darauf, hält den Stempel in den Ösenrand und bördelt ihn mit kräftigen Hammerschlägen um den Ösenring.

Wenn man Ösen in leichteren Stoffen erneuert, legt man Nahtband unter; bei schwerem Material verwendet man ein Gewebeband aus Nylon mit verschweißten Rändern als Verstärkung. In Nylon kann man die Löcher für die Ösen mit einem Lötkolben einbrennen.

Ostereier

Zur Abwechslung sollte man Ostereier einmal nach ukrainischer Art verzieren. Die Originaltechnik ist sehr aufwendig, doch es gibt ein vereinfachtes Verfahren. Man braucht dazu einen Wachsstift oder geschmolzenes Kerzenwachs, einen Farbpinsel und pflanzliche Farbstoffe.

Man taucht die hartgekochten, abgekühlten Eier in Essig, damit die Farbe besser haftet, und läßt sie trocknen. In der Zwischenzeit setzt man die Farben nach der Gebrauchsanweisung an und läßt sie abkühlen.

Mit einem weißen Wachsstift oder einem kleinen Farbpinsel, den man in geschmolzenes Kerzenwachs taucht, bemalt man die Stellen des Eies, die weiß bleiben sollen. Dann wird das Ei mit einem Löffel in ein gelbes Farbbad gelegt und dort mindestens fünf Minuten belassen; dabei dreht man es mehrmals, damit es gleichmäßig eingefärbt wird. Ist der Farbton genügend intensiv, nimmt man das Ei heraus und läßt es trocknen.

Nun trägt man Wachs auf diejenigen Stellen auf, die gelb bleiben sollen, und legt das Ei in ein orangerotes, rotes, grünes, blaues oder purpurrotes Farbbad. Mehr als drei Farben sollte man nicht verwenden, weil sonst der endgültige Farbton zu dunkel wird.

Nach dem letzten Farbbad legt man die Eier auf Küchenkrepp in den warmen Backofen und läßt die Tür offen. Wenn das Wachs glänzend wird, nimmt man die Eier heraus und

wischt das geschmolzene Wachs mit Küchenkrepp ab.

Statt Wachs kann man auch Abdecklack verwenden, der einen dünnen Film bildet. Man geht in oben beschriebener Weise vor, verwendet jedoch chemische Farben und schält dann den Lackfilm von den Eiern. Diese Eier darf man nicht essen! Am besten verwendet man ausgeblasene.

PQ

Panieren

Fleisch zum Kurzbraten, Hähnchen und Hähnchenteile, Fische, Fischfilets, ausgelöste Muscheln und Krustentiere, Selleriescheiben, dicke Scheiben Hartkäse, Bananen, Ananasscheiben und vieles mehr kann man panieren, ehe man es brät. Die Panierschicht dient dazu, das Bratgut saftig zu halten. Ernährungsbewußte sollten daran denken, daß beispielsweise ein paniertes Schnitzel doppelt so viele Kalorien hat wie ein Schnitzel natur.

Man wendet das Bratgut erst in nach Belieben gewürztem Mehl (Fleisch u.ä. vorher salzen), das man wieder gut abschüttelt, dann in Eigelb, verschlagenem Ei oder nur Eiweiß. Zuletzt wendet man es in Paniermehl oder Semmelbröseln. Statt des Paniermehls kann man je nach Bratgut auch geriebene Nüsse, Kokosraspeln, geriebenen Käse oder trockene Kuchenkrümel nehmen. Lockere Brösel schüttelt man ab.

Panierte Nahrungsmittel müssen sofort gebraten oder fritiert werden, bevor die Panierschicht weich wird. Die fertiggebratenen Stücke legt man kurz auf Küchenkrepp, um das überschüssige Fett aufzunehmen, und serviert sie sofort.

Papierflugzeug

Aus einem rechteckigen Blatt Papier kann man im Handumdrehen einen schnittigen Flieger basteln.

Man faltet das Papier der Länge nach zusammen und öffnet es wieder, so daß in der Mitte eine Buglinie entsteht. Dann faltet man an einem Ende die beiden Ecken zur Buglinie hin um (A) und macht das gleiche mit den beiden schrägen Seiten zweimal (B, C). Danach legt man das Modell mit der Unterseite nach oben, faltet es entlang der Buglinie zur Hälfte zusammen und schneidet dann ein etwa 1 cm langes Stück von der Nase ab (D). Zum Schluß werden die Flügel ausgebreitet.

Damit das Flugzeug gut fliegt, kann man die hinteren Ecken der Flügel nach oben abwinkeln oder „Höhenruder" herstellen, indem man die hinteren Flügelkanten je zweimal etwa 1 cm tief einschneidet und zwei Klappen hochbiegt (E). Man hält den Flieger am Rumpf und startet ihn mit hoch erhobenem Arm.

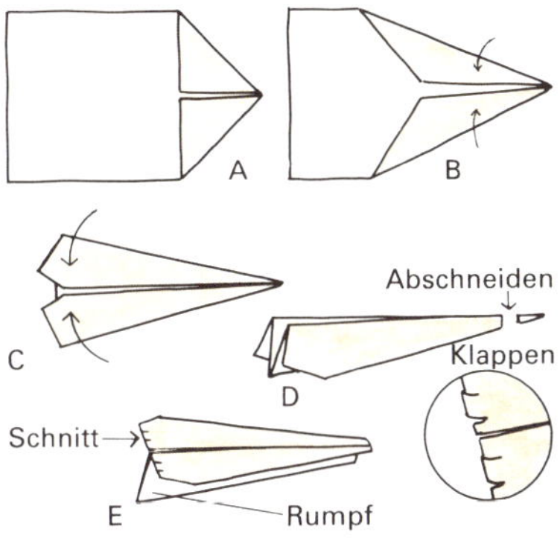

Papierhüte

Bunte Hüte aus Papier können Stimmung in ein Kinderfest, aber auch in eine Faschings- oder Neujahrsparty für Erwachsene bringen. Der Gastgeber kann selbstgebastelte Hüte bereitstellen oder den Gästen den Spaß lassen, ihre eigenen Kopfbedeckungen herzustellen. Dazu legt man fertig zugeschnittenes Zeichenpapier oder Karton, Alleskleber, Farbstifte oder Filzschreiber, Federn, Papierblumen, Konfetti, Wattebällchen, Bänder, Glanzfolie u.a. bereit, die als Verzierungen aufgeklebt werden.

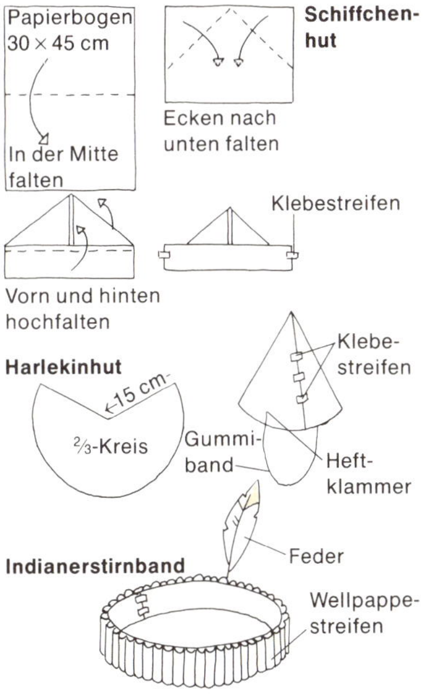

Papiermaché

Aus Papier aller Art und Kleister oder Leim kann man Masken, Büsten, Schalen, Schmuckschachteln oder phantasievolle Skulpturen herstellen. Am besten eignen sich Zeitungspapier, Weißleim und Tapetenkleister.

Für eine Figur aus Papiermaché (auch Pappmaché genannt) braucht man zunächst ein tragendes Gerüst, das Kernmaterial. Dazu eignen sich alle leichten Materialien in einer Form, die etwa der zu modellierenden Figur entspricht: zu einem Knäuel zusammengedrückte Aluminiumfolie, Pappkarton, Maschendraht, Blechbüchsen, Kunststoffbehälter oder aufgeblasene Luftballons.

Auf diesen Kern wird die Figur modelliert, indem man mit Kleister getränkte Papierstreifen oder einen Brei aus Papier und Kleister aufträgt oder beide Materialien gemeinsam verarbeitet. Auf diese Weise läßt sich beispielsweise eine Maske herstellen: Man beklebt einen aufgeblasenen Luftballon mit Papierstreifen, modelliert dann die Gesichtszüge mit Papierbrei. Wenn die Maske trocken ist, durchsticht man den Ballon und zieht ihn heraus.

Das Papier wird nicht mit der Schere zugeschnitten, sondern entlang einer festen Kante in Streifen gerissen, weil sich die ausgefransten Ränder besser anlegen und eine glattere Oberfläche ergeben. Weißleim wird mit der gleichen Menge Wasser vermischt. Bei Tapetenkleister verrührt man 1 Teil Pulver in 10 Teilen Wasser. Um das Papiermaché schwer entflammbar zu machen, gibt man pro Tasse Klebstoff 1 Teel. Natriumphosphat zu; man bekommt es in der Apotheke. Die Pa-

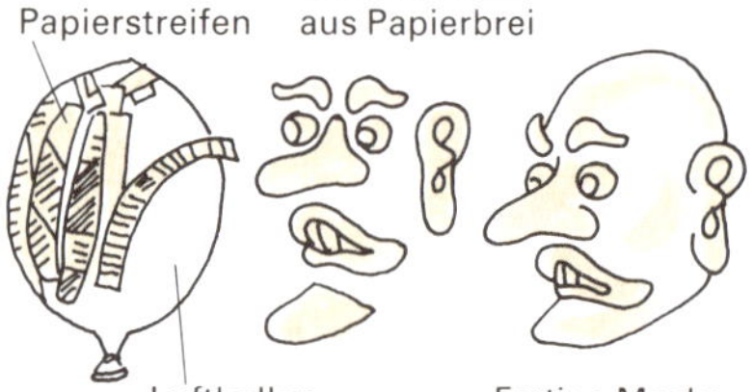

pierstreifen werden einige Minuten lang in der Kleisterlösung eingeweicht oder mit einem Schwamm mit Kleister bestrichen. Sie dürfen aber nicht zu stark eingekleistert werden, weil sie sonst zerfallen.

Um etwa 1 l Papierbrei herzustellen, zerreißt man vier große Bogen Zeitungspapier in kleine Stücke und weicht sie über Nacht in 2 l heißem Wasser ein. Am nächsten Tag wird dieses Gemisch 20 Minuten lang gekocht und dann mit einem Schneebesen zu einem weichen Brei geschlagen. Dann läßt man die Masse in einem Sieb abtropfen und drückt sie zu einem weichen, feuchten Klumpen zusammen. Anschließend gibt man 2 Eßl. Weißleim und 2 Eßl. Tapetenkleister zu und rührt die Masse, bis sie klumpenfrei ist.

Den modellierten Gegenstand läßt man über Nacht trocknen; schneller geht es, wenn man ihn in den auf 65 °C vorgewärmten Backofen stellt. Bei Modellen aus Papierbrei wird die Oberfläche mit Schleifpapier geglättet. Bemalen läßt sich Papiermaché mit allen Wasser- und Dispersionsfarben. Um das fertige Modell wasserfest und haltbarer zu machen, kann man es mit klarem Sperrgrund auf Acrylbasis besprühen oder dreimal mit Klarlack überziehen.

Parfüm

Um Parfüm zu kaufen, muß man sich Zeit lassen. Da jedes Parfüm seinen individuellen Duft erst langsam auf der Haut entfaltet, sollte man es in der Parfümerie unbedingt ausprobieren und mindestens zehn Minuten warten, bevor man sich entscheidet. Mehr als drei bis vier Duftnoten kann man aber im allgemeinen nicht gleichzeitig testen. Hat man noch nicht das richtige gefunden, sollte man den Kauf auf einen anderen Tag verschieben.

Schwere Düfte passen eher für den Abend oder für festliche Anlässe, während für den Tag ein frisches Eau de toilette besser geeignet ist.

Parfüm gehört nicht auf die Kleidung, wo es Flecke verursachen und mit der Zeit unangenehm riechen kann, sondern auf die Haut. Man tupft es mit dem Stöpsel der Flasche oder sprüht es hinter die Ohren, in den Nacken, an den Haaransatz, ins Dekolleté, auf die Pulsadern oder in die Ellbogenbeuge. Es wird nicht in die Haut eingerieben.

Bevor man ein Sonnenbad nimmt, sollte man kein Parfüm oder Eau de Cologne verwenden, da es sonst zu Pigmentveränderungen der Haut kommen kann.

Parfüm wird dunkel und gut verschlossen aufbewahrt. Es sollte innerhalb von einem Jahr aufgebraucht werden. Die leere Flasche legt man in den Kleider- oder Wäscheschrank, wo sie noch eine Weile einen angenehmen Duft verströmt.

Paspel

Eine Schnurpaspel wird als Verzierung in einer Naht zwischengefaßt. Man kann sie fertig kaufen oder selbst herstellen. Um sie anzufertigen, braucht man Einziehkordel (in verschiedenen Stärken im Textil- und Kurzwarenhandel erhältlich), Schrägstreifen aus Stoff und einen Reißverschlußfuß für die Nähmaschine. Der Stoff, in den die Kordel eingezogen wird, kann farblich zum übrigen Material passen oder einen Kontrast bilden.

Die Schrägstreifen werden im Schrägfadenlauf zugeschnitten. Die Breite entspricht dem Umfang der Kordel plus 3 cm für die Nahtzugaben. Nach Bedarf setzt man zwei oder mehrere Streifen mit 5 mm Nahtzugabe zusammen, um die benötigte Länge zu erhalten. Die Nähte bügelt man auseinander und schneidet die überstehenden Kanten ab.

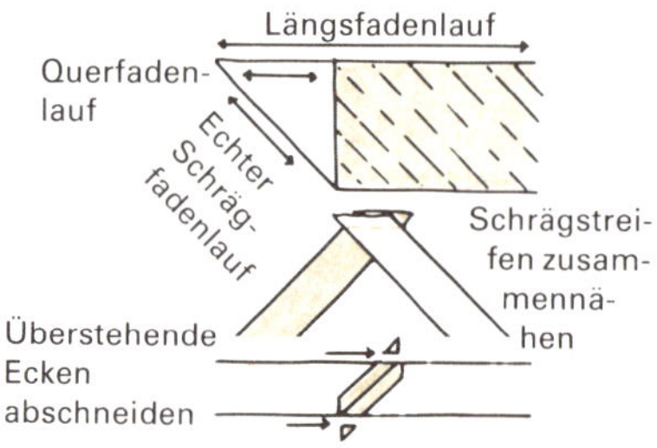

Den Stoffstreifen faltet man links auf links längs durch die Mitte, legt ihn mit der rechten Seite nach außen um die Kordel und steckt ihn fest. Den Reißverschlußfuß bringt man rechts von der Nähmaschinennadel an und steppt dicht an der Kordel entlang.

Um die Paspel einzusetzen, steckt und heftet man sie rechts auf einem Stoffteil fest, wobei Paspelnaht und Nahtlinie aufeinanderliegen. An Außenecken und -rundungen wird die Nahtzugabe der Paspel eingekerbt, an Innenecken und -rundungen eingeschnitten (siehe *Nähte*). Dann steppt man knapp links neben der Paspelnaht. Den Stoffteil legt man nun rechts auf rechts auf den anderen und steppt beide Teile durch alle Lagen knapp links neben der ersten Naht zusammen.

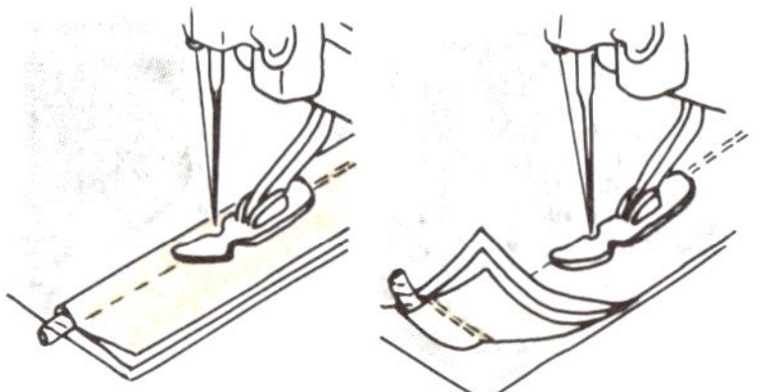

Paspel auf erstem Stoffteil annähen — Stoffteile zusammennähen

Muß die Schnurpaspel aus mehreren Teilen zusammengesetzt werden, verbindet man die Enden, während man die Paspel am ersten Stoffteil annäht: Das Ende des ersten Paspelstücks und den Anfang des neuen läßt man überlappen, näht sie aber nicht gleich fest. Die Kordel des einen Stücks schneidet man so zurück, daß sie genau an die andere anschließt.

Den Schrägstreifen schneidet man auf 1 cm zurück, schlägt die Kante 5 mm ein und legt sie um das andere Paspelstück. Dann steppt man durch alle Lagen.

Paspelenden verbinden

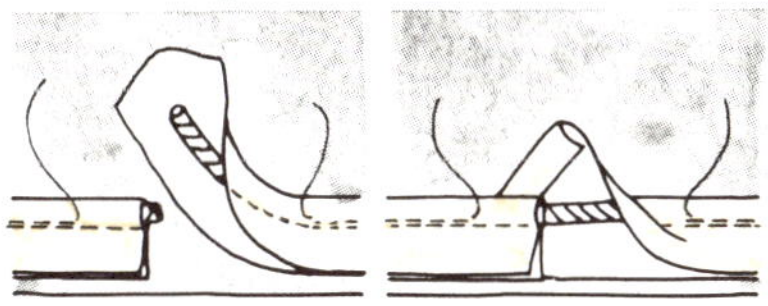

Passepartout

Ein Passepartout ist eine Papier- oder Kartonumrahmung für Zeichnungen, Grafiken, Aquarelle usw. Es empfiehlt sich, zu einem Passepartout eine genauso große Unterlage für das Bild zu machen. Als Unterlage kann man Karton oder auch dünnes Sperrholz verwenden.

Die Größe des Ausschnitts im Passepartout richtet sich nach den Maßen des Bildes; die Außenmaße des Passepartouts hängen davon ab, wie breit man die Umrahmung haben möchte. Den Ausschnitt legt man so an, daß das Passepartout an den Seiten gleich breit und an der Unterkante etwa 12 mm breiter ist als an der Oberkante.

Man zeichnet den Ausschnitt etwas kleiner an als das Bild, damit das Passepartout die Bildkanten leicht überdeckt. Geschnitten wird mit einem Stahllineal und einem scharfen Universalmesser. Verwendet man Karton, führt man die Schnitte nach innen abgeschrägt aus, damit von vorn die Dicke des Passepartouts zu sehen ist. Wenn alle vier Seiten geschnitten sind, arbeitet man mit einer Rasierklinge die Ecken des Ausschnitts sauber nach. Rauhe Stellen an den Schnittkanten kann man mit Schleifpapier glätten.

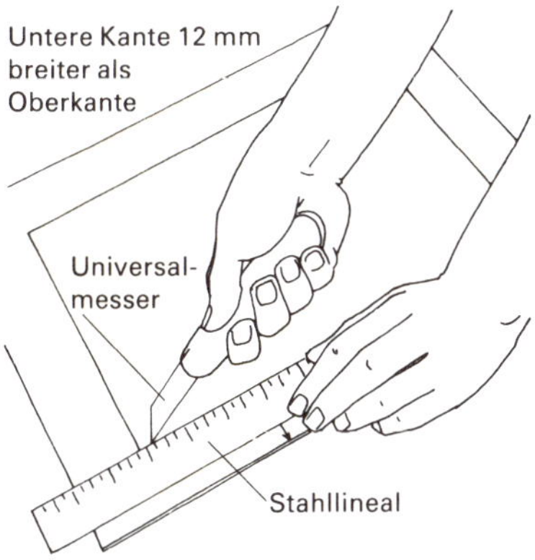

Das Bild wird mit Klebestreifen am Untergrund befestigt. Dann klebt man das Passepartout auf den Untergrund.

Passiersieb

In einem Passiersieb, einer Schüssel aus Metall mit Siebboden, werden Nahrungsmittel püriert; dabei bleiben – im Gegensatz zum Mixer – Kerne, Fruchtfleisch, Schalen usw. im Sieb zurück. Am Siebboden streicht ein Blech entlang, das mit einer Handkurbel gedreht wird und die Speisen durch die Sieböffnungen drückt. Bleibt das Blech stecken, dreht man die Kurbel in die andere Richtung und kratzt die anhaftenden Reste mit einem Löffel vom Sieb. Manche Modelle haben austauschbare Siebeinsätze für feines, mittelfeines und grobes Püree.

Ein Passiersieb eignet sich insbesondere zur Herstellung von Marmeladen, Babynahrung, Apfelmus, Kartoffelpüree und Tomatenmark. Vor dem Passieren wird das Gut in kleinere Stücke geschnitten und gekocht, sofern es sich nicht um weiche Früchte handelt.

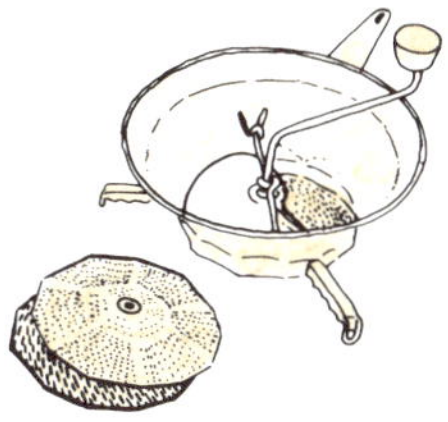

Patchwork

Beim Patchwork werden mehrere einzelne Stoffstücke zusammengenäht, um eine neue, größere Stoffeinheit zu bilden. Am einfachsten ist es, wenn alle Stücke dieselbe Form und Größe haben. Werden Stücke unterschiedlicher Form für ein Muster verwendet, spricht man von einem Blockpatchwork, da die Stücke zu einem Block zusammengesetzt werden.

Um in dieser althergebrachten Technik Erfahrungen zu sammeln, beginnt man am besten mit dem hier beschriebenen einfachen Sternmuster, bei dem ein Block groß genug für einen Kissenbezug ist. Mehrere solche Blockeinheiten lassen sich wiederum zu einer Decke o. a. zusammensetzen. Man verwendet einen dicht gewebten, mittelschweren Baumwollstoff: etwa 35 cm in der Hauptfarbe und jeweils 25 cm in zwei anderen passenden Farben (oder entsprechende Reste); außerdem benötigt man Garn, eine 30 × 30 cm große Kisseneinlage und starkes Papier.

Auf das Papier die vier Grundformen dieses Blockpatchworks in der angegebenen Größe zeichnen; rund-

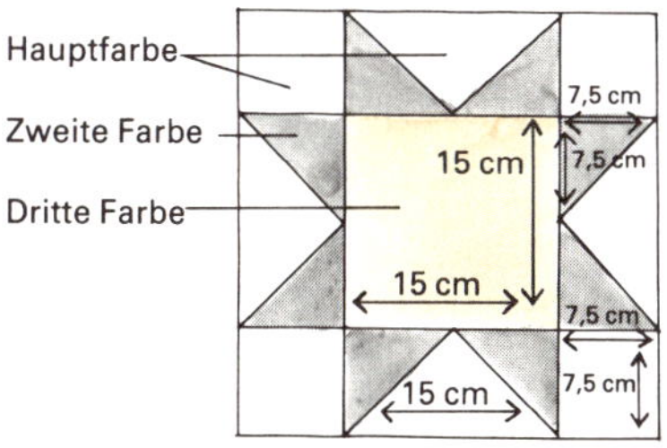

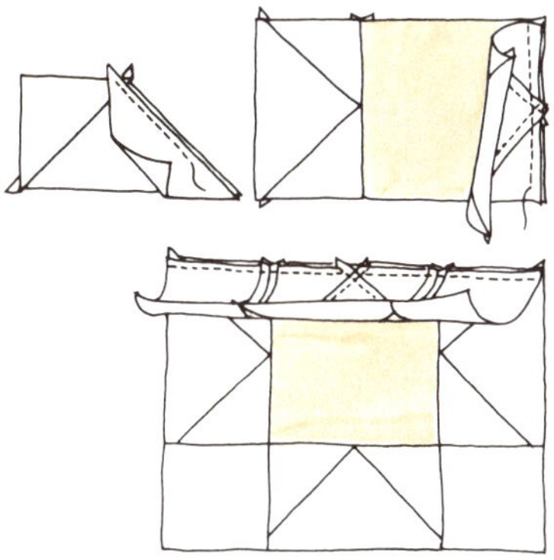

herum 5 mm Nahtzugaben vorsehen. Anhand dieser Papiervorlagen die Umrisse der Stücke mit Schneiderkreide (siehe *Nähhilfen*) so auf den Stoff übertragen, daß die Pfeile in Richtung des Längs- oder Querfadenlaufs (siehe *Fadenlauf*) zeigen; dann die Einzelstücke ausschneiden. Man braucht vier große Dreiecke und vier kleine Quadrate in der Hauptfarbe des Stoffs, acht kleine Dreiecke aus einer anderen Stoffarbe und ein großes Quadrat aus der dritten Farbe. Außerdem schneidet man ein 30 × 30 cm großes Stück der Hauptfarbe für die Rückseite des Kissenbezugs zu.

Die Einzelstücke in der gezeigten Weise zusammennähen und nach jedem Arbeitsschritt die Nahtzugaben auf eine Seite umbügeln. Gesteppt wird mit Maschinenstichen oder kleinen Vorstichen von Hand. Mit einer 5 mm breiten Naht den Patchworkteil mit dem rückwärtigen Bezugteil zusammennähen (siehe *Kissen*) und die Kisseneinlage einziehen.

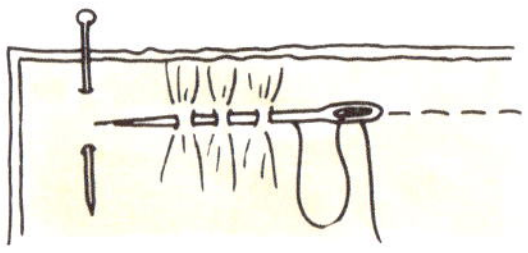

Vorstiche (3–4 Stiche pro Zentimeter)

Peeling

Mit einem Peeling (oder Schälkur) entfernt man verhornte Hautzellen und schilfert die Haut schonend ab. Die Peelingcreme – eine Art Schmirgelmasse – wird mit sanft kreisenden Bewegungen übers Gesicht verteilt, wobei man die empfindliche Augenpartie ausspart, und ein paar Minuten lang leicht einmassiert. Die winzigen Schleifkörperchen rubbeln die oberste Hornzellenschicht ab, wobei sie Mitesser und Hautunreinheiten mit entfernen. Die Creme wird dann mit viel lauwarmem Wasser abgespült und das Gesicht wie üblich eingecremt.

Je nach Hauttyp sucht man sich das geeignete Peeling aus; ein Mandelpeeling beispielsweise ist für trockene, ein Sonnenblumenpeeling eher für fette Haut geeignet. Es gibt fertige Produkte auf dem Markt, die Seesand oder fein zerriebene Aprikosenkerne enthalten. Jedes dieser Mittel wirkt klärend auf die Haut; sie fühlt sich danach weich an und wirkt frisch durchblutet.

Siehe auch *Gesichtspflege.*

Pelargonien

Pelargonien (Geranien) gedeihen besonders gut in einer Erde auf Kompostbasis. Die Färbung ihrer prächtigen Blüten reicht von Hellrot über Rosarot und Hellila bis Weiß. Die unterschiedlich geformten Blätter mancher Sorten verströmen einen angenehmen Duft.

Ungefähr Mitte Mai, wenn keine Fröste mehr zu erwarten sind, setzt man die Pflanzen an einen sonnigen Platz ins Blumenbeet, in Balkonkästen oder in Blumenkästen vor dem Fenster. Dabei hält man Abstände von 20–35 cm ein. Gedüngt wird monatlich mit einem kalireichen Flüssigdünger. Damit die Pflanzen buschig bleiben, kneift man die jungen Triebspitzen aus. Die Blüten werden entfernt, sobald sie zu welken beginnen. Zwischen den Wassergaben läßt man den Boden etwas antrocknen.

Zum Überwintern werden die Pflanzen rechtzeitig vor dem ersten Frost ins Haus gebracht. Man schneidet sie etwa um die Hälfte zurück, setzt sie in den kleinsten Topf, in dem der Wurzelballen gerade noch Platz hat, und stellt sie auf eine sonnige Fensterbank. Pelargonien fühlen sich bei Temperaturen zwischen 17 und 20 °C am wohlsten. Sobald die jungen Triebe 10–12 cm lang sind, schneidet man die Pflanzen nochmals zurück. Man kann Pelargonien auch in einem kühlen Pflanzenraum überwintern und dort ein- bis zweimal im Monat gießen.

Junge Pelargonien werden aus 7 bis 10 cm langen Kopfstecklingen (siehe *Stecklinge*) gezogen, die man im August oder September abnimmt. Man entfernt alle Blüten und Knospen sowie die untersten Blätter. Dann steckt man den Steckling in einen 5- bis 7-cm-Topf mit einem feuchten Torf-Sand-Gemisch und stellt ihn an einen hellen, nicht vollsonnigen Platz. Nach etwa zwei bis drei Wochen hat sich die Pflanze bewurzelt. Nach weiteren drei bis vier Wochen stellt man sie in direktes Sonnenlicht und behandelt sie wie eine ausgewachsene Pflanze.

Perlenarbeiten

Im Fachhandel gibt es sehr dünne Durchziehnadeln für kleine Perlen; größere können mit einer normalen Nähnadel aufgefädelt werden. Die Stärke der Nadel richtet sich nach der Perlenbohrung (Loch). Damit die einzelnen Perlen bei der Arbeit nicht wegrollen, breitet man sie auf einem Stück Samt oder Cordstoff aus.

Um Perlen von Halsketten aufzufädeln, siehe *Halskettenverschlüsse; Schmuck.*

Annähen An Kleidungsstücke näht man Perlen mit Nähgarn aus Baumwolle oder baumwollumsponnenem Polyester an. Um den Faden zu verstärken und zu glätten, kann man ihn über eine Kerze oder Bienenwachs ziehen. An schweren Stoffen befestigt man Perlen mit Nylonfäden oder Angelschnur; beide sind fest und unauffällig.

Den Untergrundstoff hält man bei der Arbeit straff, indem man ihn in einen Rahmen oder Stickring einspannt. Wenn er dennoch wellig wird, kann man den perlenbesetzten Stoff dadurch glätten, daß man ihn auf einem feuchten Tuch ausbreitet, in Form bringt und mit Nadeln feststeckt. Dann breitet man ein feuchtes Tuch darüber und läßt alles an der Luft trocknen.

Man kann Perlenmotive an Pullovern und Kleidern ersetzen, indem man neue Perlen aneinandergereiht mit Vorstichen (siehe *Heften*) aufnäht. Die Perlen können auch einzeln mit Rückstichen (siehe auch dort) angenäht werden: Den Faden an der linken Stoffseite verriegeln. Die Nadel zur rechten Stoffseite durchstechen und eine Perle aufreihen. Nun einen Rückstich arbeiten, wobei man die Nadel eine Perlenbreite hinter dem Ausstich in den Stoff einsticht, dann wieder eine Perlenbreite vor dem ersten Stich aussticht. Die weiteren Perlen so aufnähen, daß sie möglichst dicht aneinanderliegen.

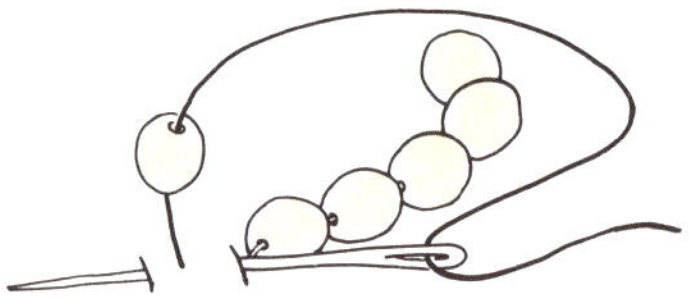

Außerdem können Perlen aufgefädelt und gleichzeitig von Hand oder mit der Maschine durch Überfangstiche auf einen Stoff genäht werden. Von Hand arbeitet man mit zwei Fäden und zwei Nadeln. Einen Faden an der linken Stoffseite verriegeln, durchstechen und mehrere Perlen aufreihen. Dann den zweiten Faden ebenfalls verriegeln, durchstechen und zwischen den einzelnen Perlen den Aufreihfaden mit Überfangstichen am Stoff befestigen.

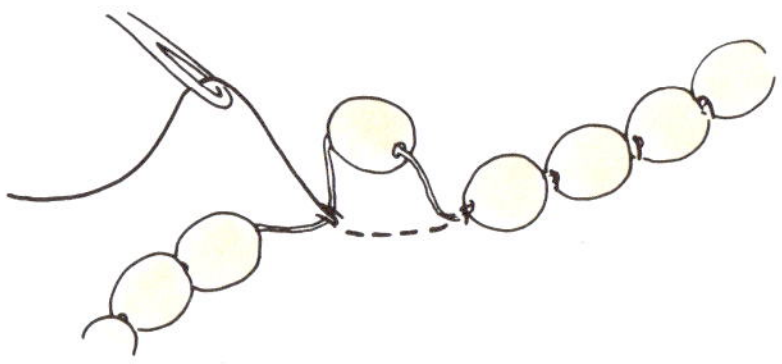

Schneller geht die Arbeit mit der Nähmaschine. Mit der Kante vom Reißverschlußfuß dicht an der Perlenkette werden Zickzackstiche über den Aufreihfaden gelegt.

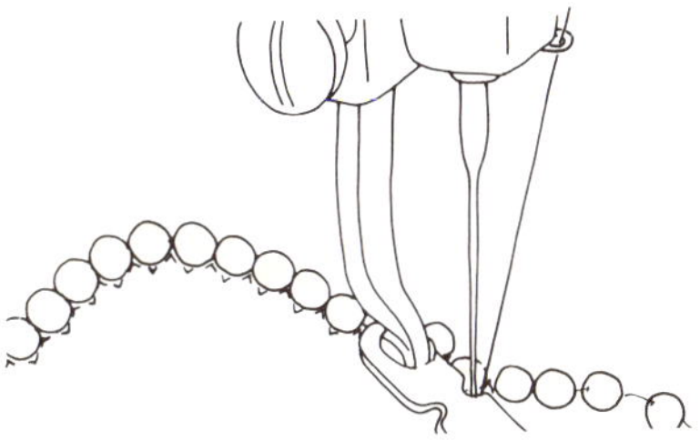

Pfeilwerfen

Bei diesem Spiel, das auch unter dem englischen Namen *Darts* bekannt ist, werfen die Teilnehmer kleine Pfeile auf eine Zielscheibe. Es gibt zwei Arten von Zielscheiben: eine einfache mit konzentrischen Ringen und eine komplizierte mit zusätzlichen keilförmigen Sektoren. Beide lassen sich aus einer entsprechend großen Spanplatte basteln, die man mit etwa 6 mm starkem Kork beklebt. Die Zielscheiben sind aber auch in Spielwarengeschäften zu kaufen.

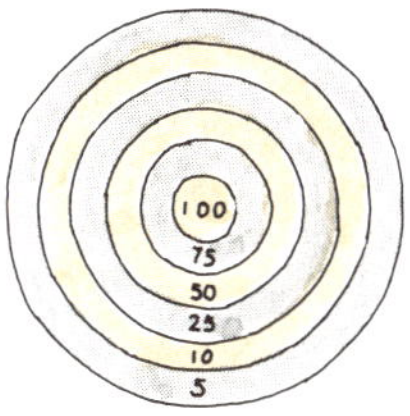

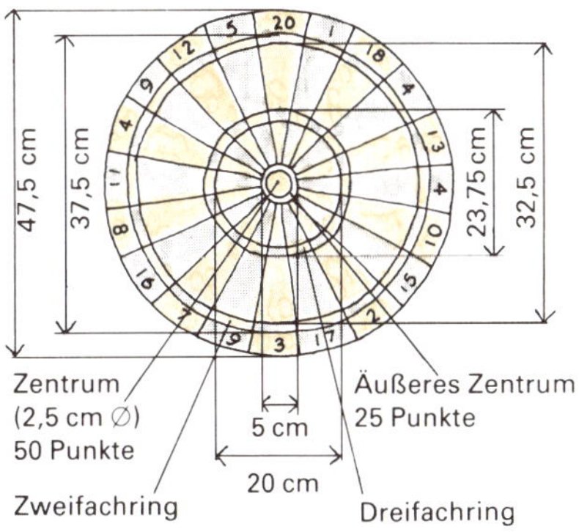

Die Zielscheibe wird so aufgehängt, daß sich ihr Zentrum (die schwarze Mitte) etwa 1,80 m über dem Boden befindet. Etwa 3 m davon entfernt markiert man eine Abwurflinie.

Einfaches Pfeilspiel Beliebig viele Spieler werfen die Pfeile auf eine der beiden Zielscheiben; sie stellen sich hinter die Abwurflinie und haben jeweils drei Würfe hintereinander. Die Punktwertung kann man auf der Scheibe ablesen. Wenn ein Pfeil (bei einer Zielscheibe mit Sektoren) in einem Zweifach- oder Dreifachring landet, wird die Punktzahl verdoppelt oder verdreifacht. Man zählt nur die Pfeile, die in der Zielscheibe steckenbleiben. Gewinner ist der Spieler mit der höchsten Punktzahl.

ACHTUNG!

Stets darauf achten, daß weder vor noch hinter der Zielscheibe Menschen vorbeigehen können. Kinder müssen beim Pfeilwerfen immer streng beaufsichtigt werden.

Pfeilspiel nach Wettkampfregeln
Bei Wettkämpfen wird eine Zielscheibe mit Ring- und Sektoreneinteilung verwendet. Es beteiligen sich ein, zwei oder drei Einzelspieler oder Mannschaften mit zwei oder mehr Spielern. Bevor die Punktwertung beginnt, muß jeder Einzelspieler oder jede Mannschaft einen Pfeil in den Zweifachring oder in das Zentrum geworfen haben. Jeder Einzelspieler fängt dann mit einer Punktzahl von 301 an (jede Mannschaft mit einer Punktzahl von 501). Die Punkte, die beim Werfen erzielt werden, gehen von der Gesamtpunktzahl so lange ab, bis einer der Teilnehmer einen Punktstand von Null erreicht.

Gespielt wird in drei Sätzen. Jeder Spieler wirft nacheinander drei Pfeile. Ein Satz endet, wenn ein Teilnehmer mit einem Wurf in den Zweifachring oder in das Zentrum einen Punktstand von genau Null erzielt. Gelingt ihm das nicht, werden alle drei Würfe aus dieser Serie nicht mitgezählt, und der Spieler muß einen neuen Versuch machen, wenn er wieder an der Reihe ist.

Pflanzanleitungen

Ob man Bäume oder Sträucher, Obst oder Gemüse pflanzt – stets müssen ähnliche Dinge beachtet werden.

Bäume und Sträucher Man bezieht sie im allgemeinen von einer Baumschule und kauft sie entweder in einem Container, mit einem Wurzelballen, der von einem Tuch umgeben ist, oder mit losem Wurzelwerk. Vor dem Pflanzen sollten bei Gewächsen ohne Wurzelballen beschädigte, zu lange oder kranke Wurzelteile zurückgeschnitten werden. Sträucher oder Bäume im Container werden vor dem Einpflanzen gründlich gewässert. Dann entfernt man den Container. Bei Pflanzen mit einem Ballentuch wird dieses erst geöffnet, nachdem man die Pflanze gesetzt hat.

Die Pflanzgrube sollte anderthalbmal größer sein als der Wurzelballen des Strauchs oder Baums. Am Grund der Pflanzgrube wird der Boden mit einer Grabgabel gelockert. Die ausgehobene Erde vermischt man mit Kompost oder Torfmull. Nun wird die Pflanze in die Pflanzgrube gesetzt und diese mit der vorbereiteten Erde aufgefüllt. Wichtig ist, daß Pflanzen mit oder ohne Wurzelballen etwas höher gepflanzt werden sollten, als sie in der Baumschule standen, während Containerpflanzen auf der Höhe des einstigen Containerrands abschließen können. Nach dem Pflanzen tritt man die Erde fest und gießt gründlich. Solange die Erde noch feucht ist, wird sie mit Torfmull, Laub oder Kompost abgedeckt.

Bäume und Sträucher pflanzt man am besten im Herbst, doch kann auch noch zeitig im Frühjahr gepflanzt werden. Der Pflanzabstand zwischen zwei Sträuchern sollte mindestens die Hälfte der endgültigen Breite von zwei nebeneinanderstehenden Sträuchern betragen.

Zierpflanzen, Obst, Gemüse Ehe man ein Beet anlegt, zeichnet man einen Plan auf Millimeterpapier. Nach diesem zieht man auf einem Beet mit einer Hacke einige Grundlinien. Handelt es sich um ein großes Beet, markiert man die Linien mit Sand. Ein- und mehrjährige Zierpflanzen pflanzt man am besten in Gruppen. Man legt die Pflanzen an ihren endgültigen Standort und prüft, ob die Anordnung geglückt ist.

Pflanzen mit einem kleinen Wurzelballen werden mit dem Handspaten gesetzt. Man gräbt ein Loch, das so groß und breit ist, daß es alle Wurzeln aufnehmen kann. Dann stellt man die Pflanze in die Mitte des Lochs, füllt es mit Erde auf und drückt die Pflanze mit der Rückseite der Schaufel und mit den Fingern fest.

Pflanzlöcher für Gewächse mit einem großen Wurzelballen gräbt man mit einem Spaten. Wenn die Pflanzlöcher wieder gefüllt sind, tritt man den Boden mit den Füßen fest. Danach lockert man die Erde mit dem Rechen wieder ein wenig auf und gießt die Pflanzen gründlich an.

Siehe auch *Zwiebeln und Knollen.*

Pflanzen hochbinden

Zum Abstützen hochwachsender und kopflastiger Pflanzen kann man im Gartencenter Bambus-, Holz- oder Metallstäbe kaufen. Damit man die Wurzeln oder Knollen nicht beschädigt, wird schon frühzeitig hochgebunden. Bei manchen Pflanzen, wie Dahlien und Tomaten, steckt man die Stäbe unmittelbar nach dem Einpflanzen in den Boden. Die Stäbe müssen so hoch sein, daß sie später bis unter die Blütenköpfe oder obersten Fruchtstände der ausgewachsenen Pflanze reichen.

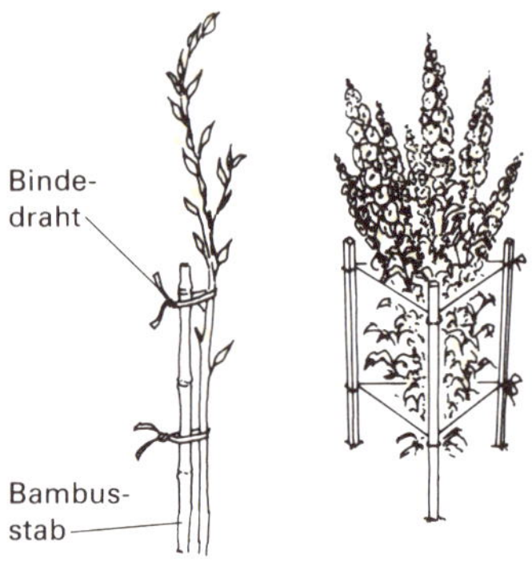

Will man einen Trieb abstützen, rammt man einen Stab dicht neben der Pflanze in den Boden. Dann wird der Trieb mit Bast, einer weichen Schnur oder einem Bindedraht, der mit Papier oder Plastik umhüllt ist, fest, aber nicht allzu straff an den Stützstab gebunden. In der Mitte des Stabs bringt man eine Schlinge und in der Nähe der Krone eine zweite an. Wenn die Pflanze heranwächst, werden in Abständen von 30 cm weitere Schlingen gesetzt.

Will man eine Pflanzengruppe oder eine größere Staude stützen, steckt man rund um die Pflanzen drei bis fünf Stäbe in den Boden; dann verbin-

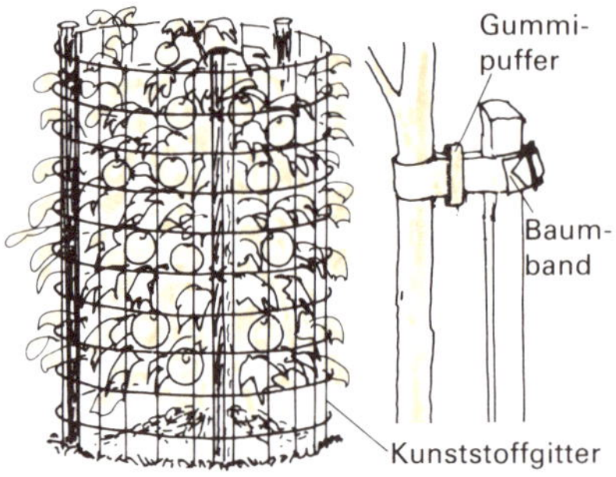

det man diese mit einer Schnur oder mit Draht.

Kräftige Stauden, die höher als 1,5 m wachsen, können mit einem Zylinder aus Kunststoffgitter oder Maschendraht umgeben und abgestützt werden. Innerhalb des Zylinders steckt man drei Stäbe in den Boden und bindet die Pflanzen mit einer Schnur daran fest.

Frisch eingepflanzte Bäume oder große Sträucher werden mit einem 5 cm starken, imprägnierten Holzpfahl abgestützt, der bis an die untersten Zweige heranreicht. Zur Befestigung des Stamms am Pfahl dienen Baumbänder aus Gummi oder Kunststoff, die man in Baumschulen erhält. Wenn der Baum heranwächst, muß man das Band ab und zu lockern.

Philodendren

Mit ihren bestechend schönen Blättern gehören Philodendren zu den beliebtesten Zimmerpflanzen. Ihre Blätter können herz-, pfeil-, lanzett- oder spatelförmig sein und einen glatten, etwas eingeschnittenen oder auch tief gelappten Rand haben. Bei einigen Arten sind die Blätter der ausgewachsenen Pflanzen ganz anders geformt als die der jungen. Kletternde Arten, wie *Philodendron scandens, P. melanochrysum* und *P. erubescens,* können, mit Stäben abgestützt, über

2 m groß werden. *P. scandens* und andere kleinblättrige Arten kultiviert man auch als Hängepflanzen in Ampeln. Großblättrige, nicht kletternde Arten, wie *P. sellorum, P. bipinnatifidium* und *P. wendlandii,* setzt man in Pflanzkübel.

Die meisten kletternden Arten muß man mit Stäben, die in die Erde gesteckt werden, abstützen. Wenn man die Pflanzen nicht anbindet, halten sie sich selbst mit ihren Luftwurzeln fest. Diese brauchen eine feuchte Unterlage. Man befestigt also eine 5–7 cm dicke Schicht Sumpfmoos mit einem Nylonfaden am Stab und besprüht das Moos mindestens einmal am Tag mit Wasser. Bis die Luftwurzeln einen festen Halt gefunden haben, bindet man die Pflanze vorübergehend an.

Pflege Philodendren gedeihen am besten an einem hellen, nicht vollsonnigen Platz bei normaler Zimmertemperatur. Bei ungünstigen Lichtverhältnissen werden die Triebe unnatürlich lang, und die Blätter verlieren ihre charakteristische Färbung.

Während der Hauptwachstumszeit von Frühjahr bis Herbst gießt man gleichmäßig und läßt die oberste Erdschicht zwischen den Wassergaben antrocknen. Im Winter gibt man nur so viel Wasser, daß der Ballen nicht austrocknet. Während des Hauptwachstums verabreicht man alle zwei Wochen einen handelsüblichen Flüssigdünger. Sind die Blätter der großblättrigen Arten staubig, wischt man sie mit einem feuchten Tuch ab. Kein Öl oder Blattglanzmittel verwenden!

Umgetopft wird nur dann, wenn die Wurzeln das alte Gefäß ausfüllen. Man verwendet ein Gemisch aus gleichen Teilen Kompost- und Lauberde oder grobem Torf. Die Kletterpflanzen werden durch Kopfstecklinge (siehe *Stecklinge*) oder durch Abmoosen (siehe dort) vermehrt.

Pilze im Garten züchten

Es gibt mehrere Methoden, Pilze zu züchten. Eine der einfachsten und auch einträglichsten ist die Zucht des Kulturträuschlings, *Stropharia rugosoannulata,* auf frischem, unsterilem Stroh. Man baut dazu aus Brettern, Latten und durchsichtiger Plastikfolie einen Formkasten oder rüstet ein ungenütztes Frühbeet (siehe dort) um.

Der Kasten sollte nicht breiter als 1 m sein, damit man von der Seite ernten kann, ohne hineintreten zu müssen. Pro Strohballen rechnet man etwa 1 m^2 Grundfläche.

Auf einer nicht wasseraufsaugenden Unterlage schüttelt man das Stroh gründlich auf und befeuchtet es. Wichtig ist, daß die natürliche Wachsschicht des Strohs gelöst wird. Das geht schneller, wenn man heißes Wasser verwendet. Anschließend tritt man das Stroh im Formkasten zu einer etwa 20 cm dicken Schicht zusammen. Das Stroh hat den richtigen Feuchtigkeitsgrad, wenn man eine Handvoll in der Faust zusammenpreßt und einige Wassertropfen zwischen den Fingern austreten. Ist es zu trocken, wässert man nach, ist es zu naß, läßt man es unter einer Abdeckung abtropfen.

In dem vorbereiteten Beet verteilt man walnußgroße Brutstücke 5–7 cm tief und im Abstand von 15–20 cm im Quadrat und drückt das Stroh darüber an. Nun deckt man das Beet mit der Plastikfolie ab und überläßt es vier bis sechs Wochen sich selbst.

Wenn sich nach dieser Zeit an den Impfstellen weißes Myzel, das fadenförmige Pilzgeflecht, großflächig ausbreitet, ist der Erfolg sicher. Sollten andere Pilze, z.B. Tintlinge, inzwischen heranwachsen, beeinträchtigt das die Ernte kaum. Bilden sich jedoch graue oder grüne Flächen im Beet, die stauben, wenn man sie aufschüttelt, ist das Beet von Schimmel befallen und damit verdorben. Dann macht man einen neuen Versuch.

Ist das Beet richtig durchwachsen, nimmt man die Plastikfolie ab und gibt eine 5 cm dicke Erdschicht auf die Anlage. Die Erde sollte nicht zu leicht sein, auf keinen Fall Torf, aber auch nicht rasch verschlammen wie stark tonige Böden. Sechs bis acht Wochen später wachsen dann die ersten Pilze aus der Erde. Als Konkurrenzpilze treten neben den Tintlingen oft der Goldmistpilz sowie kleine trichterlingsähnliche oder ackerlingsähnliche Pilze auf, die aber dem Kulturträuschling nicht gleichen.

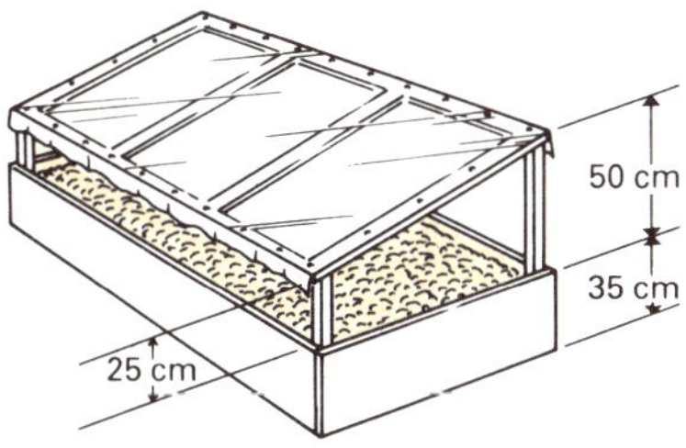

Formkasten

Kulturträuschling

In der freien Natur wird der Kulturträuschling 10–15 cm hoch und 7 bis 18 cm breit. In der Kultur erzielt man aber größere Formen, und man kann 5–7 kg pro Quadratmeter in zwei bis vier Fruchtkörperschüben rechnen. Dann ist das Stroh fast verbraucht, und man muß ein neues Beet anlegen.

Wo man Pilzbrut kaufen kann, erfährt man bei Pilzberatungsstellen.

Pilze sammeln

Grundsätzlich gilt, daß nie ein Pilz in den Kochtopf wandern darf, den man nicht eindeutig als eßbare Art identifizieren kann. Unerfahrene sollten ihre Funde der nächstliegenden Pilzberatung vorlegen. In vielen Städten und Gemeinden gibt es ehrenamtliche Pilzberater, die man das ganze Jahr über aufsuchen kann. Ihre Adressen finden sich im Anhang verschiedener Pilzbücher, aber auch der Biologielehrer an der örtlichen Schule kann in der Regel Auskunft geben. In größeren Städten werden in der Pilzsaison Beratungsstellen mit festen Öffnungszeiten eingerichtet. Auf sie wird meist in der Zeitung oder im amtlichen Mitteilungsblatt hingewiesen.

Den Pilzberater sollte man nicht mit großen Mengen gleichartiger Pilze überhäufen, die anschließend womöglich in den Müll wandern. Sinnvoller ist es, einige größere Exemplare vorzulegen, die nur wenigen Arten angehören, die man noch nicht kennt. So hat man viel eher die Gewähr, daß die neuen Pilzarten auch im Gedächtnis haftenbleiben.

Pilze lassen sich nur anhand des vollständigen Fruchtkörpers sicher bestimmen. Dazu gehört auch die Stielbasis, die man vorsichtig herausdrehen sollte, um das Myzel nicht zu beschädigen. Außerdem sollte man sich merken, aus welcher Umgebung die Pilze stammen. Pilzkenner wissen, an welche Baum- und Bodenarten die verschiedenen Arten gebunden sind. Besonders lehrreich ist die Teilnahme an pilzkundlichen Führungen, wie sie oft von Volkshochschulen oder Naturschutzverbänden angeboten werden. So lernt man Pilze an ihrem natürlichen Standort aus eigener Anschauung kennen.

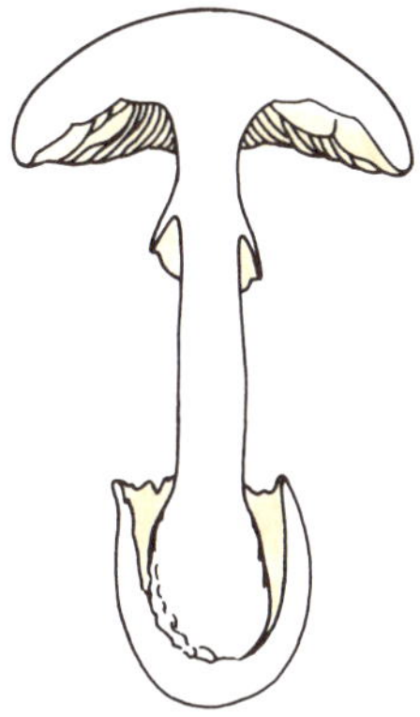

Als Sammelgefäß darf man auf keinen Fall Plastikbeutel verwenden, denn unter Luftabschluß verderben auch die festesten Exemplare sehr schnell oder entwickeln sogar Giftstoffe. Der ideale Behälter ist ein stabiler Korb. Durch einen Längsschnitt vergewissert man sich, ob das Sammelgut von Madengängen durchsetzt ist. Befallene Teile entfernt man gleich an Ort und Stelle, um zu verhindern, daß sich die Tierchen weiter ausbreiten.

Die meisten Pilzarten erscheinen in Mitteleuropa in den Spätsommer- und Herbstmonaten; jeder Pilzliebhaber sollte sich aber auch mit den schmackhaften Arten befassen, die vor allem im Winter und im Frühjahr die Speisekarte bereichern können.

Pistenregeln

Um die Unfallgefahr beim alpinen Skilauf zu verringern, hat man auf internationaler Ebene Pistenregeln aufgestellt, die jeder verantwortungsbewußte Skifahrer beachten sollte.

- Rücksicht auf die anderen: Jeder Skifahrer muß sich stets so verhalten, daß er keinen anderen gefährdet.
- Beherrschung der Geschwindigkeit und der Fahrweise: Jeder Skifahrer muß Geschwindigkeit und Fahrweise seinem Können ebenso wie den Gelände- und Witterungsverhältnissen anpassen.
- Wahl der Fahrspur: Der von hinten kommende Skifahrer muß seine Fahrspur so wählen, daß er vor ihm fahrende Skiläufer nicht gefährdet.
- Überholen: Überholt werden darf von oben oder von unten, von rechts oder links, aber immer nur mit einem Abstand, der dem überholten Skifahrer für alle seine Bewegungen genügend Raum läßt.
- Pflichten des unteren und des querenden Skifahrers: Jeder Skifahrer, der in eine Abfahrtsstrecke einfahren oder ein Skigelände queren (traversieren) will, muß sich zuvor nach oben und unten vergewissern, daß er dies ohne Gefahr für sich und andere tun kann.
- Unterbrechung der Abfahrt: Jeder Skifahrer muß es vermeiden, sich ohne Not an engen oder unübersichtlichen Stellen einer Abfahrtsstrecke aufzuhalten. Ein gestürzter Skifahrer muß eine solche Stelle so schnell wie möglich wieder freimachen.
- Aufstieg: Der aufsteigende Skifahrer darf nur den Rand einer Abfahrtsstrecke benützen; er muß auch diesen bei schlechten Sichtverhältnissen verlassen. Das gleiche gilt für den Skifahrer, der zu Fuß absteigt.
- Beachtung der Zeichen: Jeder Skifahrer muß sich nach den Zeichen (Markierungen und Hinweisschildern) auf den Abfahrtsstrecken richten.
- Unfallverhalten: Bei Unfällen ist jeder zur Hilfeleistung verpflichtet.
- Ausweispflicht: Jeder, ob Zeuge oder Beteiligter, ob verantwortlich oder nicht, muß bei einem Unfall seine Personalien angeben.

Plumpsack

Beliebig viele Spieler stellen sich im Freien oder im Zimmer dicht nebeneinander im Kreis auf, die Gesichter zur Kreismitte gewandt. Einer der Spieler ist der Fuchs, der mit einem verknoteten Taschentuch, dem Plumpsack, außen herumgeht und singt: „Dreht euch nicht um, der Fuchs geht 'rum. Wer sich umdreht oder lacht, dem wird der Buckel blau gemacht!" Der Fuchs läßt dann heimlich den Plumpsack hinter einem Mitspieler fallen und geht singend weiter. Sobald der Spieler merkt, daß der Plumpsack hinter ihm liegt, dreht er sich um, packt ihn und rennt damit dem Fuchs hinterher. Der Fuchs wiederum läuft möglichst schnell zu dem frei gewordenen Platz im Kreis und stellt sich dort auf. Jetzt ist der Spieler, der sich außerhalb des Kreises befindet, der neue Fuchs. Wer nicht bemerkt, daß der Plumpsack hinter ihm liegt, muß – unter dem Gesang der Mitspieler: „Eins, zwei, drei – ins faule Ei!" – in die Mitte des Kreises.

Polarstern

Der auffallend hell leuchtende Polarstern steht über dem Nordpol und dient als Richtungsweiser der Himmelsrichtung Nord. Zunächst hält man nach dem Großen Wagen (Großen Bären) Ausschau; vier Sterne im Trapez bilden den Kasten des Wagens, drei Sterne seine Deichsel. Wenn man die gedachte Verbindungslinie zwischen den beiden hinteren Trapezsternen um das Fünffache verlängert, gelangt man zum Polarstern, der kaum mehr als 1° vom geographischen Nordpol entfernt ist. Der Polarstern ist gleichzeitig der erste Deichselstern des Kleinen Wagens.

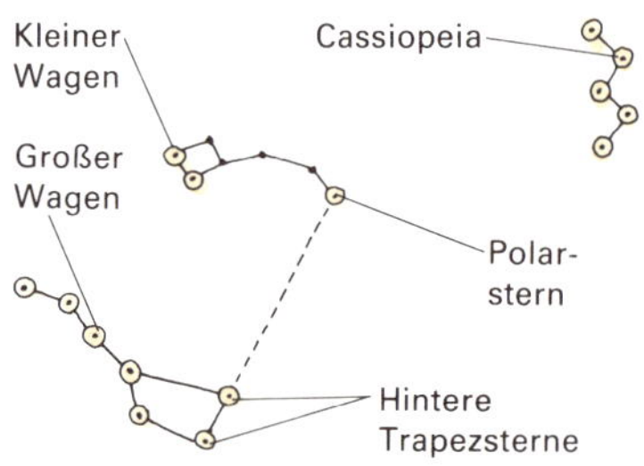

In Gegenden unterhalb 40° nördlicher Breite (Spanien, Süditalien, Griechenland) verschwindet der Große Wagen zeitweise hinter dem Horizont. In diesem Fall kann man, vom deutlich sichtbaren W des Sternbilds der Cassiopeia ausgehend, den Polarstern finden.

Pompons

Um einen Pompon zu machen, wird das Garn je nach Stärke etwa 180mal (dicke Garne weniger, sehr dünne öfter) um ein 4–5 cm breites Stück Karton gewickelt. Am oberen Kartonrand wird ein Faden unter den Umwicklungen durchgezogen und möglichst fest verknotet. Der Faden soll so lang sein, daß man den Pompon nachher damit annähen kann. Am unteren Rand schneidet man die Schlingen auf. Dann wird der Pompon geschüttelt, um die Fäden zu verteilen, und rund geschoren.

Portionen

Die folgende Übersicht dient als allgemeine Richtlinie für den Einkauf und die Zubereitung von Lebensmitteln. Die Angaben gelten für eine Person und beziehen sich auf die ungegarten Produkte.

• Suppe	
Vorgericht in der Tasse	$\frac{1}{6}$ l
Vorgericht im Teller	$\frac{1}{4}$ l
Hauptgericht (2 Teller)	$\frac{1}{2}$ l
• Eier	
Vorspeise	1 Stück
Hauptgericht	2 Stück
• Fleisch und Geflügel	
Hackfleisch, Würstchen	100–125 g
Portionsfleisch o. Kn.	125–175 g
Portionsfleisch m. Kn.	150–200 g
Innereien	125–175 g
Braten o. Kn.	150–225 g
Braten m. Kn.	200–250 g
Geflügel o. Kn.	150–200 g
Geflügel m. Kn.	300–500 g
• Fisch, Krusten- und Schalentiere	
Fischfilet	150–200 g
Fisch mit Kopf und Gräten	250–300 g
Krabben, Scampi usw.	100–150 g
Muscheln	250–500 g

Austern	6–12 Stück
• Sauce	
Bratensauce	4 Eßl.
gebundene Sauce	8 Eßl.
• Kartoffeln, Nudeln, Reis	
Kartoffeln	150–200 g
Nudeln als Beilage	50–75 g
Nudeln als Hauptgericht	100–150 g
Reis als Beilage	50–60 g
Reis als Hauptgericht	75–100 g
• Salat und Gemüse	
Kopf-, Endiviensalat	¼–½ Kopf
Chicorée	100 g
Feldsalat	60–100 g
Gurke	¼–½ Stück
Tomaten	100–150 g
Bohnen	200–250 g
Erbsen	400–500 g
Lauch, Schwarzwurzeln	200–250 g
Blumenkohl	¼–½ Stück
Kohlgemüse	200–250 g
Möhren, Paprika, Zucchini	150–200 g
Sauerkraut	150–200 g
• Nachspeise	
Obst	1 Stück bzw. 100–150 g
Quarkspeise	60–120 g
Milchpudding	⅛ l
Käse	50–60 g

Porträtaufnahmen

Ein gutes Porträt zeigt den Charakter eines Menschen. Doch nicht nur das Gesicht allein ist ein wichtiges Gestaltungselement; Kleidung des Fotografierten und Hintergrund beeinflussen die Bildaussage zusätzlich. Deshalb sollte man auch auf diese scheinbaren Nebensächlichkeiten besonders gut achten. Für den Hintergrund gilt grundsätzlich, daß er so einfach wie möglich gestaltet sein soll: Ein unruhiger Hintergrund lenkt die Aufmerksamkeit des Bildbetrachters ab und läßt den Menschen nicht mehr als wichtigsten Bildinhalt wirken.

Viele von Amateurfotografen gemachte Porträts wirken verkrampft und gestellt. Um dies zu vermeiden, sorgt man für eine entspannte Atmosphäre beim Fotografieren. Das Modell soll es sich bequem machen. Im Stehen geben sich die wenigsten Menschen natürlich. Sie wissen nicht recht, wie sie die Beine arrangieren, wohin sie mit den Armen sollen. Am einfachsten läßt man das Modell Platz nehmen. Damit es locker und unverkrampft sitzen kann, besorgt man am besten einen Stuhl mit Lehne.

Während man die günstigste Aufnahmeposition sucht, sollte man dem Modell alle Aufregung und Anspannung nehmen – zwanglos plaudern, Fragen stellen, über das reden, was man im Sucher der Kamera gerade sieht, wie man die Aufnahme machen will. Eine solche Atmosphäre schafft Vertrauen und lockert auf. Keinesfalls sollte das Modell angestrengt in die Kamera blicken und dabei lächeln. Ein solches Gesicht erstarrt beinahe zur Maske und zeigt auf dem fertigen Foto alles andere als Leben und Persönlichkeit. Das Modell braucht den Kopf nicht ruhig zu halten. Am besten fotografiert man aus einer kleinen Bewegung heraus. Beispielsweise bittet man das Modell, den Kopf zu senken und auf den Boden zu blicken und dann langsam hochzuschauen. In diesem Augenblick drückt man auf den Auslöser.

Welchen Bildausschnitt man wählt, ist eine Geschmacksfrage. In der Regel wirkt ein Brustbild am günstigsten, aber auch Ausschnitte können charakteristische Züge festhalten. Man sollte auch versuchen, mit der Kamera leicht von unten oder von oben zu fotografieren. Ebenso muß es nicht immer eine Frontalaufnahme sein; ein Profilbild wirkt oft viel faszinierender.

Porträts im Freien gelingen am besten, wenn die Sonne nicht prall auf dem Gesicht liegt. Diffuses Licht bei bedecktem Himmel ist eine ideale Beleuchtung. Um ein im Schatten liegendes Gesicht aufzuhellen, kann man ein Blitzgerät einsetzen (siehe *Blitzlichtaufnahmen*).

Für Porträtaufnahmen im Zimmer braucht man entweder einen hochempfindlichen Film, mit dem man ohne zusätzliche Lichtquelle arbeiten kann, oder ein Blitzgerät bzw. Fotolampen. Fotografiert man mit Tageslicht, das zum Fenster hereinfällt, kann man mit hellen Flächen, die man als Reflektor einsetzt, interessante Lichteffekte erzielen.

Mit dem Blitzgerät arbeitet man in der Regel direkt von vorn. Günstiger ist es, das Gerät von der Kamera zu lösen und etwas seitlich zu halten. Wenn man Fotolampen verwendet, sollte man zumindest zwei davon einsetzen: eine Lampe als Hauptlicht, die zweite als Seitenlicht. Indem man die Entfernung beider Lampen variiert,

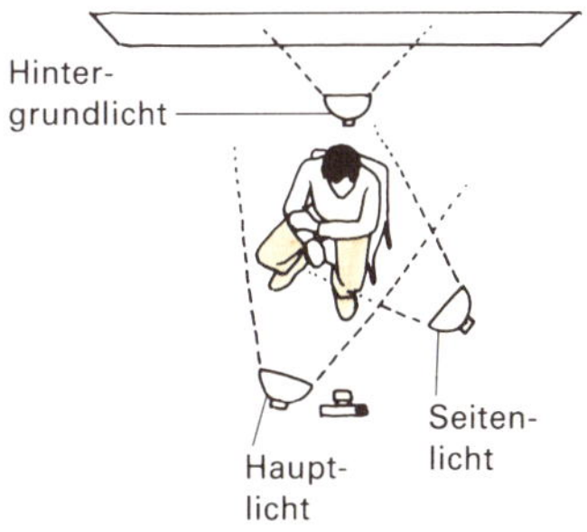

kann man die Stärke des Lichts beeinflussen. Mit einer zusätzlichen dritten Fotolampe kann man noch den Hintergrund der Szene ausleuchten.

Porzellan

Eine sachgemäße Pflege ist sowohl bei wertvollem, empfindlichem Porzellan als auch bei Gebrauchsgeschirr wichtig. Damit Porzellan nicht springt, vermeidet man plötzliche Temperaturunterschiede. Auf den heißen Herd nur feuerfestes Geschirr stellen; heiße Speisen nicht auf kalte Teller legen; das gespülte Geschirr auf Zimmertemperatur abkühlen lassen, bevor man es aufeinanderstapelt. Damit die Ränder nicht absplittern, legt man Küchenkrepp oder Filzscheiben zwischen die Lagen; Tassen nicht ineinanderstellen, sondern an Haken aufhängen. Nicht jedes Porzellan eignet sich auch für die Geschirrspülmaschine, vor allem alte Porzellanstücke sollte man von Hand in nicht zu heißem Wasser reinigen.

Siehe auch *Geschirr spülen.*

Porzellan reparieren Zerbrochenes Geschirr repariert man mit einem langsam trocknenden Epoxidharzkleber, der genügend Zeit zum Zusammensetzen der Teile läßt und nach dem Trocknen wasserfest ist. Die Kanten der Bruchstücke werden mit feinkörnigem Schleifpapier gründlich gereinigt. Dann mischt man den Zweikomponentenkleber (Klebeharz und Härter) nach der Packungsanweisung auf einer Glasscheibe oder auf Wachspapier an. Den Kitt möglichst dünn auftragen, die Teile zusammensetzen, anpressen und überschüssigen Kitt mit dem empfohlenen Lösungsmittel (Methanol) abwischen.

Der Erfolg einer Reparatur hängt im wesentlichen davon ab, daß man alle Teile gut fixiert, bis der Kitt getrocknet ist, was mindestens acht bis zehn Stunden dauert; am besten wartet man 24 Stunden. Eine Möglichkeit besteht darin, daß man das größte Bruchstück so in eine Schüssel mit Sand oder auf einen Klumpen Modellierton (Knetmasse) stellt, daß die aufgesetzten Teile zumindest vorübergehend ohne weitere Unterstützung ihre Lage beibehalten. Nach dem Kleben fixiert man dann die kleineren Teile mit Klebeband oder Wäscheklammern. Man kann auch aus Modelliermasse eine entsprechende Stützform herstellen und die Bruchstücke zum Trocknen in diese Form legen.

Wenn mehrere Bruchstücke zusammengeklebt werden müssen, stellt man zuerst die Reihenfolge fest, indem man sie zunächst trocken zusammensetzt und dann ein Stück nach dem anderen anklebt.

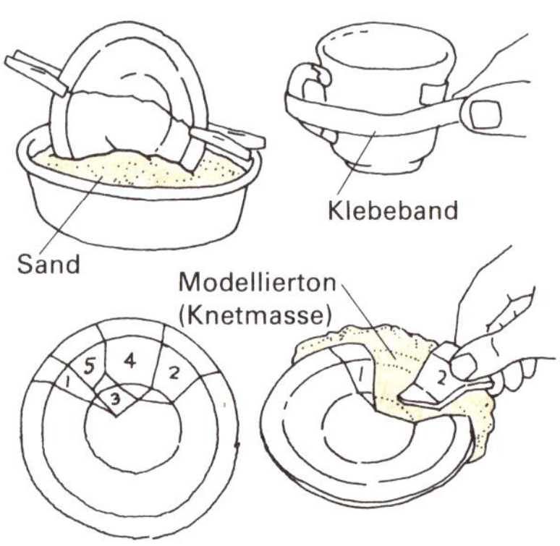

Profilleisten

Profile zieren Möbel und Gebrauchsgegenstände oder dienen als Einfassungen und Umrahmungen. Während früher Profile meist nach Wunsch gefräst werden mußten, ist heute ein breites Angebot verschiedenster Fertigprofilleisten auf dem Markt. Häßliche Kanten oder Fugen deckt man mit Deckleisten ab, die einfach (A) oder schmückend wirken können (B, C). Für kleine Fugen in Ecken gibt es Dreikantleisten (D) oder Viertelstäbe (E).

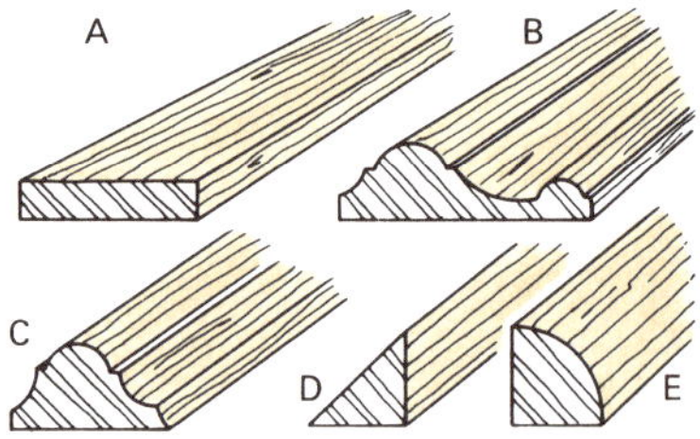

Türrahmen werden mit einfachen (F) oder profilierten Stäben (G) eingefaßt. Schlichte Bilderrahmenleisten (H, I, J) sind sehr vielseitig verwendbar; schwere Profile (K, L) sind teilweise sogar mit Vergoldung erhältlich. Man kann Bilderrahmenleisten auf Maß sägen lassen oder selbst zurichten (siehe *Gehrung; Leimen; Spannen*).

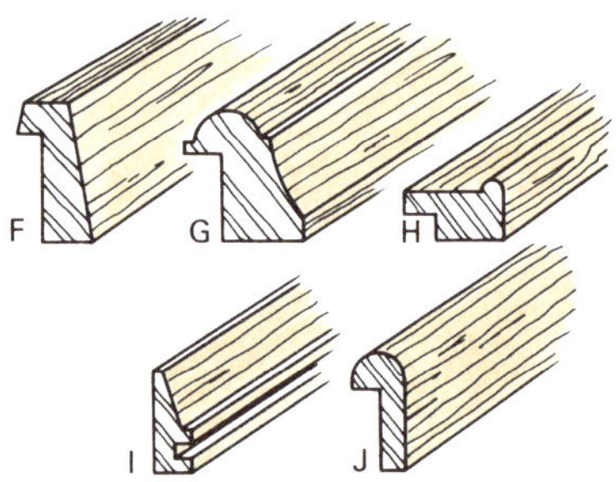

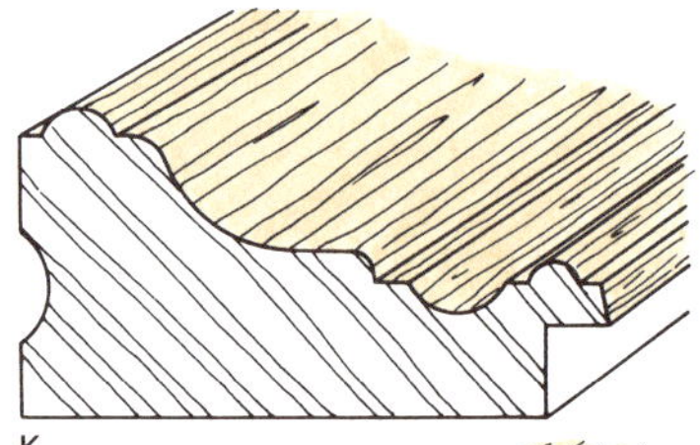

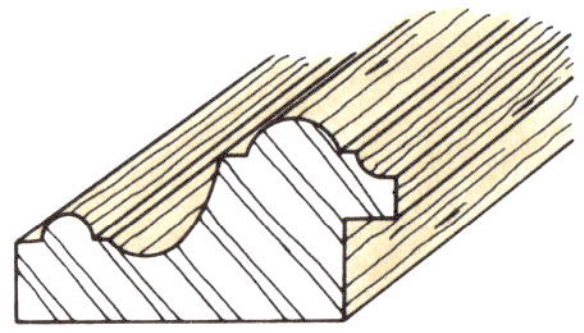

Mit Abschlußleisten (M, N) kann man überstehende Kanten verschönern. Gesimsleisten (O) verwendet man, um beispielsweise obere Schrankböden zu verzieren.

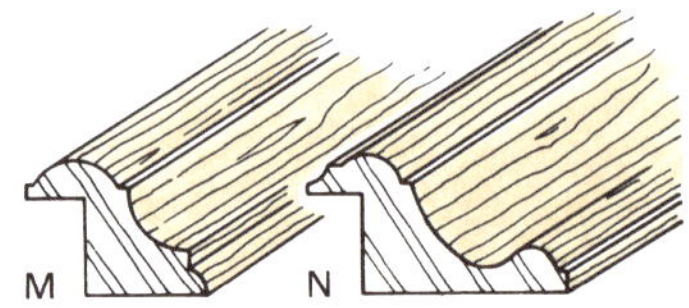

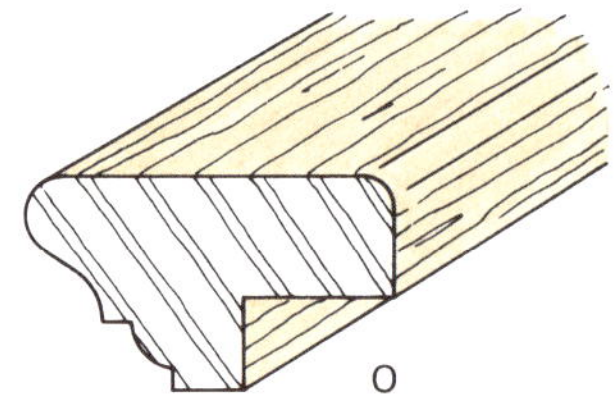

Mit Eckleisten (P, Q) kann man Stuckarbeiten vortäuschen, aber auch Leitungen, Risse u. ä. verdecken. Bei Holzfußböden eignen sich am besten Holzfußsockelleisten (R, S) als Wandabschluß.

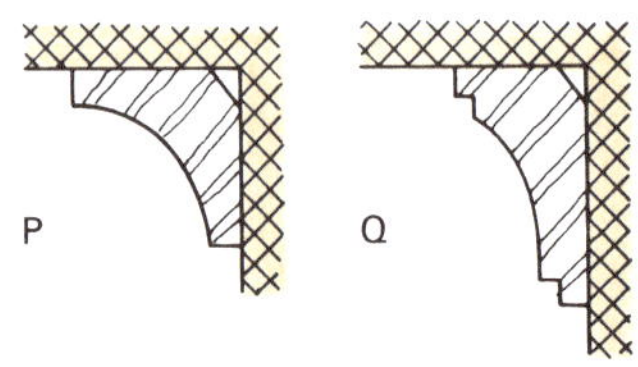

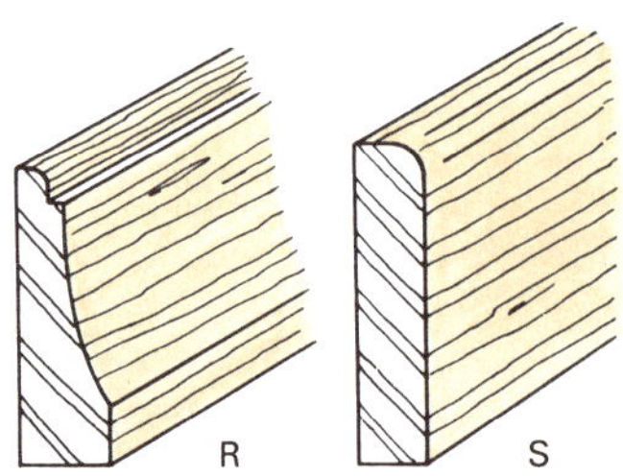

Prüfungen

Es gibt zwei Hauptkategorien von Prüfungen: standardisierte Prüfungen wie etwa die Fahrprüfung und vom Lehrer ausgearbeitete individuelle Prüfungen. Jede Prüfungsart erfordert eine unterschiedliche Vorbereitung.

Für eine durch den Lehrer ausgearbeitete Prüfung bereitet man sich vor, indem man mit dem im Unterricht durchgenommenen Lese- und Lernstoff auf dem laufenden bleibt. Außerdem hebt man alle Arbeitsblätter, Klassenarbeiten und korrigierten Hausaufgaben auf. Man geht sie durch und stellt fest, wo die eigenen Stärken und Schwächen liegen. Dabei beachtet man auch, wo der Lehrer Schwerpunkte setzt, welche Theorien und Ideen er bevorzugt und besonders hervorgehoben hat. Wahrscheinlich werden sie in der Prüfung abgefragt. Schon einige Wochen vorher versucht man möglichst viele Details über die Prüfung zu erfahren. Welchen Stoff wird sie abdecken? Wie lang wird sie dauern? Werden mehrere Antworten zur Wahl gestellt, aus denen man die richtige auswählen muß, oder ist nur „richtig" oder „falsch" anzukreuzen? Sind freigelassene Wörter oder Satzteile einzufügen, oder handelt es sich um einen kürzeren oder längeren Aufsatz? Besteht die Prüfung aus einer Kombination dieser Aufgaben, kommt es darauf an, wieviel Zeit man für die einzelnen Tests zur Verfügung hat und wie sie bei der Benotung gewichtet werden. Bei den Schülern früherer Jahrgänge kann man sich erkundigen, wie die Prüfungen des jeweiligen Lehrers ablaufen. Bei einer standardisierten Prüfung sollte man herausfinden, ob es besser ist, eine Antwort notfalls wegzulassen oder sie zu erraten.

Bei Prüfungen zu dem laufenden Lehrstoff kann man diese Fragen dem Lehrer stellen. Für Standardprüfungen besorgt man sich einen Musterfragebogen. Diese Testaufgaben werden mehrmals durchgearbeitet. Für die meisten dieser Prüfungen gibt es Bücher mit umfangreichen Testaufgaben, praktischen Beispielen und Empfehlungen.

Sinnvolle Wiederholung Zwei Wochen vor der Prüfung stellt man das gesamte Unterrichtsmaterial zusammen: Lehrbücher, Aufzeichnungen, Arbeitsblätter und Hausaufgaben. Man nimmt sich einige Stunden Zeit, um dieses Material sorgfältig durchzugehen, und notiert wichtige Themen. Eine andere Methode ist, anhand des Lehrbuchs eine Liste der Kapitelüberschriften und Leitsätze zusammenzustellen. Besonderes Augenmerk sollte man auf die Punkte richten, die auch der Lehrer hervorgehoben hat. Dann befaßt man sich mit den Themen, die man am wenigsten beherrscht, wobei Hausaufgaben und Arbeitsblätter hilfreich sind. Der Lehrstoff, der einem vertrauter ist, wird erst kurz vor der Prüfung wiederholt.

Beim Lernen ist es mit passivem Lesen allein nicht getan; man muß sich vielmehr mit dem Thema aktiv auseinandersetzen, die eigenen Aufzeichnungen nochmals durchgehen und wichtige Dinge farbig kennzeichnen. Man stellt eine Liste der Begriffsbestimmungen auf. Mathematische Aufgaben, bei denen man gefehlt hat, werden nachgearbeitet oder anhand neuer Beispiele geübt. Um Sachverhalte, Begriffsbestimmungen, Einzelheiten oder Vokabeln zu wiederholen, legt man Karteikarten an und schreibt kurze Fragen oder Definitionen auf die eine Seite und die dazugehörigen Antworten auf die Rückseite. Diese Karten sollte man wieder und wieder allein oder mit Freunden durchgehen; auch für eine Prüfung in Form eines Aufsatzes braucht man solche Sachinformationen.

Prüfung ablegen Zur Prüfung nimmt man eine Uhr mit, denn eine richtige Zeiteinteilung ist für den Prüfungserfolg mit entscheidend. Man liest die Aufgabenstellung genau durch oder hört den Anweisungen zu Beginn der Prüfung mit größter Aufmerksamkeit zu. Bei Prüfungen mit Alternativantworten sollte man sich genau vergewissern, wie die Antworten anzukreuzen sind. Wenn die Aufgabenstellung nicht völlig klar ist, sollte man unbedingt fragen. Gibt es mehrere Antworten zur Auswahl, liest man alle sorgfältig durch und kreuzt dann diejenige an, die man für richtig hält. Ist man nicht sicher, geht man zur nächsten Frage über. Man arbeitet sorgfältig, aber zügig, geht alle Fragen einmal durch und beantwortet zum Schluß die Fragen, die man zunächst ausgelassen hat. Beim zweiten Durchgang kann man die richtige Antwort zunächst auch nur „einkreisen". Wenn man drei Antworten für falsch hält, jedoch nicht weiß, welche von den beiden übriggebliebenen die richtige ist, muß man sich von seiner Intuition leiten lassen; einfach raten sollte man allerdings nicht.

Wenn Fragen nur mit „richtig" oder „falsch" zu beantworten sind, sollte man folgendes bedenken: Je länger die Fragestellung, um so größer die Wahrscheinlichkeit, daß die Antwort „richtig" lautet. Wörter wie „stets" und „niemals" deuten meist auf eine falsche Antwort hin; andererseits können Wörter wie „manchmal", „häufig" oder „in der Regel" eine richtige Antwort signalisieren. Meist ist die erste Antwort, die man gewählt hat, die richtige; man sollte sie nur nach gründlicher Überlegung ändern.

Aufsatz Man liest die Fragen sorgfältig durch. Wenn mehrere Themen zur Auswahl stehen und mehr als eins zu behandeln ist, wählt man zuerst seine Themen aus. Auf der Rückseite des Prüfungsbogens oder auf einem separaten Blatt Papier schreibt man dann alle Gedanken nieder, die einem spontan zu den einzelnen Themen einfallen. Bei jedem Thema unterstreicht man die Hauptaussage oder Wörter wie „vergleichen", „diskutieren" oder „bewerten" und achtet darauf, daß man nicht am Thema vorbeischreibt. Wiederum auf einem separaten Blatt Papier entwirft man eine kurze Gliederung. Etwa ein Drittel der verfügbaren Zeit verwendet man für das Konzept und zwei Drittel für die eigentliche Niederschrift. Einwandfreie Grammatik, Rechtschreibung und saubere Handschrift sowie eine gefällige äußere Form wirken sich günstig bei der Benotung aus.

Pseudokrupp

Pseudokrupp ist eine ansteckende Viruskrankheit bei Kindern. Sie tritt meist im zweiten Lebensjahr auf; bei Kindern über fünf Jahre verursacht sie nur Heiserkeit. Charakteristische Krankheitszeichen sind: ein heiserer, bellender Husten; ein Rasselgeräusch im Kehlkopf, wenn das Kind atmet; Fieber, häufig über 38 °C; Reizbarkeit und Unruhe; Erschöpfungszustände oder Verwirrung; Atemnot (deutliches Einziehen des Brustkorbes bei jedem Atemzug); Harnträufeln; Schluckbeschwerden und Halsschmerzen. Anfälle mit Husten und Atemnot treten plötzlich und meist nachts auf. Sie dauern in der Regel nur eine halbe bis zwei Stunden und wiederholen sich mit abnehmender Stärke.

Linderung schaffen kalte Getränke (z. B. Wasser, Obstsäfte, Milch) und Dampf: Wasser in einem geschlossenen Raum (z. B. Bad, Küche) zum Kochen bringen, so daß sich der Raum mit Dampf füllt, und das Kind auf den Schoß nehmen. Gegebenenfalls sollte man schmerzstillende Mittel in empfohlener Dosierung geben.

Wenn das Kind apathisch im Bett liegt und hohes Fieber hat, wenn es unbedingt mit nach vorn geneigtem Kopf aufrecht sitzen will, wenn es sich im Gesicht grau oder bläulich verfärbt und nur schwer Luft bekommt, sollte man sofort einen Arzt rufen.

Puderzucker

Wie auch normalen Haushaltszucker füllt man Puderzucker gleich in fest verschließbare Gläser oder Plastikbehälter um; so ist er lange lagerfähig. Falls er Klumpen bildet, läßt er sich mit Hilfe eines kleinen Mehlsiebs mit Feder zerkleinern und gleichzeitig verteilen, oder man zerdrückt ihn mit dem Teigroller zwischen zwei Lagen Pergamentpapier. Feucht gewordenen Puderzucker kann man im mäßig warmen Backofen trocknen.

Hat man einmal keinen Puderzucker zur Hand, zerdrückt man normalen Zucker auf dem Backbrett mit dem Teigroller.

Puls

Zum Pulsmessen legt man zwei oder drei Fingerbeeren, von der Daumenseite her kommend, an die Innenseite des entspannten Handgelenks oder seitlich neben dem Kehlkopf an den Hals. Dann werden die Finger leicht bewegt, bis man den Puls der Schlagader fühlen kann. (Beim Pulsfühlen am Hals keinen allzu starken Druck ausüben; es könnte sich dadurch die Frequenz des Herzschlags verringern. Nicht mit dem Daumen den Puls fühlen!)

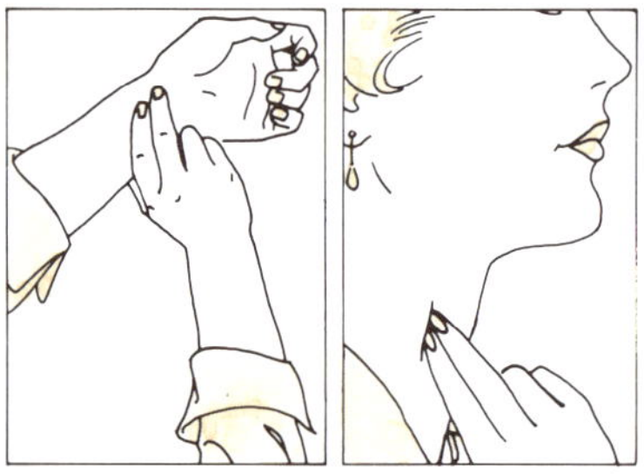

Die Pulsschläge eine Minute lang zählen und dabei den Sekundenzeiger einer Uhr beobachten. Die normale Pulsfrequenz für Erwachsene im Ruhezustand beträgt 60–90 Schläge pro Minute. Kinder haben eine höhere Pulsfrequenz: bis zu 140 Schläge bei Säuglingen. Unmittelbar nach körperlicher Anstrengung und auch bei psychischer Belastung – dies betrifft vor allem ängstliche oder leicht erregbare Personen – erhöht sich der Pulsschlag über seinen Normalwert. Wenn man bei einer Pulsmessung unregelmäßige Zeitabstände zwischen den einzelnen Schlägen feststellt, sollte man einen Arzt aufsuchen.

Putz

Putzmörtel kann man als Fertigmörtel, der nur noch mit Wasser angemischt werden muß, kaufen oder aus Sand und Bindemitteln selbst herstellen (siehe *Mörtel mischen*). Bei Innenwänden sollte möglichst mit Gips-Kalk-Mörtel gearbeitet werden, da er sich leicht handhaben läßt und schnell erhärtet. Kleinere Löcher und Risse kann man mit reinem Gips verschließen.

Gleichgültig, ob man große oder kleinere Flächen verputzt, man muß immer alle losen Teile von der Wand oder der Decke entfernen und die Fläche gut naß machen.

Der Mörtel wird portionsweise auf ein Reibebrett aus Holz gegeben, mit der Traufel abgenommen und auf die

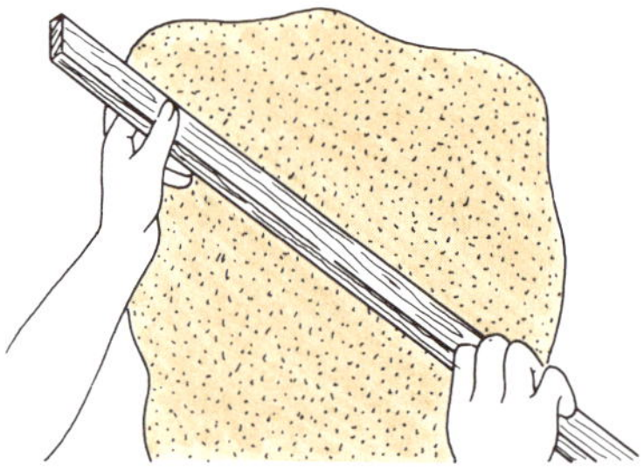

zu verputzende Fläche aufgezogen. Der Putz sollte etwa 15 mm dick sein, in jedem Fall aber alle Unebenheiten des Untergrundes überdecken. Größere Flächen werden mit einer Richtlatte oder einem geraden Brett eben gezogen.

Nach etwa 30 Minuten wird der Mörtel mit dem Reibebrett in kreisförmigen Bewegungen abgerieben. Übergänge zwischen alten und neuen Putzflächen gleicht man mit einem weichen Pinsel an, den man mit Wasser angefeuchtet hat.

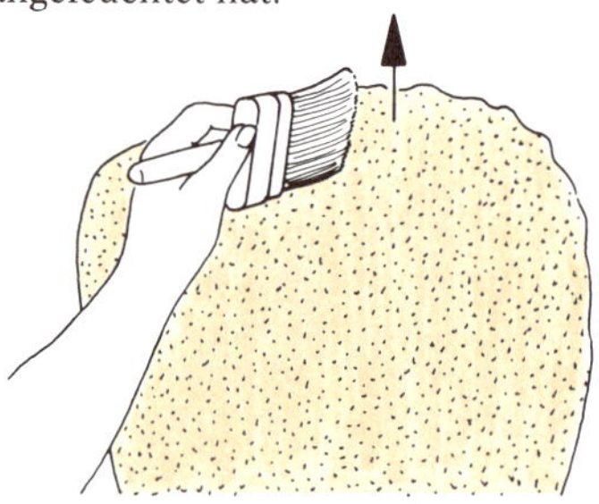

Wenn die Fläche ganz glatt werden soll, glättet man unmittelbar nach dem Abreiben mit dem Reibebrett noch einmal mit der Stahltraufel nach.

Quasten

Das Garn wickelt man um einen Kartonstreifen, der so breit ist, wie die fertige Quaste lang sein soll. Am oberen Kartonrand zieht man einen Faden durch die Umwicklungen und verknotet ihn. Dieser Faden dient später dazu, die fertige Quaste anzunähen oder zu befestigen.

Am unteren Rand werden die Schlingen aufgeschnitten. Die Quaste wird dann am oberen Ende mit einem Faden umwickelt und abgebunden.

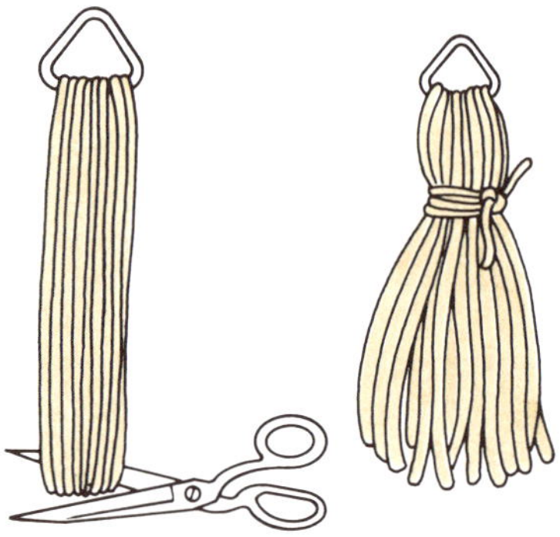

R

Raclette

Der Raclettekäse ist ein leicht schmelzender Bergkäse. Früher ließ man die halbierten Laibe vor dem Holzfeuer langsam an der Schnittfläche schmelzen und streifte die verflüssigte Käseschicht mit dem Messer ab. Dazu aß man Kartoffeln oder Roggenbrot.

Das Raclette ist heute wie das Fondue ein gesellschaftliches Vergnügen. Am besten schmeckt es auf einem Racletteofen zubereitet, auf dem man ein großes Stück Käse einspannt. Das Gerät kann allerdings nur von einem bedient werden, und bei mehreren Gästen entstehen Wartezeiten. Es gibt aber Rechauds mit mehreren kleinen Pfännchen, in denen man den Käse portionsweise schmelzen läßt.

Man reicht zum Raclette außer kleinen, in der Schale gekochten Kartoffeln, die jeder am Tisch selber schält, Essigkonserven wie Cornichons, Perlzwiebeln und Mixed Pickles, knusprig gebratene Speckscheiben oder kalten Räucherschinken und nach Belieben Roggenbrot. Häufig wird Wein oder Bier dazu getrunken; dadurch wird der Käse aber noch schwerer verdaulich; bekömmlicher ist schwarzer Tee.

Radfahren

Als Radfahrer ist man der schwächste Verkehrsteilnehmer im rollenden Verkehr. Bedingt durch die schmale Silhouette, wird man oft von anderen Verkehrsteilnehmern sehr spät erkannt. Die seitlichen Pendelbewegungen, die durch das Treten der Pedale ausgelöst werden, erschweren das Überholen. Man sollte sich deshalb immer streng an die Verkehrsregeln halten und zusätzlich defensiv fahren. Kinder sollte man möglichst früh entsprechend anleiten.

Die größte Sicherheit genießt man als Radfahrer auf eigenen Radwegen, die vom Verkehr abgetrennt sind. Hier besteht jedoch Gefahr, wenn Radwege vom übrigen Verkehr gekreuzt werden. Deshalb muß man die Geschwindigkeit vermindern und auf abbiegende Autos achten.

Muß man an einer Kreuzung bei roter Ampel anhalten, ist Vorsicht bei abbiegenden Lkw mit Anhängern geboten. Ordnet man sich rechts neben dem Lkw ein, wird man vom Fahrer nicht gesehen, und es besteht die Gefahr, daß man unter die Laufräder gerät. Deshalb Sichtkontakt mit dem Fahrzeugführer aufnehmen oder den Weg freimachen.

Bei allen Verkehrsmanövern sollte man immer deutliche Handzeichen geben. Das Rechtsabbiegen zeigt man mit der rechten Hand an. Dies ist für die Rechtshänder unter den Anfängern oft schwierig und muß so lange geübt werden, bis die nötige Sicherheit besteht.

Will man links abbiegen, zeigt man dies deutlich durch Ausstrecken der linken Hand an (dies muß von Linkshändern geübt werden). Hier muß man vor allem aber den entgegenkommenden Verkehr und dessen Geschwindigkeit beachten.

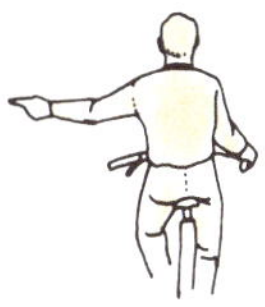

Links abbiegen

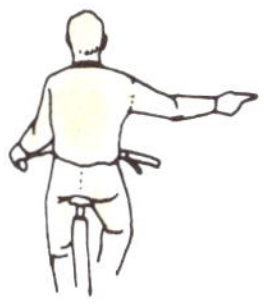

Rechts abbiegen

Aufgrund der geringen Beschleunigungskräfte eines Radfahrers sollte man abwarten, bis die Ampel umschaltet, und keinesfalls Verkehrslükken innerhalb der entgegenkommenden Autos ausnutzen. Die beste Methode: Man überquert die Kreuzung gefahrlos, wenn man sich nach der Fußgängerampel richtet.

Um das eigene Signalbild zu verbessern, sollte man als Radfahrer stets helle Kleidung tragen. Diese darf nicht zu weit geschnitten sein, damit man bei Windböen und schlechtem Wetter nicht das Gleichgewicht verliert. Ab Januar 1986 müssen alle Fahrräder mit Speichenreflektoren oder reflektierenden Reifen ausgestattet sein. Auch Abstandshalter bieten zusätzliche Sicherheit.

Bei Radtouren außerhalb der Stadt wählt man möglichst wenig befahrene Straßen aus, fährt grundsätzlich rechts und nicht nebeneinander.

Radfahren lernen

Radfahren lernt man am besten an einem freien, leicht abschüssigen Platz abseits vom Straßenverkehr. Man übt auf einem Fahrrad, bei dem die Füße auf den Boden hinunterreichen, wenn man auf dem Sattel sitzt; notfalls kann man die Sattelhöhe entsprechend einstellen.

Zunächst legt man einen mittleren Gang ein, falls das Fahrrad eine Gangschaltung besitzt. Dann setzt man sich auf den Sattel und stellt die Füße auf den Boden. Nun hebt man beide Füße einige Zentimeter vom Boden ab und läßt das Fahrrad den Abhang hinunterrollen, während man das Körpergewicht etwas von der einen Seite zur anderen verlagert, um im Gleichgewicht zu bleiben. Nachdem man dies einige Male geübt hat, wird eine Ruhepause eingelegt. (Bei Kindern kann ein Erwachsener den Sattel anfangs hinten festhalten und ein paar Schritte mitlaufen.)

Nun dreht man das rechte Pedal in Fahrtrichtung etwas über seinen höchsten Punkt hinaus, setzt den rechten Fuß darauf, läßt den linken Fuß am Boden und lehnt sich nach

vorn. Dann stößt man sich mit dem linken Fuß ab und läßt ihn am Boden schleifen, während das Fahrrad den Abhang hinunterrollt. Mit dem rechten Fuß tritt man das Pedal nach unten. Sollte man das Gleichgewicht verlieren, dreht man den Lenker in die Richtung, in die man zu fallen droht, um das Fahrrad aus seiner Schräglage wieder aufzurichten. In dieser Weise wird weitergeübt, bis man das Gleichgewicht halten kann. Dann nimmt man wieder die gleiche Ausgangsstellung ein, setzt aber auch den linken Fuß nach dem Abstoßen auf das linke Pedal und tritt sofort mit beiden Füßen.

Man setzt die Füße mit den Ballen auf die Pedale und tritt in gleichmäßigem Rhythmus. In einer Kurve neigt man sich leicht in die Richtung, in die man weiterfahren will, und führt den Lenker nach. Zunächst fährt man nur große Kurven, dann übt man auch engere.

Bremsen und Gangschaltung Ein Fahrrad besitzt entweder Felgenbremsen mit Bremshebeln an der Lenkstange oder eine Rücktrittbremse, die mit den Füßen betätigt wird. Bei Felgenbremsen werden beide Hebel angezogen, wobei man jedoch am Hebel für die Vorderradbremse (meist ist es der linke) etwas weniger Kraft anwendet. Bei der Rücktrittbremse werden die Pedale lediglich entgegengesetzt zur Fahrtrichtung getreten.

Durch die Gangschaltung kann man einen gleichmäßigen Tretrhythmus am Berg und auf ebener Straße einhalten. Wenn man sich einer Bergstrecke nähert, legt man den niedrigeren Gang ein, bevor die Steigung beginnt. Bei einer Dreigangschaltung setzt man beim Schalten kurz mit dem Treten aus. Bei einer Zehngangschaltung tritt man während des Schaltvorgangs weniger kräftig, bewegt die Pedale aber weiter.

Siehe auch *Fahrräder; Radfahren.*

Radioempfang im Auto

Zur Prüfung schaltet man das Radio ein und sucht einen stabilen Sender. Rauschende oder weglaufende Sender lassen auf Fehler der Antenne schließen, und man sollte sie prüfen (siehe *Autoantenne ersetzen*).

Besitzt das Radio eine automatische Störunterdrückung, wird bei einem schlecht einfallenden Sender oder bei gestörter Antenne der Ton automatisch gestoppt und erst dann wieder eingeschaltet, wenn ein guter Empfang gewährleistet ist. Die Radiobeleuchtung und die eventuell vorhandene Kontrollampe bleiben dabei an. Ist dies nicht der Fall, sollte man nicht die Antenne und den Anschluß, sondern die Masseverbindung zum Radiogehäuse prüfen. Mit den Krokodilklemmen legt man eine provisorische Masseverbindung zwischen Radiogehäuse und Fahrzeugaufbau. Sind die Störungen immer noch vorhanden, prüft man die Plusleitung bis zur Zentralelektrik. Manchmal gibt es hier Kontaktklemmen, die locker geworden sind. Es genügt, wenn man die Kontaktfedern mit einer Flachzange nachbiegt.

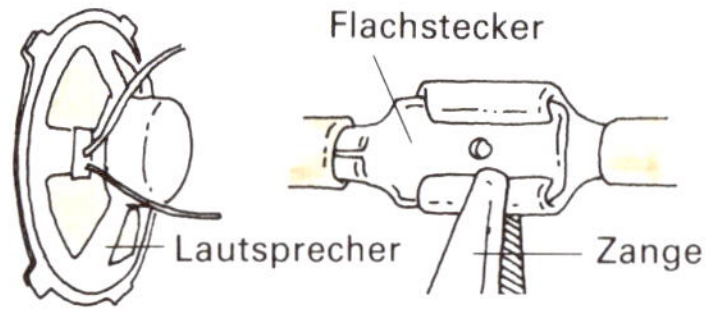

Moderne Radios haben eine Feinsicherung direkt im Gehäuse. Zur Prüfung zieht man das Radio nach vorn heraus; man findet die Sicherung unter einer Plastikkappe.

Konnte man die Störung nicht beheben, untersucht man weiter die Verkabelung zum Lautsprecher. Wenn man ein Ohmmeter mit niedrigem Widerstand an die beiden Anschlußklemmen anlegt und ein leises Knakken hört, sind Lautsprecher und Verkabelung einwandfrei.

Siehe auch *Autoradio.*

Radtouren

Tagestouren bedürfen keiner großen Vorbereitungen. Am Tag vorher legt man die Fahrtroute fest. Es gibt inzwischen fast für jede Region ausgesprochene Radwanderkarten, die so ausgelegt sind, daß man sich abseits der motorisierten Verkehrsteilnehmer bewegen kann.

Als Anfänger sollte man sich nicht zuviel zumuten; 20–30 km Tagesfahrt sind je nach persönlicher Leistungsfähigkeit und Alter vollkommen ausreichend. Während der Fahrt sollte man jeweils vormittags, mittags und nachmittags größere Pausen und am Tagesziel eine Besichtigung oder den Aufenthalt an einem Badestrand vorsehen.

Am Vorabend prüft man den technischen Zustand der Fahrräder, unter anderem die Kette, die gegebenenfalls mit einem Spezialspray gefettet wird. Den Werkzeugsatz darf man ebenso wie das Flickzeug und eventuell einen Ersatzschlauch für jedes Rad nicht vergessen.

In den Abendnachrichten verfolgt man den Wetterbericht und stimmt die Kleidung darauf ab. Ein regensicherer Radfahrerumhang sollte auf keinen Fall fehlen, da er gleichzeitig auch als Unterlage für das Picknick dienen kann.

Heute gibt es eine ganze Reihe von Packtaschenkonstruktionen, um das Gepäck sicher am Fahrrad unterbringen zu können. Diese sollte man so wählen, daß Pedale, Lenkung und Bremse ohne Beeinträchtigung bedient werden können. Die Lasten sollten beidseitig des Hinterrads gleichmäßig verteilt werden. Zusätzliches Gepäck kann man auf dem Gepäckträger mit Gummispannern oder Gurten sichern; es darf nicht verrutschen und nicht zu hoch sein.

Bei Mehrtagestouren ist es wichtig, daß man vorab das Reiseziel für jeden Tag festlegt und die Übernachtungsmöglichkeit per Telefon vorbestellt. Nicht jedes Hotel oder Gasthaus nimmt Radfahrer auf, wenn man durchgeschwitzt die Rezeption betritt. In einigen Ländern (z.B. den Niederlanden) gibt es die Möglichkeit, die Route für mehrere Tage einschließlich Unterkunft im voraus festzulegen. Das Gepäck wird dabei mit dem Pkw von Standort zu Standort gebracht.

Da bei mehrtägigen Radtouren z.B. Sitzbeschwerden oder andere Unpäßlichkeiten durchaus auftreten können, sollte man eine alternative Rückreisemöglichkeit, z.B. mit der Bahn oder die Rückholung durch einen Bekannten mit Pkw und Fahrradträger, besprechen und einplanen.

Raffhalter

Zunächst bestimmt man die Lage und Länge eines Raffhalters, indem man ein Maßband um den Vorhang oder Schal wickelt und mit einem Reißnagel feststeckt. Dann wird der Vorhang versuchsweise lockerer oder stärker gerafft und das Maßband in unterschiedliche Höhe verschoben. Ist man mit der Wirkung zufrieden, schraubt man an beiden Seiten des Fensters einen Haken in den Fensterrahmen oder dort in die Wand, wo der Raffhalter befestigt wird. Dann schneidet man zwei Stoffstreifen aus, und zwar in der vom Maßband angezeigten Länge (meist zwischen 50 und 90 cm) und in einer Breite von 8–20 cm zuzüglich einer Nahtzugabe von 1,5 cm an allen Kanten.

Die Stoffstreifen faltet man der Länge nach rechts auf rechts durch die Mitte und näht entlang der langen Seite und einem Ende. Die Nahtzugaben werden um die Hälfte zurückgeschnitten und die Ecken schräg abgeschnitten. Die Bänder wendet man nach rechts, schlägt am offenen Ende die Nahtzugaben ein und schließt das Ende mit Staffierstichen (siehe *Saumstiche*). Dann werden die Bänder gebügelt. An den Enden näht man Ringe aus Kunststoff oder Metall an.

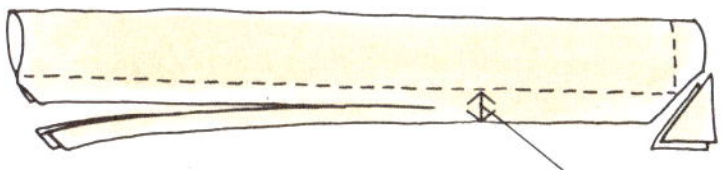

Solche Raffhalter kann man auch auf verschiedene Weise verzieren: mit aufgenähter Litze, Fransen, bei leichten Stoffen mit Rüschen, mit Stickerei. Will man sie nicht aus dem Vorhangstoff machen, kann man für elegante Vorhänge Samt- oder Ripsband verwenden, für rustikale Stoffe bunte Woll- oder Baumwollbänder, aber auch dicke Kordel oder sogar dekorative Ketten, die es als Meterware zu kaufen gibt.

Rasenmäher

Bei den Rasenmähern hat sich der Viertaktantrieb weitgehend durchgesetzt. Er ist unabhängig von Batteriespannung oder Stromkabel, durch neuartige Lärmkapselung und Schalldämpfersysteme viel leiser als der Zweitaktmäher, und außerdem riechen seine Auspuffgase nicht so unangenehm wie beim Zweitakter.

Beim Rasenmähen sollte man folgende Sicherheitshinweise beachten:

- Man mäht niemals barfuß oder in Sandalen. Am besten geeignet sind kräftige Lederschuhe mit rutschfester Sohle. Dies gilt besonders dann, wenn man am Hang mähen muß.
- Bevor man zu mähen anfängt, entfernt man Steine und Äste aus dem Mähbereich, um die Messer, den Motor und das Mähergehäuse zu schonen.
- Bei Störungen am Mäher zieht man grundsätzlich den Kerzenstecker ab und beginnt erst dann mit den Reparaturarbeiten.

Bedienung und Pflege Wichtig ist, daß man regelmäßig die Messer oder das Balkenmesser kontrolliert. Schartige Messer ergeben keinen sauberen Schnitt. Man baut Messer oder Balkenmesser aus und schärft nach (siehe *Hobeleisen schärfen*). Wenn bei dreieckigen Messern eine Schneide noch scharf ist, schraubt man die Messer so ein, daß diese Schneide in Schnittrichtung liegt.

Baut man ein Balkenmesser wieder ein, muß man die Zwischenlage und die Beilagscheibe in der richtigen Reihenfolge einsetzen, denn die Klemmverbindung dient als Rutschkupplung. Wenn man auf ein festes Hindernis auffährt, bleibt der Balken stehen, und der Motor wird nicht beschädigt.

Nimmt man einen Rasenmäher zum erstenmal in Betrieb, füllt man in der Regel 1 l Motoröl ein, da die meisten Rasenmäher ohne Ölfüllung ausgeliefert werden. Man gießt das Öl grundsätzlich randvoll bis zur Peilmarkierung ein. Als Kraftstoff braucht man für einen Viertaktmäher Normalbenzin, für einen Zweitaktmäher ein Gemisch nach den Herstellerangaben.

Wenn vorhanden, hängt man nun die Grasfangvorrichtung ein und stellt die gewünschte Schnitthöhe ein. Dann schiebt man den Gashebel in Startposition und zieht kräftig den Startergriff oder den Reversierstarter.

Sobald der Mäher angesprungen ist, bewegt man den Gashebel in Richtung Vollgas. Dabei wird eine Starterklappe automatisch geöffnet, und der Rasenmäher läuft nun rund weiter.

Bei den meisten Rasenmähern ist zusätzlich ein Kraftstoffhahn vorhanden, den man vor dem Start öffnen muß.

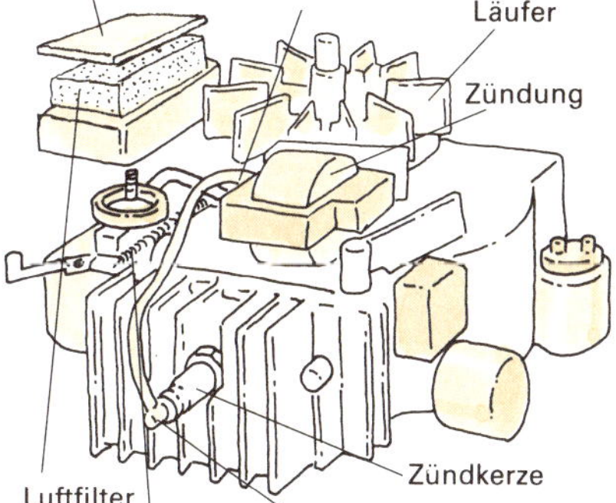

Mäher springt nicht an Durch den kombinierten Starter-, Gas- und Abstellhebel kommt es häufiger vor, daß der Rasenmäher unmittelbar beim Start absäuft. Die Zündkerze ist naß, und jeder Startversuch bleibt erfolglos.

In diesem Fall baut man die Zündkerze aus, bläst mit Preßluft die Kraftstoffreste ab oder entfernt sie vorsichtig mit einer Lötlampe.

Dann reinigt man die Kerze mit einer Stahlbürste und prüft den Elektrodenabstand. Er muß 0,5 mm betragen. Wenn nötig, biegt man die Masseelektrode entsprechend nach. Man schraubt die Kerze ein und startet in Stellung Vollgas.

Luftfilter und Vergaser Der Luftfilter besteht aus Schaumstoff und liegt in einem Stahlblechgehäuse. Man wäscht ihn in Benzin aus, drückt ihn aus, benetzt ihn mit Öl und legt ihn wieder ein.

Der Vergaser eines Rasenmähers ist sehr einfach gebaut und nicht störanfällig. Es können sich aber im Schwimmergehäuse Verunreinigungen, z. B. Wasser, ansammeln. In diesem Fall nimmt man das Schwimmergehäuse ab, bläst es aus und befestigt es wieder. Dabei achtet man darauf, daß die Dichtung gut sitzt.

Mäher winterfest machen Im Herbst reinigt man den Rasenmäher gründlich. Man deckt den Luftfilter mit einer Plastikfolie ab, spritzt den Mäher mit dem Wasserschlauch kräftig ab und läßt ihn trocknen. Abschließend sprüht man den ganzen Mäher mit einem Rostschutzspray ein und ölt alle beweglichen Teile zusätzlich ein. Man dreht die Kerze heraus, gibt einige Tropfen Öl ins Kerzenloch und dreht den Mäher von Hand durch, so daß sich das Öl gut auf der Zylinderlaufbahn verteilt.

Da sich im Motoröl aggressive Rückstände vom Verbrennungsprozeß angesammelt haben können, führt man bei warmem Motor einen Ölwechsel durch. Dann füllt man den Kraftstofftank auf und verschließt den Kraftstoffablaufhahn. Alle Radlager prüft man auf Spiel; gegebenenfalls muß man sie ausbauen und mit einer neuen Fettpackung versehen.

Elektromäher werden genauso winterfest gemacht. Allerdings sollte man zusätzlich die Kabelführung und das Kabel überprüfen.

Bei einem Batteriemäher baut man die Batterie aus, füllt sie mit destilliertem Wasser auf und lädt sie nach.

Wenn der Mäher in einem frostgefährdeten Gartenhaus abgestellt wird, sollte man die Batterie besser im Keller aufbewahren, etwa alle vier Wochen den Ladezustand kontrollieren und gegebenenfalls nachladen.

Rasenpflege

Ein Rasen braucht mehrere Stunden Sonnenschein am Tag. Bei heißem, sonnigem Wetter wird er ein- bis zweimal in der Woche gründlich bewässert.

Mähen Soll der Rasen gleichmäßig dicht bleiben, muß er regelmäßig gemäht werden. Wie oft er gemäht werden soll, hängt von der Wachstumsgeschwindigkeit ab. Im März und April und von Juli bis Oktober genügt gewöhnlich ein Schnitt wöchentlich. In der Hauptwachstumszeit dagegen muß er oft zweimal in der Woche geschnitten werden. Nach Regenfällen darf man nicht mähen.

Beim Zierrasen empfiehlt sich eine Schnitthöhe von 2–3 cm, beim Gebrauchsrasen 3–4 cm. Wenn das Wetter im Sommer sehr trocken ist, läßt man das Gras 5–6 cm hoch stehen. Die Kanten des Rasens schneidet man mit einer Rasenkantenschere.

Düngen Am besten düngt man den Rasen im Oktober. Man kann jedoch auch Anfang April, solange der Boden noch feucht ist, 20 g/m^2 eines Volldüngers in flüssiger oder körniger Form als Grunddüngung dem Rasen zukommen lassen. Insgesamt reichen für einen Gebrauchsrasen drei bis vier Düngungen im Jahr. Für einen Zierrasen rechnet man mit fünf Düngungen. Gedüngt wird meist im April, Juni, August und Oktober, und zwar gibt man jeweils im Wechsel einen Stickstoffdünger und einen Volldünger. Der Dünger muß gleichmäßig verteilt werden. Flüssigen Dünger verteilt man mit einer Gießkanne mit Brause. Körnigen Dünger streut man entweder von Hand oder mit einem Streuwagen aus. Nachdem man körnigen Dünger verteilt hat, muß die Rasenfläche bewässert werden, damit keine Flecken entstehen.

Belüften Die Belüftung des Rasens ist besonders bei schweren Böden notwendig. Eine gute Luftzufuhr fördert das Wachstum der Wurzeln. Belüftet wird entweder mit einer Grabgabel oder mit einem Vertikutierrechen. Mit der Grabgabel sticht man in Abständen von 8–10 cm ungefähr 8–10 cm tief in den Boden. Diese Methode eignet sich nur für kleinere Flächen. Nach dem Lüften wird der Rasen mit Sand überworfen. Mit dem Vertikutierrechen geht man über die ganze Fläche.

Rasenunkräuter In einem gut gedüngten Rasen können sich Rasenunkräuter weniger leicht ausbreiten als in einem schlecht gedüngten. Wo also viele Unkräuter hochkommen, wurde häufig versäumt, rechtzeitig vorzubeugen. Einzelnstehende Unkräuter jätet man mit einer Handgabel, sobald sie auftreten. Kriechende Unkräuter werden mit dem Rechen aufgerichtet, ehe man den Rasen mäht.

Siehe auch *Naturrasen*.

Rasierapparat

Damit ein Trockenrasierer einwandfrei arbeitet, muß man den Scherkopf und die Messer regelmäßig reinigen und überprüfen. Nach jeder Rasur bläst man die Stoppeln aus. Von Zeit zu Zeit säubert man den Scherkopf mit einem Spezialreiniger und reinigt die Messer mit einer kleinen Bürste (z. B. einer alten Zahnbürste).

Abgenutzte Messerköpfe und Scherblätter können eine schlechte Rasur und ein lautes Betriebsgeräusch

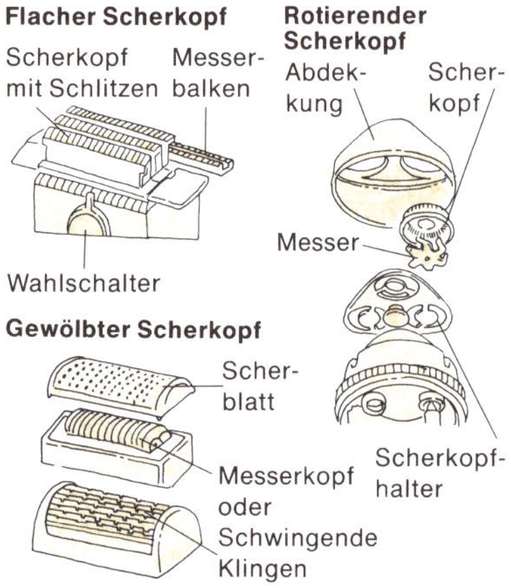

zur Folge haben. Um an diese Teile bei einem Trockenrasierer mit flachem Scherkopf heranzukommen, zieht man den Netzstecker, stellt den Wahlschalter auf „Reinigung“ und hebt den ganzen Scherkopf ab. Dann kann man die Messerbalken aus dem Scherkopf herausschieben.

Bei einem Trockenrasierer mit gewölbtem Scherkopf hebt man das Scherblatt mit seinem Halter ab und entfernt den Messerkopf oder die schwingenden Klingen. Sofern man im Scherblatt ausgebrochene Stellen oder Kerben am Messerkopf entdeckt, ersetzt man die schadhaften Teile oder den ganzen Scherkopf.

Um einen Trockenrasierer mit rotierendem Scherkopf zu öffnen, nimmt man den Scherkopf vom Gehäuse ab und löst an der Rückseite den Schraubknopf, mit dem der Scherkopfhalter befestigt ist. Hat man den Scherkopfhalter abgenommen, können die Messer und Scherköpfe überprüft werden. Schadhafte Scherköpfe und Messer müssen gemeinsam ersetzt werden.

Raspeln

Raspeln haben einen groben Feilenhieb und werden verwendet, um Vollholz, Sperrholz, Faserplatten, Kunststoffe sowie Aluminium zu bearbeiten. Mit Raspeln formt man meist geschweifte Werkstücke; nachgearbeitet wird dann mit einer Feile (siehe *Feilen*). Eine 25 cm lange Halbrundraspel und eine Rundraspel genügen für die meisten Arbeiten.

Hobelfräserraspeln (A) und Hobelfräserfeilen (B) haben auswechselbare Schneidblätter. Mit ihnen lassen sich die obengenannten Werkstoffe grob und fein bearbeiten. Die Schneidblätter weisen messerscharfe Zähne auf, die das Material zerspanen, und Spanschlitze, durch die das Material abgeführt wird. Dadurch verstopfen die Zähne selbst bei weichen Werkstoffen nicht. Die Schneidblätter sind leicht auszuwechseln; man braucht nur eine Schraube zu lösen. Zu den verschiedenen Halterformen gibt es runde, halbrunde und gerade Blätter.

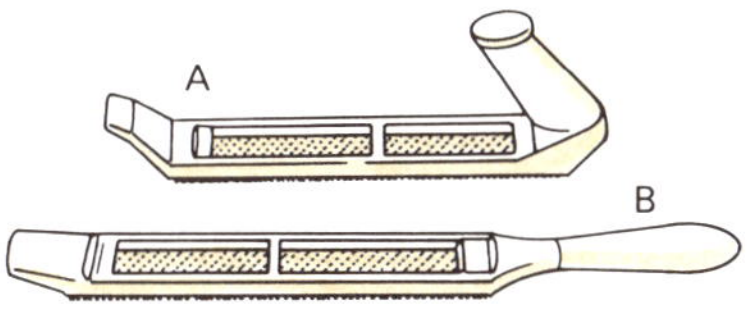

Ratespiel

Bei diesem Spiel gilt es, einen Gegenstand, eine Person oder einen abstrakten Begriff zu erraten. Ein Spieler, der vorher bestimmt wird, schreibt den zu ratenden Begriff auf einen Zettel. Die anderen Spieler versuchen der Reihe nach, das Rätselwort herauszufinden, indem sie ihm Fragen stellen, die mit Ja oder Nein beantwortet werden können. („Ich weiß nicht" und „Teils – teils" können – nach Absprache – auch zulässig sein.)

Mit der ersten Frage erkundigt man sich danach, ob es sich um etwas Lebendiges oder um einen toten Gegenstand handelt. Durch weitere Fragen wird der Begriff eingekreist, bis das Rätselwort gefunden ist. Der Spieler mit der richtigen Antwort denkt sich dann das Rätselwort für die nächste Runde aus. Wird ein Begriff mit 20 Fragen nicht erraten, beginnt derselbe Spieler mit einer neuen Runde.

Am Ratespiel können sich auch nur zwei Spieler sowie zwei oder mehrere Mannschaften beteiligen. Der Spielleiter schreibt dann die Anzahl der Fragen auf, die ein Spieler oder eine Mannschaft gestellt hat, bis der Begriff erraten wurde. Der Spieler oder die Mannschaft mit der niedrigsten Punktzahl gewinnt.

Rauchen aufgeben

Das Rauchen muß man in erster Linie aus eigenem Antrieb aufgeben wollen. Geschieht es nur auf Bitten oder Drängen anderer, sind die Erfolgschancen gering. Auf einer Liste werden alle Gründe notiert, warum man bisher geraucht hat. In einer zweiten Liste faßt man die Gründe zusammen, warum man das Rauchen aufgeben will. Beide Listen sollte man häufig durchlesen.

Ist man fest entschlossen, wählt man einen bestimmten Tag in nicht allzu ferner Zukunft aus, an dem man sein Vorhaben in die Tat umsetzt. Soweit möglich, sollte es ein Tag sein, an dem die Lebensgewohnheiten sich auch in anderer Hinsicht ändern, beispielsweise der erste Urlaubstag. Familie und Freunde sollte man informieren und um Unterstützung bitten. Hilfreich ist es, sich anderen anzuschließen, die auch das Rauchen aufgeben wollen. Man kann auch andere Menschen zu Rate ziehen, die das Rauchen bereits aufgegeben haben.

Am festgelegten Tag dürfen keine Zigaretten, Streichhölzer, Feuerzeuge oder Aschenbecher mehr in der Wohnung, am Arbeitsplatz usw. vorhanden sein. Nüsse oder andere Knabbereien sind erlaubt; von Süßigkeiten ist abzuraten. Wasser und Fruchtsäfte darf man reichlich trinken. Wenn man ein besonders starkes Bedürfnis nach einer Zigarette hat, helfen manchmal einige tiefe Atemzüge, oder man sorgt für Ablenkung, indem man z.B. aufsteht und ins Nebenzimmer geht oder zum Fenster hinausschaut. Es treten meist mehr oder weniger starke Entzugserscheinungen auf. Man muß sie durchstehen, sie gehen vorüber. Wichtig ist, aktiv zu bleiben und für viel Bewegung zu sorgen. Auch ein spannendes Buch oder ein Hobby, bei dem die Hände beschäftigt sind, lenkt ab.

Bei einem Rückfall darf man nicht gleich aufgeben. Am besten ist, sofort wieder einen neuen Anlauf zu machen. Nikotin ist ein Gewohnheitsgift. Ein Raucher muß die Abhängigkeit Tag für Tag neu bekämpfen. Gedanken an eine Zukunft ganz ohne Rauchen darf man gar nicht aufkommen lassen. Man konzentriert sich auf den heutigen Tag, an dem man nicht rauchen wird.

Man kann sich auch an die Krankenkassen wenden, die eine Raucherentwöhnungsmaßnahme in der Weise bezuschussen, daß sie Raucherentwöhnungsseminare organisieren. Dabei handelt es sich meist um etwa zehn Zusammenkünfte, an denen auch Mediziner und Psychologen teilnehmen. Aus diesen Treffs entwickeln sich später oft zwanglose NichtrauchercIubs.

Die im Handel erhältlichen Entwöhnungshilfen und Medikamente sind nur bedingt zu empfehlen. Von guten Erfolgen, die mit Gruppentherapie, Hypnose, Yoga oder Akupunktur erzielt wurden, wird jedoch berichtet.

Raumklima

Die Raumluft sollte frisch und sauerstoffreich sein. Dazu muß man ausreichend lüften. Während der Heizperiode stellt man möglichst die Heizung ab und macht alle Fenster etwa zehn Minuten lang auf. So lüftet man mindestens zweimal oder nach Bedarf öfter am Tag. Dauerlüften mit schräggestellten Fenstern und laufender Heizung vergeudet Energie (siehe auch *Energie sparen*).

Die Luft muß auch genügend Feuchtigkeit enthalten. Ideal ist eine Raumluftfeuchte von 50%; sie sollte nicht unter 40 und nicht über 70% liegen. Zu trockene Raumluft enthält mehr Staub und Krankheitskeime und vermehrt außerdem die elektrostatische Aufladung des Raumklimas. Die Schleimhäute trocknen aus, man ermüdet schneller, und es können Augenentzündungen auftreten. Großblättrige Zimmerpflanzen tragen dazu bei, die Luft feucht zu halten.

Die optimale Bade- und Wohnzimmertemperatur beträgt 20–23 °C. Im Schlafzimmer benötigt man 15–17 °C, in der Küche 18–20 °C und im Gang oder Treppenhaus 10–14 °C.

Raupen

Raupen sind die Larven verschiedener Schmetterlingsarten, die im Garten ernsthafte Schäden anrichten können. Sie ernähren sich hauptsächlich von Blättern, befallen jedoch auch die Wurzeln, Samen und Früchte vieler Pflanzen. Der Lebenszyklus der verschiedenen Arten ist ähnlich. Im Frühjahr schlüpfen die Raupen aus den Eiern und beginnen sogleich zu fressen. Im Frühsommer verpuppen sie sich, und später schlüpfen die Falter.

Zu den bekanntesten Schädlingsraupen zählen Eulenraupen (Erdraupen), Kohlraupen und Wicklerraupen. Die grünen oder grauen Eulenraupen halten sich tagsüber in den oberen Bodenschichten auf und kommen erst bei Nacht heraus, um an den Stengeln und Blättern von Gemüsepflanzen und Stauden zu fressen. Man kann sie bekämpfen, indem man frühzeitig Wurmfarnwedel zwischen den Pflanzen auslegt.

Die grünen, braunen oder grauen Kohlraupen fressen im Sommer an den Blättern von Kohlarten. Eine Mischkultur von Tomaten und Sellerie vermindert den Befall durch diese Schädlinge. Man kann auch Tomatenblätterbrühe spritzen (zwei Handvoll Blätter zerkleinern und zwei Stunden in 2 l Wasser ziehen lassen).

Wicklerraupen ernähren sich von den Blättern von Zierbäumen, Sträuchern und Rosen. Das Schadbild zeigt unregelmäßige kleine Löcher in den Blättern, die durch ein seidiges Gespinst zusammengezogen sind. Am besten liest man die Schädlinge mit der Hand ab und vernichtet sie.

Rede halten

Soll man eine Rede halten, macht man sich zunächst Gedanken über seine Zuhörerschaft. Vor welchem Publikum wird man stehen? Warum ist das Thema für dieses Publikum interessant? Wie weit ist das Thema den Zuhörern bereits bekannt? Welche Beziehung besteht zwischen dem Redner und seinem Publikum? Diese und ähnliche Überlegungen bringt man zu Papier und berücksichtigt sie bei der Vorbereitung der Rede.

Wenn man eine Rede zusammenstellt, notiert man zunächst die drei oder vier Hauptpunkte, die man den Zuhörern vermitteln möchte (zu viele Hauptpunkte könnten die zentrale Aussage der Rede verwässern). Jeden Hauptpunkt faßt man in einem klaren Satz zusammen; darum gruppiert man alle wichtigen Informationen und Daten, die einem zu diesem Punkt einfallen. Sachdaten und Statistiken können zwar zur Abrundung des Themas wichtig sein, vergessen darf man aber nicht, auch packende Erzählungen, witzige Anekdoten und Erlebnisse einzubauen. Man sollte auch überlegen, ob bestimmte Punkte durch visuelle Hilfsmittel noch klarer dargestellt werden können.

Für das Konzept der Rede verwendet man leicht verständliche Worte und kurze, klare Sätze. Berufsjargon und technische Fachausdrücke sollten nur sparsam verwendet werden. Die wichtigsten Punkte notiert man auf Karteikarten. Niemals sollte man den vollen Text einer Rede aufschreiben und auf keinen Fall den Text beim Vortrag selbst ablesen, da man dabei leicht den Faden verliert.

Man übt die Rede zu Hause mehrmals und stoppt die Zeit, damit man innerhalb der festgesetzten Redezeit bleibt. Hilfreich ist es, die Rede einem Freund oder im Kreis der Familie vorzutragen und um ehrliche Kritik zu bitten. Bei den Proben sollte man nach Möglichkeit die gleichen Geräte einsetzen (z.B. Overhead-Projektor und Folien), die man bei der Rede auch benutzen wird.

Sofern die Möglichkeit besteht, ist es nützlich, sich einige Tage vor dem Auftritt schon den Raum oder Vortragssaal anzusehen und sich mit den Raumverhältnissen, der Akustik und der technischen Einrichtung vertraut zu machen. Wenn schriftliche Einladungen verschickt werden, ist es wichtig, darin Bezeichnung, Inhalt, Tendenz und Dauer der Rede anzugeben.

Während der Rede spricht man langsam und laut. Man steht entspannt mit leicht gespreizten Beinen und seitlich herabhängenden Händen und verlagert das Gewicht auf die Fersen, was ein Gefühl der Sicherheit vermittelt. Eigene Begeisterung und Engagement, ausgedrückt durch den Tonfall des Vortrags und regen Blickkontakt, halten das Interesse des Publikums wach. Als Gedächtnisstütze bedient man sich nur eines kurzen Exposés oder der Stichworte auf den Karteikarten (siehe oben). Lampenfieber vor dem Auftritt ist normal und läßt sich nie ganz abbauen. Durch einige einfache Atemübungen kann man sich in eine ruhigere körperliche und geistige Verfassung bringen (siehe *Entspannungsübungen*).

Referat schreiben

Man wählt nach Möglichkeit ein Thema, für das man sich interessiert und das man überschauen kann. Das Gebiet sollte für die vorgeschriebene Länge der Arbeit nicht zu umfangreich, aber auch nicht zu eng sein. Man sollte die Länge, die zentrale Aussage und die Argumentation mit dem Lehrer besprechen. Einige Wochen bevor die Arbeit abgegeben wird, besorgt man sich aus der Bibliothek einschlägige Literatur. Je nach Thema können auch andere Quellen wie Zeitungen und Zeitschriften hilfreich sein.

Material zusammenstellen Man sammelt möglichst viel Material neueren Datums. Jede Quelle wird auf einer Karteikarte vermerkt: bei Büchern Autor, Titel, Verlag sowie Datum und Ort der Veröffentlichung; bei Zeitschriften und Zeitungen außerdem noch Nummer der Ausgabe und Seitenzahl. Die Karteikarten werden nach Autoren alphabetisch geordnet und fortlaufend numeriert.

Notizen macht man auf größeren Karteikarten. Die verschiedenen Aspekte des Themas werden durch beschriftete Trennkarten oder Reiter gekennzeichnet. Alle Karten mit Informationen zu einem besonderen Punkt hält man mit einer Büroklammer zusammen. Man ordnet die Karteikarten in logischer Reihenfolge.

Gliederung In der Einleitung wird die Hauptthese kurz dargelegt und ihre Bedeutung und Anwendbarkeit hervorgehoben. Auch die Tatsachen, auf die sich die These stützt, sollten kurz umrissen werden.

Im Hauptteil des Aufsatzes wird die These entwickelt. Man trägt die wichtigsten Informationen und die stärksten Argumente vor und bekräftigt sie durch möglichst viele Daten und Fakten. Im Schlußteil faßt man die These nochmals zusammen und unterstreicht ihre allgemeine Bedeutung. An dieser Stelle kann man auch seine eigene Meinung wiedergeben.

Abfassung Man bemüht sich um einen klaren, dem Thema angemessenen Stil. Abschreiben darf man nicht; einer Quelle entnommenes Material wird in Anführungszeichen wörtlich zitiert. Alle direkten Zitate sowie nicht wörtlich wiedergegebene Textstellen werden mit einer Fußnote und Angabe der jeweiligen Quelle versehen.

Zunächst fertigt man einen Entwurf an, der dann korrigiert wird. Bevor man an die Reinschrift geht, überprüft man alle Überleitungssätze: Wird jede Behauptung folgerichtig aus der vorhergehenden abgeleitet? Dabei geht man kritisch vor und widmet sich besonders den Schwachstellen. Außerdem achtet man genau auf Rechtschreibung, Zeichensetzung und Grammatik. An den Schluß kann man ein Literaturverzeichnis in alphabetischer Reihenfolge und gegebenenfalls Anmerkungen setzen.

Regale montieren

Für die meisten Wandregale eignen sich Massivholzbretter von 20 mm Dicke oder 19 mm dicke Tischlerplatten mit einer umleimten Kante (Umleimer gibt es aus Holz und aus Kunststoff zum Aufbügeln). Ein einzelnes, 1 m langes Wandbrett montiert man auf zwei Konsolen, die 80 cm auseinanderliegen; die Brettenden stehen also jeweils 10 cm über. Den Konsolenabstand von 80 cm sollte man bei längeren Brettern pro laufendem Meter einhalten. Wenn die Brettlänge nicht so einzuteilen ist, wählt man kleinere Abstände, da die Bretter sich bei starker Belastung, etwa durch schwere Bücher, durchbiegen, wenn die Konsolen weiter auseinanderliegen.

Die Lage der zwei Konsolen zeichnet man an, indem man eine mit Kreide eingeriebene Schnur an der Wand in Höhe der Unterkante des Bretts ausspannt, mit der Wasserwaage (siehe dort) waagrecht ausrichtet und an die Wand anschlagen läßt. Besteht die Wand aus Mauerwerk, schraubt man die Konsolen mit Dübeln (siehe dort) an. Handelt es sich um eine Fachwerkwand, stellt man durch Abklopfen die Lage der Ständer fest (sie erzeugen dumpfere Töne) und schraubt die Konsolen daran fest.

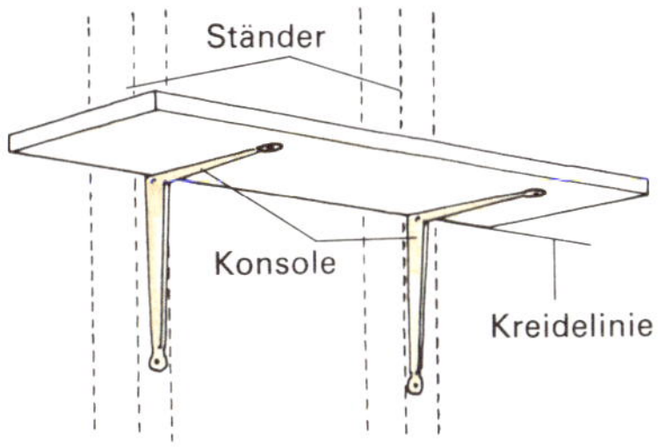

Für Regale mit mehreren Brettern eignen sich Lochschienen mit verstellbaren Konsolen oder Trägern. Die Lage der Lochschienenoberkanten markiert man auch mit einer Kreideschnur. Dann schraubt man die Lochschienen mit der obersten Schraube leicht an, richtet sie mit der Wasserwaage senkrecht aus und dreht dann alle Schrauben fest ein.

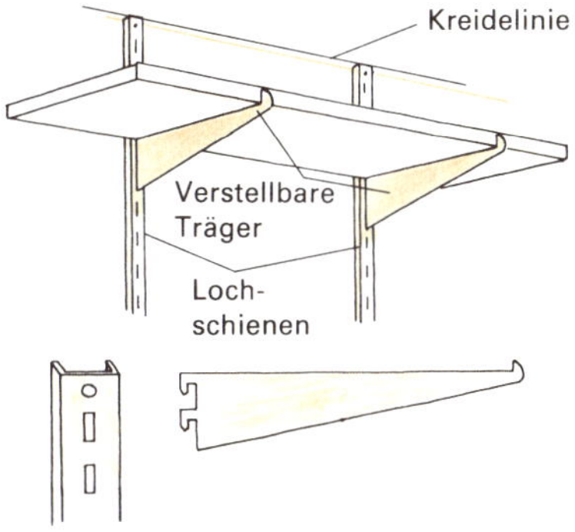

Wenn man Bretter in Wandnischen oder Schränken anbringen möchte, markiert man die Lage der Brettunterkanten mit einer Kreideschnur zuerst an der Rückwand und dann an den beiden Seiten. Man kann dazu aber auch die Wasserwaage als Lineal verwenden. Als Auflagen für die Bretter befestigt man an den Seiten Holztragleisten mit 20 × 20 mm Querschnitt. Sie können 1–2 cm kürzer als die Brettbreite sein. Je nach Untergrund kann man die Tragleisten annageln, anschrauben oder andübeln.

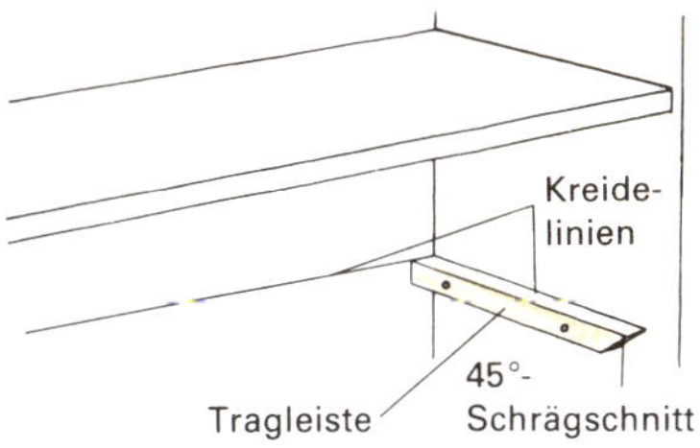

Für ganz schwere Lasten kann man auch an der Rückseite Tragleisten anbringen.

Regenbekleidung

Die meisten Regenmäntel bestehen aus Popeline, einem dicht gewebten Stoff, der mit einer wasserabweisenden Imprägnierung versehen ist. Sie bieten einen gewissen Schutz gegen Feuchtigkeit von außen, während der Körper immer noch atmen kann, saugen sich aber bei einem längeren Regenschauer mit Wasser voll.

Damit ein Regenmantel nicht Falten bekommt und muffig riecht, läßt man den feuchten Mantel auf einem Kleiderbügel völlig austrocknen und lüften, bevor man ihn in den Schrank zurückhängt. Waschbare Popelinemäntel wäscht man zweimal in der Waschmaschine, einmal mit Waschpulver, anschließend in klarem Wasser, bevor man sie bügelt.

Wenn man feststellt, daß Wassertropfen nicht mehr abperlen, sondern in den Stoff eindringen, sprüht man den Mantel wieder mit einem Imprägnierungsmittel ein, und zwar möglichst im Freien oder auf der Treppe und auf keinen Fall in der Nähe von Lebensmitteln oder Haustieren. Besonders sorgfältig werden die Schulterpartien eingesprüht. Man kann den Mantel auch in einer Reinigungsanstalt imprägnieren lassen. Anschließend sprüht man ein paar Tropfen Wasser darauf; wenn sie nicht richtig abperlen, sollte man reklamieren.

Soll ein Mantel vollkommen wasserdicht sein, muß man eine Regenhaut aus nicht porösem Material wie Kunststoff wählen. Kleidungsstücke aus reißfestem kunststoffbeschichtetem Nylon sind sehr leicht und bieten 100%igen Schutz gegen Regen. Beim Kauf solcher Kleidungsstücke muß man besonders auf eine sorgfältige Verarbeitung der Nähte achten. Am besten sind flache Kappnähte oder verschweißte Nähte.

Vollkommen wasserdichtes Material ist meist nicht atmungsaktiv, so daß die über die Haut abgegebene Feuchtigkeit sich an der Innenseite niederschlägt. Ein Umhang bietet dagegen ebenso guten Schutz und läßt trotzdem die Luft besser zirkulieren.

Inzwischen gibt es auch ein Material auf dem Markt, das sowohl atmungsaktiv als auch wasserdicht ist. Auch hier muß man auf die Verarbeitung der Nähte achten.

Regenwassertonne

Wenn man Regenwasser sammeln möchte, setzt man der Dachentwässerung eine Regenwasserklappe ein, die man bei Bedarf herausziehen kann. Unter die Klappe stellt man eine Regentonne. Man baut das Fallrohr der Dachentwässerung aus, bringt es zum Klempner und läßt ein entsprechendes Paßstück mit Klappe einfügen.

In welcher Höhe die Klappe angebracht wird, hängt von der Höhe der Wassertonne ab.

Als Tonne kann man z.B. ein altes Ölfaß verwenden. Allerdings muß man es vorher mit einem Korrosionsschutzanstrich behandeln, damit es einige Jahre dem Rost widersteht. Für den letzten Anstrich wählt man eine Farbe, die zur Umgebung paßt, denn Blechfässer sehen nicht gerade schön aus.

Wesentlich dekorativer sind Holzfässer. Ein Holzfaß stellt man nicht direkt auf den Boden, sondern auf vier Steine, damit sich unter dem Faßboden keine Feuchtigkeit ansammeln kann. Wichtig ist auch, daß man das Holzfaß nicht allzulange trocken stehenläßt, sonst schwinden die Dauben, und das Faß wird undicht.

Preiswert, leicht und nahezu unverwüstlich sind Regenwassertonnen aus Kunststoff.

Damit überlaufendes Wasser die Hauswand nicht durchfeuchtet, sollte man etwa 5 cm unter dem oberen Rand einen Überlauf bohren und ein 90°-Winkelstück einsetzen. So wird das Wasser seitlich vom Faß weggeleitet.

Im Spätherbst wird die Tonne geleert und entweder umgedreht oder abgedeckt.

Reibedruck

Gravuren, geschnitzte Reliefs oder sonstige interessant strukturierte Flächen wie Münzen, Medaillen, Inschriften und Gedenktafeln kann man im Reibedruckverfahren auf Papier kopieren. Am besten eignen sich Muster mit fein ausgearbeiteten Details.

Ein Blatt Papier wird auf die Fläche gelegt und mit einem Blei- oder Farbstift oder anderem Zeichenwerkzeug abgerieben. Mit speziellem Wachs für Reibedrucke erzielt man die besten Ergebnisse. Doch auch Ölkreiden sind gut geeignet. Man wählt eine dunkle Farbe, entfernt die Papierumhüllung und reibt mit der Breitseite der Ölkreide. Vertiefte Flächen bleiben weiß, während sich die erhöhten Flächen auf dem Papier abzeichnen. Zunächst macht man einen Probedruck auf einfachem Packpapier. Für den endgültigen Druck verwendet man hochwertiges Japanpapier oder Transparentpapier.

Technik Mit einem weichen Pinsel säubert man die abzudruckende Fläche; fest haftende Verunreinigungen kann man vorsichtig mit einem Knetgummi entfernen. Dann fixiert man das Papier faltenfrei mit Klebeband auf der Fläche. Nun reibt man langsam horizontal von der Mitte des Papiers aus zum Rand hin, wobei man mit den Fingern der freien Hand die Fläche nach Vertiefungen abtastet. Wenn sich das Muster auf dem Papier leicht abgezeichnet hat, reibt man mit stärkerem Druck von außen zur Mitte hin. Dabei achtet man darauf, daß alle Erhebungen in gleich starkem Farbton erscheinen. Damit das Papier nicht reißt, wenn man es abnimmt, zieht man das Klebeband zuerst vom Papier ab – nicht von der Oberfläche des Objekts. Nicht abgedruckte Stellen werden von Hand nachgezeichnet.

Reifen

Reifen sollte man einmal monatlich kontrollieren. Gesetzlich vorgeschrieben ist eine Profiltiefe von mindestens 1 mm. Allerdings ist ein solches Profil bei regnerischem Wetter nicht besonders betriebssicher, und man sollte Reifen grundsätzlich schon dann auswechseln, wenn die Profiltiefe 2 bis 3 mm beträgt. Winter- oder Haftreifen sollte man bereits schon bei 4 mm Profil austauschen.

Das Reifenprofil kann man gut kontrollieren, indem man ein Markstück ins Profil drückt. Der Kennbuchstabe

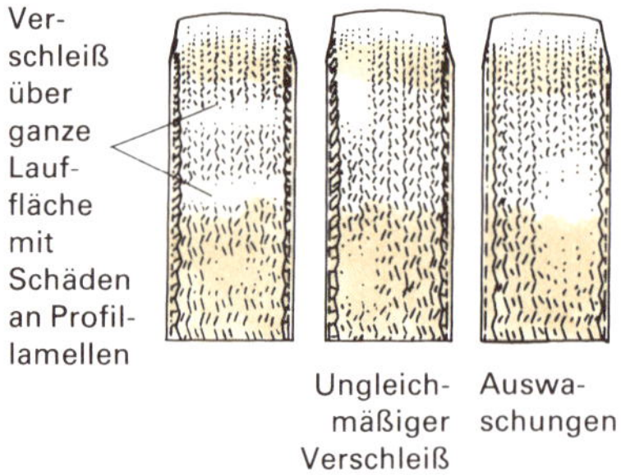

der Münzprägeanstalt an der Münze muß noch gut vom Profil bedeckt sein.

Reifen bedürfen keiner speziellen Pflege, man sollte sie aber vor Öl- und Fettkontakt schützen.

Den Reifenluftdruck kann man am günstigsten an einer Tankstelle prüfen. Die Werte findet man in der Bedienungsanleitung des Autos. Bei Winterreifen wird der Luftdruck grundsätzlich um 0,2 bar erhöht.

Siehe auch *Winterreifen*.

Reifenwechsel

Wenn man ein neues Auto gekauft hat, ist es ratsam, die Funktion von Wagenheber und Radwechselwerkzeug zu kontrollieren.

Zum Reifenwechsel stellt man das Fahrzeug auf einem sicheren, tragfähigen Untergrund ab. Damit das Auto beim Anheben nicht wegrollt, zieht man die Handbremse fest an und legt den ersten Gang ein. Nun drückt man die Radkappe ab und löst die Radmuttern oder -schrauben. Da serienmäßig oft nur sehr kurze Wechselschlüssel mitgeliefert werden, sollte man sich ein kräftiges Stück Rohr ins Auto legen, damit man die Hebelkräfte vergrößern kann. Es empfiehlt sich auch der Kauf eines Radkreuzes.

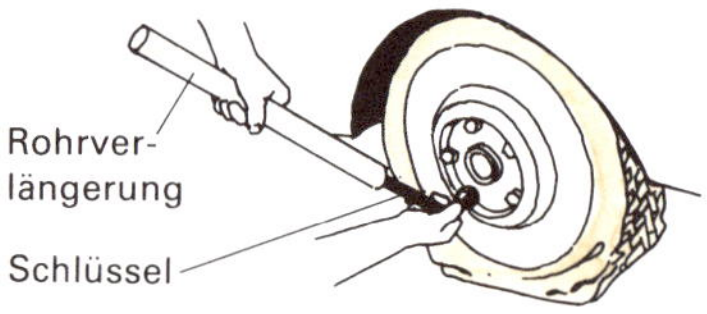

Wenn man die Schrauben oder Muttern gelöst hat, setzt man den serienmäßig mitgelieferten Wagenheber in der Nähe des zu wechselnden Rades an die markierte Stelle des Einstiegschwellers ein. Durch einen Blick unter den Wagen kontrolliert man, ob der Wagenheber richtig sitzt. Jetzt kann man das Fahrzeug anheben, bis das Rad frei ist.

Sinkt der Wagenheber auf weichem Grund ein, sollte man einen flachen, festen Gegenstand unterlegen. Erfahrene Autofahrer führen hierzu ein Holzbrettchen mit sich. Nun schraubt man alle Radmuttern oder -schrauben ab und wechselt das Rad. Die Radbefestigungsteile setzt man von Hand an und zieht sie über Kreuz leicht an, so daß sich das Rad zentriert. Dann läßt man den Wagenheber ab und schraubt sie mit dem Werkzeug über Kreuz fest. Mit einem kräftigen Schlag bringt man die Radkappe an. Nach etwa 500 Kilometern kontrolliert man das Anzugsdrehmoment mit dem Drehmomentschlüssel (im Fachhandel erhältlich).

Reis

Trocken aufbewahrt, ist Reis bis zu zwei Jahre lagerfähig. Er liefert hauptsächlich Kohlenhydrate, enthält aber auch Eiweiß, Mineralstoffe und Vitamine. Naturreis (Braunreis) enthält die meisten Ballaststoffe, denn er ist nur enthülst, hat aber noch das Silberhäutchen und den Keimling. Bei Weißreis sind diese entfernt.

Sowohl Braun- als auch Weißreis gibt es als Langkorn und Rundkorn. Langkornreis ist nach dem Kochen leichter und lockerer; er wird deshalb gern als salzige Beilage gereicht. Rundkornreis, der leicht zusammenklebt, verwendet man lieber für süße Gerichte oder Reiskroketten. Zu einem chinesischen Essen, das man stilecht mit Stäbchen ißt (siehe *Eßstäbchen*), sollte man auf jeden Fall klebenden Reis verwenden, wie es in Asien üblich ist. Nur diesen kann man problemlos mit den Stäbchen aus der Schale in den Mund befördern.

Parboiled Reis (Vollwertreis) wird vor dem Schleifen und Polieren unter Druck gedämpft. Dadurch gelangen die in Schale und Keimling enthaltenen Nährstoffe in das Innere des Korns und bleiben erhalten. Fertiggerichte mit Reis enthalten meist diesen Reistyp.

Schnellkochreis ist vorgekochter Weißreis, der nur wenige Mineralstoffe enthält, aber in fünf bis zehn Minuten gart. Kochbeutelreis ist meist Langkornreis; er gart etwas schneller als loser Reis. Beide Sorten sind aufgrund der Verarbeitung etwas teurer als andere Sorten. Braunreis braucht mehr Wasser und hat eine längere Kochzeit als Weißreis.

Um die Nährstoffe zu erhalten, kocht man Reis in möglichst wenig Wasser. Man gibt ihn in einen kleinen Topf mit so viel Wasser, daß er um etwa 3 cm (bei Naturreis etwas höher) bedeckt ist. Bei starker Hitze kochen, bis das Wasser fast verdampft ist, den Topf zudecken und den Reis bei kleinster Flamme oder auf der ausgeschalteten Kochplatte ausquellen lassen (etwa 20 Minuten). Für einen Risotto dünstet man den rohen Reis zunächst in Fett glasig und füllt dann mit kochender Brühe auf.

Wilder Reis ist der Samen einer nordamerikanischen Wasserpflanze; er wird von Hand geerntet und ist entsprechend teuer. Die dunkelbraunen, wie Tannennadeln aussehenden Samen sind sehr eiweißreich. Man kann eine kleine Menge mit preiswerten Reissorten vermischen; da der wilde Reis beim Kochen stark aufquillt, braucht man etwas mehr Wasser.

Reise nach Amerika

Beliebig viele Spieler sitzen bei diesem Konzentrationsspiel im Kreis. Der erste Spieler beginnt mit dem Satz: „Ich reise nach Amerika und packe in meinen Koffer eine Hose." (Selbstverständlich kann er auch einen anderen Gegenstand nennen.) Sein Nachbar wiederholt den Satz: „Ich reise nach Amerika und packe in meinen Koffer eine Hose und ein Hemd." Der dritte Spieler wiederholt den Satz und ergänzt den Inhalt des Koffers weiter. Wer nicht in der richtigen Reihenfolge wiederholen kann, was die Vorgänger schon alles in den Koffer gepackt haben, scheidet aus. Gespielt wird so lange, bis nur noch ein einziger Spieler übrigbleibt, der bis zuletzt alle Begriffe richtig behalten hat. Der darf dann beim nächsten Durchgang den Anfang machen.

Reise nach Jerusalem

Bei diesem Spiel ist die Teilnehmerzahl unbegrenzt. Man braucht dazu einen Stuhl weniger als die Anzahl der Spieler. Die Stühle werden in zwei Reihen, Rückenlehne an Rückenlehne, nebeneinander aufgestellt. Der Spielleiter legt eine Schallplatte oder eine Cassette mit einer lustigen Melodie auf, während die Spieler im Gänsemarsch um die Stühle herumgehen. Dann wird die Musik plötzlich abgestoppt; daraufhin müssen sich die Spieler rasch auf einen Stuhl setzen. Derjenige, der keinen Stuhl findet, scheidet aus und nimmt einen der Stühle mit. In dieser Weise wird das Spiel fortgesetzt, bis nur noch zwei Spieler und ein Stuhl übrigbleiben. Wer den letzten Stuhl ergattert, ist Sieger. Für eine Party mit Erwachsenen kann das Spiel abgewandelt werden: Die Männer setzen sich auf die Stühle und die Frauen auf ihren Schoß – oder umgekehrt.

Reiseapotheke

Reiseapotheken kann man entweder bereits fertig erwerben oder sich selbst nach seinen individuellen Bedürfnissen zusammenstellen. Der Inhalt ist davon abhängig, wohin die Reise geht und welcher Personenkreis an ihr teilnimmt.

Zur Grundausstattung gehört aber immer Verbandszeug, bestehend aus Heftpflaster, Wundschnellverband, Binden, Dreiecktuch, einer kleinen Schere, Sicherheitsnadeln und Elastikverschlüssen.

Geht die Reise in Länder mit viel Sonnenschein, an die See oder ins Gebirge, dann gehören Sonnen- und Lippenschutzcreme ebenso in eine Reiseapotheke wie ein Mittel zur Behandlung von Sonnenbränden und Insektenstichen.

Es empfiehlt sich immer, leichte Schmerz- sowie fiebersenkende Mittel mitzunehmen. Bei längeren Flug- und Seereisen ist es – insbesondere wenn Kinder mitreisen – angebracht, ein Mittel gegen See- bzw. Luftkrankheit einzupacken (siehe auch *Reisekrankheiten*).

Medikamente, die den Magen beruhigen und Durchfall verhindern, sind immer dann angebracht, wenn die Reise in Länder geht, deren Küche noch unbekannt ist. Benötigt der Reisende spezielle Medikamente, so gehören diese in ausreichender Zahl in die Reiseapotheke.

Grundsätzlich sollte der Inhalt einer Reiseapotheke immer auf das Notwendigste beschränkt bleiben und vor jedem Reiseantritt geprüft und, falls erforderlich, erneuert werden. Sie sollte im Handgepäck jederzeit greifbar sein.

Siehe auch *Hausapotheke.*

Reisegepäck

Sofern man nicht eine Weltreise oder eine Kreuzfahrt unternimmt, reist man möglichst mit leichtem Gepäck. Das Fluggepäck sollte sich auf einen Kleiderkoffer oder Kleidersack mit Tragegriff, ein Bordcase, das unter den Sitz paßt (maximal 55 cm lang, 40 cm breit und 20 cm hoch), und eine Umhängetasche oder Handtasche beschränken. Von den Gepäckstücken entfernt man alle alten Anhänger; innen bringt man mit Klebeband eine Visitenkarte oder einen Zettel mit Namen, Anschrift und Telefonnummer an. Alle Gepäckstücke werden mit einem farbigen Aufkleber oder Gewebeband markiert, damit man sie bei der Gepäckausgabe schneller identifizieren kann. Wird das große Gepäck am Schalter abgegeben, bringt man wichtige Medikamente, Reisedokumente, Wertsachen, Toilettenartikel und Wäsche zum einmaligen Wechseln in einer Reisetasche unter, die man stets mit sich führt. Um den Koffer befestigt man Lederriemen mit Gürtelschnallen; die Enden nicht einrollen.

Koffer packen Kleidungsstücke bekommen keine Falten, wenn man sie in einem Kleidersack unterbringt, den man bei einem Zwischenaufenthalt auseinanderklappen und aufhängen kann. Wird die Garderobe in einen Koffer gepackt, legt man Seidenpapier oder Plastiktüten in die Falten sowie in die Schultern und Ärmel von Jakken und Kleidern. Hosen werden Bügelfalte auf Bügelfalte flach ausgelegt; beide Beine etwa 15 cm unter dem Knie umschlagen und eine zweite Falte oberhalb des Knies einlegen. Bei einem ausgestellten Rock schlägt man die Seiten nach innen ein, so daß er eine rechteckige Form bekommt; einen Rock einmal in der Mitte zusammenfalten, ein Kleid in drei Teile, mit einer Falte unmittelbar oberhalb des Saums und der zweiten Falte in der Taille.

Schuhe und schwere Gegenstände kommen zuunterst in den Koffer oder Kleidersack. Die Schuhe stopft man mit Socken aus und wickelt sie in Plastiktüten ein. Dann kommen die Hosen; dann schwere Kleider und Röcke, Jacken, Hemden, Krawatten; leichte Kleider und Pullover; zuoberst die Unterwäsche, die man auch in den Ecken und Zwischenräumen unterbringen kann.

Um eine Jacke einzupacken, knöpft man sie zu und legt sie umgekehrt so in den Koffer, daß sich der Kragen unten befindet. Dann die Ärmel zur Mitte des Rückens hin einschlagen. Auf die Jacke legt man nun Hemden und Pullover und schlägt über diese die untere Jackenhälfte in den Koffer um.

Shampoo und andere Flüssigkeiten transportiert man in dicht verschlossenen Plastikflaschen, die zu höchstens zwei Dritteln gefüllt sind. Toilettenartikel kommen in eine mit Gummi ausgekleidete Tasche (Kulturbeutel). Streichhölzer, Feuerzeuge oder Spraydosen dürfen nicht in dem Gepäck untergebracht werden, das man am Schalter abgibt.

Reisekrankheiten

Übelkeit, Erbrechen, Appetitlosigkeit, Schweißausbrüche und Schwindel, Blässe (gelegentlich grünliche Gesichtsfarbe), Darmbeschwerden und Durchfall sind die Symptome einer Reisekrankheit, die bei Auto-, Eisenbahn-, Schiffs- oder Flugreisen auftreten kann. Sie rührt daher, daß der Gleichgewichtssinn vorübergehend gestört ist.

Vor Antritt der Reise nimmt man möglichst keine schwere Mahlzeit und keinen Alkohol zu sich. Etwa 30–60 Minuten vor Reisebeginn nimmt man bei Anfälligkeit vorbeugend Tabletten gegen Reisekrankheiten ein (als Autofahrer muß man darauf achten, daß sie das Reaktionsvermögen nicht beeinträchtigen). Man sollte unterwegs regelmäßig Flüssigkeit zu sich nehmen (z. B. Mineralwasser oder Tee) und ein wenig essen (z. B. Zwieback), auch wenn man erbricht; nach dem Erbrechen tritt häufig Besserung ein. Frische Luft schafft auch Erleichterung: Fenster öffnen und nicht rauchen. Bei Autofahrten legt man regelmäßig Pausen ein, mit Kindern möglichst jede Stunde. Man sollte versuchen, sich bzw. die Betroffenen abzulenken, und für Kinder Spielzeug, Puzzles, Kassetten u.a. mitnehmen; sie sollten auch so sitzen, daß sie während der Fahrt aus dem Fenster sehen können. Für alle Fälle hält man wasserfeste Tüten bereit. Wer sehr empfindlich ist, macht am besten die Augen zu und verhält sich ruhig; auf keinen Fall lesen. Bei starken Beschwerden legt man sich mit geschlossenen Augen hin.

Bei Flugreisen setzt man sich in Höhe der Mittelachse der beiden Tragflächen; Rücklehne nach hinten klappen. Bei Kurvenflug Kopf an die Sitzlehne legen und Augen schließen.

Bei Schiffsreisen nimmt man eine Kabine mittschiffs; auch an Deck am besten in der Mitte des Schiffs bleiben – dort ist die Schaukelbewegung am geringsten; Bug und Heck unbedingt meiden. Nicht auf die Wellen schauen, sondern einen Fixpunkt am Horizont suchen. Frische Luft auf der windabgewandten Seite einatmen und sich in den Liegestuhl legen – je flacher der Körper liegt, desto schwächer wird das Stampfen empfunden.

Siehe auch *Jet lag; Schutzimpfungen.*

Reisen mit Behinderten

Wer mit einem Behinderten reist, sollte sich rechtzeitig über behindertengerechte Urlaubsmöglichkeiten informieren. So verfügen z.B. die meisten europäischen Städte heute über Stadtführer für Behinderte, die bei den Sozial- oder Gesundheitsämtern erhältlich sind. Vorgestellt werden Freizeiteinrichtungen, Theater, Kinos, Museen und Restaurants. Viele Hotels sind heute auch ausgesprochen behindertenfreundlich. Der Ferienführer der Bundesarbeitsgemeinschaft „Hilfe für Behinderte", Kirchfeldstr. 149, 4000 Düsseldorf, listet derartige Hotels und Gasthäuser auf. Auch die Behindertenverbände sind gern behilflich.

In Österreich gibt der Verband der Querschnittsgelähmten, Brigittenauer Lände 42, 1200 Wien, Auskunft über Reisen mit Behinderten.

In jedem Fall empfiehlt es sich, dem Reiseunternehmen und dem Hotel mitzuteilen, daß sich ein Behinderter unter den Gästen befindet. Wer mit einem Rollstuhlfahrer auf Reisen geht, muß sich erkundigen, wie breit die Zimmertüren im Hotel sind und ob gegebenenfalls Auffahrtrampen vorhanden sind.

Flugreisen Bei der Buchung einer Flugreise erkundigt man sich, ob Einschränkungen für motorbetriebene Rollstühle bestehen und wie die Abwicklung bei Abflug und Ankunft erfolgt. Außerdem teilt man der Fluggesellschaft mit, ob der Behinderte überhaupt stehen bzw. gehen kann und ob er seinen Rollstuhl selbst mitbringt oder darauf angewiesen ist, daß ihm am Flugplatz einer zur Verfügung gestellt wird. Einige Tage vor dem Abflug fragt man bei der Fluggesellschaft telefonisch nach, ob die entsprechende Information richtig im Computer eingegeben ist.

Auf fast allen Fluglinien werden behinderte Gäste bevorzugt abgefertigt, so daß man rechtzeitig auf dem Flugplatz eintreffen sollte. Auf größeren Flugplätzen gibt es Toiletten und Waschräume für Rollstuhlfahrer; an Bord der meisten Flugzeuge ist dies jedoch nicht der Fall.

Bahn- und Autoreisen Ein Informationsblatt über sämtliche rollstuhlgerechte Anlagen an den Autobahnen der Bundesrepublik Deutschland kann man unter folgender Adresse anfordern: Gesellschaft für Nebenbetriebe der Bundesautobahnen mbH, Verbindungsstelle Berlin, Halenseestr. 49, 1000 Berlin 19.

Die Deutsche Bundesbahn gibt einen Reiseführer für behinderte Fahrgäste heraus. Dieses informative Handbuch kann unter folgender Adresse angefordert werden: Zentralstelle Absatz, Rhabanusstraße 3, 6500 Mainz.

Begleitpersonen von Behinderten erhalten von den verschiedenen Verkehrsträgern oft erhebliche tarifliche Vergünstigungen; bisweilen reisen sie sogar gratis. Es ist daher immer sinnvoll, sich vor Antritt einer Reise bei der Bundesbahn oder bei der Fluggesellschaft über derartige Vergünstigungen zu informieren.

Reisen mit Haustieren

Das Tier läßt man rechtzeitig vor Antritt der Reise von einem Tierarzt daraufhin untersuchen, ob der Impfschutz noch wirksam ist. Den Impfpaß und eventuell das Gesundheitszeugnis führt man stets mit sich.

Wenn man ins Ausland fährt, geben Reisebüros, Fluggesellschaften sowie die jeweiligen Konsulate des Urlaubslandes Auskunft über die Bestimmungen für Tiere. In einigen Ländern gelten recht strenge Quarantänebestimmungen; hier lohnt es sich meist nicht, die Tiere mitzunehmen. Im Hotel- und Gaststättenverzeichnis sowie in Campingführern kann man zudem nachschlagen, wo Haustiere willkommen sind.

Das Tier erhält ein Halsband mit Anhänger für den Fall, daß es verlorengeht. Auf dem Anhänger ist der Name des Tieres und die Heimatanschrift des Tierhalters bzw. eines Freundes, den man im Zweifelsfall leicht erreichen kann, vermerkt.

In eine Reisetasche packt man eine Thermosflasche mit klarem Wasser, eine Trink- und Futterschüssel, Futter, Hundeleine, Flohspray, Bürste, Decke und ein Spielzeug.

Kleine Hunde und Katzen bringt man in einem bequemen, gut belüfteten Transportkorb unter. Für die Reise mit dem eigenen Wagen befestigt man den Transportkorb mit Gurten sicher auf dem Rücksitz. Größere Hunde bekommen ihren Platz im Heck des Wagens, das man mit einem Metallgitter (in Tierhandlungen erhältlich) nach vorn absichert.

Um einer eventuellen Reisekrankheit vorzubeugen, nimmt man einige Wochen vor einer längeren Reise das Haustier regelmäßig auf kürzere Fahrten mit. Wenn dies nichts hilft, kann der Tierarzt ein Beruhigungsmittel geben.

Einige Stunden vor der Abfahrt wird das Tier nicht mehr gefüttert (drei Stunden bei Katzen und jungen Hunden, sechs Stunden bei erwachsenen Hunden und länger, wenn das Tier im allgemeinen Autofahrten schlecht verträgt). Während der Reise gibt man dem Tier bei Bedarf kühles Wasser. Unterwegs muß man öfters Pausen einlegen, damit das Tier ausreichend Gelegenheit zur Bewegung hat. Ein Hund soll seinen Kopf nicht aus dem Autofenster herausstrecken können; durch fliegende Teilchen besteht ernste Gefahr von Augenverletzungen. Nach Ankunft am Zielort wartet man mindestens eine Stunde, bevor man das Tier füttert.

Flugreisen Da an Bord der Platz für Haustiere beschränkt ist und die einzelnen Fluggesellschaften unterschiedliche Bestimmungen haben, sollte man sich rechtzeitig informieren und buchen. Sonst muß der Transportkäfig mit dem Haustier als zusätzliches Gepäck mit dem gleichen Flug befördert oder, im Notfall, als Luftfracht bei einer anderen Linie aufgegeben werden. Bei sehr heißem oder sehr kaltem Wetter sollte man sein Haustier nicht auf diese Weise transportieren lassen. Fernreisen mit Tieren in Zügen und Autobussen sollte man nicht unternehmen. Sie kosten Fahrgeld, und es fehlt den Tieren der notwendige Auslauf.

Reisen mit Kindern

Kinder gehören immer in den Fond des Pkws. Sind sie jünger als vier Jahre oder haben sie weniger als 20 kg Körpergewicht, sollten sie einen eigenen Kindersitz haben, der fest am Autositz angeschnallt wird. Kinder dürfen nicht auf dem Schoß sitzen oder gemeinsam mit demselben Sitzgurt angeschnallt werden. Unterwegs macht man lieber häufig Rast an Stellen, wo das Kind herumlaufen und sich unter Aufsicht austoben kann.

Mit auf die Reise mit Bahn, Bus oder Auto nimmt man einen Vorrat an Trinkwasser und kleinen, nahrhaften Imbissen, Babykost, Windeln, gegebenenfalls ein Topfstühlchen, Spielsachen und Spiele, Decken und Kissen, Erfrischungstüchlein, Abfalltüten und Wäsche zum Wechseln.

Um einer Reisekrankheit vorzubeugen, sorgt man für eine gute Belüftung im Auto und für leichte, fettfreie Kost. Wenn ein Kind auf Reisen zu Übelkeit und Erbrechen neigt, läßt man sich vom Arzt ein leichtes Medikament verordnen.

Babys werden meist durch die Fahrgeräusche und -bewegung zum Schlafen angeregt. Kleinkinder, vor allem wenn sie gerade das Laufen lernen, werden auf Reisen oft ungeduldig. Neben vertrautem Spielzeug nimmt man auch einige Überraschungen mit, die während der Fahrt ausgepackt werden. Man singt gemeinsam ein Lied oder veranstaltet Spiele (siehe im Register unter *Ratespiele; Schreibspiele; Wortspiele*). Ein älteres Kind kann beim Kartenlesen helfen oder jüngere Kinder beaufsichtigen. Wer eine längere Anfahrt zum Ferienziel hat, sollte sich überlegen, ob er nicht nachts fährt, wenn Kinder meist fest schlafen, so daß sie ausgeruht am Urlaubsort ankommen.

Flugreisen Manche Fluggesellschaften fertigen Reisende mit Kindern bevorzugt ab, servieren Kindermahlzeiten und stellen auch Kinderbetten zur Verfügung. Man bucht rechtzeitig und reserviert Sitze in einer Reihe mit größerer Beinfreiheit. Im Handgepäck nimmt man einen kleinen Imbiß, Erfrischungstüchlein, Spielzeug und Wäsche zum Wechseln mit. Um Ohrenschmerzen beim Start und bei der Landung vorzubeugen, läßt man ein Kind während des Starts schlucken, gähnen oder Kaugummi kauen und lenkt es durch Erzählen ab. Während des Flugs gibt man einem Kind reichlich zu trinken.

Am Ziel Im Zimmer eines Hotels oder Motels sollte man mögliche Gefahrenquellen für ein Kind beseitigen. So ist es z.B. ratsam, die Verriegelung der Badezimmertür mit einem Stück Klebeband zu blockieren. Besichtigungen mit Kindern sollten auf zwei bis drei Stunden beschränkt werden. Zur Abwechslung sieht man Ausflüge in den Zoo, einen Vergnügungspark oder ähnliche, für Kinder attraktive Einrichtungen vor.

Siehe auch *Kinder im Auto; Reisekrankheiten.*

Reiseproviant

Für eine Bus- oder Bahnreise beschränkt man sich am besten auf lekker belegte Sandwiches (siehe dort), einzeln verpackt, und unempfindliches Obst wie etwa Äpfel, da zusätzliches Gepäck nur lästig und der Platz zum Essen meist beschränkt ist. Auf stark riechende Käsesorten u.ä. sollte man aus Rücksicht auf die Mitreisenden verzichten. Getränke kann man in der Regel im Zug oder bei einem längeren Aufenthalt im Bahnhof kaufen.

Für längere Autofahrten sind Kühltaschen aus Isoliermaterial gut geeignet, in die man Kühlaggregate legt. Zu vermeiden ist alles, was schmilzt, klebt, ausläuft oder schwer verdaulich ist, etwa Schokolade, Gebäck mit dikkem Zuckerguß usw. Erfrischend sind Obst und Gemüse wie Gurken, Karotten, Paprika, Tomaten, die gewaschen, eßfertig geputzt und in leicht angefeuchtete Plastikbeutel verpackt werden. Wer unbedingt Salz dazu braucht, nimmt es in einem leeren Tablettenröhrchen o.ä. mit. Belegte Brötchen oder Brote packt man einzeln in Klarsichtfolie oder in Butterbrotpapier und dann in Plastikbeutel.

Kalter Braten, Stücke von gebratenen Hähnchen, kalte Schnitzel, Frikadellen, kleine Pasteten mit pikanter Füllung geben ein leichtes Mittagessen. Getränke sollten alkoholfrei sein. Heiße bewahrt man in Thermosflaschen auf, Kaffee oder Tee schon nach Geschmack mit Zucker und Milch. Kalte Getränke, dazu ein paar Eiswürfel, kann man auch in der Thermosflasche mitnehmen. Frische Fruchtsäfte, Mineralwasser oder Zitronentee sind besser geeignet als süße Fruchtsaftgetränke, die den Durst nur steigern. Buttermilch, Kefir u.ä. kann man ebenfalls in der Kühltasche mitnehmen – dazu Trinkhalme einpacken!

Als Trinkgefäße benutzt man Partybecher. Man sollte auch daran denken, ein Messer mit einzupacken, um Obst und Gemüse schneiden zu können. Alles andere kann man aus der Hand essen – deshalb also Papierservietten und Erfrischungstücher sowie einen Plastikbeutel für Abfälle nicht vergessen.

Reißverschlüsse

Bei schweren Stoffen wird der Reißverschluß am besten in einer Kellernaht, d.h. mittig, eingesetzt. Diese Methode wird meist an der hinteren Mittelnaht eines Kleidungsstücks verwendet. Die Schlitznaht wird mit Maschinenheftstichen geschlossen; den Unterfaden schneidet man in Abständen von 2,5 cm durch und bügelt die Naht auseinander. Man breitet die rechte Nahtzugabe aus, öffnet den Reißverschluß und legt ihn mit der Oberseite nach unten so auf die Nahtzugabe, daß sich die oberen Endklammern 6 mm (bei Kleidern mit Belag 12 mm) unterhalb der oberen Nahtlinie und die Zähnchen auf der Naht befinden. Mit dem Reißverschlußfuß heftet man mit der Maschine durch Nahtzugabe und Reißverschlußband entlang der Fadenlinie. Dann schließt man den Reißverschluß und heftet das linke Reißverschlußband an die linke Nahtzugabe. Nun wendet man das Kleidungsstück auf die rechte Seite und heftet 6 mm beiderseits der Mittellinie durch alle Lagen. Angesteppt wird knapp außerhalb der Heftnaht in zwei Arbeitsgängen, wobei man jeweils unten an der Schlitzmitte beginnt. Zum Schluß werden die Heftfäden entfernt.

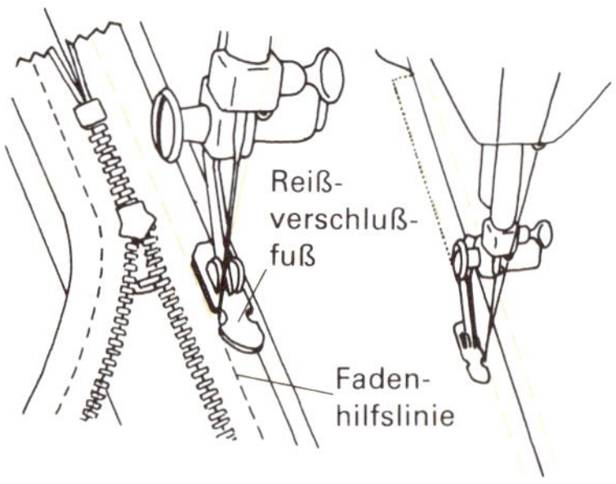

Verdeckter Reißverschluß Diese Methode eignet sich für leichte bis mittelschwere Stoffe und wird meist an der Seitennaht eines Kleidungsstücks verwendet. Wie oben beschrieben, versäubert man die Schlitznaht und heftet mit Maschinenstichen den Reißverschluß an die rechte Nahtzugabe. Dann dreht man den Reißverschluß um, schlägt dabei die Nahtzugabe nach unten und näht entlang der Stoffkante, die zwischen den Zähnchen und der Schlitznaht liegt.

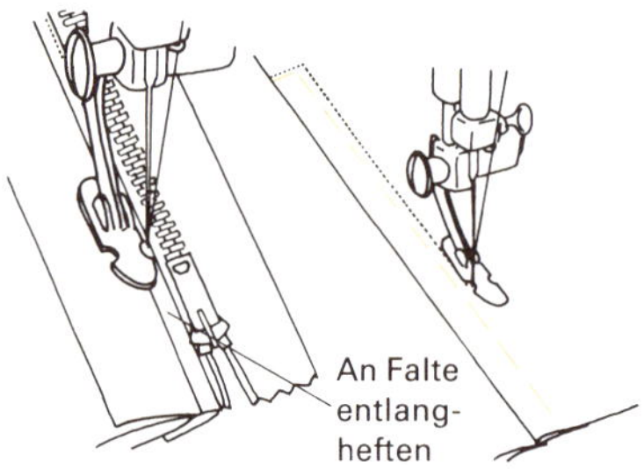

Das Kleidungsstück wendet man auf die rechte Seite, legt den Stoff flach auf die noch nicht genähte Seite des Reißverschlusses und heftet 8–12 mm von der Schlitznaht entfernt. Angesteppt wird knapp neben dieser Heftnaht.

Tips Um zu verhindern, daß ein Reißverschluß nach der Wäsche wellig wird, kann man ihn krumpfen (siehe *Krumpfen*). Ist ein Reißverschluß zu lang, näht man etwa 2,5 cm unterhalb der benötigten Länge mehrere Matratzenstiche (siehe *Überwend-*

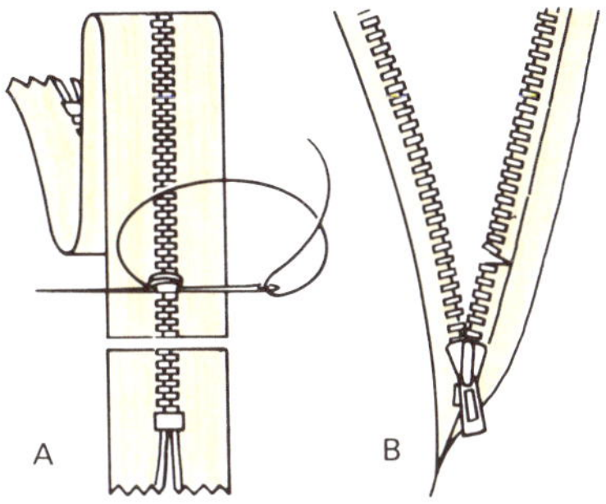

lingsstich) über die Zähnchen und schneidet den Rest ab (A). Auf diese Weise kann man auch einen Reißverschluß reparieren, der am unteren Ende defekt ist, ohne ihn herauszutrennen. Den Schlitz näht man unterhalb der Matratzenstiche zu. Rutscht der Schieber aus den Zähnchen, so daß der Reißverschluß sich nicht mehr schließen läßt, macht man unten einen winzigen Schnitt ins Band zwischen zwei Zähnchen, drückt die beiden Hälften des Reißverschlusses zu und zieht den Schieber nach oben. Oberhalb des Einschnitts greifen die Zähnchen wieder ineinander. Knapp über der Einschnittstelle näht man die Matratzenstiche (B).

Reitsport

Jeder, der reiten lernen möchte, sollte zunächst alle Reitschulen in seiner Umgebung unter die Lupe nehmen, bevor er sich für eine entscheidet. Sie sollte einen sauberen Stall, eine möglichst große Reithalle, in der ganzjährig unterrichtet werden kann, und ein Dressurviereck im Freien haben. Wichtig ist auch die Qualität der Pferde, denn nur auf gut ausgebildeten Pferden kann man richtig reiten lernen. Vom Können und Engagement des Reitlehrers ist der Lernerfolg weitgehend abhängig.

Reiten zur Erholung in der Freizeit kann unabhängig vom Alter jeder, der keinen Wirbelsäulenschaden und keine Gleichgewichtsstörungen hat und sich gesund fühlt (siehe auch *Sport und Gesundheit*). Im Zweifelsfall sollte der Arzt befragt werden. Die lockere, aufrechte Haltung beim Reiten kann für den Schulterbereich entspannend wirken und erhält den Körper geschmeidig. Dem sogenannten Aufreiten kann man mit bewährten Cremes aus der Babypflege entgegenwirken. Um Muskelkater vorzubeugen und die Muskelanpassung, besonders an der Innenseite der Oberschenkel, zu beschleunigen, gibt es eine spezielle Reitgymnastik.

Vor der ersten Reitstunde sollte man sich z.B. anhand einschlägiger Fachliteratur über das Wesen des Pferdes informieren, damit man dessen Verhalten richtig deuten und entsprechend reagieren kann. Nie sollte man an ein Pferd von hinten herantreten, ohne es vorher laut angesprochen zu haben. Grundsätzlich wird von der linken Seite gezäumt, gesattelt, geführt und aufgesessen. Theoretische Vorkenntnisse aus einer der vielen im Buchhandel erhältlichen Reitlehren sind immer vorteilhaft. Es empfiehlt sich, zunächst einmal das Reiten an der Longe (Laufleine) zu versuchen, wobei ein fachkundiger Helfer das Pferd führt. Danach kann man entscheiden, ob man weitermachen will.

Große Unsicherheit oder Angst überträgt sich stets auf das Pferd. Entschlossenes Auftreten, Einfühlungsvermögen und Feinfühligkeit, Geduld und Energie sind erforderlich, wenn man reiten lernen will.

Grundausstattung Man braucht eine sturzfeste Reitkappe, Reitstiefel, am besten aus Leder und mit Reißverschluß an der Außenseite; Reithosen, möglichst mit Ganzlederbesatz, und eine Reitgerte. Vorteilhaft für die Zügelführung sind spezielle Reithandschuhe mit Lederverstärkung. Beim Kauf sollte man sich im Fachhandel beraten lassen.

Kauf eines Pferdes Dies ist einem Anfänger nicht zu raten. Um ruhiges Sitzen mit ruhigen Schenkeln und ruhigen Händen zu lernen, genügt ein Leihpferd. Erst später sollte sich der Reiter gründlich überlegen, ob er – abgesehen von der finanziellen Frage – genügend Zeit aufbringen kann, um sein Pferd ausreichend zu bewegen und zu pflegen. Vor dem Kauf muß man sich auch nach einem guten Einstellplatz umsehen. Bevorzugen sollte man eine Laufbox in einem Reitbetrieb mit Halle und Weidegang. Der Tierarzt muß in jedem Fall vorher konsultiert werden! Beim Kauf von Zaumzeug und Sattel sollte man sich wegen der großen Vielfalt des Angebots auf fachkundige Beratung verlassen.

Resteverwertung

Als Grundregel gilt, aus Resten ein neues Gericht herzustellen; in ihrer ursprünglichen Form lediglich aufgewärmt, schmecken Reste selten so gut wie bei der ersten Mahlzeit. Ausnahmen sind Eintöpfe, kräftige Suppen, Gulasch u.ä.

Man sollte vermeiden, allzu viele unterschiedliche Reste zu einer Speise zusammenzumischen – man erhält meist nur einen undefinierbaren Mischmasch. Reste werden nur so lang gegart, bis sie vollständig durchgewärmt sind (siehe *Aufwärmen*). Allzu langes Kochen beeinträchtigt den Geschmack und macht das Fleisch zäh. Um weichen Speisen wieder eine bessere Konsistenz zu geben, fügt man ihnen etwa knusprig gebratenen Speck, Nüsse, in Würfel geschnittene grüne oder rote Paprikaschoten zu.

Fleisch, Geflügel und Fisch Bratenreste, in Würfel geschnitten, werden in einer würzigen Currysauce erwärmt und auf Reis serviert. Rindfleischreste kann man in Suppen oder als Hackbraten, Pastete, Currygericht, Nudel- oder Reisauflauf sowie als Belag für Sandwiches (siehe dort) verwerten. Außerdem kann man die kleingeschnittenen Reste mit Zwiebeln und Gemüseresten vermischen, mit einem Dressing (siehe *Salatsaucen*) anmachen und als Salat servieren. Mit Tomatensauce gemischt, können sie zu Teigwaren serviert werden.

Reste von Lammfleisch eignen sich besonders gut für Currygerichte oder einen Reispilaw mit Tomaten, Zwiebeln, Fleischbrühe und Gewürzen (Knoblauch, Paprika, Dill, Borretsch). Als Variante kann man grüne Paprikaschoten mit Lammfleisch anstelle von Schweinefleisch füllen.

Schweinefleischreste, bestrichen mit Senf oder Würzsaucen, ergeben einen Belag für Sandwiches. Mit in Streifen oder Würfel geschnittenem Schweinebraten kann man einem Auflauf eine besondere Note geben, oder man kann die Schweinefleischstückchen in einer

Sauce zu Teigwaren als Hauptgericht oder auf chinesische Art in süßsaurer Sauce zu Reis aufwärmen.

Kleingehackte Schinkenreste gibt man zu Rührei, Bauernomelett, Nudelauflauf, Salaten und Soufflés. Durch den Fleischwolf gedreht, verleihen sie einem Hackbraten einen pikanten Geschmack.

In Stücke geschnittenes Hühnerfleisch wird zu Frikassee oder Salat verarbeitet. Es dient auch als Suppeneinlage oder, mit Chutney oder Mayonnaise vermischt, als Sandwichbelag oder als Füllung für Blätterteigförmchen (Königinpastetchen). Aus den ausgelösten Knochen, Fleischresten und Fett kann man eine Hühnerbrühe (siehe dort) kochen.

Reste von Fisch und Schalentieren werden mit einer hellen Sauce (siehe *Saucen*) vermengt und als Füllung für Pfannkuchen und Blätterteigförmchen oder zu warmen Toasts serviert. Reste von Fischfleisch oder Schalentieren können auch, mit Mayonnaise und Kräutern vermischt, als Füllung für Eier, Tomaten und Avocados, als Aufstrich für belegte Brote oder für Sandwiches verwendet werden.

Gemüse Gemüsereste vom Vortag verarbeitet man in Salaten, Soufflés oder Omeletten. Salzkartoffeln kommen in Aufläufe hinein, werden zerdrückt und zu Klößen oder Kroketten verarbeitet. Die Garflüssigkeit von Gemüse kann man Suppen, Saucen und Aufläufen zufügen.

Eigelb und Eiweiß Für viele Speisen braucht man entweder nur Eigelb oder Eiweiß. Übriggebliebenes Eigelb verwendet man für Mayonnaise (siehe dort), Sauce Hollandaise (siehe *Saucen*), Pudding, Pasteten und Kuchen. Übriggebliebenes Eiweiß friert man in einem Eiswürfelbehälter ein (ein Eiweiß pro Würfelfach). Die gefrorenen Würfel kommen in eine Plastiktüte und dann wieder in das Tiefkühlgerät. Aufgetaut kann man sie für Baisers (siehe dort), Soufflés (siehe dort), Makronen und Tortenglasuren (siehe *Glasuren*) verwenden. Rührei kann man ein übriggebliebenes Eiweiß zufügen (siehe auch *Eischnee*).

Brot Aus altbackenem Weißbrot kann man Croûtons (siehe dort) oder Aufläufe herstellen. Für Arme Ritter taucht man die Scheiben in mit Vanillinzucker verrührte Milch, zieht sie durch verquirltes Ei, wendet sie in Semmelbröseln und backt sie in der Bratpfanne. Heiß mit Zimt und Zukker essen. Um Semmelbrösel herzustellen, wird das Brot gerieben. Fleisch oder Fisch sowie Kroketten werden vor dem Sautieren oder Fritieren in Semmelbröseln gewälzt. In Butter gebräunte Semmelbrösel kann man auf Aufläufe, Gemüse (z.B. Blumenkohl) oder Teigwaren geben. Altbackene Brötchen braucht man für Semmelknödel.

Siehe auch *Aspik*; *Aufläufe*; *Omeletten*; *Rührei*; *Sandwiches*.

Riegel

Riegel gehören zu den ältesten Türverschlüssen überhaupt. Heute verwendet man sie meist an Doppeltüren oder an Türen, Toren und Fensterläden, die nur einseitig bedient werden (A). Für zweiflügelige Tore gibt es Treibriegel, die aufliegen oder verdeckt und auch abschließbar sind (B).

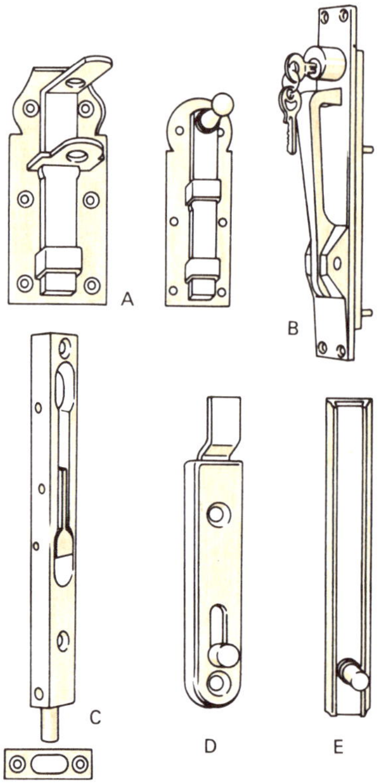

Kantenriegel werden in Türkanten eingelassen; bei den einfachen Ausführungen wird der Riegel geschoben, besser sind Riegel mit Hebelmechanismus (C). Für Möbeltüren gibt es Riegel aus Eisen (D) und aus massivem, hochglanzpoliertem Messing mit verdeckten Schraubenlöchern (E). Die Schieber können gerade oder gekröpft sein. Auch bei Möbeltüren kann man Kantenriegel (F) einsetzen. Ein sehr einfacher Riegel, der meist für Fenster verwendet wird, ist der Vorreiber (G). Er „reibt“ auf dem „Streichdraht“.

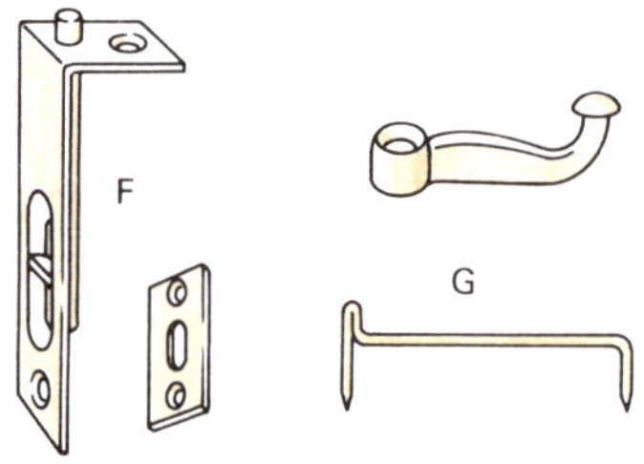

Rohre auftauen

Eine Wasserleitung ist eingefroren, wenn aus den angeschlossenen Hähnen (Ventilen) gar kein Wasser kommt oder der Wasserfluß nach einiger Zeit versiegt. Als erstes stellt man dann fest, wo sich Eis gebildet hat, indem man das Rohr mit einem Hammer leicht abklopft. Die eingefrorene Stelle klingt dumpfer als das freie Rohr.

Kunststoff- und Metallrohre taut man mit Lappen auf, die man mit heißem Wasser tränkt und um die betreffende Stelle wickelt. Der nächstliegende Wasserhahn wird dabei geöffnet. Metallrohre kann man auch vom nächstgelegenen geöffneten Wasserhahn aus in Richtung zur eingefrorenen Stelle hin mit einer Heizsonne, einem Haarfön oder einer Lötlampe vorsichtig erwärmen. Dabei darf das Rohr niemals so heiß werden, daß man es nicht mehr berühren kann.

Stellt man während des Auftauens fest, daß das Rohr geplatzt ist, ruft

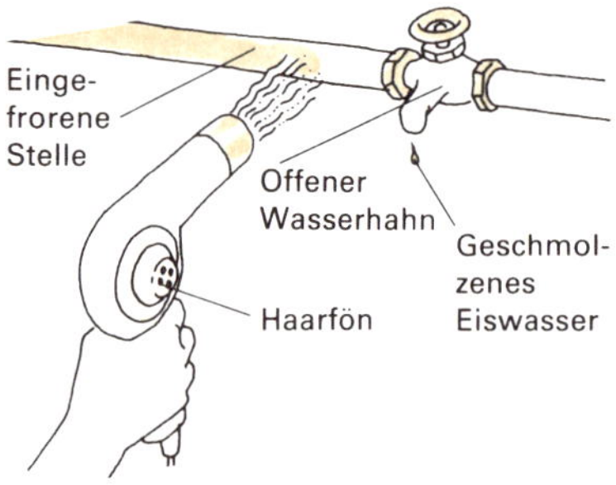

man den Installateur. Sind unzugängliche Rohre eingefroren, sollte man sich ebenfalls an den Fachmann wenden. Er hat elektrische Auftaugeräte, die das Eis rasch beseitigen.

Frostgefährdete Rohre sollte man mit Rohrdämmaterial ummanteln (siehe *Rohrisolierung*) oder sicherheitshalber bei zugedrehtem Hauptabsperrventil leerlaufen lassen.

Rohrisolierung

Um Energie zu sparen, isoliert man die Warmwasserleitungen und Heizungsrohre. Auch Kaltwasserleitungen sollte man isolieren, wenn sie frostgefährdet sind.

Es gibt Filzbänder und Schaumstoffstreifen, mit denen man die Rohre spiralförmig und überlappend umwickelt. Die isolierende Wirkung solcher Wicklungen wird erhöht, wenn man sie mit Aluminiumfolie umkleidet.

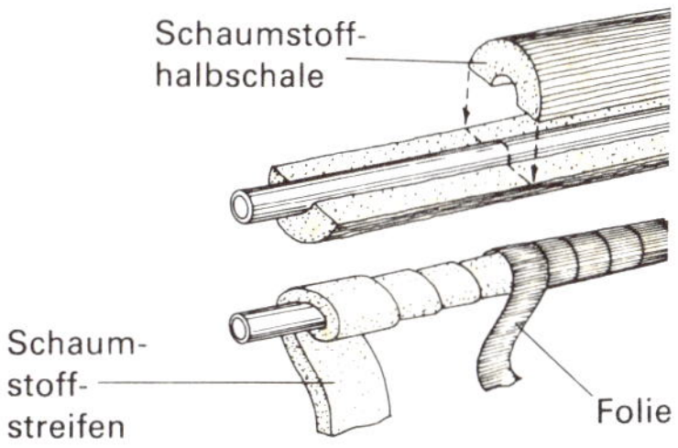

Eine gute Wärmedämmung erreicht man auch mit Halbschalen aus Schaumstoff oder Mineralwolle. Sie können mit einem Mantel aus PVC umgeben werden, den man streichen kann. Für die verschiedensten Rohrstärken gibt es außerdem Schaumstoffisolierschalen mit eingeschäumtem Reißverschluß oder aber mit Klettverschluß. Für Bogen und Formstücke kann man passende Teile kaufen.

Man kann auch flexible Isolierschläuche verwenden. Sie werden der Länge nach aufgeschnitten, um die Rohre gelegt und zusammengeklebt.

Rolläden

Rolläden sind heute überwiegend aus Kunststoff oder eloxiertem und mehrfach einbrennlackiertem Aluminium. Rolläden aus Holz werden nur noch selten eingebaut. Aluminium- und Kunststoffrolläden gibt es passend zu jeder Fassadenfarbe, und sie sind witterungsbeständig und leicht zu pflegen. Sie schützen Fenster und Türen vor Regen, Licht, Hitze und Kälte und halten auch Lärm ab, wenn sie ein entsprechendes Profil haben. Außerdem wirken sie einbruchhemmend. Rolläden kann man auch nachträglich an älteren Häusern anbringen. Sie sind in verschiedener Form und Qualität für Türen und Fenster unterschiedlichster Größe erhältlich. Fertigrolläden gibt es als rechts- und linksrollende Vorbauläden (A, B) sowie als Aufsetzläden (C).

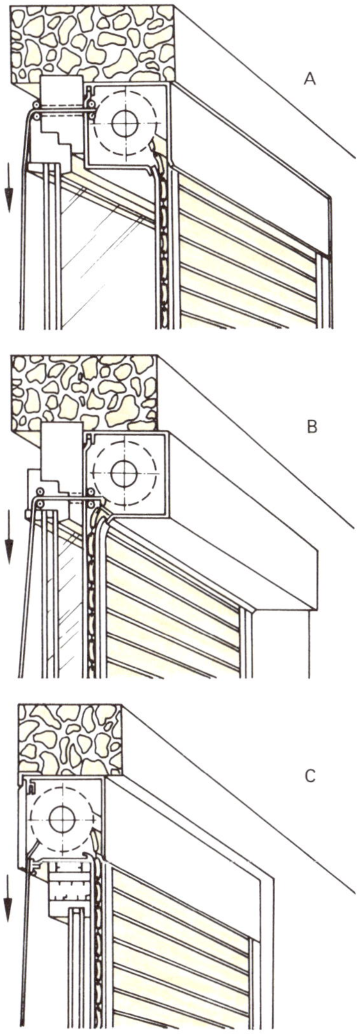

Auch für Dachfenster (D) gibt es Rolläden. Sie werden mit einer Kurbel geöffnet und geschlossen und eignen sich auch für Dachneigungen unter 30°.

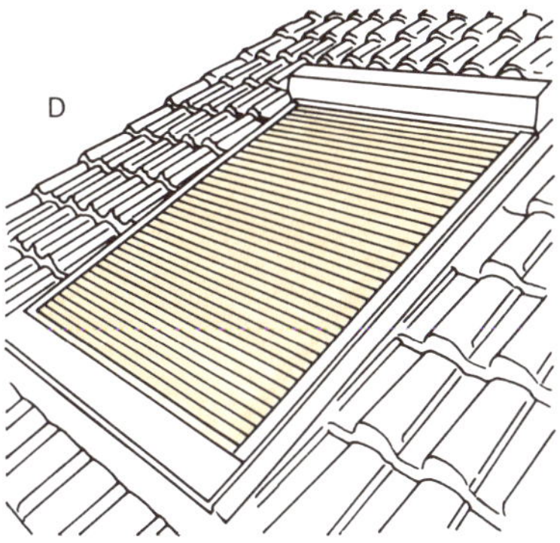

Rolläden schützen deswegen vor Kälte und Hitze, weil sie ein Luftpolster zum Fenster hin einschließen. Die Dämmwirkung dieser Luftpolster kann erhöht werden, wenn man Profile verwendet, die mit Polyurethan ausgeschäumt sind. Solche Profile sind außerdem sehr verwindungssteif.

Man unterscheidet zwischen einwandigen, doppelwandigen und den erwähnten ausgeschäumten Rolläden:

Der einwandige Rolladen (E) erfordert einen kleinen Rolladenkasten, hat aber keine Lichtschlitze und verursacht bei Wind und wenn er bewegt wird, recht laute Geräusche.

Der doppelwandige Rolladen (F) hat Lichtschlitze und läuft leise, kann aber nur in einem großen Kasten untergebracht werden.

Der ausgeschäumte Rolladen (G) ist sehr stabil, hat Lichtschlitze und eine gute Dämmwirkung, ist jedoch teuer, schwer und paßt auch nur in einen großen Kasten.

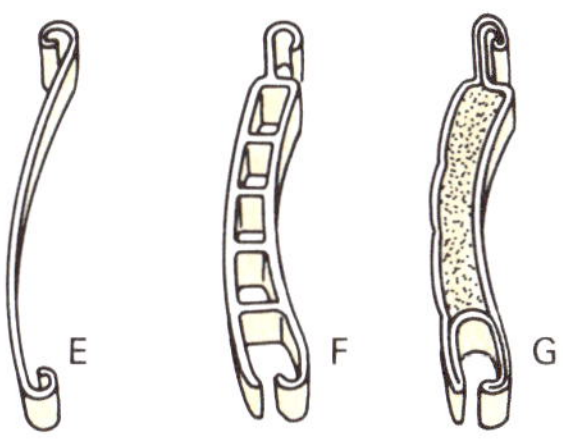

Rolläden werden in U-förmigen Laufschienen geführt. Sie tragen zu den typischen Geräuschen bei, die entstehen, wenn man einen Rolladen hochzieht oder herabläßt. Man kann jedoch Schienen kaufen, die innen gedämmt sind, so daß kaum mehr Lauf- und Klappergeräusche zu hören sind. Sie wirken außerdem wärmedämmend.

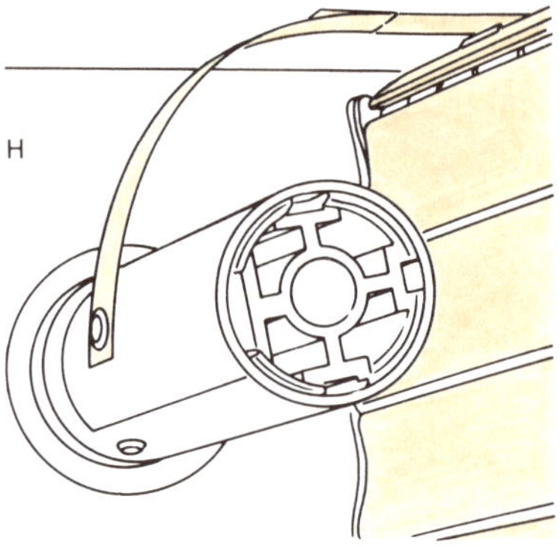

Es gibt Abdruckdämmfedern (H), die einen Rolladen so verriegeln, daß er von außen nicht hochgeschoben werden kann. Zieht man den Rolladen hoch, wird er automatisch entriegelt.

Rollos

Ein Rollo ist ein senkrecht auf- und abrollbarer Vorhang, der in jeder gewünschten Lage festgestellt werden kann. Es gibt Rollos in vielen Breiten und Längen, und man kann sie auf Maß machen lassen. Rollos dienen nicht nur als Sicht- und Sonnenschutz, sondern wirken auch wärmedämmend und damit energiesparend, wenn man die entsprechenden Stoffe kauft. Diese dämmenden Stoffe können halb transparent oder mit einer Abdunkelungsschicht versehen sein.

Rollos kann man nicht nur in senkrechte Fenster- oder Türöffnungen einbauen; sie eignen sich auch hervorragend für schräge Dachwohnfenster.

Rollostoffe gibt es in so vielen Farben und Mustern, daß man für jede Wohnungseinrichtung einen passenden Stoff findet. Wichtig ist, daß man im Geschäft die exakte Breite und Höhe der Wand- oder Dachöffnung angibt. Die Montage ist sehr einfach; eine genaue Anleitung bekommt man mitgeliefert.

Rollschuhlaufen

Aus Sicherheitsgründen lernt man das Rollschuhlaufen auf einer Rollschuhbahn oder einer glatten Fläche, die frei von Abfall und Splitt ist. Man trägt feste, nicht zu eng sitzende alte Kleidung und dicke Handschuhe; Ellbogen- und Knieschützer sind erforderlich, wenn man auf einer gepflasterten Piste läuft. Solange man allein noch das Gleichgewicht verliert, hält man sich an einem Zaun oder einem Helfer fest.

Beim Rollschuhlaufen stößt man sich abwechselnd mit einem Fuß ab und gleitet auf dem anderen. In der Ausgangsstellung werden die Füße abgewinkelt (T-Stellung): Ein Rollschuh zeigt in die Laufrichtung, der andere wird im rechten Winkel dahintergestellt. Beim Abstoßen drückt man sich mit den inneren Rollen des rückwärtigen Rollschuhs leicht vom Boden ab. Dann verlagert man das Gewicht auf den vorderen Rollschuh und hebt das hintere Bein so an, daß der Rollschuh von vorn bis hinten genau gleich belastet ist. Wenn der Schwung nachläßt, setzt man das rückwärtige Bein so auf den Boden, daß der Rollschuh in Fahrtrichtung zeigt, und verlagert sein Gewicht darauf. Nun erfolgt der Abstoß mit dem anderen Rollschuh.

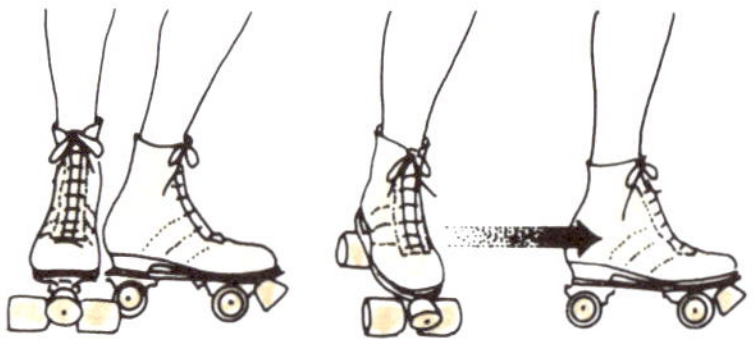

T-Stellung　　　Abstoßen

Um gleichmäßig dahinzugleiten, nimmt man eine bequeme, aufrechte Haltung ein; den Körper nicht in der Hüfte abbiegen und nicht auf die Rollschuhe herunterblicken. Um eine weite Kurve auszufahren, neigt man sich etwas in die Richtung, in die man weiterlaufen will.

Um anzuhalten, bringt man den angehobenen hinteren Fuß wieder in die T-Stellung und setzt ihn allmählich auf den Boden, so daß die Fahrt durch

T-Stellung zum Anhalten

die Kanten der Rollen abgebremst wird. Den Stopper darf man nicht am Boden schleifen lassen; der Gummi nutzt sich schnell ab, und auf einer rauhen Fläche verliert man leicht das Gleichgewicht.

Römische Ziffern

Das Grundprinzip der römischen Ziffern beruht darauf, daß eine kleinere Zahl, die vor einer größeren steht, von dieser abgezogen wird; wenn sie hinter der größeren Zahl steht, wird sie zu dieser hinzugezählt.

Die ersten zehn römischen Ziffern lauten: I, II, III, IV, V, VI, VII, VIII, IX und X. Hier erkennt man bereits das Grundprinzip: IV = vier (fünf minus eins), aber VI = sechs (fünf plus eins). Ein Buchstabe wird dabei höchstens dreimal wiederholt (VIII = 8), dann geht man zum nächsthöheren (X) weiter und zieht eins (I) davon ab (IX = 9).

Durch Wiederholung eines Buchstabens wird der Wert ebenfalls wiederholt, z.B. XX = 20 (zehn plus zehn) und dementsprechend XXX = 30. Weitere römische Ziffern lauten:
L = 50, C = 100, D = 500 und M = 1000. Nach demselben Prinzip wie oben XL = 40, LX = 60, LXX = 70, XC = 90. Eine Linie oberhalb der Ziffern multipliziert ihren Wert mit 1000, also $\overline{\mathrm{V}}$ = 5000.

Röntgenkontrolle am Flughafen

Wer eine Flugreise plant und Filmmaterial mitnehmen will, sollte bedenken, daß an jedem internationalen Flughafen heute das Handgepäck mit einem Röntgengerät kontrolliert wird. Die meisten Röntgengeräte arbeiten zwar mit einer sehr geringen Strahlungsintensität, es gibt aber noch Kontrollgeräte (besonders in den Ostblockstaaten, in Hongkong, auf den

Philippinen und in Großbritannien), die bis zu 200 Milli-Röntgen abgeben. Diese Strahlungsmenge verursacht bei Farbnegativfilmen Farbverschiebungen, bei Diafilmen Farbstiche und Schleier.

Der Fachhandel bietet spezielle Beutel mit Bleifolie an, in die man das Filmmaterial packt. Diese Beutel bieten einen guten Schutz vor Röntgenstrahlen. Preiswerter ist es aber, wenn man Filmmaterial aus der Verpackung nimmt und es dem Sicherheitsbeamten bei der Sichtkontrolle zeigt.

Rosen

Alle Gartenrosen lieben einen vollsonnigen Standort.

Pflanzen Man pflanzt sie am besten von Mitte Oktober bis Ende November. Vor dem Einpflanzen werden alte dicke Wurzeln und abgestorbenes Holz mit einer scharfen Gartenschere entfernt. Bei Pflanzen, die von einer Baumschule bezogen wurden, werden schwache und beschädigte Triebe sowie welke Blätter entfernt. Die Wurzeln kürzt man auf 25 cm ein.

Nun gräbt man das Pflanzloch. Es muß so groß sein, daß alle Wurzeln bequem darin Platz finden. Die Grubensohle wird aufgelockert, und in der Mitte schichtet man einen kleinen Erdhügel auf. Dann wird eine ungefähr 3 cm hohe Schicht Pflanzerde eingefüllt, die aus 2 Teilen Torf, 1 Teil Gartenerde und einer Handvoll Knochenmehl bestehen sollte. Nun wird die Rose in das Pflanzloch gesetzt und über die Wurzeln die Erde so verteilt, daß sie den Wurzelraum ausfüllt. Wichtig ist, daß die Veredelungsstelle ungefähr mit der Oberfläche abschließt; sie darf jedoch höchstens 2–3 cm darunter liegen.

Mit der Fußspitze tritt man die Erde um die Wurzeln etwas fest. Dann füllt man das Pflanzloch vollends mit Erde auf. Schließlich wird die Rose gründlich gegossen.

Gießen Wie oft Rosen das Jahr über bewässert werden müssen, hängt vom Wetter und von der Bodenbeschaffenheit ab. Sandige Böden brauchen viel Wasser. Wenn Rosen voll erblüht sind, werden sie bei sonnigem Wetter täglich so gegossen, daß nur der Boden, nicht aber die Blüten naß werden.

Düngen Im ersten Jahr nach dem Pflanzen braucht man Rosen nicht zu düngen. In den folgenden Jahren bringt man im April eine ungefähr 5 cm dicke Schicht Humusdünger auf das Rosenbeet aus. Ende August gibt man den Pflanzen Kalidünger (35 g/m^2). Während der Vegetationszeit wird mineralischer Dünger ausgestreut und sogleich mit viel Wasser in die Erde geschwemmt.

Wildtriebe Von Anfang Mai an muß man auf Wildtriebe achten. Sie haben in der Regel schmälere Blätter als Edelrosen und nadelartige Stacheln. Wildtriebe sprießen nur unterhalb der Veredelungsstelle hervor. Sie werden bis zu ihrem Ansatz verfolgt und abgerissen. Nicht abschneiden, weil dies den Austrieb weiterer Triebe begünstigt!

Schnitt Rosen schneidet man am besten im Februar oder März zurück. Tote Triebe werden bis zum Übergang ins gesunde Holz oder – falls nötig – bis zur Basis entfernt. Damit das kräftige Holz mehr Nährstoffe erhält, werden alle dünnen oder schwachen Triebe herausgeschnitten. Man entfernt sie bis zu ihrem Ansatz an einem starken Trieb oder am Wurzelstock. Stehen zwei Triebe zu dicht hintereinander, schneidet man den schwächeren ab. Seitentriebe werden dicht am Haupttrieb abgeschnitten. Beim Schnitt ist zu beachten, daß er leicht schräg und zum Auge hin ausgeführt werden sollte. Auch schneidet man nicht näher als 5 mm an ein Auge heran. Das Auge unter dem Schnitt sollte nach außen weisen.

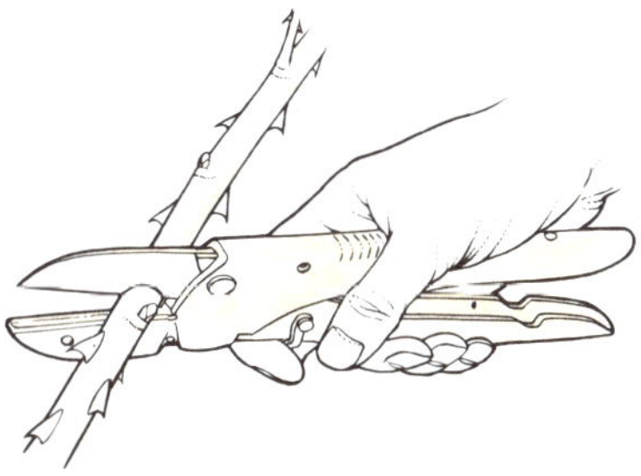

Die verwelkten Blüten von Teehybriden schneidet man bis auf einen kräftigen Trieb und ein nach außen weisendes Auge zurück. Dies fördert die zweite Blüte. Die welken Blütenbüschel von Floribundarosen werden bis zum ersten Auge abgenommen.

Rosenrost

Der Rosenrost ist eine verbreitete Krankheit, von der Rosen befallen werden. An der Blattoberseite erscheinen zuerst gelbliche bis rötliche Flecken, später an der Blattunterseite kleine gelbe, orangefarbene und später braune Pusteln. Wenn die Pusteln reif sind, entlassen sie gelbe Sommersporen, die die Kankheit im Sommer verbreiten, später die dunklen Wintersporen. Diese überstehen den Winter auf abgefallenem Laub und stecken im Frühjahr die Pflanzen erneut an.

Bekämpfung Befallene Triebe werden ausgeschnitten und verbrannt. Befallene Blätter werden sorgfältig abgenommen und ebenfalls verbrannt. Regelmäßiges Spritzen mit dem Rosenspritzmittel Saprol wirkt gut gegen diese Krankheit. Außerdem müssen Rosen vorbeugend gut gedüngt werden.

Rost

Kleinflächige Metallteile wie geschmiedete Geländer entrostet man zunächst grob von Hand mit einer Drahtbürste oder mit einer Topfbürste in der elektrischen Handbohrmaschine. Dann schleift man mit einem Siliziumkarbidschleifpapier mittlerer Körnung (80–100) bis auf das blanke Metall nach. Glatte Flächen kann man kraftsparend mit der Bohrmaschine und einem Gummiteller mit passenden Schleifscheiben entrosten. Bevor man die Teile streicht, reinigt man die geschliffenen Flächen mit Farbverdünner und trägt einen Rostschutzgrund aus Zinkchromat auf.

ACHTUNG!

Wenn man maschinell entrostet, trägt man eine Schutzbrille; verwendet man ätzende chemische Rostentferner, arbeitet man mit Schutzbrille und Gummihandschuhen!

Kleinere Werkzeuge und andere Gegenstände, die sich schlecht maschinell abschleifen lassen, entrostet man möglichst gründlich mit der Drahtbürste. Dann trägt man Rostentferner nach den Anwendungshinweisen des Herstellers auf.

Um bei größeren Gegenständen den Arbeitsaufwand zu verringern, verwendet man einen Rostumwandler;

das ist ein Anstrich, der festhaftenden Rost in eine Schutzschicht umwandelt. Zunächst wird der lose Rostbelag abgebürstet, dann streicht man den Rostumwandler mit einem alten Pinsel auf. Auch dabei richtet man sich nach den Herstellerhinweisen.

Wie man Roststellen an einem Auto beseitigt, siehe *Lackschäden ausbessern*.

Rostflecken Wenn rostige Nagelköpfe an Holzverkleidungen Flecke hinterlassen haben, werden mit Schleifpapier oder Stahlwolle der Rost und das verfärbte Holz möglichst gründlich abgeschliffen. Dann schlägt man die Nagelköpfe mit einem Versenker (siehe *Nageln*) tiefer ins Holz ein und füllt die Löcher mit Kitt oder Spachtelmasse aus. Danach grundiert man die Stellen mit einer passenden Beize (siehe *Holzoberflächen*). Breite Nagelköpfe, die sich nicht versenken lassen, werden zweimal überstrichen. Rostflecke auf Beton kann man mit einem Gemisch aus Salzsäure und Wasser im Verhältnis 1:1 abreiben.

Rostverhütung An Stellen, die Feuchtigkeit ausgesetzt sind, verwendet man nur nichtrostende Nägel und Schrauben aus nichtrostendem Stahl, Aluminium, Messing, Kupfer oder verzinktem Stahl; alle freiliegenden Metallteile werden mit einem Rostschutzgrund behandelt. Handwerkzeuge, Sägeblätter und Bohrer, die in feuchten Kellerräumen und Garagen aufbewahrt werden, ölt man ein.

Rote Spinne

Dabei handelt es sich nicht um Spinnentiere, sondern um kleine punktförmige, saugende Spinnmilben, die rot, rosafarben oder gelb sein können und an der Unterseite von Blättern und Zweigen der verschiedensten Pflanzen auftreten. Häufig befallen die Schädlinge Kern-, Stein- und Beerenobst sowie Zierpflanzen, etwa Rosen, Dahlien, Fuchsien und Nelken, und auch im Gemüsegarten treten sie auf, z.B. an Gurken und Salat.

In Obstgärten kontrolliert man von der Blütezeit an sorgfältig die Unterseite von Zweigen, wo die rötlichen Wintereier der Spinnmilben abgelegt wurden. Wenn sich die Schädlinge weiterentwickeln, dann spritzt man mit einem Netzschwefelmittel. Die Behandlung kann bei Bedarf wiederholt werden.

Bei Strauchbeerenobst achtet man vom Beginn des Austriebs an auf Rote Spinne und spritzt gegebenenfalls mit einem Pyrethrumpräparat. Auch hier kann man, falls notwendig, nach 10–14 Tagen noch einmal spritzen. Bei allen Spritzungen muß stets darauf geachtet werden, daß die Unterseite von Blättern oder Zweigen gut getroffen wird.

Bei Zierpflanzen im Gewächshaus, im Haus und im Garten kann durch tägliches Sprühen mit Wasser dem Befall vorgebeugt werden. Stark befallene und benachbarte Triebe schneidet man ab und wirft sie in die Mülltonne. Man bekämpft Rote Spinne bei Zierpflanzen, indem man sie mit Elefant-Sommeröl oder Para-Sommer spritzt.

Rucksäcke

Rucksäcke und Tragegestelle mit Packsack sind ein ideales Transportmittel für große und kleine Wanderungen zu Fuß und auf Ski sowie für Trekkingtouren. Man kann ohne Anstrengung große Gewichte über längere Zeit tragen. Der Fachhandel bietet eine große Anzahl von Spezialrucksäcken an, die sich für bestimmte Einsätze eignen:

- Der kleine Mehrzweckrucksack ist für Eintagestouren gut geeignet; im Gegensatz zur Schultertasche belastet er den Träger kaum. Er besitzt einen großen Stauraum und meist zusätzlich noch eine aufgesetzte Reißverschlußtasche, eventuell innen noch unterteilt mit einem Rückenfach. Vor allem die Fotoausrüstung ist darin gut untergebracht. Da er einfache Trageriemen, aber kein Tragegestell und keinen gepolsterten Rücken hat, darf er nicht zu schwer sein und muß sorgfältig gepackt werden, da er sonst scheuern und drücken könnte. In moderner Farbgebung ist er sogar für den Flugtouristen sowie für den Stadteinkauf praktisch.
- Der Rucksack für Zwei- oder Mehrtagestouren ist nicht nur größer und höher, sondern besitzt noch zahlreiche Zusätze, z.B. Tragegurte für den Transport von Eispickeln, Ski und Steigeisen. In der Deckelplatte ist eine Reißverschlußtasche, in der man Karten usw. griffbereit aufbewahren kann. Je nach Ausführungsart ist der Rücken gepolstert, oder der Rucksack hat ein kleines Tragegestell. Typisch für diese Rucksäcke sind breite Tragegurte in Verbindung mit einem integrierten Hüftgurt. Dies ist vor allem erforderlich, damit das Gewicht beim Laufen nicht pendelt. So kann der Rucksack nicht verrutschen und den Träger aus dem Gleichgewicht bringen, und das Gewicht ist besser verteilt. (Rucksäcke für Kletterer müssen besonders eng am Körper anliegen.) Je größer das Fassungsvermögen des Rucksacks, um so aufwendiger ist das Tragesystem mit den breiten gepolsterten Geweberiemen aus verrottungsfestem Material.
- Für mehrwöchige Trekkingtouren bevorzugen Kenner das Tragegestell mit den verschiedenen aufgesetzten Packsäcken. Das Tragegestell ist keinesfalls neu, denn die Kraxenkonstruktionen gibt es bei den Bergbauern schon seit undenklichen Zeiten. Eine alte Regel besagt: Je höher und flacher die Last sitzt, desto leichter läßt sie sich tragen.

Das Material moderner Rucksäcke besteht aus beschichtetem Nylongewebe mit verstärkten Böden. Es ist zwar wasserfest, bei Mehrtagestouren empfiehlt es sich jedoch für alle Fälle, Kleidungsstücke wie Strümpfe und Unterwäsche, Toilettenartikel, die Reise- oder Bergapotheke u.a. in Plastiksäckchen (etwa größeren Gefrierbeuteln) zu verstauen.

Rückstiche

Einzelne Rückstiche verwendet man hauptsächlich am Ende und Anfang einer Handnaht, um sie zu verriegeln. Die Nadel wird etwa eine Stichlänge hinter dem Fadenaustritt des vorangehenden Stichs eingestochen und un-

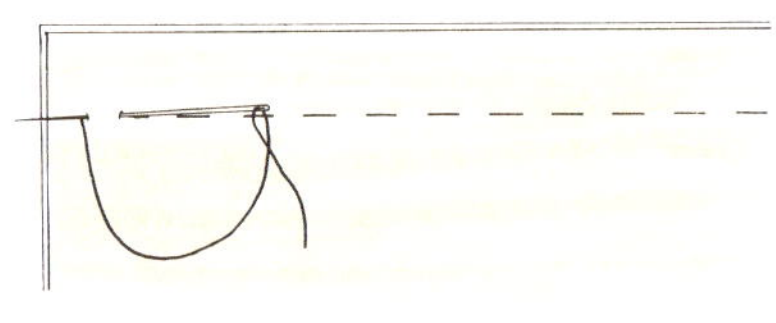

mittelbar hinter dem Fadenaustritt wieder ausgestochen. Für eine sehr feste Verriegelung näht man zwei oder drei sehr kurze Rückstiche übereinander.

Steppstich Mit diesem Rückstich kann man besonders feste Handnähte arbeiten. Er wird meist dazu verwendet, um Maschinennähte auszubessern. Nadel und Faden werden zur Stoffoberseite geführt, dann sticht man eine halbe Stichlänge hinter dem Fadenaustritt ein und gleich weit vor dem Fadenaustritt wieder aus. Dies wird auf der ganzen Nahtlänge wiederholt.

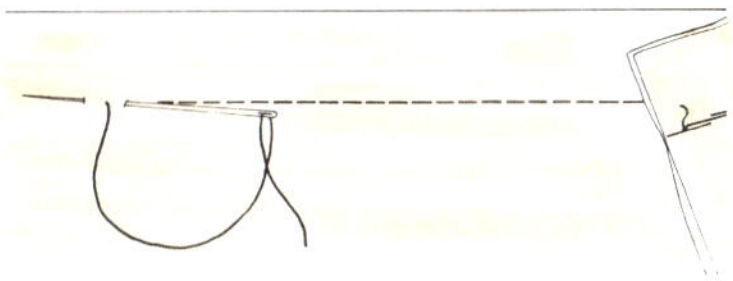

Rührei

Man schlägt die Eier einzeln in eine Tasse auf und gibt sie dann in eine Schüssel, fügt pro Ei 1 Teel. Milch oder Sahne zu und verschlägt sie leicht mit etwas Salz. Man gibt so viel Butter in eine nur schwach erhitzte Pfanne, daß der Boden gerade mit einem Fettfilm bedeckt ist. Nun wird die Eimasse hineingegossen; sie muß auf niedriger Heizstufe langsam stokken. Den gestockten Teil schiebt man mit einem Holzspatel zur Mitte, bewegt die Pfanne etwas, damit noch flüssige Eimasse unter die gestockte läuft. Das fertige Rührei sollte an der Oberfläche noch leicht cremig sein – durch die Eigenwärme stockt sie noch auf dem Teller.

Rundstricken

Im Gegensatz zur offenen Strickart, bei der man am Ende jeder Reihe die Arbeit umdreht (siehe *Stricken*), verwendet man bei der geschlossenen Strickart (Rundstricken) eine Rundstricknadel oder ein Nadelspiel (fünf Nadeln mit je zwei Spitzen) und arbeitet in Runden. Das Ergebnis ist ein nahtloser Schlauch. Die Rundnadel muß mindestens 5 cm kürzer als der Umfang des Schlauchs sein, damit die Maschen nicht gedehnt werden. Da die kürzeste Rundnadel 40 cm lang ist, muß man für alle Arbeiten, die weniger als 45 cm ∅ haben, ein Nadelspiel verwenden.

Die Rundstricktechnik wird vor allem für Röcke, Handschuhe und Socken verwendet, man kann aber auch Pullover und Kleider bis zum Armausschnitt in Runden arbeiten, dann die Arbeit teilen und die beiden Hälften – ebenfalls auf der Rundnadel – in Hin- und Rückreihen weiterstricken. Hier ist eine genaue Maschenprobe (siehe dort) besonders wichtig, denn die Weite kann nicht zum Schluß notfalls durch eine breitere oder schmalere Seitennaht ausgeglichen werden.

Man kann auch Muster rund strikken, muß aber die Musterfolge ändern, da die rechte Seite immer außen ist; um beispielsweise glatt rechts (siehe *Stricken*) zu erhalten, strickt man jede Runde rechts.

Bei der ersten Runde muß die Unterkante aller Maschen nach innen liegen; verdrehte Maschen können später nicht korrigiert werden. Die erste Masche einer Runde oder einer Nadel muß sehr fest angezogen werden, damit das fertige Gestrick keine Leitern aufweist.

Anschlag Beim Anschlag auf ein Nadelspiel verteilt man die Maschen gleichmäßig auf vier Nadeln. Nach der letzten angeschlagenen Masche bringt man eine Fadenmarkierung an. Mit der fünften Nadel strickt man die erste Anschlagmasche, dann alle weiteren Maschen von der ersten Nadel ab. Diese dient nun als Arbeitsnadel, um die Maschen der zweiten abzustricken usw. Wenn man die Maschen auf allen vier Nadeln abgestrickt hat, hebt man die Fadenmarkierung ab und fängt die neue Runde an. Die Markierung, die immer mit weitergeführt wird, kennzeichnet den Punkt, wo neue Musterabschnitte o.a. anfangen.

Bei der Rundstricknadel schlägt man alle Maschen an und bringt zum Schluß die Fadenmarkierung an. Die Nadelspitze mit der letzten Anschlagmasche hält man rechts, die mit der ersten Anschlagmasche links. Am Ende der Runde wird die Fadenmarkierung abgehoben.

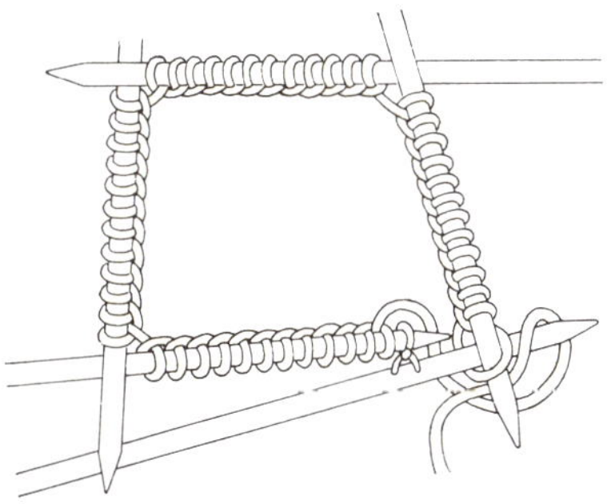

S

Sackhüpfen

Sackhüpfen wird im Freien gespielt. Man benötigt dazu Kartoffelsäcke oder stabile Plastiksäcke in der Anzahl der Mitspieler. Der Spielleiter markiert eine Start- und eine Ziellinie im Abstand von 30–50 m. Dann steigen die Spieler in die Säcke, halten sie mit den Händen an der Hüfte fest und stellen sich an der Startlinie auf. Auf Kommando des Spielleiters hüpfen die Teilnehmer los. Die Aufgabe besteht nun darin, möglichst schnell, im Sack hüpfend, zum Ziel zu gelangen. Wer seinen Nebenmann beim Sackhüpfen „versehentlich" anrempelt und ihn dadurch zu Fall bringt, kann seine Chancen verbessern.

Säfte

Obst- und Gemüsesäfte stillen nicht nur den Durst, sie sind auch wichtige Nährstofflieferanten. Tomatensaft enthält Vitamin A und C, Karottensaft Vitamin A, Zitrusfruchtsäfte Vitamin C; Pflaumensaft und der Saft von roten Beten enthalten wichtige Mineralstoffe. Fast alle Tomaten- und Gemüsesäfte enthalten viel Salz.

Selbstgepreßte Frucht- und Gemüsesäfte schmecken meist besser und sind, frisch getrunken, auch wertvoller als industriell hergestellte. Sie sollten sehr rasch verbraucht werden.

Bei den im Handel angebotenen Fruchtgetränken unterscheidet man wie folgt:

Fruchtsaft besteht zu 100% aus Fruchtsaft und -fleisch und enthält keine Konservierungs- oder Farbstoffe. Zucker darf nur begrenzt zugesetzt werden. Manche sind mit Vitaminen angereichert. Auch konzentrierter und wieder verdünnter Fruchtsaft darf so bezeichnet werden. Das Etikett gibt Auskunft darüber sowie über etwaige Zusätze und das Verfallsdatum.

Fruchtnektar wird aus verdünntem und gezuckertem Fruchtsaft, -mark oder -konzentrat hergestellt. Der Mindestfruchtanteil muß auf dem Etikett oder der Verpackung angegeben sein.

Fruchtsaftgetränke werden lediglich unter Mitverwendung von Fruchtsäften hergestellt.

Angebrochene Flaschen und Kartons werden im Kühlschrank aufbewahrt.

Sägebock

Dieser Sägebock ist leicht herzustellen und kann zusammengeklappt aufbewahrt und transportiert werden. Er besteht aus zwei Hälften, die aus je zwei Beinen mit 4×10 cm Querschnitt – die Länge richtet sich nach der Körpergröße – sowie aus Traversen mit 2,5×12 cm Querschnitt zusammengesetzt werden.

Ein Sägebock sollte horizontal mindestens 60 cm lang sein.

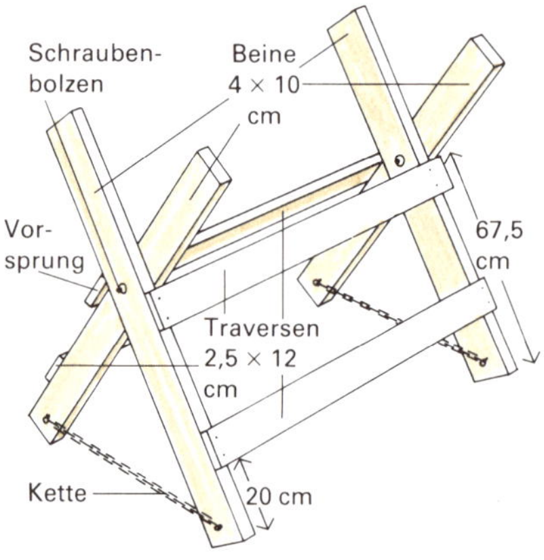

Man legt ein Beinpaar parallel und hochkant auf den Boden und nagelt die untere Traverse so an, daß die Außenkanten an beiden Seiten bündig sind. Wichtig ist, daß beide Nagelverbindungen im rechten Winkel sind. Dann wird die obere Traverse, die 5 cm länger ist, so angenagelt, daß ihre Oberkante einen Abstand von 67,5 cm vom unteren Ende der Beine hat und an einer Seite um 5 cm über ein Bein hinausragt. Dieser Überstand bildet einen Anschlag, der verhindert, daß der Sägebock zusammenklappt.

Die zweite Hälfte des Sägebocks wird in gleicher Weise angefertigt.

Um den Sägebock zusammenzusetzen, stellt man die beiden Hälften an der Unterseite etwa 75 cm voneinander entfernt auf und lehnt sie dann so aneinander, daß jeweils ein Bein von der vorspringenden oberen Traverse des gegenüberliegenden Beins abgestützt wird. Um die beiden Hälften zusammenzuhalten, bohrt man an den Kreuzungen Löcher durch beide Beine und setzt Schraubenbolzen ein. Dann befestigt man unten in der gezeigten Weise eine 75 cm lange Kette, die als zusätzliche Sicherung dient, falls die überstehende Traverse abbrechen sollte.

Sägen

Sägen schneiden nur dann gut, wenn ihre Zähne scharf und richtig geschränkt, d.h. abwechselnd nach links und rechts vom Blatt weg nach außen abgewinkelt sind. Dadurch verklumpen sie auch nicht, weil sie etwas breiter sägen, als das Sägeblatt dick ist. Man läßt die Sägeblätter regelmäßig von einem Fachmann schärfen und nachschränken; man kann aber auch eine Ausrüstung zum Schränken und Schärfen kaufen und die Arbeit nach der Bedienungsanleitung selbst ausführen. Die Blätter von Laub- und Metallsägen werden nicht geschärft, sondern durch neue ersetzt. Für alle Sägen jedoch gilt: Je mehr Zähne ein Blatt auf einer bestimmten Länge hat (international Zoll), desto feiner wird der Schnitt. Feine Sägen schneiden aber auch entsprechend langsam.

Fuchsschwänze Für Schnitte quer zur Holzfaser verwendet man einen Fuchsschwanz mit senkrecht stehenden, also beidseitig wirkenden Zähnen. Eine solche Säge mit acht oder zehn Zähnen pro Zoll eignet sich auch für andere Arbeiten, z.B. für Holzplattenzuschnitte.

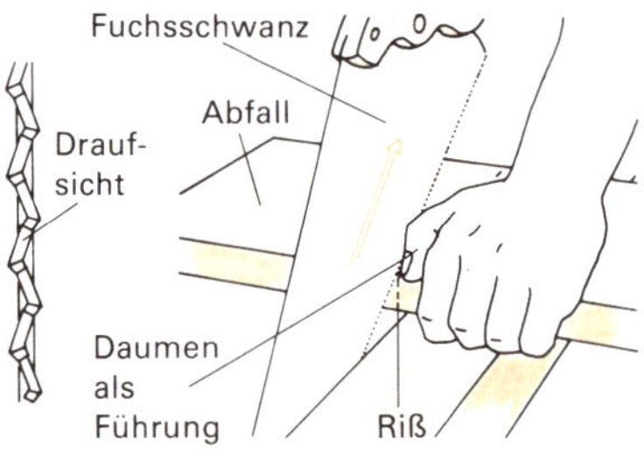

Ein Fuchsschwanz läßt sich am besten führen, wenn man den Zeigefinger ausgestreckt seitlich an den Griff legt. Einen Schnitt beginnt man, indem man die Säge ein- oder zweimal zu sich herzieht, wobei man das Sägeblatt am Daumen der freien Hand entlangführt. Wenn man an einer Linie entlangsägt, muß der Schnitt daneben auf der Abfallseite liegen. Hat man einen kleinen Spalt eingeschnitten, drückt man die Säge im Winkel von 45° leicht nach vorn. Erst wenn der Spalt tief genug ist, daß das Blatt nicht mehr herausspringen kann, sägt man mit kräftigen Vorwärtsbewegungen. Zurückgezogen wird ganz ohne Druck. Man sägt mit der ganzen Länge des Blatts und führt die Stöße von der Schulter und nicht vom Ellbogen aus.

Fuchsschwänze gibt es auch für Schnitte längs der Holzfaser; man nennt sie Spaltsägen. Sie haben meist fünf bis sieben Zähne pro Zoll, die dolchartig nach vorn weisen und nur bei der Vorwärtsbewegung schneiden. Gesägt wird in ähnlicher Weise wie bei einem Querschnitt, man hält das Sägeblatt jedoch in einem Winkel von etwa 60°. Schneidet man mit einer Spaltsäge quer zur Faser, reißen die Zähne die Kanten auf.

Ein kurzes Brett trennt man auf einem Bock auf: Man schneidet (längs der Faser) zuerst von der einen Seite bis ungefähr zur Mitte ein, dreht das Brett um und sägt es dann von der anderen Seite aus vollends durch.

Ein langes Brett legt man auf zwei Böcke und läßt ein Ende etwa 30 cm überstehen. Dieses Ende schneidet

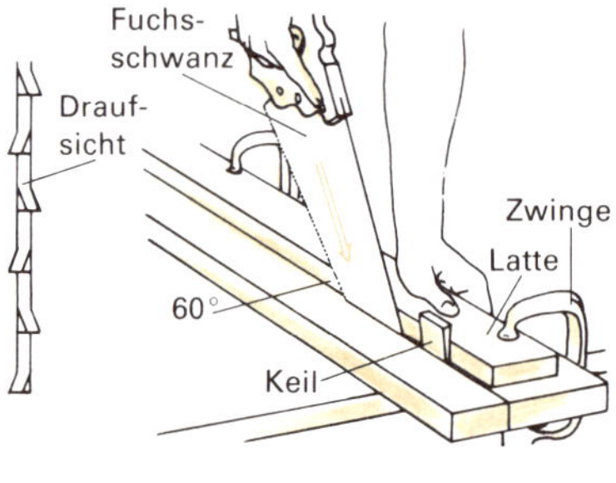

man bis zum Bock ein. Dann verschiebt man das Brett, bis das eingeschnittene Ende auf dem Bock liegt, führt den Schnitt bis zum andern Bock weiter, versetzt diesen nach vorn unter den Schnitt und sägt bis zum Brettende weiter. Bei sehr langen Brettern braucht man eventuell einen dritten Bock, damit sie sich in der Mitte nicht durchbiegen.

Als Führung für die Säge kann man eine Latte mit Zwingen am Brett befestigen. Wenn das Sägeblatt klemmt, steckt man einen kleinen Keil in den Schnitt.

Rückensägen Diese kurzen Sägen eignen sich für feine Arbeiten, bei denen man längs und quer zur Holzfaser sägen muß. Sie haben meistens 12 bis 16 Zähne pro Zoll und eine Verstärkung am Rücken, die den Blättern Stabilität verleiht. Man arbeitet mit ihnen meist in einer Gehrungsschneidlade (siehe *Gehrung*). Doch saubere senkrechte Schnitte erreicht man auch, wenn man einen länglichen Holzklotz als Führung benutzt; er wird am Werkstück entlang der Rißlinie eingespannt.

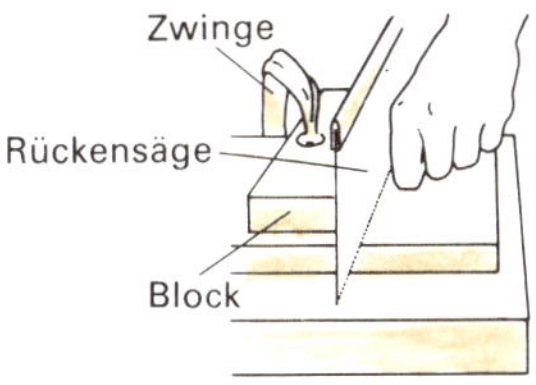

Laubsägen Schwierigste Formen kann man mit Laubsägen ganz exakt ausschneiden. Sie haben einen Bügel, in den die sehr dünnen Sägeblätter so eingespannt werden, daß die Zähne zum Griff hin weisen, denn man sägt in der Abwärtsbewegung. Laubsägen verwendet man für dünnes Material. Deshalb kann man schon nach einiger Übung recht schnell sägen. Da die Sägeblätter dabei sehr heiß werden und dann leicht reißen, zieht man sie immer wieder durch ein Stück Kernseife,

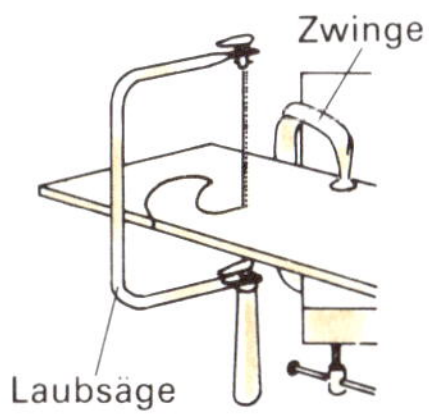

denn sie vermindert die Reibungshitze. Man kann das Werkstück frei auf einem handelsüblichen Laubsägebrettchen auflegen oder auf eine Arbeitsfläche spannen.

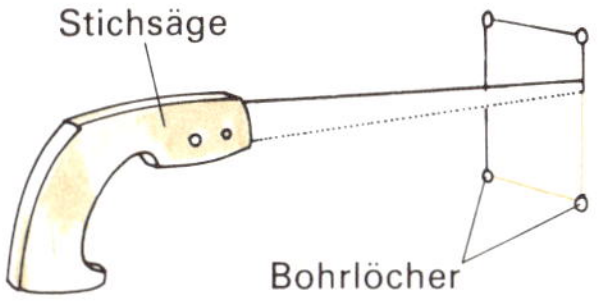

Stichsägen Wenn man beispielsweise Aussparungen für Steckdosen in Holzverkleidungen aller Art sägen muß, verwendet man eine Stichsäge. Man bohrt Löcher in den Ecken und sägt dann von einem Loch zum anderen. Stichsägen gibt es mit festen und mit auswechselbaren Blättern.

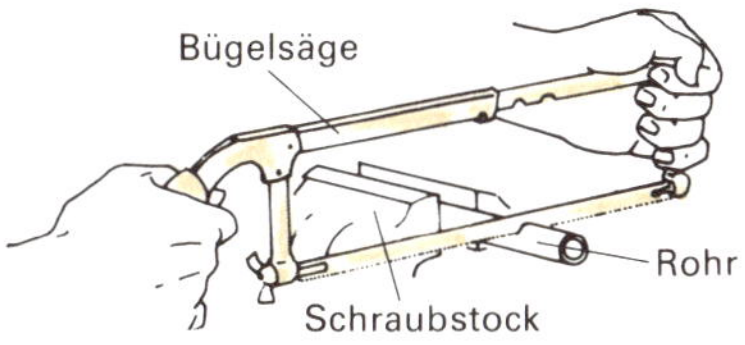

Metallsägen Diese Sägen nennt man auch Bügelsägen, weil die Sägeblätter in einen bügelförmigen Rahmen gespannt werden. Man schneidet damit Metalle und Plastikwerkstoffe aller Art. Wichtig ist, daß immer mindestens drei Zähne das Material berühren. Es gilt also die Regel, daß die Sägeblätter um so feiner sein müssen, je dünner das Material ist. Man spannt sie so ein, daß die Zähne vom Griff wegzeigen.

Metallsägen werden mit beiden Händen gehalten und möglichst waagrecht geführt. Sie schneiden in der Vorwärtsbewegung und werden ohne Druck zurückgezogen. Da Metallsägen beim Ansetzen leicht verrutschen, empfiehlt es sich, die vorgesehene Schnittlinie mit einer Feile einzukerben. Sehr dünne Werkstücke spannt man zwischen zwei Abfallhölzer ein. Für Kurvenschnitte benutzt man runde, mit Karbidsplittern besetzte Sägeblätter.

Sägen schärfen

Sägen schärft man nur, wenn sie richtig geschränkt sind (siehe *Sägen; Sägen schränken*). Sägeblätter bestehen meist aus Werkzeugstahl, den man feilen kann. Man braucht dazu eine Dreikantfeile (siehe *Feilen*), die genau in die Zahnlücken paßt, damit man die Zahnränder, Zahnbrust und -rükken genannt, gemeinsam schärfen kann.

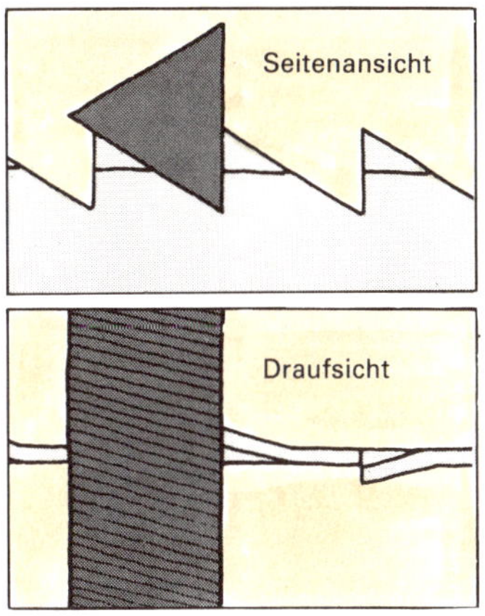

Der Fachmann spannt das Sägeblatt in eine Feilkluppe, eine spezielle Spannvorrichtung. Man kann das Blatt aber auch zwischen zwei geraden Holzleisten in den Schraubstock spannen und feilen. Damit das Sägeblatt beim Feilen nicht flattert, sollte es sowenig wie möglich über die Leisten ragen.

Sind die Spitzen der einzelnen Sägezähne nicht mehr in gleicher Flucht, also nicht mehr gleich hoch, muß man das Blatt abrichten (siehe *Abrichten*). Danach schärft man die Säge, indem man die Dreikantfeile mit leichtem Druck horizontal und im rechten Winkel zum Sägeblatt so führt, daß die Zahnränder voll erfaßt werden. Man schärft immer gegen die Stoßrichtung der Säge.

Sägen schränken

Die Blätter der meisten Sägen müssen geschränkt sein, damit sie nicht klemmen. Nur Feinsägen, mit denen dünnes Material wie Profilleisten quer zur Faser abgeschnitten wird, kann man ungeschränkt verwenden (siehe *Sägen*). Zu dieser Kategorie gehören auch Furniersägen; ihre Blätter werden sogar messerförmig angeschliffen, um eine möglichst dünne Schneide zu erhalten (siehe *Werkzeuge im Haus*). Außerdem darf man Kreissägeblätter mit hartmetallbestückten Zähnen nicht schränken, da sonst die Schneidenplättchen ausbrechen könnten.

Ein Sägeblatt wird geschränkt, indem man die Zahnspitzen wechselseitig nach rechts und links ausbiegt. Man muß dabei sehr sorgfältig vorgehen, denn jeder Zahn muß gleich stark geschränkt werden. Die Zähne sollten nur so weit ausgebogen werden, daß das Anderthalbfache der Sägeblattdicke nicht überschritten wird, denn sonst läuft die Säge schwer. Außerdem muß man die Zähne gleich weit nach beiden Seiten schränken, damit die Säge nicht seitlich verläuft.

Die Schränktiefe sollte nur etwa die Hälfte der Zahnhöhe betragen, weil sonst im Zahngrund Risse entstehen oder der Zahn abbrechen kann (A).

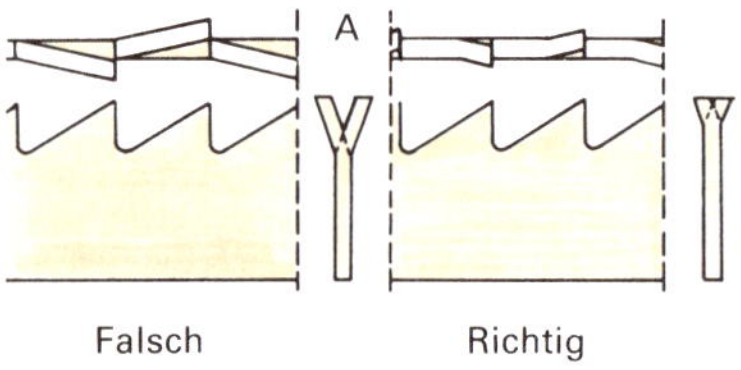

Man biegt zunächst jeden zweiten Zahn nach der einen Seite und dann die dazwischenliegenden nach der anderen. Am leichtesten geht dies mit der Schränkzange (B), auf der man den Grad der Schränkung einstellen kann. Nicht so exakt wird es mit dem Schränkeisen (C) oder mit einem Schraubendreher (D). Trotzdem kann man sich mit diesen Werkzeugen einmal behelfen. Ein Schränkeisen kann man aus einem Stück Stahlblech oder Schichtpreßstoff selber machen, indem man nach Bedarf gleich für zwei oder drei verschiedene Sägen passende Schlitze hineinsägt. Geschränkt wird wie mit der Schränkzange.

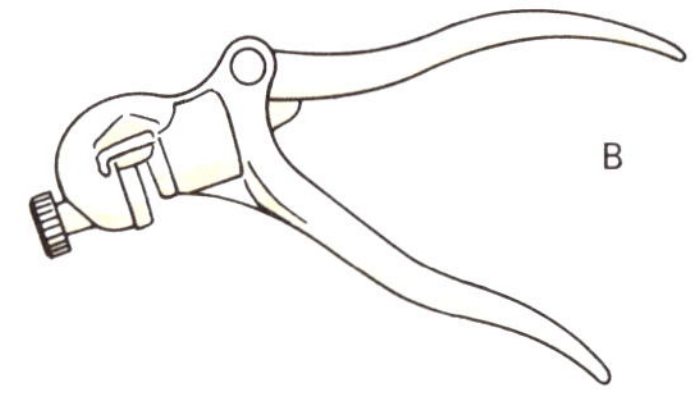

Den Schraubendreher stellt man senkrecht in jede zweite Zahnlücke und dreht ihn unter Druck etwas um seine Längsachse; dabei wird der eine Zahn nach links, der andere nach rechts ausgebogen.

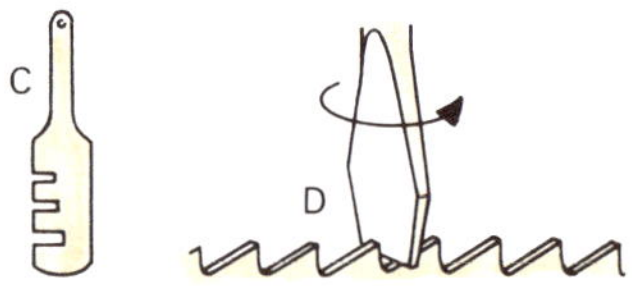

Salate

Für einen guten Salat müssen die Zutaten, ob roh oder gegart, stets frisch und von bester Qualität sein. Dies gilt auch für die Sauce (siehe *Salatsaucen*).

Blattsalate sollten knackig sein und möglichst keine vergilbten, welken, fleckigen oder beschädigten Blätter haben. Eisbergsalat sollte zartgrün und nicht zu hart sein; sehr heller Eisbergsalat ist überreif. Man achtet darauf, daß die Salate beim Verpacken oder in der Einkaufstasche nicht gedrückt werden.

Blattsalat muß man auch vorsichtig unter schwachem Wasserstrahl waschen, damit die Blätter nicht beschädigt werden. Man schwenkt ihn lokker in einem sauberen Geschirrtuch und läßt ihn dann im Drahtkorb trocknen. Im allgemeinen werden Sorten mit losen Blättern in mundgerechte Stücke zerpflückt; kompaktere Sorten wie Eisbergsalat und Endivien werden geschnitten. Falls man nicht alles verwendet, kann man die übrigen Blätter gewaschen in eine Plastiktüte geben, diese mit einem Gummiring fest verschließen und in den Kühlschrank legen; dort halten sie bis zum nächsten Tag. Den Salat sollte man erst kurz vor dem Servieren mit der Sauce vermischen, da Salz und Essig die Blätter schnell welken lassen.

Früchte und Gemüsesorten wie Tomaten und Gurken verwendet man am besten nur in der jeweiligen Saison für Salate; sie sind dann aromatischer. Auch Gurken vermischt man erst zum Schluß mit der Sauce, da sie sonst wertvollen Saft verlieren und zäh und schwer verdaulich werden.

Milde Sorten wie Kopfsalat und Eisbergsalat kann man gut mit kräftigeren mischen – Brunnenkresse, Endivien oder Radicchio. Bei gemischten Salaten verleihen Spinat, Rotkohl, Karotten, Pilze, Avocado, Sellerie, grüne und rote Paprikaschoten, Radieschen, Frühjahrszwiebeln, Gurken, Artischockenherzen, Spargel oder Oliven zusätzlich Geschmack und Farbe.

Gemüse für Salate sollte möglichst schonend in wenig Wasser gegart werden. Es darf auch nicht zu weich sein. Vor dem Servieren muß man es mindestens eine halbe Stunde in der Sauce ziehen lassen.

Für Salate als Hauptgericht kann man Fleisch, Wurst, Fisch, Schalen- und Krustentiere, Gemüse, Eier, Reis und Teigwaren nach Belieben kombinieren. Hier gilt auch der Grundsatz, daß alle Zutaten möglichst frisch und von bester Qualität sein sollen. Sie müssen vor dem Servieren ein paar Stunden durchziehen; gegebenenfalls gibt man zum Schluß noch Sauce hinzu, da manche, vor allem solche mit Eiern oder Kartoffeln, sehr viel Flüssigkeit aufsaugen.

Salatsaucen

Salatsaucen können auf Öl-Essig- oder auf Öl-Zitronensaft-Basis, auf Cremebasis oder auf Mayonnaisebasis (siehe *Mayonnaise*) zubereitet werden. Sie lassen sich durch weitere Zutaten nach Belieben abwandeln, in erster Linie durch Kräuter (siehe *Küchenkräuter*) und Gewürze (siehe dort).

Klare Saucen Man nimmt 3 Teile Öl auf 1 Teil Essig bzw. 4 Teile Öl auf 1 Teil Zitronensaft, wobei dieses Verhältnis je nach Geschmack oder entsprechend dem Säuregrad des Essigs oder Zitronensafts variiert werden kann. Den Essig in einer kleinen Schale oder einem Schüttelbecher abmessen; dann Salz (etwa ¼ Teel. auf 2 Eßl. Essig) und eine Prise Pfeffer zufügen und unter Rühren oder Schütteln vermischen. Anschließend Öl zugeben und mit einer Gabel oder dem Schneebesen kräftig durchrühren oder im Becher schütteln. Abschmekken. Diese Sauce eignet sich für Blattsalate, Tomaten-, Bohnen-, Käse-, Fleisch-, Wurst- und Nudelsalat. Sie kann je nach Salat abgewandelt werden. Bei Tomaten z. B. wird gern Basilikum, bei Gurken Dill zugegeben. Estragon, Kerbel, Petersilie und Schnittlauch sind für grünen Blattsalat zu empfehlen. Grünen Salat mit kräftigem Geschmack wie Chicorée oder Endivien kann man mit Senf (1 Teel. Senf oder ¼ Teel. Senfpulver auf 2 Eßl. Essig), einer zerdrückten Knoblauchzehe oder Sardellen, die man vorher wässert und durch ein Sieb drückt, würzen. Einem Fleischsalat fügt man 1–2 Teel. der Fleischbrühe (Fett vorher abschöpfen) zu.

Außerdem können noch Currypulver, geriebene Zwiebel, Kapern, Meerrettich oder kleingehackte Schalotten zugegeben werden.

Cremesaucen Die Grundlage kann aus Sahne, saurer Sahne, Frischkäse, Buttermilch, Crème fraîche oder Joghurt bestehen. Sie passen gut zu Eisberg-, Gurken-, Chicorée- und Eiersalat. Ein Rezept: 1 Becher saure Sahne, 3 Eßl. Essig, 1 Eßl. Zucker, ½ Teel. Salz und 1 Prise Cayennepfeffer gut vermengen. Zum Verdünnen etwas Milch unterrühren. Zudecken und kühlen. Für eine kräftige Käsesauce gibt man 2 Eßl. zerdrückten Roquefort oder einen anderen Edelpilzkäse zu.

Um eine kalorienarme Cremesauce herzustellen, ersetzt man die saure Sahne durch Joghurt und 2–3 Eßl. Magermilch und gibt nur 2 Eßl. Essig und ½ Teel. Zucker hinein. Mit 2 Eßl. gehacktem Schnittlauch und 1 Eßl. feingehackter Zwiebel abschmecken.

Salz

Damit Salz streufähig bleibt, legt man ein paar Reiskörner in den Streuer, bei größeren Behältern entsprechend mehr. Ist es feucht geworden, trocknet man es bei milder Hitze im Backofen (Backblech mit Pergamentpapier auslegen) und zerdrückt die Klumpen mit dem Teigroller.

Salzkonsum Ohne Kochsalz (Natrium) kann der Mensch nicht leben. Er braucht allerdings nur knapp 1g pro Tag, nimmt aber im Durchschnitt etwa das Zwölffache zu sich, vor allem in versteckter Form in Brot, Wurstwaren, Konserven u.a. Außerdem haben fast alle Nahrungsmittel einen natürlichen Salzgehalt.

Wer an Bluthochdruck leidet, sollte stark gesalzene Speisen meiden, möglichst wenig mit Salz abschmecken und auf das Nachwürzen verzichten (siehe unten). Das Gegenteil gilt für Menschen mit niedrigem Blutdruck. Wer beispielsweise morgens schwer in Schwung kommt, sollte lieber Wurst und Käse als Marmelade zum Frühstück essen und auch eine Tasse Brühe trinken.

Salzarme Kost Wer aus gesundheitlichen Gründen salzarm essen soll, muß auf die meisten Fertigprodukte verzichten, denn Salz ist in nicht unbeträchtlichen Mengen nicht nur in gepökelten Nahrungsmitteln, Dosensuppen, Brühwürfeln, Dosenfleisch und -fisch, sauer eingelegtem Gemüse und tiefgefrorenen Produkten, sondern auch in Speiseeis, Frühstücksflocken, fertigen Puddingmischungen, Keksen, Kuchen u.a. enthalten. Auf den Natriumgehalt von Mineralwasser muß man ebenfalls achten. Den Natriumgehalt des Leitungswassers erfährt man beim Gesundheitsamt oder beim Wasserwerk.

Da salzarme Kost fade schmeckt, muß man versuchen, die Speisen mit Kochsalzersatz (in der Apotheke erhältlich) oder mit anderen Gewürzen und mit Kräutern so schmackhaft wie möglich zu machen (siehe *Gewürze; Küchenkräuter*). Spezialkochbücher geben gute Rezepte und Tips. Aber auch die Zubereitungsart ist wichtig für den Geschmack. Ohne Wasser oder Fett in Spezialtöpfen zubereitete Nahrung ist schmackhafter als konventionell gekochte Speisen, weil der natürliche Salzgehalt etwa von Gemüse, Fleisch oder Fisch erhalten bleibt. Voraussetzung ist, daß man frische Ware – Fleisch, Fisch, Gemüse, Obst und Getreide – selbst zubereitet und nicht auf Tiefkühlkost oder gar Konserven zurückgreift. Auch die zum Kochen benötigte Fleischbrühe muß man sich eventuell – ohne Salz – selbst bereiten (siehe *Brühe; Hühnerbrühe*). Wer seine Speisen nicht selbst zubereiten kann, muß auf spezielle diätetische Fertigprodukte zurückgreifen, die den Kochsalzgehalt genau ausweisen.

Salzteigbilder

Salzteig macht man aus 2 Teilen Mehl, 1 Teil Salz, 1 Teil Wasser und einigen Tropfen Speiseöl. In einer Schüssel Mehl, Salz und Öl mit einem Rührlöffel vermischen. Das Wasser unter Kneten vorsichtig zugießen, bis der Teig sich leicht von den Händen löst. Wenn er zu feucht wird, fügt man etwas Mehl hinzu. Der Teig bleibt zwei bis drei Tage geschmeidig, wenn man ihn luftdicht in einem Plastikbeutel verschließt und in den Kühlschrank legt.

Es empfiehlt sich, zunächst Teigproben auf dem bemehlten Backbrett verschieden dick auszuwellen, Vertiefungen hineinzudrücken, Teigteile aufeinanderzulegen usw. und bei etwa 100°C 60 Minuten im Ofen zu backen. So lernt man, wie sich der Teig verhält. Dabei sollte man auch ausprobieren, wie man gebogene Formen machen und gerade Teile zu kästchenartigen Körpern verbinden kann. Für gewölbte Formen legt man den Teig über einen geeigneten Gegenstand. Das Backblech wird mit Backpapier ausgelegt. Kästchen baut man, indem man bereits gebackene flache Teile mit gut feuchtem Teig verbindet und noch einmal bäckt. Nach dem Backen nimmt man die Teile vom Blech und legt sie auf eine kühle Unterlage. Beim Abkühlen zieht sich der Teig etwas zusammen. Dies könnte bei manchen aus mehreren Teilen bestehenden Projekten zu Größenverschiebungen führen, die ausgeglichen werden müssen.

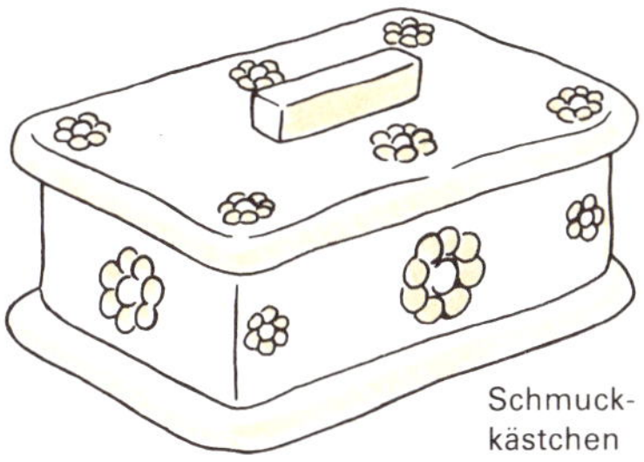

Schmuckkästchen

Bei komplizierten Bildern empfiehlt es sich, sie auf Pergamentpapier aufzumalen. Dann legt man das Papier auf den Teig und sticht mit einer Nadel durch die Konturen in den Teig. Den Einstichlinien fährt man mit dem Messer nach.

Große Bilder sollte man auf dem Backblech ausschneiden, denn sie könnten sich verziehen, wenn man sie von der Arbeitsfläche auf das Blech legt. Zum Dekorieren kann man Teigteile in allen Formen verwenden, aber auch andere Materialien wie Blätter, Holz, Metall usw.

Wenn die Schnittkanten am Teig porös geworden sind, glättet man sie mit dem Finger. Soll ein Bild aufgehängt werden, sticht man an entsprechender Stelle ein Loch hinein.

Wenn die gebackenen und abgekühlten Teile ganz trocken sind, werden sie bemalt. Geeignet sind Wasserfarben, Lackfarben, Plakatfarben, auch Filzschreiber. Zum Schluß streicht man die Bilder, auch auf der Rückseite, mit Klarlack. Dadurch hal-

ten sie länger, und die Farben bekommen mehr Leuchtkraft.

Teigbilder sollten trocken aufbewahrt werden. Feucht gewordene Objekte kann man retten, indem man sie noch einmal bäckt.

Sandwiches

Für Sandwiches und belegte Brote verwendet man stets schnittfestes Brot von guter Qualität. Man kann für ein gedecktes Sandwich auch zwei gleich große Scheiben von verschiedenen Brotsorten verwenden. Die Rinde wird nur bei kleinen Weißbrotsandwiches, die etwa als Canapés (siehe dort) gereicht werden, entfernt, denn sie verhindert, daß das Brot austrocknet oder sich aufwölbt. Die Brotscheiben sollten möglichst dünn geschnitten werden, dürfen aber nicht beim Essen auseinanderbrechen.

Man streicht Butter, Mayonnaise o.a. bis zum Rand hin und verteilt den Belag über die ganze Scheibe. (Wenn Sandwiches länger im voraus gemacht werden müssen, verwendet man lieber Butter oder Margarine anstelle von Mayonnaise.) Mit dem Belag nicht sparen! Es ist besser, mehrere dünne Fleischscheiben anstelle einer einzigen dicken aufzulegen. Tomaten- und Gurkenscheiben, Gewürzgurken, Würzsaucen u.ä. kommen erst in letzter Minute auf die Sandwiches, damit sie nicht durchweichen. Für Picknicks werden sie getrennt in Klarsichtfolie verpackt.

Vorschläge für den Belag Eine Baguette längs durch die Mitte schneiden, mit Olivenöl und Rotweinessig beträufeln und mit Schinken, Schweizer Käse, Salatblättern und Tomatenscheiben belegen. In kleine Würfel geschnittenes Hühner- oder Truthahnfleisch mit feingehacktem Apfel, Sellerie, Walnüssen und Mayonnaise vermengen und auf Weißbrot streichen. Fische und Meeresfrüchte mit Tatarsauce, gekochten und kleingehackten Eiern und frisch geschnittenem Dill vermengen und auf Zwiebelbrot servieren. Hartgekochte und kleingehackte Eier mit gehackten grünen Paprikaschoten, Bleichsellerie, gewürfeltem Schinken und Mayonnaise vermischen und zwischen zwei Scheiben Roggenbrot servieren. 120g geriebenen Emmentaler mit 1 Teel. Dijonsenf, 1 Teel. kleingehacktem Mangochutney und 2–3 Eßl. Mayonnaise verrühren, auf leicht getoastete Hamburger-Brötchen streichen und mit Currypulver bestäuben; diese Brote kann man auch im Ofen überbakken und als Toast servieren.

Sanitärporzellan

Bevor man einen Riß ausbessert, muß die Stelle absolut trocken sein. Man entleert das Waschbecken oder die Klosettschüssel, reibt sie trocken und läßt sie dann noch vollständig austrocknen; mit einem Haarfön kann man das Trocknen beschleunigen.

Geklebt wird mit Zweikomponentenkleber (Epoxidharzkleber). Nach den Anweisungen auf der Packung mischt man die beiden Komponenten – Klebeharz und Härter – zusammen und streicht sie dann mit einem Zahnstocher, Streichholz o.ä. in den Riß. Wenn möglich, sollte man das Becken mit Schnur umwickeln, so daß die Teile am Riß fest aneinandergepreßt werden. Aus dem Riß quellenden Kleber wischt man gleich ab. Nach 24 Stunden ist der Kleber voll ausgehärtet. Dann überstreicht man den Riß mit farblich passendem Speziallack für Sanitäreinrichtungen. Man trägt ihn nach den Anweisungen des Herstellers auf.

Abgesplitterte Stellen können mit einer Reparaturemaille für Porzellan (Beschichtungsmaterial) ausgebessert werden.

Sauberkeitserziehung

Man beginnt damit am besten, wenn das Kind etwa zwei Jahre alt ist. In diesem Alter versuchen die meisten Kinder, die Erwachsenen nachzuahmen, verstehen auch schon, was es soll, und können ihre Körperfunktionen so weit kontrollieren, daß sie regelmäßig aufs Töpfchen gehen. Ist das Kind in seiner Entwicklung noch nicht soweit, wartet man noch ein paar Wochen oder Monate.

Zunächst findet man bestimmte Worte für die Entleerung des Stuhls und des Urins und sagt sie beim Wechseln der Windeln vor. Sobald das Kind gelernt hat, eine Stuhlentleerung wahrzunehmen, kann es diese – direkt danach – mitteilen. Ist dies der Fall, stellt man im Badezimmer ein Töpfchen oder ein Kinderstühlchen auf und erklärt dem Kind dessen Sinn. Dann veranlaßt man das Kind, sich zunächst bekleidet daraufzusetzen. Anschließend entfernt man die Windel und wiederholt diesen Vorgang. Dabei sollte man die Reaktion des Kindes beobachten und dementsprechend mit der Sauberkeitserziehung fortfahren.

Wenn möglich, wartet man ab, bis das Kind von sich aus auf das Töpfchen will. Ist das Kind noch nicht soweit, läßt aber seine Bereitschaft zur Sauberkeitserziehung erkennen, indem es beispielsweise an den Windeln zerrt oder sein Mißbehagen bei vollen Windeln ausdrückt, greift man selbst ein und setzt es zu den üblichen Zeiten der Darmentleerung auf das Töpfchen.

Auch wenn das Kind immer wieder für kurze Zeit auf das Töpfchen gesetzt wird, kann es Tage oder auch Wochen dauern, bis es dabei zu einer erfolgreichen Sitzung kommt. Ist dies der Fall, sollte man das Kind loben. Macht das Kind keine Fortschritte oder bleibt der Erfolg nach der ersten Sitzung wieder aus, geht man darüber am besten kommentarlos hinweg (manche Kinder lernen schnell, werden dann aber einige Monate lang rückfällig). Reagiert ein Kind auf die Sauberkeitserziehung widerwillig, stellt man das Töpfchen für einige Tage oder sogar einige Wochen beiseite und versucht es später wieder. Auf keinen Fall sollte man das Kind verspotten oder mit kleinen Geschenken bestechen.

Wenn die ersten Versuche fehlschlagen, besteht kein Grund zur Sorge. Mit Geduld und Verständnis kann man das Kind eher zur Sauberkeit erziehen als durch ein übertriebenes Reinlichkeitsstreben.

Hat ein Kind gute Fortschritte gemacht, zieht man ihm tagsüber eine Windelhose ohne Einlage an. Meist dauert es etwas länger, bis ein Kind auch nachts trocken bleibt.

Siehe auch *Bettnässen.*

Saucen

Es gibt einige Grundsaucen, die man auf vielerlei Art abwandeln kann. Je nach Zutaten passen sie dann zu Fleisch, Fisch, Geflügel oder Gemüse.

Helle Sauce Für etwa ½l Sauce 50g Butter oder Margarine in einem Topf schmelzen lassen. 40g feines Mehl hineinrühren. Sobald es Blasen wirft, Flüssigkeit hinzufügen. Für eine echte Béchamelsauce nimmt man flüssige süße Sahne oder Sahne und Milch gemischt; je nach dem Gericht, zu dem man die Sauce reichen möchte, kann man auch mit reiner Milch, Brühe, Gemüsebrühe oder Fischsud auffüllen. Wichtig ist, daß entweder die Mehlschwitze oder die Flüssigkeit kalt sein muß, sonst klumpt die Sauce. (Haben sich doch Klümpchen gebildet, gießt man die Sauce durch ein Haarsieb.)

Flüssigkeit portionsweise in die Mehlschwitze geben, jedesmal kräftig rühren und aufkochen lassen. Erst wenn der Brei ganz glattgerührt ist, wieder etwas Flüssigkeit zugeben. So fortfahren, bis die Sauce die gewünschte Konsistenz hat. Mit Salz, weißem Pfeffer und Muskat würzen. Etwa zehn Minuten ziehen lassen, dabei ab und zu umrühren. Mit anderen Gewürzen – Curry, Kapern, Meerrettich, Käse, Kräutern usw. – kann man die Sauce variieren, mit Weißwein oder Madeira verfeinern oder mit Eigelb legieren.

Dunkle Sauce Wie bei der hellen Sauce eine Mehlschwitze bereiten, das Mehl aber in der Butter so lange erhitzen, bis es hellbraun wird. Mit Fleischbrühe ablöschen, aufkochen lassen und mit Salz und Pfeffer würzen. Etwa 15 Minuten unter gelegentlichem Rühren ziehen lassen. Varianten: Mit Essig oder Paprika würzen; ein Lorbeerblatt oder eine mit Nelken gespickte Zwiebel mitziehen lassen; mit Rotwein, Sherry oder Portwein abschmecken.

Sauce Hollandaise 4 Eigelb mit 4 Eßl. lauwarmem Wasser, Salz und Pfeffer verrühren und auf ganz geringer Hitze, am besten im Wasserbad, erwärmen. 200g zerlassene Butter (sie sollte die gleiche Temperatur wie die Eigelbmischung haben) zunächst tropfenweise unter ständigem Rühren, dann in dünnem Strahl zum Eigelb geben. Mit Zitronensaft abschmecken und möglichst sofort servieren. Notfalls im handwarmen Wasserbad warm halten.

Gerinnt die Sauce, gibt man einige Tropfen Eiswasser oder eiskalte Sahne dazu und rührt sie kräftig durch, am besten mit dem Elektroquirl. Man kann auch einen neuen Ansatz aus 2 Eigelb und 2 Eßl. Wasser bereiten und die geronnene Sauce kräftig darunterrühren.

Varianten: Statt Wasser trockenen Weißwein oder den Saft von Blutorangen nehmen (Sauce Maltaise). Unter die fertige Sauce feingehackte Mandeln oder Haselnüsse, Kaviar, kleine Krabben oder feingehacktes Senfgemüse mischen. Ein wenig sehr steif geschlagene süße Sahne unterziehen (Sauce Mousseline). Sehr fein gehackte Schalotten mit gehacktem Estragon und eventuell etwas Kerbel in Weißwein zu einem Sud kochen, abgießen und auf eine kleine Menge einkochen lassen; damit das Wasser im Grundrezept ersetzen, unter die fertige Sauce frischen, feingehackten Estragon geben und mit Estragonessig abschmecken (Sauce Béarnaise).

Saucen aus Fonds Ein Fond ist die Flüssigkeit, die nach dem Anbraten oder Auskochen von Knochen oder Fischabfällen übrigbleibt. Für einen dunklen Fond die Knochen zusammen mit Suppengemüse scharf anbraten, Wasser aufgießen, Gewürze, aber kein Salz zugeben und alles auf kleiner Flamme einige Stunden kochen lassen. Die Brühe durch ein Sieb gießen, erkalten lassen, entfetten und dann auf starker Hitze auf ein Drittel oder Viertel einkochen. Für einen Fischfond Fischköpfe, Gräten und Haut mit Gewürzen und Gemüse in Wasser oder Weißwein kochen. Fonds am besten auf Vorrat bereiten und in Portionen einfrieren.

Um aus einem Fond eine Sauce zuzubereiten, bindet man ihn mit Sahne, Crème fraîche oder Butter – niemals mit Mehl oder Stärkemehl! Die Sahne muß mindestens 30% Fettgehalt haben, sonst flockt sie aus. Die Butter schneidet man rechtzeitig in kleine Würfel, die man sehr kalt stellt (Tiefkühltruhe oder Gefrierfach). Dann spießt man die einzelnen Würfel auf eine Gabel und zieht sie so lange mit kreisenden Bewegungen durch den heißen Fond, bis sie sich aufgelöst haben. Für eine gebundene Sauce pro ¼ l Sauce 1 Eßl. Butter mit 1 Eßl. Mehl verkneten, hineinrühren und aufkochen.

Säume

Um eine Saumlinie im Hüftbereich oder darüber sowie an Hosenbeinen zu markieren, breitet man das Kleidungsstück flach aus und mißt von der Unterkante aus rundherum die gewünschte Saumbreite ab. Zum Markieren eines Saums unterhalb des Hüftbereichs ist eine Anprobe nötig; dazu trägt man passende Unterwäsche und Schuhe. Eine zweite Person bringt mit Hilfe eines Meterstabs oder Rockabrunders alle 5 cm eine Markierung in gleicher Höhe vom Boden an.

Nahtzugaben im Bereich des Saums werden auf die Hälfte zurückgeschnitten. Der Saum wird umgeschlagen, gebügelt und 5 mm von der Umschlagkante entfernt geheftet. Die Saumzugabe bringt man in ganzer Länge auf die gleiche Breite (A): bei geraden Röcken bis zu 7,5 cm, bei ausgestellten 3,5–5 cm. Überschüssiges Material wird weggeschnitten.

Um die überschüssige Weite an der Saumkante von ausgestellten Röcken auszugleichen, wird 6 mm von der Kante entfernt mit der Maschine eine Naht angebracht (an Nahtkreuzungen unterbrechen!) und der Stoff mit dem Kräuselfaden zusammengezogen (siehe *Nähte*), bis die Saumkante der Weite des Kleidungsstücks entspricht (B).

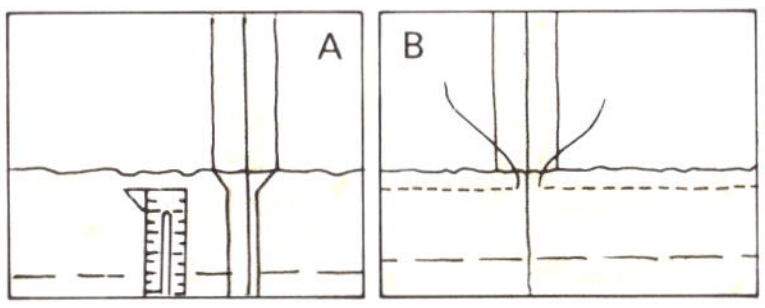

Um den Saum bei leichten Stoffen zu versäubern, wird die Saumkante 5mm eingeschlagen und gesteppt (C). Bei schweren Stoffen bringt man 3mm hinter der Kante eine Zickzacknaht an und schneidet überschüssiges Material weg (D); oder man steppt

5 mm hinter der Kante mit Geradstichen und schneidet die Kante mit der Zackenschere bei (G); oder man faßt eine gerade Kante mit Saumband (E) bzw. eine geschwungene Kante mit Schrägband (F) ein.

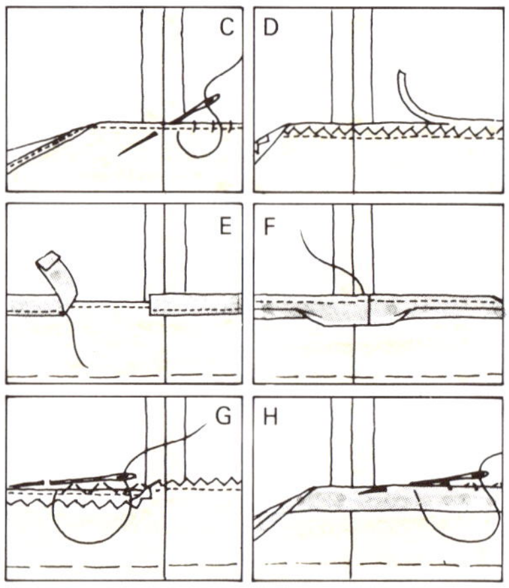

Soll der Saum von Hand angenäht werden, arbeitet man mit einfachem Faden und bringt die Stiche in Abständen von 5–12 mm an. Hohle Saumstiche (G) verwendet man für Kanten, die mit einer Zickzacknaht oder der Zackenschere versäubert wurden, Staffierstiche bei Schrägband sowie bei umgeschlagenen und gesteppten Kanten (H, C) und gerade Saumstiche bei umgeschlagenen und gesteppten Kanten sowie bei Saumband.

Siehe auch *Saumstiche*.

Saumstiche

Es gibt viele verschiedene Stiche, mit denen man Säume an Kleidungsstükken usw. arbeiten kann. Hier eine Übersicht über die gebräuchlichsten:

Schräger Saumstich Er läßt sich schnell arbeiten, ist aber wenig haltbar, weil der Faden größtenteils frei liegt und leicht durchscheuern kann. Man erfaßt nur einen Faden des Stoffs und sticht dann durch den Saumrand. Der Abstand zwischen den Stichen beträgt 6–10 mm.

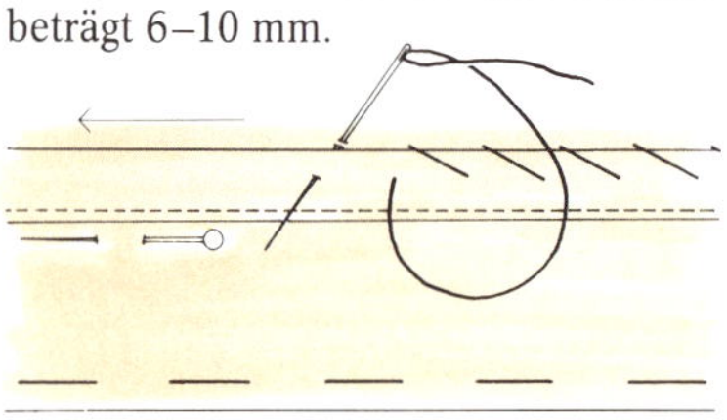

Gerader Saumstich Da der Faden meist verdeckt liegt, ist dieser Stich haltbarer und fester als der schräge Saumstich. Hier faßt man ebenfalls nur einen Faden des Stoffs und führt die Stiche im Abstand von 6–10 mm aus.

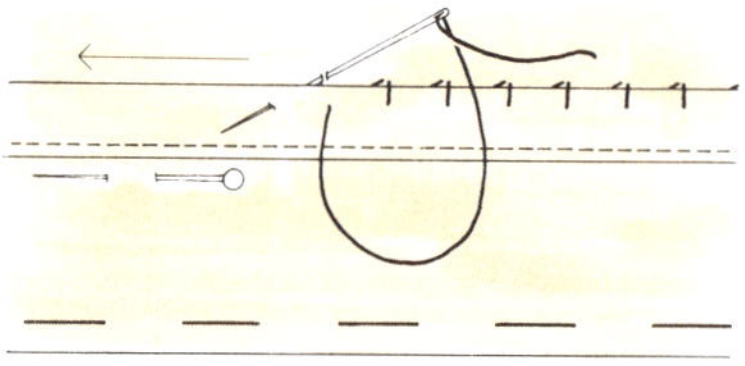

Staffierstich Mit diesem Stich verbindet man eine umgeschlagene Kante mit einer geraden Fläche, er dient aber auch dazu, aufgesetzte Taschen, Jackenfutter usw. anzunähen. Man faßt möglichst wenige Stoffäden und sticht die Nadel etwa 6 mm durch die Bruchkante vor.

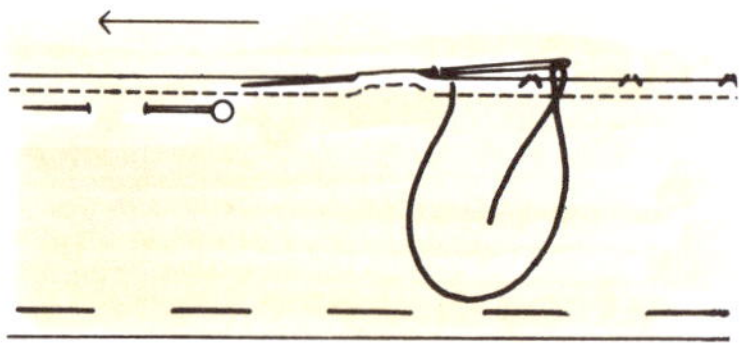

Hexenstich Dieser Stich wird hauptsächlich bei ausgezackten Saumkanten verwendet. Man arbeitet von links nach rechts, sticht die Nadel aber von rechts nach links ein, so daß der Faden sich bei jedem Stich überkreuzt.

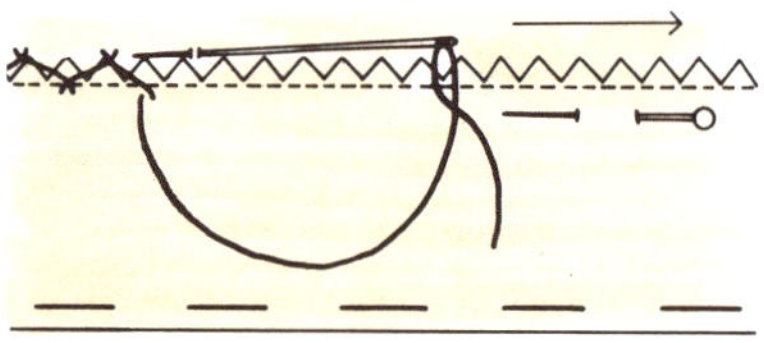

Hohle Saumstiche Saumstiche können auch hohl, d.h. blind oder verdeckt, gearbeitet werden. Sie haben den Vorteil, daß der Faden kaum durchscheuern kann und daß die Saumkante sich nicht nach außen durchdrückt. Der hohle Saumstich ist schnell und einfach zu arbeiten; für schwere Stoffe empfiehlt es sich, den verdeckten Hexenstich zu verwenden.

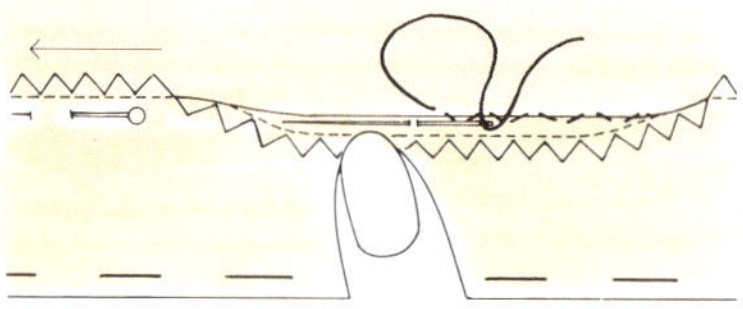

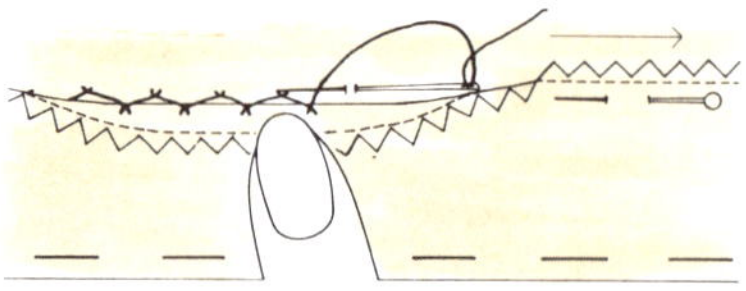

Sauna

Die vielfältigen Wirkungen des Saunabadens kommen nur zum Tragen, wenn man regelmäßig, am besten einmal wöchentlich, die Sauna aufsucht. Saunabaden reinigt die Haut, kräftigt die peripheren und normalisiert die arteriellen Blutgefäße, ist also gerade bei niedrigem Blutdruck empfehlenswert. Es entspannt die Muskeln, beeinflußt positiv die seelische Verfassung und steigert durch Abhärtung die Abwehrkräfte.

Zum Saunabaden braucht man Zeit. Man sollte sich in aller Ruhe entkleiden und sich zunächst mindestens fünf Minuten zur Entspannung hinlegen. Anschließend duscht man gründlich, nimmt ein warmes Fußbad, trocknet sich ab und betritt erst dann die Saunakammer.

Neulinge sollten sich anhand der in allen öffentlichen Saunaanlagen aushängenden Regeln genau über die Vorgehensweise informieren und diese Empfehlungen in ihrem eigenen, aber auch im Interesse der anderen Saunagäste streng befolgen.

Während der gesamten Saunazeit wird der Körper zwei- oder dreimal erhitzt und wieder abgekühlt – man spricht jeweils von einem Saunagang. Die einzelne Aufheizphase sollte nicht mehr als zwölf, die Abkühlphase einschließlich einer kurzen Liegepause mindestens 15 Minuten dauern.

Wer zu hohem Blutdruck neigt, unter Herz- oder Kreislaufbeschwerden leidet, Krampfadern oder Couperose (erweiterte Blutgefäße) hat oder zukkerkrank ist, sollte seinen Hausarzt fragen, bevor er die Sauna aufsucht.

Schablonen

Eine Schablone stellt man her, indem man auf steifes Papier, Karton oder steife Azetatfolie ein Muster zeichnet und mit einem Federmesser ausschneidet. Um Details innerhalb der Konturen anzudeuten und um die ausgeschnittenen Teile miteinander und mit den Rändern der Schablone zu verbinden, zeichnet man Stege ein. Diese Stege sollten mindestens 3 mm breit sein. Auch Zeichnungen aller Art kann man als Vorlage für eine Schablone verwenden (siehe *Muster übertragen*); man muß jedoch Stege hinzufügen, falls im Original keine vorhanden sind.

Um die Arbeitsfläche nicht zu beschädigen, legt man das Schablonenpapier auf einen Karton. Man hält es mit einer Hand fest, setzt das Federmesser senkrecht an und dreht die

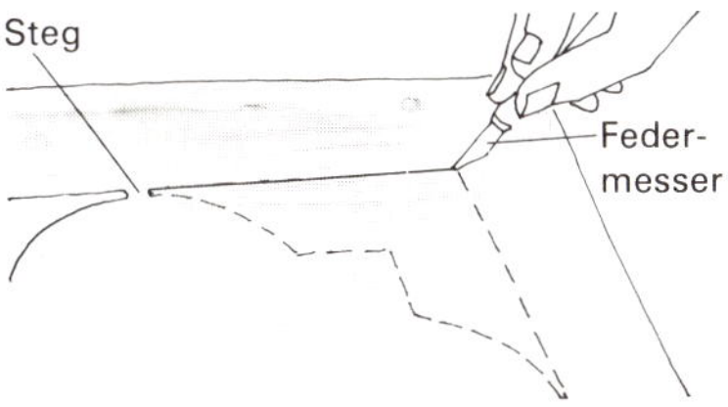

Schablone samt Karton so, daß man das Messer stets zum Ellbogen des messerführenden Arms ziehen kann. Abgerissene Stege repariert man mit Klebeband, dessen überstehende Ränder nach den Konturen der Schablone abgeschnitten werden. Ecken werden sauber nachgearbeitet und Kanten mit der Schere begradigt.

Schablonenspritztechnik Schon mit einfachen Schablonen wie Herzen, Sternen aus Papier oder Blättern usw. kann man schöne farbige Muster gestalten. Als einfachste Ausrüstung genügt eine alte Zahnbürste, Wasserfarbe und ein Messer. Man deckt die Arbeitsfläche mit Zeitungspapier ab, legt einen Bogen Zeichenpapier darauf und steckt darauf die Schablone mit einer Nadel fest. Man mischt Farbe an (siehe *Aquarellmalerei*), taucht die Zahnbürste hinein, hält sie, die Borsten nach oben, schräg zur Schablone

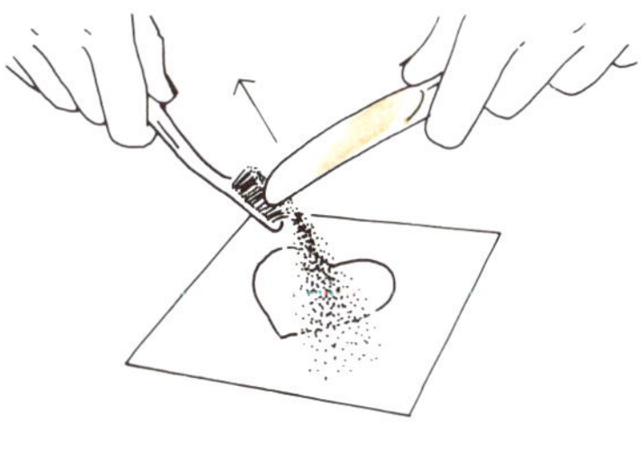

hin und streicht mit dem Messerrükken von unten nach oben über die Borsten. So wird die Farbe pünktchenweise auf das Papier gespritzt. Statt Wasserfarbe kann man auch Farbe aus der Spraydose verwenden. Die Farbintensität kann man verändern, indem man auf eine Stelle nur einmal oder mehrmals Farbe aufspritzt. Sobald die Farbe trocken ist, kann man die Schablone auf eine andere Stelle des Papiers legen und eine andere Farbe aufspritzen.

Wenn man viel in der Spritztechnik arbeitet, kann man sich aus vier Holzleisten einen Rahmen machen, den man mit Fliegengitter bespannt; das Fliegengitter wird mit Reißnägeln befestigt. Man stellt den Rahmen über Schablone und Zeichenpapier und streicht mit der Zahnbürste über das Gitter. Gitter und Zahnbürste spült man nach Gebrauch mit klarem Wasser ab.

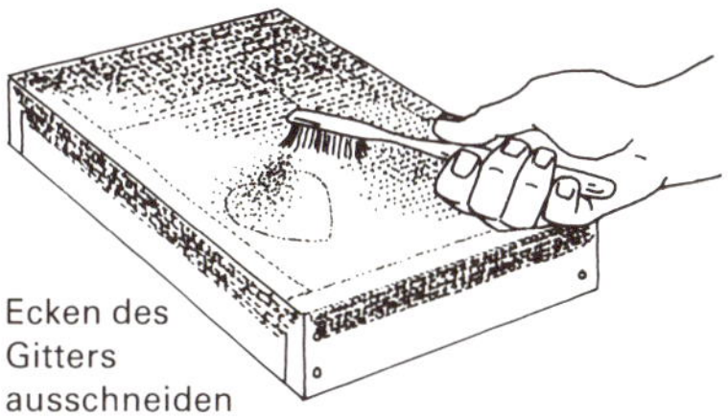

Schablonenmalerei Diese Technik ist ein traditionelles Verfahren, um z.B. Wände, Möbelstücke oder Einrichtungsgegenstände zu verzieren. Man kann Schablonen selber machen oder kaufen; es gibt sie in vielen Größen und mit den verschiedensten Motiven.

Für die Schablonenmalerei kann man jede Farbe verwenden; sie muß nur für den Maluntergrund geeignet sein. Latexfarben nimmt man für Schablonenmalereien auf gestrichenen Wänden, weil sie gut auf den üblichen Dispersionsfarben haften; man trägt sie mit nahezu trockenem Pinsel auf. Acrylfarben eignen sich für viele Oberflächen, auch für Textilien; allerdings kann man sie nicht chemisch reinigen lassen. Mit Emaillelacken verziert man Glas, Metall oder hochglänzende Möbelstücke; mit Farbstiften, Wasser- und Plakatfarben malt man auf Papier. Die Farbe wird möglichst dickflüssig angerührt. Dünnflüssige Farben trägt man in mehreren dünnen Schichten auf, damit sie nicht unter die Ränder der Schablone laufen. Am besten streicht man etwas Farbe versuchsweise auf ein Abfallstück oder eine verdeckte Stelle des Untergrunds, um zu sehen, wie sie wirkt.

Man legt die Schablone auf den Untergrund und streicht die Farbe von den Rändern aus zur Mitte hin. Antik sieht die Malerei aus, wenn man einen Schwamm in 2,5 cm breite Streifen schneidet und damit Acryl- oder Wasserfarbe auftupft. Bevor man die Schablone wieder verwendet, reinigt man sie auf der Rückseite, um die nächste, noch unbemalte Fläche nicht zu verschmieren.

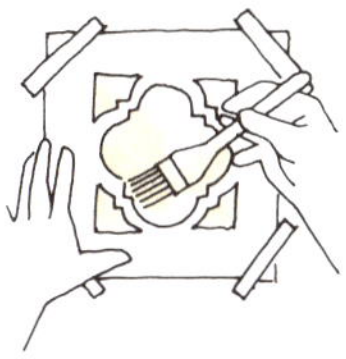

Bei mehrfarbigen Mustern verwendet man für jede Farbe eine andere Schablone. Man überträgt die äußeren Konturen der ersten Schablone auf alle weiteren Schablonen und schneidet entlang dieser Linien einige „Kontrollfenster" aus. Nun trägt man zuerst die hellste Farbe auf und läßt sie trocknen; dann legt man die zweite Schablone auf das Muster und richtet sie mit Hilfe der Kontrollfenster paßgerecht aus. Anschließend wird in der dunkleren Farbe gemalt. Um das fertige Muster zu schützen, kann man es mit Schellack überziehen.

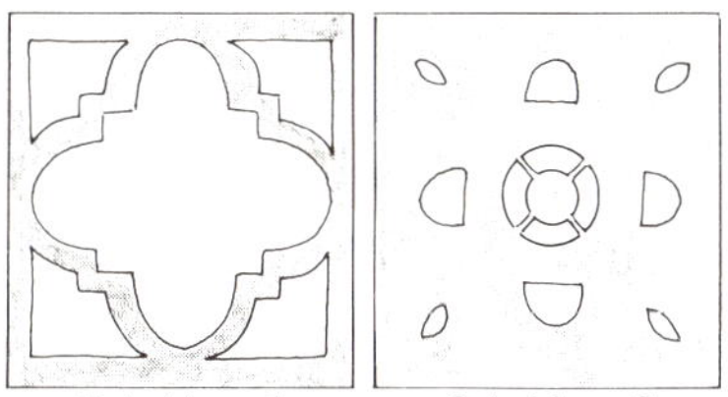

Schachregeln

Schach wird von zwei Personen auf einem quadratischen Brett gespielt, das aus 64 Feldern besteht, die abwechselnd weiß und schwarz gefärbt sind. Beide Spieler legen das Schachbrett so zwischen sich, daß sich je ein schwarzes Eckfeld zu ihrer linken Hand befindet. Jeder Spieler hat 16 Figuren, der eine die weißen, der andere die schwarzen. Diese Figuren sind jeweils ein König, eine Dame, zwei Türme, zwei Läufer, zwei Springer (Pferdchen) und acht Bauern. Ziel des Spieles ist es, die Figuren so zu ziehen, daß der gegnerische König in die Enge getrieben wird und sich nicht mehr bewegen kann (er wird matt gesetzt).

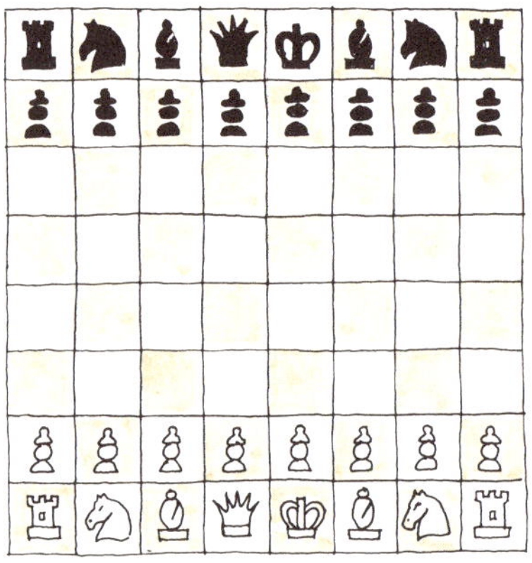

Vor Spielbeginn stellt jeder Spieler seine Figuren in ihre Ausgangspositionen. Mit jeder Figur muß dann in einer bestimmten Weise gezogen werden. Die Figuren – mit Ausnahme der Springer – können andere Figuren auf dem Brett weder überspringen noch passieren. Jede Figur kann eine gegnerische schlagen, wenn sie nach einem Zug das gleiche Feld besetzt. Die geschlagene Figur wird aus dem Spiel genommen.

Der König darf zwar nach allen Seiten vorrücken und schlagen, kann aber immer nur um ein Feld vorangehen. Jeder Zug, durch den der König angegriffen wird, muß mit dem Wort „Schach!" angekündigt werden.

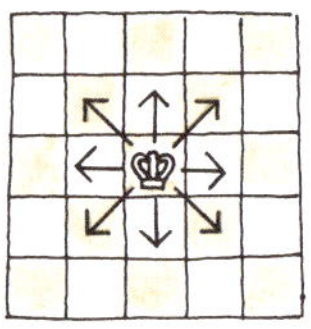

Die Dame kann ebenfalls in jede Richtung (gerade und diagonal, vorwärts und rückwärts) gezogen werden und kann dabei beliebig viele unbesetzte Felder überspringen. Sie ist dadurch die mächtigste Figur im Schachspiel.

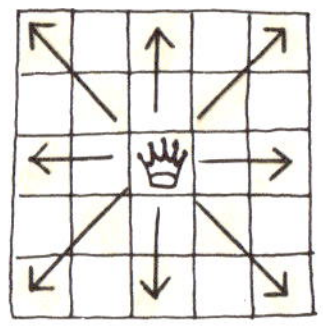

Der Turm kann beliebig viele unbesetzte Felder nach vorn, nach hinten, nach rechts oder nach links gezogen werden, nicht jedoch diagonal. Will man die beiden Türme für einen Angriff näher zusammenbringen oder mit dem König in eine sichere Position ziehen, kann man eine Rochade vornehmen. Diese Möglichkeit besteht jedoch nur, wenn bisher weder mit dem König noch mit dem betreffenden Turm ein Zug gemacht wurde, wenn die Felder zwischen den beiden Figuren unbesetzt sind und wenn dem König nicht Schach geboten wird. Bei der Rochade setzt sich der Turm auf die Seite des Königs, der König überspringt den Turm und setzt sich auf dessen andere Seite.

Der Läufer kann beliebig viele unbesetzte Felder diagonal vor- oder rückwärts gezogen werden. Jeder der beiden Läufer ist im gesamten Spielverlauf auf Felder in einer Farbe beschränkt (weißer und schwarzer Läufer).

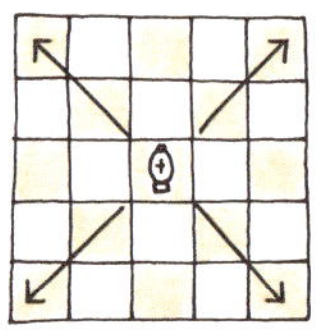

Der Springer kann in zwei Richtungen über drei Felder springen: ein Feld nach vorn, rückwärts oder zur Seite und die restlichen zwei Felder im rechten Winkel zu dem ersten oder zwei Felder nach vorn, rückwärts oder zur Seite und das restliche Feld im rechten Winkel zu den ersten. Dabei kann er alle anderen Figuren überspringen.

Der Bauer kann sich nur geradeaus bewegen. Aus der Ausgangsposition heraus kann er (muß aber nicht) zwei Felder vorrücken; sonst nur ein Feld. Obwohl der Bauer nur vorwärts, also nie seitwärts oder rückwärts gehen darf, schlägt er diagonal rechts oder links die Figuren, die im Feld vor ihm stehen. Schafft es ein Bauer, bis an die Grundlinie des Gegners vorzudringen, darf der Spieler diesen Bauern gegen eine ranghöhere Figur eintauschen, die er bereits verloren hatte, und diese Figur (meist eine Dame) an die Stelle des Bauern setzen.

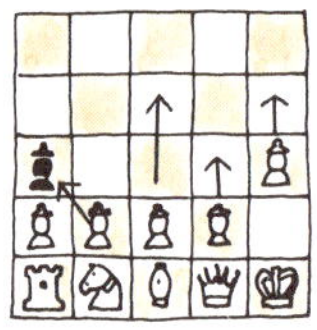

Die Spieler kommen abwechselnd zum Zug. Weiß eröffnet die Partie. Zu Beginn des Spiels geht es nicht darum, möglichst viele Figuren des Gegners zu schlagen, sondern man bemüht sich, seine Figuren in eine vorteilhafte Position zu bringen.

Beim Vorrücken muß man darauf achten, daß die eigenen Figuren gut gedeckt sind, d.h., sie müssen möglichst so gestellt werden, daß eine feindliche Figur, die schlägt, auch selbst geschlagen wird. Außerdem ist es wichtig, daß sich die eigenen Figuren nicht blockieren oder sich zu sehr an einer Stelle häufen. In diesem Fall kann man sich einige Figuren absichtlich wegschlagen lassen, um mehr Raum zu bekommen. Hat man eine gute Position aufgebaut, kann man seinen Schlachtplan ausführen und versuchen, den Gegner matt zu setzen. Kann der Gegner den Angriff nicht abwehren und in kein Feld ziehen, das noch nicht bedroht ist, hat er das Spiel verloren. Das Spiel endet auch, wenn ein Spieler an der Reihe ist und keinen Zug mehr machen kann, ohne seinen eigenen König zu gefährden, oder wenn alle seine Figuren blockiert sind. In diesem Fall ist der König „patt“, und das Spiel bleibt unentschieden (remis).

Schalldämmung

Lärm sollte möglichst am Entstehungsort eingedämmt werden. Dies ist nicht immer möglich, man kann jedoch durch verschiedene bauliche Maßnahmen erreichen, daß der Schall sich nicht ungehindert ausbreitet.

So sollten beispielsweise vorgesetzte Zwischenwände oder Decken keine Schallbrücken bilden, also nicht mit dem dahinterliegenden Bauteil fest verbunden sein. Dasselbe gilt für trittschallgedämmte Fußböden; sie müssen „schwimmen“ und dürfen mit den Wänden keine Berührung haben. Die Schwingungen, die auf ein Bauteil einwirken, dürfen nicht an das nächste weitergegeben werden. Ist eine Verbindung nicht zu umgehen, müssen Befestigungen mit porösem Material unterlegt werden.

Gute Ergebnisse erzielt man auch, wenn man zweierlei Materialien verwendet, z.B. Gipskartonplatten und eine Schalung aus Nut- und Federbrettern, da jedes Material einen anderen Schalldurchgangswert hat. Zwischen dem Verkleidungsmaterial (z.B. schweren Spanplatten) und der Raumwand sollte man einen Schalldämmstoff einbauen. Hierfür eignen sich gebundene Mineralwolleplatten, die man in die Zwischenräume der Unterkonstruktion setzt (siehe *Unterkonstruktionen*).

Lästige Schallbrücken sind auch Rohrleitungen, Lüftungskanäle oder Kamine. Man kann sie mit Schalldämmstoffen ummanteln und mit Brettern verkleiden.

Türfutter und Türen sollten ebenfalls schallhemmend ausgeführt sein, denn die ganze Kette der Schalldämmmaßnahmen wird sinnlos, wenn auch nur ein schwaches Glied darin steckt. Türen sollte man seitlich und oben mit einem Doppelfalz (siehe *Falzen*) sowie entsprechendem Dichtungsmaterial versehen. Es gibt Dichtungslippen, die eingefräst, und glatte Moosgummibänder, die aufgeklebt werden. Auch die Türunterkanten muß man abdichten. Wenn eine hohe Türschwelle vorhanden ist, auf die die Tür seitlich aufschlägt, versieht man sie mit einer Randdichtung. Dadurch erreicht man die beste Schalldämmung. Für Türen ohne Schwelle gibt es Patentdichtungen, die man in der Unterkante der Tür einbaut (A). Schließt man die Tür, wird die Dichtung über einen Stift, der auf das Futter drückt, gleichzeitig auf den Fußboden gepreßt.

A

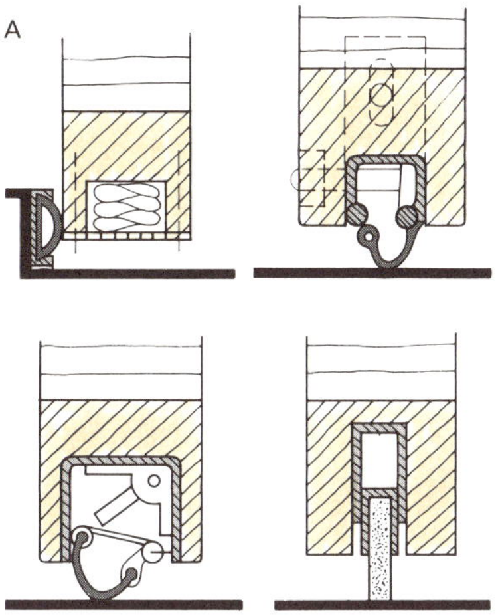

Der Hohlraum zwischen Türfutter- oder Zarge und der Wand muß entweder mit Mineralwolle ausgestopft oder z.B. mit Polyurethanschaum ausgefüllt werden (B). Auch hinter den Bekleidungen muß man einen Dichtungsstreifen anbringen.

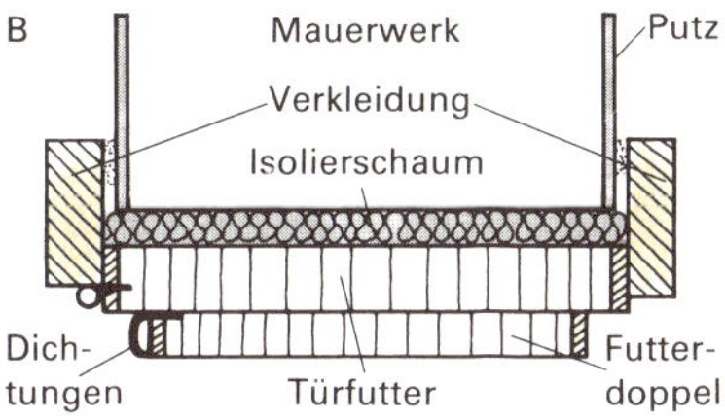

Oft wird vergessen, daß auch ein Schloß eine Schallbrücke sein kann. Ein Spezialschloß, Strahlenschutzschloß genannt, löst das Problem (C). Es hat zwei Halbzylinder sowie zwei Drückerhälften, die um etwa 40 mm zueinander versetzt sind, so daß es also keine durchgehenden Beschlagteile gibt.

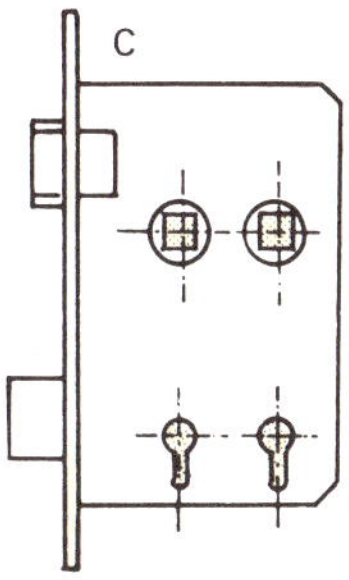

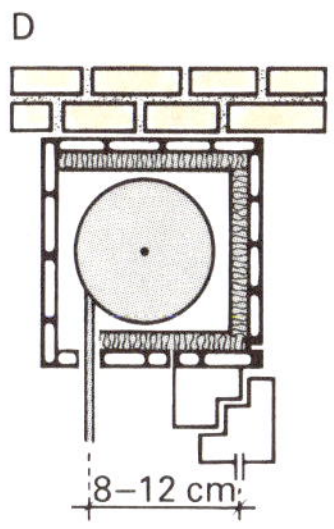

Bei älteren Gebäuden kann man den Außenschallschutz erheblich verbessern. Für die Fenster gibt es schalldämmende Isolierglasscheiben; außerdem kann man Rolläden mit gedämmten Kästen (D) vorsetzen. Sehr gute Dämmwerte haben ausgeschäumte Lamellen. Der Abstand des Rolladens zur Fensterscheibe sollte 8–12 cm betragen. Doch auch herkömmliche Holzklappläden aus Vollholz bieten guten Schallschutz.

Schallplatten reinigen

Die Schallplatte ist ein sehr empfindlicher Tonträger, der sorgfältig behandelt werden muß. Schallplatten dürfen nicht in der Nähe von Wärmequellen aufbewahrt werden. Man darf Schallplatten auch nicht waagrecht aufeinanderlegen, sondern stellt sie nur senkrecht.

Staub und Fingerabdrücke sind die größten Feinde der Schallplatte, weshalb man sie grundsätzlich nach dem Abspielen in der Schutzhülle aufbewahren soll. Wenn man eine Platte aus der Hülle entnimmt, faßt man sie nur mit den Fingerspitzen am Rand an – Fingerabdrücke auf der Rillenfläche verursachen bei der Wiedergabe ein knisterndes Geräusch. Da Schallplatten sich elektrisch aufladen, ziehen sie sehr viel Staub an. Diese Staubschicht muß vor dem Abspielen immer beseitigt werden. Dafür gibt es im Fachhandel verschiedene Hilfsmittel in Rollen- oder Bürstenform oder als Tuch. Die Plattentücher sind vom Hersteller mit einer antistatischen Flüssigkeit getränkt, denn außer dem Staub muß vor dem Abspielen die elektrostatische Aufladung der Platte neutralisiert werden.

Die Industrie bietet auch spezielle

Reinigungssysteme an, die als zusätzlicher Tonarm mit einem Bürstchen statt einer Nadel auf der Platte mitgeführt werden. Es gibt auch Schallplattenreinigungsrollen, deren Walze eine klebrige Oberfläche hat. Indem man die Walze leicht auf die rotierende Schallplatte drückt, nimmt diese alle Staubpartikel aus den Rillen. Gegen elektrostatische Ladungen hilft auch ein spezieller Spray, den man einfach auf die laufende Schallplatte aufsprüht; die Flüssigkeit verdunstet sofort und hinterläßt keine Rückstände auf der Platte.

Scharade

Man bildet zwei Mannschaften. Jeder Spieler der einen Mannschaft erhält von der gegnerischen Mannschaft einen Zettel, auf dem ein Begriff oder eine Redensart notiert ist. Diesen Begriff muß er pantomimisch – also wortlos – so darstellen, daß seine eigene Mannschaft ihn erraten kann. Die Darstellung ist zeitlich begrenzt. Die Mannschaft gewinnt, die die meisten Begriffe errät.

Um das Spiel zu variieren, können sich beide Mannschaften auch gegenseitig nacheinander die vorher verabredeten Begriffe vorspielen. Bei der Darstellung wirken alle Spieler einer Mannschaft mit. Haben die Gegner den Begriff herausgefunden, sind sie an der Reihe.

Die Spieler haben verschiedene Möglichkeiten, den Begriff verständlich zu machen. Will man beispielsweise zeigen, daß ein Buchtitel gesucht ist, hält man die Hände wie ein Buch gefaltet. Die Anzahl der Wörter in einer Redensart kann man mit den Fingern andeuten. Will man ankündigen, welches von mehreren Wörtern gerade dargestellt wird, kann man die jeweilige Anzahl mit den Fingern zeigen: Handelt es sich gerade um das dritte Wort in einem Satz, hebt man drei Finger hoch. Einzelne Wörter können auch in Silben unterteilt werden: Dazu legt man so viele Finger auf den Arm, wie Silben gerade dargestellt werden. Man kann in der Weise auch angeben, welche Silbe eines Wortes jeweils gespielt wird. In der Darstellung der einzelnen Begriffe sind der Phantasie der Spieler keine Grenzen gesetzt.

Schärfentiefe

Die Schärfe stellt man am Objektiv ein, auf dem die Entfernung zwischen Film und Motiv in Metern angegeben ist. Auf dem Film wird nicht nur der Motivteil scharf abgebildet, der sich in genau der eingestellten Entfernung befindet, sondern auch noch ein bestimmter Bereich vor und hinter dem Motiv. Diese Schärfenzone bezeichnet man als Schärfentiefe.

Die Schärfentiefe verändert sich mit der Blende. Wenn die Blende ganz geöffnet wird, damit z.B. bei trübem Wetter genügend Licht durch das Objektiv auf den Film fällt, ist die Schärfentiefe äußerst gering. Es kann dann bei Nahaufnahmen passieren, daß z.B. von einem Blumenbeet nicht einmal eine einzige Blüte scharf abgebildet wird, sondern nur ein bestimmter Teil einer Blüte. (Dies wird oft bewußt eingesetzt, um besondere Effekte zu erzielen.) Bei kleinster Blendenöffnung dagegen ist die Schärfentiefe beträchtlich. Dafür muß man bei schlechten Lichtverhältnissen eine geringere Verschlußgeschwindigkeit wählen; es besteht also die Gefahr zu verwackeln, wenn man die Kamera nicht ruhig hält oder auf ein Stativ montiert. Bei guten Lichtverhältnissen ist es dagegen möglich, mit kleiner Blende (also ausreichender Schärfentiefe) sowie mit einer hohen Verschlußgeschwindigkeit zu arbeiten, so daß alle Bereiche des Bildes scharf sind.

Scheibenwaschanlage

Tritt aus den Düsen der Scheibenwaschanlage kein Wasser aus, obwohl man das typische Laufgeräusch der Elektropumpe hört, sind die Düsen oder die Versorgungsschläuche verstopft. Man kann die Düsen leicht mit einer dünnen Nadel reinigen oder auch mit Preßluft durchblasen. Danach ist die Anlage wieder funktionsfähig; man sollte aber stets die Düsen mit der Nadel neu einstellen, falls sie sich verschoben haben.

Läuft die Pumpe nicht an, wenn der Schalter betätigt wird, muß man die Stromversorgung prüfen. Zunächst kontrolliert man die zur Pumpe gehörende Sicherung. Ist diese einwandfrei, öffnet man die Motorhaube und legt eine 12-V-Prüflampe an die Plusleitung der Elektropumpe. Die Masseleitung der Prüflampe klemmt man am Minuspol der Batterie fest. Wenn nun ein Helfer bei eingeschalteter Zündung den Schalter der Waschanlage drückt, muß die Prüflampe aufleuchten. Ist dies nicht der Fall, ist die Plusleitung zwischen Sicherung und Pumpe unterbrochen. Leuchtet hingegen die Prüflampe auf, braucht man nur die Masseleitung der Pumpe zu prüfen. Man kann ersatzweise eine Masseleitung mit der Minusklemme der Pumpe auf das Fahrzeugchassis legen. Die Elektropumpe muß anlaufen, wenn der Schalter betätigt wird.

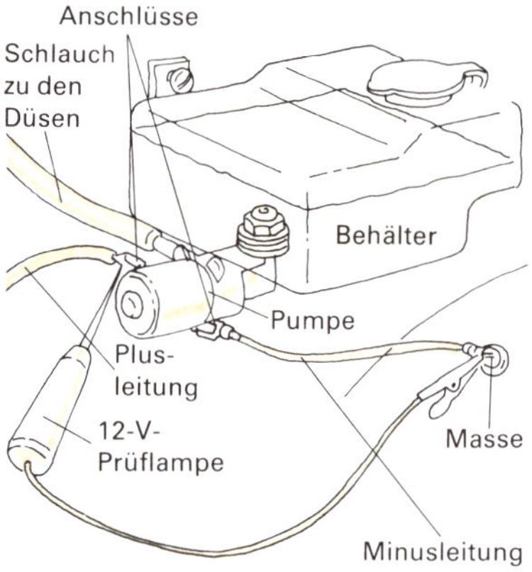

Scheinwerfereinstellung

Man kann die Einstellung der Scheinwerfer selbst prüfen, wenn man eine ebene Stellfläche mit senkrechter Prüfwand besitzt. Dabei muß man das Fahrzeug auf der Rücksitzbank mit einer Person oder 75 kg belasten. Bevor man mit den Prüfarbeiten beginnt, bringt man den Reifenluftdruck auf das vorgeschriebene Maß.

Das Fahrzeug stellt man in 10 m Entfernung von der senkrechten Wand auf. Man ermittelt die Scheinwerferhöhe sowie den Scheinwerferabstand und überträgt die Maße auf die Wand. Die so aufgezeichneten Kreuze bilden den Mittelpunkt des Lichtbündels bei Fernlicht. 10 cm unter diesen Kreuzen muß die Hell-Dunkel-Grenze bei Abblendlicht verlaufen. Von diesem Punkt aus erkennt man die 15°-Sektoren für das asymmetrische Abblendlicht. Bei Abweichungen läßt man die Scheinwerfer in einer Werkstatt einstellen.

Schiffchen versenken

Für dieses Schreibspiel, das man zu zweit spielt, benötigt man Karopapier und Stifte. Jeder Spieler teilt auf seinem Blatt zwei nebeneinanderliegende Quadrate ab (Höhe und Breite je zehn Karos) und markiert die Karos senkrecht mit den Buchstaben A bis J, waagrecht mit den Ziffern 1 bis 10. Dadurch erhält man Koordinaten (z. B. B8), mit denen man jedes Karo lokalisieren kann.

Beide Spieler tragen dann jeweils zehn „Schiffe" unterschiedlicher Größe – für den Gegner nicht sichtbar – in eines der zwei Quadrate ein. Zur Verfügung stehen ein Schlachtschiff (vier Karos), zwei Kreuzer (je drei Karos), drei Zerstörer (je zwei Karos) und vier U-Boote (je ein Karo). Die „Schiffe" müssen waagrecht oder senkrecht angeordnet werden, keinesfalls schräg, und sie dürfen sich auch nicht berühren. Die Aufgabe besteht darin, den Standort der gegnerischen Schiffe herauszufinden und sie zu versenken. Der erste Spieler nennt ein Feld, z. B. F3. Der Gegner muß ihm mitteilen, ob dieser „Schuß" ein Treffer oder ein Schlag ins Wasser war. Bei einem Treffer darf der Spieler ein zweites Mal angreifen. Zur Kontrolle trägt man im eigenen zweiten Quadrat die eigenen Schüsse ein: Treffer mit Kreuz, Fehlschüsse mit Punkt. Wenn ein Treffer z. B. der vierte für ein Schlachtschiff oder der einzige für ein U-Boot war, muß der Gegner sie als versenkt melden. Wer alle Schiffe des Gegners zuerst versenkt hat, ist Sieger.

Schildkröten

Nach ihrer Lebensweise unterscheidet man Landschildkröten und Wasserschildkröten.

Landschildkröten Diese Schildkröten sind sehr einfach zu halten. Man braucht für sie lediglich einen mindestens 100 × 50 cm großen Holz-, Blech- oder Plastikkasten, der so hoch sein sollte, daß die Tiere nicht über den Rand klettern können. Wenn man einen Garten mit Rasen hat, kann man eine Landschildkröte tagsüber im Sommer auch in einem Holzrahmen halten, in dem sie grasen kann. Den Rahmen sollte man oben mit Maschendraht abdecken, damit keine Katzen und andere Tiere eindringen können. Da Schildkröten Wärme brauchen, nimmt man sie abends in die Wohnung.

In den Kasten in der Wohnung gibt man eine Schicht feinen Kies, Sand, Sägemehl oder Torfmull, die regelmäßig erneuert werden muß. Als Futter lieben Landschildkröten Salat, Kohl, Löwenzahn, Bananen, Tomaten und entkerntes Obst. Doch kann man zwischendurch auch Mehlwürmer füttern. Außerdem sollte man eine Schale mit Wasser bereitstellen. Die Futter- und Wasserschale sollten so schwer sein, daß das Tier sie nicht umwerfen kann.

Wasserschildkröten Diese Tiere führen ein amphibisches Leben, d. h., sie leben im Wasser und auf dem Land. Man braucht also ein Aquarium. Es sollte mindestens 80 × 40 cm groß und 40 cm hoch sein. Zur Ausrüstung des Aquariums gehören eine Wasserheizung, ein Thermometer sowie eine Infrarotlampe, unter der sich die Tiere sonnen können. Zur Einrichtung gehört ein Stück „Land", am besten in Form einer Insel. Man macht sie aus einer flachen Steinplatte, die man so auf kleinere Steine legt, daß sie leicht schräg ins Wasser abfällt. Dadurch verschafft man den Tieren eine gute Ausstiegsmöglichkeit und zugleich eine Höhle, die die Schildkröten gern aufsuchen werden. Sehr zu empfehlen ist auch eine Zierkorkinsel: Man schneidet ein Stück Zierkorkrinde so lang zu, daß man es zwischen die Längsseiten des Aquariums spannen kann. Über der Insel wird die Infrarotlampe plaziert.

Damit die Tiere nicht herausklettern können und sich die Luft über dem Wasser nicht rasch abkühlen kann, deckt man das Aquarium mit einer Glasplatte ab. Lüftungsschlitze schafft man, indem man Korkstückchen auf die Oberkanten der Aquariumwände klebt. Den Sommer über kann man Wasserschildkröten auch in einem Gartenteich unterbringen; man muß ihn nur so einzäunen, daß sie nicht entlaufen können.

Die meisten Wasserschildkröten sind Fleischfresser. Man kann sie mit Regenwürmern, Fischstückchen, Rindfleisch, Insekten usw. füttern, doch sollte man ihnen auch Grünzeug anbieten, z. B. Salat, Algen und Wasserlinsen. Wie die Nahrung zusammengestellt sein sollte, hängt von der Schildkrötenart ab. Am besten läßt man sich im Zoogeschäft, in dem man die Tiere kauft, einen Ernährungsplan geben.

Überwinterung Subtropische Landschildkröten verbringen den Winter in einem Ruhezustand, der Winterstarre, die eintritt, wenn die Temperaturen sinken. Dieser Winterschlaf dauert normalerweise von Anfang Oktober bis Mitte März, kann aber auch kürzer sein. Als Überwinterungsbehausung dient eine Kiste, die man halb mit Moos, Laub, Torf oder Sand füllt und dann in einen frostfreien, feuchten Raum (Keller) stellt. Als Schutz gegen Mäuse deckt man die Kiste mit engmaschigem Drahtgeflecht ab. Die Füllung der Kiste sollte immer feucht, aber nicht naß sein. Man muß also regelmäßig nach den Tieren schauen.

Wichtig ist, daß die Tiere mit ganz entleertem Darm in den Winterschlaf gehen. Das läßt sich beschleunigen, indem man die Tiere zweimal im Abstand von drei Tagen in ein lauwarmes Bad setzt.

Ist der Winterschlaf beendet, machen sich die Tiere von selbst bemerkbar; man sollte sie auf keinen Fall aufwecken. Auch nach dem Winterschlaf werden die Schildkröten lauwarm gebadet, um den Wasserverlust auszugleichen, den sie im Winter erlitten haben.

Wasserschildkröten fallen nicht in Winterschlaf, da sie in der Wohnung auch im Winter in „sommerlicher" Umgebung leben.

Artenschutz Seit 1977 ist im Washingtoner Artenschutzübereinkommen festgelegt, welche Schildkröten nicht in den Handel kommen dürfen, da ihr Bestand gefährdet ist. Der inländische Tierhändler muß also dem Käufer anhand eines amtlichen Papiers nachweisen, daß das betreffende Tier nicht den Schutzbestimmungen unterliegt.

Schildläuse

Verschiedene Arten dieser meist braunen oder gelben Insekten saugen an Zier- und Obstbäumen, an Zimmer- und Gewächshauspflanzen, die dadurch oft im Wachstum zurückbleiben. Schildläuse ähneln kleinen Bläschen auf Stengeln und Blättern und scheiden Honigtau aus, der Ameisen anlockt. Ältere Schildläuse sitzen oft unbeweglich unter ihrem Schild.

Man bekämpft diese Insekten, indem man befallene Zier- und Zimmerpflanzen mit Elefant-Sommeröl oder Para-Sommer spritzt. Bei befallenen Gehölzen empfiehlt sich eine Winterspritzung mit Obstbaumkarbolineum.

Schimmel

Nahrungsmittel, die auch nur den geringsten Schimmel angesetzt haben, darf man auf keinen Fall verzehren. Früher glaubte man, es genüge, die verschimmelten Stellen großzügig wegzuschneiden, der Rest sei dann noch genießbar. Heute nimmt man jedoch an, daß Schimmelpilze Krebs verursachen können. Außerdem weiß man, daß sie sich nicht nur sichtbar auf der Oberfläche der Nahrungsmittel ansiedeln, sondern auch in das Nahrungsmittel eindringen, wo sie zunächst unsichtbar sind. Verschimmelte und auch nur angeschimmelte Nahrungsmittel muß man deshalb wegwerfen.

Nützliche Schimmelpilze sind bei Edelpilz- und Blauschimmelkäse, bei der Edelfäule (Weintrauben) und bei der Salamihülle am Werk.

Schlafmütze

Bei diesem Kartenspiel können zwei bis fünf Spieler mitmachen. Jeder Spieler erhält aus einem Blatt mit 32 Karten sechs Karten; der Rest kommt auf den Ablagestapel in der Mitte des Tisches. Ziel ist es, vier gleiche Karten (z.B. Könige, Asse oder Zahlen) in die Hand zu bekommen. Auch eine „kleine Straße" aus vier gleichfarbigen Karten (z.B. Zehn, Bube, Dame, König) ist gültig.

Um möglichst schnell eine solche Viererkombination zu ergattern, tauschen die Spieler ihre Karten untereinander aus. Man reicht im Uhrzeigersinn eine Karte weiter, die man nicht braucht. Wenn der nächste Spieler sie auch nicht braucht, reicht er sie ebenfalls weiter, sonst behält er sie und gibt dafür eine andere ab. Hat eine Karte einmal die Runde gemacht und ist nicht gebraucht worden, wird sie auf den Ablagestapel zurückgelegt. Der Spieler, der an der Reihe ist, darf dann eine neue Karte von unten aus dem Stapel aufnehmen.

Sobald ein Spieler vier gleiche Karten oder eine Straße aus einer Farbe hat, wirft er seine Karten, ohne etwas zu sagen, offen auf den Tisch. Die übrigen Spieler müssen sofort ihre Karten ebenfalls auf den Tisch werfen. Der Spieler, der seine Karten zuletzt auf den Tisch wirft, hat verloren. Er ist die Schlafmütze, die nicht bemerkt hat, daß das Spiel beendet ist. Zur Strafe muß er die Schlafmütze (eine Zipfelmütze o. ä.) aufsetzen und für eine Runde auf dem Kopf behalten. Wer zum Schluß am häufigsten Schlafmütze wurde, hat verloren und wird zur Oberschlafmütze ernannt.

Schlafsäcke

Die Wahl des geeigneten Schlafsackes hängt weniger vom Preis als von der Einsatzart und vom Klima ab, in dem man sich aufhalten wird.

Für die Mittelmeer-Urlaubsländer hat sich der Steppdeckenschlafsack mit umlaufendem teilbarem Reißverschluß bewährt. Die Außenseite besteht meist aus 100% Kunstfaser, die sich gut reinigen läßt und wasserabstoßend ist. Als Innenbezug sollte man Baumwolltrikotstoffe bevorzugen. Füllungen aus Polyesterfasern sind nicht nur leicht, sondern auch preiswert. Sind sie feucht geworden, trocknen sie relativ schnell. Wer Kunstfaser nicht verträgt oder mag, wählt eine Füllung aus Schafschurwolle. Das gewünschte Innenklima im Schlafsack kann man durch Öffnen des Reißverschlusses regulieren oder durch entsprechende Nachtkleidung anpassen. In kühlen Nächten, z.B. im Herbst, sorgt zusätzlich ein Trainingsanzug für wohlige Wärme.

Eine Abwandlung des Steppdeckenschlafsacks ist der Kapuzenschlafsack. Diese Form wählt man, wenn man nicht im Wohnwagen oder Campingbus, sondern im Zelt oder eventuell im Freien übernachten will. Man kann eine etwas schwerere Füllung wählen, die in Gramm je Quadratmeter grundsätzlich in den Prospekten angegeben ist. Falls man den Schlafsack häufiger im Freien verwendet, sollte der Außenbezug winddicht und zumindest wasserabweisend beschichtet sein. Der Kapuzenschlafsack hat einen etwas kleineren, nicht umlaufenden Reißverschluß.

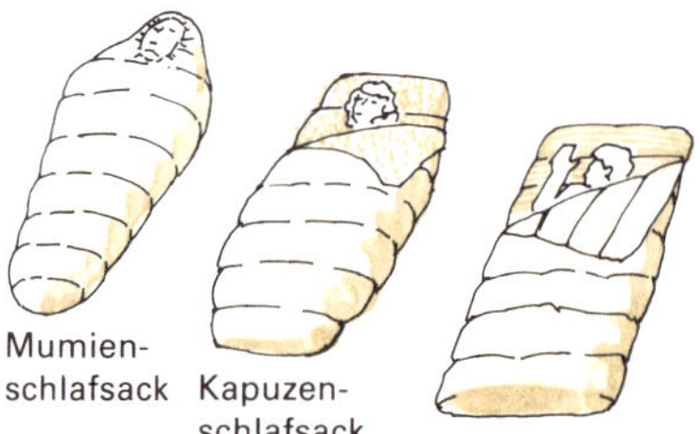

Sehr beliebt, wenn ursprünglich auch als Spezialschlafsack gedacht, ist die Mumienform. Sie hüllt die ganze Person ein, und nur das Gesicht bleibt frei. Innen- und Außenbezug bestehen aus Kunstfasern; seltener verwendet man innen Baumwolle. Als Füllung benutzt man vorwiegend Daunen. Da Daunen feuchtigkeitsempfindlich sind und auch schlecht trocknen, sollte man zusätzlich für einen ausreichenden Feuchtigkeitsschutz von unten und oben sorgen. Der hochwertige Mumienschlafsack ist vor allem für Trekker und Bergsteiger geeignet. In extremer Kälte muß man allerdings zusätzlich noch einen Biwaksack, oft alubeschichtet, einsetzen.

Hüttenschlafsäcke geben kaum Wärme, da sie entweder nur eine sehr dünne oder gar keine Wattierung haben. Sie sind, wie der Name besagt, für Übernachtungen in Berghütten o.ä. gedacht, wo man Bettdecken, aber keine Bettwäsche bekommt. Sie sind sehr leicht und lassen sich zusammenrollen, nehmen also kaum Platz im Rucksack weg.

Als Unterlagen für Schlafsäcke benutzt man Schaummatten mit Noppenprofil, die sich auch auf dem Tragegestell gut verstauen lassen.

Schlafstörungen

Kinder brauchen in den Wochen nach der Geburt täglich 14–18 Stunden Schlaf. Ihr Schlafbedürfnis gleicht sich bis zur Pubertät dem der Erwachsenen (durchschnittlich sieben bis acht Stunden) an. Ältere Menschen schlafen meist weniger, doch wieviel Schlaf der einzelne braucht, ist individuell sehr verschieden.

Wer zuwenig schläft, hat tagsüber

häufig Konzentrationsschwierigkeiten und ist nicht sehr leistungsfähig. Müdigkeit, Nervosität und Gereiztheit sind Anzeichen für Schlafmangel. Hier hilft nur eine Veränderung der Lebensgewohnheiten.

Schlafstörungen äußern sich darin, daß man entweder nicht einschlafen kann oder während der Nacht mehrmals oder morgens zu früh aufwacht. Organische Erkrankungen können der Grund sein, er liegt jedoch meist im seelischen Bereich: Schockerlebnisse, Depressionen (siehe dort), Streit, Überforderung, nicht verarbeitete Tageserlebnisse und Zeitverschiebungen bei großen Reisen (siehe *Jet lag*) können den Schlafrhythmus durcheinanderbringen. Auch Lärm, Licht, zuviel Wärme oder Kälte sowie eine ungewohnte Umgebung können sich nachteilig auswirken.

Wer nachts schlecht schläft, sollte sich tagsüber nicht hinlegen, sondern lieber für mehr Bewegung sorgen. Sofern möglich, zuviel Hektik und Unruhe vermeiden und für einen geregelten Tagesablauf sorgen. Zum Abendessen nur leichte Kost essen und keine anregenden Getränke wie Tee oder Kaffee trinken. Keine aufregenden Filme vor dem Schlafengehen ansehen und nicht unmittelbar nach dem Fernsehen ins Bett gehen. „Einschlafrituale" entwickeln, z. B. mit dem Hund spazierengehen, einen letzten Gang durchs Haus machen, die Haustür verschließen usw. Vor dem Schlafengehen ein Glas warme Milch oder Bier trinken oder folgenden Schlaftrunk bereiten: 10 g Baldrianwurzel, 10 g Johanniskraut, 10 g Melisseblätter, 5 g Lavendelblüten, 5 g Hopfenzapfen, 2 g Zimtrinde mit 1 l Rotwein übergießen und eine Woche lang ziehen lassen; dann abseihen; vor dem Schlafengehen 1–3 Eßl. davon einnehmen. Auch Melissen- oder Hopfentee und Baldriantropfen, die man in Apotheken und Drogerien erhält, fördern den Schlaf. Ein lauwarmes Vollbad nehmen; Melisse- oder Baldrianöl hinzufügen und tief durchatmen. Ohne ärztlichen Rat keine Medikamente einnehmen.

Ein bequemes Bett ist wichtig, es darf aber nicht zu weich sein. Nicht zu schweres Bettzeug benutzen. Im Bett lesen, aber nichts Aufwühlendes. Eine Wärmflasche in ein Tuch einschlagen und auf den Oberbauch legen. Nachdem das Licht gelöscht ist, sich bewußt entspannen, z. B. eine Geschichte erfinden oder ein Gedicht aufsagen (siehe auch *Autogenes Training; Entspannungsübungen*). Bei Lärm Ohrenstöpsel tragen; gegebenenfalls Lärmschutzfenster einbauen. Bei zuviel Helligkeit Augenschutz (Schlafbrille) tragen oder dunkle Vorhänge anbringen.

Bei chronischen Schlafstörungen den Arzt aufsuchen.

Schlagsahne

Schlagsahne ist süße Sahne mit mindestens 30% Fettgehalt. Dieser erst ermöglicht es, daß man die Sahne luftig aufschlagen kann. Ganz frische Sahne läßt sich nicht so gut schlagen. Sie sollte direkt aus dem Kühlschrank kommen und eine Temperatur von etwa 5°C haben. Das Arbeitsgerät muß absolut sauber und möglichst auch sehr kühl sein. Zucker oder Vanillinzucker oder beides gibt man in die flüssige Sahne. Man schlägt zunächst langsam, dann schneller. Sobald die Sahne steif ist, hört man auf zu schlagen; aus steifer Sahne bildet sich sehr rasch Butter. Falls man doch eine Sekunde zu lang geschlagen hat, rührt man ein wenig kalte Milch hinein. Will man die Sahne mit Flüssigkeiten oder Alkohol aromatisieren, hebt man diese Substanz erst zum Schluß unter – nicht zuviel, denn die Sahne wird sonst flüssig.

Geschlagene Sahne läßt sich gut einfrieren, auch als kleine Portionen zur Dekoration, die man auf Pergamentpapier spritzt und vorfriert. Ungeschlagene Sahne kann man zwar auch einfrieren, sie läßt sich aber nach dem Auftauen nicht mehr so gut aufschlagen.

Im Kühlschrank hält geschlagene Sahne ihre Konsistenz einige Stunden, vor allem wenn man sie in ein mit einem sauberen Tuch ausgelegtes Sieb gibt und auf eine Schüssel stellt. Es ist aber immer besser, sie direkt vor dem Verbrauch frisch aufzuschlagen.

Schleifen

Schleifpapier besteht aus einer Unterlage aus Papier oder Leinwand, auf die eine Schicht aus mineralischem Schleifmaterial aufgebracht ist. Die Schleifschicht kann aus Glas-, Granat-, Schmirgel-, Siliziumkarbid-(Karborundum-) oder Flintkörnern bestehen.

Mit Glas- und Granatpapier schleift man Holz fein. Granatpapier hält länger als Glaspapier und gibt auch einen feineren Schliff.

Schleifpapier mit Siliziumkarbidbelag kann man trocken und feucht verwenden. In trockenem Zustand schleift man Holz damit. Wenn man es naß macht, kann man gut damit Farbe anschleifen oder entfernen; man erzielt dann einen sehr feinen Schliff, und außerdem hält es bei dieser Arbeitsweise länger. Das Naßverfahren eignet sich für Farbe auf Holz und Metall. Das Papier sollte nur feucht, nicht tropfnaß gemacht werden. Beim Schleifen bildet sich ein Farbbrei, den man immer wieder abwaschen sollte.

Mit Schmirgelpapier schleift man ausschließlich Metall.

Alle diese Schleifpapiere gibt es in Körnungen von rauh bis fein. Der Feinheitsgrad wird durch Zahlen angegeben: 40 ist sehr grob, 600 außerordentlich fein. Die Numerierung bedeutet die Anzahl von Maschen eines Siebs pro Quadratzoll. Die am meisten gebrauchten Körnungen sind 80, 150 und 220. Für alle Schleifpapiere gilt, daß man mit dem rauhen Papier beginnt und dann immer feinere Grade verwendet, bis der erwünschte Schliff erreicht ist.

Schleifen von Hand Bei glatten Flächen erzielt man die besten Ergebnisse, wenn man das Papier um einen handgerechten Schleifklotz aus Kork oder Holz legt. Denn dann liegt die ganze Papierfläche gleichmäßig auf dem Untergrund auf und nicht nur ein Teil, was der Fall ist, wenn man mit der Handfläche schleift. Das Schleifpapier schneidet man passend zum Schleifklotz zu. Man kann es aber auch scharf einfalten, die Falte an eine Tischkante legen und das Papier dann mit einem kräftigen Zug nach unten auseinanderreißen.

Geschliffen wird unter leichtem, gleichmäßigem Druck in geraden Vorwärts- und Rückwärtsbewegungen. Soweit möglich, folgt man dabei der Holzfaser. Wichtig ist auch, daß eine Oberfläche überall gleich stark geschliffen wird. Bei abgerundeten Flächen folgt man zunächst der Rundung und schleift dann in Faserrichtung nach. Schmale Fugen schleift man mit der umgefalteten Papierkante. Um Rundungen, wie Stuhlbeine etwa, wird das Schleifpapier herumgelegt. Damit man keinen Schleifstaub einatmet, sollte man einen Mund-Nasen-Schutz tragen.

Maschinell schleifen Wenn man mit Schleifmaschinen arbeitet, trägt man eine Schutzbrille und einen Mund-Nasen-Schutz. Der Gummischleifteller mit Schleifblatt in der Handbohrmaschine eignet sich nur für gröbere Arbeiten; man entfernt damit Rost und alte Farbanstriche. Man schleift unter leichtem Druck und hält die Maschine schräg, so daß nur der Rand des Gummitellers auf der Arbeitsfläche aufliegt. Man läßt die Maschine mit gleichmäßiger Geschwindigkeit laufen und achtet darauf, daß keine Rotationsspuren zurückbleiben. Ein weiteres Zusatzgerät für Handbohrmaschinen sind Schleifzylinder; mit ihnen kann man gut Kanten und gewölbte Flächen schleifen.

Schwingschleifer eignen sich zum Fein- oder Fertigschleifen; größere Werkstoffmengen kann man nicht damit abtragen. Der flache, mit Schleifpapier bespannte Schleifschuh rotiert in ganz kleinen Kreisen. Das Eigengewicht des Schwingschleifers genügt als Schleifdruck. Man hält ihn nur so fest, daß er nicht hin und her rutschen kann.

Bandschleifer arbeiten mit einem endlos umlaufenden Schleifband. Sie sind teurer als die andern Schleifgeräte, arbeiten aber schnell, und man kann viel Material damit abtragen. Man wählt möglichst ein Modell, bei dem der Schleifstaub angesaugt und in einem Sack aufgefangen wird. Man schaltet das Gerät ein, bevor es am Holz angesetzt wird, und führt es gleichmäßig und waagrecht. Damit keine Schleifspuren entstehen, hält man das Gerät ständig in Bewegung und drückt es nicht zu stark an. Rauhe Flächen werden schnell abgeschliffen, wenn man ein grobes Band verwendet und in einem Winkel von 45° zur Holzfaser arbeitet. Den Feinschliff macht man danach mit Schleifband mittlerer und feinerer Körnung in Faserrichtung.

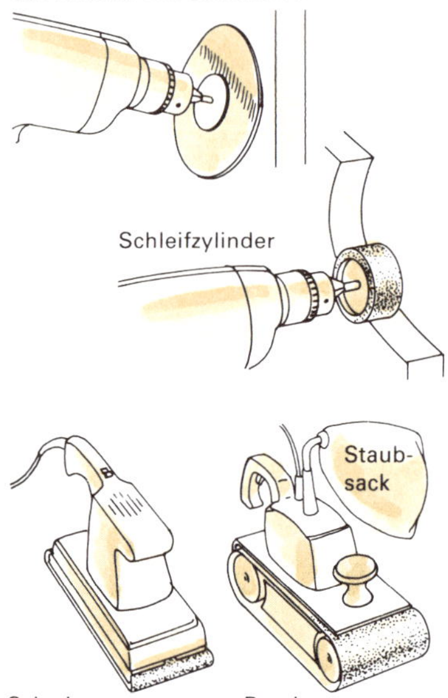

Schleimbeutelentzündung

Schleimbeutel sind kleine, mit Flüssigkeit gefüllte Säcke. Sie vermindern die Reibung an Gelenken, wo die Haut, ein Muskel oder eine Sehne über einen Knochen gleitet. Zu einer Schleimbeutelentzündung oder Bursitis kann es durch einen Schlag oder Stoß, ständigen Druck oder eine ungeschickte Bewegung kommen. Die Entzündung tritt meist an den Schultern, Ellbogen (Tennisarm), Hüften, Knien (Dienstmädchenknie) und an der großen Zehe auf (siehe auch *Ballenentzündung*).

Die Beschwerden einer Schleimbeutelentzündung klingen meist nach zwei Wochen ab. Zur Linderung der Schmerzen kann man den betroffenen Körperteil ruhigstellen, kalte Kompressen auflegen und ein mildes Schmerzmittel einnehmen. Bei länger anhaltenden Beschwerden kann der Arzt entzündungshemmende Mittel verschreiben, überschüssige Flüssigkeit aus dem Schleimbeutel absaugen und im Fall einer Infektion Antibiotika geben.

Manchmal wird eine Schleimbeutelentzündung chronisch, wenn sich die betroffene Körperstelle nicht vor weiteren Reizungen schützen läßt. In einem solchen Fall kann man den Schleimbeutel durch einen kleineren chirurgischen Eingriff entfernen lassen. Zur Vorbeugung Tätigkeiten vermeiden, bei denen die Knie und die Ellbogen längere Zeit einem größeren Druck ausgesetzt sind. Wenn langes Knien unumgänglich ist, eine Schaumgummimatte unterlegen, um den Druck auf die Knie zu verringern.

Schlitzen

Wenn man Rahmenteile verbindet, wendet man hauptsächlich die Schlitz- und Zapfenverbindung an. Man kann den Zapfen rechtwinklig (A), einseitig auf Gehrung (B) oder beidseitig auf Gehrung (C) absetzen. In der Regel erhält das aufrechte Rahmenteil den Schlitz, das waagrechte Teil den Zapfen. Stark beanspruchte Verbindungen oder besonders dicke Hölzer kann man mit einem Doppelzapfen versehen (D).

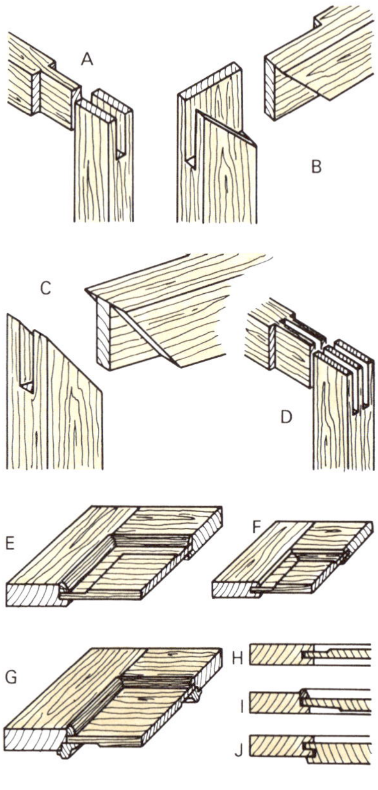

Soll ein Rahmen eine Holz- oder Glasfüllung aufnehmen, braucht er einen Falz (E) oder eine Nut (F). Bei einem Falz hält man die Füllung mit Profilstäben fest, die man an die Rahmeninnenkanten nagelt. Eine Nut entsteht auch, wenn man beidseitig Profilstäbe einsetzt (G). Füllungen aus Vollholz darf man im Falz oder in der Nut nie leimen, damit sie arbeiten können. Man kann Füllungen falzen (H), abplatten (I) oder überschieben (J).

Schlösser und Schlüssel

Herkömmliche Schlösser mit Buntbart oder einfache Zuhalteschlösser bieten wenig Sicherheit gegen Einbruch. Haustüren und Wohnungstüren sollten mit einem Zylindersicherheitsschloß gesichert sein. Das Kernstück eines solchen Schlosses ist der Profilzylinder, der in der Mitte des Schlosses in eine entsprechende Öffnung eingesetzt wird.

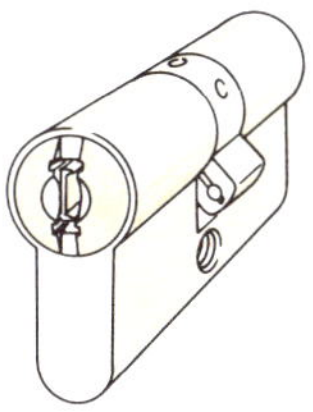

Doch auch das beste Zylinderschloß bietet wenig Sicherheit, wenn es falsch eingebaut wird, so daß es von außen mit entsprechenden Werkzeugen, schweren Zangen z. B., aufgebrochen werden kann. Wichtig ist, daß der Zylinder außen nicht mehr als 3 mm über den Türschild hinausragt, damit er keine große Angriffsfläche bietet (A). Der Türschutzschild aus Stahl (B) trägt ebenfalls zur Sicherheit eines Schlosses bei. Er deckt das Schloß großflächig ab und gibt dem Schließzylinder zusätzlichen Halt. Der Türschutzschild ist auf der Türinnenseite verschraubt und kann also nicht von außen abgeschraubt werden.

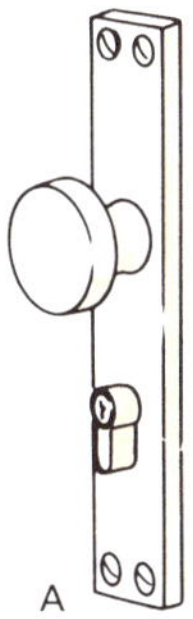

A

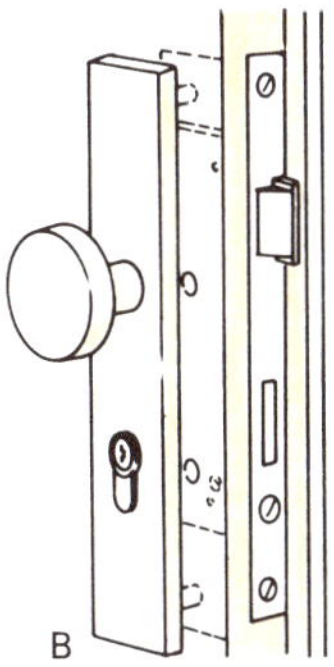

B

Wenn man nachträglich einen Schließzylinder einbauen möchte, muß man feststellen, wie lang er sein muß. Dazu mißt man von der Mitte des eingebauten Schlosses nach beiden Seiten bis zur Türkante; die Dicke

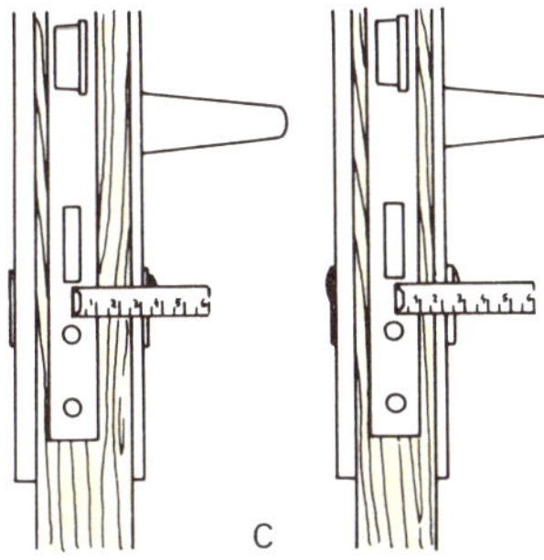

C

von Rosette oder Beschlag rechnet man dazu (C). Beide Maße sind für den Fachhändler wichtig, damit er den richtigen Schließzylinder auswählen kann.

Einsteckschlösser Solche Schlösser gibt es in verschiedenen Ausführungen. Die sichersten sind Panzereinsteckschlösser mit Profilzylinder und magnetischer Codierung des Zylinders und des Schlüssels. Zu dieser magnetischen Codierung gehört eine mechanische Codierung durch Sperrkugeln, die seitlich im Zylinderkern angebracht sind. Nur wenn die magnetische Codierung von Schlüssel und Zylinder übereinstimmt, kann das Schloß geöffnet werden.

Dreiriegelverschluß (D) Dieses System ist sehr aufbruchsicher. Das Mittelschloß hat eine Öffnung für einen Profilzylinder. Über und unter dem Mittelschloß sitzt je ein Zusatzriegelschloß. Alle drei Schließriegel werden durch den im Mittelschloß montierten Profilzylinder betätigt.

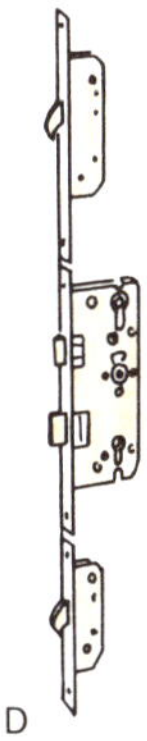

D

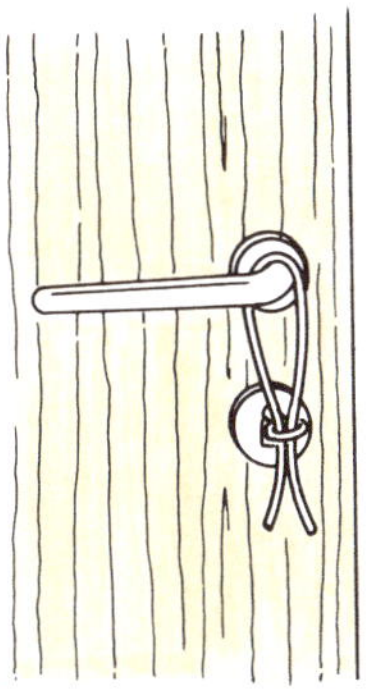

E

Einfache Schlüsselsicherung Ein Schlüssel, der innen steckt, kann von außen aus dem abgeschlossenen Schloß gestoßen werden. Um dies zu verhindern, legt man einen Draht um den Türgriff und steckt dann die Enden durch die Öffnung im Schlüsselgriff (E).

Elektronisches Schließsystem (F) Das Neueste auf dem Markt ist der computergesteuerte Türverschluß. Man denkt sich ein Wort aus mit mindestens sechs Buchstaben und speichert es ein. Wenn man die Tür öffnen möchte, tippt man die Buchstaben in der Reihenfolge, in der sie im Wort stehen, auf der Tastatur – und schon geht die Tür auf. Wenige Sekunden danach schaltet der Computer wieder ab, und die Tür ist wieder verschlossen. Verräterische Fingerabdrücke beseitigt man von der Tastatur, indem man die Abdeckscheibe hochschiebt.

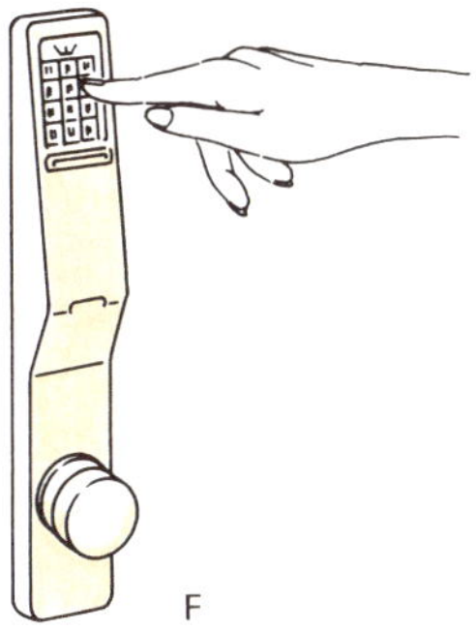

F

Bevor man ein Schloß oder Schließsystem kauft, sollte man sich in einem Fachgeschäft beraten lassen.

Schluckauf

Wenn man viel gelacht oder zu reichlich und zu schnell gegessen oder getrunken hat (vor allem heiße oder alkoholische Getränke), kann man einen Schluckauf bekommen. Häufig ist die Ursache jedoch nicht genau zu bestimmen.

Der Schluckauf dauert meist nur 10–20 Minuten. Es gibt verschiedene Methoden, ihn loszuwerden: eine Zeitlang die Luft anhalten oder ganz ausatmen und in Gedanken dabei bis zehn zählen; Eiswürfel lutschen; langsam und schlückchenweise Wasser trinken, dabei die Nase zuhalten; die Zunge kräftig herausstrecken; in Essig getränkten Würfelzucker langsam lutschen; einige Estragonblättchen zerkauen; Erbrechen herbeiführen.

Hält der Schluckauf länger als einen Tag an oder kehrt er in kurzen Abständen ständig wieder, sollte man einen Arzt aufsuchen, denn es könnte eine andere Erkrankung dahinterstecken.

Schmelzgranulat

Das Granulat besteht aus kleinen Polystyrolkörnchen, die es in vielen Farben und in verschieden großen Pakkungen gibt. Es wird im Backofen bei 240°C oder auf einer Elektrokochplatte mit gleicher Heizleistung geschmolzen. Über der offenen Gasflamme sollte man nicht arbeiten, da das Granulat leicht Feuer fängt.

Die verschiedenfarbigen Granulate lassen sich nicht zu neuen Farbtönen mischen, wie etwa Wasserfarben, aber man kann sie nebeneinanderlegen, wie man will, und zusammenschmelzen.

Damit das Granulat nicht unkontrolliert auseinanderläuft, wird es in runden oder eckigen Formen geschmolzen. Solche Formen gibt es in verschiedenen Größen zu kaufen, doch man kann auch glatte Blechdekkel mit hochgezogenem, geradem Rand verwenden.

Bevor man anfängt, legt man einen kleinen Löffel, einen Spachtel oder Bratenwender, eine Paraffinkerze und Stahlwolle oder feines Schleifpapier bereit. Man gibt mit dem Löffel Granulat in den ausgewählten Farben in die Form und ordnet es sorgfältig zum gewünschten Muster. Die Granulatschicht sollte etwa 5 mm hoch sein. Dann klopft man leicht von unten gegen die Form – je dichter die Körnchen liegen, desto weniger Luftbläschen entstehen. Außen drückt man sie wulstförmig an die Form, damit man einen schönen Rand erhält.

Jetzt kommt die Form in den vorgeheizten Backofen. Der Schmelzvorgang dauert 15–20 Minuten. Zwischendurch sollte man ihn überprüfen. Läßt man die Form zu lange im Ofen, bilden sich große Blasen, die beim Erkalten kraterförmig in sich zusammensinken. Wenn die Körnchen zu einer ebenen Fläche zusammengeschmolzen sind, nimmt man die Form mit dem Spachtel aus dem Ofen und läßt sie auf einer hitzebeständigen Unterlage abkühlen.

Man nimmt die Scheibe erst aus der Form, wenn sie ganz abgekühlt ist, damit sie sich nicht verbiegt. Das geht einfach, denn das Polystyrol zieht sich beim Abkühlen zusammen. Grate und sonstige Unebenheiten am Rand entfernt man gegebenenfalls mit einem Messer. Dann schleift man mit Stahlwolle oder Schleifpapier nach und schmilzt den Rand über der brennenden Kerze glatt.

Um Formen nach eigener Vorstellung zu machen, kauft man Folienstreifen, die sich leicht in jede gewünschte Form bringen lassen. Die Enden der Streifen müssen fest miteinander verbunden werden, denn das Granulat dehnt sich beim Schmelzen aus. Man schneidet den Streifen einige Zentimeter länger als erforderlich zu und falzt die Enden mit einer Flachzange doppelt zusammen.

Eine solche Form hat keinen Boden, deshalb legt man sie in eine größere Form mit Boden oder auf ein Blech und schüttet dann das Granulat ein. Wenn das Werkstück abgekühlt ist, öffnet man den Falz und nimmt den Streifen heraus. Dann entfernt man mit Stahlwolle oder Schleifpapier Polystyrolreste von der Unterlage, damit sie für die nächste Form bereit ist. Selbstgemachte Streifenformen kann man auch in größere fertige Formen mit Boden und Rand setzen.

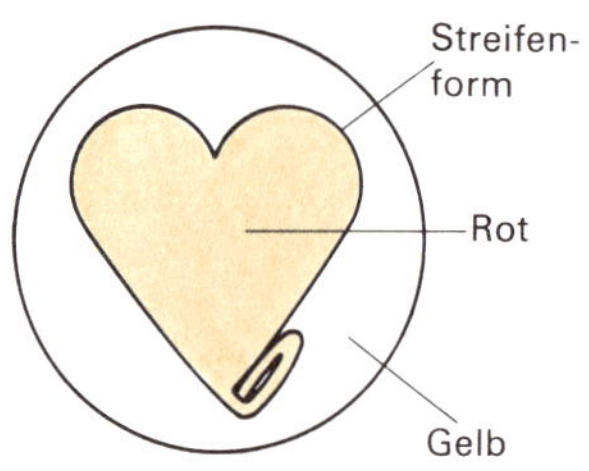

In das Granulat lassen sich andere Materialien einschmelzen, z.B. Glasperlen, Glasstückchen, Metallteile, sogar Pflanzen wie Gräser und Blätter, wenn sie entsprechend flach sind. Glas muß vorher angewärmt werden, damit es nicht platzt. Wenn man eine Pflanze verwendet, schmilzt man eine dünne Schicht, drückt die Pflanze auf die heiße Oberfläche, gibt weiteres Granulat darauf und läßt es im Ofen zusammenfließen. Die Pflanze sollte hinterher ganz eingeschlossen sein.

Glas- oder Metallstücke kann man gleich mit einschmelzen oder in die heiße Oberfläche drücken, um einen reliefartigen Effekt zu erzielen. Ähnlich wirkt es, wenn man die Scheibe aus dem Ofen nimmt, sobald die unterste Schicht zusammengeflossen ist, die Körnchen auf der Oberfläche aber erst aneinandergeschmolzen sind.

Wenn man die geschmolzenen Stücke aufhängen oder miteinander verbinden möchte, sticht man mit einer glühend gemachten Metallstricknadel an den entsprechenden Stellen Löcher hinein, durch die man dann die erforderlichen Fäden zieht.

Schmiedeeisen

Schmiedeeisen eignet sich gut für Geländer oder Gitter, mit denen man Türen und Fenster sichern kann. Wenn man solche Arbeiten von einem Kunstschmied ausführen läßt, muß man mit hohen Kosten rechnen. Billiger ist es, die Sache selber oder mit Hilfe eines fachkundigen und entsprechend ausgerüsteten Bekannten zu machen.

In Baumärkten gibt es schmiedeeiserne Grundelemente in zahlreichen Bauformen und Ausführungen, die man zusammenschweißen muß. Man zeichnet die gewünschte Konstruktion maßstabgerecht auf und stellt fest, wieviel Material man braucht, z.B. Geländersprossen, Handläufe, End- und Winkelstücke sowie Maueranker.

Man sägt die Einzelteile mit der Metallsäge auf exakte Länge und legt sie „trocken" aneinander, um festzustellen, ob sie gut zusammenpassen. Wenn die Konstruktion aus mehreren

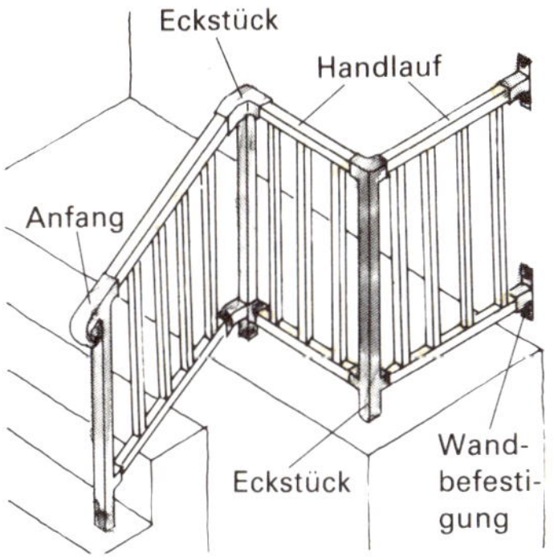

Segmenten besteht, wie z. B. bei einem abgewinkelten Treppengeländer, prüft man jedes für sich.

Danach schweißt man die Teile mit einem elektrischen Kleinschweißgerät zusammen. Die Schweißnähte schleift man mit dem Winkelschleifer eben, bis möglichst keine Übergänge mehr zu sehen sind.

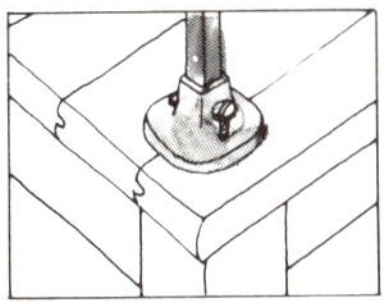

Montageplatte mit Maueranker

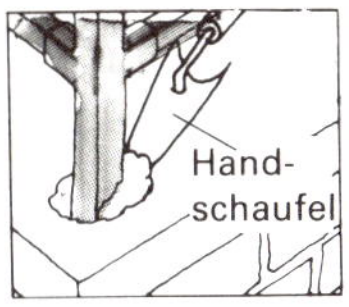

Befestigung mit Schnellzement

Geländer müssen sicher verankert werden. Man kann sie mit Montageplatten und Mauerankern oder Schnellzement in Löchern befestigen. Die Löcher bohrt man mit einem Steinbohrer vor und meißelt sie dann dem Eisenprofil entsprechend aus. Damit das Eisen nicht rostet, trägt man einen Rostschutzgrundieranstrich auf und lackiert dann zweimal darüber. Um die charakteristische Wirkung des Schmiedeeisens zu erhalten, sollte man mattschwarze Farbe verwenden.

Schmierstellen am Auto

Neben Motor, Schaltgetriebe und Achsantrieb, die alle Öl benötigen (siehe *Achsantrieb; Automatikgetriebe; Ölwechsel*), gibt es am Fahrzeug noch andere Schmierstellen.

An den Türscharnieren sind Schmiernippel oder auch ein kleines Ölreservoir mit Kunststoffstöpseln. Die Schmiernippel versorgt man mit einer Fettpresse. In regelmäßigen Abständen füllt man das Ölreservoir auf.

Am Schließkeil der Tür bringt man stets nur einen Fetthauch an, damit man nicht die Kleidung verschmutzt.

Die Pedalaufhängungen muß man von Zeit zu Zeit schmieren. Auch hier sollte man vorsichtig arbeiten, denn abtropfendes Öl hinterläßt Spuren.

Ölen sollte man auch die Scharniere und Schlösser von Kofferraum, Kofferraumdeckel und Motorhaube.

Die Gelenkstellen am Vergaser oder an der Einspritzanlage, wo das Gestänge oder ein Seilzug die Drosselklappe bewegt, werden ebenfalls berücksichtigt. Kreischende Keilriemen fettet man nicht, sie können aber mit einer Spezialpaste bestrichen werden.

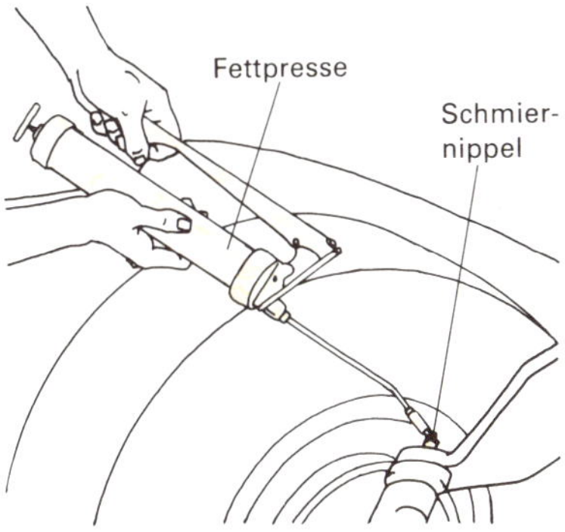

Schmuck

Nahezu alle Schmuckstücke behalten ihre Schönheit oder ihren Glanz, wenn man sie gelegentlich reinigt oder poliert. Reparaturarbeiten sollte man nur bei Modeschmuck selbst durchführen. Echten Schmuck läßt man besser von einem Juwelier reparieren.

Schmuckstücke reinigen Die meisten Steine und ihre Fassungen kann man mit Reinigungslösungen, wie sie Juweliere verwenden, oder mit einem weichen Pinsel und warmer Spülmittellösung reinigen. Wenn ein Schmuckstück sauber ist, spült man es in kaltem Wasser, trocknet es mit einem weichen Tuch ab und poliert es mit einem Stück Wildleder. Opale reinigt man nur mit einem trockenen Pinsel, denn sie sind sehr empfindlich.

Schmuckstücke mit Diamanten dagegen kann man fünf Minuten lang in einer verdünnten Spülmittellösung kochen, wenn die Steine nicht in die Fassungen geklebt sind. Eingeklebte Steine putzt man mit Pinsel und warmer Spülmittellösung, weil sich die Klebestellen in kochendem Wasser lösen könnten. Die im Wasser erhitzten Diamanten läßt man auf Zimmertemperatur abkühlen; sie dürfen nicht in kaltes Wasser getaucht werden, weil sich sonst die Fassungen verziehen könnten. Diamanten kann man auch in einer Lösung aus einem Eßlöffel Salmiakgeist und zwei Tassen warmem Wasser reinigen.

Angelaufener Silberschmuck wird mit einem Silberputzmittel wieder schön. Echte Perlen sehen am schönsten aus und behalten ihren Glanz, wenn man sie direkt auf der Haut trägt; das Hautfett wirkt sich günstig auf die Oberfläche der Perlen aus.

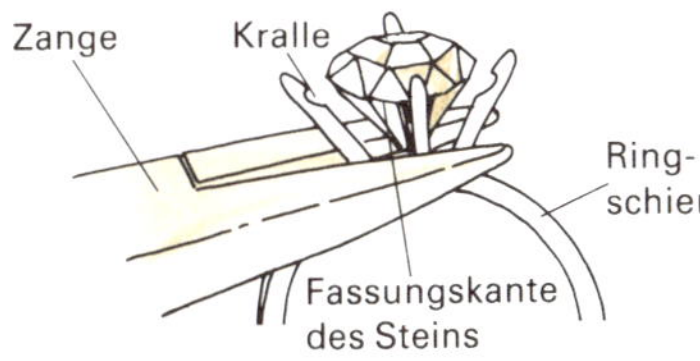

Lockere Steine im Modeschmuck Wenn sich ein synthetischer Edelstein in einer Krallenfassung gelockert hat, kann man ihn mit einer kleinen Flachzange wieder befestigen. Dabei ist zu beachten, daß innen an den Krallen feine Kerben eingefeilt sind, die als Sitz für den Stein an seiner Fassungskante (breitesten Stelle) dienen.

Man faßt mit der Zange zwei gegenüberliegende Krallen möglichst unten, damit die Zange nicht nach oben abrutschen und den Stein beschädigen kann. Dann drückt man die Krallen vorsichtig zusammen. Man darf nicht zu stark drücken, weil für Modeschmuck oft sprödes Metall verwendet wird, so daß eine Kralle abbrechen könnte. In gleicher Weise werden die restlichen Krallen zusammengebogen.

Hat sich ein synthetischer Stein aus seiner Fassung gelöst, kann man ihn mit Zweikomponentenkleber nach Gebrauchsanweisung wieder in die Fassung einsetzen und die Krallen in der beschriebenen Weise zusammendrücken. Edelsteine bringt man zum Fachmann, denn sie werden leicht beschädigt. Smaragde beispielsweise sind so weich, daß bereits eine Berührung mit der Zange Spuren hinterläßt; sogar Diamanten sind empfindlich. Bei falscher Behandlung können Teile absplittern.

Perlen neu auffädeln Wenn eine Perlenkette reißt, zieht man eine neue Schnur ein; es hat keinen Sinn, die alte zu verknoten, da sie, einmal brüchig geworden, bald an einer andern Stelle reißen würde. Damit die einzelnen Perlen nicht wegrollen, legt man sie auf ein Stück Samt, Cordstoff o.ä. Sind die Perlen nach der Größe angeordnet, läßt man sie möglichst auf ihrer alten Schnur, damit man sie einzeln abnehmen und in der gleichen Reihenfolge wieder auffädeln kann.

Der Aufreihfaden sollte stabil, aber so dünn sein, daß er doppelt genommen durch die Perlenbohrung paßt. Es gibt Spezialschnur für Perlenketten, gut geeignet ist aber auch Nylonfaden, Nähgarn aus Polyester, Knopflochseide sowie ungezwirnter Seidenfaden (Zahnseide). Faserige Garne zieht man über ein Stück Bienenwachs, eine Kerze oder Seife, um sie haltbarer zu machen und damit die Perlen besser gleiten. Man schneidet den Faden 30 cm länger als die gesamte Halskette ab, fädelt ihn in eine Nadel ein und macht etwa 4 cm vom Ende entfernt einen Doppelknoten.

Dann werden die Perlen der Reihe nach über die Nadel und auf den Faden geschoben. Sehr kleine reiht man direkt aneinander, zwischen größere

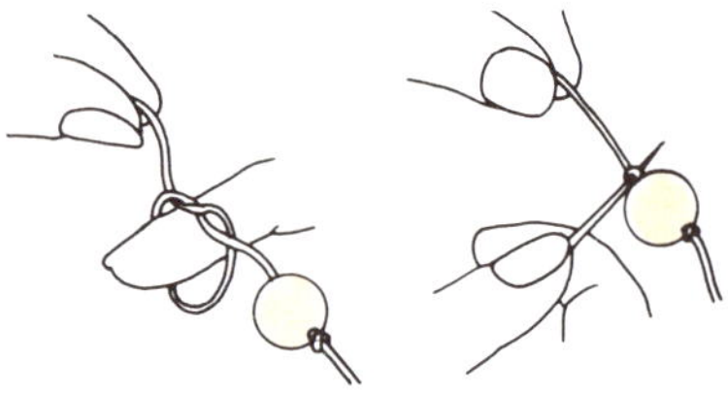

wird ein Knoten eingelegt: Die Perle auffädeln, im Faden einen Knoten schlagen und mit dem Finger an die Perle heranführen. Dann mit einer Nadel den Knoten dicht an die Perle schieben. Dann wird der Knoten festgezogen und die Nadel herausgenommen. Bei jeder Perle den gleichen Knoten einlegen, bis die Halskette fertig aufgefädelt ist. Einen Verschlußhaken mit Öse anbringen (siehe *Halskettenverschlüsse*).

Schnappschüsse

Fotos von Personen wirken oft gestellt und gequält. Eine Methode, natürlich wirkende Bilder von Menschen zu erhalten, ist der Schnappschuß. Dazu steht man entweder im Hintergrund, so daß diejenigen, die fotografiert werden, dies gar nicht merken – in diesem Fall benützt man meistens ein Teleobjektiv –, oder man befindet sich mitten im Kreis der Menschen und fotografiert munter drauflos. In keinem Fall sollte man die Menschen zum Posieren bringen. Die Kamera, mit einem leichten Weitwinkelobjektiv bestückt, nimmt man immer nur kurz ans Auge und fotografiert sofort. Die Schärfenskala stellt man auf eine mittlere Entfernung ein, etwa 3–4 m, und wählt eine möglichst kleine Blende. So hat man genügend Spielraum für die Schärfe (siehe *Schärfentiefe*), und die Kamera ist ständig schußbereit.

Schnarchen

Der Schnarchende atmet durch den Mund, und die am weichen Gaumen und Gaumenzäpfchen vorbeistreichende Luft bringt die Gaumensegel zum Flattern, was die Schnarchgeräusche verursacht. Schnarchen kann auch auf eine Nasenverstopfung, Allergie (siehe dort), vergrößerte Hals- und Rachenmandeln oder übermäßigen Alkoholkonsum zurückzuführen sein. Auch Personen, die an Schilddrüsenunterfunktion oder Fettleibigkeit leiden, sind oft starke Schnarcher.

Vorbeugung Man schnarcht eher, wenn man auf dem Rücken schläft. Durch untergeschobene Kissen an beiden Seiten des Körpers kann man möglicherweise verhindern, daß sich der Schläfer auf den Rücken dreht. Ein weiterer Trick ist, am Rückenteil des Schlafanzugs eine Tasche einzunähen, in die man einen Tennisball o.ä. steckt.

Wenn das Problem hierdurch nicht gelöst wird, konsultiert man einen Arzt, um festzustellen, ob eine medizinische Indikation vorliegt und wie diese zu behandeln ist. Chronisches Schnarchen, vor allem mit sehr unruhigem Schlaf und mit erheblichen Anlaufschwierigkeiten sowie Kopfschmerzen am Morgen verbunden, kann auch auf eine ernsthafte Störung der Atemregulation, genannt Hypoventilation, hindeuten. Bei Verdacht darauf muß sofort ein Arzt aufgesucht werden.

Schnecken

Schnecken verbergen sich am Tag unter Steinen, Blättern und Abfällen, damit sie von der Sonne nicht ausgetrocknet werden. Nachts kriechen sie heraus, um auf Nahrungssuche zu gehen, und hinterlassen eine verräterische Spur aus silbrigem Schleim.

Schnecken kann man bekämpfen, indem man Pappstücke, Bretter oder große Blätter, z.B. Rhabarber- und Krautblätter, auslegt, unter denen sich die Schnecken verkriechen. Am Morgen sammelt man sie dann auf und wirft sie in Seifenwasser.

Man kann Schnecken auch fangen, wenn man Joghurtbecher ebenerdig eingräbt und sie halb mit Bier, Milch oder Limonade füllt; die Schnecken kriechen hinein und ertrinken. Will man Sämlinge und Blattpflanzen vor Schnecken schützen, legt man 5 cm breite Streifen aus Sägemehl, Sägespänen, Tannennadeln oder feinem Splitt um oder durch die Beete. Auf diesen Streifen verschleimen sich die Schnecken beim Darüberwandern und verenden.

Ein Ring aus Holzasche oder Kalk, den man um Pflanzengruppen ausstreut, verhindert, daß Schnecken darüberkriechen. Man muß erneut streuen, wenn es geregnet hat oder wenn der Ring von unten her feucht geworden ist.

Gemüsebeete und Blumenrabatten kann man mit Schneckenzäunen aus Blech umgeben. Sie sind in einem Gartencenter erhältlich. Schneckenzäune werden senkrecht aufgestellt und eingegraben. Die Schnecken können diese Zäune nicht überwinden.

Seit Jahren bewährt hat sich das Schneckenkorn. Man legt drei bis fünf Körner auf ein Stück Pappe. Dann wird lose ein Brett darübergelegt, unter dem sich tagsüber die Schnecken gern aufhalten. Sie fressen die Körner und verenden. In einem Ziergarten kann man Schneckenkorn auch ausstreuen und die toten Tiere am nächsten Tag dann aufsammeln.

Schneeblindheit

Schneeblindheit wird durch ultraviolette Lichtstrahlen, die vom Schnee zusätzlich reflektiert werden, verursacht. Zu Schneeblindheit kann es auch bei nebligem Wetter oder bedecktem Himmel kommen. Die Symptome treten manchmal erst nach etwa acht Stunden auf. Zunächst hat man Schwierigkeiten, Unebenheiten des Bodens zu unterscheiden. In den Augen spürt man ein kribbelndes Gefühl und anschließend Schmerzen, wenn man die Augen auch nur schwachem Licht aussetzt.

Tritt Schneeblindheit ein, hilft nur völlige Dunkelheit. In einem abgedunkelten Raum bedeckt man die Augen mit Klappen oder einer Binde, bis die Schmerzen und das Brennen nachlassen. Meist ist das nach 12–24 Stunden der Fall.

Zur Vorbeugung trägt man eine gute Sonnenbrille, die die ultravioletten Strahlen nicht durchläßt (siehe *Sonnenbaden*), oder eine Gletscherbrille, die den Vorteil hat, seitlich geschlossen zu sein, und meist auch mit Nasenschutz versehen ist. Man kann die Augen notfalls auch durch eine Maske schützen, indem man in ein Stück Karton oder anderes Material dünne Schlitze einschneidet. Wangen und Nase kann man mit Ruß schwärzen, um die Lichtreflexion zu verringern.

Schneeketten

Einfache Leiter- oder Zickzackketten, bei denen stets nur wenige Kettenteile in Eingriff mit Straße und Schnee sind, gibt es heute nur noch selten. Besonders Leiterketten besitzen geringe Seitenführungskräfte, so daß man nur durch vorsichtige Fahrweise verhindern kann, daß das Fahrzeug ausbricht.

Gefragt sind heute bei modernen Fahrzeugen feingliedrige Ketten mit Spurkreuzen. Gute Ketten mit dichtem, feinem Laufnetz sind auch bei höherer Geschwindigkeit laufruhig. Eine Höchstgeschwindigkeit von 50 km/h ist gesetzlich vorgeschrieben, wenn man mit Ketten fährt.

Bei den neueren Schnellmontagesystemen hängt die Kette an einem Federstahlbügel, und man stülpt sie komplett über den Reifen. Der hintenliegende Verschluß schließt sich selbsttätig, wenn man eine Spannkette anzieht.

Es empfiehlt sich bei allen Systemen, vor Winterbeginn ein paarmal in der Garage oder auf einem Parkplatz zu üben, damit die Ketten im Ernstfall schnell und problemlos montiert werden können.

Schnellkochtopf

Kochen im Schnellkochtopf, auch Dampfdrucktopf genannt, spart Zeit und Energie; es ist auch gesund, weil Vitamine und Mineralstoffe geschont werden.

Im Schnellkochtopf wird unter hohem Druck mit heißem Wasserdampf gegart. Die Töpfe müssen deshalb absolut dicht schließen und ein einwandfrei arbeitendes Ventil haben. Den Gummiring sollte man regelmäßig prüfen; sobald er hart oder rissig wird, muß er ersetzt werden. Das Ventil muß gründlich gereinigt werden, damit es nicht von Speiseresten verstopft wird.

Man darf niemals versuchen, den Topf zu öffnen, ehe aller Dampf durch das Ventil entwichen ist. Man kann den Vorgang beschleunigen, indem man den heißen Topf unter einen kalten Wasserstrahl hält.

Falls der Druck zu hoch wird und der Topfinhalt heraustritt, zieht man den Topf sofort von der Hitze (Hand mit Küchenhandschuh o.ä. schützen!) und läßt kaltes Wasser darüber laufen.

Man kann ganze Gerichte gleichzeitig, auf verschiedene Einsätze verteilt, im Schnellkochtopf zubereiten. Gemüse wird im Dampftopf sehr schonend zubereitet; man muß allerdings die Garzeiten auf die Minute genau einhalten, da das Gemüse sonst leicht verkocht. Auf zusätzliches Wasser kann man bei wasserhaltigem Gemüse oder Blattgemüse, dem viel Waschwasser anhaftet, verzichten.

Die speziellen Vorteile dieser Garmethode machen sich bei Eintöpfen, Schmor- oder Siedfleisch, Hülsenfrüchten und allen anderen Nahrungsmitteln, die im normalen Topf eine sehr lange Garzeit haben, ganz besonders bemerkbar. Im Schnellkochtopf läßt sich auch rasch eine Brühe aus Knochen bereiten (siehe aber *Brühe*).

Jedem Schnellkochtopf ist eine ausführliche Bedienungsanleitung beigegeben, die man unbedingt sorgfältig studieren sollte.

Schnellküche

Schnelle Küche muß nicht heißen, daß man sich ausschließlich von Fertiggerichten ernährt. Viele frische Lebensmittel lassen sich sehr rasch zubereiten und eventuell durch Fertigprodukte ergänzen.

Geschnetzeltes Fleisch ist in kleinen Portionen schnell in der Pfanne zubereitet; man kann auch Wurst- und Schinkenscheiben, Leberkäse und sogar fingerdicke panierte Scheiben Hartkäse rasch in der Pfanne braten. Dazu reicht man einen Salat.

Nicht zu große Fische – z.B. Forellen – sind in 15 Minuten gegrillt oder in der Pfanne gebraten. Geflügelfleisch – Putenschnitzel oder Hähnchenbrust – ist in der Pfanne ebenfalls rasch zubereitet. Auch Innereien wie Leber und Nieren haben nur kurze Garzeiten.

Frisches Gemüse ist etwas problematischer, denn es muß geputzt werden und hat je nach Art unterschiedlich lange Garzeiten. Sehr rasch zubereitet sind Chinakohl, Zucchini, Tomaten und Chicorée. Doch auch viele Obstsorten passen zu kurzgebratenem Fleisch, beispielsweise Aprikosen, Pfirsiche, Pflaumen, Bananen oder Apfelscheiben.

Alle Eiergerichte sind rasch zubereitet. Statt des üblichen Spiegeleis auf Schinken-Käse-Toast kann man das Eiweiß zu steifem Schnee schlagen, mit Muskat abschmecken, auf die Toasts häufen, in die Mitte eine kleine Kuhle machen, dahinein das Eigelb gleiten lassen und das Ganze unter dem Grill kurz überbacken. Weichgekochte Eier passen nicht nur zu Spinat. Man kann sie auf Toastscheiben legen, mit einer Käsesauce (siehe *Saucen*) überbacken und zu Tomatensalat reichen. Pfannkuchen lassen sich abwechslungsreich mit Gemüse, Wurst, Schinken, Käse oder Bratenresten zubereiten; zu Rührei kann man feingeschnittenen Lachs oder rohen Schinken reichen.

Auch Desserts lassen sich schnell zubereiten, ohne daß man ausschließlich auf Fertigprodukte zurückgreifen muß. Frisches Obst, vor allem Beerenobst, zieht köstlichen Saft, wenn man es mit etwas Zucker überstreut. Dazu reicht man Schlagsahne. Quark, Joghurt oder Dickmilch mit frischen

Früchten gibt einen feinen Nachtisch für Kinder. Erwachsene mögen Früchte aus dem Rumtopf mit Vanilleeis oder Sahne vorziehen.

Trocken gewordener Kuchen oder Kekse aus der Schachtel bilden eine gute Grundlage für eine Schichtspeise. Man beträufelt die Kekse oder Kuchenkrümel mit Fruchtsaft oder Sherry, gibt frische Beeren darüber, eventuell ein paar Mandelstifte, übergießt mit kalt angerührtem Vanillepudding aus der Packung und krönt das Ganze mit Schlagsahne und Früchten.

Auch Cremes, die im Wasserbad stocken müssen und normalerweise einige Zeit brauchen, kann man im Schnellverfahren herstellen: Man deckt die Förmchen mit Aluminiumfolie ab, stellt sie in den Schnellkochtopf (siehe dort) und gießt so viel Wasser an, daß sie bis zur Hälfte im Wasser stehen. Im gelochten Einsatz kann man darüber weitere Förmchen unterbringen. In zehn Minuten sind sie fertig. Den Topf darf man nicht unter kaltes Wasser halten, sondern muß ihn vor dem Öffnen von allein auskühlen lassen.

Schnittblumen

Schnittblumen schneidet man mit einem scharfen Messer schräg ab; so erhält man glatte, möglichst große Schnittflächen, und die Blumen können viel Wasser aufnehmen. (Mit einem stumpfen Werkzeug zerrupft man die Stiele, was die Wasseraufnahme erschwert.) Wenn die Stiele holzig sind, schneidet man sie 2–3 cm tief senkrecht auf.

Die unteren Blätter werden so weit entfernt, bis keines mehr im Wasser steht. Denn im Wasser stehende Blätter faulen, und dadurch wird das Wasser schlecht.

Man kann im Blumengeschäft Pulver kaufen, das, ins Wasser gegeben, die Lebensdauer der Schnittblumen verlängert. Billiger und genauso wirkungsvoll ist es, eine Kupfermünze ins Blumenwasser zu legen. Als besonders gutes Rezept gilt: auf 1 l Wasser 2 Eßl. Obstessig und 2 Eßl. feinen Zucker. Der Essig wirkt gegen schädliche Mikroorganismen, und den Zukker spalten die Blumen in pflanzengerechte Nahrung auf. Länger frisch bleiben die Blumen auch, wenn man sie über Nacht an einen kühlen Ort stellt. Etwas aufwendiger, dafür aber um so wirkungsvoller ist es, die Blumen jede Nacht einzeln in kaltes Wasser zu legen.

In Apotheken und Drogerien gibt es verschiedene Mittel, die den Schnittblumen ausgesprochen guttun: Ein Spritzer Borsäure im Wasser verleiht Nelken frischere Farben, und sie bleiben auch länger schön. Alaunpulver macht das Blau der Hortensien kräftiger. Einige Tropfen Kampferspiritus pro Liter Wasser halten Rosen länger frisch.

Wichtig ist auch, daß man kein Obst neben Schnittblumen stellt, denn die Reifegase des Obstes lassen die Blumen rascher welken. Den gleichen Effekt haben frisch geschnittene Narzissen auf andere Blumen; man sollte sie daher für sich eine Nacht in eine Vase stellen und dann erst mit anderen Arten zusammenbringen.

Schnitzeljagd

Dieses Verfolgungsspiel wird von beliebig vielen Teilnehmern im Freien gespielt. Man benötigt Papierschnitzel, eventuell auch einen großen Sack mit Sägespänen oder Süßigkeiten.

Die Spieler bilden zwei Gruppen; die größere Gruppe sind die Jäger. Die anderen, die Füchse, verabreden untereinander ein Ziel, das sie erreichen wollen. Unterwegs dorthin streuen sie die Papierschnitzel o.a. aus, um ihre Fährte zu kennzeichnen, sie können aber auch falsche Spuren legen. Nach einer vorher verabredeten Zeit beginnen die Jäger dann mit der Verfolgung. Wenn die Füchse ungehindert ihr Ziel erreichen, haben sie gewonnen; stöbern die Jäger sie jedoch schon vorher auf, sind sie Sieger.

Schnorcheln

Beim Kauf der Ausrüstungsteile wie Maske, Schnorchel und Flossen sollte man nicht sparen. Eine ungeeignete Ausrüstung vergällt dem Taucher schon nach kurzer Zeit den Aufenthalt im Wasser.

Ausrüstung Die Flossen sollten einen weichen, großzügig bemessenen Fußraum haben. Sie dürfen an keiner Stelle drücken oder scharfe Kanten besitzen. Das Flossenblatt ist leicht nach hinten abgewinkelt und besitzt Aussteifungen für einen guten Vortrieb.

Die Tauchermaske muß Augen und Nase bedecken und ein möglichst großes Blickfeld bei geringem Abstand zwischen Augen und Gesichtsscheibe bieten. Die Scheibe aus Sicherheitsglas sollte fest im Rahmen verankert sein. Die Seiten der Maske müssen weich und elastisch sein und sich der Gesichtsform genau anpassen. Um den dichten Sitz der Maske zu überprüfen, hält man sie an das Gesicht, ohne die Bänder zu befestigen, und atmet langsam durch die Nase ein. Der Ansaugdruck sollte genügen, um die Maske festzuhalten.

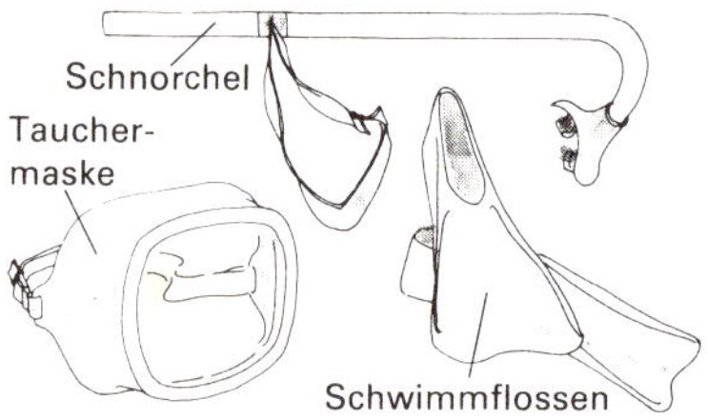

Das Mundstück am Schnorchel sollte sich bequem unter den Lippen und zwischen den Zähnen halten lassen.

Um die Lebensdauer der Ausrüstung zu verlängern, spült man sie nach jedem Gebrauch mit frischem Wasser ab.

Technik Am Strand setzt man sich ins flache Wasser und zieht die Flossen an. Dabei achtet man darauf, daß kein Sand mit in die Fußform gerät, sonst gibt es schmerzende Scheuerstellen.

Die Maske taucht man vollständig ins Meerwasser. Die Innenscheibe reibt man kräftig mit Speichel ab, um das Beschlagen zu verhindern, spült sie danach kurz im Wasser und setzt die Maske auf. Das Band der Maske stellt man so ein, daß der Dichtrand nicht ins Gesicht einschneidet. Den Schnorchel schiebt man rechts oder links zwischen Maskenband und Kopf hindurch; die Zähne erfassen das Mundstück, und die Dichtlippe des Schnorchels wird zwischen Lippen und Zahnfleisch geführt.

Nun schwimmt man vorsichtig mit ruhigen Flossenschlägen an der Oberfläche entlang und achtet zunächst noch darauf, daß der Schnorchel aus dem Wasser ragt. Die Flossen bewegt man ruhig, nicht aus dem Kniegelenk, sondern aus der Hüfte heraus. Man sollte nicht an der Oberfläche planschen, denn das gibt keinen Vortrieb, sondern vertreibt nur die Fische. Man versucht, ruhig durch den Mund zu atmen; mit etwas Übung gewöhnt man sich leicht an die Atemtechnik.

ACHTUNG!
Bemerkt man beim Tauchen einen starken Ohrendruck, gleicht man ihn durch Schlucken aus. Steigert sich der Schmerz, funktioniert der Druckausgleich nicht, und man muß sofort wieder auftauchen.

Hat man sich auf die Flossenbewegungen und die Atemtechnik eingestellt, kann man etwas schneller schwimmen und den Kopf vorsichtig unter Wasser tauchen. Dabei muß man die Luft anhalten, denn sofort dringt Wasser in den Schnorchel ein. Eine Schluckbewegung schließt den Kehlkopf, und man bekommt kein Wasser in Mund und Atemwege. Nun hebt man den Kopf aus dem Wasser wieder heraus und bläst das Wasser mit einem kurzen, kräftigen Atemstoß aus dem Rohr. Dabei behält man etwas Luft in Reserve, damit man gegebenenfalls den Schnorchel noch einmal entleeren kann, falls man beim nächsten – vorsichtshalber flachen – Atemzug feststellt, daß noch etwas Wasser im Rohr zurückgeblieben ist.

Schnupfen

Schnupfen ist eine Entzündung der Nasenschleimhäute mit einer ständigen Absonderung von übermäßig viel Schleim. Er ist harmlos, aber unangenehm und hält normalerweise einige Tage an. Eine schnelle Heilmethode gibt es nicht, aber man kann einiges tun, um den Zustand erträglicher zu machen. Hierzu gehört vor allem richtiges Schneuzen: Man drückt ein Nasenloch zu und bläst fest, aber vorsichtig durch das andere, um es freizubekommen. Dabei keinesfalls zu stark blasen, damit das Trommelfell nicht beschädigt und die Nasenschleimhaut nicht zusätzlich gereizt wird.

Am besten löst sich eine Verstopfung der Nase, wenn man feuchte Luft einatmet. Die Zimmerluft kann mit einem modernen Gerät, das einen feinen Wassernebel zerstäubt, oder einem altmodischen Verdampfer befeuchtet werden. Verrauchte Räume und sehr trockene Luft sollte man meiden. Um den Schleim zu lösen, kann man auch einen Inhalator benutzen oder Kopfdampfbäder mit Kamille, Eukalyptus oder Pfefferminze machen. Ebenso helfen Tees aus Spitzwegerich, Salbei und Eibischwurzeln.

Bei einem Kind kann man notfalls die äußeren Atemwege mit einem Nasensauger freihalten. Man nimmt das Kind auf den Schoß, neigt seinen Kopf zurück und tropft mit einer Pipette etwas warmes Salzwasser in eines der Nasenlöcher. Dann wartet man einige Minuten, bis sich der Schleim gelöst hat, und saugt ihn mit dem Nasensauger ab; in der gleichen Weise säubert man das andere Nasenloch.

Die gegen Schnupfen erhältlichen Präparate wie Nasentropfen trocknen die Schleimhäute aus und lassen sie abschwellen. Trotzdem sollte man sie nicht länger als zehn Tage verwenden, da sie zwar zunächst zu helfen scheinen, auf lange Sicht aber die Schleimhäute schädigen können. Kleinen Kindern sollten Schnupfenmittel nur auf Anraten des Arztes verabreicht werden.

Wenn der Schnupfen von hohem Fieber, Schmerzen in den Nebenhöhlen und einem gelblichgrünen Auswurf begleitet wird, wenn er länger als zwei bis drei Wochen anhält, der Schleim mit Blut vermischt ist oder sich Schwerhörigkeit einstellt, sollte man einen Arzt aufsuchen.

Tritt der Schnupfen ohne Fieber immer nur zu einer bestimmten Jahreszeit auf (Frühling, Sommer) und wird er von heftigem Niesen, entzündeten, tränenden Augen und einem geröteten Rachen begleitet, kann es sich um einen allergischen Schnupfen handeln.

Siehe auch *Allergien; Erkältungen; Heuschnupfen.*

Schock

Einen Schock erkennt man an schneller und schwächer werdendem Puls, der schließlich kaum noch tastbar ist. Blässe, kalte Haut, Frieren, Schweiß auf der Stirn und auffallende Unruhe sind weitere Anzeichen.

Den Betroffenen – er ist meist bei Bewußtsein – nach Möglichkeit auf eine Decke legen; gegebenenfalls Blutungen stillen (siehe dort); seine Beine anheben und in dieser Stellung kurze Zeit halten (nicht jedoch bei Verdacht auf Beckenbruch, bei Beinbruch, Schädelverletzungen oder Verletzungen im Brust- oder Bauchraum). Dann die sogenannte Schocklage herstellen: dazu einen umgelegten Stuhl, ein Gepäckstück o. ä. unter die Beine schieben, möglichst ohne Druck oder Schmerzen zu verursachen. Den Verletzten zudecken (nicht überwärmen!); ihn beruhigen; Puls (siehe dort) und Atmung (siehe *Atemspende*) kontrollieren; den Notruf (siehe dort) veranlassen. Nichts weiter unternehmen, sondern beim Betroffenen warten, bis der Rettungswagen eingetroffen ist.

Schönheitsoperation

Zu den Routineeingriffen der plastischen oder kosmetischen Chirurgie gehören Nasenkorrekturen, Gesichtslifting, Brustvergrößerungen und -verkleinerungen, Lid- und Ohrenkorrekturen, Beseitigung von Tränensäcken, vor allem aber auch die Behebung entstellender Unfallnarben. Solche Operationen sollte man nur von einem erfahrenen Chirurgen vornehmen lassen, denn die Folgen eines mißglückten Eingriffs lassen sich nur schwer rückgängig machen. Am besten erkundigt man sich bei anderen, die eine solche Operation selbst hinter sich haben. Auch sollte man sich keine übertriebene und unrealistische Hoffnung über die Wirkung einer plastischen Operation machen. Chirurg und Patient müssen sich vorher über die zu erwartenden Ergebnisse ausführlich unterhalten.

Auch der Zeitpunkt des Eingriffs ist wichtig. Ein Gesichtslifting sollte man nicht vor dem 40. Lebensjahr vornehmen lassen, aber auch nicht so spät, daß der Unterschied zwischen „vorher" und „nachher" allzu kraß ausfällt. Nasenkorrekturen kann man erst im Erwachsenenalter vornehmen, wenn die Nase ganz ausgewachsen ist. Abstehende Ohren dagegen können schon bei Kindern korrigiert werden.

Viele kosmetische Operationen sind nicht schmerzhaft und werden unter örtlicher Betäubung ausgeführt; sie erfordern auch nur einen kurzen Krankenhausaufenthalt. Bei allen Operationen werden die Narben so gelegt, daß sie möglichst unsichtbar bleiben. Je geschickter der Arzt, desto besser wird er die Narben kaschieren. Es gibt allerdings Menschen, die anlagebedingt zu besonders ausgeprägter Narbenbildung neigen. Besonders bei dunkelhäutigen Menschen kann sich rotes und wulstiges Narbengewebe bilden. Der Arzt kann das an eventuell bereits vorhandenen Narben prüfen.

Nasenkorrekturen und die Korrektur abstehender Ohren sind nur einmal erforderlich; eine Gesichtsstraffung hält dagegen meist nur fünf bis zehn Jahre.

Schönheitsoperationen sind medizinisch selten notwendig, weshalb sich die Krankenkassen an den Kosten meist nicht beteiligen, es sei denn, es handelt sich um die Behandlung schwer entstellender Unfallfolgen.

Schränke einteilen

Unabhängig davon, ob es sich um einen Küchen-, Kleider- oder Wohnzimmerschrank handelt, gilt stets die gleiche Regel: Häufig gebrauchte Gegenstände werden in Hüft- bis Augenhöhe eingeordnet, weniger häufig gebrauchte Dinge kommen nach unten, die selten gebrauchten ganz nach oben. Tennisschläger, Besen, Mops usw. befestigt man an Haken, Nägeln oder Federklemmen an der Seitenwand.

Kleiderschränke Um die Durchschnittsgarderobe aufzuhängen, benötigt man eine Kleiderstange von mindestens 1–1,5 m Länge. (Laufen die Kleiderbügel schwer auf der Stange, reibt man sie mit Kerzenwachs ein.) Um den Schrankraum zu vergrößern, kann man zwei Kleiderstangen übereinander anbringen und an die untere Hemden, Röcke und Jacken hängen. Es muß aber noch genügend Platz frei bleiben, um an der anderen Stange Mäntel, Hosen, lange Kleider und Bademäntel in voller Länge aufhängen zu können.

Wenn man die Fachböden im Schrank den eigenen Bedürfnissen anpassen kann, spart man nicht nur Platz, sondern auch Zeit beim Einräumen und Umschichten von Wäsche usw. Für den Einbau von neuen Fächern verwendet man Metallsprossen mit Fachbodenhaltern, die sich je nach Bedarf verstellen lassen. Unter den Fachböden kann man auch Schubfächer einhängen, auch in Form von Drahtkörben. Der vorhandene Schrankraum läßt sich auch mit einigen frei stehenden Zwischenregalen verdoppeln; sie können beliebig breit sein und müssen auch nicht die gesamte Tiefe des Schranks haben. Der Schrankboden sollte möglichst frei bleiben. Schuhe stellt man in die untersten Fächer oder steckt sie in Schuhbeutel.

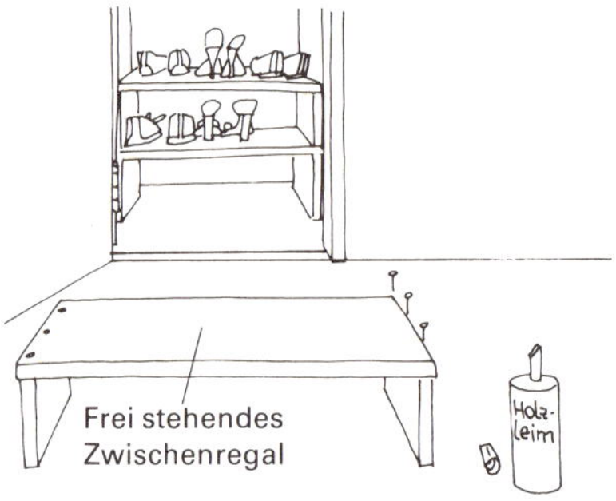

Schränke mit Lamellentüren (siehe auch *Jalousiebrettchen*) sorgen zwar für eine angemessene Durchlüftung, haben aber den Nachteil, daß durch die Ritzen der Lamellen die Kleider leicht einstauben. Als wirksames Mittel gegen Motten und damit es im Schrank gut riecht, legt man an verschiedene Stellen kleine Mullsäckchen mit Lavendel oder mit Patschuli, das man in jeder Apotheke kaufen kann. Als Duftspender kann man auch leere Parfümflaschen in den Schrank stellen; sie verströmen noch eine ganze Weile einen angenehmen Duft.

Schrauben und Muttern

Schraubverbindungen sind haltbarer als Nagelverbindungen, und man kann sie leicht wieder lösen.

Holzverbindungen Dafür gibt es Schrauben aus Stahl, Messing, Kupfer oder Aluminium. Die Kopfform der Schraube bestimmt die jeweilige Verwendung.

Senkholzschrauben (A) verwendet man für Verbindungen aller Art, auch für Beschläge mit Senkloch; man kann sie bis zur Holzoberfläche eindrehen oder tiefer versenken und auskitten. Mit Halbrundholzschrauben (B) befestigt man Beschläge ohne Senkloch; der Schraubenkopf steht von der Oberfläche ab.

Linsensenkholzschrauben (C) eignen sich für Zierbeschläge oder Zierleisten; sie werden bis zum Rand versenkt. Senkholzschrauben gibt es auch mit Kreuzschlitz; man kann diese Schrauben besser und stärker eindrehen, da der Schraubenzieher (Schraubendreher sagt der Fachmann) eine größere Angriffsfläche hat.

Für Spanplattenverbindungen gibt es Spanplattenschrauben (D), auch Spax-Schrauben genannt. Sie haben ein scharfes Doppelganggewinde und einen Senkkopf mit Kreuzschlitz. Das steile Gewinde ermöglicht es, die Schrauben mit der Bohrmaschine und passender Kreuzschlitzklinge einzudrehen, ohne vorzubohren. Es genügt, wenn man die Schrauben leicht mit dem Hammer ansetzt.

Bei den andern Schrauben muß man vorbohren, damit sie das Holz nicht sprengen, wenn man sie eindreht. In dem Teil, der befestigt werden muß, bohrt man mit dem Durchmesser der Schaftdicke der Schraube; für das Schraubengewinde genügt die Kernbohrung, die zwei Drittel der Gewindedicke und -länge beträgt. Bei schwächeren Schrauben braucht das Kernloch nicht gebohrt zu werden, und bei Weichholz genügt es oft, mit dem Spitzbohrer vorzustechen. Für Senkholzschrauben reibt man das Bohrloch mit einem Krauskopf nach Bedarf aus. Schrauben laufen leichter, wenn man sie vorher mit Paraffin einreibt; Öl oder Fett sollte man nicht verwenden, da beides Flecken hinterläßt.

Schlüsselschrauben (E) sowie Schraubenbolzen mit Maschinengewinde und langem Schaft (F) verwendet man für stabile Konstruktionen wie Werkbänke, Rahmen aus Kantholz und tragende Werkteile. Flachrundschrauben mit Vierkantansatz, sogenannte Schloßschrauben (G), dienen hauptsächlich dazu, schwere Beschlagteile an Türen und Toren zu befestigen. Der Vierkantansatz unter dem Schraubenkopf verhindert, daß sich die Schraube mitdreht, wenn man die Mutter anzieht. Nach der Norm gehören Vierkantmuttern dazu; aber man kann auch Sechskantmuttern verwenden.

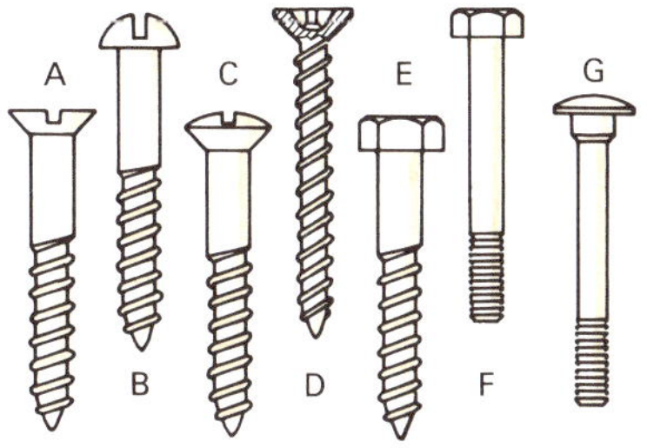

Metallverbindungen Hierfür verwendet man Schrauben mit Maschinengewinde, zu denen es passende Muttern gibt, oder Schrauben, die ihr Gewinde selbst formen. Metallschrauben sind aus Stahl, Messing, Aluminium oder Kupfer.

Bei Schrauben mit Maschinengewinde müssen die Teile, die miteinander verbunden werden, Durchgangslöcher mit einem Durchmesser haben, der mindestens der Schraubendicke entspricht, oder ein Teil muß mit einem Innengewinde (Muttergewinde) versehen sein.

Sechskantschrauben (H) mit langem Gewindeteil werden mit Sechskantmuttern (L) bei stabilen Konstruktionen eingesetzt oder in ein Teil mit Innengewinde gedreht. Man braucht dafür einen Gabel-, Ring- oder Rohrsteckschlüssel.

Zylinderschrauben mit Schlitz (I) eignen sich mit Sechskantmuttern für leichte Metall- oder Holzarbeiten. Sie werden mit dem Schraubenzieher angezogen. Ihre Spannkraft ist geringer als die der Sechskantschrauben. Zylinderschrauben sind Eisengewindeschrauben, die es auch mit Senk-, Linsensenk- und Linsenzylinderkopf gibt.

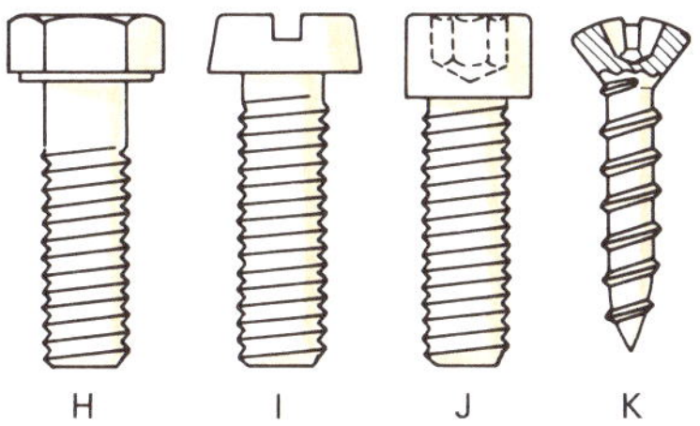

Zylinderschrauben mit Innensechskant (J) verwendet man, wenn der Abstand von Schraube zu Schraube so klein ist, daß man Gabel- oder Rohrsteckschlüssel für Sechskantschrauben nicht einsetzen kann. Man dreht sie mit einem Sechskantsteckschlüssel (Inbusschlüssel) ein.

Linsensenkblechschrauben mit Kreuzschlitz (K) haben ein scharfkantiges Gewinde mit großer Steigung. Man kann mit ihnen Bleche bis 2,5 mm Dicke verbinden. Die Schrauben formen ihr Gewinde, wenn man sie eindreht.

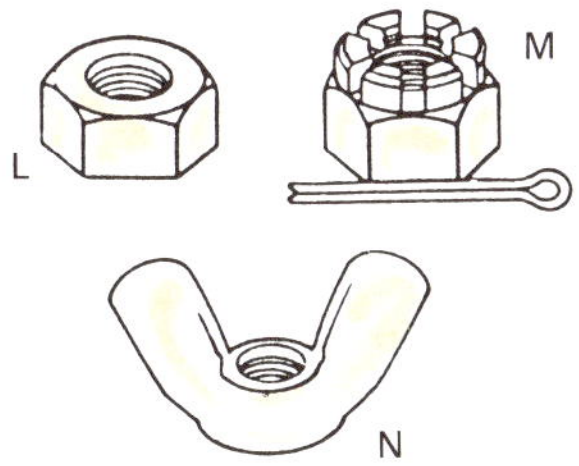

Muttern Sechskantmuttern (L) sind die gebräuchlichsten Muttern für Schrauben mit Maschinengewinde. Man zieht sie mit Gabel-, Ring- oder Rohrsteckschlüsseln fest.

Kronenmuttern (M) haben sechs oder zehn Schlitze und werden mit Splinten gesichert; die Schrauben müssen eine Bohrung haben. Flügelmuttern (N) eignen sich nur für leichte Verbindungen, da sie von Hand angezogen und gelöst werden.

Schraubendreher

Die Funktionsfähigkeit eines Schraubendrehers, in der Umgangssprache Schraubenzieher genannt, für Schlitzschrauben hängt weitgehend vom Zustand seiner Klinge ab. Sie muß in Form und Größe zum jeweiligen Schraubenschlitz passen. Die Klingendicke muß genau der Nutbreite des Schraubenschlitzes entsprechen und darf nicht meißelförmig zugespitzt sein, sonst gleitet sie aus dem Schlitz und beschädigt ihn (A, B).

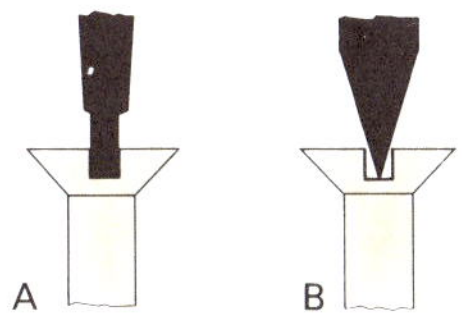

Auch die Klingenbreite muß auf den Schraubenkopfdurchmesser abgestimmt sein; eine zu breite Klinge

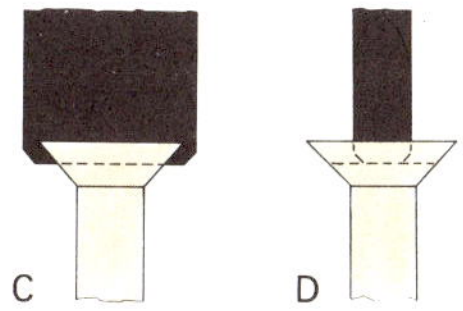

beschädigt das Holz (C), und mit einer zu schmalen übt man wenig Kraft aus (D).

Siehe auch *Werkzeuge im Haus.*

Schraubenmaße

Schrauben bestehen aus Kopf, Schaft und Gewinde. Schrauben mit Maschinengewinde sind zylindrisch, Holz- und Blechschrauben verjüngen sich zur Spitze hin. Die Dicke oder der Durchmesser von Schrauben wird am Schaft gemessen. Das Längenmaß bezeichnet das Teil einer Schraube, das ins Material ragt. Wenn man bei Schrauben mit Maschinengewinde Muttern verwendet, muß man deren Dicke bei der Bestimmung der Schraubenlänge berücksichtigen. Bei einer Schraube beispielsweise mit der Angabe 4 × 35 beträgt der Durchmesser 4 mm, die Länge 35 mm (siehe auch Tabelle Seite 310).

Wenn man zwei ungleich dicke Teile miteinander verbinden will, schraubt man das dünne Teil an

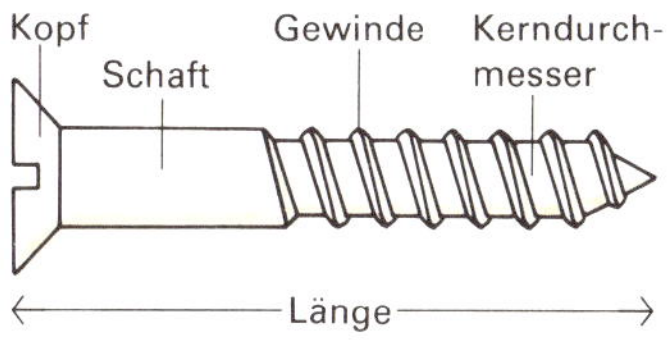

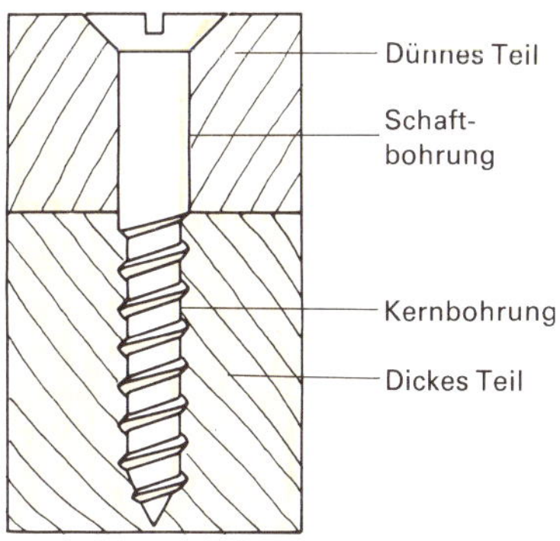

das dicke. Bei Holzschrauben bohrt man das dünne Teil mit dem Schaftdurchmesser und das dicke mit dem Durchmesser des Schraubenkerns; diese Kernbohrung soll so lang sein wie das Gewinde. Bei dünnen Schrauben und Weichholz braucht man nur mit dem Spitzbohrer vorzustechen.

Schraubenart	∅ in mm	Länge in mm
Senkholzschraube	1,6–10	8–150
Halbrundholzschraube	1,6–8	8–100
Linsensenkholzschraube	1,6–8	8–100
Spanplattenschraube	3–6	10–135
Schlüsselschraube	4–20	16–200
Schraubenbolzen	3–24	12–200
Flachrundschraube mit Vierkantansatz (Schloßschraube)	3–24	16–200
Sechskantschraube mit langem Gewindeteil	3–24	12–200
Zylinderschraube	1–10	4–90
Zylinderschraube mit Innensechskant	1,4–48	4–320
Linsensenkblechschraube mit Kreuzschlitz	2,2–6,3	6,5–50

Siehe auch *Schrauben und Muttern; Werkzeuge im Haus.*

Schreibmaschinen

Wenn eine Schreibmaschine nicht benutzt wird, sollte man sie mit der Haube abdecken. In regelmäßigen Abständen entstaubt man das Innere der Maschine mit einem auf mittlere Stufe gestellten Haarfön oder mit einer Fahrradpumpe. Alle zwei Jahre sollte man sie von einem Fachmann warten lassen.

Wenn auf der Tastatur ein Buchstabe besonders fest angeschlagen werden muß, damit er auf dem Papier erscheint, dürfte sich im entsprechenden Segmentschlitz Schmutz befinden. Man entfernt ihn mit der Spitze einer Nagelfeile. Dann reinigt man mit einer harten Schreibmaschinenbürste und handelsüblicher Reinigungsflüssigkeit die Stelle nach; man kann aber auch Testbenzin verwenden. Mit einem weichen Tuch wischt man hinterher die Flüssigkeit ab.

Erscheint das Schriftbild auf dem Papier nur undeutlich, muß vielleicht das Farbband ausgewechselt werden. Man merkt sich, wie das Farbband herausgenommen wird, und setzt das neue in umgekehrter Reihenfolge ein.

Wenn das Schriftbild verwischt aussieht oder Buchstaben unvollständig sind, können auch die Typen verschmutzt sein. In diesem Fall bürstet man die Typen mit Reinigungsflüssigkeit ab und reibt sie mit einem faserfreien Lappen trocken. Hartnäckigen Schmutz kann man mit einer Nadel herauskratzen.

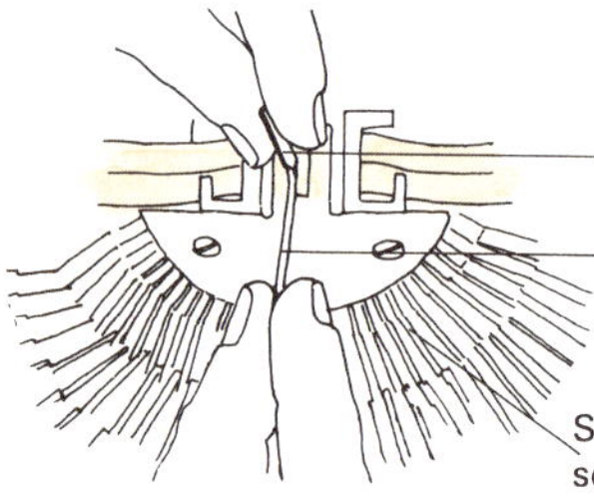

Wenn ein Typenhebel klemmt, dürfte er verbogen sein. Man schlägt die entsprechende Taste an, hält die Type und den Hebel in der Nähe des Segmentschlitzes mit den Fingern fest und biegt die Type vorsichtig zur Seite, bis der Typenhebel gerade ist und sich beim Anschlagen der Taste wieder leicht bewegt.

Rutscht das Papier durch, reibt man die Schreibwalze mit Spiritus ab. Sind einzelne Typen oder Typenhebel herausgefallen oder abgebrochen, läßt man sie in einer Fachwerkstatt ersetzen.

Elektrische Schreibmaschinen Wenn sich die Maschine an einer stromführenden Steckdose nicht einschalten läßt, überprüft man das Stromkabel. Ist es in Ordnung, kann die Sicherung in der Maschine durchgebrannt sein. Das Auswechseln durchgebrannter Sicherungen sowie alle anderen Reparaturen überläßt man dem Fachmann.

Siehe auch *Maschinenschreiben.*

Schubladen reparieren

Bei hoher Luftfeuchtigkeit können Holzschubladen vorübergehend aufquellen und dann klemmen. Wenn sie auch bei trockenerem Wetter klemmen, schleift man die hölzernen Laufleisten etwas ab (siehe *Schleifen*) und reibt sie mit Bohnerwachs, Seife oder einer Kerze ein. Gleitschienen werden gereinigt und leicht eingefettet. Hat sich eine der Holzverbindungen an den Schubladenteilen gelöst, wird sie mit Weißleim neu verleimt.

Einen gerissenen Schubladenboden repariert man, indem man mit Weißleim einen Leinwandstreifen von unten über den Riß und die Unterkanten der Schubladenseitenteile klebt.

Schubladen, die mit einem Möbelstück vorn bündig abschließen, lassen sich manchmal zu weit einschieben. Um dies zu verhindern, werden kleine Holzklötze als Anschlag hinten an die Laufleisten geleimt oder genagelt.

Schuhe, knarrende

Wenn die Laufsohle nicht fest genug mit dem Oberteil des Schuhs vernäht ist, können sich Ober- und Sohlenleder aneinander reiben, so daß die Schuhe knarren. Meist verschwindet das Geräusch, wenn das Leder beim Eintragen der Schuhe weicher wird. Ist das nicht der Fall, verwindet man die Schuhe in den Händen, um festzustellen, wo sie knarren, und reibt an dieser Stelle die Nähte mit etwas Lein- oder Rizinusöl ein. Kein Terpentinöl verwenden! Es zersetzt den Klebstoff, und die Sohlen lösen sich ab. Sollte auch dies nicht helfen, reibt sich wahrscheinlich das Leder im Inneren des Schuhs, und man muß ihn in eine Werkstatt bringen.

Schuhpflege

Um das Fersenleder nicht zu beschädigen, zieht man Schuhe mit dem Schuhlöffel an. Bevor man Schuhe aufräumt, läßt man sie einige Stunden auslüften. Damit sie ihre Form behalten, spannt man sie über Leisten. Schuhe gehören in einen Schuhschrank oder in Schuhsäcke.

Das Schuhwerk sollte regelmäßig auf Abnutzung und Schäden kontrolliert werden. Einen abgelaufenen Belag am Absatz läßt man erneuern, bevor der Schuhabsatz selbst abgetragen wird. Zum Schutz von Ledersohlen kann man vom Schuster dünne Halbsohlen aus Gummi aufkleben lassen. Sie sind billig und lassen sich einfach wieder abnehmen und ersetzen. Um die Lebensdauer zu verlängern, läßt man an den Schuhspitzen und Absätzen kleine Plättchen aus Hartgummi anbringen.

Neues Schuhwerk sollte man vor dem ersten Tragen grundsätzlich mit einem Imprägnierungsmittel, das man in jedem Schuhgeschäft erhält, einsprühen. Wenn man Ledersohlen mit Leinöl einläßt, werden sie wasserdicht.

Putzen Schuhcreme reinigt und pflegt das Schuhwerk, frischt seine Farbe auf und verleiht ihm Glanz. Wenn man in Eile ist, kann man selbstglänzende Pflegemittel verwenden. Sie enthalten jedoch Alkohol, der das Leder austrocknet; deshalb sollte man die Schuhe zwischendurch mit einem Lederpflegemittel behandeln.

Zuerst wischt man die Schuhe ab, dann wird die Creme mit einem sauberen Lappen oder einer Bürste aufgetragen und in kreisförmigen Bewegungen leicht eingerieben. Dann poliert man die Schuhe, wobei man für unterschiedliche Farben jeweils eine eigene Bürste verwendet.

Lacklederschuhe erhalten durch ein wenig aufgetragene Vaseline wieder Hochglanz. Weiße Schuhcreme läßt sich leichter auftragen, wenn man die Schuhe vorher mit Spiritus oder rohen Kartoffelstücken abreibt.

Zum Reinigen von Wildlederschuhen gibt es eigene Bürsten mit feinen Drahtborsten bzw. Gumminoppen.

Wasser- und Salzflecken Ist Schuhwerk naß geworden, stopft man es lose mit zusammengeknülltem Zeitungspapier aus und läßt es trocknen; nicht in die Nähe von Heizkörpern o.ä. stellen. Regennasses Schuhwerk wird nicht hart, wenn man es vor dem Trocknen gut mit Sattelfett einreibt. Um die weißen Ränder zu beseitigen, die im Winter auf den Schuhen vom Streusalz zurückbleiben, tupft man die Stellen mit einem Gemisch aus gleichen Teilen Wasser und Apfelessig ab. Schneeränder und andere Flecke verschwinden, wenn man sie mit Petroleum oder einer halbierten rohen Zwiebel behandelt. Die Schuhe trocknen lassen, eincremen und polieren, zum Schluß imprägnieren.

Siehe auch *Schuhe, knarrende.*

Schuppen

Von der Hornschicht der Haut schuppen sich ständig abgestorbene Zellen ab; so auch von der Kopfhaut. In der Pubertät vermehrt sich die Schuppenproduktion im allgemeinen, normalisiert sich jedoch meist von selbst wieder. Aber auch bei Erwachsenen kann es ohne ersichtlichen Grund zu verstärkter Schuppenbildung kommen. Man behandelt sie am besten mit einem Spezialshampoo.

Ein Haarwasser, das ausgezeichnet gegen Schuppen, fetten Haarboden und entzündliche Veränderungen der Kopfhaut wirkt, kann man sich selbst auf einfache Weise zusammenstellen. Man gibt 40 g Brennesseltinktur, ½ Teel. Arnikatinktur und 60 g Hamameliswasser in eine Flasche und schüttelt einmal kräftig durch. Das Haar scheiteln, die Tinktur tropfenweise auftragen und kräftig einmassieren; sie wirkt stark durchblutungsfördernd und heilend.

Wenn die Schuppenbildung anhält oder sich verschlimmert, sollte man den Hautarzt aufsuchen. Es könnte ein Ekzem, eine Schuppenflechte oder eine Pilzerkrankung der Kopfhaut vorliegen.

Siehe auch *Haarpflege.*

Schutzimpfungen

Kinder sollten im ersten Lebensjahr je drei Schutzimpfungen gegen Diphtherie, Wundstarrkrampf (Tetanus) und Keuchhusten sowie eine zweimalige Schluckimpfung gegen Kinderlähmung bekommen. Im zweiten Lebensjahr sollte man eine Masern-Mumps-Röteln-Impfung sowie eine erneute Impfung gegen Diphtherie, Wundstarrkrampf und Kinderlähmung machen lassen; letztere wird im 15. Lebensjahr wiederholt. (Über die Termine für Auffrischimpfungen informiert der Arzt.) Im 10.–13. Lebensjahr sollte eine BCG-Impfung gegen Tuberkulose durchgeführt werden, wenn der Hauttest negativ ist. Mädchen sollten sich im 13. Lebensjahr einer Rötelschutzimpfung unterziehen. Grundsätzlich gilt: Nur gesunde Kinder können Schutzimpfungen erhalten. Der Arzt muß also wissen, welche Krankheiten in der Familie aufgetreten sind, ob beim Kind eine Allergie besteht oder ob es an einer ernsten Krankheit leidet.

Siehe auch *Tetanus; Wunden; Zecken.*

Auslandsreisen Das Gesundheitsamt, das Tropeninstitut, der Hausarzt, die Automobilclubs und Reisebüros geben Auskunft darüber, für welche Länder Schutzimpfungen vorgeschrieben oder ratsam sind.

- Die Gelbfieberimpfung ist für Afrika, Mittel- und Südamerika erforderlich; sie hält 10 Jahre vor. Eine Allergie dem Arzt unbedingt melden.
- Die Choleraimpfung bietet zu 60 % Schutz. Verunreinigtes Wasser, Eiswürfel, rohe Milch, Speiseeis, ungekochtes Gemüse und Obst sollte man im Reiseland unbedingt meiden.
- Eine Typhusimmunisierung ist nicht zwingend notwendig, aber je nach Reiseland ratsam.
- Eine Tetanusschutzimpfung sollte man vornehmen lassen, wenn man in ländliche Gebiete reist. Im Abstand von fünf bis zehn Jahren sollte dann eine Nachfolgeinjektion gegeben werden, um die Schutzwirkung zu erhalten (siehe auch *Wunden*).
- Eine Hepatitisschutzimpfung empfiehlt sich bei Reisen nach Indien, Kaschmir, Nepal oder Südostasien. Sie bietet vier- bis sechsmonatigen Schutz. Bei längerem Aufenthalt alle sechs Monate wiederholen.
- Spinale Kinderlähmung tritt in vielen Ländern des Vorderen Orients und in Fernost immer noch auf. Eine Schluckimpfung dagegen schützt vier bis sechs Monate lang; bei längerem Aufenthalt wiederholen.
- Eine Tollwutimpfung empfiehlt sich

bei Reisen in den Vorderen Orient, nach Indien, Pakistan und Fernost. Sie bietet ein Jahr lang einen etwa 90%-igen Schutz; bei längerem Aufenthalt wiederholen. Wird man im Ausland von einem Hund gebissen, muß man sich beim dortigen Gesundheitsamt nach Tollwutgefahr erkundigen. Auf keinen Fall bis zur Heimkehr warten.

Schwarzer Mann

Bei diesem Schulhofspiel können mehrere Dutzend, sogar weit über 100 Spieler teilnehmen. Auf beiden Seiten des Platzes stellen sich die Spieler auf: einer als Schwarzer Mann auf der einen, die restlichen auf der anderen Seite.

Der Schwarze Mann ruft: „Wer hat Angst vorm Schwarzen Mann?“ „Niemand“, antwortet die Gruppe. „Und wenn er aber kommt?“ fragt der Schwarze Mann zurück und erhält die Antwort: „Dann kommt er eben ...“ In diesem Moment laufen beide Seiten schnell aufeinander zu.

Der Schwarze Mann versucht, möglichst viele seiner Gegenspieler mit der Hand abzuschlagen, die somit ebenfalls zu Schwarzen Männern werden. Dann stellen sich beide Parteien erneut auf. Der Schwarze Mann ist jetzt nicht mehr allein; die zuvor abgeschlagenen Spieler stehen auf seiner Platzseite und versuchen im nächsten Durchgang, weitere Spieler abzuschlagen. Das Spiel geht so lange, bis nur noch einer nicht zur Gruppe des Schwarzen Manns gehört. Er darf zur Belohnung der neue Schwarze Mann sein.

Schwimmen lernen

Schwimmen lernt man am besten bei einem geprüften Schwimmlehrer; neben dem Unterricht kann man aber auch für sich oder mit einem Helfer üben.

Für die erste Übung stellt man sich bis zur Brust ins Wasser und taucht das Gesicht ein, während man den Atem anhält. Dann hüpft man im Wasser auf und nieder; unter Wasser wird durch die Nase ausgeatmet, so daß Blasen aufsteigen; beim Hochhüpfen wird eingeatmet. Um das Sehen unter Wasser zu üben, hebt man Steine vom Boden auf.

Hüpfen im Wasser üben

Rhythmische Atmung Man stellt sich bis zur Brust ins Wasser, dreht den Kopf zur Seite und lehnt sich nach vorn, bis das Ohr eingetaucht ist. In dieser Stellung einatmen, den Kopf nach vorn drehen und mit dem Gesicht unter Wasser durch Mund und Nase ausatmen. Nun den Kopf wieder zur Seite drehen und einatmen. Diese Übung öfter wiederholen und dabei den Kopf nach rechts und links drehen, um festzustellen, nach welcher Seite die Drehung bequemer ist; bei dieser Seite bleiben. Die rhythmische Atmung so lange üben, bis man sie mühelos beherrscht.

Gestreckte Bauchlage Im brusthohen Wasser in die Hocke gehen, so daß die Schultern untergetaucht sind. Die Arme nach vorn ausstrecken. Tief einatmen, das Gesicht eintauchen und sich mit den Füßen leicht vom Boden abstoßen, so daß man in dieser Stellung ruhig im Wasser liegt. In dieser Lage zum Gleiten übergehen, indem man sich vom Rand des Beckens abstößt. Um wieder in die aufrechte Lage zu kommen, die Knie anwinkeln, den Kopf heben und die Hände mit ausgestreckten, geschlossenen Fingern nach unten drücken.

Gestreckte Bauchlage

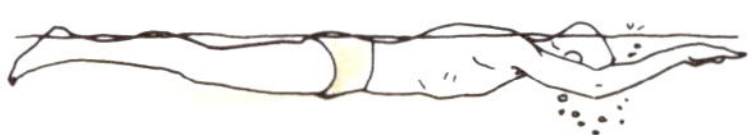

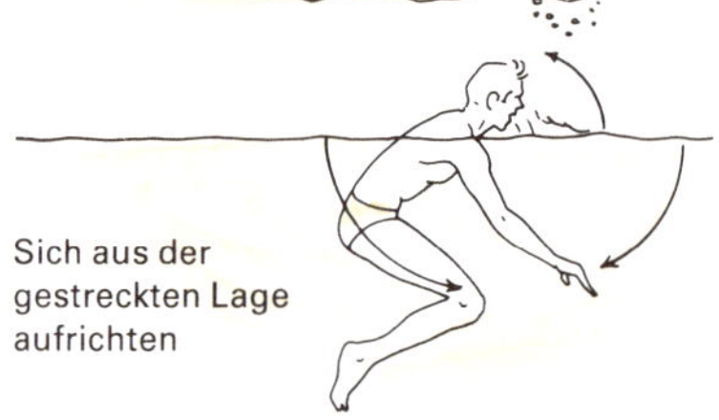

Sich aus der gestreckten Lage aufrichten

Beinschlag Man hält sich am Beckenrand fest und geht in die gestreckte Bauchlage. Während man, wie oben beschrieben, rhythmisch atmet, schlägt man mit den Beinen abwechselnd auf und ab.

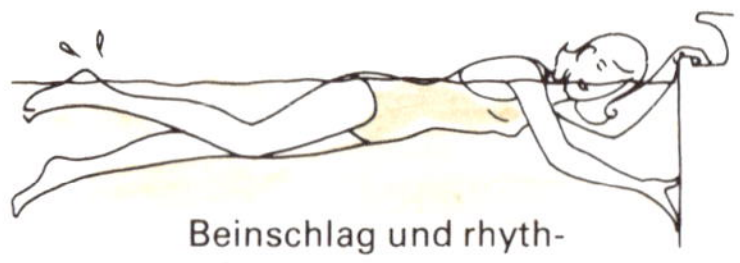

Beinschlag und rhythmische Atmung üben

Sicherheit im Wasser Man schwimmt niemals allein, auch nicht in einem Schwimmbecken. Schwimmen übt man immer unter Aufsicht und gemeinsam mit einem Begleiter. Kinder müssen ständig beobachtet werden. Nach dem Essen macht man mindestens eine Stunde lang keine anstrengenden Schwimmübungen. Aus dem Wasser gehen, sobald man müde wird. Bei Sturm oder Gewitter darf man sich nicht im Freien im Wasser aufhalten.

Am Strand schwimmt man in geringer Entfernung und parallel zur Küste. Wenn man in eine Strömung gerät, schwimmt man mit oder quer zum Strom, nicht dagegen. Bei Erschöpfung ruht man sich in gestreckter Lage und durch Auf- und Niederhüpfen im Wasser – nicht durch Wassertreten – aus.

Siehe auch *Ertrinkende retten; Wasser treten.*

Segeln

Segeln lernt man am besten im Rahmen eines Grundkurses, den viele Vereine und Segelschulen abhalten. Ein Trockenkurs vor Beginn des Lehrgangs lohnt sich immer, denn einige Grundkenntnisse sind von Vorteil. Vor allem wenn man die aus der Seemannssprache entlehnten Fachausdrücke beherrscht, versteht man die Erklärungen der Regeln und Manöver besser.

Allgemein ist bekannt, daß der Bug der vordere und das Heck der hintere Teil eines Bootes ist. Backbord ist, in Bootsrichtung gesehen, die linke und Steuerbord entsprechend die rechte Seite. Die dem Wind zugekehrte Seite des Bootes bzw. die Richtung, aus der der Wind bläst, nennt man Luv und die entgegengesetzte, also windabgewandte Seite Lee. Ablandiger Wind kommt von der Küste und weht zur See, auflandiger Wind in Richtung Küste.

Nützlich ist es, wenn man die Möglichkeit hat, in einem kleinen Segelboot, z. B. in einer Jolle, den Umgang mit dem Großsegel zu üben. Das Standardgroßsegel wird lediglich im Heck des Bootes mit Hilfe der Großschot (Tau zum Großbaum) kontrolliert.

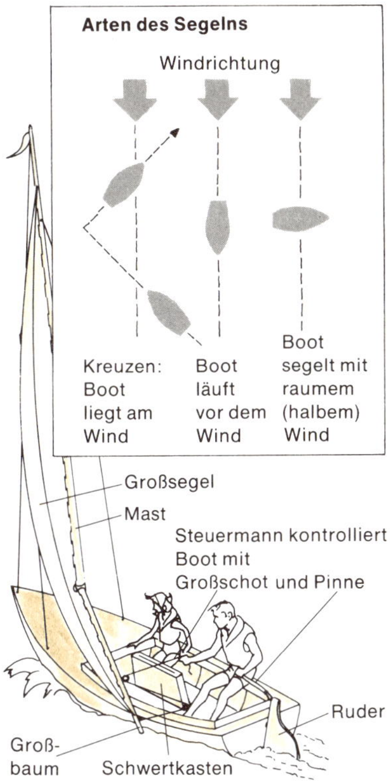

Den ersten Ablegeversuch sollte man bei ablandigem Wind durchführen. Das Boot steht mit dem Bug im Wind, d.h., der Bug zeigt zum Strand. Bei diesem Manöver wird das Segel, je nach Windstärke, kräftig flattern. Man läßt sich davon aber nicht stören, sondern schiebt das Boot tiefer ins Wasser. Nun nimmt man im Boot die gewünschte Sitzposition ein, und die Helfer drehen den Bug vom Wind weg, damit sich das Großsegel allmählich ruhiger verhält. Der günstigste Winkel zum Wind liegt bei etwa 45°. Mit einer Hand nimmt man die Großschot etwas dichter, und die Drehbewegung des Schiffes wird mit einer Ruderbewegung unterstützt. Das Boot setzt sich allmählich in Bewegung.

Bei diesem Manöver sollte man berücksichtigen, daß der Wind ein Segelboot nicht etwa dadurch bewegt, daß er auf das Segel auftrifft und es somit schiebt, sondern genau das Gegenteil ist der Fall: Der Wind streicht um das Segel, und auf der windabgewandten Seite (Lee) bildet sich Unterdruck. Das Boot wird somit vorwärts gesaugt, nicht geschoben.

Das Anlegen bei ablandigem Wind ist etwas komplizierter, denn ein Segelboot kann nicht gegen den Wind fahren, sondern es muß gekreuzt werden. Als Anfänger sollte man zum Anlegen einen flachen, seichten Strand bevorzugen und zunächst Bootsstege meiden, um Schäden am Boot auszuschließen.

Wenn man sich dem Strand nähert, muß man darauf achten, daß Ruder oder Schwert nicht den Grund berühren; sie sind einzuziehen. Vor dem flachen Wasser dreht man den Bug des Bootes in den Wind. Das Boot kommt schlagartig zum Stillstand – der Fachmann spricht vom Aufschießen. Nun springt man heraus und hält das Boot mit der Bugleine fest; so läßt es sich leicht an den Strand heraufziehen.

Sehtest

Bei einem Kind sollte man vor dem Schuleintritt einen Sehtest beim Augenarzt durchführen lassen, weil sonst ein unbemerkter Fehler die Lernfähigkeit beeinträchtigen könnte. Aber auch später ist eine regelmäßige Überprüfung der Sehkraft äußerst wichtig: etwa bis zum 20. Lebensjahr jedes Jahr; zwischen 20 und 40 Jahren in größeren Abständen, weil sich die Augen kaum verändern, und danach wieder jedes Jahr.

Verdacht auf ein Augenleiden besteht, wenn ein Kind die Augen häufig reibt, schielt, ein Auge schließt oder abdeckt, sehr lichtempfindlich ist, ein Auge nach innen oder außen verdreht, über Brennen oder Juckreiz klagt oder oft rote und verweinte Augen hat. Unabhängig vom Alter sollte man sich einem Augentest unterziehen, wenn sich die Sehkraft plötzlich verändert, wenn man schielt, die jeweilige Arbeit dicht vor die Augen halten muß oder wenn es besonderer Anstrengungen bedarf, um deutlich zu sehen.

Beim Erwerb des Führerscheins ist eine Prüfung der Sehschärfe notwendig, um die Verkehrstauglichkeit festzustellen. Der Sehtest wird in diesem Fall entweder beim Technischen Überwachungs-Verein (TÜV) oder beim Augenoptiker durchgeführt. Bei Sehschwäche wird im Führerschein vermerkt, daß der Betreffende beim Fahren geeignete Augengläser (oder Kontaktlinsen) tragen muß. Fährt der Betreffende trotz dieses Vermerks ohne geeignete Augengläser und gerät in eine Polizeikontrolle, kann dies ein Bußgeldverfahren nach sich ziehen. Verursacht er gar einen Unfall, kann es so weit kommen, daß die Versicherung nicht zahlt.

Siehe auch *Augenbeschwerden.*

Seife

Es ist eine alte Streitfrage, ob man Seife zur Körper- und Gesichtsreinigung verwenden soll oder nicht. Man muß dabei zunächst bedenken, daß es Seifen mit sehr großen Qualitätsunterschieden gibt. Eine gute Seife ist ein Naturprodukt. Minderwertige Seifen enthalten Kalium oder künstliche Reinigungsmittel, die die Haut reizen können. Überfettete oder rückfettende Seifen, wie etwa Lanolin- oder Babyseifen, sind für die Hautreinigung dagegen grundsätzlich gut geeignet und sogar schonender als manche Badezusätze. Wer empfindlich ist, sollte auf parfümierte oder deodorierende Seifen verzichten. Wichtig ist in jedem Fall, daß man die Haut anschließend mit viel klarem Wasser sehr gründlich nachspült. Als Seifenersatz gibt es verschiedene Waschcremes und -gele.

Seifen können allerdings nur wasserlöslichen Schmutz von der Haut lösen. Um ein öllösliches Make-up zu entfernen, sind Seifen ungeeignet. Dafür braucht man ein schonendes Reinigungsöl, eine Reinigungscreme oder -milch. Danach kann man das Gesicht zusätzlich mit Seife waschen, um auch wasserlöslichen Schmutz zu entfernen.

Siehe auch *Gesichtspflege; Körperpflege.*

Seifenblasen

Für Seifenblasen braucht man ein Röhrchen oder einen Trinkhalm, den man am Ende mit einem Messer mehrmals etwa 1 cm tief einschlitzt und auseinanderbiegt. Man kann auch ein 15 cm langes Stück Draht zu einer Schlinge zurechtbiegen und verdrillen.

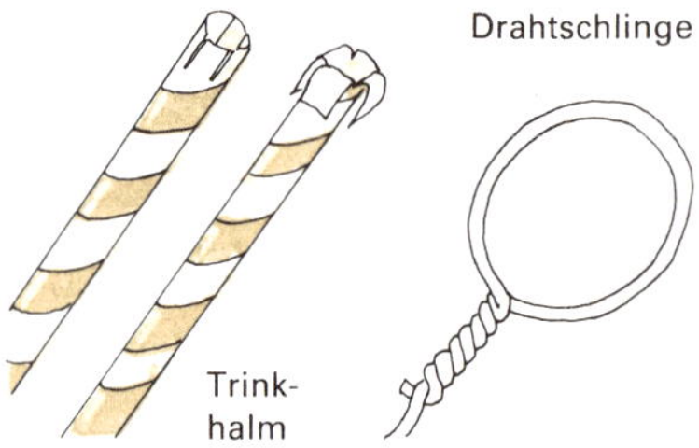

Außerdem benötigt man eine Seifenlösung, die man aus 1 Eßl. Schmierseife, 1 Eßl. Glyzerin (in Drogerien erhältlich) und 1 Tasse warmem Wasser herstellt. Man kann auch ½ Tasse mildes, flüssiges Geschirrspülmittel mit 1½ Tassen warmem Wasser vermischen. Verwendet man das Röhrchen, taucht man das präparierte Ende in die Lösung und bläst dann von der anderen Seite vorsichtig hinein, bis sich eine Seifenblase bildet. Um die Seifenblase abzuwerfen, macht man mit dem Röhrchen eine kurze, ruckartige Bewegung. Auch die Drahtschlinge wird in die Lösung getaucht; wenn man sie wieder herausnimmt, muß sich ein dünner Flüssigkeitsfilm innerhalb der Schlinge befinden. Dann bläst man auf den Film, bis eine Seifenblase entsteht. Um mehrere zusammenhängende Seifenblasen zu bekommen, bewegt man die Schlinge beim Hineinblasen langsam vor und wieder zurück.

Seilspringen

Beim Seilspringen, das auf ebener Fläche im Freien gespielt wird, müssen mindestens drei Spieler teilnehmen: zwei Seilschwinger und ein Springer. Außerdem benötigt man ein etwa 3 m langes Seil. Die Seilschwinger ergreifen das Seil an jeweils einem Ende mit einer Hand und stellen sich im Abstand von etwa 2 m gegenüber auf, so daß das Seil in der Mitte locker den Boden berührt. Der Springer stellt sich zwischen sie. Zunächst schwingen die Seilschwinger das Seil vom Springer weg. Dann schwingen sie das Seil im vollen Kreis langsam und gleichmäßig über den Kopf des Springers und wieder hinunter, so daß er darüber springen muß; bei jeder Umdrehung wird der Boden vom Seil knapp berührt. Dies wird so oft wiederholt, bis der Springer über das Seil stolpert; dann scheidet er aus. Die Schwinger lassen dann das Seil wieder im vorherigen Rhythmus weiterkreisen, und der nächste Springer ist an der Reihe. Zwei bereits ausgeschiedene Springer lösen dann die Seilschwinger ab. Wer am Schluß übrigbleibt, ist Sieger.

Um das Seilspringen zu erschweren, kann man auf einem Bein hüpfen, bei jedem Sprung einen Stein abwechselnd hinlegen und wieder aufheben oder das Seil so schnell kreisen lassen, daß es bei jedem Sprung zwei Umdrehungen macht. Man kann das Seil auch abwechselnd einmal langsam und einmal schnell kreisen lassen. Beim „Durchlaufen" springen die Spieler der Reihe nach von der einen Seite in das Seil, hüpfen einmal und laufen dann zur anderen Seite wieder hinaus, ohne den Rhythmus zu unterbrechen. Beim nächsten Durchgang hüpft jeder Spieler zweimal, dann dreimal usw., bis ein Spieler nach dem anderen ausscheidet und am Schluß nur noch einer übrigbleibt. Beim Mannschaftsspringen muß jeder Spieler die gleichen Sprünge ausführen, die der Mannschaftsführer vormacht.

Seitenlagerung

Wenn ein Bewußtloser noch atmet (siehe *Bewußtlosigkeit*), bringt man ihn in die Seitenlage. Dazu zunächst den nahen Arm des Bewußtlosen gestreckt so weit wie möglich unter dessen Körper schieben. Dann das nahe Bein des Bewußtlosen beugen und den Fuß an das Gesäß stellen. An die

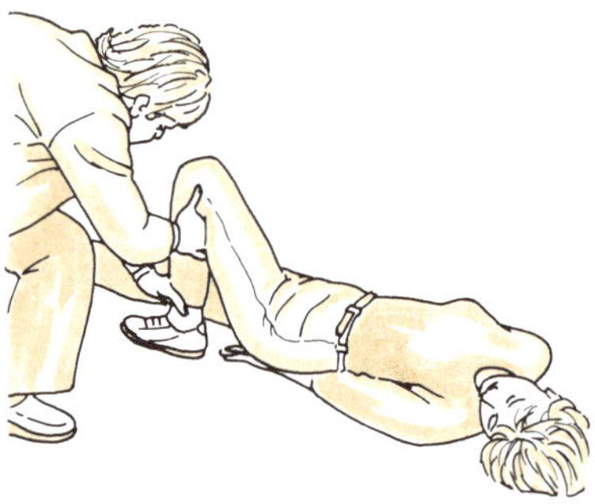

Schulter und die Hüfte der fernen Seite des Bewußtlosen fassen und ihn behutsam zu sich herüberziehen. Den Bewußtlosen mit dem eigenen Bein stützen und den Arm, der unter dem Körper liegt, behutsam am Ellbogen

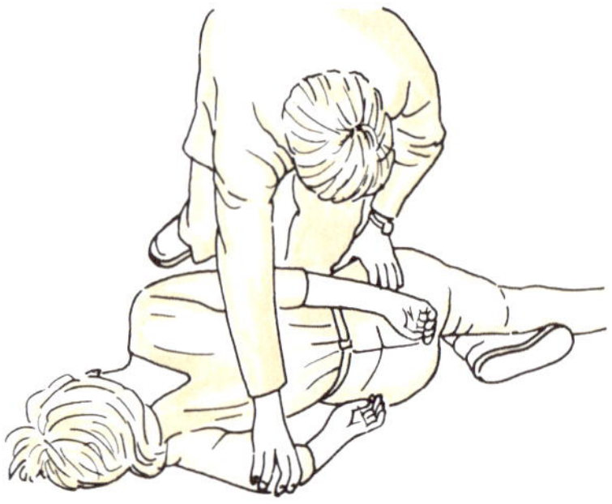

etwas nach hinten hervorziehen. Den Kopf des Bewußtlosen in den Nacken überstrecken und sein Gesicht etwas zum Boden wenden, damit die Atemwege frei werden und Flüssigkeit, die sich im Mund und Rachen gesammelt hat, nach außen abfließen kann. Die Finger des Bewußtlosen unter seine Wange schieben.

Selbstverteidigung

Laut Strafgesetzbuch handelt man nicht rechtswidrig, wenn man eine Tat begeht, die durch Notwehr geboten ist. Notwehr ist die Verteidigung, die erforderlich ist, um einen rechtswidrigen Angriff von sich oder einem anderen abzuwehren.

Gut geeignet zur Selbstverteidigung sind die ostasiatischen Sportarten Judo, Karate, Taekwondo und Jiu-Jitsu. Nicht jeder aber hat eine dieser Sportarten gelernt oder übt sie gar aus, um sich im Falle eines Angriffs wehren zu können.

Menschen ohne solche Spezialausbildung sollten lieber versuchen zu fliehen, wenn sie angegriffen werden, und laut um Hilfe rufen. Gelingt die Flucht nicht, muß man schnell die Situation erfassen. Dazu gehört, daß man die Stärke und die Absicht des Angreifers abschätzt. Wenn er bewaffnet ist und es beispielsweise auf Geld und Schmuck abgesehen hat, sollte man widerstandslos alles aushändigen und, wenn möglich, umgehend die Polizei verständigen. Sie erwartet eine möglichst genaue Beschreibung des Täters.

Gelingt die Flucht nicht und läßt sich der Angreifer auch durch laute Hilferufe nicht abschrecken, obwohl bewohnte Häuser in der Nähe stehen, muß man sich verteidigen. Wichtig ist, daß man dabei mit vollem geistigem und körperlichem Einsatz vorgeht. Als Abwehrmittel setzt man ein, was gerade greifbar ist: einen Schlüsselbund, die Tasche, den Schirm, einen Stein, einen Stock, oder aber man tritt und schlägt mit Füßen und Händen. Ohne zu zögern, zielt man auf die empfindlichen Körperteile wie Kopf und Genitalbereich. Gelingt es, den Angreifer dadurch zu verunsichern, sollte man die erste Möglichkeit zur Flucht nutzen, Hilfe herbeirufen und die Polizei verständigen.

Senkblei

Ein Senkblei besteht aus einem Stück Schnur mit einem Metallgewicht am Ende. Die Schnur wird an einem Nagel, Haken oder einem anderen Gegenstand so befestigt, daß das Gewicht frei herunterhängt. Die Schnur ist dann genau senkrecht gespannt, und man kann Bauelemente aller Art, z. B. Ständer von Zwischenwänden, danach ausrichten.

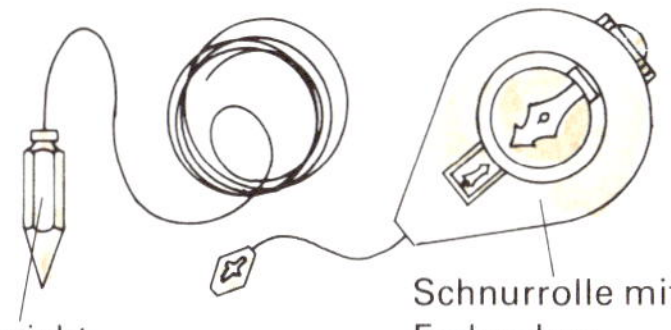

Bei manchen Arbeiten, wenn man beispielsweise Wände tapeziert, mit Fliesen belegt oder wenn man Regale aufstellt, sind senkrechte Linien an der Wand hilfreiche Markierungen. Auch dazu ist ein Senkblei gut. Man reibt die Schnur mit farbiger Kreide ein, hängt das Lot auf, spannt die Schnur straff und läßt sie gegen die Wand schnellen.

Solche sogenannten Schlagschnüre gibt es auch in geschlossenen Rollen, in die man Farbpulver füllt, so daß die Schnur eingefärbt ist, wenn man sie herauszieht. Die Rolle dient dann als Senkgewicht.

Sicherheit zu Hause

In jedem Haushalt gibt es, insbesondere für Kinder und ältere Menschen, oft nicht erkannte, doch leicht zu beseitigende Gefahrenquellen.

Stürze und Ersticken Das Baby läßt man keinen Augenblick unbewacht auf dem Wickeltisch liegen. Kleinkinder muß man beim Spielen beaufsichtigen, da sie dazu neigen, alles in den Mund zu nehmen. Kleinere Gegenstände, die das Kind verschlucken könnte, bringt man außer Reichweite. Bei der Auswahl von Babyspielzeug achtet man darauf, daß es nicht splittert, fusselt oder scharfkantig ist. Wichtig sind auch ungiftige, nicht abblätternde Farben.

Bei Holzgitterbetten dürfen die Stäbe höchstens 7–7,5 cm auseinanderstehen, damit das Baby den Kopf nicht durchstecken kann. Um Erstickungsgefahr zu vermeiden, bindet man die Zudecke am Fußende des Bettchens an, damit das Kleinkind sie nicht über den Kopf ziehen kann. Unter einer Plastiktüte kann ein Kind ersticken; man hebt Tüten daher für Kinder unzugänglich auf oder zerschneidet bzw. verknotet sie zum Wegwerfen; eine Plastikfolie darf niemals als Matratzenauflage im Kinderbett verwendet werden.

Sobald ein Kleinkind zu krabbeln anfängt, entfernt man alle zerbrechlichen Gegenstände und richtet Schränke und Regale so ein, daß sich nur ungefährliche und robuste Gegenstände in Bodennähe befinden. Um ein Kind, das bereits stehen kann, vor Gefahren zu schützen, muß man Schranktüren absperren können (siehe auch *Schlösser und Schlüssel*).

Gifte Reinigungs- und Pflegemittel für den Haushalt, Kosmetika, leicht entzündbare Stoffe wie Benzin oder Petroleum sowie Insektizide und Pflanzenschutzmittel darf man nicht offen herumstehen lassen. Sie müssen unerreichbar für Kinder aufbewahrt und nach Gebrauch sofort wieder eingeschlossen werden. Alle Medikamente, auch harmlose Vitaminpräparate u. ä., verwahrt man in einem verschließbaren Fach der Hausapotheke. Keine Tabletten in der unbeaufsichtigten Handtasche liegenlassen. Bewährt haben sich als zusätzliche Vorsichtsmaßnahme Arzneimittelbehälter mit kindergesichertem Verschluß.

Hat man im Garten Mittel zur Insektenvertilgung versprüht, sollten Kinder dort ein bis zwei Tage lang nicht spielen. Es empfiehlt sich, in der Nähe des Telefons die Nummer des Giftnotrufs bereitzuhalten (siehe *Vergiftungen*).

Messer, Gabel, Schere, Licht Streichhölzer und Feuerzeuge dürfen nicht für Kinder zugänglich sein. Durch ständiges Anleiten sollte man Kindern beibringen, daß Feuer sehr gefährlich ist. Kerzenlicht in der Nähe von Kleinkindern meiden. Am Küchenherd kocht man möglichst auf den rückwärtigen Platten oder dreht die Stiele von Pfannen auf den vorderen Platten zur Seite, so daß man nicht hängenbleibt und das Kind nicht danach greifen kann.

Besteck, vor allem Messer und Gabeln, nicht offen herumliegen lassen. Scharfkantige Werkzeuge und Scheren immer unter Verschluß halten. Beizeiten weist man Kleinkinder darauf hin, daß Elektrogeräte kein Spielzeug sind und man niemals Gegenstände in die Steckdose stecken darf. Um elektrische Schläge zu vermeiden, versieht man die Steckdosen mit Kindersicherungen (im Elektrohandel erhältlich). An den Fenstern bringt man Sicherheitsverschlüsse an.

Bad und Küche Um im Badezimmer Rutschgefahr zu vermeiden, legt man sowohl in Dusch- und Badewanne als auch auf den nassen Boden eine rutschfeste Badematte. Einmontierte Haltegriffe an der Wand erhöhen, vor allem für ältere Menschen, die Sicherheit beim Baden und Duschen. Vorsicht: Wasser in Verbindung mit Strom kann tödlich sein! Daher sich nicht im Bad rasieren, fönen oder ein Radio bzw. elektrisches Heizgerät aufstellen. Nie mit nassen Händen einen Stromkontakt herstellen.

In der Küche sollte man genügend Bewegungsfreiheit haben. Keine Möbel oder Geräte mit scharfkantigen Ecken kaufen. Nur einwandfreie Elektrogeräte verwenden. Defekte Stromanschlüsse und Geräte – das gilt für den gesamten Haushaltsbereich – nur vom Fachmann reparieren lassen. Hängeschränke dürfen nicht mit Geschirr überladen werden, sie reißen sonst aus ihrer Verankerung. Kochtöpfe und Pfannen gehören in die unteren Fächer. Den Mülleimer täglich leeren und säubern. Giftige Abfälle als Sondermüll aussortieren.

Sturzgefahr Treppen im und vor dem Haus dürfen nicht zu steil sein und müssen, sofern sie mehr als fünf Stufen haben, mit einem Geländer, das den DIN-Vorschriften entspricht, versehen sein. Gefährlich sind blankgebohnerte Holztreppen sowie nicht befestigte Brücken und Läufer (siehe dort), auf denen man ausrutschen und stürzen kann. Auf Treppen nichts abstellen. Ausreichende Beleuchtung vermindert das Unfallrisiko.

Heizkörper mit scharfen Kanten sollten mit einer Blende verkleidet werden. Schränke und Regale müssen stabil und standfest sein. Frei stehende Schrankelemente dürfen nicht umkippen, wenn man kräftig dagegen stößt. Zu hoch angebrachte Hängeregale begünstigen Stürze, wenn man trotz Trittleiter nicht an sie herankommt. Eine Trittleiter ersetzt man nie durch einen Tisch, Stuhl o.ä.

Brandgefahr Zigarettenstummel gehören in den Aschenbecher. Asche niemals in den Papierkorb leeren; es könnte noch Glut darin sein. Nicht im Bett rauchen. Wer einen offenen Kamin besitzt, stellt ein Schutzgitter gegen den Funkenflug davor. Kerzen sollte man immer löschen, wenn man den Raum verläßt. Es ist gefährlich, Zeitungen o.ä. neben einem offenen Feuer oder einem Heizgerät zu lagern. Möbel, Gardinen und Bettzeug dürfen nicht zu nahe an Heizquellen sein.

Mehrfachstecker und Verlängerungsschnüre sollte man nur vorübergehend für Stromanschlüsse verwenden; möglichst weitere Anschlüsse vom Fachmann installieren lassen. Wer ein Heizkissen oder eine Heizdecke im Bett verwendet, muß daran denken, sie vor dem Schlafen abzuschalten. Man darf Heizdecken und -kissen weder falten noch knicken, denn sonst wird die Isolierung zerstört, was möglicherweise einen Brand auslösen kann. Das eingeschaltete Gerät niemals unbeaufsichtigt lassen. Nur bei besonders zugelassenen Geräten feuchte Umschläge o.ä. verwenden.

Siehe auch *Elektrowerkzeuge; Heizdecken und -kissen; Weihnachtsbaum; Zimmerbrand.*

Sicht- und Windschutz

Ein Sicht- oder Windschutz für Garten oder Terrasse kann gleichzeitig zur Grundstücksabgrenzung dienen. Wegen der regional unterschiedlichen Vorschriften über Grenzabstände für feste Bauwerke ist die jeweilige Bauordnung unbedingt zu beachten. Innerhalb von Wohnbezirken dürfen in der Regel Einfriedungen (Mauern, Palisaden, Lamellenzäune u.ä.), die nicht höher als 1,5 m sind, auf die Grenze gesetzt werden. Auskunft erhält man beim Baurechts- oder Landratsamt.

Massive Wände aus Sichtbeton, verputztem oder Sichtmauerwerk sind zwar sehr beständig, aber auch aufwendig. Leichtere Bauteile wie verglaste Rahmenteile, Holzlamellenzäune, Wände aus Rundholzpalisaden oder auch nur ein Sonnensegel erfüllen den Zweck oft ebenso.

Besonders gut geeignet sind in den meisten Fällen Holzbauteile, da sie sehr dekorativ sind und auch als Gerüst für rankende Pflanzen dienen. Sie bleiben aber nur ansehnlich, wenn das Holz entsprechend vorbehandelt ist und regelmäßig gepflegt wird. Am besten ist es, kesseldruckimprägniertes Material zu kaufen, denn es ist am wirksamsten gegen pflanzliche und tierische Holzschädlinge geschützt. Trotzdem muß man nach einer gewissen Zeit nachbehandeln. Sehr gut geeignet dafür sind offenporige Imprägnierungsmittel.

Besonders anfällig für Witterungseinflüsse sind Hirnholzkanten und -flächen. Man sollte sie daher besonders sorgfältig und satt einstreichen.

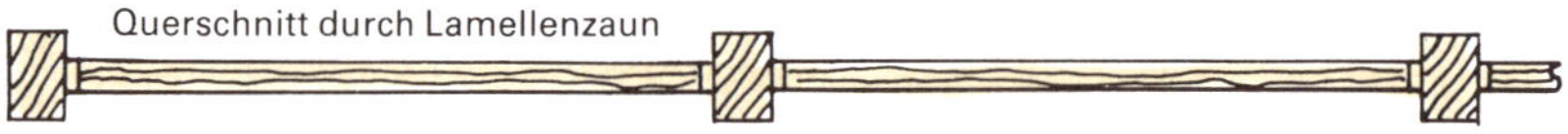

Querschnitt durch Lamellenzaun

Gut ist es außerdem, wenn sie abgeschrägt sind, damit das Regenwasser rasch ablaufen kann.

Flecht- oder Lamellenfüllungen werden durch eine Nut im äußeren Rahmen gehalten. Die Nut im unteren Rahmenteil bohrt man an einigen Stellen nach unten durch, damit das Wasser ablaufen kann. Die Unterkante des Zaunes muß vom Boden weit genug entfernt sein, damit sie nicht durch Erdfeuchtigkeit oder Spritzwasser faulen kann.

Sehr einfach sind Zäune aus Brettern herzustellen. Man kann sie senkrecht oder waagrecht verlaufen lassen. Sie werden an Rahmen aus Pfosten und Traversen (Querteile) aus Kanthölzern (siehe *Bauholz*) genagelt oder geschraubt (siehe *Schrauben und Muttern*). Man kann die Bretter auf einer Seite der Rahmen anbringen oder abwechselnd rechts und links befestigen. Wenn man die Bretter einseitig Kante an Kante anbringt, wirkt der Zaun eintönig.

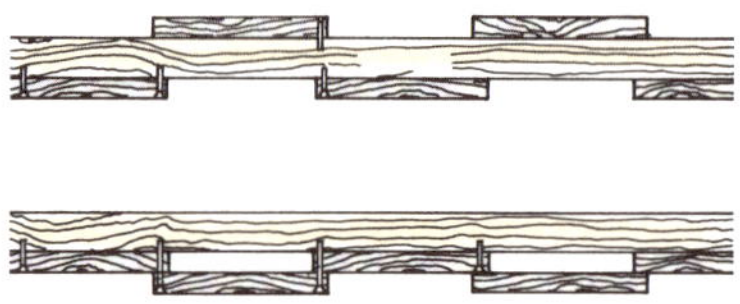

Querschnitt durch Zaun mit senkrechten Brettern

Die Trägerkonstruktion kann auch aus Winkel- oder Rechteckstahl bestehen.

Siehe auch *Zaunpfosten ersetzen.*

Silberfischchen

Diese flügellosen, schlanken, silberglänzenden Insekten bevorzugen eine kühle, feuchte Umgebung. Die mit ihnen verwandten Ofenfischchen bevorzugen wiederum die Wärme; sie halten sich in der Nähe von Öfen und Warmwasserleitungen auf. Beide Insekten leben von Stoffen mit hohem Stärke- und Zuckergehalt wie Getreideprodukten, Speiseabfällen, eingetrocknetem Leim und Tapetenkleister und sind in Bucheinbänden und einigen Textilien zu finden.

Um die Insekten fernzuhalten, sollte man regelmäßig staubsaugen, Kleider und Wäsche auslüften lassen und Bücherregale sowie Keller- und Vorratsräume öfter gründlich reinigen.

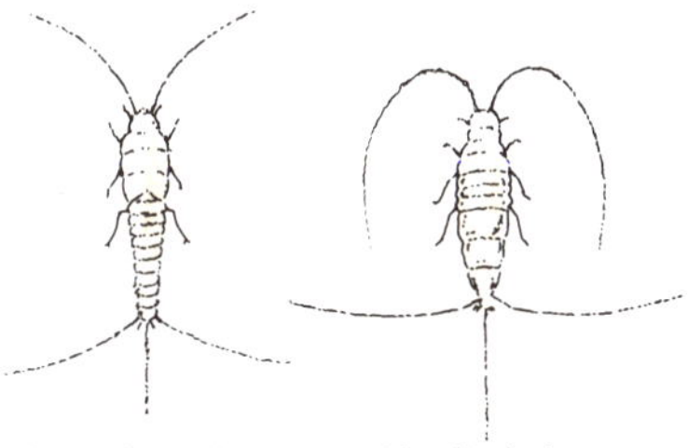

Silberfischchen Ofenfischchen

Gegen Silberfischchen helfen handelsübliche Ungeziefersprays sowie spezielle Ungezieferköder, von denen die Insekten angezogen und vernichtet werden. Man kann auch mehrere Holzbrettchen, die mit Sirup oder Melasse bestrichen werden, an den befallenen Stellen auslegen; eine Mischung aus Borsäure und Zucker beendet ebenfalls die Plage.

Die Ungeziefersprays, die man in Drogerien kaufen kann, helfen auch gegen Ameisen. Man kann auch dort, wo Ameisen sich aufhalten, kleine, in Zuckerwasser getränkte Schwämme auslegen, die man regelmäßig aufsammelt und in heißes Wasser taucht. Ameisenhügel im Garten zerstört man mit kochendheißem Wasser.

Silberpflege

Am besten reinigt man Besteck und Geschirr aus Silber, indem man es von Hand mit einem handelsüblichen Silberputzmittel oder einer Paste aus Natron und Wasser abreibt. Angelaufene Stellen behandelt man mit Brennspiritus. Zum Schutz der Hände trägt man dabei Gummihandschuhe. Staubige Stücke werden zuerst gewaschen und abgetrocknet. Das Putzmittel trägt man mit einem weichen, trockenen Lappen auf und verreibt es in Längsrichtung – nicht kreuz und quer oder kreisförmig. Vertiefte Muster werden mit einer kleinen weichen Bürste gereinigt. Den Belag zwischen den Zinken von Gabeln entfernt man mit einer Schnur, die mit Silberputzmittel getränkt und hindurchgezogen wird. Dann die Silbergegenstände abwaschen, nachspülen und mit einem weichen Tuch oder Fensterleder polieren. Durch Eierrückstände schwarz gewordenes Silber taucht man in Kochwasser von Kartoffeln.

Wenn es schnell gehen soll, legt man den Boden eines großen Topfes mit Aluminiumfolie aus, gibt dann das angelaufene Silber hinein und gießt heißes Salzwasser darüber (auf 1 l Wasser 1 Teel. Salz). Man läßt das Silber ein wenig stehen und spült es dann gründlich mit klarem, heißem Wasser ab. Diese Methode sollte man nur in Ausnahmefällen verwenden, da das Silber dadurch matt werden könnte.

Damit Silberbesteck nicht anläuft, reibt man es hauchdünn mit Glyzerin ein und wickelt jedes Stück einzeln in Seidenpapier. Das Ganze schlägt man in ein Spezialtuch ein, dessen Imprägnierung das Anlaufen verhindert, oder in dickes, dunkles Papier.

Ski wachsen

Das Wachsen empfinden manche Skifahrer als lästig und meinen darauf verzichten zu können. Es bringt jedoch viele Vorteile (dazu siehe *Alpinski pflegen*).

Alpinski Je nachdem, wie viele Stunden man jeden Tag fährt, sollte man Alpinski jeden oder jeden zweiten Tag wachsen. Dies macht man am besten morgens, solange die Ski trocken und verhältnismäßig warm sind.

Je nach Temperatur kann man das entsprechende, meist nach Farben gekennzeichnete Wachs wählen, es gibt aber auch ein Universalwachs, das für alle Schneeverhältnisse geeignet ist. Das Wachs wird über die Lauffläche verteilt und mit einem trockenen Lappen gut nachgerieben.

Langlaufski Besonders bei Sportwettbewerben mißt man zunächst erst einmal mit einem Thermometer die Schneetemperatur und wählt entsprechend der Schneesituation Wachse, deren Eigenschaften auf die verschiedenen Temperaturen abgestimmt sind. Zur leichten Erkennbarkeit gibt es auch hier unterschiedliche Farben.

Zunächst löst man Wachsreste mit einer Kunststoffziehklinge ab. Man kann auch Skiwachsentferner verwenden. Nach einer Wartezeit, in der die Lösungsmittel verdampfen, ist der Ski wieder bereit, das Wachs aufzunehmen.

Für die Gleitzone und die Abstoßzone des Skis gibt es unterschiedliche Wachse, die heiß oder kalt aufgebracht werden können. Je nach Wachsart kann man verschiedene Auftragtechniken anwenden. Den besten Effekt erreicht man mit dem Heißwachs, das mit einem Wachsapparat aufgetragen oder, in einem Behälter erhitzt, auf die Lauffläche geträufelt und dann verteilt wird. Trockenwachse trägt man je nach Schneebedingungen schichtweise auf und verreibt sie mit einem Korken. Anschließend darf man das Abziehen nicht vergessen. Klister aus der Tube bringt man in regelmäßigen Streifen auf und verteilt ihn gleichmäßig mit der Handfläche. Nach Möglichkeit sollte man alle diese Arbeiten in einem beheizten Raum ausführen, damit das Klisterwachs schneller aushärten kann.

Am einfachsten für unterwegs ist Tourenklister aus der Spraydose. Man braucht ihn nur mit dem auf der Dose angebrachten Schwamm gleichmäßig zu verteilen.

Auch Ski, die nicht gewachst werden müssen, gleiten meist besser, wenn man sie wie oben beschrieben behandelt.

Skilanglauf

Beim Skilanglauf wird die allgemeine Kondition gefördert (siehe *Sport und Gesundheit*), außerdem ist die Verletzungsgefahr im Vergleich zum alpinen Skifahren geringer. Langlaufen ist mit weniger Kosten verbunden, und auch die Ausrüstung ist preiswerter.

Der Langlaufski sollte bei Frauen 20–25 cm, bei Männern 25–30 cm länger als die Körpergröße sein. Bei sportlichen Läufern dürfen die Ski noch etwas länger sein. Es gibt auch unterschiedliche Breiten. Der breite Ski hat den besseren Stand und sinkt im nicht gespurten Gelände weniger tief ein. Der schmalere Ski, meist von Rennläufern bevorzugt, macht den Anfänger oft unsicher, und es besteht die Gefahr des Einsinkens.

Die richtige Stocklänge wird ermittelt, indem der sportliche Läufer von seiner Körpergröße 30 cm, der weniger sportliche 35 cm abzieht.

Bei den (Renn- oder Touren-)Langlaufski gibt es Zielgruppen:

• Zielgruppe S beherrscht alle Langlauftechniken, ist schnell und ausdauernd. Auf gut präparierten Spuren gibt es keine Schwierigkeiten und Einschränkungen.
• Zielgruppe A beherrscht die wesentlichen Langlauftechniken und ist ausdauernd. Es werden auf präparierten Spuren mittlere Geschwindigkeiten bevorzugt.
• Zielgruppe L beherrscht die Lauftechnik nur bedingt. Abfahrten werden meist mit abgeschnalltem Ski überwunden. Es wird möglichst flaches, leichtes Gelände bevorzugt.
• Zielgruppe W umfaßt Langläufer, die leichtes bis mittelschweres Gelände abseits präparierter Langlaufspuren vorziehen. Bei dieser Zielgruppe spricht man eher von Skiwandern.

Die Langlaufskibindung besteht aus einem sehr einfachen Schnappmechanismus. Der Schuh wird nur im vorderen Sohlenbereich fixiert. Bei Tourenbindungen kann auch die Ferse nach Bedarf fixiert werden, um eine bessere Führung bei Abfahrten zu erzielen. Langlauf-Sicherheitsbindungen sind höchstens im Tourenbereich zu empfehlen.

Bei der Schuhauswahl muß man darauf achten, daß es spezielle Formen für die Schuhspitze gibt, die wiederum zu einer besonderen Bindung gehören. Ein anderes Unterscheidungsmerkmal ist die Schuhform, wobei die flache meist von Rennläufern bevorzugt wird. Wenn man weniger den sportiven Einsatz wählt und mehr Wert auf Skiwandern legt, ist die hohe Schuhform, die eine gute Schaftabdichtung gewährleistet, vorteilhafter.

Der spezielle Langlaufanzug besteht aus einem atmungsaktiven Mischgewebe und sorgt zusammen mit einer geeigneten Unterbekleidung für gute Schweißaufnahme. Während der sehr kalten Jahreszeit sollte man zusätzlich zum Langlaufanzug eine ärmellose gefütterte Weste tragen, da besonders in Skipausen die Gefahr der schnellen Abkühlung besteht.

Siehe auch *Loipenregeln; Ski wachsen.*

Skilauf, alpiner

Der alpine oder Abfahrtsskilauf stellt hohe Anforderungen an die allgemeine Kondition des Skifahrers. Deshalb sollte man sich rechtzeitig vor Beginn der Skisaison einem speziellen Skigymnastikkurs anschließen. Auch Jogging und Radfahren fördern die Kondition.

Das Skifahren lernt man am besten in Skikursen. Diese werden von Skischulen in Wintersportgebieten – auch im Rahmen von Pauschalreisen – angeboten. In verschiedenen Übungsgruppen werden die Skifahrer je nach ihrem Können von staatlich anerkannten Skilehrern geschult.

Siehe auch *Pistenregeln.*

Ausrüstung Als Anfänger hat man zunächst das Problem der Skiauswahl. Die folgende Übersicht soll den Einkauf erleichtern:
• Zielgruppe S: Das sind alle Skifahrer, die bei den üblichen Pistenverhältnissen das Parallelfahren beherrschen und vorwiegend den oberen Geschwindigkeitsbereich bevorzugen.
• Zielgruppe A: Paralleles Skifahren wird nur bei guten Pistenverhältnissen beherrscht; es wird der mittlere Geschwindigkeitsbereich bevorzugt.
• Zielgruppe L: Paralleles Skifahren wird nur bei leichten Pistenverhältnissen beherrscht; es wird der untere Geschwindigkeitsbereich gewählt.
• Zielgruppe I: Sie umfaßt Skifahrer mit individuellen Ansprüchen, die nicht den obengenannten Zielgruppen zuzuordnen sind. Hier gibt es Ski mit stark unterschiedlichen Merkmalen wie auch für den Trickskilauf oder für den Hochleistungssport.

Beim Kauf des geeigneten Skis sollte man nicht nur auf die Zielgruppen-Kennbuchstaben, sondern besonders auf den Preis achten. Preiswert sind immer Auslaufmodelle, die man noch vor Beginn oder nach Ende der Skisaison günstig einkaufen kann.

Auslaufmodelle gibt es auch bei den Abfahrtsbindungen. Hier sollte man nicht sparen, denn eine gute Bindung trägt wesentlich zur Sicherheit bei.

Auch an den Skischuhen, die gut sitzen müssen, sollte man nicht sparen.

Ski und Bindung läßt man am einfachsten im Fachgeschäft montieren. Die Einstellung nach den Richtlinien der internationalen Skiverbände wird dort exakt vorgenommen, und man sollte sie nachträglich nicht mehr verändern.

Zum alpinen Skilauf gehört auch eine geeignete Sportbekleidung. Für die besonders kalten Monate Januar und Februar haben sich Daunen- oder Thermoanzüge mit entsprechender Unterbekleidung aus Wolle, Wolle mit Seide, Baumwolle oder atmungsaktiver Kunstfaser bewährt. Nicht so warm sind die enganliegenden Jethosen mit Blouson, die aber den Vorteil haben, daß die Knie durch Polster geschützt sind.

Siehe auch *Alpinski pflegen; Bergwandern; Schneeblindheit; Ski wachsen; Sonnenbaden.*

Smog

Vor allem im Winter treten die berüchtigten austauscharmen Wetterlagen auf, bei denen es zu einer starken Anreicherung von Staub und Abgasen in der Luft kommen kann. In städtischen Ballungsräumen besteht dann Smoggefahr, ihren Bewohnern drohen schwerwiegende gesundheitliche Belastungen für Kreislauf und Atemwege.

Sämtliche Bundesländer haben inzwischen verschärfte Smogverordnungen erlassen. Sie sehen vor, daß ein Smog-Alarmplan in Kraft tritt, sobald kritische Schadstoffwerte gemessen werden. Damit die weitreichenden Beschränkungen der einzelnen Alarmstufen gar nicht erst zur Anwendung kommen müssen, sollte man schon in der vorangehenden Warnstufe alles tun, um die Luftverschmutzung nicht unnötig zu erhöhen.

Autofahrten sollte man auf das unumgängliche Mindestmaß beschränken. Jetzt hat man einmal Gelegenheit zu testen, wie man mit öffentlichen Verkehrsmitteln zur Arbeit gelangt. Oder man bildet eine Fahrgemeinschaft, eine Lösung, die nebenbei auch den Geldbeutel der Beteiligten schont. Als Autofahrer sollte man darauf bedacht sein, daß möglichst kleine Schadstoffmengen in die Luft gelangen. In Standzeiten sollte man den Motor unbedingt abstellen. Das gilt auch für die Wartezeit an Verkehrsampeln. Während der Fahrt kann man die Abgasbelastung niedriger halten, wenn man im mittleren Drehzahlbereich fährt, hohe Drehzahlen also vermeidet.

Wer bei der Ausübung seines Berufs auf das Auto unbedingt angewiesen ist, etwa als Arzt, Monteur oder Lebensmittellieferant, muß daran denken, daß in vielen Städten Sperrbezirke festgelegt wurden, in denen bei Smogalarm ein totales Fahrverbot verhängt wird. Es ist ratsam, die erforderliche Ausnahmegenehmigung schon vorher bei der Stadtverwaltung zu beantragen.

Vor allem für Kleinkinder und ältere kreislaufschwache Menschen birgt der Smog große Gefahren. Schon nach den ersten Warnungen sollten sie sich sowenig wie möglich im Freien aufhalten. Im Haus hält man die Fenster geschlossen und schränkt das Lüften vorübergehend ein. Es empfiehlt sich, regelmäßig die Nachrichtensendungen des Rundfunks zu hören, damit man über die Verhaltensmaßregeln während des Alarms informiert ist und erfährt, wann er wieder aufgehoben wird.

Siehe auch *Auto und Umwelt.*

Sodbrennen

Bei Sodbrennen verspürt man ein Brennen hinter dem Brustbein, das oft nach dem Essen auftritt. Muß man aufstoßen, empfindet man dabei einen Geschmack nach Säure. Sodbrennen kann bei verschiedenen Krankheiten wie Magenschleimhautentzündung, Speiseröhrenentzündung und Zwerchfellbruch auftreten. Wenn man öfter darunter leidet und die Ursache nicht geklärt ist, sollte man einen Arzt aufsuchen.

Sodbrennen kann aber auch durch zu reichhaltiges Essen und Trinken (vor allem Fett und Kohlensäure) und zu enge Korsetts oder Gürtel ausgelöst werden. In diesen Fällen helfen maßvolles Essen in kleinen Portionen, häufige, kleine Mahlzeiten, lokkere Kleidung (kein Gürtel oder Korsett) und der Verzicht auf sogenannte Säurelocker wie Kaffee, Süßigkeiten, stärkere alkoholische Getränke, Nikotin und scharfe Gewürze. Bei den Mahlzeiten sollte man aufrecht sitzen und langsam essen. Milchgetränke und säureabstumpfende Mittel, die man in der Apotheke kaufen kann, schützen zusätzlich die Magenschleimhaut.

Siehe auch *Blähungen; Erbrechen; Kolik; Magenschmerzen; Übelkeit.*

Solarium

Die vom Körper aufgenommene Dosis an ultravioletten Strahlen hängt vom Abstand zum Gerät und von der Bestrahlungsdauer ab. Eine Überdosis kann eine Augenentzündung und einen hautschädigenden Sonnenbrand verursachen.

ACHTUNG!

Falls die Ultraviolettbestrahlung nicht für die Behandlung bestimmter Hautkrankheiten ärztlich verordnet wird, ist davon abzuraten, sie aus kosmetischen Gründen anzuwenden. Dazu siehe *Sonnenbaden.* Bei Hautproblemen, inneren Krankheiten, Einnahme von Medikamenten oder Überempfindlichkeit gegenüber Sonnenlicht sollte man unbedingt einen Arzt befragen, bevor man sich einer UV-Bestrahlung aussetzt.

Die Empfehlungen des Herstellers hinsichtlich des Abstandes und der Bestrahlungsdauer sind unbedingt einzuhalten! Man beginnt mit kurzen Sitzungen von einigen Minuten und dehnt sie allmählich bis zu zehn Minuten aus. Sich nicht mehr als einmal pro Tag den Strahlen aussetzen! Wenn das Gerät nicht mit einer Signaluhr ausgestattet ist, kann man die Zeit auch mit einer Eieruhr oder einem Kurzzeitwecker stoppen. Stets eine geschlossene Schutzbrille mit Kunststoffschalen tragen oder die Augen schließen. Eine normale Sonnenbrille genügt nicht. Weitere im Raum anwesende Personen sollten ebenso eine Schutzbrille aufsetzen, solange das Gerät eingeschaltet ist. Kinder und Haustiere dürfen bei eingeschaltetem Gerät nicht anwesend sein.

Solarkollektoren

Um die Sonnenenergie einzufangen, richtet man auf dem Dach vorgefertigte Flachkollektoren so aus, daß sie möglichst lange der Sonne ausgesetzt sind.

Die Kollektoren bestehen aus einem Metallkasten, der unten stark wärmegedämmt ist. Über der Dämmung liegt eine schwarze Absorberplatte mit einer eingepaßten Rohrschlange, in der ein Wärmeträgermedium (Wasser und Frostschutzmittel) zirkuliert. Oben ist der Kasten mit Spezialfolie und Kunstglas abgedeckt.

Die Sonnenstrahlen erwärmen den Absorber. Dieser gibt die Wärme an

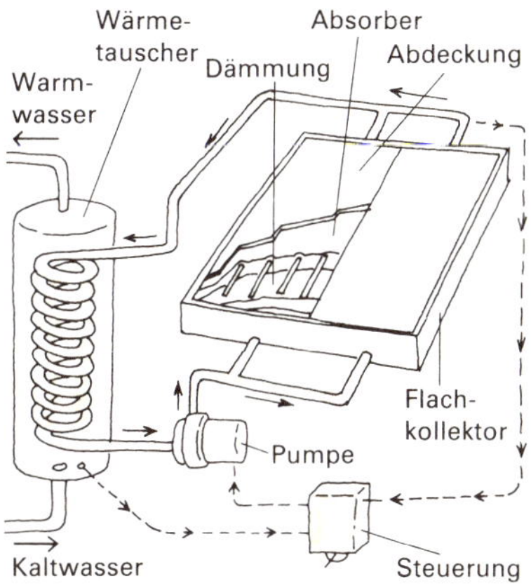

die Flüssigkeit weiter, die sie im geschlossenen Kollektorkreislauf zu einem Wärmetauscher transportiert. Dieser gibt sie an einen Speicher oder an das Heizsystem weiter. Zu einer Kollektoranlage gehören außerdem eine Pumpe, ein Ausdehnungsgefäß, ein Druckbehälter mit Sicherheitsarmatur und eine thermostatische Steuerung.

Das Wärmeträgermedium des Kollektors wird immer dann umgepumpt, wenn die Temperatur am Kollektor höher ist als im Speicher, und erwärmt das Brauchwasser unter guten Bedingungen bis zu 60 °C.

Bevor man eine Sonnenkollektoranlage erwirbt, sollte man sich eine Kosten-Nutzen-Rechnung erstellen lassen, denn nicht immer amortisieren sich diese Systeme – unter günstigen Voraussetzungen bestenfalls nach zehn Jahren.

Sommerblumen

Sommerblumen sind ein- oder zweijährige Pflanzen, die, nachdem sie geblüht und Samen gebildet haben, absterben. Man muß sie jedes Jahr aus Samen neu heranziehen.

Einjährige Sommerblumen werden entweder in der Zeit von Februar bis April unter Glas vorkultiviert (siehe *Aussaat unter Glas*) und im April ins Freie gepflanzt oder – je nach der Entwicklungsdauer der Gattung – im Frühjahr direkt ins Freiland ausgesät. Zweijährige Sommerblumen werden im Spätsommer oder Frühherbst ausgesät; erst im darauffolgenden Jahr kommen sie zur Blüte.

Sommerblumen blühen in bunter Fülle nahezu ununterbrochen den ganzen Sommer über. Ihre Ansprüche an die Pflege sind äußerst gering. Wichtig ist ein warmer, durchlässiger Boden. Die meisten Sommerblumen bevorzugen einen sonnigen Standort.

Zu den schönsten und dankbarsten einjährigen Sommerblumen zählen: Goldmohn, Mittagsblume, Gauklerblume, Sommerblume, Löwenmaul, Ringelblume, Schmuckkörbchen, Verbene und Zinnie.

Empfehlenswerte zweijährige Sommerblumen sind: Tausendschön, Stiefmütterchen, Goldlack, Fingerhut, Vergißmeinnicht, Marienglockenblume und Hornveilchen.

Sommersprossen

Diese harmlosen Pigmentflecken sind anlagebedingt und treten besonders bei hellhäutigen Menschen auf. Direkte Sonneneinstrahlung läßt die Flecken deutlicher hervortreten oder überhaupt erst sichtbar werden. Wer zu Sommersprossen neigt, bekommt auch sehr viel leichter einen Sonnenbrand und sollte daher die pralle Sonne meiden.

Die dekorative Kosmetik bietet viele Möglichkeiten, störende Sommersprossen mit deckenden Make-ups zu kaschieren. Man kann sie auch mit Bleichcremes und Bleichwachsen zum Verblassen bringen. Regelmäßiges Betupfen mit Buttermilch, Abreibungen mit verdünntem Zitronensaft (erst ausprobieren, ob die Haut die Säure verträgt!), mit Gurken-, Petersilien- oder Rettichsaft sowie einem Brei aus frischen, zerdrückten Johannisbeeren, den man 30 Minuten einwirken läßt, sind alte Hausmittel gegen die Pigmentflecken.

Ein anderes altes Hausmittel besteht aus folgender Mischung: 25 g Teeaufguß von Lindenblüten, 30 g Rosenwasser, 20 g Tormentillextrakt, 10 g Borwasser und 1 g Agar-Agar. Man kann sich diese Lösung auch in der Apotheke zusammenmischen lassen. Mit dieser Tinktur werden die Sommersprossen morgens und abends betupft. Man läßt das Mittel 30 Minuten einwirken und wäscht dann mit lauwarmer Milch die betupften Hautpartien ab.

Welches Mittel man auch anwendet, man muß immer bedenken, daß die so behandelte Haut gebleicht und damit doppelt empfindlich gegenüber Ultraviolettstrahlen ist. Man sollte also schon bei geringer Sonneneinstrahlung eine Lichtschutzcreme verwenden.

Siehe auch *Sonnenbaden; Sonnenbrand.*

Sonnenbaden

Die Bräune ist ein Schutzmechanismus der Haut gegen die schädlichen ultravioletten Strahlen der Sonne; dieser Schutz ist jedoch je nach Hauttyp mehr oder weniger begrenzt. Allzu viel Sonne auf einmal führt leicht zu einem Sonnenbrand (siehe dort). Wiederholte Bestrahlung mit ultraviolettem Licht, gleichgültig, ob durch die natürliche Sonne, eine Ultraviolettlampe oder in einem Solarium (siehe dort), führt im Lauf der Jahre zu einem verdickten, verwitterten Hautgewebe, das von kleinen Äderchen durchzogen ist. Schließlich können sich durch die ultravioletten Strahlen die Hautzellen verändern, was zu Hautflecken und bestimmten Formen von Hautkrebs führen kann.

Wirkt das Sonnenlicht auf die in manchen Parfüms, Seifen, Kosmetika und Heilmitteln enthaltenen Chemikalien ein, kann es zu juckenden, brennenden Ausschlägen mit Blasenbildung kommen. Wer die Antibabypille oder andere Medikamente einnimmt, muß auf jeden Fall den Arzt fragen, ob Sonnenbaden überhaupt erlaubt oder ratsam ist. Manche Medikamente verstärken nämlich die Wirkung der Sonnenstrahlen.

Man geht beim richtigen Sonnenbaden schrittweise vor. Zunächst bleibt man je nach Hauttyp nur 15–20 Minuten am Tag in der Sonne; im Lauf der nächsten Tage kann man dann die Sonnenbäder um jeweils fünf bis zehn Minuten verlängern. Zwischen 10 Uhr und 14 Uhr ist die Sonnenbestrahlung am intensivsten und entsprechende Vorsicht geboten. Eine leichte, gerade wahrnehmbare Rötung der Haut zeigt die Menge an Sonnenenergie an, die für den menschlichen Organismus am vorteilhaftesten ist; länger sollte man nicht in der Sonne bleiben. Wichtig zu wissen ist, daß ultraviolette Strahlen auch Wasser, bedeckten Himmel sowie lockere Gewebe oder feuchte Kleidungsstücke durchdringen können. Sonnenstrahlen, die von Sand, Wasser und Schnee reflektiert werden, können auch beim Aufenthalt im Schatten einen Sonnenbrand verursachen.

Die Augen schützt man mit einer Sonnenbrille, deren optische Gläser mindestens 75 % des Lichts ausfiltern (der Filterfaktor ist auf dem Etikett angegeben oder vom Optiker zu erfragen). Bei Gläsern aus Kunststoff sollte ein Ultraviolettfilter eingebaut sein (siehe auch *Schneeblindheit*). Eine halbe Stunde vor dem Sonnenbaden reibt man sich mit einem Sonnenschutzmittel ein, das für den jeweiligen Hauttyp geeignet ist. Auf dem Etikett ist der Sonnenschutzfaktor in Zahlen von zwei bis zehn angegeben; je höher die Zahl, um so stärker ist der Schutz. Mit Lichtschutzfaktor zehn kann man z. B. zehnmal länger in der Sonne bleiben, als es die Eigenschutzzeit (d. h. die Zeit, in der sich die Haut ohne jedes Präparat selbst schützt) erlaubt. Nase, Lippen und Ohren schützt man am besten mit einem sogenannten Blocker in Creme- oder Stiftform, der völlig lichtundurchlässig ist. Der Sonnenschutz muß alle zwei Stunden sowie nach dem Schwimmen oder nach starkem Schwitzen erneuert werden.

Sehr hellhäutige Menschen reagieren auf Sonnenbestrahlung grundsätzlich mit einem Sonnenbrand und werden mangels Pigmentierung nicht braun. Sie sollten sich daher der direkten Sonnenbestrahlung möglichst nicht aussetzen. Beim Aufenthalt in der Sonne trägt man lockere, luftdurchlässige Kleidung aus Naturfasern. Ein breitkrempiger Sonnenhut ist besonders Kreislauflabilen zu empfehlen.

Sonnenbrand

Hautrötung sowie mäßiges Jucken und Brennen sind Anzeichen für einen leichten Sonnenbrand. Einen schweren Sonnenbrand erkennt man daran, daß die Haut einige Stunden nach der ersten Sonneneinwirkung hochrot wird, stark brennt und anschwillt. Zusätzlich können sich Bläschen und Krusten bilden.

Die Haut mit kalten Umschlägen kühl halten oder Wasser flächenhaft über die betroffenen Hautpartien laufen lassen. Die mit Bläschen bedeckten Partien der Luft aussetzen; auf keinen Fall Blasen öffnen oder geplatzte Blasen entfernen. Dafür sorgen, daß an den schmerzenden Stellen keine Kleidungsstücke reiben. Viel trinken (keinen Alkohol). Erst dann wieder in die Sonne gehen, wenn die entzündeten Hautpartien abgeheilt sind.

Wenn der Sonnenbrand sehr stark ist oder wenn Kopfschmerzen, Übelkeit und Fieber auftreten, sollte man einen Arzt hinzuziehen.

Vorbeugend sollten hellhäutige Menschen die Sonne meiden oder sich entsprechend schützen (siehe *Sonnenbaden*). Künstliche Hautbräunungsmittel schützen nicht vor Sonnenbrand. Beim Skifahren, Segeln oder bei Gletscherwanderungen ist ein Sonnenschutz unbedingt erforderlich, denn der Wind kühlt und täuscht über die Stärke der Sonneneinstrahlung hinweg; auch leichte Bewölkung hält die UV-Strahlen nicht ab. Männer sollten keine After-Shave-Lotion, Frauen kein Parfüm verwenden, bevor sie in die Sonne gehen. Man darf nie in der Sonne einschlafen oder dort im Schatten, wo die Sonne später hinkommen könnte.

Siehe auch *Hitzeausschlag; Hitzeerschöpfung; Hitzschlag; Juckreiz; Sonnenstich; Verbrennungen.*

Sonnenstich

Ein Sonnenstich entsteht, wenn durch extreme Sonnenbestrahlung des Kopfes die Hirnhaut gereizt wird. Symptome sind ein hochroter, heißer Kopf, eine kühle Körperhaut, Unruhe, Kopfschmerzen, Übelkeit, möglicherweise auch Erbrechen, das Gefühl, einen steifen Nacken zu haben, und Bewußtseinsschwund. Bei Kleinkindern kann hohes Fieber dazukommen; dabei sind sie auffallend blaß.

Den Betroffenen in den Schatten bringen, seinen Kopf erhöht lagern und mit nassen Tüchern kühlen, die man häufig wechselt. Tritt Bewußtlosigkeit ein, muß man den Notruf veranlassen und Atmung und Puls kontrollieren. Danach entsprechende Maßnahmen einleiten. Dazu siehe *Atemspende; Bewußtlosigkeit; Notruf; Puls.*

Siehe auch *Hitzeerschöpfung; Hitzschlag.*

Soufflés

Soufflés zuzubereiten gilt als schwierig, wenn man aber einige Grundregeln beachtet, gelingen sie im allgemeinen gut.

Zunächst braucht man eine Souffléform, d.h. eine Auflaufform mit hohem Rand und einem maximalen Fassungsvermögen von 1½ l. Man kann auch größere Formen nehmen, doch je nach Art des Soufflés ist die Gefahr groß, daß sie nicht aufgehen oder in der Mitte nicht gar werden. Am unproblematischsten sind kleine Portionsförmchen von etwa ¼ l Inhalt. Lediglich für Soufflés, in die Fruchtstücke eingelegt werden (Birnen- oder Apfelhälften) und deren Grundsubstanz sehr feucht ist, verwendet man flache Auflaufformen mit großer Grundfläche.

Man streicht nur den Boden, nie den Rand der Form mit Butter aus; nur so kann das Soufflé aufgehen. Auf den gebutterten Boden streut man Semmelbrösel für Gemüse- und Fischsoufflés, geriebene Nüsse oder Zucker für süße Soufflés oder geriebenen Parmesan für ein Käsesoufflé.

Wie locker das Soufflé wird, hängt von der Konsistenz des Eischnees ab. Dieser muß fest, aber noch elastisch sein. Man gibt ihn sofort unter die Soufflémasse: Das erste Viertel rührt man in die Masse hinein, um ihr Geschmeidigkeit zu geben, der Rest wird dann vorsichtig untergehoben. Dann kommt alles in die Form, die höchstens dreiviertel gefüllt werden darf; ist sie zu voll, läuft das Soufflé leicht über.

Das Soufflé kommt sofort in den auf höchstens 175°C vorgeheizten Backofen, je nach Größe auf die untere oder mittlere Einschubleiste. Bei höheren Temperaturen wird das Soufflé außen braun und bleibt innen roh. Während des Backens bleibt die Backofentür geschlossen. Erst gegen Ende der vorgeschriebenen Backzeit darf man die Ofentür öffnen und eine Garprobe machen.

Das fertige Soufflé muß sofort serviert werden. Ist es also als Vorspeise geplant, sollte man es vorsichtshalber erst in den Ofen geben, wenn alle Gäste versammelt sind. In diesem Fall benutzt man lieber Portionsförmchen, in denen die Soufflémasse schneller als in der großen Form gart. Wer das Soufflé als Dessert servieren möchte, muß zwischendurch in die Küche, denn man kann die Soufflémasse nicht im voraus bereiten und stehenlassen.

Spannen

Es gibt viele Arbeitsgänge, die besser gelingen, wenn ein Werkstück eingespannt ist. Neben dem Schraubstock oder der Hobelbankzange ist die Schraubzwinge das ideale Hilfswerkzeug zum Festhalten oder Verpressen von Werkstücken (A). Schraubzwingen gibt es mit Spannweiten von 12 bis 30 cm; längere Werkzeuge der gleichen Art werden Schraubknechte genannt, und es gibt sie mit Spannweiten von 40–200 cm.

A

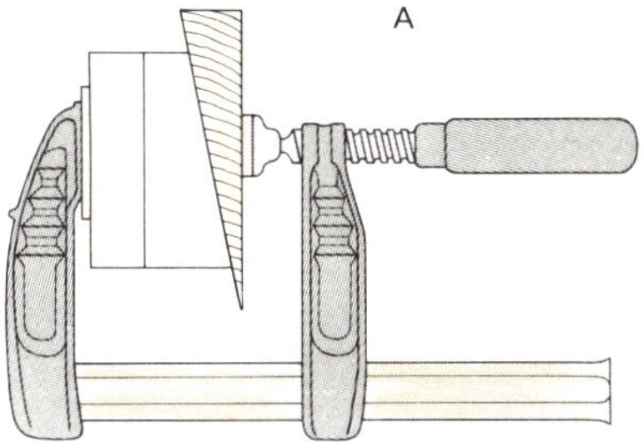

Gehrungen (siehe auch dort), z.B. bei Bilderrahmen, kann man mit Gehrungsklammern spannen; man setzt sie mit Hilfe einer Spreizzange an (B). Wenn die Anschaffung dieser Werkzeuge zu teuer ist, kann man sich auf einfache Weise Spannhilfen selber herstellen.

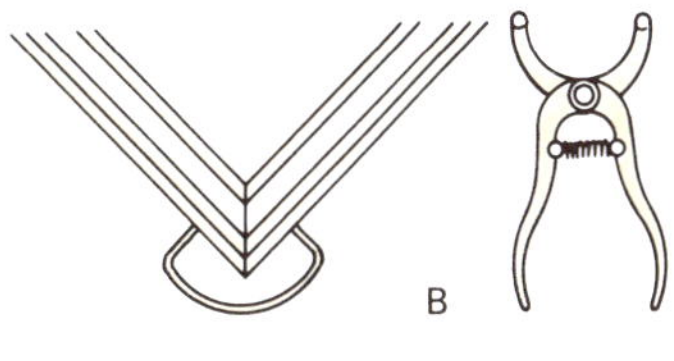

B

Für breite Brettflächen macht man eine verstellbare Spannvorrichtung. Zwei Leisten werden mit Flachrundschrauben (siehe *Schrauben und Mut-*

tern) so verbunden, daß zwischen den beiden Schrauben Werkstück, Zulagen und Keile Platz finden (C).

C

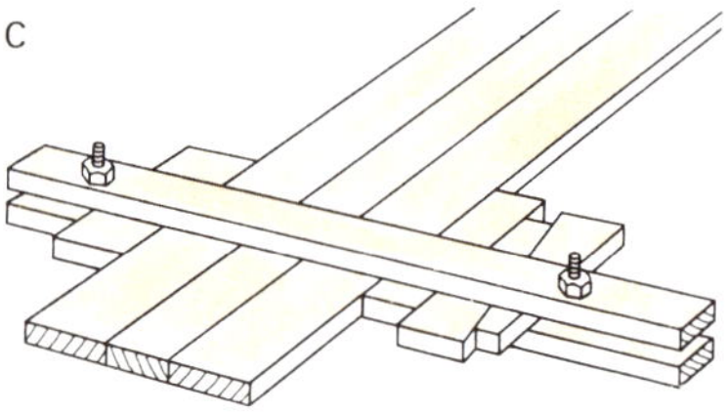

Rahmen kann man mit Schnur oder Draht verspannen (D). Man dreht Schlingen mit Knebeln zusammen und schützt die Kanten mit Holzzulagen vor Einschnürungen. Man kann Rahmen auch mit einer ringsum laufenden Schnur über die Ecken spannen. Eine andere Möglichkeit ist, zwei Leisten auf eine Platte zu schrauben und dazwischen den Rahmen zu verkeilen (E).

Sehr gut einspannen kann man kleine Stücke direkt in die Hobelbankzangen oder, wenn sie größer sind, zwischen die Bankhaken. Wenn man eine Leiste auf die Arbeitsfläche schraubt, kann man zwischen sie und die Bankzange kleine Rahmen einspannen (F).

D

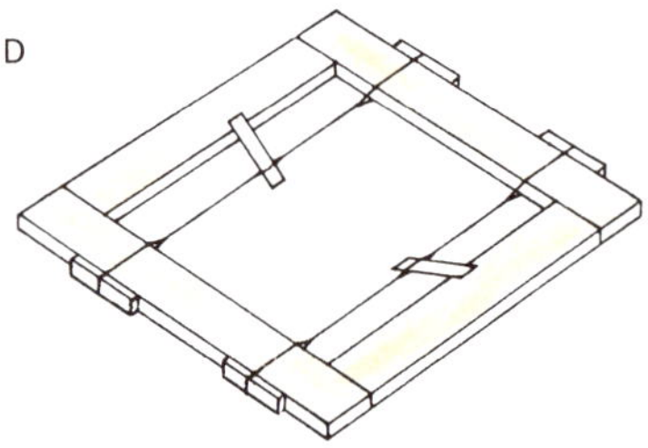

E

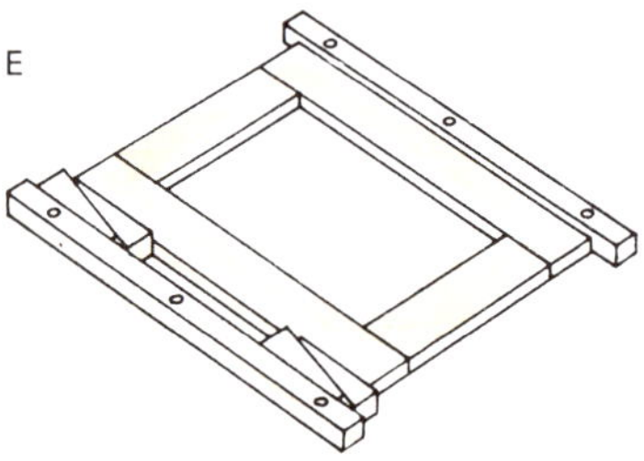

F

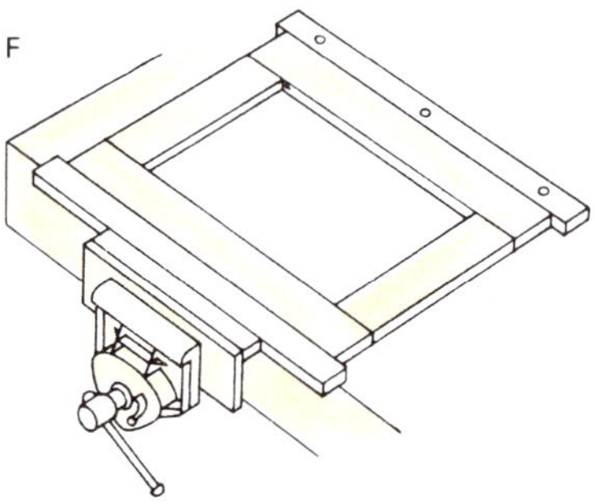

Sparschwein basteln

Man braucht einen runden Luftballon, Zeitungspapier, Tapetenkleister für schwere Tapeten, Gips, eine Eierschachtel, Schnur, Gärtnerbindedraht, Einlaßgrund und Farbe.

Als erstes rührt man den Tapetenkleister an, denn er muß einige Zeit stehen, bis man ihn verarbeiten kann (siehe Gebrauchsanweisung). Dann bläst man den Luftballon auf und bindet ihn fest ab, damit keine Luft entweichen kann. Von den Zeitungen reißt man so viele handtellergroße Stücke ab, daß man den Ballon mit drei bis vier Papierschichten belegen kann. Aus der Innenseite der Eierschachtel schneidet man vier spitze Zapfen heraus; sie ergeben später die Füße des Schweins. Für die Schnauze schneidet man von der Unterseite der Schachtel einen dicken Zapfen ab, und aus dem glatten Schachteldeckel schneidet man zwei Dreiecke für die Ohren aus. Aus drei etwa 15 cm langen Schnüren und dem Bindedraht wird ein Zöpfchen für den Schwanz geflochten.

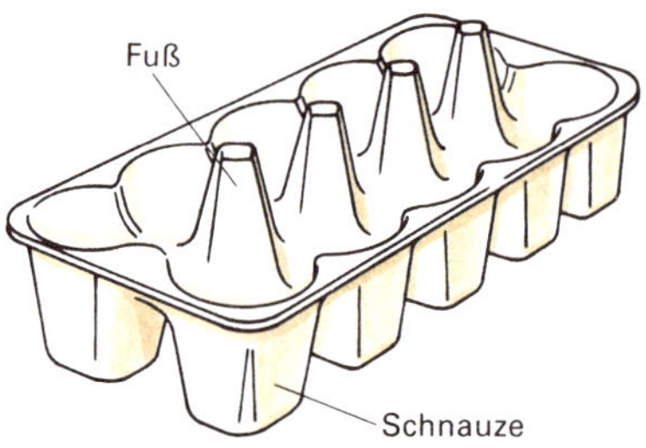

Man streicht Zeitungspapierstücke mit Kleister ein und klebt zunächst eine Schicht auf den Ballon. Dann bringt man mit eingekleisterten Papierstücken die Beine so am Ballon an, daß sie leicht schräg nach außen stehen. Nun befestigt man auf gleiche Weise die Schnauze an der zugebundenen Öffnung des Ballons. Die Ohren knickt man zur Spitze hin ein und befestigt sie ebenfalls mit Papier und Kleister so über der Schnauze, daß die Ohrmuscheln nach vorn zeigen. Um das Ganze zu stabilisieren, beklebt man das Tier mit zwei oder drei weiteren Papierschichten.

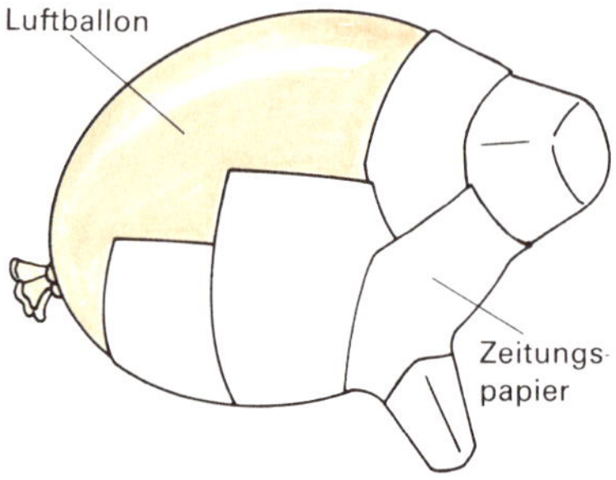

Wenn der Kleister ganz abgetrocknet ist (je nach Temperatur dauert dies bis zu zwei Tage), gibt man etwa 0,5 l Wasser in ein Gefäß, streut Gips ein und verrührt ihn zu einem geschmeidigen Brei. Diesen trägt man mit nasser Hand gleichmäßig 3–4 mm dick auf das Schwein auf; man kann dazu auch einen Spachtel verwenden. Die Unterseite der Füße bleibt vorerst noch frei. Mit dem Gips befestigt man am Hinterteil das Schwänzchen. Mit den Fingern formt man dann Schnauze und Augenwülste.

Wenn der Gips etwas angezogen hat, schneidet man in den Rücken den Geldschlitz, zunächst aber nur bis zum Papier. Danach legt man das Schwein auf den Rücken und gipst die Unterseite der Füße ein.

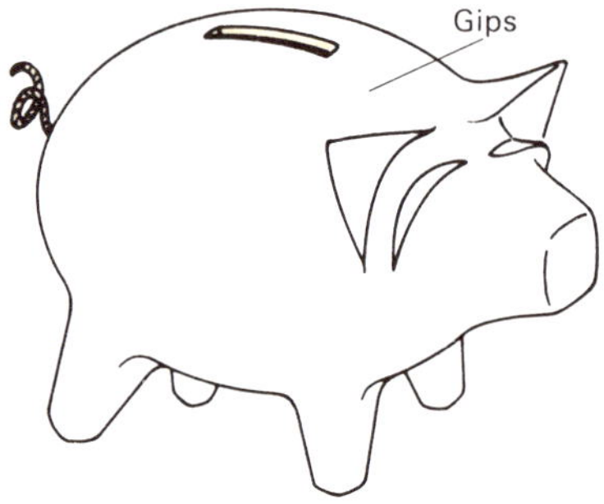

Ist die Oberfläche nicht ebenmäßig genug, kann man nach zwei Tagen eine zweite, dünne Gipsschicht auftragen und mit Schleifpapier glätten, wenn sie ausgehärtet ist; das dauert wiederum ein bis zwei Tage. Jetzt sticht man schließlich den Geldschlitz ins Papier und in den Ballon. Das Schwänzchen wird nun geringelt; der Bindedraht hält es in Form.

Das ganze Tier, auch das Schwänz-

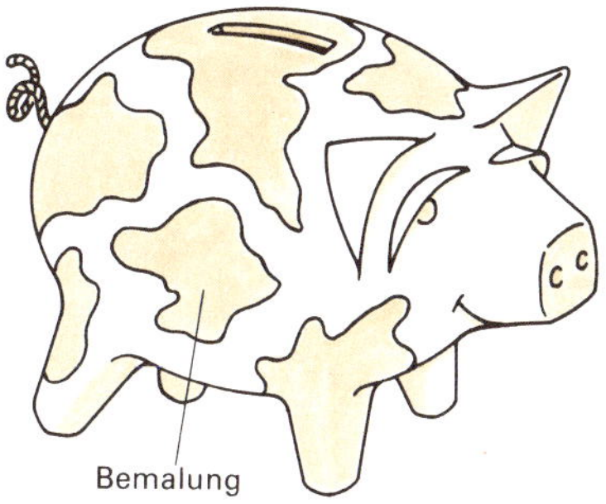

chen, wird nun satt mit Einlaßgrund und abschließend mit Hochglanzlack gestrichen. Nach Belieben kann man es mit Blumen oder anderen Motiven in Kontrastfarben verzieren.

Speisen, angebrannte

Töpfe oder Pfannen mit angebrannten Speisen werden sofort von der Herdplatte heruntergenommen. Den nicht angebrannten Teil der Speise in einen frischen Topf geben, Flüssigkeit zusetzen und weiterkochen, bis die Speise fertig ist. Sind Backwaren verbrannt, schneidet man die dunkelbraune Kruste weg. Bei verbranntem Toastbrot die schwarze Kruste mit einem Messer abkratzen. Die verkohlten Teile sollte man nicht mitessen, da sie gesundheitsschädliche Stoffe enthalten.

Um angebrannte Speisereste aus einem Topf zu entfernen, den Belag so weit wie möglich mit einem Holzlöffel abkratzen; anschließend heißes Seifenwasser in den Topf gießen, einwirken lassen und ihn dann mit Natron oder einem nichtkratzenden Scheuerpulver auf einem Topfreiber aus Kunststoff blank scheuern. Man kann auch im Topf Wasser zum Kochen bringen und, während es langsam weiterkocht, die angebrannten Speisereste mit einem Holzlöffel abkratzen. Nach zehn Minuten wird das Wasser ausgegossen und der Topf gescheuert. Diesen Vorgang wiederholen, bis der Topf blank ist.

Sofern ein Topf nicht aus Aluminium ist, kann man ihn in kaltem Wasser einweichen und später reinigen. Beim Einweichen von Aluminiumtöpfen kann nämlich Lochfraß auftreten; man muß sie deshalb sofort säubern.

Wenn sich ein Topf nicht mehr richtig reinigen läßt, verwendet man ihn nicht mehr zum Kochen.

Spicken

Beim Spicken wird mageres Fleisch vor dem Zubereiten mit Fettstreifen durchzogen, damit es nicht austrocknet. Dazu schneidet man frischen oder geräucherten Speck in gleichmäßige Streifen von rechteckigem Querschnitt (siehe *Julienne*) und 5–10 mm Dicke; sie sollten etwa 2 cm länger als das zugeschnittene Fleischstück sein. Die Speckstreifen lassen sich besser schneiden, wenn man sie vorher kurz in das Tiefkühlgerät legt.

Um die Streifen durch das Fleisch zu ziehen, braucht man eine Spicknadel. Für kleine Braten oder Stücke wie Rücken oder Keule vom Wild, die dicht unter der Oberfläche gespickt werden, verwendet man eine dünne Nadel mit einer Klemmvorrichtung, die den Speckstreifen festhält. Größere Stücke durchzieht man ganz in Abständen von etwa 3 cm mit Hilfe einer dickeren Nadel, in die die Speckstreifen gelegt werden. In beiden Fällen führt man die Nadel entlang der Faser durch das Fleisch. Das herausragende Ende des Streifens hält man mit der einen Hand fest und zieht mit der anderen die Nadel vorsichtig heraus.

In der modernen Küche ist man der Ansicht, daß Spicken allenfalls noch für Schmorbraten geeignet ist; andere Stücke werden lieber mit Speck umwickelt (siehe *Bardieren*).

Spielkarten

Spielkarten sind nach vier sogenannten Farben geordnet: Kreuz (auch Treff), Pik (auch Schippe) – diese beiden sind schwarz –, Herz und Karo – beide rot. Die Rangordnung ist je nach Kartenspiel unterschiedlich. Meist haben As, König, Dame und Bube eine höhere Wertigkeit als die Zahlen Sieben, Acht, Neun und Zehn. Manchmal rangiert aber auch die Zehn hinter dem As, also vor dem König.

Außerdem kann diese Rangordnung durch Trümpfe unterbrochen werden. Je nach Spielregel wird eine Farbe als Trumpffarbe festgelegt. Die Karten der Trumpffarbe sind immer höherwertig als alle Karten der anderen Farben.

Die Rückseiten der Karten müssen immer vollkommen identisch sein, damit man nicht die Karten des Gegners erraten kann. Spiele, in denen sich „gezinkte", also gekennzeichnete oder zerknickte Karten befinden, sollten nicht verwendet werden.

Das Skatspiel hat 32 Karten: Sieben, Acht, Neun, Zehn, Bube, Dame, König, As in den vier Farben. Das sogenannte Patiencekartenspiel umfaßt 52 Karten: von Zwei bis Zehn, Bube, Dame, König, As, auch jeweils in den vier Farben.

Spielkarten mischen

Ein Kartenspiel wird verdeckt gemischt, d.h. mit der Rückseite nach oben. Dabei muß man darauf achten, daß keine Karten hinunterfallen können. Zunächst legt man die ungemischten Karten als Stapel mit der Längskante zu sich hin. Dann hebt man die Hälfte vom Stapel ab (1) und faßt je eine Stapelhälfte so mit der linken und rechten Hand, daß die Daumen vorn und die Finger hinten an der Stapelkante liegen.

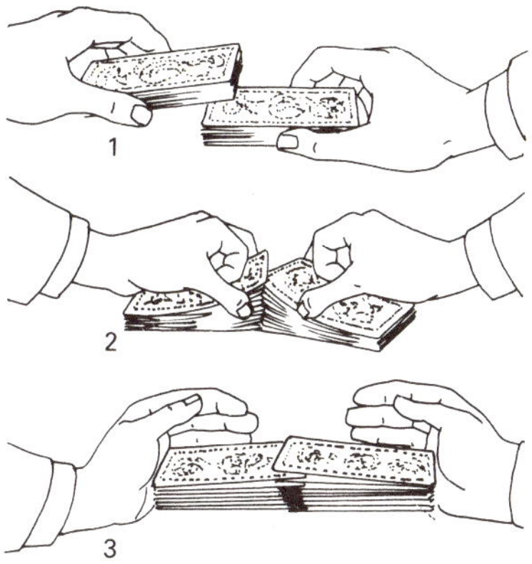

Die vorderen Ecken beider Stapelhälften fächert man dann mit den Daumen auf und schiebt die Karten über Eck ineinander (2); dabei drückt man die Stapel hinten mit den Zeigefingern auf den Tisch. Dann schiebt man die Karten zu einem Stapel ganz zusammen (3). Diesen Vorgang öfter wiederholen.

Spirituosen

Unter diesem Sammelbegriff faßt man sowohl Branntweine als auch süße Liköre zusammen. Da Spirituosen in geschlossenen Flaschen lange haltbar sind, lohnt es sich, bei günstigen Sonderangeboten auf Vorrat zu kaufen. Man lagert sie bei Kellertemperatur dunkel und stehend, denn sie können sonst Korkengeschmack annehmen. Auch angebrochene Flaschen hebt man kühl und dunkel auf; Liköre und Branntweine sollte man relativ bald verbrauchen, denn sie büßen nach einigen Monaten an Geschmack ein.

Bei Zimmertemperatur serviert man Cognac, Armagnac und jeden anderen guten Weinbrand. Das geeignete Trinkgefäß ist ein Cognacschwenker, den man so lange in der Hand hält, bis sich die Körperwärme auf den Inhalt des Glases übertragen hat und der Weinbrand seine Aromastoffe ganz freigibt.

Leicht gekühlt serviert man Obstbranntweine von hoher Qualität wie Kirsch- und Zwetschgenwasser. Am besten kühlt man die Trinkgefäße im Kühlschrank vor und gibt dann die Spirituosen bei Zimmertemperatur hinein.

Klare Schnäpse wie Korn, Aquavit, Gin und Wodka werden sehr kalt getrunken. Sowohl der Schnaps als auch die Gläser werden im Kühlschrank vorgekühlt. Auch schlichtere Obstbranntweine trinkt man sehr kalt.

Whisky wird pur und zimmerwarm, mit Wasser, Soda oder mit Eis (*on the rocks*) getrunken. Auch Liköre kann man je nach Geschmack zimmerwarm oder gekühlt trinken, man sollte sie aber nicht im Kühlschrank aufbewahren, denn der Zucker kann auskristallisieren.

Splitter entfernen

Beim Entfernen eines Splitters kommt es vor allem darauf an, eine Infektion zu vermeiden. Man wäscht sich gründlich die Hände und reinigt auch die Haut rund um den Splitter. Dann werden eine Pinzette und eine Nadel sterilisiert, indem man sie über eine Flamme hält oder zehn Minuten lang mit Wasser auskocht. Um sehr feine Splitter zu erkennen, braucht man eine Lupe.

Noch herausragende Splitter werden mit der Pinzette gefaßt und im gleichen Winkel herausgezogen, in dem sie eingetreten sind. Ist der Splitter sichtbar, ohne herauszuragen, löst man mit der Nadel die umgebende Haut und legt das Ende des Splitters frei, so daß man ihn mit der Pinzette fassen kann; er wird im Eintrittswinkel herausgezogen. In beiden Fällen drückt man nach dem Entfernen etwas Blut aus der Wunde, um sie zu reinigen. Dann wäscht man die Stelle ab, trägt eine antiseptische Salbe auf und legt einen Verband an.

Ist ein Splitter so tief eingedrungen, daß er nicht mehr sichtbar ist, sollte man einen Arzt aufsuchen. Ebenso ist ärztliche Hilfe erforderlich, wenn ein Splitter beim Herausziehen abbricht oder wenn nach dem Entfernen Schmerzen oder eine Schwellung auftreten.

Sport und Gesundheit

Untersuchungen haben ergeben, daß man durch Ausgleichssport die Leistungsfähigkeit von Herz, Kreislauf, Atmung, Stoffwechsel und Skelettmuskulatur wesentlich verbessern kann. Die Trainingsbelastung muß allerdings dem jeweiligen Leistungsstand angepaßt werden. Eine Faustregel besagt, daß die Belastung richtig ist, wenn der Puls dabei auf 180 minus Lebensalter in Jahren ansteigt (siehe auch *Fitneß; Puls*). Jeder über Vierzigjährige und alle, die viele Jahre lang keinen Sport getrieben haben, sollten sich jedoch, bevor sie mit irgendeinem Ausgleichssport beginnen, vom Arzt auf Herz und Kreislauf untersuchen lassen.

Die folgende Aufstellung gibt eine Übersicht über die Wirkungsweise und Trainingseffekte der gängigsten Ausgleichssportarten und nennt die Personengruppen, für die sie in Frage kommen, wobei das Leistungsniveau stark variieren kann.

- Badminton (Federball) trainiert Ausdauer, Reaktionsfähigkeit, Körperbeherrschung, Kraft und Schnelligkeit. Für alle Altersgruppen geeignet.
- Basketball schult Schnelligkeit, Gelenkigkeit, Reaktion, Kraft und Ausdauer des Spielers. Für alle Altersgruppen geeignet.
- Bewegungsspiele wie Boccia, Kegeln, Indiaca, Frisbee, Minigolf, Krokket (siehe dort) usw. haben eher einen allgemeinen Trainingseffekt, sind aber ebenso wichtig zur seelischen Entspannung, vor allem weil die Spieler nicht unter Leistungsdruck stehen. Einige Spiele haben den besonderen Vorteil, daß sie vor allem für ältere Menschen geeignet sind.
- Bogenschießen kann ab etwa zehn Jahren bis ins hohe Alter ausgeübt werden. Man braucht nicht nur Kraft, sondern auch eine gute Kondition und gute Augen. Zusätzlich werden Konzentration und Konzentrationsdauer trainiert.
- Dauerlauf im langsamen, gemütlichen Tempo trainiert den ganzen Körper, beugt dem Herzinfarkt und der Zuckerkrankheit vor und wirkt gegen zu hohen Blutdruck und Durchblutungsstörungen. Für alle Altersgruppen geeignet. Vorsicht bei Gelenkschäden! Siehe auch *Jogging*.
- Fußball fördert Ausdauer, Schnelligkeit und Kraft, beeinflußt positiv das Nervensystem und bietet einen guten Ausgleich zum Alltagsstreß. Jungen und auch Mädchen können etwa ab acht Jahren spielen; in den meisten Fällen liegt die Obergrenze etwa bei Mitte Vierzig. Kicken ist jedoch vom Alter völlig unabhängig.
- Gymnastik (siehe auch dort) fördert vor allem Beweglichkeit, Geschicklichkeit, Bewegungskoordination und Ausdauer. Die Kräftigung des Stützapparates bringt eine bessere Haltung. Spezielle Gymnastik gibt es für die verschiedenen Altersgruppen, für Kleinkinder mit der Mutter zusammen, für Schwangere, für Senioren usw.
- Handball trainiert den gesamten Körper, ohne ihn zu überfordern, und kräftigt vor allem die Sprung-, Rükken- und Schultermuskulatur. Konzentration sowie Reaktionsfähigkeit werden günstig beeinflußt. Für alle Altersgruppen geeignet.
- Leichtathletik verlangt Schnelligkeit, Beweglichkeit und Reaktionsvermögen, gibt Kraft in Armen und Beinen und stärkt die Ausdauer. Kinder können je nach Neigung früh damit beginnen; ab vierzig empfiehlt es sich, auf Übungen wie Sprünge und Sprint zu verzichten.
- Radfahren (siehe auch dort) ist ebenfalls Training für den ganzen Körper – Herz, Muskulatur, Lunge, Kreislauf und Atmungsorgane. Für alle Altersgruppen geeignet, vor allem für Übergewichtige, da die Gelenke wenig belastet werden.

• Reiten fördert die Durchblutung der Muskulatur und kräftigt spezielle Muskelgruppen. Gewandtheit, Ausdauer, Reaktionsvermögen sowie Gleichgewichtsgefühl werden trainiert und Rückenschmerzen (Verspannungen) günstig beeinflußt. Besonders beim Ausreiten wird der Kreislauf angeregt und Streß abgebaut. Für alle Altersgruppen ab etwa vier Jahren. Siehe auch *Reitsport.*

• Schlittschuhlaufen regt den Blutkreislauf an und härtet ab. Kreislauf und Muskulatur werden gestärkt, Gleichgewichtsgefühl, Koordination und Konzentration gefördert. Für alle Altersgruppen ab etwa vier Jahren.

• Schwimmen fördert die Durchblutung und härtet ab. Herz und Kreislauf werden günstig beeinflußt. Die tiefe und regelmäßige Atmung ist ein gutes Ausdauertraining. Selbst Babys können schon schwimmen lernen; nach oben gibt es keine Grenze. Für Übergewichtige und bei Gelenk- und Wirbelsäulenverschleiß besonders geeignet.

• Skifahren (siehe auch *Skilauf, alpiner*) fordert vollen körperlichen Einsatz sowie Reaktionsfähigkeit und beansprucht die Motorik. Höhenunterschiede und Witterungseinflüsse stellen ein ideales Herz- und Kreislauftraining dar. Für Kinder ab etwa fünf Jahren (bei jüngeren sollte es mehr Spiel sein); ab etwa 60 Jahren empfiehlt es sich meist, auf Skilanglauf umzusteigen.

• Skilanglauf (siehe auch dort) bewirkt ein Training des gesamten Körpers und ist mit dem Dauerlauf oder Radfahren vergleichbar. Für alle Altersgruppen ab etwa vier Jahren.

• Tanzen lockert die Muskeln, trainiert den ganzen Körper und regt Herz und Kreislauf an. Die Haltung wird verbessert, die Bauch- und Rükkenmuskulatur gestärkt. Auch die Psyche wird positiv beeinflußt. Für alle Altersgruppen gibt es eine geeignete Variante.

• Tennis (siehe auch dort) beansprucht die Muskulatur des gesamten Bewegungsapparates und fördert Ausdauer, Sprung- und Schlagkraft, Gewandtheit, Schnelligkeit, Reaktions- und Konzentrationsfähigkeit. Ab etwa dem sechsten Lebensjahr können Kinder schon mitspielen; es gibt keine Grenze nach oben.

• Tischtennis aktiviert den ganzen Körper und fördert Reaktionsvermögen, Schnelligkeit, Geschicklichkeit und Gewandtheit. Für Kinder, sobald sie die erforderliche Körpergröße erreicht haben, und alle anderen Altersgruppen.

• Wandern stärkt Kreislauf, Herz, Lunge und Muskulatur, verbessert die allgemeine Kondition und baut Streß ab. Für alle Altersgruppen geeignet; jüngere Kinder haben allerdings oft keinen Spaß daran.

Siehe auch *Aerobes Training; Bergwandern; Gewichtheben; Heimtrainer; Rollschuhlaufen; Schnorcheln; Sportschuhe; Wander- und Bergstiefel.*

Sportaufnahmen

Beim Sport kommt es für den Fotografen vor allem auf die Bewegung an. Am besten bedient ist man dabei mit einer Reflexkamera (siehe *Kameras*), weil man in ihrem Sucher die Schärfe ständig kontrollieren kann. Praktisch ist auch ein Objektiv mit veränderbarer Brennweite, ein sogenanntes Vario- oder Zoomobjektiv, mit dem man schnell den Bildausschnitt wechseln, also zwischen der Totalen und Detailbildern wählen kann. Hochempfindliche Filme ermöglichen schnelle Verschlußgeschwindigkeiten. Die Kamera sollte man vorher auf eine Stelle scharf stellen, wo man dann wahrscheinlich die beste Szene erwischen wird. Blitzlicht ist nicht zu empfehlen, da die Entfernungen zwischen Sportlern und Kamera meistens ohnehin zu groß sind und die Lichtleistung des Geräts nicht ausreicht.

Siehe auch *Actionfotos.*

Sportschuhe

Jeder Sport benötigt einen auf den besonderen Einsatz abgestimmten Schuh. Der extremste Schuh in seiner Art ist wohl der Golfschuh. Er muß an der Laufsohle mit Spikes versehen sein, die dem Golfer beim Schlag einen sicheren Stand geben sollen.

Auch der Sprinter benutzt Schuhe mit Spikes. Gefragt ist beim Lauf ein solider Halt, der Schuh muß aber dabei auch leicht sein.

Der Joggingschuh muß eine aufwendige Sohle mit hervorragender Pralldämpfung besitzen. Gefordert wird auch die Seitenstabilität in Verbindung mit einem meist orthopädischen Fußbett und Fersenschale. Der Käufer kann bei manchen Modellen die Dämpfung unterschiedlich einstellen oder muß beim Kauf das eigene Körpergewicht beachten.

Der Universaltrainings- und Laufschuh ist heute auch zum Freizeitschuh geworden. Er besitzt eine profilierte, meist angeschäumte Gummischalensohle mit Profilgebung und Saugnäpfen. Er ist gut geeignet für fast alle Rasen- und Hallensportarten. Es gibt ihn mit Bänderschnürung und Klettverschluß in hoher oder flacher Ausführung.

Nicht zugelassen auf Hallentennisplätzen sind Schuhe mit profilierter Sohle. Der besondere Belag erfordert die Verwendung einer glatten, profillosen angeschäumten Gummisohle.

Fußballer schätzen den flexiblen Fußballschuh, dessen Sohle mit Nokken oder Stollen ausgerüstet ist. Es gibt Nockenkombinationen für Rasen, Kunstrasen, aber auch für Hartplätze und für die Halle. Hier verwendet man eine spezielle Sohle ohne Nocken, aber mit eigener Profilgebung. Bei manchen Fußballschuhen sind die Stollen verschraubt.

Rennradfahrer verwenden einen Lederschuh ohne Absatz mit flacher Sohle und Ballenverstärkung, der genau in die Rennhaken paßt. Bei manchen Schuhen gibt es in der Sohle integrierte Platten zur Anpassung an die Pedale. Der Schuh läßt sich nicht durchbiegen und ist zum Laufen nicht geeignet. Die Ausgabe lohnt sich also nur für sehr sportliche Fahrer.

Es gibt für jede Sportart den speziellen Schuh. Wichtig ist bei allen der gute Sitz und eine strapazierfähige Qualität. Billigangebote lohnen sich selten, und man sollte beim Kauf auf eine gute Beratung im Fachgeschäft Wert legen.

Siehe auch *Skilanglauf; Wander- und Bergstiefel.*

Springschwänze

Springschwänze sind flügellose, springende weiße Insekten, die bis zu 2 mm lang werden. Häufig treten sie bei Zimmerpflanzen auf, und zwar vorwiegend in unsterilisierter Erde

und in Torf. Gewöhnlich sind sie unschädlich, doch gelegentlich fressen sie an den Blättern von Jungpflanzen.
Bekämpfung Um zu vermeiden, daß Springschwänze überhaupt vorkommen, verwendet man beim Um- oder Eintopfen stets nur sterilisierte Erde. In diesem Fall braucht man sich über Gegenmaßnahmen keine Gedanken zu machen. Sollte man aber bei Pflanzen, die aus einer Gärtnerei oder einem Blumenladen stammen, früher oder später die Insekten entdecken, kann man sie durch Spritzen mit Ekamet bekämpfen.

Stadt, Land, Fluß ...

Für dieses Schreibspiel benötigt man je Spieler ein Blatt Papier und einen Bleistift. Die Teilnehmerzahl ist beliebig. Zunächst muß jeder Spieler sein Blatt quer legen und an den oberen Rand die Rubriken Stadt, Land, Fluß, Tier, Beruf, Berg, Pflanze o.a. schreiben. Dann sagt einer der Spieler laut „A“ und zählt still das Alphabet so lange durch, bis ein weiterer Spieler „Halt!“ ruft. Wenn der erste Spieler gerade beispielsweise bei E gewesen ist, müssen alle Spieler jetzt eine Stadt, ein Land, einen Fluß usw. in die entsprechende Rubrik eintragen, die mit E anfangen. Wichtig ist, daß nicht abgeschrieben wird.

Wer zuerst alle Rubriken ausgefüllt hat, ruft „Stop!“. Die übrigen Spieler müssen aufhören zu schreiben; die Blätter werden aufgedeckt, die Begriffe verglichen und Punkte verteilt: 20 Punkte für den Spieler, der als einziger eine bestimmte Rubrik ausfüllen konnte; zehn Punkte für jeden, wenn mehrere Spieler unterschiedliche Lösungen gefunden haben; fünf Punkte für jeden, wenn mehrere Spieler den gleichen Namen aufgeschrieben haben.

Man vereinbart zu Beginn des Spiels, wie viele Runden (gleich Buchstaben) man spielen will. Sieger ist der Spieler, der nach der letzten Runde die höchste Punktzahl hat.

Starten im Winter

Startprobleme an kalten Tagen mit leerer Batterie hat man dann, wenn die Batterie älter als vier Jahre ist. Rechtzeitig vor Beginn der kalten Jahreszeit sollte man die Batterie auf ihren Zustand hin prüfen (siehe *Batterieanschlüsse; Batterie laden; Batteriepflege*).

Beim Startversuch eines Vergasermodells tritt man das Gaspedal einbis zweimal durch und betätigt dabei die Startautomatik. Mit dem Zündschlüssel läßt man den Motor an, und der Anlasser dreht sich. Damit der Anlasser nicht zusätzlich noch das zähe Getriebeöl mitbewegen muß, tritt man das Kupplungspedal. Den Startversuch bricht man nach angemessener Zeit ab, so daß die Batterie sich erholen kann. Beim Startversuch schaltet man alle Teile, die Strom verbrauchen, aus.

Beim Fahrzeug mit manueller Starterklappe (Choke) zieht man den Zug bis zum Anschlag heraus. Springt der Motor an, schiebt man die Starterklappe bis zur Hälfte zurück, so daß der Motor mit stabilem Leerlauf weiterdreht.

Bei Fahrzeugen mit moderner Einspritzanlage braucht man das Gaspedal nicht zu betätigen. Hier übernehmen automatische Einspritzventile und Zusatzlufteinrichtung die Aufbereitung des Startgemisches.

Starthilfe

Das Hilfsfahrzeug stellt man neben dem Pannenfahrzeug ab. Die beiden Fahrzeuge dürfen sich nicht berühren und müssen die gleiche Bordnetzspannung haben.

Man läßt den Motor des stromspendenden Fahrzeugs laufen. Das rote Starthilfekabel mit der Plusbezeichnung legt man an den Pluspol der entladenen Batterie an. Die zweite Pluszange klemmt man an den Pluspol der stromspendenden Batterie, das Minuskabel – meist in schwarzer Farbe ausgeführt – an den Minuspol der stromspendenden Batterie. Die zweite schwarze Minuszange befestigt man an einem massiven festen Motorteil (der sogenannten Fahrzeugmasse) des Pannenfahrzeugs.

Man startet den Motor des Pannenautos und klemmt die beiden Starthilfekabel in umgekehrter Reihenfolge ab.

Startprobleme

Für Startprobleme gibt es unterschiedliche Ursachen.

Hört man beim Drehen des Zündschlüssels nicht das vertraute Anlassergeräusch, sondern nur ein leichtes Klicken, ist die Batterie leer. Zur Kontrolle schaltet man das Licht ein und betätigt erneut den Anlasser. Wenn sich das Licht verdunkelt, hilft nur das Nachladen der Batterie (siehe *Batterie laden*).

Bleibt das Licht hingegen hell, sollte man nach einer Störung an der Anlasserverkabelung oder am Magnetschalter des Anlassers suchen. Oft genügt es, wenn man die Kontaktklemme am Anlasser nachzieht.

Völlig anders verläuft die Störungssuche, wenn der Anlasser deutlich und schnell durchdreht. Um zu prüfen, ob die Zündung noch funktioniert, zieht man bei ausgeschalteter

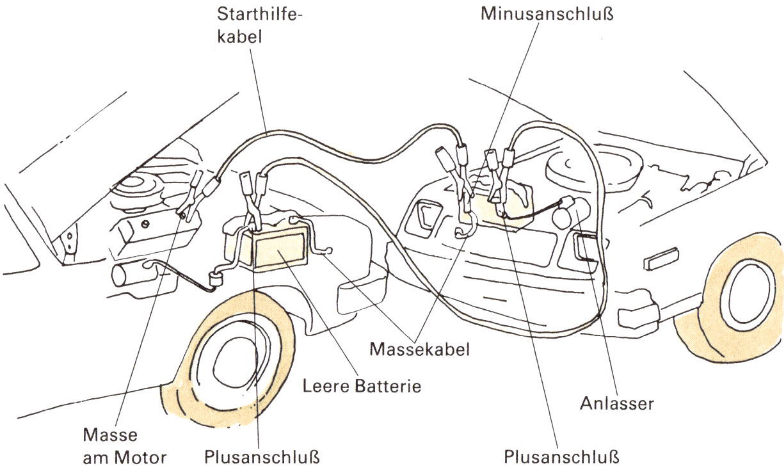

Zündung einen Kerzenstecker ab, dreht eine Kerze heraus und legt den Kerzenstecker wieder an. Die Kerze hält man mit einer Isolierzange so auf dem Motorblock, daß sie eine gute Masseverbindung herstellt. Während ein Helfer den Anlasser durchdreht, beobachtet man, ob ein Funken an der Kerze überspringt. Bei gut funktionierender Zündung hört und sieht man den Funken deutlich überspringen.

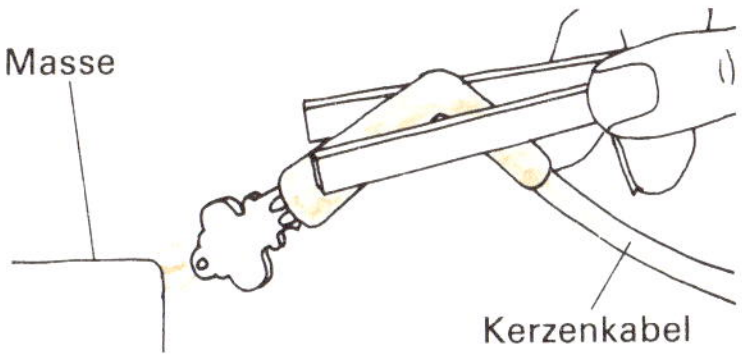

Schraubt man die Kerze heraus und stellt fest, daß sie naß ist, kann eine Zündungsstörung vorliegen, oder der Motor ist bereits so abgesoffen, daß er nicht mehr anspringen kann. In diesem Fall muß man alle Kerzen trokkenlegen und den Zündzeitpunkt prüfen.

Bei einwandfreier Funktion der Zündung sucht man weiter nach Störungen in der Benzinversorgung. Man nimmt den Luftfilterdeckel ab und beobachtet das Innere des Vergasers, während ein Helfer bei stehendem Motor langsam das Gaspedal durchtritt. Aus dem Röhrchen der Beschleunigerpumpe muß ein deutlicher Kraftstoffstrahl austreten. Ist dies nicht der Fall, ist der Vergaser trocken und die Benzinpumpe vermutlich schadhaft. Um dies genau zu untersuchen, zieht man die Kraftstoffleitung ab und hält das Ende in ein Gefäß. Bei durchdrehendem Anlasser muß ein kräftiger Kraftstoffstrahl austreten; andernfalls muß man die Kraftstoffpumpe ersetzen.

ACHTUNG!
Bei der Prüfung der Benzinversorgung nicht rauchen. Offenes Feuer und Funkenflug vermeiden.

Bei Zündungsanlagen mit gesteigerter Zündspannung darf man Arbeiten nur dann ausführen, wenn die Bauteile durch Ausschalten der Zündung spannungslos sind. Besondere Vorsicht gilt für Träger von Herzschrittmachern. Auf keinen Fall darf man spannungsführende Teile der Zündung berühren; es besteht Lebensgefahr!

Siehe auch *Auto anschieben; Starthilfe.*

Staub wischen

Abgelegte Kleidungsstücke aus weicher Baumwolle oder Wolle können als Staublappen zugeschnitten werden. Diese Stoffe nehmen Staub gut auf und hinterlassen auf den Möbeln keine Kratzer. Man kann auch Staubtücher kaufen, die mit Chemikalien imprägniert sind und Staub aufnehmen und binden.

Ein Staubtuch sollte sauber sein, da angehäufte Schmutzteilchen die Möbelstücke zerkratzen könnten. Beim Abstauben dreht und faltet man das Tuch immer wieder in der Weise, daß der Staub innen eingeschlagen wird und man stets mit einem sauberen Abschnitt des Tuchs wischt. Das Staubtuch im Freien ausschütteln. Wenn man eine Möbelpolitur verwendet, sprüht man eine geringe Menge auf das Staubtuch, nicht auf die Möbelfläche. Besitzt man eingewachste Möbelstücke, muß man sie mit einem speziellen Möbelwachs pflegen, sonst verwendet man handelsübliche Möbelpolitur oder -spray.

Zum Abstauben, vor allem bei kleinen Gegenständen und an schwer zugänglichen Stellen, verwendet man einen Staubwischer mit Griff und Bespannung aus flauschigem Lammfell. Dieser eignet sich besser als ein Staubwedel mit Federn, weil das Lammfell den Staub aufnimmt und nicht nur aufwirbelt.

Für Heizkörper gibt es spezielle Heizkörperbürsten. Um Spinnweben von der Decke zu entfernen, legt man ein Staubtuch über den Mop oder setzt an den Staubsauger die Rohrverlängerung mit dem kleinen Bürstenansatz.

Man sollte sich angewöhnen, von oben nach unten abzustauben, um nicht dem Staub hinterherzuwischen. Also zuerst die höheren Möbelstücke wie Schränke, Standuhren, Wandspiegel und Bücherborde, dann Tische, Stühle und Scheuerleisten abstauben.

Siehe auch *Staubbindetuch.*

Staubbindetuch

Für ein Staubbindetuch braucht man ein sauberes, faserfreies Baumwolltuch, beispielsweise ein Stück Käseleinen oder eine alte Stoffwindel. Das Tuch sollte 45–60 cm im Quadrat sein und gesäumte Ränder haben.

Man legt das Tuch in warmes Wasser, windet es gut aus und tränkt es gründlich mit Terpentin. Anschließend spritzt man ein bis zwei Eßlöffel Firnis darüber und knetet das Tuch kräftig durch, um den Firnis gleichmäßig zu verteilen. Das Tuch sollte nun gelblich gefärbt und leicht klebrig sein, so daß man Staub damit aufnehmen kann, ohne daß die entstaubte Fläche feucht wird.

Mit einem Staubbindetuch entfernt man unmittelbar vor dem Anstreichen die feinen Partikel des Schleifstaubs, die man mit dem Staubsauger nicht aufgenommen hat. Ist das Tuch auf einer Seite mit Staub verklebt, wird es so umgefaltet, daß man mit einer frischen Seite weiterarbeiten kann.

Ein Staubbindetuch wird durch Lagerung und häufigen Gebrauch besser. Man bewahrt es in einem Glas mit gut schließendem Schraubverschluß auf und besprengt es zwei- oder dreimal im Jahr mit Wasser und Terpentin, damit es klebrig bleibt.

Stauden

Stauden sind winterharte, krautige Pflanzen, die mehrere Jahre lang blühen. Sie eignen sich für die Bepflanzung von Beeten und Rabatten.

Stauden werden entweder im Frühjahr oder im Herbst gepflanzt. Will man ein ganzes Beet auf einmal anlegen, macht man zuerst einen Pflanzplan. Dabei muß man neben der Blütenfarbe und Blütezeit besonders die Höhe und Breite der Pflanzen, für die man sich entscheidet, beachten, d.h., der Pflanzabstand muß genau eingehalten werden.

Mit einer Hacke werden einige Hilfslinien gezogen. Dann verteilt man die Pflanzen, die man sich in einer Staudengärtnerei besorgt hat, gleichmäßig auf das markierte Beet. Pflanzen mit einem kleinen Wurzelballen setzt man mit dem Handspaten. Man gräbt ein Loch, das so groß ist, daß es alle Wurzeln aufnimmt. Nun stellt man die Pflanze in die Mitte des Lochs, füllt es mit Erde auf und drückt sie mit den Händen fest. Pflanzlöcher für Stauden mit einem großen Wurzelballen werden mit einem Spaten gegraben. Wenn die Löcher wieder gefüllt sind, tritt man die Erde mit den Füßen fest. Nach dem Pflanzen wässert man Stauden gründlich.

Der Boden von bestehenden Staudenbeeten sollte im Frühjahr und Spätherbst gelockert werden. Im März, wenn das Wetter einigermaßen trocken ist, wird ein Vorratsdünger auf die Beete gestreut und eingearbeitet. Zeitig im Jahr beginnen Unkräuter zu sprießen. Man sollte sie jäten, solange sie noch jung sind. Dies geschieht entweder von Hand oder mit einer Ziehhacke.

Schwachstielige Stauden oder solche, die schwere Blüten tragen, müssen abgestützt werden. Hierfür verwendet man Bambus- oder Holzstäbe oder ein Geflecht aus Plastik. Noch ehe die Pflanzen stark gewachsen sind, steckt man die Stäbe in den Boden und verbindet sie mit einer Schnur oder mit Bast. Die Stützen müssen so hoch sein, daß sie später bis unter die Blütenstände reichen. Nach der Blüte entfernt man die welken Blüten, damit sich kein Samen bildet. Wenn frühblühende Stauden, wie der Rittersporn und die Lupine, ausgeblüht haben, schneidet man die Blütenstengel zurück und erreicht so, daß die Pflanzen im Herbst nochmals blühen. Blütenstengel ohne Blätter werden dicht über dem Boden abgeschnitten; Blütenstengel mit Blättern schneidet man über den oberen Blättern ab.

Nach den ersten Herbstfrösten werden abgestorbene Stengel mit der Gartenschere abgeschnitten. Zu groß gewordene Stauden teilt man (siehe *Teilung von Pflanzen*) und pflanzt sie um. Kälteempfindliche Stauden werden mit Laub abgedeckt.

Für ein großes Beet in sonniger Lage eignen sich besonders gut der Sonnenhut, die Schafgarbe, die Goldrute, die Königskerze, die Fackellilie, die Steppenkerze, die Taglilie, die Aster, der Mohn, die Palmlilie und der Rittersporn, um nur einige zu nennen. Den Halbschatten ertragen u.a. der Geißbart, der Eisenhut, die Astilbe, die Sterndolde, die Bergenie, die Silberkerze, das Tränende Herz, die Funkie und das Blauglöckchen.

Im Steingarten beliebt ist die Küchenschelle, das Edelweiß, der Mannsschild, das Katzenpfötchen, die Grasnelke, die Schleifenblume, das Leberblümchen, das Blaukissen und das Schleierkraut.

Staupe

Staupe, die bekannteste Hundekrankheit, ist eine Virusinfektion, die durch virushaltigen Augen- und Nasenschleim übertragen wird. Anfällig dafür sind alle Hunde, die keine entsprechende Schutzimpfung erhalten haben; besonders gefährdet sind junge Hunde. Die Zeit zwischen der Ansteckung und dem Ausbruch der Krankheit beträgt drei bis sieben Tage; die Krankheit kann eine bis mehrere Wochen dauern.

Augen- und Nasenausfluß, Erbrechen, Durchfall und Fieber sind die Symptome der ersten zwei Krankheitstage. Dann normalisiert sich die Temperatur. Nach dieser Anfangsphase können sich unterschiedliche Krankheitsformen einstellen, unter denen das Tier wenige Tage bis Wochen leidet; bei allen Formen aber steigt die Temperatur.

Bei der katarrhalischen Staupe hustet und niest der kranke Hund, außerdem hat er Durchfall und Augen- und Nasenausfluß.

Die Darmstaupe ruft Erbrechen und Durchfall hervor – die Folge ist Austrocknung (Dehydration).

Bei der Lungenstaupe sind die oberen Luftwege befallen; es kommt zu Husten, Bronchitis und Nasenausfluß.

Die Hartpfoten- oder Hartballenkrankheit erkennt man daran, daß sich die Haut des Nasenspiegels und der Ballen verhärtet.

Die nervöse Staupe ruft Krämpfe, Bewußtlosigkeit, Aggressivität oder Lähmungen hervor.

Sobald die ersten Symptome auftreten, sollte man umgehend das Tier zum Arzt bringen, denn im Anfangsstadium kann eine Impfung möglicherweise helfen. Später können nur die Symptome gelindert werden. Der einzige Schutz gegen diese oft tödliche Krankheit ist eine vorbeugende Impfung.

Stecklinge

Pflanzen lassen sich u.a. durch Stecklinge vermehren. Solche mit krautigen Trieben kann man leicht und zu jeder Jahreszeit vermehren, während Pflanzen mit holzigen Trieben nicht so leicht und nur zu bestimmten Jahreszeiten wurzeln.

Kopfstecklinge Die abgetrennten Triebspitzen einer Pflanze werden Kopfstecklinge genannt. Buntnessel, Efeu, Pelargonie und *Philodendron* lassen sich z.B. durch Kopfstecklinge vermehren. Man nimmt sie mit einem scharfen Messer unterhalb eines Blattknotens ab und setzt sie in Vermehrungserde, in die man zuvor mit einem Stab oder Bleistift ein paar Löcher gemacht hat.

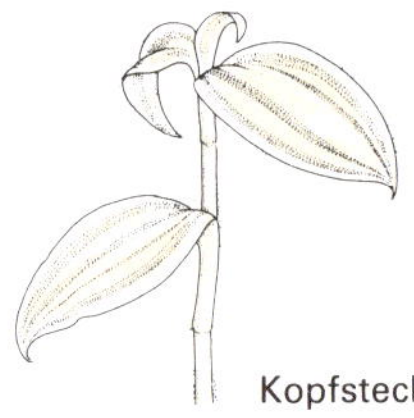

Kopfsteckling

Stammstecklinge Dies sind Triebspitzen mit einem Stammstück. Man kann sie u.a. von Keulenlilie und Drazäne abnehmen. Bei daumenstarken Trieben brauchen die Teilstücke nur ungefähr 5 cm lang zu sein, wenn man sie abschneidet, jedoch sollten sie mindestens einen Knoten mit einem Auge haben. Stammstecklinge kann man waagrecht auf Vermehrungserde legen. Dabei sollte das Auge nach oben weisen. Stammstecklinge können auch senkrecht in die Erde gesteckt werden.

Stammsteckling

Blattstecklinge Wenn man mit Blattstecklingen eine Pflanze vermehrt, schneidet man ein oder mehrere ausgewachsene, gesunde Blätter mit dem

Stiel von der Mutterpflanze ab und steckt sie in einem Winkel von 45° in die Erde. Nach wenigen Wochen bildet sich am unteren Ende des Stiels ein Pflänzchen. Langstielige Blätter kann man auch im Wasser bewurzeln lassen. Usambaraveilchen, Efeutute, Dickblattgewächse u.a. kann man durch Blattstecklinge vermehren.

Achselstecklinge Bei Pflanzen mit holzigen Trieben verwendet man für die Vermehrung gern Achselstecklinge. Darunter versteht man Seitentriebe, die vom Haupttrieb so abgelöst werden, daß eine Achsel entsteht. (Am Haupttrieb des Stecklings haftet ein kleines Rindenstück.) Die ausgefransten Ränder der abgerissenen Achsel werden abgeschnitten, damit sie nicht faulen. Ehe man die Achselstecklinge steckt, stößt man mit einem Stab oder einem Bleistift Löcher in

die Erde, damit das Gewebe nicht verletzt wird. Durch Achselstecklinge kann man u.a. Flieder, Ginster und Stechpalme vermehren.

Steinbeläge

Es erfordert schon einigen Aufwand, Platten und Pflastersteine so zu verlegen, daß man einen dauerhaften Belag erhält. Aber die Anstrengung lohnt sich, denn sonst lockern sich nach kurzer Zeit die Platten oder Pflastersteine und werden zu Stolperfallen.

Große Gehwegplatten wie z.B. Betonplatten, die recht schwer sind, kann man in ein 5 cm dickes Sandbett verlegen, das auf eine 10 cm dicke Kiesschicht aufgebracht wird.

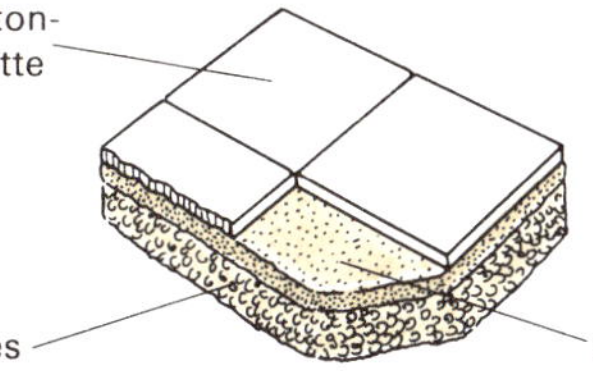

Wenn kleineres Material verwendet wird, z.B. Klinker, Fliesen oder kleine Pflastersteine, sollte der Belag unbedingt in einem Mörtelbett verlegt werden. Man verdichtet eine 10 cm dicke Kiesschüttung mit einer motorgetriebenen Rüttelplatte und schüttet darauf eine 5 cm dicke Magerbetonschicht (siehe *Betonieren*). Darauf wiederum werden die Pflastersteine in einem 5 cm dicken Mörtelbett verlegt; das Mischungsverhältnis beträgt 1:5 (siehe *Mörtel mischen*). Die Fugen kehrt man mit einer trockenen Mörtelmischung aus Zement und Sand zu.

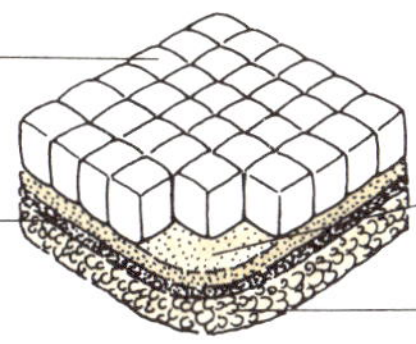

Sehr viel verwendet werden heute Betonverbundsteine, da sie relativ preiswert und leicht zu verlegen sind. Verbundsteinbeläge halten auch größeren Belastungen stand. Der Unterbau wird wie bei Betonplatten ausge-

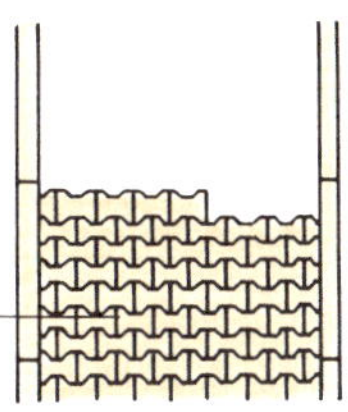

führt, jedoch sollte der Belag nach dem Verlegen mit einer Rüttelplatte gut verdichtet werden. Die Fugen schlämmt man mit Sand und Wasser ein.

Steingarten

Der ideale Standort für einen Steingarten ist ein sanfter, nach Süden oder Südwesten geneigter Hang. Ehe man einen Steingarten anlegt, muß das Unkraut restlos entfernt werden. Eine gute Entwässerung des Bodens ist für den Steingarten unbedingt erforderlich, denn die meisten Steingartenpflanzen gehen ein, wenn der Boden zu feucht ist. Sollte er schwer und naß sein, empfiehlt es sich, eine dicke Schicht groben Kies am Grund des Steingartens auszubringen.

Steingarten anlegen Sand- und Kalksteinbrocken eignen sich für den Steingarten besonders gut. Man legt zwei Reihen Steine so, daß sie winkelförmig zusammenstoßen. Die größten Brocken setzt man als Ecksteine an die Spitze des Winkels. Die Steine der darauffolgenden Reihe werden so gesetzt, daß alle Fugen senkrecht aufeinandertreffen. Baut man den Steingarten an einem Hang, sollten alle Steine diesem leicht zugeneigt sein, damit das Wasser zum Beet hin abläuft.

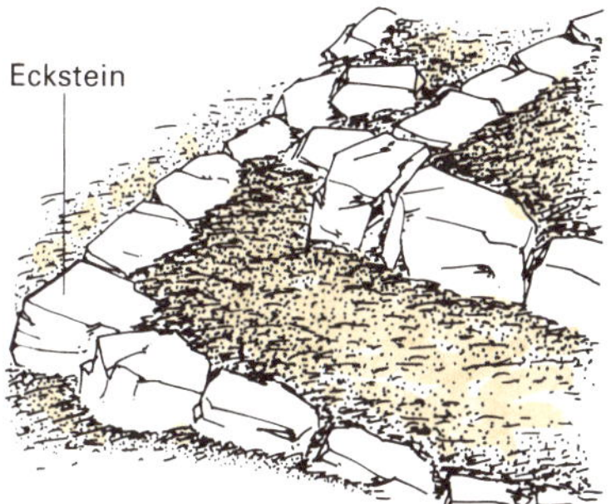

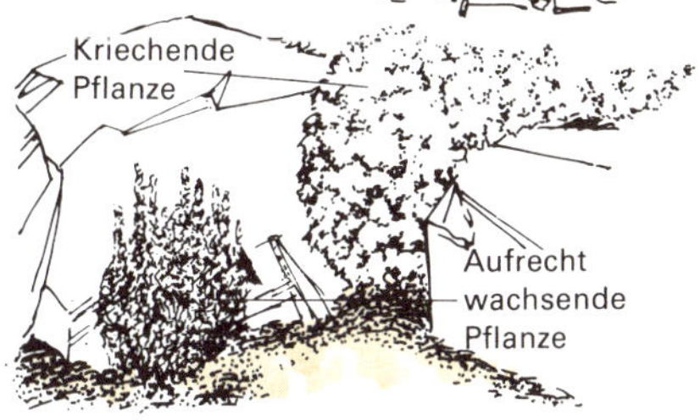

Wenn alle Steine ihren Platz haben, füllt man die umschlossene Fläche mit Erde auf. Nach ungefähr zehn Tagen hat sich der Boden gesetzt. Jetzt wird nochmals Erde nachgefüllt und die Oberfläche mit Steinsplitt abgedeckt.

Steingartenpflanzen Sie sind vor allem Gebirgspflanzen. Besonders hübsch und dankbar sind das Alpenglöckchen, der Enzian, das Edelweiß, der Mannsschild, die Grasnelke, die Alpenaster, das Blaukissen, die Schleifenblume, das Steinkraut, das Sonnenröschen und die Gänsekresse. Wichtige Steingartenpflanzen sind außerdem Steinbrechgewächse, die langlebigen Hauswurzarten und zahlreiche Fetthennenarten und -sorten.

Zwerggehölze, besonders Koniferen, kann man in einem Steingarten gut zwischen farbenprächtige Blumen pflanzen. Zwiebelgewächse, etwa Narzissen, Tulpen, Blausterne, Hyazinthen und Krokusse, setzen dem Steingarten im Frühling bunte Tupfer auf, und Farne, Moose, Ziergräser und Heidekräuter verleihen ihm einen besonderen Reiz.

Aufrecht wachsende Pflanzen wirken am besten am Fuß eines Steinbrockens. Kriechende Stauden und Nadelgehölze pflanzt man so an den oberen Steinrand, daß sie über die Kante hinabwuchern können. Rosettenbildende Pflanzen, die vor Nässe geschützt werden sollten, kann man in senkrechte Steinspalten setzen.

Steinmauern

Ohne Mörtel aufgebaute Mauern aus unbehauenen Natursteinen, man nennt sie Trockenmauern, passen in jede Landschaft und eignen sich gut als Einfriedung von Grundstücken. Damit eine Trockenmauer standfest wird, macht man sie entsprechend breit. So legt man beispielsweise den Fuß einer 1 m hohen Mauer etwa 65 cm breit an, und bei Höhen über 1 m sollte das Fundament zwei Drittel der Mauerhöhe betragen.

Eine Trockenmauer wird symmetrisch errichtet, so daß ihre Mittellinie senkrecht verläuft. Wenn der Untergrund locker ist, setzt man sie auf ein Betonfundament; bei festem Boden genügt ein 10–12 cm hohes Sandbett in einem 15 cm tiefen Graben. Man kann für eine Trockenmauer Steine unterschiedlichster Form und Größe verwenden. Man muß sie nur mit Geduld auswählen und sorgfältig verlegen. Für die erste Lage sucht man die schwersten Steine aus und setzt sie so eng wie möglich nebeneinander. Bei den nachfolgenden Lagen achtet man darauf, daß zwischen den Steinen keine durchgehenden senkrechten Fugen entstehen, d.h., die Steine der verschiedenen Lagen sollen übereinandergreifen. Das erreicht man schon dadurch, daß man große Steine auf jeweils zwei kleine legt und umgekehrt. Wenn sich größere Zwischenräume nicht verhindern lassen, füllt man sie mit kleinen Steinen aus. Anhäufungen

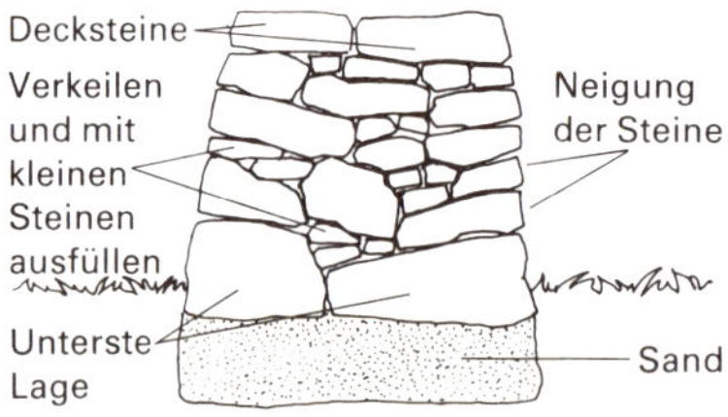

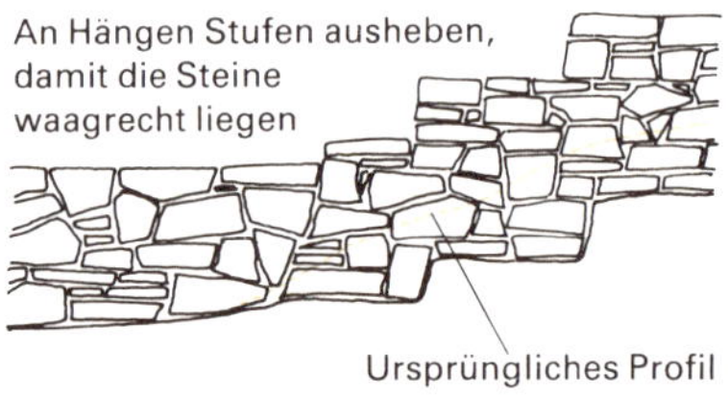

kleiner Steine sollte man allerdings vermeiden, da sie verrutschen können.

Damit eine Trockenmauer von ihrem Gewicht zusammen- und nicht auseinandergedrückt wird, verlegt man die Steine leicht nach innen geneigt; außerdem sollte sich die Mauer nach oben verjüngen – auf 1 m Höhe um rund 10 cm. Als Decksteine für den oberen Abschluß verwendet man flache Steinplatten.

Wenn man die Steine mit Mörtel verlegt, sollte man in jedem Fall ein Betonfundament einziehen (siehe *Betonieren; Einschalen*). Die Fußbreite einer gemörtelten Mauer muß nur ein Drittel ihrer Höhe betragen. Zunächst legt man die erste Steinlage wie bei einer Trockenmauer aus. Dann hebt man einen Endstein ab, trägt ein etwa 5 cm dickes Mörtelbett (siehe *Mörtel mischen*) auf das Fundament auf und legt den Stein in derselben Lage wie vorher hinein. So setzt man Stein um Stein. Wenn die Lage fertig ist, füllt man die Stoßfugen mit Mörtel aus, sucht die Steine für die nächste Lage aus und mörtelt sie genauso ein. Aus den Fugen quellender überschüssiger Mörtel wird entfernt.

Stepperei

Bei der Stepparbeit werden zwei Stofflagen mit einer Zwischenschicht aus weichem Wattiermaterial zusammengefügt. Die Stoffe sollten glatt, undurchsichtig und leicht bis mittelschwer sein; schwere Stoffe passen sich den Steppkonturen schlecht an. Die obere Lage kann aus bedrucktem Stoff, einem Patchwork (siehe dort) oder einer Applikation (siehe dort) bestehen; bei einfarbigen Stoffen wird das Muster allein durch die Steppnähte gestaltet. Die untere Lage (Futter) kann einfarbig oder ebenfalls dekorativ sein. Beide Stoffe sollten die gleichen Pflegeeigenschaften besitzen. Es empfiehlt sich, Baumwoll- und Leinengewebe vor dem Zuschneiden zu krumpfen (siehe *Krumpfen*).

Wattiermaterial gibt es aus Baumwolle und Polyester. Bei der Baumwollwattierung muß man dichter steppen, damit sie sich nicht verschiebt. Beide Materialien gibt es als Meterware in unterschiedlicher Breite und Stärke. Für die Handstepperei verwendet man gewachsten Baumwoll- oder Polyesterfaden sowie Universalfaden, den man über Bienenwachs zieht, damit er sich nicht verheddert. Für die meisten Stepparbeiten verwendet man lange Nähnadeln mittlerer Stärke (8, 9), für feine Stoffe Stärke 10, für schwere Stoffe Stärke 7.

Wenn man die Stoffe zuschneidet, gibt man auf allen Seiten ein paar Zentimeter hinzu, weil sich die Stofffläche beim Steppen zusammenzieht. Soll die untere Lage gleichzeitig als angeschnittene Einfassung dienen, schneidet man sie 4–7 cm größer als die obere Lage zu.

Zuerst den Stoff bügeln und dann

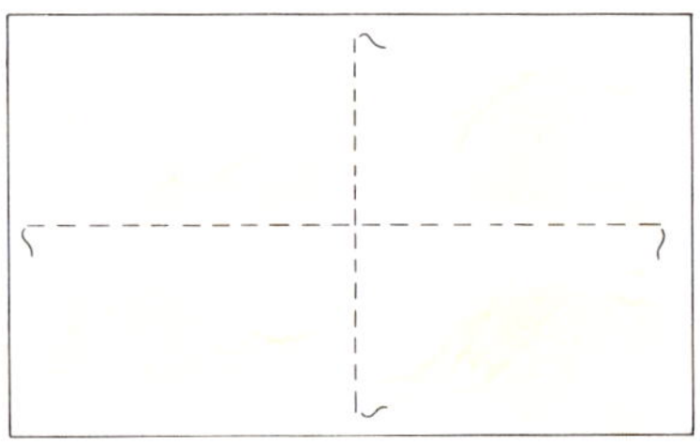

die Mitte der Fläche markieren, indem man zwischen den seitlichen Mittelpunkten längs und quer heftet. Bei bedruckten Stoffen kann man die Steppnähte nach den Konturen des Musters ausrichten, sonst wird das Muster auf den Stoff übertragen (siehe *Muster übertragen*). Dann die Lagen zusammenheften, dabei von der Mitte nach außen arbeiten. An den Kanten soll der Abstand zwischen den Heftnähten höchstens 15 cm betragen.

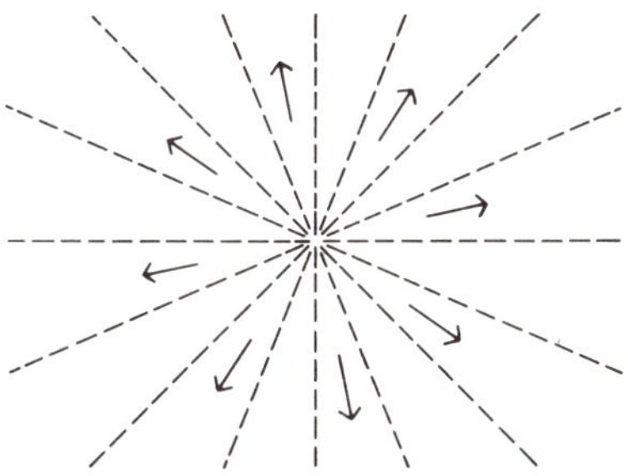

Um einfacher steppen zu können, spannt man die Arbeit in einen Ring oder Rahmen ein; der Ring eignet sich für kleinere Arbeiten, der Rahmen für größere Flächen. Man steppt stets von der Mitte aus zu sich hin mit kleinen, gleichmäßigen Vorstichen (etwa fünf Stiche pro Zentimeter) entlang der Musterlinien und durch alle Lagen. Der Steppfaden wird einfach genommen und sollte nicht länger als 45 cm sein. Am Anfang und Ende des Steppfadens einen Knoten machen und bis in die Wattierung durchziehen, damit er unsichtbar ist. Fadenenden abschneiden.

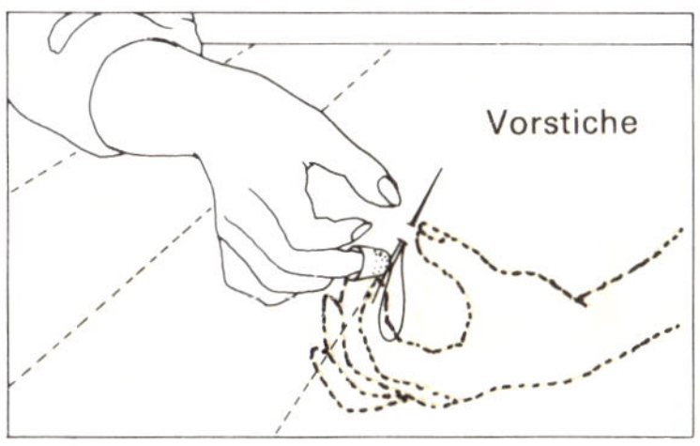

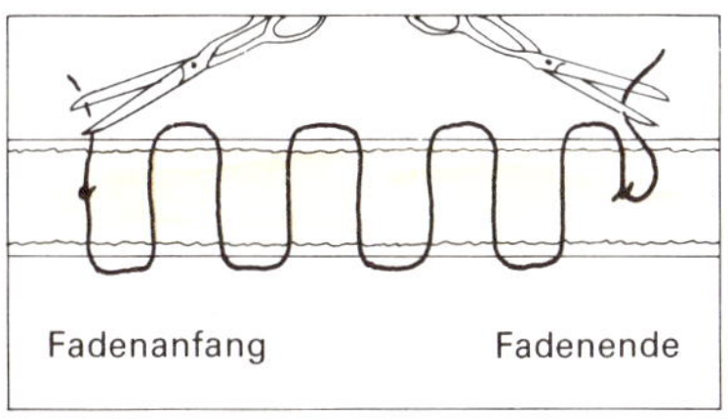

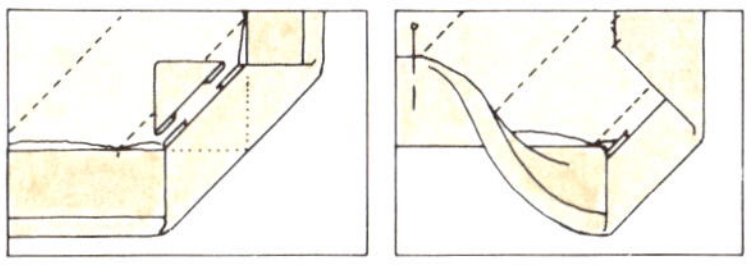

Ecken abschrägen

Zum Versäubern der Kanten die untere Stofflage 12 mm breit einschlagen. Dann den Unterstoff über die offenen Kanten des Oberstoffs schlagen und mit Staffierstichen (siehe *Saumstiche*) annähen. Die Ecken abschrägen.

Stereoanlage

Wenn beim Betrieb des Plattenspielers nur eine Lautsprecherbox arbeitet, überprüft man zuerst das Anschlußkabel zwischen Verstärker und Plattenspieler. Ändert sich dabei nichts, kontrolliert man die Kabelverbindung zwischen Verstärker und Lautsprecher. Hilft dies auch nicht, stellt man den Programmwahlschalter von Phono auf UKW-Empfang. Bleibt die Lautsprecherbox weiterhin stumm, liegt der Fehler am Verstärker (Receiver). Funktioniert der Lautsprecher jetzt, ist der Plattenspieler defekt.

Hat man durch leichtes Rütteln an den Anschlußklemmen den Fehler behoben, so reinigt man alle Anschlußklemmen, Stecker, Buchsen und Verbindungen an beiden Leitungsenden. Korrodierte Metallteile reibt man mit feinem Schleifpapier blank. Alle schwer erreichbaren Stellen behandelt man mit Kontaktspray, den man im Elektrohandel kaufen kann.

Wenn der Verstärker ganz tot ist, also auch die Kontrollampen und Skalenbeleuchtung nicht mehr leuchten, kontrolliert man den Schutzschalter oder die Netzsicherung, die sich bei manchen Geräten an der Rückseite befindet. (Sind die Sicherungen im Inneren untergebracht, das Gerät nicht selber öffnen, sondern zu einem Fachmann bringen.) Den Schutzschalter wieder einschalten bzw. die Sicherungen durch neue der gleichen Kapazität ersetzen. Brennt die neue Sicherung anschließend wieder durch, muß der Verstärker von einem Fachmann kontrolliert werden.

Ist die Wiedergabe durch ein Brummen gestört, überprüft man alle An-

ACHTUNG!
Den Netzstecker der Stereoanlage aus der Steckdose ziehen, bevor man Schalter, Stecker, Anschlußklemmen, Buchsen oder Drehknöpfe reinigt bzw. an einer angeschlossenen Komponente arbeitet.

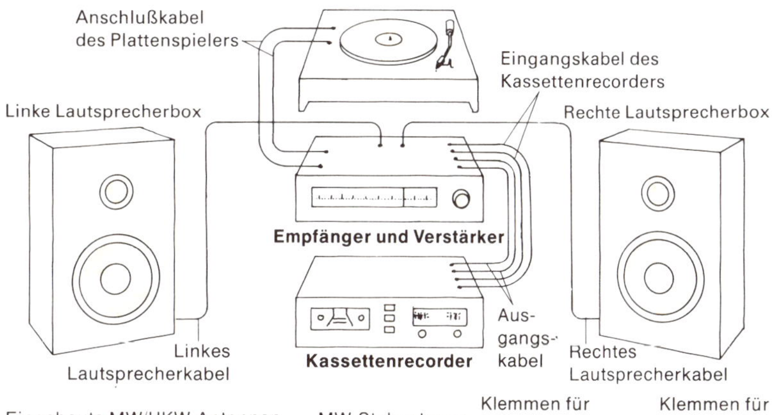

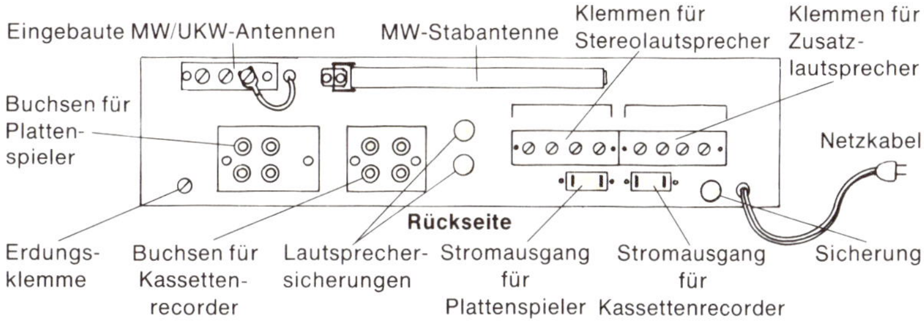

schlußklemmen und Steckverbindungen, vor allem ob die Erdleitung an die Erdungsklemme auf der Geräterückseite angeschlossen ist. Die Verbindungskabel der einzelnen Komponenten – Plattenspieler, Empfänger, Verstärker, Kassettenspieler – sollten die Netzkabel nicht berühren. Wird das Brummen dadurch nicht behoben, schließt man die Erdleitung des Verstärkers und Empfängers an eine Erdung im Haus, beispielsweise an ein Metallrohr, an.

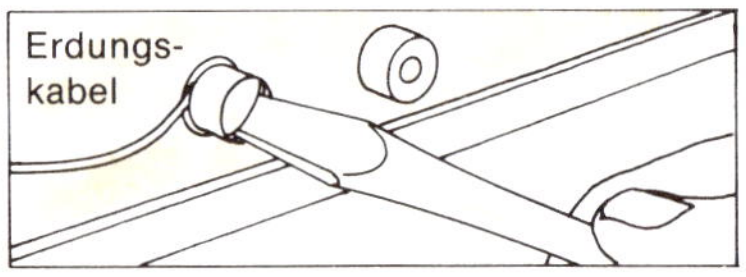

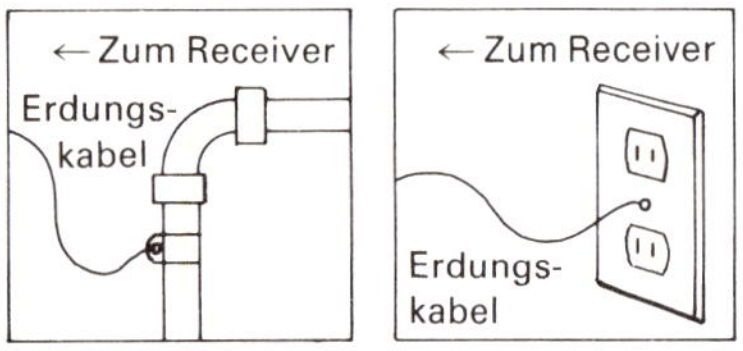

Beim Auswechseln des Netzkabels immer den vom Hersteller vorgeschriebenen Querschnitt verwenden.

Störungen durch andere Haushaltsgeräte lassen sich vermeiden, wenn man für die Stereoanlage eine Steckdose mit separatem Stromkreis benutzt. Abhilfe schafft auch ein im Fachhandel erhältlicher Niederfrequenz-Interferenzfilter, der zwischen dem Netzkabel und der Steckdose eingeschaltet wird.

Stickerei

Damit man gleichmäßig sticken kann, muß der Stoff straff gehalten werden. Dazu wird er in einen Stickrahmen eingespannt; das Gewebe darf man dabei nicht verziehen. Der Arbeitsfaden sollte nicht länger als 45 cm sein, damit er sich nicht aufzwirnt oder verknotet. Um den Fadenanfang zu sichern, hält man ihn auf der Stoffrückseite fest und überstickt ihn auf eine Länge von 5 cm (A). Am Fadenende zieht man die Nadel auf der Stoffrückseite auf eine Länge von 5 cm unter den letzten Stichen durch (B). Den Faden niemals verknoten!

Damit die Fadenspannung gleichmäßig bleibt, sticht man die Nadel möglichst im rechten Winkel zum

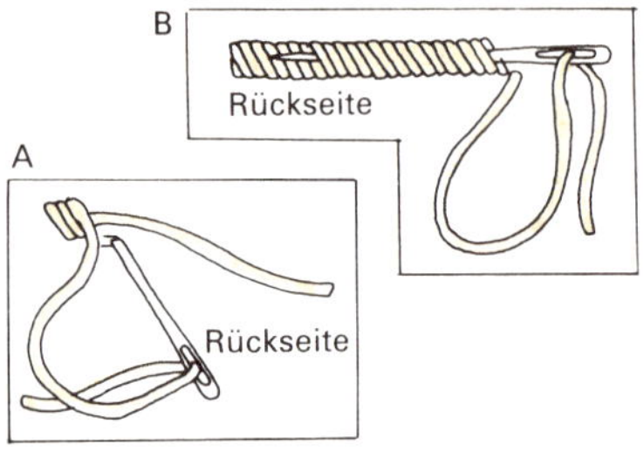

Stoff ein, zieht den Faden an der Unterseite durch und sticht wieder im rechten Winkel hoch. Bei Schlingstichen muß man ein- und wieder ausstechen, dann das Garn um die Nadel legen, bevor man es durchzieht. Hat sich der Faden nach einigen Stichen verdreht, läßt man die Nadel frei nach unten hängen, bis der Faden wieder glatt ist.

Für die meisten Stickereien verwendet man mittellange Nähnadeln (Größe 0–12). Es gibt aber auch spezielle Sticknadeln, die dicker und länger sind (Größe 14–24) und für dickere Stickgarne verwendet werden. Sticknadeln ohne Spitze nimmt man für Stickarbeiten auf Stramin u. ä.

Stickgarne

Bei allen reinen Stickgarnen ist der Faden über die ganze Länge einheitlich. Phantasiegarne mit Noppen usw. werden nur in Ausnahmefällen verwendet, um besondere Effekte zu erzielen.

Stickgarne müssen auf den Stoff genau abgestimmt werden. Im Zweifelsfall läßt man sich im Fachgeschäft beraten.

Hier eine Übersicht über die üblichen Garnarten:

- Sticktwist ist ein einfaches Stickgarn mit Glanz, das geteilt und ein- bis sechsfach verstickt werden kann. Er ist meist aus Baumwolle und ist in vielen Farben erhältlich. Teilbares Sechsfachstickgarn gibt es auch aus Kunstseide.
- Vierfachstickgarn ist ebenfalls aus Baumwolle; es wird nur für feine Stickarbeiten wie etwa die Weißstickerei verwendet.
- Das mittelstarke Mattstickgarn ist für weniger feine Arbeiten geeignet. Es kann geteilt werden, wird aber meist ganzfädig verstickt. Die Farbauswahl ist groß.
- Für Stickarbeiten auf Leinen verwendet man Leinenstickgarn. Bei synthetischen Stoffen empfiehlt es sich, synthetische Stickgarne zu verwenden.
- Perlgarn, aus merzerisierter Baumwolle hergestellt, hat eine kordelähnliche Struktur und einen besonderen Glanz. Es ist in verschiedenen Stärken und vielen Farben erhältlich. Perlgarnähnliches Stickgarn gibt es auch aus Kunstseide.
- Wollstickgarne in verschiedenen Stärken werden für die Straminstickerei sowie für Grobstickereien jeder Art verwendet. Die dicken Garne werden unter dem Namen Sudanwolle, die mittleren als Kelimwolle angeboten. Die feinen nennt man Zephirwolle. Wollähnliche Stickgarne aus synthetischen Fasern sind ebenfalls erhältlich; sie haben den Vorteil, daß sie sich problemlos waschen lassen.
- Zu den Effektgarnen zählen die Metallicstickgarne, die in immer mehr Farben und Stärken hergestellt werden. Sie bestehen meist aus Syntheticfäden und sind waschbar.
- Außer den Garnen für die Handstickerei gibt es Maschinenstickgarne in großer Farbauswahl. Heute sind sie sehr häufig aus Synthetics hergestellt.

Stickstiche

Aus der sehr großen Zahl der Stickstiche hier die gebräuchlichsten mit ihrer Verwendung:

Rückstich Die Abstände 3–1 und 1–2 sind gleich. Dieser Stich wird meist für gerade Linien verwendet und bildet auch den Grundstich für andere dekorative Stiche; man kann beispielsweise einen andersfarbigen Faden durch die einzelnen Rückstiche ziehen.

Kettenstich Punkt 2 des ersten Stichs wird Punkt 1 des nächsten. Dieser Stich wird für Konturen verwendet oder, in Reihen gestickt, um Flächen auszufüllen. Einzelne Kettenstiche, sternförmig angeordnet, bilden den Margeritenstich.

Kreuzstich Der Stich kann auf zweierlei Weise gearbeitet werden: in Einzelstichen (A) oder in zwei Reihen von schrägen Stichen (B). Er wird für Konturen, zum Ausfüllen von Flächen und Ausbilden von geometrischen Mustern verwendet.

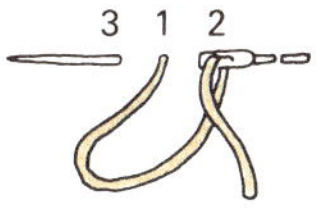

Rückstich

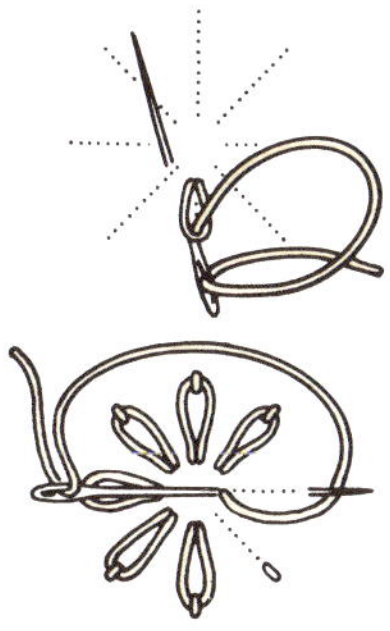

Margeritenstich

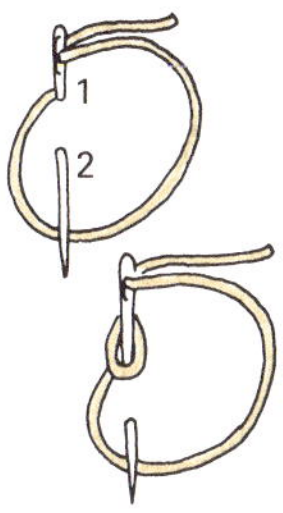

Kettenstich

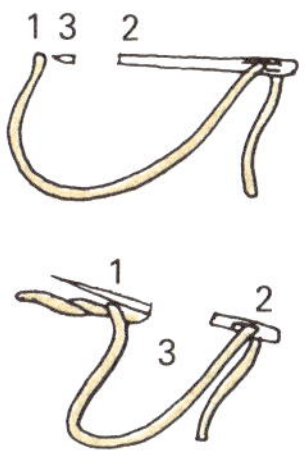

Stielstich

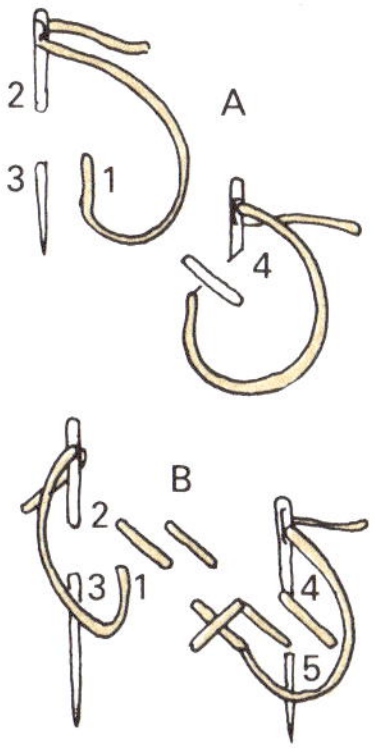

Kreuzstich

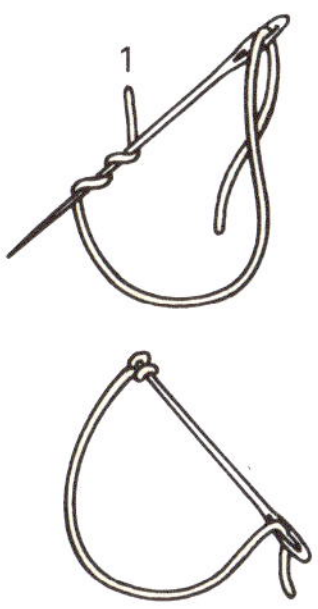

Knötchenstich

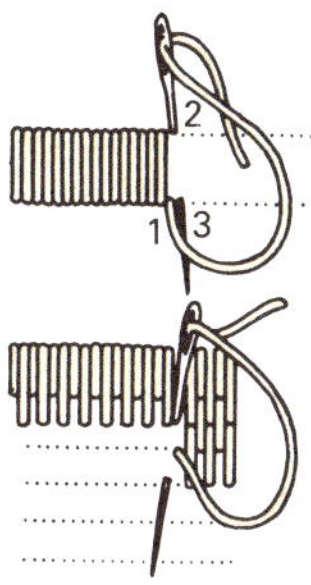

Plattstich

Stielstich Bei 1 aus-, bei 2 ein- und bei 3 ausstechen. Punkt 3 des ersten Stichs wird Punkt 1 des nächsten. Er wird für Konturen und Stiele in Blumenmustern verwendet.

Knötchenstich Der Faden wird zweimal, für dickere Knoten öfter um die Nadel gewickelt, dann straff angezogen. Man sticht dicht neben dem Ausstich 1 wieder ein. Die Stiche können einzeln verwendet oder dicht nebeneinander gestickt werden, um eine Fläche auszufüllen.

Plattstiche Die langen, geraden Stiche werden dicht nebeneinander gestickt, um Flächen auszufüllen. Sie können auch waagrecht oder schräg gearbeitet werden. Durch versetzte Plattstiche kann man Farbschattierungen erzielen: In der ersten Reihe werden abwechselnd lange und kurze Stiche gestickt, in den folgenden Reihen nur lange und in der letzten nur kurze, um einen geraden Abschluß zu bilden. Plattstiche lassen sich aber auch gerundeten Konturen, z.B. Blattformen, anpassen.

Siehe auch *Festonstich; Knopflochstich.*

Stillen

Frauen mit empfindlicher Haut sollten sich schon vor der Geburt des Kindes vom Arzt beraten lassen, wie die Brust zum Stillen vorbereitet wird. Beim Stillen sollte man bequeme, vorn aufknöpfbare Kleidung tragen und bequem sitzen. Beide Füße flach auf den Boden stellen; Rücken gut stützen (eventuell mit einem Kissen).

Das Kind muß beim Stillen vollständig wach sein. Macht es einen verschlafenen Eindruck, deckt man es auf und massiert ihm die Hände oder Füße oder reibt seinen Rücken. Man geht allen Ablenkungen aus dem Wege, so daß man sich selbst entspannen und voll auf das Baby konzentrieren kann. Das Kind sollte möglichst immer an beiden Brüsten angelegt werden. Man nimmt das Baby so in den Arm, daß der Kopf in der Armbeuge oder auf dem Unterarm liegt. Die der Brust zugewandte Wange des Kindes streicheln, damit es weiß, daß es jetzt trinken kann. Das Kind nimmt nicht nur die Brustwarze, sondern auch den Warzenhof (die dunkle Hautpartie rund um die Warze) in den Mund und drückt ihn mit seinen Kiefern zusammen, so daß die Milch aus der Brustwarze in seinen Mund spritzt. Darauf achten, daß das Kind nicht nur an den Brustwarzen saugt; sie können wund werden. Wenn das Baby die Brustwarze nicht in den Mund nehmen kann, hilft man ihm, indem man mit Mittel- und Zeigefinger den Warzenhof umfaßt und die Brustwarze mit leichtem Druck in den Mund des Kindes führt. Will man das Kind von der einen Brust an die andere legen, muß es die Brustwarze loslassen. Dazu schiebt man den Zeigefinger zwischen den Warzenhof und die Lippen des Kindes oder drückt das Kinn des Säuglings leicht nach unten.

Die Brustmahlzeiten werden zeitlich allmählich ausgedehnt. Am ersten Tag gibt man dem Kind bei jeder Mahlzeit nur zwei bis drei Minuten lang die eine und dann die andere Brust. Ab dem zweiten Tag werden die Mahlzeiten um etwa eine Minute verlängert. Alle vier oder fünf Minuten soll das Kind ein Bäuerchen (siehe dort) machen. Üblicherweise wird ein Kind etwa alle drei Stunden angelegt und saugt im Lauf von zehn bis 15 Minuten die meiste Milch aus einer Brust. Dann legt man es auf der anderen Seite an. (Bei der nächsten Mahlzeit legt man es auf dieser Seite zuerst an.) Länger als eine Stunde sollte man ein Kind aber nicht an der Brust lassen. Generell gibt es keine Regel, wie lange ein Kind trinken soll – man läßt das Kind am besten selbst entscheiden.

Während der Stillzeit sollte man viel schlafen und eine abwechslungsreiche und vielseitige Mischkost mit ausreichend Eiweiß, Obst, Gemüse und viel Flüssigkeit zu sich nehmen. Speisen, die eine Kolik (siehe dort) hervorrufen könnten, müssen abgesetzt werden. Bestimmte Nahrungsmittel wie manche Weine, Zwiebeln, Knoblauch, Kohl, Hülsenfrüchte und Tomaten können bei empfindlichen Babys Magenverstimmungen hervorrufen. Am besten, man findet selbst heraus, was dem Baby bekommt und was nicht. Auch Alkohol, Nikotin und bestimmte Medikamente beeinträchtigen die Qualität der Muttermilch. Den Alkohol- und Zigarettenkonsum auf ein Minimum reduzieren oder – besser – ganz einstellen. Vor der Einnahme von Medikamenten sollte man den Arzt fragen.

Siehe auch *Entwöhnung; Fläschchen geben.*

Stoffenden begradigen

Um die Enden bei sehr festen Stoffen zu begradigen, schneidet man eine Webkante ein und reißt den Stoff bis zur anderen Webkante durch. Bei weichen Stoffen schneidet man ebenfalls eine Kante ein und zieht vorsichtig an ein bis zwei Querfäden, bis der Stoff sich leicht kräuselt. Dann wird er entlang der Kräuselung durchgeschnitten.

Bilden die so entstandenen Kanten

keinen rechten Winkel mit den Webkanten, muß der Fadenlauf ausgerichtet werden (siehe *Fadenlauf*).

Stoffpuppen

Zunächst zeichnet man ein Raster mit 2,5 × 2,5 cm großen Karos und vergrößert die Vorlage der abgebildeten Puppe auf 32,5 cm (siehe *Muster übertragen*). Dieses Schnittmuster wird auf zwei Lagen von hautfarbenem, hellbraunem oder braunem Stoff kopiert. Auf die rechte Seite eines Kopfteils zeichnet man mit einem Bleistift die Gesichtszüge vor. Der Mund wird mit Rückstichen gestickt; für die Augenbrauen verwendet man Stielstiche, und Augen und Mund werden mit Plattstichen ausgefüllt (siehe *Stickstiche*). Man kann die Gesichtszüge auch mit Filzstift aufmalen.

Man schneidet die Körperteile aus, legt sie rechts auf rechts aufeinander und steppt sie mit 5 mm Nahtzugabe rundherum mit der Maschine ab oder näht sie mit Rückstichen (siehe dort) von Hand zusammen; an einer Seite läßt man einen Schlitz offen, damit man die Puppe ausstopfen kann. Nun zackt man die Rundungen aus bzw. schneidet sie ein (siehe *Nähte*) und wendet die Puppe nach rechts.

Als Füllmaterial kann man in kleine Stücke zerschnittene Perlonstrümpfe, Watte oder Flocken aus Schaumstoff verwenden. Die Arme und Beine werden mit Hilfe eines Bleistifts oder Holzlöffels fest ausgestopft. Dann schließt man den Schlitz mit Hohlstichen (siehe *Saumstiche*).

Für das Haar schneidet man dickes Garn in 15 cm lange Strähnen für Buben und 45 cm lange Strähnen für Mädchen und legt sie dicht nebeneinander auf ein Stück Papier, bis das Haarteil etwa 7,5 cm breit ist. Dieses Haarteil wird in der Mitte und dann nochmals in 3,5 cm Entfernung beiderseits der Mitte durch das Papier hindurch abgesteppt. Dann reißt man das untergelegte Papier ab und näht das Haarteil entlang der Stepplinien hinten und oben am Kopf sowie an beiden Seiten mit Rückstichen an. Das Mädchenhaar kann man zu einem Zopf flechten oder mit einem Band zu einem Pferdeschwanz zusammenbinden.

Die Schnitte für die Kleider werden

passend zum Puppenkörper auf dem Raster vergrößert und mit 5 mm Nahtzugabe auf den Stoff übertragen. Man schneidet die Teile zu und näht sie so zusammen, daß in jedem Kleidungsstück auf der Rückseite oben ein 5 cm langer Schlitz offenbleibt. Als Verschlüsse näht man an den Schlitzenden kleine Haken und Ösen (siehe dort) an. Alle Kanten werden gesäumt oder mit Saumband eingefaßt. Hosenträger macht man aus Nahtband oder schmalen Stoffstreifen. Je nach Wunsch kann man auch Zierborten anbringen.

Stoffschläuche

Um einen einfachen Stoffschlauch herzustellen, schneidet man einen 3 cm breiten Schrägstreifen (siehe *Fadenlauf*; *Paspel*) und faltet ihn rechts auf rechts der Länge nach. Dann näht man 8 mm neben der gefalteten Kante und zieht dabei leicht am Stoffstreifen. Die Nahtzugabe wird nicht abgeschnitten. An einem Nahtende des Stoffschlauchs wird ein dicker Faden mit einer großen Nadel befestigt; dann schiebt man die Nadel mit dem Nadelöhr voraus durch den ganzen Schlauch. Anschließend zieht man vorsichtig am Faden und schiebt die Nahtzugabe vorsichtig in den Schlauch, bis dieser sich ganz auf die rechte Seite dreht.

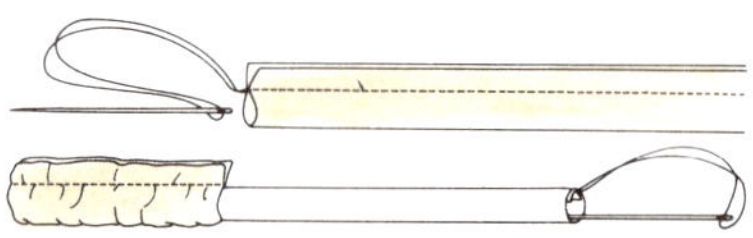

Will man eine Kordel in einen Schlauch einziehen, schneidet man einen Schrägstreifen in der Breite des

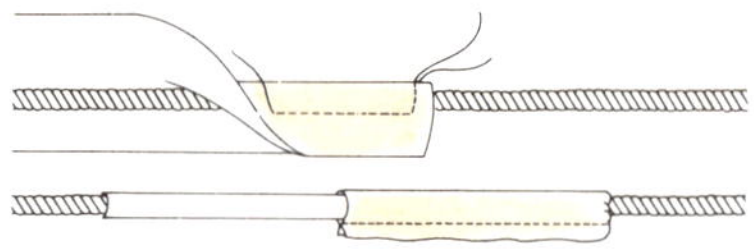

Kordeldurchmessers plus 2,5 cm und ein Stück Kordel doppelt so lang wie der Schrägstreifen. Den Streifen legt man rechts auf rechts um eine Kordelhälfte und näht mit dem Reißverschlußfuß das Ende des Schrägstreifens an die Kordelmitte. Dann näht man die Längsseite dicht neben der Kordel, zieht dabei leicht am Streifen. Die Nahtzugabe schneidet man ab. Beim Umstülpen des Schlauchs auf die rechte Seite streift man ihn von der Mitte aus über das freie Kordelstück zurück. Die noch überstehende Kordel wird abgeschnitten.

Stopfen

Kleinere Löcher und durchgescheuerte Stellen an Kleidungsstücken kann man von Hand stopfen. Geschickt ausgeführt, ist die Reparatur nahezu unsichtbar.

Für Socken und andere Gewirke oder für einen Ärmel verwendet man einen Stopfpilz, für Gewebe einen Stickrahmen. Die auszubessernde Stelle darf nicht verzogen oder zu stark gespannt werden. Große Löcher bekommen Halt, wenn man ein Netzgewebe oder ein feines Stoffstück an der linken Seite unterlegt und anheftet.

Gestopft wird bei gutem Licht. Man verwendet bei Handgestricktem möglichst einen Wollrest, bei Maschinengestricktem und Webstoffen einen Faden aus einer Innennaht oder einem Reststück. Sonst wählt man ein Stopfgarn, das dem auszubessernden Material am besten entspricht. Die Nadelstärke richtet sich nach dem Garn; mit einer möglichst feinen Nadel erzielt man die besten Ergebnisse.

Gearbeitet wird von der rechten Seite. Man befestigt das Garn möglichst nahe am Rand der Schadstelle durch einen winzigen Rückstich (siehe dort) – keinen Knoten in den Faden machen! Um ausgefranste Ränder zu verstärken, wird das Loch mit kleinen Vorstichen (siehe *Heften*) umnäht. Parallel zum Fadenlauf (siehe dort) des Stoffs spannt man nun Fäden über das Loch. Dann werden im rechten Winkel dazu Querfäden eingewebt, indem man abwechselnd je einen Längsfaden aufnimmt und überspringt. Man muß dabei auf gleichmäßige und nicht zu straffe Fadenspannung achten; zieht man die Fäden zu

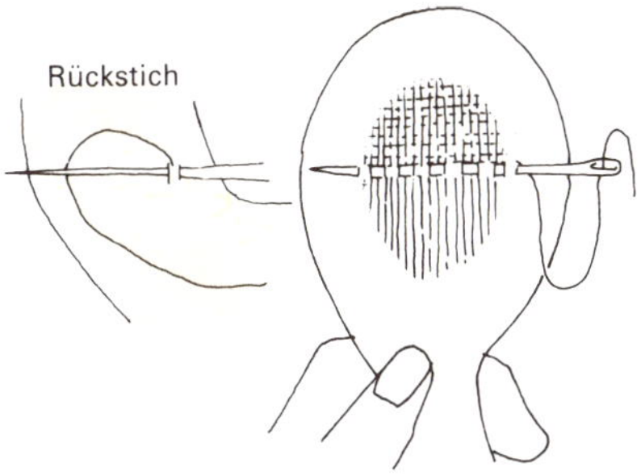

stark an, werden die Ränder der Schadstelle wellig.

Siehe auch *Flicken; Flicken aufsetzen.*

Stoßdämpfer prüfen

Einen Stoßdämpfer kann man nur auf einem Spezialprüfstand testen. Dazu wird die Achse von einem Elektromotor in Schwingungen versetzt; dann schaltet man den Motor aus und kontrolliert, wie schnell der Dämpfer die Schwingungen abbauen kann. Da solche Prüfstände nicht immer zur Verfügung stehen, muß man die Funktion des Dämpfers auf eine einfachere Weise testen.

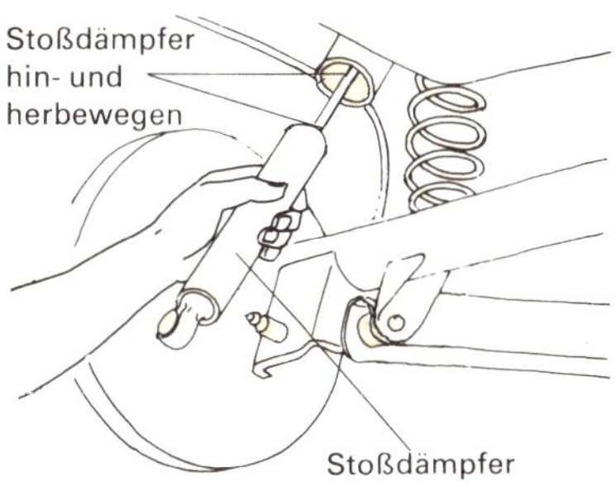

Zunächst kontrolliert man unter dem Wagenboden, ob sich Leckstellen gebildet haben. Ist das Stoßdämpfergehäuse bereits feucht, muß man den Stoßdämpfer auswechseln, da er Klopfgeräusche verursachen kann.

Erscheint der Stoßdämpfer hingegen noch einwandfrei, kann man ihn an der unteren Aushängung ausbauen. Man zieht ihn dann von Hand von Anschlag zu Anschlag. Dabei darf man keinerlei leicht- oder schwergängige Stellen finden; das Stoßdämpferrohr muß sich gleichmäßig schwer hin- und herbewegen lassen. Bemerkt man Störungen der Funktion, sollte man die Stoßdämpfer einer Achse gleichzeitig auswechseln.

Stottern

Kinder im Alter von zwei bis fünf Jahren denken oft schneller, als sie sprechen können. Sie stocken und wiederholen Laute oder Worte, während sie nach dem richtigen Ausdruck suchen, was sich wie Stottern anhört. Dies ist ganz normal und legt sich wieder, wenn die Kinder einen größeren Wortschatz beherrschen.

Dem Kind auf keinen Fall das Gefühl geben, daß etwas nicht stimmt, wenn es nach Wörtern sucht; es vor allem nicht auslachen, denn so können wirkliche Sprechhemmungen aus Angst entstehen.

Bei anhaltendem Stottern sollte man einen Arzt um Rat fragen. Meist sind die Ursachen psychischer Natur. Es gibt keine bestimmte Heilmethode, sondern viele verschiedene Techniken und Hilfsmittel, die den Stotterer fließender sprechen lassen. Man kann sich vom Hausarzt oder von einem Sprachtherapeuten beraten lassen.

Straminstickerei

Der Grundstoff der Straminstickerei, die auch als Tapisserie, Bild- oder Wollstickerei bekannt ist, wird so gewebt, daß die Längs- und Querfäden ein gleichmäßiges Gitter bilden. Die Punkte, an denen sich die Fäden kreuzen, nennt man Fadenkreuze. Beim einfädigen Stramin wird das Fadenkreuz durch einen Längs- und einen Querfaden gebildet; er ist für bestimmte Stiche, z.B. den halben Kreuzstich, nicht geeignet. Dreherstramin hat einen doppelten Längsfaden und ist daher fester als der einfädige; auf Dreherstramin kann man alle Sticharten arbeiten. Das Fadenkreuz beim zweifädigen Stramin, das aus zwei Fadenpaaren gebildet wird, ist besonders stabil, außerdem kann man darauf verschieden große Stiche

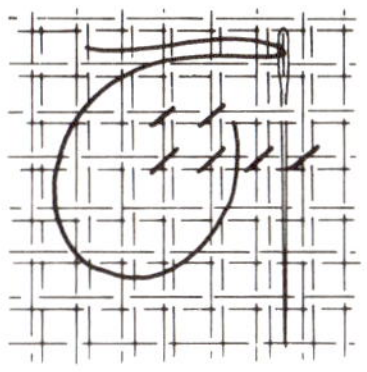
Halber Kreuzstich

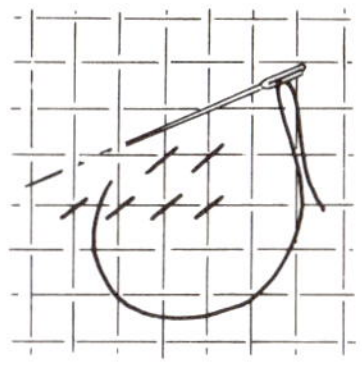
Gobelinstich, waagrecht

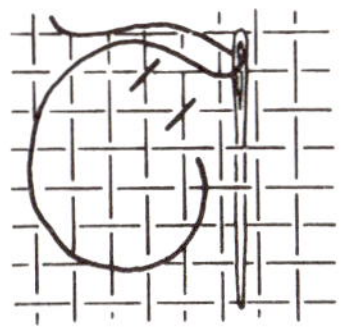
Gobelinstich, diagonal (1)

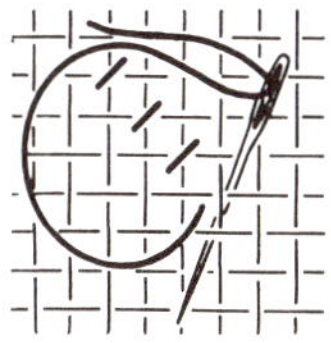
Gobelinstich, diagonal (2)

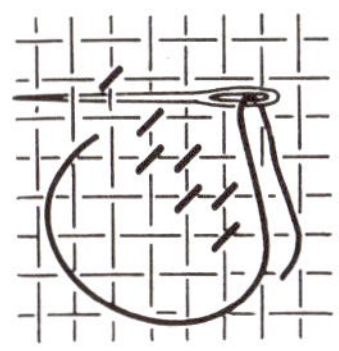
Gobelinstich, diagonal (3)

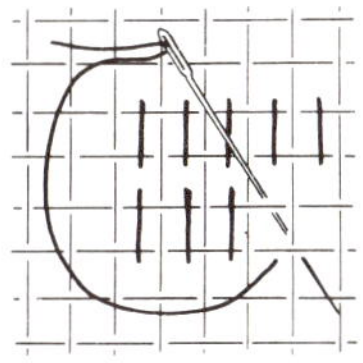
Gerader Gobelinstich

arbeiten, indem man entweder einmal über die doppelten Fadenkreuze oder viermal über die einzelnen stickt.

Bei der Straminstickerei verlaufen die Stiche, die mit einer Sticknadel ohne Spitze gearbeitet werden, entweder schräg oder parallel zu den Gewebefäden. Bestimmte Stiche überspannen nur einen Straminfaden, andere zwei oder mehr. Die Zahl der Fäden bzw. Gewebekaros auf einen Zentimeter Stramin bestimmt die Stichgröße: je höher die Zahl, desto kleiner die Stiche.

Anfangs läßt man etwa 5 cm Faden auf der Rückseite der Arbeit liegen. Dann stickt man die ersten Stiche darüber und schneidet das Fadenende ab. Zum Schluß sticht man nach hinten durch, zieht den Faden auf der Rückseite durch einige Stiche und schneidet den Rest ab.

Hier einige der am häufigsten verwendeten Stiche:

Halber Kreuzstich Er wird auf zweifädigem Stramin gearbeitet. Oben links beginnen und jede Reihe von links nach rechts arbeiten. Am Ende jeder Reihe den letzten Stich arbeiten, die Nadel auf der Rückseite lassen, den Stramin um 180° drehen und die nächste Reihe direkt über der ersten sticken.

Gobelinstich, waagrecht Damit oben rechts beginnen und jede Reihe von rechts nach links arbeiten. Wie beim halben Kreuzstich am Ende der Reihe den Stramin drehen und die nächste Reihe arbeiten.

Gobelinstich, diagonal Die Reihen abwechselnd nach unten und nach oben arbeiten. Um nach unten zu arbeiten, die Nadel senkrecht führen (1); direkt unter dem letzten Stich den ersten der nach oben verlaufenden Reihe arbeiten (2). Um nach oben zu arbeiten, die Nadel waagrecht führen (3); neben dem letzten Stich den ersten der neuen, nach unten verlaufenden Reihe sticken. Zum Schluß die Ecke über der ersten Reihe ausfüllen.

Gerader Gobelinstich Oben rechts beginnen und die Reihen abwechselnd nach links und nach rechts arbeiten. Am Ende der Reihe die Stickrichtung wechseln. Den Stich kann man über zwei bis fünf Querfäden arbeiten; die Abbildung zeigt ihn über zwei.

Siehe auch *Stickgarne*.

Sträucher

Sträucher erfüllen im Garten mehrere Aufgaben. Sie schützen das Haus in der kalten Jahreszeit vor dem Wind und im Sommer vor der Sonne. Mit ihren Wurzeln befestigen sie den Boden an steilen Hängen. Sträucher bieten Schutz vor den Blicken Vorübergehender. Mit ihnen kann man auch ein Grundstück abgrenzen und einen Komposthaufen oder einen häßlichen Schuppen verdecken. Ihre Blüten und Früchte setzen farbige oder duftende Akzente im Garten, ziehen Schmetterlinge und Singvögel an und liefern sogar Früchte auf den Tisch. Ein üppig blühender Strauch kann der Blickfang eines Rasens sein oder den Hintergrund eines Blumenbeets mit einjährigen Pflanzen, Stauden und Zwiebelgewächsen bilden.

Standplätze Als Sichtschutz das ganze Jahr über oder als Windschutz auch im Winter wählt man große, immergrüne Sträucher wie Eibe, Säulenwacholder oder Stechpalme. Als Bepflanzung rund um das Haus eignen sich niedrige Sträucher, die, auch wenn sie etliche Jahre alt sind, den Blick aus dem Fenster nicht beeinträchtigen. Für die Bedeckung kahler Hänge bieten sich Kriechender Wacholder, Zwergmispel, Immergrün und Heidekräuter an. Wer sich an duftenden Blüten in der Nähe von Terrasse, Balkon oder Schlafzimmerfenstern erfreuen will, pflanzt Flieder, Geißblatt oder Falschen Jasmin.

Prächtig blühende Sträucher für sonnige Standplätze sind Forsythie, Ginster, Zierquitte und Zierkirsche; für Plätze im Halbschatten kommen Hortensie, *Rhododendron* oder Zaubernuß in Frage. Will man äsendes Wild abhalten, wählt man Sträucher, die von Tieren gemieden werden, z. B. Seidelbast, Stechpalme, Wacholder und Mahonie.

Streusalz am Auto

Streusalz ist besonders aggressiv und kann an vielen Bauteilen eines Autos schwere Rostschäden verursachen. Man sollte deshalb versuchen, es so schnell wie möglich zu neutralisieren.

Die Fahrt durch eine Waschanlage bringt nicht immer den gewünschten Erfolg, denn vielfach wird das Waschwasser nicht rechtzeitig gewechselt. Eine andere Lösung ist, selbst zum Wasserschlauch zu greifen. Wenn es das Wetter zuläßt, reinigt man das Fahrzeug mit dem Gartenschlauch gründlich von unten. In Zubehörgeschäften gibt es spezielle Waschdüsen, mit denen man den Gartenschlauch verlängern und die versteckten Bauräume in den Radkästen gut erreichen kann. Hat man diese Waschmöglichkeit nicht, sollte man eine Tankstelle mit einer kompletten Motor- und Unterboden-Reinigungsanlage aufsuchen. Hier werden Dampfstrahler eingesetzt, die das Salz vom Fahrzeug noch besser entfernen als der Gartenschlauch.

Stricken siehe Seite 338–339

Strickgarne

Es gibt sehr viele verschiedene Garne, die sich zum Stricken eignen. Man unterscheidet zwischen Wollgarnen, Syntheticgarnen und Haargarnen. Die meisten Firmen stellen darüber hinaus Spezial- oder Phantasiegarne mit eigenen Bezeichnungen her.

Für Pullover, Jacken, Hüte und auch Decken verwendet man am besten ein vierfach gezwirntes Woll- oder Syntheticgarn. Auch Sportwolle (aus Wolle oder Synthetics) eignet sich gut für Pullover, aber auch für Handschuhe und Strümpfe. Babykleidung strickt man mit dreifach gezwirntem Feinstrickgarn oder mit der etwas lockerer gezwirnten Babywolle. Beide Garntypen sind sehr leicht und daher besonders für Kleinkinder geeignet. Weitere Wollgarne sind Shetland, die locker gezwirnte Wolle des Shetlandschafs, Natur- und Islandwolle. Letztere ist die handgesponnene Wolle des Islandschafs. Da diese Garne relativ schwer sind, eignen sie sich für Winterpullover, Jacken, Ponchos und auch Decken besonders gut.

Zu den Haargarnen zählt man vor allem Mohair, Angora und Kaschmir. Mohair, das am häufigsten verwendete Haargarn, stammt von den Fellen der Angoraziege und ist manchmal mit anderen Fasern vermischt. Das weiche Garn verwendet man für Pullover, Westen, Schultertücher und Jakken. Es muß auf relativ dicken Nadeln locker verstrickt werden, da es sonst zu fest wird und vieles von seinem flauschigen Charakter einbüßt.

Angora, die Wolle des Angorakaninchens, ist äußerst leicht und flauschig und bietet durch seine Isoliereigenschaften einen guten Kälteschutz. Das Garn ist empfindlich und sehr teuer und wird meist für festlichere Kleidungsstücke verwendet.

Kaschmirwolle stammt von der Kaschmirziege. Der hohe Preis läßt sich auf die schwierige Herstellung zurückführen. Kaschmirgarn ist außerordentlich weich und bietet wie Angora einen guten Kälteschutz. Man verwendet Kaschmirwolle vor allem für Schals, Pullover und Mützen.

Zur Gruppe der Phantasiegarne zählt man Bouclé, ein Garn aus Wolle und Synthetics mit Noppeneffekt. Man strickt mit diesem leichten bis mittelschweren Garn Pullover, Jakken, auch Kleider und Hüte. Chenille, ein weiteres Phantasiegarn, meist aus Baumwolle oder Synthetics mit Floreffekt, hat eine ähnliche Verwendung. Lurexgarn, ein Gemisch aus Metallicfäden und Wolle oder Synthetics, fällt durch seinen Glanzeffekt auf. Bändchen aus Baumwolle, Leinen, Seide, Leder oder sogar Papier können entweder allein auf dicken Nadeln oder zusammen mit anderen Garnen verarbeitet werden.

Wolle und Synthetics halten warm. Leinen und Baumwolle werden meist für sommerliche Kleidungsstücke sowie für Heimartikel verwendet (siehe *Häkelgarne*). Acryl und Nylon sind in vielen Mischgarnen enthalten, meist wegen der Haltbarkeit und um die Garnstruktur zu verbessern.

Auch die Art der Herstellung ist wichtig: Stark gezwirnte Garne sind glatt, leicht zu verarbeiten, meist haltbar und für jedes Strickmuster geeignet. Locker gezwirnte oder handgesponnene Garne sind weniger haltbar, fühlen sich jedoch angenehm weich an und halten aufgrund ihrer Flauschigkeit sehr warm. Phantasiegarne, bei denen Fäden unterschiedlicher Stärke oder verschiedene Fasern miteinander verarbeitet wurden, haben eine interessante Struktur, sind jedoch manchmal weniger haltbar als glatte Garne; sie passen besser zu schlichten Mustern.

Siehe auch *Garneinkauf*.

Strohblumen

Die margeritenähnlichen einjährigen Pflanzen bringen von Juli bis Oktober hübsche, büschelige Blüten in roten, orangefarbenen, lachsrosa, rotbraunen, malvenfarbenen, gelben und weißlichen Tönen hervor. Besonders bemerkenswert ist das strohähnliche Gewebe der Blütenblätter.

Strohblumen werden im April an einem sonnigen Platz direkt ins Freiland gesät. Man kann sie aber auch im März oder Anfang April ins Frühbeet aussäen. Die Sämlinge vereinzelt man im Abstand von 3–5 cm; von Mitte Mai an setzt man sie an ihren endgültigen Standort. Der allseitige Pflanzabstand beträgt dann 25–30 cm.

Die Blumen werden geschnitten, wenn sie noch halb offen sind, und in Bündeln an einem trockenen, staubfreien Ort zwei oder drei Wochen lang zum Trocknen aufgehängt. Strohblumen lassen sich zu Trockensträußen, Gebinden, Kugeln und Pyramiden verarbeiten.

Stubenreinheit

Katzen Junge Katzen bekommt man problemlos stubenrein, wenn man in einer stillen Ecke in der Wohnung ein Katzenklo herrichtet und sie immer wieder darauf setzt. Da Katzen von Natur aus sehr reinlich sind und auf ein sauberes Revier Wert legen, nehmen sie die Stelle für ihre „Geschäfte“ rasch an.

Als Katzenklo verwendet man eine Plastikschale, in die man geruchbindende Katzenstreu gibt. Da Katzen ihre Hinterlassenschaften verscharren, empfiehlt sich eine Schale mit oben eingebogenem Rand, denn dann kann das Tier beim Scharren nicht soviel Streu auf den Boden befördern. Die Streu wechselt man nach Bedarf zwei- bis dreimal wöchentlich.

Hunde Einen Welpen führt man nach den Mahlzeiten, vor dem Schlafengehen, nach dem Aufwachen oder wenn er unruhig schnüffelnd herumsucht, nach draußen immer an denselben Platz, wo er sein Geschäft verrichten soll. Dort wartet man, bis er sich erleichtert hat. Dann lobt und streichelt man ihn ausgiebig. Er muß sechs- bis achtmal täglich ins Freie.

Daß der kleine Hund dennoch einmal eine Pfütze in der Wohnung hinterläßt, ist kaum zu verhindern. Wer meint, dies abstellen zu können, indem er die Schnauze des Hundes hineinsteckt, hat sich getäuscht. Die Methode wirkt nicht. Das wichtigste ist, daß man den Tagesrhythmus einhält und das Tier regelmäßig zu festen Zeiten füttert.

Hundehalter, die in Etagenwohnungen leben und denen das häufige Treppensteigen zuviel ist, können ihren Welpen auch in der Wohnung erziehen. Man legt ins Bad oder in einen andern Raum mit aufwischbarem Boden einige Zeitungen in eine Ecke und darauf einen Putzlappen. Auf dieses Klosett bringt man nun den Welpen regelmäßig. Die Zeitungen wirft man jeweils weg, den Lappen wäscht man aus und richtet an derselben Stelle immer wieder das Örtchen her. Da der Lappen den Geruch des Hundes behält, begreift er schnell, daß er dort hingehen soll.

Bei den ersten Spaziergängen wird sich der Welpe noch nicht im Freien erleichtern, denn er ist an sein stilles Örtchen im Haus gewöhnt. Deshalb macht man, daheim angekommen, wieder kehrt und bringt ihn, notfalls mit dem Lappen, wieder hinaus.

Siehe auch *Tiergerüche beseitigen*.

Suchrallye

Eine Suchrallye bietet vor allem bei einer Party oder bei einem Kindergeburtstag gute Möglichkeiten zum Kennenlernen. Die Spieler bilden zwei Mannschaften mit jeweils drei bis sechs Mitspielern. Gespielt wird im Zimmer oder im Freien.

Jede Mannschaft erhält vom Spielleiter die gleiche Liste mit beliebig vielen Gegenständen, die sie in einem bestimmten, vorher abgegrenzten Bereich suchen und innerhalb einer vorher verabredeten Zeit zum Ausgangspunkt bringen muß. Auf der Liste können alltägliche Gebrauchsgegenstände, aber auch lustige oder ausgefallene Dinge stehen. Sie sind entweder eindeutig bezeichnet oder auch durch verschlüsselte Hinweise so beschrieben, daß sie von den Spielern vor Suchbeginn erst erraten werden müssen. Bei einer Suchrallye speziell für Kinder kann man auf die Liste auch Pflanzen, Steine oder Blätter setzen, die für die Gegend typisch sind.

Es gewinnt die Mannschaft, die als erste mit allen auf der Liste aufgeführten Gegenständen zurückkehrt. Wenn in der angegebenen Zeit nicht alle Aufgaben erfüllt wurden, gewinnt die Mannschaft mit den meisten Fundgegenständen.

Südfrüchte

- Bananen reifen rasch nach; braune Fleckchen auf der Schale sind ein Zeichen von Vollreife. Sie sollten nicht im Kühlschrank aufbewahrt werden (Lagertemperatur etwa 14 °C).
- Frische Datteln sind prall und glänzend; es gibt trockene und eher klebrige Sorten. In Folie verpackt, halten sie im Gemüsefach des Kühlschranks höchstens drei Tage.
- Frische Feigen haben je nach Sorte eine grünlichgelbe oder violette Haut. Reife Früchte sind weich und sollten weder Flecken noch Druckstellen haben. Sie sollten innerhalb von zwei Tagen verbraucht werden. Nebeneinander ausgebreitet und kühl lagern. Frische Feigen mit Bündner Fleisch sind eine delikate Vorspeise.
- Granatäpfel haben eine ledrige, ungenießbare Schale; im schmackhaften karminroten Fruchtfleisch sitzen saftige Kerne. Die weißen Zwischenhäu-

Fortsetzung Seite 340

Stricken

Man arbeitet mit der Nadelstärke, die in der Strickanleitung oder auf der Garnbanderole angegeben ist; die Nadeln müssen lang genug sein, um alle Maschen bequem aufzunehmen. Siehe auch *Garneinkauf.*

Maschenanschlag Damit wird die erste Maschenreihe gebildet. Es gibt zwei Arbeitsmethoden:

- Für den Kreuzanschlag ein Fadenende in einer Länge von 2,5 cm für jede anzuschlagende Masche abmessen und eine Knotenschlinge bilden. Diese auf der Nadel festziehen (A).

Das abgemessene Garnende über den linken Daumen legen und das Garn vom Knäuel über den linken Zeigefinger führen; beide Enden zwischen Handfläche und den drei letzten Fingern halten (B).

Die Nadel von unten durch die Daumenschlinge stechen (C), dann mit der Nadel den Faden vom Zeigefinger holen und durch die Daumenschlinge ziehen. Die Schlinge vom Daumen gleiten lassen; die neue Schlinge auf der Nadel nun festziehen, indem man das Fadenende mit dem Daumen anzieht (D).

Die Schritte C und D wiederholen, bis die erforderliche Maschenzahl angeschlagen ist. Dieser Anschlag ist fest, aber elastisch und ist für Anfänger zu empfehlen.

- Für den gestrickten Anschlag eine Knotenschlinge etwa 10 cm vom Fadenende bilden. Die Nadel mit der Knotenschlinge links halten. Die rechte Nadel durch die Schlinge stechen und den Faden holen. Knotenschlinge nicht fallen lassen (E). Mit der linken Nadel durch die neue Masche stechen und mit der rechten den Faden holen, um die neue Masche zu bilden (F). Schritt F wiederholen, bis die erforderliche Maschenzahl erreicht ist. Die letzte Masche mit der linken Nadel übernehmen. Bei dieser Methode wird der Rand lockerer. So werden auch waagrechte Knopflöcher gearbeitet und Maschen an der Seitenkante, z.B. für angestrickte Ärmel, aufgenommen.

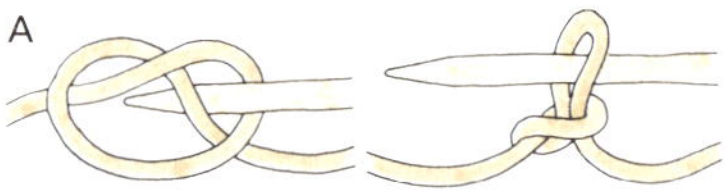
A

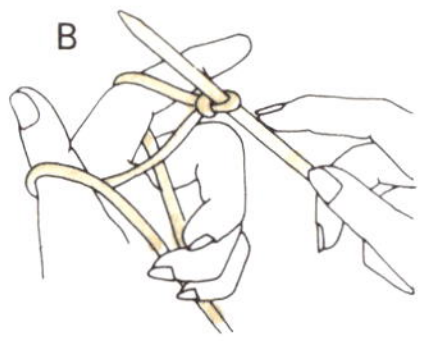
B

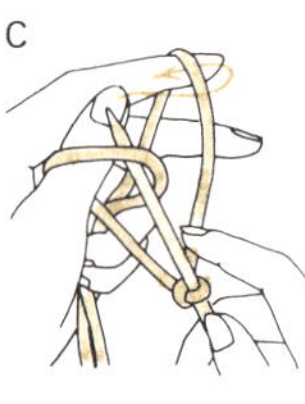
C

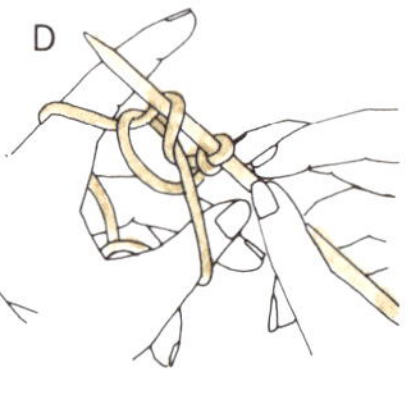
D

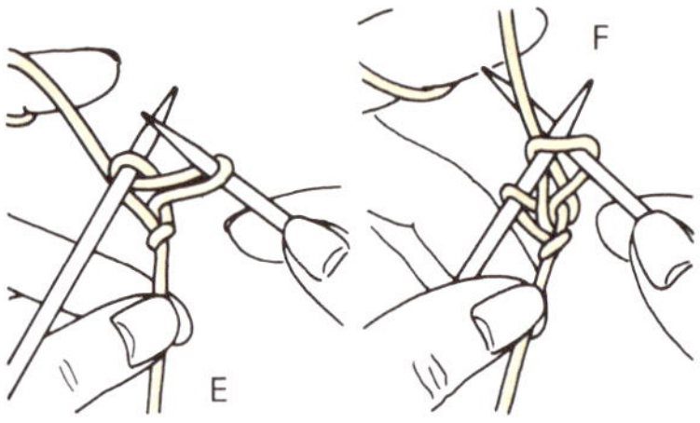
E F

Fadenspannung Um eine gleichmäßige Fadenspannung zu erreichen, die Nadel mit den Maschen rechts halten, den Faden zwischen den fünften und vierten Finger der linken Hand und um den Zeigefinger legen, dann um die Spitze des Zeigefingers wickeln (G). Die Nadel mit den Maschen in die linke Hand nehmen, den Zeigefinger strecken und den Faden anziehen.

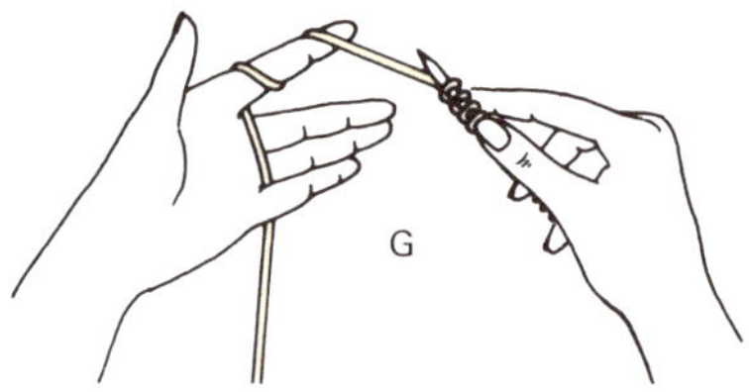
G

Rechte Maschen Den Faden hinter die Nadel legen. Die rechte Nadel von vorn in die erste Masche stechen (H). Mit der rechten Nadelspitze den Faden von unten fassen und durch die Masche ziehen (I). Mit Daumen und Mittelfinger die Masche auf der linken Nadel zur Spitze schieben und von der Nadel gleiten lassen (J). Wiederholen, bis alle Maschen abgestrickt sind, dann die Nadel mit den Maschen wieder in die linke Hand nehmen und die nächste Reihe beginnen.

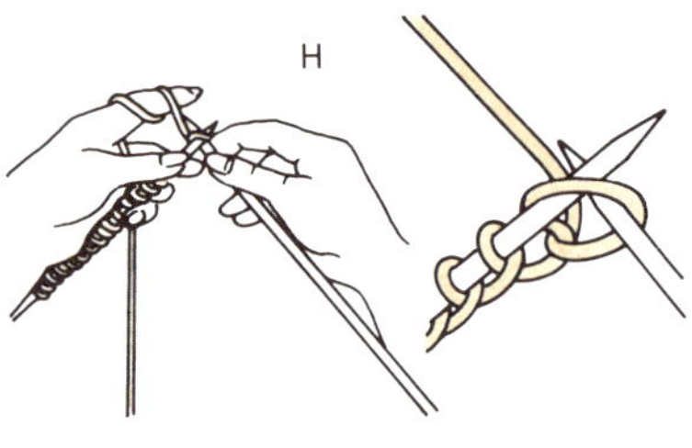
H

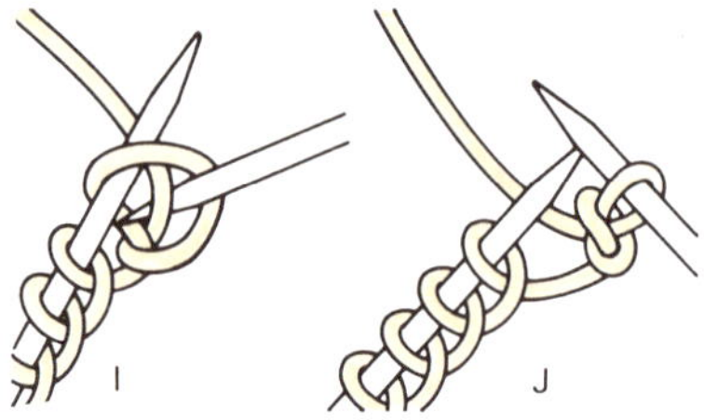
I J

Linke Maschen Den Faden und die Nadel mit den Maschen wie oben halten, aber den Faden vor die Nadel legen. Die rechte Nadel von hinten durch die erste Masche stechen (K), den Faden holen und durch die Masche ziehen (L), dann die Masche auf der linken Nadel mit Daumen und Zeigefinger zur Spitze schieben und von der Nadel gleiten lassen (M). Wiederholen, bis alle Maschen fertiggestrickt sind; das Gestrick in die linke Hand nehmen und die nächste Reihe beginnen.

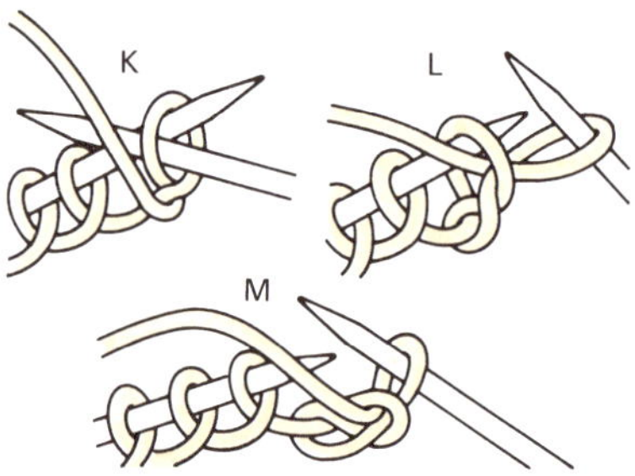
K L M

Grundstrickarten Allein mit rechten und linken Maschen kann man die Grundstrickarten bilden. Sie sind einfach auszuführen und vielseitig verwendbar:

- Kraus rechts (N): Jede Reihe wird rechts gestrickt. Die Arbeit sieht auf beiden Seiten gleich aus. Die Struktur ist eher locker und dehnt sich nach beiden Richtungen.
- Glatt rechts (O): Im Wechsel wird eine Reihe rechts und eine Reihe links gestrickt. Die Arbeit ist auf einer Seite glatt; die krause Seite nennt man glatt links. Das Gestrick dehnt sich hauptsächlich in der Breite.
- Perlmuster (P): In der ersten Reihe wird abwechselnd eine Masche rechts und eine Masche links gestrickt. In den folgenden Reihen die

rechts erscheinenden Maschen links und die links erscheinenden Maschen rechts stricken (eine rechte Masche erscheint auf der Rückseite als linke Masche). Das Perlmuster hat eine feste Struktur; es wird oft mit anderen Strickmustern kombiniert.

- Rippenmuster (Q): Abwechselnd wird eine Masche rechts und eine links gestrickt. In den folgenden Reihen die Maschen stricken, wie sie erscheinen. Um breitere Rippen zu erhalten, strickt man entsprechend mehr linke bzw. rechte Maschen hintereinander. Diese Strickart ist sehr elastisch und daher für Bündchen (siehe dort) besonders geeignet.

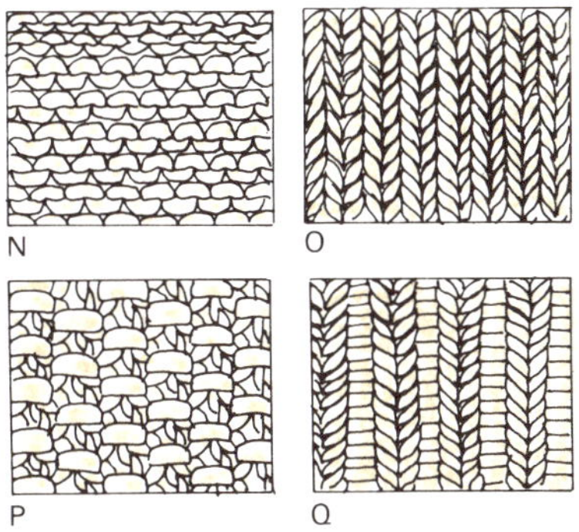

Randmaschen Die meisten Strickanleitungen geben die Randmaschen beim Anschlag an. Sie gelten nicht als Teil des Musters und werden extra gezählt.

Für Ränder, die zusammengenäht oder an denen später Maschen aufgenommen werden, hebt man auf der rechten Seite die erste Masche rechts ab, d.h., man nimmt sie auf die rechte Nadel, ohne sie zu stricken, wobei der Faden hinter der Arbeit liegt; die letzte Masche strickt man rechts ab. Auf der linken Seite hebt man die erste Masche links ab (der Faden liegt vor der Arbeit) und strickt die letzte Masche links ab.

Um eine offene Kante, etwa an einer Blende, fester zu machen, strickt man einen Knötchenrand. Dazu werden die erste und die letzte Masche jeder Reihe rechts gestrickt.

Man versucht stets, einen neuen Knäuel am Anfang einer Reihe zu beginnen. Der Fadenanfang wird an das alte Fadenende geknotet (R), der Knoten festgezogen und eng an die Nadel geschoben. Später werden dann die

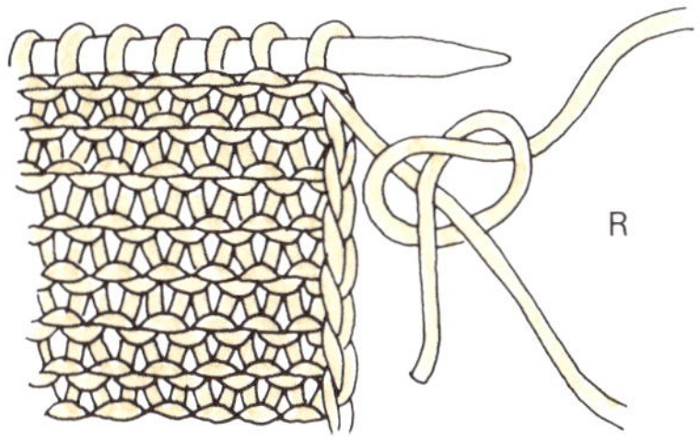

Fadenenden in den Randmaschen mit einer Stopfnadel vernäht.

Zunehmen Um ein Strickteil zu verbreitern, erhöht man die Maschenzahl. Um am Anfang einer Reihe zuzunehmen, die Randmasche rechts abstricken, aber auf der Nadel lassen. Die rechte Nadel in dieselbe Masche hinten einstechen (S), den Faden durchziehen und die Masche nun von der Nadel gleiten lassen (T).

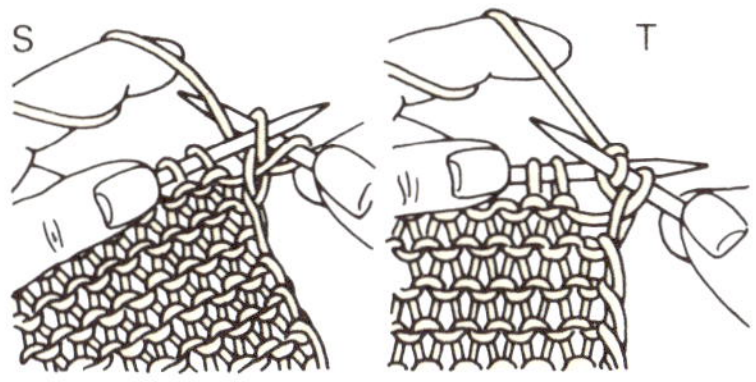

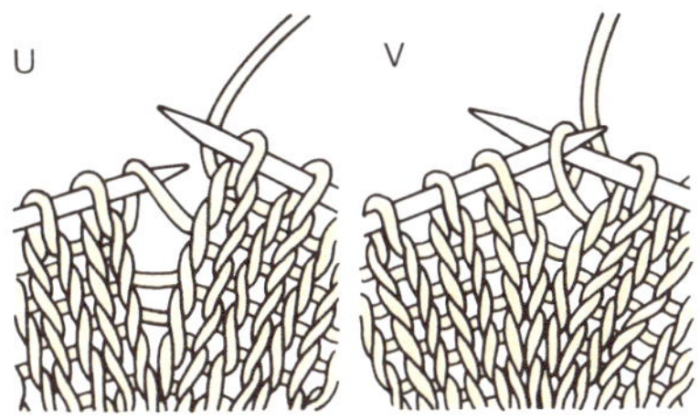

Um mitten in einer Reihe zuzunehmen, die linke Nadel von vorn unter den Querfaden zwischen zwei Maschen stechen (U), die rechte Nadel hinten einstechen (V) und den Querfaden rechts abstricken.

Abnehmen Um abzunehmen, eine Masche abheben, die nächste stricken und wie beim Abketten (unten) die abgehobene Masche über die zweite heben. Man kann auch zwei Maschen zusammenstricken, d.h., man sticht gleichzeitig durch zwei Maschen, holt den Faden und läßt beide Maschen zusammen von der Nadel gleiten.

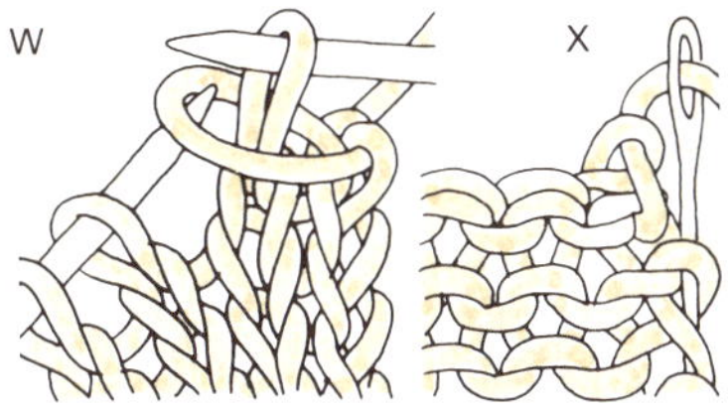

Abketten Die Maschen werden so abgestrickt, daß ein geschlossener Rand entsteht. Die beiden ersten Maschen rechts stricken, dann mit der linken Nadel die erste Masche über die zweite ziehen und von der Nadel heben (W). Die nächste Masche rechts stricken und die vorhergehende darüberziehen. So weiterarbeiten, bis nur noch eine Masche auf der Nadel ist. Den Faden etwa 15 cm lang abschneiden und durch die letzte Schlinge ziehen; später im seitlichen Rand vernähen (X).

Fehler korrigieren

Die Masche unmittelbar über dem Fehler von der Nadel fallen und so weit laufen lassen, bis die zu verbessernde Stelle erreicht ist. Liegt sie nur eine Reihe zurück, die Nadel bei Rechtsmaschen von vorn durch dic Maschc und unter den Querfaden stechen und die Masche mit der linken Nadel über den Querfaden abheben. Bei Linksmaschen von hinten durch die Masche und unter den Querfaden stechen. Liegt der Fehler weiter zurück, sticht man mit einer Häkelnadel bei Rechtsmaschen von vorn, bei Linksmaschen von hinten durch die Masche und zieht den

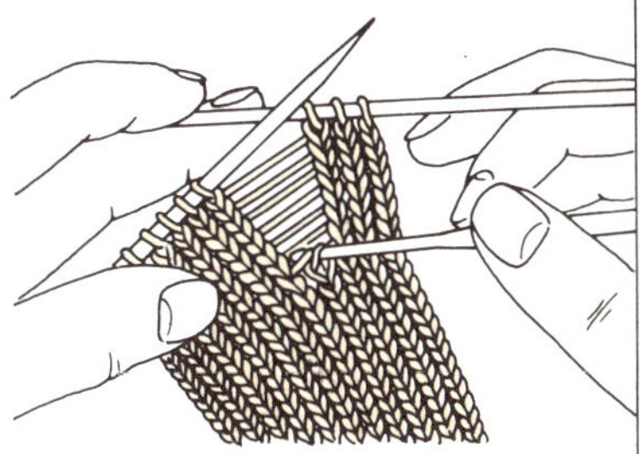

unmittelbar darüber liegenden Querfaden durch. Wiederholen, bis die Masche hochgehäkelt ist. Auch verlorene Maschen so aufheben.

Diese Methode läßt sich nur bei einfacheren Mustern anwenden. Bei komplizierteren muß man das Gestrick meist auftrennen.

te werden nicht mitgegessen. Kühl lagern und innerhalb weniger Tage verbrauchen.

• Guaven, die roh gegessen werden, sollten leichtem Fingerdruck nachgeben. Im Kühlschrank aufbewahren; möglichst rasch verzehren. In Zuckerwasser pochiert, eignen sie sich gut als Kuchenbelag.

• Kakifrüchte müssen vollreif, d.h. prall, orangerot und glänzend sein. Nicht völlig ausgereifte Früchte enthalten Gerbstoffe, die die Mundschleimhaut zusammenziehen. Die Kerne werden beim Auslöffeln nicht mitgegessen.

• Kiwis kauft man festreif und läßt sie zu Hause bei Zimmertemperatur nachreifen, bis die Schale leichtem Fingerdruck nachgibt. Man kann sie halbieren und auslöffeln oder geschält im Fruchtsalat verwenden. Reife Früchte im Kühlschrank lagern.

• Mangos sind bei Vollreife gelb bis rot. Minderwertige Sorten schmecken leicht nach Terpentin. Da manche Menschen allergisch auf die Flüssigkeit reagieren, die beim Schälen austritt, trägt man dazu am besten Küchenhandschuhe. Mangos vertragen sich nicht sehr gut mit Alkohol und Milch. Zusammen verzehrt, verursachen sie manchmal Magenschmerzen.

• Melonen: Wassermelonen sollten sich fest, aber nicht zu hart anfühlen. Reife Zuckermelonen (Netzmelone, Honigmelone, Kantalupe, Ogenmelone) haben kleine Risse in der Schale und verströmen einen starken Duft. Man bewahrt sie im Kühlschrank auf (angeschnittene in Folie gewickelt) und ißt sie möglichst gekühlt.

• Papayas sollten mindestens zur Hälfte gelb sein, wenn man sie kauft. Man läßt sie nachreifen, bis sie leichtem Fingerdruck nachgeben. Man serviert und ißt sie wie Melonen, kann die längs oder quer halbierten Früchte aber auch mit scharf gewürzter Fleischfarce füllen und im Ofen – eventuell mit Käse – überbacken. Die Kerne werden nicht mitgegessen.

• Zur Gruppe der Zitrusfrüchte gehören Orangen, Mandarinen, Grapefruits, Pomelos, Zitronen, Limonen und Kumquats. Alle Zitrusfrüchte haben in Einzelsegmente unterteiltes Fruchtfleisch, das von einer mehr oder weniger fest sitzenden Schale umgeben ist. Kumquats (Zwergorangen) haben eine straff sitzende Schale, die mitgegessen wird. Zitrusfrüchte halten bei kühler Lagerung (nicht im Kühlschrank, wo sie austrocknen und an Aroma verlieren) mehrere Tage (siehe auch *Zitronen*).

Früchte, die im Kühlschrank gelagert werden, sollten in Frischhaltebeuteln oder -behältern aufbewahrt werden.

Sülze

Für acht Portionen Sülzfleisch als Hauptgericht braucht man 2–2½ kg Schweins- oder Kalbsfüße und etwa 1½ kg Fleisch (Kasseler und Schweinenacken oder Eisbein), außerdem Gemüse nach Wahl (Gurkenscheiben, gekochte Möhrenscheiben u.a.), Suppengrün und Gewürze.

Schweins- oder Kalbsfüße gründlich waschen und putzen, eventuell vorhandene Borsten mit einem scharfen Messer abschaben. Etwa 4 l Wasser mit Pfefferkörnern, Senfkörnern, Zwiebeln, Lorbeerblättern, Salz, eventuell auch Koriander, Piment und Knoblauch aufsetzen, die Füße hineingeben und vier Stunden im offenen Topf schwach kochen lassen. Dann das geputzte, grob zerkleinerte Suppengrün und das Fleisch hinzufügen und alles noch etwa eine Stunde kochen.

Das Fleisch aus dem Sud nehmen und ihn abkühlen lassen. Vom erkalteten Sud das Fett entfernen. Den Sud nochmals erhitzen und durch ein Sieb gießen.

Gemüse und Fleisch in Würfel und Scheibchen schneiden. Alles in eine große Form legen und mit Sud auffüllen. Dann kalt stellen und fest werden lassen.

Vor dem Servieren den Rand der Sülze mit einem Messer lösen, die Form kurz in sehr heißes Wasser halten, eine Servierplatte umgekehrt auf die Form legen und die Sülze auf die Platte stürzen. Statt einer großen Form kann man auch eine entsprechende Anzahl Portionsformen nehmen.

Sülze läßt sich vielfach variieren: mit Gewürzgurken, Perlzwiebeln, in Scheiben geschnittenen hartgekochten Eiern, gekochtem Schinken, gebratener und längs durch die Mitte geschnittener Bratwurst, Cocktailwürstchen usw.

Suppen

Eine Suppe kann den Auftakt zum Essen bilden, Hauptgericht, Nachtisch, Zwischenmahlzeit oder Mitternachtsimbiß zum Ausklang eines Fests sein.

Klare Suppen Eine gute Brühe (siehe dort) bildet die Grundlage vieler Suppen. Man kann sie mit vielerlei Einlagen variieren – mit Fleisch- oder Schwemmklößchen, Leberknödeln, Eierstich oder Julienne (siehe dort), ein Eigelb in die Suppentasse geben und vorsichtig mit Brühe auffüllen oder die Brühe mit Eigelb legieren. Dazu das Eigelb mit etwas Brühe verquirlen und unter die Suppe rühren, die danach nicht mehr kochen darf.

Eine stark eingekochte Brühe nennt man Consommé; man reicht sie in kleinen Suppentassen. Klare Ochsenschwanzsuppe schmeckt man mit Sherry ab und reicht sie gelegentlich mit einer überbackenen Sahnehaube. Dazu süße Sahne (ohne Zucker) steif schlagen, ein rohes Eigelb unterziehen und einen Suppenlöffelvoll auf jede Suppentasse setzen. Nach Belieben etwas Curry darüberstreuen. Das Ganze kurz unter den vorgeheizten Grill stellen. Für eine Haube aus Blätterteig diesen sehr dünn ausrollen und Kreise ausstechen, deren Durchmesser beträchtlich größer ist als der Durchmesser des Tassenrandes. Den äußeren Rand der mit Suppe gefüllten Tassen mit Eigelb bestreichen, die Blätterteigkreise darauflegen und am Rand gut andrücken. Den Teig mit Eigelb bestreichen und bei 220°C etwa zehn Minuten überbacken.

Klare Suppen werden im allgemeinen heiß gereicht. Eine völlig geklärte Consommé, die kein Fett und keinerlei feste Einlagen enthält, kann man eisgekühlt reichen.

Gebundene Suppen Sie entstehen auf der Basis einer weißen Sauce (siehe *Saucen*). Man bezeichnet sie auch als Cremesuppen. Sie werden meist mit Eigelb legiert; oft gibt man außer der jeweiligen Einlage (Blumenkohl, Spargel, Hummer usw.) auch frisch gehackte Kräuter daran. Da sie sättigen, reicht man danach leichte Hauptgerichte. Um eine besonders aromatische Spargelcremesuppe zuzubereiten, kocht man alle Spargel, die man in einer Saison ißt, immer wieder im selben Wasser, das man zwischendurch einfriert und nach dem Auftauen nach Bedarf auffüllt. Auch die gewaschenen Spargelschalen kocht man in diesem Wasser gründlich aus. Am Ende der Spargelzeit stellt man aus diesem Spargelwasser die Suppe her.

Dicke Suppen Mit sättigenden Einlagen aus Fleisch, Geflügel, Fisch, Gemüse, Teigwaren usw. dienen Suppen meist als Hauptgericht. Da sie häufig aufwendig in der Zubereitung sind, bereitet man am besten gleich größere Mengen, die man in Portionen einfriert.

Alle heißen Suppen, die man aufheben will, müssen schnell durchgekühlt werden, sonst werden sie sauer. Man nimmt den Topf von der heißen Herdplatte und stellt ihn auf eine kalte Unterlage oder einen Untersetzer, der die Luft unter dem Topf zirkulieren läßt. Von Zeit zu Zeit rührt man um. Ist es im Sommer sehr heiß, stellt man den Suppentopf in einen Behälter mit Eiswürfeln.

Kalte Suppen Sie sind besonders im Sommer beliebt, brauchen aber nicht unbedingt süße Fruchtsuppen zu sein. Kalte Gurkensuppe mit Joghurt oder Gazpacho, ein kaltes Püree aus Gurken, Tomaten und Paprika mit Hühnerbrühe, zu dem man feingewürfeltes Gemüse reicht, schmecken angenehm frisch. Für alle kalten Suppen, die Brühe enthalten, muß diese vorher gründlich entfettet werden.

Süßstoff

Wer aus gesundheitlichen Gründen keinen Zucker essen darf oder seinen Zuckerkonsum einschränken möchte, kann auf Süßstoffe zurückgreifen. Sie besitzen keinen Nährwert, man spart also viele Kalorien, sie sind allerdings nicht immer ein vollwertiger Zuckerersatz.

So kann man beim Backen Zucker nur dann durch Süßstoff ersetzen, wenn der Zucker das Volumen des Teiges nicht bestimmt – beispielsweise bei Mürbeteig. Rührteige kann man nicht mit Süßstoff zubereiten. Bei Marmeladen und Gelees hat der Zucker konservierende Wirkung; man kann allerdings die Zuckermenge geringer halten, als die meisten Rezepte vorschreiben, und mit Süßstoff die Süße ergänzen. Diese Marmeladen und Gelees werden nicht so fest und sind nur kurz haltbar. Auch bei Süßspeisen, in denen der Zucker Volumen gibt – etwa in aufgeschlagenen Cremes –, kann man ihn nicht durch Süßstoff ersetzen.

Am verbreitetsten sind die Süßstoffe Saccharin – das die etwa 500fache Süßkraft des Haushaltszuckers hat – und Cyclamat – das etwa die 40fache Süßkraft des Zuckers hat. Untersuchungen haben ergeben, daß die Verwendung dieser Stoffe in normalen Mengen gesundheitlich unbedenklich ist. Relativ neu ist eine Verbindung aus zwei Aminosäuren, deren Süßkraft das 180fache des Haushaltszuckers ausmacht und ebenfalls keine gesundheitlichen Nachteile hat.

Saccharin ist zwar back- und kochbeständig, gibt den Speisen aber bei hoher Dosierung leicht einen bitteren oder metallischen Nachgeschmack. Cyclamat ist ebenfalls hitzebeständig, weist diese Nebenwirkung jedoch nicht auf. Aus diesem Grund und weil alle Süßstoffe nur bis zu einer bestimmten Konzentration die Süße erhöhen, ist bei Cyclamat eine unerwünschte Überdosierung geschmacklich kaum zu erkennen. Daher sollte man die Mengen genau abmessen. Einige im Handel erhältliche Produkte sind Mischungen aus beiden Stoffen. Die Aminosäureverbindungen sind nicht hitzebeständig, können also nur für kalte Speisen verwendet werden oder müssen der abgekühlten Speise untergemischt werden.

Siehe auch *Zuckeraustauschstoffe.*

Tapeten entfernen

Da sich Tapeten trocken nur schwer oder gar nicht ablösen lassen, weicht man sie mit warmem Wasser, das man mit einem Schwamm oder einer Deckenbürste aufträgt, mehrmals gründlich ein. Wenn man dem Wasser einen handelsüblichen Tapetenlöser oder ein Geschirrspülmittel zusetzt, werden die Tapeten schneller weich. Danach zieht oder schabt man die Tapeten Bahn für Bahn mit einem breiten Malerspachtel ab.

Bei abwaschbaren oder nicht saugfähigen Tapeten genügt das Einweichen allein nicht. Sie werden vorher mit einem rauhen Schleifpapier oder einer Drahtbürste aufgerauht, damit das Wasser eindringen und den Kleister lösen kann. Man kann auch eine Nagelwalze verwenden, mit der die Tapeten durchlöchert werden.

Zum Schluß werden alte Kleisterreste sorgfältig von der Wand abgewaschen.

Besteht der Untergrund aus nicht versiegelten Gips- oder Gipskartonplatten, muß man besonders vorsichtig sein, weil ihre Oberfläche durch das Wasser aufgeweicht und beim Ablösen der Tapeten beschädigt werden kann. Deshalb versucht man zunächst an einer kleinen Stelle, ob sich die Tapete leicht entfernen läßt. Wird der Untergrund dabei beschädigt, läßt man die alte Tapete an der Wand und tapeziert darüber.

Siehe auch *Tapezieren.*

Tapezieren s. Seite 342–343

Taschen flicken

Wenn eine eingearbeitete Innentasche in der Nähe der freien Außennaht ein Loch hat oder durchgescheuert ist, legt man unmittelbar innerhalb der Schadstelle eine neue Naht an. Flickt man die Tasche von Hand, arbeitet man zwei Reihen von Steppstichen (siehe *Rückstiche*). Wird die Tasche mit der Maschine repariert, legt man eine Naht aus Geradstichen an, gleich daneben auf der Nahtzugabe eine Zickzacknaht. Den Stoff schneidet man bis knapp an die Zickzackstiche zurück.

Befinden sich die Löcher oder durchgewetzten Stellen mitten am Taschenbeutel, kann entweder gestopft oder ein Flicken aufgesetzt werden (siehe *Flicken aufsetzen; Stopfen*).

Muß ein größerer Schaden ausgebessert werden, erneuert man am besten den ganzen Taschenbeutel. Ersatzbeutel zum Annähen oder Anbügeln gibt es im Fachhandel, sie lassen sich allerdings nur anbringen, wenn

Fortsetzung Seite 344

Tapezieren

Nachdem die alten Tapeten entfernt sind (siehe *Tapeten entfernen*), muß der Untergrund für die neuen Tapeten vorbereitet werden. Das gilt ebenso für Untergründe, die noch nicht tapeziert waren. Der Tapezieruntergrund soll glatt, eben, sauber, fest und trokken sein. Unebenheiten erkennt man gut, wenn man die Wände mit einer Taschenlampe seitlich anstrahlt.

Putzkörner werden mit Schleifpapier entfernt oder mit einem breiten Spachtel abgeschabt, Löcher und Risse mit handelsüblicher Füllmasse verschlossen und geglättet.

Fett- und Ölflecke durchdringen die neue Tapete; man überdeckt sie daher mit einem Isolierlack. Sandenden Putz festigt man durch einen Voranstrich mit 1:80 verdünntem Kleister. Wasserlösliche Leimfarbenanstriche müssen restlos mit Wasser abgewaschen werden. Danach sollte man einen lösungsmittelhaltigen Tiefgrund auftragen. Dispersionsfarben prüft man erst auf ihre Haftfestigkeit, indem man einen Klebstreifen aufklebt und dann abreißt. Wenn die Farbe nicht am Klebstreifen haftet, ist der alte Anstrich fest genug, daß man darauf tapezieren kann. Löst sich die Farbe, bürstet man sie naß ab und trägt dann verdünnten Kleister (1:80) auf. Öl- und Lackfarbenanstriche müssen mit Schleifpapier gründlich aufgerauht werden. Holz- und Preßplatten werden mit Tiefgrund eingelassen.

Werkzeug Zum Tapezieren braucht man eine lange Schere, um die Bahnen abzulängen; eine Stahlschiene und ein Universalmesser für lange Schnitte; ein Senkblei (siehe dort) mit Schnur, um die Tapetenbahnen auszuloten; eine Kleister- oder Einstreichbürste und einen Eimer für den Kleister; eine Tapezierbürste, mit der die Bahnen angerieben werden; einen Nahtroller zum Festdrücken der Nähte sowie einen Tapeziertisch, auf dem man die Bahnen zuschneidet und einkleistert. Die gesamte Ausrüstung kann man für wenig Geld bei Fachgeschäften ausleihen.

Tapetenkleister Es gibt zwei Kleistertypen. Normalkleister besteht aus Methylzellulose und wird für Papiertapeten verwendet. Der Kleister ist pulverförmig und wird in kaltem Wasser angerührt. Von der Dicke des Tapetenpapiers hängt es ab, mit wieviel Wasser man ihn anrühren muß. Bei dünnen Tapeten ist das Ansatzverhältnis 1:70, bei mittleren 1:60 und bei schweren 1:40. Spezialkleister enthält neben Methylzellulose noch wasserlösliches Kunststoffpulver. Er wird meist im Ansatzverhältnis 1:15 bis 1:20 mit Wasser angerührt. Mit ihm klebt man Rauhfaser-, Präge-, Vinyl- und Velourstapeten.

Den Kleister setzt man in einem sauberen Kunststoffeimer an, indem man das Kleisterpulver ins Wasser streut und dabei umrührt. Dann läßt man das Pulver 20 Minuten quellen. Bevor man den Kleister verwendet, schlägt man ihn kräftig durch, bis er sämig und klumpenfrei ist. In jedem Fall richtet man sich nach den Hinweisen auf der Packung.

Tapetenbedarf Die erforderliche Rollenzahl ergibt sich aus dem Raumumfang und der Raumhöhe. Die heute übliche Europarolle ist 10,05 m lang und 53 cm breit. Bei der folgenden Beispieltabelle sind Fenster und Türen nicht berücksichtigt.

Anzahl der Rollen

Raumumfang in m	Raumhöhe 2,10 bis 2,35 m	Raumhöhe 2,40 bis 3,05 m	Raumhöhe 3,10 bis 4,00 m
6	3	4	5
10	5	7	9
12	6	8	11
15	8	10	14
18	9	12	17
20	10	14	19
24	12	16	23

Tapetenprüfung Bevor man die Klarsichthüllen von den Tapeten nimmt, zählt man die Rollen, um festzustellen, ob man die gewünschte Anzahl bekommen hat. Dann prüft man die Anfertigungsnummern auf den Rollen; sie müssen übereinstimmen. Rollen mit abweichenden Nummern sollte man umtauschen oder an einer gesonderten Wand verkleben. Erst jetzt zieht man die Klarsichthüllen ab. Sind Einrollzettel mit besonderen Klebeanweisungen beigelegt, muß man sich danach richten.

Zuschneiden der Bahnen Man rollt die Tapeten auf dem Tapeziertisch aus und schneidet die Bahnen in der erforderlichen Länge zu. Bei Uni-Tapeten, Streifenmustern, Kleinmustern und ansatzfreien Dessins entspricht die Bahnenlänge der Wandhöhe. Um Ungenauigkeiten ausgleichen zu können, sollten 5 cm zugegeben werden. Am besten schneidet man alle ganzen Bahnen auf einmal zu. Die Rollenreste kann man später über den Fenstern und Türen verkleben.

Bei gemusterten Tapeten wird immer am Musteranfang abgeschnitten. Die Bahnenlänge wird dann nach der Wandhöhe gemessen, jedoch bis zum vollen Musterende verlängert. Tapeten mit einem Versatzmuster sind besonders gekennzeichnet. Bei ihnen liegt der Musterbeginn der zweiten Bahn in der Mustermitte der ersten Bahn. Man schneidet die Bahnen daher im Wechsel zu. Manche Tapeten müssen gestürzt geklebt werden, d.h., jede folgende Bahn wird in umgekehrter Richtung an die Wand geklebt. Solche Tapeten sind durch gegenläufige Pfeile gekennzeichnet.

Einkleistern der Bahnen Wenn die Bahnen zugeschnitten sind, wendet man sie um, so daß die Rückseite oben liegt. Dann schiebt man die erste Bahn bis zur hinteren Kante des Tapeziertisches und kleistert die hintere Hälfte der Bahn ein. Man taucht die Kleisterbürste bis zur Hälfte in den Kleister, schlägt sie am Eimer etwas aus und streicht dann mit gleichmäßig schwingenden Bewegungen von links

nach rechts über die Tapetenbahn. Der Kleister soll gleichmäßig, aber nicht zu dick aufgetragen werden. Nun zieht man die Bahn bis zur vorderen Tischkante und streicht die vordere Tapetenhälfte ein. So vermeidet man, daß darunterliegende Bahnen Kleister abbekommen und sich eventuell verziehen.

Zusammenlegen und Einweichen Durch den Kleisterauftrag dehnt sich das Tapetenpapier vor allem in der Breite aus. Dieser Vorgang vollzieht sich während der Einweichzeit, die bei normalen Tapeten etwa fünf bis zehn Minuten beträgt. Sonst richtet man sich nach den Herstellerhinweisen. Damit die Muster immer übereinstimmen, muß man darauf achten, daß man alle Bahnen gleich lang weichen läßt. Tapeten werden eingeweicht, indem man sie zusammenlegt. Dazu werden die Bahnenenden, die oben an die Wand kommen, zu zwei Dritteln und die unteren Stücke zu einem Drittel umgeschlagen und kantengenau aufeinandergelegt. Dadurch wird das Tapetenpapier geschmeidig, läßt sich gut andrücken und an der Wand noch korrigieren. Wenn das Papier trocknet, zieht es sich wieder zusammen, wodurch sich etwa entstandene Blasen ausspannen.

Kleben der Bahnen Man tapeziert vom Fenster weg in den Raum hinein. Das ist besonders wichtig, wenn die Nähte überlappt geklebt werden; denn dann werfen sie keine Schattenstreifen und sind fast unsichtbar.

Die Stelle, an der die erste Bahn an die Wand kommt, wird mit dem Lot markiert. Dadurch ist gewährleistet, daß auch alle weiteren Bahnen dieser Wandfläche senkrecht hängen.

Mit der Bahn auf einem Unterarm steigt man auf die Leiter, zieht das obere Ende mit der anderen Hand hoch und läßt die Bahn nach unten gleiten. Danach pendelt man sie an der Lotmarkierung ein und drückt sie oben so an, daß sie 3–4 cm zur Decke hin übersteht. Mit der Tapezierbürste bürstet man sie zuerst in der Mitte nach unten und dann zu den Seiten

hin fest. Zum Schluß wird das untere Bahnende aufgezogen und angebürstet. Dabei muß man darauf achten, daß die eine Kante genau parallel zur Markierung verläuft. Falls die Bahn schief hängt, zieht man sie von der Wand ab und legt sie erneut an.

Kleben im Nahtbereich Die nebeneinandergeklebten Bahnen bilden eine Naht. Dünne Papiertapeten können mit einer 1–2 mm breiten Überlappung geklebt werden. Dies ist besonders in Räumen zu empfehlen, in denen die Tapeten einer höheren Luftfeuchtigkeit ausgesetzt sind, weil die Nähte so nicht aufplatzen können. Alle dickeren Tapeten müssen mit den Kanten aneinandergeschoben werden. Diese Klebeart nennt man „auf Stoß kleben“. Muster müssen genau zusammenpassen.

Bei dieser Klebeart ist wichtig, daß der Untergrund fest ist und die Bahnen nicht zu lange weichen; sonst können die Nähte später aufplatzen. Die Nähte werden anschließend sorgfältig angedrückt. Dazu kann man bei Tapeten mit glatter Oberfläche einen Nahtroller verwenden.

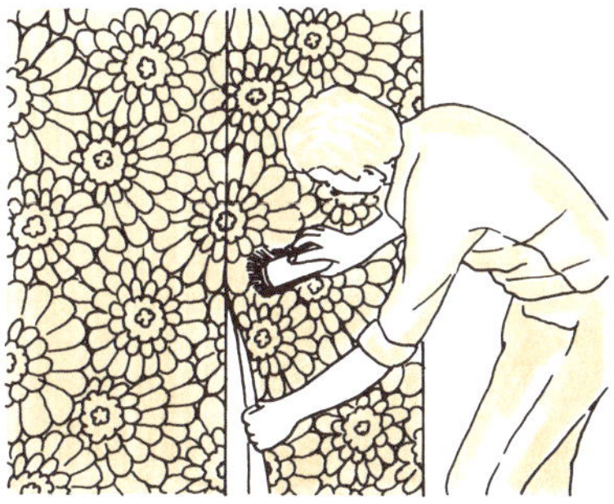

Wand- und Deckenabschluß Zum Schluß müssen noch die oberen und unteren Bahnenkanten genau abgeschnitten werden. Man markiert die Schnittlinie, indem man die Tapete mit einem Bleistift oder mit dem Scherenrücken sorgfältig in den Deckenwinkel und in die Fußleistenkante eindrückt. Dann wird die Bahn nochmals ein Stück weit abgelöst und genau abgeschnitten.

Ecken und Kanten bekleben Ecken und Kanten sind kritisch, weil sie nie genau senkrecht verlaufen. Deshalb sollte man nie ganze Bahnen über Ecken und Kanten kleben, sondern Tapetenstreifen so zuschneiden, daß sie 1–2 cm um die Ecken und Kanten herumreichen. Um Eckfalten zu vermeiden, schneidet man die um die Ek-

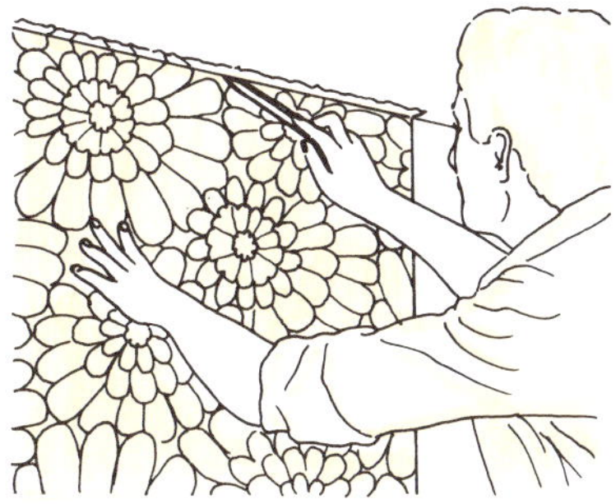

ke greifende Kante alle 10 cm ein. Die nächste Bahn wird dann ganz in die Ecke eingeschoben und, wenn nötig, dem Verlauf der Ecke entsprechend zugeschnitten. Bei Kanten an Wandvorsprüngen, Fensterleibungen usw. wird die folgende Bahn nicht ganz nach außen, sondern 3–5 mm zurückliegend angesetzt, damit die Naht nicht so leicht beschädigt werden kann.

Trocknen der Tapete Nach dem Tapezieren dauert es mehrere Stunden, bis die Tapete vollständig getrocknet ist. Der Trocknungsvorgang sollte nicht durch Heizen oder Zugluft beschleunigt werden. Es besteht sonst die Gefahr, daß Bahnen abplatzen oder Nähte aufreißen.

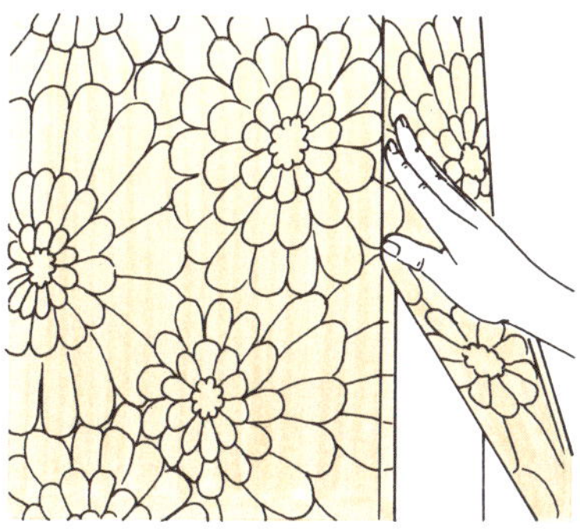

der ganze Taschenbeutel frei hängt und nur an der Taschenöffnung befestigt ist.

Aufgesetzte Taschen reißen oft an den oberen Ecken aus. Man verstärkt sie mit geraden Maschinenstichen und sichert das Nahtende auf etwa 12 mm mit Rückwärtsstichen. Man kann auch kurze und sehr enge Zickzackstiche verwenden. Beim Annä-

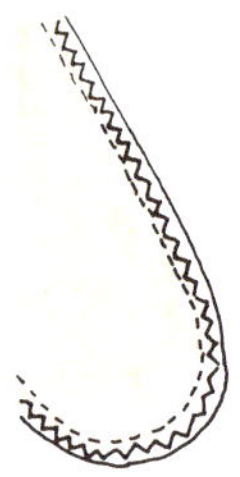

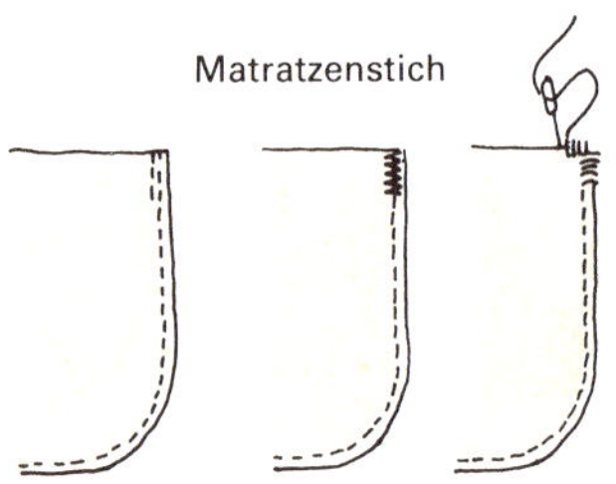

hen von Hand sind Matratzenstiche (siehe *Überwendlingsstich*) zu empfehlen, die etwa 5 mm beiderseits der Ecke gearbeitet werden.

Taschengeld

Etwa zwischen dem fünften und sechsten Lebensjahr ist ein Kind in der Lage, mit Zahlen umzugehen. In diesem Alter kann man dem Kind auch sein erstes Taschengeld geben: etwa fünf Zehnpfennigstücke in der Woche. Mit zunehmendem Alter erhält das Kind entsprechend mehr. So lernt es den Umgang mit festen Beträgen, die regelmäßig zu erwarten sind, und begreift die damit verbundene Notwendigkeit einer Einteilung.

Dabei sollten sich die Eltern konsequent verhalten. Betteleien und Nörgeleien des Kindes sollten unbeachtet bleiben. Zusätzliches Taschengeld sollte nicht als Anreiz oder Belohnung für gute Leistungen oder anständiges Benehmen dienen. Taschengeld ist kein Erziehungsmittel, mit dem erwünschtes Verhalten erkauft werden kann. Auch Tätigkeiten wie Mülleimer leeren, Einkaufen gehen, Post wegbringen, Hund ausführen usw. sollten nicht „bezahlt“ werden, da sie eigentlich selbstverständlich sind.

Bis das Kind lernt, selbständig einzukaufen, sollten die Eltern es begleiten. Später sollten sie nicht nach dem Verbleib des Geldes fragen; das Kind muß wissen, daß der Betrag ihm zur freien Verfügung steht.

Es ist auch sinnvoll, gemeinsam mit dem Kind ein Sparkonto zu eröffnen. Für den Anfang genügt schon ein Sparschwein, das zu besonderen Anlässen geschlachtet werden darf. So lernt das Kind schon früh, einen Teil seines Geldes zurückzulegen, um sich später besondere Wünsche erfüllen zu können. Für Kinder ab etwa zwölf Jahren gibt es ein Bankkonto. Sie können darüber frei verfügen und bekommen eigene Kontoauszüge.

Tauchen

Für einen längeren Aufenthalt unter Wasser hat man Preßlufttauchgeräte entwickelt, die man sich in vielen Küstenstationen und Tauchschulen ausleihen kann. Preßlufttauchen ist nicht ungefährlich, und man muß einige wichtige Regeln beachten:

- Niemals allein tauchen, sondern immer in einer Gruppe, damit man sich gegenseitig schnell helfen kann.
- Das Tauchgerät vor dem Tauchgang immer überprüfen.
- Niemals ohne Not tiefer als 10 m tauchen. Tiefen bis 30 m können zwar bei entsprechender körperlicher Konstitution unproblematisch erreicht werden, dazu ist aber ein Tauchkurs erforderlich.
- Vor Beginn des Tauchkurses sich vom Arzt gründlich untersuchen lassen.

Ausrüstung Das Tauchgerät besteht aus Preßluftflaschen, die entweder aus Aluminium oder Stahl gefertigt sind. Am oberen Teil der Flaschen sitzen die Absperrventile mit dem Anschluß für den Lungenautomat. Die Flasche wird durch ein Tragegestell, bestehend aus Schulter-, Becken- und Schrittgurt, sicher am Körper gehalten. Zum schnellen Ablegen gibt es einen Spezialverschluß.

Die Preßluftflaschen werden mit einem Spezialkompressor bis etwa 200 bar aufgefüllt. Die Reduzierung des Drucks in Abhängigkeit von der Wassertiefe übernimmt ein Lungenautomat mit Kolben- oder Membransystem.

Bei der Zweischlauchausführung sitzt der eigentliche Lungenautomat direkt an der Preßluftflasche. Die Atemluft wird über einen Niederdruckschlauch zum Mund und über einen zweiten Schlauch hinter dem Kopf zurück ins Freie geführt.

Beim Einschlauchautomat gibt es nur einen Schlauch; der Lungenautomat sitzt mit dem Mundstück direkt vor dem Mund. Die ausgeatmete Luftmenge entweicht seitlich am Kopf vorbei ins Wasser und kann je nach Taucherlage die Sicht etwas behindern.

Wie lange man mit einer Preßluftflasche tauchen kann, hängt nicht nur vom Füllgewicht, sondern auch vom eigenen Luftbedarf ab. Damit der Taucher nicht davon überrascht wird, daß sein Luftvorrat zur Neige geht, gibt es an den Flaschen meist eine automatische Warneinrichtung sowie einen Schalter, der einen für das Auftauchen notwendigen Luftvorrat freigibt.

Oft rüsten Sporttaucher ihre Flaschen zusätzlich mit einem Hochdruckmanometer aus, das an einem langen Schlauch sitzt und beim Tauchvorgang bequem beobachtet werden kann.

Zur Ausrüstung des Gerätetauchers gehören Flossen, Maske, ein Bleigürtel zum Ausgleichen des Auftriebs sowie ein Tauchermesser, das an einer Beinscheide getragen wird.

Technik Mit Hilfe der aufsteckbaren Bleigewichte stellt man das eigene Gewicht gerade so ein, daß ein leichter Auftrieb vorhanden ist, den man mit Flossenschlägen bequem überwinden kann. Taucht man mit einem Naßtauchanzug, kann die Bleimenge durchaus bis 6 kg ansteigen. Der Bleigürtel hat wie das Tauchgerät einen Spezialverschluß, damit man ihn im Notfall abwerfen kann.

Nachdem das Tauchgerät angelegt ist, sichert man die Gurte so, daß die Flasche fest, aber druckfrei sitzt. Damit beim Abtauchen die Flasche nicht über den Kopf rutscht, muß man den Schrittgurt richtig einstellen.

Die Reserveschaltung bringt man in Normalstellung und schließt den Lungenautomat an. Man öffnet die

Flaschenventile und atmet durch. Nun schließt man die Flaschenventile und atmet weiter. Sobald der geringe Luftvorrat im Lungenautomat verbraucht ist, muß das System blokkieren. Der Lungenautomat ist funktionsfähig, die Flaschenventile funktionieren sicher. Hat man den Flaschensatz nicht unmittelbar vorher selbst von der Kompressorstation abgeholt, sollte man vor dem Tauchgang noch einmal ein kleines Handmanometer einsetzen und den Inhalt überprüfen.

Sollte der Luftvorrat während des Tauchens zu Ende gehen, taucht man auf und wechselt das Mundstück des Lungenautomaten gegen den Schnorchel aus. Nachdem man das Wasser ausgestoßen hat (siehe auch *Schnorcheln*), kann man sich auf dem Rükken etwas ausruhen und langsam zum Boot oder Ufer zurückschwimmen.

Treten während des Tauchgangs Schmerzen auf, sollte man ihn sofort abbrechen und langsam, etwa so schnell wie die kleinsten Luftblasen der ausgestoßenen Luft, auftauchen. Den begleitenden Partner informiert man durch ein Handzeichen.

Tauziehen

Man benötigt ein starkes, mindestens 6 m langes Tau oder Seil (je mehr Personen teilnehmen, desto länger muß das Tau sein), dessen Mitte mit einem schwarzen Band umwickelt wird. Weitere Markierungen werden im Abstand von 1,80 m beiderseits der Mitte angebracht. Auf dem Boden unter dem Seil werden die gleichen Markierungen eingeritzt oder mit Pfosten, Steinen oder Kreidelinien gekennzeichnet. Die Mitte des Seils befindet sich dann über der mittleren Markierung am Boden.

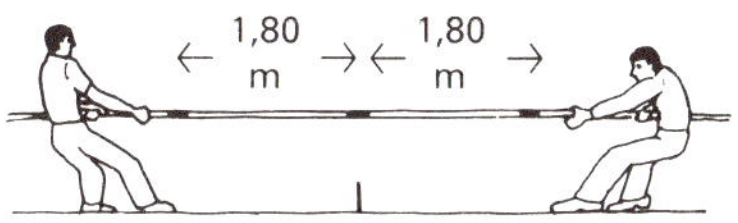

Nehmen nur zwei Spieler teil, ergreift jeder ein Ende des Taus, und zwar an der jeweiligen Markierung. Spielen mehrere Personen mit, werden zwei gleich starke Mannschaften gebildet. Eine Partei ergreift das Tau mit den Händen auf der einen, die andere auf der anderen Seite und spannt es straff (dabei können Handschuhe getragen werden); die ersten Spieler der beiden Mannschaften stehen unmittelbar hinter der jeweiligen Markierung am Boden, die Hände an der entsprechenden Markierung am Seil. Der Spielleiter zählt bis drei, und die Spieler beginnen, am Seil zu ziehen. Sie stemmen sich dabei mit den Fersen am Boden ab.

Es gewinnt die Mannschaft, die als erste die gegnerische Mannschaft über die am Boden markierte Mittellinie herüberzieht. Wenn eine Mannschaft geschlossen hinfällt oder das Seil losläßt, ist sie in jedem Fall der Verlierer.

Tee

Die zahlreichen im Handel angebotenen Teesorten erhalten ihre Namen nach Herkunft, Alter und Verarbeitungsart der Blätter. Edelste Sorten bestehen aus den zarten Blattknospen und werden als Flowery Orange Pekoe bezeichnet. Erstes und zweites Blatt liefern unter den Namen Orange Pekoe und Pekoe die meisten Sorten. Besonders hochwertige Teesorten stammen aus den Anbaugebieten Darjeeling (kräftig) und Assam (fein aromatisch). Um die Qualität zu steigern und bestimmte Geschmacksrichtungen zu erhalten, werden Teemischungen hergestellt, wie etwa russische oder ostfriesische Mischung.

Tee wird kühl und trocken in fest schließenden Dosen gelagert. Er darf nicht mit Metall in Berührung kommen (die Teedosen der Importeure sind innen beschichtet).

Von den vielen Inhaltsstoffen des Tees sind vor allem das Koffein (Tein) und die Gerbsäure (Tannin) von Bedeutung. In den ersten drei Minuten nach dem Aufgießen wird hauptsächlich das Koffein freigesetzt; dieser Tee wirkt anregend wie Kaffee, die Wirkung setzt aber bei Tee langsamer ein und hält länger an. Zieht der Tee vier Minuten und länger, wird auch die Gerbsäure freigesetzt, die Magen und Darm beruhigt. Daher wird schwarzer Tee häufig bei Durchfällen und Magenverstimmungen empfohlen.

Das Aroma des Tees hängt von der Qualität des Aufgußwassers ab, das immer frisch aufgesetzt werden muß. Zunächst gießt man etwas kochendes Wasser in die Kanne, um sie zu erwärmen. Man gießt das Wasser wieder ab, gibt dann den Tee in die Kanne – nach Geschmack pro Tasse ½–1 Teel. Dann gießt man mit sprudelnd kochendem Wasser auf und läßt den Tee ziehen, nicht länger allerdings als fünf Minuten, denn er wird sonst bitter. Wer einen leichteren Tee will, verdünnt ihn mit heißem Wasser. Am besten verwendet man ein Teesieb aus Stoff, das man aus der Kanne nehmen kann, wenn der Tee fertig ist. Aufgußbeutel sind zwar praktisch, die Teequalität ist aber meist weniger gut. Im Tee-Ei können sich die Blätter nicht voll entfalten. Teeblätter sollte man nie wegspülen, da sie – wie auch Kaffeesatz und Zigarettenstummel – die Kläranlagen stark belasten.

Die Kanne darf nur für schwarzen Tee benutzt werden und wird nur mit heißem Wasser ohne Spülmittel gereinigt. Durch den Belag, der sich innen bildet, schmeckt der Tee besonders gut. Für Teetassen sollte man das Spülwasser nicht verwenden, in dem anderes Geschirr gereinigt wurde.

Wer Tee mit Zucker und Milch trinkt, gibt zuerst den Zucker in die Tasse, gießt die Milch dazu und füllt mit Tee auf. So schmeckt er besser. Zum Ostfriesentee reicht man Kandiszucker und Sahne, die über einen umgedrehten Teelöffel in den Tee gegossen wird, damit sie oben als Wölkchen schwimmt. Grünen (unfermentierten) Tee, auch mit Jasminblüten aromatisiert, trinkt man hauptsächlich zu fernöstlichen Gerichten.

Siehe auch *Kräutertee*.

Teekesselchen

Bei diesem Ratespiel wird zunächst mit den beliebig vielen Mitspielern verabredet, wievielmal geraten werden darf – üblich sind bis zu 20 Versuche. Dann sucht sich der Spielleiter einen Gegenstand aus, den alle Mitspieler sehen können; dieser Gegenstand ist das Teekesselchen. Er nennt Eigenschaften des Suchbegriffs, z. B.: „Mein Teekesselchen kann laufen." Oder: „Mein Teekesselchen hängt an der Wand." Derjenige, der das Teekesselchen errät, stellt den Mitspielern als nächster eine Rätselfrage.

Teigwaren

Europäische Nudeln, italienische Pasta und asiatische Nudeln werden unter dem Sammelbegriff Teigwaren zusammengefaßt. Italienische Pasta wird im allgemeinen aus Hartweizengrieß und Wasser hergestellt; sie hat deshalb eine festere Konsistenz als deutsche Teigwaren, die aus Eiern oder Eipulver und verschiedenen Mehlen bestehen. Solche Eiernudeln sollte man nicht zu lange kochen, da sie sonst zu weich werden. Nudeln aus Weizenvollkornmehl sehen hellbraun aus, sind kräftig im Biß und schmecken herzhafter als Eiernudeln.

Grüne und rote Nudeln sind Teigwaren, denen Spinat oder ein anderes grünes Gemüsepüree bzw. Tomaten oder ein rotes Gemüsepüree beigegeben wurde. Der Geschmack dieser Nudeln unterscheidet sich minimal von dem weißer Nudeln. Gelegentlich bekommt man in Spezialitätengeschäften oder beim Bäcker frische Naßteigware; sie ist zum baldigen Verbrauch bestimmt. Getrocknete Teigwaren soll man in der Packung an einem kühlen, trockenen Ort aufbewahren – sie halten dann ein bis zwei Jahre.

Dem leicht gesalzenen Kochwasser setzt man einen Schuß Öl zu; die Nudeln kleben dann nicht aneinander, und das Wasser kocht nicht so leicht über. Wenn man lange Spaghetti nicht brechen will, hält man ein Ende in der Hand und taucht das andere ins kochende Wasser. Sowie sie weich werden, läßt man sie nach und nach ins Wasser gleiten.

Teilung von Pflanzen

Pflanzen, die größere Horste bilden, lassen sich leicht durch Teilung vermehren. Man nimmt die Pflanze in die Hand, sucht eine für die Teilung geeignete Stelle und zieht langsam und vorsichtig die Pflanzenteile auseinander. Wenn sich Pflanzen mit kräftigem Wurzelwerk nicht auseinanderziehen lassen, z.B. Farne, nimmt man ein Messer zu Hilfe. Die einzelnen Teile werden nur leicht angeschnitten. Nun kann man – ohne die Pflanze zu beschädigen – die Teile auseinanderziehen. Danach pflanzt man sie in einen Topf, der etwas größer als der Wurzelstock ist, wieder ein und füllt mit Vermehrungserde (siehe dort) auf.

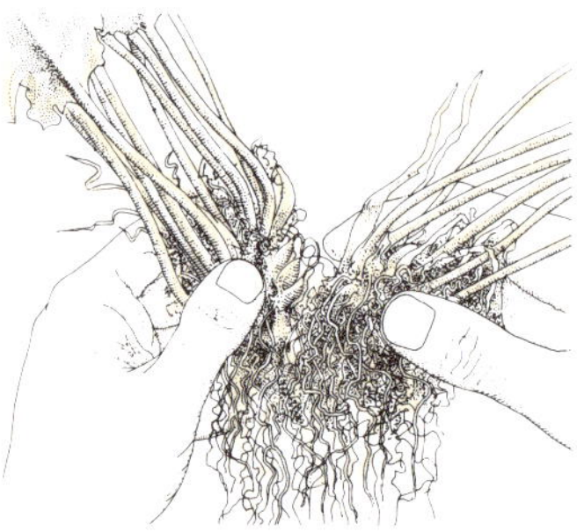

Tennis

Den Einstieg in den Tennissport kann man sich wesentlich erleichtern, wenn man mit einigen einfachen Vorübungen beginnt, für die man nicht einmal einen Tennisplatz braucht. Voraussetzung ist eine gute Allgemeinkondition, wobei man nicht vergessen darf, daß Tennis auch hohe Anforderungen an die Beinarbeit stellt. Jogging (siehe dort) mit Zwischenspurts und Lockerungsübungen sind ein gutes Training. Bei den Vorübungen sind die Spieler im Vorteil, die andere Ballspiele und das damit verbundene Ballgefühl schon beherrschen.

Für die erste Tennisübung benötigt man keinen Schläger, sondern lediglich eine halbwegs ebene Fläche und einen möglichst neuen Tennisball sowie einen Mitspieler. Man wirft sich gegenseitig den Ball zu und läßt ihn unmittelbar vor dem Partner einmal aufsetzen. Bei dieser Übung geht es vor allen Dingen darum, das richtige Ballgefühl zu bekommen sowie den Rückpralleffekt des Tennisballs kennenzulernen.

Für die zweite Übung braucht man zusätzlich einen geeigneten Tennisschläger (siehe dort). Man nimmt ihn aber nicht am vorgesehenen Griff, sondern unmittelbar am auslaufenden Rahmen im Bereich des Schlägerherzens sehr kurz in die Hand und versucht nun den Ball zu schlagen. Man schlägt ihn am besten gegen eine glatte Betonwand, vor der sich eine kurze ebene Bodenfläche befinden sollte. Man kann diese Übung auch mit einem Mitspieler machen, der den Ball zuwirft und auffängt.

Wenn man an der Betonwand übt, kann man die obere Netzkante durch einen einfachen Kreidestrich markieren. Die Netzkante beim Tennisspiel befindet sich 91,5 cm über dem Boden. Selbstverständlich kann man diese Übung auch auf dem Tennisplatz durchführen, wobei man aber nicht das ganze Feld ausnützt, sondern unmittelbar am Netz spielt. Je nach Fortschritt kann man nun den Schläger am normalen Griff führen.

Auf vielen Tennisplätzen gibt es eine Übungswand, vor der man sich auf die erste Trainerstunde vorbereiten kann. In dieser lernt man den richtigen Vor- und Rückhandgriff und vermeidet von Anfang an die ersten Fehler, die sich nur schwer wieder ausmerzen lassen.

Wer will, kann sich in dieser Abschlußphase der Vorübungen eine Ballmaschine stundenweise mieten. Wichtig ist dabei das Erfassen des Ballflugs noch über der Netzkante. Man verfolgt den Ball mit den Augen, bis er auf den Schläger auftrifft. Der Ball ist richtig getroffen, wenn dieser genau die mittlere Schlagfläche des Schlägers berührt. Dabei ergibt sich die beste Ballbeschleunigung bei guter Ballkontrolle und möglichst geringer Armbelastung.

Tennisschläger

Für die ersten Spielversuche leiht sich der Tennisanfänger am besten einen Schläger aus. Es geht ja zunächst einmal nur darum, festzustellen, ob man an dieser Sportart Spaß haben könnte und wie es um die eigene Ballkontrolle und Reaktion aussieht.

Entscheidet man sich nun, einen eigenen Schläger zu kaufen, sollte man nach Möglichkeit die verschiedenen Bau- und Preisvarianten auf dem Platz ausprobieren. Hierzu bieten Tennisschulen die günstigste Gelegenheit, denn vielfach werden dort nicht nur Schuhe, sondern auch Schläger gestellt. Man kann den Tennislehrer bitten, einige Schläger in verschiedenen Preisstaffeln mitzubringen, die dann der Reihe nach durchprobiert werden.

Relativ unproblematisch ist die Wahl der Griffgröße. Nachdem man sich an die Vorhand- und Rückhandgriffhaltung gewöhnt hat, sollte man den Griff so wählen, daß er gerade sicher umfaßt werden kann. Der Anfänger kauft häufig einen zu dünnen Griff, deshalb sollte man sich bei der Auswahl des Tennisschlägers Zeit lassen. Der Griffumfang wird in Zoll angegeben und liegt für Erwachsene zwischen $4\frac{1}{4}$ und $4\frac{3}{4}$ Zoll. Eine durchschnittliche Griffstärke für Frauen ist $4\frac{3}{8}$ Zoll, Männer bevorzugen meist $4\frac{5}{8}$ Zoll. Für Kinder gibt es entsprechend kleinere und kürzere. Seitlich am Schläger ist meist der Griffumfang oder die Griffstärke in Nummern angegeben; 3 entspricht z.B. $4\frac{3}{8}$ Zoll.

Die neben der Griffstärke stehenden Buchstaben L (*light* = leicht), LM (*light medium* = mittelleicht) und M (*medium* = mittelschwer) kennzeichnen das Gewicht des Schlägers. Ein leichter Schläger belastet den Arm weniger und läßt sich vor allem von einem Anfänger besser führen. Heute haben viele Schläger einen größeren Rahmen, so daß man den Ball leichter treffen kann.

Tennisschläger werden heute vorwiegend entweder aus Metall oder aus einem Kunststoff-Faserverbund gefertigt. Spitzenspieler bestätigen, daß der Metallschläger besser für das schnelle Tennisspiel geeignet ist, denn die Ballbeschleunigung ist bei entsprechendem Einsatz höher. Der Schläger aus Kunststoff, meist in Verbund mit Graphitfasern, erlaubt mit der richtigen Besaitung die bessere Ballkontrolle.

Welche Preisklasse man wählt, hängt von den eigenen Plänen ab. Schläger an der unteren Preisskala bieten einen günstigen Einstieg, werden aber bei dauerndem Einsatz bald auszuwechseln sein. Der Schläger in der mittleren und oberen Preisklasse ist eine Anschaffung für längere Zeit, wenn man routinemäßig vor Beginn der Saison die Bespannung auswechseln läßt.

Die Wahl zwischen Naturdarm- und Kunstsaite als Bespannung ist relativ einfach. Die Naturdarmsaite ist sehr teuer, und ihre Vorteile kommen in der Hand des Durchschnittsspielers nicht voll zur Geltung. Kunstsaiten sind weniger wetteranfällig und verhältnismäßig preiswert. Man sollte eine Bespannung in der mittleren Preisklasse wählen. Eine harte Bespannung gibt eine bessere Ballführung, eine weiche einen kräftigeren Schlag.

Teppiche knüpfen

Hier die zwei gebräuchlichsten Methoden, selber Teppiche herzustellen:

Knüpftechnik Diese Technik eignet sich für abstrakte oder stilisierte Muster, deren Wirkung mehr auf der Struktur als auf der Linienführung beruht. Man benötigt einen Knüpfhaken, einen Grundstoff (Teppichstramin), der 5 cm breiter und länger ist als der fertige Teppich, sowie Teppichgarn. Dies ist vorgeschnitten und abgepackt erhältlich, ist jedoch meist etwas teurer als im Strang.

Zur Berechnung des Garnbedarfs ermittelt man zuerst die Anzahl der Knoten im Muster, indem man die Zahl der Gewebekaros (Straminlöcher) pro Quadratzentimeter des Grundstoffs mit der Anzahl der Quadratzentimeter des gesamten Teppichs multipliziert. Dies teilt man entsprechend den Farben auf und rechnet jeweils 15% dazu. Wenn man abgepacktes, vorgeschnittenes Teppichgarn verwendet, teilt man die Gesamtzahl der Knoten durch die Anzahl der Fäden in der Packung, um die Menge der benötigten Packungen zu ermitteln. Bei Garn in Strängen oder Knäueln multipliziert man die Anzahl der Knoten mit der doppelten Florhöhe plus 1 cm für den Knoten. (Bei einer Florhöhe von 2,5 cm sollte also jeder Faden 6 cm lang sein.) Dies ergibt die benötigte Gesamtlänge. Das Garn wickelt man um einen 6 cm breiten Kartonstreifen und schneidet es oben und unten auf. Man kann aber auch eine Schneidmaschine verwenden.

Das Muster auf die Größe des Teppichs vergrößern und auf den Stramin übertragen (siehe *Muster übertragen*). Die Straminränder mit Klebeband einfassen, damit das Gewebe nicht ausfranst.

Geknüpft wird jeweils in Reihen von rechts nach links und von unten nach oben. Um einen Knoten zu bilden, den Faden um den Schaft des Knüpfhakens legen und beide Fadenenden zwischen Daumen und Zeigefinger der linken Hand halten. Den Haken unter einem Querfaden des Stramins durchstechen und etwas drehen, damit sich die Zunge öffnet (A). Die Fadenenden nach oben bringen und in den Haken legen (B), den Haken unter dem Querfaden nach unten ziehen, so daß die Zunge sich schließt. Ganz durchziehen, bis die Fadenenden durch die Schlinge schlüpfen (C). Den Knoten fest anziehen und gegebenenfalls die Fadenenden auf gleiche Länge bringen (D).

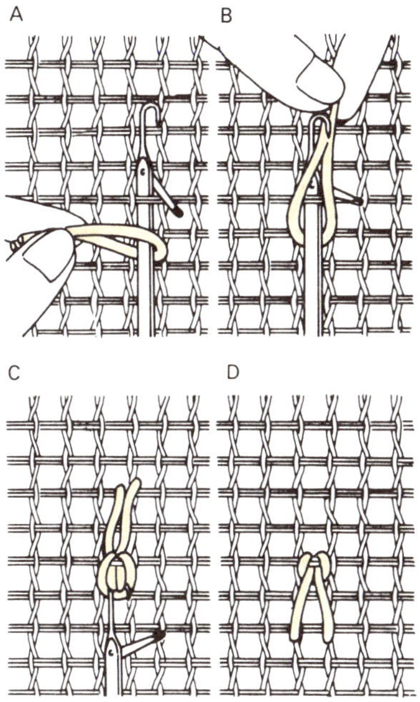

Um einen rechteckigen Teppich fertigzustellen, Teppichband rechts auf rechts dicht an der Florkante annähen (E); auf die Rückseite schlagen und mit Matratzenstichen (siehe *Überwendlingsstich*) annähen (F). Bei

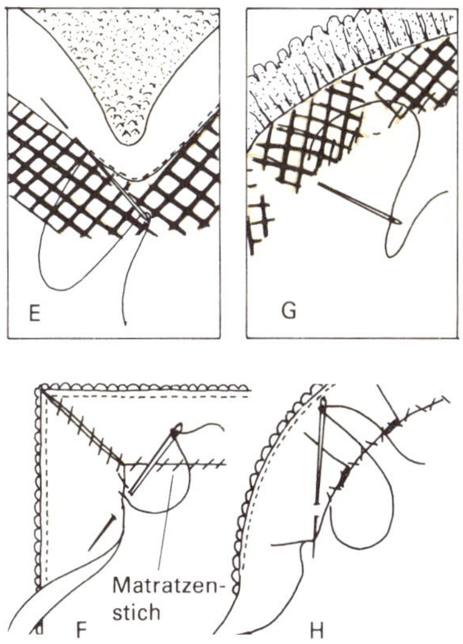

runden und ovalen Teppichen die Straminkante auf 2,5 cm zurückschneiden und rundherum einkerben; dann auf die Rückseite schlagen und annähen (G). Die Außenkanten von Band und Teppich zusammennähen, dann die Innenkante des Bands annähen; dabei die überschüssige Weite zu Abnähern falten (H).

Falls erwünscht, kann man auch zum Schluß Fransen (siehe dort) anbringen. Orientteppiche haben Fransen nur an den Schmalseiten; man verwendet dafür Bindfaden oder Baumwollgarn in Naturweiß.

Ryatechnik Bei Ryateppichen ist der Flor meist 5 cm lang, sonst wird aber der Garnbedarf wie für Teppiche auf Stramin berechnet. Wird der Knoten aus mehreren Fäden geknüpft, multipliziert man die Länge des Einzelfadens (bei 5 cm Florhöhe 11 cm) mit der Zahl der Fäden im Knoten. Für die Ryaknoten oder -stiche verwendet man eine Smyrnanadel mit gebogener Spitze oder eine stumpfe Sticknadel. Sie können auf Teppichstramin gearbeitet werden, es gibt aber einen speziellen Rya-Grundstoff als Meterware in verschiedenen Breiten sowie Stükke mit rundum versäuberten Kanten in einigen Standardgrößen.

Man arbeitet von unten nach oben und von links nach rechts. Das Garn in etwa 150 cm lange Stücke schneiden. Um einen Längsfaden des Stoffs stechen und den Faden durchziehen, bis das Ende die vorgesehene Schlingenlänge hat. Dann den Faden nach oben legen, um den nächsten Längsfaden stechen (I) und ganz durchziehen, um den ersten Knoten zu bilden. Wieder um den nächsten Längsfaden stechen, den Faden diesmal nur so weit durchziehen, bis eine Schlinge in der gewünschten Länge entsteht, das Garn nach oben legen und um den nächsten Längsfaden einen Knoten bilden (J) usw.

Die Schlingen müssen lang genug sein, um die Knoten der darunterliegenden Reihe abzudecken. Zum Schluß kann man sie nach Wunsch aufschneiden. Um gleichmäßige Schlingen zu bilden, kann man auch ein Ryastäbchen verwenden (K); mit der Schneidvorrichtung am einen Ende des Stabs lassen sie sich aufschneiden.

Um einen Ryateppich fertigzustellen, schlägt man (falls die Knoten nicht über die ganze Breite geknüpft wurden) die seitlichen Webkanten auf

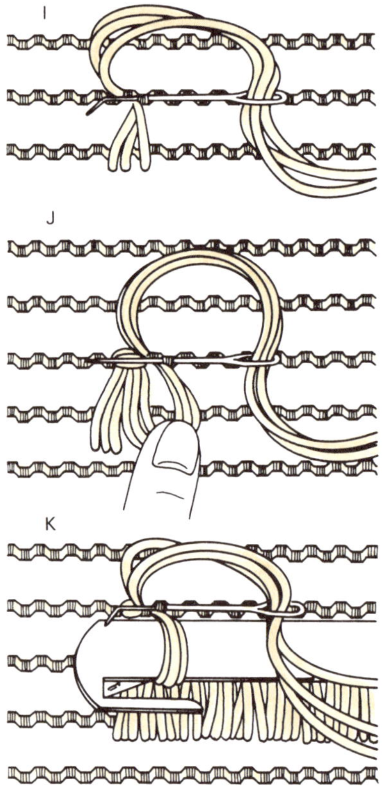

die Rückseite und näht sie mit Matratzenstichen fest. Die Schmalseiten werden mit Teppichband eingefaßt.

Teppiche reparieren

Wenn die Füße von Möbelstücken Abdrücke auf dem Teppichflor hinterlassen haben, legt man ein feuchtes Tuch über die Stelle und läßt es dort trocknen. Wenn man das Tuch dann entfernt, ist meist der Abdruck verschwunden. Notfalls wiederholen.

Will man ein Brandloch ausbessern, werden zunächst die angesengten Fäden mit einer Schere abgeschnitten. Dann tupft man mit einem Zahnstocher Gummilösung in das Loch. An einer verborgenen Stelle des Teppichs oder vom Abfall eines Teppichbodens schneidet man so viel Flor ab, daß damit das Loch ausgefüllt werden kann. Die Enden der Fäden ebenfalls mit Gummilösung betupfen und in das Loch einsetzen. Mit einer Stecknadel die einzelnen Fäden aufrichten. Nach dem Trocknen werden die zu langen Fäden zurückgeschnitten und mit einer Stecknadel dem umgebenden Teppichflor angeglichen.

Sind von einer Auslegeware noch Reste übrig, kann man auch größere Schadstellen ausbessern. An der Rückseite des Teppichs markiert man ein Rechteck, das etwas größer als die Schadstelle ist. Dann wird ein Brett untergelegt und das Rechteck mit einem scharfen Universalmesser ausgeschnitten. Der Teppich sollte eben und ohne Verspannung aufliegen, damit sich die Kanten nicht verziehen. Die Kanten des ausgeschnittenen Lochs betupft man am Teppichgrund mit etwas Gummilösung, damit die Fäden am Rand nicht ausfransen. Über die Rückseite der Öffnung klebt man Streifen von Textilklebeband (in Haushaltsgeschäften oder im Bürobedarf erhältlich) oder einen Flicken aus Sackleinen (Jute).

Nach der ausgeschnittenen Schadstelle schneidet man nun ein neues Stück zu, das im Muster und in der Strichrichtung dem Flor des Teppichs entspricht. Die Ränder der Unterlage mit Gummilösung betupfen, den Flikken einsetzen und trocknen lassen. Wenn man unter das Loch ein Stück Jute geklebt hat, kann man doppelseitiges Teppichklebeband verwenden.

Siehe auch *Fleckentfernung*.

Teppichreinigung

Da Schmutz dem Fasermaterial schadet, sollte man Teppiche regelmäßig reinigen, auch wenn sie nicht schmutzig aussehen. Für die allwöchentliche Pflege reicht das Staubsaugen mit dem Klopfsauger völlig aus. Wer über eine Teppichstange im Hof oder Garten verfügt, sollte dort den Teppich ausklopfen. Wenn man im Winter den Teppich mit der Florseite auf trockenen, sauberen Pulverschnee legt und ausklopft, leuchten die Farben wie neu.

Einmal pro Jahr sollte man vor allem den festverlegten Teppichboden gründlich reinigen. Dazu sucht man sich einen klaren, trockenen Tag aus und öffnet die Fenster, damit die chemischen Dämpfe entweichen können und der Teppich schnell trocknet. Möglichst alle Möbelstücke aus dem Raum entfernen. Wenn sich ein Stück nicht bewegen läßt, werden die Füße mit Aluminiumfolie umwickelt. Dann wird der Teppich gründlich mit dem Staubsauger gereinigt. Wenn möglich, schlägt man den Teppich um und saugt auch die Rückseite, die Teppichunterlage und den Boden ab.

Mittel zur Teppichreinigung Wenn ein Teppich nur leicht verschmutzt ist, kann er meist mit einem Teppichschaum in Spraydosen gereinigt werden. Man trägt den Schaum gleichmäßig auf, läßt ihn trocknen und saugt dann den gelösten Schmutz vom Teppich ab. Teppichpulver wird mit einer Bürste tief in den Teppich eingearbeitet und dann nach 20 Minuten abgesaugt. Man kann auch ein wenig Salmiakgeist ins Wasser geben, einen Lappen damit anfeuchten und den Teppich damit abreiben.

Um stark verschmutzte Teppiche (nicht jedoch Langflorteppiche) zu reinigen, kann man ein Shampoo verwenden, das mit einer Bürste oder einem speziellen Reinigungsgerät gleichmäßig verteilt und eingerieben wird. Nach dem Trocknen absaugen.

Am besten lassen sich Teppiche mit einer Schamponiermaschine reinigen, die man in Drogerien und Spezialgeschäften ausleihen kann. Dort erhält man auch das spezielle Reinigungsmittel nebst Bedienungsanleitung. Mit dem Schamponiergerät trägt man das Pflegemittel auf, läßt es trocknen und saugt dann den Teppich mit dem Staubsauger ab. Bei diesem Spezialshampoo muß man darauf achten, daß der Teppich nicht allzu stark angefeuchtet wird, weil die Feuchtigkeit sonst das Teppichgewebe und die Unterlage angreift.

Damit ein Teppich nach der Reinigung nicht gleich wieder schmutzig wird, kann man ihn mit einem schmutzabweisenden, antistatischen Pflegemittel einsprühen.

Siehe auch *Fleckentfernung*.

Thermostat im Kühlsystem

Der Thermostat im Kühlsystem hat die Aufgabe, die Zirkulation der Kühlflüssigkeit erst dann freizugeben, wenn die Betriebstemperatur erreicht ist. Bei kaltem Motor ist der Thermostat deshalb geschlossen.

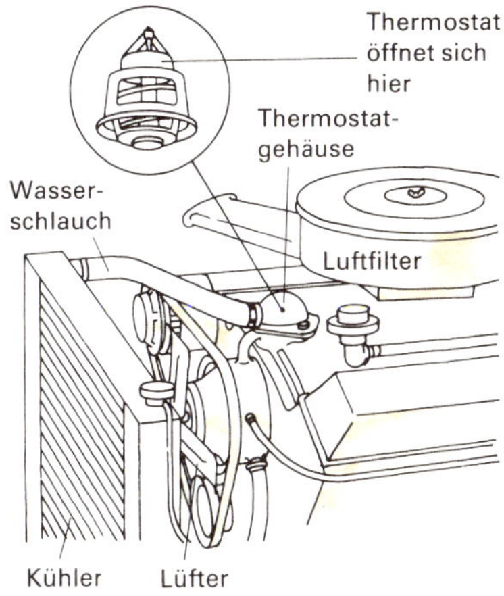

Ist der Thermostat schadhaft oder verklemmt und öffnet sich nicht mehr, wird der Motor heiß. Den Thermostat muß man dann erneuern.

Bei vielen Fahrzeugen findet man den Thermostat in einem kleinen Gehäuse unmittelbar dort, wo der obere Wasserschlauch am Motorblock angeschlossen ist. Bei VW-Fahrzeugen mit wassergekühlten Motoren sitzt der Thermostat unten links in der Wasserpumpe.

Textilpflege

Waschen (Hand- und Maschinenwäsche) Symbol: Waschbottich	95	95	60	60	40	40	30	
	Normalwaschgang	Schonwaschgang (waschtechnisch mildere Behandlung, z. B. pflegeleicht)	Normalwaschgang	Schonwaschgang (waschtechnisch mildere Behandlung, z. B. pflegeleicht)	Normalwaschgang	Schonwaschgang (waschtechnisch mildere Behandlung, z. B. pflegeleicht)		nicht waschen

Chloren Symbol: Dreieck	Cl chloren möglich			nicht chloren

Bügeln Symbol: Bügeleisen	•••	••	•	
	starke Einstellung	mittlere Einstellung	schwache Einstellung	nicht bügeln
	Die Punkte entsprechen den auf manchen Regler-Bügeleisen noch zusätzlich verwendeten Temperaturbereichen, die zwar nicht einheitlich, überwiegend aber abgestimmt sind auf:			
	Baumwolle, Leinen	Wolle, Seide, Polyester, Viskose	Chemiefasern, z. B. Polyacryl, Polyamid, Acetat	

Chemisch reinigen Symbol: Reinigungstrommel	A	P	P	F	F	
	normale Kleidung	normale Kleidung	reinigungstechnisch empfindliche Kleidung	normale Kleidung	reinigungstechnisch empfindliche Kleidung	nicht chemisch reinigen
	Der Kreis sagt, ob in organischen Lösemitteln gereinigt werden kann oder nicht. Die Buchstaben sind lediglich für die Chemischreinigung bestimmt und geben einen Hinweis für die in Frage kommende Reinigungsart. **Als Lösemittel kommen in Betracht:**					
	allgemein übliche Lösemittel	Perchloräthylen, Benzinkohlenwasserstoffe, fluorierte Chlorkohlenwasserstoffe (FKW) R 113 und R 11		Benzinkohlenwasserstoffe, fluorierter Chlorkohlenwasserstoff (FKW) R 113		

Den Thermostat kann man auf sehr einfache Weise prüfen: Man baut ihn aus und legt ihn in kaltes Wasser; er muß dabei geschlossen sein. Erhitzt man das Wasser auf etwa 80 °C, hebt sich die Ventilplatte ab; dies muß sehr zügig geschehen. Legt man ihn nun wieder ins kalte Wasser, sollte er sich sofort schließen.

Ist dies nicht der Fall, kommt man nicht umhin, einen neuen Thermostat mit neuer Dichtung zu kaufen. Die Dichtungsflächen reinigt man sorgfältig mit einem Schaber oder Messer – damit kein Schmutz ins Gehäuse fällt, legt man einen Lappen hinein – und bestreicht sie mit Dichtungskle-

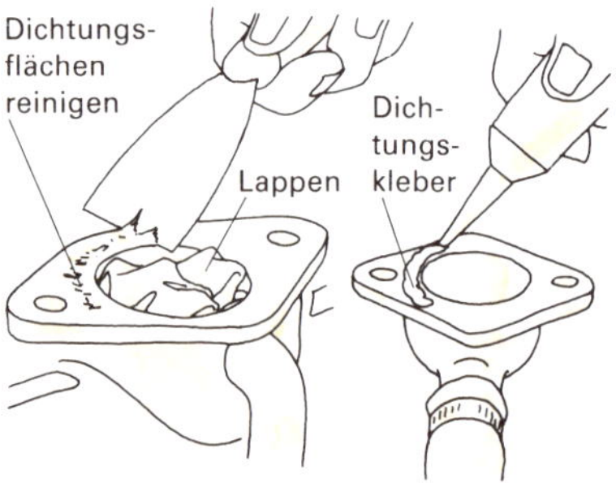

ber. Dann legt man den Thermostat in das Gehäuse; ist ein Pfeil als Markierung angebracht, muß er in Fahrtrichtung zeigen. Die Dichtung legt man auf das Thermostatgehäuse, und das Gehäuse wird wieder geschlossen.

Bevor man mit den Arbeiten beginnt, empfiehlt es sich, eine Auffangwanne unter das Auto zu stellen, denn beim Ausbau des Thermostats läuft Kühlflüssigkeit ab, die mit Frostschutzmittel versetzt ist. Diese füllt man nach Abschluß der Arbeiten wieder in den Kühler ein und führt einen Dichtigkeitslauf im Stand durch. Das Kühlsystem entlüftet sich bei vielen Fahrzeugen von selbst, wenn der Motor einmal betriebswarm geworden ist. Wenn der Motor warmgelaufen ist, füllt man noch einmal Wasser auf.

Thrips

Der Thrips, auch Blasenfuß oder Schwarze Fliege genannt, ist ein saugendes, ungefähr 1,5 mm langes gelbes oder schwarzes Insekt mit fein ausgefransten Flügeln. Es fliegt nur selten und bewegt sich meist springend. Der Thrips befällt weiche Blätter und hinterläßt Streifen oder Sprenkel auf Blüten und Blättern. Er scheidet Tröpfchen einer weißen Flüssigkeit aus. Man bekämpft den Schädling, indem man rechtzeitig mit Ekamet spritzt. Die versteckten Teile der Pflanze, in denen sich der Thrips aufhält, müssen gut von der Spritzbrühe getroffen werden.

Tiefkühlkost auftauen

Um Qualitätseinbußen zu vermeiden, muß man beim Auftauen der Tiefkühlkost bestimmte Regeln beachten. Grundsätzlich gilt, daß man aufgetaute oder angetaute Nahrungsmittel nicht wieder einfrieren darf. Nicht nur der Geschmack leidet darunter, sondern die Gefahr einer Lebensmittelvergiftung, vor allem bei Geflügel, Fisch und Krustentieren, ist sehr groß.

Fleisch und Geflügel Man nimmt sie aus der Verpackung und läßt sie langsam im Kühlschrank auftauen. Der Fleisch- oder Geflügelsaft, der sich bildet, muß weggeschüttet werden, denn es besteht die Gefahr einer Salmonellenvergiftung. Wild kann man in Buttermilch oder einer Rotweinbeize auftauen, die Beize darf aber kein Salz enthalten. Aufgetautes Fleisch sofort zubereiten. Kochfleisch, Suppenhühner und Brühwürste kann man in gefrorenem Zustand in siedendes Wasser oder in die kochende Brühe geben. Bratenstücke kann man tiefgefroren in den Backofen schieben, man muß aber berücksichtigen, daß sich die Bratzeit verlängert, und auch zunächst einen Deckel auf das Bratgefäß legen, sonst ist das Fleisch innen noch roh, wenn es außen bereits eine braune Kruste bekommt.

Fische und Krustentiere Diese läßt man wie Fleisch ausgepackt im Kühlschrank auftauen; den aufgetauten Fisch sofort zubereiten.

Obst und Früchte In einer Schüssel, möglichst zugedeckt, im Kühlschrank oder bei Zimmertemperatur auftauen. Auf Biskuitböden, die man mit Buttercreme (siehe dort) oder Aprikosenmarmelade dünn bestrichen hat, kann man halb aufgetaute Früchte legen.

Gemüse Wenn es noch gegart werden muß, kann man es in der Regel gefroren in den Topf geben. Püriertes Gemüse, z.B. Spinat, das tiefgefroren große Blöcke bildet, muß man erst auf- oder zumindest antauen lassen, sonst wird ein Teil der Ware im Topf zu lange erhitzt, während der Rest noch gefroren ist. Gefriergemüse hat im allgemeinen eine kürzere Garzeit als Frischgemüse. Aufgetautes Gemüse möglichst rasch verbrauchen.

Kuchenteige Vor der weiteren Verarbeitung ganz auftauen lassen. Gebackene Tortenböden läßt man auftauen, ehe man sie belegt. Flache Gebäckstücke kann man im vorgeheizten Ofen auftauen, gefrorene Toastscheiben direkt in den Toaster geben. Brötchen benetzt man leicht mit kaltem Wasser, ehe man sie in den vorgeheizten Backofen gibt; sie werden dann besonders knusprig. Gefüllte Torten läßt man bei Zimmertemperatur auftauen.

Fertige Gerichte Suppen und Eintöpfe, aber auch Aufläufe sollten vor dem Aufwärmen erst aufgetaut sein. Man kann sie dafür in den ganz schwach geheizten Backofen stellen, noch besser geeignet ist ein Heißluft- oder Umluftherd, bei dem man nur das Gebläse anstellt. Suppeneinlagen, Spätzle und Nudeln, die in einer Suppe erhitzt werden sollen, können tiefgefroren hineingegeben werden; Knödel, vor allem größere, läßt man besser auftauen, bevor man sie ins kochende Wasser legt, da sie sonst außen meist schon zu weich sind, bis der Kern fertig ist.

Auch Bratfisch oder Frikadellen kann man gefroren in die Pfanne geben. Bei gekauften Fertiggerichten richtet man sich nach den Anweisungen auf den Packungen.

Siehe auch *Mikrowellengeräte*.

Tierfotografie

Tiere in der freien Wildbahn zu fotografieren gehört mit zu den reizvollsten Beschäftigungen in der Natur.

Viele Tiere sind sehr scheu, und man kann sich ihnen nicht auf geringe Entfernung nähern, ohne sie zu verscheuchen. Deshalb wird man in den meisten Fällen nicht ohne ein Teleobjektiv mit einer Brennweite von 130–200 mm auskommen.

Weiter ist es wichtig, daß man Filme mit hoher Empfindlichkeit benützt. Die Arbeit mit langbrennweitigen Objektiven erfordert hohe Verschlußgeschwindigkeiten, damit man nicht Gefahr läuft, die Bilder zu verwackeln. Außerdem sind die Lichtverhältnisse oft – beispielsweise im Wald – sehr ungünstig. Hochempfindliches Filmmaterial – in Schwarzweiß oder Farbe – erlaubt es aber auch unter solchen Bedingungen, einwandfreie Fotos zu machen.

Wenn man nicht gerade Tiere im Zoo oder in Wildgehegen fotografieren will, tut man gut daran, sich vorher über das Verhalten dieser Tiere zu informieren, um sie im richtigen Augenblick vor die Linse zu bekommen.

Wer Haustiere fotografieren möchte, muß seine Lieblinge entweder genau beobachten und mit schußbereiter Kamera auf den treffenden Augenblick warten oder die Tiere, die man genau kennt, zu bestimmten Posen bringen, etwa den Hund nach dem Ball laufen oder die Katze mit dem Wolleball spielen lassen. Es ist auch reizvoll, Tiere zusammen mit Personen, besonders mit Kindern, zu fotografieren.

Tiergerüche beseitigen

Wenn Hunde oder Katzen auch bei gepflegtem Fell einen besonders starken Körpergeruch haben, sollte man einen Tierarzt aufsuchen, da der Geruch Symptom für eine Krankheit sein könnte. In einem solchen Fall ist ein fester Schlafplatz wichtig. Die Schlafunterlage sollte man regelmäßig waschen (siehe auch *Hundehaltung; Katzen*).

Eine Hautkrankheit (Seborrhö) kann meist mit einem medizinischen Haarwaschmittel, in leichten Fällen mit einem normalen Shampoo gegen Schuppen, behandelt werden. Hunden mit Schlappohren muß man in regelmäßigen Abständen (8–14 Tage) die Ohren mit Wattestäbchen reinigen. Auf diese Weise vermeidet man unangenehmen Geruch und für das Tier schmerzhafte Ohrinfektionen. Wenn sich ein Hund häufig in der Aftergegend beißt oder leckt oder auf dem After rutscht, könnte es sich um ein Abszeß an den Analdrüsen handeln. In diesem Fall muß man, ebenso wie bei einer Ohrinfektion, einen Tierarzt aufsuchen.

Übermäßige Zahnsteinbildung, vor allem bei älteren Tieren, führt auch zu einem unangenehmen Geruch aus der Schnauze. Den Zahnstein sollte man daher regelmäßig vom Tierarzt entfernen lassen. Zur Vorbeugung gibt man den Tieren Kauknochen.

Wenn ein Tier sein Geschäft im Haus verrichtet hat, entfernt man den Kot mit einem Schäufelchen und wischt die Stelle mit Küchenkrepp ab. Flecken behandelt man mit Essig, Zitronensaft oder Salmiakgeist, um den Geruch zu neutralisieren, und schrubbt die Stelle mit Seifenwasser ab. Im Handel gibt es Präparate, die direkt auf Urinflecke aufgetragen werden und den Geruch sowie den Fleck beseitigen.

Tierspuren lesen

Viele einheimische Tierarten bekommt man in freier Wildbahn so gut wie nie zu Gesicht, weil sie oft erst bei Nacht ihr Versteck verlassen. Sie hinterlassen aber im Schlamm, Sand oder Schnee mehr oder minder deutliche Fußabdrücke, die der spurenkundige Naturfreund bei Tageslicht identifizieren kann. Ein geübter Spurenleser kann sogar erkennen, ob sich ein Tier im normalen Tempo bewegt hat oder ob es auf der Flucht gewesen ist.

Am aussichtsreichsten ist die Fährtensuche an Waldrändern, in Waldgebieten, im Unterholz sowie im Bereich von festen Futterplätzen, wo sich vor allem Rotwild einfindet. Auch natürliche Tränken wie Tümpel und Bäche bieten sich an. In den offenen Feldfluren konzentriert man seine Spurensuche am besten auf Gehölzgruppen und dicht mit Gebüsch bestandene Ackerraine, die den Tieren Deckung bieten.

Katzen- und Hundespuren lassen sich leicht voneinander unterscheiden. Hunde hinterlassen grundsätzlich Zehenabdrücke; gewöhnlich ziehen Katzen ihre Krallen ein. Schwieriger ist es, die Spuren der Haustiere und der artverwandten Wildtiere auseinanderzuhalten. Hier gelten die folgenden Faustregeln: Füchse lassen schmälere Fußabdrücke als Hunde zurück, Wildkatzenspuren sind größer als Hauskatzenspuren.

Die abgebildeten Spuren stammen von Säugetierarten, die in Mitteleuropa weit verbreitet sind.

Neben den Säugetieren sind es vor allem verschiedene Vogelarten, die im

Hund
Fuchs
Hauskatze
Rothirsch
Reh
Hase
Eichhörnchen
Igel
Maulwurf
Spitzmaus

Schnee und weichen Schlamm charakteristische Trittsiegel hinterlassen. Allerdings lassen sich nur die Spuren größerer Gattungen und Arten identifizieren. Entenvögel weisen sich durch ihre Schwimmhäute eindeutig aus. Reiherspuren sind an den langen Zehenabdrücken zu erkennen. Mit einiger Übung wird man auch Fasanen- und Rebhuhnspuren sicher zu lesen wissen.

Tinte, unsichtbare

Mit Zitronen- oder Zwiebelsaft kann man unsichtbar schreiben. Zitronensaft kann man kaufen oder auspressen. Für Zwiebelsaft reibt man eine geschälte Zwiebel in eine Schüssel, seiht den Saft ab und läßt ihn eine Zeitlang absetzen.

Geschrieben wird auf gestrichenem Papier mit einem Zahnstocher, den man immer wieder in den Saft taucht. Dann läßt man die Schrift trocknen. Um sie sichtbar zu machen, hält man das Papier dicht an eine warme Glühlampe oder erwärmt es mit dem Bügeleisen. Man muß dabei aufpassen, daß das Papier nicht Feuer fängt.

Auch mit Milch kann man unsichtbar schreiben. Um die Schrift sichtbar zu machen, verreibt man vorsichtig Graphitmehl aus einem Bleistiftspitzer oder feine Asche auf dem Papier.

Tisch decken

Beim Gedeck legt man das Besteck beiderseits des Tellers so auf, daß die Griffenden 2–3 cm von der Tischkante entfernt sind. Gabeln kommen auf die linke Seite des Tellers, Messer auf die rechte Seite. Die Schneiden der Messer zeigen nach innen zum Teller. Suppenlöffel können wahlweise rechts vom Teller neben dem Messer oder oberhalb des Tellers liegen. Das kleinere Besteck für Vorspeisen – beispielsweise eine kleine Gabel oder ein Suppenlöffel – liegt am weitesten außen; das Besteck für die späteren Gänge liegt näher am Teller. Sofern der Salat nicht vor dem Hauptgericht serviert wird, legt man die Salatgabel als nächste zum Teller. Löffel oder Gabeln für das Dessert liegen oberhalb des Tellers oder werden auf den Unterteller des Desserts gelegt. Als Faustregel gilt: Am weitesten außen liegt das Besteck, das zuerst benötigt wird.

Salatschüsseln stellt man links neben der Gabel auf, Kaffeetassen und Untertassen rechts von Messern und Löffeln. Gläser für Wasser und Wein stehen oben rechts vom Teller. Auch hier steht das Glas am weitesten außen, das zuerst benötigt wird.

Wenn Brot und Butter serviert werden, sollte man Butterteller mit einem Buttermesser vorsehen, die man oben links vom Gedeck aufstellt. (Werden Brot und Butter ohne eigene Butterteller serviert, kann man die Butter auf den Eßteller legen und den Brotkorb auf den Tisch stellen.) Die Servietten werden meist hübsch gefaltet und in die Mitte des Eßtellers gesetzt, in das Wasserglas gesteckt oder neben den Gabeln dekoriert.

Tischordnung

Wie man die Gäste am Tisch plaziert, ist nicht nur bei größeren Festen, sondern auch bei ungezwungeneren Feiern oder wenn nicht alle Gäste miteinander bekannt sind, von Bedeutung. Vor allem sollten die Tischnachbarn gut zueinander passen.

Die Gastgeber sitzen entweder an der Tischmitte einander gegenüber oder an beiden Tischenden. Wenn man für das Servieren kein Hilfspersonal hat, sollte die Gastgeberin in der Nähe der Küche Platz nehmen.

Prominente oder Ehrengäste setzt man neben die Gastgeber. Ist es eine Dame, wird sie neben den Hausherrn gesetzt, ein männlicher Gast neben die Gastgeberin. Wenn zwei Prominente anwesend sind, sitzt jeder an der Schmalseite eines rechteckigen Tisches, so daß beide gleichrangig behandelt werden. Ein runder Tisch bietet in dieser Hinsicht keine Schwierigkeiten.

Damen und Herren setzt man in der Regel immer abwechselnd. Wenn mehr Damen als Herren anwesend sind, bleiben die ältesten und die jüngsten ohne männlichen Tischpartner. Ehepaare werden meist auseinandergesetzt. Verlobte läßt man beisammen.

Bei einem Familienfest werden die Ehrenplätze neben den Gastgebern für die ältesten Familienmitglieder reserviert; danach wird nach dem Alter plaziert. Wenn Kinder dabei sind, werden sie an das Tischende oder an einen Extratisch gesetzt.

- Taufe: Ehrengäste sind Pate und Patin wie auch der Pfarrer, falls er am Essen teilnimmt.
- Kommunion/Konfirmation: Den Großeltern werden die Ehrenplätze zugewiesen, dann kommen der Pfarrer, falls anwesend, und anschließend die Paten.
- Hochzeit: In die Mitte der Tafel setzt man die Jungverheirateten. Links neben die junge Frau kommt der Schwiegervater oder eventuell der Pfarrer. Rechts vom jungen Ehemann sitzt seine Schwiegermutter.

Tischkarten Wenn mehr als sechs Personen an einer Tafel versammelt sind, benötigt man Tischkarten. Man kann sie selbst herstellen. Dazu schneidet man aus stärkerem Zeichenkarton Rechtecke aus, die in der Mitte längs mit einem scharfen Messer leicht eingeritzt werden. In den unteren Teil schreibt man mit Filzstift die Namen und falzt die Karten entlang der eingeritzten Linie. Für bestimmte Anlässe kann man die Tischkarten mit Zeichnungen oder persönlichen Motiven ausschmücken.

Auf dem Tisch stehen die Karten oberhalb des Gedecks, oder man legt sie auf die Serviette, wenn diese nicht gefaltet wird.

Tochterpflanzen

Manche Pflanzen vermehren sich durch Tochterpflanzen, die sich an den Enden von Blütentrieben und an größeren Blättern bilden. Die Grünlilie und der Judenbart etwa entwikkeln Tochterpflänzchen an den Triebenden, während z.B. Henne und Küken *(Tolmiea menziensii)* Tochterpflänzchen an Blättern bilden. Bei einigen Pflanzen, z.B. bei Henne und Küken und Judenkraut, nimmt man die Tochterpflanzen ab und setzt sie gleich in ein Vermehrungssubstrat.

Bei anderen Pflanzen, wie der Grünlilie, stellt man Tochterpflänzchen, die bereits Wurzelansätze gebil-

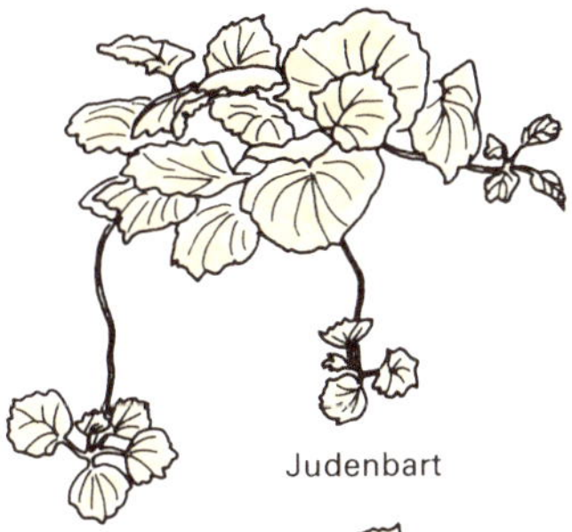

Judenbart

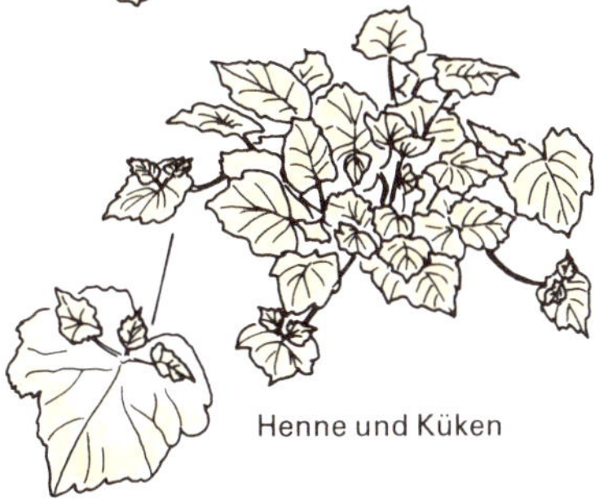

Henne und Küken

det haben, in ein Gefäß mit Wasser, bis die Wurzeln ungefähr 3 cm lang sind. Wenn sich die Tochterpflänzchen noch nicht bewurzelt haben, steckt man sie direkt in ein Vermehrungssubstrat.

Tod und Leben

Man spielt zu zweit mit einem Blatt aus 32 oder 52 Karten (siehe *Spielkarten*). Zunächst werden die Karten in schwarze (Pik, Kreuz = Tod) und rote (Karo, Herz = Leben) eingeteilt; ein Spieler erhält die roten, der andere die schwarzen. Jeder mischt seine Karten und legt sie verdeckt vor sich auf den Tisch.

Tod beginnt und deckt die oberste Karte seines Stapels auf; Leben legt die oberste Karte seines Stapels dazu. Der Spieler, der die höherwertige Karte ausgespielt hat, erhält den Stich. Dabei hat das As den höchsten, die Zwei bzw. die Sieben den niedrigsten Wert.

Der Gewinner des Stichs legt dann beide Karten verdeckt unter seinen Stapel. Werden zwei gleichwertige Karten ausgelegt, müssen beide Spieler stechen: Jeder legt drei Karten verdeckt auf die beiden Karten; die oberste wird wieder aufgedeckt. Der Spieler, der die höherwertige Karte hat, gewinnt alle ausgespielten Karten. Sind die beiden aufgedeckten Karten wiederum ein Paar, wird in gleicher Weise ein zweites Mal gestochen. Wer am Schluß alle Karten besitzt, ist Gewinner des Spiels.

Tollwut

Alle Warmblüter können von dieser gefährlichen Infektionskrankheit befallen werden. Verursacher ist das Tollwutvirus. Anfällig sind vor allem Füchse, Dachse, Marder und Eichhörnchen, die das Virus an ungeimpfte Hunde und Katzen sowie an Rehe, Schafe und Rinder weitergeben können. Und der Mensch kann von diesen Tieren angesteckt werden.

Übertragen wird das Virus hauptsächlich durch Biß- und Kratzwunden. Da sich der Erreger jedoch im Blut und Speichel erkrankter Tiere befindet, gelangt er auch über vorhandene Hautverletzungen und die Schleimhäute in den Körper.

Bei Katzen dauert die Inkubationszeit normalerweise zwischen zwei und vier Wochen, kann sich aber bis zu acht Wochen hinziehen. Danach verhalten sich die Tiere plötzlich anders als gewohnt: Sie werden scheu, unruhig, verkriechen sich, beißen und kratzen unerwartet, fressen Steine, Erde, Holz usw., speicheln übermäßig, können nicht mehr schlucken, reißen aus, greifen unterwegs auch größere Tiere und Menschen an; schließlich treten Lähmungen auf, die zum Tod führen. Die Krankheit dauert meistens drei bis sechs Tage.

Bei Hunden dauert die Inkubationszeit zwei bis zehn Wochen. Die Symptome sind ganz ähnlich wie bei Katzen. Normalerweise tritt nach zwei bis vier Tagen der Tod ein.

Wenn man bei einem Haustier auch nur die geringsten Anzeichen feststellt, die auf Tollwut hindeuten, isoliert man es und informiert umgehend einen Tierarzt, der die gesetzlich vorgeschriebenen Maßnahmen einleitet. Hat man mit dem tollwutverdächtigen Tier Kontakt gehabt oder wurde man gekratzt oder gebissen, sucht man sofort einen Arzt auf.

Begegnet man etwa auf einem Spaziergang einem Tier, das sich auffällig verhält, bewaffnet man sich möglichst mit einem kräftigen Stock, um einen eventuellen Angriff abwehren zu können. Solche Beobachtungen meldet man umgehend dem nächsten Forstamt oder Polizeirevier (siehe auch *Wildtiere, verletzte*).

Wichtig ist: Sicheren Schutz vor Tollwut bieten nur regelmäßige Impfungen.

Tomaten anbauen

Tomaten brauchen einen warmen, geschützten Platz, und der Boden sollte möglichst schon im vorangegangenen Herbst gut umgegraben und mit einer größeren Menge Gartenkompost oder Torf vermischt worden sein.

Aussaat Da Tomaten von der Aussaat bis zur Reife vier bis fünf Monate brauchen, empfiehlt es sich, schon im März Samen in eine Handkiste oder in Töpfe mit Komposterde auszusäen. Man stellt diese dann auf ein sonniges Fensterbrett. Nach acht bis zehn Tagen – wenn sich die ersten Blattpaare gebildet haben – setzt man die Sämlinge einzeln in Töpfe. Anfang Mai gewöhnt man sie allmählich an niedrigere Temperaturen, und von Mitte Mai an kann mit dem Auspflanzen ins Freiland begonnen werden. Natürlich kann man auch vorgetriebene Setzlinge in einer Gärtnerei kaufen und sich so die Anzucht von Sämlingen ersparen.

Pflanzen Vorsichtig nimmt man die Jungpflanzen aus den Töpfen und pflanzt den Erdballen so tief ein, daß er 1–2 cm unter der Erdoberfläche liegt. Man setzt die Pflanzen in einem Abstand von 40 cm; der Abstand von einer Reihe zur anderen beträgt 75 cm. (Buschtomaten brauchen Abstände von 60×60 cm.) Nun werden 1,5 m lange Stangen neben den Wurzelballen in die Erde gesteckt und die Pflanzen kräftig angegossen. (Buschtomaten stützt man nicht ab.)

Gießen Tomaten müssen regelmäßig und reichlich gegossen werden. Wenn sich auf dem ersten Blütenstand Früchte gebildet haben, wird einmal wöchentlich mit einem Blaukornvolldünger gedüngt, den man auf dem Boden ausstreut oder in Wasser auflöst. Nach der Düngung hält man den Boden feucht.

Bei Stabtomaten bindet man den heranwachsenden Haupttrieb mit einer Schnur oder Bast am Stab fest.

Triebe ausbrechen und abschneiden Seitentriebe in den Blattachseln werden ausgebrochen oder abge-

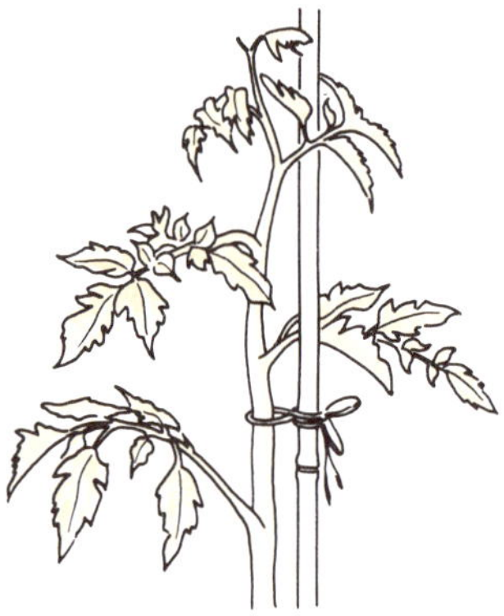

schnitten, ehe sie 5 cm lang sind. Sobald sich fünf Blütentrauben gebildet haben und die ersten Früchte erscheinen, schneidet man den Gipfeltrieb zwei Blätter oberhalb des höchsten Fruchtstands ab, damit sich keine weiteren Blüten bilden und die Früchte ausreifen können. Um Buschtomaten legt man Stroh oder Plastikfolie, damit die Früchte nicht faulen.

Tonbandgeräte

Das Spulentonbandgerät ist heute vom Kassettenrecorder fast völlig verdrängt worden, weil die einfachen und preiswerten Tonkassetten (siehe *Kassetten und Recorder*) dank ausgefeilter Aufnahme- und Wiedergabetechnik und raffinierter Rauschunterdrückungssysteme eine ähnliche Wiedergabequalität ermöglichen wie das Tonbandgerät.

Trotzdem haben Spulentonbandgeräte noch ihren Sinn. Bei niedriger Laufzeit (4,7 oder 9,5 cm/s) und großen Spulen (maximaler Durchmesser 26,5 cm) lassen sich mit extrem dünnen Bändern stundenlange Spielzeiten erzielen; dagegen läuft eine Tonkassette höchstens 60 Minuten an einem Stück. Da die meisten Spulentonbandgeräte heute vornehmlich als halbprofessionelle Maschinen ausgelegt sind, kann man mit ihnen bei Studiogeschwindigkeit von 38 cm/s eine außerordentlich gute Tonwiedergabe erzielen, was besonders für ernsthafte Tonbandamateure oder Musiker, die ihre Arbeit kontrollieren wollen, notwendig ist. Der Ton- oder Filmamateur kann mit einem Tonbandgerät auch mehr anfangen als mit einem Kassettenrecorder. Um eine Tonaufnahme zu gestalten, muß man das Band schneiden können, also manuell Teil an Teil fügen und zusammenkleben, beim Spulentonband eine relativ einfache Arbeit. Bei den schmalen Kassettentonbändern ist dies dagegen sehr schwierig und durch die in der Kassette eingeschlossenen Spulen nur im Notfall, wenn das Band bricht, möglich. Schöpferisch kann man nur mit dem Spulentonband arbeiten, etwa wenn man eine Diashow gestaltet oder einen Schmalfilm vertont.

Tonbandgeräte sind weitgehend wartungsfrei. Man sollte Tonköpfe und Löschkopf jedoch regelmäßig mit einem Wattestäbchen und einer speziellen Reinigungsflüssigkeit von Schmutzpartikeln und Bandschichtresten säubern. Ebenso empfiehlt es sich, Andruckrolle, Tonwelle und sämtliche Teile, die das Band führen, in Abständen zu reinigen.

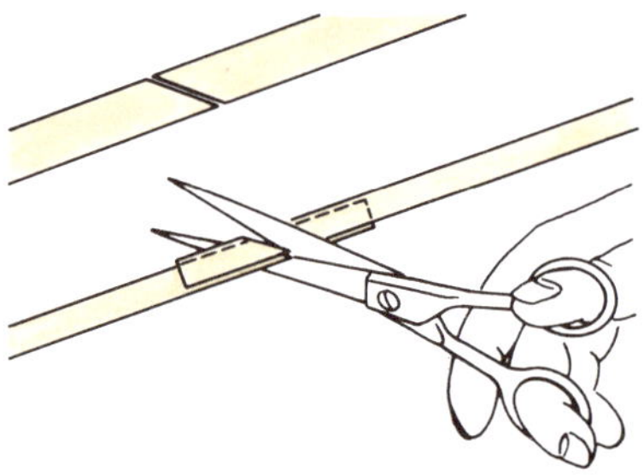

Tonbänder werden dergestalt geschnitten, daß man die beiden Enden, die zusammengeklebt werden sollen, ein Stück überlappen läßt und dann einen Schrägschnitt setzt. Zum Kleben verwendet man eine Klebeschiene und besonderes Klebeband.

Tontopf

Im Tontopf kann man Fleisch, Geflügel, Gemüse, Fisch, selbst Suppen, Süßspeisen und Brot zubereiten. Man gart schonend im Tontopf, die Garzeiten sind aber länger als im normalen Kochgeschirr, so daß auch der Energieverbrauch höher ist.

Vor jedem Gebrauch muß man die Tonform etwa eine Stunde in kaltes Wasser legen, vor dem ersten Gebrauch mindestens zwei Stunden. Man kann Tontöpfe nur im Backofen verwenden; auf der heißen Herdplatte springen sie. Sie kommen immer in den kalten Ofen. Wenn man die heiße Form aus dem Ofen nimmt, stellt man sie am besten auf ein Holzbrett oder ein Küchenhandtuch, niemals auf eine kalte Unterlage.

Da der Ton sehr leicht Geruch und Geschmack der Speisen annimmt, muß man z. B. für Fisch einen zweiten Tontopf verwenden.

Topfpflanzen im Urlaub

Wenn man nur ein paar Tage lang wegfährt, gießt man die Pflanzen unmittelbar vor der Abreise gründlich und stellt sie an einen Platz, der vor direktem Sonnenlicht geschützt ist.

Wird im Winter die Heizung gedrosselt, bringt man die Pflanzen in die Mitte des wärmsten Raums. Empfindliche Pflanzen kann man auf den Kühlschrank stellen, wo ihnen die warme Abluft des Geräts zugute kommt.

Bei längerer Abwesenheit während der Wachstumsperiode der Pflanzen muß man bessere Vorkehrungen treffen. Ist ein Nachbar bereit, sich um die Pflanzen zu kümmern, gibt man ihm genaue Anweisungen, damit die Pflanzen durch den Übereifer des Pflegers – übermäßiges Gießen – nicht regelrecht umgebracht werden.

Muß man eine Pflanze im Sommer etwa zwei Wochen lang sich selbst überlassen, gießt man sie kräftig und stellt sie mit dem Topf in einen großen, durchsichtigen Plastikbeutel. Damit der Beutel die Blätter nicht berührt, kann man dünne Stäbe in die Topferde stecken. Oben wird der Beutel zugebunden. Bei sehr großen Pflanzen stellt man nur den Topf in einen Plastikbeutel und bindet ihn rund um den Stengel der Pflanze zusammen.

Über einen längeren Zeitraum behilft man sich mit einer der folgenden Maßnahmen: Eine oder mehrere

Topfpflanzen können durch Spezialdochte (im Gartencenter erhältlich) mit einem Wasserbehälter verbunden und so mit Wasser versorgt werden.

Wenn man Pflanzen in Tontöpfen bewässern will, legt man ein Badetuch in die Wanne und beschwert es mit Ziegelsteinen. Dann läßt man Wasser bis zum oberen Rand der Ziegelsteine in die Wanne einlaufen und stellt die Pflanzen darauf.

Wachsen Pflanzen in Plastiktöpfen, dann kauft man im Gartencenter eine Filzmatte (Vlies) und legt sie in die Küchenspüle. Der Abfluß muß geöffnet werden. Dann stellt man die Topfpflanzen auf die Filzmatte und läßt aus dem Hahn ständig Wasser auf die Matte tropfen. Man kann die Filzmatte auch mit einem Ende in eine kleine Wasserwanne eintauchen und die Pflanzen auf das andere Ende der Matte stellen.

Topfschlagen

Der Spielleiter versteckt unter einem Kochtopf Süßigkeiten. Der umgestülpte Topf wird dann in eine entfernte Zimmerecke gestellt. Einer der beliebig vielen Mitspieler, dessen Augen mit einem Tuch verbunden werden, hat nun die Aufgabe, mit Hilfe eines Löffels den Kochtopf zu finden. Die übrigen Spieler feuern ihn mit Hinweisen wie „Heiß", „Kalt", „Feuer" usw. an und helfen ihm damit, den Weg zu finden. Sobald der Topf mit dem Löffel getroffen wird, darf der Topfschläger die Binde von den Augen nehmen und die Süßigkeiten unter dem Topf behalten.

Tortenverzierungen

Unverzichtbares Hilfsmittel zum Verzieren von Torten ist eine Spritztüte mit verschiedenen Tüllen. Man kann auch ganze Sets kaufen, in denen alles Zubehör zur Herstellung von Tortenverzierungen enthalten ist, einschließlich kleiner Ausstechförmchen und Geräten, mit denen man Marzipan und Zuckerguß formen kann.

Ganz einfache natürliche Verzierungen sind aber oft hübscher als aufwendige Aufbauten. So kann man beispielsweise Veilchen- und Mimoscnblüten in Zuckersirup glasieren und auf Sahnetupfer auf die Torte setzen. Man kann diese Blüten mitessen. Große Blüten – etwa eine voll aufgeblühte Rose oder eine Chrysantheme – eignen sich besser als Verzierung eines trockenen Kuchens, etwa wenn man sie in die Höhlung eines Gugelhupfs stellt.

Fertige Verzierungen aus Schokolade, Zuckerguß, Marzipan und anderen Grundstoffen sind im Handel erhältlich; eine Torte für den Kindergeburtstag läßt sich auch mit Schokolinsen, Gummibärchen, bunten Zuckerstreuseln oder Liebesperlen verzieren.

Aus dünnem Karton oder Pergamentpapier kann man Formen schneiden, die man über den Kuchen oder die Torte legt, ehe man sie mit Puderzucker, Kakao oder Schokoladeraspeln überstäubt. Entfernt man die Schablone, ist ihr Umriß auf dem Untergrund abgebildet.

Gemahlene Haselnüsse, geröstete Kokosraspel, Krokant oder Schokoladenstreusel drückt man mit einem breiten Pfannenmesser seitlich an eine mit Sahne oder Buttercreme überstrichene Torte. So lassen sich kleine Unebenheiten und Schönheitsfehler kaschieren.

Siehe auch *Glasuren*.

Toupieren

Toupieren verleiht der Frisur Fülle und läßt feines, schütteres Haar dichter erscheinen. Man nimmt eine Haarsträhne von 2–7 cm Breite, kämmt sie und hält sie im Winkel von 90° straff von der Kopfhaut weg. Mit einem feinzahnigen Kamm wird das Haar dann vorsichtig von den Haarspitzen in Richtung Haarwurzeln geschoben. Am Haaransatz bildet sich dann ein kleines Haarknäuel, und das Haar steht vom Kopf ab. Je mehr Haar man mit dem Kamm zurückstreicht, desto fülliger wirkt die Frisur.

Wenn die Frisur viel Volumen haben soll, wird der Kopf rundum toupiert. Oft werden nur einige Strähnen, z.B. am Hinterkopf, toupiert. Nach dem Toupieren das Haar leicht überkämmen oder bürsten, damit es nach außen glatt und natürlich wirkt.

Allzu starkes oder häufiges Toupieren schadet dem Haar. Bevor man sich frisch frisiert, die Haare wäscht oder zu Bett geht, werden die toupierten Partien, an den Haarspitzen beginnend, vorsichtig ausgekämmt. Wer angegriffenes Haar hat, sollte auf das Toupieren verzichten.

Tranchieren

Unerläßlich ist ein richtiges Tranchiermesser mit scharfer Klinge oder ein elektrisches Messer. Die Tranchiergabel sticht man möglichst nur einmal in das Fleisch oder Geflügel; so geht weniger Saft verloren. Als Unterlage benutzt man ein Brett mit Saftrinne. Damit es keinen Saft aufsaugt, spült man es vorher kalt ab.

Fleisch Bei einem Rückenstück wird das Fleisch zunächst rechts und links vom Rückenknochen gelöst. Dann schneidet man vom Rückenknochen her an der Rippe entlang, bis das Filet zur Hälfte gelöst ist. Um das Fleisch ganz vom Rippenknochen zu lösen, setzt man das Messer dann von unten her an. Das ausgelöste Filet wird auf einem Brett quer zur Faser in Scheiben geschnitten, die man auf den Knochen zurücklegt und dann serviert.

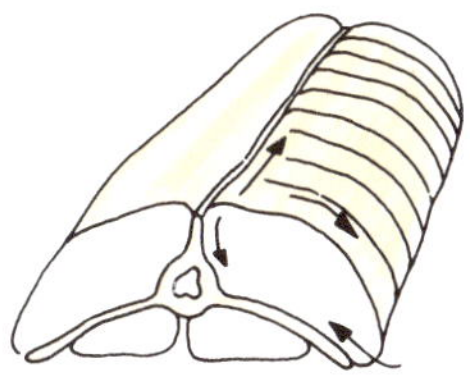

Keulen schneidet man unten zunächst flach, damit sie Stand bekommen. Dann schneidet man vom Ende her Scheiben bis auf den Knochen

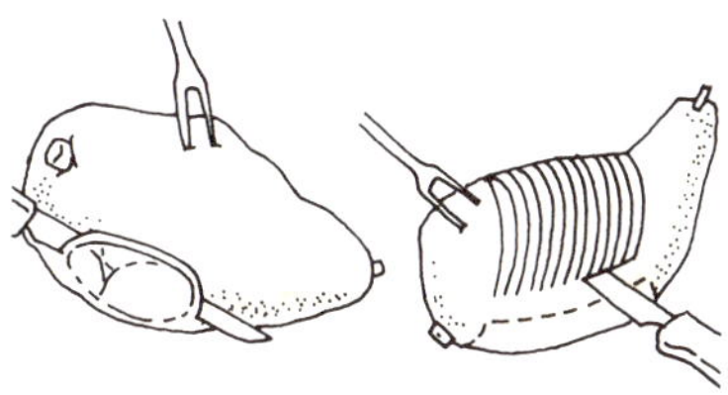

hinunter. Zuletzt führt man den ersten Einschnitt auf dem Knochen entlang weiter, damit sich alle Scheiben lösen.

Geflügel Kleingeflügel wird halbiert, indem man zunächst das Fleisch entlang des Brust- und Rückenknochens aufschneidet und dann die Hälften mit der Geflügelschere trennt.

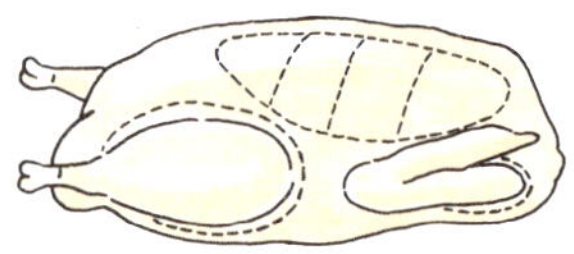

Von mittelgroßem Geflügel – Poularde, Ente – trennt man zunächst die Flügel und Keulen ab, dann löst man auf beiden Seiten mit einem scharfen Messer das Brustfleisch aus. Man trennt die Geflügelbrust in zwei oder mehr Teile.

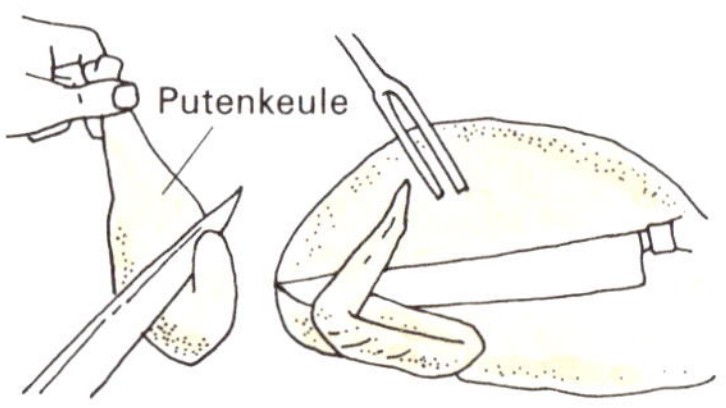

Auch bei Großgeflügel trennt man zuerst die Schenkel und Flügel ab. Das Brustfleisch wird in mehreren Scheiben abgeschnitten. Die Keulen trennt man am Gelenk in zwei Teile. Handelt es sich um eine sehr große Pute, kann man die Oberkeulen parallel zum Knochen in Scheiben schneiden.

Treibstoff sparen

Das Fahrzeug sollte man mindestens einmal im Jahr einer Inspektion unterziehen. Dabei achtet man auf die richtige Einstellung des Vergasers, der Einspritzanlage, der Zündung und der Ventile. Kerzen, Unterbrecherkontakte und Luftfilter ersetzt man rechtzeitig.

Entspricht der Kompressionsdruck nicht mehr den Nennwerten des Herstellers, läßt man die Ventile einstellen oder gar einschleifen. Kompressionsverluste entstehen auch bei verschlissenen Kolbenringen. Auch Radlager, Räder und Bremsen sollte man inspizieren, damit diese frei laufen und keinen Zusatzverbrauch verursachen.

Den Reifenluftdruck kontrolliert man regelmäßig jeden Monat. Die Reifen sollte man um 0,2 bar höher füllen als vom Hersteller angegeben.

Dachgepäckträger, die nicht benötigt werden, nimmt man grundsätzlich vom Fahrzeug ab. Vor allem bei Fahrten im höheren Geschwindigkeitsbereich wird durch leere Dachträger bis zu 15 % mehr Treibstoff verbraucht.

Den Kofferraum sollte man entrümpeln, denn 100 kg Zusatzgewicht verursachen einen Mehrverbrauch von rund 1 l auf 100 km.

Beim Fahren schaltet man möglichst frühzeitig in den nächsthöheren Gang; wenn das Auto ruckfrei weiterfährt, hat man den richtigen Schaltpunkt gefunden. Wenn man den Motor in Verkehrspausen, die länger als 20 Sekunden dauern, konsequent abschaltet, spart man bis zu 20 % Kraftstoff.

Trekking

Beim Trekking werden die notwendige Verpflegung, Kleidung, Schlafsack und Wetterschutz in einem Packsack mit Tragegestell verstaut. Mit den leichten Ausrüstungsgegenständen, die heute zur Verfügung stehen, braucht ein Rucksack für eine Wochenendwanderung im Sommer nicht mehr als 10–15 kg zu wiegen.

Für die Wanderung trainiert man den Körper durch tägliche Spaziergänge oder Jogging (siehe dort). Die Spaziergänge werden bis auf 10 km ausgedehnt, dann wandert man mit dem Rucksack, den man immer schwerer bepackt. Auf eine Trekkingtour sollte man mit mindestens zwei Begleitern gehen. Bei einem Unfall kann dann der eine beim Verletzten bleiben, während der andere Hilfe holt.

Geeignete Tourengebiete Die örtlichen Fremdenverkehrsbüros und Verwaltungen geben Auskunft über Wanderwege und Campingplätze oder Übernachtungsmöglichkeiten. Weitere Informationsquellen sind Wanderführer, Wanderkarten (siehe *Karten lesen*), Freizeitclubs und die örtlichen Wandervereine.

Bei der Auswahl eines Zielgebiets muß man neben den Schwierigkeiten des Geländes auch die körperliche Kondition der Begleiter und die Versorgung mit Frischwasser berücksichtigen. Als Faustregel gilt, am Anfang im gut zugänglichen Gelände nicht mehr als 10–16 km pro Tag zurückzulegen. Eine Rast von zehn Minuten nach jeweils einstündiger Wanderung gibt Gelegenheit, die Last vom Rükken abzusetzen, Wasser zu trinken, einen kleinen Imbiß einzunehmen, Aufnahmen zu machen und die unberührte Landschaft zu genießen. Die Tagestour teilt man so ein, daß man noch vor der Dämmerung am Platz für das Nachtlager ankommt.

Verpflegung und Kochgeschirr Besonders wichtig ist eine warme Mahlzeit zu Beginn und am Ende des Tages. Einen Kocher und Brennstoff, einen Satz ineinanderpassender Kochtöpfe sowie Topfgriff und -halter kann man sich ausleihen oder kaufen. Außerdem nimmt man Schüsseln und Becher aus Plastik und pro Person einen Aluminiumlöffel mit.

Trockenproviant, Instantmahlzeiten, Suppenwürfel u.ä. kann man preiswert im Supermarkt kaufen. Die Nahrungsmittel sollen reich an Kohlenhydraten sein; gewürzt wird mit Kräutern. Die Zutaten für jede Mahlzeit werden einzeln in Plastiktüten verpackt und mit Aufklebern versehen. Als Nachtisch oder für den schnellen Imbiß unterwegs eignen sich Trockenfrüchte, Nüsse und Süßwaren.

Kleidung Die erste Trekkingtour sollte man bei warmem Wetter durchführen; die Auswahl der Kleidung ist dann leichter zu treffen. Baumwolle kühlt, wenn man sie direkt auf der Haut trägt; Mischgewebe aus Baumwolle und Synthetik trocknen jedoch schneller, wenn sie naß geworden sind. An warmen Tagen kann man eine kurze Hose tragen. Als Schutz gegen kühle Nachttemperaturen, Insekten und Dornengestrüpp sollte man aber auch eine lange Hose und ein leichtes, langärmeliges Hemd mitnehmen.

Bei kaltem Wetter braucht man einen warmen Pullover, lange Unterwäsche, eine Weste oder einen Parka mit Daunen- oder Synthetikfutter sowie eine Mütze und Fäustlinge aus Wolle. Auch einen Regenumhang mit Kapuze oder eine Kombination von Parka und Hose aus einem wasserdichten, atmungsaktiven Material packt man ein. Man trägt leichte Wanderstiefel aus Leder mit einer griffigen Profilsohle. Damit die Schuhe nicht scheuern, trägt man dünne Socken aus Seide, Baumwolle oder Wolle und zieht darüber ein Paar dicke Socken aus Wolle oder einem Wolle-Synthetik-Gemisch. Neues Schuhwerk sollte man erst mehrere Tage lang jeweils für eine Stunde einlaufen, ehe man auf große Tour geht. Leichte Freizeitschuhe nimmt man im Packsack mit.

Inhalt des Packsacks Taschenlampe, Verbandskasten oder Reiseapotheke, Elastikbinde, wasserfeste Streichhölzer, Sturmfeuerzeug, Taschenmesser mit Dosen- und Flaschenöffner, Feldflasche mit Wasser, Wanderkarten, Kompaß, Sonnenschutzmittel, Sonnenbrille, Insektenschutzmittel, Toilettenpapier, Trillerpfeife, einige Meter Reepschnur und Kleingeld für den Telefonnotruf gehören unbedingt hinein. Wen das zusätzliche Gewicht nicht stört, der kann auch eine Kamera, Feldstecher, Reiseführer u.a. mitnehmen.

Alles soll so verstaut werden, daß sich der Schwerpunkt des Packsacks oben und vorn befindet. Leichte Gegenstände kommen also nach unten, schwerere nach oben. Was man unterwegs braucht – kleinen Imbiß, Feldflasche, Karten und Regenschutz –, kommt in die oberen Außentaschen. Den Schlafsack und die Unterlage verpackt man in einem wasserdichten Sack, der unten am Gestell befestigt wird.

Bevor man eine Wanderung antritt, sollte man mindestens einen Freund oder Verwandten über seine Pläne unterrichten. Außerdem informiert man sich über die Wetterlage. Wenn man

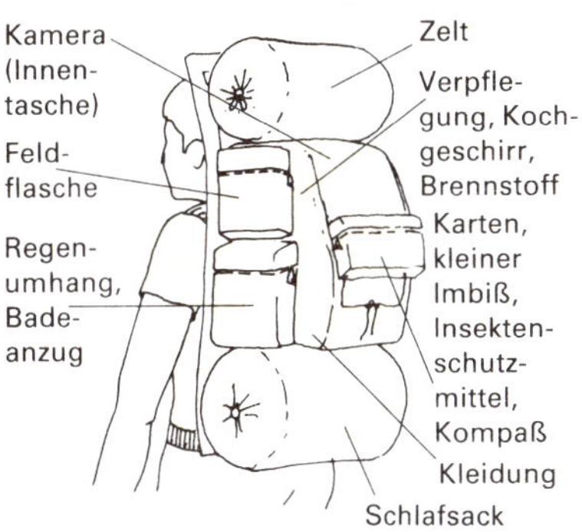

unterwegs an einer Schutzhütte o.ä. vorbeikommt, sollte man sich in das Gästebuch eintragen und dem Wirt sagen, wohin die Route führt und wann man zurückzukommen beabsichtigt.

Siehe auch *Bergwandern; Campingkocher; Kompaß; Reiseapotheke; Rucksäcke; Schlafsäcke; Wander- und Bergstiefel; Zelte.*

Treppen

Lose Holzstufen werden am besten von unten repariert, wenn man an die Unterseite der Treppe herankommt oder die Verkleidung leicht entfernen kann. Man läßt jemanden die Treppe hinauf- und hinabsteigen, um festzustellen, welche Trittstufen lose sind. Mit Hammer und Schlagklotz treibt man dann mit Leim bestrichene Holzkeile in die Nuten der Tritt- und Setzstufen. Man kann auch vorn unter den Trittstufen kleine Holzklötze an die Trittstufen leimen und schrauben. Hat sich eine Trittstufe hinten gelöst, bohrt man Löcher durch die Setzstufe in die Trittstufe und schraubt sie fest. Hat sich der Keil in einer gestemmten Wange gelöst, sticht man ihn mit dem Stemmeisen heraus und kratzt den alten Leim aus der Nut. Dann wird ein neuer Keil zugeschnitten, mit Leim bestrichen und fest eingeklopft.

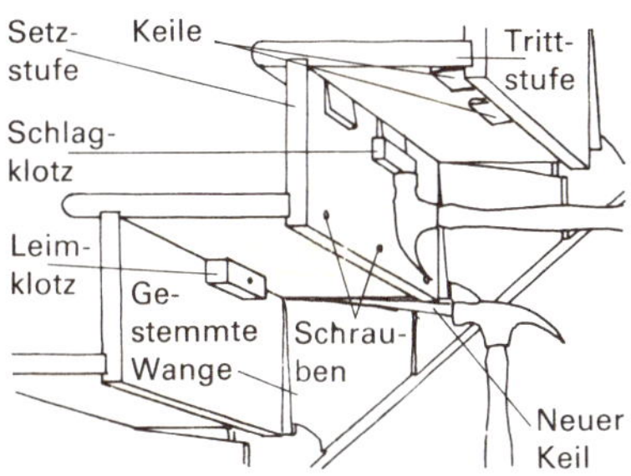

Wenn man an die Unterseite einer Treppe nicht herankommt, treibt man die Holzkeile von vorn in die Nuten. Die Keile werden verleimt und dann mit einem scharfen Universalmesser bündig abgeschnitten. Sind Profilleisten vorhanden, muß man sie vorher vorsichtig entfernen und hinterher wieder anbringen.

Die Vorderkante einer Trittstufe kann man auch an die Setzstufe nageln. Man verwendet Schraubnägel mit Senkkopf, die man in schrägem

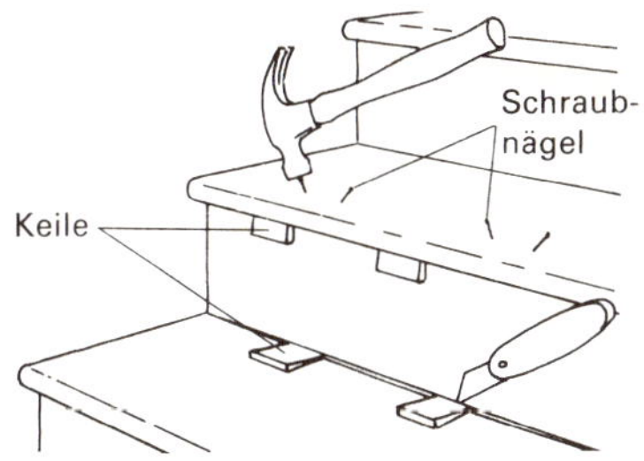

Winkel zueinander ins Holz schlägt (siehe *Nageln*). Die Nagelköpfe werden mit einem Versenker ins Holz getrieben; die Löcher verschließt man mit flüssigem Holz (siehe *Auskitten*). Stabiler wird die Verbindung, wenn man lange, dünne Senkholzschrauben verwendet (siehe *Schrauben und Muttern*). Die Schraubenköpfe werden ebenfalls mit flüssigem Holz ausgekittet. Da die Holzverbindungen bei den meisten Treppen recht kompliziert sind, läßt man abgetretene oder beschädigte Trittstufen von einem Schreiner erneuern.

Trinkgeld

In vielen Gegenden wie den USA, Asien und den Mittelmeerländern ist kein Service in der Restaurantrechnung enthalten. In diesem Fall ist ein Trinkgeld von 10–15% des Endbetrages angebracht und wird auch vom Personal erwartet. Wenn der Service enthalten ist, rundet man den Endbetrag nach oben auf, falls man mit der Bedienung zufrieden war. Im Zweifelsfall fragt man den Kellner, ob der Service eingeschlossen ist. Vor einer Auslandsreise erkundigt man sich am besten bei seinem Reisebüro über die Gepflogenheiten im jeweiligen Reiseland.

Nach einem längeren Hotelaufenthalt ist es üblich, dem Tischkellner und dem Zimmermädchen ein Trinkgeld zu zahlen, wenn man mit Umsicht und Aufmerksamkeit betreut worden ist. Dem Kellner zahlt man ein Trinkgeld von etwa 10% der Endsumme der Restaurantrechnung, wenn der Service nicht eingeschlossen ist, sonst nach Ermessen. Man kann auch an der Rezeption einen größeren Betrag überreichen, der unter dem Personal verteilt werden soll. Für besondere Einzelleistungen, z.B. wenn der Hotelpage das Gepäck aufs

Zimmer bringt oder kleine Besorgungen macht, ist ein Trinkgeld angebracht.

Beim Friseur gibt man meist ein Trinkgeld, auch Taxifahrern, Lieferanten von schweren Möbelstücken, Möbelpackern bei Umzügen usw. Ebenso ist es üblich, Zeitungsausträger, Müllmann und Postboten zum Jahreswechsel mit einer kleinen Aufmerksamkeit zu erfreuen. Allerdings geht man immer mehr dazu über, nur besondere Bemühungen oder ein nicht unbedingt zu erwartendes Entgegenkommen mit einem Trinkgeld zu honorieren.

Trinksprüche

Ein zwangloser Trinkspruch kann zu Beginn eines Essens, gleich nachdem die Weingläser gefüllt wurden, ausgebracht werden. Jeder hebt gleichzeitig das Glas, sagt: „Zum Wohl" o.ä. und stößt mit allen anderen Gästen in der Runde oder mit den unmittelbaren Nachbarn an. Alle trinken gemeinsam den ersten Schluck Wein. Beim Anstoßen faßt man das Glas am Stiel, damit man es zum Klingen bringt.

Zu einem mehr formellen Trinkspruch gehört eine kurze Ansprache zu Ehren einer bestimmten Person oder Personengruppe; der geeignete Zeitpunkt ist gegen Ende eines Festmahls, wenn die Gäste noch etwas Wein in ihren Gläsern haben, oder beim Dessert, wenn Sekt serviert wird. Der Redner steht auf und spricht einige anerkennende Worte über die Person oder Personen, die geehrt werden sollen. Zum Schluß sagt er: „Ich bitte Sie nun, das Glas auf das Wohl von … zu erheben." Alle Gäste, bis auf den oder die Geehrten selbst, stehen von ihren Plätzen auf, stoßen mit ihren Gläsern an und nehmen einen Schluck. Wer nichts trinkt, erhebt zum Anstoßen ein leeres Glas. Der Empfänger des Trinkspruchs steht nicht auf und nimmt auch keinen Schluck Wein, solange die Ansprache nicht beendet ist.

Hochzeiten Zwischen Suppe und Hauptgang hält der Brautvater eine kurze Rede, in der er dem frisch vermählten Paar Glück wünscht und die Gäste bittet, mit ihm auf dessen Wohl zu trinken. Vor dem Dessert spricht der Vater des Bräutigams. Später können auch andere, z.B. ein guter Freund des Brautpaars oder der Familie, sich zu Wort melden.

Andere Gelegenheiten Bei einer Taufe kommt der erste Trinkspruch von dem Taufpaten oder der Taufpatin; danach kann jeder einen Trinkspruch ausbringen. Bei einem Jubiläum wird der erste Trinkspruch von dem Gastgeber bzw. den Gastgebern ausgebracht, auch wenn sie selbst die Jubilare sind.

Türen lackieren

Wenn Türen schon einmal lackiert wurden und der Anstrich noch gut erhalten ist, kann man einfach überlakkieren (sonst siehe *Abbeizen; Farbe entfernen; Lackieren*). Dazu hebt man die Tür aus den Angeln und schraubt die Beschläge ab. Danach werden kleinere Lackschäden mit Lackspachtel ausgespachtelt.

Wenn der Spachtel durchgetrocknet ist, wird die Tür trocken oder naß geschliffen (siehe *Schleifen*). Der alte Lack muß grundsätzlich angeschliffen und angerauht werden, damit der neue Lack gut haftet. Anschließend wird die Tür vorlackiert. Dabei werden zunächst die Falze und Kanten und dann die Flächen gestrichen oder gerollt (siehe *Lackieren*).

Es empfiehlt sich, eine Fläche in mehrere Abschnitte einzuteilen und zügig hintereinander zu lackieren. Man fängt unten am Türblatt an und hört oben auf. Eine besonders hochwertige, porzellanartige Oberfläche bekommt man, wenn man die Tür waagrecht legt. Denn auf waagrecht liegenden Flächen kann man die Farbe dicker auftragen.

Siehe auch *Malerwerkzeuge.*

Türen und Tore

Türen und Tore sollten nicht nur ihren eigentlichen Zweck erfüllen und z.B. Gebäude und Wohnungen oder Grundstücke sicher verschließen – sie sollten auch dekorativ sein.

Die ursprüngliche Form der Tür war sehr stark an das zur Verfügung stehende Material und Werkzeug gebunden. Es war die glatte Brettertür mit Querleisten und Bugleiste (Strebe), eine typische Flächenverbindung aus Vollholz. Sie hat sich in abgewandelter Form bis heute gehalten (A). Solche Konstruktionen sind sehr schwer und lassen wenig gestalterische Möglichkeiten.

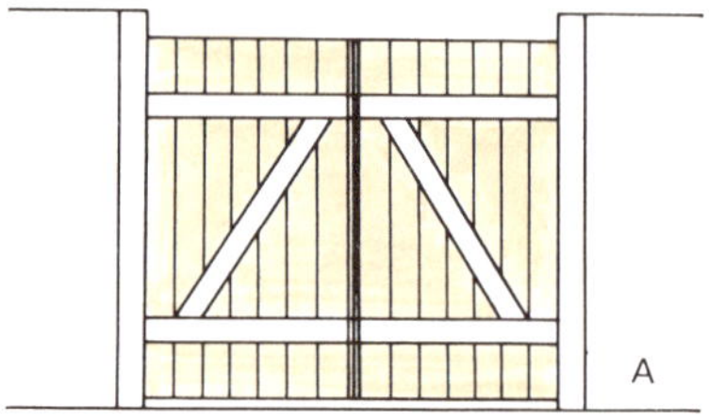

Die Rahmentür (B) dagegen bietet mehr Alternativen. Die Rahmenteile (Friese) kann man mit Schlitz und Zapfen oder mit Dübeln verbinden (siehe *Dübeln; Schlitzen*). In den Rahmen kann man eine Füllung aus Holz oder Glas einsetzen; diese läßt sich unterteilen (C) und mit einem Innenstichbogen (D) versehen. Auch an einer Doppeltür wirkt ein Stichbogen sehr dekorativ (E).

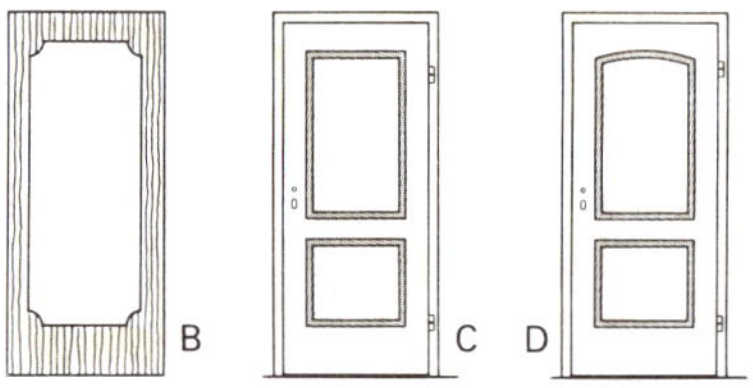

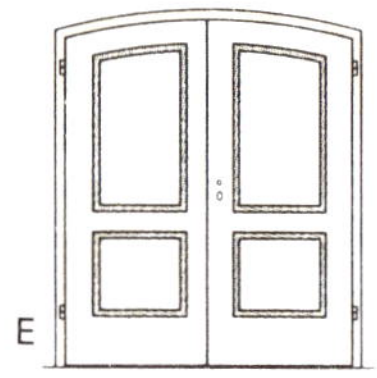

Während man im Innenbereich die genannten Rahmentüren mit Sperrholzfüllungen oder Ornamentgläsern sowie mit Messing- oder Bleiverglasungen ausführen kann, muß man sie als Außentür mit Sicherheitsdrahtglas oder einem dekorativen Metallgitter versehen. Grundsätzlich ist es günstig, Außentüren aus Vollholz herzustellen; wenn sie gegen Sonneneinstrahlung und Regen geschützt sind, kann man auch furnierte Teile einsetzen.

Innentüren werden in der Regel wegen der hohen Kosten für Edelhölzer meist in Furniertechnik hergestellt. Haustüren aus Holz können sich verziehen, wenn sie hohen Temperaturunterschieden ausgesetzt sind, insbesondere während der Wintermonate.

Eine zweite Tür zur Wohnung hin, eine Windfangtür, wirkt dem entgegen. Nahezu unempfindlich gegen Temperatureinflüsse wird eine Haustür aber nur, wenn sie mit einem Stahlrahmen aus Rechteckrohr versehen ist. Die Konstruktion ist einfach: Man füllt die Zwischenräume des Stahlrahmens mit Dämmstoffen aus und verkleidet die Flächen außen und innen mit Sperrholzplatten, Riemen, Kunststoff oder Metall. Diese sogenannte Sandwich-Technik (F) kann auch in Leichtmetall ausgeführt werden. Tore, auch Garagentore, verkleidet man meist nur auf der Außenseite.

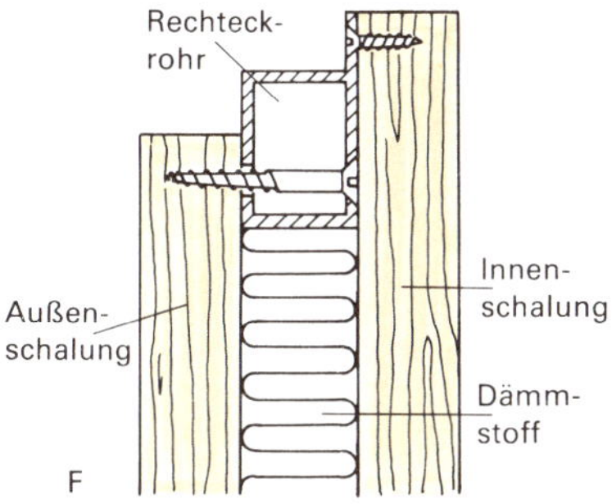

F

Einfache, glatte Türblätter kann man in verschiedensten Ausführungen einbaufertig mit Türfutter oder -zarge kaufen. Es gibt sie mit kunststoffbeschichteten uni- oder holzfarbenen Oberflächen sowie in Echtholzausführungen in Macoré und Limba; auf Bestellung sind sie in nahezu allen Edelhölzern erhältlich.

Alle diese Türblätter haben einen ringsum laufenden Rahmen aus Vollholz, der meist mit wärme- oder schalldämmendem Material ausgefüllt ist (G). Als Füllungsmaterial werden

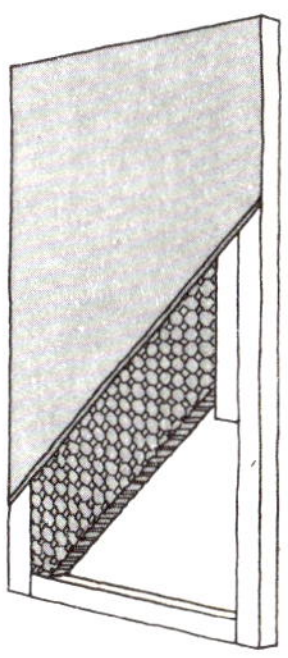
G

Röhrenspanplatten, Kartonwabenplatten, Kork- oder Hartschaumplatten, Multiplexplatten oder feuerhemmende Platten verwendet.

Türen verkleiden

Alte, unansehnliche Zimmertüren braucht man nicht durch neue zu ersetzen, sondern man kann sie samt Futter renovieren. Das Futter beispielsweise wird durch einen profilierten Naturholzstab aufgewertet. Die Tür selbst kann man auf verschiedene Weise verkleiden. Auf ein glattes Türblatt kann man Füllungen aus Span- oder Hartfaserplatten (siehe *Holzwerkstoffe*) aufsetzen und mit Naturholzstäben einfassen. Dabei kann man eine Ein- oder Zweifüllungstür mit Stichbogen oder Glasfüllung nachbauen (siehe *Türen und Tore*). Für Glasfüllungstüren gibt es im Handel fertige Aufsatzrahmen aus Profilleisten, auch mit Sprosseneinteilungen.

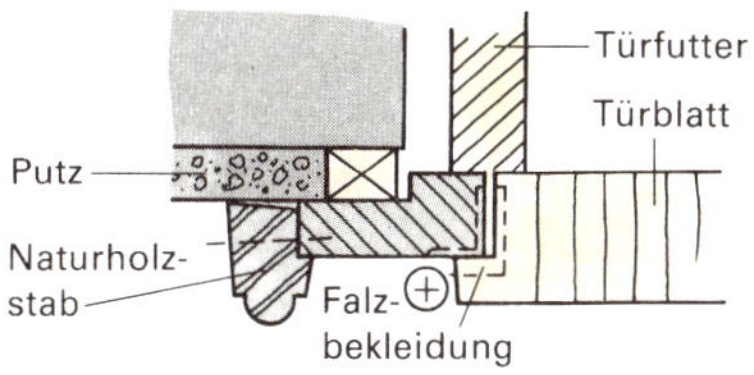

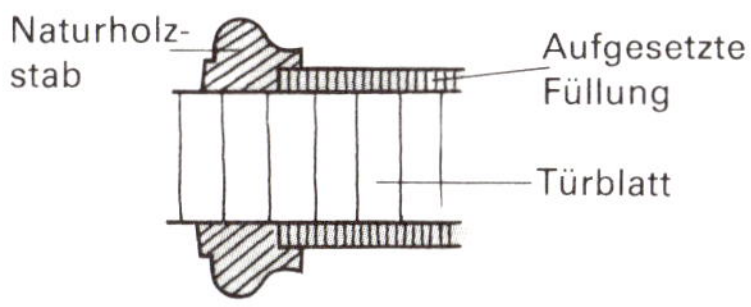

Die Verkleidungen werden mit Montagekleber befestigt, den man gleich mitkauft. Die Verkleidungen müssen auf beiden Türseiten angebracht werden, damit sich die Tür nicht verzieht.

Übelkeit

Übelkeit ist meist ein Symptom, das bei vielen verschiedenen Krankheiten auftreten kann. Im Zweifelsfall ist ein Arzt aufzusuchen.

Häufig ist Übelkeit jedoch auf übermäßiges Essen und Alkoholmißbrauch zurückzuführen. Kann der Betroffene erbrechen, läßt die Übelkeit meist schon nach. Ist dies nicht der Fall, so hilft oft, wenn man sich zurücklehnt und ganz tief und regelmäßig atmet. Solange das Krankheitsgefühl anhält, sollte man möglichst keine Nahrung zu sich nehmen, sondern Tee, stilles Wasser und klare Fleischbrühe trinken. Anschließend noch ein paar Tage bei einfacher Schonkost (siehe *Krankenkost*) bleiben. Gegebenenfalls das Bett hüten.

Halten Übelkeit und Erbrechen an oder kommen starke Bauchschmerzen oder Durchfall hinzu, sollte man den Arzt hinzuziehen.

Siehe auch *Blähungen; Durchfall; Erbrechen; Kolik; Lebensmittelvergiftung; Magenschmerzen; Reisekrankheiten.*

Überwendlingsstich

Dieser kleine, gleichmäßige Stich wird hauptsächlich dazu verwendet, Stoffteile zusammenzunähen, die entweder versäuberte Kanten oder Webkanten haben, etwa um Borten oder Tressen anzunähen. Man sticht die Nadel schräg von der hinteren Kante durch die vordere, erfaßt dabei nur wenige Stoffäden. Alle Stiche werden gleich groß und in einheitlichen Abständen ausgeführt.

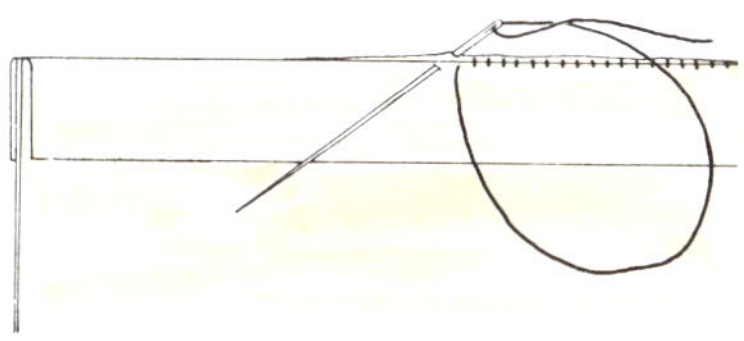

Beim Matratzenstich, einer Variante des Überwendlingsstichs, wird die Nadel gerade von hinten nach vorn geführt. Die einzelnen Stiche sind dann durch Schrägfäden miteinander verbunden.

Uhren

Die herkömmlichen mechanischen Uhren wurden in den letzten Jahren weitgehend von elektronischen Uhren verdrängt, die wesentlich billiger herzustellen sind. Wer noch eine mechanische Uhr hat, sollte sie möglichst vor Verschmutzung, Staub und feinem Sand, besonders aber vor Wasser schützen. Denn wenn Wasser ins Uhrwerk dringt, bildet sich Rost, der das ganze Uhrwerk zerstören kann. Selbst bei anfangs wasserdichten Armbanduhren kann sich durch das jahrelange tägliche Aufziehen die Dichtung abnützen, so daß beim Baden oder Händewaschen Wasser ins Werk gelangen kann.

Auch ohne diese schädlichen äußeren Einflüsse sollte bei mechanischen Uhren nach zwei bis drei Jahren ein „Ölwechsel" gemacht werden, da das Öl mit der Zeit altert und die Räderzapfen dann in den Lagern trocken laufen. Schmutz und altes Öl kann man nur entfernen, indem man das Werk zerlegt, reinigt, die Lagerungen überprüft, neu ölt und das Ganze wieder zusammenbaut. Diese Arbeit sollte natürlich von einem Fachmann ausgeführt werden.

Elektronische Uhren haben meist Quarzwerke, die äußerst genau gehen. Die Zeitangabe erfolgt durch Zeiger (Analoganzeige) oder durch Ziffern (Digitalanzeige). Diese Uhren werden durch Batterien angetrieben, deren Lebensdauer je nach Werk- und Batterietyp ein bis fünf Jahre beträgt. Wenn eine elektronische Uhr stehenbleibt, ist meistens die Batterie verbraucht. Bei Wohnraumuhren kann man die Batterie leicht selbst auswechseln. Man nimmt den hinteren Werk- oder Gehäusedeckel ab und die alte Batterie heraus. Damit die Kontaktklemmen nicht oxidieren, sollte die alte Batterie entfernt werden, sobald die Uhr stehenbleibt. Neue Batterien bekommt man in Kaufhäusern oder im Fachhandel. Sollten die Batterieklemmen oder die Kontakte bereits oxidiert sein, macht man sie mit einem spitzen Messer oder mit Schleifpapier metallisch blank. Die richtige Lage der Batterie ist meist durch eine Abbildung oder durch ein Plus- und Minuszeichen angegeben.

Wenn man das Gehäuse einer Armbanduhr öffnet, um die Batterie auszuwechseln, muß man sehr vorsichtig sein, denn das elektronische Teil ist schnell beschädigt. Viele Armbanduhren können nur mit Spezialwerkzeug geöffnet werden; man muß daher die Batterie vom Fachmann auswechseln lassen.

Es gibt aber auch so billige Quarzarmbanduhren mit Digitalanzeige, daß sich bei ihnen ein Batteriewechsel nicht mehr lohnt.

Umtopfen

Eine Zimmerpflanze muß umgetopft werden, wenn die Wurzeln stark verwachsen und verfilzt sind. Bei manchen Pflanzen treten dann die Wurzeln aus dem Abzugsloch am Boden des Topfes. Jungpflanzen werden jedes Jahr im Frühjahr oder Frühsommer umgetopft. Bei älteren Pflanzen genügt es, wenn man dies alle zwei bis drei Jahre tut.

Zum Umtopfen – und auch zum Eintopfen – muß man eine nährstoffreiche Erde nehmen. Empfehlenswert ist eine Mischung aus organischen und anorganischen Stoffen. Für eigene Mischungen werden vor allem Komposterde, humose Gartenerde, etwas Sand und reichlich Torfmull verwendet. Außer den Eigenmischungen können auch die üblichen Blumenerden verwendet werden, die man in Gärtnereien, Blumengeschäften, Samenfachhandlungen und Kaufhäusern erhält.

Ehe man eine Pflanze aus dem Topf nimmt, feuchtet man die Erde an. Die Pflanze wird aus dem Topf gelöst, indem man ihren Trieb zwischen die Finger einer Hand nimmt und dann den Topf umdreht. Um den Wurzelballen zu lösen, schlägt man den Topf mit dem Rand leicht gegen eine Tischkante. Man kann auch mit einer Hand fest auf die Unterseite des Topfes klopfen oder mit einem Messer entlang der Innenseite des Topfes fahren.

Ist die Erde stark von Wurzeln durchwachsen, wird die Pflanze in einen größeren Topf gesetzt. Wenn das nicht der Fall ist, setzt man die Pflanze in denselben Topf zurück. Alle Töpfe müssen, ehe man sie wieder mit Erde füllt, gründlich gewaschen werden, damit keine Krankheitskeime zurückbleiben. Neue Tontöpfe werden ein paar Stunden lang gewässert, damit die Töpfe später der Blumenerde keine Feuchtigkeit entziehen.

Zunächst legt man Dränagematerial in den Topf. Bei Tontöpfen mit einem großen Abzugsloch genügt eine Tonscherbe, die mit der gebogenen Seite nach oben auf das Abzugsloch gelegt wird. Bei Plastiktöpfen, die meist mehrere kleine Löcher haben, braucht man in der Regel kein Dränagematerial. Will man den Topf jedoch später in einen Übertopf oder auf einen Untersetzer stellen, empfiehlt es sich, eine dünne Schicht Splitt oder kleine Kieselsteine einzufüllen.

Dann bringt man eine Schicht frischer, angefeuchteter Erde als Unterlage für den Wurzelballen in den Topf. Diese Schicht sollte so hoch sein, daß zwischen der Oberfläche des Wurzelballens und dem Topfrand zum Schluß noch genügend Platz zum Gießen bleibt. Nun setzt man die Pflanze fest auf die Unterlage aus frischer Erde und füllt rund um den Ballen Erde nach. Vorsichtig wird sie mit den Fingern festgedrückt und am Topfrand entlang angegossen.

Umzug

In den Wochen und Tagen vor und nach dem Umzug ist folgendes zu erledigen:

- Ab- und Anmeldung bzw. beim Umzug innerhalb der Ortschaft Ummeldung.
- Versorgungsbetriebe für Gas, Strom, Wasser usw. verständigen; in der alten und neuen Wohnung Zählerstand ablesen lassen.
- Adressenänderung der Gebührenstelle für Rundfunk und Fernsehen bekanntgeben.
- Kinder von der Schule bzw. vom Kindergarten abmelden und am neuen Wohnort anmelden.
- Auto ummelden bzw. neu zulassen.
- Nachsendeauftrag spätestens drei Werktage vor dem Umzug beim bisher zuständigen Postamt abgeben; neuen Briefkasten rechtzeitig beschriften.
- Telefonanschluß kündigen und neuen beantragen.
- Neue Adresse allen Verlagen, Versandhäusern usw. mitteilen, von de-

nen man Zeitungen, Zeitschriften, Kataloge u.a. regelmäßig erhält.

- Alle Bankverbindungen u.ä. regeln (Girokonto, Daueraufträge, Postgirokonto, Bausparkasse).
- Versicherungsgesellschaften und Rentenstellen neue Adresse mitteilen.
- Freunden, Verwandten, Vereinen usw. neue Adresse mitteilen.

Neben den üblichen Packarbeiten und Transportvorbereitungen sind folgende Punkte zu beachten:

- Trommel der Wasch- und Geschirrspülmaschine arretieren.
- Tonarm und Teller des Plattenspielers arretieren.
- Alle Schlüssel von Schränken usw. abziehen und in eine besonders gekennzeichnete Schachtel legen.
- Wertgegenstände, Geld, Sparbücher usw. in einem abschließbaren Koffer bei sich tragen.

Unkrautbekämpfung

Am besten bekämpft man Unkräuter, indem man sie erst gar nicht aufkommen läßt. Beispielsweise kann man unter Sträuchern Bodendecker anpflanzen, Gemüse in Reihen mit weiten Abständen anbauen und reichlich mulchen (siehe *Mulchen*).

Einjährige Unkräuter, wie Vogelmiere und Weißer Gänsefuß, wachsen schnell und tragen viele Samen, wurzeln jedoch nur flach. Man jätet sie von Hand, entfernt die Wurzeln mit der Harke oder gräbt sie mit einer Fräse unter, ehe sie Samen ansetzen. Mehrjährige Unkräuter, wie die Akkerkratzdistel, treiben Jahr für Jahr neu aus. Man gräbt sie samt den Wurzeln aus oder schneidet die Stengel mindestens zwei Jahre lang regelmäßig bis zum Boden ab. Nur in Notfällen sollte man zu chemischen Bekämpfungsmitteln (Herbiziden) greifen. Man läßt sich in einem Gartencenter beraten und wendet die Mittel genau nach den Angaben des Herstellers an. In der Nähe von Gemüsepflanzen, blühenden Obstbäumen und Beerensträuchern dürfen keine Herbizide angewendet werden.

Unterbodenschutz

Bei älteren Pkw-Modellen besteht der Unterbodenschutz oft aus einer Bitumenschicht. Dieses Material härtet aus und kann sich lösen. Lecköl weicht den Bitumenunterbodenschutz auf; daher sollte man ihn regelmäßig, spätestens aber vor Beginn der Winterzeit, kontrollieren. Der gesunde Unterboden auf gesundem Blech klingt dumpf, wenn man dagegen klopft. Im Verbund mit durchgerosteten Blechen gibt es einen hellen Ton.

Aufgeweichten oder abgelösten Unterbodenschutz entfernt man mit einer Spachtel. Ist das Blech angerostet, entfernt man den Rost mit einer Stahlbürste. Anschließend versiegelt man die Stelle mit einem Rostschutzprimer. Zuerst bringt man nun den Decklack auf und danach den Unterbodenschutz. Man kann sich die Arbeit sehr erleichtern, wenn man den Unterbodenschutz in handelsüblichen Spraydosen kauft und aufsprüht; sie sind allerdings etwas teurer als die Spachtelmasse.

Unterkonstruktionen

Wenn man Wände oder Decken mit Nut- und Federbrettern (Riemen), Paneelen oder Platten verkleidet (siehe *Deckenpaneele; Nut und Feder*), sollte man diese nicht direkt auf Putz oder Mauerwerk befestigen, sondern zuerst eine Auflage anbringen, auf die man sie mühelos nageln oder klammern kann (siehe *Heftpistole*).

Die Auflage, Unterkonstruktion genannt, macht man in der Regel aus gehobelten, imprägnierten Dachlatten (siehe *Bauholz*). Sie werden mit Dübeln (siehe dort) auf dem Untergrund befestigt, und zwar im Abstand von 60 cm. Die Latten müssen fluchtig und lotrecht bzw. waagrecht aufgebracht werden. Man prüft ihren Verlauf mit einem Richtscheit, einem möglichst langen Brett mit geraden, parallelen Kanten, und einer Wasserwaage (siehe dort). Wenn man Unebenheiten feststellt, unterlegt man mit dünnen Holzleisten oder Furnierstücken.

Innen im Haus befestigt man die Latten quer zum Riemenverlauf und läßt möglichst Luftschlitze, damit die Luft zirkulieren kann. Wenn man eine Hauswand außen verkleidet, sollte man gleichzeitig eine Wärmedämmschicht einbringen (siehe *Wärmedämmung außen*). Dabei sorgt man für eine gute Hinterlüftung der Bretter, indem man eine Konterlattung aufbringt; das sind Latten, die quer zu den unteren Latten verlaufen. Auf der Konterlattung wird dann, quer dazu liegend, die Verkleidung befestigt. Die Hinterlüftung kann man noch verstärken, indem man unten und oben an der Verkleidung Öffnungen schafft. Die unteren Öffnungen verschließt man mit feinmaschigem Metallgitter, damit keine Nager und anderen Tiere sich einnisten können.

Mit abgehängten Decken kann man z.B. Rohrleitungen und Unterzüge verdecken. Sie machen außerdem sehr hohe Räume wohnlicher und wirken energiesparend. Man kann die

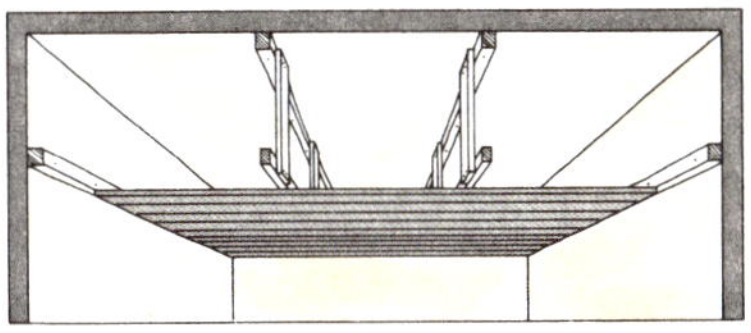

Unterkonstruktion mit Latten herstellen; es gibt aber auch verschiedene Systeme aus Metall, die in der Höhe verstellbar sind.

Unterkühlung

Zu einer Unterkühlung kommt es, wenn Kälte auf die gesamte Oberfläche des Körpers einwirken kann: wenn jemand etwa in kaltes Wasser stürzt oder nach einem Skiunfall längere Zeit im Schnee liegenbleibt. Kleine Kinder sind im Winter besonders gefährdet.

Da ein Kreislaufstillstand eintreten kann, wenn die Körpertemperatur stark abfällt (unter 30°C), muß man unverzüglich den Notruf (siehe dort) veranlassen und entsprechende Maßnahmen einleiten: Den Unterkühlten nicht überwärmen; ihn in einen Raum mit Zimmertemperatur oder an einen windstillen Ort bringen. Gegebenenfalls nasse Kleidung entfernen und ihn in Decken oder trockene Kleidungsstücke hüllen. Ihn nicht bewegen oder massieren. Ist der Unterkühlte bei Bewußtsein, reicht man ihm heiße Getränke, jedoch auf keinen Fall Alkohol. Puls (siehe dort) und Atmung ständig kontrollieren. Weitere Maßnahmen je nach Gesundheitszustand des Betroffenen ergreifen; dazu siehe im Register unter *Erste-Hilfe-Maßnahmen*.

Urlaubs-Checkliste

Eine Checkliste erleichtert die Urlaubsplanung und erspart unnötigen Ärger. Sie variiert je nach Reiseziel, einige wichtige Stichwörter sind jedoch immer darauf.

- Reisepapiere: Flugscheine, Hotelbestätigungen, Reiseversicherungsunterlagen, Adressen und Telefonnummern
- Ausweispapiere: Paß, Ausweis, Transit- und Einreisevisa, Zollerklärungen, nationaler und internationaler Führerschein
- Gepäck: Versicherungsschein, Adreß- und Hotelanhänger
- Geld: ausreichend Kleingeld in der jeweiligen Landeswährung (Wochenende und Bankfeiertage berücksichtigen!), sonst sowenig Bargeld wie möglich, Eurocheques und Scheckkarten (getrennt aufbewahren), Reiseschecks, Kreditkarten
- Hobby: Motorboot-Führerschein, Segelschein, Angelschein, Mitgliedsausweis vom Alpen- und Sportverein, Sport- und Fotoausrüstung, Fernglas
- Freizeit: Bücher, Spiele, Strickzeug, Rätselhefte
- Informationen: Reiseführer, Wörterbuch, Landkarten, Bestimmungsbücher für Pflanzen und Tiere
- Medizin: Reiseapotheke, wichtige Medikamente, internationaler Krankenschein, Sonnenschutzmittel, Insektenmittel, Moskitonetz, Ersatzbrille

Wer jedes Jahr z.B. Skiurlaub oder Badeurlaub macht, kann seine persönliche Checkliste zusammenstellen und sie rechtzeitig konsultieren, falls ein Ausrüstungsgegenstand o.ä. ersetzt werden muß. Später dient sie als Gedächtnisstütze beim Packen. Nach dem Urlaub wird sie notfalls revidiert.

Siehe auch *Auslandsreisen; Reisen mit Behinderten; Reisen mit Kindern; Reisen mit Haustieren.*

Usambaraveilchen

Unter günstigen Bedingungen blühen Usambaraveilchen fast das ganze Jahr hindurch. Am wohlsten fühlen sie sich in einem Temperaturbereich von 18–24 °C. Selbst bei Abweichungen von nur 3 °C kann das Wachstum zum Stillstand kommen.

Licht Die Pflanzen brauchen das

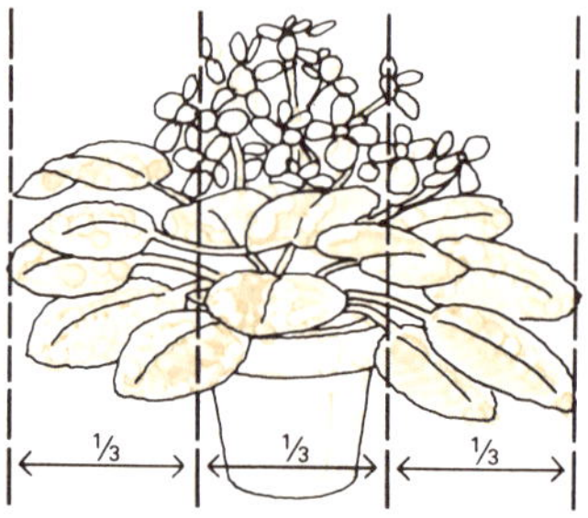

ganze Jahr über einen hellen Standort ohne direkte Sonnenbestrahlung. Zuwenig oder zu schwaches Licht kann zur Folge haben, daß die Pflanze übermäßig lange Blattstiele und zu weiche Blätter bekommt und nur wenige oder gar keine Blüten ansetzt.

Gießen und Düngen Usambaraveilchen gedeihen gut bei großer Luftfeuchtigkeit und in feuchtem Boden. Will man die Luftfeuchtigkeit erhöhen, stellt man den Topf in eine Schale mit Kieselsteinen. Sobald die oberste Erdschicht angetrocknet ist, gießt man reichlich mit lauwarmem Wasser, ohne die Blätter zu befeuchten. Einmal im Monat gibt man den Pflanzen einen in Wasser gelösten Volldünger. Im Winter wird nicht gedüngt.

Umtopfen Usambaraveilchen fühlen sich in verhältnismäßig kleinen Töpfen am wohlsten. Man topft sie nur dann in ein größeres Gefäß um, wenn der alte Topf völlig durchwurzelt ist. Umgetopft wird am besten im Frühjahr oder Frühsommer. Man verwendet dazu eine Mischung aus gleichen Teilen *Sphagnum*, Perlite oder Vermiculite und setzt diesem Gemisch Kalkmehl zu.

Bildet die Pflanze weitere Blattrosetten aus, schneidet man sie mit einem Messer ab. Wenn Blätter faulen, sich gelb färben oder zu dicht stehen, werden die Stiele am Haupttrieb abgebrochen oder abgeschnitten. An der Pflanze darf man keine Stengelreste belassen, weil sie faulen.

Vermehrung Usambaraveilchen können leicht durch Blattstecklinge vermehrt werden. Man entfernt ein Blatt mit dem Stiel aus der Mitte der Rosette. Mit einem scharfen Messer wird der Stiel auf 2–3 cm gekürzt und in einen Topf mit torfhaltigem Substrat gesteckt. Dann stülpt man einen Plastikbeutel über den Topf und stellt ihn an einen warmen, nicht sonnigen Platz. Im Lauf der folgenden Wochen entwickeln sich kleine Pflänzchen. Wenn sie 3–5 cm hoch sind, trennt man sie vorsichtig vom alten Blatt ab und setzt sie in 5- oder 6-cm-Töpfe. Nun werden sie wie ausgewachsene Exemplare behandelt.

V

Vegetarische Kost

Es gibt verschiedene Arten vegetarischer Kost: Die Ovo-Lakto-Kost läßt neben allen pflanzlichen Nahrungsmitteln auch Eier und Milch zu; bei der Lakto-Kost sind lediglich Milch und Milchprodukte, aber keine Eier erlaubt. Einige Vegetarier essen auch Fisch, lediglich Fleisch lehnen sie ab. Diese Kostformen sind ernährungsphysiologisch unbedenklich, denn durch die Zufuhr von tierischem Eiweiß in Form von Eiern, Milch und Fisch ist für alle wichtigen Stoffe gesorgt (siehe *Ernährung*; *Nährstoffe*).

Problematischer ist die strenge vegetarische Kost, die nur Gemüse, Obst, Nüsse, Getreideprodukte und Samenkörner zuläßt. Der Vegetarier muß nicht nur darauf achten, daß er genügend Eiweiß aufnimmt (Sojabohnen und folglich Sojaprodukte haben von allen pflanzlichen Nahrungsmitteln den höchsten Eiweißgehalt), sondern auch darauf, daß es den richtigen Anteil an Aminosäuren enthält. Dazu muß im täglichen Speiseplan eine der folgenden Kombinationen enthalten sein: Hülsenfrüchte (getrocknete Erbsen, Bohnenkerne, Erdnüsse) und Getreide (Reis, Weizen, Mais); oder Hülsenfrüchte und Samen (Sesam, Sonnenblumenkerne) und Nüsse (Cashew, Mandeln). Für Kinder, Schwangere und Stillende ist diese Diätform nicht geeignet.

Darüber hinaus muß man für ausreichend Vitamine (siehe dort) und Mineralstoffe sorgen. So kommt beispielsweise Vitamin B_{12} nur in Nahrungsmitteln tierischer Herkunft vor und muß deshalb in Form von Tabletten oder angereicherter Nährhefe aufgenommen werden. Auch eine Unterversorgung mit Kalzium ist oft die Folge einer strengen vegetarischen Ernährung.

Gewarnt werden muß vor der strengsten Form vegetarischer Kost, der Makrobiotik. Sie schränkt den Genuß aller Nahrungsmittel ein und läßt nur noch eine reine Körnerdiät zu. Es fehlt der Nahrung dadurch an so vielen Nährstoffen, daß ernsthafte, ja tödliche Erkrankungen auftreten können.

Verätzungen

Hautverätzungen durch Laugen und Säuren können tiefe Wunden und Infektionen verursachen. Man veranlaßt den Notruf (siehe dort), entfernt dann vorsichtig die Bekleidung (auch Schuhe und Strümpfe) und spült den verätzten Bereich unter fließendem Wasser so lange, bis der Arzt kommt.

Augenverätzungen können, wenn die Hornhaut geschädigt ist, zum Erblinden führen. Das Auge muß sofort, noch bevor man den Arzt ruft, und bis zur ärztlichen Versorgung, mindestens aber 20 Minuten lang vorsichtig mit reichlich Wasser gespült werden. Dazu legt man den Verletzten in der Nähe eines Spülbeckens oder Schlauchs flach auf den Rücken und öffnet die Augenlider mit Daumen und Zeigefinger.

Nachher wird über beide Augen ein keimfreier Verband gelegt (siehe *Augenverletzungen*).

Verbände anlegen

Verbände bestehen immer aus einer keimfreien Wundauflage aus Mull oder Zellstoff und aus deren Befestigung, z.B. Mullbinden oder Dreieckstüchern.

Pflasterwundverband Für kleinere, nicht stark blutende Wunden benutzt man Pflasterwundverbände, die auf ihrer Klebeseite als Wundauflage Mullkissen haben. Diese Kissen sind durch zwei sich überlappende Kunststoffolien geschützt; wenn man sie abzieht, darf man das Kissen nicht berühren, damit es keimfrei bleibt. Das Mullkissen sollte die ganze Wunde bedecken, sonst besteht die Gefahr, daß man beim Verbandswechsel die Wunde erneut aufreißt.

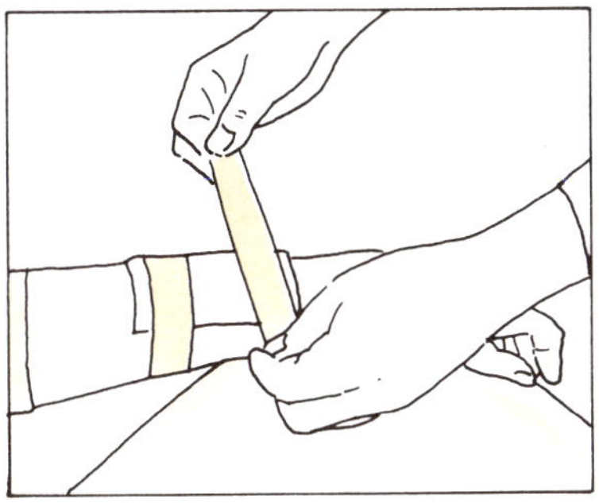

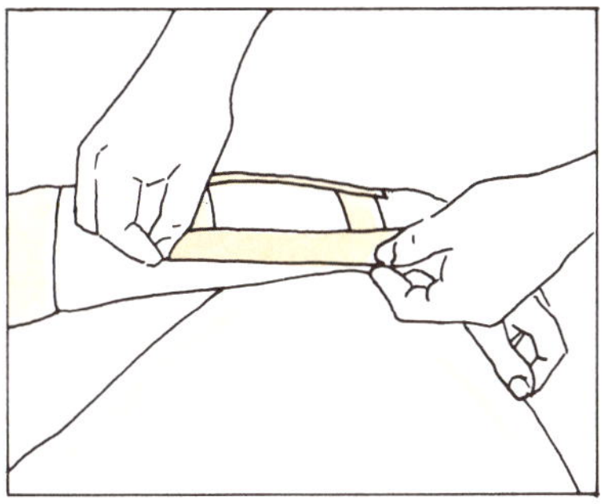

Heftpflasterverband Wenn man schwer einen anderen Verband anlegen kann, empfiehlt sich der Heftpflasterverband. Man benötigt dafür eine Wundauflage. Diese faßt man mit den Fingerspitzen am Rand an, legt sie auf die Wunde und befestigt sie mit langen, parallel zueinander laufenden Pflasterstreifen. Ebenso kann man die Wundauflage auch rahmenförmig mit Pflasterstreifen fixieren. Das Heftpflaster darf die Wunde nicht direkt berühren.

Wundnahtstreifen Kleinere Schnittverletzungen kann man mit Wundnahtstreifen (Klammerpflastern) so zusammenziehen, daß später kaum eine Narbe zu sehen ist. Der Druck des Pflasters sollte stark genug sein, um den Schnitt zu schließen, aber nicht so stark, daß die Ränder der Schnittwunde sich nach innen wölben. Klammerpflaster kann man selbst herstellen, indem man ein kleines Heftpflaster auf beiden Seiten der Wundauflage beschneidet.

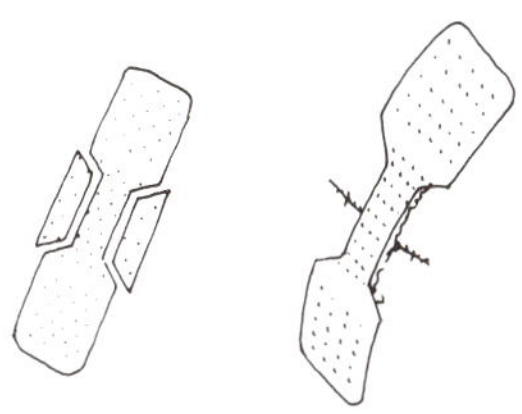

Dreiecktuchverbände Mit Dreiecktuchverbänden kann man Wundauflagen befestigen und einfache Verbände am ganzen Körper anlegen. Beim Anlegen eines Dreiecktuchverbandes sollte der Verletzte möglichst mithel-

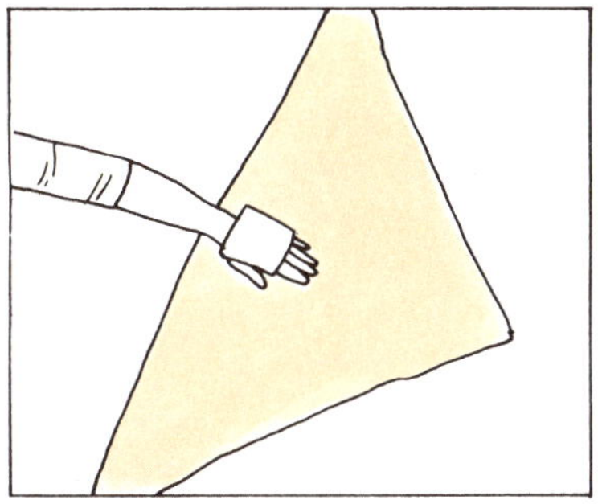

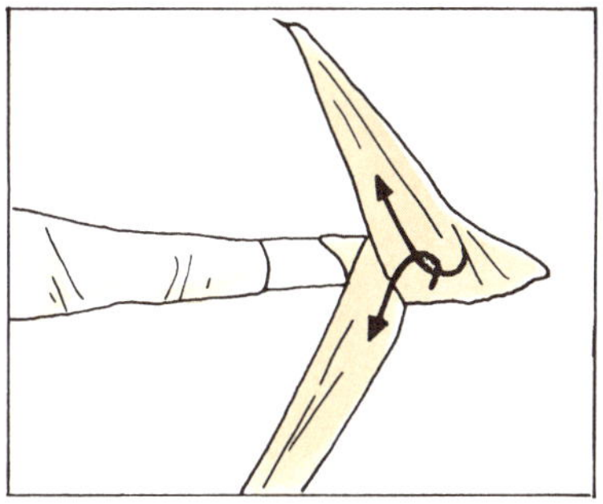

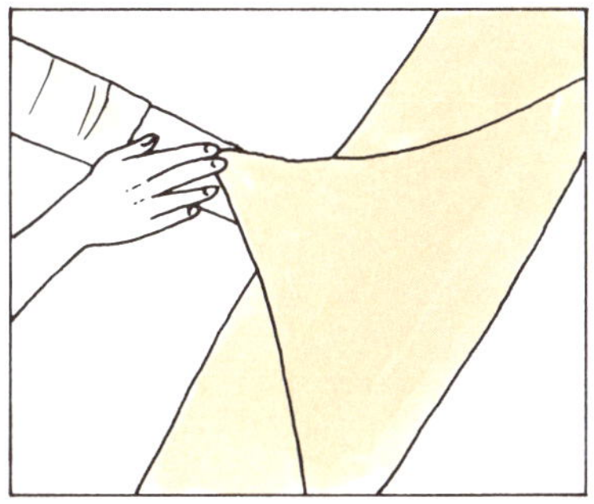

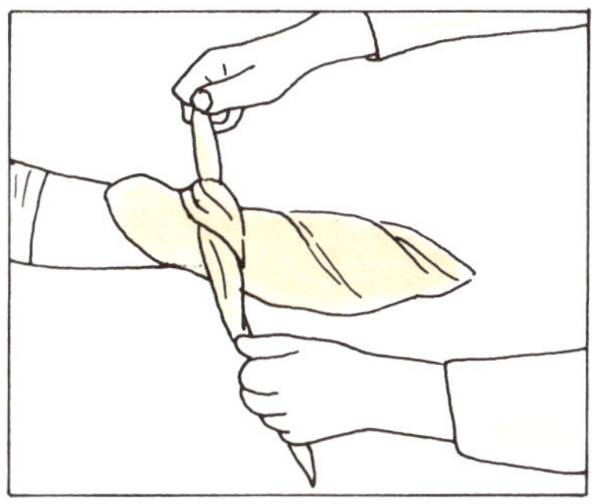

fen, indem er die Wundauflage oder das Dreiecktuch festhält. Die Knoten nicht zu fest anziehen. Darauf achten, daß sie nicht gerade im Wundbereich liegen, wo sie Schmerzen verursachen können. Dreiecktücher kann man für Hand-, Fuß-, Knie-, Arm-, Schulter- und Ellbogenverbände verwenden.

Dreiecktuch als Krawatte Für manche Verbände benötigt man eine Krawatte, die man aus einem offenen Dreiecktuch herstellen kann. Man breitet das Tuch flach aus und legt die Spitze bis etwa drei Fingerbreit an die Basis des Dreiecktuchs heran. Dann

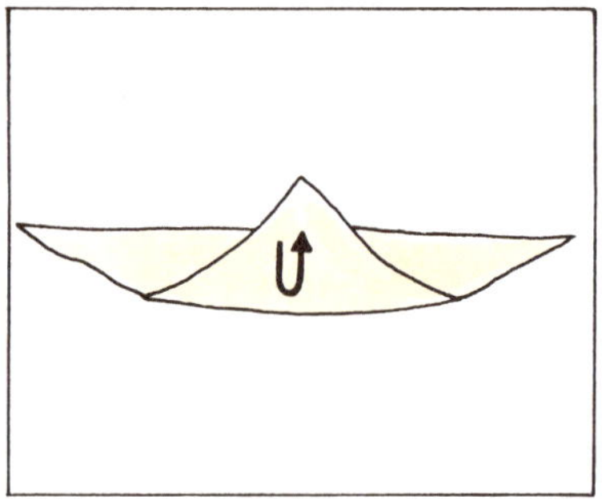

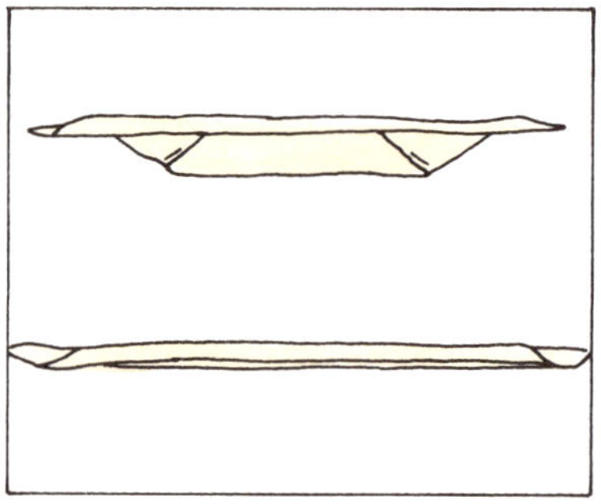

die Basis zweimal über die Spitze hinwegfalten und dabei die Breite beibehalten. Von der anderen Seite her ebenso falten, bis eine Krawatte hergestellt ist. Man sollte immer ein oder zwei vorbereitete Krawatten im Verbandskasten haben.

Kopfverband mit Verbandspäckchen Stellt man einen Kopfverband mit einem Verbandspäckchen her, muß man darauf achten, daß die Wundauflage, die bereits auf der Mullbinde befestigt ist, keimfrei bleibt.

Die Wundauflage auflegen, dabei das kurze Bindenstück in der einen und die Bindenrolle in der anderen Hand halten. Die Bindenrolle zweimal über die Wundauflage um das Kinn und den Scheitel herumführen.

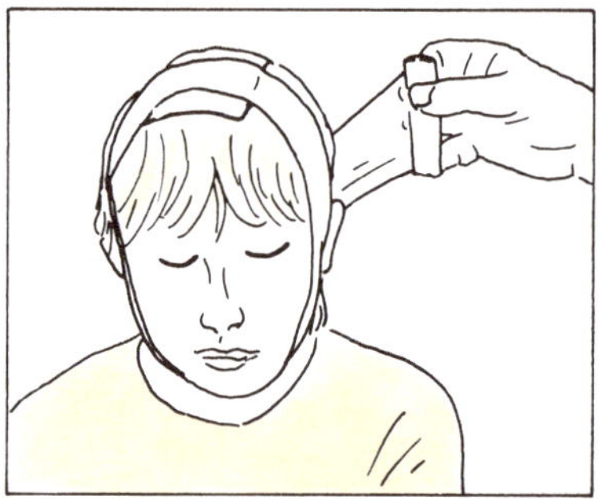

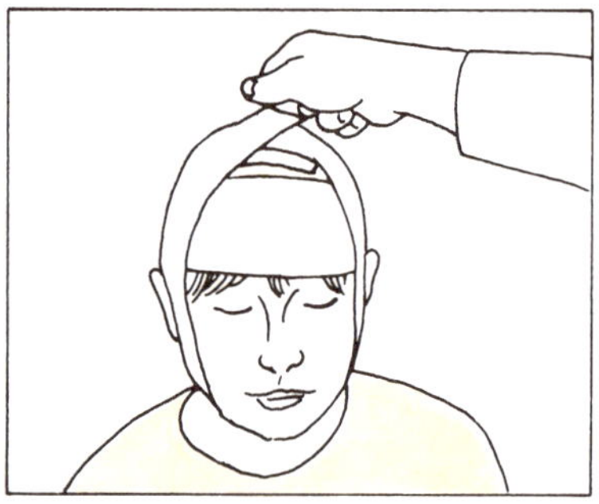

Dann die Bindenrolle weiter unter dem Kinn und am Ohr entlang zum Hinterkopf hinaufführen. Danach um die Stirn herum und oberhalb des Ohrs zum Nacken hinabführen. Die Bindenrolle anschließend um den Nacken herum unter dem Ohr und am Kinn entlang zur Wange hinauf und dann über den Scheitel hinweg zur anderen Wange hinunter führen. Diese Bindengänge so oft wiederholen, bis die Wundauflage völlig bedeckt ist. Das Bindenende mit Heftpflaster befestigen. Darauf achten, daß sich die Binde nicht am Hals rollt.

Fingerverband Die Wundauflage auf die Wunde legen, das kurze Bindenstück festhalten und die Bindenrolle zwei- bis dreimal über die Wundauflage führen. Die Bindenrolle weiter über den Handrücken zum Handgelenk, um das Handgelenk herum, über den Handrücken zur Fingerkuppe, um den Finger herum und wieder über den Handrücken zum Handgelenk führen (A). Diesen Vorgang so oft wiederholen, bis die Wundauflage völlig bedeckt ist. Dann das Bindenende mit Heftpflaster befestigen oder die Bindenenden mit einer vorher gebildeten, herabhängenden Schlaufe verknoten (B). Darauf achten, daß man die Bindengänge nicht über die Innenhand zum Handgelenk führt.

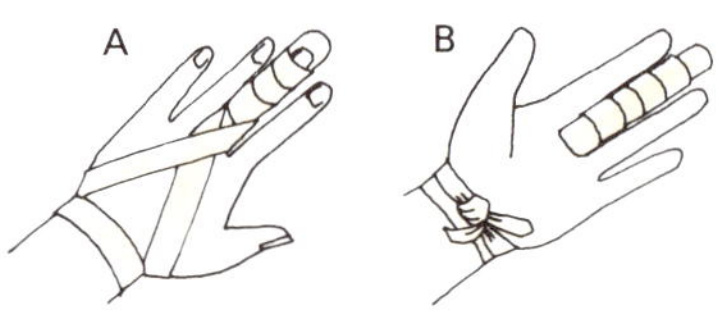

Verbandskasten

Nach den Vorschriften der StVZO (Straßenverkehrs-Zulassungsordnung) müssen alle Pkw mit einem Verbandskasten nach DIN 13164 B leicht ausgerüstet sein.

Den Zustand des Verbandsmaterials sollte man einmal jährlich untersuchen. Verrottete, verklebte Binden oder Material mit beschädigter Verpackung muß man auswechseln.

Den Verbandskasten bewahrt man nicht im Kofferraum auf, wo er im Notfall nur schwer oder gar nicht erreichbar ist. Auch auf der Hutablage hat er nichts zu suchen, da er bei einer Bremsung Verletzungen verursachen könnte. Am besten aufgehoben ist er unter dem Sitz, wo man ihn mit Klettband oder Teppichband befestigen kann.

Verbrennungen

Bei Brandwunden grundsätzlich keine Hausmittel wie Mehl, Puder, Salbe oder Öl auftragen.

Bei kleineren Verbrennungen und bei allen Verbrennungen an den Gliedmaßen Kaltwasseranwendung machen. Dazu Arme bzw. Beine in kaltes Wasser tauchen oder unter fließendes Wasser halten, bis der Schmerz nachläßt (bis zu 15 Minuten). Dann die Brandwunden keimfrei mit Brandwundenverbandspäckchen, Brandwundenverbandstüchern, notfalls mit frischen Leinentüchern bedecken. Die Wundbedeckung ohne Druck befestigen.

Bei Gesichtsverbrennungen keine Wasseranwendung machen und die Wunde nicht bedecken. Die Atmung kontrollieren und, falls erforderlich, dem Betroffenen Atemerleichterung durch eine besondere Sitzhaltung verschaffen, aber keine Schocklage herstellen. Notfalls Atemspende.

Bei Kleiderbränden oder Verbrennungen durch heiße oder brennende Stoffe sofort löschen: Den Betroffenen mit Wasser übergießen, notfalls

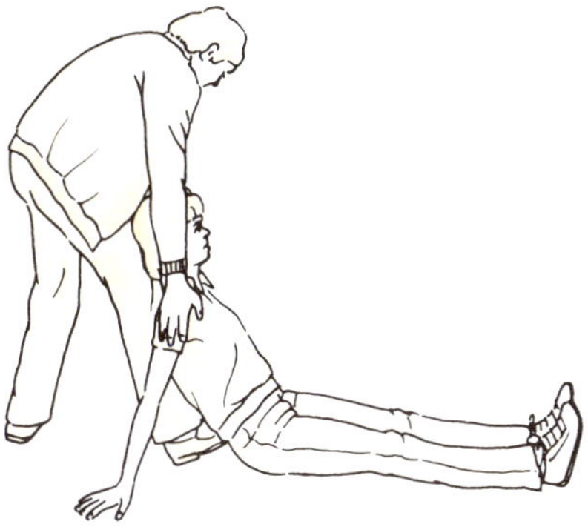

mit Wolldecken umwickeln und die Kleidung rasch entfernen. Auch bei Verbrühungen die Kleidung möglichst rasch entfernen. Bei sonstigen größeren Verbrennungen am Körperstamm kein Wasser anwenden, da der Kälteschock den Zustand des Betroffenen verschlimmern kann. Danach die Wunden keimfrei bedecken und den Betroffenen mit einer Decke zudekken; dabei Druck vermeiden. Bewußtsein, Puls und Atmung ständig kontrollieren; gegebenenfalls die Atemspende vornehmen und den Arzt rufen (siehe *Notruf*).

Für die Erste-Hilfe-Maßnahmen siehe *Atemspende; Bewußtlosigkeit; Puls; Schock; Verbände anlegen.*

Vergaser

Schlechte Gasannahme Motoren mit Vergaser nehmen manchmal schlecht Gas an, und es kommt zu einer Verzögerung beim Beschleunigen.

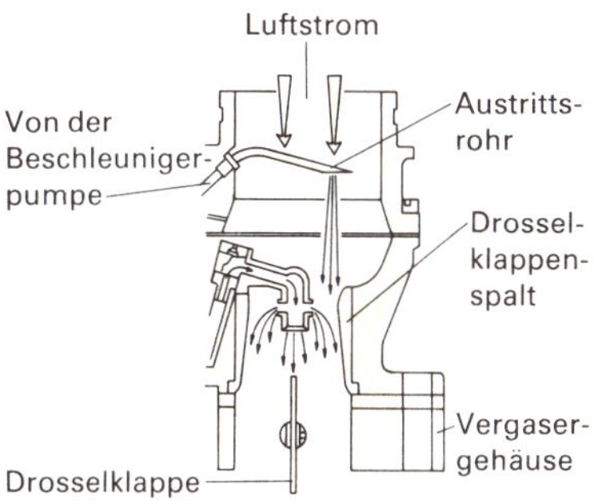

Um die Vergaserfunktion zu kontrollieren, nimmt man den Luftfilterdekkel ab und beobachtet im Vergaser die Kraftstoffeindüsung durch die Beschleunigerpumpe, wenn ein Helfer auf das Gaspedal tritt. Aus einem kleinen Röhrchen muß ein kräftiger Strahl austreten, der sich in den geöffneten Drosselklappenspalt ergießt. Sprüht der Strahl auf die Vergaserwandung oder auf die Klappe, läßt sich das Einspritzröhrchen mit Hilfe einer Zange entsprechend ausrichten. Tritt kein Kraftstoff aus, muß man den Vergaser zerlegen, reinigen und eventuell die Membrane der Beschleunigerpumpe ersetzen.

Einstellung Bevor man die Einstellung eines Vergasers verändert, prüft man die Zündanlage des Fahrzeugs auf richtige Funktion. Zündanlagen herkömmlicher Bauart sind sehr viel störanfälliger als Vergaser (siehe *Zündkerzen wechseln*).

Um einen Vergaser einzustellen, benötigt man ein Drehzahlmeßgerät, das an die Zündung angeschlossen wird. Der Motor sollte bei dieser Prüfung betriebswarm sein und die Öltemperatur mindestens 60 °C betragen. Bei Fahrzeugen, die viel im Kurzstreckenbetrieb eingesetzt werden, empfiehlt es sich, den Vergaser erst dann einzustellen, wenn man eine etwas längere Strecke zurückgelegt hat, damit im Motoröl enthaltenes Benzin wieder verdampft.

Die vom Fahrzeughersteller vorgeschriebene Drehzahl wird mit Hilfe der Umluftschraube (Zusatzgemisch-Regulierschraube) eingestellt. Diese ist bei den meisten Vergasern gut erreichbar. Sie darf nicht mit der CO-Wert-Schraube (Leerlaufgemischschraube) verwechselt werden; sie sind leicht zu unterscheiden, denn die Umluftschraube ist wesentlich größer. Dreht man die Umluftschraube im Uhrzeigersinn, erhält man eine geringere, entgegen dem Uhrzeigersinn eine höhere Drehzahl.

Um den Leerlauf neu einzustellen, braucht man einen CO-Tester, der allerdings relativ teuer ist. Besitzt man ein solches Gerät, wird der CO-Wert zuerst und dann anschließend die Drehzahl eingestellt. Der Tester wird etwa eine Stunde vor Beginn der Arbeit eingeschaltet, damit er betriebsbereit ist. Den Abgasentnahmeschlauch steckt man bei betriebswarmem Motor bis etwa 20 cm in das Auspuffrohr und beobachtet den Ausschlag auf dem CO-Tester. Der CO-Wert darf auf keinen Fall 3,5 Vol.-% überschreiten. Nach Empfehlung der Fahrzeughersteller liegen die CO-Werte bei modernen Fahrzeugen zwischen 1,1 und 2,8 Vol.-%. Um einen niedrigeren CO-Wert zu erhalten, dreht man die CO-Wert-Schraube im Uhrzeigersinn und umgekehrt für höhere Werte.

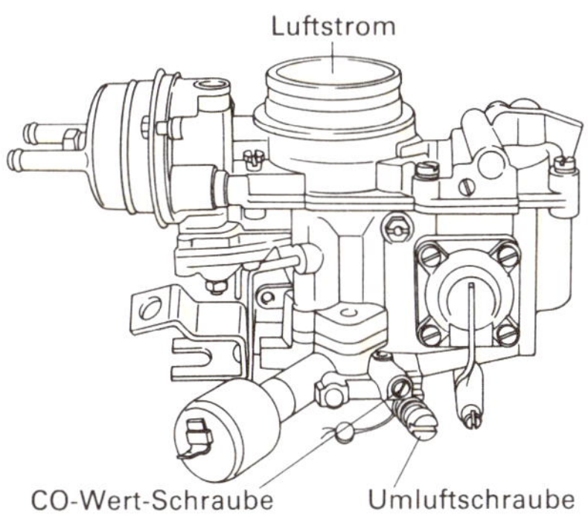

Läuft der Motor nach Einstellung der vorgeschriebenen Drehzahl noch unruhig, prüft man noch einmal den CO-Wert und korrigiert ihn entsprechend. Anschließend kontrolliert man wieder die Drehzahleinstellung.

Vergiftungen

Allgemeine Merkmale, an denen man Vergiftungen erkennen kann, sind z.B. Übelkeit, Erbrechen, Durchfall, plötzlich auftretende krampfartige Schmerzen im Bauch, Kopfschmerzen, Schwindelgefühl, Bewußtseinstrübung (bis zur Bewußtlosigkeit), Atemstörungen (bis zum Atemstillstand), Schockanzeichen, beschleunigter oder verlangsamter Puls sowie Erregungszustände. Wenn der Vergiftete erbricht, kann man ihm zwar Hilfe leisten; man sollte das Erbrechen jedoch nicht herbeiführen. Die weiteren Maßnahmen richten sich nach dem Zustand des Betroffenen; dazu siehe im Register unter *Erste-Hilfe-Maßnahmen*. Den Notruf (siehe dort) muß man in jedem Fall veranlassen. In einigen Städten gibt es eine Informationszentrale bzw. einen besonderen Notruf bei Vergiftungen:

Berlin (030) 3023022/3035466

Bonn (0228) 2606211

Braunschweig (0531) 62290

Bremen (0421) 4975268/4973688

Freiburg (0761) 2704361

Göttingen (0551) 396239

Hamburg (040) 63853345

Homburg/Saar (06841) 162257

Kiel (0431) 5974268

Koblenz (0261) 499676 (Kinder bis 16 Jahre); (0261) 499648 (über 16 Jahre)

Ludwigshafen (0621) 503431

Mainz (06131) 232466

München (089) 41402211

Münster (0251) 836245/836188

Nürnberg (0911) 3982451

Papenburg (04961) 830

Wien (0222) 434343

Immer auf Hinweise von Augenzeugen und auf herumstehende Behältnisse (z. B. mit Medikamenten, Giftresten, Pflanzen, Beeren, Pilzen oder verdorbenen Lebensmitteln) achten (siehe auch *Lebensmittelvergiftung*) und den Notarzt darauf aufmerksam machen.

Bei Vergiftungen durch Haushalts- und Industriechemikalien (z.B. Waschmittel, Farben, Reinigungsmittel) tritt oft zusätzlich Schaumbildung oder Verätzung im Mundbereich auf. Dann den Betroffenen reichlich Wasser trinken lassen. Bei Vergiftungen durch Pflanzenschutz- und Schädlingsbekämpfungsmittel können auch Schaum vor dem Mund sowie eventuell Krämpfe und Lähmungen auftreten. In diesen Fällen darf bei Atemstillstand die Beatmung nur durch Fachpersonal mit Gerät durchgeführt werden, da der Ersthelfer sonst durch Kontaktgift u.U. ernsthaft gefährdet sein könnte.

Vergiftungen über die Atemwege Bei Kohlenmonoxid z.B. (in Auspuffgasen von Motoren und in Rauch enthalten) den Atem anhalten und den Betroffenen an die frische Luft bringen. Läßt sich dies nicht machen, den Atem anhalten, sofort für Frischluft sorgen (z.B. Türen und Fenster öffnen) und, wenn möglich, die Gasquelle schließen (z.B. noch laufenden Motor abstellen). Wegen der Explosionsgefahr keine elektrischen Einrichtungen benutzen (siehe auch *Gasaustritt*).

Kohlendioxid befindet sich vor allem in Klärgruben, Gärkellern, Futtersilos und Brunnenschächten. Wenn ein Mensch Kohlendioxid in Mengen einatmet, kann er innerhalb von drei bis fünf Minuten ersticken. Auf keinen Fall eigenmächtige Rettungsversuche unternehmen! Sofort den Notruf veranlassen und dabei Feuerwehr mit Atemschutzgeräten anfordern. Erste Hilfe wird dann durch Fachpersonal geleistet.

Vergiftungen durch Reizstoffe Chlorgas, Lackdämpfe, Verdünnungsmittel, Spezialkleber usw. wirken auf die Schleimhäute der Atemwege, auf Augen und Haut reizend oder ätzend. Den Betroffenen an die frische Luft bringen; benetzte Kleidung sofort entfernen und für Ruhe sorgen. Bei Augenreizung die Augen mit fließendem Wasser spülen (siehe auch *Verätzungen*).

Bleivergiftung Hier handelt es sich meist um eine Berufskrankheit, die auftritt, wenn immer wieder Benzindämpfe oder Metalldämpfe eingeatmet werden, etwa beim Schmelzen von Blei oder beim Verschrotten (z.B. Verbrennen von Autobatterien). Alte, abblätternde Farben enthalten relativ viel Blei, das für kleine Kinder, wenn sie Fetzen davon abbeißen und verschlucken, gefährlich sein kann. Moderne Farben für den Hausgebrauch enthalten kaum noch Blei.

Quecksilbervergiftung Auch sie geht meist darauf zurück, daß Quecksilberdämpfe bei der Arbeit eingeatmet werden. Bei Arbeiten mit Blei oder Quecksilber stets die Vorschriften genau beachten und bei Verdacht auf eine Vergiftung sofort einen Arzt rufen.

Verkehrsunfall

Nach einem Unfall schaltet man unverzüglich die Warnblinkanlage ein, öffnet den Sicherheitsgurt und verläßt zusammen mit allen Personen das Fahrzeug. Dabei muß man auf andere Fahrzeuge achten, die den Unfallort passieren.

Um den Unfallort abzusichern, trägt man das Warndreieck vor sich her und stellt es in ausreichender Entfernung vom Fahrzeug auf. Die Begleitpersonen sollten nicht am Fahrzeug herumstehen, sondern die Straße frei machen und sich nach Möglichkeit hinter einer Leitplanke aufhalten.

Gibt es Verletzte, holt man den Verbandskasten heraus und leistet sofort Erste Hilfe (siehe dort). Bewußtlose zieht man aus dem Auto, hüllt sie warm ein und bringt sie in eine stabile Seitenlage. Entgegenkommende Fahrzeuge hält man an und bittet die Fahrer, Polizei und Unfallretter zu benachrichtigen.

Muß man einen Verletzten von der Fahrbahn wegbringen, legt man ihn zunächst flach auf den Rücken. Dann greift man ihm unter den Nacken, stützt dabei den Kopf ab und bringt seinen Oberkörper in eine vornübergebeugte Sitzhaltung, die Arme weit nach vorn gestreckt (A). Den Verletzten stützt man seitlich mit den Knien, greift ihm unter die Arme, legt einen seiner Unterarme vor seinen Leib und faßt den Unterarm mit beiden Händen. Dann verlagert man sein Körpergewicht nach hinten, richtet sich auf, zieht den Verletzten auf die Oberschenkel und schleift ihn rückwärts gehend weg (B).

Erst jetzt notiert man Namen und Anschrift von Zeugen, gegebenenfalls auch die Kennzeichen der beteiligten Kraftfahrzeuge. Soweit notwendig, si-

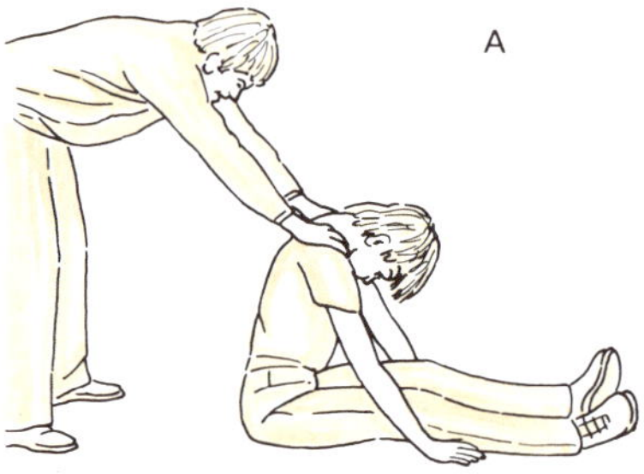
A

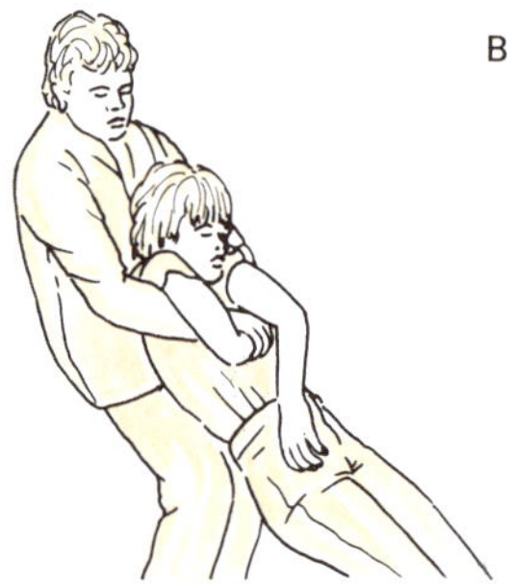
B

chert man Spuren, damit eine einwandfreie Unfallrekonstruktion möglich ist.

Bei leichteren Unfällen ohne Personenschäden ist es nicht erforderlich, daß man die Polizei informiert. Es genügt, wenn man bei klarer Rechtslage die Anschriften des Fahrers bzw. des Fahrzeughalters und der Versicherungen austauscht. Falls ein Fotoapparat zur Hand ist, sollte man unbedingt die Unfallsituation durch einige Aufnahmen festhalten. Auf keinen Fall darf man Schuldgeständnisse unterschreiben. Allerdings ist es ratsam, den Sachverhalt kurz zu protokollieren und die Daten gegenseitig auszutauschen.

Zu Hause angekommen, informiert man die Versicherung über das Geschehene und fordert einen Anhörungsbogen an.

Siehe auch *Notruf.*

Verlobung

Offizielle Verlobungen spielen heute nur noch in ausgesprochen traditionsbewußten Kreisen eine Rolle.

Aus diesem Anlaß verschicken die Verlobten oder ihre Eltern meist auf Klappkarten gedruckte Verlobungsanzeigen an Freunde und Bekannte. Auf der linken Innenseite der Karte geben die Eltern der Braut die Verlobung ihrer Tochter mit Herrn X bekannt; auf der rechten Seite der Karte beehrt sich der zukünftige Bräutigam, seine Verlobung mit Fräulein Z bekanntzugeben. Auf der Karte kann auch zu einem Empfang anläßlich der Verlobung eingeladen werden.

Die Verlobungsringe werden am Ringfinger der linken Hand getragen.

Vermehrung von Pflanzen

Pflanzen kann man auf die verschiedensten Arten vermehren. Grundsätzlich unterscheidet man zwischen der generativen (geschlechtlichen) und der vegetativen (ungeschlechtlichen) Vermehrung.

Unter der generativen oder geschlechtlichen Vermehrung versteht man die Vermehrung durch Samen. Zu der vegetativen oder ungeschlechtlichen zählt man die Vermehrung durch Ableger, Tochterpflanzen, Stecklinge, Teilung, Absenker und Abmoosen. Näheres findet man unter den jeweiligen Stichwörtern.

Vermehrungserden

Vermehrungserden, die sich für die Anzucht oder die Bewurzelung von Stecklingen eignen, enthalten weniger Nährstoffe als die üblichen Topferden und besitzen eine feinere Struktur. Sie halten die Feuchtigkeit gut, stauen aber nicht die Nässe. Außerdem müssen Vermehrungserden vollkommen keimfrei sein. Man erhält sie in Fachgeschäften und Gärtnereien unter der Bezeichnung Torfkultursubstrate. Dies sind Gemische aus Torf, scharfem Sand und Perlite.

Verrenkungen

Bei einer Verrenkung werden die Gelenkteile gewaltsam getrennt und die Gelenkkapsel und -bänder überdreht bzw. zerrissen. Verdacht auf eine Verrenkung liegt vor, wenn Bewegungsunfähigkeit, starke Schmerzen, Schwellung oder eine abnorme Lage auftritt. Verrenkte Gliedmaßen oder Finger und Zehen sehen oft anders als ihr Gegenstück aus; sie sind dicker, verformt oder schräg gestellt.

Auch bei leichten Fällen sollte sofort ein Arzt aufgesucht werden; je früher die Behandlung beginnt, um so geringer ist die Gefahr bleibender Schäden. Bei schweren Verletzungen lagert man den Betroffenen möglichst bequem und stellt das Gelenk ruhig, bis der Arzt kommt. Feuchtkalte Umschläge, Heilerde oder Eisbeutel auf das geschwollene Gelenk legen. Man polstert oder schient die Stelle in gleicher Weise wie einen Bruch (siehe *Knochenbrüche*). Auf jeden Fall das Gelenk in der vorgefundenen Stellung belassen. Im Hinblick auf eine mögliche Narkose nichts zu essen und zu trinken geben.

Manchmal springt das Gelenk auch von allein zurück. Oft ist dann eine so große Erleichterung zu verspüren, daß man die Verletzung als geheilt ansieht; es dauert jedoch mehrere Wochen, bis Schäden an den Bändern und am Gewebe ausgeheilt sind. Nimmt man zu früh die normale Tätigkeit wieder auf, können erneut Schmerzen und Anschwellungen auftreten.

Bei kleinen Kindern kommt es oft zu einer Verrenkung des Ellbogens, der ausgekugelt wird, wenn ein Erwachsener das Kind an der Hand hinter sich herzieht. In gleicher Weise kann die Schulter verrenkt werden, wenn man das Kind am Arm vom Boden aufhebt. Der Arzt kann die Gelenke in seiner Praxis auf einfache Weise wieder einrenken und ruhigstellen.

Verrenkungen können auch bei einer normalen Bewegung auftreten. Ursache kann etwa eine frühere Verletzung sein oder eine Veranlagung für Verrenkungen, weil ein Gelenk von Geburt an deformiert ist. In beiden Fällen sollte der Arzt konsultiert werden.

Verschlucken

Gerät ein Fremdkörper in die Luftröhre, löst er einen starken Hustenreiz aus. Sitzt er fest, kommt ein ziehendes, pfeifendes Atemgeräusch hinzu. Anwesende sollten dem Betroffenen unbedingt helfen, sich vom Fremdkörper wieder zu befreien, da sonst Erstickungsgefahr besteht. Man schlägt dem Betroffenen bei herunterhängendem Oberkörper mit der flachen Hand wiederholt zwischen die Schulterblätter, um Hustenstöße auszulösen, die den Fremdkörper wieder hinausbefördern. Nützt dies nichts, muß man den Notruf (siehe dort) veranlassen und bei Atemstillstand die Atemspende (siehe dort) vornehmen. Dem Arzt teilt man mit, sofern bekannt, was verschluckt wurde.

Sitzt ein Fremdkörper in der Speiseröhre, verursacht dies meist Schluckbeschwerden und Schmerzen. Der Betroffene sollte sich zum Würgen und Erbrechen reizen, indem er die Finger in den Hals steckt.

Verschlußbänder

Verschlußbänder gibt es mit Druckknöpfen, mit Haken und Ösen und als Klettenband. Sie sind viel schneller zu befestigen als einzelne Verschlüsse und eignen sich besonders für lange, gerade Öffnungen z.B. an Kissen und Polsterbezügen sowie für Kinderbekleidung.

Falls man kein Druckknopfband erhält, kann man selber nicht genähte Druckknöpfe (siehe *Druckknöpfe*) auf Twillband befestigen. Wie Kettenband ist es nur für übereinander gehende Kanten geeignet.

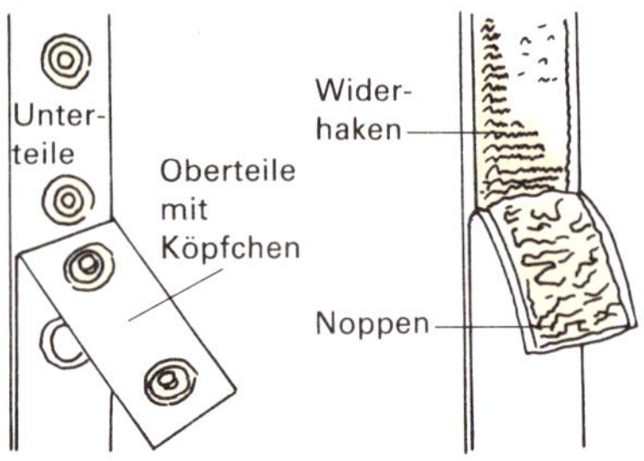

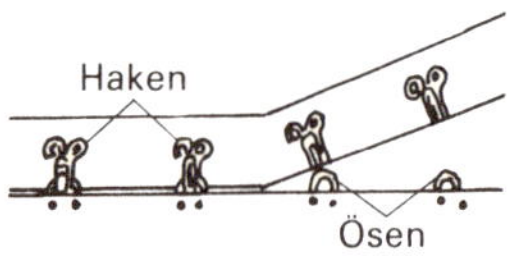

Klettenband besteht aus einem Band mit Noppen und aus einem mit Widerhaken. Zum Schließen werden die Bänder zusammengedrückt, zum Öffnen auseinandergezogen. Klettenband und Druckknopfband werden an Kleidungsstücken so angenäht, daß der Druckknopfteil mit Köpfchen bzw. die Bandhälfte mit den Widerhaken oben liegen.

Haken- und Ösenband ist in neutralen Farben als Meterware erhältlich und eignet sich für Kanten, die aneinanderstoßen.

Verstauchungen

Bei einer Verstauchung werden die Gelenkteile kurzfristig verschoben, und die Gelenkkapsel wird verdreht. Anzeichen dafür sind eine Schwellung, Schmerzen, Druckempfindlichkeit und eingeschränkte Beweglichkeit. Ursache ist meist ein Sturz oder ein Umknicken des Gelenks.

Das betreffende Gelenk auf keinen Fall bewegen; Arm oder Bein hochlagern (höher als die Position des Herzens); Eisbeutel oder ein in kaltes Wasser getauchtes, tropfnasses Tuch auflegen; gegebenenfalls ein leichtes Schmerzmittel einnehmen.

Wenn diese Maßnahmen die Symptome nicht zum Abklingen bringen oder wenn die Beschwerden stärker werden, konsultiert man einen Arzt.

Siehe auch *Verrenkungen.*

Versteinerungen sammeln

Zunächst muß man sich über die Verbreitung der in Frage kommenden Gesteinsarten informieren. Fossilien sind grundsätzlich nur in Schichtgesteinen, vor allem Kalk- und Tongesteinen, zu finden. Über die Gesteinsverbreitung informieren am besten geologische Karten im Maßstab 1:25000, die im Buchhandel und bei den Landesvermessungsämtern erhältlich sind (siehe auch *Karten lesen*).

Für die Fossiliensuche bieten sich Steinbrüche an, auch solche, deren Betrieb eingestellt wurde. Man stößt meist auf Abraumhalden, die man sorgfältig durchsuchen kann. Bevor man Gestein an festen Wänden herausbricht, ist wegen der Steinschlaggefahr zu warnen. Kalkwerke kann man außerhalb der Betriebszeiten aufsuchen; allerdings muß man vorher eine Genehmigung einholen.

Weitere ergiebige Fundstätten sind neu angelegte Straßenbauten, sofern sie entsprechende Schichten anschneiden. Es lohnt sich in jedem Fall, das Abraummaterial zu durchstöbern; das gilt auch für den Aushub von anderen Großbaustellen, der oft auf spezielle Erddeponien gebracht wird. Bewährte Fundstellen werden auch in den verschiedenen geologischen Führern genannt, die im Buchhandel zu erwerben sind.

Vor einem allzu ungestümen Einsatz des Geologenhammers ist zu war-

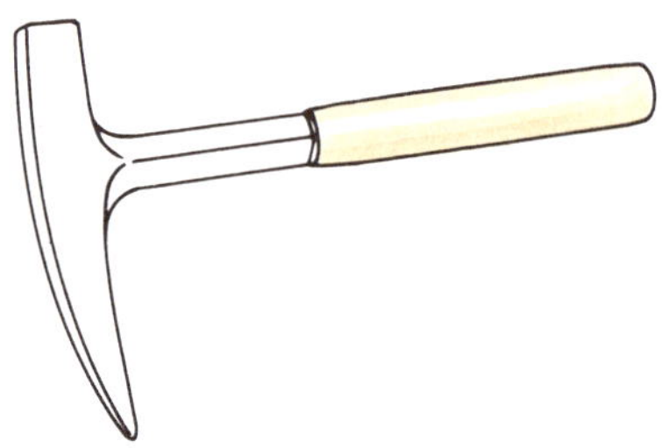

nen. Es kann leicht passieren, daß man ein zusammenhängendes Fossil zerstört. Lieber sollte man die Mühe auf sich nehmen, einen größeren Gesteinsbrocken nach Hause zu transportieren, wo man die eingeschlossenen Versteinerungen mit feineren Werkzeugen vorsichtig aus ihrer Umhüllung befreien kann.

Verstopfung

Bevor man sich wegen einer Verstopfung Sorgen macht, sollte man feststellen, ob es sich tatsächlich darum handelt. Die Häufigkeit der Stuhlentleerung ist individuell sehr verschieden; eine Entleerung nur alle drei bis vier Tage kann durchaus normal sein.

Für einen regelmäßigen Stuhlgang kann man selbst einiges tun, z.B. viel Flüssigkeit trinken – der Erwachsene sollte am Tag mindestens 2 l Flüssigkeit (Wasser, Tee, Obstsaft oder Milch) zu sich nehmen –, für ausreichend Ballaststoffe (siehe dort) und täglich genügend Bewegung sorgen.

Ballaststoffe sind in Kleie, im Vollkornbrot, im Blattgemüse sowie in frischen und getrockneten Früchten enthalten. Man kann beispielsweise abends fünf bis sieben Backpflaumen einweichen und morgens für sich oder zu Müsli essen; oder einen geriebenen Apfel mit 100 g Magerquark mischen, 1 Teel. Honig oder Milchzucker zugeben und vor dem Schlafengehen essen; oder abends Kleieflocken mit viel Flüssigkeit zu sich nehmen.

Spazierengehen, Joggen, Schwimmen und andere Körperübungen regen die Darmmuskulatur an. Auch sollte man möglichst regelmäßig und täglich zur gleichen Stunde auf die Toilette gehen und so den Darm „erziehen“. Abführmittel und Einläufe (Klistiere) sind nur im Notfall zu nehmen, weil sie auf die Dauer die Beschwerden nur noch verschlimmern.

Ursache für eine Verstopfung kann auch nervöse Anspannung sein. In diesem Fall oder wenn eine Verstopfung länger als zwei Wochen anhält und starke Leibschmerzen und Erbrechen hinzukommen, sollte man den Arzt aufsuchen. Eine chronische Verstopfung kann ernstere Ursachen haben.

Bei Säuglingen reguliert man die Verdauung durch Obstsäfte und Gemüse. Man kann die Darmtätigkeit auch anregen, indem man den Bauch massiert. Auf keinen Fall Abführmittel verabreichen, wenn der Arzt es nicht ausdrücklich angeordnet hat. Wenn der Stuhlgang schmerzhaft ist und Blut enthält oder das Kleinkind Bauchschmerzen hat, ruft man den Arzt.

Verwahrungen

Wenn die Dachinnenseite in der Umgebung einer Verwahrung naß wird, kann die Verwahrung undichte Stellen haben. Man prüft daher an einem trockenen Tag, ob sich Börtelfalze gelöst haben, der Mörtel aus Abschlußfugen gewaschen oder Dichtungsmasse hart und rissig geworden ist.

In diesem Fall reinigt man den Verwahrungsbereich und biegt offene Börtel mit der Zange nach. Schlecht liegende Flächen sichert man mit nichtrostenden Stahlnägeln. Da das Hantieren mit Mörtel und Kelle auf dem Dach recht schwierig ist, empfiehlt sich für die Abdichtungsarbeiten eine Kartuschenpistole mit dauerelastischer Fugendichtmasse. Um die Verwahrung herum legt man einen dicken Wulst Dichtmasse und streicht sie mit dem feuchten Finger gleichmäßig auf das Mauerwerk und die Verwahrungsbleche.

Sind Verwahrungsbleche durchgerostet, muß man sie Stück für Stück abnehmen und aufbiegen. Man legt

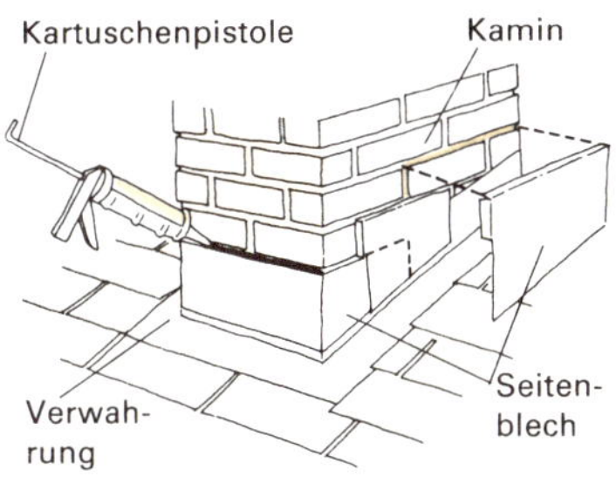

sie auf das neue Material und schneidet danach die Ersatzstücke aus.

Bei Verwahrungen von Entlüftungsrohren setzt man heute ausschließlich Spezialziegel ein, die für das Rohr einen geeigneten Durchgang besitzen. Rohr mit Rohrgelenk und Haube sind einbaufertig; man braucht sie nur einzuhängen und mit Vergußmasse zu versiegeln. Wenn man den Spezialziegel kauft, nimmt man einen der verlegten Ziegel mit, damit man eine passende Ausführung erhält.

Siehe auch *Dachreparaturen.*

Videosysteme

Mit einem Videogerät ist es möglich, ohne Umstände und ohne viel technisches Wissen Fernsehaufnahmen zu machen, die sich sofort nach der Aufzeichnung auf jedem Schwarzweiß- oder Farbfernsehgerät abspielen lassen.

Nachteile Die Heimvideotechnik hat zu einem großen Teil den Schmalfilm abgelöst. Gegenüber dem Schmalfilm hat Video jedoch zwei Nachteile: Einmal läßt sich Videomaterial nicht so einfach bearbeiten wie Filmmaterial, d.h., man kann nicht einfach Szene an Szene kleben, wie man das vom Schmalfilm her kennt. Videobänder müssen elektronisch geschnitten werden, wozu man eine aufwendige Apparatur benötigt: zwei Videorecorder, einen für die Aufnahme, den andern für die Wiedergabe, weiter einen Kontrollmonitor und – dies ist das Herzstück der Anlage – einen kleinen Schnittcomputer, also ein elektronisches Gerät, mit dem man das macht, wozu der Schmalfilmfreund nur Schere und Klebepresse benötigt. Die elektronische Videobearbeitung war daher bislang sehr kostspielig, inzwischen sind aber auch einfachere und preiswertere Geräte auf dem Markt. In nicht allzu ferner Zukunft dürfte man also Videoaufnahmen ebenso einfach und preiswert bearbeiten können wie beim Schmalfilm.

Der zweite Nachteil wird sich nicht so leicht beseitigen lassen: die Größe des Bildes. Schmalfilmbilder kann man meterbreit auf die Leinwand projizieren; Fernsehbilder dagegen bleiben nun einmal auf die Größe des Bildschirms beschränkt, es sei denn, man benützt sehr teure Projektionssysteme, mit denen man Fernsehbilder wie Filmaufnahmen auf einer Leinwand betrachten kann.

Videoanlage Zu einer Videoanlage gehören ein tragbarer Recorder und eine Kamera. Die Recorder, vor wenigen Jahren noch sehr unhandlich und schwer, sind inzwischen zu Miniaturgröße geschrumpft. Die Industrie bietet heute sogar Geräte an, bei denen ein Minirecorder in die Kamera integriert ist. Man braucht also das Aufnahmegerät nicht mehr über die Schulter zu hängen.

Bedienen kann man diese Geräte ohne Schulung, ohne jedes Fachwissen. Die Bedienungsanleitungen sollte man gleichwohl sorgfältig studieren, weil sie auf die Eigenheiten und besonderen technischen Möglichkeiten der Geräte eingehen. Sonst gilt für alle Amateurgeräte, daß sie so gut wie automatisch funktionieren. Blende und Entfernung werden automatisch eingestellt; man braucht also nur noch in den Sucher der Kamera zu schauen, sie auszulösen und am Szenenende wieder abzustoppen.

Fast alle Kameras haben fest eingebaute Objektive mit veränderlicher Brennweite. Dies bedeutet, daß man sowohl einen relativ großen Bildausschnitt aufnehmen kann als auch einen sehr engen, vergleichbar mit der Wirkung des Weitwinkel- bzw. des Teleobjektivs beim Fotoapparat. Die Brennweite läßt sich stufenlos regulieren, so daß man durch Knopfdruck einen Fahreffekt erzielt: Die Kamera

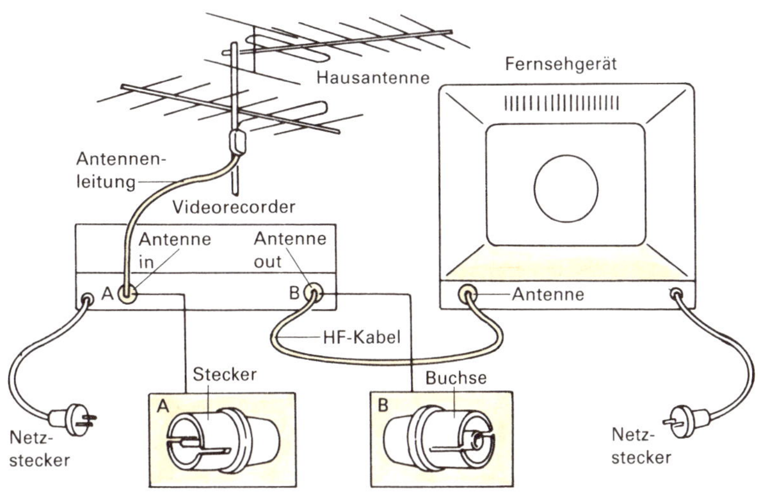

fährt gleichsam auf einen Gegenstand zu, bis dieser formatfüllend im Bild ist, oder umgekehrt.

Bei der Anschaffung eines Recorders steht man vor dem Problem, welches System man wählen soll. Etabliert haben sich folgende Videosysteme auf dem Markt: VHS und Betamax, wobei das VHS-System am weitesten verbreitet ist. VCR, LVR, CVC und Video 2000 gehören der Vergangenheit an. Interessant ist auch das neue Video-8-Verfahren, bei dem Minikassetten verwendet werden, die es erlauben, sehr leichte und handliche Kameras zu bauen.

Für tragbare Recorder bzw. den Recorder in der Kamera gibt es teilweise separate Tuner zu kaufen; das sind Geräte, die es ermöglichen, normale Fernsehsendungen zu empfangen und aufzuzeichnen. In der Regel wird man sich außer dem tragbaren kleinen Gerät noch einen stationären großen Recorder anschaffen, mit dem man Fernsehsendungen aufnimmt und Kassetten, auch selbst aufgezeichnete, wiedergibt. Diese Recorder haben eine andere technische Ausstattung als die tragbaren Geräte. Die großen Recorder erlauben, im voraus bestimmte Programmzeiten einzuprogrammieren, so daß das Gerät eine Fernsehsendung von allein aufnimmt; man kann also bequem Sendungen speichern und zu einem geeigneten Zeitpunkt anschauen.

Manche Recorder lassen sich auch als reine Tonaufzeichnungsgeräte verwenden, die die Tonqualität des Kassettenrecorders oder Spulentonbandgerätes übertreffen. Tonaufnahmen auf Videobändern rauschen nicht mehr, ihre Qualität entspricht der der CD-Platten.

Einbrennflecken Videokameras sind gegen zu grelles Licht sehr empfindlich. Wenn zu helles Licht auf das Objektiv der Kamera fällt, d.h., wenn eine zu intensive Lichtmenge auf die fotoelektrische Schicht der Kameraröhre trifft, entstehen dort sogenannte Einbrennflecken, die störend als dunkle Stellen auf dem Bildschirm zu sehen sind. Meistens verschwinden diese Flecken wieder von allein. Schneller geht das allerdings, wenn man die Kamera auf dem Stativ auf eine weiße Fläche richtet und diese sehr hell anstrahlt. Die Kamera sollte mindestens eine Stunde eingeschaltet auf diese Fläche gerichtet werden. Sind die Flecken dann immer noch zu sehen, ist die Kameraröhre beschädigt und muß vom Servicetechniker ausgetauscht werden.

Wartung und Reinigung Zu warten und zu reinigen gibt es bei Videorecordern und elektronischen Kameras sehr wenig. Wasser und Feuchtigkeit vertragen die Geräte nicht. Alle Recorder haben eine Sicherheitseinrichtung, die den Betrieb der Geräte bei einer bestimmten Luftfeuchtigkeit unterbricht.

Die Kamera braucht nicht gewartet zu werden; nur die Vorderlinse des Objektivs sollte man gelegentlich mit einem weichen Lederläppchen reinigen.

Für den Recorder werden Reinigungskassetten angeboten, die die rotierenden Bildköpfe von Staubpartikeln befreien sollen. Man sollte jedoch solche Kassetten nicht verwenden, weil die meisten die Köpfe ruinieren.

Wenn das Bild bei der Wiedergabe flimmert, deutet dies auf Verschmutzung oder Abnutzung der Bildköpfe hin. Hier kann nur der Fachmann helfen. Keinesfalls darf man die Bildköpfe mit der Hand berühren oder mit einem Tuch reinigen.

ACHTUNG!

Objektiv der Videokamera nie auf sehr helle Lichtquellen wie Scheinwerfer oder die Sonne richten, sonst wird die Aufnahmeröhre beschädigt und muß ausgetauscht werden. Wenn die Kamera ausgeschaltet wird, sollte man immer den Objektivdeckel vors Objektiv setzen.

Anschluß Alle Recorder werden in der gleichen Weise angeschlossen. Das Antennenkabel kommt in den Antenneneingang des Recorders. Mit einem weiteren Kabel verbindet man den Antennenausgang des Recorders und die Antennenbuchse des Fernsehgeräts.

Filmen mit Video Mit der Videokamera kann man bewegte Aufnahmen, „Filmaufnahmen", machen ohne jede Beschränkung, d.h., man braucht ganz selten eine zusätzliche Lichtquelle. Die Lichtempfindlichkeit der modernen elektronischen Kameras übertrifft selbst den empfindlichsten Schmalfilm.

Da man keine Möglichkeit hat, Videoaufnahmen nachträglich zu bearbeiten, also Szenen zu kürzen, herauszunehmen oder umzustellen, sollte man möglichst bei der Aufnahme auf Schnitt drehen, d.h., daß man nicht wahllos Szenen schießt, die später langweilig und nichtssagend wirken, sondern bewußt wirkungsvolle Einzelszenen auswählt.

Eine Einzelszene sollte nicht zu lange dauern; normalerweise reichen acht bis zehn Sekunden. Außerdem sollte man öfter den Standort wechseln und nicht alles von einer einzigen Position aus aufnehmen. Totalen – also Aufnahmen, die den ganzen Raum zeigen – sollte man nicht zu häufig einsetzen; auf dem kleinen Fernsehbild wirken sie sehr flach, und Details kann man ohnehin nicht mehr erkennen. Viel lebhafter werden Aufnahmen, bei denen man Einzelheiten mit der Kamera herausgreift: eine Hand, die Augenpartie eines Menschen im Profil usw. Man kann auch längere Szenen wagen, wenn sich die Kamera dabei bewegt, also langsam über die Szene schwenkt. Dynamik erzeugt man, wenn man mit der Kamera in der Hand vorwärts geht und so gleichsam Fahraufnahmen simuliert; wichtig dabei ist, daß solche Aufnahmen nur mit kurzer Brennweite des Objektivs gemacht werden, da das Bild sonst zu sehr wackelt.

Vitamine

Wer eine abwechslungsreiche, ausgewogene Kost zu sich nimmt und keinen besonderen Vitaminbedarf aufgrund einer Krankheit hat, kann sicher sein, daß seine Mineralstoff- und Vitaminversorgung stimmt. Ein gesunder Erwachsener wird mit allen notwendigen Nährstoffen versorgt, wenn er täglich z. B. 300 g Brot und andere Getreideprodukte, 150 g Obst und 250 g Gemüse (auch frisches Obst, Obstsaft und rohes Gemüse), ½ l Milch oder entsprechend Milchprodukte und 100 g Fleisch, Fisch oder Geflügel ißt.

Auch wenn die Qualität der Ernährung schwankt, ist der Organismus in der Lage, sich entsprechend anzupassen. Es empfiehlt sich jedoch, möglichst frische Produkte zu kaufen und sie entweder roh zu verzehren oder schonend zu garen (siehe *Garmethoden*). Obst und Gemüse möglichst nicht schälen.

Bei Menschen, die gerade eine Schlankheitskur machen oder aus anderen Gründen weniger als 5000 kJ (etwa 1200 kcal) täglich zu sich nehmen, kann es zum leichten Vitaminmangel kommen, der durch ein Vitaminpräparat behoben werden kann. Dabei muß man sich unbedingt an die empfohlene Dosierung halten, denn eine Überdosierung kann gesundheitsschädlich sein. Große Dosen Vitamin A und Vitamin D wirken z.B. giftig. Große Dosen Niacin verursachen Herz- und Darmprobleme. Große Dosen Vitamin C fördern die Bildung von Nierensteinen. Daß große Mengen bestimmter Vitamine Krankheiten verhüten oder heilen können, ist wissenschaftlich noch nicht erwiesen.

In welchen Nahrungsmitteln Vitamine enthalten sind, zeigt die folgende Übersicht.

- Vitamin A (Retinol): Leber, Eier, Käse, Butter, angereicherte Margarine und Milch, gelbe, orangefarbene und dunkelgrüne Gemüse (Möhren, Brokkoli, Kürbis, Spinat)
- Thiamin (B_1): Schweinefleisch, Leber, Austern, Vollkornflocken, Teigwaren, Brot, Bierhefe, Weizenkeime, grüne Erbsen
- Riboflavin (B_2): Leber, Milch, Fleisch, dunkelgrünes Blattgemüse, Getreideflocken, Teigwaren, Brot, Pilze
- Niacin (B_3): Leber, Geflügel, Fleisch, Thunfisch, Getreideflocken, Teigwaren, Brot, Nüsse, Hülsenfrüchte. Wird im Organismus aus der Aminosäure Tryptophan gebildet
- Pyridoxin (B_6): Vollkornflocken und -brot, Leber, Avocados, Spinat, grüne Bohnen, Bananen
- Cobalamin (B_{12}): Leber, Nieren, Fleisch, Fisch, Eier, Milch, Austern
- Folsäure: Leber, Nieren, dunkelgrünes Blattgemüse, Weizenkeime, Bierhefe
- Pantothensäure: Leber, Nieren, Vollkornbrot und Getreideflocken, Nüsse, Eier, dunkelgrünes Blattgemüse, Hefe
- Biotin: Eigelb, Leber, Nieren, dunkelgrüne Gemüse, grüne Bohnen. Wird im Darm durch Bakterien gebildet
- Vitamin C (Ascorbinsäure): Viele Früchte und Gemüse wie Zitrusfrüchte, Tomaten, Erdbeeren, Melonen, grüne Paprika, Kartoffeln, dunkelgrüne Gemüse
- Vitamin D (Calciferol): Milch, Ei gelb, Leber, Thunfisch, Lachs. Wird bei Sonnenbestrahlung in der Haut gebildet
- Vitamin E (Tocopherol): Pflanzenöle, Margarine, Vollkornflocken und -brot, Weizenkeime, Leber, Bohnen, grüne Blattgemüse
- Vitamin K: Grüne Blattgemüse, Kohl, Milch. Wird im Darm gebildet

Vögel

Kanarienvögel, Finken, Wellensittiche und Papageien sind beliebte Hausgenossen. Sie erfordern wenig Pflege, sind hübsch anzusehen und unterhalten durch Singen, Zwitschern oder Sprechen. Wenn man einen Stubenvogel kauft, achtet man darauf, daß er lebhaft ist und offene, glänzende Augen hat. Das Gefieder darf keine offenen Stellen haben und muß glatt und sauber sein.

Bei den Kanarienvögeln unterscheidet man zwei Zuchtrichtungen; bei der einen werden die Tiere wegen ihres Gesangs gezüchtet, die andere hat Varianten in Farbe und Gestalt zum Ziel. Bei den Sängern unterscheidet der Fachmann zwischen Belgischen Wasserschlägern und Harzer Rollern. Der Gesang der Wasserschläger ist lauter und etwas schriller, die Roller singen etwas weicher und melodischer. Bei beiden singen nur die Männchen.

Wenn man Kanarienvögel gut pflegt, werden sie 12–15 Jahre alt.

Prachtfinken sind widerstandsfähige, ruhige Vögel, die vor allem wegen ihrer prächtigen Farben gezüchtet werden. Sehr beliebt aus dieser Familie ist beispielsweise der Zebrafink. Finken sind gesellige Vögel und sollten möglichst zusammen mit einem oder mehreren Artgenossen im Käfig gehalten werden. Ihre durchschnittliche Lebenserwartung beträgt zweieinhalb Jahre.

Wellensittiche sind kleine Papageienvögel und wegen ihrer prächtigen Färbung, ihres Nachahmungstriebs und ihres lebhaften Wesens beliebt. Man kann ihnen das Sprechen beibringen. Die beste Auffassungsgabe haben Vögel im Alter von sechs bis zwölf Wochen. (Die Jungvögel sind an der Stirn gestreift.) Wellensittiche werden bis zu zwölf Jahre alt.

Es gibt über 300 verschiedene Papageienarten, die man sieben Familien zuordnet. Manche Arten werden bis zu 1 m groß, andere nur 25–30 cm. Die farbenprächtigen Aras sind sehr sprechbegabt und plappern mit der Zeit ganze Sätze nach. Außerdem werden sie sehr anhänglich und liebenswürdig, wenn man sich viel mit ihnen beschäftigt. Manche größeren Arten können 75–80 Jahre alt werden.

Käfig Man wählt möglichst einen Käfig, der so groß ist, daß der Vogel darin herumfliegen kann, und stattet ihn mit mindestens drei Sitzstäben sowie Schälchen für Futter und Wasser aus. Ein Käfig mit einem abnehmbaren Kasten unter einem Boden aus Maschendraht läßt sich leicht reinigen. Zum Baden stellt man ein Vogelbad oder eine Schüssel mit Wasser auf den Boden.

Finken und Wellensittiche haben gern einen Spiegel, eine Leiter oder eine Glocke zum Spielen im Käfig. Kanarienvögel interessieren sich nicht für Spielzeug.

Den Käfig stellt man an einen Platz, wo er vor direkter Sonneneinstrahlung und Zugluft geschützt ist. Wichtig ist, daß man ihn und die Einrichtung sauberhält.

Fütterung Ein Vogel muß reichlich Futter und Wasser erhalten; bekommt ein Vogel nichts zu fressen und zu trinken, stirbt er innerhalb von 24–48 Stunden. Wenn man die Wohnung für mehrere Tage verläßt, hängt man einen Futter- und Wasserspender mit einem ausreichenden Vorrat an den Käfig. Am besten ist es, wenn man für seinen gefiederten Freund in der Zoohandlung fertiges Körnermischfutter kauft. Zusätzlich zum Körnerfutter gibt man ihm zweimal in der Woche Grünzeug, z.B. kleine Stückchen Kopfsalat. Außerdem ist er auch für gelegentliche Leckerbissen wie Früchte oder hartgekochte Eier dankbar. Auch Vitamine sollte man nicht vergessen. Vitaminpräparate werden nach Anweisung entweder in Pulverform dem Körnerfutter oder in flüssiger Form dem Wasser zugesetzt. Da Vögel zur Verdauung ihrer Nahrung im Magen Sand brauchen, streut man Vogelsand auf den Boden des Käfigs. Damit der Vogel seinen Schnabel wetzen kann und ausreichend Kalk und Mineralien bekommt, hängt man eine Sepiaschale in den Käfig.

Vögel zähmen Um einen Vogel an sich zu gewöhnen, sollte man ihn immer wieder in die Hand nehmen. Im Käfig fängt man ihn ein, indem man ihn mit schnellem, sicherem Griff so faßt, daß sich sein Hals zwischen dem Zeige- und Ringfinger befindet. Man sollte einen Vogel täglich mindestens eine halbe Stunde frei fliegen lassen. Man schließt alle Türen und Fenster im Raum und öffnet das Käfigtürchen. Kehrt er nach mehrmaligem freundlichem Locken nicht freiwillig in den

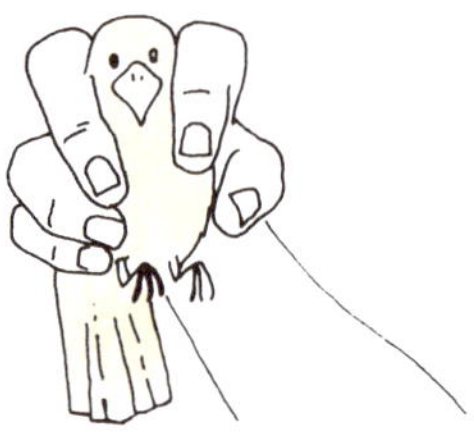

Käfig zurück, wird der Raum abgedunkelt. Dadurch beruhigt sich der Vogel und läßt sich einfacher einfangen. Falls nötig, kann man auch ein leichtes Tuch über ihn werfen. Kanarienvögel sollte man erst nach einigen Tagen der Eingewöhnung aus dem Käfig lassen, weil sie sonst ängstlich werden und in Panik geraten könnten.

So bald wie möglich sollte man damit beginnen, den Vogel handzahm zu machen. Dazu hält man die Hand in den Käfig und kratzt den Vogel leicht am Kopf. Sobald er sich das gefallen läßt, drückt man mit dem Zeigefinger leicht gegen seine Brust, um ihn zu veranlassen, sich auf den Finger zu setzen.

Sprechende Vögel Um einem Wellensittich oder Papagei das Sprechen beizubringen, wiederholt man immer wieder ein Wort oder einen kurzen Satz. Am besten verdunkelt man den Raum, damit der Vogel einen nicht sehen kann und sowenig wie möglich abgelenkt wird.

Den Unterricht erteilt man zwei- oder dreimal täglich, und zwar jeweils höchstens 15 Minuten. Wichtig ist, daß man Geduld hat, denn manchmal stellt sich der Erfolg erst nach Wochen ein. Wenn man einen Kassettenrecorder oder ein Tonbandgerät besitzt, nimmt man die Übung auf und spielt sie immer wieder ab.

Gesundheit Sobald man einen Vogel anschafft, sollte man sich nach einem Tierarzt umsehen, der auch Vögel behandelt. Wenn das Tier krank wird, darf man keine Zeit versäumen.

Die wichtigsten Krankheitsanzeichen sind zerzaustes Gefieder, halbgeschlossene Augen, Niesen, Appetitlosigkeit und unnormale Ausscheidungen. Stellt man bei einem Vogel solche Symptome fest, hält man ihn warm, indem man den Käfig mit einem Tuch abdeckt, und bringt ihn möglichst schnell zum Tierarzt.

Vögel beobachten

Vögel lassen sich am einfachsten und bequemsten an einem Futterplatz beobachten, den man in Sichtweite eines Zimmerfensters angelegt hat. Wer in Waldnähe wohnt, kann natürlich weit mehr Vogelarten vor seinem Fenster erwarten als ein Innenstadtbewohner. Auch der gepflegteste Futterplatz ersetzt aber nicht den Ausflug in Wald und Flur, wo man auch seltenere Arten in ihrem natürlichen Lebensraum beobachten kann.

Zunächst muß man sich darüber im klaren sein, welchen Naturraum man überhaupt aufsuchen will. Jede Vogelart hat ihren charakteristischen Lebensraum. In einem Heidegebiet etwa trifft man auf ganz andere Arten als in einem Nadelwald oder in einem Wiesengelände. Wo verschiedene Lebensräume aneinandergrenzen, z.B. an Waldrändern oder in waldumkränzten Wiesentälchen, kann man ein besonders vielfältiges Vogelleben beobachten. Es ist ratsam, sich mit Hilfe eines Bestimmungsbuchs mit denjenigen Vogelarten vertraut zu machen, die im Beobachtungsgebiet zu erwarten sind.

Die günstigste Tageszeit für eine vogelkundliche Pirsch ist der frühe Morgen, wenn die Vögel auf Nahrungssuche sind und ihr charakteristisches Gezwitscher anstimmen. Zur Ausrüstung gehören ein Fernglas und ein Notizbuch, in dem man Aussehen, Verhaltensweisen und vielleicht noch den Ruf derjenigen Vogelarten festhält, die man anschließend mit Hilfe der Literatur bestimmen will. Man sollte möglichst unauffällig gekleidet sein und sich am besten ruhig am Boden, möglichst hinter Gebüsch, niederlassen, um von dort Ausschau zu halten. Vögel sind neugierig; man kann sie durch vogelrufähnliche Pfiffe aus ihrer Deckung locken. Vögel anhand ihrer Rufe zu bestimmen erfordert sehr viel Übung. Man läßt sich in diese Kunst am besten auf einer vogelkundlichen Exkursion einführen. Solche Führungen werden als Sonderveranstaltungen von Volkshochschulen und vom Deutschen Bund für Vogelschutz angeboten.

Viele Vogelarten bekommt man hauptsächlich im Flug zu Gesicht. Das gilt für die meisten Raubvögel, die am Himmel ihre Kreise ziehen, aber auch für einige scheue Watvögel. Anhand ihres Flugbilds kann man sie

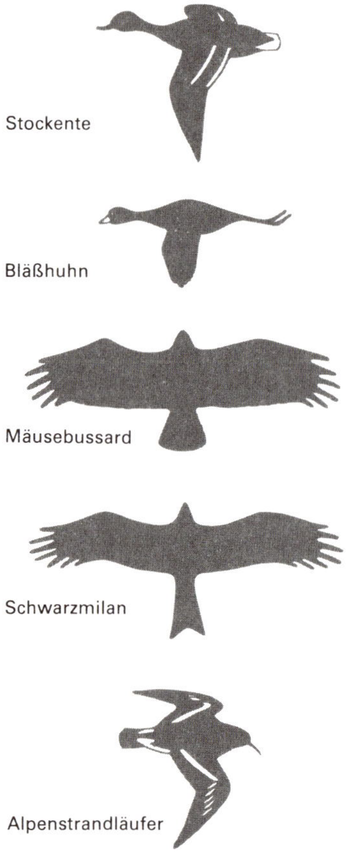

eindeutig erkennen. Manche Entenvögel lassen sich im Flug sogar leichter bestimmen als schwimmend, weil dann ihre charakteristische Flügelbinde sichtbar wird.

Im Frühjahr und Herbst kann man Zugvögel beobachten, die in nördlichen Gefilden beheimatet sind. Sie fliegen meist in Scharen feste Rastplätze an, um einige Tage auszuruhen und Nahrung aufzunehmen. Im Binnenland trifft man Zugvögel am ehesten an Altwässern und den pflanzenreichen Uferzonen von Seen; im Küstenland halten sich oft riesige Schwärme in Flußmündungen, Buchten, im Wattenmeer und in den Dünengebieten der Inseln auf.

Vögel füttern

Mit der Fütterung beginnt man schon so früh, daß sich die Vögel an den neuen Futterplatz gewöhnen können und ihn nach den ersten Schneefällen auch finden. Man füttert nicht zuviel, dafür aber regelmäßig morgens in der Frühe oder am Abend vorher. Im Frühjahr sollte man die Fütterung rechtzeitig einstellen, damit die Vögel die Futtersuche nicht verlernen oder ihre Jungen womöglich mit Futter versorgen, das für sie schädlich wäre.

Ein Futterhäuschen ist nicht unbedingt erforderlich, erfüllt doch auch ein Blumentopf oder eine halbierte Kokosnußschale ihren Zweck. Man füllt die Futterglocke mit einer Mischung aus Rinderfett und Weizenkleie im Gewichtsverhältnis 1:1 und hängt sie dann an einem Ast auf. Körnerfutter läßt sich auch auf einem einfachen Futtertisch ausstreuen, den man auf einem Pfahl befestigt. Er muß regelmäßig gereinigt und von nassem Futter befreit werden. Zum Verfüttern eignen sich Sonnenblumen- und Kürbiskerne, Mohn und Hirse. Distelfinken bevorzugen Distelsamen, von dem man sich im Herbst einen kleinen Vorrat zusammensuchen kann. Für die Weichfresser kommen neben Haferflocken auch Apfelkerne, Stücke von weichen Äpfeln, getrocknete Ebereschenbeeren und Rosinen in Frage.

Der Fachhandel bietet fertige Futtermischungen an, die dem Futterbedarf vieler Arten gerecht werden. Beim Kauf von Meisenringen und -knödeln ist darauf zu achten, daß sie kein Stearin enthalten. Dieser Zusatz kann für Vögel den Tod bedeuten. Gänzlich ungeeignet sind alle gesalzenen oder sonstwie gewürzten Speisereste, auch Brot- und Kuchenkrümel.

Vogelscheuche

Die meisten Vögel erkennen schnell, daß eine Vogelscheuche keine ernsthafte Bedrohung für sie darstellt. Mit einiger Phantasie kann man aber eine bessere Wirkung erzielen und die Vogelscheuche außerdem zu einem lustigen Blickfang im Garten machen.

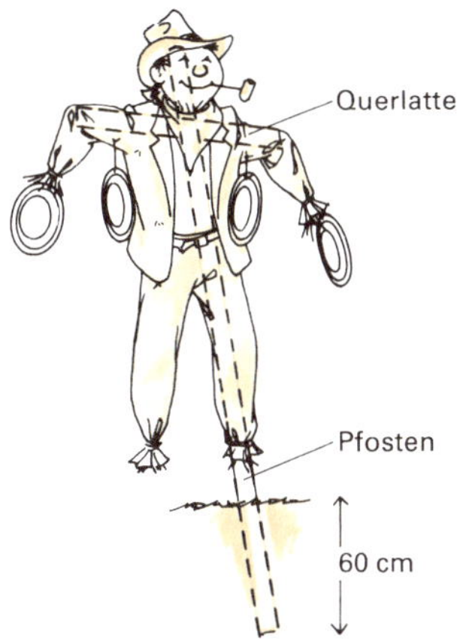

Als Grundgestell verwendet man einen 2,5–3 m langen Pfosten mit einer 1–1,5 m langen Querlatte. Darauf kommen leicht zu befestigende Kleidungsstücke, wie einteilige Latzhosen, Overalls, ein Herrenhemd oder ein langes Kleid. Helle Stoffarben machen die Vogelscheuche auffälliger, und festes Material hält dem Wetter besser stand.

Zunächst werden die Kleider übergezogen. Danach wird die Querlatte an den Standpfosten genagelt. Dann rammt man den Pfosten ungefähr 60 cm tief in den Boden. Die Kleider werden mit Stroh ausgestopft. Alle Öffnungen schnürt man mit Bindfaden zu, und die Kleidungsstücke bindet man aneinander fest.

Den Kopf bildet eine mit Heu oder Stroh ausgestopfte Strumpfhose, die man über das obere Ende des Standpfostens stülpt und unten zusammenbindet.

Mit Filzschreibern malt man ein Gesicht auf, oder man näht Stoffstücke auf, die Augen, Nase und Mund darstellen. Schließlich setzt man der Vogelscheuche noch einen Hut auf, legt ihr einen Schal um und zieht ihr Handschuhe an.

Wenn man auch äsendes Wild abschrecken will, kann man an der Vogelscheuche Blechscheiben aufhängen, die im Wind gegeneinanderschlagen.

Weniger aufwendig, aber sehr wirksam sind bunte Kunststoffbänder oder vor allem etwa 3 cm breite Streifen aus Alufolie, die man an langen Stäben o.ä. befestigt. Die Stäbe steckt man dann in Abständen in die Erde. Der kleinste Windhauch genügt, um die Streifen zum Rascheln und Glitzern zu bringen.

Um insbesondere die Kirschenernte zu retten, schwören manche auf einen Salzhering. Im oder nahe am Kirschbaum aufgehängt, hält er die Vögel ab.

Völkerball

Völkerball wird von zwei gleich großen Mannschaften mit einem Hand- oder Fußball gespielt. Ziel ist, die Spieler der gegnerischen Mannschaft durch einen Treffer „abzuwerfen“. Man markiert mit Kreide auf dem Boden ein Spielfeld von etwa 10 m Länge und etwa 7 m Breite. Durch eine Mittellinie wird das Feld in zwei Hälften eingeteilt.

Die Spieler werden durch Auslosen in zwei Mannschaften aufgeteilt und stellen sich – gut verteilt – jeweils in einer Spielhälfte auf. Die Mannschaft, die beginnt, wirft den Ball so über die Mittellinie, daß dabei möglichst ein Spieler der gegnerischen Partei getroffen wird.

Spieler, die abgeworfen wurden, scheiden aus. Auch wer die Mittellinie oder die seitliche bzw. die hintere Grenzlinie überschreitet, muß das Spielfeld verlassen. (Nach einer Regel dürfen sie von ihrer Position außerhalb der Grenzlinien versuchen, gegnerische Spieler abzuwerfen. Gelingt es ihnen, dürfen sie zurück aufs Spielfeld.)

Um nicht getroffen zu werden, können die Spieler versuchen, dem Ball auszuweichen, indem sie sich bücken oder hochspringen. Sie können den Ball auch auffangen. Wenn ein Gegner getroffen wurde, ist die gleiche

Mannschaft noch einmal mit Werfen an der Reihe. Wird dabei kein Spieler getroffen, kommt die gegnerische Mannschaft zum Wurf. Sieger ist die Mannschaft, die alle gegnerischen Spieler abgeworfen hat.

Bei einer Variante des Völkerballspiels stellen sich am Anfang drei „Grenzwächter“ hinter oder neben der gegnerischen Spielfeldhälfte auf. Sie dürfen auch zu ihrer Mannschaft ins Feld. Grenzwächter werfen nicht nur ihre Gegner ab, sondern können auch ihren Mannschaftskameraden den Ball zuspielen.

Vollwertkost

Bei einer Vollwerternährung werden Lebensmittel verwendet, die möglichst wenig Nährstoffe durch langen Transport und lange Lagerung, industrielle Verarbeitung, küchentechnische Zubereitung und übertriebene Verfeinerung verloren haben. So bleibt die Eigenart eines Lebensmittels weitgehend erhalten, besonders wenn keine Fremdstoffe zugesetzt werden. Lebensmittel sollten ferner so frisch wie möglich verzehrt werden.

Für die Vollwerternährung sind vor allem Lebensmittel zu empfehlen, die unverändert, also nur gewaschen, geschält oder entspelzt, verzehrt werden oder durch Zerkleinern, Tiefgefrieren, Fermentieren oder Trocknen haltbar gemacht wurden.

Einige Lebensmittel, wie etwa Kartoffeln, darf man allerdings nur erhitzt verzehren, da sie erst in dieser Form verdaulich, bekömmlich oder gesundheitlich unbedenklich sind.

Von stark verarbeiteten Nahrungsmitteln sowie isolierten Produkten wie etwa Zucker ist ernährungsphysiologisch abzuraten. Für einen gesunden Menschen ist jedoch der gelegentliche Verzehr solcher Produkte unbedenklich.

Wer seine Ernährung auf Vollwertkost umstellen möchte, sollte wie folgt vorgehen:

- Vollkornmehl und Vollkornprodukten den Vorzug vor Auszugsmehl und Auszugsmehlprodukten geben, also Vollkornbrot statt Weiß- oder Graubrot essen; Vollkornkuchen statt herkömmlichen Kuchen essen; Naturreis statt polierten weißen Reis verwenden.
- Haushalts- und Industriezucker vermeiden; möglichst mit naturreinem Honig süßen.
- Fette und Öle sparsam verwenden.
- Kaltgepreßte Fette verwenden (siehe *Fette und Speiseöle*).
- Vor jeder warmen Mahlzeit Frischkost essen.
- Täglich Frischkornmüsli essen (siehe *Müsli*).
- Speisen schonend zubereiten (siehe *Garmethoden*).

Vorhängeschlösser

Vorhängeschlösser gibt es in verschiedenen Größen, Ausführungen und zu unterschiedlichen Preisen. Bei der Wahl eines Schlosses richtet man sich nach dem Verwendungszweck: Wenn man beispielsweise einen Werkzeugkasten vor Kinderhand sichern will, wird man ein einfacheres und billigeres Schloß kaufen als für eine Tür, die möglichst diebstahlfest verschlossen werden soll. Die größte Sicherheit bieten Vorhängeschlösser mit Stiftzylinder, gehärtetem, nichtrostendem Stahlbügel und einem Gehäuse aus Stahlplatten oder massivem Messing. Die besten und teuersten Schlösser haben einen Zylinder mit fünf Stiften und eine unabhängige Verriegelung an beiden Seiten des Bügels. Wenn man mehrere Vorhängeschlösser braucht, kauft man sie am besten schlüsselgleich, d.h. also mit einem Schlüssel, der zu allen Schlössern paßt.

Vorhängeschlösser mit Zahlenkombination sind nicht ganz so sicher, aber bequem – denn man kann keinen Schlüssel verlieren. Man wählt eine Ausführung mit Messinggehäuse und gehärtetem Stahlbügel.

Schlösser mit Plattengehäuse aus Stahl und Zuhaltungen gehören zur mittleren Preisklasse und sind weniger einbruchsicher. Sie sehen Zylinderschlössern ähnlich, haben aber andere Schlüssel.

Ein billiges schmiedeeisernes Schloß aus zwei Gehäusehälften ist leicht aufzubrechen. Man verwendet es nur, um beispielsweise eine Werkzeugkiste oder einen Schrank so abzuschließen, daß Kinder nicht daran können.

Das Schließband wählt man in Größe und Ausführung zum Vorhängeschloß passend. Das Band sollte aus gehärtetem Stahl sein, einen fest verankerten Gelenkstift und verdeckte Schrauben haben.

Siehe auch *Fahrradsicherung*.

Schlüssel für ein Zylinderschloß

Schlüssel für ein Schloß mit Zuhaltungen

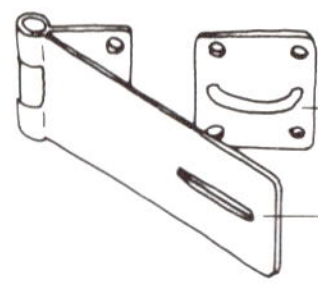

Vorsorgeuntersuchungen

In der Bundesrepublik Deutschland werden für alle Schwangeren bestimmte Vorsorgeuntersuchungen angeboten. Bei Risikoschwangerschaften werden zusätzliche Untersuchungen in einem erweiterten Programm durchgeführt.

In der Bundesrepublik Deutschland und in Österreich gibt es ein Vorsorgeprogramm für Kinder von der Geburt bis etwa zum vierten Lebensjahr. Die beiden ersten Untersuchungen finden noch in der Entbindungsklinik, die folgenden sechs auf Initiative der Eltern beim Arzt statt. Zu den vorbeugenden Maßnahmen gehören auch die Schutzimpfungen (siehe dort), die man vom ersten Lebensjahr an durchführen lassen sollte.

Allen Schwangeren und Eltern wird von Ärzten und Krankenkassen dringend empfohlen, von diesen Möglichkeiten Gebrauch zu machen, damit Fehlentwicklungen und Krankheiten rechtzeitig erkannt und behandelt werden können.

Bei Erwachsenen steht die Krebsvorsorge im Vordergrund. Auch hier wird dringend empfohlen, die entsprechenden Vorsorgeuntersuchungen regelmäßig einmal im Jahr machen zu lassen, denn je früher die Krankheit entdeckt wird, desto größer sind die Heilungsaussichten (siehe auch *Brust untersuchen*).

Auch viele Herz- und Kreislaufleiden, Zuckerkrankheit u.a. kann man durch regelmäßige Untersuchungen rechtzeitig erkennen. Vor allem die sogenannten Risikogruppen, z. B. Menschen, in deren Familien solche Krankheiten häufig vorgekommen sind, sollten um die Vorbeugung bemüht sein.

Vorstellungsgespräch

Zu einem Vorstellungsgespräch wird man eingeladen, wenn man zum engeren Kreis der Bewerber gehört, die für den Posten in Frage kommen. Für das richtige Verhalten beim Vorstellungsgespräch gibt es einige Regeln:

- Vor dem Gespräch Informationen über die Firma einholen. Man bekundet damit einerseits wirkliches Interesse und kann andererseits beim Gespräch fundierte Fragen stellen, wodurch man den Gesprächsablauf zum Teil selbst bestimmt.
- Unbedingt pünktlich erscheinen – man bringt sich sonst unnötig in eine ungünstige Position.
- Optimismus ausstrahlen.
- Ruhig öfter einmal die Initiative ergreifen und das Gespräch auf ein Thema lenken, das man beherrscht.
- Mögliche Einwände des Gesprächspartners – z. B. zum häufigen Stellenwechsel – schon im voraus bedenken und in die eigene Argumentation einbauen.
- Seinem Gesprächspartner aufmerksam zuhören und ihn stets ausreden lassen, ihm andererseits nicht nach dem Munde reden.
- Negative Äußerungen am besten als Frage formulieren, z. B.: „Bin ich richtig informiert, daß Ihr Unternehmen in letzter Zeit in einer schwierigen Situation war und sogar einige Mitarbeiter entlassen mußte?“
- Gesprächspausen zum Sammeln neuer Kräfte nutzen. Überhaupt sollte man versuchen, Ruhe zu bewahren; es kann hilfreich sein, bewußt tief durchzuatmen.
- Durch präzises Nachfragen feststellen, ob Einwände gegen eine Einstellung vorhanden sind, damit man sie gegebenenfalls entkräften kann.
- Fragen, die das Gehalt betreffen, immer nur aus dem eigenen Leistungswillen begründen.
- Generell gilt, die eigenen Stärken wirkungsvoll, aber ohne Übertreibung herauszustellen und die Schwächen zurückzunehmen.
- Zum Schluß des Gesprächs vereinbaren, wer wann den nächsten Schritt unternimmt.

Der Personalchef muß die besonderen Anforderungen des Betriebes und des Arbeitsplatzes erläutern. Eine vorgesehene Neuorganisation, Betriebsumstellung oder -einschränkung muß offen dargelegt werden. Andererseits ist der Bewerber verpflichtet, Fragen hinsichtlich einer bestehenden Schwangerschaft, wegen Schwerbehinderung und eventueller Vorstrafen wahrheitsgetreu zu beantworten. Werden diese Fragen nicht gestellt, muß der Bewerber von sich aus nicht darauf hinweisen. Unzulässig sind Fragen bezüglich der Religions-, Gewerkschafts- oder Parteienzugehörigkeit.

Wenn man zu einem Vorstellungsgespräch eingeladen wird, übernimmt die Firma in der Regel die Reisekosten. Wird der Bewerber vom Arbeitsamt geschickt, übernimmt das Arbeitsamt die Vorstellungskosten, falls das Unternehmen nicht dazu bereit ist. Bei sehr schlechten Verkehrsverbindungen hat man Anspruch auf Kilometergeld, sonst ist dem Bewerber zuzumuten, öffentliche Verkehrsmittel zu benutzen. Wenn es sich um die Besetzung einer sehr qualifizierten Position handelt, kann man in jedem Fall das eigene Auto oder das Flugzeug benutzen. Die Reisekostenordnung hält sich an die steuerlichen Richtlinien.

W

Wander- und Bergstiefel

Beim Wander- oder Trekkingmodell besteht das Obermaterial aus Vollrindleder oder einem feuchtigkeitsabstoßenden, aber atmungsaktiven Gewebe. Der Schaft ist seitlich versteift, Zehen- und Fersenbereich werden außen zusätzlich durch Lederverstärkungen geschützt. Relativ weich hingegen ist der Gelenkbereich, um ein ermüdungsfreies Laufen zu gewährleisten. Die Zungen- und Knöchelpolsterung muß anatomisch richtig sitzen; die Bänderschnürung darf nicht zu spüren sein. Gute Schuhe haben im Absatzbereich eine Trittdämpfung.

Wichtig ist beim Schuhkauf, daß die Zehen möglichst viel Bewegungsfreiheit haben. Man sollte daran denken, daß sich der Fuß beim Bergabgehen nach vorn verlagern wird, und Scheuerstellen auf den Zehen sind besonders unangenehm. Zum Anprobieren zieht man die Sockenart an, die man später zum Wandern tragen wird.

Der Bergstiefel für den hochalpinen Einsatz ist ähnlich konzipiert, insgesamt aber von schwererem Aufbau. Die Sohle kann angeklebt sein, besser ist es aber, wenn sie mit Lederbrand- und Zwischensohle zwiegenäht ist. Die Stollenprofile sind noch kräftiger für den sicheren Tritt auch abseits von Wegen. Der Schuh ist steigeisenfest.

Damit es im Geröll keine Schäden am Oberleder gibt, verwendet man häufig gewendetes Naturrindleder, das allerdings intensiv mit Lederpflegemittel imprägniert werden muß, damit es auch Regenwetter standhält.

Nicht unwichtig ist die Zunge eines Schuhs, die nicht nur eine gute Mittelfixierung haben, sondern auch so konstruiert sein muß, daß keine Feuchtigkeit oder Steine eindringen können. Meist gibt es eine seitlich angenähte Zunge.

Spezialbergstiefel für den Winter bestehen aus Innen- und Überschuh. Sie gehören allerdings zur reinen Profiausrüstung.

Der moderne Bergschuh ist kein tristes, einfarbiges Zubehör. Auch die Mode hat hier Einzug gehalten, und man bekommt den Schuh farblich auf die Kleidung abgestimmt. Wie beim Wanderschuh muß man sich beim Kauf die entsprechenden Strümpfe anziehen und sich genügend Zeit lassen, um darin etwas hin und her zu laufen. Bei manchen Geschäften darf man die Schuhe mitnehmen und sie zu Hause in der Wohnung ein paar Stunden tragen, ehe man sich für eine bestimmte Größe oder ein Modell entscheidet. Bevor man eine längere Tour mit neuen Schuhen unternimmt, müssen sie eingelaufen werden.

Wärmedämmung außen

Es gibt verschiedene Techniken, um ein Haus nachträglich von außen wärmezudämmen. Sie alle erfordern viel Geld und Zeit, aber der Aufwand lohnt sich, denn man spart hinterher viel Heizenergie.

Man kann Hartschaumplatten verwenden, die auf die Wände geklebt und zusätzlich mit Spezialdübeln gesichert werden müssen, wenn der alte Putz mürbe oder sandig ist. Wie dick die Platten sein sollten, läßt man vom Fachmann feststellen, denn ihre Dikke richtet sich danach, wie die Wände beschaffen sind. Auf die Platten wird dann ein Kunstharzputz aufgetragen. Fassadenbereiche, die voll dem Wetter ausgesetzt sind, sollte man vorher mit Panzergewebe armieren. Wie man im einzelnen vorgehen muß, entnimmt man der Verarbeitungsanleitung.

Etwas einfacher als das Dämmsystem mit Putz ist es, die Wände mit Nut und Federbrettern bzw. mit speziellen Landhausprofilen zu verkleiden (siehe *Nut und Feder*). Voraussetzung dafür ist allerdings, daß das regionale Baurecht eine solche Fassade zuläßt und daß sie zum Haus paßt.

Da eine Holzfassade die Wärmedämmung nur unwesentlich verbessert, bringt man unter dem Holz eine Dämmschicht aus Mineralfasermatten an. Auch hier läßt man den Fachmann entscheiden, wie dick die Platten sein sollten.

Zunächst erhält die saubere, trokkene Fassade eine gitterförmige Unterkonstruktion aus imprägnierten Dachlatten, die so dick wie die Isoliermatten sind (siehe *Bauholz*). In die Fächer stellt man die Matten; man braucht sie nicht besonders zu sichern. Die Latten befestigt man mit speziellen Nageldübeln und Nagelschrauben (siehe *Dübeln*).

Auf der Unterkonstruktion mit den Dämmatten befestigt man mit Spax-Schrauben eine 3 cm dicke, imprägnierte Konterlattung.

Die Konterlattung hat zwei Aufgaben: Einmal sichert sie die Dämmatten, und zum anderen sorgt sie für den Abstand, der nötig ist, damit die vorgehängte Fassade entlüftet wird. Ohne diesen Zwischenraum sammelt sich recht bald Feuchtigkeit in der Dämmung, und Fassaden- und Mauerschäden wären die Folge.

Auf der Konterlattung befestigt man die Nut- und Federbretter nach Wahl. Die Bretter müssen imprägniert werden; die Rückseite behandelt man, bevor man sie annagelt. Imprägnierungsmittel gibt es in verschiedenen Holztönen. Man verarbeitet sie nach den Herstellerhinweisen.

Wärmedämmung innen

Wärmedämmung bedeutet, ein Haus oder eine Wohnung so zu schützen, daß kein oder nur geringer Wärmeverlust eintreten kann, also möglichst viel Energie gespart wird. Am einfachsten und doch sehr wirksam sind konstruktive Maßnahmen, die im Innern von Gebäuden durchgeführt werden können, denn eine Dämmung von außen ist viel aufwendiger, weil dabei eine wetterbeständige Fassadenverkleidung erforderlich ist (siehe *Wärmedämmung außen*).

Außerdem hat die Wärmedämmung innen den Vorteil, daß die Raumluft schneller warm wird, da die Wände nicht erst aufgeheizt werden müssen. Doch die Dämmung beschränkt sich nicht auf die Wände, denn es gibt viele Möglichkeiten, Energie zu sparen; die wichtigsten sind:

- Fenster mit Isolierverglasung;
- Türen mit Falz- bzw. Bodendichtungen (siehe auch *Abdichten; Schalldämmung*);
- Fensteröffnungen auf eine vertretbare Größe reduzieren;
- Rolläden mit dicht schließenden, gedämmten Rolladenkästen und ausgeschäumten Lamellen (siehe *Rollläden*);
- Heizkörpernischen mit Dämmaterial oder Aluminiumfolie versehen;
- Windfangtür hinter der Haustür einbauen;
- Dämmung des ausgebauten Dachraums (siehe *Dachentlüftung*);
- Kältebrücken wie Fugen an Türfuttern und Fenstern, Rolladenkästen und Rohrleitungen vermeiden (siehe auch *Schalldämmung*).

Wenn man Decken und Wände wärmedämmt, sollte man die Gelegenheit nützen und beispielsweise vorher tapezierte Flächen durch eine Holzverkleidung ersetzen (siehe *Dekkenpaneele; Nut und Feder*).

Bei Räumen, in denen viel Wasserdampf entsteht, wie z.B. in Badezimmern oder Küchen, muß man damit rechnen, daß sich durch die Innendämmung bei niedrigen Außentemperaturen Kondenswasser in den Wänden bildet; und Kondenswasser mindert den Dämmwert des Dämmaterials. Um dies zu verhindern, baut man auf der warmen Innenseite der Wandkonstruktion eine Dampfsperre ein. Man verwendet dazu Bahnen aus Bitumenpappe oder Aluminiumfolie, die ausreichend überlappt und verklebt oder mit rostfreien Klammern befestigt werden (siehe *Heftpistole; Klebstoffe und Leime*).

Der Aufbau der Dämmung ist einfach. Man montiert die Grundlattung (A) auf das Mauerwerk (B) (siehe *Unterkonstruktionen*), die man auf die Maße des Dämmstoffs (C) abstimmt (siehe *Wärmedämmung außen*). Dann wird die Dampfsperre (D) aufgesetzt, und darüber kommt die Konterlattung (E), die zur Hinterlüftung (F) der Verkleidungsschale (G) dient. Die Raumluft muß in die Hinterlüftung strömen können; denn wenn die Luft hinter der Verschalung steht, können sich Fäulnis und Schimmel bilden. In der Abbildung ist die Grundlattung (A) um 90° gedreht, um alle Schichten zeigen zu können; sie verläuft quer zur Konterlattung (E).

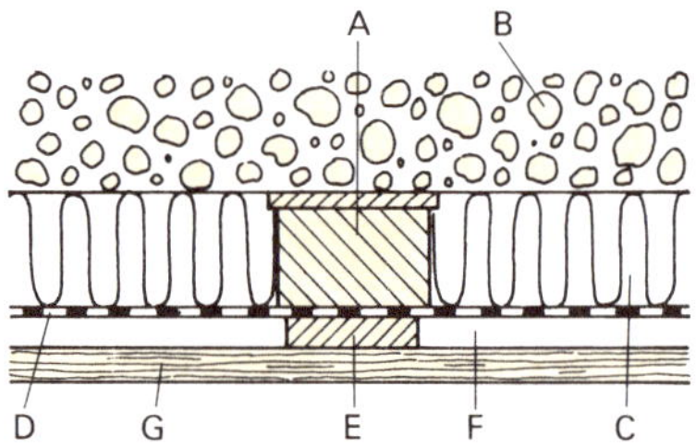

Wärmedämmaterialien sind Platten aus geschäumtem Polystyrol oder Polyurethan sowie auf Bitumenpapier oder Aluminiumfolien kaschierte Mineralfasermatten oder -platten.

Wärmemesser

Bei Gemeinschaftsheizungsanlagen werden an den Heizkörpern Wärmemesser angebracht, damit die Heizkosten entsprechend dem Verbrauch verteilt werden können. Diese Wärmemesser arbeiten nach dem Verdunstungsprinzip. In einem Gehäuse befinden sich Flüssigkeitsampullen, die nach der Heizperiode abgelesen und dann durch neue ersetzt werden. Je mehr Flüssigkeit verdunstet ist, desto größer war der Verbrauch. Die Größe bzw. die Anzahl der Ampullen ist auf die Leistung der einzelnen Heizkörper abgestimmt. Es gibt außerdem Geräte mit Digitalanzeiger.

Beide Typen messen nicht die effektiv verbrauchte Energiemenge, sondern nur die von den Heizkörpern abgegebene Wärmemenge. Die Heizkosten können also nicht allein nach den abgelesenen Werten ermittelt werden; bis zu 30% der verbrauchten Energie (Gas, Öl) werden deshalb nach der Wohnfläche abgerechnet.

Die Werte werden von einer Vertragsfirma abgelesen. Bevor ein Mitarbeiter dieser Firma nach Voranmeldung kommt, sollte man die Werte der einzelnen Meßgeräte aufschreiben, damit man sie mit seinen Werten vergleichen und auf eventuelle Unterschiede hinweisen kann.

Gardinen und Vorhänge sowie Möbelstücke sollten die Heizkörper nicht verdecken. Sonst wird die Wärme nicht in das Zimmer ausgestrahlt, und das Meßgerät zeigt einen höheren Verbrauch an, da durch den Wärmestau mehr Flüssigkeit verdunstet.

Warzen

Warzen werden durch Viren hervorgerufen und sind geringfügig ansteckend. Keine artet in Krebs aus.

Gewöhnliche Warzen sind hautfarben oder bräunlich. Sie verursachen selten Schmerzen und halten sich, auch wenn man nichts dagegen tut, selten länger als zehn Jahre.

Sohlenwarzen erkennt man an ihrer rauhen Oberfläche und an einem Dorn, der in die Fußsohle hineinreicht und oft Schmerzen verursacht, wenn man auftritt. Wenn man die Oberfläche entfernt, haben sie, im Unterschied zu Schwielen und Hühneraugen, dunkle Flecken. Sohlenwarzen können innerhalb weniger Monate spontan verschwinden oder auch jahrelang bestehenbleiben. Gesichtswarzen, meist sogenannte Fadenwarzen, können auch spontan verschwinden, meist läßt man sie jedoch aus kosmetischen Gründen entfernen.

Der Arzt hat verschiedene Möglichkeiten, Warzen zu entfernen. Will man sie selber behandeln, erhält man in der Apotheke besondere Pasten oder Lösungen, die man täglich aufträgt und trocknen läßt. Verwendet man Paste, deckt man die Warze mit Verbandmaterial ab und schützt die umgebende Haut mit einem Heftpflasterverband (siehe *Verbände anlegen*). Beginnt die Warze zu schmerzen, bricht man die Behandlung sofort ab und sucht einen Arzt auf. Ältere oder zuckerkranke Menschen sollten Warzen nur vom Arzt behandeln lassen.

Auch sogenannte Suggestionsbehandlungen sind oft erfolgreich. Gleichgültig, ob vom Mediziner oder vom Laien durchgeführt, ist es nur wichtig, daß man an die eigene Suggestivkraft glaubt. Die „besprochenen" Warzen können schon innerhalb einer Woche verschwinden. Alterswarzen reagieren nicht darauf.

Ein altes Hausmittel ist der Saft der Hauswurz, mit der die Warze eingerieben wird. Auch Zitronensäure schreibt man eine Heilwirkung zu.

Zur Vorbeugung sollte man in Turnhallen, öffentlichen Duschen, Waschräumen oder Schwimmbädern nicht barfuß gehen und Körperkontakt mit Menschen, die Warzen haben, vermeiden. Nicht an den Warzen kratzen, da dies eine Übertragung auf andere Hautstellen begünstigt.

Wäschepflege

Schmutzwäsche sortiert man nach Weiß- und Buntwäsche; dabei trennt man hellere von dunkleren Geweben, da dunkelfarbige Textilien leicht ausfärben. Die Pflegekennzeichnung in den Kleidungsstücken unterteilt die Wäsche in folgende Gruppen:

- Kochwäsche (95 °C): weiße und echtfarbige Wäschestücke aus Baumwolle, Halbleinen, Leinen und Zellwolle.
- Heißwäsche (60 °C): Buntwäsche, das sind alle Wäschestücke aus Baumwolle, Leinen, Halbleinen und Zellwolle, deren Farben keine höheren Temperaturen vertragen. Dazu kommen weiße Hemden und Blusen, die aus Chemiefasern bestehen.
- Feinwäsche (40 °C): aus Seide, Kunstseide, Synthetics. Bei Mischgeweben wählt man das Waschprogramm nach dem empfindlichsten Gewebe.
- Feinwäsche (30 °C): Gardinen, Feinstgewebe aus Natur- und Synthetikfasern. Gardinen sollte man sofort naß aufhängen.
- Wolle: Bestimmte Teile kann man bei 30° im Schonwaschgang mit der linken Seite nach außen in der Maschine waschen, wenn sie vom Hersteller als waschmaschinenfest bezeichnet werden. Andere Teile läßt man chemisch reinigen oder wäscht sie mit der Hand (siehe unten).

Vorbereitung Vor dem Waschen werden alle Taschen entleert, Reißverschlüsse geschlossen, Hemden und Blusen aufgeknöpft, nicht waschbare Gürtel entfernt, Manschetten aufgeklappt und Bänder sowie Zugsäume zugebunden. Jeans wäscht man mit der linken Seite nach außen, damit sie auf der rechten Stoffseite keine hellen Streifen bekommen. Damit Strumpfhosen und Damenstrümpfe aus Nylon nicht in der Trommel hängenbleiben, steckt man sie in einen Leinensack oder einen Kopfkissenbezug, den man fest zuknotet.

Waschmittel Um die Kapazität einer Waschmaschine bestmöglich zu nutzen, wäscht man größere und kleinere Stücke gemeinsam und verteilt die Wäsche gleichmäßig, wobei die Trommel nicht überladen werden darf. Die erforderliche Waschmittelmenge ist auf der Packung oder der Flasche angegeben. Sie richtet sich nach dem Härtegrad des Wassers, der regional sehr unterschiedlich sein kann. Über den Härtegrad informieren die jeweiligen Gemeindeämter bzw. die zuständigen Wasserwerke.

Um die Wäsche weich zu machen und einer statischen Aufladung vorzubeugen, setzt man dem Spül- oder Schleudergang einen Weichspüler zu. Umweltfreundlicher ist es, wenn man dem letzten Spülgang eine Tasse Essig hinzufügt. Die Wäsche wird weich und riecht angenehm.

Kernseife darf zum Waschen nur verwendet werden, wenn das Wasser von Natur aus weich ist oder durch einen Filter in der Leitung enthärtet wurde. Die im harten Wasser gelösten Mineralien verbinden sich mit der Seife und hinterlassen auf der Wäsche häßliche Kalkstreifen.

Eine Imprägnierung geht durch das Waschen verloren. Die betreffenden Kleidungsstücke sprüht man nach dem Trocknen mit einem Imprägnierungsspray ein.

Wolle von Hand waschen Das Stück in lauwarmem bis kaltem Wasser mit Feinwaschmittel oder Shampoo waschen, nur leicht drücken und im Wasser schwenken, nicht wringen. Bei hartnäckigen Flecken etwas Waschmittel direkt auf die Stelle geben, dann vorsichtig reiben, bis der Schmutz entfernt ist. Mehrmals spülen, das Wasser sollte dieselbe Temperatur wie das Waschwasser haben. Nach dem letzten Spülgang das Wasser ablaufen lassen, dann das Strickstück mit beiden Händen vorsichtig ausdrücken, in ein Handtuch rollen und nochmals gut ausdrücken. Flach ausbreiten und in Form bringen, vollständig trocknen lassen. Nicht in die Sonne oder in die Nähe von Heizkörpern o.ä. legen.

Wasserbad

Eine Creme oder Sauce, die schonend erhitzt werden muß, schlägt man im Wasserbad auf. Dazu braucht man einen besonderen Wasserbadtopf (bainmarie) oder zwei Töpfe, die so ineinanderpassen, daß der obere den unteren genau abschließt, ohne dessen Boden zu berühren. In den unteren

Topf füllt man ein wenig Wasser, das man bei mittlerer Hitze heiß hält. Der aufsteigende Wasserdampf erhitzt den Boden des eingesetzten Topfes.

Will man etwas im Wasserbad garen, gibt es zwei Möglichkeiten: auf dem Herd oder im Backofen. Bei der ersten Methode stellt man eine mit Alufolie o.a. fest verschlossene Puddingform in einen großen Topf, gießt so viel heißes Wasser an, daß die Form zu zwei Dritteln ihrer Höhe darin steht, und setzt den Topf auf den Herd. Bei der zweiten gießt man heißes Wasser in die Saftpfanne des Backofens, stellt dann die Pastetenform hinein und gart im Backofen.

Wässern

Stark salzhaltige Nahrungsmittel, wie etwa gepökelte Rinderzunge oder Salzheringe, muß man vor dem Verzehr wässern. Dazu legt man die rohe Ware in so viel kaltes Wasser, daß sie ganz bedeckt ist, und läßt sie so mehrere Stunden stehen. Bei extrem salziger Ware muß man das Wasser mehrmals wechseln.

Frische Waren, Gemüse, geschälte Kartoffeln u.ä., soll man nie in Wasser liegenlassen, weil dadurch wichtige Vitamine und Mineralstoffe ausgeschwemmt werden. Auch Endivien sind keine Ausnahme, denn mit den Bitterstoffen werden auch die wertvollen Nährstoffe den Blättern entzogen. Die neuen Züchtungen sind ohnehin nicht mehr so bitter. Notfalls kann man welk gewordene Salatblätter oder Radieschen kurz in kaltes Wasser legen, damit sie wieder fest werden.

Wassertreten

Im schulterhohen Wasser stehend, beugt man sich in der Hüfte etwas nach vorn. Die Arme vor der Brust ausstrecken und die Ellbogen abbiegen, so daß sich die Handflächen berühren und die Finger sich leicht umschließen. Dann die Daumen nach unten drehen, die Hände auseinandernehmen und etwas nach unten drücken, bis sie etwa schulterbreit voneinander entfernt sind. Nun die Daumen nach oben drehen und die Hände wieder etwas anheben und zusammenführen.

Diese Ruderbewegung mit den Händen fortsetzen; dabei mit den Beinen wie beim Radfahren treten, wobei man die Knie abwechselnd etwas über Gehhöhe anhebt und wieder senkt.

Wasserwaage

Im Werkzeughandel gibt es Wasserwaagen in verschiedenen Ausführungen aus Holz und Metall. Je länger eine Wasserwaage ist, desto genauer kann man mit ihr messen. Für kleinere Arbeiten eignet sich ein Kombinationswinkel mit eingebauter Libelle. Um beispielsweise einen Bilderrahmen auszurichten, legt man den flachen Schenkel des Winkels auf die obere Rahmenleiste und verstellt den Rahmen, bis die Libelle in der Mitte ist. Zur Bestimmung der Senkrechten hält man den Schenkel des Winkels an die seitliche Rahmenleiste und zentriert wiederum die Libelle.

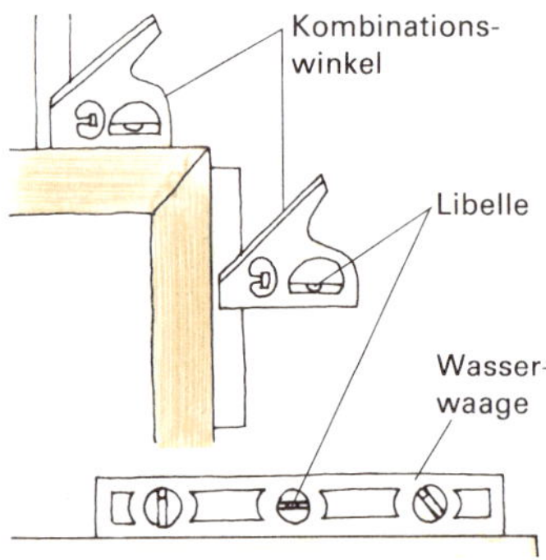

Für genauere Arbeiten, beispielsweise um Regale aufzuhängen, benutzt man eine Wasserwaage, wie sie auch Maurer und Zimmerleute verwenden. Diese Wasserwaagen gibt es in Längen von 20–200 cm mit je einer Libelle für die Senkrechte, Waagrechte und zur Winkelmessung.

Wenn man sehr große Flächen ausrichten muß, beispielsweise einen Fußboden, legt man die Wasserwaage auf eine Richtlatte. Man stellt die Latte hochkant und legt die Wasserwaage in der Mitte darauf. Bei jeder größeren Fläche wie etwa einer Arbeitsplatte in der Küche überprüft man die Waagrechte immer in mehreren Richtungen sowie an den Enden und in der Mitte.

Weben

Um beispielsweise einen Kissenbezug von 35×35 cm zu weben, braucht man einen Webrahmen mit aufgespannten Kettfäden (siehe *Webrahmen*), einen 40 cm langen Trennstab, ein Schiffchen und etwa 250 g Schußfaden. Hierfür nimmt man beliebiges Material, z.B. Mohair, Chenille, Stoffstreifen, Bänder, Metallicfäden oder auch eine Kombination von verschiedenen Garnen. Der genaue Bedarf hängt von der Stärke des verwendeten Fadens ab.

Mit dem Hauptschußfaden beginnen. Das Fadenende um die Kerbe des Schiffchens legen, dann den Faden um das Schiffchen wickeln. Den Trennstab einlegen, indem man ihn abwechselnd über und unter einen Kettfaden führt; den Stab hochkant stellen; das Schiffchen durch den so gebildeten Zwischenraum (Fach genannt) führen und am Rand ein 10 cm langes Fadenende herabhängen lassen. Den Schußfaden nicht straff ziehen; er soll zwischen den Kettfäden leichte Bogen oder Wellen bilden. Dadurch wird verhindert, daß sich die Kette seitlich einzieht. Wenn das Schiffchen durchgeschossen ist, den Trennstab flach legen und zum Begradigen und Anschlagen des Schußfadens benutzen, dann im Webrahmen zur oberen Querleiste schieben. Für die Rückreihe (den zweiten Schuß) führt man das Schiffchen abwechselnd und entgegengesetzt zum ersten Schuß über und unter die Kettfäden und bildet so ein zweites Fach. Am Ende dieser Reihe den Anfang des Schußfadens einweben. In dieser Weise weiterweben, bei jeder Reihe das Fach wechseln und den Schußfaden mit dem Trennstab, einem Kamm oder einer Gabel anschlagen.

Nachdem ein etwa 1 cm breiter Streifen (die obere Kante) gewebt ist, arbeitet man mit den anderen Farben und Garnsorten weiter. Um am Anfang einer Reihe das Garn zu wechseln, läßt man von beiden Garnen die Enden frei herunterhängen; sie werden in die nachfolgenden Reihen eingewebt.

Sobald das Gewebe 35 cm lang ist, webt man die untere Kante an. Wenn sich das Fach nicht mehr weit genug öffnen läßt, legt man die letzten ein oder zwei Reihen mit einer Stopfnadel ein. Das Gewebe von den Nägeln herunternehmen. Das Ende der Kette dicht am Gewebe mit der Maschine absteppen oder mit Matratzenstichen (siehe *Überwendlingsstich*) befestigen.

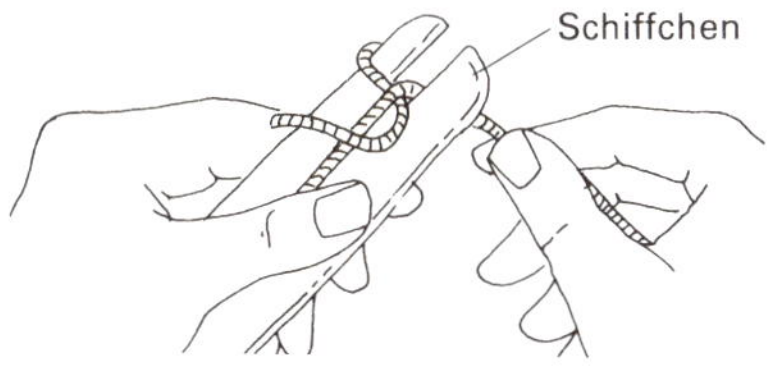

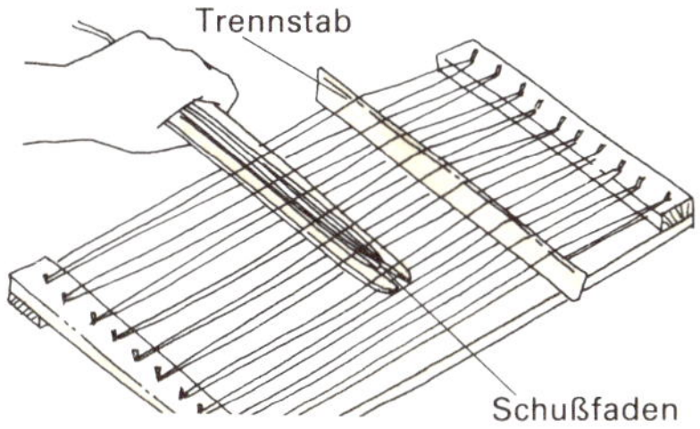

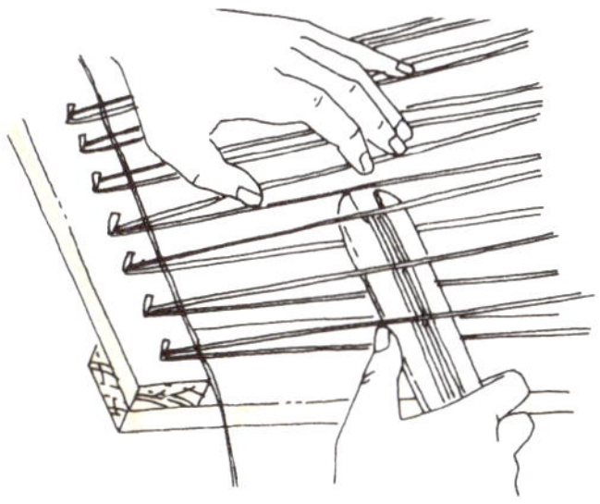
Rückreihe weben

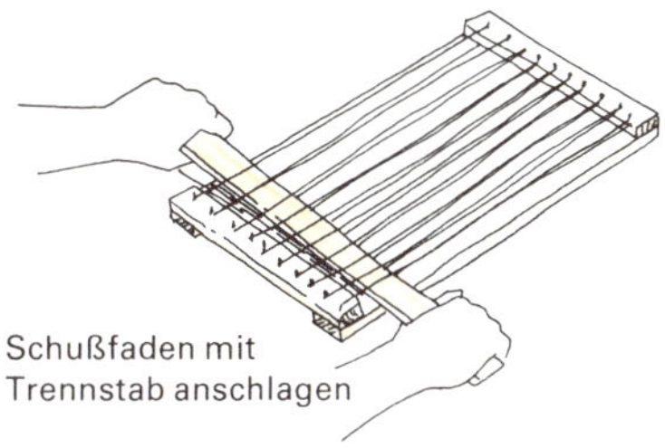
Schußfaden mit Trennstab anschlagen

Einen zweiten Stoffteil für die Rückseite des Kissenbezugs weben oder einen entsprechenden Stoff kaufen. Um den Bezug zusammenzunähen, siehe *Kissen*.

Webrahmen

Einen kleinen Webrahmen, auf dem sich Kissenbezüge, Umhängetaschen und Tischdeckchen herstellen lassen, kann man im Geschäft für Hobbybedarf kaufen oder ohne Mühe selbst aus 2,5×5 cm starken Weichholzleisten anfertigen.

Man benötigt je zwei Leisten von 50 cm und 40 cm Länge. Die beiden kurzen Leisten auf die langen legen und mit einem Anschlagwinkel (siehe *Werkzeuge im Haus*) rechtwinklig ausrichten. Die Leisten verleimen und mit Schrauben verbinden. Auf den kurzen Leisten in Abständen von

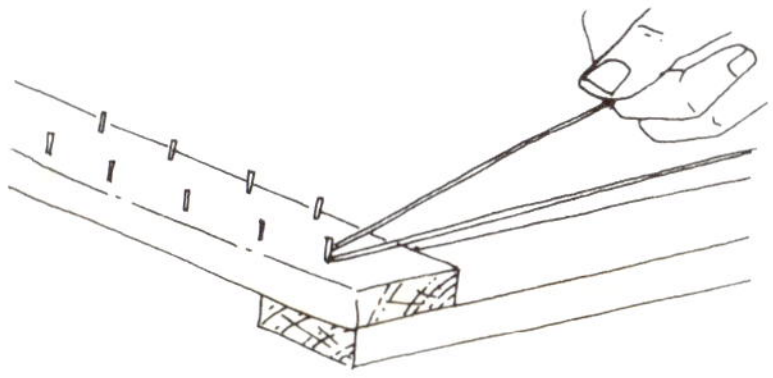

5 mm Stauchkopfnägel, wie in der Abbildung gezeigt, versetzt einschlagen.

Die am Webstuhl oder Webrahmen gespannten Längsfäden nennt man die Kette. Der Kettfaden soll glatt und fest sein. Für einen Webrahmen verwendet man Garne aus Wolle, Baumwolle, Leinen, Seide oder Synthetics. Strickgarne eignen sich nicht für die Kette, da sie zu locker gezwirnt sind, können aber für den Schußfaden verwendet werden (siehe auch *Häkelgarne; Stickgarne; Strickgarne*).

Um den Bedarf an Kettfäden zu berechnen, multipliziert man die Länge des Webrahmens (50 cm) mit der Anzahl der Fäden pro Zentimeter (vier) und der Breite des Gewebes; etwa 2 m noch zugeben. Für einen Kissenbezug von 35×35 cm (siehe *Weben*) benötigt man also 72 m.

Das Ende des Kettfadens am ersten Nagel der oberen Querleiste befestigen. Den Faden zu dem direkt gegenüberliegenden Nagel herunterführen, um ihn herumlegen und zum zweiten Nagel der oberen Leiste zurückführen. In dieser Weise den Kettfaden weiterspannen; das Ende am letzten Nagel verknoten. Die Fäden sollen gleichmäßig, aber nicht zu straff gespannt sein. Durch das Einlegen des Schußfadens (siehe *Weben*) wird die Kette straffer gespannt.

Weihnachtsbaum

Damit man sich möglichst lang am Weihnachtsbaum erfreuen kann, hier einige Hinweise:

- Geschlagene Bäume möglichst lange im Freien lassen, um Austrocknung zu verzögern.
- Bei der Aufstellung des Baumes auf sicheren Stand achten.
- Den Baum in den Ständer gut einpassen, damit er nicht umstürzen kann.
- Ständer mit Wasserfüllung können vorzeitiges Austrocknen verhindern.
- Bei der Aufstellung des Baumes im Zimmer darauf achten, daß brennbare Gegenstände ausreichend weit entfernt sind.
- Nicht vor brennbaren Dekorationstextilien aufstellen.
- Auf textile Bodenbeläge eine nichtbrennbare Abdeckung legen (z.B. stärkere Alufolie, nichtbrennbare Platten).
- Nur nichtbrennbare Kerzenhalter und Dekorationsteile verwenden.
- Kerzenhalter so anordnen, daß keine Flamme oder größere Wärmestrahlung darüberliegende Zweige erreicht.
- Kerzen nur von oben nach unten anzünden und von unten nach oben löschen.
- Kerzen nie zu weit hinunterbrennen lassen.
- Kerzen auf ausgetrockneten Zweigen nicht mehr anzünden.
- Brennende Kerzen nie unbeaufsichtigt lassen.
- Bei elektrischen Kerzen auf die Unversehrtheit der Kabelzuleitungen achten.
- Girlanden usw. nicht um elektrische Glühlampen legen.
- Löschgeräte griffbereit halten (z.B. Wassereimer, Feuerlöscher oder Löschdecke).

Siehe auch *Zimmerbrand.*

Weihnachtsstern

Der Blütenstand des Weihnachtssterns setzt sich aus kleinen gelben Blüten zusammen, die von prächtigen roten, rosa oder weißlichen Hochblättern umgeben sind.

Pflege Während der Blütezeit im Winter stellt man die Pflanze bei normaler Zimmertemperatur an einen hellen, sonnigen Standort. Zugluft

sollte vermieden werden. Der Weihnachtsstern muß reichlich gegossen werden. Zwischen den Wassergaben läßt man die Erdschicht etwas antrocknen.

Will man eine Pflanze weiterkultivieren und im nächsten Jahr wieder zur Blüte bringen, wird – sobald die Hochblätter abgefallen und die übrigen Blätter verwelkt sind – nur noch sparsam gegossen. Im April werden die Triebe bis auf ungefähr 5 cm vom Boden zurückgeschnitten; der Topfballen muß vollständig austrocknen. Nun bringt man die Pflanze an einen hellen, kühlen Standort. Erst Ende April oder im Mai gießt man wieder an. Nachdem man den Weihnachtsstern in eine nährstoffreiche Blumenerde auf Kompostbasis umgepflanzt hat, wird er wieder an ein Südfenster gestellt. Nach und nach steigert man die Wassergaben. Im Sommer ist eine regelmäßige Düngung erforderlich. Von September an muß die Pflanze mindestens 14 Stunden am Tag völlig dunkel stehen. Selbst der Schein einer schwachen Glühbirne oder einer Straßenlaterne kann bewirken, daß die Pflanze keine Blüten ansetzt. Sehr wirkungsvoll ist eine schwarze Folienhaube, die man täglich von 18 bis 8 Uhr über den Weihnachtsstern stülpt. Hält man all dies streng ein, dann wird die Pflanze wieder prächtige Hochblätter ausbilden.

Wein kredenzen

Diese Aufgabe wird meist vom Hausherrn übernommen. Eine alleinstehende Dame kann einen Gast bitten, sie ihr abzunehmen. Zuerst gibt man etwas Wein ins eigene Glas, um ihn zu prüfen. Man schenkt von rechts ein und bedient die Gäste gegen den Uhrzeigersinn, die Damen zuerst. Bei ungezwungenen Einladungen nimmt man diese Vorschrift nicht so genau.

Weißweingläser werden zu zwei Dritteln gefüllt, Rotweingläser bis zu einem Drittel oder höchstens bis zur Hälfte, je nach Form des Glases, damit der Wein sein Bouquet im oberen Teil des Glases entfalten kann.

Weißwein darf man senkrecht ins Glas gießen. Das Rotweinglas faßt man am Fuß an, neigt es der Flaschenöffnung zu und gießt behutsam ein. Bei jeder neuen Weinsorte muß das Glas gewechselt werden, auch wenn der Weintyp derselbe ist.

Wein lagern

Wie lange ein Wein lagerfähig ist, hängt von der Rebsorte, von seinem Alkoholgehalt, seiner Säure usw. ab. Ideal lagern Weine in einem Weinkeller, der nicht feucht, aber auch nicht zu trocken ist und eine konstante Temperatur von etwa 10°C hat. Der Raum sollte außerdem gut belüftet sein und einen Naturboden haben. Hat man einen solchen Keller nicht, kauft man lieber öfter kleinere Mengen Wein. Muß man den Wein in der Wohnung aufheben, lagert man ihn im kühlsten Raum – nicht in der Küche, denn dort ist es meist zu warm, und die Kochdünste können den Geschmack des Weines beeinflussen.

Man lagert die Weinflaschen liegend, damit der Korken immer vom Wein befeuchtet ist, und ordnet sie so, daß sie nicht mehr verrückt werden müssen, wenn man eine holt oder neue hinzulegt – der Wein braucht Ruhe. Da er durch den Korken Gerüche annehmen kann, dürfen keine stark riechenden Lebensmittel o.a. in der Nähe sein. Er sollte auch im Halbdunkel liegen – notfalls einen Vorhang aufhängen oder das Fenster mit einem Karton abdecken.

Sehr gut lagern Weine in speziellen Weinkühlschränken. Die Feuchtigkeit ist darin etwas höher als in normalen Kühlschränken, und die Temperatur kann auf 10–12°C eingestellt werden. Wer einen normalen alten Kühlschrank zum Weinkühlschrank umfunktioniert, sollte die Innentemperatur ständig kontrollieren, damit der Wein nicht zu kühl liegt.

Wein zum Essen

Die klassische Regel besagt zwar, daß man Rotwein zu dunklem Fleisch und Käse, Weißwein zu hellem Fleisch und Fisch reicht. Heute hält man sich aber nicht mehr so strikt daran, und man darf durchaus eigenem Geschmack und eigenen Vorlieben nachgeben. Hier ein paar Richtlinien:

Zu magerem Fisch ist ein trockener Weißwein angebracht; je schwerer die zum Fisch gereichte Sauce, desto kräftiger sollte der Wein sein. Sollte die Sauce allerdings mit Rotwein oder scharf zubereitet sein, reicht man auch einen Rotwein zum Essen. Zu fettem Fisch paßt herber, kräftiger Weißwein oder ein leichter Roséwein, zu Räucherfisch trockener, gehaltvoller Weißwein.

Zu magerem Geflügel reicht man Weißwein, es sei denn, es wird mit einer Rotweinsauce serviert; dann trinkt man auch einen Roten dazu. Wildgeflügel verträgt sich je nach Zubereitungsart mit frischen, würzigen Weißweinen oder mit Rotweinen. Fettes Geflügel ebenso wie Rinderbraten und Wild serviert man mit kräftigen Rotweinen; zu Kalbs- und Schweinebraten passen besser Weiß- oder Roséweine. Auch Lammkoteletts und Steaks vertragen sich mit herbem Rosé oder nicht zu schwerem Rotwein.

Bei Käse gilt, je milder der Käse, desto milder der Wein; folglich gehört zu einem sehr kräftigen Wein auch ein entsprechend würziger Käse, wobei es keineswegs immer Rotwein sein muß.

Zu süßen Desserts gehören süße, schwere Weine oder Schaumweine.

Reicht man zu einem Menü mehrere Weine, so kommt der leichte immer vor dem kräftigeren, der kühle vor dem temperierten.

Temperatur Ein Wein sollte nie mit Gewalt erwärmt oder gekühlt werden. Die folgende Tabelle gibt die idealen Weintemperaturen an:

• Weiß:	leicht, spritzig	8–12 °C
	gehaltvoll, würzig	10–12 °C
	schwer, süß	8–10 °C
• Rosé:	trocken	8–12 °C
	süßlich	8–10 °C
• Rot:	leichte Landweine	12–13 °C
	junge Weine	12–13 °C
	mittelschwer	15–16 °C
	schwer	16–18 °C

Falls er nicht so gelagert wird, daß er bereits die richtige Temperatur hat, holt man ihn rechtzeitig aus dem Keller, damit er langsam im kühlsten Teil der Wohnung Zimmertemperatur (darunter versteht man in Fachkreisen 18 °C) annimmt, oder legt ihn ins Gemüsefach des Kühlschranks.

Siehe auch *Weingläser*.

Weinbergschnecken

Die Schnecken kann man tiefgekühlt oder in Dosen oder Gläsern kaufen; die Häuschen sind entweder dabei oder können gesondert gekauft werden. Pro Person rechnet man rund ein Dutzend Schnecken.

Für die Kräuterbutter, falls sie nicht dabei ist, vermischt man eine zerdrückte Knoblauchzehe mit je 1 Eßl. kleingehackter Petersilie und Schalotten und ½ Tasse zerlassener Butter (bei ungesalzener Butter noch ¼ Teel. Salz zugeben). Die Schnecken abtropfen lassen und trockentupfen. Die Häuschen kurz in kochendes Wasser legen, nachspülen und abtropfen lassen. In jedes Häuschen etwas Kräuterbutter geben und die Schnecke hineinstecken. Dann die Öffnung mit Kräuterbutter zustreichen und die Schnecken mit der Öffnung nach oben in einer kleinen Backform oder einer Schneckenpfanne zehn Minuten lang bei 200 °C im Backofen erhitzen.

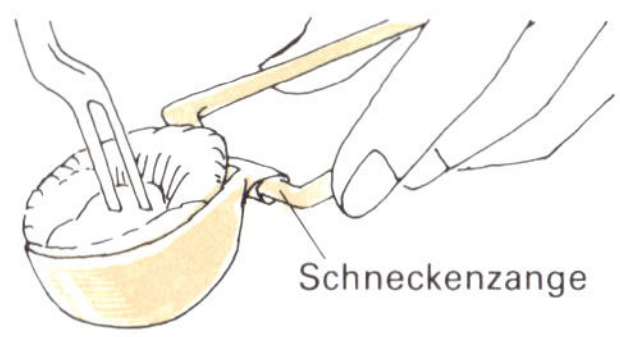

Um die Schnecken stilgerecht zu essen, braucht man eine Schneckenzange, um das Schneckenhaus festzuhalten, und eine schlanke, zweizinkige Gabel, mit der man die Schnecke herausholt. Man legt sie in einen Dessertlöffel und gießt die Butter dazu.

Weingläser

Grundsätzlich sollte man einfache, farblose Kristallgläser für Wein benutzen, damit Farbe und Klarheit zur Geltung kommen. Rotweine serviert

man in größeren, Weißweine in etwas kleineren Gläsern. Für Roséweine nimmt man im Zweifelsfall ein Weißweinglas. Für bukettreiche Weine, z.B. rote Burgunder, eignen sich Gläser, die sich nach oben hin verengen und das Bukett nicht so schnell entweichen lassen.

Für Schaumweine verwendet man heute entweder die lange, schmale Sektflöte oder den Sektkelch. In flachen Schalen wird der Sekt schneller schal. Dessertweine und Auslesen trinkt man aus kleinen, meist kelchförmigen Gläsern.

Weiße Fliege

Die Weiße Fliege, auch Mottenschildlaus genannt, ist ein kleines, mottenähnliches Insekt. Häufig finden sich die Schädlinge an der Blattunterseite von Fuchsien, Edelpelargonien und Tomatenpflanzen. Die Weiße Fliege bekämpft man am besten mit den umweltfreundlichen Mitteln Elefant-Sommeröl oder Para-Sommer.

Werkzeuge im Haus

Wenn man nicht nur hin und wieder einen Nagel in die Wand schlagen, sondern die unterschiedlichsten Arbeiten ausführen möchte, sollte man sich nach und nach eine kleine Werkstatt einrichten. Zu den hier dargestellten Werkzeugen kommen weitere, die unter den jeweiligen Stichwörtern bzw. im Rahmen der entsprechenden Technik behandelt sind.

Bei vielen Arbeiten muß man als erstes messen; man nimmt dazu einen Gliedermaßstab (1) oder einen Stahlmaßstab (2). 90°-Winkel reißt man mit dem Anschlagwinkel (3) an, beliebige Winkel überträgt man mit der Winkelschmiege (4). Die Gradzahlen von Winkeln stellt man mit einem Winkelmesser fest, wie man ihn von der Schule her kennt. Mit dem Stechzirkel (5) werden Kreise und Bögen geschlagen sowie gleiche Teilstrecken abgetragen; reicht seine Spannweite nicht aus, baut man sich aus einer Leiste, einem Nagel und einem Bleistift einen Stangenzirkel (6). Für feine Anreißarbeiten auf Holz, Metall oder Kunststoff benützt man die Reißnadel (7). Mit dem Streichmaß (8) macht man parallele Anrisse.

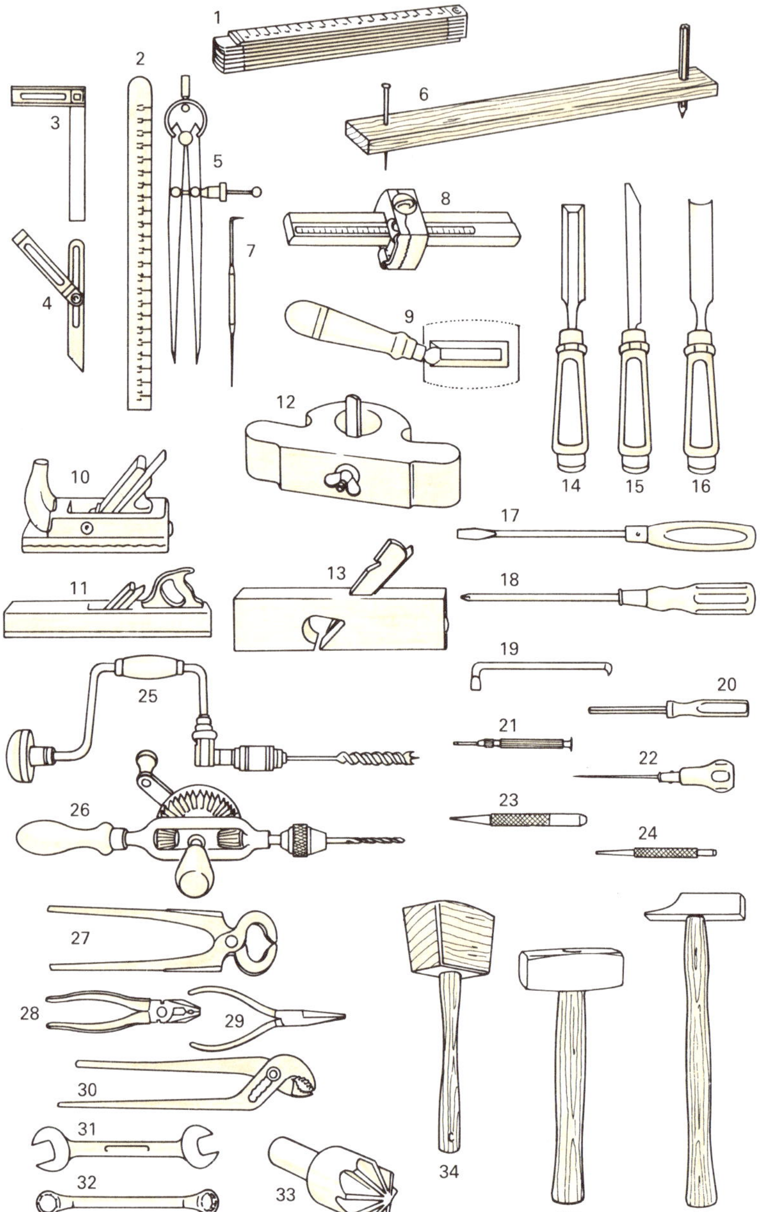

Mit der Furniersäge (9) sägt man Furniere. Vollhölzer glättet oder hobelt man mit dem Doppelhobel (10), der ein doppeltes Eisen hat. Lange Flächen und Kanten hobelt man mit der Rauhbank (11) gerade. Mit dem Grundhobel (12) nimmt man Gratnuten oder sonstige Vertiefungen aus. Den Simshobel (13) verwendet man, um Falze und Profile auszuarbeiten.

Stemm- und Einlaßarbeiten in Holz macht man mit dem Stechbeitel (14); den Lochbeitel (15) verwendet man, um tiefe Zapfenlöcher auszustemmen, und mit dem Hohlbeitel (16) kann man Bildhauerarbeiten machen sowie Rundungen ausheben.

Den üblichen Schraubendreher (17), im Volksmund Schraubenzieher genannt, verwendet man für Schlitzschrauben, den Kreuzschlitzschraubendreher (18) für Kreuzschlitzschrauben. Mit dem Winkelschraubendreher (19), den es für Schlitz- und Kreuzschlitzschrauben gibt, erreicht man Schrauben, die an schwer zugänglichen Stellen sitzen. Der Sechskantschraubendreher (20) paßt für Schrauben mit Innensechskant und wird auch Inbusschlüssel genannt. Der Uhrmacherschraubendreher (21) wird für feinste Schrauben verwendet. Den Spitzbohrer (22) verwendet man, um kleine Schraubenlöcher vorzustechen und um Maßlinien auf Holz anzureißen. Mit dem Versenker oder Versenkstift (23) versenkt man Nägel, und mit dem Körner (24) werden Bohrlöcher genau vorgeschlagen.

Die Bohrwinde (25) hat einen doppelt abgewinkelten Schaft und eignet sich gut für größere Holzbohrer; in die feine Handbohrmaschine (26) dagegen kann man nur Bohrer einspannen, die nicht mehr als 6 mm Durchmesser haben.

Mit der Kneif- oder Beißzange (27) zieht man Nägel aus. Die Kombizange mit Seitenschneider (28) ist für viele kleine Arbeiten unentbehrlich; man kann damit z.B. Muttern lösen und Drähte abzwicken. Die Spitzzange (29) ist für feine Drahtarbeiten geeignet; man kann auch kleine Muttern damit anziehen. Die Wasserpumpenzange (30) ist eine Universalzange, mit der man Muttern, Muffen, Wasserhähne usw. anziehen und lösen kann.

Mit dem Gabelschlüssel (31) und dem Ringschlüssel (32) lassen sich alle Vier- oder Sechskantmuttern sowie Schrauben mit solchen Köpfen drehen. Mit dem Krauskopf (33) weitet man Schraubenlöcher V-förmig aus, um Schrauben zu versenken.

Für Stemmarbeiten in Holz verwendet man den Klüpfel aus Holz (34), für Stemmarbeiten mit Meißeln in Mauerwerk oder Beton braucht man den Fäustel (35). Mit einem 300 g schweren Schreinerhammer (36) kann man die verschiedensten Nagelarbeiten ausführen.

Alle Werkzeuge gibt es in unterschiedlicher Qualität und damit auch zu unterschiedlichen Preisen. Da man gut nur mit guten Werkzeugen arbeiten kann, sollte man nicht viele Billigwerkzeuge auf einmal kaufen, sondern sich lieber Stück für Stück Werkzeuge bester Qualität anschaffen.

Wetterfühligkeit

Als wetterfühlig bezeichnet man Menschen, die einen Wetterwechsel bis zu zwei Tage im voraus spüren. Sie sind dann häufig müde, verspüren mitunter Schmerzen, die plötzlich auftauchen und dann wieder verschwinden, unterliegen unerklärlichen Stimmungsschwankungen und haben öfter Konzentrationsschwächen und Schlafstörungen.

Abhilfe schaffen viel Bewegung, z.B. tägliche Spaziergänge, und eine ausgewogene Ernährung (siehe dort). Betroffene sollten auch auf übermäßigen Alkohol- und Nikotingenuß verzichten und Übergewicht vermeiden. Um den Körper abzuhärten und widerstandsfähig zu machen, werden Wechselduschen, Saunabaden, Güsse und Hautbürstungen empfohlen. Die Wohnung nicht überheizen; einzelne Zimmer, z.B. das Schlafzimmer, kühler halten, um den Körper Temperaturschwankungen auszusetzen; bei offenem Fenster schlafen. Den Urlaub nicht in Gegenden mit extremen klimatischen Verhältnissen verbringen.

Falls die Beschwerden sehr stark werden, sollte man mit seinem Hausarzt sprechen.

Siehe auch *Hitzeerschöpfung; Hitzschlag; Kopfschmerzen.*

Wettervorhersage

Wer Aktivitäten im Freien plant, seien es Gartenarbeiten, eine Wanderung, ein Surfausflug oder eine Grillparty, muß auch an das Wetter denken. Zeitungs-, Rundfunk- und Fernsehwetterbericht sind nur begrenzt verläßlich. Schon die Vorhersagegebiete sind meist so großräumig ausgelegt, daß sich örtliche Abweichungen von der Prognose ergeben müssen.

Aufschlußreicher sind die speziellen Wetterinformationen, die man am Telefon abhören kann. Neben dem Reisewetterbericht gibt es in der Zeit vom 1. März–31. Oktober die Segelflug-Wettervorhersage und die Witterungshinweise für die Landwirtschaft. In Norddeutschland kann man darüber hinaus während des ganzen Jahres den Seewetterbericht abrufen. Die Rufnummern finden sich im Vorspann der amtlichen Fernsprechbücher.

Bei aller Unberechenbarkeit hält sich das Wetter doch an bestimmte Regeln. Dazu gehört beispielsweise, daß sich Wolken im Luv eines Bergrückens stauen und weit ergiebiger abregnen, als es auf der Leeseite der Fall ist. Dort kann zur selben Zeit die Sonne scheinen. Wenn also Regenschauer angesagt sind, sollte man sein Ausflugsziel nach Möglichkeit auf die windabgewandte Seite eines Höhenzugs legen. In Mitteleuropa ist das in der Regel die Ost- oder Südabdachung. Die Niederschlagsverteilung beeinflussen nicht nur die größeren Mittelgebirgsmassive, z.B. Harz, Rhön oder Vogesen, sondern schon flache Höhenzüge wie der Geestrükken in Schleswig-Holstein schirmen die Regenwolken ab.

Wolken als Wetteranzeiger Wer es versteht, die Formen der Wolken, deren Zugrichtung und Veränderungen zu deuten, kann sich selbst als Wetterprophet betätigen. Man unterscheidet drei Hauptformen: Zirrus (Federwolke), Kumulus (Haufenwolke) und Stratus (Schichtwolke). Grundsätzlich gilt, daß Wolken mit scharfen Rändern eher gutes Wetter verheißen. Erscheinen an einem Schönwettertag Haufenwolken, die allmählich abflachen und zerreißen, bleibt die Lage vorläufig stabil. Verdächtig ist es, wenn die Wolken zu hohen Türmen aufquellen. Verbreitet sich der Wolkenturm gar amboßförmig nach oben, dauert es nicht mehr lange, bis ein Gewitter losbricht.

Die typischen Vorboten einer Schlechtwetterfront sind nicht Haufenwolken, sondern die harmlos anmutenden Zirren. Sie bestehen aus Eiskristallen, die in großer Höhe von einer kräftigen Luftströmung zerblasen werden. Entwickelt sich einige Stunden später ein dünner Wolkenschleier, der allmählich in eine zusammenhängende Schichtbewölkung (Zirrostratus) übergeht, hat man Gewißheit, daß es bald regnen wird. Dafür spricht auch die „unnatürlich" gute Fernsicht, die jetzt auftritt. Manchmal breitet sich eine regelmäßig gemusterte, oft geriffelte oder in rundliche Formen aufgefächerte Wolkendecke aus. Wenig später verdichtet sich die Wolkendecke und wird grau (Altostratus). Die durchziehende Warmfront bringt zunächst gleichmäßig fallenden Landregen, bevor der Wind auffrischt und staffelweise Kaltluft heranführt. Aus unregelmäßig geformten Wolken, die rasch über den Himmel treiben, fallen kräftige Niederschläge, die allmählich in Schauer übergehen. Nach und nach lichtet sich die Bewölkung, die Luft wird klar, die Fernsicht entsprechend gut – jetzt aber ein Zeichen für besseres Wetter.

Weitere Wetteranzeichen Neben den Wolken gibt es noch einige andere Erscheinungen, die Rückschlüsse auf die Wetterentwicklung erlauben:

- Morgenrot: Farbige Morgenwolken zeigen an, daß die Luft mit Feuchtigkeit gesättigt ist. Niederschläge stehen bevor.
- Abendrot: Mit schönem Wetter ist zu rechnen, wenn der rot verfärbte Abendhimmel wolkenfrei ist. Tiefliegende, rot leuchtende Abendwolken künden eine Wetterverschlechterung an.
- Halo-Erscheinungen: Halo-Ringe, Nebensonnen und andere Lichterscheinungen entstehen durch Lichtbrechung in den Eiskristallen hoher Zirren. In der Regel signalisieren sie den Aufzug einer Warmfront, also einen Wetterumschlag.
- Farbige Höfe: Sonne und Mond legen sich einen Hof zu, wenn ihr Licht an den Tröpfchen von Altostratuswolken gebeugt wird. Das bedeutet, daß die mit Feuchtigkeit gesättigte Luft einer Warmfront das Wettergeschehen bestimmt und wenig später schon Regen fallen wird.
- Regenbogen: Erscheinen sie am Vormittag, muß man sich auf Regenschauer gefaßt machen, die aus westlicher Richtung heraufziehen und das Wetter zunächst wechselhaft gestalten.
- Föhn: Der im Alpenvorland von Zeit zu Zeit auftretende warme Wind ist ein Vorbote kühleren Regenwetters, das einen oder zwei Tage später einsetzen wird.

Alle Wetteranzeichen sind mit Vorsicht zu genießen, denn das Wetter ist immer für eine Überraschung gut. Vor allem im Hochgebirge, wo Wetterstürze viel plötzlicher und nachhaltiger als im Flachland hereinbrechen können, sollte man sich nicht so sehr auf seine eigenen Prognosefähigkeiten verlassen. Hier empfiehlt es sich, auf den Rat der Einheimischen zu hören, die mit den Wetterverhältnissen aus eigener jahrelanger Erfahrung vertraut sind.

Wickel

Kalte Wickel verwendet man bei Fieber, Entzündungen, Krampfadern, Bänder- und Sehnenreizungen sowie Verstauchungen, um dem Körper Wärme zu entziehen. Fügt man Alkohol, Lehm, Heilerde oder Quark hinzu, wird die Wirkung erheblich gesteigert. Läßt man kalte Wickel länger am Körper, wirken sie wärmestauend; dies beruhigt und fördert die Durchblutung. Heiße Wickel und Packungen helfen bei Verdauungsstörungen, Erkrankungen der Atemwege, Arthrosen und Krampfzuständen von Organen und Skelettmuskulatur. Wärmeträger wie Heublumen, zerstampfte Kartoffeln, Moorbrei und Fangozubereitungen sind meist erforderlich, um die Wärme länger zu halten.

Der Wickel besteht aus drei Tüchern: dem nassen Wickeltuch (Innentuch) aus saugfähigem Leinen, einem Wolltuch als Umhüllung und einem breiteren Zwischentuch, das die Wärme staut und verhindert, daß das Wolltuch feucht wird. Bei wärmeentziehenden Wickeln wird das Innentuch nur leicht ausgewrungen und erneuert, wenn es körperwarm wird. Bei wärmestauenden Wickeln wird es kräftig ausgewrungen. Für Brust- oder Lendenwickel benötigt man ein etwa 40 cm breites Innentuch, das etwa anderthalbmal um den Körper reicht.

- Wärmestauende Brustwickel, die man bei Katarrhen der Atemwege und Husten verwendet, reichen von den Achselhöhlen bis zum Nabel.
- Beinwickel helfen bei fieberhaften Erkrankungen, Krampfadern und Reizzuständen im Knie- und Fußbereich. Man verwendet sie je nach Bedarf bis zur Leiste, bis zum Oberschenkel oder als Fuß-Waden- oder Fußwickel. Ein altes Hausmittel sind Essigwickel, die fiebersenkend wirken: Dazu Leinentücher in eine Mischung aus gleichen Teilen Essig und Wasser eintauchen; die Beine damit bis zum Knie einwickeln, dann Strümpfe, möglichst aus Baumwolle oder Wolle, darüberziehen. Als Ersatz für Beinwickel mit der etwas schwierigen Wickeltechnik erhält man Leinen- und Wollstrümpfe im Reformhaus oder in der Apotheke.
- Lendenwickel, die vom unteren Brustkorbrand bis zum Oberschenkel reichen, beruhigen das vegetative Nervensystem, helfen bei Magen- und Darmstörungen, wirken gewebsstraffend und fördern den Schlaf. Man packt sich sorgfältig ein, damit man sich im Wickel schnell erwärmt.
- Kalte oder heiße Leibauflagen bedecken eine Körperseite vom Rippenbogen bis in die Leistengegend und helfen bei Gallenbeschwerden, Darmkrämpfen, Blähungen und Blasenkatarrh. Sie sind angezeigt, wenn z.B. bei Ischiasbeschwerden für die andere Körperseite der Lendenwickel verboten ist.

● Halswickel verwendet man bei Halsschmerzen und Schluckbeschwerden. Der Wickel darf nicht einengen. Als Innentuch genügt ein Geschirrtuch.

Wild

Unter Haarwild versteht man hauptsächlich Reh, Rotwild, Damwild, Schwarzwild, Hasen und Kaninchen. Die wichtigsten Federwildtiere (Wildgeflügel) sind Tauben, Rebhühner, Fasane und Enten.

Wildfleisch ist meist dunkel- bis braunrot und hat einen kräftigen, vollen Geschmack, der aber je nach Art und Geschlecht des Wildes, auch nach Alter und nach Jahreszeit variiert. Der Nährwert entspricht etwa dem des Fleisches von Haustieren; lediglich der Eisengehalt ist meist etwas höher. Wildtiere weisen jedoch deutlich weniger Fettgewebe auf als Haustiere, deshalb ist ihr Fleisch nach der Zubereitung häufig etwas trocken. Aus diesem Grund hat man früher Wild gern vor dem Braten gespickt. Dadurch werden aber die Fleischfasern verletzt, und der Saft läuft aus. Heute bardiert man Wild, um es saftiger zu halten (siehe *Bardieren*).

Vom Wildfleisch sollte vor der Zubereitung möglichst alles Fettgewebe entfernt werden, da dieses einen wenig angenehmen Geschmack hat. Hasen und Kaninchen sollten ausgenommen sein, d.h. keine Därme mehr enthalten.

Rücken, Keulen und Schultern von Haarwild muß man vor der Zubereitung üblicherweise enthäuten. Man muß alle festen Häute und Sehnen sorgfältig ablösen – man nennt das parieren –, weil sie beim Kochen nicht weich werden. Aus dem Abfall und den eventuell ebenfalls ausgelösten Knochen bereitet man den Fond für eine Sauce (siehe *Saucen*). Grundsätzlich wird das Fleisch erst nach dem Marinieren (siehe dort) pariert.

Die begehrtesten Stücke von allem Wild sind Rücken und Keulen, die gebraten oder geschmort werden. Aus dem Kleinfleisch kann man nur Ragout machen. Weil sich Wildfleisch sehr gut zur Tiefkühlung eignet, kann man es das ganze Jahr über kaufen. Frisch und gut abgehangen – das ist wichtig – schmeckt es besser, vor allem kann man es nach eigenem Geschmack zubereiten, denn tiefgefrorenes Wild ist leider oft auch schon gespickt. Da man frisches und aufgetautes Wildfleisch nicht unterscheiden kann, sollte man den Händler danach fragen. War das Fleisch schon gefroren, muß es gleich zubereitet werden; die Garzeit kann sich ändern, da der Gefrierprozeß das Fleisch mürbe macht.

Wildkräuter sammeln

Unter den Heilpflanzen gibt es einige Arten, die in Mitteleuropa unter Naturschutz stehen. Sie dürfen keinesfalls ausgegraben werden. Genaue Angaben enthält die neuere Bestimmungsliteratur; Auskünfte erteilen aber auch die ehrenamtlich in den Städten und vielen Gemeinden tätigen Naturschutzbeauftragten, deren Adresse man am besten beim Bürgermeisteramt erfragt. Auch an die bekannten Naturschutzorganisationen kann man sich wenden.

Heilpflanzen sollte man grundsätzlich nur an Standorten sammeln, wo sie wild vorkommen. Dort finden sie ideale Wuchsbedingungen vor und entwickeln deshalb auch den höchstmöglichen Gehalt an Wirkstoffen. Unbedingt meiden muß man aber die Straßenböschungen. Pflanzen, die am Straßenrand wachsen, sind einer ständigen Abgasbelastung ausgesetzt. In ihnen reichern sich Blei und andere Schadstoffe in hohen Konzentrationen an. Dagegen ist es völlig unbedenklich, Pflanzen zu verwerten, die von Bahndämmen stammen.

Es empfiehlt sich, die Sammelstandorte schon vorher zu beobachten, damit man über den Entwicklungsstand der Vegetation informiert ist und die Pflanzenteile zum günstigsten Zeitpunkt einsammeln kann, dann nämlich, wenn die heilkräftige Wirkung voll zur Entfaltung kommt. Folgende Faustregeln kann man sich einprägen: Blätter erntet man vor Beginn der Blütezeit, Blüten und blühende Sproßspitzen gleich zu Beginn der Blütezeit, wenn noch kein Fruchtansatz entwickelt ist. Samen gewinnt man aus reifen Früchten, die man an einem kühlen, luftigen Ort zum Trocknen ausbreitet. Wurzeln sammelt man außerhalb der Vegetationsperiode im Spätherbst oder zeitigen Frühjahr.

Siehe auch *Heilkräuter; Kräuter konservieren; Küchenkräuter.*

Wildtiere, verletzte

Auf einer Wanderung oder bei einem Waldspaziergang kann es vorkommen, daß man auf ein verletztes oder krankes Tier stößt. Dann ist Vorsicht geboten, denn ein hilfloses Tier kann unter Umständen sehr aggressiv reagieren und wütend um sich beißen. Außerdem besteht die Gefahr, daß man sich mit Tollwut (siehe dort) infiziert. Deshalb sollte man es auch unterlassen, Tiere auf gebrochene Gliedmaßen zu untersuchen, selbst wenn es in der gutgemeinten Absicht geschieht, das Tier zu Hause gesund zu pflegen. Egal, ob es sich um einen Fuchs, ein Reh, einen Hasen oder einen Kleinsäuger handelt, die Empfehlung muß immer lauten: Abstand wahren!

Dem Tier ist eher geholfen, wenn man es in die Obhut erfahrener Fachleute gibt. Daher informiert man so rasch wie möglich die zuständige Revierförsterstelle, die örtliche Polizeidienststelle oder das Bürgermeisteramt. Wichtig ist eine genaue Angabe des Fundorts, damit sich der Förster nicht erst lange auf die Suche machen muß, bevor dem Tier geholfen werden kann. Als Anhaltspunkt sollte man sich den Namen des betreffenden Waldstücks merken. Entsprechende Hinweistafeln sind an Bäumen am Wegesrand befestigt.

Windelausschlag

Rote Pünktchen, kleine Bläschen oder nässende Stellen auf der Babyhaut im Windelbereich sind Anzeichen einer Entzündung. Sie wird durch den Kontakt mit Ammoniak hervorgerufen, das entsteht, wenn die Bakterien, die auf feuchter Haut leben, den Urin zersetzen. Auch Reste von Bleich- oder Waschmitteln in den Windeln, nasse Windeln, die lange nicht gewechselt wurden, Durchfall oder eine Pilzinfektion verursachen Windelausschlag.

Die Windeln so oft wie möglich wechseln; Windeleinlagen verwenden, die den Urin aufsaugen, z.B.

Stoff- oder Mullwindeln; auf keinen Fall Plastikwindelhosen verwenden. Windeln kochen und gründlich spülen, gegebenenfalls in einer Sterilisierlösung oder in Branntweinessig einweichen; möglichst an der Sonne trocknen, da die Strahlen Bakterien abtöten. Die befallenen Hautstellen möglichst lange der freien Luft aussetzen; wunde Stellen mit luftdurchlässiger Creme einreiben; zinkhaltige Creme nur auf noch nicht wunde Umgebung auftragen.

Wenn die wunden Stellen trotz der Behandlung nicht heilen oder der Windelausschlag gleichzeitig mit Durchfall auftritt, sollte man einen Arzt aufsuchen.

Windeln

Beim Wickeln verwendet man heute beinahe ausschließlich Fertig-Höschenwindeln. Sie werden nach Gebrauch auf keinen Fall in die Toilette geworfen; sie gehören in die Mülltonne. Stoffwindeln dagegen kann man waschen und immer wieder verwenden; sie kosten zwar Zeit und Arbeit, sind aber auf die Dauer preiswerter als Papierwindeln.

Säuglinge machen bei jeder Mahlzeit die Windeln naß; sie müssen also etwa sechsmal täglich gewechselt werden, auch öfter, falls man zwischendurch feststellt, daß die Windel naß ist, um einen Windelausschlag (siehe dort) zu vermeiden. Verwendet man Stoffwindeln, entfernt man nach der Benutzung zunächst den Stuhl aus der Windel und spült sie kurz in warmem Wasser aus. Dann weicht man sie eventuell in einer Lösung mit einem speziell für Windeln erhältlichen Sterilisiermittel ein. Anschließend kocht man die Windeln aus. Dabei keine biologischen Waschmittel, Weichspüler oder Waschmittel mit Enzymen benutzen, um Entzündungen vorzubeugen.

Windschutzscheibe

Es ist selbstverständlich, daß man die Windschutzscheibe bei Verschmutzung von außen reinigt. Allzuoft übersieht man aber, daß die Scheiben von innen ebenfalls verschmutzen, insbesondere bei neuen Autos durch die Weichmacherdämpfe aus den Kunststoffen und wenn im Fahrzeug geraucht wird. Es bildet sich ein grauer Belag, der besonders bei Fahrten in der Nacht die Sicht beeinträchtigt.

Die Windschutzscheibe reinigt man mit einem Haushaltsglasreiniger. Man sprüht den Reiniger auf ein trockenes, fusselfreies Tuch und reibt die Scheibe kräftig ein. Nach kurzer Zeit hat sich der Reiniger verflüchtigt, und man kann die Scheibe mit einem Tuch trockenreiben. Auch die Seitenscheiben werden so behandelt.

Die Außenscheiben zu reinigen empfiehlt sich immer dann, wenn man einen öligen, schmierigen Belag bemerkt, der mit normalem Wasser nicht mehr zu entfernen ist. Man benutzt dann ebenfalls einen Haushaltsreiniger, eventuell zusätzlich einen Siliconentferner.

Siehe auch *Autopflege*.

Windsurfing

Windsurfing lernt man am besten im Surfkurs. Den Start kann man aber als Anfänger auch für sich üben. Dazu trägt man einen Surfanzug und eine Schwimmweste.

Gut geeignet dafür sind Tage mit schwachem Wind und ein Strand mit flachem Wasser und sandigem Untergrund. Bei felsigem Gelände ist die Verletzungsgefahr zu groß.

Zum Start sollte der Wind im Rükken stehen. Man kann die Windrichtung feststellen, indem man einen Grashalm in die Luft wirft oder seinen Finger naß macht und in die Luft hält; dort, wo es kalt wird, kommt der Wind her.

Zum Start liegt das vollständig aufgetakelte Board im Wasser. Der Mastfuß steckt in der Öffnung. Mast und Segel liegen in Lee, also auf der windabgewandten Seite. Am besten läßt man Board und Segel in dieser Position von einem Helfer festhalten. Nun stellt man sich breitbeinig auf das Board, wobei ein Fuß vor dem Mast und der andere neben dem Schwert steht. Das Rigg (Segel und Takelung) muß jetzt annähernd im rechten Winkel zum Surfbrett aus dem Wasser gezogen werden: Zunächst bückt man sich zur Startschot, ergreift sie mit beiden Händen am unteren Ende und geht etwas in die Knie. Allmählich das Wasser, das sich auf dem Segel und

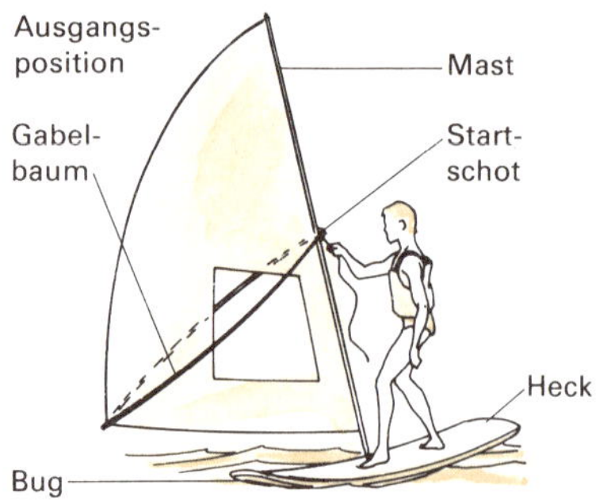

in der Masttasche gesammelt hat, ablaufen lassen. Beim Hochholen des Masts die Beine wieder durchdrükken. Dann von Knoten zu Knoten greifen und das Rigg ganz aus dem Wasser herausziehen. Dafür benötigt man nur noch wenig Körperkräfte.

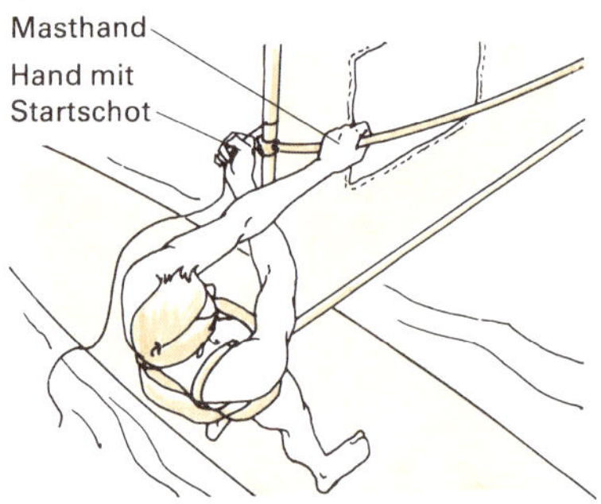

Das Rigg liegt nun in Griffnähe, und man zieht es mit der Startschot an sich heran. Man muß es so ausbalancieren, daß das Segel im Wind flattert. Mast und Gabelbaum stehen im rechten Winkel zum Brett; das Gabelbaumende schwebt knapp über der Wasseroberfläche. Die Arme sind dabei gestreckt oder nur ganz leicht angewinkelt. Den Oberkörper aufrecht halten; sich auf keinen Fall nach vorn neigen!

Meist muß der Anfänger nun feststellen, daß er die Balance nicht halten kann. In diesem Fall grundsätzlich entgegengesetzt zum fallenden Segel abspringen oder vom Board gleiten.

Das Windsurfbrett wird durch Vor- und Zurückneigen des Mastes gesteuert. Neigt man den Mast nach vorn, fällt das Windsurfbrett ab, d.h., es fährt vom Wind weg und macht eine Kurve zur windabgewandten Seite, nach Lee; neigt man es nach hinten, luvt man an, d.h., das Brett dreht zum Wind, nach Luv.

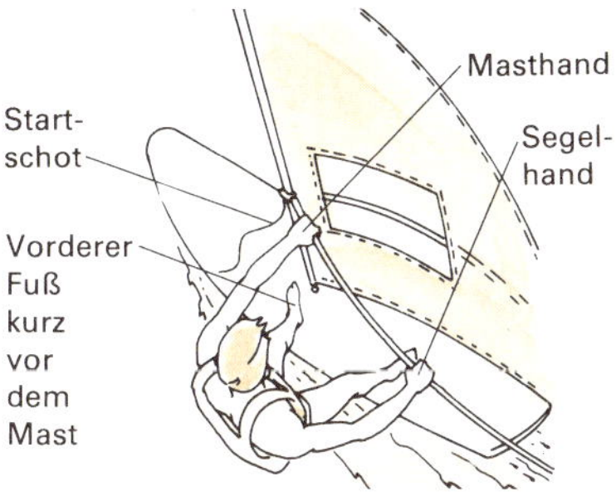

Als Zwischenübung kann man zunächst auch den Gabelbaum nur mit Hilfe der Startschot so bewegen, daß der Mast einmal mehr zum Bug und einmal mehr zum Heck zeigt. Dabei benötigt man beide Hände. Man merkt sofort, wie sich das Board in den Wind oder vom Wind weg dreht.

Wenn man den Mast nach hinten, zum Heck des Boards, neigt und dabei das Gewicht auf den hinteren Fuß verlagert, beginnt sich das Board zu drehen, und der Bug neigt sich in Windrichtung. Vorsichtig dabei um den Mast auf die andere Seite herumgehen. Die Startschot weiterhin festhalten; das Segel flattert im Wind. Das Brett durch Fußdruck weiterdrehen und mit kleinen Schritten der Drehung bis in die ursprüngliche Position folgen. Diese Übung, bei der man sich um 360° dreht, mehrmals nach beiden Seiten probieren.

Beim Startvorgang bleibt die Masthand immer in der Nähe des Masts und reguliert seine Neigung, während die Segelhand, hinten am Baum ziehend, für die Stellung des Segels verantwortlich ist und die Geschwindigkeit des Surfbretts bestimmt. Zuviel Winddruck im Segel kann man durch Fieren (Nachgeben) ausgleichen.

Diese Übung sollte man an dieser Stelle abbrechen, damit man sich nicht zu weit vom Ufer entfernt. Besondere Vorsicht ist für Anfänger immer angezeigt, wenn ablandiger Wind (d.h. Wind, der vom Land zum Wasser weht) herrscht.

Winkelschleifer

Mit dem Universalwinkelschleifer kann man abschleifen, trennen, schruppen, polieren, bürsten, entrosten und Farbe entfernen. Er eignet sich für Metalle, Holz, Stein und Kunststoffe.

Man unterscheidet zwischen dem kleineren Einhandwinkelschleifer (A) und dem großen Winkelschleifer (B). Der Einhandwinkelschleifer hat je nach Fabrikat und Typ eine Leerlaufleistungsaufnahme von 500–900 W und Leerlaufdrehzahlen zwischen 8500 und 10000 Umdrehungen pro Minute (U/min.). Der Winkelschlcifcr leistet mehr und ist schwerer. Die Leerlaufleistungsaufnahme beträgt 1800–2300 W, und die Drehzahlen reichen von 6500–8100 U/min. Winkelschleifer mit einer Leerlaufleistungsaufnahme von 1800 W und mehr haben in der Regel einen Anlaufstrombegrenzer. Damit können sie auch an Stromnetzen, die mit normalen Haushaltssicherungen abgesichert sind, verwendet werden.

A

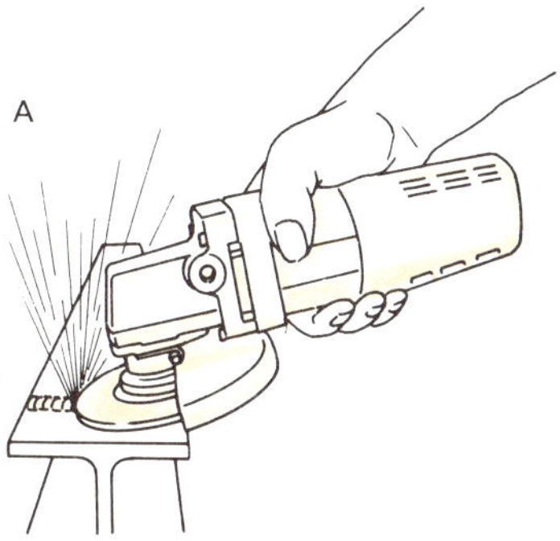

B

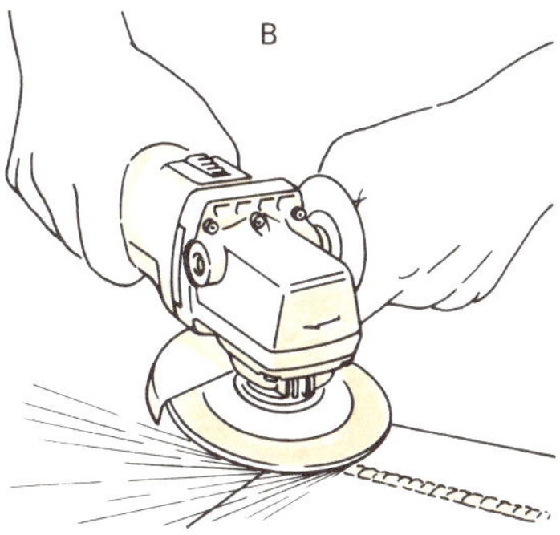

Wenn man rasch viel Material oder Rost entfernen möchte, verwendet man Schruppscheiben. Es gibt sie für Einhandwinkelschleifer mit 115 und 125 mm Durchmesser und für große Winkelschleifer mit 178 und 230 mm Durchmesser. Wenn große Schruppscheiben entsprechend abgenutzt sind, kann man sie mit Einhandwinkelschleifern weiterverwenden.

Wenn man ein Werkteil trennen möchte, verwendet man Trennscheiben (C), die es in den gleichen Größen wie Schruppscheiben gibt. Einen sauberen Trennschnitt erreicht man, indem man die Maschine pendelnd auf dem Werkstück hin- und herbewegt.

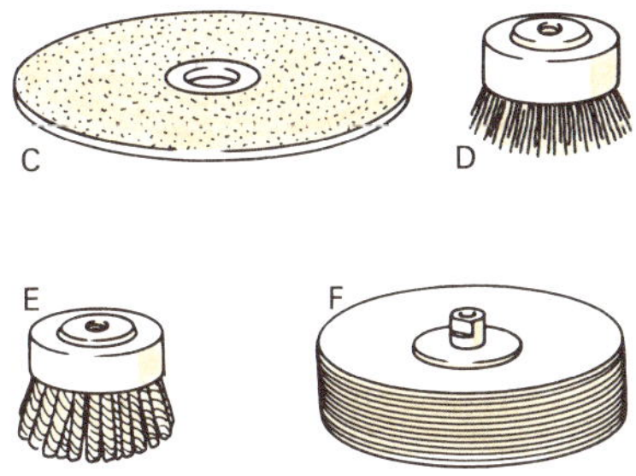

Stark unebene Oberflächen oder solche, die nicht zu stark gebürstet werden dürfen, bearbeitet man mit Drahttopfbürsten (D). Sie passen sich unterschiedlichen Formen gut an, da sie relativ weich sind. Härter sind Zopftopfbürsten (E). Mit ihnen kann man Betonschaltafeln säubern, entrosten oder Glühzunder entfernen.

Für Schleifarbeiten gibt es Fiberschleifscheiben in verschiedener Körnung; sie werden auf einen elastischen Schleifteller aufgelegt. Fast staubfrei kann man schleifen, wenn man einen Helfer hat, der mit dem Staubsauger mitarbeitet. Man kann allerdings auch eine Saugschutzhaube als Zusatz kaufen.

Poliert wird mit Winkelschleifern, die Leerlaufdrehzahlen zwischen 800 und 4000 U/min. haben, und Textilschwabbelscheiben (F). Damit erreicht man Hochglanzflächen auf Holz, Metall und Kunststoff. Für den letzten Schliff nimmt man dann Lammfellscheiben.

Winterreifen

Verfügen die Sommerreifen eines Autos noch über ein sehr gutes Profil, glauben viele Autofahrer, daß man sich die Ausgabe für teure Winterreifen sparen kann. Diese Überlegung ist grundsätzlich falsch, denn man muß berücksichtigen, daß der moderne Winterreifen mit seiner verhältnismäßig weichen Gummimischung bei Eis und Schnee sowie bei Nässe viel mehr leisten kann als der Sommerreifen mit seinem harten, für lange Lebenszeit konzipierten Gummi. Winterreifen verfügen außerdem in ihrer neuesten

Bauart über Lamellenprofile, die die Wirkung der Gummimischung zusätzlich unterstützen.

Von einem Automobilclub besorgt man sich den Reifentest und vergleicht die Angebotspreise. Man muß nicht unbedingt den Testsieger kaufen, denn er wird oft nur mit einem geringen oder gar keinem Preisnachlaß abgegeben, und auch die Reifen, die auf dem zweiten und dritten Platz stehen, leisten auf der Straße Gutes. Außerdem ist es fraglich, ob man alle Vorteile des bestplazierten Reifens überhaupt ausnutzen kann.

Noch vor Beginn der Wintersaison sollte man die Preise vergleichen. Die Reifenhändler überbieten sich mit Annoncen, und man hat sehr viel Zeit, Preise und Leistungen abzuwägen. Zu berücksichtigen ist auch, daß zum Lieferpreis die Montage, neue Ventile und das Auswuchten gehören; der Reifenpreis allein entscheidet nicht.

Winterreifen sollte man rechtzeitig montieren. Auch bei regnerischem Wetter, wenn Aquaplaninggefahr besteht, haben sie große Vorteile.

Die Reifen komplett mit Felgen kann man leicht selbst wechseln. Dafür genügt das Bordwerkzeug. Man kontrolliert das Anzugsdrehmoment der Schrauben oder Muttern nach einigen hundert Fahrkilometern noch einmal nach. Hierfür gibt es im Fachhandel preiswerte Drehmomentschlüssel.

Fahrten mit Winterreifen im hohen Geschwindigkeitsbereich sollte man vermeiden, da hier tendenziell ein höherer Verschleiß auftritt. Ist das Fahrzeug schneller als 160 km/h und die Reifen sind für die Geschwindigkeitsklasse 160 ausgelegt (S-Reifen), muß man am Armaturenbrett den Aufkleber mit der Angabe „Höchstgeschwindigkeit 160 km/h“ anbringen.

Siehe auch *Autofahren im Winter; Ersatzreifen; Reifen; Reifenwechsel.*

Wohnwagen einlagern

Den Wohnwagen räumt man aus; lose Bodenbeläge und die Einlagen der Schränke und Stauräume nimmt man heraus. Mit einem Staubsauger saugt man alles ab. Den Kühlschrank und den Aufbewahrungsbereich für Lebensmittel reinigt man mit einem Haushaltsreiniger; ein Schuß Essig im Wasser beseitigt gleichzeitig unangenehme Gerüche. Nach dem Abtrocknen trägt man etwas Siliconspray auf die Gummidichtungen der Kühlschranktür auf und arretiert sie in halboffener Stellung.

Hat sich in den Stauräumen Schimmel gebildet, sprüht man sie mit einem Antischimmelspray ein. Die Chlorverbindungen riechen zwar intensiv, beseitigen den Schimmel jedoch nachhaltig.

Den Kocher behandelt man mit Edelstahlpolitur, den Brenner reinigt man mit Backofenspray von Verkrustungen.

Mit Wasser und Autoshampoo wäscht man den Wohnwagen außen ab. Dabei sollte man auch den Sprühbereich der Räder und den Unterboden von festsitzendem Schmutz befreien. Auflaufbremse und Seilzüge der Bremse fettet bzw. ölt man ein, ebenfalls die Spindeln der Aufstellvorrichtungen. Den Lack des Wohnwagens behandelt man mit einem Hartwachs.

Um etwa 1 bar erhöht man den Luftdruck der Räder. Wenn man den Wohnwagen abstellt, sollte man Achsen und Federn möglichst entlasten.

Falls man den Wohnwagen mit einer Plastikplane abdeckt, sorgt man durch Zwischenlagen für gute Durchlüftung. Die eigenen Entlüftungen des Wohnwagens sowie die Dachluke bleiben geöffnet. Ablaufbohrungen verschließt man, damit im Frühjahr keine Insekten eindringen können. Wenn man trotzdem für Durchlüftung sorgen will, kann man eine alte Tüllgardine zerschneiden und diese über die Bohrungen kleben.

Die Brauchwasser- und Frischwassertanks sollte man leeren. Um die Behälter frisch zu halten, gibt man beim letzten Spülvorgang ein Wasserentkeimungsmittel zu.

Den Staubereich der Gasflaschen kontrolliert man auf Risse und Brüche. Die Gasflasche schließt man. Lüftungsöffnungen für den Gasflaschen-Staukasten darf man nicht verlegen oder absperren.

Alle Lichtscheiben werden kontrolliert, ob sich nicht Feuchtigkeit in den Rücklichtern angesammelt hat. Gegebenenfalls nimmt man die Lichtscheiben ab und reibt sie mit einem Tuch trocken.

Wolläuse

Wolläuse sind oval und 3 mm lang. Ihr hellrosa Körper ist mit einer weißen Wachsausscheidung überzogen. Wollläuse bilden Kolonien in Blattachseln, auf Blättern und an Trieben. Die einzelnen Läuse sind oft unter einem weißen, wolligen Belag verborgen. Sie befallen viele Zimmerpflanzen, deren Blätter dann vergilben. Außerdem scheiden sie auch Honigtau aus, der Ameisen anlockt. Bei starkem Befall kann eine Pflanze schwer geschädigt werden.

Bekämpfung Einzelne Läuse werden mit einem feuchten Tuch oder einem kleinen, harten Pinsel entfernt. Bei starkem Befall spritzt man mit Schmierseifenlösung, Ekamet, Elefant-Sommeröl oder Para-Sommer. Nicht vergessen sollte man, die Pflanze regelmäßig auf Spuren neuen Befalls zu untersuchen.

Wortketten

Bei diesem Wortspiel sitzen beliebig viele Spieler im Kreis. Einer von ihnen nennt ein zusammengesetztes Substantiv, z.B. Haustür. Der nächste Mitspieler im Kreisrund muß nun ein Wort finden, das mit Tür beginnt, z.B. Türschlüssel. Sein Nachbar muß das Wort Schlüssel ergänzen, z.B. Schlüsselloch usw. Die Begriffe sollten so schnell wie möglich gebildet werden. Man kann auch Zeitlimits setzen, um einen neuen Begriff zu finden, beispielsweise 20 Sekunden für ein Wort. Wird diese Zeitspanne überzogen, scheidet der Ratende aus. Sieger ist dann der Spieler, der am Schluß übrigbleibt.

Wunden

Kleinere Schnitt-, Kratz- und Schürfwunden, die man selbst behandeln kann, werden gegebenenfalls gesäubert, dann trägt man eine antiseptische Salbe auf und deckt die Wunde mit einem Verband ab.

Größere Wunden müssen so bald wie möglich von einem Arzt behandelt werden. Bis dahin werden sie mit einer sterilen Wundauflage keimfrei bedeckt. Wenn man diese aus der Verpackung nimmt, faßt man sie nur mit den Fingerspitzen am Rand an und legt sie dann direkt auf die Wunde. Fällt sie dabei auf den Boden oder kommt sie mit etwas anderem in Berührung, darf sie nicht mehr verwendet werden.

Größere Wunden dürfen weder berührt noch mit Puder, Salben, Cremes, Sprays oder Desinfektionsmitteln behandelt werden (für Ausnahmen siehe *Bißverletzungen; Verätzungen; Verbrennungen*). Fremdkörper dürfen nicht entfernt werden.

Siehe auch *Augenverletzungen; Blutungen stillen; Verbände anlegen.*

Wundstarrkrampf (Tetanus) Die Erreger dieser schweren Infektionskrankheit sind als Sporen im Boden und in Tierkot vorhanden. Durch Stich- oder Bißverletzungen, Schürfwunden, Unfälle auf der Straße und im Garten kann man sich infizieren, wobei auch kleinste Wunden (etwa durch Holzsplitter) ernst zu nehmen sind.

Eine Schutzimpfung ist die sicherste Vorbeugungsmaßnahme. Man kann schon Kleinkinder impfen lassen (drei Impfungen innerhalb eines Jahres); die Schutzwirkung hält etwa fünf bis zehn Jahre an. Erwachsene sollten zwei Spritzen im Abstand von vier Wochen und eine weitere nach einem Jahr erhalten. Nach einer Verletzung läßt man im allgemeinen die Impfung wiederholen, wenn seit der letzten Schutzimpfung mehr als fünf Jahre vergangen sind. Andernfalls ist eine Auffrischungsimpfung alle zehn Jahre zu empfehlen.

Würfel schneiden

Das Gemüse oder die Frucht mit den eingezogenen Fingerspitzen einer Hand festhalten und mit einem scharfen Küchenmesser gleich dicke Längsscheiben schneiden. Dann zwei oder drei Scheiben übereinanderlegen und abermals in gleicher Stärke in Längsrichtung so schneiden, daß man Streifen mit quadratischem Querschnitt erhält. Diese Streifen nun fest zusammenhalten und in Querrichtung zu Würfeln schneiden.

Um eine Zwiebel fein zu würfeln, halbiert man sie zunächst vom Stengel zur Wurzel hin; die Hälften mit der Schnittfläche nach unten auf das Küchenbrett legen. Dann das Messer mit der Spitze knapp vor der Wurzel ansetzen, nach unten drücken und zum Stengel hin dünne Scheiben schneiden, die von der Wurzel zusammengehalten werden. Anschließend bis knapp vor der Wurzel dünne, waagrechte Scheiben schneiden. Zum Schluß erhält man durch Schnitte in Querrichtung kleine Würfel.

Siehe auch *Julienne*; *Kleinhacken*.

Würmer

Zu den häufigsten Parasiten des Menschen gehören Würmer, vor allem Bandwürmer, Madenwürmer und Spulwürmer. Die beste Vorbeugung ist eine gute Hygiene.

Bandwürmer Meist hat der Betroffene keine Beschwerden außer eventuell allgemeinen Verdauungsbeschwerden und Durchfällen. Gewichtsverlust bei ständigem Heißhunger kann auch auf eine Bandwurmerkrankung hindeuten. Eindeutiger Hinweis ist der Abgang von Bandwurmgliedern mit dem Stuhl, die wie breite Nudeln aussehen.

Eine ärztliche Behandlung ist unbedingt erforderlich, da eine Bandwurmerkrankung ernsthafte Folgen für die Gesundheit haben kann. Zur besonderen Vorbeugung sollte man kein rohes Fleisch essen.

Madenwürmer Die Würmer verursachen in der Aftergegend starkes Jukken und bei Kindern meist Bauchschmerzen. Im Stuhl sind 10–12 mm lange, helle Würmer zu sehen.

Madenwürmer sind nicht gefährlich. Eine Abtreibung der Würmer mit einem Wurmmittel ist jedoch erforderlich und bei genauer Beachtung der Hygienevorschriften auch erfolgreich: Bettwäsche, Handtücher und Unterwäsche muß man kochen und häufig wechseln. Die Fingernägel kurz schneiden und vor dem Essen sowie nach dem Besuch der Toilette oder dem Umgang mit Haustieren die Hände immer mit Seife und Nagelbürste gründlich reinigen. Den Sitz der Toilette nach jeder Benutzung reinigen und den After nach jedem Stuhlgang mit Seife waschen.

Spulwürmer Diese 10–30 cm langen Würmer verursachen bei Kleinkindern Entwicklungsstörungen, bei Erwachsenen Bauchschmerzen, verbunden mit Brechreiz, Übelkeit und eventuell Durchfällen, und können zu ernsthaften Erkrankungen führen.

Eine Behandlung ist unbedingt erforderlich. Zur besonderen Vorbeugung ist auf peinliche Sauberkeit im Umgang mit Lebensmitteln und auf hygienische Abwasserbeseitigung zu achten. Die Kopfdüngung von Gemüse oder Salat ist zu unterlassen.

Wurstwaren

Wurst besteht grundsätzlich aus zerkleinertem Fleisch- und Fettgewebe, dem Salz und Gewürze, manchmal Bindemittel u.a. beigemengt sind. Dieses Brät wird in Hüllen aus künstlichem Material oder in Därme gefüllt. Die zahlreichen Arten unterscheiden sich zum Teil beträchtlich in ihrem Fettgehalt. Obgleich keine gesetzliche Vorschrift besagt, daß dieser Fettgehalt angegeben werden muß, kennzeichnen viele Hersteller die Wurst freiwillig oder geben auf Anfrage Auskunft, wobei Schwankungen von 5 % möglich sind.

Rohwürste Diese nicht erhitzten Wurstwaren werden hauptsächlich durch Salzzugabe, innere Säuerung und Wasserverlust haltbar gemacht. Sie sind fast immer gepökelt, oft luftgetrocknet oder geräuchert. Zu dieser Kategorie gehören Streichwürste wie Tee- und Mettwurst sowie schnittfeste Würste wie Salami und Cervelat. Rohwürste haben bis zu 2500 kJ (etwa 600 kcal) pro 100 g, enthalten aber auch viel Eiweiß, Mineralstoffe und Vitamine.

Brühwürste Das fertige Brät aus Schweinefleisch, Rindfleisch, Speck, Salz, Gewürzen und Wasser wird erhitzt. Diese Würste werden gepökelt (Wiener, Bockwurst, Fleischwurst) und ungepökelt (Weiß- und Gelbwurst), manchmal auch geräuchert (Bierwurst) angeboten; dem fein zerkleinerten Brät können mehr oder weniger grobe Fleischstücke beigemengt werden. Der Energiegehalt von feinen Brühwürsten liegt bei 1250–1700 kJ (300–400 kcal) pro

100 g, bei Würsten mit groben, mageren Fleischeinlagen noch darunter.

Kochwürste Hier wird das Ausgangsmaterial – Fleisch, Speck, Innereien – gebrüht und anschließend zerkleinert. Die fertigen Würste werden dann noch einmal gebrüht. Sie können ungepökelt, gepökelt oder geräuchert sein. Die bekanntesten Kochwürste sind Leber- und Blutwurst; auch Sülzen gehören dazu. Wegen ihres hohen Gehalts an Innereien sind Kochwürste reich an Vitaminen und Mineralstoffen. Ihr Fettgehalt ist dagegen sehr unterschiedlich; eine einfache Leberwurst kann durchaus mehr als 1700 kJ (400 kcal) pro 100 g enthalten, eine magere Thüringer Rotwurst dagegen nur halb soviel. Sülzen haben im allgemeinen weniger Fett und Kalorien als die anderen Kochwürste, 100 g Schweinskopfsülze kann aber 1250 kJ (300 kcal) oder mehr haben.

Lagerung Außer den Dauerwürsten wie Salami und Cervelat sind Wurstwaren nur bedingt lagerfähig: Frische Wurst hält im Kühlschrank höchstens zwei Tage, angeräucherte bis zu vier. Die meisten Sorten lassen sich gut einfrieren; bei Aufschnitt legt man Folie zwischen die Scheiben. Die Lagerzeit beträgt etwa drei Monate.

Bei Wurstsorten, die vor dem Verzehr gebraten oder gebrüht werden (Bratwurst, Weißwurst usw.), sollte man darauf achten, daß sie auch immer bis 100 °C erhitzt werden, da die Gefahr einer Salmonellenvergiftung bei Wurstwaren relativ groß ist (siehe auch *Lebensmittelvergiftung*; *Tiefkühlkost auftauen*).

YZ

Yoga

Yoga beruht auf der Überzeugung, daß man durch körperliche und geistige Übungen sein Wohlbefinden steigern und Körper und Geist entspannen kann. Nervosität, Kreislauf- und Schlafstörungen können durch entsprechende Yogaübungen oft positiv beeinflußt werden.

Alle Yogatechniken und -übungen sollten unter der Anleitung eines erfahrenen Lehrers gelernt und geübt werden. Wer nur anhand eines Lehrbuches übt, kann leicht Fehler machen und sich möglicherweise mehr schaden als nützen. Vor allem ist die richtige Atemtechnik wichtig. Wer sich für diese alte indische Lehre interessiert, kann jedoch zunächst einmal einige einfache Übungen allein versuchen, um festzustellen, ob er in einer Yogaschule ernsthaft weitermachen möchte.

Für die Yogaübungen sollte man sich täglich ein- oder zweimal zehn bis 15 Minuten Zeit nehmen. Am besten dafür geeignet ist die Zeit morgens direkt nach dem Aufstehen oder nachmittags gegen 17 Uhr, wenn das Mittagessen nicht mehr den Magen belastet. Anfänger und ältere Menschen, die bisher wenig Sport getrieben haben, sollten sehr langsam an die Übungen herangehen und sie nur insoweit ausführen, als sie keinen besonderen Kraftaufwand erfordern. Falscher Ehrgeiz ist fehl am Platz. Körperhaltungen, die Gelenkigkeit erfordern, darf man niemals gewaltsam erzwingen. Durch die Überanstrengung können Bänder und Sehnen überdehnt werden, ja es kann zu schmerzhaften Muskelzerrungen kommen.

Zahnen

Gewöhnlich bekommen Kinder die ersten der insgesamt 20 Milchzähne mit fünf bis zehn Monaten. Zuerst kommen meist die beiden unteren Schneidezähne zum Vorschein, dann folgen innerhalb von 30 Monaten die übrigen Zähne.

Schlechte Laune, Reizbarkeit, leichtes Fieber (bis zu 38 °C), häufiges Erwachen in der Nacht und eine Zahnfleischrötung können die Begleiterscheinungen des Zahnens sein. (Man darf jedoch nicht ernsthafte Krankheitssymptome wie hohes Fieber oder Schmerzen leichtfertig darauf zurückführen.) Wenn das Kind nach dem Aufwachen nachts nicht

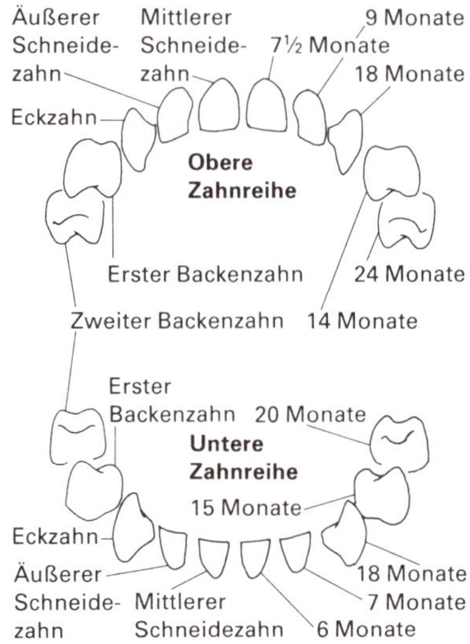

mehr einschlafen kann, gibt man ihm am besten etwas Wasser oder Milch zu trinken. Wenn das Kind zu häufig nachts aufwacht oder andere Probleme hinzukommen, sollte man mit dem Kinderarzt sprechen.

Um die Zahnfleischreizung zu lindern, kann man das Zahnfleisch mit einem Antiseptikum für die Mundhöhle einreiben, das auch ein Schmerzmittel enthält. Die meisten Kinder haben beim Zahnen ein starkes Kaubedürfnis und stecken alles in den Mund, was sie finden können. Durch das Kauen wird tatsächlich der Durchbruch der Zähne gefördert und die Reizung des Zahnfleisches gelindert. Deshalb gibt man dem Kind einen Beißring (eventuell vorher im Kühlschrank lagern, da Kälte die Schmerzen lindert), einen sauberen Waschlappen, der mit kaltem Wasser getränkt und ausgedrückt wurde, oder weiches, abwaschbares Spielzeug. Scharfkantige, spitze oder kleine Gegenstände, die verschluckt werden könnten, dürfen nicht in Reichweite des Kindes sein.

Zahnersatz

Die moderne Zahntechnik erzielt kosmetisch sehr befriedigende Ergebnisse, wichtig jedoch ist auch der einwandfreie Sitz des Zahnersatzes. Sobald er locker wird oder scheuert, sucht man den Zahnarzt auf. Wunde Stellen am Zahnfleisch behandelt man in der Zwischenzeit mit Kamillentee- oder Thymianspülungen.

Festsitzende Prothesen reinigt man bei der täglichen Zahnpflege (siehe dort) mit. Ganz- und Teilprothesen, die man herausnehmen kann, müssen ebenfalls mindestens einmal täglich gründlich gereinigt werden. Am besten verwendet man dazu eine mittelharte Bürste und eine Spezialzahncreme (Mittel, die zur Reinigung der natürlichen Zähne verwendet werden, sind meist nicht geeignet). Diese Zahnpasta wird mit lauwarmem Wasser abgespült, wobei man die Prothese weiterhin bürstet, bis sie makellos sauber ist. Harte Bürsten und scharfe Reinigungsmittel schaden dem Zahnersatz und machen ihn anfällig für Flecken.

Zahnpflege

Eine richtige Zahnpflege kann Karies und Parodontose weitgehend verhindern. Dazu müssen die Zähne dreimal täglich sehr gründlich geputzt werden, besser noch nach jeder Nahrungsaufnahme, auch nach kleinen Zwischenmahlzeiten. Man sollte möglichst auf Süßigkeiten verzichten und regelmäßig zum Zahnarzt gehen. Der fast unsichtbare Bakterienbelag auf der Zahnoberfläche – die Plaque – muß beim Zähneputzen entfernt werden, vor allem zwischen den Zähnen und direkt unterhalb des Zahnfleischrandes. Die Plaque ist Ursache der meisten Zahnerkrankungen.

Die Zahnbürste sollte mittelharte (bei sehr empfindlichen Zähnen auch weiche) Natur- oder Nylonborsten mit abgerundeten Enden haben. Dünne Zahnzwischenraumbürsten mit Knick verwendet man, wenn man größere Zahnlücken hat – etwa weil man herausnehmbaren Zahnersatz (siehe dort) trägt. Auch elektrische Zahnbürsten sind empfehlenswert. Solche mit Netzanschluß sind billiger und einfacher zu handhaben als batteriebetriebene, die andererseits für Auslandsreisen praktischer sind.

Zunächst bürstet man die Außenseite der oberen Zahnreihe mit kurzen Strichen von oben nach unten. Dabei setzt man die Borsten gerade auf die Zähne auf, nicht schräg. Dann bürstet man die Innenseite der oberen Zahnreihe von oben nach unten; dabei hält man die Bürste so schräg, daß die Borsten Zahnfleisch und Zähne erreichen. Die Innen- und Außenseiten der unteren Zahnreihe werden nach oben gebürstet. Dabei müssen die Borsten auch das Zahnfleisch erreichen. Zum Schluß wird mit kräftigen, waagrechten Bewegungen an den Kauflächen der oberen und unteren Zähne entlanggebürstet.

Es empfiehlt sich, die Zähne zusätzlich einmal täglich mit Zahnseide zu reinigen. Die Zahnseide wird zwischen die Zähne geführt, bis sie den Zahnfleischrand erreicht. Dadurch werden Speisereste gründlich entfernt, und die Durchblutung des Zahnfleisches wird angeregt. Mundduschen haben eine ähnliche Wirkung und sind eine gute Ergänzung zur Zahnbürste.

Zahnschmerzen

Zahnschmerzen sind meist Zeichen einer Zahn- oder Zahnfleischerkrankung. Sie sollten den Betroffenen in jedem Fall zu einem Zahnarztbesuch veranlassen, damit die Ursache festgestellt und schnell beseitigt werden kann. Aber auch ohne Zahnschmerzen sollte jedermann mindestens einmal im Jahr seine Zähne vom Zahnarzt kontrollieren lassen und außerdem auf eine regelmäßige, tägliche Zahnpflege (siehe dort) achten.

Ursachen für Zahnschmerzen können sein:

- Zahnfleischentzündung, meist auf Grund von Zahnstein, der sich bei ungenügender Zahnpflege um und unter dem Zahnfleischrand bildet. Hauptsymptom ist Zahnfleischbluten;
- Parodontitis, die sich aus einer Entzündung des Zahnfleischs entwickelt und den oberen Teil des Zahnhalteapparates erfaßt. Auch das Zahnfleisch schmerzt;
- Parodontose, eine chronische Entzündung oder chronisch zunehmende Schwäche des gesamten Zahnhalteapparates und des Kieferknochens;
- Zahnfäule (Karies), die dann auftritt, wenn der Zahnschmelz an einer Stelle zerstört ist und das darunter gelegene Zahnbein als Folge weich wird. Zuerst spürt man eine Empfindlichkeit auf süße und saure Speisen, dann auf Temperaturunterschiede (heiß und kalt). Die Zahnfäule breitet sich aus und kann mit der Zeit den ganzen Zahn zerstören;
- Zahngranulan, ein Eiterherd an der Wurzelspitze des Zahnes im Knochen, an dem sich auch ein Abszeß entwickeln kann;
- Neuralgie des Trigeminusnervs, die heftige Schmerzanfälle an einer Seite der Lippen, des Kiefers, des Kinns, an einer Wange oder Schläfe auslöst.

Bis zum Zahnarztbesuch können folgende Anwendungen Linderung verschaffen:

- Nach jedem Essen und stündlich den Mund mit lauwarmem Salzwasser ausspülen.
- Handelt es sich um ein fühlbares Loch, kann man einen mit Nelkenöl getränkten Wattepfropfen hineinstekken. (Nelkenöl ist in der Apotheke erhältlich.)
- Werden die Schmerzen durch Wärme ausgelöst, versucht man, einen Eiswürfel gegen den Zahn zu halten.
- Bleiben die Zahnschmerzen trotz dieser Anwendungen sehr stark, so nimmt man ein leichtes schmerzstillendes Mittel; dabei die Dosierungsvorschriften auf dem Beipackzettel genau beachten.

Zaubertricks

Die Kunst des Zauberns liegt in der Ablenkung. Man zieht die Aufmerksamkeit des Publikums auf Handgesten, auf das Gesicht, auf einen anderen Gegenstand, eine andere Person oder einen Zauberspruch – nur nicht auf die Hand, mit der ein Trick ausgeführt wird. Manchmal genügt es, wenn man selber gezielt auf den Vorgang blickt, den auch die Zuschauer beobachten sollen. Meist richtet man seinen Blick aber auf die Zuschauer. Wichtig ist es auch, schnelle und hastige Bewegungen zu vermeiden.

Man befaßt sich intensiv jeweils mit nur einem Zaubertrick und übt ihn vor einem Spiegel, bis alle Handgriffe ungezwungen aussehen und man sie automatisch ausführen kann.

Münze verschwinden lassen Bei diesem Zaubertrick hält man ein Markstück zwischen Daumen, Zeige- und Mittelfinger der rechten Hand.

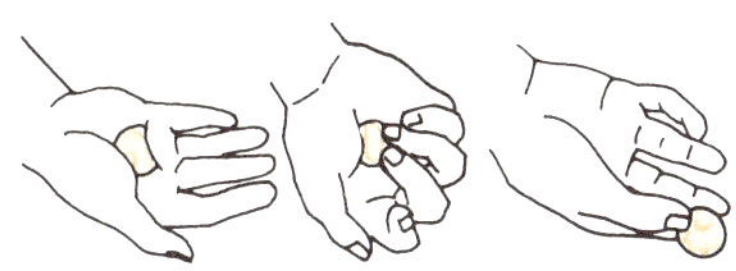

Nun täuscht man vor, die Münze in die linke Hand zu geben, schiebt sie aber – während sie von der linken Hand verdeckt ist – tief in die Innenfläche der rechten Hand, am besten zwischen die Wurzeln des Daumens und der übrigen Finger. Der Daumen muß sich dabei locker von der Hand abspreizen lassen. Die Handmuskeln müssen so entspannt sein, daß sich ein weicher Fleischwulst über die Ränder des Markstücks stülpt (dies nennt man palmieren). Später kann man die Münze mit den beiden ersten Fingern wieder herausholen und von beinahe jeder Stelle wieder hervorzaubern.

Man kann die Münze auch in die Mitte eines Taschentuchs legen. Dann wird das Taschentuch dreimal zu einem immer kleineren Dreieck zusammengefaltet. Die beiden unteren Ecken des Dreiecks nimmt man in die rechte und linke Hand und kippt das Taschentuch von einer Seite zur ande-

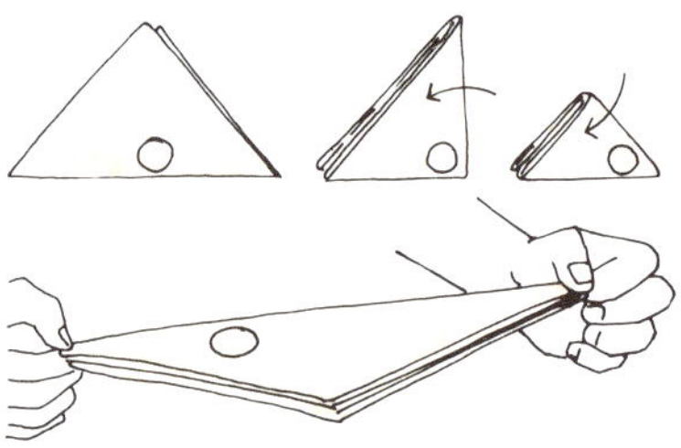

ren. Die Münze rollt dann in eine Handfläche, in der man sie palmiert. Mit der anderen Hand schüttelt man das leere Tuch aus und steckt die Münze gleichzeitig in die Tasche.

Zaunpfosten ersetzen

Wenn man einen von unten her halb verrotteten Holzpfosten ersetzen möchte, lockert man das Erdreich um den Pfosten und versucht, ihn herauszuziehen, indem man ihn hin und her bewegt. Bei nassem oder lehmigem Boden sollte man sich die Arbeit durch eine Hebelkonstruktion erleichtern. Man schlägt etwa 30 cm über dem Boden an zwei Seiten Nägel in den Pfosten und wickelt darunter ein Seil so herum, daß die Enden je etwa 1 m frei sind. Wenn nötig, muß man vorher an jeder unzugänglichen Pfostenseite ein Brett abnehmen. Nun braucht man ein Kantholz oder einen Balken als Hebel, befestigt die Seilenden an einem Ende, sichert sie mit Nägeln, damit sie nicht wegrutschen können, und stapelt Ziegelsteine oder sonstige Unterlagen am Pfosten unter dem Hebel so hoch auf, daß ihre Oberfläche etwa 10 cm höher liegt als die Nägel im Pfosten. Drückt man das freie Ende des Hebels kräftig nach unten, hebt sich der Pfosten aus dem Boden. Wenn nötig, muß man die Höhe der Unterlage verändern. Es ist zweckmäßig, den Zaun zu beiden Seiten des Pfostens abzustützen, damit er nicht umfallen kann.

Das alte Pfostenloch kann man leicht mit einem Handerdbohrer für den neuen Pfosten aufbohren. In nicht steinigem Boden lassen sich damit auch neue Pfostenlöcher bohren.

Wenn der alte Pfosten über dem Erdreich noch ganz gesund ist, kann man auch einen halblangen Hilfspfosten als Provisorium verwenden. Man gräbt die Erde hinter dem alten Pfosten auf, setzt den Hilfspfosten ein, schraubt ihn mit Flachrundschrauben (siehe *Schrauben und Muttern*) an den Hauptpfosten und stampft Kies, Steine und Erde im Loch fest.

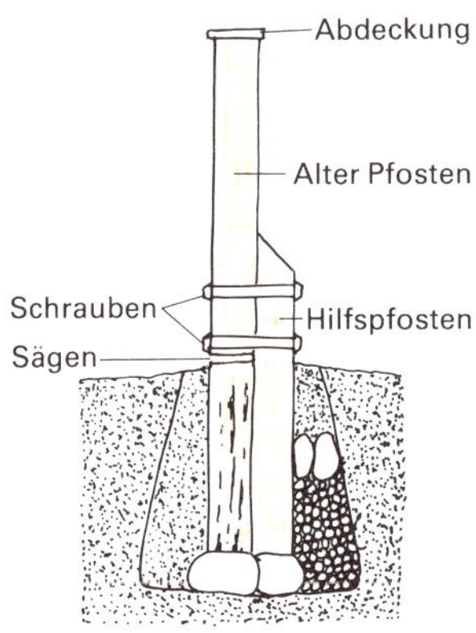

Wenn ein Pfosten starkem Zug ausgesetzt ist, weil z. B. ein Tor daran aufgehängt wird, sollte man am Pfostenfuß zwei Brettstücke parallel zum Zaunverlauf befestigen. Dann muß man allerdings ein genügend großes ovales Loch ausheben, das man nach Belieben mit Kies, Steinen und Erde oder mit Beton ausfüllen kann.

An der Verbindung mit Zaunpfosten verrotten sehr häufig auch Querhölzer (Traversen). Man braucht in solchen Fällen die Hölzer nicht ganz auszutauschen, sondern kann kurze Stücke ansetzen. Für solche Verbindungen eignet sich der gerade Glattstoß, der mit Flachrundschrauben verbunden wird (siehe auch *Holzverbindungen*).

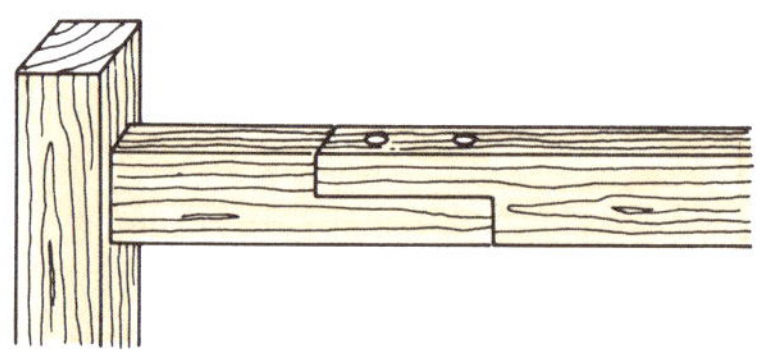

Zecken

Zecken (Holzböcke) sind braune oder graue Parasiten mit einer Körperlänge von 1,5–6 mm. Meist sitzen sie wartend auf Sträuchern in bewaldeten Gegenden. Wenn ein Tier oder Mensch an ihrem Versteck vorbeistreift, läßt sich die Zecke auf ihr Opfer hinunterfallen, dringt zur Haut vor und saugt dort Blut. Vollgesogen schwillt sie auf ihre dreifache Körpergröße an.

Eine festgebissene Zecke wird mit einer stumpfen, gebogenen Pinzette entfernt. Man faßt sie möglichst nahe an der Haut; manchmal muß man die Pinzette etwas hin und her bewegen, damit die Zecke losläßt. Dann zieht man sie in gerader Richtung heraus; dabei die Pinzette nicht verdrehen. Sofort nach dem Herausziehen wäscht man die Bißstelle und die Hände mit Seife und warmem Wasser. Die Zecke in der Toilette herunterspülen oder in reinen Alkohol eintauchen. Sollte der Kopf in der Haut steckenbleiben, sucht man einen Arzt auf.

Vorbeugung Vor allem im Frühsommer sollte man lange Hosen oder eine Bundhose und Kniestrümpfe und langärmelige Blusen oder Hemden, eventuell mit einem Halstuch, und eine Kopfbedeckung tragen, wenn man durchs Gebüsch oder durch dichtbewachsenes Gelände geht. Nach der Rückkehr die Kleidung, den Körper und das Haar gründlich nach Zecken absuchen. Katzen oder Hunde täglich auf Zecken kontrollieren. Es gibt auch spezielle Zeckenhalsbänder zu kaufen. Sind Haustiere stark von Zecken befallen, besprüht man ihre Lagerstätte mit einem Mittel gegen Ungeziefer, das für die Tiere selbst ausdrücklich unschädlich ist.

Zecken können auch infektiöse Krankheiten übertragen wie verschiedene Fleckfieberformen und Hasenpest. In der Bundesrepublik Deutschland können 0,2–2% der Zecken Hirnhautentzündungen verursachen; man rechnet bei jedem 1000. Zeckenstich mit einer Erkrankung. In Süddeutschland und Österreich liegt der Prozentsatz höher. Bei Verdacht auf eine mögliche Infektion (in Gebieten mit hoher Zeckendurchseuchung) umgehend einen Arzt aufsuchen.

Vorbeugend kann man sich – am besten noch in der kalten Jahreszeit – einer Schutzimpfung unterziehen, die bei den Gesundheitsämtern oder von jedem Arzt durchgeführt wird. Der Impfschutz beträgt mindestens drei Jahre. Die Schutzimpfung empfiehlt sich besonders für Personen, die in einem gefährdeten Gebiet – etwa im süddeutschen Raum oder in Österreich – leben und sich häufig im Wald aufhalten.

Zelte

Die Wahl des geeigneten Zeltes hängt von der Einsatzart und von der Transportmöglichkeit ab.

Das Leichtzelt, auch Minipackzelt genannt, zunächst ausschließlich von Bergsteigern benutzt, ist vor allem unter Trekkern und Zweiradurlaubern in den letzten Jahren beliebt geworden. Es besteht meist aus beschichtetem Nylon und bietet Platz für ein bis zwei Personen, in Ausnahmefällen auch für drei. Als Zeltgestänge werden Fiberglasstangen eingesetzt; das Zelt besteht meist aus beschichtetem Nylon. Wird behandelte Baumwolle verwendet, sollte man zusätzlich ein Überzelt als Schutz gegen Regen und als Temperaturausgleich einsetzen. Leichtzelte dienen nur der Übernachtung und sind aufgrund der Größe wenig komfortabel.

Das klassische Firstzelt mit seiner hausähnlichen Bauform bietet schon wesentlich mehr Komfort, und man kann es so erweitern, daß Stehhöhe erreicht wird. Im Firstzelt übernachtet man, während im Vorzelt ein kleiner Aufenthaltsraum sowie eine Küchenecke mit Stauraum vorgesehen sind.

Eine Sonderbauform zwischen Leicht- und Hauszelt nimmt die Iglu-Bauform ein. Das Zeltmaterial zieht man an den gebogenen Gestängen auf. Auch Tragekonstruktionen mit aufblasbaren Schläuchen kann man erwerben.

Noch größer und schwerer als Firstzelte sind Steilwandzelte. An einem aufwendigen Rohrgestell hängt man eine Innenkabine aus Baumwollgewebe ein, die auch einen gegen Feuchtigkeit geschützten Boden besitzt. Diese Schlafkabine nimmt etwa die Hälfte des Zeltraums ein. Das Überzelt – ohne Boden, aber mit beschichtetem Dach und Seitenwänden – ergibt den Stau- und Aufenthaltsraum. Die Küchenecke sollte man möglichst unter der Fensterfront einrichten, damit der Dunst besser abziehen kann.

Wer mit dem Steilwandzelt verreist, sollte zuvor im Garten einen Probeaufbau durchführen. Dabei markiert man die zahlreichen Metallröhren, aus denen das Gestell zusammengesteckt wird, damit man beim späteren Aufbau auf dem Zeltplatz die richtige Reihenfolge einhält und das Gestänge nicht verwechselt.

In Steilwandzelten kann man bequem stehen. An verregneten Tagen bieten sie je nach Größe genug Raum, um sich auch im Inneren aufzuhalten – ein Vorteil gerade in Urlaubsländern mit eher unbeständigem Wetter. Bei feuchtem Boden empfiehlt es sich, einen zusätzlichen Gehbelag ins Zelt zu legen. Steilwandzelte gibt es in verschiedenen Größenordnungen. Sie reichen von der einfachen Bauart für eine Kleinfamilie bis zur Luxusausführung mit mehreren Schlafkabinen und zusätzlicher Küchenecke.

Abgesehen vom Transportproblem und der Anzahl der Mitreisenden sollte derjenige, der sein Zelt für längere Zeit an einem Ort aufschlagen will, die Annehmlichkeiten eines größeren Raumangebots bei der Zeltwahl nicht unterschätzen. Eine andere Möglichkeit, das Platzangebot zu vergrößern, besteht darin, ein Vorzelt anzubringen. Es schützt vor jedem Wetter und bietet noch mehr Stauraum.

Eine Sonderbauart sind Vorzelte für Wohnwagen und Campingbusse. Sie ähneln im Aufbau den Steilwandzelten, verfügen aber über keine Schlafkabine. Gerade in südlichen Ländern bieten sie hervorragenden Schutz vor der Sonne.

Ziehklingen schärfen

Ziehklingen zählen zwar zu den Werkzeugen, die spanabhebend arbeiten, ihre Späne werden jedoch nicht wie beispielsweise beim Hobel durch eine Schneide abgehoben, sondern durch einen Grat. Eine Ziehklinge ist stumpf, wenn man ihre Kante so oft nachgezogen hat, daß sie rund ist. Dann muß man sie nachschärfen. Man braucht dazu einen Abziehstein und einen glatten Dreikantstahl.

Man richtet zwei Hartholzzulagen mit rechtwinkligen Kanten her und

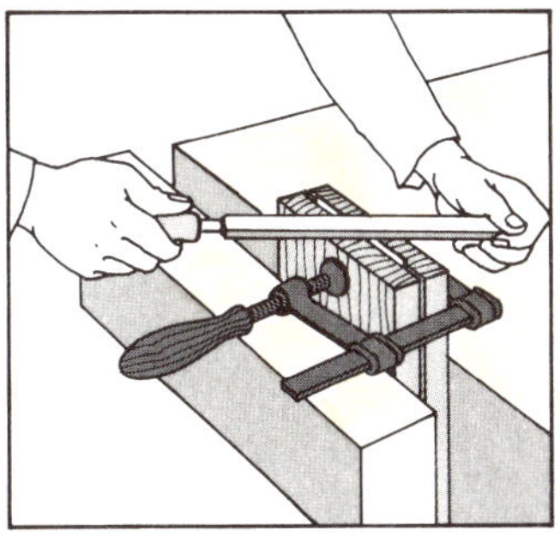

spannt die Ziehklinge so dazwischen, daß sie etwa 1 mm übersteht. Dann feilt man die Klingenkante mit der Schlichtfeile (siehe *Feilen*), bis sie mit den Leisten eben ist, und zieht danach Kante und Flächen mit dem Abziehstein ab (siehe *Abziehen*). Nun fettet man den glatten Dreikantstahl leicht ein und führt ihn ein paarmal über die Flächen der Ziehklinge, bis die Kanten absolut plan und riefenfrei sind. Danach legt man den Stahl im Winkel von etwa 85° an eine Klingenkante und zieht mit zwei bis drei kräftigen Strichen den Grat an.

Wenn die Klinge nur leicht abgestumpft ist, kann man den Grat zwei- bis dreimal nur mit dem Dreikantstahl erneuern, ohne die Kante zu feilen.

Zimmerbrand

Wenn Feuer ausbricht, bringt man als erstes Kinder, alte Menschen und Kranke in Sicherheit. Dann erst sollte man versuchen, den Brand zu löschen – aber auch nur, wenn er sich noch nicht ausgebreitet hat und keine Gefahr fürs eigene Leben besteht. Breitet sich ein Feuer rasch aus, verläßt man schnellstens das Haus und verständigt die Feuerwehr über den Notruf 112 oder über den Polizeiruf 110 (siehe *Notruf*). Das geht meistens schneller beim Nachbarn als in der Telefonzelle. Auch bei starker Rauchgasentwicklung geht man sofort aus dem Haus, denn Rauchgase sind oft gefährlicher als die Flammen selbst.

Folgende Regeln sollte man beachten, wenn es brennt:

- Ruhe bewahren, nicht in Panik geraten.
- Türen und Fenster schließen, damit kein Zug entsteht, da der Sauerstoff die Flammen nährt.
- Den brennenden Raum verlassen. Wegen Erstickungsgefahr nie den Fahrstuhl benutzen, da er bei Stromausfall steckenbleibt.
- Die Feuerwehr verständigen.
- Den Brand zu löschen versuchen, aber nur, wenn er ganz offensichtlich beherrschbar ist und sich kein starker Rauch entwickelt.
- Einen ausreichenden Abstand zu den Flammen einhalten.
- Immer von der Seite an den Brandherd herangehen, die dem Fluchtweg am nächsten liegt.
- Vom Brandherd keine brennenden Gegenstände wegschaffen, da sich sonst das Feuer ausbreitet.
- Mit Wasser, Sand, Decken, Tüchern oder einem Feuerlöscher die Flammen von außen zur Mitte hin ersticken.
- Wenn die Feuerwehr gerufen ist, vor dem Haus auf sie warten und genaue Auskünfte geben.

Bratpfannen und Friteusen Speiseöl und Bratfett können sich entzünden, wenn sie überhitzt werden. Brandgefahr besteht, wenn Rauch aus dem Fett aufsteigt. Folgende Hinweise sollte man beachten:

- Elektrische Kochplatte oder Gasflamme ausschalten.
- Einen Fettbrand nie mit Wasser löschen, da sich sonst das Feuer explosionsartig ausbreitet.
- Das Gefäß stehenlassen, nicht ins Freie tragen, weil sich an der Luft eine Stichflamme entzünden könnte.
- Die Flamme mit einem nassen Küchen- oder Handtuch ersticken. Man kann auch Deckel, Teller, Tabletts oder Aufschnittbretter verwenden, sie müssen nur größer sein als die Öffnung des Gefäßes. Wer für solche Fälle gewappnet sein will, kauft eine Löschdecke und bewahrt sie griffbereit in der Küche auf.
- Sind die Flammen gelöscht, das Gefäß zugedeckt lassen, bis es abgekühlt ist, sonst könnte sich das Fett wieder entzünden.
- Kann man das Feuer nicht löschen, Fenster und Nebentüren schließen, den Raum verlassen, die Haupttür zumachen und die Feuerwehr rufen.

Fernsehgeräte Moderne Fernseher geraten wegen eines Kurzschlusses kaum noch in Brand. Wenn aber nach einem Kurzschluß ein Gerät nicht mehr richtig oder gar nicht mehr funktioniert, sollte man sicherheitshalber doch den Stecker ziehen.

Wenn eine Bildröhre implodiert, werden durch den Unterdruck in der Röhre Glasteilchen nach innen gezogen und dann ins Zimmer geschleudert. Bei einer Implosion kann durch freiwerdende Energie infolge des Kurzschlusses eine Stichflamme entstehen, die möglicherweise Teppiche, Tischdecken oder Vorhänge entzündet.

Riecht ein Fernseher nach brennendem Gummi oder Kunststoff, sofort den Stecker herausziehen, das Gerät von einem Fachmann überprüfen lassen und dann erst wieder einschalten. Schlagen Flammen oder quillt Rauch aus dem Gerät, umgehend den Stekker ziehen und das Gerät mit einer Lösch- oder Wolldecke abdecken, um Flammen und Rauchentwicklung einzudämmen und Glassplitter aufzufangen, falls die Bildröhre implodieren sollte. Die Feuerwehr rufen. Die Löschdecke bleibt auf dem Gerät, bis die Feuerwehr kommt. In sicherer Entfernung warten.

Einen brennenden Fernseher nie mit Wasser übergießen oder mit einem Feuerlöscher besprühen, denn durch die plötzliche Abkühlung könnte die Bildröhre implodieren. Zudem könnte das Gerät, auch wenn der Stecker gezogen ist, noch unter einer elektrischen Restspannung stehen, so daß man einen Stromschlag bekommt, wenn man Wasser darüber schüttet.

Zimmerpalmen

Die meisten Palmen stammen aus Gebieten, in denen die Sonne lange und intensiv scheint. Da jedoch Jungpflanzen in der Natur gewöhnlich im Schatten anderer Pflanzen heranwachsen, brauchen auch Zimmerpalmen zwar einen hellen, aber nicht unbedingt vollsonnigen Platz. Zwei oder drei Stunden Sonnenschein am Tag genügen.

Man unterscheidet zwei verschiedene Gruppen von Palmen: die Fieder- und die Fächerpalmen. Bei Fiederpalmen sitzen die Blattfiedern in zwei Reihen am Blattstiel, bei den Fächerpalmen dagegen sind die Blattsegmente strahlig angeordnet. Zu den Fiederpalmen gehören u.a. die Dattelpalme, das Kokospälmchen, die Bergpalme und die Fischschwanzpalme. Fächerpalmen werden vertreten durch die Zwergpalme, die Chinesische Fächerpalme, die Hanfpalme und die Stekkenpalme.

Während der Hauptwachstumszeit gedeihen alle Zimmerpalmen bei normaler Zimmertemperatur. Zur Zeit der Winterruhe vertragen die härteren Arten – Zwergpalme, Chinesische Fächerpalme, Dattelpalme, Steckenpalme und Hanfpalme – Temperaturen bis 8°C. Die übrigen Palmen sollten nicht unter 14°C haben.

Zimmerpalmen brauchen keine allzu hohe Luftfeuchtigkeit, wenn aber die Luft sehr trocken ist, werden die Spitzen der Blätter gelb oder braun. Während der Hauptwachstumszeit stellt man die Töpfe in wassergefüllte Schalen auf Kieselsteine, damit sich die Blätter schön entwickeln.

Die meisten Palmen gießt man reichlich, besonders in der Hauptwachstumszeit, doch sollte im Untersetzer kein Wasser stehenbleiben. Eine Ausnahme machen das Kokospälmchen, die Chinesische Fächerpalme und die Dattelpalme, die nur wenig Wasser brauchen.

Gedüngt werden Zimmerpalmen einmal im Monat mit einem handelsüblichen Flüssigdünger. In der Hauptwachstumszeit kann man alle zwei Wochen einen Flüssigdünger geben. Dies ist besonders bei Jungpflanzen empfehlenswert.

Zimmerpflanzen

Man wählt am besten solche Zimmerpflanzen aus, deren Ansprüche an Licht, Wärme und Luftfeuchtigkeit den im eigenen Heim herrschenden Bedingungen entsprechen, und kauft sie in einer Gärtnerei oder einer Blumenhandlung. Beim Kauf prüft man, ob die Pflanzen nicht von Schädlingen befallen sind oder Krankheitssymptome aufweisen.

Licht Blühende Pflanzen brauchen im allgemeinen mehr Licht als Blattpflanzen. Wenn man die Pflanzen regelmäßig beobachtet, kann man feststellen, ob sie die richtige Lichtmenge erhalten. Bekommen die Pflanzen zuviel Sonne, welken die Blätter. Lichtmangel wiederum führt zu sparrigem Wachstum; die Blätter werden gelb. Von Zeit zu Zeit müssen die Pflanzen gedreht werden, damit sie gerade wachsen.

Sind die Lichtverhältnisse in einem Raum ungenügend, stellt man die Pflanzen unter Leuchtstoffröhren. Die Röhren sollten sich etwa 20–30 cm über den Pflanzen befinden (etwas näher bei Blütenpflanzen und etwas weiter entfernt bei Blattpflanzen). Man läßt das Licht 14–16 Stunden am Tag eingeschaltet.

Gießen Im Abstand von ein bis zwei Tagen prüft man die Topferde mit dem Finger. Bei Pflanzen, die mäßig gegossen werden, läßt man die obere Erdschicht zwischen den Wassergaben abtrocknen. Soll nur wenig gegossen werden, darf der Topfballen bis zu zwei Dritteln austrocknen. Wenn kräftiges Gießen erforderlich ist, muß die Oberfläche stets feucht sein.

Gegossen wird am Morgen mit lauwarmem Wasser und einer Kanne, die eine lange Tülle besitzt. Sobald Wasser aus dem Abzugsloch des Blumentopfs läuft, wird nicht mehr weitergegossen. Man kann den Topf auch 30 Minuten lang in eine Schale mit Wasser stellen (das Wasser wird von der Erde durch das Abzugsloch angesaugt); überschüssiges Wasser gießt man ab.

Temperatur Bei Tag sollte die Zimmertemperatur 18–22°C betragen, bei Nacht 13–16°C. Größere Schwankungen können sich schädlich auswirken. Die Pflanzen dürfen nicht über Heizkörpern stehen. Auch ertragen sie keine Zugluft. In kalten Winternächten nimmt man die Pflanzen vom Fenstersims.

Für die meisten Zimmerpflanzen ist eine hohe Luftfeuchtigkeit sehr wichtig. Sie läßt sich erhöhen, indem man die Pflanzen in einen Untersetzer oder eine Schale mit Wasser auf Kieselsteine stellt. Bei Pflanzengruppen kann man auch alle Töpfe in eine Pflanzenwanne mit feuchtem Torf einsenken. Eine gewisse Wirkung erzielt man mit speziellen Luftbefeuchtern. Bei Pflanzen mit glänzenden oder glatten Blättern kann die Luftfeuchtigkeit vorübergehend durch Besprühen oder Abwaschen der Blätter erhöht werden. Pflanzen mit behaarten Blättern dürfen nicht besprüht werden.

Rückschnitt Im Frühjahr oder Sommer kneift man junge Triebspitzen mit Daumen und Zeigefinger ab, damit die Pflanze buschiger wächst und reichlicher blüht. Sind die Triebe einer Pflanze zu lang geworden, schneidet man sie oberhalb einer Blattachsel mit einem scharfen Messer ab. Ein drastischer Rückschnitt ist nur dann zu empfehlen, wenn eine Pflanze viel zu dicht geworden oder durch Krankheiten beschädigt ist.

Reinigung Kleinblättrige Zimmerpflanzen werden einmal im Monat mit klarem Wasser abgesprüht. Dies ist wichtig, damit die Blätter auf beiden Seiten vom Staub befreit werden und gut durch die Poren atmen können. Große Blätter von Pflanzen werden ab und zu auf beiden Seiten mit einem Schwämmchen abgewischt. Man kann es zuvor entweder in Wasser oder in Bier eintauchen. Im Handel sind zudem staubabweisende Blattglanzmittel erhältlich, mit denen die Blätter eingesprüht werden können. Eine gute Wirkung erzielt man auch, wenn man Zimmerpflanzen bei einem leichten, warmen Regen ins Freie stellt.

Pflanzen mit weichen, haarigen Blättern dürfen weder besprüht noch abgewischt werden, weil die Blätter dadurch Flecken bekommen. Der Staub wird hier mit einem feinen Pinsel entfernt.

Siehe auch *Umtopfen*.

Zinken

Die Zinkenverbindung gilt als eine der stabilsten Eckverbindungen für Vollholz. Außerdem wirkt sie sehr dekorativ. Es gibt zwei Arten: die Fingerzinkung und die Schwalbenschwanzzinkung.

Fingerzinkung (A) Hierbei verlaufen alle Kanten parallel zueinander. Wenn man die Verbindung gut passend herstellt, braucht man sie beim Zusammenleimen nicht zu spannen; sonst setzt man Schraubzwingen an. Es ist sehr aufwendig, die vielen Aussparungen (der Fachmann nennt sie Ausnehmungen) von Hand herzustellen; einfacher ist es, sie auf der Kreissägemaschine mit einem Nutkreissägeblatt einzuschneiden. Wenn man sich am Winkelanschlag ein Abstandsraster macht, geht es noch rationeller.

Mit Fingerzapfen oder Fingerzinken (B) befestigt man beispielsweise horizontale Teile an Vollholzmittelseiten von Möbeln. Die Zapfenlöcher in den Seitenteilen werden von Hand ausgestemmt; aber man kann grob vorbohren. Die Verbindung wird noch stabiler, wenn man die Fingerzinken verkeilt; Keile aus andersfarbigem Holz wirken dabei außerdem schmückend (C). Wichtig ist, daß man die Keile quer zur Holzfaserrichtung der Seitenteile einsetzt. Der durchgehende Fingerzapfen (D) ist eine konstruktive und dekorative Verbindung zugleich. Bei größerer Holzbreite setzt man zwei Keile ein. Die Verbindung wird nicht geleimt; das Möbel kann jederzeit zerlegt werden. Führt man diese Technik an Rahmenteilen aus, erhält man einen verkeilten Stegzapfen (E).

Schwalbenschwanzzinkung (F) Sie wird auch offene Zinkung genannt. Sie ähnelt der Fingerzinkung, jedoch verlaufen die Schnittkanten konisch, und sie ist stabiler als die Fingerzinkung. Man nennt die schmalen Teile der einen Verbindungshälfte Zinken, die breiten der anderen Schwalbenschwänze. Läßt man Zinken und Schwalbenschwänze über die Fläche überstehen, kann man diese Hirnenden abrunden oder abfräsen. Man erhält dann eine hübsche Zierzinkung (G). Soll die Zinkenkonstruktion auf einer Fläche nicht sichtbar sein, z.B. an einem Schubkastenvorderstück, so wählt man eine halbverdeckte Zinkung (H). Diese Verbindung ist etwas schwieriger herzustellen als die offene Zinkung, weil das Zinkenteil nur halb eingesägt werden darf. Offene und halbverdeckte Zinkungen (I) kann man mit der Zinkenfräsmaschine herstellen. Die zu verbindenden Teile werden im rechten Winkel zueinander eingespannt und mit dem Oberfräser über ein Raster formgefräst. Der Zinkengrund sowie der Schwalbenschwanz sind dabei halbrund gefräst.

Bei der Gehrungszinkung (J) sieht man an den Außenflächen nichts von der Verbindung; sie ist verdeckt. Das dünne Verdeck, das außenliegende Holz, wird auf Gehrung geschnitten und verdeckt die Konstruktion.

Eine einseitig schräge Zinkung verwendet man bei Werkstücken mit einer einseitig schrägen Neigung, z.B. bei schräg geneigten Schubkastenvorderstücken. Beim Anreißen der Schwalbenschwänze muß man darauf achten, daß ihre Mittelachsen parallel zur Holzfaserrichtung laufen; sie dürfen nicht rechtwinklig zur Brettschräge stehen (K). Dabei erhält man ungleiche Zinkenschrägen. Man kann diese Zinkung offen oder halb verdeckt machen.

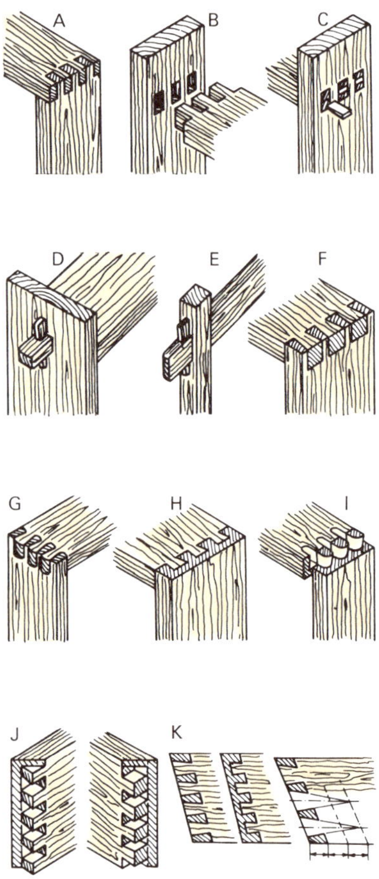

Zinn reinigen

Zinn wird mit einem in Drogerien erhältlichen Spezialmittel gereinigt, das man mit einem feuchten Tuch gleichmäßig aufträgt, kurz trocknen läßt und mit einem weichen, trockenen Tuch abreibt. Zinngegenstände kann man auch in heißes Wasser tauchen, dem man Natron (1 Teel. auf 1 l Wasser) zugesetzt hat. Sie werden abgebürstet, gespült, getrocknet und zum Schluß mit einem petroleumgetränkten Wolltuch blank gerieben.

Damit altes Zinn seine Patina behält, wird es nur abgestaubt und mit einem weichen Lappen poliert. Wegen seines Bleigehalts ist altes Zinngeschirr weder als Eßgeschirr noch als Trinkgefäß geeignet.

Zitronen

Zitronensaft und die Schale ungespritzter Früchte gehören zu den häufigsten Würz- und Aromastoffen sowohl für süße als auch für salzige Speisen. Auch in der Schönheits- und Körperpflege spielen sie eine Rolle (siehe *Haarpflege*; *Handpflege*; *Sommersprossen*).

Man lagert Zitronen möglichst kühl, ungespritzte in einem mit Wasser gefüllten und fest verschlossenen Glas im Kühlschrank. Es läßt sich mehr Saft auspressen, wenn man die Zitrone vorher etwa zehn Minuten in warmes Wasser legt und dann auf dem Tisch kräftig hin und her rollt.

Eine übriggebliebene Zitronenhälfte kann man in Klarsichtfolie gut einwickeln und noch ein paar Tage im Kühlschrank aufheben. Trocknet die Schnittfläche doch aus, hält man sie kurz über Wasserdampf. Vertrocknete ganze Zitronen werden wieder weich, wenn man sie einige Stunden in lauwarmes Wasser legt. Besser jedoch ist es, die Zitronen gleich auszupressen und den Saft in Portionen im Eiswürfelbehälter einzufrieren.

Die Schale ungespritzter Zitronen kann man mit einem Spezialschäler (Minierschäler) in hauchdünnen, sehr feinen Streifen abschälen, die man entweder sofort verwendet oder auf einem Küchentuch oder Küchenkrepp trocknen läßt und dann in trokkenen, dunklen Gläsern aufbewahrt.

Zöpfe flechten

Alle Dreierzöpfe werden in gleicher Weise geflochten, ob es sich um Brot, Bänder oder Haare handelt. Die Grundtechnik besteht darin, abwechselnd die jeweils äußere rechte und äußere linke Strähne über die mittlere zu legen, bis die gewünschte Länge erreicht ist. Zu berücksichtigen ist, daß der fertige Zopf, je nach Stärke der Strähnen, etwa um ein Drittel kürzer als die Einzelsträhne ist. Siehe auch *Fingerflechten*.

Haarzöpfe Will man Zopfflechten üben, wickelt man am oberen Zopfende zunächst ein Gummiband um die vorgesehene Haarsträhne, um sie zusammenzuhalten. Dann wird die Haarsträhne in drei gleich dicke Strähnen unterteilt. Nun die beiden äußeren Strähnen fassen (1). Die linke Strähne über die mittlere legen, die linke Strähne (jetzt die mittlere) zwischen Zeige- und Ringfinger der rechten Hand fassen; die frühere mittlere Strähne mit der linken Hand fassen und zur Seite ziehen (2). Die rechte Strähne über die mittlere legen, so daß sie zur neuen mittleren wird, und die gleichen Bewegungen wie oben mit der linken Hand wiederholen (3). Den zweiten und dritten Schritt wiederholen, bis der Zopf die gewünschte Länge hat. Das Zopfende mit einem Gummiband oder einer Spange festhalten.

1

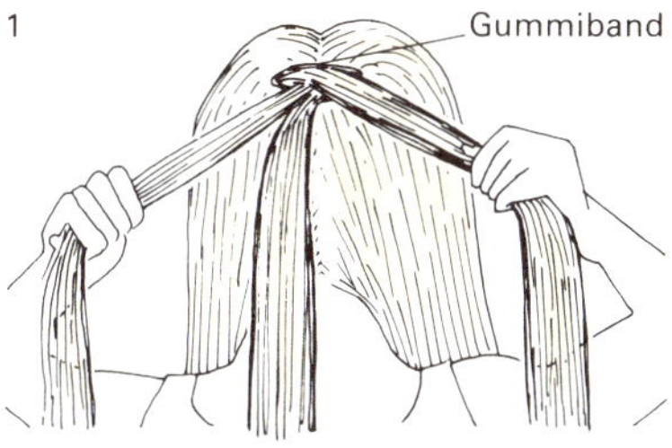

2

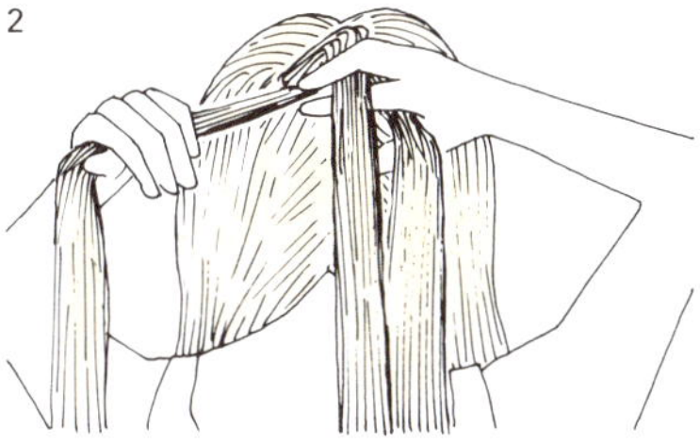

3

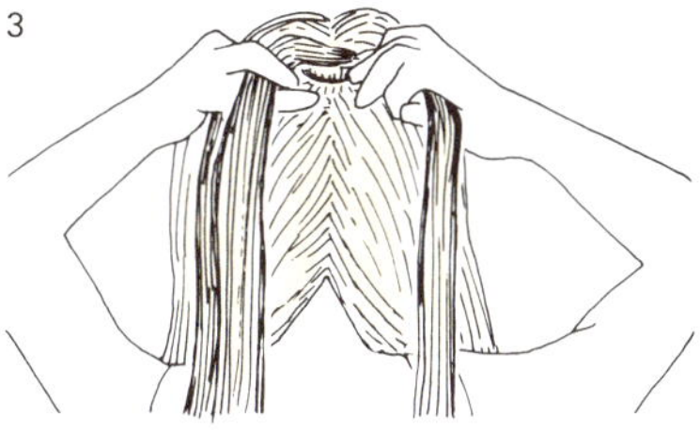

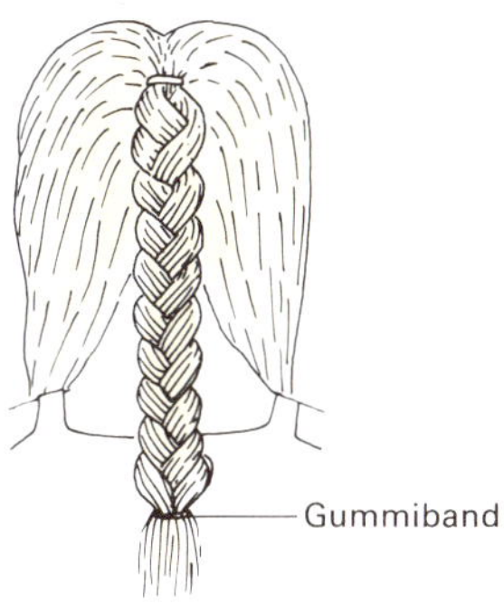

Zopfmuster

Um einen Zopf zu stricken, werden zwei Maschengruppen miteinander verkreuzt. (Die Abbildungen zeigen einen Dreierzopf über sechs Maschen.) Die erste Maschengruppe wird mit einer Hilfs- oder Zopfmusternadel in Wartestellung gebracht, während die zweite Gruppe gestrickt wird. Die Hilfsnadel sollte die gleiche Stärke haben wie die Arbeitsnadel oder eine Nummer feiner sein.

Rechtsgedrehter Zopf Die Hälfte der Zopfmaschen auf die Zopfmusternadel nehmen und hinter die Arbeit legen; dann die übrigen Maschen des Zopfes stricken (A). Anschließend die Maschen der Reihe nach von der Hilfsnadel abstricken (B) oder auf die linke Nadel zurücknehmen und von dort abstricken.

A

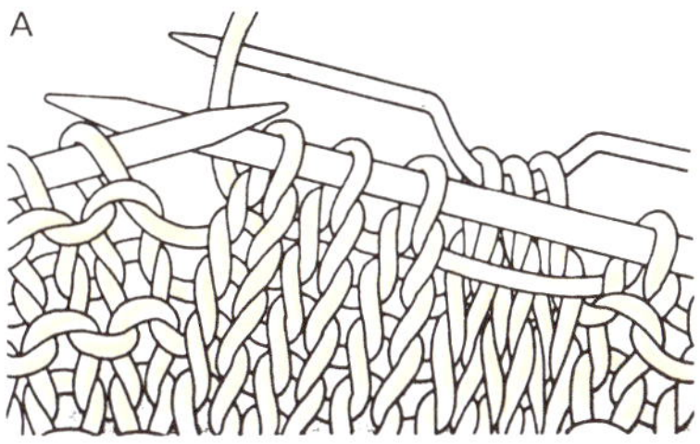

B

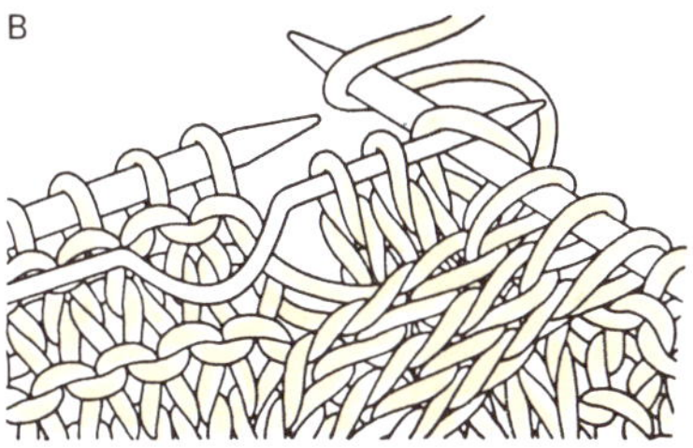

Linksgedrehter Zopf Die Hälfte der Zopfmaschen auf die Zopfmusternadel nehmen und vor die Arbeit legen, dann die übrigen Maschen des Zopfes stricken (C). Danach die Maschen der

C

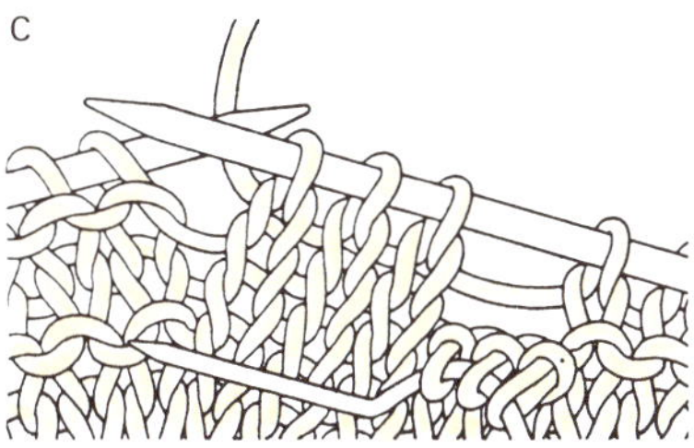

D

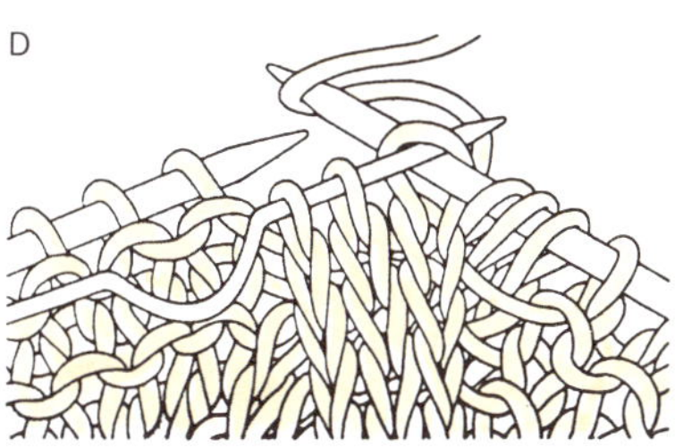

Reihe nach von der Hilfsnadel abstricken (D) oder sie auf die linke Nadel zurücknehmen und von dort abstricken.

Die Zopfmaschen werden normalerweise rechts, die Maschen zu beiden Seiten des Zopfes links gestrickt. Dadurch wird die plastische Wirkung des Musters erhöht.

Zucker

Reiner Zucker, wie er üblicherweise im Haushalt verwendet wird, besteht aus kleinen farblosen Kristallen. Er ist fast reines Kohlenhydrat – 100 g enthalten 1700 kJ (400 kcal) – und hat keinerlei Vitamine oder Mineralstoffe. Zucker als solcher ist nicht lebensnotwendig, denn der Bedarf an Glukose kann durch andere Kohlenhydrate gedeckt werden. Auch liefert Zucker keine „schnelle Energie“, sondern läßt lediglich den Blutzuckerspiegel rasch ansteigen (siehe *Zuckerkrankheit*). Entgegen der verbreiteten Meinung ist Rohzucker nicht wertvoller als raffinierter Weißzucker. Der Mineralstoff- und Vitamingehalt ist ernährungsphysiologisch ohne Bedeutung, und gewisse Bestandteile sind sogar für die Gesundheit unzuträglich.

Dennoch hat der Zucker durchaus wichtige Funktionen. Er dient erstens als Süßungsmittel und ist da nicht überall ersetzbar, vor allem wenn der Zucker, wie häufig beim Backen, für das Volumen des Teigs wichtig ist oder das besondere Aroma einer Speise sich erst entfalten läßt. So gibt man beispielsweise an das Kochwasser für Spargel 1 Teel. Zucker; bei grünen Erbsen, Kohl oder alten Kartoffeln genügt 1 Messerspitze.

Zweitens ist der Zucker als Konservierungsmittel wichtig, denn er hemmt das Wachstum von Schimmelpilzen und verzögert den Abbau von Vitamin C. Deshalb braucht man ihn für Marmeladen; auch werden Früchte, z. B. Erdbeeren, vor dem Einfrieren häufig gezuckert.

Jede Art von Zucker ist in Form von klebrigen Substanzen schädlich für die Zähne. Nach jeder Mahlzeit, vor allem aber nach süßen Mahlzeiten – und auch nach dem süßen Schokoriegel zwischendurch –, sollte man sich gründlich die Zähne putzen.

Lagern Zucker ist lange lagerfähig

(zwei bis drei Jahre), muß aber trokken – am besten in Gläsern oder Plastikdosen – aufbewahrt werden. Falls er doch hart wird, legt man ein Stück Brot in den Behälter und läßt ihn fest verschlossen ein paar Stunden stehen. Wenn er nicht unbedingt rieselfähig sein muß, kann man die Klumpen mit dem Teigroller zerdrücken.

Siehe auch *Einfrieren*; *Gelee*; *Karamel*; *Marmelade*; *Puderzucker*; *Süßstoff*; *Zahnpflege*.

Zuckeraustauschstoffe

Zu diesen natürlichen Stoffen, die auch als Diabetikerzucker bezeichnet werden, gehören Fruktose, Sorbit, Xylit und Mannit. Mit Ausnahme der Fruktose ist ihre Süßkraft schwächer als die des Haushaltszuckers, sie haben aber alle den Vorteil, daß sie zum Abbau im Körper kein Insulin benötigen; daher können sie zum Süßen der Diabetikerkost verwendet werden. Auch zum Backen und Einmachen sind sie geeignet – eine genaue Gebrauchsanleitung steht auf der Pakkung –, sind aber wesentlich teurer als der normale Haushaltszucker.

Im Gegensatz zu den chemisch hergestellten Süßstoffen (siehe dort) haben sie denselben Nährwert wie Haushaltszucker – 100 g enthalten rund 1700 kJ (400 kcal). Sie werden also bei der Berechnung der Broteinheiten berücksichtigt und sind als Süßmittel bei einer Schlankheitsdiät nicht geeignet.

Zuckerkrankheit

Durst und gesteigerte Harnausscheidung, Gewichtsverlust, Mattigkeit und Reizbarkeit, erhöhte Anfälligkeit für Hautkrankheiten, Sehstörungen, Potenz- und Menstruationsstörungen, bei Frauen Juckreiz an der Scheide, bei Männern Juckreiz am Glied, Taubheitsgefühl und Kribbeln in Händen und Füßen sowie nächtliche Wadenkrämpfe sind die Symptome einer Zuckerkrankheit (Diabetes).

Eine sofortige ärztliche Behandlung ist unbedingt erforderlich. Wenn die Diagnose feststeht, sollte man sich genau über die Krankheit informieren. Entsprechende Merkblätter und Hinweise erhält man beim Hausarzt.

Man sollte jedoch der Krankheit nicht die Herrschaft über sein Leben überlassen, sondern nur die einfachen Verhaltensregeln genau befolgen: die vom Arzt verschriebene Diät einhalten; regelmäßig fünf- bis sechsmal am Tag essen und keine Mahlzeit auslassen; immer zur selben Zeit Tabletten einnehmen oder Insulin spritzen und regelmäßig den Arzt zur Überwachung des Blutzuckerspiegels aufsuchen; ihn auch über jedes Anzeichen eines Fußleidens (z.B. eingewachsene Nägel), Geschwüre an den Beinen, Sehstörungen usw. sofort informieren.

Diabetiker, die Insulin brauchen, sollten nicht Auto fahren oder gefährliche Geräte benutzen, sofern sie nicht zur vorgeschriebenen Stunde die übliche Kohlenhydratmenge eingenommen haben. Diabetikerausweis immer mitführen oder einen Anhänger tragen, auf dem die Krankheit sowie Hinweise für den Notfall vermerkt sind. Bei Hypoglykämie (Blutzuckermangel) z.B. wirkt der Betroffene wie betrunken oder kann sogar ohnmächtig werden; rasche Hilfe bringt ein wenig Zucker oder Schokolade. Auf Reisen und im Ausland die Nahrungsmitteltabelle mitnehmen, um auch bei unbekannten Nahrungsmitteln die Diät einhalten zu können.

Genügend Bewegung verhindert eine schlechte Durchblutung; Leistungssport ist jedoch nicht geeignet. Günstig sind Sportarten, die die Ausdauer trainieren, wie Wandern, Radfahren, Skilanglauf, Waldlauf, Schwimmen, Rudern und Gymnastik.

Wichtig ist auch, daß Familie und Freunde des Diabetikers den Betroffenen bei der Einhaltung der Diät unterstützen, ohne ihn als Kranken zu behandeln.

Siehe auch *Süßstoff; Zuckeraustauschstoffe.*

Zugsaum

Ein Zugsaum ist ein Tunnel im Stoff, in den ein Gummiband oder ein Zugband eingezogen wird. In der einfachsten Form wird ein am Kleidungsstück angeschnittener Stoffstreifen nach innen umgeschlagen und gegengesteppt. Diese Saumart ist besonders für verschlußlose Kinderhosen, Blousons (Taille und Ärmel) sowie Röcke aus gewirktem oder gestricktem Stoff geeignet. Die Weite paßt sich dem Körperumfang an, und das Band läßt sich notfalls schnell erneuern.

Ein Zugsaum sollte mindestens 5 mm breiter als das eingezogene Band sein. Bei einem durchgehenden Zugsaum läßt man die Naht einige Zentimeter offen, damit man das Band einziehen kann; bei einem unterbrochenen Zugsaum, z.B. an der Taille eines Blousons oder an einer Kapuze, läßt man die beiden Enden offen.

Man verwendet feste, flache Gummilitze oder Gummigurtband, das sich nicht rollt und sich eng an den Körper anlegt, wenn man es spannt. Die Länge ist von der Dehnbarkeit des Gummibands abhängig, es sollte jedoch etwas kürzer sein als der Körperumfang an der betreffenden Stelle, zuzüglich 1,5 cm für die Überlappung. Als Zugband kann man einen Stoffschlauch (siehe dort), Kordel (siehe dort), Litze, Leder- oder Webband verwenden. Zugbänder sind meist nur für unterbrochene Zugsäume geeignet.

An einem Gummibandende eine Sicherheitsnadel befestigen und das an-

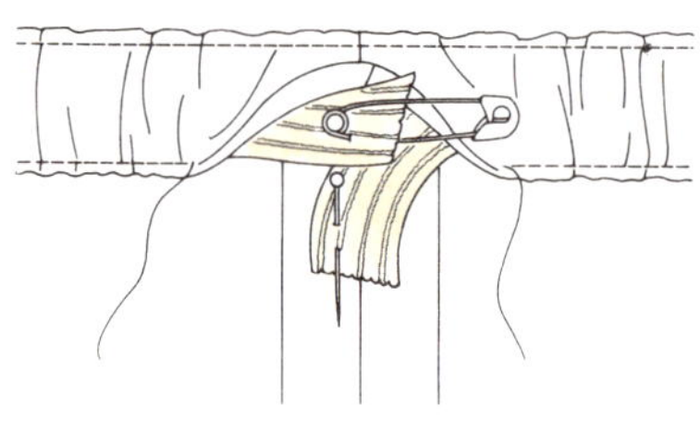

dere mit einer Stecknadel am Kleidungsstück anheften, damit es nicht in die Blende rutscht, wenn man die Sicherheitsnadel durch den Zugsaum schiebt. Das Band darf sich nicht verdrehen. Die Enden des Gummibands 1,5 cm überlappen und feststecken, dann im Quadrat zusammensteppen und sie mit kreuzweise angelegten Nähten verstärken. Die so verbundenen Gummibandenden in den Saum ziehen und die Öffnung schließen. Beim unterbrochenen Zugsaum werden die Enden des Gummibands mit

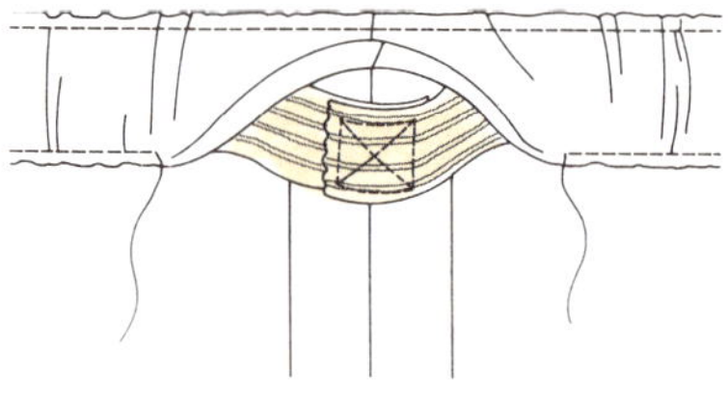

den Kanten des Kleidungsstücks vernäht.

Auch das Zugband zieht man mit einer Sicherheitsnadel ein.

Zündkerzen wechseln

Mit normalen Zündkerzen kann man bis zu etwa 15000 km fahren. Nach dieser Laufzeit sollte man sie auswechseln, da sonst die Betriebssicherheit des Fahrzeugs beeinträchtigt wird und auch der Kraftstoffverbrauch steigen kann. Neuartige Langzeitzündkerzen mit mehreren Masseelektroden müssen allerdings erst nach 30000 km ausgewechselt werden.

ACHTUNG!

Bei leistungsgesteigerten Zündanlagen darf man spannungsführende Teile nur bei ausgeschalteter Zündung berühren. Es besteht sonst Lebensgefahr.

Bevor man die Zündkerzen ausbaut, reinigt man den Einbauraum mit Preßluft oder mit einem Pinsel und achtet darauf, daß kein Schmutz in den Zylinder fällt. Man zieht die Kerzenstecker der Reihe nach ab und markiert diese, damit man sie nicht verwechselt, wenn sie wieder aufgesteckt werden. Um die Zündkerzen auszubauen, benutzt man am besten einen speziellen Zündkerzenschlüssel, dessen Verlängerung sich abwinkeln läßt. Besonders günstig sind Wechselwerkzeuge mit Ratsche, da man hier schneller arbeiten kann.

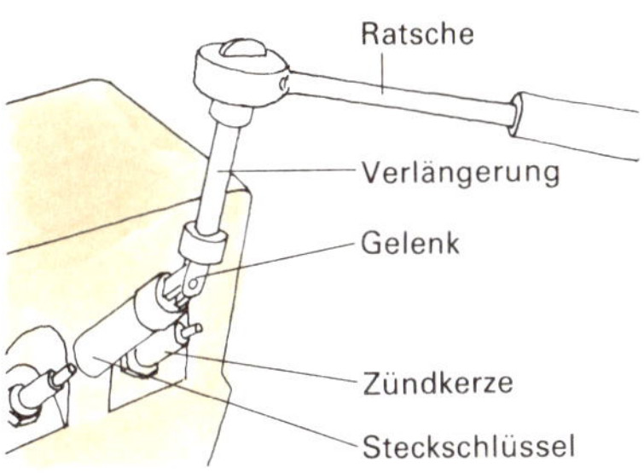

Die Elektrodenabstände der neuen Kerzen sind bereits ab Werk exakt eingestellt. Man kann sie aber aus Sicherheitsgründen kontrollieren.

Nun gibt man etwas Graphitpuder auf das Kerzengewinde und schraubt alle Kerzen von Hand ein. Sie müssen sehr vorsichtig angezogen werden, denn Kerzen mit Dichtring haben ein sehr geringes Drehmoment (es liegt bei etwa 2 mkp oder 20 Nm). Kerzen mit Konusdichtsitz zieht man nur handfest an.

Will man alte Kerzen wieder verwenden, prüft man immer den Elektrodenabstand nach Herstellerangabe. Mit einer Lehre mißt man den Abstand zwischen Masse und Mittelelektrode. An der Lehre findet man ein Werkzeug, mit dem man die Masseelektrode nachbiegt.

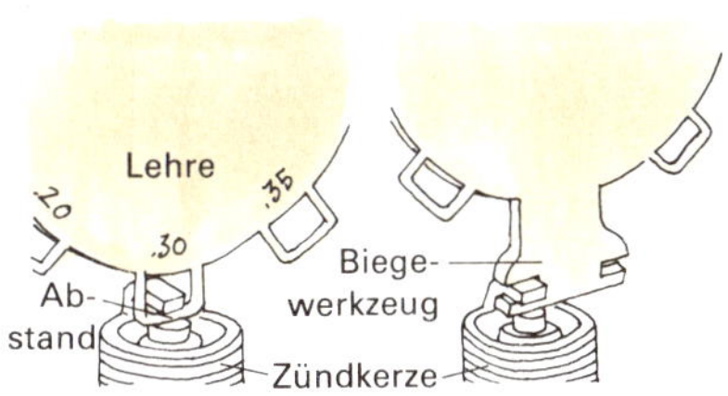

Moderne Zündkerzen werden nicht mehr mit Sandstrahlgebläse oder Stahlbürste gereinigt, da sie sich freibrennen. Bemerkt man allerdings erhebliche Verunreinigungen, kann man diese vorsichtig entfernen.

Sind die Kabelstecker wieder befestigt, führt man einen Prüflauf durch.

Zwiebelkultur im Haus

Die Zwiebeln von Krokussen, Narzissen, Hyazinthen, Tulpen, Ritterstern und anderen Zwiebelgewächsen werden im Herbst gekauft und von September an eingetopft. Es gibt eine Reihe von Arten und Sorten, die speziell für eine zeitige Blüte präpariert werden. Solche Zwiebeln sollten am besten gleich nach dem Kauf eingetopft werden, weil sie sonst austreiben und dann vielleicht nicht blühen. Als Substrat eignet sich eine Erdmischung auf Kompost- oder Torf-Lehm-Basis.

Man legt die Zwiebeln dicht nebeneinander in eine mit feuchter Erde gefüllte Tonschale oder einen Tontopf. Die Zwiebelhälse müssen ein gutes Stück über die Oberfläche hinausragen. Dann schlägt man die Pflanzgefäße 15 cm tief in eine Erdgrube ein und deckt sie mit Torf ab. Man kann sie auch im kühlen, dunklen Keller aufbewahren. Alle zwei oder drei Wochen prüft man dann, ob die Erde nicht ausgetrocknet ist, und gegebenenfalls gießt man ein wenig. Nach acht bis zehn Wochen bringt man die Gewächse ins Zimmer.

Zum Antreiben im Zimmer genügen Temperaturen von 15–18 °C. Je wärmer es ist, desto schneller blühen die Pflanzen. Zu hoch darf die Temperatur allerdings nicht sein, da die Pflanzen sonst zu rasch verblühen.

Nach der Blüte kann man die Zwiebelgewächse in ihren Gefäßen im Zimmer weiterkultivieren oder aber in den Garten pflanzen. In jedem Fall schneidet man die abgestorbenen Blütenstände ab, läßt aber die grünen Stiele und die Blätter stehen, gießt mäßig und düngt gelegentlich. Erst wenn der Boden vollständig aufgetaut ist, kann ins Freie gepflanzt werden.

Zwiebeln

Die scharfen, gelben Küchenzwiebeln verwendet man zum Würzen und Kochen; die großen Gemüsezwiebeln sind mild genug, um auch roh gegessen zu werden; die roten Zwiebeln sind weniger scharf, fast süßlich im Geschmack und werden, wie die Frühjahrszwiebeln, gern zu Salaten verwendet. Frühjahrszwiebeln müssen immer frisch sein, zarte grüne Blätter, schmale weiße Zwiebeln und dünne Häute haben. Reife Zwiebeln müssen hell und vor allem ohne Austriebe sein.

An einem kühlen, dunklen, trockenen und gut belüfteten Ort halten sich Zwiebeln wochenlang; am besten hängt man sie auf, entweder in Netzen oder an den Hälsen zusammengebunden. Auch im Gemüsefach des Kühlschranks kann man sie aufbewahren; Frühjahrszwiebeln werden nur dort gelagert und möglichst bald verbraucht. Bleiben Zwiebelstücke oder Schnittlauch übrig, hackt man sie und friert sie ein. Eine ungeschälte halbe Zwiebel kann man auch ein paar Tage im Kühlschrank aufheben, wenn man die Schnittfläche mit Fett bestreicht und sie in Klarsichtfolie einwickelt.

Wenn man Zwiebeln mit nassen Händen, mit nassem Messer auf nasser Unterlage schneidet, beißt der Zwiebelsaft nicht so sehr in Augen und Nase. Oder man schneidet sie unter dem eingeschalteten Dunstabzug, neben der brennenden Gasflamme, bei schönem Wetter vor dem offenen Fenster oder im Freien. Die Hände wäscht man nachher in kaltem Wasser mit einem Schuß Essig.

Zwiebeln, die roh verzehrt werden, überbrüht man mit kochendem Essigwasser und läßt sie kurz ziehen; sie schmecken dann weniger scharf und blähen auch nicht mehr. Gebratene Zwiebeln werden schön goldgelb, wenn man sie vorher mit Mehl bestäubt.

Man schreibt der Zwiebel auch verdauungsfördernde und Heilwirkung zu. Der Saft grob geschnittener und in Kandiszucker gedämpfter Zwiebeln hilft gegen Katarrh, der rohe Saft bei Wespen- und Bienenstichen.

Siehe auch *Mundgeruch; Würfel schneiden.*

Zwiebeln und Knollen

Zwiebel- und Knollengewächse, die im Garten kultiviert werden, gliedern sich in drei Kategorien: in Frühjahrs-, Sommer- und Herbstblüher. Als erste tauchen im Februar und März Schneeglöckchen, Winterling und Krokus auf. Narzissen und Blaustern blühen im März und April. Dann kommen Hyazinthen, Kaiserkrone, Schachbrettblume, Traubenhyazinthe, Milchstern und Hundszahn.

Zu den im Sommer blühenden Zwiebel- und Knollengewächsen zählen Gladiole, Lilie, Blumenrohr, Dahlie, Montbretie, Sommerknotenblume und Sommerhyazinthe. Besonders beliebt im Herbst sind Alpenveilchen, Herbstzeitlose und Herbstkrokus.

Pflanzen Kleine Zwiebelgewächse pflanzt man am besten in Gruppen auf Beete, in den Rasen oder Steingarten. Pflanzen mit großen Blüten, wie Dahlien und Lilien, eignen sich hervorragend als Solitärpflanzen.

Zwiebel- und Knollengewächse gedeihen überall in einigermaßen guter, durchlässiger Erde. Die meisten bevorzugen einen sonnigen Standort. Eine Ausnahme machen Alpenveilchen, Blaustern, Hundszahn, Schneeglöckchen und Winterling, die den Halbschatten bevorzugen, aber auch den Schatten ertragen.

Zwiebelgewächse, die im Frühjahr blühen, pflanzt man von September bis Anfang November. Sommerblüher werden von März bis Mai gepflanzt, Herbstblüher im Juni und Juli.

Bei allen Zwiebel- und Knollengewächsen wird der Boden umgegraben und von Unkraut und Steinen befreit. Torf oder gut verrotteter Gartenkompost wird mit der Erde vermischt. Gepflanzt wird erst, nachdem sich alles gesetzt hat. Nur auf schlechten Böden ist eine Grunddüngung mit organisch-mineralischem Volldünger erforderlich.

Vor dem Pflanzen werden die Zwiebeln in gleichmäßigen Abständen auf dem Pflanzstück ausgelegt. Der Pflanzabstand muß der endgültigen Ausbreitung der Pflanze entsprechen.

Man beginnt mit dem Einpflanzen in der Mitte eines Beets. Mit einem Handspaten gräbt man Löcher, die doppelt so tief wie die Zwiebeln dick sind. Jede Zwiebel wird mit der Spitze nach oben eingesetzt. Anschließend bedeckt man die Zwiebel mit der ausgehobenen Erde.

Will man Zwiebelgewächse in den Rasen setzen, sticht man mit dem Spaten ein H ins Gras, löst die beiden Hälften vom Untergrund und klappt sie auf. Dann lockert man die Erde darunter, hebt mit einem Handspaten die Pflanzlöcher aus, legt die Zwiebeln hinein und bedeckt sie mit Erde. Diese wird geebnet, die Rasenstücke werden wieder zurückgeklappt, fest angedrückt und anschließend angegossen.

Nach der Blüte Zwiebelgewächse, die im Frühjahr blühen, z.B. Narzissen, Hyazinthen und Tulpen, sollten mindestens so lange in der Erde bleiben, bis die Blüten und Blätter verwelkt sind. Die verwelkten Blüten werden mit einem 3–5 cm langen Stielstück abgeschnitten oder abgebrochen. Dann werden die Zwiebeln ausgegraben, gesäubert und bis zum Herbst in flache Kästen gelegt, die man am besten an einen kühlen, trokkenen Ort stellt. Werden abgeblühte Pflanzen nicht aus dem Boden genommen, läßt man die Blüten und Blätter eintrocknen.

Kälteempfindliche Zwiebel- und Knollengewächse, z.B. Milchstern, Dahlie und Begonie, müssen im Herbst aus der Erde genommen und im Keller gelagert werden. Pflanzen, die nicht ganz winterhart sind, etwa die Belladonnalilie, sollten im November mit einer dicken Schicht Torf oder Stroh geschützt werden.

Vermehrung Zwiebel- und Knollengewächse werden vorwiegend durch Teilung vermehrt. Mit einer Grabgabel oder einem Spaten sticht man weit genug von den Pflanzen entfernt tief in den Boden ein und hebt sie heraus. Nachdem man die Erde entfernt hat, trennt man die Zwiebeln oder Knollen vorsichtig mit den Händen und pflanzt sie dann in ein freies Beet an einen sonnigen oder halbschattigen Platz.

Pflanzenname	Pflanzenabstand	Blütezeit
Alpenveilchen	10–15 cm	Sept.–Nov.
Blaustern	10 cm	März–April
Blumenrohr	40–60 cm	Juli–Sept.
Dahlie	50–70 cm	Juli–Sept.
Gladiole	20–25 cm	Juli–Sept.
Herbstkrokus	10–15 cm	Oktober
Herbstzeitlose	10 cm	Sept.–Okt.
Hundszahn	10–15 cm	April–Mai
Hyazinthe	10–15 cm	April–Mai
Kaiserkrone	15–20 cm	April
Krokus	12–15 cm	Febr.–März
Milchstern	10 cm	April–Mai
Lilie	20–50 cm	Juli–Sept.
Montbretie	16–18 cm	Juli–Sept.
Narzisse	10–17 cm	März–April
Schachbrettblume	8–10 cm	April–Mai
Schneeglöckchen	10–15 cm	Februar
Sommerhyazinthe	30 cm	Juli–Sept.
Sommertürchen	20 cm	Mai–Juni
Traubenhyazinthe	10–15 cm	April–Mai
Winterling	10 cm	Febr.–März

Recht · Gesetz · Finanzen

Absetzung nach § 10 e

Am 1. Januar 1987 ist die neue steuerrechtliche Regelung (§ 10e des Einkommensteuergesetzes) in Kraft getreten. Danach kann der Bauherr bzw. Erwerber bei im Inland gelegenen Immobilien, die überwiegend Wohnzwecken dienen, im Jahr der Fertigstellung und in den sieben folgenden Jahren 5% der Herstellungs- bzw. Anschaffungskosten von der Steuer absetzen. Das gilt im Unterschied zum alten § 7b nur für selbstgenutztes Wohneigentum. Für alle, die bereits nach der alten Regelung abschreiben, gelten Übergangsfristen bis etwa 1998.

Der maximal abschreibungsfähige Betrag liegt jetzt bei 300000 DM. Dabei kann die Hälfte der auf Grund und Boden entfallenden Anschaffungskosten dem abschreibungsfähigen Betrag, sofern er unter 300000 DM liegt, hinzugezählt werden.

Die Steuerschuld mindert sich acht Jahre lang um je 600 DM für jedes haushaltszugehörige Kind (Baukindergeld).

Diese Abschreibungen sind in der Anlage zum Lohnsteuerjahresausgleich bzw. zur Einkommensteuererklärung unter Verlusten aus Vermietung und Verpachtung geltend zu machen. Alternativ besteht die Möglichkeit, einen Freibetrag auf der Lohnsteuerkarte eintragen zu lassen. Damit vermindern sich die Lohnsteuerbeträge, die monatlich abzuführen sind, und man muß nicht bis zum nächsten Jahr auf die Steuerrückzahlung warten.

Abzahlungskauf

Bei einem Abzahlungskauf wird ein Teilbetrag sofort angezahlt. Der Rest der Kaufsumme muß dann in mindestens zwei annähernd gleichen Raten geleistet werden. In der Regel wird gleichzeitig ein Eigentumsvorbehalt vereinbart, wonach die Ware bis zur völligen Bezahlung Eigentum des Verkäufers (siehe auch *Kaufvertrag*) bleibt.

Das Abzahlungsgesetz schreibt vor, daß der Käufer vom Verkäufer darüber belehrt werden muß, daß er den Kauf innerhalb einer Woche schriftlich widerrufen kann, wobei eine Postkarte genügt. Für die Einhaltung der Wochenfrist genügt die Absendung des Widerrufs (Datum des Poststempels). Auch hierüber muß der Kunde vom Verkäufer belehrt werden. Die Belehrung ist vom Käufer durch seine Unterschrift zu bestätigen. Der Vertrag kommt nur zustande, wenn so belehrt wurde und der Käufer nicht fristgerecht widerruft.

Nach dem Gesetz zur Regelung von Haustürgeschäften muß der Käufer auch bei Verträgen, die an der Haustür, bei Kaffeefahrten, Tanzveranstaltungen usw. abgeschlossen werden, vom Verkäufer belehrt werden, daß der Kauf innerhalb von einer Woche schriftlich widerrufen werden kann. Dies gilt jedoch nicht, wenn der Käufer zuvor den Verkäufer zu sich bestellt hat. Barzahlungsgeschäfte im Wert von weniger als 80 DM sind auch ohne Belehrung wirksam.

Aktie

Rechtsgrundlage für die Aktiengesellschaft (AG) und damit auch für die Aktie ist das Aktiengesetz vom 1. Januar 1966. Die Aktiengesellschaft ist eine sogenannte juristische Person, an der sich Gesellschafter (Aktionäre) mit Einlagen auf das in Aktien aufgeteilte Grundkapital beteiligen.

Die Aktie gewährt dem Inhaber (Aktionär) folgende Rechte:
- Anspruch auf Dividende;
- Recht auf den Bezug neuer Aktien, z. B. bei einer Kapitalerhöhung;
- Stimmrecht auf der Hauptversammlung;
- Anspruch auf Liquidationserlös.

Aktienanlage Ehe man sich zum Aktienkauf entscheidet, informiert man sich über Geschäfts- und Gewinnentwicklung der fraglichen Aktiengesellschaft.

Das Prinzip der Gesamtrisikostreuung ist stets zu beachten:
- Aktien in verschiedenen Branchen, Ländern und Währungen kaufen;
- im jeweils am besten positionierten Unternehmen investieren;
- Qualität vor Quantität;
- eine betriebswirtschaftlich sinnvolle Mindestsumme, dabei aber maximal 50% des verfügbaren Vermögens investieren.

Die Entscheidung, welche Aktie wann kaufenswert ist, erfordert eine fundamentale markttechnische Analyse, aber auch Intuition. Für langfristige Erfolge müssen Aktienanlagen kontinuierlich mit einem Fachmann besprochen werden.

Die Dividende, die die Aktiengesellschaft an den Aktionär ausschüttet, unterliegt einer 25%igen Kapitalertragsteuer. Gleichzeitig erhält der Aktionär jedoch eine Steuergutschrift in Höhe von 9/16 der Bruttodividende. Kursgewinne, die innerhalb von sechs Monaten erzielt werden, unterliegen ab 1000 DM der Spekulationssteuer; sie werden mit Verlusten, die innerhalb von sechs Monaten anfallen, kompensiert. Beide Steuern sind Vorauszahlungen auf die persönliche Einkommensteuer.

Siehe auch *Geldanlage,* Seite 414–415; *Steuerarten.*

Altersversorgung

Die Rente aus der gesetzlichen Sozialversicherung (siehe *Rentenversicherung*) reicht in den meisten Fällen nicht aus, um im Alter den gewohnten Lebensstandard halten zu können. Als zusätzliche Vorsorge bieten viele Firmen eine betriebliche Altersversorgung als Sozialleistung an, und zwar in Form einer monatlichen Rente oder als Direktversicherung.

Jeder Arbeitnehmer, dem eine betriebliche Altersversorgung aus Anlaß seines Arbeitsverhältnisses zugesagt worden ist, behält seine Anwartschaft auf eine solche Rente, wenn er bei Eintritt des Versorgungsfalls das 35. Lebensjahr vollendet hat und die Versorgungszusage mindestens zehn Jahre oder die Versorgungszusage mindestens drei Jahre und die Betriebszugehörigkeit mindestens zwölf Jahre bestanden hat. Wenn diese Voraussetzungen erfüllt sind, behält der Arbeitnehmer diese Anwartschaft, auch wenn er aus der Firma ausscheidet (unverfallbarer Anspruch). Wichtig ist beim Ausscheiden, daß sich der Arbeitnehmer vom Arbeitgeber eine Bescheinigung über die Höhe des unverfallbaren Anspruches ausstellen läßt, damit er später, im Versorgungsfall, einen entsprechenden Antrag bei seinem früheren Arbeitgeber stellen kann. Auch im Fall der Insolvenz des Betriebs dient diese Bescheinigung als Nachweis gegenüber dem Pensionssicherungsverein in Köln, der dann in die Leistungsverpflichtung eintritt.

Bei Direktversicherungen darf der Arbeitgeber das Bezugsrecht nicht mehr widerrufen, wenn ein Arbeitnehmer nach Erreichen des unverfallbaren Anspruches ausscheidet.

Als dritte Säule der Altersversorgung dient die Lebensversicherung (siehe dort), die in beliebiger Höhe abgeschlossen werden kann. Die Lebensversicherung wird nicht dann fällig, wenn der Versorgungsfall eintritt, sondern mit dem vollendeten Lebensjahr, auf das sie abgeschlossen wurde. Wer eine betriebliche Altersversorgung hat, sollte sich beraten lassen, ob und in welcher Höhe bzw. Form eine Lebensversicherung notwendig ist.

Siehe auch *Versicherungen*.

Angelschein

Wer sich für den Angelsport interessiert, sollte sich einem örtlichen Angelverein anschließen. Hier kann man nicht nur das Angelhandwerk erlernen, sondern sich auch auf die gesetzlich zwingend vorgeschriebene Fischerprüfung vorbereiten. Allerdings sind die Anforderungen fast genauso streng wie beim Erwerb des Jagdscheins.

Mit dem Besitz eines Angelscheins darf man aber noch lange nicht sein Angelgerät in einem Fischwasser auslegen, denn die meisten Fischreviere sind fest an Vereine vergeben. In Privatgewässern darf man ohnehin nur fischen, wenn man die Erlaubnis des Besitzers hat.

Vielfach stellen Angelvereine Gästekarten aus, so daß man auch im fremden Revier, z. B. während eines Urlaubsaufenthaltes, angeln kann. Ähnliche Angebote gibt es auch von Gemeinden, die Fischwasser besitzen.

Anschaffungsdarlehen

In der Regel werden solche Darlehen zur Finanzierung höherwertiger Wirtschaftsgüter wie Wohnungseinrichtungen, Praxis- und Büroausstattungen oder Kraftfahrzeuge verwendet.

Der maximale Kreditbetrag ist bei vielen Banken auf etwa 50000 DM begrenzt. Die Laufzeiten solcher Darlehen betragen bis zu 72 Monate. Die Darlehenskonditionen werden normalerweise für die gesamte Laufzeit festgeschrieben.

Ablauf Der Kunde beantragt bei seiner Bank ein Anschaffungsdarlehen. Daraufhin verlangt das Kreditinstitut von ihm eine sogenannte Selbstauskunft, in der er detaillierte Angaben über seine persönliche und wirtschaftliche Situation aufführt.

Entscheidungsgrundlagen für die Bank sind das persönlich verfügbare Einkommen, vorhandenes Vermögen bzw. Schulden sowie bestehende monatliche Verpflichtungen des Kunden. Daher verlangen die meisten Banken zusätzlich die letzten Lohn- oder Gehaltsabrechnungen und erbitten von Kreditschutzorganisationen (z. B. Schufa, siehe *Girokonto*) weitere Auskünfte.

Der Kunde legt zur Legitimation einen amtlich gültigen Lichtbildausweis vor.

Der oder die Antragsteller verpflichten sich mit Unterzeichnung des Kreditvertrags, den Kredit fristgerecht zurückzuzahlen. Sie erkennen gleichzeitig die speziellen Kreditbedingungen der Bank an, die auf der Rückseite des Formulars abgedruckt sind. Ergänzend gelten die allgemeinen Geschäftsbedingungen des betreffenden Kreditinstituts. Inhalt des Kreditvertrags sind Kreditbetrag, Zinssatz, Laufzeit usw.

Die Bank prüft den Kreditantrag in formeller und materieller Hinsicht und stellt bei positiver Entscheidung den Auszahlungsbetrag auf einem vom Kunden genannten Konto zur Verfügung.

Zu bedenken bleibt, daß diese Kreditart nicht ganz billig ist. Die zu zahlenden Zinsen werden für die gesamte Laufzeit im voraus berechnet und dem Kreditbetrag hinzugezählt. Anschließend wird dieser Betrag durch die Zahl der vereinbarten Raten geteilt. Das bedeutet, daß der Kreditnehmer immer aus dem vollen Kreditbetrag die Zinsen zu entrichten hat, egal wieviel er davon bereits zurückgezahlt hat.

Zum Vergleich siehe *Überziehungskredit*.

Arbeitslosengeld

Arbeitslosengeld wird frühestens von dem Tag an gewährt, an dem man sich arbeitslos meldet und einen Antrag stellt (siehe *Arbeitslosigkeit*). Nach der Arbeitsbescheinigung, die vorgelegt werden muß, richten sich Höhe und Dauer des Arbeitslosengeldes. Maßgeblich für die Höhe ist der Verdienst in den letzten 60 Tagen vor der Arbeitslosigkeit.

Die Anwartschaft für den Bezug von Arbeitslosengeld hat man erworben, wenn man in den letzten drei Jahren vor der Arbeitslosmeldung mindestens 360 Kalendertage beschäftigt war und Arbeitslosenversicherung bezahlt hat. Für Saisonarbeiter genügen unter bestimmten Voraussetzungen 180 Kalendertage. Auch die Tage werden mitgezählt, in denen man Krankengeld bezogen und Arbeitslosenversicherung bezahlt hat.

Die Anspruchsdauer beträgt bei Arbeitslosen unter 42 Jahren und z. B. bei einer Dauer der Beschäftigung von 1080 Kalendertagen innerhalb von sieben Jahren 468 Wochentage; über 44 Jahre und bei einer Beschäftigung von 1200 Kalendertagen innerhalb von sieben Jahren erhält man für 520 Wochentage, ab 49 Jahren und 1440 Kalendertagen innerhalb von sieben Jahren für 624 Wochentage, ab 54 Jahren und 1920 Kalendertagen innerhalb von sieben Jahren für 832 Wochentage Arbeitslosengeld. Es beträgt bis zu 68% des Nettogehalts. Die Leistungssätze werden für jeweils ein Kalenderjahr bestimmt. Die aktuellen Tabellen hängen in jedem Arbeitsamt aus.

Das Arbeitslosengeld wird jährlich dem allgemeinen Lohnniveau angepaßt, aber auch der individuellen Leistungsfähigkeit (z.B. wenn der Arbeitslose nicht mehr voll erwerbsfähig ist). Nebenverdienst wird nicht berücksichtigt, wenn er wöchentlich 30 DM netto nicht übersteigt (1988), sonst wird er zur Hälfte auf das Arbeitslosengeld angerechnet. Wenn etwa dadurch das Arbeitslosengeld sich so vermindert, daß nur noch ein Bagatellbetrag übrigbleibt, sollte man auf keinen Fall auf die Auszahlung verzichten, da dies Folgen für die Kranken- und Rentenversicherung haben könnte.

Abfindungen werden teilweise (je nach Alter und Betriebszugehörigkeit bis zu 70%) auf das Arbeitslosengeld und die Arbeitslosenhilfe angerechnet, wenn die ordentliche Kündigungsfrist des Arbeitgebers nicht eingehalten wurde.

Bei Arbeitsunfähigkeit (durch ärztliche Bescheinigung nachzuweisen) werden Arbeitslosengeld und Arbeitslosenhilfe bis zu sechs Wochen weitergezahlt, aber nicht in der Zeit, in der eine Sperrfrist (siehe *Arbeitslosigkeit*) verhängt worden ist. Dauert die Arbeitsunfähigkeit länger als sechs Wochen, erhält man von der Krankenkasse den Betrag, der bisher vom Arbeitsamt gezahlt wurde. Anschließend muß man beim Arbeitsamt einen neuen Antrag auf Leistung stellen.

Das Arbeitslosengeld wird stets bargeldlos überwiesen (dazu muß man ein Bankkonto haben), und zwar alle 14 Tage nachträglich am gleichen Wochentag. Für Anspruch auf Wohngeld und Sozialhilfe sowie Unfallversicherung siehe *Arbeitslosigkeit.*

Arbeitslosenhilfe

Die gleichen Voraussetzungen wie beim Bezug von Arbeitslosengeld treffen auch bei der Arbeitslosenhilfe zu mit Ausnahme der Anwartschaft (siehe *Arbeitslosigkeit; Arbeitslosengeld*).

Anspruch auf Arbeitslosenhilfe hat man dann, wenn innerhalb der letzten zwölf Monate Arbeitslosengeld bezogen wurde oder mindestens 150 Tage beitragspflichtig gearbeitet wurde. War man innerhalb der letzten zwölf Monate mindestens 240 Kalendertage wegen Krankheit erwerbsunfähig und hat Krankengeld bezogen, ist eine vorherige Beschäftigung nicht Bedingung.

Die Arbeitslosenhilfe hängt von der Bedürftigkeit ab. Es werden daher bei der Prüfung Einkommen und Vermögen berücksichtigt, und zwar nicht nur das eigene, sondern auch das Vermögen des Ehegatten oder, bei einer eheähnlichen Gemeinschaft, des Partners, bei Minderjährigen das der Eltern. Beim Einkommen wird ein Betrag von wöchentlich 150 DM nicht berücksichtigt (1988). Für jeden Angehörigen, für den Unterhalt geleistet werden muß, erhöht sich dieser Freibetrag um 70 DM (1988). Unterhaltsansprüche – z.B. gegen den geschiedenen Ehepartner – werden auch berücksichtigt. Bei der Prüfung der Bedürftigkeit bleibt ein eigenes Vermögen oder das des Gatten unberücksichtigt, wenn es 8000 DM nicht übersteigt (bei Eltern minderjähriger Kinder 12000 DM). Zum Vermögen wird nicht der angemessene Hausrat oder ein Haus von angemessener Größe zum Eigenbedarf gerechnet.

Die Arbeitslosenhilfe wird in der Regel längstens für ein Jahr bewilligt. Wenn die Zeit abgelaufen ist, muß man den Anspruch erneut nachweisen. Für Arbeitsunfähigkeit während des Bezugs von Arbeitslosenhilfe siehe *Arbeitslosengeld.*

Man ist verpflichtet, dem Arbeitsamt mitzuteilen, wenn sich das eigene Einkommen und Vermögen oder das der Angehörigen ändert oder wenn einer der Angehörigen eine Tätigkeit aufnimmt. Für das maßgebliche Arbeitsentgelt, nach dem die Berechnung der Arbeitslosenhilfe vorgenommen wird, siehe *Arbeitslosengeld.*

Die Arbeitslosenhilfe beträgt bis zu 58% des Nettoentgelts. Für Höhe und Dauer der Leistung, Nebenverdienst, Auszahlung und Abfindungen siehe *Arbeitslosengeld.* Für Anspruch auf Wohngeld und Sozialhilfe sowie Unfallversicherung siehe *Arbeitslosigkeit.*

Arbeitslosigkeit

Als arbeitslos gilt bereits derjenige, der in der Woche weniger als 19 Stunden beschäftigt ist. Die Arbeitslosigkeit muß persönlich mitgeteilt und die Leistung beantragt werden (siehe *Arbeitslosengeld, Arbeitslosenhilfe*); diese beginnt erst mit dem Tag, an dem man sich beim Arbeitsamt arbeitslos meldet. Daher ist es wichtig, daß man sich sofort meldet; dies kann sogar schon einige Tage, bevor man arbeitslos wird, geschehen. War man bereits erwerbslos und wurde die Arbeitslosigkeit dadurch unterbrochen, daß man krank war oder an einer beruflichen Fortbildungs- oder Umschulungsmaßnahme teilgenommen hatte, muß nach der Unterbrechung ein neuer Antrag gestellt werden. Nach einer Zwischenbeschäftigung muß man sich erneut persönlich arbeitslos melden.

Es empfiehlt sich, bei der Antragstellung den Personalausweis, den Versicherungsausweis (Rente), die Lohnsteuerkarte und die Arbeitsbescheinigung mitzubringen. Hat man schon einmal Leistungen erhalten, sollte man den letzten Leistungsnachweis vorlegen. Ungenaue und fehlende Angaben im Antrag können dazu führen, daß das Arbeitsamt teilweise oder ganz die Leistung versagt. Sehr wichtig ist die Arbeitsbescheinigung, weil sich hiernach die Höhe und die Dauer der Leistung richten. Man sollte auch unbedingt die Angaben auf dieser Bescheinigung überprüfen.

Wenn man sich arbeitslos gemeldet hat, verlangt der Gesetzgeber, daß man vom Arbeitsamt jederzeit erreicht werden kann. Der Arbeitslose muß auch bereit sein, an zumutbaren Maßnahmen zur beruflichen Ausbildung, Fortbildung und Umschulung teilzunehmen. Es muß jede zumutbare Beschäftigung angenommen werden. Die neue Beschäftigung muß also z.B. nicht unbedingt der Ausbildung oder der bisherigen Tätigkeit entsprechen. Die neue Arbeitsstelle kann weiter als die bisherige von der Wohnung entfernt sein. Die Arbeitsbedingungen können ungünstiger sein (niedrigerer Lohn). Die Arbeitszeit kann anders sein. Arbeitslose, die das 58. Lebensjahr vollendet haben, brauchen nicht jede zumutbare Beschäftigung anzunehmen oder an beruflichen Bildungsmaßnahmen teilzunehmen.

Wenn die Vermittlungsaussichten sehr ungünstig sind, kann das Arbeitsamt einen Erholungsurlaub oder eine Kur genehmigen, und zwar für jeweils drei Wochen. Fährt man ohne Genehmigung des Arbeitsamts in Urlaub, so kann es für diese Zeit die Leistung einstellen.

Im übrigen ist man verpflichtet, dem Arbeitsamt jede Änderung mitzuteilen: wenn man noch aus einer früheren Beschäftigung Entgelt bezieht, eine Arbeit übernimmt, arbeitsunfähig erkrankt und wieder arbeitsfähig ist, Rente oder Mutterschaftsgeld erhält, einen Nebenverdienst hat, an einer Hoch- oder Fachschule ein Studium beginnt, seinen Wohnort verläßt (Reise), wenn sich die Anschrift ändert, wenn man heiratet, wenn sich die Eintragungen auf der Steuerkarte ändern (Kinder). Versäumt man dieses, können die zu Unrecht erhaltenen Beträge zurückgefordert werden. Auch kann eine Geldbuße oder eine strafrechtliche Verfolgung drohen.

In der Zeit, in der man Leistung bezieht, ist man krankenversichert. Eine Weiterversicherung bei einem privaten Versicherungsunternehmen geht auf eigene Kosten. Man ist allerdings erst dann versichert, wenn über den Antrag der Leistung entschieden ist. Bei Sperrzeiten (siehe unten) oder während der Bearbeitungszeit ist man durch das Arbeitsamt nicht versichert. Es ist daher zu empfehlen, sich während dieser Zeit von seiner Krankenkasse beraten zu lassen.

Wenn man auf Aufforderung des Arbeitsamtes Stellen aufsucht, ist man auf dem Weg dorthin und zurück durch das Arbeitsamt unfallversichert; dies gilt auch für den ersten Gang zur Bank und zurück, um überwiesene Leistungen abzuholen. Wenn die Voraussetzungen erfüllt sind, wird die Zeit, in der man Leistung bezieht, bei der Rentenberechnung als Ausfallzeit berücksichtigt (siehe *Rentenversicherung*).

Hat man die Arbeitslosigkeit selbst verschuldet oder wenn man eine zumutbare Tätigkeit nicht annimmt oder eine Maßnahme zur beruflichen Bildung ablehnt, kann das Arbeitsamt eine Sperrzeit bis zu zwölf Wochen verhängen, in der alle Leistungen ruhen. Gegen Maßnahmen des Arbeitsamts kann innerhalb eines Monats Widerspruch eingelegt werden; wenn diesem nicht entsprochen wird, kann Klage beim Sozialgericht erhoben werden.

Das Arbeitsamt unterstützt die eigenen Bemühungen um eine neue Stelle durch Gewährung von Darlehen oder durch Zuschuß für Reisekosten, Fahrtkosten, Umzugskosten, Überbrückungsbeihilfen usw. Bei beruflicher Umschulung übernimmt das Arbeitsamt die Kosten wie z.B. Lehrgangsgebühren, Fahrten zwischen Wohnung und Bildungsstätte. In der Zeit der Umschulung oder Weiterbildung wird Unterhaltsgeld gezahlt. Auskünfte erteilen die Arbeitsämter.

Wenn Arbeitslosengeld oder Arbeitslosenhilfe gar nicht oder in nicht genügender Höhe gezahlt wird, kann man Anspruch auf Sozialhilfe haben. Hierzu wende man sich an das zuständige Sozialamt der Gemeinde. Auch kann durch die Minderung des Einkommens ein Anspruch auf Wohngeld (siehe dort) entstehen.

Arbeitszeugnis

Nach dem Bürgerlichen Gesetzbuch (BGB) hat ein Arbeitnehmer Anspruch auf ein Zeugnis, sobald die gesetzliche Kündigungsfrist anläuft. An ein Arbeitszeugnis werden zwei Forderungen gestellt: Es muß wahr sein, und es soll das berufliche Fortkommen nicht erschweren.

Man kann entweder ein einfaches oder ein qualifiziertes Zeugnis verlangen. Im einfachen sind nur Angaben über Person, Art und Dauer der Beschäftigung sowie über die bisherige Tätigkeit enthalten. Beim qualifizierten Zeugnis wird auch Leistung und Führung beurteilt. Negative Bewertungen wie „nicht ausreichend" sind nicht zulässig. Durch Veröffentlichungen in der Presse wurde bekannt, daß Personalbüros bei der Formulierung einen Code verwendet haben. Da dieser inzwischen entschlüsselt ist, kann er nicht mehr benutzt werden.

Man kann die Ausstellung eines neuen Zeugnisses verlangen, wenn das erste falsche oder auch unvollständige Angaben oder eine unrichtige Beurteilung enthält. Wenn keine Einigung über den Inhalt zustande kommt, ist das Arbeitsgericht befugt, das gesamte Zeugnis zu überprüfen oder zu berichtigen.

Kann sich ein Arbeitgeber anhand des Zeugnisses kein genaues Bild vom Bewerber machen, wird er sich an den vorhergehenden Arbeitgeber wenden. Dieser darf grundsätzlich, auch ohne Einverständnis des Arbeitnehmers, Auskünfte an Dritte erteilen, wenn diese ein berechtigtes Interesse haben. Allerdings kann er haftbar gemacht werden, wenn dem Arbeitnehmer durch falsche Auskünfte ein Schaden entsteht.

Siehe auch *Zwischenzeugnis*.

Aufhebungsvertrag

Der Aufhebungsvertrag, bei dem das Arbeitsverhältnis im gegenseitigen Einvernehmen (auch mündlich) aufgelöst wird, sollte in Ruhe ausgehandelt werden. Folgende Punkte sind u.a. wichtig: Anrechte aus der betrieblichen Altersversorgung, Gratifikation, 13. Monatsgehalt, Urlaub, Werkswohnung, gegebenenfalls Freistellung von der Arbeitsleistung.

Auch die Höhe der Abfindung, die bei solchen Verträgen oft gezahlt wird, ist auszuhandeln. Sie kann pro Betriebszugehörigkeitsjahr bis zu einem Monatsverdienst betragen, in Gegenden mit weniger Arbeitslosigkeit geht man aber auch von 30% eines Monatsgehalts aus. Kommt es zu einer Verhandlung vor dem Arbeitsgericht und zu einem Urteilsspruch, muß man bedenken, daß dem Gericht Grenzen gesetzt sind: Es kann eine Abfindung nur bis zu einer Höhe von zwölf Monatsverdiensten festsetzen, die sich allerdings je nach Lebensalter und Betriebszugehörigkeit bis auf 18 Monatsverdienste erhöhen kann. Dabei wird berücksichtigt, welche Aussichten der Arbeitnehmer hat, eine neue Arbeitsstelle zu finden. Wegen dieser Grenzen ist zu prüfen, ob nicht ein außergerichtlicher Vergleich, bei dem sie nicht beachtet werden, günstiger wäre.

Gibt man seinen Arbeitsplatz leichtfertig auf und willigt ein, daß das Arbeitsverhältnis vorzeitig beendet wird, ohne einen Arbeitsvertrag bei einem neuen Arbeitgeber unterschrieben zu haben, kann das Arbeitsamt bei einer späteren Arbeitslosigkeit eine Sperrzeit von vier bis zwölf Wochen beim Bezug von Arbeitslosengeld verhängen. Daher sollten die Gründe, die zum Abschluß des Aufhebungsvertrages führen, genau formuliert sein. Wenn eine Abfindung gezahlt wird, ist der vereinbarte Kündigungstermin zu beachten (siehe *Arbeitslosigkeit*), damit sie nicht unter Umständen auf das Arbeitslosengeld angerechnet wird. Eine Rechtsberatung ist hier zu empfehlen.

Ausweise

Neben den hauptsächlichen Ausweisen, Personalausweis und Reisepaß, gibt es verschiedene besondere Ausweise wie den Fremdenpaß für Ausländer, die sich nicht mit einem anderen Paß ausweisen können, und die Ausweise, die besondere Eigenschaften oder Rechte ihrer Inhaber nachweisen. Dazu gehören u.a. der Führerschein, der Vertriebenenausweis und der Schwerbeschädigtenausweis.

Personalausweis Alle Personen ab dem 16. Lebensjahr, die der Meldepflicht unterliegen, müssen einen Personalausweis besitzen, wenn nicht bereits ein Reisepaß vorhanden ist. Man kann ihn auch schon vorher beantragen, doch müssen dann beide Elternteile ihr Einverständnis erklären.

Der Personalausweis wird bei allen Gemeindeverwaltungen ausgestellt. Jeder Ort hat eine Meldebehörde. Im Personalausweis müssen neben einem Lichtbild folgende Angaben enthalten sein: vollständiger Name, eventueller Doktorgrad, Geburtsdatum und -ort, Staatsangehörigkeit, derzeitiger Wohnort, Größe, Augenfarbe, besondere unveränderliche Kennzeichen und die Unterschrift des Inhabers.

Der Personalausweis wird für eine Gültigkeitsdauer von zehn Jahren ausgestellt. Bei Personen, die das 26. Lebensjahr noch nicht vollendet haben, beträgt die Gültigkeitsdauer fünf Jahre. Jede Ausstellungsbehörde, die Polizei oder Kontrollbeamte an den Grenzen können einen ungültigen oder unbrauchbaren Ausweis einbehalten. Unbrauchbar ist ein Ausweis z.B. dann, wenn man auf dem Lichtbild den Inhaber nicht mehr erkennen kann. Wer es unterläßt, für sich oder als gesetzlicher Vertreter für einen Minderjährigen einen Ausweis ausstellen zu lassen, macht sich einer Ordnungswidrigkeit schuldig, die mit Bußgeld geahndet werden kann.

Seit 1. April 1987 wird der fälschungssichere, computerlesbare Personalausweis in Form einer in Folie eingeschweißten Karte ausgestellt.

Reisepaß Für Auslandsreisen (Grenzübertritt) benötigt man grundsätzlich einen Reisepaß. Auch Ausländer, die sich in der Bundesrepublik aufhalten, müssen in der Regel einen gültigen Paß besitzen. Zur Erleichterung des Reiseverkehrs wurden diese Bestimmungen jedoch insoweit eingeschränkt, als man sich als Deutscher für Reisen in EG-Staaten oder in westeuropäische Länder wie Österreich, die Schweiz, Finnland, Island, Norwegen, Schweden und Malta auch mit dem Personalausweis legitimieren kann. Auch die Bundesrepublik Deutschland hat darauf verzichtet, daß sich die Angehörigen dieser Staaten im Reiseverkehr durch Pässe ausweisen.

Auf den Reisepaß hat jeder deutsche Bürger einen Anspruch. Nur wenn wesentliche Interessen der Bundesrepublik dem entgegenstehen, wenn der Bewerber sich der Strafverfolgung, seinen steuerlichen Verpflichtungen oder seiner Unterhaltspflicht entziehen will, darf ihm der Paß verweigert werden. Aus den genannten Gründen darf ein bereits ausgestellter Paß von der Paßbehörde auch eingezogen werden.

Der fälschungssichere Europapaß wird seit 1. Januar 1988 ausgestellt.

Verlust des Ausweises Wenn man seinen Personalausweis oder Paß verloren hat, sollte man sofort bei der nächsten Polizeidienststelle oder Paßbehörde Verlustanzeige erstatten. Die Verlustanzeige dient als eine Art vorläufiger Ausweis, und zwar so lange, bis über den Antrag auf einen neuen Paß oder Personalausweis entschieden worden ist, was meist mehrere Wochen dauert. Verliert man Paß oder Ausweis im Ausland, wendet man sich an das nächste Konsulat.

BAföG

Ausbildungsförderung nach dem BAföG (Bundesausbildungsförderungsgesetz) wird nicht mehr in Form von Zuschuß, sondern grundsätzlich nur noch als Darlehen gewährt, das nach Beendigung des Studiums zurückgezahlt werden muß.

Darlehensförderung erhalten u.a. Studenten an höheren Fachschulen, Akademien und Hochschulen sowie Praktikanten, die ein Praktikum im Zusammenhang mit dem Besuch der obengenannten Ausbildungsstätten leisten müssen. Ausländische Studierende können ebenso Ausbildungsförderung erhalten, wenn bestimmte Voraussetzungen erfüllt werden.

Ob und wieviel Ausbildungsförderung der Antragsteller erhält, richtet sich nach dem Einkommen und dem Vermögen des Studierenden selbst, seines Ehegatten und seiner Eltern – und zwar in dieser Reihenfolge. Die Gewährung von BAföG ist also grundsätzlich einkommensabhängig. Als Bemessungsgrundlage wird bei den Eltern und dem Ehegatten des Antragstellers das Einkommen vom vorletzten Kalenderjahr vor Beginn des Bewilligungszeitraums zugrunde gelegt. Bei dem Antragsteller selbst ist das Einkommen maßgebend, das er für den Bewilligungszeitraum erzielt. Das Finanzamt und der Arbeitgeber sind gesetzlich verpflichtet, entsprechende Auskünfte über das Einkommen zu erteilen. Erst wenn die Einkommensunterlagen dem Amt für Ausbildungsförderung vorliegen, können die dem Antragsteller zustehenden Leistungen berechnet werden.

Durch Arbeit in den Semesterferien darf derjenige, der BAföG erhält, bis zu 3180 DM brutto im Jahr verdienen (1988), ohne daß dies Auswirkungen auf die Ausbildungsförderung hat. (Dieser Betrag kann sich erhöhen, falls der Berechtigte verheiratet ist und/oder Kinder hat.) Alles, was darüber hinausgeht, wird als Einkommen des Antragstellers angerechnet. Als Einkommen des Antragstellers gelten auch z.B. das Praktikantenentgelt, anderweitige Ausbildungshilfen, Waisengeld bzw. -rente und auch zumutbare verwertbare Vermögenswerte (z.B. ein Hausgrundstück), soweit sie einen Freibetrag von 6000 DM übersteigen. Um Härten zu vermeiden, kann allerdings ein weiterer Teil des Vermögens anrechnungsfrei bleiben.

Von der Regel, daß die Ausbildungsförderung einkommensabhängig ist, gibt es eine Reihe von Ausnahmen. Elternunabhängige Förderung – d.h., daß nur das Einkommen und Vermögen des Auszubildenden und des Ehegatten zu berücksichtigen sind – wird geleistet, wenn z.B. der Auszubildende

- bei Beginn der Ausbildung das 30. Lebensjahr vollendet hat;
- bei Beginn der Ausbildung nach Vollendung des 18. Lebensjahrs fünf Jahre erwerbstätig war;
- nach einer dreijährigen Lehre drei Jahre lang erwerbstätig war;
- eine Ausbildung abgeschlossen hat und eine zweite beginnt. Voraussetzung ist, daß die förderungsrechtlichen Voraussetzungen für die Förderung eines Zweitstudiums erfüllt sind.

Die Höchstdauer der Förderung ist für jeden Studiengang gesondert festgelegt. Darüber hinaus kann auf Antrag Ausbildungsförderung gewährt werden, wenn aus schwerwiegenden Gründen wie Krankheit, Schwangerschaft, Einziehung zur Bundeswehr oder zum Zivildienst sowie erstmaligem Nichtbestehen der Abschlußprüfung die Höchstdauer überschritten wurde. In der Regel kann Ausbildungsförderung lediglich ein Semester über die Höchstdauer (Regelstudienzeit) hinaus gewährt werden. Wer sein Studium mindestens vier Monate vor dem Ende der Förderungshöchstdauer abschließt, erhält auf Antrag einen Darlehensnachlaß von 5000 DM.

Das während der Ausbildung gewährte Darlehen ist unverzinslich und muß innerhalb von 20 Jahren in gleichbleibenden Raten von mindestens 120 DM pro Monat zurückgezahlt werden. Die erste Rückzahlungsrate ist fünf Jahre nach dem Ende der für den jeweiligen Studiengang festgelegten Förderungshöchstdauer zu zahlen.

Ausbildungsförderung wird nur auf Antrag und ab Antragstellung (nicht rückwirkend) gewährt. Die dafür vorgesehenen Formblätter erhält man beim Amt für Ausbildungsförderung.

Baurecht

Das Baurecht ist eines der zentralen Gebiete des öffentlichen Rechts. Für jedes Wohnhaus, die Anlage einer Kiesgrube oder eines Brunnens usw. sind Baugenehmigungen erforderlich. Lediglich für bauliche Maßnahmen kleinsten Umfangs (z.B. eines sehr kleinen Geräteschuppens ohne Fenster) bedarf es keiner Baugenehmigung. Wochenendhäuser müssen dagegen genehmigt werden.

Baugenehmigungen werden von der Stadtverwaltung bzw. vom Landratsamt erteilt. Zuvor untersucht die Behörde, ob das Grundstück, das bebaut werden soll, im Bebauungsplan der Gemeinde als Baugrundstück ausgewiesen ist (Bauplanungsrecht). Hat die Gemeinde z.B. die Absicht, dort einen Kinderspielplatz oder einen Park anzulegen, wird eine Baugenehmigung nicht erteilt. Die Behörde prüft ferner, ob das konkret eingereichte Bauvorhaben den Sicherheitsvorschriften entspricht und ob es der Art nach in die schon vorhandene Bebauung paßt (Bauordnungsrecht).

Es empfiehlt sich, vor Einreichung des Bauantrags die Zustimmung der Nachbarn einzuholen, da sonst die Gefahr besteht, daß diese später gegen eine schon erteilte Baugenehmigung klagen. Solche Verfahren sind zeitraubend und kostenintensiv, und solange der Rechtsstreit nicht entschieden ist, darf nicht gebaut werden.

Nach Fertigstellung wird der Bau durch die Baubehörde abgenommen und überprüft, ob er entsprechend der Genehmigung erstellt wurde. Ist dies nicht der Fall, kann eine Abrißverfügung bzw. die Auflage einer Änderung oder eine Baustrafe drohen.

Zivilrechtlich ist der Bau eines Hauses o.ä. ein Werkvertrag mit der Baufirma oder dem Handwerksbetrieb. Die Funktionstüchtigkeit des zu erstellenden Werkes ist Hauptgegenstand des Vertrages. Ist das Dach des Hauses z.B. undicht oder stürzt eine Mauer ein, bestehen gegenüber dem Handwerker – möglicherweise auch gegenüber dem Architekten – Gewährleistungsansprüche. Günstiger für den Bauherrn ist hier ein Vertrag nach der Regelung des Bürgerlichen Gesetzbuchs (BGB), nach der die Ansprüche bei Neubauten innerhalb von fünf Jahren verjähren; dagegen sieht die Verdingungsordnung für Bauleistungen (VOB) nur zwei Jahre vor.

Bausparen

Ein Bausparvertrag wird bei einer Bausparkasse über eine bestimmte Summe abgeschlossen. Je nach Vertragstyp verpflichtet sich der Bausparer, 40 oder 50% dieser Summe innerhalb einer bestimmten Zeit einzuzahlen. Daraus ergeben sich die sogenannten Regelsparbeiträge.

Die Verzinsung, die die Bausparkassen auf diese angesparten Guthaben gewähren, liegt allerdings zwischen nur 2 und 3% pro Jahr. Der Hauptvorteil des Bausparvertrags ist also nicht die Guthabenverzinsung, sondern der Anspruch auf das Bauspardarlehen. Dieses wird bei Zuteilungsreife in Höhe der Differenz zwischen dem angesparten Guthaben (Eigenmittel) und der Vertragssumme gewährt.

Das Bauspardarlehen ist äußerst zinsgünstig (etwa 4,5% pro Jahr), wobei der Verwendungszweck begrenzt ist: Nur wohnwirtschaftliche Vorhaben wie Hausbau, Umbau, Modernisierung oder Kauf einer Eigentumswohnung dürfen damit finanziert werden.

Das Bauspardarlehen hat also aufgrund der günstigen Zinsen seine Vorteile. Allerdings verlangen die Bausparkassen nach Gewährung des Darlehens relativ hohe Tilgungsbeiträge, die durchaus 7% pro Jahr betragen können. Zusammen mit dem Zins kann sich also eine Gesamtbelastung von 11–12% pro Jahr ergeben. Wird also ein Bauvorhaben größtenteils über Bausparverträge finanziert und damit ein hohes Bauspardarlehen in Anspruch genommen, kann die daraus resultierende Verpflichtung eine nicht zu unterschätzende Belastung darstellen.

Wohnungsbauprämie Der Staat gewährt für geleistete Bausparbeiträge eine Prämie, auch nach dem Steuerreformgesetz mit Gültigkeit ab 1. Januar 1990. Prämienberechtigt sind Bausparer, die 27000 DM (alleinstehend) bzw. 54000 DM (verheiratet) zu versteuerndes Einkommen nicht überschreiten. Die Prämie beträgt einheitlich 10% auf die geleisteten Beiträge, höchstens jedoch auf 800 DM (alleinstehend) bzw. 1600 DM (verheiratet).

Überschreitet der Bausparer die genannten Einkommensgrenzen, kann er u.U. die Bausparbeiträge als Sonderausgaben in der Einkommensteuererklärung geltend machen (hierbei sind die Sonderausgaben-Höchstbeträge zu beachten). Er darf jedoch nur eine der beiden Möglichkeiten in Anspruch nehmen (Kumulierungsverbot).

Wer eine Wohnungsbauprämie vom Staat erhalten hat, darf über sein Bausparguthaben nicht vor Ablauf von sieben Jahren verfügen. Tut er es trotzdem, so müssen alle erhaltenen Prämien zurückgezahlt werden. Wählt der Sparer die Sonderausgabenvariante, erhöht sich die Sperrfrist auf zehn Jahre.

Nach Ablauf der Sperrfristen ist der Bausparer völlig frei in der Verwendung seines Bausparguthabens.

Bürgschaft

Die Bürgschaft ist eine einseitig verpflichtende Willenserklärung; durch sie verpflichtet sich der Bürge dem Gläubiger eines Dritten gegenüber, für die Verbindlichkeiten dieses Dritten einzustehen. Gläubiger ist in der Regel die kreditgebende Bank.

Hauptzweck der Bürgschaft ist es, den Gläubiger abzusichern für den Fall, daß der Schuldner zahlungsunfähig wird.

Die Bürgschaft wird immer dann benötigt, wenn dem Gläubiger keine anderweitigen Sicherheiten zur Verfügung gestellt werden können oder diese Sicherheiten dem Gläubiger nicht ausreichend erscheinen.

Zu beachten ist, daß derjenige, der für jemanden bürgt, eine Eventualverbindlichkeit eingeht und daß er – je nach rechtlicher Ausprägung – damit rechnen muß, kurzfristig in Anspruch genommen zu werden, d.h. zahlen zu müssen. Über denjenigen, für den gebürgt wird, sollte also im Hinblick auf seine Bonität kein Zweifel bestehen.

Wie bei der Hypothek (siehe *Hypothek und Grundschuld*) muß eine Hauptschuld bestehen. Nur nach dem jeweiligen Schuldenstand bemißt sich die Bürgenhaftung. Eine Bürgschaft bleibt so lange bestehen, bis der Kredit durch den Schuldner zurückgezahlt wurde. Muß der Bürge eintreten und den Gläubiger befriedigen, geht die Forderung gegen den Hauptschuldner auf den Bürgen über.

Wenn mehrere gemeinsam bürgen, liegt eine sogenannte Mitbürgschaft vor. Alle Bürgen haften dann als Gesamtschuldner. Der Nachbürge haftet dem Gläubiger, wenn der Hauptschuldner zahlungsunfähig und vom Hauptbürgen ebenfalls keine Zahlung zu erwarten ist. Sie ist damit eine zusätzliche Sicherheit für den Gläubiger.

Falls der Hauptbürge den Gläubiger befriedigen muß, haftet der Rückbürge seinerseits dem Hauptbürgen dafür, daß dessen Forderung gegenüber dem Schuldner befriedigt wird.

Die Bürgschaft muß schriftlich niedergelegt werden. Man unterscheidet zwei nach Art der Bürgenhaftung unterschiedliche Formen der Bürgschaft.

Ausfallbürgschaft Bei dieser Art von Bürgschaft muß der Gläubiger (die Bank) nachweisen, daß er ergebnislos versucht hat, sich bei dem Schuldner zu befriedigen. Es muß also bereits eine Zwangsvollstreckungsmaßnahme in das Vermögen des Schuldners erfolgt oder auch ein Konkursverfahren betrieben worden sein. Das Kreditinstitut muß einen Verlust nachweisen.

Da die Banken bei dieser Konstruktion eine relativ schwache Rechtsstellung hätten, werden modifizierte Ausfallbürgschaften vereinbart, in denen der Bürge auf die Einrede der Vorausklage verzichtet.

Selbstschuldnerische Bürgschaft Wenn auf die Einrede der Vorausklage verzichtet wird, kann der Gläubiger vom Bürgen dann Zahlung verlangen, wenn der Hauptschuldner nicht mehr ordnungsmäßig bezahlt. Das Kreditinstitut braucht keinen Beweis der versuchten Befriedigung aus den Sicherheiten zu erbringen.

Bußgeld

Die Stadt Flensburg ist Sitz des Kraftfahrt-Bundesamtes. Dort werden im Verkehrszentralregister (im Volksmund: Verkehrssünderkartei) alle rechtskräftigen Bußgeldbescheide registriert, bei denen das Bußgeld 80 DM oder mehr beträgt. Strafpunkte gibt es auch für alle rechtskräftigen Verurteilungen in Verkehrsstrafsachen.

Die Tilgungsfristen für Eintragungen betragen zwei Jahre bei Bußgeldbescheiden (fünf im Fall der Verkehrsteilnahme bei einer Blutalkoholkonzentration zwischen 0,8 und 1,3‰). Bei weiteren Eintragungen innerhalb der Zweijahresfrist verlängert sich diese (bis zu fünf Jahren). Ebenfalls fünf Jahre bleiben Eintragungen bestehen, wenn eine Geldstrafe bezahlt werden mußte oder eine Freiheitsstrafe von nicht mehr als drei Monaten verhängt wurde. Noch schwerere Delikte werden erst nach zehn Jahren gelöscht.

Über den Stand des eigenen Punktekontos wird man automatisch informiert, wenn neun Punkte erreicht sind. Die Behörde spricht eine schriftliche Verwarnung aus. Nach 14 Punkten wird dann geprüft, ob der Betroffene noch ausreichende Kenntnisse für das Führen eines Kraftfahrzeuges besitzt. Es können eine praktische und eine theoretische Fahrprüfung angeordnet werden. Erreicht man 18 Punkte, kann die Fahrerlaubnis entzogen werden. Im Regelfall wird in diesem Zusammenhang ein medizinisch-psychologisches Gutachten über den Betroffenen angefordert.

Je nach Schwere des Vorfalls gibt es ein gestaffeltes Punktesystem von einem bis sieben Punkten: Sieben werden z.B. für eine Verkehrsunfallflucht eingetragen; sechs beim Gebrauch eines unversicherten Kraftfahrzeuges; fünf bei fahrlässiger Körperverletzung oder Tötung; vier bei Überschreiten der zulässigen Höchstgeschwindigkeit innerhalb geschlossener Ortschaften um mehr als 40 km/h; drei für Nichtbeachten der Vorfahrt; zwei für verbotenes Parken auf Autobahnen oder Kraftfahrstraßen; einen für einfache Ordnungswidrigkeiten.

Gegenwärtig werden Bußgeldkatalog und Mehrfachtäter-Richtlinien überarbeitet.

Dauerauftrag

Bei vielen Zahlungsverpflichtungen sind Höhe, Fälligkeit und auch der Empfänger gleichbleibend. Für solche regelmäßig wiederkehrenden Zahlungen eignet sich der Dauerauftrag. Voraussetzung, um einen Dauerauftrag einrichten zu können, ist das Girokonto (siehe dort), zu dessen Lasten die Zahlung erfolgen kann. Selbstverständlich benötigt auch der Zahlungsempfänger eine entsprechende Bankverbindung.

Der Zahlungspflichtige muß also

bei der Bank, bei der er sein Girokonto unterhält, den Dauerauftrag veranlassen. Der entsprechende Vordruck, den die Bank bereithält, muß folgende Angaben enthalten: Namen, Anschrift und Bankverbindung des Zahlungsempfängers wie auch des Zahlungspflichtigen, Betragshöhe, Verwendungszweck (z.B. Aktenzeichen, Steuernummer, Miete), Zeitpunkt und Zahlungsrhythmus (am Ersten eines jeden Monats o.ä.) und eine eventuelle zeitliche Befristung, die für den Dauerauftrag gelten soll.

Änderungen im Inhalt des erteilten Dauerauftrags oder ein Widerruf muß rechtzeitig (etwa zehn Tage vor der nächsten Ausführung) der Bank bekanntgemacht werden. Zwischen Kreditinstitut und Zahlungspflichtigem besteht also ein Vertragsverhältnis.

Die Gebühren für den Dauerauftrag, die von Bank zu Bank verschieden sind, findet man im jeweiligen Gebührenverzeichnis. Bevor man sich entscheidet, prüft man, ob nicht das Bankeinzugsverfahren günstiger ist (siehe *Einzugsermächtigung*).

Devisen

Darunter versteht man alle unbaren ausländischen Zahlungsmittel, z.B. Reiseschecks (siehe *Scheck*), aber auch etwa Währungsguthaben auf einem Währungskonto. Der Handel mit Devisen wie auch mit Sorten (siehe dort) wird in der Bundesrepublik Deutschland von den Banken durchgeführt. Der Ankaufskurs (Geldkurs) ist bei beiden niedriger als der Verkaufskurs (Briefkurs). Im Gegensatz zu den Sortenkursen kommt aber den Devisenkursen eine ganz wesentliche Bedeutung zu, da fast alle Zahlungen vom und ins Ausland bargeldlos abgewickelt werden (zwischenstaatlicher Zahlungsverkehr).

Zu bemerken ist, daß alle Zahlungen, die vom Ausland kommen oder ins Ausland gehen und unbar abgewickelt werden, der zuständigen Landeszentralbank gemeldet werden müssen. Dies gilt für Beträge, die 1000 DM übersteigen, in gleichem Umfang für Privatpersonen und Banken. Wer die Hinweispflicht der Bank ignoriert und keine Meldung erstattet, muß mit Ordnungsstrafen bis zu 50000 DM rechnen.

Effektivverzinsung

Der Begriff Effektivverzinsung oder Rendite bezeichnet erstens die wirklichen Kosten eines Darlehens und zweitens die tatsächliche Verzinsung einer Kapitalanlage.

Effektivverzinsung bei Darlehen Folgende Daten sind für die Berechnung der tatsächlichen Kosten und für den Vergleich verschiedener Angebote entscheidend:

- Nominalverzinsung;
- Auszahlungskurs (nach Abzug eines eventuellen Disagios);
- Laufzeit (Anzahl der Raten);
- Zeitpunkt der Tilgungsverrechnung;
- Art und Weise der Tilgung (z. B. Annuität);
- Nebenkosten (z.B. Bearbeitungsgebühren).

Die Kreditinstitute sind gehalten, unter Berücksichtigung dieser Daten eine echte Preisangabe in bezug auf ihre Kredite zu machen; sie wird als Effektivzins in Prozent jährlich ausgedrückt.

Effektivverzinsung bei Kapitalanlagen (Rendite) Wie beim Darlehen ergibt sich die wirkliche Verzinsung aus folgenden Angaben:

- Nominalverzinsung;
- Anschaffungskurs (Kaufpreis);
- Laufzeit (u.U. mittlere Laufzeit);
- Zeitpunkt, Art und Weise der Zinszahlung;
- Rückzahlungsmodalitäten;
- Kaufnebenkosten (z. B. Provision, Gebühren);
- Stückzinsen.

Bei neueren Anlageinstrumenten wie Zerobonds müssen besondere Rechnungen angewendet werden. Da jedoch unterschiedliche Renditeberechnungsmethoden angewendet werden, sollte darauf geachtet werden, ob die jeweiligen Angaben überhaupt vergleichbar sind. Außerdem sind alle Renditeangaben ohne die Berücksichtigung der persönlichen Steuersituation nur bedingt aussagekräftig.

Ehescheidung

Nach dem Gesetz kann eine Ehe geschieden werden, wenn die Lebensgemeinschaft der Ehegatten nicht mehr besteht und nicht zu erwarten ist, daß sie wiederhergestellt wird. Dieses sogenannte Zerrüttungsprinzip, das seit 1977 das Schuldprinzip abgelöst hat, wird wie folgt angewendet:

- Wenn die Ehegatten mehr als drei Jahre getrennt gelebt haben, kann die Ehe auf Antrag beider oder auch nur eines Ehegatten geschieden werden. Der Nichtscheidungswillige kann sich jedoch darauf berufen, daß die Scheidung außergewöhnliche Härten für ihn mit sich bringt oder daß zum jetzigen Zeitpunkt die weitere Aufrechterhaltung der Ehe noch geboten erscheint. Beispiele für solche außergewöhnliche Härten sind schwere Krankheit, besondere Schicksalsschläge oder plötzliche Arbeitslosigkeit, verbunden mit Wegfall des Lebensinhalts. Hierzu muß jeweils eine Abwägung im Einzelfall, auch unter Berücksichtigung der Länge der Trennung, erfolgen.
- Wenn die Ehegatten weniger als drei Jahre getrennt gelebt haben, müssen beide eine einverständliche Scheidung beantragen. Eine Scheidung gegen den Willen eines Ehegatten ist nur dann möglich, wenn nachgewiesen wird, daß die Ehe tatsächlich gescheitert ist. Das ist der Fall, wenn schwere Eheverfehlungen stattgefunden haben, z.B. schwere körperliche Mißhandlungen, Straftaten, fortgesetzter Ehebruch, extreme wirtschaftliche Gefährdung der Ehe oder Trunksucht. Auch hier kann sich der Nichtscheidungswillige auf die Härteklausel (siehe oben) berufen.
- Wenn die Ehegatten seit weniger als einem Jahr getrennt leben, ist eine Scheidung nur ausnahmsweise möglich, nämlich dann, wenn die Fortsetzung der Ehe wegen schwerer Eheverfehlungen (siehe oben) für einen Ehepartner unzumutbar wäre. Allerdings müssen hier die Verfehlungen gravierender sein als bei Scheidungen nach mehrjährigem Getrenntleben.

Über die Ehescheidung sowie deren sogenannte Folgesachen entscheidet das Amtsgericht (Familiengericht), und zwar meist gleichzeitig. Folgesachen sind Unterhaltsregelungen von Ehegatten und Kindern, Versorgungsausgleich, elterliches Sorgerecht und Umgangsrecht sowie Regelungen über Hausrat und güterrechtliche Angelegenheiten. Nur unter besonderen Voraussetzungen kann dem Scheidungsantrag vor Entscheidung über eine

Folgesache stattgegeben werden, z.B. wenn eine Folgesache den Ausspruch der Scheidung selbst so sehr verzögern würde, daß dadurch eine unzumutbare Härte entsteht.

Nach dem neuen Scheidungsrecht sollten in der Regel beide Ehegatten durch einen Anwalt vertreten sein (siehe *Rechtsanwalt suchen*). Möglich ist aber auch weiterhin die Vertretung durch nur einen Anwalt, wenn ein Ehegatte, der anwaltlich vertreten ist, die Scheidung beantragt und der andere nichts unternimmt, insbesondere keine eigenen Anträge stellt. Sofern es die Sachlage erfordert, kann dann das Gericht dem nichtvertretenen Partner einen Rechtsanwalt beiordnen, zwingend vorgeschrieben ist dies jedoch nicht.

Eheschließung

Die Eheschließung kommt nur zustande, wenn sie vor einem Standesbeamten geschlossen wird und beide Ehegatten persönlich und gleichzeitig anwesend sind.

Eine Ehe kann nur schließen, wer ehefähig, d.h. ehemündig und geschäftsfähig, ist (siehe *Geschäftsfähigkeit*). Ehemündigkeit tritt einheitlich für Mann und Frau mit der Volljährigkeit (Vollendung des 18. Lebensjahres) ein. Allerdings reicht es aus, wenn ein Ehegatte 18 Jahre alt ist und der andere das 16. Lebensjahr vollendet hat. Den erst 16 Jahre alten Partner kann das Vormundschaftsgericht auf Antrag vom Erfordernis der Ehemündigkeit befreien. Auch 18 Jahre alte oder ältere Personen können geschäftsunfähig sein, wenn sie z.B. entmündigt sind. Sie können auch mit Zustimmung des gesetzlichen Vertreters eine Ehe nicht eingehen.

Beschränkt Geschäftsfähige (Alter zwischen 7 und 18 Jahren) bedürfen zur Eingehung der Ehe der Einwilligung ihres gesetzlichen Vertreters. Diese Einwilligung kann, falls sie vom gesetzlichen Vertreter ohne triftigen Grund verweigert wird, auf Antrag durch das Vormundschaftsgericht erteilt werden.

Schließlich dürfen der Eheschließung keine Eheverbote entgegenstehen: Hierunter fallen Verwandtschaft in gerader Linie, z.B. zwischen Großeltern und Enkeln, zwischen Eltern und Kindern. Ebenso darf ein Ehegatte nicht einen in gerader Linie mit dem anderen Ehegatten Verwandten heiraten. Auch Geschwister und Halbgeschwister dürfen nicht heiraten. Schließlich geht das deutsche Eherecht vom Grundsatz der Einehe (Monogamie) aus. Eine dennoch geschlossene weitere Ehe (Bigamie) ist nach dem Gesetz nichtig und zudem strafbar.

Ehevertrag

Durch einen Ehevertrag können die Ehepartner ihre güterrechtlichen Verhältnisse regeln. Sie können dabei Gütertrennung, Gütergemeinschaft oder Zugewinngemeinschaft vereinbaren. Wird kein Ehevertrag geschlossen, gilt der gesetzliche Güterstand der Zugewinngemeinschaft. Der Ehevertrag muß in Anwesenheit beider Ehepartner notariell beurkundet werden. Er kann vor Eingehen der Ehe oder danach geschlossen, aufgehoben oder geändert werden. Der Ehevertrag muß nicht, kann aber im Güterrechtsregister, das beim Amtsgericht geführt wird, eingetragen werden.

Unter Gütertrennung versteht man, daß jeder Ehegatte sein Vermögen so verwaltet, als sei er unverheiratet. Es gibt nur das Vermögen des Mannes und das der Frau, jedoch kein gemeinsames Vermögen. Im Scheidungsfall findet kein Vermögensausgleich statt.

Bei der Gütergemeinschaft werden das Vermögen des Mannes und das der Frau gemeinschaftliches Vermögen beider Ehegatten. Hierzu zählt auch das Vermögen, das beide während ihrer Gütergemeinschaft erwerben. Nicht hierunter fällt das Sondervermögen jedes Gatten, das dieser selbständig verwaltet. Hierzu zählen z.B. das unpfändbare eigene Gehalt, der Anteil an einer offenen Handelsgesellschaft oder ein Schmerzensgeldanspruch. Gewisse Gegenstände können im Ehevertrag zum Vorbehaltsgut eines Ehepartners erklärt werden, worüber dieser dann selbst verfügt. Das Gesamtgut wird von beiden Ehegatten gemeinschaftlich verwaltet, und sie verfügen darüber gemeinschaftlich. Wird die Ehe geschieden, verbleiben Sonder- und Vorbehaltsgut bei dem Ehegatten, dem sie gehören. Lediglich das Gesamtgut wird nach Abzug gemeinsamer Schulden unter den Ehegatten je zur Hälfte aufgeteilt.

Beim gesetzlichen Güterstand der Zugewinngemeinschaft verwaltet jeder Ehegatte – ähnlich wie bei der Gütertrennung – sein ihm gehörendes Vermögen allein. Lediglich bei der Scheidung wird der Zugewinn, den beide Ehegatten während ihrer Ehe erwirtschaftet haben, untereinander ausgeglichen. Man vergleicht hierzu – für beide Ehegatten getrennt – das Anfangsvermögen mit dem Endvermögen. Die Überschüsse, die sich bei beiden ergeben, werden dann einander gegenübergestellt, und eine eventuelle Differenz wird halbiert. Derjenige Ehegatte, der mehr erwirtschaftet hat, muß dem anderen den ermittelten halben Überschuß überlassen.

Ein sogenannter Mischgüterstand, der die verschiedenen Güterstände miteinander kombiniert, kann im Ehevertrag nicht vereinbart werden. Allerdings können innerhalb des jeweiligen Güterstands Vereinbarungen getroffen werden, die von den gesetzlichen Vorschriften abweichen. Abweichungen im Verhältnis zu Dritten (Außenverhältnis) sind in der Regel nicht möglich, z.B. können die Ehegatten bei Gütergemeinschaft nicht vereinbaren, daß der eine für die Schulden des andern nicht aufkommt.

Eigentumswohnung

Wohnungseigentum kann, wie jeder andere Grundbesitz auch, nur durch einen notariell abgeschlossenen Kaufvertrag erworben werden. Außerdem ist die Eintragung ins Grundbuch erforderlich.

Das Eigentum an Wohnungen wird durch das Wohnungseigentumsgesetz geregelt. Man muß unterscheiden zwischen gemeinschaftlichem Eigentum, wie Gartenanlage, Eingang, Treppenhaus, Kellervorraum, Heizungsanlage, und dem Sondereigentum an der Wohnung selbst.

Die Eigentümer eines Hauses, das in Eigentumswohnungen aufgeteilt ist, bilden eine Wohnungseigentümergemeinschaft, die über das Verhältnis der Wohnungseigentümer zueinander entscheidet (z.B. Regelung der Gartenpflege, Reparaturen usw.). Diese Wohnungseigentümergemeinschaft wird vom Gesetz zwingend vorgeschrieben und kann nicht aufgehoben werden. Ein Wohnungseigentümer kann von der Eigentümergemeinschaft in der Regel nicht daran gehindert werden, über sein Sondereigentum an der Wohnung frei zu verfügen (Verkauf, Belastung usw.), über Verkauf oder Vermietung muß die Hausverwaltung jedoch rechtzeitig informiert werden.

Die Wohnungseigentümergemeinschaft bestellt einen Verwalter für einen Zeitraum von höchstens fünf Jahren. Mindestens einmal jährlich muß eine Eigentümerversammlung stattfinden. Die Versammlung entscheidet über alle sie betreffenden Angelegenheiten durch Mehrheitsbeschluß. Sie ist nur dann beschlußfähig, wenn die Anzahl der erschienenen Wohnungseigentümer umgerechnet mehr als die Hälfte der Miteigentumsanteile ausmacht. Die Miteigentumsanteile berechnen sich nach der Größe der Wohnung im Verhältnis zur Gesamtgröße des Hauses, jeweils in Tausendsteln gemessen.

Einzugsermächtigung

Merkmal einer solchen Ermächtigung ist es, daß der Zahlungspflichtige sie dem Zahlungsempfänger gibt und nicht der Bank, die lediglich die Abwicklung besorgt. Sie ist zweckgebunden (z.B. Abonnementgebühren, Strom- und Gasrechnungen, Krankenkassenbeiträge) und muß schriftlich auf einem gesonderten Vollmachtsblatt erteilt werden.

Im Rahmen der erteilten Vollmacht kann nun der Zahlungsempfänger zu Lasten des Kontos des Zahlungspflichtigen Abbuchungen veranlassen. (Da jedoch der bargeldlose Zahlungsverkehr auch meist ein belegloser Zahlungsverkehr ist, werden heute bei Abbuchungen keine Belege mehr erstellt, sondern sie werden nur als Umsatz auf dem Kontoauszug vermerkt.) Der Zahlungspflichtige hat den Vorteil, sich nicht mehr über Fälligkeitszeitpunkt oder Höhe des Rechnungsbetrags Gedanken machen zu müssen; auch braucht er keine Gebühren zu zahlen. Der Zahlungsempfänger trägt die Gebühren, kann aber wiederum rechtzeitig oder auch etwas früher die Beträge einziehen und damit, besonders bei hoher Anzahl und großen Summen, enorme Wertstellungsgewinne erzielen.

Sollte der Zahlungspflichtige mit einer Abbuchung nicht einverstanden sein, kann er innerhalb von sechs Wochen bei seiner Bank reklamieren und sie ohne Angabe von Gründen veranlassen, den Betrag zurückzuholen. Zur Klärung des Sachverhalts muß sich der Zahlungspflichtige an den Empfänger wenden. Ebenso kann die Einzugsermächtigung nur beim Empfänger widerrufen werden.

Einzugsermächtigungen sollten deshalb nur solchen Zahlungsempfängern erteilt werden, deren Geschäftsgebaren einwandfrei ist, und wenn, beispielsweise aufgrund der sich ständig ändernden Betragshöhe, eine Lösung mittels Dauerauftrag (siehe dort) ausscheidet.

Erziehungsgeld

Für alle Mütter oder Väter, deren Kinder vom 1. Januar 1986 an geboren wurden, wird Erziehungsgeld gezahlt. Voraussetzung ist, daß ein Elternteil zu Hause bleibt. Das Gesetz gilt auch für Stief- und Adoptivkinder.

Das Erziehungsgeld wird für eine Dauer von bis zu zwölf Monaten nach der Geburt gezahlt. Das Mutterschaftsgeld (siehe *Mutterschutz*) wird voll auf das Erziehungsgeld angerechnet. Das Mutterschaftsgeld, das während des Mutterschaftsurlaubs gewährt wurde (monatlich 510 DM), wird durch das Erziehungsgeld ersetzt. Auf andere Sozialleistungen wird das Erziehungsgeld nicht angerechnet.

Wer arbeitslos ist, kann ebenfalls Erziehungsgeld bekommen, dann aber nicht gleichzeitig für sich Arbeitslosengeld. Dagegen können Arbeitslosenhilfe und Erziehungsgeld gleichzeitig bezogen werden.

Das Erziehungsgeld beträgt in den ersten sechs Monaten 600 DM. Vom siebten Monat an wird es gekürzt, wenn die Nettojahreseinkünfte aus dem vorletzten Kalenderjahr vor der Geburt bei Verheirateten 29400 DM und bei Alleinstehenden 23700 DM übersteigen. Diese Grenzen erhöhen sich für jedes Kind um 4200 DM. Die Kürzung beträgt 40% des Mehreinkommens.

Das Erziehungsgeld wird auf schriftlichen Antrag gewährt, rückwirkend höchstens zwei Monate vor Antragstellung. Wo man es beantragt, ist in den einzelnen Bundesländern unterschiedlich. Die Kindergeldkasse des zuständigen Arbeitsamtes gibt Auskunft.

Erziehungsurlaub

Jeder, der Erziehungsgeld erhält, hat das Recht auf Erziehungsurlaub, aber auch diejenigen, deren Einkommen die Bemessungsgrenze übersteigt und die deshalb kein Erziehungsgeld mehr erhalten.

Eheleute können sich beim Erziehungsurlaub einmal abwechseln, indem also z.B. die Mutter für die ersten Monate und der Vater für die restlichen Monate Urlaub nimmt. Dieser Urlaub beträgt zwölf Monate.

Wer Erziehungsurlaub nehmen will, muß dies spätestens vier Wochen vor Urlaubsantritt dem Arbeitgeber mitteilen und dabei auch die Dauer angeben. Während des Erziehungsurlaubs besteht Kündigungsschutz (Ausnahmen sind mit Genehmigung der zuständigen Behörde möglich). Wer vorher schon kranken- und arbeitslosenversichert war und Erziehungsgeld erhält, ist beitragsfrei weiterversichert; dies trifft auch für Arbeitslose zu. Nach Ablauf der Mutterschutzfrist darf man einer Erwerbstätigkeit nachgehen, allerdings nur unter 19 Stunden in der Woche und nur beim früheren Arbeitgeber.

Die Zeit des Erziehungsurlaubs geht bei der Rentenberechnung bei der Mutter oder beim Vater nicht verloren, sondern wird dem Elternteil, das Erziehungsurlaub genommen hat, als Erziehungsjahr angerechnet.

Der Mutterschaftsurlaub, den die Mutter im Anschluß an die Schutzfrist nach der Geburt nehmen konnte, wird seit Januar 1986 durch den Erziehungsurlaub ersetzt.

Existenzgründung

Die Gründung eines Unternehmens löst zahlreiche Meldepflichten aus, bedeutet aber auch die Chance, verschiedenste Finanzhilfen in Anspruch zu nehmen. Bevor man darangeht, ein Unternehmen, egal welcher Art, zu gründen, sollte auf jeden Fall Produkt bzw. Dienstleistung auf die Marktchance hin geprüft sein.

Die Rechtsform einer neu zu gründenden Unternehmung ist von zentraler Bedeutung, denn sie bestimmt die langfristig geltende rechtliche und steuerliche Behandlung des neuen Gewerbebetriebs. Der Existenzgründer sollte deshalb gemeinsam mit einem Rechtsanwalt oder Steuerberater die geeignete Rechtsform wählen. Auch alle in dieser Übersicht angesprochenen Problemkreise müssen in enger Verbindung mit Rechtsanwalt, Steuerberater und Kreditinstitut in den Einzelheiten besprochen werden.

Rechtsformen Derjenige, der ein Kleingewerbe (z.B. Kiosk, Telefondienst o.ä.) betreibt, wird durch §4 des Handelsgesetzbuches (HGB) als Minderkaufmann (im Gegensatz zum Vollkaufmann) definiert. Damit ist kein Eintrag ins Handelsregister nötig; gleichzeitig gelten für den Gewerbetreibenden nicht die strengen Vorschriften des HGB, sondern die gemäßigteren des Bürgerlichen Gesetzbuches (BGB).

Schließt sich der zukünftige Unternehmer mit anderen Minderkaufleuten zusammen, bilden sie eine Gesellschaft des bürgerlichen Rechts, die gewissen Sondervorschriften (§705ff. BGB) unterliegt.

Gründungserfordernisse Diese sind bei Aufnahme der Tätigkeit als Minderkaufmann nicht gegeben. Bei mehreren Gesellschaftern empfiehlt sich jedoch ein schriftlicher Gesellschaftsvertrag, in dem die Einzelheiten des Gewerbes geregelt sind. Damit wird Unstimmigkeiten zwischen den Gesellschaftern vorgebeugt.

Haftung Der Existenzgründer hat also zwei rechtlich-formale Gründungsarten zur Auswahl, und zwar als Minderkaufmann oder als Vollkaufmann, sofern sein Betrieb vollkaufmännischen Umfang aufweist. Wenn er nicht mit seinem gesamten Vermögen haften will, bietet sich die Rechtsform der GmbH (Gesellschaft mit beschränkter Haftung) an, die nach Inkrafttreten der GmbH-Reform als Ein-Mann-GmbH durchaus zugelassen ist.

Steuerpflichten Auch diese sind je nach Gründungsart verschieden.

- Einkommensteuer: Als Bemessungsgrundlage gilt der Gewinn. Dieser wird bei Minderkaufleuten, die keine Bücher führen müssen, nach der Einnahmen-Ausgaben-Rechnung ermittelt.
- Körperschaftsteuer fällt nur bei Kapitalgesellschaften und Körperschaften an.
- Gewerbesteuer fällt auch bei Minderkaufleuten an. Sie besteht aus Gewerbeertrag- und Gewerbekapitalsteuer.
- Vermögensteuer: Bemessungsgrundlage ist das Gesamtvermögen abzüglich gewisser Freibeträge. Für natürliche Personen (im Gegensatz zu juristischen Personen, z.B. einer Aktiengesellschaft) beträgt der Steuersatz 0,5% des zu versteuernden Vermögens.

Siehe auch *Steuerarten.*

Finanzierungshilfen Um den Eigenkapitalanteil des neu zu gründenden Unternehmens zu verbessern, genügt oft die Aufnahme eines Partners. Auch besteht die Möglichkeit, über eine gemeinnützige Beteiligungsgesellschaft eine stille Beteiligung zu erhalten. Es gibt folgende Möglichkeiten:

- bundesweite Förderprogramme – Existenzgründungsdarlehen des ERP (= European Recovery Program; Gelder werden von der Lastenausgleichsbank – LAB – vergeben);
- Eigenkapital-Hilfeprogramm (der LAB);
- Bürgschaften (Kreditanstalt für Wiederaufbau – KfW –, LAB, Berliner Industrie-Bank AG);
- regionale Fördermaßnahmen;
- Länderprogramme; diese unterscheiden sich je nach Bundesland deutlich.

Meldepflichten und Ordnungsvorschriften Folgende sind für Gewerbetreibende zu beachten:

- gewerbepolizeiliche Anmeldung laut §14 der Gewerbeordnung (GewO);
- Kennzeichnungspflicht für Ladengeschäfte;
- behördliche Erlaubnis für genehmigungspflichtige Tätigkeiten, z.B. Spielhalle, Bewirtungs- und Versteigerergewerbe, Makler, Gaststätten usw. Der gesamte Bereich des Handwerks unterliegt besonderen Vorschriften, die in dem Gesetz zur Ordnung des Handwerks (Handwerksordnung) aufgestellt sind;
- Meldung von beschäftigten Arbeitnehmern (Abführung von Lohnsteuer und Sozialversicherung usw.);
- Jugendarbeitsschutzgesetz (siehe *Jugendarbeitsschutz*) und Arbeitsstättenverordnung;
- gegebenenfalls Buchführungspflicht.

Siehe auch *Rechtsanwalt suchen; Registratur.*

Fahrgemeinschaften

Die Erfahrung der meisten Fahrgemeinschaften zeigt, daß es günstiger ist, wenn nicht gegenseitig abgerechnet wird, sondern wenn jeder der Reihe nach mit dem Fahren und folglich mit dem Tanken usw. dran ist. Wenn sich ein oder mehrere Teilnehmer nur als Mitfahrer beteiligen, werden die Betriebskosten für die Fahrgemeinschaft vom jeweiligen Fahrer errechnet und monatlich anteilig von den regelmäßigen Beifahrern bezahlt.

In der Steuererklärung kann man als Mitglied einer Fahrgemeinschaft, in der sich die Fahrer abwechseln, die Kilometerpauschale von 42 Pfennig nur für die Tage einsetzen, an denen man das eigene Auto benutzt hat. Wer nur als Beifahrer an einer Fahrgemeinschaft teilnimmt, kann dagegen seinen Anteil an den Betriebskosten, den er an die Fahrgemeinschaft gezahlt hat, in voller Höhe absetzen. Umwege, die gefahren werden müssen, um alle Mitfahrer morgens mitzunehmen und abends wieder abzusetzen, werden vom Finanzamt anerkannt.

Alle Arbeitnehmer sowie Schüler und Auszubildende sind auf dem Weg zur Arbeit bzw. Ausbildungsstelle und zurück durch die gesetzliche Unfallversicherung (Sozialversicherung) geschützt. Für Beamte gelten die entsprechenden beamtenrechtlichen Bestimmungen. Auch Soldaten haben einen solchen Unfallschutz. Diese Sozialversicherung zahlt unabhängig von der Schuldfrage. Die Wegeschutzversicherung gilt nur für den direkten Weg zur Arbeit und zurück. Erlaubt sind jedoch Abweichungen, um Teilnehmer der Fahrgemeinschaft abzuholen und zurückzubringen. Wenn auf einem Umweg etwa zum Supermarkt ein Unfall passiert, tritt die gesetzliche Unfallversicherung nicht in Kraft. Das gilt für alle Teilnehmer an der Fahrt. Die gesetzliche Unfallversicherung kommt nur für die Folgen von Personenschäden auf; Sachschäden dagegen werden nicht ersetzt.

Einen Unfall muß der Fahrer seiner Kraftfahrzeug-Haftpflichtversicherung melden. Wenn Mitfahrer verletzt wurden, müssen diese ihren Arbeitgeber benachrichtigen, der die Unfallversicherung verständigt. Verursacht der Fahrer einer Fahrgemeinschaft schuldhaft mit seinem Wagen einen Unfall, wenden sich die verletzten Mitfahrer mit ihren Ansprüchen an ihn bzw. seine Haftpflichtversicherung. Haftet der Unfallgegner, so muß dessen Kraftfahrzeug-Haftpflichtversicherung oder er selbst (z.B. als unversicherter Fußgänger oder Radfahrer) für die Schäden des Fahrers und der Mitfahrer der Fahrgemeinschaft aufkommen.

Wenn die Haftpflichtversicherung in Anspruch genommen wird, verliert der Versicherungsnehmer meist seinen Schadensfreiheitsrabatt. Deshalb könnte eine Fahrgemeinschaft ausdrücklich (am besten schriftlich) vereinbaren, daß die dadurch entstehenden Mehrkosten auf alle Teilnehmer verteilt werden oder daß derjenige Mitfahrer, der Zahlungen von der Haftpflichtversicherung erhält, dem Fahrer bzw. Halter den Prämienaufwand ersetzt.

Selbständige, die an der Fahrgemeinschaft teilnehmen, sind Mitfahrer ohne gesetzliche Unfallversicherung. In diesem Fall empfiehlt es sich, eine private Unfallversicherung oder eine Insassenunfallversicherung abzuschließen. Ein solcher zusätzlicher Versicherungsschutz ist auch dann angebracht, wenn man häufig in seiner Freizeit Freunde im Auto mitnimmt oder wenn es sich in der Fahrgemeinschaft eingebürgert hat, auf dem Heimweg von der Arbeit verschiedene Besorgungen zu erledigen und vom direkten Weg abzuweichen.

Geldanlage siehe Seite 414–415

Geschäftsfähigkeit

Wer einen Vertrag oder ein sonstiges Rechtsgeschäft wirksam abschließen will, muß geschäftsfähig sein. Geschäftsfähig ist man mit Vollendung des 18. Lebensjahres.

Geschäftsunfähig sind Kinder unter sieben Jahren. Minderjährige zwischen sieben und 18 Jahren sind beschränkt geschäftsfähig. Sie können nur solche Verträge abschließen, aus denen sie lediglich einen rechtlichen Vorteil haben, z.B. bei der Annahme einer Schenkung. Sie dürfen über ihr Taschengeld frei verfügen, brauchen aber für einen Abzahlungskauf (siehe dort) die Zustimmung der Eltern oder des Vormundes. Ohne diese Zustimmung dürfen sie auch sonst keine eigene Verpflichtung eingehen. Genehmigt der gesetzliche Vertreter den von einem beschränkt Geschäftsfähigen geschlossenen Vertrag im nachhinein, ist er von Anfang an wirksam; genehmigt er ihn nicht, ist der Vertrag endgültig unwirksam.

Ausnahmsweise werden beschränkt Geschäftsfähige als voll geschäftsfähig behandelt, wenn sie Verträge über ein Dienst- oder Arbeitsverhältnis abschließen oder kündigen. Allerdings muß der gesetzliche Vertreter zu einem solchen Vertrag irgendwann grundsätzlich seine Einwilligung gegeben haben. Im Rahmen dieses Arbeitsverhältnisses ist der Minderjährige dann voll handlungsfähig.

Girokonto

Heutzutage nimmt das Girokonto die zentrale Stellung innerhalb des modernen bargeldlosen Zahlungsverkehrs ein. Nahezu jeder benötigt es, da Gehälter, soziale und staatliche Leistungen, Steuern, kurz: alle Zahlungsforderungen bzw. -verpflichtungen unbar abgewickelt werden.

Ein Girokonto kann bei jedem Kreditinstitut, das universelle Bankgeschäfte betreibt, eröffnet werden. Dazu ist es notwendig, das betreffende Kreditinstitut persönlich aufzusuchen. Der Schalterangestellte füllt einen Kontoeröffnungsantrag mit den persönlichen Angaben des zukünftigen Kontoinhabers aus und bittet um die Unterschrift. Kreditinstitute sind außerdem verpflichtet, die sogenannte Legitimationsprüfung vorzunehmen, d.h., bei der Kontoeröffnung muß man die eigene Identität (durch Vorlage des Personalausweises oder des Reisepasses) und die gewollte Art der Verfügungsberechtigung erklären. Neben dem Kontoinhaber können nämlich weitere Personen vorgemerkt werden, die über das Konto verfügen dürfen. Deren Unterschriften werden, wie die des Kontoinhabers, auf einem gesonderten Unterschriftenprobeblatt eingeholt.

Rechtliche Grundlagen für das Girokonto sind die Bestimmungen des Bürgerlichen Gesetzbuchs (BGB), die Satzung des jeweiligen Kreditinstituts (sie liegt in den Geschäftsräumen aus), die allgemeinen Geschäftsbedingungen (sie müssen ausgehändigt werden; siehe auch *Kaufvertrag*) sowie eventuelle einzelvertragliche Regelungen. Über die Girokontoverbindung wird die Schutzgemeinschaft für allgemeine Kreditsicherung (Schufa) informiert, indem die kontoeröffnende Bank die Daten zur Speicherung übermittelt. Dies entspricht aber durchaus den Erfordernissen des Bundesdatenschutzgesetzes (BDSG). Der Kontoinhaber akzeptiert mit seiner Unterschrift auf dem Kontoeröffnungsantrag diese Schufa-Klausel.

Ein Girokonto wird üblicherweise in der Form des Einzelkontos eingerichtet. Möglich ist aber auch ein Gemeinschaftskonto, bei dem es zwei Varianten gibt, und zwar das ODER-Konto, bei dem zwei oder mehrere Personen gemeinsam Kontoinhaber werden, jede Person aber selbständig handeln kann; und das UND-Konto, bei dem auch zwei oder mehrere Personen Kontoinhaber werden, jedoch alle nur gemeinsam handlungsfähig sind.

Nach der Kontoeröffnung erhält der Kontoinhaber seine Kontonummer sowie Verfügungsvordrucke (Schecks, Überweisungen) und kann ab sofort seine Geschäfte bargeldlos abwickeln. Jede Bewegung auf dem Konto wird auf den Auszügen vermerkt, die dem Kontoinhaber je nach Vereinbarung täglich, monatlich oder nach einer bestimmten Anzahl von Buchungen zur Verfügung gestellt werden. Viertel jährlich zu jedem Quartalsende erstellt die Bank einen Rechnungsabschluß, aus dem die angefallenen Kosten für Kontoführung, Porto usw. sowie die Zinsbeträge für eventuelle Guthaben (die meisten Kreditinstitute gewähren auf Girokonten eine Verzinsung von 0,5% im Jahr ab einem gewissen Durchschnittsguthaben) und für Überziehungen (siehe auch *Überziehungskredit*) hervorgehen.

Vor dem Entscheid, bei welchem Kreditinstitut man ein Girokonto eröffnet, sollte man unbedingt einen Kosten- und Leistungsvergleich machen. Auch für welche spezifischen Zwecke das neue Konto benötigt wird, sollte überlegt werden, denn die verschiedenen Kreditinstitute haben unterschiedliche Geschäftsschwerpunkte und damit entsprechende Stärken und Schwächen. Außerdem ist es von Vorteil, wenn auch ein entsprechendes Filialnetz vorhanden ist und das Girokonto ortsnah genutzt werden kann. Mit der Girokontoeröffnung ist auch meist die Entscheidung gefallen, mit welcher Bank man umfassend zusammenarbeiten will, also wer Hausbank werden soll. Basis dafür ist Vertrauen.

Siehe auch *Kontoauszüge überprüfen.*

Haftpflichtversicherung

Wer anderen einen Schaden zufügt, muß dafür zahlen. Bei kleinen Schäden ist das meist kein Problem; verursacht man selbst oder ein Familienmitglied etwa einen folgenschweren Unfall oder einen Brand, kann sich der Schadensausgleich auf Hunderttausende von Mark belaufen. Die Bedeutung der Haftpflichtversicherung liegt also darin, daß sie nicht nur den Geschädigten schützt, sondern auch Einkommen und Vermögen des Versicherungsnehmers, der sonst aus eigenen Mitteln für den Schaden aufkommen müßte.

Privathaftpflichtversicherung Sie ist eine der wichtigsten Versicherungen überhaupt. Sie kostet etwa 60 DM im Jahr und zahlt Schäden, die der Versicherte oder seine Familienmitglieder im privaten Bereich leicht fahrlässig verursacht haben, bis zu 1000000 DM (auf Wunsch kann man sich höher versichern lassen). Man vergleicht vor dem Abschluß sorgfältig die Preise, denn bei einigen Gesellschaften kostet der gleiche Versicherungsschutz das Doppelte.

Kfz-Haftpflichtversicherung Sie ist gesetzlich vorgeschrieben für alle Halter von Kraftfahrzeugen vom Mofa bis zum Lkw. Hier ist die Regeldeckungssumme 2000000 DM pauschal, man kann aber auch eine unbegrenzte Deckung vereinbaren. Einschließlich der Beitragsrückerstattungen gibt es bei der Autoversicherung Beitragsunterschiede von bis zu 30%. Wenn man zu teuer versichert ist, sollte man die Versicherung wechseln, was jedes Jahr ohne finanzielle Nachteile möglich ist. Günstig ist es, das Beginn- und Ablaufdatum der Autoversicherung auf den 1. Januar eines jeden Jahres zu legen. Man erhält dann jedes Jahr zum frühestmöglichen Zeitpunkt den höheren Schadensfreiheitsrabatt.

Weitere Haftpflichtversicherungen Folgende Personen können sich auch versichern lassen: Halter von Hunden (siehe *Hundehaftpflicht*) und Pferden; Eigentümer von vermieteten Wohnungen oder Grundstücken (bebaut oder unbebaut); Öltankbesitzer; Bauherren von größeren Bauvorhaben; Jäger; Besitzer von Surfbrettern, Motor- oder großen Segelbooten; Flugmodell- und Modellautobauer. Für Selbständige, Firmen und Beamte gibt es eine Berufs- und Betriebshaftpflichtversicherung.

Siehe auch *Versicherungen.*

Hinterbliebenenrente

Nach dem Tod des Versicherten erhalten die Hinterbliebenen eine Rente, wenn eine Mindestversicherungszeit von fünf Jahren erreicht wurde.

Witwer- bzw. Witwenrente Das Gesetz zur Neuordnung der Hinterbliebenenrente sieht vor, daß sowohl die Witwe als auch der Witwer 60% der Rente des verstorbenen Ehegatten erhält. Liegt allerdings eigenes Einkommen vor, wird dieses bei der Hinterbliebenenrente insoweit angerechnet, als es einen bestimmten Freibetrag (zur Zeit – 1988 – 984,79 DM netto im Monat) übersteigt. (Der Freibetrag ist dynamisch und muß jeder Rentenanpassung angeglichen werden.) Die Differenz wird nicht voll, sondern nur zu 40% bei der Hinterbliebenenrente angerechnet. Dieser Teil der Hinterbliebenenrente ruht. Vermindert sich das Einkommen, lebt der Anspruch wieder auf.

Diese Neuregelung läßt die eigenen Rentenansprüche sowohl des Mannes als auch der Frau völlig unberührt. Die selbst erworbene Rente wird entsprechend der Beitragsleistung und der Versicherungsdauer in voller Höhe ausgezahlt. Das den Freibetrag übersteigende Einkommen wird nur auf die Rente des verstorbenen Ehepartners angerechnet.

Angerechnet werden:

- Renten aus der gesetzlichen Rentenversicherung abzüglich des vom Berechtigten zu tragenden Anteils für die Krankenversicherung;
- Erwerbseinkommen abzüglich 35% für Steuern und Sozialabgaben;
- Beamtenbezüge abzüglich 27,5% (keine Sozialabgaben);
- Renten aus einer berufsständischen Versorgung abzüglich 27,5%;
- Beamtenpensionen abzüglich 37,5%.

Nicht angerechnet werden u.a. Einkünfte aus Kapitalvermögen, aus Vermietung und Verpachtung, Leistungen einer privaten Lebensversicherung, Betriebsrenten, Zusatzversorgungen im öffentlichen Dienst sowie Grund- und Ausgleichsrenten der Kriegsopferversorgung.

Beim Tod eines Ehegatten in der Zeit vom 1. Januar 1986 bis 31. Dezember 1995 gilt folgende Übergangsregelung:

Im ersten Jahr nach dem Tod des Ehepartners wird die Hinterbliebenenrente ohne Rücksicht auf die Höhe der eigenen Rente bzw. des eigenen Einkommens gezahlt. Im zweiten Jahr werden die eigene Rente bzw. das eigene Einkommen, soweit sie über dem Freibetrag liegen, zu 10%, im dritten Jahr zu 20%, im vierten Jahr zu 30% und erst im fünften Jahr zu den vollen 40% angerechnet.

Ehegatten, die beide vor dem 1. Januar 1936 geboren sind und deren Ehe vor dem 1. Januar 1986 geschlossen wurde, steht das Recht zu, übereinstimmend zu erklären, daß für sie die alte Regelung – d.h. Witwenrente ohne Einkommensanrechnung, Witwerrente nur bei überwiegendem Unterhalt der Familie durch die Frau – gelten soll. Diese Erklärung kann nicht widerrufen werden und ist deshalb sorgfältig zu bedenken. Die Erklärung muß gegenüber dem für einen der Ehegatten zuständigen Rentenversicherungsträger bis zum 31. Dezember 1988 abgegeben werden.

Waisenrente Nach dem Tod des Versicherten erhalten seine Kinder bis zur Vollendung des 18. Lebensjahres und unter bestimmten Voraussetzungen (Schul- oder Berufsausbildung)

Fortsetzung Seite 416

Geldanlage

Diese Tabelle gibt in knapper Form eine Übersicht über die verschiedenen Möglichkeiten der Geldanlage. Zu einigen Einträgen – z. B. Sparkonto, Aktie – sind unter dem jeweiligen Stichwort nähere Erläuterungen zu finden; weitere werden im Rahmen eines anderen, verwandten Themas erklärt – dazu siehe das Register. Wer sich für die eine oder andere Investitionsart interessiert, erhält bei jeder Bank oder Sparkasse detaillierte Auskünfte.

Bezeichnung	Charakter	Fristigkeit	Ertrag
Termingeld	Zinsvariable Kontenanlage Nominale Wertanlage	Mindestens 30 Tage	Zinsgutschrift bei jeder Fälligkeit
Sparkonto			Zinsgutschrift jeweils
• gesetzliche Kündigungsfrist	Zinsvariable Kontenanlage	3 Monate	am Jahresende
• vereinbarte Kündigungsfrist	Zinsvariable Kontenanlage	Mindestens 6 Monate	am Jahresende
Sparbrief	Verbriefte Spareinlage mit festem Zinssatz für die gesamte Laufzeit	1–4 Jahre	
• normalverzinst • abgezinst	Jährliche Zinsausschüttung oder verminderter Kaufpreis		Zinsausschüttung jährlich oder bei Fälligkeit
Bundesschatzbrief	Öffentlich-rechtliche Schuldverschreibung mit steigendem Zins; kann nach dem ersten Jahr zu 100% zurückgegeben werden		
• Typ A		6 Jahre	Jährliche Zinsausschüttung
• Typ B		7 Jahre	Zinsakkumulation
Festverzinsliches Wertpapier	Gläubigerpapier mit garantiertem Zins	Völlig unterschiedlich	Jährliche oder halbjährliche Zinsausschüttung
• Finanzierungsschätze	Abgezinst	1–2 Jahre	Abgezinster Kaufpreis
• Bundesobligation	Laufende Zinszahlung	5 Jahre	Jährliche Zinsausschüttung
• Wandelanleihe	Laufende Zinszahlung und Wandlungsmöglichkeit in Aktien	Völlig unterschiedlich	Jährliche Zinsausschüttung
• Optionsanleihe	Laufende Zinszahlung mit Bezugsrecht auf Aktien	Völlig unterschiedlich	Jährliche Zinsausschüttung
Investmentanteil	Bruchteilseigentum am Sondervermögen einer Kapitalanlagegesellschaft	Unbegrenzt	Jährliche Ertragsausschüttung oder Thesaurierung (Ertrag wird reinvestiert)
Genußschein	Recht auf Anteil am Reingewinn und Liquidationserlös	Meist unbegrenzt	Dividende, Kursgewinn, Bezugsrechte
Aktie	Teilhaberpapier	Unbegrenzt	Dividende, Kursgewinn
Berlin-Darlehen	Steuersubventioniertes Darlehen	Bis zu 27 Jahre	Zinszahlungen, Steuervorteile
Geschlossener Immobilienfonds	Unternehmerische Beteiligung, meist in Form einer Kommanditgesellschaft	Unbegrenzt	Mieterträge, Steuervorteile
Lebensversicherung	Risikovorsorge, Kapitalbildung	Je nach Vertrag	Gewinnanteile, Steuervorteile
Immobilien	Sachwertanlage	Unbegrenzt	Veräußerungsgewinn, Mieterträge, Steuervorteile
Beteiligung	Stilles oder tätiges unternehmerisches Engagement	Unbegrenzt	Gewinnausschüttung
Edelmetalle (Gold, Silber, Platin, Münzen)	Sachwertanlage, Inflationsschutz	Unbegrenzt	Eventuelle Wertsteigerung

Risiko	Steuern	Eignung	Empfohlene Mindestanlagesumme
Inflations- und Bonitätsrisiko	Einkommensteuer, Vermögensteuer, Quellensteuer	Befristete Anlage	10000 DM
Inflations- und Bonitätsrisiko	Einkommensteuer, Vermögensteuer, Quellensteuer	Basisanlage, Zukunftsvorsorge	Sparkonten werden ab 1 DM eröffnet
Keine vorzeitige Verfügung möglich; Zins-, Inflations- und Bonitätsrisiko; illiquide	Einkommensteuer (entweder jährlich oder bei Fälligkeit), Vermögensteuer, Quellensteuer	Anlage für Kinder, Ausbildung usw.	1000 DM
Bonität der öffentlichen Hand	Einkommensteuer jährlich auch bei Typ B, Vermögensteuer	In Phasen unsicherer Zinsentwicklung bzw. als Zwischenanlage	1000 DM
Zins-, Inflations- und Bonitätsrisiko von privaten oder öffentlichen Schuldnern; Kursentwicklung der zu beziehenden Aktie	Einkommensteuer, Kapitalertragsteuer, Börsenumsatzsteuer, Vermögensteuer, Quellensteuer	Kurz- bis mittelfristige Anlagen, die u. U. zusätzliche Möglichkeit bieten, Aktien zu erwerben	5000 DM
Entwicklung des Kapital-, Aktien- oder Immobilienmarkts	Einkommensteuer, Kapitalertragsteuer, Börsenumsatzsteuer, Vermögensteuer, Quellensteuer	Ansparmedium	
Geschäftsentwicklung der Gesellschaft	Einkommensteuer, Kapitalertragsteuer, Börsenumsatzsteuer, Vermögensteuer, Quellensteuer	Für ertragsorientierte Anleger	10000 DM
Geschäftsentwicklung des Unternehmens	Spekulationssteuer, Einkommensteuer, Börsenumsatzsteuer, Vermögensteuer	Für risikobewußte Anleger mit bereits vorhandenen Kapitalanlagen	50000 DM
Zins-, Inflationsrisiko, politisches Risiko	Einkommensteuer	Für hochbesteuerte Privatpersonen	50000 DM
Objektrisiken	Einkommensteuer, Vermögensteuer (positiv oder negativ)	Für hochbesteuerte Anleger mit vorhandenen Kapitalanlagen	50000 DM
Langjährige Verpflichtung, geringer Rückkaufswert	Quellensteuer	Als Risikovorsorge und zur Kapitalbildung	100000 DM
Schwer beweglich	Grundsteuer, Gewerbesteuer, Einkommensteuer, Vermögensteuer, Grunderwerbsteuer	Für sachwertorientierte Anleger mit anderweitigem, disponiblem Vermögen	
Geschäftsentwicklung	Sehr unterschiedlich	Für unternehmerisch handelnde Personen mit entsprechender Fachkenntnis	
Preisentwicklung	Vermögensteuer	Zukunftsvorsorge	5–10% des Gesamtvermögens

bis zum 25. Lebensjahr eine Waisenrente. Behinderten Kindern wird sie grundsätzlich bis zum 25. Lebensjahr gezahlt. Die Zahlung bis zum 25. Lebensjahr wird um die abgeleistete Grundwehrdienstzeit verlängert.

Unter bestimmten Voraussetzungen kann die Waisenrente wieder aufleben, z.B. wenn eine Ausbildung beendet ist und eine zweite Ausbildung (z.B. Studium) nicht unmittelbar anschließen kann. Voraussetzung ist die erneute Antragstellung.

Siehe auch *Rentenversicherung*.

Hundehaftpflicht

Ein Hundehalter haftet für sein Tier, d.h., er kann für alle Schäden, die es verursacht, finanziell zur Verantwortung gezogen werden. Da die private Haftpflichtversicherung für solche Schäden nicht aufkommt, muß man, um das Risiko abzudecken, eine gesonderte Versicherung abschließen oder den bestehenden Versicherungsschutz entsprechend erweitern lassen. Die Prämie ist für alle Hunde gleich hoch.

Wenn Personen, die nicht zur Familie gehören, häufig den Hund betreuen, sollten auch diese in den Versicherungsschutz aufgenommen werden.

Hypothek und Grundschuld

Um bauen zu können, sollte man ein gewisses Eigenkapital haben – ein unbelastetes Grundstück gilt heute meist als ausreichend. Hat man darüber hinaus keine Geldmittel, braucht man einen oder mehrere Baukredite, die sich der jeweilige Darlehensgeber (in der Regel die Bank) durch Bestellung einer Hypothek oder einer Grundschuld absichern läßt. Hypothek und Grundschuld müssen mit Angabe der Höhe der Belastung im Grundbuch eingetragen werden.

Bei einer Hypothek verringert sich die eingetragene Belastung fortlaufend um die zurückgezahlten Beträge; bei einer Grundschuld (die dem Darlehensgeber die gleiche Sicherheit bietet) bleibt die eingetragene Belastung nominell gleich hoch, ohne Rücksicht darauf, wie sich der tatsächlich geschuldete Betrag im Lauf der Zeit durch Tilgung ändert.

Beide Formen der Absicherung geben den Gläubigern die Möglichkeit und das Recht, ihre Forderungen aus dem Grundstück zu ziehen, wenn der Schuldner seinen Rückzahlungs- und Zinsverpflichtungen nicht vertragsgemäß nachkommt. Sie haben daran ein sogenanntes dinglich gesichertes Pfandrecht.

Hypotheken- und Grundschuldgläubiger werden, wenn es zu einer Zwangsversteigerung kommt, in der Reihenfolge berücksichtigt, in der ihre Hypothek bzw. Grundschuld im Grundbuch eingetragen ist. Da also das Risiko auf dem zweiten Rang größer ist, sind grundsätzlich auch die Zinsen für eine zweite Hypothek höher als die der ersten, auch wird die Zurückzahlung nicht gern so lange gestreckt.

Das gilt allerdings nicht für zweite Hypotheken, die die Bausparkassen vergeben. Bausparkassen rücken mit ihren Hypotheken fast immer auf den zweiten Rang, und ihr verhältnismäßig niedriger Zinssatz ergibt sich aus den Besonderheiten des Bausparvertrags (siehe *Bausparen*).

Die häufigste Form der Hypothek ist die Tilgungshypothek. Es wird vereinbart, jährlich gleich hohe Beträge zu bezahlen, von denen ein Teil Tilgung ist, der andere Teil die Zinsen deckt. Von Jahr zu Jahr verschiebt sich das Verhältnis, so daß nach Ablauf der vereinbarten Laufzeit die Schuld gleich Null ist.

Die Auszahlungssumme entspricht selten dem vollen Darlehensbetrag, vielmehr wird davon ein Disagio genannter Prozentsatz einbehalten. Das Disagio erhöht also die genannten Zinsprozentzahlen; das gleiche gilt für etwaige zusätzliche Bearbeitungsgebühren (siehe auch *Effektivverzinsung*).

Hypothekenzinsen werden meist schon von der Bereitstellung der Kredite ab fällig. Abrufen kann man das Darlehen aber erst, wenn der Bau so weit fortgeschritten ist, daß der zu sichernde Wert dasteht.

Zu der monatlichen Belastung, die jemand hat, weil er Wohnungseigentum gebaut oder erworben hat, kann in ähnlicher Weise wie zur Miete nach den Bestimmungen des Wohngeldgesetzes vom Staat ein Zuschuß gezahlt werden.

Siehe auch *Absetzung nach §10e; Hypothekentilgungsversicherung; Zwischenfinanzierung*.

Hypothekentilgungsversicherung

Unter diesem Begriff versteht man eine besondere Art der Darlehensrückzahlung. Der Schuldner vereinbart hierbei mit seinem Kreditinstitut, daß er an dieses nur Zinsen, aber keine Tilgungsbeträge zahlt. Statt dessen schließt er eine Lebensversicherung ab und leistet darauf Beiträge, die dem Tilgungsanteil des Darlehens entsprechen. Die Rechte aus dieser Lebensversicherung tritt der Schuldner dem Kreditinstitut ab.

Durch diese Konstruktion bleibt der Schuldzinsenanteil Jahr für Jahr unverändert hoch, da keine Tilgung auf das gegebene Darlehen erfolgt. So hat der Schuldner in seiner jährlichen Einkommensteuererklärung die Möglichkeit, unverändert hohe Schuldzinsbeträge anzusetzen. Damit vermindert sich das zu versteuernde Einkommen und folglich die Steuerlast. Zusätzlich besteht die Möglichkeit, die auf die Lebensversicherung geleisteten Beiträge in der Einkommensteuererklärung als Sonderausgaben geltend zu machen.

Bei Fälligkeit der Lebensversicherung wird der Darlehensbetrag abgedeckt und die verbleibende Restsumme dem Schuldner zur Verfügung gestellt.

Das Instrument der Hypothekentilgungsversicherung eignet sich besonders für hochbesteuerte Kreditnehmer.

Inventarisieren

Im Fall eines Einbruchs oder Brandschadens kann ein Verzeichnis des gesamten Hausrats ein wertvolles Beweismittel sein, wenn man z.B. Schadenersatz von der Versicherung fordert, da der Geschädigte den vollen Umfang des Schadens der Höhe nach notfalls beweisen muß. Außerdem kann es besonders nützlich sein, wenn man umzieht oder wenn die Wohnung möbliert vermietet wird.

Bei der Inventaraufnahme geht man Zimmer für Zimmer vor und notiert von allen darin befindlichen Gegenständen die nähere Bezeichnung, deren Anzahl, Kaufdatum, Kaufpreis und derzeitigen Wert. Zeitungsreklame und Versandhauskataloge können bei der Ermittlung des sogenannten Wiederbeschaffungswertes wertvolle Hilfe bieten. Für Kleidung, Pelze, Schmuck, Silberwaren und Kunstgegenstände stellt man gesonderte Listen auf. Unersetzliche Dinge wie Erinnerungsstücke und solche, die einen historischen Wert besitzen oder zu Liebhaberpreisen gehandelt werden, sollte man von einem Fachmann schätzen lassen; er berechnet sein Honorar nach Tagen, Stunden oder einem bestimmten Prozentsatz des von ihm ermittelten Schätzwerts.

Man fotografiert jedes Zimmer und macht Nahaufnahmen von Kunstwerken und anderen Wertgegenständen. Die Inventaraufnahme kann man auch mit der Videokamera filmen lassen, während man von Zimmer zu Zimmer geht, die einzelnen Einrichtungsstücke beschreibt und ihren Wert angibt. Die Aufnahmen und die Inventarlisten bewahrt man am besten in einem Schließfach oder Safe auf; Kopien der Listen werden an einem anderen Ort hinterlegt. Das Verzeichnis muß jährlich auf den neuesten Stand gebracht werden. Die aktuellen Listen legt man dann der Versicherungsgesellschaft vor, um prüfen zu lassen, ob man noch ausreichend versichert ist.

Jugendarbeitsschutz

Dem Gesetz nach gilt als Kind, wer noch keine 14 Jahre alt ist, als Jugendlicher, wer zwischen 14 und 18 Jahren alt ist. Die gleichen Bestimmungen wie für Kinder gelten auch für Jugendliche, die noch der vollen Schulpflicht unterliegen.

Kinderarbeit ist grundsätzlich verboten. Ausnahmen gibt es nur im Rahmen des schulischen Betriebspraktikums, in der Landwirtschaft und beim Austragen von Zeitungen mit starken zeitlichen Begrenzungen und mit Bewilligung der Aufsichtsbehörde (Gewerbeaufsichtsamt; in Berlin und Hamburg: Amt für Arbeitsschutz) z.B. für musikalische Darbietungen. Schüler über 15 Jahre dürfen in den Schulferien vier Wochen lang einen Ferienjob ausüben.

Ein reguläres Beschäftigungsverhältnis darf man erst mit 15 Jahren eingehen. Jugendliche dürfen in der Woche nur 40 Stunden, pro Tag höchstens acht Stunden, in der Landwirtschaft (nur Jugendliche über 16 Jahre) während der Erntezeit bis zu neun Stunden täglich und nicht mehr als 85 Stunden in der Doppelwoche beschäftigt werden. Es gilt grundsätzlich die Fünftagewoche. Ausnahmen gibt es z.B. in Krankenhäusern, Gaststätten und im Verkehrswesen. Wenn Jugendliche an einem Samstag, Sonntag oder Feiertag arbeiten, haben sie Anspruch auf einen anderen arbeits- und berufsschulfreien Tag in derselben Woche. Eine Beschäftigung ist aber grundsätzlich am ersten Weihnachtsfeiertag, an Neujahr, am ersten Osterfeiertag und am 1. Mai nicht gestattet.

In Schichtbetrieben darf die Schichtzeit (Arbeitszeit mit Pausen) grundsätzlich zehn Stunden, im Bergbau acht Stunden, im Gaststättengewerbe, in der Landwirtschaft, auf Bau- und Montagestellen elf Stunden nicht überschreiten. Die Jugendlichen dürfen nur in der Zeit von 6 bis 20 Uhr beschäftigt werden. Betriebsabhängige Ausnahmen gibt es bei Jugendlichen über 16 Jahre z.B. im Gaststättengewerbe, in Bäckereien und Konditoreien. In jedem Fall müssen aber zwischen Feierabend und Arbeitsbeginn am nächsten Tag zwölf freie Stunden liegen. Weitere Ausnahmen sind im Rahmen des Jugendarbeitsschutzgesetzes mit Genehmigung der Aufsichtsbehörde möglich.

Keinesfalls dürfen Jugendliche nach 20 Uhr arbeiten, wenn am nächsten Tag der Berufsschulunterricht vor 9 Uhr beginnt.

Der Arbeitgeber muß die Jugendlichen für die Teilnahme am Berufsschulunterricht freistellen. Sie sind morgens von der Arbeit freigestellt, wenn der Unterricht um 9 Uhr beginnt. Ebenso brauchen sie an einem Berufsschultag mit fünf Unterrichtsstunden nicht zu arbeiten; allerdings gilt das nur einmal in der Woche. Bei Blockunterricht von mindestens 25 Stunden an mindestens fünf Tagen in der Woche ist eine Beschäftigung im Betrieb bis zu zwei Stunden in der Woche zulässig. Für die Teilnahme an Prüfungen und Ausbildungsmaßnahmen sowie an dem Arbeitstag vor dem Tag der schriftlichen Abschlußprüfung ist der Jugendliche freizustellen.

Jugendliche dürfen nicht länger als viereinhalb Stunden hintereinander ohne Pause beschäftigt werden. Bei mehr als sechs Stunden Arbeitszeit müssen die Pausen insgesamt 60 Minuten dauern.

Der Erholungsurlaub beträgt für Jugendliche unter 16 Jahren 30 Werktage, unter 17 Jahren 27 Werktage, unter 18 Jahren 25 Werktage (im Bergbau jeweils drei Tage mehr).

Der Urlaub sollte möglichst in den Berufsschulferien gewährt werden, sonst kommt für jeden Tag, an dem die Berufsschule besucht wird, ein weiterer Urlaubstag dazu.

Der Arbeitgeber ist verpflichtet, die Jugendlichen über die Gefahren im Betrieb zu unterrichten. Er darf sie nur mit gefährlichen Arbeiten beschäftigen, die für die Ausbildung unumgänglich sind. Akkordarbeit u.ä. ist für Jugendliche verboten. Im Bergbau dürfen Jugendliche unter 16 Jahren nicht unter Tage beschäftigt werden.

Abweichungen von den Bestimmungen sind durch Tarifvertrag oder Betriebsvereinbarung möglich.

Jugendschutz

Mit dem Gesetz zum Schutz der Jugend in der Öffentlichkeit (Jugendschutzgesetz) sollen alle Kinder und Jugendlichen vor Gefahren und schädlichen Einflüssen geschützt werden. Das Gesetz unterscheidet dabei zwischen Kindern (unter 14 Jahren) und Jugendlichen (14, aber noch nicht 18 Jahre alt); es gilt nicht für verheiratete Jugendliche. Hier die wichtigsten Bestimmungen:

- In Gaststätten, Verkaufsstellen oder sonst in der Öffentlichkeit dürfen Alkohol und überwiegend branntweinhaltige Lebensmittel an Kinder und Jugendliche nicht ausgegeben werden.
- Bespielte Videokassetten, Bildplatten und vergleichbare Bildträger dürfen Kindern und Jugendlichen in der Öffentlichkeit nur zugänglich gemacht werden, wenn die Programme von der obersten Landesbehörde für ihre Altersstufe freigegeben und mit einem fälschungssicheren Zeichen gekennzeichnet worden sind.

• Das Rauchen in der Öffentlichkeit darf Kindern und Jugendlichen unter 16 Jahren nicht gestattet werden.
• Die Anwesenheit in öffentlichen Spielhallen oder überwiegend dem Spielbetrieb dienenden Räumen darf Kindern und Jugendlichen nicht gestattet werden. Die Teilnahme an Spielen mit Gewinnmöglichkeit darf Kindern und Jugendlichen auf Volksfesten, Jahrmärkten o.ä. nur gestattet werden, wenn der Gewinn in Waren von geringem Wert besteht.

Diese Bestimmungen sind keine Strafinstrumente gegen junge Menschen, sondern richten sich an Veranstalter und Gewerbetreibende, die bei Verletzung der Vorschriften mit einem Bußgeld (bis zu 30000 DM) belegt werden. Fragen zum Jugendschutz werden von jedem Jugendamt sowie den Jugendsachbearbeitern der Polizei beantwortet. Erziehungsberechtigte und Jugendliche können sich auch an die Beratungsstellen der öffentlichen und freien Wohlfahrtspflege wenden.

Kaufvertrag

Der Kaufvertrag ist eines der wichtigsten Rechtsgeschäfte im täglichen Leben. Er ist ein Vertrag, bei dem sich der Verkäufer verpflichtet, dem Käufer eine Sache zu übergeben und ihm das Eigentum daran zu verschaffen. Der Käufer verpflichtet sich im Gegenzug, den vereinbarten Geldbetrag zu zahlen und den Gegenstand in Empfang zu nehmen. Der Kaufpreis wird frei unter den beiden Vertragspartnern vereinbart. Allerdings setzt das Gesetz selbst bestimmte Grenzen. Die Unerfahrenheit des Vertragspartners darf nicht skrupellos ausgenutzt werden. So dürfen in Kreditverträgen beispielsweise keine Wucherzinsen verlangt werden. Wird anstelle des Geldbetrags eine andere Sache vereinbart, handelt es sich um Tausch.

Erst durch die spezifische Erfüllung der im Kaufvertrag eingegangenen Verpflichtung – Übergabe der Sache, Zahlung des vereinbarten Kaufpreises – wird die Rechtslage verändert. Bei Geschäften des täglichen Lebens (z.B. Lebensmittelkauf) folgen Abschluß und Erfüllung des Kaufvertrages in der Regel unmittelbar aufeinander. Es können aber auch mehrere Monate dazwischenliegen (z. B. Autokauf).

Das Eigentum an der Sache geht unbedingt immer erst auf den Käufer über, wenn der Verkäufer den vollen Kaufpreis erhalten hat. Bei Abzahlungskauf (siehe auch dort) wird sie nach der gesetzlichen Regelung schon mit der Übergabe Eigentum des Käufers. Daher behält sich der Verkäufer meist das Eigentum an der Sache vor, bis die letzte Rate gezahlt ist. Dies wird häufig in allgemeinen Geschäftsbedingungen (AGB) vereinbart. Es empfiehlt sich also, das sogenannte Kleingedruckte auf der Rückseite eines Kaufvertrags besonders aufmerksam zu lesen. Die AGB werden allerdings nur dann Bestandteil des Vertrages, wenn der Verkäufer den Kunden bei Vertragsabschluß ausdrücklich darauf hingewiesen und der Käufer sich durch seine Unterschrift damit einverstanden erklärt hat. Trotzdem kann der Verkäufer dem Käufer durch solche Sondervereinbarungen nicht alle Rechte nehmen. Das Gesetz zur Regelung der allgemeinen Geschäftsbedingungen legt im einzelnen fest, wie weit der Verkäufer gehen kann. Fallen z.B. Kaufvertrag und Lieferung zeitlich nicht zusammen (etwa beim Autokauf), so ist eine Preiserhöhung erst nach Ablauf von vier Monaten seit Vertragsabschluß zulässig.

Ansprüche aus einem Kaufvertrag wegen Mängeln an der gekauften Sache (das Radio funktioniert nicht, der Pullover ist nach der Wäsche stark eingelaufen) können nur innerhalb von sechs Monaten nach dem Erhalt der Sache geltend gemacht werden. Danach sind diese Ansprüche verjährt. Man kann während dieser sechs Monate verlangen, daß der Kaufpreis herabgesetzt oder der Vertrag rückgängig gemacht wird. Allerdings muß man beweisen, daß der Fehler bereits bei Erhalt der Sache vorgelegen hat. Bei einer fristgerechten und berechtigten Reklamation muß man sich nicht mit einem Gutschein zufriedengeben, sondern man kann den Kaufpreis bzw. einen Teil davon in bar zurückverlangen.

Manchmal gibt der Verkäufer eine sogenannte Garantie, die länger als sechs Monate läuft. Dies ist ein zusätzliches Recht, das der Verkäufer nicht einräumen muß.

Es ist besonders zu beachten, daß es ein allgemeines Rückgaberecht beim Kauf nicht gibt, wenn die Sache ohne Mängel ist. Gefällt z.B. die Bluse nicht mehr oder ist das Auto später doch zu klein, hat man nach dem Gesetz keine Handhabe, die Sache zurückzugeben. Man muß sich eben vor dem Kauf gründlich überlegen, was man will. Dennoch sind viele Unternehmen kulant und tauschen um oder erstatten den Kaufpreis zurück. Dies geschieht aus reiner Gefälligkeit.

Kindergeld

Alle, die in der Bundesrepublik Deutschland oder West-Berlin wohnhaft sind, und Arbeitnehmer, die vorübergehend vom Arbeitgeber ins Ausland entsandt wurden, sowie Entwicklungshelfer erhalten Kindergeld für Kinder, die ebenfalls in der Bundesrepublik Deutschland oder West-Berlin bzw. bei ihren Eltern im Ausland wohnen.

Der Antrag muß schriftlich beim zuständigen Arbeitsamt (Kindergeldkasse) beantragt werden. Es empfiehlt sich, den Antrag möglichst bald nach der Geburt eines Kindes bzw. Aufnahme eines Kindes in den Haushalt zu stellen, da Kindergeld rückwirkend für längstens sechs Monate gezahlt wird. Vordrucke für den Antrag sind beim Arbeitsamt erhältlich.

Gezahlt wird Kindergeld für alle Kinder bis zur Vollendung des 16. Lebensjahrs, danach nur unter bestimmten Voraussetzungen (z.B. bei Fortsetzung der Schul- oder Berufsausbildung, Studium) bis zur Vollendung des 27. Lebensjahres oder auch danach, falls die Ausbildung sich etwa durch Wehr- oder Zivildienst verzögert hat. Für behinderte Kinder, die ihren Lebensunterhalt nicht selbst bestreiten können und sonst keine ausreichenden Einkünfte haben, wird Kindergeld ohne altersmäßige Begrenzung gezahlt. Berücksichtigt werden bei der Gewährung von Kindergeld die eigenen Kinder einschließlich Adoptivkindern und Stiefkindern, Pflegekinder, die wie eigene Kinder zur Familie gehören, sowie Enkel oder Geschwister, die vom Antragsteller überwiegend unterhalten werden. Vollwaisen, für die niemand sonst Kindergeld erhält, können es für sich selbst beanspruchen.

Höhe des Kindergelds Das Kindergeld ist steuerfrei und beträgt monatlich 50 DM fürs erste, 100 DM fürs zweite, 220 DM fürs dritte und 240 DM für jedes weitere Kind (1986).

Ab dem zweiten Kind wird das Kindergeld gemindert, wenn das jährliche Nettoeinkommen bei Verheirateten 45480 DM, bei Alleinstehenden 37880 DM oder mehr beträgt, es verbleiben jedoch die monatlichen Sokkelbeträge von mindestens 70 DM für das zweite Kind und 140 DM für das dritte und jedes weitere Kind.

Wird sich das Einkommen im Leistungsjahr voraussichtlich verschlechtern, kann man verlangen, daß dies bei der Bemessung des Kindergelds berücksichtigt wird, falls sich dadurch ein höherer Betrag ergibt. Die Verschlechterung muß nachgewiesen werden, etwa durch eine Bescheinigung über das derzeitige Entgelt, die Zahlung von Krankengeld, Rente oder Sozialhilfe, eine Verringerung der Steuervorauszahlung usw.

Zuschlag Ist das Einkommen so niedrig, daß bei der Steuer der Kinderfreibetrag nicht oder nicht voll ausgenutzt werden kann, erhält man einen Zuschlag von 22% des nicht genutzten Freibetrags; er beträgt bis zu 46 DM für ein Kind mit entsprechender Steigerung bei weiteren Kindern. (Der Kinderfreibetrag ist voll ausgenutzt, wenn für das betreffende Jahr Lohn- oder Einkommensteuer entrichtet werden mußte, und zwar gleichgültig, in welcher Höhe.) Der Zuschlag wird auch beim Arbeitsamt beantragt.

Siehe auch *BAföG*.

Kontoauszüge überprüfen

Nur anhand einer genauen Registrierung der verwendeten Schecks oder Überweisungen läßt sich feststellen, ob der selbst ermittelte Saldo eines Girokontos mit den Angaben der Bank übereinstimmt. Auf den Tagesauszügen oder monatlichen Kontoauszügen sind alle Umsätze vermerkt: Einzahlungen, Abgänge, Kontogebühren, Daueraufträge, Schecksperrungen und Zinsen (siehe *Dauerauftrag; Einzugsermächtigung; Girokonto; Scheck; Überweisung; Überziehungskredit*). Je früher man den Kontoauszug mit seinen eigenen Aufzeichnungen vergleicht, um so eher findet man Fehler und kann diese reklamieren. Manchmal sind den Kontoauszügen die Überweisungsbelege usw. beigelegt (einige Banken gehen jedoch von dieser Gepflogenheit ab). Sind sie beigefügt, vergleicht man zunächst die Beträge auf den Belegen mit denen auf dem Kontoauszug, dann ordnet man die Belege nach ihren Nummern und vergleicht sie mit den Angaben auf den Kontrollabschnitten bzw. Durchschlägen oder mit der eigenen Aufstellung. Werden die Belege von der Bank nicht zurückgeschickt, muß man die Beträge auf dem Kontoauszug direkt mit den Kontrollabschnitten bzw. Durchschlägen oder der eigenen Aufstellung vergleichen. Als nächstes vergleicht man die Belege für Einzahlungen mit den Angaben auf dem Kontoauszug.

Wenn man keine Unstimmigkeiten feststellt, geht man nun wie folgt vor: Man addiert alle noch nicht gebuchten Beträge (z.B. Schecks oder Überweisungen, die noch nicht vom Empfänger eingereicht wurden, und solche, die man nach dem Stichtag ausgestellt hat) sowie alle noch nicht erfaßten Geldabgänge, die man z.B. mit Scheckkarte am Geldautomat getätigt hat. Die Summe dieser noch nicht aufgeführten Beträge wird vom Endsaldo des Kontoauszugs abgezogen. Als nächstes werden noch nicht aufgeführte Einzahlungen zum Saldo des Kontoauszugs hinzuaddiert. Dann zieht man alle Kontogebühren vom Saldo ab. Etwaige Zinsen werden dazugerechnet bzw. abgezogen. Jetzt müßte der Kontoauszug der Bank mit der eigenen Abrechnung übereinstimmen. Ist dies nicht der Fall, überprüft man nochmals alle Zahlen, falls der Fehler auf eine unleserliche Zahl zurückzuführen ist. Vielleicht hat man einen noch nicht eingelösten Scheck oder eine Abhebung am Geldautomat vergessen. Wenn sich für die Unstimmigkeit keine Erklärung finden läßt, geht man mit seinen eigenen Aufzeichnungen möglichst umgehend zu seiner Bank.

Krankengeld

Arbeitnehmer, die bei einer Krankenkasse versichert sind, haben im Fall der Arbeitsunfähigkeit Anspruch auf Krankengeld, sobald die Lohn- oder Gehaltsfortzahlung endet. Das Krankengeld beträgt 80% des Bruttoverdienstes. Die Bemessungsgrenze liegt bei 4500 DM monatlich, der Krankengeldhöchstbetrag bei 150 DM pro Kalendertag (1988). Das Krankengeld darf nicht höher sein als das Nettogehalt. Der Anteil zur Renten- und Arbeitslosenversicherung von 11,5% (1988) wird abgezogen, dagegen nicht der Beitrag zur Krankenversicherung. Das Krankengeld wird wegen derselben Krankheit längstens bis zu anderthalb Jahren innerhalb von drei Jahren gezahlt. Bei längerer Arbeitsunfähigkeit wird es einmal jährlich der Lohnentwicklung angepaßt.

Krankenversicherung

Wer in einem festen Arbeitsverhältnis steht, gehört in der Regel der gesetzlichen Krankenversicherung an. Nicht pflichtversichert sind Selbständige und Beamte sowie Angestellte, die mehr als 4500 DM monatlich verdienen (1988). Diese Personen können freiwilliges Mitglied der gesetzlichen Krankenkasse bleiben, falls sie ihr ursprünglich angehörten, oder sich privat versichern. Für denjenigen, der aus der gesetzlichen Krankenkasse ausscheidet, ist ein Wiedereintritt meist nicht mehr möglich.

In der Regel ist die gesetzliche Krankenversicherung für Familien günstiger, die private für Ledige und Verheiratete ohne Kinder, wenn beide berufstätig sind. Bevor man sich entschließt, sollte man sich auch erkundigen, welche Beiträge man voraussichtlich als Rentner jeweils wird zahlen müssen. Für alle Versicherten empfiehlt es sich, die Beitragssätze der Krankenkassen zu vergleichen, da es bei gleicher Leistung erhebliche Unterschiede geben kann. Ein Wechsel ist bei Einhaltung der Kündigungsfrist immer möglich und kann viel Geld sparen.

Bei der privaten Krankenversicherung wird der Beitrag nicht wie bei der gesetzlichen Krankenversicherung nach dem Gehalt berechnet, sondern richtet sich nach dem zu versichernden Risiko und dem Umfang des gewünschten Versicherungsschutzes. Er hängt ab vom Lebensalter zu Beginn des Vertrages, vom Geschlecht und vom gewählten Tarif. Zahlt der Versicherte kleinere Rechnungen aus der eigenen Tasche, kann er dadurch seinen Beitrag reduzieren. Für die einzelnen Familienmitglieder sind zusätzliche Beiträge zu entrichten.

Mit einer Zusatzversicherung finanzieren vor allem gesetzlich Versicherte die Kosten für eine privatärztliche Behandlung oder die Unterbringung in Ein- oder Zweibettzimmern des Krankenhauses.

Siehe auch *Versicherungen.*

Kreditkarten

Das in den USA schon länger verbreitete unbare Zahlungssystem der Kreditkarten findet auch in Europa zunehmend Beachtung.

Bei allen großen Kartenorganisationen wird die Bonität des Antragstellers geprüft, bevor ihm die Kreditkarte ausgehändigt wird. Nachdem die Bankverbindung des Karteninhabers bei der Organisation vorgemerkt wurde, kann er bei den meisten Unternehmen des Konsum- und Dienstleistungsbereichs durch Vorlage seiner Karte bezahlen. Die von ihm unterzeichneten Zahlungsbelege werden von der Kreditkartenorganisation gesammelt und der Gesamtbetrag in periodischen Abständen dem Bankkonto des Karteninhabers belastet.

Kreditkarten bieten neben persönlichem Statusgewinn auch Zinsvorteile, da bis zur Belastung der jeweiligen Rechnungsbeträge bis zu sechs Wochen vergehen. Die Kartengebühr (etwa 80 DM im Jahr) kann sich durch entsprechende Nutzung also schnell amortisieren.

Kreditkarten werden auch dort akzeptiert, wo Eurocheques (siehe *Scheck*) nicht mehr in Zahlung genommen werden. Auch beseitigt die Kreditkarte die Gefahr des Bargeldverlusts und bietet andererseits die Möglichkeit, in Notfällen Bargeld zu bekommen.

Kündigung

Die Kündigung eines Arbeitsverhältnisses kann vom Arbeitnehmer oder vom Arbeitgeber ausgesprochen werden. Sie ist gesetzlich an keine Form gebunden und kann auch mündlich erklärt werden, es sei denn, der Arbeits- oder Tarifvertrag verlangt die Schriftform. Spricht ein Vorgesetzter eine Kündigung aus, der dazu nicht befugt ist, gilt sie trotzdem, wenn sie nicht unverzüglich zurückgewiesen wird. Nach einer Zurückweisung kann der Arbeitgeber die Kündigung nicht nachträglich genehmigen.

Ordentliche Kündigung Die Kündigungstermine sind zu beachten, wobei der Tag, an dem die Kündigung zugeht, bei der Fristberechnung nicht mitzählt. Bei der Kündigung zum Wochenschluß muß sie spätestens am Sonntag der Vorwoche, mit Monatsfrist spätestens am letzten Tag des Vormonats dem Empfänger zugestellt werden. Bei Kündigung mit Sechswochenfrist zum Quartalsende muß die Kündigung spätestens am 17. 2. (Schaltjahr 18. 2.), 19. 5., 19. 8., 19. 11. zugegangen sein. Wird dieser Termin versäumt, ist die Kündigung im Zweifelsfall zum nächsten Termin gültig.

Bei Angestellten beträgt die gesetzliche Kündigungsfrist sechs Wochen zum Quartalsende. Im Einzelarbeitsvertrag darf eine kürzere Frist vereinbart werden (mindestens jedoch ein Monat zum Monatsende). Bei einer Beschäftigungsdauer (nach Vollendung des 25. Lebensjahres gerechnet) von mindestens fünf Jahren (beim selben Arbeitgeber) erhöht sie sich auf drei Monate, nach acht Jahren auf vier, nach zehn Jahren auf fünf und nach zwölf Jahren auf sechs Monate zum Quartalsende.

Unter gewissen Umständen, etwa wenn der Arbeitnehmer ein bestimmtes Alter erreicht hat und schon länger beim selben Arbeitgeber beschäftigt gewesen ist, kann sich die Kündigungsfrist für den Arbeitgeber verlängern. Diesbezüglich besteht jedoch zur Zeit eine starke Rechtsunsicherheit, und es empfiehlt sich, eine Rechtsberatung bei der Gewerkschaft oder bei einem Rechtsanwalt einzuholen.

Für Arbeiter und Angestellte können tarifliche Kündigungsfristen länger sein. Hier gibt es auch zum Teil besondere Schutzbestimmungen für ältere Arbeitnehmer.

Eine mündliche Kündigung sollte zu beweisen sein (Zeugen). Wird die schriftliche Kündigung nicht im Betrieb zugestellt, ist entscheidend, wann sie zuging (d.h., wann sie bzw. ein Postbenachrichtigungsschein im Briefkasten war), nicht wann sie vom Empfänger gelesen wurde. Ein Einschreiben gilt als zugestellt, wenn der Empfänger es vom Postboten ausgehändigt bekommen oder bei der Post abgeholt hat. War der Arbeitnehmer im Urlaub und findet die früher zugestellte Kündigung erst nach seiner Rückkehr vor, kann der Kündigungstermin verstrichen sein. Die Wirksamkeit der Kündigung ist in diesem Fall rechtlich umstritten. Hier sollte man eine Rechtsauskunft einholen.

Nach Ausspruch einer ordentlichen Kündigung hat der Arbeitnehmer Anspruch darauf, bis zum Ablauf der Kündigungsfrist zu denselben Bedingungen weiter beschäftigt zu werden, es sei denn, er ist mit einer Freistellung einverstanden. Der Arbeitgeber kann aber noch während der Kündigungsfrist zustehenden Urlaub zuweisen (siehe auch *Aufhebungsvertrag*).

Außerordentliche Kündigung Sie wird auch fristlose genannt und ist nur aus wichtigem Grund möglich, wenn dem Kündigenden (Arbeitnehmer oder Arbeitgeber) die Fortsetzung des Arbeitsverhältnisses nicht mehr zugemutet werden kann. Sie kann nur ausgesprochen werden innerhalb einer Frist von zwei Wochen, nachdem die Tatsachen, die zur Kündigung führen sollen, bekanntwerden. Später auf die Kündigungsgründe Bezug zu nehmen ist nicht möglich. Wenn sich herausstellt, daß eine fristlose Kündigung zu Unrecht ausgesprochen wurde, kann sie in eine ordentliche (fristgerechte) umgedeutet werden (umgekehrt ist es nicht möglich). Die fristlose Kündigung hat schwerwiegende Folgen: Z.B. kann man beim Arbeitslosengeld eine Sperre von bis zu zwölf Wochen erhalten.

Berufsausbildungsverhältnis Dies kann während der Probezeit (siehe dort) jederzeit ohne Einhaltung einer Kündigungsfrist und ohne Angabe von Gründen gekündigt werden. Danach kann der Arbeitgeber nur außerordentlich kündigen; je länger das Ausbildungsverhältnis bestanden hat, desto schwerwiegender müssen die Gründe sein. Dagegen kann der Auszubildende mit einer Frist von vier Wochen kündigen, wenn er die Berufsausbildung aufgeben will.

Änderungskündigung Wenn das Arbeitsverhältnis in anderer Form weitergeführt werden soll, wird vom Arbeitgeber eine Änderungskündigung ausgesprochen, d.h., die Kündigung wird mit dem Angebot verbunden, das Arbeitsverhältnis zu geänderten Vertragsbedingungen weiterzuführen, oder dem Arbeitnehmer wird ein neuer Arbeitsvertrag angeboten; gleichzeitig wird für den Fall, daß er ihn ablehnt, gekündigt.

Kündigungsgründe Eine rechtliche Pflicht, die Kündigungsgründe anzugeben, besteht nicht. Sie müssen aber dem Betriebsrat mitgeteilt werden. Bei der fristlosen Kündigung müssen sie auf Verlangen angegeben werden, bei der betriebsbedingten (siehe unten) nur die Gründe, die zur sozialen Auswahl geführt haben (siehe *Kündigungsschutz*). Bei der Kündigung eines Ausbildungsverhältnisses nach der Probezeit (siehe oben) müssen dem Auszubildenden die Gründe schriftlich mitgeteilt werden, andernfalls ist sie unwirksam. Allgemein können Tarifverträge festlegen, daß in jedem Fall der Kündigungsgrund angegeben werden muß.

- Personenbedingte Kündigung: z.B. wenn ein Arbeitnehmer für eine vorgesehene Arbeit ungeeignet ist oder wenn das Ende der Arbeitsunfähigkeit wegen Krankheit nicht absehbar ist und die Stelle neu besetzt werden muß. Dem Arbeitnehmer darf während einer Krankheit gekündigt werden, wenn die Weiterbeschäftigung für den Arbeitgeber unzumutbar ist. Doch wird meist bei längerer Betriebszugehörigkeit davon abgesehen.
- Betriebsbedingte Kündigung: Sie kann durch Arbeitsmangel, notwendige Rationalisierungen oder organisatorische Veränderungen bedingt sein (siehe auch *Kündigungsschutz*).
- Verhaltensbedingte Kündigung: Hierzu gehören Verstöße gegen arbeitsvertragliche Verpflichtungen (z.B. Arbeitsverweigerung, unentschuldigtes Fehlen). Außer bei schweren Verstößen muß der Arbeitnehmer vor der Kündigung auf sein Fehlverhalten hingewiesen und mündlich oder schriftlich aufgefordert werden, das vertragswidrige Verhalten einzustellen. Im Wiederholungsfall wird mit Konsequenzen (Kündigung) gedroht. Diese Abmahnung hält nur eine bestimmte Zeit vor (nach einer Faustregel sechs bis zwölf Monate, wenn sich der Arbeitnehmer nichts mehr zuschulden hat kommen lassen). Sie wird den Personalpapieren hinzugefügt, aber der Arbeitnehmer kann veranlassen, daß eine Gegendarstellung hinzugefügt wird, oder die Entfernung der Abmahnung verlangen, wenn er sie für unbegründet und für sein berufliches Fortkommen hinderlich hält.

Mängel der Kündigung Kündigungen können nichtig sein, wenn sie Mängel aufweisen. Hierzu gehören:

- sittenwidrige Kündigungen (d.h., sie beruhen auf Schikane, verwerflichen Motiven oder auf Vergeltung);
- gesetzwidrige Kündigungen (wenn z.B. einem Arbeitnehmer gekündigt wird, obwohl er gesetzlichen Kündigungsschutz genießt);
- verfassungswidrige Kündigungen (z.B. eine Benachteiligung wegen des Geschlechtes oder wegen der Gewerkschaftszugehörigkeit);
- sozialwidrige Kündigungen (siehe *Kündigungsschutz*).

Eine Kündigung, die ohne vorherige Anhörung des Betriebs- oder Personalrates ausgesprochen wird, ist unwirksam. Hat er ihr widersprochen, kann der Arbeitgeber trotzdem kündigen, er muß aber der Kündigung die Stellungnahme des Betriebsrates beifügen. Der Arbeitnehmer kann dagegen beim Arbeitsgericht Klage erheben: bei einer sozialwidrigen Kündigung innerhalb drei Wochen nach Zugang der Kündigung, wegen anderer Mängel auch nach dieser Frist.

Kündigungsschutz

Der größte Teil der Arbeitnehmer mit Ausnahme der meisten leitenden Angestellten hat Kündigungsschutz.

Allgemeiner Kündigungsschutz Er gilt für jeden Arbeitnehmer, der ohne Unterbrechung sechs Monate beim selben Arbeitgeber beschäftigt ist, ausgenommen bei Betrieben, die regelmäßig fünf oder weniger Mitarbeiter (ohne Auszubildende) beschäftigen. Es darf nur gekündigt werden, wenn der Grund in der Person oder im Verhalten des Arbeitnehmers liegt oder wenn betriebliche Gründe eine Kündigung rechtfertigen. Eine Kündigung ist ungültig, wenn sie sozial ungerechtfertigt ist; d.h.,

- wenn bei der Auswahl der Betroffenen soziale Gesichtspunkte (Familienstand, Betriebszugehörigkeit, Alter usw.) gar nicht oder nicht ausreichend berücksichtigt wurden;
- wenn eine Kündigung gegen eine Richtlinie nach §95 des Betriebsverfassungsgesetzes verstößt: Hiernach kann in Betrieben mit mehr als 1000 Arbeitnehmern der Betriebsrat mit dem Arbeitgeber Richtlinien erarbeiten, nach denen bei Entlassungen die soziale Auswahl zu treffen ist;
- wenn der Arbeitnehmer an einem anderen Arbeitsplatz weiterbeschäftigt werden kann;
- wenn nach einer Umschulung oder Fortbildungsmaßnahme eine Weiterbeschäftigung möglich ist;
- wenn der Arbeitnehmer unter geänderten Vertragsbedingungen und mit seinem Einverständnis weiterbeschäftigt werden könnte.

Der Arbeitgeber muß vor jeder Kündigung den Betriebsrat bzw. den Personalrat anhören, sonst ist eine Kündigung unwirksam.

Besonderer Kündigungsschutz Alle Mitglieder des Betriebsrates, der Jugendvertretung, der Personalvertretung und der Schwerbehinderten-Vertrauensmann haben während der Amtszeit besonderen und nachwirkenden Kündigungsschutz. Die Wahlvorstände, die die Wahl dieser Gremien durchführen, sind vom Zeitpunkt der Bestellung, die Bewerber vom Zeitpunkt der Aufstellung bis zur Bekanntgabe des Wahlergebnisses geschützt. Danach haben sie ein halbes Jahr nachwirkenden Kündigungsschutz.

Diese Personenkreise sind gegen ordentliche Kündigungen geschützt, nicht aber, wenn ein Grund zur außerordentlichen (fristlosen) Kündigung (siehe *Kündigung*) vorliegt. Aber hierbei muß der Betriebsrat bzw. Personalrat zustimmen. Der Arbeitgeber kann allerdings während der Zeit des nachwirkenden Kündigungsschutzes ohne Zustimmung des Betriebsrates kündigen. Er ist aber zur Anhörung verpflichtet.

Einen absoluten Kündigungsschutz haben Frauen während der Schwangerschaft und bis zu vier Monaten nach der Entbindung, es sei denn, ein befristeter Arbeitsvertrag wurde abgeschlossen (siehe auch *Probezeit*).

Auch während des Erziehungsurlaubs (siehe dort) kann nur mit Zustimmung der Aufsichtsbehörde gekündigt werden.

Den besonderen Kündigungsschutz besitzen auch die Schwerbehinderten. Eine Kündigung – fristgerecht oder fristlos – ist nur mit Genehmigung der Hauptfürsorgestelle möglich (siehe auch *Schwerbehinderte*).

Wehrpflichtige haben von der Zustellung des Einberufungsbescheids bis zur Beendigung des Grundwehrdienstes und später bei einer Wehrübung Kündigungsschutz. Dies gilt auch für Zivildienstleistende. Soldaten auf Zeit haben den Schutz für insgesamt zwei Jahre Dienstzeit. Befristete Arbeitsverhältnisse enden jedoch zum vorgesehenen Termin. Bei Kündigungen aus betrieblichen Gründen darf der Wehr- oder Zivildienst nicht zuungunsten der Betroffenen berücksichtigt werden. Betriebe mit fünf oder weniger Beschäftigten sind von dieser Regelung ausgenommen, wenn der Betroffene ledig ist. Arbeitnehmern, die im Luftschutz- oder Katastrophendienst eingesetzt sind, dürfen daraus keine Nachteile erwachsen.

Alle Bundestags-, Landtags-, Kreistagsabgeordneten sowie die Ortsvertreter und die Europaabgeordneten haben einen besonderen Kündigungsschutz. Ihnen darf nur aus wichtigem Grund (fristlos) gekündigt werden. Nach dem Grundgesetz darf niemand gehindert werden, das Amt eines Abgeordneten zu übernehmen.

Kurzarbeitergeld

Kurzarbeitergeld soll den Arbeitnehmern die Arbeitsplätze und den Betrieben die eingearbeiteten Mitarbeiter erhalten. Für jede ausgefallene Arbeitsstunde übernimmt das Arbeitsamt alle anfallenden Lohnkosten und den größten Teil der Lohnnebenkosten. Kurzarbeitergeld wird dann gezahlt, wenn in einem Betrieb Kurzarbeit geleistet werden muß. Als Betrieb im Sinne des Gesetzes gelten auch Betriebsabteilungen. Die Einführung von Kurzarbeit unterliegt der Mitbestimmung des Betriebsrates. Die Gründe für Kurzarbeit können Absatzmangel oder Mangel an Rohstoffen, aber auch Fälle von höherer Gewalt wie Hochwasser oder Stromsperre sein. Betriebe können auch Kurzarbeit beantragen, wenn betriebliche Gründe vorliegen wie z. B. die Umstellung auf ein neues Produkt.

Der Arbeitsausfall muß dem Arbeitsamt schriftlich mitgeteilt und die Stellungnahme der Betriebsvertretung beigefügt werden. Arbeitsausfälle, die aufgrund von Witterungseinflüssen im Baugewerbe vorliegen, berechtigen nicht zur Einführung von Kurzarbeit (siehe auch *Schlechtwettergeld*). Kurzarbeitergeld wird auch dann nicht gezahlt, wenn der Arbeitsausfall saisonbedingt ist oder auf betriebsorganisatorischen Gründen beruht. Es wird von vier Wochen bis zu sechs Monaten gewährt. Der Bundesminister für Arbeit und Sozialordnung kann die Bezugsfrist auf 24 Monate verlängern. Nach mindestens drei Monaten, in denen voll gearbeitet wurde, kann erneut Kurzarbeitergeld beantragt werden. Die Bezugsfrist ist auf den Betrieb, nicht auf Personen ausgerichtet.

Arbeitnehmer, die keine Beiträge zur Arbeitslosenversicherung geleistet haben, erhalten kein Kurzarbeitergeld (z. B. Studenten während der Semesterferien).

Die Höhe des Kurzarbeitergeldes richtet sich nach dem durchschnittlichen Stunden- oder Akkordlohn. Bei Monatsentgelt wird ein durchschnittlicher Stundenverdienst errechnet. Das Kurzarbeitergeld beträgt wie das Schlechtwettergeld bis zu 68 % des durchschnittlichen Stundenlohnes (gemindert um die gesetzlichen Abzüge) für Arbeitnehmer mit mindestens einem Kind und mehr, 63 % für die übrigen (Stand 1988). Nebeneinkommen werden zur Hälfte angerechnet.

Für die durch Kurzarbeit ausgefallenen Stunden wird Kurzarbeitergeld, für die geleisteten Arbeitsstunden wird das vereinbarte Entgelt vom Arbeitgeber gezahlt. Die Beiträge zur Kranken- und Sozialversicherung werden für die Bezieher von Kurzarbeitergeld entrichtet: Für die nicht ausgefallenen Arbeitsstunden zahlt der Arbeitgeber die Hälfte, für die ausgefallenen zahlt er allein die Beiträge. Das Arbeitsamt gewährt hierzu auf Antrag einen Zuschuß. Das Arbeitsamt kann Bezieher von Kurzarbeitergeld vorübergehend in eine andere Arbeit vermitteln (etwa Schneeräumen oder als Hafenarbeiter).

Lebensversicherung

Die Lebensversicherung dient vor allem der Alters- und Hinterbliebenenversorgung. Meist soll sie die Rente aus der gesetzlichen Rentenversicherung ergänzen.

Risikolebensversicherung Sie deckt das Todesfallrisiko durch Unfall oder Krankheit. Die Hinterbliebenen erhalten die volle Versicherungssumme, auch wenn bisher nur ein Beitrag gezahlt wurde. Sie lohnt sich vor allem für die junge Familie, da Leistungen aus der gesetzlichen Rentenversicherung erst nach mehreren Berufsjahren erworben werden, und für Personen, die finanziell Abhängige zu versorgen haben. Bei Familien mit kleinen Kindern sollte die Versicherungssumme das vierfache Jahreseinkommen betragen; bei Familien mit älteren Kindern reicht das dreifache und bei kinderlosen Ehepaaren das zweifache Jahreseinkommen. Die Risikolebensversicherung sollte etwa bis zum 50. Lebensjahr laufen; danach bieten andere Rentenansprüche oder private Vermögenswerte die notwendige Sicherheit, und die Kinder sind meist schon selbständig.

Gemischte Lebensversicherung Sie bietet im Todesfall den Hinterbliebenen Sicherheit und stellt gleichzeitig eine Vorsorge für das eigene Alter dar. Wer nach dem Ausscheiden aus dem Berufsleben voraussichtlich eine Rente haben wird, die deutlich unter dem vorherigen Nettoeinkommen liegt, kann die Differenz mit der gemischten Lebensversicherung ausgleichen. Die Versicherungssumme und die im Lauf der Jahre erworbene Gewinnbeteiligung werden zum vereinbarten Zeitpunkt – meist zwischen dem 60. und 65. Lebensjahr – ausgezahlt.

Kapitallebensversicherung Sie ist eher ein langfristiger Sparvertrag als eine Versicherung und lohnt sich allenfalls für denjenigen, der die Beiträge bei der Steuererklärung im Rahmen der Sonderausgaben geltend machen kann. Diesen Steuervorteil können allerdings nur wenige nutzen, denn die Höhe der abzugsfähigen Sonderausgaben ist begrenzt. (Sonderausgaben sind z. B. Beiträge zur Sozial-, Kranken-, Haftpflicht-, Unfall- und Lebensversicherung sowie Einzahlungen auf Bausparverträge.) Durch die

Inflationsrate bringt die Kapitallebensversicherung außerdem meist nur eine bescheidene Rendite für den reinen Sparvorgang.

Wer eine Kapitallebensversicherung vorzeitig kündigt, hat in der Regel die ersten drei Jahresbeiträge verloren. Eine ähnliche Lage kann bei Arbeitslosigkeit oder Invalidität entstehen oder wenn jemand eine Hausfinanzierung mit einer Lebensversicherung gekoppelt hat und nach drei Jahren das Haus verkauft. Meist ist es besser, die Beiträge für eine befristete Zeit stunden zu lassen (Beitragsfreistellung). Man kann aber auch die Laufzeit des Vertrages verlängern oder die Versicherungssumme herabsetzen lassen. Dadurch verringert sich der Beitrag, im letzten Fall allerdings auch der Versicherungsschutz.

Siehe auch *Versicherungen.*

Lohnfortzahlung

Wenn ein Arbeitnehmer wegen Krankheit nicht arbeiten kann, zahlt der Arbeitgeber für längstens sechs Wochen (42 Kalendertage) dessen Lohn oder Gehalt. Der Arbeiter hat erst dann Anspruch auf Entgeltfortzahlung, wenn er seine Stelle angetreten hat oder erstmals auf dem Weg dorthin ist, der Angestellte dagegen bereits, wenn er nach Vertragsabschluß und vor der vereinbarten Arbeitsaufnahme beim neuen Arbeitgeber arbeitsunfähig wird und deshalb die Stelle nicht antreten kann.

Der Arbeitgeber braucht während eines Streiks kein Entgelt an arbeitsunfähige kranke Arbeitnehmer zu zahlen. Die Sechswochenfrist, während der sonst Lohn oder Gehalt an sie gezahlt wird, verlängert sich nicht um die Tage des Streiks. Während eines vom Arbeitgeber genehmigten unbezahlten Urlaubs, der nicht der Erholung dient, steht dem Arbeitnehmer bei Arbeitsunfähigkeit für diesen Zeitraum ebenfalls keine Entgeltzahlung zu. Feiertage, für die normalerweise Lohn oder Gehalt gezahlt worden wäre, werden dagegen bei Arbeitsunfähigkeit berücksichtigt.

Tritt während Arbeitsunfähigkeit wegen Krankheit eine neue Krankheit dazu, verlängert sich die Sechswochenfrist nicht (Abb. 1). Es entsteht aber ein neuer Anspruch auf sechs Wochen Entgeltfortzahlung, wenn die neue Krankheit nach Ablauf der ersten eintritt, selbst wenn nur wenige Stunden Arbeitsfähigkeit dazwischenlagen (Abb. 2). Für dieselbe Krankheit hat man Anspruch auf nur sechs Wochen Entgeltfortzahlung, auch wenn die Krankheitstage nicht zusammenhängend lagen. Wenn man allerdings zwischen den Arbeitsunfähigkeitszeiten mindestens sechs Monate nicht wegen derselben Krankheit arbeitsunfähig war, entsteht ein erneuter Anspruch auf Entgeltfortzahlung. Eine zwischenzeitliche Arbeitsunfähigkeit wegen einer anderen Krankheit verlängert den Sechsmonatszeitraum nicht (Abb. 3).

Arbeiter können auch dann wieder sechs Wochen Lohnfortzahlung beanspruchen, wenn zwischen der ersten Arbeitsunfähigkeit und dem Eintritt der erneuten Krankheit ein Zeitraum

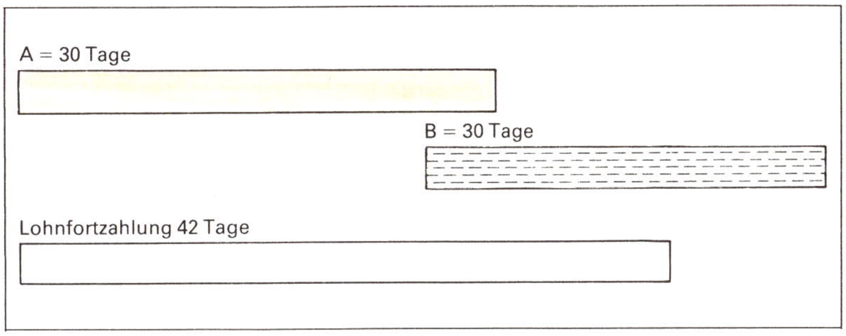

Abbildung 1

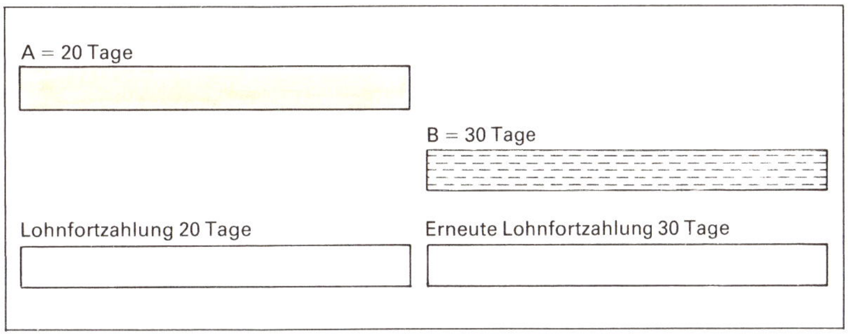

Abbildung 2

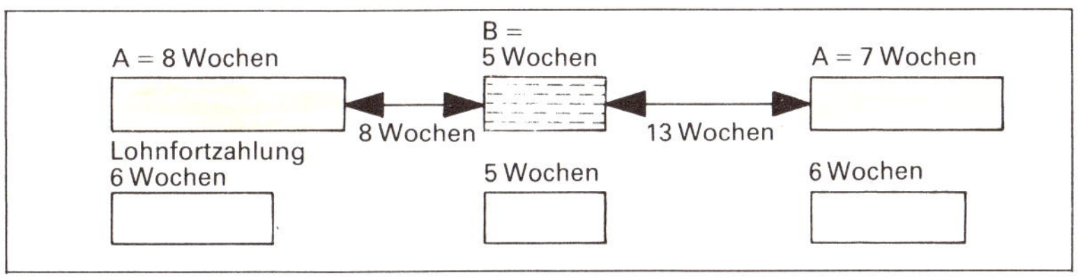

Abbildung 3

Abbildung 4

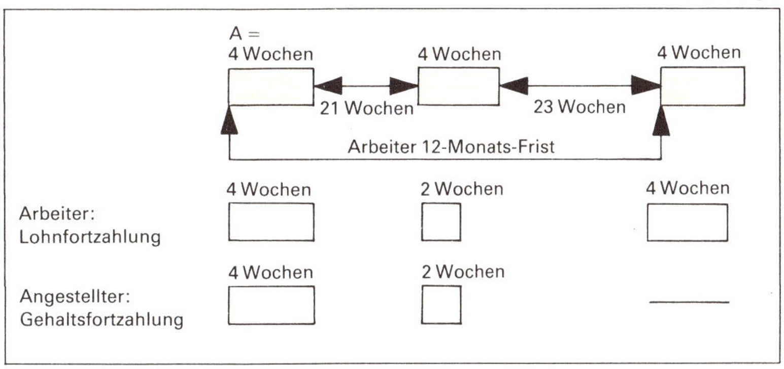

von zwölf Monaten lag (Abb. 4). Es ist zu erwarten, daß in absehbarer Zeit die Rechtsprechung Arbeiter und Angestellte gleichstellen wird.

Bei einem Wechsel der Arbeitsstelle entsteht ein neuer Anspruch auf Entgeltfortzahlung für sechs Wochen. Nimmt der Arbeitnehmer an einer Kur teil, steht ihm ein Anspruch auf Lohn- oder Gehaltsfortzahlung zu, wenn ein Sozialleistungsträger (z.B. die Bundesversicherungsanstalt für Angestellte – BfA) die vollen Kosten übernimmt. Badekuren, die von den Krankenkassen bezuschußt werden, erfüllen den Anspruch nicht. Bei der an eine Kur anschließenden Schonzeit ist es davon abhängig, ob bei einem Arbeiter während dieser Zeit auch Arbeitsunfähigkeit bestand. Bei Angestellten und Auszubildenden wird nur verlangt, daß sich die Schonzeit an die Kur anschließt.

Die Schutzfristen beim Mutterschutz und der Erziehungsurlaub (beide siehe dort) werden auf die Sechswochenfrist nicht angerechnet.

Der Arbeitgeber kann die Lohn- oder Gehaltsfortzahlung verweigern, wenn die Arbeitsunfähigkeit grob verschuldet wurde (z.B. Verstoß gegen ausdrückliche ärztliche Anordnung, Ausüben einer verbotenen oder gefährlichen Nebenbeschäftigung). Wenn der Arbeitgeber die Entgeltfortzahlung ablehnt – dabei spielen die Gründe keine Rolle –, hat der Arbeitnehmer ein Recht auf Krankengeld gegenüber seiner Krankenkasse.

Beim Anspruch auf Lohn- oder Gehaltsfortzahlung wird für die Dauer von sechs Wochen das vereinbarte Bruttoentgelt gezahlt. Hiervon werden die Sozialversicherungsbeiträge und die Lohnsteuer abgezogen. Es sind alle Veränderungen zu berücksichtigen (z.B. Lohnerhöhungen, aber auch Kurzarbeit), die sich während der Arbeitsunfähigkeit ergeben.

Der Arbeitnehmer ist verpflichtet, dem Arbeitgeber unverzüglich mitzuteilen, daß er arbeitsunfähig ist und wie lange er voraussichtlich nicht arbeiten kann. Das gleiche muß auch in der ärztlichen Bescheinigung enthalten sein, die ein Arbeiter vor Ablauf des dritten Kalendertages nach Beginn der Arbeitsunfähigkeit nachreichen muß. Ist der dritte Tag ein Samstag, Sonntag oder Feiertag, gilt der nächste Werktag. Bei der Frist von drei Tagen wird der Tag des Eintritts der Arbeitsunfähigkeit nicht mitgerechnet. In Tarifverträgen wird es für die Angestellten und die Auszubildenden meistens genauso geregelt. Kommt der Arbeitnehmer dieser Verpflichtung nicht nach, kann es eine Verzögerung bei der Entgeltfortzahlung geben. Versäumt er schuldhaft, die Arbeitsunfähigkeit nachzuweisen, kann dies zur fristlosen Kündigung führen. Bei Verlängerung der Arbeitsunfähigkeit muß eine neue Bescheinigung vorgelegt werden.

Lohnfortzahlungsversicherung

Durch die Verpflichtung der Arbeitgeber, bei Arbeitsunfähigkeit den Lohn oder das Gehalt an ihre Mitarbeiter weiterzuzahlen, können besonders für Kleinbetriebe große Belastungen entstehen. Daher nehmen Betriebe, die in der Regel nicht mehr als 20 Arbeitnehmer beschäftigen, an der Lohnfortzahlungsversicherung teil. Seit Januar 1986 kann dieser Rahmen durch Satzungsbestimmungen der Krankenkasse auf 30 Arbeitnehmer erweitert werden. Die Krankenkassen (ohne Ersatzkassen und private Krankenkassen) erstatten den Arbeitgebern 80% ihrer Aufwendungen bei der Lohn- und Gehaltsfortzahlung. Die Geldmittel dafür werden allein von den versicherten Arbeitgebern aufgebracht. Die Umlage richtet sich nach dem festgelegten Umlagesatz.

Mahnschreiben

Wenn eine Ware nicht zum vertraglich vereinbarten Termin geliefert wird, fragt man zunächst persönlich oder telefonisch beim Händler an, der dann meist einen neuen Termin für die Lieferung nennt. Verstreicht auch der neue Termin ohne Erfolg, schickt man per Einschreiben (mit Rückschein) ein Mahnschreiben an den Händler, in dem man ihm nochmals eine angemessene Frist einräumt.

Verstreicht auch dieser Termin erfolglos, setzt man dem Händler in einem erneuten Einschreibbrief eine letzte Frist (Nachfrist), kündigt ihm aber gleichzeitig an, daß man nach Ablauf dieser Frist die Ware nicht mehr abnehmen und ihm eventuell entstehende Mehrkosten bei der Beschaffung eines gleichwertigen Ersatzes in Rechnung stellen wird. Nur bei dieser Vorgehensweise hat man einen rechtlichen Anspruch auf Annahmeverweigerung und Mehrkostenersatz.

Wenn ein Liefertermin mit genauem Datum vereinbart wurde, gerät der Verkäufer automatisch nach Verstreichen dieses Termins in Verzug, und der Käufer kann ohne weiteres Ersatz für den durch den Verzug verursachten Schaden verlangen. Will der Käufer die Annahme verweigern, muß er dies dem Verkäufer noch unter Setzung einer Nachfrist androhen. Wurde nur Lieferung etwa in drei Wochen vereinbart, handelt es sich nicht um einen festen Liefertermin.

Kann der Händler die bestellte Ware überhaupt nicht liefern, weil sie nicht mehr hergestellt wird, muß er für die etwaigen Mehrkosten einer Ersatzbeschaffung aufkommen.

Mängelrüge

Wenn man nach Kauf und Lieferung einer Ware, die auch bereits bezahlt ist, Mängel feststellt, kann man, sofern nicht vertraglich eine bestimmte Frist vereinbart wurde (z.B. „Reklamationen nur innerhalb von 14 Tagen möglich"), noch innerhalb von sechs Monaten nach dem Kauf reklamieren. Es empfiehlt sich aber, die Ware so bald wie möglich auf Mängel zu untersuchen, denn später wird es immer schwieriger für den Käufer zu beweisen, daß der Mangel bereits bei Übergabe der Ware vorhanden war.

Für die Mängelrüge gibt es keine Formvorschrift, wegen der Beweislage empfiehlt sich jedoch die schriftliche Form (Einschreiben). Nachdem man fristgerecht mündlich, telefonisch oder schriftlich reklamiert hat, kann man die Ware gegen Erstattung des Kaufpreises zurückgeben (Wandlung) oder das fehlerhafte Produkt behalten, aber einen Preisnachlaß verlangen (Minderung). Umtauschrecht hat man nur, wenn dies ausdrücklich vereinbart wurde (siehe *Kaufvertrag*).

Noch weitergehende Rechte hat der Käufer, wenn ihm der Händler eine bestimmte Eigenschaft der Ware ausdrücklich zugesichert hat (z.B. Anschlußmöglichkeit eines Fernsehgeräts an einen Videorecorder). Stellt sich später heraus, daß die Ware diese Eigenschaft nicht hat, ist der Verkäufer zum Schadensersatz verpflichtet, auch wenn er die Zusicherung im guten Glauben abgegeben hat. Der Händler müßte im oben erwähnten Fall ein Fernsehgerät mit den zugesagten Eigenschaften liefern, ohne jedoch etwaige Mehrkosten zu berechnen. Es empfiehlt sich daher, sich die Zusicherungen bestimmter Eigenschaften schriftlich vom Händler vor dem Kauf bestätigen zu lassen.

In der Praxis bietet der Händler statt der vorgenannten zwei Möglichkeiten häufig die Reparatur – d.h. Nachbesserung – der mangelhaften Ware an. Laut AGB-Gesetz (siehe *Kaufvertrag*) muß diese Reparatur kostenlos durchgeführt werden, auch wenn z.B. der Kundendienst deswegen in die Wohnung des Käufers kommen muß. Bei einfachen technischen Geräten wie einem Bügeleisen ist dem Käufer nur ein Reparaturversuch zuzumuten; das gleiche gilt, wenn ein gekauftes Gerät zur Reparatur eingeschickt werden muß. Bei komplizierten technischen Geräten sind mehrere Nachbesserungsversuche zumutbar, jedoch nicht mehr als drei.

Laut AGB-Gesetz muß der Verkäufer ausdrücklich darauf hinweisen, daß dem Käufer nach dem Bürgerlichen Gesetzbuch (BGB) die Rechte auf Wandlung oder Minderung zustehen, wenn die Nachbesserung fehlschlägt. Fehlt diese Rechtsbelehrung in den Geschäftsbedingungen des Verkäufers (z.B. auf dem Garantieschein), kann der Kunde diese BGB-Rechte sofort in Anspruch nehmen.

Der Händler kann seine Kunden nur dann zunächst an den Hersteller verweisen, wenn eine entsprechende Klausel in seinen allgemeinen Geschäftsbedingungen steht. Man sollte sich jedoch während der ersten sechs Monate nach Übergabe der Ware bei auftretenden Mängeln grundsätzlich an den Händler wenden; ihm gegenüber hat man in der Regel die weitergehenden Rechte.

Mieterhöhung

Eine Mieterhöhung für Wohnraum ist unter folgenden Voraussetzungen zulässig:

- Der Mietzins darf seit einem Jahr nicht erhöht worden sein; der neue muß dem ortsüblichen Mietspiegel entsprechen. Die Erhöhung darf innerhalb von drei Jahren höchstens 30% betragen (wobei diese auf einmal verlangt werden können). Sie muß schriftlich geltend gemacht und begründet werden. Der Mieter kann innerhalb der nächsten zwei Monate ihr zustimmen oder sie ablehnen. Stimmt er zu, gilt sie vom Beginn des dritten Monats nach der Ankündigung. Stimmt er innerhalb von zwei Monaten nicht zu, kann der Vermieter sie innerhalb von zwei Monaten einklagen.
- Bauliche Änderungen o.ä. wurden durchgeführt, die den Gebrauchswert der Wohnung nachhaltig steigern. Die Erhöhung der Jahresmiete darf bis zu 11% der aufgewendeten Kosten betragen. Der Vermieter muß Maßnahmen sowie voraussichtliche Kosten und Mieterhöhung vorher ankündigen und diese nachher erläutern. Die erhöhte Miete gilt ab dem darauffolgenden Monat, wenn die Erklärung bis zum 15. des vorigen Monats gegeben wurde; sonst gilt sie ab dem übernächsten Monat.
- Bei der Staffelmiete werden die Mietsteigerungen bereits bei Vertragsschluß festgelegt, allerdings für längstens zehn Jahre. Während des vereinbarten Zeitraums ist eine Mieterhöhung aus den oben genannten Gründen ausgeschlossen. Die erhöhte Miete gilt jeweils mit Erreichen des vereinbarten Datums automatisch und muß mindestens ein Jahr unverändert bleiben. Das Recht des Mieters, fristgemäß bzw. fristlos bei entsprechendem Grund zu kündigen, darf nicht für mehr als vier Jahre beschränkt werden.

Bei um etwa 50% überhöhter Miete ist die Wuchergrenze erreicht.

Mietvertrag

Ein Mietvertrag kann formlos geschlossen werden, die Schriftform ist jedoch zur Klarheit und gegenseitigen Absicherung sinnvoll. Der Vermieter kann allgemeine Geschäftsbedingungen (AGB) vorlegen, die von den gesetzlichen Regelungen abweichen; auf die Bedingungen muß ausdrücklich hingewiesen werden.

Beide Vertragspartner haben neben den Hauptpflichten – Überlassung der Mietsache zum Gebrauch einerseits und Zahlung des Mietzinses andererseits – noch Nebenpflichten. Der Vermieter muß die Mietsache gebrauchsfähig erhalten. Er muß sie dem Mieter für die Dauer der Mietzeit belassen und darf den vertragsgemäßen Gebrauch nicht stören. Er darf also z.B. die vermietete Wohnung ohne Billigung des Mieters nicht betreten. Er muß die Mietsache außerdem instand halten, wobei viele Mietverträge heute vorsehen, daß der Mieter die Instandhaltung übernimmt.

Der Wohnungsvermieter ist verpflichtet, nach Abschluß der Heizperiode eine nachprüfbare Nebenkostenabrechnung vorzulegen. Aus ihr müssen sich die auf die jeweilige Wohnung im einzelnen entfallenen Kosten sowie die Verteilungsschlüssel ergeben. Tut der Vermieter dies trotz ausdrücklicher Aufforderung nicht, kann der Mieter so lange künftige Vorauszahlungen auf die Nebenkosten verweigern, bis der Vermieter seiner Verpflichtung nachkommt.

Der Mieter darf die Wohnung nicht dauernd zu anderen Zwecken nutzen, als im Mietvertrag festgelegt ist (z.B. als Büro). Er darf ohne Erlaubnis die Mietsache nicht zum ständigen Gebrauch an Dritte untervermieten. Der Mieter muß dem Vermieter unverzüglich anzeigen, wenn er an der Mietsache einen Schaden entdeckt hat. Er muß die Wohnung zur Durchführung der Instandsetzungsarbeiten zur Verfügung halten (Duldungspflicht). Schließlich muß er nach Beendigung des Mietverhältnisses dem Vermieter die Mietsache sofort zurückgeben.

Erfüllt einer der Vertragspartner seine Verpflichtung nicht, hat der andere Anspruch auf Schadensersatz. In gravierenden Fällen kann fristgemäß oder auch fristlos gekündigt werden.

Mutterschutz

Einer Frau darf vom Eintritt der Schwangerschaft bis vier Monate nach der Entbindung im Normalfall nicht gekündigt werden. Bei schweren Verfehlungen muß die Aufsichtsbehörde der Kündigung zustimmen.

Hat der Arbeitgeber eine Kündigung ausgesprochen und die werdende Mutter zeigt ihm bis zu zwei Wochen danach eine Schwangerschaft an, so ist die Kündigung unwirksam. Befristete Arbeitsverhältnisse enden trotz Schwangerschaft zum vereinbarten Termin.

Die werdende Mutter muß ihre Schwangerschaft und den mutmaßlichen Tag der Entbindung dem Arbeitgeber mitteilen, sobald ihr der Zustand bekannt ist. Für die Berechnung der Zeiträume vor und nach der Geburt ist das Zeugnis eines Arztes oder einer Hebamme erforderlich.

Bei der Gestaltung des Arbeitsplatzes müssen Vorkehrungen zum Schutz der werdenden und stillenden Mutter getroffen werden (Gelegenheit zum Sitzen, Ausruhen usw.). Sie darf nicht mit Arbeiten betraut werden, bei denen sie regelmäßig Lasten von 5 kg Gewicht oder gelegentlich von 10 kg heben muß. Sie darf nicht schädlichen Einwirkungen von gesundheitsgefährdenden Stoffen, Strahlen, Erschütterungen usw. ausgesetzt werden. Nach Ablauf des fünften Monats der Schwangerschaft darf sie nicht – soweit die Beschäftigung täglich vier Stunden überschreitet – mit Arbeiten beschäftigt werden, bei denen sie sich erheblich strecken oder beugen oder sich dauernd hocken oder gebückt halten muß. Sie darf keine Geräte bedienen mit hoher Fußbeanspruchung, mit keiner Akkord- oder Fließarbeit (mit vorgeschriebenem Tempo), nicht in Nacht- oder Feiertagsschicht und Mehrarbeit beschäftigt werden. Wenn Gefahr für Leben oder Gesundheit von Mutter und Kind besteht, ist eine Beschäftigung nicht mehr zulässig; in dieser Zeit wird das Arbeitsentgelt weitergezahlt. Sechs Wochen vor der Entbindung besteht Beschäftigungsverbot, es sei denn, die werdende Mutter erklärt sich ausdrücklich zur Arbeit bereit. Die Erklärung kann jederzeit von ihr widerrufen werden.

Das Beschäftigungsverbot erstreckt sich auch auf die Zeit von acht Wochen (bei Mehrlingsgeburten zwölf Wochen) nach der Entbindung. Stillenden Müttern ist auf Verlangen und ohne Verdienstausfall Zeit zum Stillen zu gewähren: mindestens zweimal täglich eine halbe Stunde oder einmal täglich eine Stunde. Bei einer zusammenhängenden Arbeitszeit kann sie täglich zweimal mindestens 45 Minuten verlangen. Wenn in der Nähe der Arbeitsstätte keine Stillgelegenheit vorhanden ist, muß einmal täglich eine Stillzeit von 90 Minuten gewährt werden.

Während der Schutzfristen vor oder nach der Entbindung kann eine Frau das Arbeitsverhältnis ohne Einhalten einer Frist zum Ende der Schutzfrist kündigen. Wenn das Arbeitsverhältnis aufgelöst war und die Frau innerhalb eines Jahres nach der Entbindung wieder eingestellt wird, gilt das Arbeitsverhältnis nicht als unterbrochen, soweit Rechte davon abhängen (Dauer der Berufs- und Betriebszugehörigkeit).

Frauen, die in der gesetzlichen Krankenversicherung versichert sind, erhalten Mutterschaftsgeld. Diejenigen, die nicht gesetzlich versichert sind, aber bei Beginn der Schutzfrist in einem Arbeitsverhältnis standen, erhalten Mutterschaftsgeld zu Lasten des Bundes. Es beträgt höchstens 400 DM (1986). Wer von der Krankenversicherung Mutterschaftsgeld erhält, bekommt vom Arbeitgeber einen Zuschuß.

Der Mutterschaftsurlaub wird seit dem 1. Januar 1986 durch den Erziehungsurlaub (siehe dort und *Erziehungsgeld*) ersetzt.

Pfändung

Pfändung ist die staatliche Beschlagnahme eines Gegenstandes zu dem Zweck, einen Gläubiger, der einen vollstreckbaren Titel (z.B. Urteil, Vollstreckungsbescheid, gerichtlichen Vergleich) zu seinen Gunsten erstritten hat, wegen seiner Geldforderung zu befriedigen.

Der Gläubiger hat die Möglichkeit, über das Amtsgericht am Wohnsitz des Schuldners einen Gerichtsvollzieher zu beauftragen, den Schuldner aufzusuchen und, falls dieser dann immer noch nicht bezahlt, verwertbare Gegenstände mit dem sogenannten Kuckuck zu versehen. Der Gerichtsvollzieher veranlaßt, daß diese Gegenstände innerhalb kürzester Zeit beim Schuldner abgeholt werden. Der Schuldner darf über diese Gegenstände nicht mehr verfügen. Es ist jedoch die sogenannte Pfändungsfreigrenze zu beachten, nach der dem Schuldner an Geld bzw. Gegenständen das belassen werden muß, was zum Existenzminimum erforderlich ist.

Genügen diese Maßnahmen nicht, um die Geldforderung zu erfüllen, kann der Gläubiger die Abgabe der eidesstattlichen Versicherung (früher Offenbarungseid) durch den Schuldner beantragen. Das Amtsgericht erstellt ein Vermögensverzeichnis des Schuldners. Dieser hat sämtliche Vermögensverhältnisse darzulegen, um dem Gläubiger zusätzliche Informationen für eine Zwangsvollstreckung zu geben. Auf diese Weise erfährt der Gläubiger, ob der Schuldner selbst Forderungen gegen Dritte (sogenannte Drittschuldner) hat.

Wenn ja, hat der Gläubiger weiter die Möglichkeit, wiederum beim Amtsgericht des Wohnsitzes des Schuldners einen Pfändungs- und Überweisungsbeschluß zu beantragen. Mit diesem Beschluß kann er bei den Drittschuldnern die Forderung seines Schuldners pfänden. Das bedeutet, daß die Drittschuldner nicht mehr an den Schuldner bezahlen dürfen, sondern vielmehr ausschließlich an den Gläubiger zahlen müssen. Zahlen sie dennoch an den Schuldner, laufen sie Gefahr, zusätzlich an den Gläubiger zahlen zu müssen.

Macht der Schuldner anläßlich der eidesstattlichen Versicherung fahrlässig oder vorsätzlich falsche oder unvollständige Angaben, macht er sich strafbar. Erscheint er zu dem vom Gericht festgesetzten Termin nicht, kann Haftbefehl beantragt werden mit der Folge, daß der Schuldner so lange (bis zu sechs Monaten) ins Gefängnis kommt, bis er zur Abgabe der eidesstattlichen Versicherung bereit ist.

Der Gläubiger kann in der Regel die Abgabe der eidesstattlichen Versicherung nicht verlangen, wenn der Schuldner innerhalb der letzten drei Jahre schon einmal eine eidesstattliche Versicherung abgegeben hat. Ob dies der Fall ist, erfährt er nach entsprechender Antragstellung. Ausnahmsweise kann er die erneute Abgabe aber doch verlangen, wenn er glaubhaft macht, daß der Schuldner inzwischen Vermögen erworben hat oder daß dessen Arbeitsverhältnis aufgelöst wurde.

Ist jedoch bei Schuldner und Drittschuldner nichts zu holen, kommt der Gläubiger – vorerst – nicht zu seinem

Geld. Alle Pfändungsmaßnahmen können wiederholt werden. Aus dem zugrundeliegenden Titel kann 30 Jahre lang vollstreckt werden.

Quellensteuer

Ab 1. Januar 1989 wird eine sogenannte Quellensteuer, eine Spielart der Kapitalertragsteuer, erhoben. Sie besteuert mit 10 % bestimmte Zinserträge an der Quelle, d. h., die Kreditinstitute führen sie (ohne Angaben über den Kontoinhaber) direkt ans Finanzamt ab. Sie ist somit eine Vorauszahlung auf die persönliche Einkommensteuer.

Wer nicht zur Einkommensteuer veranlagt ist, holt beim zuständigen Finanzamt eine entsprechende Bescheinigung und legt sie dem Kreditinstitut vor, damit die Zinsen ungekürzt gutgeschrieben oder ausbezahlt werden können.

Die Quellensteuer fällt an, wenn der Schuldner der Zinserträge seinen gewöhnlichen Aufenthalt, Sitz oder seine Geschäftsleitung im Inland hat. Zinszahlungen ausländischer Schuldner unterliegen der Quellensteuer nicht.

Zinsen aus Guthaben bei Kreditinstituten Keine Quellensteuer fällt an bei

- Spareinlagen mit gesetzlicher Kündigungsfrist;
- Kapitalerträgen aus Giro- und Kontokorrentguthaben, sofern der Zins oder Bonus nicht mehr als 0,5 % pro Jahr beträgt;
- Kapitalerträgen aus Bausparguthaben, sofern der Steuerpflichtige im Kalenderjahr, in dem diese Zinsen gutgeschrieben worden sind, aufgrund eines Bausparvertrags eine Arbeitnehmersparzulage oder Wohnungsbauprämie erhalten hat.

Grundsätzlich fällt die Quellensteuer an bei

- Zinsen, die von inländischen Banken gezahlt werden;
- Zinsen der Kreditanstalt für Wiederaufbau;
- Zinsen der Bausparkasse, des Postgiroamts und des Postsparkassenamts.

Quellensteuerpflichtig sind also in der Regel

- Tagesgelder;
- Festgelder;
- Spareinlagen mit vereinbarter Kündigungsfrist;
- Spareinlagen mit gesetzlicher Kündigungsfrist, wenn Sondervereinbarungen getroffen wurden;
- Sichteinlagen, sobald der Zins höher als 0,5 % pro Jahr ist;
- sämtliche Sparpläne mit oder ohne Versicherungsschutz.

Kapitalerträge aus festverzinslichen Wertpapieren Sie unterliegen der Quellensteuer, sofern nicht bereits Kapitalertragsteuer einbehalten wird. Quellensteuerpflichtig sind

- Sparbriefe;
- Bundesschatzbriefe Typ A und B (jährlich);
- abgezinste Sparbriefe ohne vorzeitige Rückgabemöglichkeit (bei Endfälligkeit);
- Zerobonds, auf- und abgezinste bzw. niedrigverzinsliche Papiere, Finanzierungsschätze (bei Endfälligkeit); die zu versteuernden, rechnerischen Zinsen bei einer eventuellen Zwischenveräußerung unterliegen nicht der Quellensteuer.

Erträge aus Lebensversicherungen Über die bereits steuerpflichtigen Erträge aus Lebensversicherungen hinaus sind nun auch die Gewinnanteile aus kapitalbildenden begünstigten Lebensversicherungen quellensteuerpflichtig. Nicht erfaßt werden die rechnerischen Zinsen von 3,5 % pro Jahr. Muß eine Quellensteuer gezahlt werden, ist die Einkommensteuer damit abgegolten.

Erträge aus Investmentfonds Sämtliche Ausschüttungen inländischer Investmentfonds unterliegen der Quellensteuer, allerdings nur, wenn die Erträge aus Anlagen erzielt wurden, die ebenfalls der inländischen Quellensteuer unterliegen. Erträge der Investmentgesellschaft, die nicht mit inländischer Kapitalertragsteuer belastet waren, sind auch nicht beim Anleger quellensteuerpflichtig.

Siehe auch *Geldanlage, Seite 414–415; Sparkonto; Steuerarten.*

Prozeßkostenhilfe

Sinn der Prozeßkostenhilfe ist, daß jeder Bürger, ob arm oder reich, zu seinem Recht kommen soll. Wenn man weitgehend mittellos ist und die Kosten eines Prozesses nicht vorschießen kann, ohne den eigenen Unterhalt und den der Familie zu beeinträchtigen, wird auf Antrag Prozeßkostenhilfe gewährt.

Das Gesuch um Prozeßkostenhilfe kann entweder durch einen Anwalt oder persönlich bei dem Gericht gestellt werden, das über den konkreten Rechtsfall zu entscheiden hat (siehe *Rechtsstreitigkeiten*). Voraussetzung für die Gewährung einer Prozeßkostenhilfe ist, daß die beabsichtigte Rechtsverfolgung hinreichende Aussicht auf Erfolg hat und nicht mutwillig erscheint.

Wird dem Antrag auf Prozeßkostenhilfe stattgegeben, werden der bei Klageeinreichung fällige Gerichtskostenvorschuß und, falls erforderlich, die Kosten für einen Rechtsanwalt gestundet, der auch gleich zu Beginn des Verfahrens einen Vorschuß fordern kann. Auch der Prozeßgegner ist dann einstweilig von der Bezahlung dieser Kosten befreit, da nicht eine Partei bevorzugt werden soll.

Gewinnt die Partei, der die Prozeßkostenhilfe gewährt wurde, so kann der sie vertretende Anwalt sein Honorar von der verurteilten Gegenpartei verlangen. Geht der Prozeß wider Erwarten verloren, so muß der Empfänger der Prozeßkostenhilfe die Kosten des Verfahrens tragen. Hier gibt es allerdings auch Ausnahmen, wenn das Existenzminimum gefährdet ist.

Rechtsanwalt suchen

Wer den Rat eines Anwalts einholen will, sollte bedenken, daß es zu dessen Aufgabe gehört, einen Klienten zu beraten und ihn darüber aufzuklären, wie der Gesetzgeber eine bestimmte Sachlage beurteilt. Er kann jedoch keine Entscheidungen für seinen Mandanten treffen und auch bei der Lösung eines Problems keine Wunder vollbringen, wenn der Mandant im Unrecht ist.

Am besten erkundigt man sich bei Verwandten, Freunden oder Arbeitskollegen, wo sie schon einmal Rat in Rechtsangelegenheiten eingeholt haben. Wenn jemand einen Anwalt empfiehlt, sollte man ihm folgende Fragen stellen: Hat der Anwalt den Ausführungen des Mandanten aufmerksam zugehört? Konnte er die Rechtslage und die bestehenden Möglichkeiten in verständlicher Weise darlegen? Hat der Anwalt den Mandanten prompt und höflich behandelt?

Sind die Antworten auf diese Fragen positiv, ruft man an, um einen Termin mit dem Anwalt zu vereinbaren. Dabei kann man sich erkundigen, ob und in welcher Höhe Gebühren für ein erstes Gespräch anfallen, und seinen Fall kurz beschreiben, um festzustellen, ob der Anwalt für dieses spezielle Rechtsgebiet zuständig ist. Wenn man im Bekannten- und Verwandtenkreis keine geeignete Empfehlung bekommt, kann man bei öffentlichen Stellen oder Rechtshilfeorganisationen Rat einholen. Die Rechtsanwaltskammer des jeweiligen Bezirks und die Bundesrechtsanwaltskammer führen Listen von Anwälten, gegliedert nach Rechtsgebieten, die jeder einsehen kann.

Auf das Gespräch mit dem Rechtsanwalt sollte man sich sorgfältig vorbereiten. Für jede einzelne Beratung wird ein Honorar berechnet; man sollte deshalb keine Zeit verschwenden. Dabei muß man offen und ehrlich sein; der Anwalt muß alle notwendigen Informationen haben, um entsprechend tätig zu werden. Er unterliegt einer Geheimhaltungspflicht in allen Rechtsangelegenheiten, die er anläßlich des Mandats erfährt. Man sollte sich auch nicht scheuen, Fragen zu stellen. Wenn man diesbezüglich Bedenken oder aus anderen Gründen kein Vertrauen hat, sollte man sich nach einem anderen Anwalt umsehen.

Rechtsstreitigkeiten

Die Zuständigkeit der Gerichte hängt vom jeweiligen Rechtsgebiet ab, aus dem ein Anspruch geltend gemacht wird.

Amts- und Landgerichte Dies sind Zivilgerichte, die sich mit Rechtsstreitigkeiten aus Kauf-, Miet-, Werkverträgen usw. sowie mit Familien- und Ehesachen befassen. Das Amtsgericht entscheidet bei vermögensrechtlichen Streitigkeiten bis zu einer Höchstgrenze von 5000 DM; bei einem Streitwert von mehr als 5000 DM ist das Landgericht zuständig. Vor dem Landgericht muß man sich von einem Rechtsanwalt vertreten lassen. Vor dem Amtsgericht kann man selbst verhandeln; man wendet sich in diesem Fall unmittelbar an das Gericht. Zu beachten ist aber die Besonderheit im Scheidungsverfahren (siehe *Ehescheidung*).

Strafgerichte Sie sind zuständig für Straftaten wie Betrug, Urkundenfälschung, Unterschlagung usw. Bei leichteren Straftaten ist die Verteidigung durch einen Rechtsanwalt nicht erforderlich. Anders verhält es sich bei schwereren Straftaten, die mit mindestens einem Jahr Freiheitsentzug bedroht sind: Hier wird vom Gericht ein Pflichtverteidiger beigeordnet, wenn der Angeklagte selbst keinen Rechtsbeistand bestellt hat. Ist man selber Opfer einer Straftat geworden, erstattet man Anzeige bei der Polizei.

Arbeitsgericht Streitigkeiten aus dem Arbeitsrecht, z. B. bei einer fristlosen Kündigung seitens des Arbeitgebers oder Differenzen zwischen Betriebsrat und Arbeitgeber, entscheidet das Arbeitsgericht. Vor Arbeitsgerichten kann man sich durch einen Rechtsanwalt vertreten lassen, selbst auftreten oder einen Vertreter der Gewerkschaft beauftragen, falls man Mitglied ist. Bevor es zu einem Rechtsstreit kommt, kann man beim Arbeitsgericht um einen Termin bitten und von Rechtspflegern bereits vorab unverbindlichen Rat über geeignete Maßnahmen einholen.

Sozial- und Finanzgericht Über Ansprüche aus der Kranken-, Renten- und Unfallversicherung entscheidet das Sozialgericht. Steuersachen werden vor Finanzgerichten verhandelt und entschieden. Auf beiden Rechtsgebieten besteht Vertretungszwang nur vor dem Bundessozial- bzw. Bundesfinanzgericht. Man kann vor den Sozial- und Finanzgerichten entweder selbst verhandeln oder sich von einem Rechtsanwalt, dem Vertreter einer Gewerkschaft oder einem Steuerberater vertreten lassen.

Registratur

Alle Schriftstücke, die das Einkommen und Vermögen betreffen, sollten so aufbewahrt werden, daß sie termingerecht – z. B. für Steuererklärungen – verfügbar sind. In die aktuelle Ablage, am besten einen Ordner, kommen eingehende Schriftstücke, die man im Lauf des Jahres wieder benötigt: gültige Policen der Kraftfahrzeug-, Haftpflicht-, Gebäude-, Hausrat- und Krankenversicherung; Kontoauszüge; Belege über Sozialabgaben und -leistungen; Anstellungs- und Ausbildungsverträge; Unterlagen über Hypotheken und andere Urkunden zum Haus- und Grundbesitz; Verträge über Teilzahlungsgeschäfte und Darlehen; Aufstellungen über Einnahmen aus Vermietung und Verpachtung; Garantieunterlagen und Betriebsanleitungen für Geräte. Am Ende des Jahres stellt man alle Unterlagen zusammen, die für die Steuererklärung benötigt werden, wirft überholte Belege weg und gibt den Rest, sofern er nochmals benötigt wird, in die aktuelle Ablage zurück. Unterlagen, die man langfristig aufbewahren möchte, werden in Ordnern abgelegt.

Altablage Diese dient dazu, Steuerunterlagen und dazugehörige Belege aufzunehmen, bei denen eine Aufbewahrungspflicht bis zu zehn Jahren besteht, z. B. Bankauszüge und die meisten Schriftstücke aus der früher aktuellen Ablage. Außerdem müssen die Policen von alten Haftpflichtversicherungen der Hauseigentümer und Kraftfahrzeugbesitzer so lange aufbewahrt werden, wie Geschädigte noch Ansprüche stellen könnten.

In feuerfesten Behältern, einem Safe oder Bankschließfach sind solche Dokumente aufzubewahren, die nur schwer oder gar nicht neu beschafft werden können: Geburts- und Heiratsurkunden; Scheidungsurteile; Reisepässe; Belege der Rentenversicherung; Abschriften von Testamenten; Graburkunden; Lebensversicherungspolicen; Aktien, Pfandbriefe und andere Wertpapiere; Treuhandurkunden; Immobilienkaufverträge, Grundbuchauszüge und Vermessungsbescheide; Kraftfahrzeugbriefe; Schuldscheine, Hypothekenurkunden und Kreditunterlagen.

Siehe auch *Kontoauszüge überprüfen*.

Rentenversicherung

Die Rentenversicherung ist eine Versicherung für die gesamte Bevölkerung: für Arbeiter, Angestellte, Selbständige und auch Hausfrauen.

Es gibt zwei Arten der Rentenversicherung, und zwar die Pflichtversicherung und die freiwillige Versicherung. Pflichtversichert ist man als Arbeiter oder Angestellter. Es gibt keine Möglichkeit, sich zu befreien. Angestellte sind bei der Bundesversicherungsanstalt für Angestellte (BfA), Sitz in Berlin, Arbeiter bei den Landesversicherungsanstalten versichert. Freiwillig versichern kann sich jeder, der der Rentenversicherung nicht schon als Pflichtmitglied angehört. Die freiwillige Rentenversicherung ist an keinerlei Voraussetzungen gebunden.

Die Beiträge für Pflichtversicherte richten sich nach dem Einkommen und werden von Arbeitgeber und Arbeitnehmer je zur Hälfte getragen. Lediglich bei Geringverdienern (1988 600 DM monatlich) zahlt der Arbeitgeber den Beitrag allein. Freiwillig Versicherte zahlen den vollen Beitrag selbst.

Wartezeit Leistungen aus der Rentenversicherung können nur beansprucht werden, wenn der Versicherte eine gewisse Mindestzeit der Versicherung angehört hat. Diese sogenannte Wartezeit ist vom Rentenfall abhängig und beträgt zwischen fünf und 35 Versicherungsjahren. In bestimmten Ausnahmefällen (z.B. Arbeitsunfall) gilt die Wartezeit als erfüllt, wenn ein Beitrag entrichtet wurde. Die Wartezeit kann nur mit Beitrags-, Ersatzzeiten und Zeiten aus dem Versorgungsausgleich erfüllt werden. Ausfallzeiten werden den Beitragszeiten nur dann hinzugerechnet, wenn die Halbbelegung erreicht ist, d.h., wenn die Hälfte der Versicherungszeit vom Beginn der Versicherung bis zum Rentenfall mit Beiträgen belegt ist (z.B. insgesamt 30 Versicherungsjahre, davon 15 Jahre Beitragszeiten).

Die Versicherungsjahre setzen sich zusammen aus

- Zeiten, für die Beiträge entrichtet wurden, sowie Erziehungsurlaub (siehe dort);
- Zeiten aus dem Versorgungsausgleich bei Ehegatten, die nach dem 30. Juni 1977 geschieden wurden;
- Ersatzzeiten, z.B. Wehrdienst, Zivildienst, Internierung;
- Ausfallzeiten, also Zeiten ohne Pflichtbeiträge, z.B. Arbeitsunfähigkeit ohne Lohn- bzw. Gehaltsfortzahlung, Mutterschutz (siehe dort), Arbeitslosigkeit (Hausfrauen, die sich arbeitslos melden, ohne Arbeitslosengeld oder Arbeitslosenhilfe in Anspruch zu nehmen, können sich diese Zeit als Ausfallzeit anrechnen lassen), Schulbesuch nach Vollendung des 16. Lebensjahres, weitere Schulausbildung, Fachschul- und Hochschulausbildung;
- Zurechnungszeiten, also der Zeit von Beginn der Berufs- oder Erwerbsunfähigkeit bis zum 55. Lebensjahr.

Höhe der Rente Hier sind vier Faktoren bestimmend:

- Bei der persönlichen Rentenbemessungsgrundlage wird der gesamte Arbeitsverdienst des Versicherten in seinem Arbeitsleben prozentual zum durchschnittlichen Bruttoarbeitsverdienst aller Versicherten ins Verhältnis gesetzt.
- Die allgemeine Bemessungsgrundlage errechnet sich aus dem durchschnittlichen Bruttoarbeitsverdienst aller Versicherten (siehe oben).
- Die Versicherungsjahre werden wie oben berechnet.
- Der Steigerungssatz beträgt 1% bei Rente wegen Berufsunfähigkeit, 1,5% bei Rente wegen Erwerbsunfähigkeit und Altersruhegeld.

Rentennachweis Der Nachweis über die eingezahlten Beiträge wird durch die frühere Versicherungskarte bzw. Entgeltbescheinigung und ab 1973 durch die Versicherungsnachweise aus dem Sozialversicherungsnachweisheft geführt. Jeder Versicherte hat eine persönliche Versicherungsnummer, unter der alle Nachweise gespeichert werden. Deshalb ist es wichtig, daß der Versicherungsverlauf lückenlos durch Bescheinigungen belegt ist. Hier helfen die Rentenversicherungsanstalten, den Versicherungsverlauf rechtzeitig zu klären.

Bei Vollendung des 55. Lebensjahres hat man Anspruch auf eine Berechnung seiner Rentenanwartschaft. Wer das 45. Lebensjahr vollendet hat, bekommt regelmäßig von seiner Rentenversicherungsanstalt einen Versicherungsverlauf zugeschickt, damit Fehlzeiten aufgeklärt werden können. Auf Anforderung sendet die jeweils zuständige Rentenversicherungsanstalt auch jüngeren Versicherten Versicherungsverläufe zu, damit möglichst viele Konten rechtzeitig geklärt werden. Der Verlust von Rentenunterlagen sollte möglichst sofort gemeldet werden. Eingezahlte Beiträge werden nur in Ausnahmefällen zur Hälfte erstattet, beispielsweise wenn ein Anspruch auf Hinterbliebenenrente (siehe dort) nicht besteht.

Leistungen Die Rentenversicherungsanstalten gewähren Leistungen zur medizinischen und berufsfördernden Rehabilitation (Heilmittel, Heilverfahren, Ausbildung, Umschulung) sowie ergänzende Leistungen zur Rehabilitation (Übergangsgeld). Dies soll eine frühzeitige Rentenzahlung verhindern und die Arbeitskraft erhalten.

Rentenantrag Er kann beim Versicherungsamt des Wohnortes oder der Gemeindebehörde gestellt werden. Daraufhin erfolgen die Prüfung und Entscheidung sowie gegebenenfalls die Berechnung der Rente. Nach Erhalt des Rentenbescheids wird die Rente durch die Bundespost ausgezahlt. Gezahlt werden Renten an Versicherte, wenn die Voraussetzungen erfüllt sind, wegen Kindererziehung, Berufs- und Erwerbsunfähigkeit; an weibliche Versicherte bei Vollendung des 60. Lebensjahres, wenn sie in den letzten 20 Jahren überwiegend Pflichtbeiträge gezahlt haben (mindestens 121 Monatsbeiträge); an Arbeitslose, Schwerbehinderte und Berufsunfähige bei Vollendung des 60. Lebensjahres; bei Vollendung des 63. Lebensjahres (flexibles Altersruhegeld) mit mindestens 35 Versicherungsjahren; bei Vollendung des 65. Lebensjahres (Altersruhegeld); an Hinterbliebene beim Tod des Versicherten (siehe *Hinterbliebenenrente*).

Nur nach Vollendung des 65. Lebensjahres darf unbegrenzt hinzuverdient werden.

Wer sich nur kurzfristig (bis zu einem Jahr) im Ausland aufhält, bekommt die Rente wie bisher weiter. Wer für länger als ein Jahr oder sogar für immer im Ausland bleiben will, sollte das in jedem Fall dem Rentenversicherungsträger vorher mitteilen und nach den Folgen für die Rentenzahlung fragen. Möglicherweise wird die Rente dann nur noch zu einem Teil oder überhaupt nicht mehr überwiesen.

Auskunft und Beratung in allen Rentenangelegenheiten erteilen die zuständigen Landesversicherungsanstalten und die Bundesversicherungsanstalt. Auch in Städten und Gemeinden gibt es Beratungsstellen.

Scheck

Der Scheck ist eine Urkunde mit der unbedingten Anweisung des Kontoinhabers, aus seinem Guthaben (oder im Rahmen eines ihm eingeräumten Kredits) an einen Dritten die Summe zu zahlen, die im Scheck genannt wird. Der Scheck muß folgende gesetzliche Bestandteile aufweisen:

- die Bezeichnung als Scheck im Text der Urkunde;
- die unbedingte Anweisung, eine bestimmte Summe zu zahlen;
- den Namen des Bezogenen (d.h. des Kontoinhabers);
- den Zahlungsort;
- Ort und Tag der Ausstellung;
- die Unterschrift des Ausstellers.

Ein Scheck kann als Orderscheck ausgestellt werden, d.h., er ist nur zugunsten einer bestimmten Person ausgestellt. Andernfalls ist er ein Inhaberscheck, d.h., wer ihn in Händen hat, darf ihn einlösen.

Schecks sind dann zahlbar, wenn sie vorgelegt werden. Es gibt aber gesetzliche Fristen, innerhalb derer die Schecks dem bezogenen Kreditinstitut vorgelegt werden müssen.

Ähnlich wie beim Wechsel (siehe dort) wird der Scheck in dem Fall „protestiert", wenn der Aussteller über kein ausreichendes Guthaben bzw. über keinen Kredit zum Einlösungszeitpunkt verfügt.

Diebstahl oder Verlust von Schecks meldet man sofort der ausgebenden Bank.

Barscheck Diese Scheckart dient dazu, daß die genannte Summe an den Kontoinhaber oder an einen Dritten bar ausgezahlt wird. Es besteht hier die Gefahr, daß ein Unberechtigter, in dessen Hände der Scheck gelangt, Bargeld erhält.

Verrechnungsscheck Durch den Vermerk „Nur zur Verrechnung" quer auf der Vorderseite des Schecks untersagt der Scheckaussteller dem bezogenen Kreditinstitut, diesen Scheck bar auszuzahlen. Wer ihn einlösen will, muß folglich ein Bankkonto haben. Die Gefahr des Mißbrauchs ist hier geringer.

Eurocheque Die Eurocheque-Karte wird für den Girokontoinhaber (siehe *Girokonto*) vom Kreditinstitut ausgestellt und ist ein besonderer Ausweis, der Namen, Kontonummer und Unterschrift des Kontoinhabers enthält. (Auf Wunsch des Kontoinhabers kann auch an einen Bevollmächtigten diese Scheckkarte ausgegeben werden.)

Zusätzlich garantiert das Kreditinstitut mit der Eurocheque-Karte, daß alle ausgestellten Eurocheques bis zu dem Betrag von 400 DM (oder dem entsprechenden Gegenwert in ausländischer Währung) bezahlt werden. Wegen dieser Garantieleistung wendet die ausgebende Bank gewisse Auswahlkriterien für die Ausgabe von Eurocheque-Karten an. Diese Kriterien sind jedoch von Institut zu Institut unterschiedlich. Verwendung findet die Eurocheque-Karte, die mit dem ausgestellten Scheck vorgelegt werden muß,

- bei Einkäufen im Einzelhandel;
- für Barabhebung bei Banken im Inland und im europäischen Ausland.

Wichtig ist, daß der Besitzer Eurocheque-Karte und Eurocheques getrennt aufbewahrt. Das Risiko mißbräuchlicher Verwendung, etwa bei Verlust oder Diebstahl, läßt sich dadurch vermindern, da die Eurocheques ohne Karte ungültig sind.

Reisescheck Diese Art von Zahlungsmitteln bietet sich eigentlich nur dann an, wenn im Ausland größere Barbeträge zur Verfügung stehen müssen. Die inländischen Kreditinstitute geben Reiseschecks aus, die auf 50, 100 oder 500 DM lauten. Sie sind zeitlich unbegrenzt gültig. Außerdem sind Reiseschecks von amerikanischen und englischen Banken erhältlich, die auf die jeweilige Landeswährung lauten.

Die Reiseschecks werden beim Erwerb vom Käufer unterzeichnet. Bei der Einlösung muß er dann erneut unterschreiben, wobei die Bank die erste und zweite Unterschrift vergleicht und eine Legitimationsprüfung anhand des Ausweises vornimmt. So ist das Risiko des Mißbrauchs bei Verlust oder Diebstahl relativ gering.

Schlechtwettergeld

Arbeiter im Baugewerbe können in der Zeit vom 1. November–31. März Schlechtwettergeld beziehen. Voraussetzung hierfür ist, daß sie in einem Betrieb des Baugewerbes beschäftigt sind, der zum Bezug von Schlechtwettergeld zugelassen ist. Der Arbeitsausfall muß durch Witterungsgründe verursacht sein.

Das Schlechtwettergeld wird dann gezahlt, wenn an einem Arbeitstag mindestens eine Stunde der Arbeitszeit ausfällt. Diese Stunde muß nicht zusammenhängend sein. Wichtig ist, daß der Arbeitgeber den Arbeitsausfall unverzüglich schriftlich dem Arbeitsamt meldet. Dieses kann Bezieher von Schlechtwettergeld vorübergehend in andere Arbeit vermitteln (Schneeräumen). Das Schlechtwettergeld wird wie das Kurzarbeitergeld berechnet (siehe dort).

Schwerbehinderte

Im Sinn des Gesetzes sind Schwerbehinderte körperlich, geistig oder seelisch behinderte Personen, deren Erwerbsfähigkeit infolge der Behinderung um mindestens 50% gemindert ist. Gleichgestellt werden können Personen, deren Erwerbsfähigkeit aufgrund der Behinderung weniger als 50%, aber mindestens 30% gemindert ist und die ohne die Gleichstellung einen geeigneten Arbeitsplatz nicht erlangen oder nicht behalten können.

Die Anerkennung als Schwerbehinderter muß vom zuständigen Versorgungsamt, die Gleichstellung beim Arbeitsamt beantragt werden. Der von der Behörde ausgestellte Ausweis berechtigt den Inhaber dazu, gewisse Rechte und Vergünstigungen in Anspruch zu nehmen.

Die Rechte wirken sich im Berufsleben aus. Der Arbeitgeber kann beispielsweise Schwerbehinderten und Gleichgestellten nur mit Zustimmung der Hauptfürsorgestelle kündigen. Die Kündigungsfrist beträgt mindestens vier Wochen. Schwerbehinderte haben außerdem Anspruch auf zusätzlichen bezahlten Urlaub von sechs Arbeitstagen im Kalenderjahr.

Vergünstigungen wirken sich in der Lohn- und Kraftfahrzeugsteuer aus. Auch Eintrittsgelder und Fahrtkosten für öffentliche Verkehrsmittel sind verbilligt.

Vom Arbeitsamt werden Rehabilitationsmaßnahmen zur Eingliederung in das Berufsleben gefördert.

Sorten

Sorten sind bare ausländische Zahlungsmittel, also Münzen und Noten einer fremden Währung.

Der Ankaufs- oder Geldkurs ist niedriger als der Verkaufs- oder Briefkurs; die Differenz vereinnahmt die jeweilige Bank.

Bare ausländische Zahlungsmittel sollten – sofern ihre Ein- bzw. Ausfuhr überhaupt zulässig ist – nur in begrenztem Umfang mitgeführt werden. Das Verlust- und Diebstahlrisiko ist hoch, und die nicht benötigten Zahlungsmittel werden nur zum relativ niedrigen Rückkaufskurs – Münzen oft überhaupt nicht – von den Banken zurückgekauft. Speziell bei Auslandsreisen sollten also andere Möglichkeiten in Betracht gezogen werden (siehe *Devisen*, *Kreditkarte*, *Scheck*).

Sozialhilfe

Nach dem Bundessozialhilfegesetz hat jeder Bürger unter bestimmten Voraussetzungen einen Anspruch auf Sozialhilfe. Sie wird demjenigen gewährt, der seinen Lebensunterhalt nicht ausreichend oder überhaupt nicht aus eigenen Mitteln bestreiten kann, und steht völlig Mittellosen sowie auch Besitzern von kleinen Eigenheimen, Empfängern niedriger oder mittlerer Einkommen (z.B. Lohn, Rente, Kindergeld, Arbeitslosenunterstützung) zu.

Diese Hilfe richtet sich nach Regelsätzen, die von den familiären Verhältnissen abhängen, und wird vorübergehend oder ständig gewährt, je nach der persönlichen Notlage des Empfängers. Es wird nur der Bedarf gedeckt, der durch andere Einkünfte nicht ausreichend bestritten werden kann. Es werden z.B. gewährt: Wohngeld, Diätenzulage wegen Zuckerkrankheit, Kuren (Kinder, Jugendliche, alte Menschen), Kleidergeld, Zuschuß zu Möbeln, Zuschuß zu Alten- und Pflegeheimplätzen. Der Antrag wird beim Sozialamt gestellt.

Sozialhilfe muß in der Regel nicht zurückgezahlt werden, es sei denn, es handelt sich um Darlehen vom Sozialamt oder um Erwachsene, die ihre Angehörigen vorsätzlich oder grob fahrlässig in eine Notlage gebracht und sie damit zu Sozialhilfeempfängern gemacht haben. Eltern sind gegenüber ihren Kindern und Kinder gegenüber ihren Eltern unterhaltspflichtig. Das gleiche gilt für Ehepartner, auch nach einer Scheidung. Diese Pflicht geht der Sozialhilfe vor. Entfernte Verwandte, z.B. Enkel – Großeltern, Nichten/Neffen – Onkel/Tanten, werden nicht herangezogen.

Sparkonto

Neben ganz wesentlichen volkswirtschaftlichen Aspekten liegt die Bedeutung des Sparens vorrangig in der persönlichen Zukunftsvorsorge des einzelnen. Als geeignetes Instrument hat sich hierbei das Sparkonto bewährt, dessen Sinn und Zweck es sein soll, der Ansammlung oder Anlage von Vermögen zu dienen. Gelder, die zur Verwendung innerhalb eines Geschäftsbetriebs bestimmt sind oder für Zahlungen benötigt werden, sollten folglich auf ein Sparkonto nicht einbezahlt werden.

Rechtlich gesehen ist die Spareinlage bei einem Kreditinstitut ein Darlehen, das der Sparer der Bank gewährt. Zur Dokumentation dieses Darlehens muß die Bank eine Urkunde – in der Regel ein Sparbuch – erstellen, die dem Sparer nach der ersten Einzahlung ausgehändigt wird. Das Sparbuch enthält normalerweise Angaben über Namen und Anschrift des Sparers, die Nummer des Sparkontos, die Ein- und Auszahlungen sowie Hinweise auf die Kündigungsfrist und gegebenenfalls ein Kennwort (siehe unten). Seit 1967 ist es den Banken erlaubt, den Zinssatz für Spareinlagen selbst festzusetzen.

WICHTIG!

Da mit der Eröffnung eines Sparkontos der betreffenden Bank Kapital anvertraut wird, sollte kein Zweifel über deren Bonität und seriöse Geschäftspraktik bestehen. Wenn möglich, wählt man ein Kreditinstitut, bei dem auch Mündelgeld, also das vom Vormund verwaltete Kapitalvermögen, angelegt werden darf (bei der jeweiligen Bank zu erfragen).

Grundsätzlich werden zwei Typen von Spareinlagen unterschieden:

- Beim Sparkonto mit gesetzlicher Kündigungsfrist gilt unabdingbar, daß über das Sparguthaben nur nach Einhaltung einer Kündigungsfrist von drei Monaten verfügt werden kann. Ohne Kündigung können allerdings innerhalb von jeweils 30 Zinstagen bis zu 2000 DM abgehoben werden. Wird ein höherer Betrag gewünscht, berechnet das Kreditinstitut für den Teil der Ab hebung, der 2000 DM übersteigt, einen Vorschußzins. Dieser muß mindestens ein Viertel des Guthabenzinssatzes betragen und wird für die Zeit in Rechnung gestellt, für die der Sparer „zu früh verfügt" (maximal 90 Tage). Auf diese Regelung kann und darf die Bank nur in bestimmten Ausnahmefällen verzichten.
- Beim Sparkonto mit vereinbarter Kündigungsfrist muß die Kündigungsfrist, die der Sparer mit seiner Bank festlegt, mindestens sechs Monate betragen. Dabei ist zu berücksichtigen, daß eine Kündigung frühestens sechs Monate nach Einzahlung der Spareinlage ausgesprochen werden darf (Kündigungssperrfrist). Dafür liegen die Zinssätze für Spareinlagen mit vereinbarter Kündigungsfrist etwas über den Sätzen für Spareinlagen mit gesetzlicher Kündigungsfrist.

Für alle Sparkonten gilt, daß – bis auf wenige Ausnahmesituationen – eine Verfügung ohne Vorlage des Sparbuches nicht möglich ist. Zur erhöhten Sicherheit kann der Sparer mit seiner Bank ein Kennwort vereinbaren, das vor jeder Auszahlung genannt werden muß.

Die anfallenden Zinsen werden jeweils zum Ende des Kalenderjahres gutgeschrieben und dann mitverzinst. Die Höhe des Zinssatzes richtet sich, abgesehen von der Art der Spareinlage, nach der Kapitalmarkt- und Wettbewerbssituation.

Sparbuch verloren In einem solchen Fall sollte der Sparer unverzüglich sein Kreditinstitut aufsuchen und dort glaubhaft den Verlust darlegen. Die Bank wird dann mittels eines gerichtlichen Aufgebotsverfahrens das Sparbuch für kraftlos erklären lassen.

Siehe auch *Geldanlage*.

Steuerarten

Die meisten Steuern werden im Rahmen des Finanzausgleichs zwischen den einzelnen Bundesländern (horizontal) und zwischen Bund, Ländern und Gemeinden (vertikal) verteilt. Die folgende Aufstellung erhebt keinen Anspruch auf Vollständigkeit, gibt aber eine Übersicht über die Hauptsteuerarten. Die in diesen Erläuterungen nicht aufgeführten Steuerarten besitzen wirtschaftlich gesehen eher untergeordnete Bedeutung.

Besitzsteuern Sie teilen sich in Personalsteuern (Einkommensteuer mit den Unterarten Lohnsteuer, Kirchensteuer und Kapitalertragsteuer, Körperschaftsteuer, Erbschaftsteuer und Vermögensteuer) und Realsteuern (Grundsteuer und Gewerbesteuer).

- Einkommensteuer fällt für Arbeitnehmer an, deren zu versteuerndes Einkommen größer als 24000 DM (Alleinstehende) bzw. 48000 DM (Verheiratete) ist. Die jährliche Einkommensteuererklärung bietet dem Arbeitnehmer die Möglichkeit, steuermindernde Ausgaben usw. geltend zu machen (siehe *Absetzung nach §10e; Werbungskosten*).
- Lohnsteuer, eine Unterart der Einkommensteuer, muß vom Entgelt abgeführt werden. Alle Arbeitnehmer, die unter den Grenzen für die Einkommensteuer liegen, sind lohnsteuerpflichtig. Der Lohnsteuerjahresausgleich hat dieselbe Funktion wie die Einkommensteuererklärung.
- Kirchensteuer wird von den Steuerpflichtigen erhoben, die Mitglied einer Kirche sind, die Kirchensteuer beansprucht. Sie wird in Höhe eines bestimmten Prozentsatzes der Lohnsteuer berechnet (er differiert je nach Bundesland).
- Kapitalertragsteuer ist eine Unterart der Einkommensteuer, die u.a. bei Dividenden aus Aktien (siehe dort) erhoben wird. Die Kreditinstitute behalten von der Bruttodividende 25% ein und führen diesen Betrag an die Finanzämter ab. Die Kapitalertragsteuer ist also eine Vorauszahlung auf die am Jahresende festzustellende Einkommensteuer.
- Körperschaftsteuer ist die Einkommensteuer von juristischen Personen (Unternehmen wie beispielsweise eine Aktiengesellschaft).
- Erbschaftsteuer fällt immer dann an, wenn Vermögen vererbt wird. Je nach Steuerklasse, die sich nach dem Verwandtschaftsgrad bestimmt, und unter Berücksichtigung von ganz bestimmten Freibeträgen muß diese Steuer von den Erben bezahlt werden.
- Vermögensteuer muß ab einer gewissen Größenordnung und unter Berücksichtigung von Freibeträgen und Bewertungsansätzen in Höhe von 0,5% jährlich bezahlt werden. Zum Vermögen zählen z.B. Sparguthaben, Immobilien, Wertpapiere, Gold. Verbindlichkeiten werden als Minderung berücksichtigt.
- Grundsteuer trifft jeden, der Grund und Boden besitzt. Die Höhe richtet sich nach dem Steuermeßbescheid der jeweiligen Gemeinde.
- Gewerbesteuer fällt für jeden Gewerbetreibenden an.

Siehe auch *Quellensteuer*.

Verkehrsteuern Zu dieser Kategorie zählen Grunderwerbsteuer, Umsatzsteuer, Kapitalverkehrsteuer (mit den Unterarten Gesellschaftsteuer, Börsenumsatzsteuer und Wechselsteuer) sowie die Versicherungsteuer.

- Grunderwerbsteuer fällt an, wenn beispielsweise eine Eigentumswohnung oder ein Haus erworben wird. Die Höhe beträgt 2% der Kaufsumme.
- Umsatzsteuer fällt beim Waren- oder Dienstleistungsverkehr an. Derzeit beträgt sie 14% im Inland (Mehrwertsteuer).
- Kapitalverkehrsteuer ist ein Überbegriff, den das Kapitalverkehrsteuergesetz benutzt. Darunter fällt z.B. die Börsenumsatzsteuer, die bei jedem Kauf oder Verkauf von Aktien, festverzinslichen Wertpapieren usw. anfällt und vom Käufer und Verkäufer zu entrichten ist. Die Höhe bestimmt sich nach dem Wesen des gehandelten „Kapitals". Sie wird beim Geschäftsverkehr über Banken von diesen einbehalten und an die jeweiligen Finanzämter abgeführt.
- Versicherungsteuer fällt z.B. bei Abschluß einer Kfz-Haftpflichtversicherung an. Sie wird vom Versicherungsunternehmer dem Versicherten belastet und abgeführt.

Verbrauchsteuern In diese Rubrik gehören Kfz-Steuer, Branntweinsteuer, Tabaksteuer, Mineralölsteuer, Salzsteuer, Süßstoffsteuer, Teesteuer, Hundesteuer, Biersteuer und Vergnügungsteuer.

- Kfz-Steuer wird für jedes in Betrieb gesetzte Kraftfahrzeug je nach Hubraumgröße und Schadstoffkategorie erhoben.
- Branntweinsteuer ist im Kaufpreis für Spirituosen enthalten.
- Tabaksteuer ist ebenfalls im Kaufpreis von Tabakwaren enthalten.
- Mineralölsteuer ist im Literpreis für Benzin- und Dieselkraftstoffe enthalten.
- Die Höhe der Hundesteuer legt die jeweilige Kommunalverwaltung fest. Steuerfrei sind Dienst-, Gebrauchs-, Sanitäts- und Rettungshunde. Alleinstehende mit niedrigem Einkommen können eine Steuerbefreiung bzw. -ermäßigung beantragen.

Finanzmonopole Ein Beispiel ist das Branntweinmonopol. Es bewirkt, daß der Fiskus – abgesehen von bestimmten Freimengen – das Recht hat, von allen im Bundesgebiet erzeugten Branntweinen bzw. deren Wert einen gewissen Prozentsatz zu vereinnahmen (vgl. *Branntweinsteuer* oben). Dadurch werden indirekt Zutrittsbeschränkungen für den Markt der Branntweinherstellung erzeugt, um zu dokumentieren, daß eigentlich das Recht zu brauen ausschließlich beim Staat liegt.

Zölle Diese sind Steuern, die an den Staatsgrenzen erhoben werden.

Termingeld

Das sogenannte Termingeld bietet die Möglichkeit, einen Betrag, den man nicht sofort benötigt, kurzfristig anzulegen. Die Anlagedauer steht von Anfang an fest, und zwar werden gewöhnlich Laufzeiten von 30, 60, 90 oder 180 Tagen vereinbart. Die Kreditinstitute akzeptieren aber oftmals auch Zeiträume, die zwischen diesen Fristen liegen. Falls man nach Ablauf der Frist nicht über das Geld verfügt, verlängert sie sich automatisch um die jeweils vereinbarte Laufzeit.

WICHTIG!

Termingelder sollten immer bei steigendem und nie bei fallendem Kapitalmarktzinsniveau placiert werden.

Termingelder werden in aller Regel ab 10000 DM entgegengenommen und auf einem gesonderten Konto verbucht. Die gezahlten Zinssätze orientieren sich am Geldmarkt, der den Banken zur Refinanzierung dient. Allerdings sind die Liquiditätssituation der Bank, die Größe des Anlagebetrages und die Anlagedauer die entscheidenden Kriterien.

Das Termingeld hat ganz spezifische Vorteile. Es ist

- ideal für Zwischenanlage;
- gut geeignet, wenn das Kapital nur für einen ganz bestimmten Zeitraum zur Verfügung steht;
- gut, wenn höherverzinsliche Anlagen wegen der längeren Laufzeit ausfallen;
- günstig, da der Zinsbetrag mit dem Kapital fällig wird und bis zu zwölfmal im Jahr kapitalisiert werden kann.

Siehe auch *Geldanlage*, S. 414–415.

Testament

Mit einem Testament gibt man eine schriftliche Erklärung darüber ab, was nach dem Tod mit dem eigenen Vermögen geschehen soll. Ist kein Testament vorhanden, so tritt die gesetzliche Erbfolge in Kraft. Sie bestimmt, daß nur Angehörige erben können, und legt den Anteil an der Erbschaft danach fest, wie nahe ein Familienmitglied mit dem Verstorbenen verwandt ist und wie viele gleichberechtigte Angehörige vorhanden sind. Hat der Erblasser ein Testament errichtet (so heißt der juristische Ausdruck), geht dieses in jedem Fall der gesetzlichen Regelung vor.

Es gibt zwei Grundformen der Testamentserrichtung: das ordentliche Testament und das Nottestament.

Ordentliches Testament Es wird als öffentliches Testament vor einem Notar oder als eigenhändiges Testament (sogenanntes Privattestament) errichtet. Ein Privattestament muß eigenhändig geschrieben und mit vollem Namen unterschrieben sein; Zeugen sind nicht erforderlich. Ein mit der Maschine geschriebenes und nur handschriftlich unterzeichnetes Privattestament ist also nicht gültig. Weiter sollte im eigenhändigen Testament vermerkt sein, zu welcher Zeit (Tag, Monat, Jahr) und an welchem Ort es niedergeschrieben wurde. Zur sicheren Verwahrung kann man das Privattestament beim Notar oder beim Amtsgericht hinterlegen.

Das öffentliche Testament wird vor einem Notar errichtet. Der Erblasser kann dem Notar entweder mündlich seinen Willen erklären oder ihm ein Schriftstück aushändigen mit der Erklärung, daß darin sein Letzter Wille enthalten sei. In beiden Fällen erstellt der Notar eine Niederschrift, die dem Erblasser vorgelesen, von ihm genehmigt sowie von ihm und dem Notar unterschrieben werden muß. Für seine Tätigkeit berechnet der Notar eine Gebühr nach der Gebührenordnung.

Minderjährige, die noch nicht 16 Jahre alt sind, können kein Privattestament, sondern nur ein öffentliches errichten, indem sie durch mündliche Erklärung oder Übergabe einer nicht verschlossenen schriftlichen Erklärung beim Notar ihren Letzten Willen bekanntgeben.

Wer ein Testament errichtet hat, ist daran nicht gebunden; er kann es vielmehr jederzeit ändern. Der Widerruf eines Testaments kann durch Vernichtung oder Veränderung des Testaments erfolgen. Ein Testament kann also jederzeit neu geschrieben werden. Es gilt immer das jeweils letzte – deshalb Datum der Errichtung angeben! Auch die Rücknahme des Testaments aus der amtlichen Verwahrung gilt als Widerruf. Für alle Fälle sollten die Angehörigen über die Existenz eines Testaments informiert sein.

Nottestament Es wird nur in außergewöhnlichen Situationen errichtet, wenn z.B. zu befürchten ist, daß der Tod des Erblassers früher eintritt, als die Errichtung eines ordentlichen Testaments möglich ist. Das Nottestament kann in Anwesenheit von drei Zeugen vom Erblasser diktiert werden. Möglich ist auch, daß der Erblasser das Nottestament dem Bürgermeister oder einer anderen Amtsperson diktiert. Nottestamente werden automatisch unwirksam, wenn seit der Errichtung drei Monate verstrichen sind und der Erblasser in dieser Zeit nicht verstorben ist.

Bestimmungen Der Erblasser kann im Testament jemanden zum Erben bestimmen (Erbeinsetzung), festlegen, daß eine bestimmte Person einen ganz bestimmten Gegenstand bekommen soll (Vermächtnis), einen Erben oder Vermächtnisnehmer verpflichten, etwas Bestimmtes zu tun oder zu unterlassen (Auflage), oder jemanden von der gesetzlichen Erbfolge ausschließen (Enterbung). Wird jemand, der nach dem Gesetz erbberechtigt wäre, durch ein Testament von der Erbfolge ausgeschlossen, hat er einen Anspruch auf den Pflichtteil. Der Pflichtteil ist ein Geldanspruch und beträgt die Hälfte dessen, was er als gesetzlicher Erbe geerbt hätte. Hier ist also auch die Nähe der Verwandtschaft zum Erblasser entscheidend. Der Pflichtteilanspruch kann in wenigen Ausnahmefällen entfallen, z.B. wenn der Berechtigte den Erblasser körperlich mißhandelt oder versucht hat, ihn umzubringen.

Erbe wird man sofort mit dem Tod des Erblassers, auch wenn der Erbe nichts von dessen Tod weiß. Zur Erlangung der Erbenstellung ist der Erbschein nicht notwendig. Er ist jedoch zum Nachweis der Berechtigung, über das Vermögen des Erblassers verfügen zu dürfen (z.B. Sparkonto), erforderlich. Nach Kenntnisnahme des Testamentsinhalts können die Erben sich entschließen, ob sie die Erbschaft annehmen oder ausschlagen wollen oder ob das Testament etwa angefochten werden soll.

Überweisung

Aus dem heutigen Wirtschaftsleben ist die Überweisung nicht mehr wegzudenken. Sie ist das gängigste Instrument, Zahlungen unbar abzuwickeln. Benötigt werden nur ein Girokonto (siehe dort), das mit dem Überweisungsbetrag belastet werden kann, und die entsprechenden Überweisungsvordrucke, die von der Bank zur Verfügung gestellt werden.

Der Überweisungsauftrag (aber keine Postscheckaufträge) wird auf einem dreiteiligen Formular erteilt, das bei allen Kreditinstituten einheitlich gestaltet ist. Oft sind Girokontonummer, Name und Anschrift des Auftraggebers schon eingedruckt. Dieser muß dann die weiteren notwendigen Angaben – Name, Anschrift und Bankverbindung des Zahlungsempfängers (möglichst mit Bankleitzahl) sowie Verwendungszweck, Betrag und Datum – einsetzen. Ergänzt wird der Überweisungsvordruck schließlich durch die Unterschrift des Auftraggebers. Damit ist sichergestellt, daß außer dem Kontoinhaber bzw. einem Verfügungsberechtigten niemand die Überweisung veranlassen kann.

Um sicherzustellen, daß der Überweisungsbetrag nur auf dem angegebenen Empfängerkonto gutgeschrieben wird, muß die sogenannte Fakultativklausel („oder auf ein anderes Konto des Empfängers") gestrichen werden. Das beauftragte Kreditinstitut hat sonst das Recht, den Betrag auf einem anderen Konto des Empfängers gutzuschreiben.

Je nach Ort und organisatorischer Zugehörigkeit der Empfängerbank können bis zu fünf Tage vergehen, bis die Gutschrift auf das Konto des Empfängers erfolgt. In eiligen Fällen besteht die Möglichkeit, Überweisungsaufträge telefonisch oder fernschriftlich in Auftrag zu geben bzw. ausführen zu lassen.

Den Durchschlag des Überweisungsauftrags (Auftragsbestätigung) sollte der Auftraggeber immer als Nachweis der erfolgten Zahlung aufbewahren.

Überziehungskredit

Diese Art von Kredit wird oft auch als Dispositionskredit oder Kontokorrentkredit bezeichnet. Er sollte immer nur dann in Anspruch genommen werden, wenn von vornherein abzusehen ist, daß der Kredit in wechselnder Höhe, wahrscheinlich nur kurzfristig und in nicht festgelegten Raten zurückgezahlt wird.

Charakteristisch ist die Form, in der der Kredit eingeräumt, d.h. zur Verfügung gestellt wird, nämlich in laufender Rechnung auf dem Girokonto (siehe dort). Das bedeutet: Jeder Girokontoinhaber, der im Normalfall regelmäßige Gehaltseingänge zu verzeichnen hat, bekommt von seiner Bank auf Anfrage die Möglichkeit eingeräumt, sein Konto in Höhe von zwei bis drei Nettogehältern zu überziehen. Über diesen Betrag kann er nach Belieben zusätzlich zum Gehalt verfügen.

Die Einräumung eines solchen Kredits ist kostenlos und bis auf weiteres gültig. Zeitpunkt und Höhe von Inanspruchnahme und Rückzahlung sind dem Kontoinhaber überlassen. Er bezahlt Sollzinsen auch nur aus dem Kreditbetrag, der tatsächlich in Anspruch genommen wurde. Diese Sollzinsen werden jeweils zum Quartalsende dem Girokonto belastet.

Besondere Sicherheiten sind nicht nötig, jedoch hat die Bank nach dem BGB (Bürgerlichen Gesetzbuch), dem HGB (Handelsgesetzbuch) und insbesondere aufgrund der allgemeinen Geschäftsbedingungen (AGB) eine starke Rechtsstellung. Sie hat die Möglichkeit, sich aus den in ihren Händen befindlichen Vermögenswerten zu befriedigen. Dies geschieht aber erst dann, wenn der Kontokorrentkredit nicht zurückgezahlt wird. Solange regelmäßige Gehaltseingänge zu verzeichnen sind, wird die Bank den Kreditrahmen unbefristet zur Verfügung stellen. Sobald aber diese oder andere in der Person des Kreditnehmers liegende Voraussetzungen nicht mehr gegeben sind, wird das Kreditinstitut darum bitten, den Kredit zurückzuzahlen.

Der jeweilige Kreditsaldo wird vom Schuldner dadurch (stillschweigend) anerkannt, daß er innerhalb von 14 Tagen nach Erhalt des Rechnungsabschlusses seines Girokontos nicht reagiert.

Siehe auch *Anschaffungsdarlehen.*

Unfallversicherung

Wer eine gesetzliche Kranken- und Unfallversicherung sowie eine private Haftpflichtversicherung hat, sollte nicht ohne weiteres auf eine private Unfallversicherung mit Absicherung gegen Berufsunfähigkeit (siehe *Versicherungen*) verzichten, denn sie deckt andere Gefahrenbereiche ab, z.B. eigene Schäden im Gegensatz zu Schäden, die man anderen zufügt; Dauerschäden, für die die Krankenversicherung nicht aufkommt; Unfälle außerhalb des beruflichen bzw. schulischen Bereichs. Auf die Leistungen der privaten Unfallversicherung werden Zahlungen aus der gesetzlichen Unfallversicherung oder Haftpflichtentschädigungen nicht angerechnet, und es wird unabhängig von der Schuldfrage gezahlt.

Der Beitrag für eine private Unfallversicherung beträgt in der Regel 100–200 DM im Jahr; teurere Gesellschaften verlangen für den gleichen Versicherungsschutz das Doppelte.

Bei dauernder Arbeitsunfähigkeit wird die gesamte Versicherungssumme ausgezahlt. Wird die Arbeitsfähigkeit auf Dauer nur teilweise beeinträchtigt, wird entsprechend dem Invaliditätsgrad gezahlt.

Siehe auch *Versicherungen.*

Versicherungen

Versicherungen lassen sich grob in die folgenden drei großen Bereiche unterteilen:

Schutz von Vermögen und Einkommen Dazu gehören die Haftpflichtversicherungen (siehe dort), die Krankenversicherung (siehe dort) und die Rechtsschutzversicherung. Bei gewonnenen Prozessen dient die Rechtsschutzversicherung nur dazu, Anwaltshonorar und Gerichtskosten vorzufinanzieren, da die gegnerische Partei, die den Prozeß verloren hat, der Versicherungsgesellschaft diese Kosten wieder erstatten muß. Die Rechtsschutzversicherung trägt bei verlorenen Prozessen die Kosten für einen Anwalt und das Gerichtsverfahren. Man sollte sich genau überlegen, ob man eine solche Versicherung braucht, denn die Gefahr, einen Prozeß zu verlieren, ist meist vorhersehbar, und jeder gute Anwalt wird von einem solchen Prozeß abraten. Eine Beratung und neutrale Stellungnahmen kann man auch bei den Verbraucherzentralen und Verbänden einholen. Siehe auch *Prozeßkostenhilfe; Rechtsanwalt suchen.*

Schutz von Sachwerten Hier sind die wichtigsten Versicherungen Hausrat-, Wohngebäude- und Fahrzeug- oder Kaskoversicherung.

Die Hausratversicherung sollte nur in einer sogenannten Dreifachkombination gegen Feuer-, Leitungswasser- sowie Einbruch- und Diebstahlschäden abgeschlossen werden. Der Beitrag für eine Hausratversicherung richtet sich nach dem Wert des Hausrats und wird je 1000 DM Versicherungssumme berechnet. Seit 1984 sind Glasbruch und Fahrraddiebstähle nicht mehr mit der normalen Hausratversicherung abgedeckt.

Die Wohngebäudeversicherung benötigt jeder Haus- oder Wohnungseigentümer. Sie wird in der Regel in kombinierter Form gegen Feuer-, Sturm- und Leitungswasserschäden abgeschlossen. In einigen Gegenden der Bundesrepublik Deutschland ist die Feuerversicherung Pflicht. Die Wohngebäudeversicherung wird in der Regel zum geltenden Neuwert abgeschlossen; man bekommt also auch beim Brand eines alten Hauses das Geld für den Bau eines neuen Hauses gleicher Art. Daher muß die Versicherungssumme regelmäßig an die sich verändernden Baupreise angepaßt werden. Wenn man nicht wieder aufbaut, bekommt man nur den Zeitwert des Gebäudes.

Zusammen mit der Kfz-Haftpflichtversicherung, die man abschließen muß, kann auch eine Fahrzeug- oder Kaskoversicherung abgeschlossen werden, die Schäden am eigenen Fahrzeug abdeckt, für die Dritte nicht aufkommen. Dies wird in der Regel nur für neue Fahrzeuge empfohlen.

Schutz von Personen und ihren Fähigkeiten Zu diesem Bereich gehören die Unfallversicherung (siehe dort), Krankentagegeld-Versicherung, Berufsunfähigkeitsversicherung und Lebensversicherung (siehe dort).

Die Krankentagegeld-Versicherung ist wichtig für Selbständige, deren Einkommen unmittelbar von ihrer täglichen Arbeitsfähigkeit abhängt. Es empfiehlt sich, den Beginn der Zahlung von Tagegeld frühestens für den vierten Tag der Krankheit zu vereinbaren, weil die Versicherungsbeiträge sonst sehr hoch sind. Für Arbeitnehmer kann der Beginn der Zahlungen ab der siebten Woche festgesetzt werden, weil die Lohnfortzahlung (siehe dort) durch den Arbeitgeber im Krankheitsfall nach sechs Wochen endet.

Die Berufsunfähigkeitsversicherung versichert Berufsunfähigkeit durch Unfall oder Krankheit. Wenn eine Berufsunfähigkeit von mehr als 50% eingetreten ist, wird eine monatliche Rente gezahlt. Diese Versicherung ist wichtig für Berufsanfänger und junge Familien, die noch gar keine oder nur geringe Ansprüche aus der gesetzlichen Rentenversicherung erworben haben.

Die Versicherungsbedingungen sind – bis auf die Krankenversicherung – überall die gleichen; große Unterschiede gibt es dagegen bei den Beitragssätzen. Darum ist die billigste Versicherung die beste. Genaue Informationen erhält man vom Bund der Versicherten e.V., Postfach 760204, 2000 Hamburg 76, oder von den Verbraucherzentralen mit ihren Beratungsstellen. Den Besuch oder die Beratung von Versicherungsvertretern sollte man ablehnen, bevor man sich nicht selbst bei unabhängigen Stellen genau informiert hat. Versicherungen schließt man so ab, daß sie jedes Jahr kündbar sind. Unnötige und zu teure Versicherungen sollte man umgehend kündigen.

Verträge

Alle Verträge, ob sie Miete, Kauf oder Dienstleistungen betreffen, kommen dadurch zustande, daß die eine Partei ein bestimmtes Angebot macht und die andere dieses Angebot annimmt. Es müssen also zwei übereinstimmende Willenserklärungen vorliegen. Vor jedem Vertragsabschluß muß man sich daher unbedingt darüber im klaren sein, was man will und ob man bereit und in der Lage ist, die geforderte Gegenleistung zu erbringen, denn die Nichteinhaltung kann ernsthafte rechtliche und finanzielle Folgen haben.

In der Regel können Verträge formlos, also auch mündlich abgeschlossen werden. Dies ist z.B. bei den Geschäften des täglichen Lebens wie dem Einkauf von Lebensmitteln oder geringwertigen Hausratsgegenständen der Fall. In bestimmten Ausnahmefällen verlangt der Gesetzgeber jedoch die Schriftform: Ein Abzahlungskauf (siehe dort) muß schriftlich vereinbart werden, und ein Grundstückskauf oder Ehevertrag bedarf der notariellen Beurkundung. Wird in diesen Ausnahmefällen die vom Gesetz geforderte Schriftform nicht eingehalten, ist der Vertrag unwirksam.

Verträge, die nicht sofort abgewickelt werden, oder solche über höherwertige Güter sollten, auch wenn das Gesetz es nicht vorschreibt, schriftlich geschlossen werden, um eine später eventuell erforderliche Beweisführung zu erleichtern.

Es gibt verschiedene Arten von Verträgen. Die Haupttypen sind: Kauf-, Miet-, Dienstvertrag, Arbeitsvertrag – als Unterfall des Dienstvertrages – und Werkvertrag. Gängige Vertragsformulare wie Kaufverträge für gebrauchte Kraftfahrzeuge, Mietverträge, Architektenverträge und Pachtverträge gibt es in Schreibwarenhandlungen zu kaufen.

Manche Verträge sind eine Kombination verschiedener Vertragstypen: Wenn man beispielsweise ein Essen im Restaurant bestellt, handelt es sich gleichzeitig um Kauf (Speise), Miete (Stuhl, Tisch, Geschirr, Besteck), Dienstleistung (Bedienung und Service) und Werkleistung (geschmackvolle Zubereitung).

Befristete Verträge enden automatisch mit Ablauf der Frist, ohne daß es einer Kündigung bedarf. Unbefristete können unter Einhaltung einer Frist ordentlich oder, wenn ein wichtiger Grund vorliegt, fristlos (außerordentlich) gekündigt werden. Das Gesetz bestimmt die je nach Vertragsart einzuhaltende Kündigungsfrist gesondert; Abweichungen können in einem begrenzten Rahmen vertraglich vereinbart werden. Darüber hinaus ist die Beendigung eines Vertragsverhältnisses in gegenseitigem Einvernehmen jederzeit möglich. Wird vom einen Partner ein Vertrag in betrügerischer Absicht geschlossen, kann er vom anderen Partner wegen arglistiger Täuschung angefochten werden.

Siehe auch *Kaufvertrag; Mietvertrag.*

Vollmacht

Mit einer Vollmacht wird ein Vertreter von einem anderen ermächtigt, für ihn Erklärungen abzugeben oder Rechtsgeschäfte zu tätigen. Unterschieden werden muß zwischen der Generalvollmacht, die sich auf alle Rechtsangelegenheiten erstreckt und so lange gilt, bis sie widerrufen wird, und der Spezialvollmacht für einzelne Rechtsgeschäfte. Letzteres ist der Fall, wenn z.B. ein Kranker jemanden bevollmächtigt, Geld von seinem Konto abzuheben. Die Vollmacht kann formfrei erteilt werden, es empfiehlt sich aber die Schriftform; bei Geldtransaktionen (wie im oben zitierten Beispiel) ist sie vorgeschrieben. Damit eine solche Vollmacht nicht mißbraucht werden kann, muß sie genaue Angaben enthalten: Namen und Vornamen des Bevollmächtigten, Zweck der Vollmacht, gegebenenfalls die Höhe des Betrags, Datum der Ausstellung, übliche Unterschrift des Ausstellers.

Gibt der Stellvertreter zu erkennen, daß er im Namen eines anderen handelt, so treffen die Wirkungen des Rechtsgeschäfts den Vertretenen, nicht den Vertreter; andernfalls wird der Vertreter selbst Vertragspartei, obwohl er im Interesse eines andern gehandelt hat.

In der Regel kann für alle Rechtsgeschäfte eine Vollmacht erteilt werden. Dies gilt jedoch nicht für höchstpersönliche Rechtsgeschäfte wie z. B. die Eheschließung. Spezialfälle der Vollmacht sind die Handlungsvollmacht und die Prokura.

Waffenschein

Die Ausübung des Schießsportes in der Bundesrepublik Deutschland ist nur auf zugelassenen Schießplätzen oder -ständen erlaubt. Deshalb sollte der Interessent sich einem Schützenverein anschließen. Hier hat man die Möglichkeit, Schießübungen mit dem Luftgewehr oder mit dem Zimmerstutzen durchzuführen. Eine andere Variante ist das Tontaubenschießen, oder man geht in einen Feuerschützenverein, wo man den Umgang mit Schwarzpulver-Vorderladern üben kann.

Ohne behördliche Genehmigung kann man keine Schußwaffe erwerben, gleichgültig, ob Gewehr, Pistole oder Revolver. Hat man sich für einen bestimmten Schießsport entschieden, beantragt man bei der Stadtverwaltung oder Kreisbehörde eine Waffenbesitzkarte. Diese wird nach Prüfung unter Vorlage eines polizeilichen Führungszeugnisses immer dann ausgestellt, wenn ein wirklicher Bedarf vorhanden ist. Damit ist nur der Besitz der Waffe sowie der Transport zum bzw. das Benutzen auf dem Schießstand erlaubt. Eine Waffe darf man nur dann ständig bei sich tragen, wenn man einen Waffenschein besitzt. Er wird in der Regel von den Behörden kaum noch ausgestellt.

Erworbene Waffen werden von der Behörde in eine Waffenbesitzkarte eingetragen; die Genehmigung kann zeitlich befristet sein. Nach Ablauf der ersten Genehmigung wird die Waffenbesitzkarte dann auf unbegrenzte Zeit verlängert.

Waffenschein- und waffenerwerbsscheinfrei sind nur Produkte mit einer sehr geringen Mündungsenergie. Es handelt sich dabei um Schreckschuß- oder Dekorationswaffen, die – mit Ausnahme von Luftgewehren – für den Schießsport ungeeignet sind.

Wechsel

Das 1934 in Kraft getretene Wechselgesetz ist die Grundlage für das heute in der Bundesrepublik Deutschland geltende Wechselrecht. Nach dessen Definition ist der Wechsel eine Urkunde, die die unbedingte Anweisung des Ausstellers an den Bezogenen enthält, eine bestimmte Geldsumme an eine im Wechsel genannte Person (oder deren Order) zu zahlen. Die Urkunde muß im Text als Wechsel bezeichnet sein und gilt kraft Gesetzes als „geborenes Orderpapier“ und abstraktes Forderungspapier. So weit die juristische Formulierung. Nach dem Wechselgesetz gibt es zwei mögliche Grundformen: den gezogenen Wechsel und den Solawechsel (eigenen Wechsel).

Der gezogene Wechsel muß nach Artikel 1 des Wechselgesetzes folgende gesetzliche Bestandteile aufweisen:

- die Bezeichnung „Wechsel“;
- die unbedingte Anweisung, eine bestimmte Geldsumme zu zahlen;
- den Namen des Bezogenen (d. h. desjenigen, der zahlen muß);
- die Angabe des Verfalls (wann der Wechsel zur Zahlung fällig wird);
- den Zahlungsort (den Ort, an dem gezahlt werden muß);
- den Namen des Begünstigten (d. h. desjenigen, an den gezahlt werden muß);
- Ausstellungsort und -tag;
- Unterschrift des Ausstellers.

Solange der nun ausgestellte Wechsel noch nicht vom Bezogenen unterschrieben ist, nennt man ihn Tratte; später, nachdem er vom Bezogenen unterschrieben worden ist, heißt er Akzept.

Der Solawechsel (eigener Wechsel) unterscheidet sich vom gezogenen Wechsel dadurch, daß er nur ein Zahlungsversprechen enthält und kein Bezogener genannt ist.

Das Wechselgesetz schreibt die Form des Wechsels nicht vor. Die Kreditinstitute sind aber dazu übergegangen, einheitliche Wechselvordrucke zu verwenden, damit eine problemlose, schnelle Bearbeitung gesichert ist.

Funktionen des Wechsels Im modernen Zahlungsverkehr hat der Wechsel u. a. drei besonders wichtige Funktionen.

- Kreditfunktion: Wenn beispielsweise ein Getränkehändler von seinem Lieferanten Ware bekommt, müßte er diese eigentlich sofort bezahlen. Wenn er aber dies nicht kann oder nicht will und seine Lieferantenrechnung erst durch seine eigenen Verkaufserlöse begleichen möchte, akzeptiert er einen Wechsel seines Lieferanten (Aussteller), der z. B. in 90 Tagen fällig ist. Durch diese Vorgehensweise hat sich der Getränkehändler einen Kredit verschafft, der zudem seinen persönlichen Kreditrahmen bei der Hausbank nicht belastet.
- Finanzierungsfunktion: Der Getränkelieferant kann nun den vom Getränkehändler akzeptierten Wechsel ebenfalls als Zahlungsinstrument einsetzen und ihn beispielsweise seiner Bank oder einer Privatperson in Zahlung geben, die ihn ihrerseits auch weitergeben kann.
- Sicherungsfunktion: Aufgrund der Strenge des Wechselgesetzes wird die Zahlungsverpflichtung, die aus dem Wechsel resultiert, vom eigentlichen Rechtsgeschäft (Warenlieferung) völlig losgelöst. Der Wechsel gewinnt mit jeder Weitergabe an Sicherheit, da jeder, der auf einem Wechsel unterschreibt – ob als Aussteller, Bezogener oder Indossant (so heißt derjenige, der ihn weitergibt) –, der strengen wechselrechtlichen Haftung unterliegt.

Über diese mehr privatwirtschaftlichen Gesichtspunkte hinaus hat der Wechsel für die Geschäftsbanken und für die Deutsche Bundesbank weitreichende geldanlage- und währungspolitische Bedeutung.

Wechselsteuer Sobald ein Wechsel im Inland in Umlauf gesetzt wird, muß er gemäß Wechselsteuergesetz und Wechselsteuer-Durchführungsverordnung versteuert werden. Diese Steuer beträgt 0,15 DM je angefangene 100 DM Wechselsumme und wird durch Aufkleben von Wechselsteuermarken (erhältlich beim Postamt) entrichtet.

Nicht eingelöster Wechsel Wenn der Wechsel vom Bezogenen nicht eingelöst wird, erhebt der Inhaber des Wechsels gegen den Bezogenen „Protest“ und kann dann auf jeden, der den Wechsel unterschrieben hat, Rückgriff nehmen.

Werbungskosten

Dieser Begriff wird in § 9 des Einkommensteuergesetzes (EStG) als „Aufwendungen zur Erwerbung, Sicherung und Erhaltung der Einnahmen" definiert. Werbungskosten sind bei der Einkunftsart abzuziehen, bei der sie entstanden sind. Sie kommen nur bei der Ermittlung der Einkünfte aus nichtselbständiger Arbeit, Kapitalvermögen, Vermietung und Verpachtung sowie der sonstigen Einkünfte im Sinne des § 22 EStG in Betracht.

Typische Werbungskosten sind: Arbeitsmittel, Schuldzinsen, Aufwendungen für Fahrten zwischen Wohnung und Arbeitsstätte oder Mehraufwendungen bei doppelter Haushaltsführung. Auch Reisekosten und Aufwendungen für einen Umzug aus dienstlicher Veranlassung fallen unter diesen Abschnitt.

Werden Werbungskosten nicht einzeln nachgewiesen, können bei der Ermittlung der Einkünfte gewisse Pauschalbeträge – je nach Einkunftsart verschieden – abgezogen werden.

Wintergeld

Arbeiter im Baugewerbe erhalten in der Zeit vom 1. Dezember–31. März Wintergeld. Hierbei sind die Tage vom 25. Dezember–1. Januar ausgenommen. Das Wintergeld beträgt 2 DM pro Arbeitsstunde. Voraussetzung ist, daß die Arbeiter an einem witterungsabhängigen Arbeitsplatz beschäftigt sind. Dieser muß die gleichen Bedingungen erfüllen, die für den Bezug von Schlechtwettergeld (siehe dort) ausschlaggebend sind. Das Wintergeld beantragt der Arbeitgeber. Er muß eine Stellungnahme der Betriebsvertretung beifügen. Der Antrag muß spätestens bis zum 30. Juni beim Arbeitsamt eingereicht werden. Das Wintergeld ist nicht lohnsteuer- und sozialabgabenpflichtig.

Wohngeld

Wohngeld gibt es als Mietzuschuß für den Mieter einer Wohnung oder eines Zimmers (zur Miete gehören auch Kosten des Wasserverbrauchs, der Abwasser- und Müllbeseitigung und der Treppenbeleuchtung) und als Lastenzuschuß für den Eigentümer eines Eigenheims oder einer Eigentumswohnung. Ein Teil der Aufwendungen für den Wohnraum muß in jedem Fall vom Antragsteller und den zum Haushalt gehörenden Familienmitgliedern selbst getragen werden. Unerheblich für die Gewährung des Zuschusses ist, ob der Wohnraum in einem Alt- oder Neubau liegt und ob er öffentlich gefördert oder frei finanziert ist. Es wird nicht für unangemessen hohe Wohnkosten gezahlt. Ob man Wohngeld in Anspruch nehmen kann, hängt ab: von der Zahl der zum Haushalt gehörenden Familienmitglieder; von der Höhe des Familieneinkommens; von der Höhe der Miete bzw. Belastung.

Nach dem Wohngeldgesetz setzt sich das Familieneinkommen aus dem Gesamtbetrag der Jahreseinkommen aller zum Haushalt rechnenden Familienmitglieder zusammen. Dazu gehören Gehälter, Löhne, Arbeitslosen- und Krankengeld, Renten, Ruhegelder, Witwen- und Waisengelder, Unterhaltszahlungen, Kindergeld.

Dieses Familieneinkommen kann um bestimmte Beträge gekürzt werden wie Kinderfreibeträge, Werbungskosten, Grundrenten der Beschädigten und Hinterbliebenen, den halben Betrag der Unterhaltshilfe nach dem Lastenausgleichsgesetz, bestimmte steuerfreie Einnahmen, die nicht zur Deckung des Lebensunterhalts bestimmt sind (z. B. Zuwendungen des Arbeitgebers aus Anlaß von Geburts- und Todesfällen), vermögenswirksame Leistungen seitens des Arbeitgebers, Freibeträge für Schwerbehinderte sowie Aussiedler und Heimkehrer, Aufwendungen zur Erfüllung gesetzlicher Unterhaltsverpflichtungen. Der verbleibende Betrag kann um einen weiteren pauschalen Abzug von bis zu 30 % gekürzt werden, wenn Familienmitglieder Steuern vom Einkommen sowie Pflichtbeiträge zur gesetzlichen Krankenversicherung und zur gesetzlichen Rentenversicherung zahlen.

Wohngeld erhält man nur auf Antrag bei der zuständigen Wohngeldstelle der Gemeinde-, Stadt-, Amts- oder Kreisverwaltung. Dort hält man die entsprechenden Formulare bereit und ist beim Ausfüllen behilflich. Die Mitarbeiter der Wohngeldstelle sind verpflichtet, die Antragsteller über ihre Rechte und Pflichten nach dem Wohngeldgesetz aufzuklären.

Zwischenfinanzierung

Weil Hypotheken und andere Baudarlehen meist nicht so schnell ausgezahlt werden, wie der Bau fortschreitet und Rechnungen eingehen, braucht man beim Bauen meist eine Zwischenfinanzierung. Im Vorgriff auf die von anderen Stellen zugesagten langfristigen Darlehen geben Banken, Sparkassen und manchmal auch die eigentlichen Baudarlehensgeber kurzfristige Zwischenkredite. Das sind dann Personalkredite, deren Sicherheit für den Darlehensgeber meist in einem Hypotheken- oder Darlehensanspruch besteht.

Die Kosten solcher Zwischenfinanzierung sind schwer vorauskalkulierbar, denn sie hängen u. a. von den jeweiligen Verhältnissen auf dem Geldmarkt ab. In Zeiten hoher Zinsen und knappen Geldes verteuern sie das Bauen erheblich. Nur wenn Bauunternehmer und Handwerker nicht auf schnelle Zahlung drängen, kann man mit der Hauptfinanzierung klarkommen.

Siehe auch *Bausparen; Hypothek und Grundschuld.*

Zwischenzeugnis

Ein Zwischenzeugnis kann man vor Beendigung des Arbeitsverhältnisses verlangen, wenn man selbst oder der Arbeitgeber gekündigt hat, um sich beim neuen Arbeitgeber zu bewerben. Man hat auch Anspruch auf ein Zwischenzeugnis, wenn man an außerbetrieblichen Fortbildungsmaßnahmen teilnimmt, falls es für die Zulassung erforderlich ist. Ein weiterer Grund für die Ausstellung eines Zwischenzeugnisses ist dann gegeben, wenn man innerhalb des Betriebs einen neuen Vorgesetzten bekommt, da der neue nicht die bisherigen Leistungen eines Arbeitnehmers beurteilen kann.

In allen übrigen Fällen ist es der Firma überlassen, ob sie ein Zwischenzeugnis ausstellen will. Man muß sich dann gefallen lassen, daß man gefragt wird, für welchen Zweck das Zwischenzeugnis benötigt wird.

Für den Arbeitgeber ist es wichtig, daß das Endzeugnis nicht wesentlich vom Inhalt des Zwischenzeugnisses abweichen sollte (siehe auch *Arbeitszeugnis*).

A

Register

Im Register sind die Begriffe und Themen aufgeführt, die kein eigenes Stichwort haben; sie werden unter den jeweils darunter stehenden Stichwörtern behandelt. Die *kursiv* gesetzten Stichwörter sind im Sonderteil zu finden, der auf Seite 401 beginnt.